U0399255

STANDARDS OF FORENSIC SCIENCE

司法鉴定技术规范

司法部司法鉴定管理局 编

北京大学出版社
PEKING UNIVERSITY PRESS

图书在版编目(CIP)数据

司法鉴定技术规范/司法部司法鉴定管理局编. —北京:北京大学出版社,2016.11

ISBN 978-7-301-27399-9

Ⅰ. ①司… Ⅱ. ①司… Ⅲ. ①司法鉴定-技术规范-汇编-中国 Ⅳ. ①D918.9-65

中国版本图书馆 CIP 数据核字(2016)第 188323 号

书　　名	司法鉴定技术规范 Sifa Jianding Jishu Guifan
著作责任者	司法部司法鉴定管理局　编
责任编辑	杨玉洁　王建君
标准书号	ISBN 978-7-301-27399-9
出版发行	北京大学出版社
地　　址	北京市海淀区成府路 205 号　100871
网　　址	http://www.pup.cn　http://www.yandayuanzhao.com
电子信箱	yandayuanzhao@163.com
新浪微博	@北京大学出版社　@北大出版社燕大元照法律图书
电　　话	邮购部 62752015　发行部 62750672　编辑部 62117788
印 刷 者	南京爱德印刷有限公司
经 销 者	新华书店
	880 毫米×1230 毫米　A5　31.75 印张　1168 千字
	2016 年 11 月第 1 版　2016 年 11 月第 1 次印刷
定　　价	198.00 元

编写说明

鉴定标准是开展司法鉴定活动的技术依据，是司法鉴定质量的重要决定因素。为解决司法鉴定行业标准缺乏的实际问题，司法部始终把推进司法鉴定标准化建设作为管理工作的重点，常抓不懈。2010—2015 年，司法部组织业内具有技术优势和行业影响力的机构和专家，先后研制、颁布了 74 项司法鉴定技术规范，初步满足了司法鉴定活动的急需，搭建了司法鉴定标准体系的总体框架。2013 年，最高人民法院、最高人民检察院、公安部、国家安全部、司法部联合公告并印发了《人体损伤程度鉴定标准》，统一了全国人身伤害领域的鉴定标准。2016 年，五部门再次联合公告并印发了《人体损伤致残程度分级》，推动全国范围内各领域人体损伤致残程度鉴定标准由分向统迈进了一大步。

党的十八届四中全会提出“健全统一司法鉴定管理体制”的改革任务，明确了统一司法鉴定标准的目标。中共中央政法委孟建柱书记在 2016 年中央政法工作会议上，再次明确了统一司法鉴定标准的要求。这些都为司法鉴定标准化工作指明了方向。当前和今后一段时间，司法部将致力于进一步加强司法鉴定标准化建设，完善司法鉴定标准化工作机制，不断提高司法鉴定科学化、标准化水平。

本书是司法部 2016 年最新司法鉴定技术规范汇编。主要内容包括司法鉴定标准和司法鉴定技术规范两部分。司法鉴定标准部分收录了《人体损伤程度鉴定标准》（2013）和《人体损伤致残程度分级》（2016）两个文件；司法鉴定技术规范部分收录了 2010—2015 年期间颁布的 74 项司法鉴定技术规范，其中 8 项在 2016 年作了修订。希望本书的出版能够帮助广大司法鉴定工作者和相关人员更好地了解、掌握司法鉴定标准，同时也欢迎社会各界人士对本书和我们的工作提出宝贵的意见和建议。

司法部司法鉴定管理局

2016 年 9 月

目 录

一、司法鉴定标准

二、司法鉴定技术规范

(一) 2010 年司法鉴定技术规范

（五）2016年司法鉴定技术规范

一、司法鉴定标准

最高人民法院　最高人民检察院
公安部　国家安全部　司法部
关于发布《人体损伤程度鉴定标准》的公告

为进一步加强人身损伤程度鉴定标准化、规范工作，现将《人体损伤程度鉴定标准》发布，自2014年1月1日起施行。《人体重伤鉴定标准》（司发〔1990〕070号）、《人体轻伤鉴定标准（试行）》［法（司）发〔1990〕6号］和《人体轻微伤的鉴定》（GA/T 146－1996）同时废止。

最高人民法院　最高人民检察院　公安部
国家安全部　司法部
2013年8月30日

人体损伤程度鉴定标准

1　范围

本标准规定了人体损伤程度鉴定的原则、方法、内容和等级划分。

本标准适用于《中华人民共和国刑法》及其他法律、法规所涉及的人体损伤程度鉴定。

2　规范性引用文件

下列文件对于本文件的应用是必不可少的。本标准引用文件的最新版本适用于本标准。

GB 18667　道路交通事故受伤人员伤残评定

GB/T 16180　劳动能力鉴定　职工工伤与职业病致残等级

GB/T 26341－2010　残疾人残疾分类和分级

3　术语和定义

3.1　重伤

使人肢体残废、毁人容貌、丧失听觉、丧失视觉、丧失其他器官功能或者其他对于人身健康有重大伤害的损伤，包括重伤一级和重伤二级。

3.2　轻伤

使人肢体或者容貌损害，听觉、视觉或者其他器官功能部分障碍或者其他对于人身健康有中度伤害的损伤，包括轻伤一级和轻伤二级。

3.3　轻微伤

各种致伤因素所致的原发性损伤，造成组织器官结构轻微损害或者轻微功能障碍。

4　总则

4.1　鉴定原则

4.1.1　遵循实事求是的原则，坚持以致伤因素对人体直接造成的原发性损伤及由损伤引起的并发症或者后遗症为依据，全面分析，综合鉴定。

4.1.2　对于以原发性损伤及其并发症作为鉴定依据的，鉴定时应以损伤当时伤情为主，损伤的后果为辅，综合鉴定。

4.1.3　对于以容貌损害或者组织器官功能障碍作为鉴定依据的，鉴定时应以损伤的后果为主，损伤当时伤情为辅，综合鉴定。

4.2　鉴定时机

4.2.1　以原发性损伤为主要鉴定依据的，伤后即可进行鉴定；以损伤所致的并发症为主要鉴定依据的，在伤情稳定后进行鉴定。

4.2.2　以容貌损害或者组织器官功能障碍为主要鉴定依据的，在损伤90日后进行鉴定；在特殊情况下可以根据原发性损伤及其并发症出具鉴定意见，但须对有可能出现的后遗症加以说明，必要时应进行复检并予以补充鉴定。

4.2.3　疑难、复杂的损伤，在临床治疗终结或者伤情稳定后进行鉴定。

4.3　伤病关系处理原则

4.3.1　损伤为主要作用的，既往伤/病为次要或者轻微作用的，应依据本标准相应条款进行鉴定。

4.3.2　损伤与既往伤/病共同作用的，即二者作用相当的，应依据本标准相应条款适度降低损伤程度等级，即等级为重伤一级和重伤二级的，可视具体情况鉴定为轻伤一级或者轻伤二级，等级为轻伤一级和轻伤二级的，均鉴定为轻微伤。

4.3.3 既往伤/病为主要作用的,即损伤为次要或者轻微作用的,不宜进行损伤程度鉴定,只说明因果关系。

5 损伤程度分级

5.1 颅脑、脊髓损伤

5.1.1 重伤一级

a) 植物生存状态。

b) 四肢瘫(三肢以上肌力3级以下)。

c) 偏瘫、截瘫(肌力2级以下),伴大便、小便失禁。

d) 非肢体瘫的运动障碍(重度)。

e) 重度智能减退或者器质性精神障碍,生活完全不能自理。

5.1.2 重伤二级

a) 头皮缺损面积累计 $75.0cm^2$ 以上。

b) 开放性颅骨骨折伴硬脑膜破裂。

c) 颅骨凹陷性或者粉碎性骨折,出现脑受压症状和体征,须手术治疗。

d) 颅底骨折,伴脑脊液漏持续4周以上。

e) 颅底骨折,伴面神经或者听神经损伤引起相应神经功能障碍。

f) 外伤性蛛网膜下腔出血,伴神经系统症状和体征。

g) 脑挫(裂)伤,伴神经系统症状和体征。

h) 颅内出血,伴脑受压症状和体征。

i) 外伤性脑梗死,伴神经系统症状和体征。

j) 外伤性脑脓肿。

k) 外伤性脑动脉瘤,须手术治疗。

l) 外伤性迟发性癫痫。

m) 外伤性脑积水,须手术治疗。

n) 外伤性颈动脉海绵窦瘘。

o) 外伤性下丘脑综合征。

p) 外伤性尿崩症。

q) 单肢瘫(肌力3级以下)。

r) 脊髓损伤致重度肛门失禁或者重度排尿障碍。

5.1.3 轻伤一级

a) 头皮创口或者瘢痕长度累计20.0cm以上。

b) 头皮撕脱伤面积累计 $50.0cm^2$ 以上;头皮缺损面积累计 $24.0cm^2$ 以上。

c) 颅骨凹陷性或者粉碎性骨折。

d）颅底骨折伴脑脊液漏。

e）脑挫（裂）伤；颅内出血；慢性颅内血肿；外伤性硬脑膜下积液。

f）外伤性脑积水；外伤性颅内动脉瘤；外伤性脑梗死；外伤性颅内低压综合征。

g）脊髓损伤致排便或者排尿功能障碍（轻度）。

h）脊髓挫裂伤。

5.1.4 轻伤二级

a）头皮创口或者瘢痕长度累计 8.0cm 以上。

b）头皮撕脱伤面积累计 $20.0cm^2$ 以上；头皮缺损面积累计 $10.0cm^2$ 以上。

c）帽状腱膜下血肿范围 $50.0cm^2$ 以上。

d）颅骨骨折。

e）外伤性蛛网膜下腔出血。

f）脑神经损伤引起相应神经功能障碍。

5.1.5 轻微伤

a）头部外伤后伴有神经症状。

b）头皮擦伤面积 $5.0cm^2$ 以上；头皮挫伤；头皮下血肿。

c）头皮创口或者瘢痕。

5.2 面部、耳廓损伤

5.2.1 重伤一级

a）容貌毁损（重度）。

5.2.2 重伤二级

a）面部条状瘢痕（50% 以上位于中心区），单条长度 10.0cm 以上，或者两条以上长度累计 15.0cm 以上。

b）面部块状瘢痕（50% 以上位于中心区），单块面积 $6.0cm^2$ 以上，或者两块以上面积累计 $10.0cm^2$ 以上。

c）面部片状细小瘢痕或者显著色素异常，面积累计达面部 30%。

d）一侧眼球萎缩或者缺失。

e）眼睑缺失相当于一侧上眼睑 1/2 以上。

f）一侧眼睑重度外翻或者双侧眼睑中度外翻。

g）一侧上睑下垂完全覆盖瞳孔。

h）一侧眼眶骨折致眼球内陷 0.5cm 以上。

i）一侧鼻泪管和内眦韧带断裂。

j）鼻部离断或者缺损 30% 以上。

k）耳廓离断、缺损或者挛缩畸形累计相当于一侧耳廓面积 50% 以上。

l）口唇离断或者缺损致牙齿外露3枚以上。

m）舌体离断或者缺损达舌系带。

n）牙齿脱落或者牙折共7枚以上。

o）损伤致张口困难Ⅲ度。

p）面神经损伤致一侧面肌大部分瘫痪，遗留眼睑闭合不全和口角歪斜。

q）容貌毁损（轻度）。

5.2.3　轻伤一级

a）面部单个创口或者瘢痕长度6.0cm以上；多个创口或者瘢痕长度累计10.0cm以上。

b）面部块状瘢痕，单块面积4.0cm^{2}以上；多块面积累计7.0cm^{2}以上。

c）面部片状细小瘢痕或者明显色素异常，面积累计30.0cm^{2}以上。

d）眼睑缺失相当于一侧上眼睑1/4以上。

e）一侧眼睑中度外翻；双侧眼睑轻度外翻。

f）一侧上眼睑下垂覆盖瞳孔超过1/2。

g）两处以上不同眶壁骨折；一侧眶壁骨折致眼球内陷0.2cm以上。

h）双侧泪器损伤伴溢泪。

i）一侧鼻泪管断裂；一侧内眦韧带断裂。

j）耳廓离断、缺损或者挛缩畸形累计相当于一侧耳廓面积30%以上。

k）鼻部离断或者缺损15%以上。

l）口唇离断或者缺损致牙齿外露1枚以上。

m）牙齿脱落或者牙折共4枚以上。

n）损伤致张口困难Ⅱ度。

o）腮腺总导管完全断裂。

p）面神经损伤致一侧面肌部分瘫痪，遗留眼睑闭合不全或者口角歪斜。

5.2.4　轻伤二级

a）面部单个创口或者瘢痕长度4.5cm以上；多个创口或者瘢痕长度累计6.0cm以上。

b）面颊穿透创，皮肤创口或者瘢痕长度1.0cm以上。

c）口唇全层裂创，皮肤创口或者瘢痕长度1.0cm以上。

d）面部块状瘢痕，单块面积3.0cm^{2}以上或多块面积累计5.0cm^{2}以上。

e）面部片状细小瘢痕或者色素异常，面积累计8.0cm^{2}以上。

f）眶壁骨折（单纯眶内壁骨折除外）。

g）眼睑缺损。

h）一侧眼睑轻度外翻。

i）一侧上眼睑下垂覆盖瞳孔。

j）一侧眼睑闭合不全。

k）一侧泪器损伤伴溢泪。

l）耳廓创口或者瘢痕长度累计 6.0cm 以上。

m）耳廓离断、缺损或者挛缩畸形累计相当于一侧耳廓面积 15% 以上。

n）鼻尖或者一侧鼻翼缺损。

o）鼻骨粉碎性骨折；双侧鼻骨骨折；鼻骨骨折合并上颌骨额突骨折；鼻骨骨折合并鼻中隔骨折；双侧上颌骨额突骨折。

p）舌缺损。

q）牙齿脱落或者牙折 2 枚以上。

r）腮腺、颌下腺或者舌下腺实质性损伤。

s）损伤致张口困难Ⅰ度。

t）颌骨骨折（牙槽突骨折及一侧上颌骨额突骨折除外）。

u）颧骨骨折。

5.2.5　轻微伤

a）面部软组织创。

b）面部损伤留有瘢痕或者色素改变。

c）面部皮肤擦伤，面积 $2.0cm^2$ 以上；面部软组织挫伤；面部划伤 4.0cm 以上。

d）眶内壁骨折。

e）眼部挫伤；眼部外伤后影响外观。

f）耳廓创。

g）鼻骨骨折；鼻出血。

h）上颌骨额突骨折。

i）口腔粘膜破损；舌损伤。

j）牙齿脱落或者缺损；牙槽突骨折；牙齿松动 2 枚以上或者Ⅲ度松动 1 枚以上。

5.3　听器听力损伤

5.3.1　重伤一级

a）双耳听力障碍（≥91dB HL）。

5.3.2　重伤二级

a）一耳听力障碍（≥91dB HL）。

b）一耳听力障碍（≥81dB HL），另一耳听力障碍（≥41dB HL）。

c）一耳听力障碍（≥81dB HL），伴同侧前庭平衡功能障碍。

d）双耳听力障碍（≥61dB HL）。

e）双侧前庭平衡功能丧失，睁眼行走困难，不能并足站立。

5.3.3　轻伤一级

a）双耳听力障碍（≥41dB HL）。

b）双耳外耳道闭锁。

5.3.4　轻伤二级

a）外伤性鼓膜穿孔6周不能自行愈合。

b）听骨骨折或者脱位；听骨链固定。

c）一耳听力障碍（≥41dB HL）。

d）一侧前庭平衡功能障碍，伴同侧听力减退。

e）一耳外耳道横截面1/2以上狭窄。

5.3.5　轻微伤

a）外伤性鼓膜穿孔。

b）鼓室积血。

c）外伤后听力减退。

5.4　视器视力损伤

5.4.1　重伤一级

a）一眼眼球萎缩或者缺失，另一眼盲目3级。

b）一眼视野完全缺损，另一眼视野半径20°以下（视野有效值32%以下）。

c）双眼盲目4级。

5.4.2　重伤二级

a）一眼盲目3级。

b）一眼重度视力损害，另一眼中度视力损害。

c）一眼视野半径10°以下（视野有效值16%以下）。

d）双眼偏盲；双眼残留视野半径30°以下（视野有效值48%以下）。

5.4.3　轻伤一级

a）外伤性青光眼，经治疗难以控制眼压。

b）一眼虹膜完全缺损。

c）一眼重度视力损害；双眼中度视力损害。

d）一眼视野半径30°以下（视野有效值48%以下）；双眼视野半径50°以下（视野有效值80%以下）。

5.4.4　轻伤二级

a）眼球穿通伤或者眼球破裂伤；前房出血须手术治疗；房角后退；虹膜根部离断或者虹膜缺损超过1个象限；睫状体脱离；晶状体脱位；玻璃体积血；外伤性

视网膜脱离;外伤性视网膜出血;外伤性黄斑裂孔;外伤性脉络膜脱离。

b）角膜斑翳或者血管翳;外伤性白内障;外伤性低眼压;外伤性青光眼。

c）瞳孔括约肌损伤致瞳孔显著变形或者瞳孔散大(直径0.6cm以上)。

d）斜视;复视。

e）睑球粘连。

f）一眼矫正视力减退至0.5以下(或者较伤前视力下降0.3以上);双眼矫正视力减退至0.7以下(或者较伤前视力下降0.2以上);原单眼中度以上视力损害者,伤后视力降低一个级别。

g）一眼视野半径50°以下(视野有效值80%以下)。

5.4.5　轻微伤

a）眼球损伤影响视力。

5.5　颈部损伤

5.5.1　重伤一级

a）颈部大血管破裂。

b）咽喉部广泛毁损,呼吸完全依赖气管套管或者造口。

c）咽或者食管广泛毁损,进食完全依赖胃管或者造口。

5.5.2　重伤二级

a）甲状旁腺功能低下(重度)。

b）甲状腺功能低下,药物依赖。

c）咽部、咽后区、喉或者气管穿孔。

d）咽喉或者颈部气管损伤,遗留呼吸困难(3级)。

e）咽或者食管损伤,遗留吞咽功能障碍(只能进流食)。

f）喉损伤遗留发声障碍(重度)。

g）颈内动脉血栓形成,血管腔狭窄(50%以上)。

h）颈总动脉血栓形成,血管腔狭窄(25%以上)。

i）颈前三角区增生瘢痕,面积累计30.0cm^2以上。

5.5.3　轻伤一级

a）颈前部单个创口或者瘢痕长度10.0cm以上;多个创口或者瘢痕长度累计16.0cm以上。

b）颈前三角区瘢痕,单块面积10.0cm^2以上;多块面积累计12.0cm^2以上。

c）咽喉部损伤遗留发声或者构音障碍。

d）咽或者食管损伤,遗留吞咽功能障碍(只能进半流食)。

e）颈总动脉血栓形成;颈内动脉血栓形成;颈外动脉血栓形成;椎动脉血栓形成。

5.5.4　轻伤二级

a）颈前部单个创口或者瘢痕长度5.0cm以上；多个创口或者瘢痕长度累计8.0cm以上。

b）颈前部瘢痕，单块面积4.0cm^{2}以上，或者两块以上面积累计6.0cm^{2}以上。

c）甲状腺挫裂伤。

d）咽喉软骨骨折。

e）喉或者气管损伤。

f）舌骨骨折。

g）膈神经损伤。

h）颈部损伤出现窒息征象。

5.5.5　轻微伤

a）颈部创口或者瘢痕长度1.0cm以上。

b）颈部擦伤面积4.0cm^{2}以上。

c）颈部挫伤面积2.0cm^{2}以上。

d）颈部划伤长度5.0cm以上。

5.6　胸部损伤

5.6.1　重伤一级

a）心脏损伤，遗留心功能不全（心功能Ⅳ级）。

b）肺损伤致一侧全肺切除或者双肺三肺叶切除。

5.6.2　重伤二级

a）心脏损伤，遗留心功能不全（心功能Ⅲ级）。

b）心脏破裂；心包破裂。

c）女性双侧乳房损伤，完全丧失哺乳功能；女性一侧乳房大部分缺失。

d）纵隔血肿或者气肿，须手术治疗。

e）气管或者支气管破裂，须手术治疗。

f）肺破裂，须手术治疗。

g）血胸、气胸或者血气胸，伴一侧肺萎陷70%以上，或者双侧肺萎陷均在50%以上。

h）食管穿孔或者全层破裂，须手术治疗。

i）脓胸或者肺脓肿；乳糜胸；支气管胸膜瘘；食管胸膜瘘；食管支气管瘘。

j）胸腔大血管破裂。

k）膈肌破裂。

5.6.3　轻伤一级

a）心脏挫伤致心包积血。

b）女性一侧乳房损伤，丧失哺乳功能。

c）肋骨骨折6处以上。

d）纵隔血肿；纵隔气肿。

e）血胸、气胸或者血气胸，伴一侧肺萎陷30%以上，或者双侧肺萎陷均在20%以上。

f）食管挫裂伤。

5.6.4 轻伤二级

a）女性一侧乳房部分缺失或者乳腺导管损伤。

b）肋骨骨折2处以上。

c）胸骨骨折；锁骨骨折；肩胛骨骨折。

d）胸锁关节脱位；肩锁关节脱位。

e）胸部损伤，致皮下气肿1周不能自行吸收。

f）胸腔积血；胸腔积气。

g）胸壁穿透创。

h）胸部挤压出现窒息征象。

5.6.5 轻微伤

a）肋骨骨折；肋软骨骨折。

b）女性乳房擦挫伤。

5.7 腹部损伤

5.7.1 重伤一级

a）肝功能损害（重度）。

b）胃肠道损伤致消化吸收功能严重障碍，依赖肠外营养。

c）肾功能不全（尿毒症期）。

5.7.2 重伤二级

a）腹腔大血管破裂。

b）胃、肠、胆囊或者胆道全层破裂，须手术治疗。

c）肝、脾、胰或者肾破裂，须手术治疗。

d）输尿管损伤致尿外渗，须手术治疗。

e）腹部损伤致肠瘘或者尿瘘。

f）腹部损伤引起弥漫性腹膜炎或者感染性休克。

g）肾周血肿或者肾包膜下血肿，须手术治疗。

h）肾功能不全（失代偿期）。

i）肾损伤致肾性高血压。

j）外伤性肾积水；外伤性肾动脉瘤；外伤性肾动静脉瘘。

k）腹腔积血或者腹膜后血肿，须手术治疗。

5.7.3 轻伤一级

a）胃、肠、胆囊或者胆道非全层破裂。

b）肝包膜破裂；肝脏实质内血肿直径2.0cm以上。

c）脾包膜破裂；脾实质内血肿直径2.0cm以上。

d）胰腺包膜破裂。

e）肾功能不全（代偿期）。

5.7.4 轻伤二级

a）胃、肠、胆囊或者胆道挫伤。

b）肝包膜下或者实质内出血。

c）脾包膜下或者实质内出血。

d）胰腺挫伤。

e）肾包膜下或者实质内出血。

f）肝功能损害（轻度）。

g）急性肾功能障碍（可恢复）。

h）腹腔积血或者腹膜后血肿。

i）腹壁穿透创。

5.7.5 轻微伤

a）外伤性血尿。

5.8 盆部及会阴损伤

5.8.1 重伤一级

a）阴茎及睾丸全部缺失。

b）子宫及卵巢全部缺失。

5.8.2 重伤二级

a）骨盆骨折畸形愈合，致双下肢相对长度相差5.0cm以上。

b）骨盆不稳定性骨折，须手术治疗。

c）直肠破裂，须手术治疗。

d）肛管损伤致大便失禁或者肛管重度狭窄，须手术治疗。

e）膀胱破裂，须手术治疗。

f）后尿道破裂，须手术治疗。

g）尿道损伤致重度狭窄。

h）损伤致早产或者死胎；损伤致胎盘早期剥离或者流产，合并轻度休克。

i）子宫破裂，须手术治疗。

j）卵巢或者输卵管破裂，须手术治疗。

k）阴道重度狭窄。

l）幼女阴道Ⅱ度撕裂伤。

m）女性会阴或者阴道Ⅲ度撕裂伤。

n）龟头缺失达冠状沟。

o）阴囊皮肤撕脱伤面积占阴囊皮肤面积50%以上。

p）双侧睾丸损伤，丧失生育能力。

q）双侧附睾或者输精管损伤，丧失生育能力。

r）直肠阴道瘘；膀胱阴道瘘；直肠膀胱瘘。

s）重度排尿障碍。

5.8.3　轻伤一级

a）骨盆2处以上骨折；骨盆骨折畸形愈合；髋臼骨折。

b）前尿道破裂，须手术治疗。

c）输尿管狭窄。

d）一侧卵巢缺失或者萎缩。

e）阴道轻度狭窄。

f）龟头缺失1/2以上。

g）阴囊皮肤撕脱伤面积占阴囊皮肤面积30%以上。

h）一侧睾丸或者附睾缺失；一侧睾丸或者附睾萎缩。

5.8.4　轻伤二级

a）骨盆骨折。

b）直肠或者肛管挫裂伤。

c）一侧输尿管挫裂伤；膀胱挫裂伤；尿道挫裂伤。

d）子宫挫裂伤；一侧卵巢或者输卵管挫裂伤。

e）阴道撕裂伤。

f）女性外阴皮肤创口或者瘢痕长度累计4.0cm以上。

g）龟头部分缺损。

h）阴茎撕脱伤；阴茎皮肤创口或者瘢痕长度2.0cm以上；阴茎海绵体出血并形成硬结。

i）阴囊壁贯通创；阴囊皮肤创口或者瘢痕长度累计4.0cm以上；阴囊内积血，2周内未完全吸收。

j）一侧睾丸破裂、血肿、脱位或者扭转。

k）一侧输精管破裂。

l）轻度肛门失禁或者轻度肛门狭窄。

m）轻度排尿障碍。

n）外伤性难免流产；外伤性胎盘早剥。

5.8.5 轻微伤

a）会阴部软组织挫伤。

b）会阴创；阴囊创；阴茎创。

c）阴囊皮肤挫伤。

d）睾丸或者阴茎挫伤。

e）外伤性先兆流产。

5.9 脊柱四肢损伤

5.9.1 重伤一级

a）二肢以上离断或者缺失（上肢腕关节以上、下肢踝关节以上）。

b）二肢六大关节功能完全丧失。

5.9.2 重伤二级

a）四肢任一大关节强直畸形或者功能丧失50%以上。

b）臂丛神经干性或者束性损伤，遗留肌瘫（肌力3级以下）。

c）正中神经肘部以上损伤，遗留肌瘫（肌力3级以下）。

d）桡神经肘部以上损伤，遗留肌瘫（肌力3级以下）。

e）尺神经肘部以上损伤，遗留肌瘫（肌力3级以下）。

f）骶丛神经或者坐骨神经损伤，遗留肌瘫（肌力3级以下）。

g）股骨干骨折缩短5.0cm以上、成角畸形30°以上或者严重旋转畸形。

h）胫腓骨骨折缩短5.0cm以上、成角畸形30°以上或者严重旋转畸形。

i）膝关节挛缩畸形屈曲30°以上。

j）一侧膝关节交叉韧带完全断裂遗留旋转不稳。

k）股骨颈骨折或者髋关节脱位，致股骨头坏死。

l）四肢长骨骨折不愈合或者假关节形成；四肢长骨骨折并发慢性骨髓炎。

m）一足离断或者缺失50%以上；足跟离断或者缺失50%以上。

n）一足的第一趾和其余任何二趾离断或者缺失；一足除第一趾外，离断或者缺失4趾。

o）两足5个以上足趾离断或者缺失。

p）一足第一趾及其相连的跖骨离断或者缺失。

q）一足除第一趾外，任何三趾及其相连的跖骨离断或者缺失。

5.9.3 轻伤一级

a）四肢任一大关节功能丧失25%以上。

b）一节椎体压缩骨折超过1/3以上；二节以上椎体骨折；三处以上横突、棘突或者椎弓骨折。

c）膝关节韧带断裂伴半月板破裂。

d）四肢长骨骨折畸形愈合。

e）四肢长骨粉碎性骨折或者两处以上骨折。

f）四肢长骨骨折累及关节面。

g）股骨颈骨折未见股骨头坏死,已行假体置换。

h）骺板断裂。

i）一足离断或者缺失10%以上;足跟离断或者缺失20%以上。

j）一足的第一趾离断或者缺失;一足除第一趾外的任何二趾离断或者缺失。

k）三个以上足趾离断或者缺失。

l）除第一趾外任何一趾及其相连的跖骨离断或者缺失。

m）肢体皮肤创口或者瘢痕长度累计45.0cm以上。

5.9.4　轻伤二级

a）四肢任一大关节功能丧失10%以上。

b）四肢重要神经损伤。

c）四肢重要血管破裂。

d）椎骨骨折或者脊椎脱位（尾椎脱位不影响功能的除外）;外伤性椎间盘突出。

e）肢体大关节韧带断裂;半月板破裂。

f）四肢长骨骨折;髌骨骨折。

g）骨骺分离。

h）损伤致肢体大关节脱位。

i）第一趾缺失超过趾间关节;除第一趾外,任何二趾缺失超过趾间关节;一趾缺失。

j）两节趾骨骨折;一节趾骨骨折合并一跖骨骨折。

k）两跖骨骨折或者一跖骨完全骨折;距骨、跟骨、骰骨、楔骨或者足舟骨骨折;跖跗关节脱位。

l）肢体皮肤一处创口或者瘢痕长度10.0cm以上;两处以上创口或者瘢痕长度累计15.0cm以上。

5.9.5　轻微伤

a）肢体一处创口或者瘢痕长度1.0cm以上;两处以上创口或者瘢痕长度累计1.5cm以上;刺创深达肌层。

b）肢体关节、肌腱或者韧带损伤。

c）骨挫伤。

d）足骨骨折。

e）外伤致趾甲脱落，甲床暴露；甲床出血。

f）尾椎脱位。

5.10　手损伤

5.10.1　重伤一级

a）双手离断、缺失或者功能完全丧失。

5.10.2　重伤二级

a）手功能丧失累计达一手功能36%。

b）一手拇指挛缩畸形不能对指和握物。

c）一手除拇指外，其余任何三指挛缩畸形，不能对指和握物。

d）一手拇指离断或者缺失超过指间关节。

e）一手示指和中指全部离断或者缺失。

f）一手除拇指外的任何三指离断或者缺失均超过近侧指间关节。

5.10.3　轻伤一级

a）手功能丧失累计达一手功能16%。

b）一手拇指离断或者缺失未超过指间关节。

c）一手除拇指外的示指和中指离断或者缺失均超过远侧指间关节。

d）一手除拇指外的环指和小指离断或者缺失均超过近侧指间关节。

5.10.4　轻伤二级

a）手功能丧失累计达一手功能4%。

b）除拇指外的一个指节离断或者缺失。

c）两节指骨线性骨折或者一节指骨粉碎性骨折（不含第2至5指末节）。

d）舟骨骨折、月骨脱位或者掌骨完全性骨折。

5.10.5　轻微伤

a）手擦伤面积10.0cm^2以上或者挫伤面积6.0cm^2以上。

b）手一处创口或者瘢痕长度1.0cm以上；两处以上创口或者瘢痕长度累计1.5cm以上；刺伤深达肌层。

c）手关节或者肌腱损伤。

d）腕骨、掌骨或者指骨骨折。

e）外伤致指甲脱落，甲床暴露；甲床出血。

5.11　体表损伤

5.11.1　重伤二级

a）挫伤面积累计达体表面积30%。

b）创口或者瘢痕长度累计200.0cm以上。

5.11.2 轻伤一级

a）挫伤面积累计达体表面积10%。

b）创口或者瘢痕长度累计40.0cm以上。

c）撕脱伤面积100.0cm^{2}以上。

d）皮肤缺损30.0cm^{2}以上。

5.11.3 轻伤二级

a）挫伤面积达体表面积6%。

b）单个创口或者瘢痕长度10.0cm以上；多个创口或者瘢痕长度累计15.0cm以上。

c）撕脱伤面积50.0cm^{2}以上。

d）皮肤缺损6.0cm^{2}以上。

5.11.4 轻微伤

a）擦伤面积20.0cm^{2}以上或者挫伤面积15.0cm^{2}以上。

b）一处创口或者瘢痕长度1.0cm以上；两处以上创口或者瘢痕长度累计1.5cm以上；刺创深达肌层。

c）咬伤致皮肤破损。

5.12 其他损伤

5.12.1 重伤一级

a）深Ⅱ°以上烧烫伤面积达体表面积70%或者Ⅲ°面积达30%。

5.12.2 重伤二级

a）Ⅱ°以上烧烫伤面积达体表面积30%或者Ⅲ°面积达10%；面积低于上述程度但合并吸入有毒气体中毒或者严重呼吸道烧烫伤。

b）枪弹创，创道长度累计180.0cm。

c）各种损伤引起脑水肿（脑肿胀），脑疝形成。

d）各种损伤引起休克（中度）。

e）挤压综合征（Ⅱ级）。

f）损伤引起脂肪栓塞综合征（完全型）。

g）各种损伤致急性呼吸窘迫综合征（重度）。

h）电击伤（Ⅱ°）。

i）溺水（中度）。

j）脑内异物存留；心脏异物存留。

k）器质性阴茎勃起障碍（重度）。

5.12.3 轻伤一级

a）Ⅱ°以上烧烫伤面积达体表面积20%或者Ⅲ°面积达5%。

b）损伤引起脂肪栓塞综合征（不完全型）。

c）器质性阴茎勃起障碍（中度）。

5.12.4 轻伤二级

a）Ⅱ°以上烧烫伤面积达体表面积5%或者Ⅲ°面积达0.5%。

b）呼吸道烧伤。

c）挤压综合征（Ⅰ级）。

d）电击伤（Ⅰ°）。

e）溺水（轻度）。

f）各种损伤引起休克（轻度）。

g）呼吸功能障碍，出现窒息征象。

h）面部异物存留；眶内异物存留；鼻窦异物存留。

i）胸腔内异物存留；腹腔内异物存留；盆腔内异物存留。

j）深部组织内异物存留。

k）骨折内固定物损坏需要手术更换或者修复。

l）各种置入式假体装置损坏需要手术更换或者修复。

m）器质性阴茎勃起障碍（轻度）。

5.12.5 轻微伤

a）身体各部位骨皮质的砍（刺）痕；轻微撕脱性骨折，无功能障碍。

b）面部Ⅰ°烧烫伤面积10.0cm^2以上；浅Ⅱ°烧烫伤。

c）颈部Ⅰ°烧烫伤面积15.0cm^2以上；浅Ⅱ°烧烫伤面积2.0cm^2以上。

d）体表Ⅰ°烧烫伤面积20.0cm^2以上；浅Ⅱ°烧烫伤面积4.0cm^2以上；深Ⅱ°烧烫伤。

6 附则

6.1 伤后因其他原因死亡的个体，其生前损伤比照本标准相关条款综合鉴定。

6.2 未列入本标准中的物理性、化学性和生物性等致伤因素造成的人体损伤，比照本标准中的相应条款综合鉴定。

6.3 本标准所称的损伤是指各种致伤因素所引起的人体组织器官结构破坏或者功能障碍。反应性精神病、癔症等，均为内源性疾病，不宜鉴定损伤程度。

6.4 本标准未作具体规定的损伤，可以遵循损伤程度等级划分原则，比照本标准相近条款进行损伤程度鉴定。

6.5 盲管创、贯通创，其创道长度可视为皮肤创口长度，并参照皮肤创口长度相应条款鉴定损伤程度。

6.6　牙折包括冠折、根折和根冠折，冠折须暴露髓腔。

6.7　骨皮质的砍(刺)痕或者轻微撕脱性骨折(无功能障碍)的，不构成本标准所指的轻伤。

6.8　本标准所称大血管是指胸主动脉、主动脉弓分支、肺动脉、肺静脉、上腔静脉和下腔静脉，腹主动脉、髂总动脉、髂外动脉、髂外静脉。

6.9　本标准四肢大关节是指肩、肘、腕、髋、膝、踝等六大关节。

6.10　本标准四肢重要神经是指臂丛及其分支神经(包括正中神经、尺神经、桡神经和肌皮神经等)和腰骶丛及其分支神经(包括坐骨神经、腓总神经、腓浅神经和胫神经等)。

6.11　本标准四肢重要血管是指与四肢重要神经伴行的同名动、静脉。

6.12　本标准幼女或者儿童是指年龄不满14周岁的个体。

6.13　本标准所称的假体是指植入体内替代组织器官功能的装置，如：颅骨修补材料、人工晶体、义眼座、固定义齿(种植牙)、阴茎假体、人工关节、起搏器、支架等，但可摘式义眼、义齿等除外。

6.14　移植器官损伤参照相应条款综合鉴定。

6.15　本标准所称组织器官包括再植或者再造成活的。

6.16　组织器官缺失是指损伤当时完全离体或者仅有少量皮肤和皮下组织相连，或者因损伤经手术切除的。器官离断(包括牙齿脱落)，经再植、再造手术成功的，按损伤当时情形鉴定损伤程度。

6.17　对于两个部位以上同类损伤可以累加，比照相关部位数值规定高的条款进行评定。

6.18　本标准所涉及的体表损伤数值，0～6岁按50%计算，7～10岁按60%计算，11～14岁按80%计算。

6.19　本标准中出现的数字均含本数。

附录A

(规范性附录)

损伤程度等级划分原则

A.1　重伤一级

各种致伤因素所致的原发性损伤或者由原发性损伤引起的并发症，严重危及生命；遗留肢体严重残废或者重度容貌毁损；严重丧失听觉、视觉或者其他重要器官功能。

A.2　重伤二级

各种致伤因素所致的原发性损伤或者由原发性损伤引起的并发症，危及生命；遗留肢体残废或者轻度容貌毁损；丧失听觉、视觉或者其他重要器官功能。

A.3　轻伤一级

各种致伤因素所致的原发性损伤或者由原发性损伤引起的并发症，未危及生命；遗留组织器官结构、功能中度损害或者明显影响容貌。

A.4　轻伤二级

各种致伤因素所致的原发性损伤或者由原发性损伤引起的并发症，未危及生命；遗留组织器官结构、功能轻度损害或者影响容貌。

A.5　轻微伤

各种致伤因素所致的原发性损伤，造成组织器官结构轻微损害或者轻微功能障碍。

A.6　等级限度

重伤二级是重伤的下限，与重伤一级相衔接，重伤一级的上限是致人死亡；轻伤二级是轻伤的下限，与轻伤一级相衔接，轻伤一级的上限与重伤二级相衔接；轻微伤的上限与轻伤二级相衔接，未达轻微伤标准的，不鉴定为轻微伤。

附录 B

（规范性附录）

功能损害判定基准和使用说明

B.1　颅脑损伤

B.1.1　智能(IQ)减退

极重度智能减退：IQ 低于 25；语言功能丧失；生活完全不能自理。

重度智能减退：IQ25～39 之间；语言功能严重受损，不能进行有效的语言交流；生活大部分不能自理。

中度智能减退：IQ40～54 之间；能掌握日常生活用语，但词汇贫乏，对周围环境辨别能力差，只能以简单的方式与人交往；生活部分不能自理，能做简单劳动。

轻度智能减退：IQ55～69 之间；无明显语言障碍，对周围环境有较好的辨别能力，能比较恰当的与人交往；生活能自理，能做一般非技术性工作。

边缘智能状态：IQ70～84 之间；抽象思维能力或者思维广度、深度机敏性显示不良；不能完成高级复杂的脑力劳动。

B.1.2　器质性精神障碍

有明确的颅脑损伤伴不同程度的意识障碍病史，并且精神障碍发生和病程与颅脑损伤相关。症状表现为：意识障碍；遗忘综合征；痴呆；器质性人格改变；

精神病性症状；神经症样症状；现实检验能力或者社会功能减退。

B.1.3　生活自理能力

生活自理能力主要包括以下五项：

(1) 进食。

(2) 翻身。

(3) 大、小便。

(4) 穿衣、洗漱。

(5) 自主行动。

生活完全不能自理：是指上述五项均需依赖护理者。

生活大部分不能自理：是指上述五项中三项以上需依赖护理者。

生活部分不能自理：是指上述五项中一项以上需依赖护理者。

B.1.4　肌瘫(肌力)

0 级：肌肉完全瘫痪，毫无收缩。

1 级：可看到或者触及肌肉轻微收缩，但不能产生动作。

2 级：肌肉在不受重力影响下，可进行运动，即肢体能在床面上移动，但不能抬高。

3 级：在和地心引力相反的方向中尚能完成其动作，但不能对抗外加的阻力。

4 级：能对抗一定的阻力，但较正常人为低。

5 级：正常肌力。

B.1.5　非肢体瘫的运动障碍

非肢体瘫的运动障碍包括肌张力增高，共济失调，不自主运动或者震颤等。根据其对生活自理影响的程度划分为轻、中、重三度。

重度：不能自行进食，大小便，洗漱，翻身和穿衣，需要他人护理。

中度：上述动作困难，但在他人帮助下可以完成。

轻度：完成上述动作虽有一些困难，但基本可以自理。

B.1.6　外伤性迟发性癫痫应具备的条件

(1) 确证的头部外伤史。

(2) 头部外伤 90 日后仍被证实有癫痫的临床表现。

(3) 脑电图检查(包括常规清醒脑电图检查、睡眠脑电图检查或者较长时间连续同步录像脑电图检查等)显示异常脑电图。

(4) 影像学检查确证颅脑器质性损伤。

B.1.7　肛门失禁

重度：大便不能控制；肛门括约肌收缩力很弱或者丧失；肛门括约肌收缩反射很弱或者消失；直肠内压测定，肛门注水法 $<20\text{cmH}_2\text{O}$。

轻度:稀便不能控制;肛门括约肌收缩力较弱;肛门括约肌收缩反射较弱;直肠内压测定,肛门注水法 20 ~ 30cmH_2O。

B.1.8　排尿障碍

重度:出现真性重度尿失禁或者尿潴留残余尿≥50mL。

轻度:出现真性轻度尿失禁或者尿潴留残余尿 < 50mL。

B.2　头面部损伤

B.2.1　眼睑外翻

重度外翻:睑结膜严重外翻,穹隆部消失。

中度外翻:睑结膜和睑板结膜外翻。

轻度外翻:睑结膜与眼球分离,泪点脱离泪阜。

B.2.2　容貌毁损

重度:面部瘢痕畸形,并有以下六项中四项者。(1) 眉毛缺失;(2) 双睑外翻或者缺失;(3) 外耳缺失;(4) 鼻缺失;(5) 上、下唇外翻或者小口畸形;(6) 颈颏粘连。

中度:具有以下六项中三项者。(1) 眉毛部分缺失;(2) 眼睑外翻或者部分缺失;(3) 耳廓部分缺失;(4) 鼻翼部分缺失;(5) 唇外翻或者小口畸形;(6) 颈部瘢痕畸形。

轻度:含中度畸形六项中二项者。

B.2.3　面部及中心区

面部的范围是指前额发际下,两耳屏前与下颌下缘之间的区域,包括额部、眶部、鼻部、口唇部、颏部、颧部、颊部、腮腺咬肌部。

面部中心区:以眉弓水平线为上横线,以下唇唇红缘中点处作水平线为下横线,以双侧外眦处作两条垂直线,上述四条线围绕的中央部分为中心区。

B.2.4　面瘫(面神经麻痹)

本标准涉及的面瘫主要是指外周性(核下性)面神经损伤所致。

完全性面瘫:是指面神经五个分支(颞支、颧支、颊支、下颌缘支和颈支)支配的全部颜面肌肉瘫痪,表现为:额纹消失,不能皱眉;眼睑不能充分闭合,鼻唇沟变浅;口角下垂,不能示齿,鼓腮,吹口哨,饮食时汤水流逸。

不完全性面瘫:是指面神经颧支、下颌支或者颞支和颊支损伤出现部分上述症状和体征。

B.2.5　张口困难分级

张口困难Ⅰ度:大张口时,只能垂直置入示指和中指。

张口困难Ⅱ度:大张口时,只能垂直置入示指。

张口困难Ⅲ度:大张口时,上、下切牙间距小于示指之横径。

B.3 听器听力损伤

听力损失计算应按照世界卫生组织推荐的听力减退分级的频率范围，取0.5、1、2、4kHz四个频率气导听阈级的平均值。如所得均值不是整数，则小数点后之尾数采用4舍5入法进为整数。

纯音听阈级测试时，如某一频率纯音气导最大声输出仍无反应时，以最大声输出值作为该频率听阈级。

听觉诱发电位测试时，若最大输出声强仍引不出反应波形的，以最大输出声强为反应阈值。在听阈评估时，听力学单位一律使用听力级(dB HL)。一般情况下，受试者听觉诱发电位反应阈要比其行为听阈高10～20dB(该差值又称“校正值”)，即受试者的行为听阈等于其听觉诱发电位反应阈减去“校正值”。听觉诱发电位检测实验室应建立自己的“校正值”，如果没有自己的“校正值”，则取平均值(15dB)作为“校正值”。

纯音气导听阈级应考虑年龄因素，按照《纯音气导阈的年龄修正值》(GB 7582－87)听阈级偏差的中值(50%)进行修正，其中4000Hz的修正值参考2000Hz的数值。

表B.1 纯音气导阈值的年龄修正值(GB 7582－87)

年龄	男			女		
	500Hz	1000Hz	2000Hz	500Hz	1000Hz	2000Hz
30	1	1	1	1	1	1
40	2	2	3	2	2	3
50	4	4	7	4	4	6
60	6	7	12	6	7	11
70	10	11	19	10	11	16

B.4 视觉器官损伤

B.4.1 盲及视力损害分级

表B.2 盲及视力损害分级标准(2003年，WHO)

分类	远视力低于	远视力等于或优于
轻度或无视力损害		0.3
中度视力损害(视力损害1级)	0.3	0.1
重度视力损害(视力损害2级)	0.1	0.05
盲(盲目3级)	0.05	0.02
盲(盲目4级)	0.02	光感
盲(盲目5级)		无光感

B.4.2 视野缺损

视野有效值计算公式：

$$实测视野有效值(\%)=\frac{8条子午线实测视野值}{500}$$

表 B.3 视野有效值与视野半径的换算

视野有效值(%)	视野度数(半径)
8	5°
16	10°
24	15°
32	20°
40	25°
48	30°
56	35°
64	40°
72	45°
80	50°
88	55°
96	60°

B.5 颈部损伤

B.5.1 甲状腺功能低下

重度：临床症状严重；T3、T4 或者 FT3、FT4 低于正常值，TSH > 50μU/L。

中度：临床症状较重；T3、T4 或者 FT3、FT4 正常，TSH > 50μU/L。

轻度：临床症状较轻；T3、T4 或者 FT3、FT4 正常，TSH，轻度增高但 < 50μU/L。

B.5.2 甲状旁腺功能低下（以下分级需结合临床症状分析）

重度：空腹血钙 < 6mg/dL。

中度：空腹血钙 6 ~ 7mg/dL。

轻度：空腹血钙 7.1 ~ 8mg/dL。

B.5.3 发声功能障碍

重度：声哑、不能出声。

轻度：发音过弱、声嘶、低调、粗糙、带鼻音。

B.5.4 构音障碍

严重构音障碍：表现为发音不分明，语不成句，难以听懂，甚至完全不能说话。

轻度构音障碍:表现为发音不准,吐字不清,语调速度、节律等异常,鼻音过重。

B.6 胸部损伤

B.6.1 心功能分级

Ⅰ级:体力活动不受限,日常活动不引起过度的乏力、呼吸困难或者心悸。即心功能代偿期。

Ⅱ级:体力活动轻度受限,休息时无症状,日常活动即可引起乏力、心悸、呼吸困难或者心绞痛。亦称Ⅰ度或者轻度心衰。

Ⅲ级:体力活动明显受限,休息时无症状,轻于日常的活动即可引起上述症状。亦称Ⅱ度或者中度心衰。

Ⅳ级:不能从事任何体力活动,休息时亦有充血性心衰或心绞痛症状,任何体力活动后加重。亦称Ⅲ度或者重度心衰。

B.6.2 呼吸困难

1级:与同年龄健康者在平地一同步行无气短,但登山或者上楼时呈气短。

2级:平路步行1000m无气短,但不能与同龄健康者保持同样速度,平路快步行走呈现气短,登山或者上楼时气短明显。

3级:平路步行100m即有气短。

4级:稍活动(如穿衣、谈话)即气短。

B.6.3 窒息征象

临床表现为面、颈、上胸部皮肤出现针尖大小的出血点,以面部与眼眶部为明显;球睑结膜下出现出血斑点。

B.7 腹部损伤

B.7.1 肝功能损害

表 B.4 肝功能损害分度

程度	血清清蛋白	血清总胆红素	腹水	脑症	凝血酶原时间
重度	<2.5g/dL	>3.0mg/dL	顽固性	明显	明显延长(较对照组>9秒)
中度	2.5~3.0g/dL	2.0~3.0mg/dL	无或者少量,治疗后消失	无或者轻度	延长(较对照组>6秒)
轻度	3.1~3.5g/dL	1.5~2.0mg/dL	无	无	稍延长(较对照组>3秒)

B.7.2 肾功能不全

表 B.5　肾功能不全分期

分期	内生肌酐清除率	血尿素氮浓度	血肌酐浓度	临床症状
代偿期	降至正常的50% 50～70mL/min	正常	正常	通常无明显临床症状
失代偿期	25～49mL/min		>177μmol/L(2mg/dL) 但<450μmol/L (5mg/dL)	无明显临床症状，可有轻度贫血；夜尿、多尿
尿毒症期	<25mL/min	>21.4mmol/L (60mg/dL)	450～ 707μmol/L (5～8mg/dL)	常伴有酸中毒和严重尿毒症临床症状

B.7.3　会阴及阴道撕裂

Ⅰ度：会阴部粘膜、阴唇系带、前庭粘膜、阴道粘膜等处有撕裂，但未累及肌层及筋膜。

Ⅱ度：撕裂伤累及盆底肌肉筋膜，但未累及肛门括约肌。

Ⅲ度：肛门括约肌全部或者部分撕裂，甚至直肠前壁亦被撕裂。

B.8　其他损伤

B.8.1　烧烫伤分度

表 B.6　烧伤深度分度

程度		损伤组织	烧伤部位特点	愈后情况
Ⅰ度		表皮	皮肤红肿，有热、痛感，无水疱，干燥，局部温度稍有增高	不留瘢痕
Ⅱ度	浅Ⅱ度	真皮浅层	剧痛，表皮有大而薄的水疱，疱底有组织充血和明显水肿；组织坏死仅限于皮肤的真皮层，局部温度明显增高	不留瘢痕
	深Ⅱ度	真皮深层	痛，损伤已达真皮深层，水疱较小，表皮和真皮层大部分凝固和坏死。将已分离的表皮揭去，可见基底微湿，色泽苍白上有红出血点，局部温度较低	可留下瘢痕

（续表）

程度	损伤组织	烧伤部位特点	愈后情况
Ⅲ度	全层皮肤或者皮下组织、肌肉、骨骼	不痛,皮肤全层坏死,干燥如皮革样,不起水疱,蜡白或者焦黄,炭化,知觉丧失,脂肪层的大静脉全部坏死,局部温度低,发凉	需自体皮肤移植,有瘢痕或者畸形

B.8.2　电击伤

Ⅰ度:全身症状轻微,只有轻度心悸。触电肢体麻木,全身无力,如极短时间内脱离电源,稍休息可恢复正常。

Ⅱ度:触电肢体麻木,面色苍白,心跳、呼吸增快,甚至昏厥、意识丧失,但瞳孔不散大。对光反射存在。

Ⅲ度:呼吸浅而弱、不规则,甚至呼吸骤停。心律不齐,有室颤或者心搏骤停。

B.8.3　溺水

重度:落水后3~4分钟,神志昏迷,呼吸不规则,上腹部膨胀,心音减弱或者心跳、呼吸停止。淹溺到死亡的时间一般为5~6分钟。

中度:落水后1~2分钟,神志模糊,呼吸不规则或者表浅,血压下降,心跳减慢,反射减弱。

轻度:刚落水片刻,神志清,血压升高,心率、呼吸增快。

B.8.4　挤压综合征

系人体肌肉丰富的四肢与躯干部位因长时间受压(例如暴力挤压)或者其他原因造成局部循环障碍,结果引起肌肉缺血性坏死,出现肢体明显肿胀、肌红蛋白尿及高血钾等为特征的急性肾功能衰竭。

Ⅰ级:肌红蛋白尿试验阳性,肌酸磷酸激酶(CPK)增高,而无肾衰等周身反应者。

Ⅱ级:肌红蛋白尿试验阳性,肌酸磷酸激酶(CPK)明显升高,血肌酐和尿素氮增高,少尿,有明显血浆渗入组织间隙,致有效血容量丢失,出现低血压者。

Ⅲ级:肌红蛋白尿试验阳性,肌酸磷酸激酶(CPK)显著升高,少尿或者尿闭,休克,代谢性酸中毒以及高血钾者。

B.8.5　急性呼吸窘迫综合征

急性呼吸窘迫综合征(ARDS)须具备以下条件:

(1) 有发病的高危因素。

(2) 急性起病,呼吸频率数和/或呼吸窘迫。

(3) 低氧血症,$PaO_2/FiO_2 \leqslant 200mmHg$。

(4) 胸部X线检查两肺浸润影。

(5) 肺毛细血管楔压(PCWP)≤18mmHg,或者临床上除外心源性肺水肿。

凡符合以上5项可诊断为ARDS。

表B.7 急性呼吸窘迫综合征分度

程度	临床分级			血气分析分级	
	呼吸频率	临床表现	X线示	吸空气	吸纯氧15分钟后
轻度	>35次/分	无发绀	无异常或者纹理增多,边缘模糊	氧分压<8.0kPa 二氧化碳分压<4.7kPa	氧分压<46.7kPa Qs/Qt>10%
中度	>40次/分	发绀,肺部有异常体征	斑片状阴影或者呈磨玻璃样改变,可见支气管气相	氧分压<6.7kPa 二氧化碳分压<5.3kPa	氧分压<20.0kPa Qs/Qt>20%
重度	呼吸极度窘迫	发绀进行性加重,肺广泛湿罗音或者实变	双肺大部分密度普遍增高,支气管气相明显	氧分压<5.3kPa(40mmHg) 二氧化碳分压>6.0kPa	氧分压<13.3kPa Qs/Qt>30%

B.8.6 脂肪栓塞综合征

不完全型(或者称部分症候群型):伤者骨折后出现胸部疼痛,咳呛震痛,胸闷气急,痰中带血,神疲身软,面色无华,皮肤出现瘀血点,上肢无力伸举,脉多细涩。实验室检查有明显低氧血症,预后一般良好。

完全型(或者称典型症候群型):伤者创伤骨折后出现神志恍惚,严重呼吸困难,口唇紫绀,胸闷欲绝,脉细涩。本型初起表现为呼吸和心动过速、高热等非特异症状。此后出现呼吸窘迫、神志不清以至昏迷等神经系统症状,在眼结膜及肩、胸皮下可见散在瘀血点,实验室检查可见血色素降低,血小板减少,血沉增快以及出现低氧血症。肺部X线检查可见多变的进行性的肺部斑片状阴影改变和右心扩大。

B.8.7 休克分度

表 B.8　休克分度

程度	血压(收缩压)kPa	脉搏(次/分)	全身状况
轻度	12~13.3(90~100mmHg)	90~100	尚好
中度	10~12(75~90mmHg)	110~130	抑制、苍白、皮肤冷
重度	<10(<75mmHg)	120~160	明显抑制
垂危	0		呼吸障碍、意识模糊

B.8.8　器质性阴茎勃起障碍

重度:阴茎无勃起反应,阴茎硬度及周径均无改变。

中度:阴茎勃起时最大硬度>0,<40%,每次勃起持续时间<10分钟。

轻度:阴茎勃起时最大硬度≥40%,<60%,每次勃起持续时间<10分钟。

附录C

(资料性附录)

人体损伤程度鉴定常用技术

C.1　视力障碍检查

视力记录可采用小数记录或者5分记录两种方式。视力(指远距视力)经用镜片(包括接触镜,针孔镜等),纠正达到正常视力范围(0.8以上)或者接近正常视力范围(0.4-0.8)的都不属视力障碍范围。

中心视力好而视野缩小,以注视点为中心,视野半径小于10度而大于5度者为盲目3级,如半径小于5度者为盲目4级。

周边视野检查:视野缩小系指因损伤致眼球注视前方而不转动所能看到的空间范围缩窄,以致难以从事正常工作、学习或者其他活动。

对视野检查要求,视标颜色:白色,视标大小:5mm,检查距离330mm,视野背景亮度:31.5asb。

周边视野缩小,鉴定以实测得八条子午线视野值的总和计算平均值,即有效视野值。

视力障碍检查具体方法参考《视觉功能障碍法医鉴定指南》(SF/Z JD0103004)。

C.2　听力障碍检查

听力障碍检查应符合《听力障碍的法医学评定》(GA/T 914)。

C.3　前庭平衡功能检查

本标准所指的前庭平衡功能丧失及前庭平衡功能减退,是指外力作用颅脑或者耳部,造成前庭系统的损伤。伤后出现前庭平衡功能障碍的临床表现,自发性前庭体征检查法和诱发性前庭功能检查法等有阳性发现(如眼震电图/眼震视图,静、动态平衡仪,前庭诱发电位等检查),结合听力检查和神经系统检查,以及影像学检查综合判定,确定前庭平衡功能是丧失,或者减退。

C.4　阴茎勃起功能检测

阴茎勃起功能检测应满足阴茎勃起障碍法医学鉴定的基本要求,具体方法参考《男子性功能障碍法医学鉴定规范》(SF/Z JD0103002)。

C.5　体表面积计算

九分估算法:成人体表面积视为100%,将总体表面积划分为11个9%等面积区域,即头(面)颈部占一个9%,双上肢占二个9%,躯干前后及会阴部占三个9%,臀部及双下肢占五个9%+1%(见表B2)。

表C.1　体表面积的九分估算法

部位	面积,%	按九分法面积,%
头 颈	6 3	(1×9)=9
前躯 后躯 会阴	13 13 1	(3×9)=27
双上臂 双前臂 双手	7 6 5	(2×9)=18
臀 双大腿 双小腿 双足	5 21 13 7	(5×9+1)=46
全身合计	100	(11×9+1)=100

注:12岁以下儿童体表面积:头颈部=9+(12-年龄),双下肢=46-(12-年龄)

手掌法：受检者五指并拢，一掌面相当其自身体表面积的1%。

公式计算法：S(平方米)=0.0061×身长(cm)+0.0128×体重(kg)−0.1529

C.6 肢体关节功能丧失程度评价

肢体关节功能评价使用说明(适用于四肢大关节功能评定)：

1. 各关节功能丧失程度等于相应关节所有轴位(如腕关节有两个轴位)和所有方位(如腕关节有四个方位)功能丧失值的之和再除以相应关节活动的方位数之和。例如：腕关节掌屈40度，背屈30度，桡屈15度，尺屈20度。查表得相应功能丧失值分别为30%、40%、60%和60%，求得腕关节功能丧失程度为47.5%。如果掌屈伴肌力下降(肌力3级)，查表得相应功能丧失值分别为65%、40%、60%和60%。求得腕关节功能丧失程度为56.25%。

2. 当关节活动受限于某一方位时，其同一轴位的另一方位功能丧失值以100%计。如腕关节掌屈和背屈轴位上的活动限制在掌屈10度与40度之间，则背屈功能丧失值以100%计，而掌屈以40度计，查表得功能丧失值为30%，背屈功能以100%计，则腕关节功能丧失程度为65%。

3. 对疑有关节病变(如退行性变)并影响关节功能时，伤侧关节功能丧失值应与对侧进行比较，即同时用查表法分别求出伤侧和对侧关节功能丧失值，并用伤侧关节功能丧失值减去对侧关节功能丧失值即为伤侧关节功能实际丧失值。

4. 由于本标准对于关节功能的评定已经考虑到肌力减退对于关节功能的影响，故在测量关节运动活动度时，应以关节被动活动度为准。

C.6.1 肩关节功能丧失程度评定

表C.2 肩关节功能丧失程度(%)

	关节运动活动度	肌力				
		≤M1	M2	M3	M4	M5
前屈	≥171	100	75	50	25	0
	151~170	100	77	55	32	10
	131~150	100	80	60	40	20
	111~130	100	82	65	47	30
	91~110	100	85	70	55	40
	71~90	100	87	75	62	50
	51~70	100	90	80	70	60
	31~50	100	92	85	77	70
	≤30	100	95	90	85	80

（续表）

	关节运动活动度	肌力				
		≤M1	M2	M3	M4	M5
后伸	≥41	100	75	50	25	0
	31～40	100	80	60	40	20
	21～30	100	85	70	55	40
	11～20	100	90	80	70	60
	≤10	100	95	90	85	80
外展	≥171	100	75	50	25	0
	151～170	100	77	55	32	10
	131～150	100	80	60	40	20
	111～130	100	82	65	47	30
	91～110	100	85	70	55	40
	71～90	100	87	75	62	50
	51～70	100	90	80	70	60
	31～50	100	92	85	77	70
	≤30	100	95	90	85	80
内收	≥41	100	75	50	25	0
	31～40	100	80	60	40	20
	21～30	100	85	70	55	40
	11～20	100	90	80	70	60
	≤10	100	95	90	85	80
内旋	≥81	100	75	50	25	0
	71～80	100	77	55	32	10
	61～70	100	80	60	40	20
	51～60	100	82	65	47	30
	41～50	100	85	70	55	40
	31～40	100	87	75	62	50
	21～30	100	90	80	70	60
	11～20	100	92	85	77	70
	≤10	100	95	90	85	80

（续表）

	关节运动活动度	肌力				
		≤M1	M2	M3	M4	M5
外旋	≥81	100	75	50	25	0
	71～80	100	77	55	32	10
	61～70	100	80	60	40	20
	51～60	100	82	65	47	30
	41～50	100	85	70	55	40
	31～40	100	87	75	62	50
	21～30	100	90	80	70	60
	11～20	100	92	85	77	70
	≤10	100	95	90	85	80

C.6.2 肘关节功能丧失程度评定

表 C.3 肘关节功能丧失程度(%)

	关节运动活动度	肌力				
		≤M1	M2	M3	M4	M5
屈曲	≥41	100	75	50	25	0
	36～40	100	77	55	32	10
	31～35	100	80	60	40	20
	26～30	100	82	65	47	30
	21～25	100	85	70	55	40
	16～20	100	87	75	62	50
	11～15	100	90	80	70	60
	6～10	100	92	85	77	70
	≤5	100	95	90	85	80
伸展	81～90	100	75	50	25	0
	71～80	100	77	55	32	10
	61～70	100	80	60	40	20
	51～60	100	82	65	47	30
	41～50	100	85	70	55	40
	31～40	100	87	75	62	50
	21～30	100	90	80	70	60
	11～20	100	92	85	77	70
	≤10	100	95	90	85	80

注：为方便肘关节功能计算，此处规定肘关节以屈曲 90 度为中立位 0 度。

C.6.3 腕关节功能丧失程度评定

表 C.4 腕关节功能丧失程度(%)

	关节运动活动度	肌力				
		≤M1	M2	M3	M4	M5
掌屈	≥61	100	75	50	25	0
	51~60	100	77	55	32	10
	41~50	100	80	60	40	20
	31~40	100	82	65	47	30
	26~30	100	85	70	55	40
	21~25	100	87	75	62	50
	16~20	100	90	80	70	60
	11~15	100	92	85	77	70
	≤10	100	95	90	85	80
背屈	≥61	100	75	50	25	0
	51~60	100	77	55	32	10
	41~50	100	80	60	40	20
	31~40	100	82	65	47	30
	26~30	100	85	70	55	40
	21~25	100	87	75	62	50
	16~20	100	90	80	70	60
	11~15	100	92	85	77	70
	≤10	100	95	90	85	80
桡屈	≥21	100	75	50	25	0
	16~20	100	80	60	40	20
	11~15	100	85	70	55	40
	6~10	100	90	80	70	60
	≤5	100	95	90	85	80
尺屈	≥41	100	75	50	25	0
	31~40	100	80	60	40	20
	21~30	100	85	70	55	40
	11~20	100	90	80	70	60
	≤10	100	95	90	85	80

C.6.4 髋关节功能丧失程度评定

表 C.5 髋关节功能丧失程度(%)

	关节运动活动度	肌力				
		≤M1	M2	M3	M4	M5
前屈	≥121	100	75	50	25	0
	106~120	100	77	55	32	10
	91~105	100	80	60	40	20
	76~90	100	82	65	47	30
	61~75	100	85	70	55	40
	46~60	100	87	75	62	50
	31~45	100	90	80	70	60
	16~30	100	92	85	77	70
	≤15	100	95	90	85	80
后伸	≥11	100	75	50	25	0
	6~10	100	85	70	55	20
	1~5	100	90	80	70	50
	0	100	95	90	85	80
外展	≥41	100	75	50	25	0
	31~40	100	80	60	40	20
	21~30	100	85	70	55	40
	11~20	100	90	80	70	60
	≤10	100	95	90	85	80
内收	≥16	100	75	50	25	0
	11~15	100	80	60	40	20
	6~10	100	85	70	55	40
	1~5	100	90	80	70	60
	0	100	95	90	85	80
外旋	≥41	100	75	50	25	0
	31~40	100	80	60	40	20
	21~30	100	85	70	55	40
	11~20	100	90	80	70	60
	≤10	100	95	90	85	80

（续表）

	关节运动活动度	肌力				
		≤M1	M2	M3	M4	M5
内旋	≥41	100	75	50	25	0
	31～40	100	80	60	40	20
	21～30	100	85	70	55	40
	11～20	100	90	80	70	60
	≤10	100	95	90	85	80

注：表中前屈指屈膝位前屈。

C.6.5 膝关节功能丧失程度评定

表 C.6 膝关节功能丧失程度(%)

	关节运动活动度	肌力				
		≤M1	M2	M3	M4	M5
屈曲	≥130	100	75	50	25	0
	116～129	100	77	55	32	10
	101～115	100	80	60	40	20
	86～100	100	82	65	47	30
	71～85	100	85	70	55	40
	61～70	100	87	75	62	50
	46～60	100	90	80	70	60
	31～45	100	92	85	77	70
	≤30	100	95	90	85	80
伸展	≤-5	100	75	50	25	0
	-6～-10	100	77	55	32	10
	-11～-20	100	80	60	40	20
	-21～-25	100	82	65	47	30
	-26～-30	100	85	70	55	40
	-31～-35	100	87	75	62	50
	-36～-40	100	90	80	70	60
	-41～-45	100	92	85	77	70
	≥46	100	95	90	85	80

注：表中负值表示膝关节伸展时到达功能位（直立位）所差的度数。

使用说明：考虑到膝关节同一轴位屈伸活动相互重叠，膝关节功能丧失程度的计算方法与其他关节略有不同，即根据关节屈曲与伸展运动活动度查表得出相应功能丧失程度，再求和即为膝关节功能丧失程度。当二者之和大于100%时，以100%计算。

C.6.6 踝关节功能丧失程度评定

表 C.7 踝关节功能丧失程度(%)

	关节运动活动度	肌力				
		≤M1	M2	M3	M4	M5
背屈	≥16	100	75	50	25	0
	11~15	100	80	60	40	20
	6~10	100	85	70	55	40
	1~5	100	90	80	70	60
	0	100	95	90	85	80
跖屈	≥41	100	75	50	25	0
	31~40	100	80	60	40	20
	21~30	100	85	70	55	40
	11~20	100	90	80	70	60
	≤10	100	95	90	85	80

C.7 手功能计算

C.7.1 手缺失和丧失功能的计算

一手拇指占一手功能的36%,其中末节和近节指节各占18%;食指、中指各占一手功能的18%,其中末节指节占8%,中节指节占7%,近节指节占3%;无名指和小指各占一手功能的9%,其中末节指节占4%,中节指节占3%,近节指节占2%。一手掌占一手功能的10%,其中第一掌骨占4%,第二、第三掌骨各占2%,第四、第五掌骨各占1%。本标准中,双手缺失或丧失功能的程度是按前面方法累加计算的结果。

C.7.2 手感觉丧失功能的计算

手感觉丧失功能是指因事故损伤所致手的掌侧感觉功能的丧失。手感觉丧失功能的计算按相应手功能丧失程度的50%计算。

最高人民法院　最高人民检察院
公安部　国家安全部　司法部
关于发布《人体损伤致残程度分级》的公告

为进一步规范人体损伤致残程度鉴定，现公布《人体损伤致残程度分级》，自2017年1月1日起施行。司法鉴定机构和司法鉴定人进行人体损伤致残程度鉴定统一适用《人体损伤致残程度分级》。

最高人民法院　最高人民检察院
公安部　国家安全部　司法部
2016年4月18日

人体损伤致残程度分级

1　范围

本标准规定了人体损伤致残程度分级的原则、方法、内容和等级划分。

本标准适用于人身损害致残程度等级鉴定。

2　规范性引用文件

下列文件对本标准的应用是必不可少的。凡是注日期的引用文件，仅注日期的版本适用于本标准；凡是不注日期的引用文件，其最新版本（包括所有的修改单）适用于本标准。

最高人民法院、最高人民检察院、公安部、国家安全部、司法部发布　人体损伤程度鉴定标准

GB/T 16180－2014　劳动能力鉴定　职工工伤与职业病致残等级

GB/T 31147　人身损害护理依赖程度评定

3　术语和定义

3.1　损伤

各种因素造成的人体组织器官结构破坏和/或功能障碍。

3.2 残疾

人体组织器官结构破坏或者功能障碍，以及个体在现代临床医疗条件下难以恢复的生活、工作、社会活动能力不同程度的降低或者丧失。

4 总则

4.1 鉴定原则

应以损伤治疗后果或者结局为依据，客观评价组织器官缺失和/或功能障碍程度，科学分析损伤与残疾之间的因果关系，实事求是地进行鉴定。

受伤人员符合两处以上致残程度等级者，鉴定意见中应该分别写明各处的致残程度等级。

4.2 鉴定时机

应在原发性损伤及其与之确有关联的并发症治疗终结或者临床治疗效果稳定后进行鉴定。

4.3 伤病关系处理

当损伤与原有伤、病共存时，应分析损伤与残疾后果之间的因果关系。根据损伤在残疾后果中的作用力大小确定因果关系的不同形式，可依次分别表述为：完全作用、主要作用、同等作用、次要作用、轻微作用、没有作用。

除损伤“没有作用”以外，均应按照实际残情鉴定致残程度等级，同时说明损伤与残疾后果之间的因果关系；判定损伤“没有作用”的，不应进行致残程度鉴定。

4.4 致残等级划分

本标准将人体损伤致残程度划分为10个等级，从一级（人体致残率100%）到十级（人体致残率10%），每级致残率相差10%。致残程度等级划分依据见附录A。

4.5 判断依据

依据人体组织器官结构破坏、功能障碍及其对医疗、护理的依赖程度，适当考虑由于残疾引起的社会交往和心理因素影响，综合判定致残程度等级。

5 致残程度分级

5.1 一级

5.1.1 颅脑、脊髓及周围神经损伤

1）持续性植物生存状态；

2）精神障碍或者极重度智能减退，日常生活完全不能自理；

3）四肢瘫（肌力3级以下）或者三肢瘫（肌力2级以下）；

4）截瘫（肌力2级以下）伴重度排便功能障碍与重度排尿功能障碍。

5.1.2 颈部及胸部损伤

1）心功能不全，心功能Ⅳ级；

2）严重器质性心律失常，心功能Ⅲ级；

3）心脏移植术后，心功能Ⅲ级；

4）心肺联合移植术后；

5）肺移植术后呼吸困难（极重度）。

5.1.3 腹部损伤

1）原位肝移植术后肝衰竭晚期；

2）双肾切除术后或者孤肾切除术后，需透析治疗维持生命；肾移植术后肾衰竭。

5.1.4 脊柱、骨盆及四肢损伤

1）三肢缺失（上肢肘关节以上，下肢膝关节以上）；

2）二肢缺失（上肢肘关节以上，下肢膝关节以上），第三肢各大关节功能丧失均达75%；

3）二肢缺失（上肢肘关节以上，下肢膝关节以上），第三肢任二大关节均强直固定或者功能丧失均达90%。

5.2 二级

5.2.1 颅脑、脊髓及周围神经损伤

1）精神障碍或者重度智能减退，日常生活随时需有人帮助；

2）三肢瘫（肌力3级以下）；

3）偏瘫（肌力2级以下）；

4）截瘫（肌力2级以下）；

5）非肢体瘫运动障碍（重度）。

5.2.2 头面部损伤

1）容貌毁损（重度）；

2）上颌骨或者下颌骨完全缺损；

3）双眼球缺失或者萎缩；

4）双眼盲目5级；

5）双侧眼睑严重畸形（或者眼睑重度下垂，遮盖全部瞳孔），伴双眼盲目3级以上。

5.2.3 颈部及胸部损伤

1）呼吸困难（极重度）；

2）心脏移植术后；

3）肺移植术后。

5.2.4　腹部损伤

1）肝衰竭晚期；

2）肾衰竭；

3）小肠大部分切除术后，消化吸收功能丧失，完全依赖肠外营养。

5.2.5　脊柱、骨盆及四肢损伤

1）双上肢肘关节以上缺失，或者一上肢肘关节以上缺失伴一下肢膝关节以上缺失；

2）一肢缺失（上肢肘关节以上，下肢膝关节以上），其余任二肢体各有二大关节功能丧失均达75%；

3）双上肢各大关节均强直固定或者功能丧失均达90%。

5.2.6　体表及其他损伤

1）皮肤瘢痕形成达体表面积90%；

2）重型再生障碍性贫血。

5.3　三级

5.3.1　颅脑、脊髓及周围神经损伤

1）精神障碍或者重度智能减退，不能完全独立生活，需经常有人监护；

2）完全感觉性失语或者混合性失语；

3）截瘫（肌力3级以下）伴排便或者排尿功能障碍；

4）双手全肌瘫（肌力2级以下），伴双腕关节功能丧失均达75%；

5）重度排便功能障碍伴重度排尿功能障碍。

5.3.2　头面部损伤

1）一眼球缺失、萎缩或者盲目5级，另一眼盲目3级；

2）双眼盲目4级；

3）双眼视野接近完全缺损，视野有效值≤4%（直径≤5°）；

4）吞咽功能障碍，完全依赖胃管进食。

5.3.3　颈部及胸部损伤

1）食管闭锁或者切除术后，摄食依赖胃造口或者空肠造口；

2）心功能不全，心功能Ⅲ级。

5.3.4　腹部损伤

1）全胰缺失；

2）一侧肾切除术后，另一侧肾功能重度下降；

3）小肠大部分切除术后，消化吸收功能严重障碍，大部分依赖肠外营养。

5.3.5 盆部及会阴部损伤

1）未成年人双侧卵巢缺失或者萎缩，完全丧失功能；

2）未成年人双侧睾丸缺失或者萎缩，完全丧失功能；

3）阴茎接近完全缺失（残留长度≤1.0cm）。

5.3.6 脊柱、骨盆及四肢损伤

1）二肢缺失（上肢腕关节以上，下肢膝关节以上）；

2）一肢缺失（上肢腕关节以上，下肢膝关节以上），另一肢各大关节均强直固定或者功能丧失均达90%；

3）双上肢各大关节功能丧失均达75%；双下肢各大关节均强直固定或者功能丧失均达90%；一上肢与一下肢各大关节均强直固定或者功能丧失均达90%。

5.4 四级

5.4.1 颅脑、脊髓及周围神经损伤

1）精神障碍或者中度智能减退，日常生活能力严重受限，间或需要帮助；

2）外伤性癫痫（重度）；

3）偏瘫（肌力3级以下）；

4）截瘫（肌力3级以下）；

5）阴茎器质性勃起障碍（重度）。

5.4.2 头面部损伤

1）符合容貌毁损（重度）标准之三项者；

2）上颌骨或者下颌骨缺损达1/2；

3）一眼球缺失、萎缩或者盲目5级，另一眼重度视力损害；

4）双眼盲目3级；

5）双眼视野极度缺损，视野有效值≤8%（直径≤10°）；

6）双耳听力障碍≥91dB HL。

5.4.3 颈部及胸部损伤

1）严重器质性心律失常，心功能Ⅱ级；

2）一侧全肺切除术后；

3）呼吸困难（重度）。

5.4.4 腹部损伤

1）肝切除2/3以上；

2）肝衰竭中期；

3）胰腺大部分切除，胰岛素依赖；

4）肾功能重度下降；

5）双侧肾上腺缺失；

6）永久性回肠造口。

5.4.5 盆部及会阴部损伤

1）膀胱完全缺失或者切除术后，行永久性输尿管腹壁造瘘或者肠代膀胱并永久性造口。

5.4.6 脊柱、骨盆及四肢损伤

1）一上肢腕关节以上缺失伴一下肢踝关节以上缺失，或者双下肢踝关节以上缺失；

2）双下肢各大关节功能丧失均达75%；一上肢与一下肢各大关节功能丧失均达75%；

3）手功能丧失分值达150分。

5.4.7 体表及其他损伤

1）皮肤瘢痕形成达体表面积70%；

2）放射性皮肤癌。

5.5 五级

5.5.1 颅脑、脊髓及周围神经损伤

1）精神障碍或者中度智能减退，日常生活能力明显受限，需要指导；

2）完全运动性失语；

3）完全性失用、失写、失读或者失认等；

4）双侧完全性面瘫；

5）四肢瘫（肌力4级以下）；

6）单肢瘫（肌力2级以下）；

7）非肢体瘫运动障碍（中度）；

8）双手大部分肌瘫（肌力2级以下）；

9）双足全肌瘫（肌力2级以下）；

10）排便伴排尿功能障碍，其中一项达重度。

5.5.2 头面部损伤

1）符合容貌毁损（重度）标准之二项者；

2）一眼球缺失、萎缩或者盲目5级，另一眼中度视力损害；

3）双眼重度视力损害；

4）双眼视野重度缺损，视野有效值≤16%（直径≤20°）；

5）一侧眼睑严重畸形（或者眼睑重度下垂，遮盖全部瞳孔），伴另一眼盲目3级以上；

6）双耳听力障碍≥81dB HL；

7）一耳听力障碍≥91dB HL,另一耳听力障碍≥61dB HL;

8）舌根大部分缺损;

9）咽或者咽后区损伤遗留吞咽功能障碍,只能吞咽流质食物。

5.5.3　颈部及胸部损伤

1）未成年人甲状腺损伤致功能减退,药物依赖;

2）甲状旁腺功能损害(重度);

3）食管狭窄,仅能进流质食物;

4）食管损伤,肠代食管术后。

5.5.4　腹部损伤

1）胰头合并十二指肠切除术后;

2）一侧肾切除术后,另一侧肾功能中度下降;

3）肾移植术后,肾功能基本正常;

4）肾上腺皮质功能明显减退;

5）全胃切除术后;

6）小肠部分切除术后,消化吸收功能障碍,部分依赖肠外营养;

7）全结肠缺失。

5.5.5　盆部及会阴部损伤

1）永久性输尿管腹壁造口;

2）尿瘘难以修复;

3）直肠阴道瘘难以修复;

4）阴道严重狭窄(仅可容纳一中指);

5）双侧睾丸缺失或者完全萎缩,丧失生殖功能;

6）阴茎大部分缺失(残留长度≤3.0cm)。

5.5.6　脊柱、骨盆及四肢损伤

1）一上肢肘关节以上缺失;

2）一肢缺失(上肢腕关节以上,下肢膝关节以上),另一肢各大关节功能丧失均达50%或者其余肢体任二大关节功能丧失均达75%;

3）手功能丧失分值≥120分。

5.6　六级

5.6.1　颅脑、脊髓及周围神经损伤

1）精神障碍或者中度智能减退,日常生活能力部分受限,但能部分代偿,部分日常生活需要帮助;

2）外伤性癫痫(中度);

3）尿崩症(重度);

4）一侧完全性面瘫；
5）三肢瘫(肌力4级以下)；
6）截瘫(肌力4级以下)伴排便或者排尿功能障碍；
7）双手部分肌瘫(肌力3级以下)；
8）一手全肌瘫(肌力2级以下)，伴相应腕关节功能丧失75%以上；
9）双足全肌瘫(肌力3级以下)；
10）阴茎器质性勃起障碍(中度)。

5.6.2　头面部损伤

1）符合容貌毁损(中度)标准之四项者；
2）面部中心区条状瘢痕形成(宽度达0.3cm)，累计长度达20.0cm；
3）面部片状细小瘢痕形成或者色素显著异常，累计达面部面积的80%；
4）双侧眼睑严重畸形；
5）一眼球缺失、萎缩或者盲目5级，另一眼视力≤0.5；
6）一眼重度视力损害，另一眼中度视力损害；
7）双眼视野中度缺损，视野有效值≤48%(直径≤60°)；
8）双侧前庭平衡功能丧失，睁眼行走困难，不能并足站立；
9）唇缺损或者畸形，累计相当于上唇2/3以上。

5.6.3　颈部及胸部损伤

1）双侧喉返神经损伤，影响功能；
2）一侧胸廓成形术后，切除6根以上肋骨；
3）女性双侧乳房完全缺失；
4）心脏瓣膜置换术后，心功能不全；
5）心功能不全，心功能Ⅱ级；
6）器质性心律失常安装永久性起搏器后；
7）严重器质性心律失常；
8）两肺叶切除术后。

5.6.4　腹部损伤

1）肝切除1/2以上；
2）肝衰竭早期；
3）胰腺部分切除术后伴功能障碍，需药物治疗；
4）肾功能中度下降；
5）小肠部分切除术后，影响消化吸收功能，完全依赖肠内营养。

5.6.5　盆部及会阴部损伤

1）双侧卵巢缺失或者萎缩，完全丧失功能；

2）未成年人双侧卵巢萎缩,部分丧失功能；
3）未成年人双侧睾丸萎缩,部分丧失功能；
4）会阴部瘢痕挛缩伴阴道狭窄；
5）睾丸或者附睾损伤,生殖功能重度损害；
6）双侧输精管损伤难以修复；
7）阴茎严重畸形,不能实施性交行为。

5.6.6 脊柱、骨盆及四肢损伤

1）脊柱骨折后遗留30°以上侧弯或者后凸畸形；
2）一肢缺失(上肢腕关节以上,下肢膝关节以上)；
3）双足跖跗关节以上缺失；
4）手或者足功能丧失分值≥90分。

5.6.7 体表及其他损伤

1）皮肤瘢痕形成达体表面积50%；
2）非重型再生障碍性贫血。

5.7 七级

5.7.1 颅脑、脊髓及周围神经损伤

1）精神障碍或者轻度智能减退,日常生活有关的活动能力极重度受限；
2）不完全感觉性失语；
3）双侧大部分面瘫；
4）偏瘫(肌力4级以下)；
5）截瘫(肌力4级以下)；
6）单肢瘫(肌力3级以下)；
7）一手大部分肌瘫(肌力2级以下)；
8）一足全肌瘫(肌力2级以下)；
9）重度排便功能障碍或者重度排尿功能障碍。

5.7.2 头面部损伤

1）面部中心区条状瘢痕形成(宽度达0.3cm),累计长度达15.0cm；
2）面部片状细小瘢痕形成或者色素显著异常,累计达面部面积的50%；
3）双侧眼睑重度下垂,遮盖全部瞳孔；
4）一眼球缺失或者萎缩；
5）双眼中度视力损害；
6）一眼盲目3级,另一眼视力≤0.5；
7）双眼偏盲；
8）一侧眼睑严重畸形(或者眼睑重度下垂,遮盖全部瞳孔)合并该眼盲目3

级以上；

9）一耳听力障碍≥81dB HL,另一耳听力障碍≥61dB HL;

10）咽或者咽后区损伤遗留吞咽功能障碍,只能吞咽半流质食物；

11）上颌骨或者下颌骨缺损达1/4;

12）上颌骨或者下颌骨部分缺损伴牙齿缺失14枚以上；

13）颌面部软组织缺损,伴发涎漏。

5.7.3 颈部及胸部损伤

1）甲状腺功能损害(重度)；

2）甲状旁腺功能损害(中度)；

3）食管狭窄,仅能进半流质食物;食管重建术后并发反流性食管炎；

4）颏颈粘连(中度)；

5）女性双侧乳房大部分缺失或者严重畸形；

6）未成年或者育龄女性双侧乳头完全缺失；

7）胸廓畸形,胸式呼吸受限；

8）一肺叶切除,并肺段或者肺组织楔形切除术后。

5.7.4 腹部损伤

1）肝切除1/3以上；

2）一侧肾切除术后；

3）胆道损伤胆肠吻合术后,反复发作逆行性胆道感染；

4）未成年人脾切除术后；

5）小肠部分(包括回盲部)切除术后；

6）永久性结肠造口；

7）肠瘘长期不愈(1年以上)。

5.7.5 盆部及会阴部损伤

1）永久性膀胱造口；

2）膀胱部分切除术后合并轻度排尿功能障碍；

3）原位肠代膀胱术后；

4）子宫大部分切除术后；

5）睾丸损伤,血睾酮降低,需药物替代治疗；

6）未成年人一侧睾丸缺失或者严重萎缩；

7）阴茎畸形,难以实施性交行为；

8）尿道狭窄(重度)或者成形术后；

9）肛管或者直肠损伤,排便功能重度障碍或者肛门失禁(重度)；

10）会阴部瘢痕挛缩致肛门闭锁,结肠造口术后。

5.7.6　脊柱、骨盆及四肢损伤

1）双下肢长度相差8.0cm以上；

2）一下肢踝关节以上缺失；

3）四肢任一大关节（踝关节除外）强直固定于非功能位；

4）四肢任二大关节（踝关节除外）功能丧失均达75%；

5）一手除拇指外，余四指完全缺失；

6）双足足弓结构完全破坏；

7）手或者足功能丧失分值≥60分。

5.8　八级

5.8.1　颅脑、脊髓及周围神经损伤

1）精神障碍或者轻度智能减退，日常生活有关的活动能力重度受限；

2）不完全运动性失语；不完全性失用、失写、失读或者失认；

3）尿崩症（中度）；

4）一侧大部分面瘫，遗留眼睑闭合不全和口角歪斜；

5）单肢瘫（肌力4级以下）；

6）非肢体瘫运动障碍（轻度）；

7）一手大部分肌瘫（肌力3级以下）；

8）一足全肌瘫（肌力3级以下）；

9）阴茎器质性勃起障碍（轻度）。

5.8.2　头面部损伤

1）容貌毁损（中度）；

2）符合容貌毁损（重度）标准之一项者；

3）头皮完全缺损，难以修复；

4）面部条状瘢痕形成，累计长度达30.0cm；面部中心区条状瘢痕形成（宽度达0.2cm），累计长度达15.0cm；

5）面部块状增生性瘢痕形成，累计面积达15.0cm^2；面部中心区块状增生性瘢痕形成，单块面积达7.0cm^{2}或者多块累计面积达9.0cm^2；

6）面部片状细小瘢痕形成或者色素异常，累计面积达100.0cm^2；

7）一眼盲目4级；

8）一眼视野接近完全缺损，视野有效值≤4%（直径≤5°）；

9）双眼外伤性青光眼，经手术治疗；

10）一侧眼睑严重畸形（或者眼睑重度下垂，遮盖全部瞳孔）合并该眼重度视力损害；

11）一耳听力障碍≥91dB HL；

12）双耳听力障碍≥61dB HL；

13）双侧鼻翼大部分缺损，或者鼻尖大部分缺损合并一侧鼻翼大部分缺损；

14）舌体缺损达舌系带；

15）唇缺损或者畸形，累计相当于上唇1/2以上；

16）脑脊液漏经手术治疗后持续不愈；

17）张口受限Ⅲ度；

18）发声功能或者构音功能障碍（重度）；

19）咽成形术后咽下运动异常。

5.8.3 颈部及胸部损伤

1）甲状腺功能损害（中度）；

2）颈总动脉或者颈内动脉严重狭窄支架置入或者血管移植术后；

3）食管部分切除术后，并后遗胸腔胃；

4）女性一侧乳房完全缺失；女性双侧乳房缺失或者毁损，累计范围相当于一侧乳房3/4以上；

5）女性双侧乳头完全缺失；

6）肋骨骨折12根以上并后遗6处畸形愈合；

7）心脏或者大血管修补术后；

8）一肺叶切除术后；

9）胸廓成形术后，影响呼吸功能；

10）呼吸困难（中度）。

5.8.4 腹部损伤

1）腹壁缺损≥腹壁的1/4；

2）成年人脾切除术后；

3）胰腺部分切除术后；

4）胃大部分切除术后；

5）肠部分切除术后，影响消化吸收功能；

6）胆道损伤，胆肠吻合术后；

7）损伤致肾性高血压；

8）肾功能轻度下降；

9）一侧肾上腺缺失；

10）肾上腺皮质功能轻度减退。

5.8.5 盆部及会阴部损伤

1）输尿管损伤行代替术或者改道术后；

2）膀胱大部分切除术后；

3）一侧输卵管和卵巢缺失；

4）阴道狭窄；

5）一侧睾丸缺失；

6）睾丸或者附睾损伤,生殖功能轻度损害；

7）阴茎冠状沟以上缺失；

8）阴茎皮肤瘢痕形成,严重影响性交行为。

5.8.6　脊柱、骨盆及四肢损伤

1）二椎体压缩性骨折(压缩程度均达 1/3)；

2）三个以上椎体骨折,经手术治疗后；

3）女性骨盆骨折致骨产道变形,不能自然分娩；

4）股骨头缺血性坏死,难以行关节假体置换术；

5）四肢长骨开放性骨折并发慢性骨髓炎、大块死骨形成,长期不愈(1 年以上)；

6）双上肢长度相差 8.0cm 以上；

7）双下肢长度相差 6.0cm 以上；

8）四肢任一大关节(踝关节除外)功能丧失 75% 以上；

9）一踝关节强直固定于非功能位；

10）一肢体各大关节功能丧失均达 50%；

11）一手拇指缺失达近节指骨 1/2 以上并相应掌指关节强直固定；

12）一足足弓结构完全破坏,另一足足弓结构部分破坏；

13）手或者足功能丧失分值≥40 分。

5.8.7　体表及其他损伤

1）皮肤瘢痕形成达体表面积 30%。

5.9　九级

5.9.1　颅脑、脊髓及周围神经损伤

1）精神障碍或者轻度智能减退,日常生活有关的活动能力中度受限；

2）外伤性癫痫(轻度)；

3）脑叶部分切除术后；

4）一侧部分面瘫,遗留眼睑闭合不全或者口角歪斜；

5）一手部分肌瘫(肌力 3 级以下)；

6）一足大部分肌瘫(肌力 3 级以下)；

7）四肢重要神经损伤(上肢肘关节以上,下肢膝关节以上),遗留相应肌群肌力 3 级以下；

8）严重影响阴茎勃起功能；

9）轻度排便或者排尿功能障碍。

5.9.2　头面部损伤

1）头皮瘢痕形成或者无毛发，达头皮面积50%；

2）颅骨缺损25.0cm²以上，不宜或者无法手术修补；

3）容貌毁损（轻度）；

4）面部条状瘢痕形成，累计长度达20.0cm；面部条状瘢痕形成（宽度达0.2cm），累计长度达10.0cm，其中至少5.0cm以上位于面部中心区；

5）面部块状瘢痕形成，单块面积达7.0cm²，或者多块累计面积达9.0cm²；

6）面部片状细小瘢痕形成或者色素异常，累计面积达30.0cm²；

7）一侧眼睑严重畸形；一侧眼睑重度下垂，遮盖全部瞳孔；双侧眼睑轻度畸形；双侧眼睑下垂，遮盖部分瞳孔；

8）双眼泪器损伤均后遗溢泪；

9）双眼角膜斑翳或者血管翳，累及瞳孔区；双眼角膜移植术后；

10）双眼外伤性白内障；儿童人工晶体植入术后；

11）一眼盲目3级；

12）一眼重度视力损害，另一眼视力≤0.5；

13）一眼视野极度缺损，视野有效值≤8%（直径≤10°）；

14）双眼象限性视野缺损；

15）一侧眼睑轻度畸形（或者眼睑下垂，遮盖部分瞳孔）合并该眼中度视力损害；

16）一眼眶骨折后遗眼球内陷5mm以上；

17）耳廓缺损或者畸形，累计相当于一侧耳廓；

18）一耳听力障碍≥81dB HL；

19）一耳听力障碍≥61dB HL，另一耳听力障碍≥41dB HL；

20）一侧鼻翼或者鼻尖大部分缺损或者严重畸形；

21）唇缺损或者畸形，露齿3枚以上（其中1枚露齿达1/2）；

22）颌骨骨折，经牵引或者固定治疗后遗留功能障碍；

23）上颌骨或者下颌骨部分缺损伴牙齿缺失或者折断7枚以上；

24）张口受限Ⅱ度；

25）发声功能或者构音功能障碍（轻度）。

5.9.3　颈部及胸部损伤

1）颈前三角区瘢痕形成，累计面积达50.0cm²；

2）甲状腺功能损害（轻度）；

3）甲状旁腺功能损害(轻度)；

4）气管或者支气管成形术后；

5）食管吻合术后；

6）食管腔内支架置入术后；

7）食管损伤,影响吞咽功能；

8）女性双侧乳房缺失或者毁损,累计范围相当于一侧乳房1/2以上；

9）女性一侧乳房大部分缺失或者严重畸形；

10）女性一侧乳头完全缺失或者双侧乳头部分缺失(或者畸形)；

11）肋骨骨折12根以上,或者肋骨部分缺失4根以上;肋骨骨折8根以上并后遗4处畸形愈合；

12）心功能不全,心功能Ⅰ级；

13）冠状动脉移植术后；

14）心脏室壁瘤；

15）心脏异物存留或者取出术后；

16）缩窄性心包炎；

17）胸导管损伤；

18）肺段或者肺组织楔形切除术后；

19）肺脏异物存留或者取出术后。

5.9.4　腹部损伤

1）肝部分切除术后；

2）脾部分切除术后；

3）外伤性胰腺假性囊肿术后；

4）一侧肾部分切除术后；

5）胃部分切除术后；

6）肠部分切除术后；

7）胆道损伤胆管外引流术后；

8）胆囊切除术后；

9）肠梗阻反复发作；

10）膈肌修补术后遗留功能障碍(如膈肌麻痹或者膈疝)。

5.9.5　盆部及会阴部损伤

1）膀胱部分切除术后；

2）输尿管狭窄成形术后；

3）输尿管狭窄行腔内扩张术或者腔内支架置入术后；

4）一侧卵巢缺失或者丧失功能；

5）一侧输卵管缺失或者丧失功能；
6）子宫部分切除术后；
7）一侧附睾缺失；
8）一侧输精管损伤难以修复；
9）尿道狭窄(轻度)；
10）肛管或者直肠损伤,排便功能轻度障碍或者肛门失禁(轻度)。

5.9.6 脊柱、骨盆及四肢损伤

1）一椎体粉碎性骨折,椎管内骨性占位；
2）一椎体并相应附件骨折,经手术治疗后;二椎体压缩性骨折；
3）骨盆两处以上骨折或者粉碎性骨折,严重畸形愈合；
4）青少年四肢长骨骨骺粉碎性或者压缩性骨折；
5）四肢任一大关节行关节假体置换术后；
6）双上肢前臂旋转功能丧失均达75%；
7）双上肢长度相差6.0cm以上；
8）双下肢长度相差4.0cm以上；
9）四肢任一大关节(踝关节除外)功能丧失50%以上；
10）一踝关节功能丧失75%以上；
11）一肢体各大关节功能丧失均达25%；
12）双足拇趾功能丧失均达75%;一足5趾功能均完全丧失；
13）双足跟骨粉碎性骨折畸形愈合；
14）双足足弓结构部分破坏;一足足弓结构完全破坏；
15）手或者足功能丧失分值≥25分。

5.9.7 体表及其他损伤

1）皮肤瘢痕形成达体表面积10%。

5.10 十级

5.10.1 颅脑、脊髓及周围神经损伤

1）精神障碍或者轻度智能减退,日常生活有关的活动能力轻度受限；
2）颅脑损伤后遗脑软化灶形成,伴有神经系统症状或者体征；
3）一侧部分面瘫；
4）嗅觉功能完全丧失；
5）尿崩症(轻度)；
6）四肢重要神经损伤,遗留相应肌群肌力4级以下；
7）影响阴茎勃起功能；
8）开颅术后。

5.10.2　头面部损伤

1）面颅骨部分缺损或者畸形，影响面容；

2）头皮瘢痕形成或者无毛发，面积达40.0cm²；

3）面部条状瘢痕形成（宽度达0.2cm），累计长度达6.0cm，其中至少3.0cm位于面部中心区；

4）面部条状瘢痕形成，累计长度达10.0cm；

5）面部块状瘢痕形成，单块面积达3.0cm²，或者多块累计面积达5.0cm²；

6）面部片状细小瘢痕形成或者色素异常，累计面积达10.0cm²；

7）一侧眼睑下垂，遮盖部分瞳孔；一侧眼睑轻度畸形；一侧睑球粘连影响眼球运动；

8）一眼泪器损伤后遗溢泪；

9）一眼眶骨折后遗眼球内陷2mm以上；

10）复视或者斜视；

11）一眼角膜斑翳或者血管翳，累及瞳孔区；一眼角膜移植术后；

12）一眼外伤性青光眼，经手术治疗；一眼外伤性低眼压；

13）一眼外伤后无虹膜；

14）一眼外伤性白内障；一眼无晶体或者人工晶体植入术后；

15）一眼中度视力损害；

16）双眼视力≤0.5；

17）一眼视野中度缺损，视野有效值≤48%（直径≤60°）；

18）一耳听力障碍≥61dB HL；

19）双耳听力障碍≥41dB HL；

20）一侧前庭平衡功能丧失，伴听力减退；

21）耳廓缺损或者畸形，累计相当于一侧耳廓的30%；

22）鼻尖或者鼻翼部分缺损深达软骨；

23）唇外翻或者小口畸形；

24）唇缺损或者畸形，致露齿；

25）舌部分缺损；

26）牙齿缺失或者折断7枚以上；牙槽骨部分缺损，合并牙齿缺失或者折断4枚以上；

27）张口受限Ⅰ度；

28）咽或者咽后区损伤影响吞咽功能。

5.10.3　颈部及胸部损伤

1）颏颈粘连畸形松解术后；

2）颈前三角区瘢痕形成，累计面积达25.0cm^2；

3）一侧喉返神经损伤，影响功能；

4）器质性声音嘶哑；

5）食管修补术后；

6）女性一侧乳房部分缺失或者畸形；

7）肋骨骨折6根以上，或者肋骨部分缺失2根以上；肋骨骨折4根以上并后遗2处畸形愈合；

8）肺修补术后；

9）呼吸困难(轻度)。

5.10.4　腹部损伤

1）腹壁疝，难以手术修补；

2）肝、脾或者胰腺修补术后；

3）胃、肠或者胆道修补术后；

4）膈肌修补术后。

5.10.5　盆部及会阴部损伤

1）肾、输尿管或者膀胱修补术后；

2）子宫或者卵巢修补术后；

3）外阴或者阴道修补术后；

4）睾丸破裂修补术后；

5）一侧输精管破裂修复术后；

6）尿道修补术后；

7）会阴部瘢痕挛缩，肛管狭窄；

8）阴茎头部分缺失。

5.10.6　脊柱、骨盆及四肢损伤

1）枢椎齿状突骨折，影响功能；

2）一椎体压缩性骨折(压缩程度达1/3)或者粉碎性骨折；一椎体骨折经手术治疗后；

3）四处以上横突、棘突或者椎弓根骨折，影响功能；

4）骨盆两处以上骨折或者粉碎性骨折，畸形愈合；

5）一侧髌骨切除；

6）一侧膝关节交叉韧带、半月板伴侧副韧带撕裂伤经手术治疗后，影响功能；

7）青少年四肢长骨骨折累及骨骺；

8）一上肢前臂旋转功能丧失75%以上；

9）双上肢长度相差4.0cm以上；

10）双下肢长度相差2.0cm以上；

11）四肢任一大关节(踝关节除外)功能丧失25%以上；

12）一踝关节功能丧失50%以上；

13）下肢任一大关节骨折后遗创伤性关节炎；

14）肢体重要血管循环障碍，影响功能；

15）一手小指完全缺失并第5掌骨部分缺损；

16）一足拇趾功能丧失75%以上；一足5趾功能丧失均达50%；双足拇趾功能丧失均达50%；双足除拇趾外任何4趾功能均完全丧失；

17）一足跟骨粉碎性骨折畸形愈合；

18）一足足弓结构部分破坏；

19）手或者足功能丧失分值≥10分。

5.10.7 体表及其他损伤

1）手部皮肤瘢痕形成或者植皮术后，范围达一手掌面积50%；

2）皮肤瘢痕形成达体表面积4%；

3）皮肤创面长期不愈超过1年，范围达体表面积1%。

6 附则

6.1 遇有本标准致残程度分级系列中未列入的致残情形，可根据残疾的实际情况，依据本标准附录A的规定，并比照最相似等级的条款，确定其致残程度等级。

6.2 同一部位和性质的残疾，不应采用本标准条款两条以上或者同一条款两次以上进行鉴定。

6.3 本标准中四肢大关节是指肩、肘、腕、髋、膝、踝等六大关节。

6.4 本标准中牙齿折断是指冠折1/2以上，或者牙齿部分缺失致牙髓腔暴露。

6.5 移植、再植或者再造成活组织器官的损伤应根据实际后遗功能障碍程度参照相应分级条款进行致残程度等级鉴定。

6.6 永久性植入式假体(如颅骨修补材料、种植牙、人工支架等)损坏引起的功能障碍可参照相应分级条款进行致残程度等级鉴定。

6.7 本标准中四肢重要神经是指臂丛及其分支神经(包括正中神经、尺神经、桡神经和肌皮神经等)和腰骶丛及其分支神经(包括坐骨神经、腓总神经和胫神经等)。

6.8 本标准中四肢重要血管是指与四肢重要神经伴行的同名动、静脉。

6.9　精神分裂症或者心境障碍等内源性疾病不是外界致伤因素直接作用所致,不宜作为致残程度等级鉴定的依据,但应对外界致伤因素与疾病之间的因果关系进行说明。

6.10　本标准所指未成年人是指年龄未满18周岁者。

6.11　本标准中涉及面部瘢痕致残程度需测量长度或者面积的数值时,0～6周岁者按标准规定值50%计,7～14周岁者按80%计。

6.12　本标准中凡涉及数量、部位规定时,注明“以上”、“以下”者,均包含本数(有特别说明的除外)。

附录A

(规范性附录)

致残程度等级划分依据

A.1　一级残疾的划分依据

a）组织器官缺失或者功能完全丧失,其他器官不能代偿;

b）存在特殊医疗依赖;

c）意识丧失;

d）日常生活完全不能自理;

e）社会交往完全丧失。

A.2　二级残疾的划分依据

a）组织器官严重缺损或者畸形,有严重功能障碍,其他器官难以代偿;

b）存在特殊医疗依赖;

c）日常生活大部分不能自理;

d）各种活动严重受限,仅限于床上或者椅子上的活动;

e）社会交往基本丧失。

A.3　三级残疾的划分依据

a）组织器官严重缺损或者畸形,有严重功能障碍;

b）存在特殊医疗依赖;

c）日常生活大部分或者部分不能自理;

d）各种活动严重受限,仅限于室内的活动;

e）社会交往极度困难。

A.4　四级残疾的划分依据

a）组织器官严重缺损或者畸形,有重度功能障碍;

b）存在特殊医疗依赖或者一般医疗依赖;

c）日常生活能力严重受限,间或需要帮助；

d）各种活动严重受限,仅限于居住范围内的活动；

e）社会交往困难。

A.5　五级残疾的划分依据

a）组织器官大部分缺损或者明显畸形,有中度(偏重)功能障碍；

b）存在一般医疗依赖；

c）日常生活能力部分受限,偶尔需要帮助；

d）各种活动中度受限,仅限于就近的活动；

e）社会交往严重受限。

A.6　六级残疾的划分依据

a）组织器官大部分缺损或者明显畸形,有中度功能障碍；

b）存在一般医疗依赖；

c）日常生活能力部分受限,但能部分代偿,条件性需要帮助；

d）各种活动中度受限,活动能力降低；

e）社会交往贫乏或者狭窄。

A.7　七级残疾的划分依据

a）组织器官大部分缺损或者明显畸形,有中度(偏轻)功能障碍；

b）存在一般医疗依赖,无护理依赖；

c）日常生活有关的活动能力极重度受限；

d）各种活动中度受限,短暂活动不受限,长时间活动受限；

e）社会交往能力降低。

A.8　八级残疾的划分依据

a）组织器官部分缺损或者畸形,有轻度功能障碍,并造成明显影响；

b）存在一般医疗依赖,无护理依赖；

c）日常生活有关的活动能力重度受限；

d）各种活动轻度受限,远距离活动受限；

e）社会交往受约束。

A.9　九级残疾的划分依据

a）组织器官部分缺损或者畸形,有轻度功能障碍,并造成较明显影响；

b）无医疗依赖或者存在一般医疗依赖,无护理依赖；

c）日常生活有关的活动能力中度受限；

d）工作与学习能力下降；

e）社会交往能力部分受限。

A.10　十级残疾的划分依据

a）组织器官部分缺损或者畸形，有轻度功能障碍，并造成一定影响；

b）无医疗依赖或者存在一般医疗依赖，无护理依赖；

c）日常生活有关的活动能力轻度受限；

d）工作与学习能力受到一定影响；

e）社会交往能力轻度受限。

附录 B

（资料性附录）

器官功能分级判定基准及使用说明

B.1　持续性植物生存状态

植物生存状态可以是暂时的，也可以呈持续性。持续性植物生存状态是指严重颅脑损伤经治疗及必要的康复后仍缺乏意识活动，丧失语言，而仅保留无意识的姿态调整和运动功能的状态。机体虽能维持基本生命体征，但无意识和思维，缺乏对自身和周围环境的感知能力的生存状态。伤者有睡眠—觉醒周期，部分或全部保存下丘脑和脑干功能，但是缺乏任何适应性反应，缺乏任何接受和反映信息的功能性思维。

植物生存状态诊断标准：① 认知功能丧失，无意识活动，不能执行指令；② 保持自主呼吸和血压；③ 有睡眠—觉醒周期；④ 不能理解或表达语言；⑤ 自动睁眼或刺激下睁眼；⑥ 可有无目的性眼球跟踪运动；⑦ 丘脑下部及脑干功能基本保存。

持续性植物生存状态指脑损伤后上述表现至少持续 6 个月以上，且难以恢复。

注：反复发作性意识障碍，作为癫痫的一组症状或癫痫发作的一种形式时，不单独鉴定其致残程度。

B.2　精神障碍

B.2.1　症状标准

有下列表现之一者：

a）智能损害综合征；

b）遗忘综合征；

c）人格改变；

d）意识障碍；

e）精神病性症状（如幻觉、妄想、紧张综合征等）；

f）情感障碍综合征（如躁狂综合征、抑郁综合征等）；

g) 解离(转换)综合征;

h) 神经症样综合征(如焦虑综合征、情感脆弱综合征等)。

B.2.2 精神障碍的认定

a) 精神障碍的发病基础需有颅脑损伤的存在;

b) 精神障碍的起病时间需与颅脑损伤的发生相吻合;

c) 精神障碍应随着颅脑损伤的改善而缓解;

d) 无证据提示精神障碍的发病存在其他原因(如强阳性家族史)。

精神分裂症和躁郁症均为内源性疾病,发病主要决定于病人自身的生物学素质,不属于人身损害所致的精神障碍。

B.3 智能损害

B.3.1 智能损害的症状

a) 记忆减退,最明显的是学习新事物的能力受损;

b) 以思维和信息处理过程减退为特征的智能损害,如抽象概括能力减退,难以解释成语、谚语,掌握词汇量减少,不能理解抽象意义的语汇,难以概括同类事物的共同特征,或判断力减退;

c) 情感障碍,如抑郁、淡漠,或敌意增加等;

d) 意志减退,如懒散、主动性降低;

e) 其他高级皮层功能受损,如失语、失认、失用或者人格改变等;

f) 无意识障碍。

注:符合上述症状标准至少满6个月方可诊断。

B.3.2 智能损害分级

a) 极重度智能减退 智商(IQ) <20;语言功能丧失;生活完全不能自理。

b) 重度智能减退 IQ 20~34;语言功能严重受损,不能进行有效的交流;生活大部分不能自理。

c) 中度智能减退 IQ 35~49;能掌握日常生活用语,但词汇贫乏,对周围环境辨别能力差,只能以简单的方式与人交往;生活部分不能自理,能做简单劳动。

d) 轻度智能减退 IQ 50~69;无明显语言障碍,对周围环境有较好的辨别能力,能比较恰当的与人交往;生活能自理,能做一般非技术性工作。

e) 边缘智能状态 IQ 70~84;抽象思维能力或者思维广度、深度及机敏性显示不良;不能完成高级或者复杂的脑力劳动。

B.4 生活自理能力

具体评价方法参考《人身损害护理依赖程度评定》(GB/T 31147)。

B.5 失语症

失语症是指由于中枢神经损伤导致抽象信号思维障碍而丧失口语、文字的表达和理解能力的临床症候群,失语症不包括由于意识障碍和普通的智力减退造成的语言症状,也不包括听觉、视觉、书写、发音等感觉和运动器官损害引起的语言、阅读和书写障碍。

失语症又可分为:完全运动性失语,不完全运动性失语;完全感觉性失语,不完全感觉性失语;混合性失语;完全性失用,不完全性失用;完全性失写,不完全性失写;完全性失读,不完全性失读;完全性失认,不完全性失认等。

注:脑外伤后失语的认定应该符合以下几个方面的要求:(1) 脑损伤的部位应该与语言功能有关;(2) 病史材料应该有就诊记录并且有关于失语的描述;(3) 有明确的临床诊断或者专家咨询意见。

B.6　外伤性癫痫分度

外伤性癫痫通常是指颅脑损伤 3 个月后发生的癫痫,可分为以下三度:

a) 轻度　各种类型的癫痫发作,经系统服药治疗 1 年后能控制的;

b) 中度　各种类型的癫痫发作,经系统服药治疗 1 年后,全身性强直—阵挛发作、单纯或复杂部分发作,伴自动症或精神症状(相当于大发作、精神运动性发作)平均每月 1 次或 1 次以下,失神发作和其他类型发作平均每周 1 次以下;

c) 重度　各种类型的癫痫发作,经系统服药治疗 1 年后,全身性强直—阵挛发作、单纯或复杂部分发作,伴自动症或精神症状(相当于大发作、精神运动性发作)平均每月 2 次以上,失神发作和其他类型发作平均每周 2 次以上。

注:外伤性癫痫致残程度鉴定时应根据以下信息综合判断:(1) 应有脑器质性损伤或中毒性脑病的病史;(2) 应有一年来系统治疗的临床病史资料;(3) 可能时,应提供其他有效资料,如脑电图检查、血药浓度测定结果等。其中,前两项是癫痫致残程度鉴定的必要条件。

B.7　肌力分级

肌力是指肌肉收缩时的力量,在临床上分为以下六级:

a) 0 级　肌肉完全瘫痪,毫无收缩;

b) 1 级　可看到或者触及肌肉轻微收缩,但不能产生动作;

c) 2 级　肌肉在不受重力影响下,可进行运动,即肢体能在床面上移动,但不能抬高;

d) 3 级　在和地心引力相反的方向中尚能完成其动作,但不能对抗外加阻力;

e) 4 级　能对抗一定的阻力,但较正常人降低;

f) 5 级　正常肌力。

注:肌力检查时应注意以下几点综合判断:(1) 肌力减退多见于神经源性和肌源性,如神经系统损伤所致肌力减退,则应有相应的损伤基础;(2) 肌力检查结果是否可靠依赖于检查者正

确的检查方法和受检者的理解与配合,肌力检查结果的可靠性要结合伤者的配合程度而定;(3) 必要时,应进行神经电生理等客观检查。

B. 8 非肢体瘫运动障碍分度

非肢体瘫的运动障碍,包括肌张力增高、深感觉障碍和(或)小脑性共济失调、不自主运动或者震颤等。根据其对生活自理的影响程度划分为轻、中、重三度:

a) 重度 不能自行进食、大小便、洗漱、翻身和穿衣,需要他人护理;

b) 中度 完成上述动作困难,但在他人帮助下可以完成;

c) 轻度 完成上述动作虽有一定困难,但基本可以自理。

注:非肢体运动障碍程度的评定应注意以下几点综合判断:(1) 有引起非肢体瘫运动障碍的损伤基础;(2) 病史材料中有非肢体瘫运动障碍的诊疗记录和症状描述;(3) 有相关生活自理能力受限的检查记录;(4) 家属或者近亲属的代诉仅作为参考。

B. 9 尿崩症分度

a) 重度 每日尿量在 10000mL 以上;

b) 中度 每日尿量在 5001 ~ 9999mL;

c) 轻度 每日尿量在 2500 ~ 5000mL。

B. 10 排便功能障碍(大便失禁)分度

a) 重度 大便不能控制,肛门括约肌收缩力很弱或者丧失,肛门括约肌收缩反射很弱或者消失,肛门注水法测定直肠内压 $<20cmH_2O$;

b) 轻度 稀便不能控制,肛门括约肌收缩力较弱,肛门括约肌收缩反射较弱,肛门注水法测定直肠内压 $20 \sim 30cmH_2O$。

注:此处排便功能障碍是指脑、脊髓或者自主神经损伤致肛门括约肌功能障碍所引起的大便失禁。而肛门或者直肠损伤既可以遗留大便失禁,也可以遗留排便困难,应依据相应条款评定致残程度等级。

B. 11 排尿功能障碍分度

a) 重度 出现真性重度尿失禁或者排尿困难且尿潴留残余尿≥50mL 者;

b) 轻度 出现真性轻度尿失禁或者排尿困难且尿潴留残余尿≥10mL 但 <50mL 者。

注:此处排尿功能障碍是指脑、脊髓或者自主神经损伤致膀胱括约肌功能障碍所引起的小便失禁或者尿潴留。当膀胱括约肌损伤遗留尿失禁或者尿潴留时,也可依据排尿功能障碍程度评定致残程度等级。

B. 12 器质性阴茎勃起障碍分度

a) 重度 阴茎无勃起反应,阴茎硬度及周径均无改变;

b) 中度 阴茎勃起时最大硬度 >0%, <40%;

c) 轻度 阴茎勃起时最大硬度≥40%, <60%,或者阴茎勃起时最大硬度虽达 60%,但持续时间 <10 分钟。

注 1:阴茎勃起正常值范围　最大硬度≥60%,持续时间≥10 分钟。

注 2:器质性阴茎勃起障碍是指脑、脊髓或者周围神经(躯体神经或者自主神经)损伤所引起的。其他致伤因素所致的血管性、内分泌性或者药物性阴茎勃起障碍也可依此分度评定致残程度等级。

B. 13　阴茎勃起功能影响程度分级

a) 严重影响阴茎勃起功能　连续监测三晚,阴茎夜间勃起平均每晚≤1 次;

b) 影响阴茎勃起功能　连续监测三晚,阴茎夜间勃起平均每晚≤3 次。

B. 14　面部瘢痕分类

本标准规定的面部包括前额发际下,两耳根前与下颌下缘之间的区域,包括额部、眶部、鼻部、口唇部、颏部、颧部、颊部和腮腺咬肌部,不包括耳廓。以眉弓水平线为上横线,以下唇唇红缘中点处作水平线为下横线,以双侧外眦处作两条垂直线,上述四条线围绕的中央部分为面部中心区。

本标准将面部瘢痕分为以下几类:

a) 面部块状瘢痕　是指增生性瘢痕、瘢痕疙瘩、蹼状瘢痕等,不包括浅表瘢痕(外观多平坦,与四周皮肤表面平齐或者稍低,平滑光亮,色素减退,一般不引起功能障碍);

b) 面部细小瘢痕(或者色素明显改变)是指面部较密集散在瘢痕或者色素沉着(或者脱失),瘢痕呈网状或者斑片状,其间可见正常皮肤。

B. 15　容貌毁损分度

B. 15. 1　重度

面部瘢痕畸形,并有以下六项中四项者:

a) 双侧眉毛完全缺失;

b) 双睑外翻或者完全缺失;

c) 双侧耳廓完全缺失;

d) 外鼻完全缺失;

e) 上、下唇外翻或者小口畸形;

f) 颏颈粘连(中度以上)。

B. 15. 2　中度

面部瘢痕畸形,并有以下六项中三项者:

a) 眉毛部分缺失(累计达一侧眉毛 1/2);

b) 眼睑外翻或者部分缺失;

c) 耳廓部分缺损(累计达一侧耳廓 15%);

d) 鼻部分缺损(鼻尖或者鼻翼缺损深达软骨);

e) 唇外翻或者小口畸形;

f) 颏颈粘连(轻度)。

B. 15. 3 轻度

含中度畸形六项中二项者。

B. 16 眼睑畸形分度

B. 16. 1 眼睑轻度畸形

a) 轻度眼睑外翻 睑结膜与眼球分离,泪点脱离泪阜;

b) 眼睑闭合不全 自然闭合及用力闭合时均不能使睑裂完全消失;

c) 轻度眼睑缺损 上睑和/或下睑软组织缺损,范围 < 一侧上睑的 1/2。

B. 16. 2 眼睑严重畸形

a) 重度眼睑外翻 睑结膜严重外翻,穹隆部消失;

b) 重度眼睑缺损 上睑和/或下睑软组织缺损,范围≥一侧上睑的 1/2。

B. 17 张口受限分度

a) 张口受限Ⅰ度 尽力张口时,上、下切牙间仅可勉强置入垂直并列之示指和中指;

b) 张口受限Ⅱ度 尽力张口时,上、下切牙间仅可置入垂直之示指;

c) 张口受限Ⅲ度 尽力张口时,上、下切牙间距小于示指之横径。

B. 18 面瘫(面神经麻痹)分级

a) 完全性面瘫 是指面神经 5 个分支(颞支、颧支、颊支、下颌缘支和颈支)支配的全部肌肉(包括颈部的颈阔肌)瘫痪;

b) 大部分面瘫 是指面神经 5 个分支中有 3 个分支支配的肌肉瘫痪;

c) 部分面瘫 是指面神经 5 个分支中有 1 个分支支配的肌肉瘫痪。

B. 19 视力损害分级

盲及视力损害分级标准见表 B－1。

表 B－1 盲及视力损害分级标准

分类	远视力低于	远视力等于或优于
轻度或无视力损害		0. 3
中度视力损害(视力损害 1 级)	0. 3	0. 1
重度视力损害(视力损害 2 级)	0. 1	0. 05
盲(盲目 3 级)	0. 05	0. 02
盲(盲目 4 级)	0. 02	光感
盲(盲目 5 级)	无光感	

B.20　颏颈粘连分度

a）轻度　单纯的颈部瘢痕或者颈胸瘢痕。瘢痕位于颌颈角平面以下的颈胸部，颈部活动基本不受限制，饮食、吞咽等均无影响；

b）中度　颏颈瘢痕粘连或者颏颈胸瘢痕粘连。颈部后仰及旋转受到限制，饮食、吞咽有所影响，不流涎，下唇前庭沟并不消失，能闭口；

c）重度　唇颏颈瘢痕粘连。自下唇至颈前均为挛缩瘢痕，下唇、颏部和颈前区均粘连在一起，颈部处于强迫低头姿势。

B.21　甲状腺功能低下分度

a）重度　临床症状严重，T3、T4 或者 FT3、FT4 低于正常值，TSH >50μU/L；

b）中度　临床症状较重，T3、T4 或者 FT3、FT4 正常，TSH >50μU/L；

c）轻度　临床症状较轻，T3、T4 或者 FT3、FT4 正常，TSH 轻度增高但 <50μU/L。

B.22　甲状旁腺功能低下分度

a）重度　空腹血钙质量浓度 <6mg/dL；

b）中度　空腹血钙质量浓度 6 ~ 7mg/dL；

c）轻度　空腹血钙质量浓度 7.1 ~ 8mg/dL。

注：以上分级均需结合临床症状，必要时参考甲状旁腺激素水平综合判定。

B.23　发声功能障碍分度

a）重度　声哑、不能出声；

b）轻度　发音过弱、声嘶、低调、粗糙、带鼻音。

B.24　构音功能障碍分度

a）重度　音不分明，语不成句，难以听懂，甚至完全不能说话；

b）轻度　发音不准，吐字不清，语调速度、节律等异常，以及鼻音过重等。

B.25　呼吸困难分度（见表 B－2）

表 B－2　呼吸困难分度

程度	临床表现	阻塞性通气功能减退：一秒钟用力呼气量占预计值百分比	限制性通气功能减退：肺活量	血氧分压（mmHg）
极重度	稍活动（如穿衣、谈话）即气短。	<30%	<50%	<60
重度	平地步行 100 米即有气短。	30% ~49%	50% ~59%	60 ~87

（续表）

程度	临床表现	阻塞性通气功能减退：一秒钟用力呼气量占预计值百分比	限制性通气功能减退：肺活量	血氧分压（mmHg）
中度	平地步行1000米无气短，但不能与同龄健康者保持相同速度，快步行走出现气短，登山或上楼时气短明显。	50%～79%	60%～69%	—
轻度	与同龄健康者在平地一同步行无气短，但登山或上楼时呈现气短。	≥80%	70%	—

注：动脉血氧分压在60～87mmHg时，需参考其他肺功能检验结果。

B.26　心功能分级

a）Ⅰ级　体力活动无明显受限，日常活动不易引起过度乏力、呼吸困难或者心悸等不适。亦称心功能代偿期。

b）Ⅱ级　体力活动轻度受限，休息时无明显不适症状，但日常活动即可引起乏力、心悸、呼吸困难或者心绞痛。亦称Ⅰ度或者轻度心衰。

c）Ⅲ级　体力活动明显受限，休息时无症状，轻于日常的活动即可引起上述症状。亦称Ⅱ度或者中度心衰。

d）Ⅳ级　不能从事任何体力活动，休息时亦有充血性心衰或心绞痛症状，任何体力活动后加重。亦称Ⅲ度或者重度心衰。

注：心功能评残时机应以损伤后心功能稳定6个月以上为宜，结合心功能客观检查结果，如EF值等。

B.27　肝衰竭分期

a）早期　①极度疲乏，并有厌食、呕吐和腹胀等严重消化道症状；②黄疸进行性加重（血清总胆红素≥171μmol/L或每日上升17.1μmol/L；③有出血倾向，30%＜凝血酶原活动度（PTA）≤40%；未出现肝性脑病或明显腹水。

b）中期　在肝衰竭早期表现的基础上，病情进一步进展，并出现以下情况之一者：①出现Ⅱ度以上肝性脑病和（或）明显腹水；②出血倾向明显（出血点或瘀斑），且20%＜凝血酶原活动度（PTA）≤30%。

c）晚期　在肝衰竭中期表现的基础上，病情进一步进展，并出现以下情况之一者：①有难治性并发症，例如肝肾综合征、上消化道出血、严重感染和难以纠正的电解质紊乱;② 出现Ⅲ度以上肝性脑病;③ 有严重出血倾向(注射部位瘀斑等),凝血酶原活动度(PTA)≤20%。

B.28 肾功能损害分期

肾功能损害是指:① 肾脏损伤(肾脏结构或功能异常)≥3个月,可以有或无肾小球滤过率(GFR)下降,临床上表现为病理学检查异常或者肾损伤(包括血、尿成分异常或影像学检查异常);② GFR<60mL/(min·1.73m^2)达3个月,有或无肾脏损伤证据。

慢性肾脏病(CKD)肾功能损害分期见表B-3。

表B-3 肾功能损害分期

CKD分期	名称	诊断标准
1期	肾功能正常	GFR≥90mL/(min·1.73m^2)
2期	肾功能轻度下降	GFR60~89mL/(min·1.73m^2)≥3个月,有或无肾脏损伤证据
3期	肾功能中度下降	GFR30~59mL/(min·1.73m^2)
4期	肾功能重度下降	GFR15~29mL/(min·1.73m^2)
5期	肾衰竭	GFR<15mL/(min·1.73m^2)

B.29 肾上腺皮质功能减退分度

B.29.1 功能明显减退

a) 乏力,消瘦,皮肤、黏膜色素沉着,白癜,血压降低,食欲不振;

b) 24h尿中17-羟类固醇<4mg,17-酮类固醇<10mg;

c) 血浆皮质醇含量:早上8时,<9mg/100mL;下午4时,<3mg/100mL;

d) 尿中皮质醇<5mg/24h。

B.29.2 功能轻度减退

a) 具有功能明显减退之b)、c)两项者;

b) 无典型临床症状。

B.30 生殖功能损害分度

a) 重度 精液中精子缺如;

b) 轻度 精液中精子数<500万/mL,或者异常精子>30%,或者死精子与运动能力很弱的精子>30%。

B.31 尿道狭窄分度

B.31.1 尿道重度狭窄

a）临床表现为尿不成线、滴沥，伴有尿急、尿不尽或者遗尿等症状；

b）尿道造影检查显示尿道明显狭窄，狭窄部位尿道内径小于正常管径的1/3；

c）超声检查示膀胱残余尿阳性；

d）尿流动力学检查示严重排尿功能障碍；

e）经常行尿道扩张效果不佳，有尿道成形术适应证。

B.31.2 尿道轻度狭窄

a）临床表现为尿流变细、尿不尽等；

b）尿道造影检查示尿道狭窄，狭窄部位尿道内径小于正常管径的2/3；

c）超声检查示膀胱残余尿阳性；

d）尿流动力学检查示排尿功能障碍；

e）有尿道扩张治疗适应证。

注：尿道狭窄应以尿道造影等客观检查为主，结合临床表现综合评判。

B.32 股骨头坏死分期

a）股骨头坏死1期（超微结构变异期） X线片显示股骨头承载系统中的骨小梁结构排列紊乱、断裂，出现股骨头边缘毛糙。临床上伴有或不伴有局限性轻微疼痛。

b）股骨头坏死2期（有感期） X线片显示股骨头内部出现小的囊变影，囊变区周围的环区密度不均，骨小梁结构紊乱、稀疏或模糊，也可出现细小的塌陷，塌陷面积可达10%～30%。临床伴有疼痛明显、活动轻微受限等。

c）股骨头坏死3期（坏死期） X线片显示股骨头形态改变，可出现边缘不完整、虫蚀状或扁平等形状，部分骨小梁结构消失，骨密度很不均匀，髋臼与股骨头间隙增宽或变窄，也可有骨赘形成。临床表现为疼痛、间歇性跛行、关节活动受限以及患肢出现不同程度的缩短等。

d）股骨头坏死4期（致残期） 股骨头的形态、结构明显改变，出现大面积不规则塌陷或变平，骨小梁结构变异，髋臼与股骨头间隙消失等。临床表现为疼痛、功能障碍、僵直不能行走，出现髋关节脱位或半脱位，可致相应膝关节活动部分受限。

注：本标准股骨头坏死是指股骨头坏死3期或者4期。若股骨头坏死影像学表现尚未达股骨头坏死3期，但临床已行股骨头置换手术，则按四肢大关节人工关节置换术后鉴定致残程度等级。

B.33 再生障碍性贫血

B.33.1 再生障碍性贫血诊断标准

a）血常规检查 全血细胞减少，校正后的网织红细胞比例$<1\%$，淋巴细胞比例增高。至少符合以下三项中的两项：$Hb<100g/L$；$BPC<50\times10^{9}/L$；中性粒

细胞绝对值(ANC) $<1.5\times10^9/L$。

b) 骨髓穿刺　多部位(不同平面)骨髓增生减低或重度减低;小粒空虚,非造血细胞(淋巴细胞、网状细胞、浆细胞、肥大细胞等)比例增高;巨核细胞明显减少或缺如;红系、粒系细胞均明显减少。

c) 骨髓活检(髂骨)　全切片增生减低,造血组织减少,脂肪组织和(或)非造血细胞增多,网硬蛋白不增加,无异常细胞。

d) 除外检查　必须除外先天性和其他获得性、继发性骨髓衰竭性疾病。

B.33.2　重型再生障碍性贫血

a) 骨髓细胞增生程度 $<25\%$ 正常值;若 $\geq25\%$ 但 $<50\%$,则残存造血细胞应 $<30\%$。

b) 血常规需具备下列三项中的两项:ANC $<0.5\times10^9/L$;校正的网织红细胞 $<1\%$ 或绝对值 $<20\times10^9/L$;BPC $<20\times10^9/L$。

注:若 ANC $<0.2\times10^9/L$ 为极重型再生障碍性贫血。

B.33.3　非重型再生障碍性贫血

未达到重型标准的再生障碍性贫血。

附录 C

(资料性附录)

常用鉴定技术和方法

C.1　视力障碍检查

本标准所指的视力均指"矫正视力"。视力记录可采用小数记录或者 5 分记录两种方式。正常视力是指远距视力经矫正(包括接触镜、针孔镜等)达到 0.8 以上。

中心视力好而视野缩小,以注视点为中心,如视野半径小于 10 度而大于 5 度者相当于盲目 3 级,半径小于 5 度者相当于盲目 4 级。

周边视野检查要求:直径 5mm 的白色视标,检查距离 330mm,视野背景亮度为 31.5asb。视力障碍检查具体方法参考《视觉功能障碍法医鉴定指南》(SF/Z JD 0103004)。

C.2　视野有效值计算

视野有效值计算公式:

$$\text{实测视野有效值}(\%)=\frac{8\text{ 条子午线实测视野值的总和}}{500}$$

视野有效值换算见表 C-1。

表 C-1 视野有效值与视野半径的换算

视野有效值(%)	视野度数(半径)
8	5°
16	10°
24	15°
32	20°
40	25°
48	30°
56	35°
64	40°
72	45°

C.3 听力评估方法

听力障碍检查应符合《听力障碍的法医学评定》(GA/T 914)。听力损失计算应按照世界卫生组织推荐的听力减退分级的频率范围,取0.5、1、2、4kHz四个频率气导听阈级的平均值。如所得均值不是整数,则小数点后之尾数采用4舍5入法修为整数。

纯音听阈级测试时,如某一频率纯音气导最大声输出仍无反应时,以最大声输出值作为该频率听阈级。

听觉诱发电位测试时,若最大输出声强仍引不出反应波形的,以最大输出声强为反应阈值。在听阈评估时,听力学单位一律使用听力级(dB HL)。一般情况下,受试者听觉诱发电位反应阈要比其行为听阈高10~20 dB(该差值又称"校正值"),即受试者的行为听阈等于其听觉诱发电位反应阈减去"校正值"。实施听觉诱发电位检测的机构应建立本实验室的"校正值",若尚未建立,建议取参考平均值(15 dB)作为"校正值"。

纯音气导听阈级应考虑年龄因素,按照《声学 听阈与年龄关系的统计分布》(GB/T 7582)听阈级偏差的中值(50%)进行修正(见表C-2)。

表 C-2 耳科正常人随年龄增长超过的听阈偏差中值(GB/T 7582)

	男				女			
年龄	500	1000	2000	4000	500	1000	2000	4000
30~39	1	1	1	2	1	1	1	1
40~49	2	2	3	8	2	2	3	4
50~59	4	4	7	16	4	4	6	9
60~69	6	7	12	28	6	7	11	16
70~	9	11	19	43	9	11	16	24

C.4 前庭功能检查

本标准所指的前庭功能丧失及减退，是指外力作用于颅脑或者耳部，造成前庭系统的损伤，伤后出现前庭平衡功能障碍的临床表现，自发性前庭体征检查法和诱发性前庭功能检查法等有阳性发现（如眼震电图/眼震视图，静、动态平衡仪，前庭诱发电位等检查）。应结合听力检查与神经系统检查，以及影像学检查综合判定前庭功能障碍程度。

C.5 阴茎勃起功能评定

阴茎勃起功能应符合 GA/T 1188 《男性性功能障碍法医学鉴定》的要求。

C.6 体表面积计算

九分估算法：成人体表面积视为100%，将总体表面积划分为11个9%等面积区域。即：头（面）部与颈部共占1个9%，双上肢共占2个9%，躯干前后及会阴部共占3个9%，臀部及双下肢共占5个9%+1%（见表C-3）。

表C-3 体表面积的九分估算法

部位	面积（%）	按九分法面积（%）
头	6	（1×9）=9
颈	3	
前躯	13	
后躯	13	
会阴	1	
双上臂	7	（2×9）=18
双前臂	6	
双手	5	
臀	5	（5×9+1）=46
双大腿	21	
双小腿	13	
双足	7	
全身合计	100	（11×9+1）=100

手掌法：受检者五指并拢，一掌面约相当其自身体表面积的1%。

公式计算法：体表总面积 $S(m^2)=0.0061\times$身长（cm）$+0.0128\times$体重（kg）-0.1529。

注：12岁以下儿童体表面积：头颈部%=[9+（12-年龄）]%，双下肢%=[46-（12-年

龄)]%。

C.7 肢体关节功能评定

先根据受损关节活动度大小及关节肌群肌力等级直接查表(见表C-4~表C-9)得出受损关节各方位功能丧失值,再将受损关节各方位功能丧失值累计求和后除以该关节活动方位数(如肩关节活动方位为6)即可得出受损关节功能丧失值。

注:(1)表C-4~表C-9仅适用于四肢大关节骨关节损伤后遗关节运动活动度受限合并周围神经损伤后遗相关肌群肌力下降所致关节功能障碍的情形。单纯中枢神经或者周围神经损伤所致关节功能障碍的情形应适用专门性条款。(2)当关节活动受限于某一方位时,其同一轴位的另一方位功能丧失值以100%计。如腕关节掌屈和背屈,轴位相同,但方位不同。当腕关节活动限制在掌屈10度与50度之间,则掌屈以40度计(查表求得功能丧失值为30%),而背屈功能丧失值以100%计。(3)伤侧关节功能丧失值应与对(健)侧进行比较,即同时用查表法分别求出伤侧和对侧关节功能丧失值,并用伤侧关节功能丧失值减去对侧关节功能丧失值,其差值即为伤侧关节功能实际丧失值。(4)由于本方法对于关节功能的评定已经考虑到肌力减退对于关节功能的影响,故在测量关节运动活动度时,应以关节被动活动度为准。

C.7.1 肩关节功能丧失程度评定(见表C-4)

表C-4 肩关节功能丧失程度(%)

	关节运动活动度	肌力				
		≤M1	M2	M3	M4	M5
前屈	≥171	100	75	50	25	0
	151~170	100	77	55	32	10
	131~150	100	80	60	40	20
	111~130	100	82	65	47	30
	91~110	100	85	70	55	40
	71~90	100	87	75	62	50
	51~70	100	90	80	70	60
	31~50	100	92	85	77	70
	≤30	100	95	90	85	80
后伸	≥41	100	75	50	25	0
	31~40	100	80	60	40	20
	21~30	100	85	70	55	40
	11~20	100	90	80	70	60
	≤10	100	95	90	85	80

（续表）

	关节运动活动度	肌力				
		≤M1	M2	M3	M4	M5
外展	≥171	100	75	50	25	0
	151～170	100	77	55	32	10
	131～150	100	80	60	40	20
	111～130	100	82	65	47	30
	91～110	100	85	70	55	40
	71～90	100	87	75	62	50
	51～70	100	90	80	70	60
	31～50	100	92	85	77	70
	≤30	100	95	90	85	80
内收	≥41	100	75	50	25	0
	31～40	100	80	60	40	20
	21～30	100	85	70	55	40
	11～20	100	90	80	70	60
	≤10	100	95	90	85	80
内旋	≥81	100	75	50	25	0
	71～80	100	77	55	32	10
	61～70	100	80	60	40	20
	51～60	100	82	65	47	30
	41～50	100	85	70	55	40
	31～40	100	87	75	62	50
	21～30	100	90	80	70	60
	11～20	100	92	85	77	70
	≤10	100	95	90	85	80
外旋	≥81	100	75	50	25	0
	71～80	100	77	55	32	10
	61～70	100	80	60	40	20
	51～60	100	82	65	47	30
	41～50	100	85	70	55	40
	31～40	100	87	75	62	50
	21～30	100	90	80	70	60
	11～20	100	92	85	77	70
	≤10	100	95	90	85	80

C.7.2 肘关节功能丧失程度评定(见表 C－5)

表 C－5 肘关节功能丧失程度(%)

	关节运动活动度	肌力				
		≤M1	M2	M3	M4	M5
屈曲	≥41	100	75	50	25	0
	36～40	100	77	55	32	10
	31～35	100	80	60	40	20
	26～30	100	82	65	47	30
	21～25	100	85	70	55	40
	16～20	100	87	75	62	50
	11～15	100	90	80	70	60
	6～10	100	92	85	77	70
	≤5	100	95	90	85	80
伸展	81～90	100	75	50	25	0
	71～80	100	77	55	32	10
	61～70	100	80	60	40	20
	51～60	100	82	65	47	30
	41～50	100	85	70	55	40
	31～40	100	87	75	62	50
	21～30	100	90	80	70	60
	11～20	100	92	85	77	70
	≤10	100	95	90	85	80

注:为方便肘关节功能计算,此处规定肘关节以屈曲 90 度为中立位 0 度。

C.7.3 腕关节功能丧失程度评定(见表 C－6)

表 C－6 腕关节功能丧失程度(%)

	关节运动活动度	肌力				
		≤M1	M2	M3	M4	M5
掌屈	≥61	100	75	50	25	0
	51～60	100	77	55	32	10
	41～50	100	80	60	40	20
	31～40	100	82	65	47	30
	26～30	100	85	70	55	40
	21～25	100	87	75	62	50
	16～20	100	90	80	70	60
	11～15	100	92	85	77	70
	≤10	100	95	90	85	80

（续表）

	关节运动活动度	肌力				
		≤M1	M2	M3	M4	M5
背屈	≥61	100	75	50	25	0
	51~60	100	77	55	32	10
	41~50	100	80	60	40	20
	31~40	100	82	65	47	30
	26~30	100	85	70	55	40
	21~25	100	87	75	62	50
	16~20	100	90	80	70	60
	11~15	100	92	85	77	70
	≤10	100	95	90	85	80
桡屈	≥21	100	75	50	25	0
	16~20	100	80	60	40	20
	11~15	100	85	70	55	40
	6~10	100	90	80	70	60
	≤5	100	95	90	85	80
尺屈	≥41	100	75	50	25	0
	31~40	100	80	60	40	20
	21~30	100	85	70	55	40
	11~20	100	90	80	70	60
	≤10	100	95	90	85	80

C.7.4　髋关节功能丧失程度评定(见表C-7)

表C-7　髋关节功能丧失程度(%)

	关节运动活动度	肌力				
		≤M1	M2	M3	M4	M5
前屈	≥121	100	75	50	25	0
	106~120	100	77	55	32	10
	91~105	100	80	60	40	20
	76~90	100	82	65	47	30
	61~75	100	85	70	55	40
	46~60	100	87	75	62	50
	31~45	100	90	80	70	60
	16~30	100	92	85	77	70
	≤15	100	95	90	85	80

（续表）

	关节运动活动度	肌力				
		≤M1	M2	M3	M4	M5
后伸	≥11	100	75	50	25	0
	6~10	100	85	70	55	20
	1~5	100	90	80	70	50
	0	100	95	90	85	80
外展	≥41	100	75	50	25	0
	31~40	100	80	60	40	20
	21~30	100	85	70	55	40
	11~20	100	90	80	70	60
	≤10	100	95	90	85	80
内收	≥16	100	75	50	25	0
	11~15	100	80	60	40	20
	6~10	100	85	70	55	40
	1~5	100	90	80	70	60
	0	100	95	90	85	80
外旋	≥41	100	75	50	25	0
	31~40	100	80	60	40	20
	21~30	100	85	70	55	40
	11~20	100	90	80	70	60
	≤10	100	95	90	85	80
内旋	≥41	100	75	50	25	0
	31~40	100	80	60	40	20
	21~30	100	85	70	55	40
	11~20	100	90	80	70	60
	≤10	100	95	90	85	80

注：表中前屈指屈膝位前屈。

C.7.5　膝关节功能丧失程度评定（见表C-8）

表C-8　膝关节功能丧失程度（%）

	关节运动活动度	肌力				
		≤M1	M2	M3	M4	M5
屈曲	≥130	100	75	50	25	0
	116~129	100	77	55	32	10
	101~115	100	80	60	40	20
	86~100	100	82	65	47	30
	71~85	100	85	70	55	40
	61~70	100	87	75	62	50
	46~60	100	90	80	70	60
	31~45	100	92	85	77	70
	≤30	100	95	90	85	80

（续表）

	关节运动活动度	肌力				
		≤M1	M2	M3	M4	M5
伸展	≥-5	100	75	50	25	0
	-6～-10	100	77	55	32	10
	-11～-20	100	80	60	40	20
	-21～-25	100	82	65	47	30
	-26～-30	100	85	70	55	40
	-31～-35	100	87	75	62	50
	-36～-40	100	90	80	70	60
	-41～-45	100	92	85	77	70
	≤-46	100	95	90	85	80

注：表中负值表示膝关节伸展时到达功能位（直立位）所差的度数。考虑到膝关节同一轴位屈伸活动相互重叠，膝关节功能丧失程度的计算方法与其他关节略有不同，即根据关节屈曲与伸展运动活动度查表得出相应功能丧失程度，再求和即为膝关节功能丧失程度。当二者之和大于100%时，以100%计算。

C.7.6　踝关节功能丧失程度评定（见表C-9）

表C-9　踝关节功能丧失程度（%）

	关节运动活动度	肌力				
		≤M1	M2	M3	M4	M5
背屈	≥16	100	75	50	25	0
	11～15	100	80	60	40	20
	6～10	100	85	70	55	40
	1～5	100	90	80	70	60
	0	100	95	90	85	80
跖屈	≥41	100	75	50	25	0
	31～40	100	80	60	40	20
	21～30	100	85	70	55	40
	11～20	100	90	80	70	60
	≤10	100	95	90	85	80

C.8　手、足功能丧失程度评定

C.8.1　手、足缺失评分（见图C-1和图C-2）

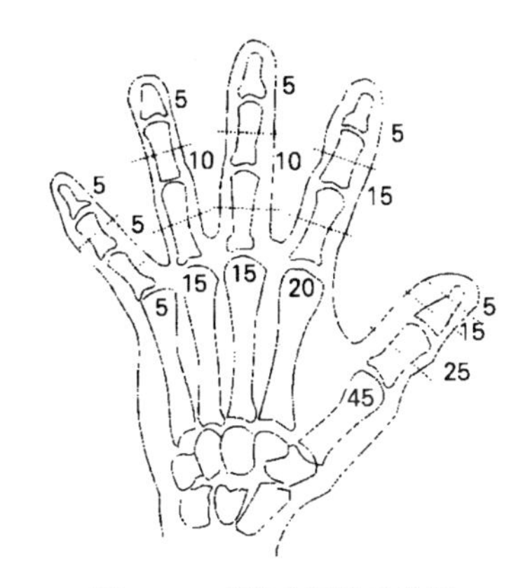

图 C－1　手缺失评分示意图
图中数字示手指缺失平面相当于
手功能丧失的分值

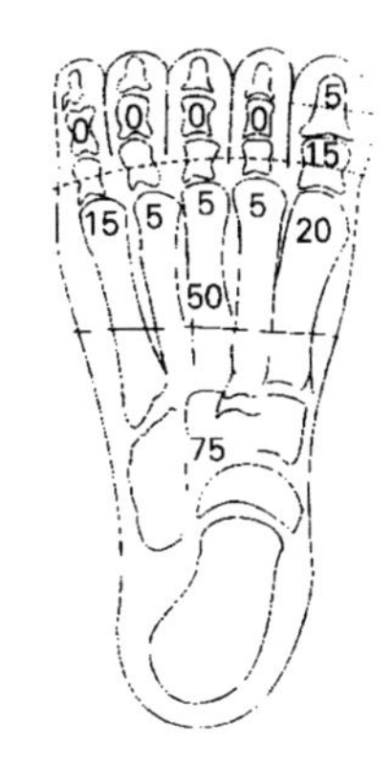

图 C－2　足缺失评分示意图
图中数字示足缺失平面相当于
足功能丧失的分值

C. 8. 2　手指关节功能障碍评分(见表 C－10)

表 C－10　手指关节功能障碍相当于手功能丧失分值的评定

受累部位及情形		功能障碍程度及手功能丧失分值		
		非功能位强直	功能位强直或关节活动度≤1/2 参考值	关节活动度>1/2、但≤3/4 参考值
拇指	第一掌腕/掌指/指间关节均受累	40	25	15
	掌指、指间关节均受累	30	20	10
	掌指、指间单一关节受累	20	15	5
示指	掌指、指间关节均受累	20	15	5
	掌指或近侧指间关节受累	15	10	0
	远侧指间关节受累	5	5	0
中指	掌指、指间关节均受累	15	5	5
	掌指或近侧指间关节受累	10	5	0
	远侧指间关节受累	5	0	0
环指	掌指、指间关节均受累	10	5	5
	掌指或近侧指间关节受累	5	5	0
	远侧指间关节受累	5	0	0

（续表）

受累部位及情形		功能障碍程度及手功能丧失分值		
		非功能位强直	功能位强直或关节活动度≤1/2 参考值	关节活动度>1/2、但≤3/4 参考值
小指	掌指、指间关节均受累	5	5	0
	掌指或近侧指间关节受累	5	5	0
	远侧指间关节受累	0	0	0
腕关节	手功能大部分丧失时腕关节受累	10	5	0

注1：单手、单足部分缺失及功能障碍定级说明：(1) 手、足缺失及功能障碍量化图表不能代替标准具体残级条款，条款中有列举的伤情应优先依据相应条款确定残级，只有在现有残级条款未能列举具体致残程度等级的情况下，可以参照本图表量化评估定级；(2) 图 C－1 中将每一手指划分为远、中、近三个区域，依据各部位功能重要性赋予不同分值。手部分缺失离断的各种情形可按不同区域分值累计相加，参考定级。图 C－2 使用方法同图 C－1；(3) 表 C－10 按手指各关节及腕关节功能障碍的不同程度分别赋予不同分值，各种手功能障碍的情形或合并手部分缺失的致残程度情形均可按对应分值累计相加。

注2：双手部分缺失及功能障碍定级说明：双手功能损伤，按双手分值加权累计定级。设一手功能为 100 分，双手总分为 200 分。设分值较高一手分值为 A，分值较低一手分值为 B，最终双手计分为：$A + B \times (200 - A)/200$。

注3：双足部分缺失定级说明：双足功能损伤，按双足分值加权累计定级。设一足功能为 75 分，双足总分为 150 分。设分值较高一足分值为 A，分值较低一足分值为 B，最终双足计分为：$A + B \times (150 - A)/150$。

二、司法鉴定技术规范

（一）2010 年司法鉴定技术规范

司法部办公厅关于推荐适用《文书鉴定通用规范》等 25 项司法鉴定技术规范的通知

司办通〔2010〕34 号

各省、自治区、直辖市司法厅(局)：

为进一步规范司法鉴定执业活动，推进司法鉴定标准化建设，保障司法鉴定质量，司法部司法鉴定管理局委托司法部司法鉴定科学技术研究所组织制定了《文书鉴定通用规范》等 25 项司法鉴定技术规范。该 25 项司法鉴定技术规范已通过专家评审，在科学性、可靠性、实用性等方面能够满足司法鉴定执业活动的相关要求，现予公布。请你们在司法鉴定行业中推荐适用。

司法鉴定机构和司法鉴定人需要相关司法鉴定技术规范文本或咨询相关技术问题的，请直接与司法部司法鉴定科学技术研究所联系(联系人：吴何坚　联系电话：021－52364973)。

关于司法鉴定技术规范的使用情况请各地司法行政机关汇总后反馈给司法部司法鉴定管理局。

特此通知。

附件：25 项技术规范目录及文本

司法部办公厅

二〇一〇年四月七日

附件

司法鉴定技术规范目录(25 项)

序号	名称及编号	修订情况
1	道路交通事故涉案者交通行为方式鉴定 SF/Z JD0101001 – 2010	道路交通事故涉案者交通行为方式鉴定 SF/Z JD0101001 – 2016
2	听力障碍法医学鉴定规范 SF/Z JD0103001 – 2010	
3	男子性功能障碍法医学鉴定规范 SF/Z JD0103002 – 2010	
4	亲权鉴定技术规范 SF/Z JD0105001 – 2010	亲权鉴定技术规范 SF/Z JD0105001 – 2016
5	血液中乙醇的测定　顶空气相色谱法 SF/Z JD0107001 – 2010	血液中乙醇的测定　顶空气相色谱法 SF/Z JD0107001 – 2016
6	血液中氰化物的测定　气相色谱法 SF/Z JD0107002 – 2010	
7	血液、尿液中毒鼠强测定　气相色谱法 SF/Z JD0107003 – 2010	
8	生物检材中苯丙胺类兴奋剂、杜冷丁和氯胺酮的测定 SF/Z JD0107004 – 2010	生物检材中苯丙胺类兴奋剂、哌替啶和氯胺酮的测定 SF/Z JD0107004 – 2016
9	血液、尿液中 154 种毒(药)物的检测　液相色谱 – 串联质谱法 SF/Z JD0107005 – 2010	血液、尿液中 238 种毒(药)物的检测　液相色谱 – 串联质谱法 SF/Z JD0107005 – 2016
10	生物检材中单乙酰吗啡、吗啡和可待因的测定 SF/Z JD0107006 – 2010	
11	尿液中 Δ^9 – 四氢大麻酸的测定 SF/Z JD0107007 – 2010	

(续表)

序号	名称及编号	修订情况
12	生物检材中巴比妥类药物的测定 液相色谱-串联质谱法 SF/Z JD0107008-2010	
13	生物检材中乌头碱、新乌头碱和次乌头碱的测定 液相色谱-串联质谱法 SF/Z JD0107009-2010	
14	文书鉴定通用规范 SF/Z JD0201001-2010	
15	笔迹鉴定规范 SF/Z JD0201002-2010	
16	印章印文鉴定规范 SF/Z JD0201003-2010	
17	印刷文件鉴定规范 SF/Z JD0201004-2010	
18	篡改(污损)文件鉴定规范 SF/Z JD0201005-2010	
19	特种文件鉴定规范 SF/Z JD0201006-2010	
20	朱墨时序鉴定规范 SF/Z JD0201007-2010	
21	文件材料鉴定规范 SF/Z JD0201008-2010	
22	油漆鉴定规范 SF/Z JD0203001-2010	
23	声像资料鉴定通用规范 SF/Z JD0300001-2010	
24	录音资料鉴定规范 SF/Z JD0301001-2010	
25	录像资料鉴定规范 SF/Z JD0304001-2010	

听力障碍法医学鉴定规范

SF/Z JD0103001－2010

2010年4月7日发布　2010年4月7日生效

目　次

前 言

本规范参考了世界卫生组织(WHO - 2001)《国际功能、残疾和健康分类》的国际分类理论,以及美国临床神经生理学会《诱发电位检测指南》(ACNS Guideline 9A: Guidelines on Evoked Potentials. 2006)相关内容。

本规范附录A为规范性附录、附录B为资料性附录。

本规范由中华人民共和国司法部提出并归口。

本规范主要起草单位:中华人民共和国司法部司法鉴定科学技术研究所。

本规范主要起草人:范利华、朱广友、杨小萍、迟放鲁、董大安、李兴启。

1 范围

本规范规定了听力障碍法医学鉴定的基本原则、要求和方法。

本规范适用于各类听力障碍损伤程度和残疾等级的法医学鉴定,其他相关法律规定涉及听力障碍评定也可参照使用。

2 规范性引用文件

下列文件中的条款通过规范的引用而成为本规范的条款。其最新版本适用于本规范。

GB 7582 声学 听阈与年龄关系的统计分布(ISO 7029:2000,IDT)

GB 7583 声学 纯音气导听阈测定 听力保护用

GB/T 16403 声学 测听方法 纯音气导和骨导听阈基本测听法(eqv ISO 8253 - 1)

GB 18667 职业性噪声聋诊断标准

GB/T 7341.1 听力计 第一部分:纯音听力计(idt IEC 645 - 1)

GB/T 15953 耳声阻抗/纳的测试仪器导抗(idt IEC 1027)

3 定义

3.1 听力障碍 Hearing Disorders

由于损伤或疾病等各种原因致听觉系统解剖结构完整性遭受破坏或者功能障碍,出现的听力损失或者丧失。

3.2 听阈 Hearing Threshold

在规定的条件下,受试者对重复试验能作出50%正确察觉的最低声压级。

3.3　纯音听力级 Hearing Level

在规定的频率,对规定类型的耳机及规定的使用方法,该耳机在规定的声耦合腔或者仿真耳中产生的纯音声压级与相应的基准等效阈声压级之差。

3.4　听阈级 Hearing Threshold Level

在规定的频率,用规定类型的耳机,用听力级表示的某耳听阈。

4　总则

4.1　鉴定原则

4.1.1　应运用临床听力学、法医学的理论和技术,结合司法鉴定实践,全面分析,综合评定。

4.1.2　对于因损伤引起听力障碍的法医学鉴定,应以被鉴定人听觉系统原发性损伤,以及与原发性损伤有直接联系的并发症或后遗症为基础,结合听力障碍程度,全面分析,综合评定。

4.1.3　对于因疾病引起听力障碍的法医学鉴定,应以听觉系统疾病为基础,结合听力障碍的程度,全面分析,综合评定。

4.1.4　对于听觉系统损伤与疾病(或既往损伤)并存时,应根据损伤或疾病(或既往损伤)对听力障碍后果原因力的大小,并判定损伤与听力障碍的因果关系以及参与程度。

4.1.5　听力障碍程度的确定应使用现有的听力学技术和方法,尽可能采用多种测试项目组合,多种分析指标互相印证,综合评定。

4.2　鉴定时机

听力障碍的鉴定应在损伤3~6月后进行,或者医疗终结后听力障碍程度相对稳定时进行。

5　不同类型听力障碍判定标准

5.1　损伤性听力障碍

头部或耳部损伤,导致听觉系统损害而引起的听力障碍。

5.1.1　鼓膜损伤性听力障碍

5.1.1.1　确证的耳部外伤史。

5.1.1.2　有听力下降等鼓膜损伤的临床表现。

5.1.1.3　耳镜及鼓膜摄像显示鼓膜新鲜穿孔具有外伤性特征。

5.1.1.4　听力学表现:

a) 纯音听力测试表现为传导性听力障碍或听力损失轻微;

b) 声导抗鼓室图因漏气无法引出,或者外耳道容积明显增大,鼓室图呈

B型;

c) 听觉诱发电位测试可以有轻度听力障碍。

5.1.2 中耳损伤性听力障碍

5.1.2.1 确证的头部或耳部外伤史。

5.1.2.2 有头部或耳部损伤的临床表现。

5.1.2.3 颞骨CT检查提示中耳出血,或者颞骨骨折累及中耳,或者听小骨位置改变。

5.1.2.4 听力学表现:

a) 纯音听力测试伤耳呈传导性听力损失;听骨链损伤的表现为不同程度的气骨导差,最大可达60dB HL;

b) 单纯听骨链中断的声导抗测试提示鼓室图为Ad型(峰值异常高);

c) 听性脑干反应可以出现各波潜伏期顺序延长,Ⅰ~Ⅴ波间期在正常范围;

d) 听觉诱发电位测试存在轻度或中度听力障碍。

5.1.3 内耳损伤性听力障碍

5.1.3.1 确证的头部或耳部外伤史。

5.1.3.2 有头部或耳部损伤的临床表现。

5.1.3.3 颞骨CT检查提示有或无颅底骨折征象。

5.1.3.4 听力学表现:

a) 纯音听力测试伤耳听力障碍多呈感音神经性,合并中耳损伤者呈混合性;

b) 耳声发射异常;

c) 听性脑干反应有听力障碍。单纯蜗性损伤者,轻度听力障碍表现为各波潜伏期及Ⅰ~Ⅴ波间期在正常范围;合并传音障碍者表现为各波潜伏期顺序延长,Ⅰ~Ⅴ波间期在正常范围;听力障碍严重者波形可以消失。

d) 耳蜗电图表现为伤耳CAP波增宽,出现不对称的锯齿波或双波,阈值提高,或波形消失。

5.1.3.5 内耳损伤者常伴发前庭功能紊乱症状,包括眼震电图、眼震视图等在内的前庭功能检查提示前庭功能异常。

5.1.3.6 排除蜗性疾病所致的听力障碍。

5.1.4 蜗后损伤性听力障碍

5.1.4.1 确证的颅脑损伤史。

5.1.4.2 有颅脑损伤相关的临床表现。

5.1.4.3 听力学表现:

a) 纯音听力测试伤耳呈感音神经性听力障碍,合并中耳损伤的呈混合性听力障碍；

b）单纯蜗后损伤时，耳声发射可正常引出；

c）听性脑干反应提示伤耳V波潜伏延长，两耳V波潜伏期差大于0.4ms，Ⅰ～Ⅴ波间期延长超过5ms，或者与对侧耳相差大于0.45ms，或者波形消失；

d）主、客观听力测试存在听力障碍。

5.1.4.4　颅脑CT、内耳MRI检查可以提示颅脑或听神经损伤的阳性征象。

5.1.4.5　排除蜗后疾病所致的听力障碍。

5.1.5　爆震性听力障碍

5.1.5.1　有明确的高强度的脉冲噪声暴露史。

5.1.5.2　有中耳或内耳损伤的临床表现。

5.1.5.3　听力学检查提示感音神经性或混合性听力障碍，可伴有眩晕。

5.1.5.4　排除其他原因所致的听力障碍。

5.1.6　噪声性听力障碍

5.1.6.1　明确的持续强噪声环境暴露史。

5.1.6.2　有听力下降或耳鸣症状。

5.1.6.3　耳科检查无阳性发现。

5.1.6.4　听力学检查提示感音神经性听力障碍，早期以4kHz下降为主。

5.1.6.5　排除其他原因所致的听力障碍。

注：主要参考GB 18667－1996职业性噪声聋诊断标准。

5.2　外伤继发感染后听力障碍

5.2.1　耳部外伤后继发感染史。

5.2.2　有中耳或内耳感染的临床表现。

5.2.3　听力学检查提示传导性或混合性听力障碍。

5.2.4　感染累及鼓室或乳突时颞骨CT检查有阳性发现。

5.2.5　排除其他原因引起的感染性听力障碍。

5.3　药物性听力障碍

5.3.1　因耳毒性药物应用过程中或应用以后发生的感音神经性听力障碍，常伴有眩晕。

5.3.2　有明确的耳毒性药物应用史（且有超剂量，超疗程），或家族中有耳毒药物中毒易感史。

5.3.3　耳科检查一般无阳性发现。

5.3.4　听力学检查：纯音听力测试呈双耳对称性感音神经性听力障碍，诱发耳声发射异常。

5.3.5　常常伴发前庭症状，包括眼震电图、眼震视图在内的前庭功能检查可以提示前庭功能异常。

5.3.6 相关的基因突变检测结果有助于诊断。

5.4 与听力障碍鉴定有关的耳科疾病

5.4.1 慢性化脓性中耳炎

5.4.1.1 有明确耳流脓病史,病史超过 3 个月。

5.4.1.2 主诉听力下降,反复耳流脓,耳痛,耳鸣。

5.4.1.3 耳科检查鼓膜穿孔具有炎性穿孔的特征,鼓室粘膜有水肿或鼓室有分泌物等。

5.4.1.4 听力学检查:纯音听力测试多为传导性听力障碍,有时为混合性听力障碍,声导抗测试提示鼓膜穿孔或中耳功能异常。

5.4.1.5 感染累及鼓室或乳突时,颞骨 CT 显示乳突、鼓室有阳性征象。

5.4.1.6 排除其他原因所致的听力障碍。

5.4.2 语前聋(聋哑症)

5.4.2.1 有听力障碍家族史、母妊娠期宫内感染病史、异常分娩史、婴幼儿期与听力障碍有关的感染、先天性听力障碍高危因素。

5.4.2.2 先天性听力障碍出生后就有听力障碍,非进行性;后天出现的可以进行性加重,听力障碍严重;早发者常常有言语发育障碍;12 岁以后发生的听力障碍对言语功能影响较小。

5.4.2.3 体格检查和颞骨 CT 检查可能有耳廓、外耳道、中耳、内耳畸形等阳性发现。

5.4.2.4 听力学检查为双耳重度至极重度听力障碍。

5.4.3 突发性听力障碍(突发性聋)

5.4.3.1 突然发生的,可在数分钟、数小时或 3 天内。

5.4.3.2 非波动性感音神经性听力损失,可为轻、中或重度,甚至极重度。至少在相连的 2 个频率听力下降 20dB 以上。多为单侧,偶有双侧同时或前后发生。

5.4.3.3 病因不明(未发现明确原因包括全身或局部因素)。

5.4.3.4 伴有耳鸣、耳堵塞感;有时伴眩晕、恶心、呕吐,但不反复发作。

5.4.3.5 除第八颅神经外,无其他颅神经受损症状。

5.4.3.6 排除其他原因引起的听力障碍。

注:主要参考 2005 年全国济南会议突发性聋诊断标准。

5.4.4 听神经病听力障碍

5.4.4.1 双耳或单耳听力障碍,以言语识别障碍为主。

5.4.4.2 听力学表现:

a)纯音听力测试多为双耳对称性感音神经性听力障碍,多以低频下降为主,言语识别率与纯音听阈不成比例的严重下降;

b)听性脑干反应严重异常或波形消失；

c)诱发耳声发射多正常,对侧抑制效应消失；

d)耳蜗微音电位可以引出。

5.4.4.3 颞骨 CT 或 MRI 无明显异常发现;部分患者抗膜迷路蛋白抗体阳性、IgM 抗体阳性。

5.4.5 功能性听力障碍

5.4.5.1 无听觉系统损伤或疾病的病理基础。

5.4.5.2 听力障碍发生前后不伴前庭功能紊乱症状。

5.4.5.3 语调、声调无提高。可伴有癔症或抑郁性神经官能症症状。

5.4.5.4 听力学检查:主观听力检查提示重度或极重度听力障碍,客观听力检查正常或接近正常。

5.4.5.5 精神疗法或暗示治疗后听力骤然恢复正常或接近正常。

5.4.6 耳硬化症听力障碍

5.4.6.1 慢性进行性听力下降,可一耳先发病,也可双耳同时发病。

5.4.6.2 鼓膜正常,咽鼓管功能良好。

5.4.6.3 听力学检查:纯音听力测试以传导性听力障碍为主,骨导曲线在 2kHz 下降(Carhart 切迹);声导抗鼓室图多呈 As 型,声反射消失。

5.4.6.4 颞骨薄层 CT 检查常可以比较清晰地显示骨迷路包囊上存在耳硬化病灶,有时可见耳蜗广泛骨质疏松,呈“双环征”。

6 听力障碍鉴定方法

6.1 审阅资料和一般检查

了解案情中外力作用情况,在送检资料中确证有引起听力障碍的损伤或疾病等原因,询问听力障碍的临床症状和诊疗过程,详细全面地进行耳科检查和体格检查,并尽可能获取伤前和损伤早期的听力资料。

6.2 听力测试项目选择与组合

6.2.1 概述

听力测试的实验室应符合附录 A 要求。听力测试项目包括:纯音气导和骨导听阈,声导抗,听觉诱发电位及耳声发射测试。言语识别率对听力障碍的鉴定有较大的参考价值,但鉴于目前国内外尚无法对此项测试进行规范化,故未纳入本规范。

6.2.2 听阈级测试项目组合

纯音听阈级测试是目前能够比较真实地反映人听敏度的方法,但在有伪聋或夸大聋情况时,其真实听阈主要依赖客观听力测试方法进行评估。本规范推荐应主、客观方法结合,建议选择纯音听阈、听性脑干反应以及1~2项有频率特性的听觉诱发电位(如40Hz听觉相关电位、短纯音或短音听性脑干反应、听性稳态反应、听觉皮层诱发电位)作为客观听阈测试的基本测试项目。

6.2.3 了解听力障碍部位的测试项目组合

至少应包括纯音听阈测试,声导抗,听性脑干反应,耳声发射或耳蜗电图测试。

6.3 听阈级测试步骤

第一步:进行纯音气导和骨导听阈测试,确定0.25~8kHz频率听阈级。测试方法应符合附录A.4.1要求,至少重复测试两次。若测试结果为单耳听力障碍者亦可以进行响度优势测验(Stenger测验)。若测试结果提示听阈在正常范围的,或者无论测试结果重复性如何,只要听力障碍程度未达到相关鉴定标准最低标准的;则可以不进行客观听阈测试。

注:重复性的判断按照附录A.4.1。

第二步:若纯音听阈测试提示听力障碍,达到相关鉴定标准最低标准的,或提示有伪聋或夸大聋者,按照附录A.4.3进行声导抗测试。

第三步:在上述方法难以获得准确的纯音听阈级情况下,应进行客观听阈测试。或者即使纯音听阈测试结果重复性好,本规范推荐仍应选择1~2项客观测试方法,印证纯音听阈测试结果。

6.3.1 客观听阈测试方法选择如下:

选择一:短纯声听性脑干反应可以反映2~4kHz范围的听阈,为获得0.5kHz及1kHz听阈,可以选择40Hz听觉相关电位,或者短音听性脑干反应测试,听性稳态反应和皮层诱发电位也可以作为参考。

选择二:根据实验室的经验和基础数据,选择有频率特性的诱发电位测试方法,如40Hz听觉相关电位,或者短音、短纯音听性脑干反应,进行0.5kHz、1kHz、2kHz、4kHz频率的测试。听性稳态反应和皮层诱发电位也可以作为参考。

第四步:确定0.5kHz、1kHz、2kHz、4kHz四个频率反应阈后,按照附录A.4.3进行反应阈修正,然后按照6.4计算听阈。

6.4 听阈级的计算

6.4.1 听阈级的计算与使用的测试方法及采用的频率有关。法医学鉴定中根据鉴定事项,适用的鉴定标准若没有明确规定频率范围的,应按照WHO(1997年,日内瓦)推荐的听力减退分级的言语频率范围,取0.5kHz、1kHz、2kHz、4kHz这四个频率气导听阈级的平均值。若所适用的鉴定标准明确规定频率范围为0.5kHz、1kHz、2kHz的,则取这三个频率气导听阈级的平均值。听力障碍程度分级参照附录B.3。

6.4.2 纯音气导和骨导听阈测试时,如某一频率纯音气导最大声输出仍无反应时,以最大声输出值作为该频率听阈级。

6.4.3　听觉诱发电位测试时,若最大输出声强仍引不出反应波形的,反应阈值以最大输出声强计算。

6.4.4　听觉诱发电位反应阈与听阈级的关系及修正,见附录 A.4.4.1。

6.4.5　纯音气导听阈级应考虑年龄因素,按 GB 7582－2000 的要求,耳科正常人(18 岁～70 岁)听阈级偏差的中值(50%)进行修正。

6.5　确定听力障碍部位的检查

6.5.1　了解耳蜗功能,应进行耳声发射和/或耳蜗电图测试。

6.5.2　了解是否存在蜗后损伤或病变,应进行声导抗声衰试验、听性脑干反应、耳蜗电图、眼震电图/眼震视图测试。

6.5.3　对于上述听力测试结果显示异常的,应常规摄颞骨 CT,必要时摄内耳或听神经 MRI,了解中耳、内耳有无损伤、疾病或者畸形。

6.6　分析听力障碍与损伤或疾病或既往损伤的因果关系

根据损伤部位、听力学特征以及影像学检查结果,综合分析确定听力障碍的部位和与损伤的因果关系。因果关系判断及损伤参与程度分级参照附录 B.1 及 B.2。

7　附则

7.1　本规范主要涉及与法医鉴定有关的听力障碍类型,在鉴定中遇到本规范没有涉及的,可以比照本规范第 5 章相应部位或相同病因的类型,按照听力鉴定方法进行鉴定。

7.2　本规范涉及的听力检查须按照 6.2 及 6.3 方法并符合附录 A 听力测试方法要求。

7.3　为司法鉴定提供测试的听力实验室应符合附录 A 的要求。

附录 A

(规范性附录)

听力实验室规范

A.1　人员要求

A.1.1　技术人员应具备以下资格条件:

a) 医学 (或法医学专业) 大专以上学历背景;

b) 耳科学以及神经生理学方面的技能以及听力测试培训 6 个月以上,熟悉各类听力测试的原理和方法。

A.1.2 鉴定报告人员应具备以下资格条件：

a）医学或法医学大学本科以上学历背景。

有听力学以及耳神经生理学方面技能培训经历 1 年以上，具有 3 年以上临床或者法医听力学实际工作经验。熟悉各类听力测试的原理、方法，并能对听力测试结果解释，对鉴定报告结论负责。

b）同时还应满足司法鉴定通则关于鉴定人资格的要求，或者卫生部关于执业医师的要求。

A.2 环境要求

听力测试应在检测合格的隔声电屏蔽测听室内进行，最大允许环境噪声级符合 GB/T 7583 和 GB/T 16403 的规定。

A.3 设备要求

A.3.1 鉴定设备

进行听力障碍鉴定的实验室应具备：听力计，声导抗仪，听觉诱发电位仪以及耳声发射仪。

A.3.2 听力计

应为诊断型听力计（1～3 型），筛选用听力计等不适用于法医学鉴定。听力计频率范围至少达到：气导为 0.125kHz～8kHz，骨导为 0.25kHz～8kHz，气导最大输出至少满足：0.125kHz 为 85dB HL；0.25kHz 为 105dB HL；0.5kHz～4kHz 为 120dB HL；8kHz 105dB HL。骨导最大输出至少满足：0.25kHz 为 45dB HL；0.5kHz 为 70dB HL；1kHz 为 75dB HL；2kHz～4kHz 为 80dB HL。

听力计技术指标必须符合 GB/T 7341.1《听力计　第一部分：纯音听力计》要求，其安全性能符合 GB/T 9706.1《医用电气设备　第一部分：安全通用要求》。听力计在规定的时间内（不超过 1 年）按 GB/T 4854《声学　校准测听力设备的基准零级》的要求校准或检定。

A.3.3 声导抗仪

声导抗仪技术指标符合 GB/T 15953《耳声阻抗/导纳的测量仪器》1 型、2 型强制性要求。至少可以进行鼓室导抗、同侧和对侧声反射、声衰试验。频率范围至少满足 0.5kHz～4kHz。声反射同侧给声最大声输出至少满足：0.5kHz 达 110dB HL，1kHz 及 2kHz 达 115dB HL，4kHz 达 100dB HL。声反射对侧给声最大声输出至少满足：0.5kHz、1kHz 及 2kHz 达 120dB HL，4kHz 达 115dB HL；仪器给声部分应按规定定期校准。

A.3.4 听觉诱发电位仪

A.3.4.1 记录系统应能够根据要求定期进行校准，以确保模拟和数字信号的完整性。目前为止国内外还没有诱发电位仪设备的标准，还缺乏像“听力级

(HL)”一样被广泛接受的听力单位作为听觉诱发电位的单位,但是目前广泛接受的是将“nHL”作为各实验室自己仪器的单位。

A. 3. 4. 2　听觉诱发电位仪应能将 dB SPL 转换为 dB nHL(一组相当数量的正常听力青年人在同一实验室、同一套设备、同样的临床测试方法得出的平均反应水平的分贝数)。刺激声最大声输出 115dB SPL 或者 95dB nHL 以上。应定期对最大声输出及衰减的分档进行校准,保证其设备的实际输出与标称值相同。

A. 3. 5　耳声发射仪

耳声发射测试要求本底噪声在 30dB(A)以下。选择可以记录瞬态诱发耳声发射和畸变产物耳声发射的仪器,选择灵敏度高,噪声低的测试探头,带有探头检查程序,通过连接的计算机可以进行了解探头放置位置是否符合要求,频率范围至少满足 0. 5kHz ~ 6kHz。尽管目前国内外没有关于耳声发射装置的标准,但实验室测试人员应该对设备输出信号的幅度及频谱特性进行测量,至少要检查设备的实际输出与标称值是否相同。最大声输出可以按照 GB/T 4854 标准定期校准。

畸变产物耳声发射具有频率特性,本规范建议选择畸变产物耳声发射测试。

A. 4　测试方法要求

A. 4. 1　测试前准备

测试前应了解案情和详细阅读病历资料,进行常规耳科检查,清除外耳道耵聍。

A. 4. 2　纯音听阈测试

测试方法应按照 GB/T 16403《声学　测听方法　纯音气导和骨导听阈测听基本方法》进行纯音气导和骨导听阈级的测试。测试频率至少包括 0. 25kHz、0. 5kHz、1kHz、2kHz、4kHz、8kHz。

在纯音气导和骨导听阈级测试结果异常时应在相同条件下至少复查 1 次。相同条件下测试,同一频率阈值相差小于 10dB,或者上升和下降法两次测试同一频率阈值结果相差 10dB 以下,为重复性好,其结果有一定的可信度,比较多次测试结果在相同频率的阈值相差大于 10dB,为重复性差。

有下列情形时提示伪聋或夸大聋:

a) 两次以上测试结果重复性差;

b) 在测试时对声信号反应延迟,表现犹豫不决;

c) 单耳重度、极重度听力障碍时没有交叉听力。

A. 4. 3　声导抗测试

A. 4. 3. 1　概述

是客观测试中耳传音系统的生物物理学方法,可以评判中耳功能及第Ⅶ、第

Ⅷ脑神经功能状态。是判断中耳功能状况的客观指标,可以排除或肯定传导性听力障碍、鉴别非器质性听力障碍,有助于创伤性面神经瘫痪的定位诊断。常规进行鼓室导抗和声反射阈测试,必要时增加声反射衰减试验。

A. 4. 3. 2　测试前准备

进行常规耳科检查,清除外耳道耵聍。

A. 4. 3. 3　鼓室导抗测试

鼓室图曲线峰顶所对应的压力即鼓室内压,相当于0kPa,正常峰压点在±50daPa。声导抗峰值为0. 3ml ~1. 6ml。测试结果呈"人"字形曲线,即鼓室导抗图(简称鼓室图)。

A. 4. 3. 4　声反射阈(镫骨肌声反射阈)测试

能引起镫骨肌声反射的声刺激最小强度水平即为该刺激声的声反射阈。声反射阈测试分为同侧声反射和对侧声反射,测试频率顺序为1kHz、2kHz、4kHz、0. 5kHz。最初刺激声强可参考纯音测试听阈,一般从纯音听阈阈上85dB开始,用下降或者上升5dB的方式确定声反射阈。

A. 4. 3. 5　声反射衰减试验

对于疑有蜗后损伤或病变者,进行声反射衰减试验。用声反射阈上10dB的0. 5kHz或1kHz纯音持续刺激10s,得出声反射衰减图。

A. 4. 3. 6　声导抗结果分析

鼓室图可以客观的反映鼓室病变或损伤,并可显示鼓室压,判断咽鼓管功能。在鼓室图测试后根据鼓室功能图峰压位置、高度以及形态判断中耳功能。A型:正常型;As型:低峰型;Ad型:高峰型;B型:平坦型;C型:负压型;D型:切迹型。

镫骨肌声反射的引出可以作为中耳传音功能正常的指标,反射存在表示听骨链完善,活动良好,声反射弧完整。声反射阈未引出有多种可能,应结合具体情况进行分析,可能存在中等度以上的听力障碍、中耳病变、面神经损伤等。如果纯音听阈与镫骨肌声反射阈之差小于40 ~60dB提示有耳蜗病变的重振现象。

声反射衰减结果:正常人声反射保持在稳定水平,无衰减现象。若声反射5s内振幅减少50%,提示为蜗后损伤或病变。

A. 4. 3. 7　测试报告

报告至少应包括鼓室图类型,中耳功能评价,声反射阈。

A. 4. 4　听觉诱发电位测试

A. 4. 4. 1　总则

听觉诱发电位测试方法包括:听性脑干反应,耳蜗电图描记,40Hz听觉相关电位,短纯音听性脑干反应、听性稳态反应、皮层诱发电位。在鉴定中根据鉴定事项,按照第六章进行听力测试项目的选择及组合。

各实验室应建立不同项目的听觉诱发电位反应阈值与纯音听阈级之间相关性的基础数据,取得各反应阈与纯音气导听阈级之间的修正值(校正因子),根据此修正值对所测试的听觉诱发电位反应阈进行修正。反应阈经修正后等效为该频率的听阈级。

注:基层鉴定机构无实验室数据的,可以参考相同仪器及检测环境实验室的修正值进行修正。

A. 4. 4. 2 听性脑干反应(Auditory Brainstem Response, ABR)

A. 4. 4. 2. 1 概述

听性脑干反应测试不受被测试者意识状态(催眠、昏迷、镇静剂、麻醉)的影响,短声(click)听性脑干反应能够客观反映2kHz～4kHz频率范围的听敏度,以及听神经至下丘核听通路状况,有助于听力障碍部位的分析。短纯音(tone burs)或短音(tone pip)听性脑干反应有频率特性,可以用于听阈评估。

A. 4. 4. 2. 2 测试前准备

应先进行纯音听阈和声导抗检查,了解主观听力水平和中耳功能。受试者仰卧于检查床上,放松、安静、可入睡。不配合的成人及儿童可以服用水合氯醛予以镇静。

A. 4. 4. 2. 3 电极的位置及安装

记录电极一般放置于颅顶部(放置在前额正中近发际处也可记录到同样清晰的图形),参考电极放于给声侧耳垂前内侧面,或者给声侧乳突部,接地电极放于鼻根处或者对侧耳垂前内侧面或侧乳突部。采用一次性电级或银盘电极,放置电极部位的皮肤需处理,使得引导电极与皮肤间的电阻小于5kΩ。

A. 4. 4. 2. 4 参数选择

刺激声类型一般为短声(click)、短纯音(tone burst)或短音(tone pip)。最大声输出115dB SPL或95dB nHL。叠加次数:1024～2048次。滤波范围通常采用100～3000Hz,刺激声相位交替。耳机给声,同侧刺激同侧记录。分析时间为刺激开始的10～15ms,故扫描时间应不短于15ms,刺激重复率11.1次/s,或者20/s。

A. 4. 4. 2. 5 记录

在75～95dB nHL声强开始记录波形,以波Ⅰ、波Ⅲ、波Ⅴ有意义,测量波Ⅰ、波Ⅲ、波Ⅴ的潜伏期及波间期数值。常规重复一次以上,观察多次波形是否具有较好的重复性。

正常参考值:正常听力两耳波Ⅴ潜伏期差小于0.2～0.25ms,最大不超过0.4ms。振幅的正常变异较大,一般不用作诊断指标,但正常波Ⅴ振幅大于波Ⅰ。如一侧的波Ⅴ振幅比对侧的波Ⅴ振幅小50%时,则应考虑该侧有异常。或者以各实验室自己的正常值为准。

反应阈判定:从75~95dB nHL开始,按升5dB降10dB,至刚能引出波V的刺激声强,即为波V反应阈,在波V反应阈处重复记录一次,确定重复性好。保留阈值下5dB波V消失的波形。

A. 4. 4. 2. 6 听性脑干反应测试报告

测试报告应包括刺激声种类;刺激声强度和单位;波Ⅰ、波Ⅲ、波V潜伏期、波间期数据及正常值,双耳波V反应阈值及修正值。

短声为刺激声时,反应阈值与纯音2k-4kHz的听阈相关性好,但不能反映其他频率听阈。短纯音(tone burst)或短音(tone pip)为刺激声,可以测试频率为0.5kHz、1kHz、2kHz、4kHz的反应阈。

A. 4. 4. 3 40Hz听觉相关电位(40Hz Auditory Event Related Potentials, 40HzAERP)

该测试方法具有频率特性,可以客观的反映测试频率的听阈。

A. 4. 4. 3. 1 测试前准备

与听性脑干反应相同。

A. 4. 4. 3. 2 电极的位置及安装

同听性脑干反应。

A. 4. 4. 3. 3 参数选择

通常采用滤波范围为10~300Hz。一般叠加平均256~512次,必要时可增加至1024次。扫描时间为100ms,刺激重复率40次/秒。

刺激声类型为短音(tone pip)或短纯音(tone burst),刺激频率为0.5kHz、1kHz、2kHz、4kHz。耳机给声(建议使用插入式耳机),同侧刺激,同侧记录。

A. 4. 4. 3. 4 记录

根据纯音测试结果给予阈上40~60dB刺激声强,引出4个间隔25ms的正弦波构成的一组电位图,为反应波形。常规重复一次,观察两次波形是否稳定、具有较好的重复性。

反应阈判定:从40~60dB HL开始,按升5dB降10dB直至刚能引出反应波形的刺激声强,为该频率的反应阈,在反应阈处重复记录一次,并保留阈值下5dB波V消失的波形。

需注意在睡眠时反应阈值较清醒时提高。

A. 4. 4. 3. 5 40Hz听觉相关电位测试报告

测试报告应包括刺激声种类,刺激声单位,各测试频率的反应阈值,修正值。被测试时的状态(清醒或睡眠)。

A. 4. 4. 4 耳蜗电图描记法

A. 4. 4. 4. 1　测试前准备

测试前先进行纯音听阈和声导抗检查，了解主观听力水平和中耳功能。受试者仰卧于检查床上，放松、安静。

A. 4. 4. 4. 2　电极的位置及安装

本规范建议宜采用非创伤性记录电极，外耳道银球电极或鼓膜电极。放置外耳道银球电极前，先进行外耳道底部或后下方与鼓膜连接处的外耳道皮肤脱脂，然后将球状电极浸入 0. 9% 生理盐水，用膝状镊将它置于鼓环的后下部分外耳道表面。电极的位置应尽可能地靠近蜗窗区。参考电极放于同侧耳垂或同侧乳突，接地电极置于鼻根部或对侧耳垂或对侧乳突。

A. 4. 4. 4. 3　参数的选择

可根据设备条件和测试项目选择声刺激的种类，有短声（click），短音（tone pip）或短纯音（tone burst）。一般用短声刺激记录的是总和电位（summating potential, Sp）与听神经复合动作电位（compound action potential, CAP）波形。通常采用滤波范围为 100 ~ 3000Hz。扫描时间 10ms。刺激重复率 11. 3 次/s，叠加次数 512 ~ 1024 次。

A. 4. 4. 4. 4　记录

常规测试双耳，一般先测健耳。记录 SP 和 CAP 波，并计算 - SP/AP 的比值。

A. 4. 4. 4. 5　结果分析

SP 波和 CAP 波均能反应听觉末梢感觉的功能，SP 波由耳蜗毛细胞产生，系耳蜗电位。CAP 系听神经动作电位，主要由耳蜗底转或高频区域听神经产生。耳蜗性听力障碍表现为 CAP 波形异常，阈值增高，或者波形消失。

- SP/AP 的比值大于 0. 4，提示梅尼埃病，或者耳蜗损伤，或者疾病的重振现象。

A. 4. 4. 4. 6　耳蜗电图测试报告

报告应包括刺激声种类，刺激声强及单位，- SP/AP 的比值，测试结论。

A. 4. 4. 5　听性稳态反应（Auditory Steady - State Response, ASSR）

听性稳态反应具频率特性，可以测试 250 ~ 8000 频率；为客观判断，避免人为的经验误差，弥补了 40Hz 听觉相关电位及听性脑干反应测试的不足。

A. 4. 4. 5. 1　测试前准备

应先进行纯音听阈和声导抗检查，了解主观听力水平和中耳功能。

A. 4. 4. 5. 2　电极的位置及安装

同听性脑干反应。

A. 4. 4. 5. 3　参数选择

刺激信号的载波频率为 0. 5kHz、1kHz、2kHz 及 4kHz 的纯音，调制频率 70 ~

110Hz。最大输出强度不低于125dB SPL。一般情况下设定调幅深度90~100%，调频深度10%。滤波带通为10~300Hz，极间电阻<5kΩ，开窗时间为1000ms。

A.4.4.5.4 记录

可双耳多频同时刺激，同时记录；或单侧多频刺激，同时记录；若为单耳听力下降，单耳多频同时刺激时，非测试耳应加掩蔽声。但在接近阈值附近时，应单耳单频分别测试。

一般根据纯音听阈测试结果，选择阈上10~20dB SPL，或者从50~75dB SPL开始，按升5dB降10dB直至刚能引出反应波的刺激声强，即为该频率的反应阈，在反应阈处重复记录一次确定重复性好，并保留阈下5dB SPL反应波消失的波形曲线。

A.4.4.5.5 听性稳态反应测试报告

测试报告应包括刺激声强及单位，各测试频率的反应阈图。被测试人测试时的状态（清醒或睡眠），必要时提供反应阈与纯音听阈级之间的修正值。

A.4.5 畸变产物耳声发射（Distortion Product Otoacoustic Emissions，DPOAE）

A.4.5.1 概述

畸变产物耳声发射是耳蜗同时受到两个具有一定频比关系的初始纯音刺激时，由于基底膜的非线性调制作用而产生的一系列畸变信号，经听骨链，耳膜传导于外耳道内记录出的音频能量。

测试前应先进行纯音听阈及声导抗测试，了解主观听力水平及中耳功能情况。提示中耳功能正常时进行该项测试。

A.4.5.2 参数选择

在平均叠加前设置去除干扰（拒绝阈），选择频率比为$f_2/f_1 \approx 1.2$，因为在此条件下，可在$2f_1 - f_2$频率处诱发出最大的DPOAE反应。记录采集点不少于9个，根据特殊情况可以增加。频率范围为0.5kHz~8kHz。DPOAE测试模式有对称和非对称两种。若考虑为损伤性听力障碍，建议使用非对称模式（此模式用于听力损害者更为有效），原始音强度L_1=65dB SPL，L_2=55dB SPL，即L_1大于L_2 10dB SPL。

A.4.5.3 记录

一侧耳进行多次测试，谱峰重复性好，再进行另一侧耳的测试。

A.4.5.4 结果判断

将频阈中大于本体噪声3~6dB的谱峰判定为DPOAEs的信号。DPOAE引出，为DPOAE正常，说明耳蜗外毛细胞功能完整，DPOAE引不出，提示耳蜗外毛细胞损伤，或与中耳功能异常，或与听力障碍程度严重有关。

附录B

（资料性附录）

听力障碍因果关系判断及程度分级

B.1　损伤与疾病的因果关系判断

B.1.1　听力测试结果发现存在听力障碍，同时发现存在影响听力的既往疾病或损伤时，应分析损伤对听力障碍后果原因力的大小，判断损伤与听力障碍的因果关系。

B.1.2　损伤导致听力障碍的作用分为完全作用、主要作用、相等作用、次要作用、轻微作用和没有作用。

B.1.3　若损伤与听力障碍存在直接因果关系，为完全作用或者主要作用，则根据听力障碍程度进行损伤程度或伤残等级评定。

B.1.4　若损伤与听力障碍存在相当因果关系（相等作用），或者间接因果关系（次要作用、轻微作用），则应判断损伤与听力障碍的参与程度，一般不宜根据听力障碍程度直接评定损伤程度或伤残等级。

B.1.5　若损伤与听力障碍不存在因果关系，则只说明因果关系，不评定损伤程度或伤残等级。

B.2　损伤参与程度分级

B.2.1　在确定损伤致听力障碍中的作用分级后，判断损伤参与程度。

B.2.2　损伤参与程度分级如下：

a）没有作用（无，缺乏，微不足道）　0%～4%；

b）轻微作用（略有一点，很低）　5%～15%；

c）次要作用（一般）　16%～44%；

d）相等作用（大致相同）　45%～55%；

e）主要作用（很高，非常）　56%～95%；

f）完全作用（全部）　96%～100%。

B.3　听力障碍程度分级

B.3.1　轻度听力障碍

耳纯音气导言语频率听阈级达26～40dB；

耳听觉诱发电位言语频率反应阈经修正后相当于26～40dB nHL。

B.3.2　中度听力障碍

耳纯音气导言语频率听阈级达41～60dB；

耳听觉诱发电位言语频率反应阈经修正后相当于41～60dB nHL。

B.3.3 中等重度听力障碍

耳纯音气导言语频率听阈级达61～80dB；

耳听觉诱发电位言语频率反应阈经修正后相当于61～80dB nHL。

B.3.4 重度听力障碍

耳纯音气导言语频率听阈级达81～90dB；

耳听觉诱发电位言语频率反应阈经修正后相当于81～90dB nHL。

B.3.5 极重度听力障碍

耳纯音气导言语频率听阈级≥91dB；

耳听觉诱发电位言语频率反应阈经修正后相当于91dB nHL以上。

男子性功能障碍法医学鉴定规范

SF/Z JD0103002 - 2010

2010年4月7日发布　2010年4月7日生效

目　次

前 言

本标准根据中华人民共和国国家标准《人体损伤程度鉴定标准》、中华人民共和国国家标准《职工工伤与职业病致残程度鉴定》和中华人民共和国国家标准《道路交通事故受伤人员伤残程度评定》等标准，运用医学及法医学的理论和技术，结合法医学检验鉴定的实践经验而制定，为男子性功能障碍法医学鉴定提供科学依据和统一标准。

本标准参考了中华医学会男科学分会编制的《男子勃起功能障碍诊治指南》、美国临床泌尿学会男子性功能障碍工作组制定的《男子性功能障碍评估与治疗临床指南》(*Medical Guidelines for Clinical Practice for the Evaluation and treatment of Male Sexual dysfunction*)、欧洲泌尿学会制定的《勃起功能障碍指南》(*Guidelines on Erectile dysfunction*)和《射精障碍指南》(*Guidelines on Disorders of Ejaculation*)、英国勃起障碍联盟指导小组制定的，并经英国泌尿外科学会和泌尿生殖医学会批准的《英国勃起障碍诊疗指南》(*UK Management Guidelines for Erectile Dysfunction*)。

本标准的附录 A 为规范性附录，附录 B 为资料性附录。

本标准由司法部提出。

本标准的起草单位：中华人民共和国司法部司法鉴定科学技术研究所。

本标准主要起草人：朱广友、江鱼、王益鑫、吴明章、沈彦、刘洪国、王飞翔。

1 范围

本标准规定了男子性功能障碍法医学鉴定的基本原则、要求和方法。

本标准适用于人身损害、性犯罪等刑事案件，以及婚姻纠纷、损害赔偿等民事案件中男子性功能障碍的法医学鉴定，其他需要进行男子性功能法医学鉴定的亦可参照执行。

2 规范性引用文件

下列文件中的条款通过本标准的引用而成为本标准的条款。凡是注日期的引用文件，其随后所有的修改单(不包括勘误的内容)或修订版均不适用于本标准，然而，鼓励根据本标准达成协议的各方研究是否可使用这些文件的最新版本。凡是不注日期的引用文件，其最新版本适用于本标准。

3 定义

本标准采用以下定义：

3.1 男子性功能障碍 Male Sexual Dysfunction

男子性功能障碍是男子性行为和性感觉的障碍，常表现为性心理及生理反应的异常或者缺失，主要包括性欲障碍、阴茎勃起障碍和射精障碍等。考虑到性功能鉴定的特殊性和复杂性，本标准只包括阴茎勃起障碍和射精障碍的鉴定。

3.2 阴茎勃起障碍 Erectile Dysfunction

是指阴茎勃起能力的完全丧失或者虽能部分勃起但其硬度不足以插入阴道进行正常的性交活动，或者虽能进入阴道，但勃起的时间太短不足于完成正常的性交活动，时间超过6个月以上。

本标准根据临床常用分类方法将阴茎勃起障碍分为心理性、器质性和混合性三类，并将器质性阴茎勃起障碍又分为神经性、血管性、内分泌性和药物性四类。

3.3 射精障碍 Ejaculation Dysfunction

射精障碍包括：不射精、性高潮缺乏、延迟射精、逆行射精、射精无力、早泄和痛性射精等。本标准只涉及不射精和逆行射精。

3.3.1 不射精 Anejaculation

是指阴茎能勃起和进行性交活动，但性交时既没有顺行射精，也没有逆行射精，精液不能自尿道排出体外。

3.3.2 逆行射精 Retrograde Ejaculation

是指阴茎能勃起和进行性交活动，并随着性高潮而射精，但精液未能射出尿道口外而逆行经膀胱颈返流入膀胱，常见原因有神经损伤、尿道梗阻、药物和膀胱颈括约肌功能障碍。

4 总则

4.1 本标准以医学和法医学的理论和技术为基础，结合法医临床检案的实践经验，为男子性功能障碍的法医学鉴定提供科学依据和统一标准。

4.2 由于阴茎勃起障碍鉴定的特殊性和复杂性，在人身伤害案件中原则上只对受害人的阴茎勃起功能和射精功能进行鉴定。在性犯罪案件中原则上只对犯罪嫌疑人的阴茎勃起功能进行鉴定。而在损害赔偿和婚姻纠纷案件中可对男子阴茎勃起功能及射精功能进行鉴定。

4.3 对于人身损害案件中受害人的性功能鉴定应依据损伤当时的伤情，与损伤有直接关系的并发症和后遗症，以及目前性功能障碍的临床表现和实验室检测结果,结合被鉴定人的健康状况和生理特点,全面分析,综合评定。

4.4 对于性犯罪案件中犯罪嫌疑人的阴茎勃起功能鉴定主要依据实验室检测结果,结合被鉴定人的健康状况和生理特点,全面分析,综合评定。

4.5 对于婚姻纠纷案件中男子性功能鉴定应依据被鉴定人目前性功能障碍的临床表现和实验检测结果,以及其健康状况、婚姻状况和生理特点,全面分析,综合评定。

4.6 本标准分为标准正文(男子性功能法医学鉴定)和附录两个部分。

4.7 在使用本标准时,应严格遵循附录中的分级依据或者判定准则以及附录中正确使用标准的说明,根据案件的性质进行男子性功能障碍法医学鉴定。

5 性功能障碍判定标准

5.1 阴茎勃起障碍

5.1.1 神经性阴茎勃起障碍(以下条件须同时具备)

a) 有明确的神经系统外伤、手术或疾病史;

b) 有阴部神经(包括躯体神经或/和自主神经)功能障碍的临床表现;

c) 有阴部神经(包括躯体神经或/和自主神经)电生理学传导障碍;

d) 阴茎硬度监测(NPTR 或 AVSS)示阴茎平均硬度 $<60\%$,持续时间 <10 分钟;

e) 无其他器质性原因可以解释。

5.1.2 血管性阴茎勃起障碍(以下条件须同时具备)

a) 有明确阴部或阴茎血管系统外伤、手术或疾病史;

b) 有阴茎血液循环不良,如动脉粥样硬化等临床表现或者海绵体纤维化;

c) 阴茎血管功能检测结果异常;

d) 阴茎硬度监测(NPTR 或 AVSS)示阴茎平均硬度 $<60\%$,持续时间 <10 分钟;

e) 无其他器质性原因可以解释。

5.1.3 内分泌性阴茎勃起障碍(以下条件须同时具备)

a) 有明确的内分泌系统外伤或疾病史;

b) 有内分泌系统功能紊乱的临床表现;

c) 血液生化检测示血糖及血液性激素水平,包括血睾酮、LH、FSH、PRL 及 E_2 等显著异常;

d) 阴茎硬度监测(NPTR 或 AVSS)示阴茎平均硬度 $<60\%$,持续时间 <10 分钟;

e) 无其他器质性原因可以解释。

5.1.4　药物性阴茎勃起障碍(以下条件须同时具备)

a）有明确的使用与阴茎勃起障碍有关的药物史,且长达6个月以上;

b）阴茎硬度监测(NPTR或AVSS)示阴茎平均硬度<60%,持续时间<10分钟;

c）无其他原因可以解释。

5.1.5　心理性阴茎勃起障碍(以下条件须同时具备)

a）有明确的精神性疾患,且长达6个月以上;

b）无其他原因可以解释;

c）阴茎硬度监测示阴茎勃起正常(连续三夜只要有一次有效勃起,即阴茎平均硬度≥60%,持续时间≥10分钟)。

5.1.6　混合性阴茎勃起障碍(以下条件须同时具备)

a）器质性和/或药物性和/或心理性因素兼而有之;

b）阴茎硬度监测(NPTR或AVSS)示阴茎平均硬度<60%,持续时间<10分钟。

5.2　不射精

5.2.1　神经性不射精(以下条件须同时具备)

a）有明确的神经系统外伤或疾病史;

b）有阴部神经(包括躯体神经或/和自主神经)功能障碍的临床表现;

c）有阴部神经(包括躯体神经或/和自主神经)电生理学传导障碍;

d）性交或人工取精时无精液射出;

e）无其他原因可以解释。

5.2.2　药物性不射精(以下条件须同时具备)

a）长时间使用与射精障碍有关的药物达6个月以上;

b）性交或人工取精无精液射出;

c）无其他原因可以解释。

5.2.3　心理性不射精(以下条件须同时具备)

a）有明确的心理因素刺激,有遗精但性交时不能射精,病史长达6个月以上;

b）性交或人工取精时无精液射出;

c）无其他原因可以解释。

5.3　逆行射精

5.3.1　神经性逆行射精(以下条件须同时具备)

a）有明确的神经系统外伤或疾病史;

b）有阴部神经(包括躯体神经或/和自主神经)功能障碍的临床表现;

c) 有阴部神经(包括躯体神经或/和自主神经)电生理学传导障碍;

d) 有正常的性交过程,能达到性欲高潮并有射精动作和感觉,但无精液射出;

e) 性交后立即检查尿液可见尿中有大量精子和/或果糖;

f) 无其他原因可以解释。

5.3.2 药物性逆行射精(以下条件须同时具备)

a) 长时间使用与射精障碍有关的药物达6个月以上;

b) 有正常的性交过程,能达到性欲高潮并有射精动作和感觉,但无精液射出;

c) 性交后立即检查尿液可见尿中有大量精子和/或果糖;

d) 无其他原因可以解释。

5.3.3 心理性逆行射精(以下条件须同时具备)

a) 有正常的性交过程,能达到性欲高潮并有射精动作和感觉,但无精液射出;

b) 性交后立即检查尿液可见尿中有大量精子和/或果糖;

c) 无其他原因可以解释。

5.4 阴茎勃起障碍分级

5.4.1 阴茎勃起轻度障碍(具备下列一条即可)

a) NPTR检测示阴茎勃起时最大硬度≥40%, <60%;

b) AVSS测试示阴茎勃起时最大硬度≥40%, <60%。

5.4.2 阴茎勃起中度障碍(具备下列一条即可)

a) NPTR检测示阴茎勃起时最大硬度>0, <40%;

b) AVSS测试示阴茎勃起时最大硬度>0, <40%。

5.4.3 阴茎勃起重度障碍(具备下列一条即可)

a) NPTR检测示阴茎硬度及周径均无改变;

b) AVSS测试示阴茎硬度及周径均无改变。

5.5 阴茎勃起障碍的损伤程度鉴定

5.5.1 重伤(三级)鉴定标准:

a) 损伤导致器质性阴茎勃起重度障碍;

b) 年龄≥16岁, <50岁。

5.5.2 轻伤(一级)鉴定标准:

a) 损伤导致器质性阴茎勃起中度障碍;

b) 年龄≥16岁, <50岁。

5.5.3 轻伤(二级)鉴定标准:

a）损伤导致器质性阴茎勃起轻度障碍；

b）年龄≥16 岁，<50 岁。

5.5.4　有下列情形的，应降低一个等级评定：

a）年龄≥50 岁的；

b）患有高血压、糖尿病需药物治疗的；

c）长期服用对阴茎勃起功能有抑制作用的药物达 6 个月以上的；

d）长期大量吸烟（每天 20 支以上）连续超过 5 年以上的；

e）长期酗酒或长期吸食娱乐性药物的。

5.5.5　有下列情形的，不评定伤情，只说明因果关系：

a）外伤引起的精神心理性阴茎勃起障碍的；

b）确诊患有精神疾患的；

c）曾经有过神经、血管及内分泌系统严重外伤的或手术史的；

d）患有神经、血管及内分泌系统严重疾病的；

e）年龄≥60 岁的。

5.6　射精障碍的损伤程度鉴定

5.6.1　重伤（三级）鉴定标准：

a）损伤导致不射精或逆行性射精；

b）年龄≥16 岁，<50 岁。

5.6.2　轻伤（一级）鉴定标准：

a）损伤导致不射精或逆行性射精；

b）年龄≥16 岁，<50 岁；

c）同时伴有心理性因素。

5.6.3　有下列情形的，应降低一个等级评定：

a）年龄≥50 岁的；

b）长期服用对射精有抑制作用的药物达 6 个月以上的。

5.6.4　有下列情形的，不评定伤情，只说明因果关系：

a）外伤引起的心理性射精障碍的；

b）确诊患有精神疾患的；

c）曾经有过神经系统严重外伤的或手术史的；

d）患有神经系统严重疾病的；

e）年龄≥60 岁的。

6　附则

6.1　损伤所致性功能障碍的鉴定须在伤后 6 个月以后进行。

6.2　附录A与标准正文判定标准的细则,二者须同时使用。

6.3　附录B是资料性附录,建议优先使用。

6.4　本标准中阴茎勃起重度障碍、中度障碍和轻度障碍分别相当于中华人民共和国国家标准《道路交通事故受伤人员伤残评定》标准中的阴茎勃起功能完全丧失、阴茎勃起功能严重障碍和阴茎勃起功能障碍。

附录A

(规范性附录)

性功能障碍判定标准细则

A.1　阴茎勃起障碍

A.1.1　神经性阴茎勃起障碍

A.1.1.1　有神经系统外伤或疾病史是指下列情形:

a) 神经系统外伤,包括骨盆骨折伴尿道损伤;下腹部及会阴部穿透伤伤及神经的;腰骶神经损伤;脊髓损伤;颅脑损伤,手术后腰骶神经损伤等。

b) 神经系统疾病,包括脑中风;帕金森氏病;颞叶癫痫;肌营养不良;多发性硬化;脊髓半切综合征;脊髓脊膜突出症;多发性神经根炎;椎间盘突出;多发性神经病等。

以上损伤应尽可能获得影像学证据,如X线、CT及磁共振检查可以见骨折、脊髓损伤及颅脑损伤或病变征象。

A.1.1.2　有阴部神经(包括躯体神经或/和自主神经)功能障碍的临床表现是指下列情形:

a) 阴茎及会阴部感觉减退或者消失;

b) 大小便自觉无力,大便失禁或便秘,小便失禁或潴留;

c) 肛门检查时表现为肛门收缩无力或力量减弱;

d) 阴茎头挤压反射、肛指反射、提睾肌反射、肛门括约肌反射减弱或者消失;

e) 尿流动力学测定和氨基甲酰甲基胆碱超敏感试验示膀胱去神经改变;

f) 直肠压力测定压力 $<20cmH_2O$。

A.1.1.3　有阴部神经(包括躯体神经或/和自主神经)电生理学传导障碍是指下列情形:

a) 阴部皮层体感神经诱发电位潜伏期延长($>46ms$),或者波形严重分化不良或消失;

b) 阴部脊髓体感神经诱发电位潜伏期延长($>14ms$),或者波形严重分化不良或消失；

c）阴部骶髓反射潜伏期（>46ms），或者波形严重分化不良或消失；

d）皮层运动神经诱发电位潜伏期延长（>27ms），或者波形严重分化不良或消失；

e）阴部脊髓运动神经诱发电位潜伏期延长（>11ms），或者波形严重分化不良或消失；

f）阴茎皮肤交感反应潜伏期延长（>1470ms），或者波形严重分化不良或消失；

A.1.2　血管性阴茎勃起障碍

A.1.2.1　有明确阴部或阴茎血管系统外伤或疾病史是指下列情形：

a）血管系统外伤史包括：骨盆骨折伴阴部血管损伤；下腹部及会阴部穿透性损伤伴血管挫伤及断裂伤等。

b）血管系统疾病史包括：盆腔手术和放疗后引起的血管病变，血管栓塞性疾病（如Leriche氏综合征，主髂动脉和阴部动脉粥样硬化、纤维化和钙化等）；阴茎白膜薄弱、缺损、阴茎异常勃起后引起的阴茎静脉阻断功能不全；糖尿病、动脉粥样硬化等引起的血管平滑肌内皮细胞功能障碍等。

A.1.2.2　有阴茎血液循环不良等临床表现或者海绵体纤维化是指下列情形：

a）阴部动脉系统损伤时阴茎龟头颜色苍白，触之发凉，阴茎背动脉搏动不明显甚至消失；

b）阴茎静脉回流受阻时可以见阴茎异常勃起，阴茎皮肤颜色加深；

c）阴茎严重挫伤后可以留有海绵体纤维化，触之海绵体较硬并失去正常的弹性。

A.1.2.3　阴茎血管功能检测异常指下列情形：

a）阴茎肱动脉血压指数（PBI）<0.76或盆腔窃血试验PBI下降>0.15；

b）阴茎Doppler血流检测结果示阴茎血管功能障碍；

c）彩色双联超声检测示注药前后海绵体深动脉直径增加<60%；Vmax<25cm/s；

d）阴茎海绵体药物试验（ICI）示阴茎海绵体或者静脉功能障碍或海绵窦静脉漏；

e）动力性（灌注性）海绵体造影示阴茎海绵体或者静脉功能障碍。

A.1.3　内分泌性阴茎勃起障碍

A.1.3.1　有明确的内分泌系统外伤或疾病史是指下列情形：

a）内分泌系统外伤包括：下丘脑及垂体的损伤；睾丸缺失、萎缩或者丧失功能;其他对下丘脑—垂体—性腺轴有严重影响的外伤。

b) 内分泌系统疾病史包括:原发性性腺功能低下(如睾丸缺如,Klinefelter 氏综合征,性染色体异常,双侧隐睾症,睾丸损伤,睾丸炎后);继发性性腺功能低下(如垂体肿瘤,脑膜脑炎,垂体缺血/梗死,垂体放射病,Kallmann 氏综合征,Prader - Willi 氏综合征,Laurence - Moon 综合征,特发性发育迟滞,下丘脑肿瘤,颅咽瘤,中枢神经放射病);高泌乳素血症(泌乳素血症,尿毒症);内源性皮质醇增多症(如柯兴氏综合征);甲状腺功能亢进/低下。

A. 1. 4　药物性阴茎勃起障碍

有明确的使用与阴茎勃起障碍有关的药物史,且长达 6 个月以上,所指的药物包括:

抗高血压药:β - 阻滞剂(如心得安, 氨酰心安),噻嗪类利尿剂(如环戊氯噻嗪,克尿噻),肼苯哒嗪。

利尿剂:噻嗪类利尿剂(如环戊氯噻嗪,克尿噻),保钾利尿剂 (如安体舒通,氨苯蝶啶),含碳脱水酶抑制剂(如乙酰唑胺)。

抗抑郁剂:选择性 5 - 羟色胺再吸收抑制剂(如氟西汀,氟伏少明,帕罗西丁,舍曲林),三环抗抑郁剂(如阿米替林,丙咪嗪),单胺氧化酶抑制剂(如苯乙肼,异唑肼, 苯环丙胺)。

抗精神病药: 吩噻嗪(氯丙嗪, 甲硫哒嗪, 氟奋乃静), 卡马西平,利培酮。

激素制剂: 环丙孕酮,促黄体生成素释放激素, 雌激素。

脂类调节剂:吉非贝齐(二甲苯氧庚酸),安妥明。

抗惊厥药:苯妥英钠, 卡马西平。

抗帕金森氏病药:左旋多巴。

治疗消化不良及胃溃疡类药:组胺拮抗剂(甲氰咪胍, 法莫替丁, 对氨基苯,雷尼替丁)。

其他:别嘌呤醇,消炎痛,戒酒硫,吩噻嗪类抗组胺药(异丙嗪)和止吐药 (普鲁氯嗪)。

A. 1. 5　心理性阴茎勃起障碍

A. 1. 5. 1　有明确的精神性疾患指下列情形:

焦虑、抑郁性疾病、精神病、躯体分离型障碍、性别识别障碍和酒精依赖等。

A. 1. 5. 2　无器质性原因可以解释指:

阴茎勃起障碍不能用神经性、血管性、内分泌性、药物性或混合性阴茎勃起障碍来解释。

A. 2　不射精

A. 2. 1　神经性不射精

A. 2. 1. 1　有明确的神经系统外伤或疾病史：

包括：脊髓损伤，脊髓圆椎和马尾损伤，腹膜后淋巴结切除术，主髂动脉外科手术，结肠直肠外科手术，多发性硬化症，帕金森氏病，自主神经病（青少年糖尿病）。

A. 2. 1. 2　有阴部神经（包括躯体神经或/和自主神经）功能障碍的临床表现：见 A1. 1. 2。

A. 2. 1. 3　有阴部神经（包括躯体神经或/和自主神经）电生理学传导障碍：见 A1. 1. 3。

A. 2. 2　药物性不射精

长时间使用与射精障碍有关的药物达 6 个月以上；

所指药物包括：抗高血压药，抗精神病药，抗抑郁药，酗酒等。

A. 2. 3　心理性不射精

除 A1. 5. 1 所述情形外，有性生活时受突然惊吓，担心怀孕及生育等情形。

A. 3　逆行射精

A. 3. 1　神经性逆行射精

A. 3. 1. 1　有明确的神经系统外伤或疾病史：

包括：脊髓损伤，脊髓圆椎及马尾损伤，多发性硬化，自主神经病（青少年糖尿病），交感神经切除术，结肠直肠和肛门手术等。

A. 3. 1. 2　有阴部神经（包括躯体神经或/和自主神经）功能障碍的临床表现：见 A1. 1. 2。

A. 3. 1. 3　有阴部神经（包括躯体神经或/和自主神经）电生理学传导障碍：见 A1. 1. 3。

A. 3. 2　药物性逆行射精

长时间使用与射精障碍有关的药物达 6 个月以上：

所指药物包括：抗高血压药，α_1 – 肾上腺能拮抗剂，抗精神病药，抗抑郁剂。

A. 3. 3　心理性逆行射精

无其他原因可以解释：指没有器质性病理因素存在。

附录 B

（规范性附录）

性功能障碍实验室特殊检测方法及其结果评价

B. 1　神经系统电生理学检测

当怀疑性功能障碍是由于神经系统损伤或疾病所致，则应尽可能选择下列检测方法,为神经性阴茎勃起障碍、神经性射精障碍及神经性性高潮缺失提供实验室依据。

B.1.1 球海绵体反射(Bulbocavernosus Reflex Response)

电刺激阴茎背神经而在会阴部或肛门括约肌处记录电信号。健康成人球海绵体反射时(潜伏期)正常参考值≤45ms。此种测试方法安全、有效,结果准确、可靠。

B.1.2 阴部体感神经诱发电位(Pudendal Somatic Evoked Potential)

电刺激阴茎体部在脊髓(L1)水平和头皮(Cz点后2cm)记录电信号。健康成人阴部脊髓体感神经诱发电位潜伏期正常参考值≤14ms;阴部皮层体感神经诱发电位潜伏期正常参考值≤46ms。由于记录电极与脊髓相距较远,加之阴部脊髓体感神经诱发电位较小,难以辨认,故结果可靠性较差。但阴部皮层体感神经诱发电位较大,容易记录,结果可靠。故评价阴部感觉上行通路应以阴部皮层体感神经诱发电位结果为准。二者同时检测可以对神经损伤进行定位诊断。

B.1.3 阴部运动神经诱发电位(Pudendal Motor Evoked Potential)

电磁(或电流)刺激头皮(Cz点)或脊柱(L1)表面,在阴茎体记录电信号。健康成人阴部皮层运动神经诱发电位潜伏期正常参考值≤26ms;阴部脊髓运动神经诱发电位潜伏期≤11ms。此检测方法简单,结果可靠。

B.1.4 阴茎皮肤交感反应(Penile Sympathetic Skin Responses,PSSR)

电刺激右腕部正中神经,在阴茎体表面记录电信号。健康成人阴茎皮肤交感反应正常参考值≤1470ms。此方法安全、简单、有效。结果准确可靠。由于交感神经和副交感神经多并行,故通过PSSR的正常与否可以间接判断副交感神经的结构和功能状态。

B.1.5 阴茎海绵体单电位分析(Single Potential Analysis of Cavernosus Electrical Activity)

嘱受试者卧床并保持安静,将两组记录电极安置在受试者阴茎双侧球海绵体皮肤表面,并通过阴茎海绵体单电位体电位(又称海绵体肌电图)。健康成人可在双侧海绵体记录到对称的,有一定时间间隔的单个峰样电位(spike)。当海绵体自主神经损伤或病变,以及海绵体平滑肌变性时,可在双侧海绵体记录到非对称性的病理性电位,包括挥鞭样波(whips)、暴发性波(bursts)和波浪样波(slaves)。由于海绵体平滑肌电位的产生机制还不十分清楚,故此种方法的诊断价值仍在进一步研究之中。

B.2 阴茎血流动力学检测

当怀疑阴茎勃起障碍是由于血管系统损伤或疾病所致,则应尽可能选择下列检测方法,为血管性阴茎勃起障碍提供实验室依据。

B. 2. 1　阴茎 Doppler 血流检测

健康成人阴茎疲软时，阴茎近端背动脉和海绵体深动脉 Doppler 超声信号与示指掌指动脉比较，二者的波幅基本相同，而远端稍弱。当阴茎动脉信号与示指掌指动脉信号基本相当，表示阴茎动脉血流正常；当前者较后者弱时，表示阴茎动脉血管壁弹性降低或部分阻塞，见于高血压动脉粥样硬化；当阴茎动脉血流信号消失时，示血管痉挛或阻塞，见于动脉粥样硬化或血管壁损伤血栓形成。血流动力学分析（Logidop2 型数字式超声血流仪）结果表明：阴茎动脉搏动指数（PI）在左、右海绵体深动脉和左、右阴茎背动脉分别为 1. 43 ±3. 43、1. 47 ±3. 47、1. 49 ±3. 21 和 1. 93 ±3. 27。阻力指数（RI）分别为 0. 72 ±0. 92、0. 73 ±0. 93、0. 74 ±0. 90 和 0. 72 ±0. 90。收缩期与舒张期血流速度之比（S/D）分别为 2. 68 ±10. 56、3. 27 ±10. 09、3. 17 ±9. 55 和 3. 22 ±9. 42。PI 增加提示阴茎动脉血管弹性降低，顺应性下降，而 RI 和 S/D 增加提示阴茎海绵体血管阻力增大，有效血流量减小。

该项检查由于受探头安放的位置和方向影响较大，故测试的重复性和稳定性较差，故应反复检测。

B. 2. 2　阴茎血压指数（Penile Brachial Index，PBI）

先测量受试者在安静状态下的 PBI，然后嘱其做屈膝运动数次，再测其 PBI。如果 PBI 下降≥0. 15，可鉴别受试者是否存在盆腔窃血综合征。

B. 2. 3　阴茎海绵体内药物注射

给受试者阴茎海绵体内注射前列腺 E_1（PGE_1）10 ~ 40μg 或者罂粟碱10 ~ 30mg 加苯卡胺（Rigitine）3mg，伴或不伴有视觉性性刺激（visual sexual stimulation）。如果受试者阴茎能够勃起并插入阴道则可以排除血管性阴茎勃起障碍。

B. 2. 4　彩色双联超声图（Color Duplex Ultrasonography）

给受试者阴茎海绵体内注射前列腺 E_1（PGE_1）10 ~ 40μg 或者罂粟碱10 ~ 30mg 后加酚妥拉明 0. 3 ~0. 5mg，测量海绵体动脉直径，收缩压、舒张压。健康成人正常情况下注药后海绵体动脉直径应大于 0. 7mm，收缩期血流最大速度（PSV）应≥25cm/s。如会阴水平海绵体灌流不对称或缺如，提示发生在阴茎前的动脉病变。当阴茎脚部的血流充足且对称，但沿垂直轴的左右海绵体动脉 PSV 不对称时，可能为阴茎节段内的动脉异常。当海绵体动脉对注射血管扩张剂后反应良好（PSV≥30cm/s），而舒张末期血流速度（EDV）>5cm/s 时，则提示存在静脉漏可能。由于受试者害羞、恐惧、紧张而引起内源性肾上腺素分泌增加会影响检测的可靠性。

B. 2. 5　动力性（灌注性）海绵体造影示阴茎海绵体或者静脉功能障碍

检测方法：阴茎近端三分之一消毒后将两只 21 号注射针头分别插入两侧远端海绵体内。其中一只通过压力传感器与压力检测器相连，另一只通过调速泵与造影剂相连。现代尿流动力学系统多具备该项检测的功能。起始灌注速率为10ml/min，逐渐增加至100ml/min左右，当海绵体内的压力稳定地保持在100mmHg时，此时的灌注速率为维持灌注速率。接着关闭灌注泵记录海绵体内压力下降速率，并测定30秒后的压力值。

结果评价：当灌注速率在30～40ml/min即可诱导勃起，且维持灌注速率在0～5ml/min时，提示心理性勃起障碍；当灌注速率在20～65ml/min即可诱导勃起，且维持灌注速率在5～10ml/min时，提示器质性勃起障碍；当灌注速率在50～100ml/min时诱导勃起，且维持灌注速率在25～40ml/min时，提示静脉瘘存在。

B.3 血液生化学检测

B.3.1 血浆糖含量测定

对所有被鉴定人都应当进行血糖测定，以排除糖尿病。

B.3.2 血睾酮测定

当被鉴定人的病史或体格检查提示其患有性腺功能低下症或需要排除其患有性腺功能低下症时需对其进行血睾酮测定。但隐匿性性腺功能低下症只有通过测定血清睾酮才能被发现。并须测定游离睾酮。当被鉴定人有性腺功能低下的临床表现时，结果比较可信，但在临床难以确定时，应在清晨（8:00Am）采集血液进行测定以鉴别垂体瘤或隐匿性性腺功能低下症。

B.3.3 促黄体生成素（LH）测定

当被鉴定人血睾酮低下时应进行血液LH测定。

B.3.4 泌乳素（Prolactin）测定

当被鉴定人有血睾酮低下和/或性欲缺失表现时应进行血液泌乳素测定。

B.3.5 尿液分析

当被鉴定人疑有肾功能或肝功能损害时应进行尿液分析。

B.3.6 肌酐和电解质测定

当怀疑被鉴定人患有肾功能损害时应进行肌酐水平及电解质测定。

B.3.7 血红蛋白病筛查

当怀疑被鉴定人患有镰状细胞病时应时行血红蛋白病筛查。

B.3.8 肝功能检测

当怀疑被鉴定人有肝功能障碍时应行肝功能测试。肝功能异常会引起勃起功能障碍。

B.4 阴茎膨起及硬度测试方法及结果评价

B.4.1 夜间阴茎勃起监测（NPT）

RigiScan可用来测量夜间阴茎勃起的次数、持续的时间、阴茎周径及硬度变化等。使用便携式阴茎硬度扫描仪连续对被鉴定人测试3夜，每夜记录10小时。

连续三个夜晚只要记录到一次阴茎勃起且平均硬度≥60%,持续时间≥10 分钟就视为阴茎勃起正常。另外可以根据受试者夜间阴茎勃起的次数、持续的时间、周径及硬度的不同,对受试者阴茎勃起障碍进行分级评定。由于阴茎勃起多出现在快动眼睡眠相(REM),所以需要被鉴定人充分合作,保证有效的睡眠时间,以保证检测结果的可靠性。如果发现病人睡眠不好,而又未能记录到夜间勃起现象,应延长检测时间,再检测 1 至 2 个夜晚。如疑有结果不可靠时,应采用其他方法进一步检测。该测试结果并不一定能够反映受试者在与性伴侣进行性生活时的真实情况。

B. 4. 2　视听性性刺激(AVSS)测试

给受试者以视听性性刺激(Audio - Visual Sexual Stimulation),同时应用 RigiScan 硬度扫描仪或 NEVA 记录仪记录阴茎勃起现象。与 B4. 1 所不同的是检测不是在夜间睡眠过程中进行,而是在白天受试者清醒的情况下进行。其结果的评价与 B4. 1 基本一致。该方法的优点在于能够反应受试者与性伴侣进行性生活时的真实情况。一旦记录到正常勃起反应则充分说明其性功能完全正常。其缺点是由于受试者的害羞、紧张和焦虑等,可能记录不到正常的勃起反应。此时应采用其他方法进行检测。

血液中氰化物的测定
气相色谱法

SF/Z JD0107002 - 2010

2010 年 4 月 7 日发布　2010 年 4 月 7 日生效

目　次

前　言

本标准由中华人民共和国司法部司法鉴定科学技术研究所提出。
本标准由中华人民共和国司法部归口。
本标准起草单位:中华人民共和国司法部司法鉴定科学技术研究所。
本标准主要起草人:刘伟、卓先义、向平、沈保华、卜俊、马栋、严慧。

1　范围

本标准规定了血液中氰化物的气相色谱定量分析方法。
本标准适用于血液中氰化物的气相色谱定量分析。

本标准的方法检出限为0.04μg/mL;定量下限为0.10μg/mL。

2 规范性引用文件

下列文件中的条款通过本标准的引用而成为本标准的条款。凡是注日期的引用文件,其随后所有的修改单(不包括勘误的内容)或修订版均不适用于本标准,然而,鼓励根据本标准达成协议的各方研究是否可使用这些文件的最新版本。凡是不注日期的引用文件,其最新版本适用于本标准。

GB/T 6682　分析实验室用水规格和试验方法(GB/T 6682－2008,ISO 3696:1987,MOD)

GA/T 122　毒物分析名词术语

3 原理

氰化物在酸性条件下形成氰氢酸,而氰氢酸具易挥发性,经衍生化后可用气相色谱/电子捕获检测器进行检测;经与平行操作的氰化物对照品比较,以外标－标准曲线法定量。

4 试剂和材料

除另有规定外,试剂均为分析纯,水为GB/T 6682规定的二级水。

4.1　氰化钠或氰化钾

分析纯,含量95%以上。

4.2　氰化钠或氰化钾对照品溶液

精密称取对照品氰化钠(或氰化钾)适量,用4% NaOH溶液配成1.0mg/mL的氰化钠(或氰化钾)标准储备溶液,置于冰箱中冷藏保存,有效期为12个月。试验中所用其他浓度的标准溶液均从上述储备液稀释而得,冰箱中冷藏保存,有效期为3个月。

4.3　氯胺T

4.4　0.5%氯胺T溶液

4.5　磷酸

5 仪器

5.1　气相色谱仪

配有电子捕获检测器(ECD)。

5.2　分析天平

感量0.1mg。

5.3　10mL顶空钳口瓶

5.4　硅橡胶垫

5.5　铝帽

5.6　密封钳

5.7　恒温水浴锅

5.8　1mL卡介苗注射器或气密注射器

5.9　精密移液器

6　测定步骤

6.1　样品处理

精密吸取血液样品200μL置于已装有4mL水的10mL顶空钳口瓶中,混匀,瓶中放入加有1mL 0.5%氯胺T溶液的内管,再加100μL磷酸于待检血液中,立即加盖密封。待检瓶在65℃水浴中平衡30min,取0.4mL液上气体注入气相色谱仪中分析。

6.2　样品测定

6.2.1　气相色谱参考条件

a) 色谱柱:SE-30熔融石英毛细管柱(30m×0.22mm×0.25μm)或相当者;

b) 柱温:40℃;

c) 载气:氮气(含量≥99.999%);

d) 进样口温度:120℃;

e) 检测器温度:300℃。

6.2.2　定量测定

本方法中采用外标-标准曲线法定量测定。用空白血液添加适量氰化钠(或氰化钾)对照品制得一系列标准样品,以氰化钠(或氰化钾)衍生化物的峰面积对氰化钠(或氰化钾)浓度绘制标准曲线,并且保证所测样品中氰化物的浓度值在其线性范围内。

6.3　平行试验

样品应按以上步骤同时平行测定两份。平行试验中两份检材测定结果按两份检材的平均值计算,双样相对相差不得超过20%(腐败检材不得超过30%)。双样相对相差按下式计算:

$$\text{双样相对相差}(\%) = \frac{|C_1 - C_2|}{\bar{C}} \times 100$$

式中：

C_1、C_2——两份样品平行定量测定的结果；

$\bar{C}$——两份样品平行定量测定结果的平均值$(C_1 + C_2)/2$。

6.4　空白试验

取空白全血200μL，按上述步骤进行分析。

7　结果计算

以外标－校准曲线法计算被测样品中氰化物浓度C(μg/mL)。

血液、尿液中毒鼠强的测定 气相色谱法

SF/Z JD0107003 - 2010

2010 年 4 月 7 日发布　2010 年 4 月 7 日生效

目　次

前　言

本标准由中华人民共和国司法部司法鉴定科学技术研究所提出。
本标准由中华人民共和国司法部归口。
本标准起草单位:中华人民共和国司法部司法鉴定科学技术研究所。
本标准主要起草人:沈保华、卓先义、刘伟、向平、卜俊、马栋、严慧。

1　范围

本标准规定了血液、尿液中毒鼠强的气相色谱定量分析方法。
本标准适用于血液、尿液中毒鼠强的气相色谱定量分析。

本标准血液、尿液中毒鼠强测定方法的定量下限为0.02μg/mL。

2 规范性引用文件

下列文件中的条款通过本标准的引用而成为本标准的条款。凡是注日期的引用文件，其随后所有的修改单（不包括勘误的内容）或修订版均不适用于本标准，然而，鼓励根据本标准达成协议的各方研究是否可使用这些文件的最新版本。凡是不注日期的引用文件，其最新版本适用于本标准。

GB/T 6682　分析实验室用水规格和试验方法（GB/T 6682－2008，ISO 3696：1987，MOD）

GA/T 122　毒物分析名词术语

3 原理

本法利用毒鼠强可被有机溶剂从血液、尿液中提取出来，利用火焰光度检测器或氮磷检测器对其进行检测，经与平行操作的毒鼠强对照品比较，以保留时间或相对保留时间定性；用内标法进行定量分析。

4 试剂和材料

除另有说明外，水为GB/T 6682规定的一级水。

4.1　毒鼠强对照液

毒鼠强标准溶液200μg/mL，在冰箱中冷冻保存，有效期为12个月。试验中所用其他浓度的标准溶液均从上述标准溶液稀释而得，在冰箱中冷藏保存，有效期为6个月。

4.2　对硫磷对照液

对硫磷标准溶液200μg/mL，在冰箱中冷冻保存，有效期为12个月。试验中所用其他浓度的标准溶液均从上述标准溶液稀释而得，在冰箱中冷藏保存，有效期为6个月。

5 仪器

5.1　气相色谱仪

配有火焰光度检测器（FPD）或氮磷检测器（NPD）。

5.2　旋涡混合器

5.3　离心机

5.4　恒温水浴锅

5.5　精密移液器

6 测定步骤

6.1 样品预处理

取血液或尿液2mL置于10mL具塞离心管中,加10μL内标物对硫磷工作溶液,加入乙醚3mL,涡旋混合,离心,转移有机层至另一离心管中,约60℃水浴中空气流下吹干,残留物用50μL甲醇溶解,取1μL进样气相色谱分析。

6.2 测定

6.2.1 气相色谱测定参考条件

a) 色谱柱:DB-608毛细管柱(30m×0.53mm×0.50μm)石英毛细管柱或相当者;

b) 柱温:初温150℃(1min),以20℃/min程序升温至230℃,保持10min;

c) 载气:氮气,纯度≥99.999%,流速4mL/min;

d) 进样口温度:250℃;

e) 检测器温度:250℃。

6.2.2 定量测定

本方法采用内标法-单点校正法或内标法-校准曲线法定量测定。

6.2.3.1 内标法-单点校正法

在相同基质中添加相近浓度的对照品,和检材按照以上步骤同时进行定量测定。检材浓度应在添加对照品浓度的±50%以内。

6.2.3.2 内标法-校准曲线法

在相同基质中添加适量的毒鼠强对照品制得一系列校准样品,以毒鼠强峰面积与内标峰面积比对毒鼠强浓度作校准曲线,用标准曲线法对检材进行定量,并且保证所测样品中毒鼠强的浓度在其线性范围内。

6.3 平行试验

按以上步骤对同一试样进行平行试验。

平行试验中两份检材测定结果按两份检材的平均值计算,双样相对相差不得超过20%。双样相对相差按照式(1)计算:

$$\text{双样相对相差}(\%) = \frac{|C_1 - C_2|}{\bar{C}} \times 100 \tag{1}$$

式中:

C_1、C_2——两份样品平行定量测定的结果;

$\bar{C}$——两份样品平行定量测定结果的平均值$(C_1 + C_2)/2$。

7 结果计算

气相色谱测定采用校准曲线法或按式(2)计算:

$$C = \frac{A \times A_i' \times c}{A' \times A_i} \tag{2}$$

式中：

C——样品中毒鼠强含量，单位为微克每毫升(μg/mL)；

A——样品中毒鼠强的峰面积；

A'——对照溶液中毒鼠强的峰面积；

A_i'——对照溶液中内标物的峰面积；

A_i——样品中内标物的峰面积；

c——标准溶液中毒鼠强浓度，单位为微克每毫升(μg/mL)。

生物检材中单乙酰吗啡、吗啡和可待因的测定

SF/Z JD0107006 - 2010

2010年4月7日发布　2010年4月7日生效

目　次

前　言

本标准的附录A为资料性附录。

本标准由中华人民共和国司法部司法鉴定科学技术研究所提出。

本标准由中华人民共和国司法部归口。

本标准起草单位:中华人民共和国司法部司法鉴定科学技术研究所。

本标准主要起草人:卓先义、刘伟、向平、沈保华、卜俊、马栋、严慧。

1　范围

本标准规定了血液、尿液、组织及毛发中单乙酰吗啡、吗啡和可待因的免疫筛选法、气相色谱 - 质谱联用法和液相色谱 - 串联质谱法测定方法。

本标准适用于血液、尿液、组织及毛发中单乙酰吗啡、吗啡和可待因的免疫

筛选法、气相色谱 - 质谱联用法和液相色谱 - 串联质谱法定性定量分析。

2 规范性引用文件

下列文件中的条款通过本标准的引用而成为本标准的条款。凡是注日期的引用文件,其随后所有的修改单(不包括勘误的内容)或修订版均不适用于本标准,然而,鼓励根据本标准达成协议的各方研究是否可使用这些文件的最新版本。凡是不注日期的引用文件,其最新版本适用于本标准。

GB/T 6682 分析实验室用水规格和试验方法(GB/T 6682 - 2008,ISO 3696:1987,MOD)

GA/T 122 毒物分析名词术语

第一篇 免疫筛选法

3 原理

采用高度特异性的抗原 - 抗体反应的免疫胶体金层析技术,通过单克隆抗体竞争结合吗啡偶联物和尿液中可能含有的吗啡,试剂盒含有被事先固定于膜上测试区(T)的吗啡偶联物和被胶体金标记的抗吗啡单克隆抗体。

4 试剂

吗啡尿液胶体金法试剂盒(MOP)。

5 操作方法

用吸管吸取尿液检材,滴入试剂盒的样品孔中 5 滴(约 150 ~ 200μL),3 ~ 5 分钟后观察结果。

6 结果判定

6.1 阳性

仅质控区 C 出现紫红色带,而测试区 T 无紫红色带,提示尿液中存在吗啡类物质。

6.2 阴性

质控区 C 及测试区 T 均出现紫红色带,提示尿液中无吗啡类物质或尿液中吗啡浓度在 300ng/mL 以下。

6.3 无效

质控区 C 未出现紫红色带,结果无效,应重新检验。

第二篇 气相色谱-质谱联用法

7 原理

单乙酰吗啡、吗啡和可待因在约pH9.2时可用氯仿:异丙醇(9:1)从生物检材中提出,用丙酸酐使单乙酰吗啡、吗啡和可待因结构上的羟基基团丙酰化后,用气相色谱-质谱联用仪进行检测,经与平行操作的单乙酰吗啡、吗啡或可待因对照品比较,以保留时间和特征碎片离子定性分析。

8 试剂和材料

除另有规定外,试剂均为分析纯,水为GB/T 6682规定的二级水。

8.1 单乙酰吗啡、吗啡和可待因对照品

纯度≥99%。

8.2 单乙酰吗啡、吗啡和可待因对照品溶液的制备

分别精密称取对照品单乙酰吗啡、吗啡、可待因各适量,用甲醇配成1mg/mL的对照品储备溶液,置于-18℃冷冻保存,保存期为1年。试验中所用其他浓度的标准溶液均从上述储备液稀释而得,储存在4℃冰箱中,保存期为6个月。

8.3 氯仿

8.4 异丙醇

8.5 10%氢氧化钠溶液

8.6 丙酸酐

8.7 吡啶

8.8 硼砂缓冲液

pH9.0~9.2。

8.9 甲醇

8.10 丙酮

8.11 0.1%十二烷基磺酸钠溶液

8.12 0.1%洗洁精溶液

8.13 浓盐酸

8.14 0.1mol/L盐酸溶液

8.15 MSTFA

8.16 乙腈

9 仪器

9.1 气相色谱－质谱联用仪

配有电子轰击源(EI)。

9.2 分析天平

感量0.1mg。

9.3 微波炉

9.4 涡旋混合器

9.5 离心机

9.6 恒温水浴锅

9.7 空气泵

9.8 移液器

9.9 具塞离心试管

9.10 冷冻研磨机

10 测定步骤

10.1 样品预处理

10.1.1 尿液直接提取

取尿液2mL置于10mL具塞离心管中，用10%氢氧化钠溶液调至pH9.0~9.2，加入1mL硼砂缓冲液，用氯仿:异丙醇(9:1)3mL提取，涡旋混合、离心，转移有机层至另一离心管中，约60℃水浴中空气流下吹干。残留物中加入丙酸酐(50μL)、吡啶(20μL)，混匀，微波炉(500W)衍生化3min，60℃水浴中空气流下吹干，残留物用30μL甲醇溶解，取1μL进气相色谱－质谱联用仪分析。

10.1.2 尿液中总吗啡或可待因的提取

取尿液2mL置于10mL具塞离心管中，加入0.2mL浓盐酸沸水浴中水解30min，取出，冷却后加入1mL正丁醇，涡旋混合、离心，弃去有机层，用10%氢氧化钠溶液调至pH9.0~9.2，以下同10.1.1项下操作。

10.1.3 血液直接提取

取血液2mL置于10mL具塞离心管中，加入2mL硼砂缓冲液，用氯仿:异丙醇(9:1)3mL提取，以下同10.1.1项下操作。

10.1.4 组织提取

将组织剪碎或匀浆，称取2g，加入2mL水，再加入0.4mL浓盐酸，沸水浴中水解30min，取出，用10%氢氧化钠溶液调至pH9.0~9.2，以下同10.1.1项下操作。

10.1.5 毛发提取

10.1.5.1　毛发采集

贴发根处剪取毛发，发根处作标记。

10.1.5.2　毛发洗涤

毛发样品依次用0.1%十二烷基磺酸钠溶液、0.1%洗洁精溶液、水和丙酮振荡洗涤一次，晾干后剪成约1mm段，供检。

10.1.5.3　毛发的提取、净化

称取50mg毛发，加1mL 0.1mol/L盐酸溶液浸润，45℃水浴水解12～15小时或超声1小时（针对磨碎的头发），取出后用10%氢氧化钠溶液调至pH9.0～9.2，加入1mL硼砂缓冲液，用氯仿：异丙醇（9：1）3mL提取，涡旋混合、离心，转移有机层至另一离心管中，约60℃水浴中空气流下吹干。残留物中加入MSTFA（25μL）、乙腈（25μL），混匀，微波炉（500W）衍生化3min，冷却后取1μL进气相色谱－质谱联用仪分析。

10.2　样品测定

10.2.1　气相色谱－质谱参考条件

a）色谱柱：HP－1MS毛细管柱（30m×0.25mm×0.25μm）或相当者；

b）柱温：100℃保持1.5min，以25℃/min程序升温至280℃，保持15min；

c）载气：氦气，纯度≥99.999%，流速：1.0mL/min；

d）进样口温度：250℃；

e）进样量：1μL；

f）电子轰击源：70eV；

g）四极杆温度：150℃；

h）离子源温度：230℃；

i）接口温度：280℃；

j）检测方式：SIM。

每种化合物分别选择3个特征碎片离子。单乙酰吗啡、吗啡、可待因的保留时间与特征碎片离子见表1。

表1　单乙酰吗啡、吗啡、可待因的色谱峰保留时间与碎片离子

	保留时间（min）	碎片离子（m/z）
单乙酰吗啡丙酰化物	12.6	327，383，268
吗啡丙酰化物	13.8	341，397，268
可待因丙酰化物	11.6	229，355，282
单乙酰吗啡三甲基硅衍生物	9.8	287，340，399
吗啡三甲基硅衍生物	9.6	236，414，429
乙基吗啡三甲基硅衍生物	9.4	192，385

10.2.2　定性测定

进行样品测定时,如果检出的色谱峰保留时间与空白检材添加对照品的色谱峰保留时间比较,相对误差小于2%,并且在扣除背景后的样品质谱图中,所选择的离子均出现,而且所选择的离子相对丰度比与添加对照品的离子相对丰度比之相对误差不超过表2规定的范围,则可判断样品中存在这种化合物。

表2　相对离子丰度比的最大允许相对误差(%)

相对离子丰度比	≥50	20~50	10~20	≤10
允许的相对误差	±20	±25	±30	±50

10.2.3　定量测定

采用外标-校准曲线法或单点法定量。用相同基质空白添加适量目标物对照品制得一系列校准样品,以目标物的峰面积对目标物浓度绘制校准曲线,并且保证所测样品中目标物的浓度值在其线性范围内。当检材中目标物浓度在空白检材中添加目标物浓度的±50%以内时,可采用单点校准法来计算目标化合物的浓度。

10.3　平行试验

样品应按以上步骤同时平行测定两份。

平行试验中两份检材测定结果按两份检材的平均值计算,双样相对相差不得超过20%(腐败检材不超过30%)。双样相对相差按式(1)计算:

$$\text{双样相对相差}(\%) = \frac{|C_1 - C_2|}{\bar{C}} \times 100 \quad (1)$$

式中:

C_1、C_2——两份样品平行定量测定的结果;

$\bar{C}$——两份样品平行定量测定结果的平均值$(C_1 + C_2)/2$。

10.4　空白试验

除以相同基质空白替代检材外,均按上述步骤进行。

11　结果计算

以外标-校准曲线法或按式(2)计算被测样品中单乙酰吗啡、吗啡或可待因浓度:

$$C = \frac{A_1 \times W}{A_2 \times W_1} \quad (2)$$

式中:

C——检材中目标物的浓度(μg/mL 或 μg/g)

A_1——检材中目标物的峰面积

A_2——空白检材中添加目标物的峰面积

W——空白检材中目标物的添加量(μg)

W_1——检材量(mL 或 g)

12 方法检出限

血液、尿液、组织和毛发中单乙酰吗啡、吗啡和可待因的检出限见附录 A。

第三篇 液相色谱-串联质谱法

13 原理

单乙酰吗啡、吗啡、可待因在约 pH9.2 时可用氯仿:异丙醇(9:1)从生物检材中提出,提取后的样品用液相色谱-串联质谱法的多反应监测模式进行检测,经与平行操作的单乙酰吗啡、吗啡和可待因对照品比较,以保留时间和两对母离子/子离子对进行定性分析。

14 试剂和材料

除另有规定外,试剂均为分析纯,水为 GB/T 6682 规定的一级水。

14.1 单乙酰吗啡、吗啡、可待因对照品及溶液的制备

同 8.1 及 8.2。

14.2 氯仿

14.3 异丙醇

14.4 丙酮

14.5 硼砂缓冲液

pH9.0~9.2。

14.6 浓盐酸

14.7 0.1mol/L 盐酸溶液

14.8 10% 氢氧化钠溶液

14.9 0.1% 十二烷基磺酸钠溶液

14.10 0.1% 洗洁精溶液

14.11 乙腈

色谱纯。

14.12 甲酸

优级纯。

14.13　乙酸胺

色谱纯。

14.14　流动相缓冲液

20mmol/L 乙酸铵和0.1%甲酸缓冲液：分别称取1.54g乙酸铵和1.84g甲酸置于1000mL容量瓶中，加水定容至刻度，pH值约为4。

15　仪器

15.1　液相色谱－串联质谱仪

配有电喷雾离子源（ESI）。

15.2　分析天平

感量0.1mg。

15.3　涡旋混合器

15.4　离心机

15.5　恒温水浴锅

15.6　空气泵

15.7　移液器

15.8　具塞离心试管

15.9　冷冻研磨机

16　测定步骤

16.1　样品预处理

16.1.1　尿液提取

取尿液2mL置于10mL具塞离心管中，用10%氢氧化钠溶液调至pH9.0～9.2，加入1mL硼砂缓冲液，用氯仿：异丙醇（9:1）3mL提取，涡旋混合、离心，转移有机层至另一离心管中，约60℃水浴中空气流下吹干。残留物中加入100μL乙腈：流动相缓冲液（70:30）进行溶解，取5μL进LC－MS/MS。

16.1.2　血液提取

取血液2mL置于10mL具塞离心管中，加入2mL硼砂缓冲液，用氯仿：异丙醇（9:1）3mL提取，以下同15.1.1项下操作。

16.1.3　组织提取

将组织剪碎或匀浆，称取2g，加入2mL水，再加入0.4mL浓盐酸沸水浴中水解30min，取出，用10%氢氧化钠溶液调至pH9.0～9.2，以下同15.1.1项下操作。

16.1.4 毛发提取

称取 50mg 毛发,加 1mL 0.1mol/L 盐酸溶液浸润,45℃水浴水解 12 ~ 15 小时或超声 1 小时(针对磨碎的头发),取出后用 10% 氢氧化钠溶液调至 pH9.0 ~ 9.2,加入 1mL 硼砂缓冲液,以下同 15.1.1 项下操作。

16.2 样品测定

16.2.1 液相色谱 - 串联质谱参考条件

a) 色谱柱:Allure PFP Propyl 100mm × 2.1mm × 5μm 或相当者,前接保护柱;

b) 柱温:室温;

c) 流动相:V(乙腈):V(缓冲液) = 70:30;

d) 流速:200μL/min;

e) 进样量:5μL;

f) 扫描方式:正离子扫描(ESI +);

g) 检测方式:多反应监测(MRM);

h) 离子喷雾电压:5500V;

i) 离子源温度:500℃;

j) 每个化合物分别选择 2 对母离子/子离子对作为定性离子对,以第一对离子对作为定量离子对。其定性离子对、定量离子对、去簇电压(DP)、碰撞能量(CE)和保留时间(t_R)见表 3。

表 3 单乙酰吗啡、吗啡和可待因的定性离子对、定量离子对、去簇电压(DP)、碰撞能量(CE)和保留时间(t_R)

名称	定性离子对	DP(V)	CE(eV)	t_R(min)
吗啡	286.1/201.2[1)]	80	36	2.76
	286.1/165.3		56	
单乙酰吗啡	328.1/211.3[1)]	80	36	4.16
	328.1/165.3		54	
可待因	300.2/199.2[1)]	80	40	3.65
	300.2/165.3		60	

注:1) 为定量离子对。

16.2.2 定性测定

进行样品测定时,如果检出的色谱峰保留时间与空白检材添加对照品的色谱峰保留时间比较,相对误差小于 2%,并且在扣除背景后的样品质谱图中,均出现所选择的离子对,而且所选择的离子对相对丰度比与添加对照品的离子对相对丰度比之相对误差不超过表4规定的范围，则可判断样品中存在这种化合物。

表4 相对离子对丰度比的最大允许相对误差(%)

相对离子对丰度比	≥50	20~50	10~20	≤10
允许的相对误差	±20	±25	±30	±50

16.2.3 定量测定

采用外标-校准曲线法或单点法定量。用相同基质空白添加适量目标物对照品制得一系列校准样品，以目标物的峰面积对目标物浓度绘制校准曲线，并且保证所测样品中目标物的浓度值在其线性范围内。当检材中目标物浓度在空白检材中添加目标物浓度的±50%以内时，可采用单点校准法来计算目标化合物的浓度。

16.3 平行试验

样品应按以上步骤同时平行测定两份。

平行试验中两份检材测定结果按两份检材的平均值计算，双样相对相差不得超过20%(腐败检材不超过30%)。双样相对相差按式(1)计算：

$$\text{双样相对相差}(\%) = \frac{|C_1 - C_2|}{\bar{C}} \times 100 \qquad (1)$$

式中：

C_1、C_2——两份样品平行定量测定的结果；

$\bar{C}$——两份样品平行定量测定结果的平均值$(C_1 + C_2)/2$。

16.4 空白试验

除以相同基质空白替代检材外，均按上述步骤进行。

17 结果计算

以外标-校准曲线法或按式(2)计算被测样品中单乙酰吗啡、吗啡或可待因浓度：

$$C = \frac{A_1 \times W}{A_2 \times W_1} \qquad (2)$$

式中：

C——检材中目标物的浓度(μg/mL或μg/g)

A_1——检材中目标物的峰面积

A_2——空白检材中添加目标物的峰面积

W——空白检材中目标物的添加量(μg)

W_1——检材量(mL 或 g)

18 方法检出限

血液、尿液、组织和毛发中单乙酰吗啡、吗啡和可待因的检出限见附录A。

附录A

(资料性附录)

血液、尿液、组织和毛发中单乙酰吗啡、吗啡和可待因的检出限

血液、尿液、组织和毛发中单乙酰吗啡、吗啡和可待因的检出限见表A。

表A 生物检材中单乙酰吗啡、吗啡和可待因的检出限

样品	成分	GC-MS 检出限 (μg/mL 或 μg/g)	LC-MS/MS 检出限 (μg/mL 或 μg/g)
尿液、血液	单乙酰吗啡	0.1	0.01
	吗啡	0.1	0.01
	可待因	0.1	0.01
组织	单乙酰吗啡	0.2	0.02
	吗啡	0.2	0.02
	可待因	0.2	0.02
毛发	单乙酰吗啡	2	0.1
	吗啡	2	0.1
	可待因	2	0.1

尿液中 Δ^9 - 四氢大麻酸的测定

SF/Z JD0107007 - 2010

2010 年 4 月 7 日发布　2010 年 4 月 7 日生效

目　次

前　言

本标准的附录 A 为资料性附录。
本标准由中华人民共和国司法部司法鉴定科学技术研究所提出。
本标准由中华人民共和国司法部归口。
本标准起草单位:中华人民共和国司法部司法鉴定科学技术研究所。
本标准主要起草人:向平、卓先义、沈保华、刘伟、卜俊、马栋、严慧。

1　范围

本标准规定了尿液中 Δ^9 - 四氢大麻酸的测定方法。
本标准适用于尿液中 Δ^9 - 四氢大麻酸的测定。
本标准的方法检出限为 50ng/mL。

2　规范性引用文件

下列文件中的条款通过本标准的引用而成为本标准的条款。凡是注日期的引用文件,其随后所有的修改单(不包括勘误的内容)或修订版均不适用于本标准,然而,鼓励根据本标准达成协议的各方研究是否可使用这些文件的最新版本。凡是不注日期的引用文件,其最新版本适用于本标准。

GB/T 6682　分析实验室用水规格和试验方法(GB/T 6682－2008,ISO 3696:1987,MOD)

GA/T 122　毒物分析名词术语

第一篇　免疫筛选法

3　原理

该法采用高度特异性的抗原－抗体反应的免疫胶体金层析技术,通过单克隆抗体竞争结合 Δ^9－四氢大麻酸偶联物和尿液中可能含有的 Δ^9－四氢大麻酸的原理,试剂盒含有被事先固定于膜上测试区(T)的 Δ^9－四氢大麻酸偶联物和被胶体金标记的抗 Δ^9－四氢大麻酸单克隆抗体。

4　试剂

Δ^9－四氢大麻酸尿液胶体金法试剂盒(THC－COOH)。

5　操作方法

用吸管吸取尿液尿液,滴入试剂盒的样品孔中 5 滴(约 150～200μL),3～5min 后观察结果。

6　结果判定

6.1　阳性

仅质控区 C 出现紫红色带,而测试区 T 无紫红色带,表明尿液中 Δ^9－四氢大麻酸浓度在 50ng/mL 以上。

6.2　阴性

质控区 C 及测试区 T 均出现紫红色带,表明尿液中 Δ^9－四氢大麻酸浓度在 50ng/mL 以下。

6.3　无效

质控区 C 未出现紫红色带,结果无效,应重新检验。

第二篇　液相色谱－串联质谱法

7　原理

本法利用Δ^9－四氢大麻酸在体内形成葡萄糖醛酸结合物的特点，在碱性条件下尿液水解，然后在酸性条件下用有机溶剂提出，采用液相色谱－串联质谱仪（LC－MS/MS）的多反应监测模式进行定性分析。

8　试剂和材料

除方法另有规定外，试剂均为分析纯，试验室用水符合GB/T 6682规定的一级水。

8.1　Δ^9－四氢大麻酸对照液

Δ^9－四氢大麻酸对照溶液浓度为50μg/mL。试验中所用其他浓度的对照溶液均从上述对照溶液稀释而得，储存在4℃冰箱中，保存期为6个月。

8.2　40%氢氧化钠溶液

8.3　1mol/L盐酸溶液

8.4　冰醋酸

8.5　正己烷

8.6　乙酸乙酯

8.7　甲酸

优级纯。

8.8　乙腈

色谱纯。

8.9　乙酸胺

色谱纯。

8.10　流动相缓冲液

20mmol/L乙酸铵和0.1%甲酸缓冲液：分别称取1.54g乙酸铵和1.84g甲酸置于1000mL容量瓶中，加水定容至刻度，pH值约为4。

9　仪器

9.1　液相色谱－串联质谱仪

配有电喷雾离子源（ESI）。

9.2　旋涡混合器

9.3　离心机

9.4 恒温水浴锅

9.5 移液器

9.6 具塞离心试管

10 测定步骤

10.1 样品预处理

尿液2mL加入40%氢氧化钠溶液调pH>13,80℃水浴中水解30min,冷却后加入1mol/L盐酸溶液至pH4—5,再加入0.5mL冰醋酸和3mL正己烷:乙酸乙酯(9:1),混旋,离心,取上清液,60℃水浴中挥干,加入100μL乙腈:流动相缓冲液(90:10)溶解,取5μL进样LC-MS/MS。

10.2 测定

10.2.1 液相色谱串联质谱条件

a) 液相柱:Ultra IBD柱(50mm×2.1mm×5μm)或相当者,前接C_{18}保护柱;

b) 柱温:室温;

c) 流动相:V(乙腈):V(20mmol乙酸胺和0.1%甲酸缓冲液)=90:10;

d) 流速:200μL/min;

e) 进样量:5μL;

f) 离子源:电喷雾电离-负离子模式(ESI-);

g) 检测方式:多反应监测;

h) 定性离子对、定量离子对、去簇电压(DP)、碰撞能量(CE)和保留时间(t_R)见表1。

表1 Δ^9-四氢大麻酸的定性离子对、定量离子对、去簇电压、碰撞能量和保留时间

名称	定性离子对	DP(V)	CE(eV)	t_R(min)
Δ^9-四氢大麻酸	343.1/299.2 343.1/245.1	-80	-28	2.44

注:第一对为定量离子对

10.2.2 定性测定

进行样品测定时,如果检出的色谱峰保留时间与空白检材添加对照品的色谱峰保留时间比较,相对误差小于2%,并且在扣除背景后的样品质谱图中,均出现所选择的离子对,而且所选择的离子对相对丰度比与添加对照品的离子对相对丰度比之相对误差不超过表2规定的范围,则可判断样品中存在这种化合物。

表 2　定性确认时相对离子对丰度的最大允许相对误差(%)

相对离子对丰度	>50	>20~50	>10~20	≤10
允许的相对误差	±20	±25	±30	±50

10.3　空白试验

除以相同基质空白替代检材外，均按上述步骤进行。

附录 A

（资料性附录）

Δ^9 – 四氢大麻酸的二级质谱图

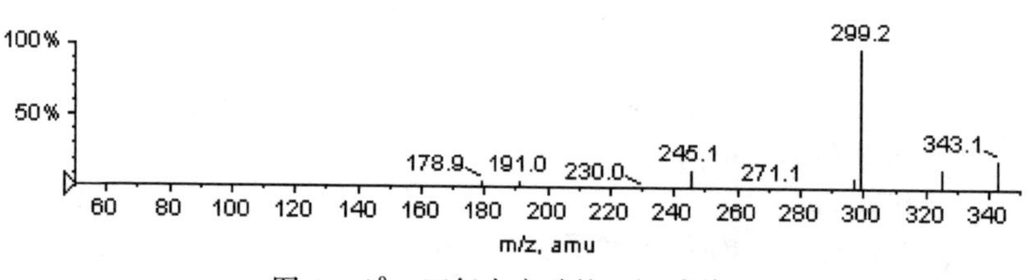

图 A　Δ^9 – 四氢大麻酸的二级质谱图

生物检材中巴比妥类药物的测定
液相色谱-串联质谱法

SF/Z JD0107008-2010

2010年4月7日发布 2010年4月7日生效

目 次

前 言

本标准的附录A和资料B为资料性附录。

本标准由中华人民共和国司法部司法鉴定科学技术研究所提出。

本标准由中华人民共和国司法部归口。

本标准起草单位:中华人民共和国司法部司法鉴定科学技术研究所。

本标准主要起草人:向平、卓先义、沈保华、刘伟、卜俊、马栋、严慧。

1 范围

本标准规定了血液、尿液、胃内容物和组织等检材中巴比妥类药物（参见附录 A）的测定方法。

本标准适用于血液、尿液、胃内容物和组织等检材中巴比妥类药物的定性定量分析。

本标准中血液的方法检出限为100ng/mL。

2 规范性引用文件

下列文件中的条款通过本标准的引用而成为本标准的条款。凡是注日期的引用文件，其随后所有的修改单（不包括勘误的内容）或修订版均不适用于本标准，然而，鼓励根据本标准达成协议的各方研究是否可使用这些文件的最新版本。凡是不注日期的引用文件，其最新版本适用于本标准。

GB/T 6682　分析实验室用水规格和试验方法（GB/T 6682－2008，ISO 3696：1987，MOD）

GA/T 122　毒物分析名词术语

3 原理

本法利用巴比妥类药物在酸性条件下易溶于有机溶剂、难溶于水的特点，用有机溶剂从生物检材中提出，采用液相色谱－串联质谱仪的多反应监测模式进行测定。

4 试剂和材料

除另有规定外，试剂均为分析纯，水为 GB/T 6682 规定的一级水。

4.1　巴比妥类药物对照品

纯度≥99%，参见附录 A。

4.2　乙酰水杨酸对照品

纯度≥99%。

4.3　巴比妥类药物对照品溶液的制备

分别精密称取对照品巴比妥类药物和内标乙酰水杨酸各适量，用甲醇配成1mg/mL 的对照品储备溶液，置于－18℃冷冻保存，保存期为 1 年。试验中所用其他浓度的标准溶液均从上述储备液稀释而得，储存在 4℃冰箱中，保存期为 3 个月。

4.4　混合对照品工作溶液

分别取巴比妥类药物储备液混合，用甲醇稀释成10μg/mL的混合对照品工作溶液，储存在4℃冰箱中，保存期为3个月。

4.5 乙醚

4.6 乙腈

色谱纯。

4.7 0.1mol/L盐酸

4.8 乙酸胺

色谱纯。

4.9 甲酸

优级纯。

4.10 乙酸胺

色谱纯。

4.11 流动相缓冲液

20mmol/L乙酸铵和0.1%甲酸缓冲液：分别称取1.54g乙酸铵和1.84g甲酸置于1000mL容量瓶中，加水定容至刻度，pH值约为4。

5 仪器

5.1 液相色谱－串联质谱联用仪

配有电喷雾离子源。

5.2 分析天平

感量0.1mg。

5.3 旋涡混合器

5.4 离心机

5.5 恒温水浴锅

5.6 移液器

5.7 具塞离心试管

6 测定步骤

6.1 样品预处理

6.1.1 血液或尿液直接提取

取血液或尿液1mL，加入1μg内标乙酰水杨酸，置于10mL离心管中，加入2滴0.1mol/LHCl，加入3.5mL乙醚，涡旋混合、离心分层，转移乙醚层至另一离心管中，约60℃水浴中挥干，加入100μL乙腈：流动相缓冲液(70:30)溶解残留物，取5μL进LC－MS/MS。

6.1.2　胃内容物或组织提取

称取胃内容物或绞碎的组织(或匀浆)1g,加入1μg内标乙酰水杨酸,以下同6.1.1项下操作。

6.2　测定

6.2.1　液相色谱-串联质谱条件

a) 液相柱:Cosmosil packed柱(150mm×2.0mm×5μm)或相当者,前接C18保护柱;

b) 柱温:室温;

c) 流动相:V(乙腈):V(缓冲液)=70:30;

d) 流速:200μL/min;

e) 进样量:5μL;

f) 扫描方式:负离子扫描(ESI-);

g) 多反应监测(MRM);

h) 每个化合物分别选择2对母离子/子离子对作为定性离子对,以第一对离子对作为定量离子对。其定性离子对、定量离子对、去簇电压(DP)、碰撞能量(CE)和保留时间(t_R)见附录A。

6.2.2　定性测定

进行样品测定时,如果检出的色谱峰保留时间与空白检材添加对照品的色谱峰保留时间比较,相对误差小于2%,并且在扣除背景后的样品质谱图中,均出现所选择的离子对,而且所选择的离子对相对丰度比与添加对照品的离子对相对丰度比之相对误差不超过表1规定的范围,则可判断样品中存在这种化合物。

表1　定性确认时相对离子丰度的最大允许误差(%)

相对离子丰度	>50	>20~50	>10~20	≤10
允许的相对误差	±20	±25	±30	±50

6.2.3　定量测定

采用内标-校准曲线法或单点法定量。用相同基质空白添加适量目标物对照品制得一系列校准样品,以目标物的峰面积与内标峰面积比对目标物浓度绘制校准曲线,并且保证所测样品中目标物的响应值在其线性范围内。当空白检材中添加目标物浓度在检材中目标物浓度的±50%以内时,可采用单点校准计算检材中目标物浓度。

6.3　平行试验

样品应按以上步骤同时平行测定两份。

平行试验中两份检材测定结果的双样相对相差若不超过 20% 时(腐败检材不超过 30%),结果按两份检材浓度的平均值计算。双样相对相差按式(1)计算:

$$双样相对相差(\%) = \frac{|C_1 - C_2|}{\bar{C}} \times 100 \qquad (1)$$

式中:

C_1、C_2——两份样品平行定量测定的结果;

$\bar{C}$——两份样品平行定量测定结果的平均值$(C_1 + C_2)/2$。

6.4 空白试验

除以相同基质空白替代检材外,均按上述步骤进行。

7 结果计算

以内标-校准曲线法或按式(2)计算被测样品中巴比妥类药物的浓度:

$$C = \frac{A \times A_i' \times c}{A' \times A_i} \qquad (2)$$

式中:

C——检材中目标物的浓度,单位为微克每毫升或微克每克(μg/mL 或 μg/g);

A——检材中目标物的峰面积;

A'——空白检材中添加目标物的峰面积;

A_i'——空白检材添加内标物的峰面积;

A_i——检材中内标物的峰面积;

c——空白检材中添加目标物的浓度,单位为微克每毫升或微克每克(μg/mL 或 μg/g)。

附录 A

（资料性附录）

巴比妥类药物的 LC－MS/MS 分析参数

表 A　巴比妥类药物的 LC－MS/MS 分析参数

中文名	英文名	母离子(m/z)	子离子(m/z)	DP(V)	CE(eV)	Rt(min)
苯巴比妥	phenobarbital	231.0	188.0[1)]	-45	14	2.1
			85.0		26	
巴比妥	barbital	183.0	140.0[1)]	-40	16	1.9
			85.0		22	
异戊巴比妥	amobarbital	225.1	182.0[1)]	-30	17	2.3
			85.0		19	
司可巴比妥	secobarbital	237.1	194.0[1)]	-40	17	2.4
			85.0		17	
硫喷妥	thiobarbital	241.0	58.1[1)]	-40	35	2.8
			101.1		21	

注：1）为定量离子。

附录 B

（资料性附录）

5 种巴比妥类药物的 MRM 色谱图

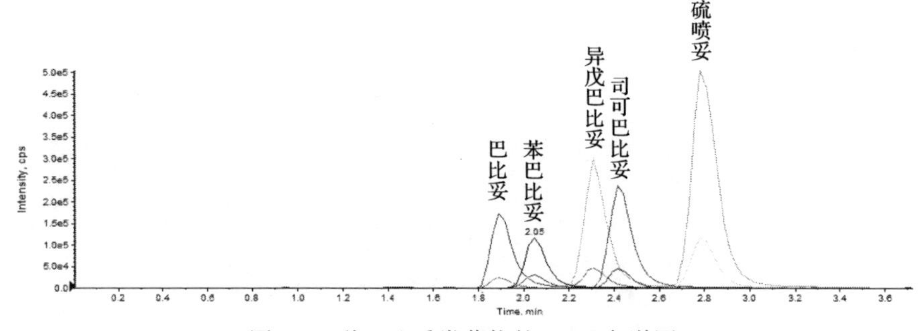

图 B　5 种巴比妥类药物的 MRM 色谱图

生物检材中乌头碱、新乌头碱和次乌头碱的测定 液相色谱-串联质谱法

SF/Z JD0107009-2010

2010年4月7日发布　2010年4月7日生效

目　次

前　言

本标准的附录A为资料性附录。

本标准由中华人民共和国司法部司法鉴定科学技术研究所提出。

本标准由中华人民共和国司法部归口。

本标准起草单位：中华人民共和国司法部司法鉴定科学技术研究所。

本标准主要起草人：刘伟、沈敏、卓先义、沈保华、向平、卜俊、马栋、严慧。

1 范围

本标准规定了生物检材中乌头碱、新乌头碱和次乌头碱的液相色谱-串联质谱测定方法。

本标准适用于生物检材中乌头碱、新乌头碱和次乌头碱的定性及定量分析。

本标准生物检材中乌头碱、新乌头碱和次乌头碱的检出限均为0.1ng/mL(g);定量下限均为0.5ng/mL(g)。

2 规范性引用文件

下列文件中的条款通过本标准的引用而成为本标准的条款。凡是注日期的引用文件,其随后所有的修改单(不包括勘误的内容)或修订版均不适用于本标准,然而,鼓励根据本标准达成协议的各方研究是否可使用这些文件的最新版本。凡是不注日期的引用文件,其最新版本适用于本标准。

GB/T 6682 分析实验室用水规格和试验方法(GB/T 6682-2008,ISO 3696:1987,MOD)

GA/T 122 毒物分析名词术语

3 原理

乌头碱、新乌头碱和次乌头碱在碱性条件下可用乙醚从生物检材中提出,然后用LC-MS/MS进行检测,经与平行操作的乌头碱、新乌头碱和次乌头碱对照品比较,以保留时间和两对母离子/子离子对进行定性分析。

4 试剂和材料

除另有规定外,试剂均为分析纯,水为GB/T 6682规定的一级水。

4.1 对照品乌头碱、新乌头碱和次乌头碱

纯度≥98%。

4.2 乌头碱、新乌头碱和次乌头碱对照品溶液的配制

分别精密称取对照品乌头碱、新乌头碱、次乌头碱各适量,用0.05%(v/v)盐酸甲醇溶液配成1mg/mL的对照品储备溶液,置于冰箱中冷冻保存,有效期为12个月。试验中所用其他浓度的标准溶液均从上述储备液稀释而得,冰箱中冷藏保存,有效期为6个月。

4.3 硼砂缓冲液

pH9.0~9.2。

4.4 乙醚

4.5 乙酸铵

色谱纯。

4.6 甲酸

优级纯。

4.7 乙腈

色谱纯。

4.8 流动相缓冲液

20mmol/L 乙酸铵和0.1%甲酸缓冲液:分别称取1.54g乙酸铵和1.84g甲酸置于1000mL容量瓶中,加水定容至刻度,pH值约为4。

5 仪器

5.1 液相色谱-串联质谱仪

配有电喷雾离子源(ESI)。

5.2 分析天平

感量0.1mg。

5.3 旋涡混合器

5.4 离心机

5.5 恒温水浴锅

5.6 移液器

5.7 具塞离心试管

6 测定步骤

6.1 样品处理

6.1.1 血液、尿液

取血液或尿液0.5mL置于10mL具塞离心试管中,加1.0mL硼砂缓冲液后,用乙醚3mL提取,涡旋混合、离心,将有机层转移至另一离心管中,置60℃水浴中挥干,残留物用200μL乙腈:流动相缓冲液(70:30)溶解,供LC-MS/MS分析。

6.1.2 组织

将组织剪碎或匀浆,称取0.5g置于10mL具塞离心试管中,加1.0mL硼砂缓冲液浸泡半小时后,用乙醚3mL提取,以下同6.1.1项下操作。

6.2 样品测定

6.2.1 液相色谱-串联质谱参考条件

a）色谱柱：Capcell Pak C_{18} 柱（250mm × 2.0mm × 5μm）或相当者，前接保护柱；

b）柱温：室温；

c）流动相：V（乙腈）：V（20mmol/L 乙酸铵和 0.1% 甲酸缓冲溶液）= 70∶30；

d）流速：200μL/min；

e）进样量：5μL；

f）扫描方式：正离子扫描（ESI +）；

g）检测方式：多反应监测（MRM）；

h）离子喷雾电压：5500V；

i）离子源温度：500℃；

j）每个化合物分别选择 2 对母离子/子离子对作为定性离子对，以第一对离子对作为定量离子对。其定性离子对、定量离子对、去簇电压（DP）、碰撞能量（CE）和保留时间（t_R）见表 1。

表 1　乌头碱、新乌头碱、次乌头碱的定性离子对、定量离子对、去簇电压（DP）、碰撞能量（CE）和保留时间（t_R）

名称	英文名	定性离子对/（m/z）	DP/（V）	CE/（eV）	t_R/（min）
乌头碱	aconitine	646.4/586.1 *	100	46	3.03
		646.4/526.2		51	
新乌头碱	mesaconitine	632.3/572.2 *	100	46	2.82
		632.3/354.2		58	
次乌头碱	hypaconitine	616.4/556.2 *	100	45	3.13
		616.4/524.0		48	

注：* 定量离子对

6.2.2　定性测定

进行样品测定时，如果检出的色谱峰保留时间与空白检材添加目标物对照品的色谱峰保留时间比较，相对误差小于 2%，且所选择的离子对相对丰度比与添加目标物对照品的离子对相对丰度比之相对误差不超过表 2 规定的范围，则可判断样品中存在这种化合物。

表 2 相对离子丰度比的最大允许相对误差(%)

相对离子丰度比	≥50	20~50	10~20	≤10
允许的相对误差	±20	±25	±30	±50

6.2.3 定量测定

采用外标-校准曲线法或单点法定量。用相同基质空白添加适量目标物对照品制得一系列校准样品,以目标物的峰面积对目标物浓度绘制校准曲线,并且保证所测样品中目标物的浓度值在其线性范围内。当空白检材中添加目标物浓度在检材中目标物浓度的±50%以内时,可采用单点校准计算目标物浓度。

6.3 平行试验

样品应按以上步骤同时平行测定两份。

平行试验中两份检材测定结果按两份检材的平均值计算,双样相对相差不得超过20%(腐败检材不超过30%)。双样相对相差按公式(1)计算。

$$双样相对相差(\%)=\frac{|C_1-C_2|}{\bar{C}}\times 100 \quad (1)$$

式中:

C_1、C_2——两份样品平行定量测定的结果;

$\bar{C}$——两份样品平行定量测定结果的平均值$(C_1+C_2)/2$。

6.4 空白试验

除以相同基质空白替代检材外,均按上述步骤进行。

7 结果试验

以外标-校准曲线法或按式(1)计算:

$$C=\frac{A_1\times W}{A_2\times W_1} \quad (2)$$

式中:

C——检材中目标物的浓度,单位为纳克每毫升(ng/mL)或纳克每克(ng/g);

A_1——检材中目标物的峰面积;

A_2——空白检材中添加目标物的峰面积;

W——空白检材中目标物的添加量,单位为纳克(ng);

W1——检材量,单位为毫升(mL)或克(g)。

附录 A

（资料性附录）

乌头碱、新乌头碱和次乌头碱的 MRM 色谱图

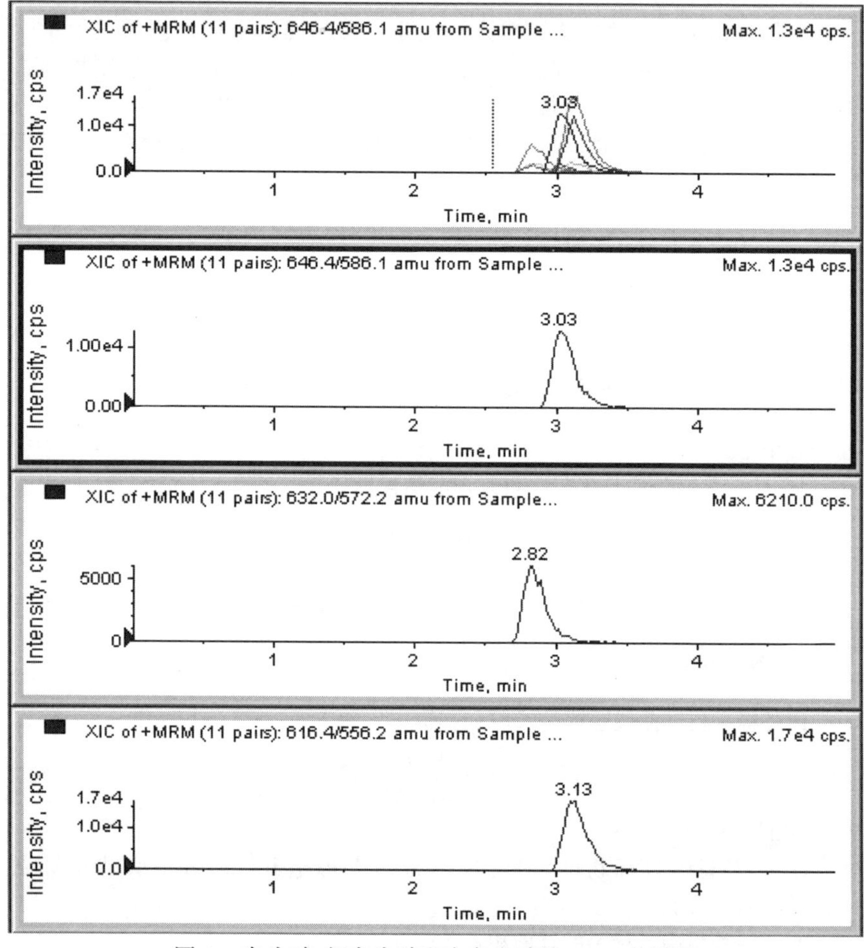

图 A　乌头碱、新乌头碱和次乌头碱的 MRM 色谱图

文书鉴定通用规范

SF/Z JD0201001 - 2010

2010 年 4 月 7 日发布　2010 年 4 月 7 日生效

目　次

前　言

《文书鉴定通用规范》是由系列规范构成,下面列出了这些规范的预计结构。

——第 1 部分:文书鉴定通用术语;
——第 2 部分:文书鉴定通用程序;
——第 3 部分:文件物证的勘验和提取要求;
——第 4 部分:文书鉴定样本的收集和制作要求。

本规范由司法部司法鉴定科学技术研究所提出。

本规范由司法部司法鉴定科学技术研究所负责起草。

本规范主要起草人:杨旭、施少培、凌敬昆、钱煌贵、徐彻、卞新伟、孙维龙、奚建华、陈晓红。

第1部分　文书鉴定通用术语

1　范围

本部分规定了文书鉴定中常用的术语及其定义。

本部分适用于文书鉴定中各项鉴定。

2　规范性引用文件

下列文件中的条款通过本部分的引用而成为本部分的条款。凡是注明日期的引用文件,其随后所有的修改单(不包括勘误的内容)或修订版均不适用于本部分,然而,鼓励根据本部分达成协议的各方研究是否可适用这些文件的最新版本。凡是不注明日期的引用文件,其最新版本适用于本部分。

《简化字总表(1986年新版)》(1986年12月22日国家语言文字工作委员会发布)

《第一批异体字整理表》(1995年12月22日中华人民共和国文化部 中国文字改革委员会发布)

《现代汉语通用字表》(1988年03月25日国家语言文字工作委员会 中华人民共和国新闻出版署发布)

GB/T 16159－1996　汉语拼音正词法基本规则

GB/T 13715－1992　信息处理用现代汉语分词规范

GB/T 12200.1－90　汉语信息处理词汇01部分:基本术语

GB/T 12200.2－94　汉语信息处理词汇02部分:汉语和汉字

GB 5007.1　信息技术　汉语编码字符集(基本集)24点阵字型

GB 5007.2　信息技术　汉语编码字符集(辅助集)24点阵字型

GB 5199　信息技术　汉语编码字符集(基本集)16点阵字型

GB 9851.1－9　印刷技术术语

GB/T 17004　防伪技术术语

3　术语和定义

3.1　GB/T 12200.1－90汉语信息处理词汇 01部分:基本术语和GB/T 12200.2－94汉语信息处理词汇 02部分:汉语和汉字中确立的以下术语和定义适用于本部分

3.1.1　语言:为了传递信息而使用的一组字符、约定和规则。

3.1.2　语音:人类发出的能表达一定意义的声音。

3.1.3 言语:语言的运用及其结果,是语言的具体体现。

3.1.4 书面语:语言的书面变体。

3.1.5 口语:语言的口头变体。

3.1.6 方言:一般指语言的地方变体。有时也指语言的社会变体或个体变体。

3.1.7 汉语:汉族的语言。中国境内主要的通用语言,也是国际通用语言之一。属汉藏语系。

3.1.8 现代汉语:现代汉民族语言。包括它的主要地域分支:北方话、吴语、湘语、赣语、粤语、客家语、闽语等。它的规范化语言是普通话。

3.1.9 中文:特指汉语。

3.1.10 文字:人类记录和传达语言的书写符号系统。

3.1.11 文本:语言的符号串,文字信息处理的对象。

3.1.12 汉字:记录汉语的书写符号系统。汉字也被其他一些国家或民族用做书写符号。

3.1.13 古代汉字:秦以前的汉字,包括甲骨文、金文、篆书、六国文字等。

3.1.14 现代通用汉字:现代通行的记录现代汉语的书写符号系统。

3.1.15 简化字:采用同音代替、改换声旁、草书楷化、偏旁简化等方法制定的一些笔画较少的汉字。特指 1986 年重新公布的《简化字总表》,共2235 字。

3.1.16 繁体字:被简化代替的笔画较多的汉字。

3.1.17 异体字:汉字通常写法之外的一种音同、义同,只是字形笔画或结构不同的字。

3.1.18 字体:同一汉字由于各种原因(历史演变、书写、印刷等)而形成的各种不同体式。

3.1.19 正体:同一个汉字的各种不同形体中规范的标准形体。

3.1.20 异体:汉字正体之外的其他形体。

3.1.21 手写体:用于日常交际的人工书写的字体。一般使用各种笔作为书写工具。

3.1.22 楷书:汉隶在草书的影响下形成的一种字体。形体方正、笔画平直。

3.1.23 行书:同时具备有楷书和草书特点的一种中间字体。笔势简易而流畅。

3.1.24 草书:一种书写便捷的汉字字体,笔画简约,多用连笔。

3.1.25 隶书:由篆书简化演变而成的一种汉字字体。其笔画由圆转变成方折,具有波磔。

3.1.26 篆书:秦和六国通行的笔画圆转的古代汉字,也是一种字体。

3.1.27 印刷体:用于印刷的字体。现代汉字的印刷体以1988年发布的《现代汉语通用字表》为准。20世纪80年代又产生了用于计算机显示和打印的国家标准印刷体。例:GB 5007.1和GB 5007.2,GB 5199。

3.1.28 宋体:现代最通行的汉字印刷体。由宋代刻版所用字体发展而来。

3.1.29 仿宋体:汉字主要印刷体之一。模仿宋体产生的字体。

3.1.30 楷体:汉字主要印刷体之一。由手写的正规楷书发展而来。

3.1.31 黑体:汉字主要印刷体之一。字体粗黑醒目。

3.1.32 字号:印刷体依据字体大小所编的号。计算机用字也以字号为标准,但激光照排系统以“级”为标准。有些系统可以无级放大或缩小。

3.1.33 字形:特指构成每个方块汉字的二维图形。构成汉字字形的要素是笔画、笔数及汉字部件的位置关系等。

3.1.34 汉字结构:部件构成汉字时的方式和规则。最基本的汉字结构是独体(结构)和合体(结构),合体结构又分为左右结构、上下结构、包围结构等。

3.1.35 正写法:文字符号形体的规范和使用规则,包括正写法和正词法。汉字正写法可依据《简化字总表》、修订的《第一批异体字整理表》、《现代汉语通用字表》等。汉语正词法可参照《汉语拼音正词法基本规则》和《信息处理用现代汉语分词规范》。

3.2 GB 9851.1-9印刷技术术语中确立的以下术语和定义适用于本部分

3.2.1 印刷:使用印版或其他方式将原稿上的图文信息转移到承印物上的工艺技术。

3.2.2 印刷品:使用印刷技术生产的各种产品的总称。

3.2.3 印刷工艺:实现印刷的各种规范、程序和操作方法。

3.2.4 印刷机械:用于生产印刷品的机器、设备的总称,也称印刷工具或印刷设备。

3.2.5 印刷材料:印刷生产中使用的承印物与其他材料的总称。

3.2.6 印刷技术:通过制版、印刷、印后加工批量复制文字、图像的方法。

3.3 GB/T 17004防伪技术术语中确立的以下术语和定义适用于本部分

3.3.1 防伪:防止以欺诈为目的,未经所有权人准许而进行仿制或复制的措施。

3.3.2 防伪技术:以防伪为目的而采取的,在一定范围内能准确鉴别真伪并不易被仿制和复制的技术。例如:各种具有防伪性能的防伪油墨、防伪印油、防伪纸张、印章防伪、防复印技术、电子创作防伪技术、结构防伪技术等。

3.3.3 防伪技术类别:按防伪技术难易和复杂程度划分的类别。共分为一般的防伪技术、适当加密的防伪技术、采用多种学科的综合防伪技术、极难仿造的防伪技术四个级别。

3.3.4　防伪技术力度:识别真伪、防止假冒伪造功能的持久性与可靠程度。可按防伪技术的仿制难度、防伪技术的类别、检测手段的先进程度、保持防伪性能的最低时间等指标来进行评价。各种评价的等级可分为A、B、C、D四个等级,A为最高级,D为最低级。

3.3.5　防伪油墨:具有防伪性能的油墨。它是经过专门研制的在油墨中加入一些特别的物质而具有防伪功能的一种特殊油墨,例如:光敏防伪油墨、热敏防伪油墨、压敏防伪油墨、磁性防伪油墨、光学可变防伪油墨、防涂改防伪油墨等。

3.3.6　防伪印油:具有防伪功能的印油。它是在印油或印泥中加入一种荧光物质,当用紫外线照射时,会呈现出鲜艳的彩色荧光,一般无色的印油呈有色荧光,有色印油则呈现出与外观可见颜色有差别(或颜色相近但强度增大)的荧光。

3.3.7　防伪纸张:具有防伪性能的纸张。例如:印钞纸、水印纸、化学水印纸、超薄纸及纸浆中掺入特殊纤维的有色纤维纸和无色荧光纤维纸或加入具有防伪作用的小圆片、微粒、全息图及带有文字的半透明窄带等专用纸张等。

3.3.8　印章防伪:在制章时采用的防伪加密技术。现有的印章防伪技术主要是采用先进工艺代替手工刻制印章;采用防伪印油和印泥,或章体和印油相结合的新型印章;在印章印面加防伪暗记,如在印面图文的点、线条或边框上制作虚线点、线、间断等;在印章印面上加触发密码,经物理或化学方法才能显现的密码信息等。

3.3.9　防复印技术:防止用复印的方法来进行仿制和复制的技术。例如:加入水印、安全线、金、银或彩色颗粒等制成的防伪纸张;在文件表面加激光全息膜、光学变色膜、回反射膜等不可复印的膜层;或设计和应用光学干扰图形等。

3.3.10　电子创作防伪技术:应用电子创作系统来获得极其复杂、极高分别率的、人工不能制作的版线图案及微缩文字的技术。

3.3.11　结构防伪技术:在设计制造的产品上采用某种特殊的结构设计,从而使产品达到保真。含机械防伪技术、包装防伪技术等。

3.4　以下规定的术语和定义适用于本部分

3.4.1　物证:指以物的外形特征、物质结构和成分特征以及物的反映形象特征证明案件事实情况的一切物品和痕迹。

3.4.2　书证:指以其内容来证明待证事实的有关情况的文字材料。凡是以文字来记载人的思想和行为以及采用各种符号、图案来表达人的思想或传递某种信息,其内容对待证事实具有证明作用的物品都是书证。

3.4.3 客体:司法鉴定中的客体是指能够证明有关案件事实的,需要运用专门的科学技术方法进行鉴定的人、物、事或现象。文书鉴定中的客体通常为各类文件物证的书写人、制作工具及制作过程、真伪等事实或现象。

3.4.4 客体反映形象:指与案件有关的人或物的某一部分在一定条件下形成的痕迹,或通过一定技术形成的客体形象、事或现象的记录载体等。如文书鉴定中,人书写形成的笔迹,各类制作工具形成的印章印文、印刷图文等,通过一定技术制作的人像照片、图片等。

3.4.5 被鉴定客体:指需要进行鉴定的与案件事实有关的人、物、事或现象。文书鉴定中的被鉴定客体往往是与案件事实有关的各类文件的书写人、制作工具、制作材料等。

3.4.6 供鉴定客体:指鉴定过程中作为供比较对象的实体。

3.4.7 客体特性:指一个客体特有的区别于其他客体的性质。如笔迹鉴定中书写人的书写习惯等。

3.4.8 客体特征:指客体可供识别的特殊的征象,是构成客体特性的具体内容,任何客体的特性都是通过一定的特征表现出来的。如笔迹鉴定中反映书写人书写习惯的笔迹特征等。

3.4.9 检材:文书鉴定中特指需要进行鉴定的可疑文件。

3.4.10 样本:文书鉴定中特指供比较和对照分析的文件。

3.4.11 同一:指被鉴定客体的自身同一。

3.4.12 同一认定:指由具有专门知识的鉴定人对与案件事实有关的客体是否自身同一的问题作出的专业判断。

3.4.13 种类认定:又称种属鉴别。指由具有专门知识的鉴定人通过对检材与样本的比较、分析,对与案件事实有关的客体是否同一种类的问题作出的专业判断。文书鉴定中的种类认定通常包括:人的种属特性的鉴别(如书写人的年龄、性别、文化程度、籍贯、民族等种类的分析和鉴别);制作工具的种类认定(如书写工具、打印机、复印机、传真机的种类认定);文件材料的种类认定(如纸张、墨水、油墨、墨粉、粘合剂的种类认定);文件制作方法的种类认定(如文件的性质、内容辨读及文件的制作过程、顺序、状态等的分析和鉴别)。

3.4.14 文书:又称文件。指人们在社会交往中形成和使用的各种公文、合同、契约、书信、字据、证照等材料的总称。文书鉴定中,泛指一切以文字、语言、图形、符号为表现形式的记录和提供与案件事实有关的内容和信息的各种材料。文件按照制作方式可分为书写文件、印刷文件和电子文件等;按照制作技术可分为普通文件和特种文件等;按照性质可分为真实文件、篡改文件、污损文件等;按照其状态可分为原件和复制件等。

3.4.15 书写文件:指各类手写文件的统称,也称手写文件。包括正常书写文件、伪装书写的文件、摹仿书写的文件和各类非正常条件下书写的条件变化文件等。

3.4.16 印刷文件:又称印刷品、机制文件。指采用各种印刷技术制作的各类文件的总称。印刷文件包括传统制版印刷文件、办公设备机制文件、特种印刷文件等。传统制版印刷文件包括:凸版印刷文件、凹版印刷文件、平版印刷文件、孔版印刷文件等;办公设备机制文件包括:打印文件、静电复印文件、传真文件等。印章印文也是一种特殊类型的印刷文件。

3.4.17 电子文件:指通过计算机键盘、扫描仪、电子笔或各种摄录设备等输入,经计算机软件(如文字、图表、图形、图像编辑和处理软件)的编辑、处理并储存于硬盘、移动盘、光盘等存储媒质上的文件。该类文件的载体不是传统的纸张,必须通过计算机或专用设备进行读取,也可通过计算机外围设备(如打印设备)制作成普通的机制文件。

3.4.18 特种文件:是指采用特殊的制作方法,通常会运用不同的防伪技术和印刷工艺制作的有特定用途的文件,如货币、护照、身份证、信用卡及其他法定的证明身份的证件和有价票据等。

3.4.19 篡改文件:有广义和狭义之分,狭义上的篡改文件是指利用真实文件采用作假的手段改变原真实文件的局部内容形成的内容虚假的变造文件,故又称变造文件或局部变造文件。常见的作假手段有:添改、擦刮、拼凑、消退、掩盖、替换等。广义上篡改文件既包括采用作假的手段改动形成的变造文件,也包括因环境或其他意外因素导致受污染、损坏或发生其他变化的污损文件。

3.4.20 污损文件:指受污染、损坏或发生其他变化的文件,其与变造文件的区别在于文件的各种变化并非故意采用作假的手段形成,通常是环境或意外所致,如污物污染、破碎、烧毁、浸损、粘贴、裱糊、模糊等。

3.4.21 原件:又称原始文件,指最初形成的文件或实物。

3.4.22 复制件:指采用各种复制技术制作的原件的复制品。根据制作的手段可分为:复写件、复印件、扫描件、照片、图片等。

3.4.23 母件:指用于制作复制件的,其以上各层次文件的总称。母件既可能是原件,亦可能其本身也是复制件。

3.4.24 文件物证:又称文书物证。指以书写、印刷或摄录等方法制成的文件为载体,以文字、语言、图形、符号为表现形式,记录和提供与案件事实有关的人、物和文件内容及其真伪等信息的证物。文件物证既是一种物证,也是一种书证。

3.4.25　文书鉴定：又称文件检验、文件鉴定、可疑文件鉴定等。指运用文件检验学的理论、方法和专门知识，根据鉴定人的经验，并结合测量、检测的结果，通过综合分析对各类文件的书写人、制作工具、制作材料、制作方法、性质、状态、形成过程等进行的专业判断。文书鉴定根据鉴定的对象和任务可分为：笔迹鉴定、印章印文鉴定、印刷文件鉴定、篡改文件鉴定、污损文件鉴定、文件材料鉴定、文件制作时间鉴定、特种文件鉴定等。

3.4.26　文件系统：系统是指事物的统一体或集合体，它是由事物的全部要素构成的相互联系、相互作用、互为逻辑的综合整体。文件系统是指具体案件中由文件物证自身的各要素构成的，并与案件事实的其他外部要素有关的，在时间和空间的分布上相互联系、相互作用、互为逻辑的综合整体。

3.4.27　文件系统要素：要素是指事物必须具备的实质或本质、组成部分。文件系统要素既指具体案件中构成文件物证系统的所有部分，及文件系统的内部要素。构成文件系统的内部要素一般包括：文件的形式、内容、言语、笔迹、材料、工具、印迹、污损、防伪及其他痕迹等，同时这些内部要素又与案件实事有关的其他外部要素密切联系，如与案件有关的人、物、事、时间、地点、方法、物质条件等。

3.4.28　文件系统鉴定：指从具体案件出发，把文件物证作为与案件实事相互联系的有机整体，通过对文件系统要素和与案件实事有关的其他要素的综合分析，采用各种检验手段，综合判断文件要素之间以及与案件系统其他相关要素之间在时间和空间上的分布规律或相互关系，鉴别文件的真伪。

3.4.29　笔迹鉴定：又称笔迹检验。指根据人的书写技能习惯特性在书写的字迹、符号、绘画中的反映，通过检材与样本笔迹的比较、鉴别，从而确定文件物证书写人的专门技术。

3.4.30　印章印文鉴定：简称印文鉴定。指根据印章在制作、使用、保存过程中形成的印面材料和结构特性在印文中的具体反映，通过检材与样本印文的比较、鉴别，从而确定文件物证上印章印文真伪的专门技术。

3.4.31　印刷文件鉴定：又称机制文件鉴定。指根据印刷工艺和印刷设备的材料和结构特点及其变化规律在承印物（文件载体）上的具体反映，通过对根据印刷原理、方法制作的各类文件进行分析、比较和鉴别，确定文件物证的印刷工具、印刷方法、印刷过程及其真伪、来源、关系等的专门技术。

3.4.32　篡改文件鉴定：狭义上的篡改文件鉴定又称变造文件鉴定，指综合运用各种科学技术手段对文件物证是否存在变造事实所作出的鉴别和判断，以及恢复或辨认被篡改的原有内容的一项专门技术。根据篡改手段的不同,篡改文件鉴定通常可分为:添改文件鉴定、擦刮文件鉴定、拼凑文件鉴定、消退文件鉴定、掩盖文件鉴定、换页文件鉴定、文件印压字迹鉴定等。广义上篡改文件鉴定既包括变造文件鉴定,也包括污损文件鉴定。

3.4.33 污损文件鉴定:指根据受污染、损坏或发生其他变化的文件物证的物质特性,采用理化检验方法对其进行恢复、整理、显现和鉴别的专门技术。常见的污损文件有:污染文件、破碎文件、烧毁文件、浸损文件、粘贴文件、裱糊文件、模糊文件等。

3.4.34 文件材料鉴定:指根据制作文件的物质材料特性,采用形态比对和理化检验方法对其理化特性、种类进行分析和鉴别的专门技术。文件材料鉴定包括:纸张鉴定、墨水鉴定、油墨鉴定、墨粉、粘合剂鉴定等。

3.4.35 文件制作时间鉴定:指根据文件物证系统要素的特性及其变化规律,对文件的制作过程、顺序和形成时间进行鉴别的专门技术。文件制作时间鉴定包括:印刷文件制作时间鉴定、印章印文盖印时间鉴定、印字先后顺序(又称朱墨时序)鉴定、书写时间鉴定、电子文件制作时间鉴定等。

3.4.36 特种文件鉴定:指根据特种文件的制作方式、制作工具、制作材料及采用的防伪技术等特性,必要时通过与真实文件(或标准样本)的比较检验,采用形态比对和理化检验方法或专门仪器检测方法等对其真伪进行鉴别的专门技术。

3.4.37 文件检验学:简称文检学。指综合运用现代科学的理论和技术方法,以与案件有关的文件物证为对象,研究文件的形成与变化、文件检验的理论和方法以及利用文件进行犯罪的规律和特点的一门技术科学。

第2部分 文书鉴定通用程序

1 范围

本部分规定了文书鉴定中案件的受理程序。

本部分规定了文书鉴定中案件的检验/鉴定程序。

本部分规定了文书鉴定中送检材料的流转程序。

本部分规定了文书鉴定中结果报告程序。

本部分规定了文书鉴定中检验记录程序。

本部分规定了文书鉴定中档案管理程序。

本部分规定了文书鉴定的出庭程序。

本部分适用于文书鉴定中的各项鉴定。

2 规范性引用文件

下列文件中的条款通过本部分的引用而成为本部分的条款。凡是注明日期的引用文件,其随后所有的修改单(不包括勘误的内容)或修订版均不适用于本部分,然而,鼓励根据本部分达成协议的各方研究是否可适用这些文件的最新版本。凡是不注明日期的引用文件,其最新版本适用于本部分。

《司法鉴定程序通则》 2007 年 8 月 7 日司法部颁布,2007 年 10 月 1 日起施行

GB/T 19627　刑事技术微量物证的理化检验

SF/Z JD0201001 – 2010　文书鉴定通用规范

SF/Z JD0202001 – 2010　笔迹鉴定规范

SF/Z JD0201002 – 2010　印章印文鉴定规范

SF/Z JD0201003 – 2010　印刷文件鉴定规范

SF/Z JD0201004 – 2010　篡改(污损)文件鉴定规范

SF/Z JD0201005 – 2010　特种文件鉴定规范

SF/Z JD0201006 – 2010　朱墨时序鉴定规范

SF/Z JD0201007 – 2010　文件材料鉴定规范

3 受理程序

3.1　案件的接待

3.1.1　接待人由专业技术负责人组织安排。

3.1.2　接待人应当具有文书鉴定人资格。

3.1.3　接待人应当主动要求委托人提供介绍信、委托书等有关委托手续,并要求其出示能够证明其身份的有效证件(如身份证、工作证、律师证、护照等)。

3.1.4　对于疑难、重大案件,接待人应向专业技术负责人汇报,专业技术负责人应参与接待,决定案件是否受理。

3.2　了解案情

3.2.1　了解案件情况的途径:

a) 委托方对案件情况的介绍;

b) 有关人员的当面陈述;

c) 阅读有关的案件卷宗;

d) 实地勘验和调查;

e) 其他合法途径。

3.2.2　了解案件的内容:

a) 案件发生的经过、性质、争议的焦点及其他相关情况;

b) 询问文件的制作、发现、提取、保存等详细过程;

c) 了解什么人、为什么要提出鉴定,对文件中怀疑的内容是否明确,以及怀疑对象和其他相关人员的个人情况、利害关系等;

d) 注意发现和了解是否有与文件内容相关的其他人证、物证、书证、视听资料等证据存在;

e) 询问是否首次鉴定,如不是首次鉴定的,应了解历次鉴定的具体情况。

3.3 审查送检材料

3.3.1 查明检材的情况。

审查送检的检材是否符合 SF/Z JD0201001 - 2010 文书鉴定通用规范 第3部分 文件物证勘验和提取的要求,并重点查明以下事项:

a) 检材的来源:检材是由谁提供的、如何提取和保存等有关情况;

b) 检材的数量:检材有多少册、份、张、页等具体数量;

c) 检材的状态:检材是否原件或复制件或复写件等,是否有破损、污染等现象。

3.3.2 查明样本的情况。

审查提供的样本是否符合 SF/Z JD0201001 - 2010 文书鉴定通用规范 第4部分 文书鉴定样本收集和制作要求,并重点查明以下事项:

a) 样本的性质:样本是否系自然样本或实验样本,案前或案后样本;

b) 样本的数量:样本有多少册、份、张、页等具体数量;

c) 样本的状态:样本是否为原件或复写件、复制件等,是否有破损、污染等现象;

d) 样本的可靠性:样本的来源、书写人是否确定等有关情况;

e) 初步审查样本的数量和质量是否满足鉴定要求;

f) 如需当场提取样本的,应遵循 SF/Z JD0201001 - 2010 文书鉴定通用规范 第4部分 文书鉴定样本收集和制作要求;

g) 如需补充样本的,应将有关要求明确告知委托人,并协商补充样本的时限。

3.4 明确鉴定要求

3.4.1 明确委托方具体的鉴定要求,及通过鉴定需要证明的具体案件事实。

3.4.2 对于委托要求不明确或不准确的,接待人应提供技术咨询。

3.4.3 确认委托方提出的鉴定事项是否属于文书鉴定的范围。

3.5 决定是否受理

3.5.1 初步评价实验室现有资源是否满足鉴定要求,决定是否受理。如有以下情况可以不予受理。

a) 检材不具备鉴定条件的;

b) 样本不具备比对条件的;

c) 鉴定要求不明确的;

d) 委托方故意隐瞒有关重要案情的;

e) 在委托方要求的时效内不能完成鉴定的;

f) 实验室现有资源不能满足鉴定要求的;

g)《司法鉴定程序通则》第十六条规定的不得受理的情况。

3.5.2 决定受理的。

a) 应与委托人签订《鉴定委托协议书》,协议书的内容应当满足《司法鉴定程序通则》的要求;

b) 应向委托人说明合同中所需填写的内容,并明确告知各项格式条款的具体内容;

c) 要求委托人如实、详细填写合同书中的相关内容,并认真审查委托人填写的各项内容。

3.5.3 决定不受理的,应向委托人说明原因。

3.5.4 如不能当场决定是否受理的,可先行接收,并应向委托人出具《材料收领单》。

a) 材料接受后,应在《司法鉴定程序通则》规定的时限内决定是否受理;

b) 决定不受理的,应将送检材料退回委托人,并向其说明原因;

c) 决定受理的,继续。

3.6 登记

3.6.1 案件接收后应当进行统一登记,并按照要求认真登录有关内容。

3.6.2 决定受理的,应对案件进行唯一的编号。

4 检验/鉴定程序

4.1 鉴定的启动

案件受理后,应根据案件的具体情况选择相应的鉴定程序、组成鉴定组,并指定第一鉴定人。

4.1.1 选择鉴定程序:

a) 鉴定机构可根据机构资源的具体情况,设置不同级别的鉴定程序;

b) 鉴定程序可分为普通程序、复杂程序和(或)会检程序,各级鉴定程序中鉴定组要求见4.2;

c) 根据案件的具体情况,初次鉴定的一般案件进入普通程序;复核、重新鉴定,或重大、疑难案件的鉴定可直接进入复杂程序;已经多次鉴定并产生重大分歧意见的,或特别重大案件的鉴定可直接进入复杂程序或会检程序。

4.1.2 确定鉴定组和鉴定人:

a) 文书鉴定的鉴定人应当具备文书鉴定专业技术职称,并取得文书鉴定鉴定人执业资格;

b) 文书鉴定须由 2 人以上(含 2 人)鉴定人组成的鉴定组共同完成;

c) 根据鉴定程序确定鉴定组鉴定人,各级鉴定程序中鉴定组及鉴定人的要求见 4.2;

d) 鉴定组实行第一鉴定人负责制,第一鉴定人负责组织鉴定的实施,控制鉴定的时限,记录检验的全部过程。

4.2 鉴定程序和鉴定组的要求

4.2.1 普通程序中鉴定组应当同时满足以下两个条件:

a) 鉴定人为 2 人;

b) 第一鉴定人应当具有文书鉴定专业中级技术职称。

4.2.2 复杂程序中鉴定组应当同时满足以下三个条件:

a) 鉴定人为 3 人以上(含 3 人);

b) 第一鉴定人应当具有文书鉴定专业高级技术职称;

c) 鉴定人中应当要有 2 名以上具有文书鉴定专业高级技术职称的鉴定人。

4.2.3 会检程序中鉴定组应当同时满足以下三个条件:

a) 鉴定人为 4 人以上(含 4 人);

b) 第一鉴定人应当具有文书鉴定专业高级技术职称;

c) 鉴定人中应当要有 3 名以上具有文书鉴定专业高级技术职称的鉴定人。

4.3 独立鉴定和共同鉴定

4.3.1 鉴定组内各鉴定人首先应当分别进行独立检验,作出初步的检验/鉴定意见。

4.3.2 鉴定组内各鉴定人的鉴定时限由第一鉴定人负责协调和控制,确保鉴定在委托合同规定的时限内完成。

4.3.3 因各种原因导致在合同规定的时限内不能保证按时完成鉴定的,由第一鉴定人与委托方联系,商定延长鉴定时限及解决办法,并做好有关记录。

4.3.4 独立鉴定完成后,再由第一鉴定人组织鉴定组鉴定人共同讨论。

4.3.5 共同鉴定中出现意见分歧的,鉴定人有权保留自己的意见,最终的鉴定结论应遵循第 6 款结果报告程序。

4.3.6 鉴定组内送检材料的流转遵循第 5 款要求。

4.4　检验/鉴定原则和方法

4.4.1　检验/鉴定的原则。

a）先宏观检验后微观检验；

b）先无损检验后有损检验；

c）进行有损检验前应当告知委托方可能造成的损坏后果，并征得委托人同意方可进行；

d）进行有损检验前应先固定原貌（可采用拍照等复制方法），并进行预试验；

e）进行有损检验时应尽量选用对检材破坏范围小、破坏程度低、用量少的方法。

4.4.2　检验/鉴定方法。

鉴定人应遵循《司法鉴定程序通则》中鉴定方法的选择原则，根据鉴定要求确定检验/鉴定方案、选择检验/鉴定方法，并严格按照相应的鉴定规范或文件化技术规范、操作规程、作业指导书等进行。

a）笔迹鉴定应当遵循 SF/Z JD0202001 －2010《笔迹鉴定规范》；

b）印章印文鉴定应当遵循 SF/Z JD0201002 －2010《印章印文鉴定规范》；

c）印刷文件鉴定应当遵循 SF/Z JD0201003 －2010《印刷文件鉴定规范》；

d）变造文件鉴定、污损文件鉴定、印压字迹的显现等应当遵循 SF/Z JD0201004 －2010《篡改（污损）文件鉴定规范》；

e）特种文件鉴定的应当遵循 SF/Z JD0201005 －2010《特种文件鉴定规范》；

f）文件上各类印迹与文字交叉部位形成顺序鉴定的应当遵循 SF/Z JD0201006 －2010《朱墨时序鉴定规范》；

g）文件材料鉴定应当遵循 SF/Z JD0201007 －2010《文件材料鉴定规范》；

h）检验/鉴定中使用文书鉴定专门仪器的，应当按照相应仪器的检验规程或作业指导书进行；

i）使用其他理化分析仪器，检验方法应当遵循相应仪器的国家或行业标准，如 GB/T 19627 刑事技术微量物证的理化检验；

j）选择的检验/鉴定方法系非标准方法的，应事先采用适当的方法进行验证和确认，并文件化。

5　送检材料的流转程序

5.1　送检材料的标识

5.1.1　决定受理的案件，应对送检材料进行唯一的标识。

5.1.2　送检材料的标识一般由案件接待人或第一鉴定人及时进行，并认真核对。

5.1.3 检材的标识,应遵循 SF/Z JD0201001-2010 文书鉴定通用规范 第3部分 文件物证勘验和提取的要求 中检材的标识方法。

5.1.4 样本的标识,应遵循 SF/Z JD0201001-2010 文书鉴定通用规范 第4部分 文书鉴定样本收集和制作要求 中样本的标识方法。

5.2 送检材料的备份

5.2.1 检验前应当对送检材料(包括检材和样本)进行备份。

5.2.2 检材、样本的备份可采用拍照、复印或扫描复制等方法,备份的复制件应当清晰,能真实反映检材和样本的原貌。

5.2.3 备份检材和样本复制件应当对照检材和样本的标识进行唯一标识。

5.3 送检材料的交接

5.3.1 送检材料在鉴定组鉴定人中流转的过程中,应办理交接手续。

5.3.2 鉴定组鉴定人在检验过程中,禁止在送检材料上作任何记号,禁止对送检材料有任何人为的污染、损坏或其他任何改动行为。如需进行破坏性检验的,应当遵循4.4.1 检验/鉴定原则进行。

5.3.3 鉴定组鉴定人在检验过程中,应当妥善保存送检材料,防止送检材料被污染、损坏或遗失。

5.4 送检材料的补充

5.4.1 独立鉴定中,如需补充送检材料的,鉴定人应说明需补充的具体材料及要求。

5.4.2 第一鉴定人根据鉴定组鉴定人的意见,组织鉴定组讨论最终确定是否需要补充材料。

5.4.3 决定补充材料的,应及时与委托方联系协商补充材料的内容、要求、方式及时限,并做好对有关情况的记录。

5.4.4 根据《司法鉴定程序通则》规定,补充材料所需的时间不计算在鉴定时限内。

6 形成结果报告程序

6.1 形成结果报告的原则

6.1.1 第一鉴定人负责汇总独立鉴定中各鉴定人的检验结果,并组织鉴定组鉴定人共同讨论。

6.1.2 鉴定结论一致的,由第一鉴定人汇总检验结果及时起草鉴定文书草稿,并及时提交复核和签发。

6.1.3 鉴定结论出现意见分歧的,第一鉴定人负责组织鉴定组鉴定人共同进一步研究和讨论,如最终不能达成一致意见的,按下款处理。

6.2 意见分歧的处理

6.2.1 普通鉴定程序中,如出现意见分歧,通过鉴定组共同讨论尚不能达成一致意见的,进入复杂鉴定程序。

6.2.2 复杂鉴定程序中,如出现意见分歧的:

a) 通过鉴定组共同讨论尚不能达成一致意见的,则以绝大多数(三分之二以上)鉴定人的意见为最终的鉴定结论,不同意见应当记录在案;

b) 如出现重大意见分歧的(未形成绝大多数意见的),则进入会检程序。

6.2.3 会检程序中,出现意见分歧的:

a) 会检鉴定组共同讨论尚不能达成一致意见的,则以绝大多数(四分之三以上)鉴定人的意见为最后的鉴定结论,不同意见应当记录在案;

b) 如出现重大意见分歧的(未形成绝大多数意见),可按照《司法鉴定程序通则》有关规定聘请专家协助鉴定,再由鉴定组共同讨论达成最终意见,或作无法作出鉴定结论处理,并向委托人说明原因。

6.3 复核和签发

6.3.1 鉴定结论由具有复核鉴定人资格的鉴定人(授权签字人)进行复核。

6.3.2 复核人应当对鉴定使用的检验/鉴定方法、鉴定结论的依据及检验记录等方面,主要从技术符合性上进行全面审查,并签名确认。

6.3.3 鉴定文书应当由签发人签发。

6.3.4 签发人应当对鉴定项目及各鉴定人的资格、能力、鉴定程序、检验记录等,主要从程序符合性上进行全面审查,并签名确认。

6.4 鉴定文书

6.4.1 由第一鉴定人如实按照鉴定组讨论、研究达成的检验/鉴定意见起草鉴定文书草稿。

6.4.2 鉴定文书草稿经复核和签发后,由第一鉴定人按照修改意见进行修改。

6.4.3 第一鉴定人按照修改的鉴定文书草稿根据司法鉴定文书规范进行制作正式的鉴定文书。根据文书鉴定的专业特点,鉴定文书的内容至少应包括:

a) 委托人:委托机构(或人)。

b) 委托日期:委托鉴定的具体日期。

c) 委托事由:包括委托方的案号、案由或委托鉴定的简要理由等。

d) 送检材料:通常包括需要鉴定的材料(简称“检材”)和供比对的材料(简称“样本”)。

e) 鉴定事项:具体的检验/鉴定要求。

f）检验过程：包括检验程序、方法，使用的仪器、检测条件，检验中发现的现象及检验结果等。

g）分析说明：对检验过程中发现的现象及检验结果进行综合的分析评断，并阐述作出相应鉴定结论的具体依据。

h）鉴定结论：鉴定结论的表述应准确客观、并简明扼要。

i）落款：鉴定人签名并加盖鉴定机构的鉴定专用章。

j）附件：检材和样本复制件、特征比对表、验图片、图谱等。

6.4.4　鉴定人应对鉴定文书进行审核和校对，并签名确认，建议鉴定机构设置专职校对人对鉴定书的文字进行校对。

6.5　鉴定报告的发送

6.5.1　正式鉴定文书一般为一式四份，其中给委托人两份（正本和副本）；管理部门存档一份；鉴定室存档一份。

6.5.2　鉴定人及复核人应在正式的鉴定文书上签名确认，并加盖鉴定机构鉴定专用章，如通过检查机构或实验室认可的应加盖认可标识。

6.5.3　第一鉴定人负责整理需要返回的送检材料、鉴定文书及委托方提供的其他有关材料，并及时返还委托方或移交相关管理部门邮寄，并做好有关的交接记录。

7　检验记录程序

7.1　鉴定组鉴定人在鉴定过程中一切与鉴定活动有关的事项、情况都应当及时、客观、全面的做好记录，如有修改，应采用杠改方式，使被修改的原有内容能清晰辨认，不得事后涂改。

7.2　鉴定组鉴定人应妥善保存检验记录、原始数据、图片等有关原始记录资料，并及时移交第一鉴定人。

7.3　第一鉴定人负责审查、汇总鉴定组各鉴定人的检验记录、原始数据、图片等原始记录资料，并集中妥善保存。

7.4　检验记录的主要内容及职责

7.4.1　案件受理程序中的有关情况，由接待人负责记录。

7.4.2　鉴定人独立检验的过程、鉴定结论或意见等内容，由鉴定人各自负责记录。

7.4.3　鉴定组讨论、研究的过程，及分歧意见处理情况、最终鉴定结论等内容，由第一鉴定人负责记录。

7.4.4　检验中使用仪器设备的，仪器名称、检验条件、检验结果等内容由检验人负责记录。

7.4.5 鉴定过程中,与委托方联系、确认鉴定材料的补充、鉴定事项的变更、鉴定时限的调整等情况,由第一鉴定人负责记录。

7.4.6 鉴定报告完成后,有关出庭、抱怨、投诉等情况,由第一鉴定人负责或协助有关职能部门协调处理并记录。

7.5 以上各项的记录内容应使用规定的记录表格,记录应由其他鉴定人或复核人进行审核。

8 档案管理程序

8.1 鉴定部门应指派专门的档案管理员,根据有关规定负责接收、整理有关鉴定档案。

8.2 文书鉴定的档案资料应装订成册,主要内容包括:

a) 封面;

b) 目录;

c) 鉴定文书(包括附件);

d) 鉴定文书签发稿;

e) 案件受理过程中形成的记录资料;

f) 送检材料流转过程中形成的记录资料;

g) 检验/鉴定中形成的记录资料,如检验记录、图表、图片、数据等;

h) 结果报告中形成的记录资料;

i) 其他相关资料。

8.3 第一鉴定人根据文书归档的有关规定详细整理有关鉴定资料,并将整理好的档案材料及时移交档案管理员,并做好有关的交接记录。

8.4 鉴定室的档案管理员应按照有关规定详细核对和整理有关鉴定档案资料,并将整理好的档案材料装订成册并及时移交机构的档案管理部门,并做好有关的交接记录。

9 出庭程序

9.1 职责和原则

9.1.1 鉴定人依法出庭接受法庭的质询,是鉴定人应当履行的责任。

9.1.2 鉴定人接到审判机关的出庭通知后,应征得本鉴定机构同意后出庭接受法庭的质询。

9.1.3 普通案件,一般由第一鉴定人或由鉴定室指派一名鉴定人出庭,就出具的鉴定报告接受法庭质询。

9.1.4 复杂、疑难案件或有重大影响的案件,可指派多名鉴定人共同出庭,就出具的鉴定报告接受法庭质询。

9.2 出庭前的准备

9.2.1 熟悉有关法律、法规。

9.2.2 熟悉有关案件情况。

9.2.3 熟悉鉴定程序和鉴定方法,如与鉴定有关的国际标准、国家标准、行业标准或行业公认的方法、程序、规范等。

9.2.4 全面掌握鉴定报告的有关情况,如送检材料、鉴定要求、检验过程和方法、鉴定结论和主要依据等。

9.2.5 准备与鉴定有关的展示资料,如检验图片、《特征比对表》等。

9.2.6 准备详实的个人资料,如鉴定人的执业证书、个人履历(特别是有关鉴定的实践经历)及鉴定机构的资质证书、实验室/检查机构认可资料等。

9.2.7 分析庭上可能提出的问题和出现的状况,做好相应的应对准备。

9.3 出庭质证的行为规范

9.3.1 着装规范:着装整洁,不宜着便装。男士以着正装为宜;女士以着职业装为宜。

9.3.2 举止规范:严格遵守法庭纪律,言行举止得体。

9.3.3 语言规范:回答问题应说普通话,语言规范,不过多使用专业术语;口齿清楚,语气平和而果断,音量适中。

9.3.4 内容规范:鉴定人在接受法庭质询中,回答问题的内容只限于与鉴定报告有关的内容。对于涉及国家机密、个人隐私及与鉴定无关的内容,鉴定人可以向法庭说明理由并拒绝回答。

第 3 部分 文件物证的勘验和提取要求

1 范围

本部分规定了文书鉴定中文件物证勘验的任务和程序。

本部分规定了文书鉴定中文件物证提取、固定、保存的要求。

本部分适用于文书鉴定中各项鉴定。

2 规范性引用文件

下列文件中的条款通过本部分的引用而成为本部分的条款。凡是注明日期的引用文件,其随后所有的修改单(不包括勘误的内容)或修订版均不适用于本部分,然而,鼓励根据本部分达成协议的各方研究是否可适用这些文件的最新版本。凡是不注明日期的引用文件,其最新版本适用于本部分。

SF/Z JD0201001－2010 文书鉴定通用规范 第1部分 文书鉴定通用术语

3 术语和定义

SF/Z JD0201001－2010 文书鉴定通用规范 第1部分 文书鉴定通用术语 中确立的以及下列术语和定义均适用于本部分。

3.1 犯罪现场：指所有发生和存在犯罪行为的地点和场所的总称。

3.2 现场勘查：指侦查人员依法对案件的犯罪事实进行调查、收集证据、检查和记录现场客观状态并利用其中蕴藏的信息，以获取线索，寻找犯罪现场与犯罪事实之间关系的一项侦查活动。现场勘查包括现场勘验、现场调查、现场分析和现场记录等内容。

3.3 现场勘验：指侦查人员为了收集犯罪物证以查明案件事实和揭露证实犯罪而对犯罪有关的场所、痕迹、物品等进行搜查、观察、检验、提取、记录等方面的专门工作，是现场勘查的重要内容，与现场调查、现场分析一起构成现场勘查的核心内容。

3.4 文件物证的勘验：指以揭露违法犯罪、收集证据为目的，综合运用侦查学和文件检验学的知识，根据文件物证的特点，由侦查员、检察员、审判员或文件检验技术人员及其他法定人员依法对有关文件进行的调查、提取、固定及检验和分析判断的活动。

3.5 勘验记录：在现场勘验过程中通过调查、检验和分析判断发现的情况的真实、客观、全面的书面记载。勘验记录应标识勘验人、参加人、记录人、见证人及勘验日期、地点等信息。

3.6 污染文件：特指被各类污染物质如粪便、精液、血迹等污染的污损文件。

3.7 破碎文件：特指被破坏、撕碎已分离成碎片的污损文件。

3.8 烧毁文件：特指已被燃烧、烧焦或正在燃烧的污损文件。

3.9 浸损文件：特指被水浸湿粘连、损坏的污损文件。

3.10 粘贴文件：特指用各类粘合剂粘贴在建筑物等物体上的污损文件。

3.11 特殊载体文件：特指用粉笔、涂料、土块、雕刻工具等在建筑设施、地面等物体上书写、雕刻形成的文件。

4 文件物证的勘验

4.1 文件物证勘验的任务

4.1.1 研究案件情况，发现可疑文件。

4.1.2 研究可疑文件,发现可疑文件与违法犯罪或案件事实的联系。

4.1.3 对具有书证或物证意义的可疑文件应依法提取或扣押,及时掌握揭露犯罪或弄清案件事实的证据。

4.2 文件物证勘验的程序

4.2.1 研究案件情况,仔细勘验现场,发现可疑文件。

4.2.2 观察文件的状况,辨读文件内容。

4.2.3 弄清文件用途,核实文件来源。

4.2.4 研究文件形式,发现可疑迹象。

4.2.5 分析判断可疑文件与违法犯罪或案件事实的联系。

4.2.6 依法提取或扣押可疑文件。

4.2.7 客观、全面地制作文件物证勘验记录。

5 文件物证的提取和固定

5.1 提取和固定文件物证的原则

5.1.1 依法提取:

(1) 提取文件物证应当通过合法的途径,按照法定的程序进行;

(2) 提取文件物证时应有见证人、有关当事人在场;

(3) 提取的文件物证应制作书面清单,并由提取人、在场见证人、当事人共同签名确认。

5.1.2 保持原貌:

(1) 能够原物提取的要原物提取,不能原物提取的可拍照提取;

(2) 现场可疑文件,在提取时应先拍照、固定其在现场的原始状态及与其他证据之间的关系,并在勘验笔录上作详细记录;

(3) 提取文件物证时应采取科学的方法,必要时应戴手套进行;

(4) 提取文件物证时应保持其原始的状态,禁止在文件物证上增加物质和痕迹;

(5) 现场文件物证应及时提取,并尽快送检。

5.1.3 安全保存:

(1) 文件物证提取后应采用适当的方式进行包装固定,防止其被污染、破坏、遗失;

(2) 文件物证的固定以保持其原貌为原则,禁止采用粘贴、装订、塑封等破坏性行为;

(3) 文件物证提取后应进行唯一性标识,防止被混淆或调换;

(4) 提取的文件物证经标识、固定后应妥善保存,防止保存环境导致其状态产生变化。

5.2 文件物证的标识

5.2.1 无论是现场提取的文件物证,还是案件有关当事人提供的文件物证都应进行唯一性标识。

5.2.2 文件物证已经被包装固定的,应在固定物封口进行标识,可采用专用标签纸进行标识。

5.2.3 文件物证未进行包装固定的,应在不影响其状态和检验/鉴定的部位用专用标签纸进行标识,禁止在文件物证上直接进行标识。

5.2.4 标识的内容应包括:

(1) 唯一性标识:一般采用"案号"+"文件物证"+"阿拉伯数字"顺次进行唯一标识,可用大写字母缩写"JC"表示"文件物证"。如标识为"JC1(JC1-1、JC1-2……)、JC2(JC2-1、JC2-2……)……"等;

(2) 文件物证的数量:可以用"册"、"份"、"页"、"张"为单位来表述,如果系册和份的,应标明具体的页数,用"×份×页"表示;单页的(不分形状、大小)均用"1张(或1页)"表示;

(3) 文件物证的状态:应标明文件物证是否系原件或复写件或复制件等,是否有被破损、污染等现象。标识时主要以文件物证上需检对象的状态为主,必要时对其他部分的状态也应作出说明,如状态一时难以确定的,应标明"待检";

(4) 标识人及标识日期:由提取人、证人、在场人、当事人等签名并标明提取日期。

5.3 几种特殊文件物证的提取和固定

5.3.1 污染文件:

(1) 污染文件的提取应当遵循先提取污染物质后清洗的原则;

(2) 如有必要应提取的污染物质,并用洁净器皿妥善保存,以备检验;

(3) 清洗污染文件时,以不扩大污染范围、不破坏污染文件内容为原则。

5.3.2 破碎文件:

(1) 提取破碎文件的碎片时应仔细、全面,文件碎片不论大小应全部提取;

(2) 破碎文件的固定应遵循先拼接后固定的原则;

(3) 拼接破碎文件时,可根据碎片上的手写字迹、图文、线条等内容,及纸张正反面性状和碎片边缘痕迹形态,逐块进行拼接。

(4) 拼接的破碎文件可用玻璃或有一定硬度的透明薄膜进行固定,不宜进行裱糊、粘贴。

5.3.3 烧毁文件:

(1) 提取已被烧毁的文件时,应以保持原状、不再损坏为原则;

(2) 提取正在燃烧的文件时,应采用切断氧气来源的方法,禁止采用扑打、踩踏、浇水等破坏性方法;

(3) 烧毁文件的固定应遵循先整复后固定的原则;

(4) 烧毁文件的整复可用15%的甘油水溶液采用喷雾、气熏等方法进行软化摊平;

(5) 烧毁文件整复后可用玻璃或有一定硬度的透明薄膜进行固定。

5.3.4 浸损文件:

(1) 对粘连的浸损文件在分离提取和展开时,应以尽可能避免二次损坏为原则;

(2) 对已浸湿粘连的浸损文件如不能直接展开的,应进行真空冷冻干燥后再小心分离;

(3) 对已干燥的浸损文件如不能直接展开的,可稍加润湿,待其软化后再小心分离。

5.3.5 粘贴文件:

(1) 提取粘贴文件时,应以尽可能避免二次损坏为原则;

(2) 如粘贴的载体可直接提取的,尽量一并提取;

(3) 如粘贴的载体不能直接提取的,应遵循先拍照后分离提取的原则;

(4) 对不能直接分离提取的粘贴文件,可稍加润湿,待其软化后再小心分离提取;

(5) 提取时造成粘贴文件局部破损的,应作详细记录。

5.3.6 特殊载体文件:

(1) 如文件载体可分离的,尽量原物提取;

(2) 如不能原物提取的,可采用拍照提取,或再用透明胶纸粘附提取;

(3) 用透明胶纸粘附提取的文字,可再粘贴在与文字颜色反差较大的纸张上固定;

(4) 对于雕刻的凹形文字,可采用多角度侧光拍照提取,或采用拓印的方法提取。

第4部分 文书鉴定样本的收集和制作要求

1 范围

本部分规定了文书鉴定中样本收集的要求。

本部分规定了文书鉴定中样本制作的要求。

本部分规定了文书鉴定中样本标识的要求。

本部分适用于文书鉴定中各项鉴定。

2 规范性引用文件

下列文件中的条款通过本部分的引用而成为本部分的条款。凡是注明日期的引用文件,其随后所有的修改单(不包括勘误的内容)或修订版均不适用于本部分,然而,鼓励根据本部分达成协议的各方研究是否可适用这些文件的最新版本。凡是不注明日期的引用文件,其最新版本适用于本部分。

SF/Z JD0201001－2010 文书鉴定通用规范 第1部分 文书鉴定通用术语

3 样本的种类

3.1 按照样本的用途划分

3.1.1 同一认定样本:指同一认定中供比较和对照的样本,通常是客体的反映形象,如笔迹、印章印文等,也可以是客体自身,如印章、打印机、传真机等。

3.1.2 非同一认定样本:指非同一认定中供比较和对照的样本,通常是文件种类鉴定中的样本,包括与检材的种类、性质、状态相同的样品,或与检材同类的其他物质等。

3.2 按照检验对象划分

3.2.1 笔迹样本:反映书写人书写技能和书写习惯的书写符号系统样本,主要是被审查对象书写的字迹样本,也包括绘画样本、图形样本和其他书写符号样本等。

3.2.2 印章印文样本:反映印章印面结构特性的样本,包括公章样本、名章样本、专用章样本等。

3.2.3 文件制作工具样本:反映文件制作工具结构和功能特性的样本,包括打印机样本、打字机样本、复印机样本、传真机样本、印刷工具样本及其他制作文件的工具样本等。

3.2.4 文件制作材料样本:反映文件制作材料特性的样本,包括怀疑为作案用的纸张、墨水、油墨、墨粉、粘合剂等样本。

3.2.5 标准样本:指特种文件的真实样本,如货币票样;各国护照、通行证的真实样本及其他特殊票据的真实样本等。

3.3 按照样本的性质划分

3.3.1 自然样本:指人们在社会活动、经济交往中不受外界的干扰和约束,在随机的环境和条件下采用通常的制作工具、制作方法、制作条件制作形成的样本。自然样本根据其与案件的关系,可分为案前自然样本和案后自然样本;根据其与检材的关系,可分为同期样本和历时样本。

3.3.2　实验样本:又称模拟样本。指根据检材的内容、制作工具、制作方法、制作条件和形成过程,采用与检材相同或相似的制作工具、制作方法、制作条件和形成过程专门制作的与检材的形成环境、条件相同或相似的样本。

3.4　按照样本的形成时间划分

3.4.1　案前样本:指案件发生或争议之前形成的样本,案前样本通常为自然样本。

3.4.2　案后样本:指案件发生或争议之后形成的样本,案后样本包括案后自然样本和实验样本。

3.4.3　同期样本:指与检材标称的日期相同或相近的自然样本。

3.4.4　历时样本:指不同时间制作的、有一定时间跨度的自然样本。历时样本的时间跨度一般要求包含检材标注的日期,并尽量涵盖检材称注的日期至争议日期这一段时间范围。

4　样本的收集

4.1　样本收集的原则

4.1.1　依法收集:

a）收集样本应当通过合法的途径,按照法定的程序进行;

b）提取样本时应有见证人或有关当事人在场;

c）提取的样本应制作书面清单,并由提取人、见证人、当事人共同签名确认。

4.1.2　真实可靠:

a）提取的样本其来源应当真实可靠;

b）能够原物提取的要原物提取,不能原物提取的可提取复制件;

c）某些特殊样本,在提取实物前应先拍照,固定被其在现场的原始状态及与其他证据之间的关系,并在勘验笔录上详细记录;

d）提取原物时应保持其原始的状态,必要时应戴手套进行,禁止在原物上增加物质和痕迹;

e）提取样本复制件时,可采用拍照、复印、扫描复制等方法提取,尽可能反映出样本的原貌特征。

4.1.3　保证质量:

a）文书鉴定中,样本的收集以自然样本为主,且尽可能收集案前自然样本和历时样本;

b）收集的历时样本的时间范围,尽可能包括检材标称的时间或与之相近;

c）收集的样本应达到一定的数量,以能够充分反映文件的有关特性满足鉴定要求为限；

d）当自然样本不够充分或真实性难以确认时，应当制作相应的实验样本，以补充自然样本的不足或验证其真实性。

4.1.4 安全保存：

a）收集的样本应进行唯一性标识，防止被混淆或调换；

b）收集的样本应采用适当的方式进行包装固定，防止其被污染、破坏、遗失；

c）样本的固定以保持其原貌为原则，禁止采用粘贴、塑封等破坏性方法；

d）收集的样本标识、固定后应妥善保存，防止保存环境导致其状态产生变化。

4.2 样本的收集方法和途径

4.2.1 在案件的侦查阶段，样本的收集可依法采用秘密收集的方式，避免引起嫌疑人的警觉。

4.2.2 对于民事、经济、仲裁等案件，样本的收集应依法采取公开收集的方式，由有关当事人提供的样本应经法定程序进行确认。

4.2.3 为了保证样本来源的可靠性，应注意收集以下类型的自然样本：

a）生活类样本：在日常生活中制作形成的各类文件，如日记、家庭记事、记账本等；

b）学习类样本：在学习过程中形成的各类文件，如试卷、作业、笔记、作文、论文等；

c）第三方样本：在社会活动、经济交往过程中与第三方形成的合法有效的各类文件，如与第三方签订已生效的合同、契约、收据、借据等；

d）官方样本：由官方制作或收集存档的各类文件，如工商资料、税务资料、人事档案、婚姻资料、房产资料、户籍资料、有效证件及货币票样等；

e）法定样本：法庭在案件的调查、审理过程中形成的各类法律文书及相关资料，如庭审笔录、调查笔录、送达回证、委托书等；经过审判机关审理并判决生效的其他案件中涉及的各类法律文书及有关证据资料等；经公证处公证的资料等。

5 实验样本的制作

5.1 实验样本的制作方式

5.1.1 公开的方式：在有关当事人已知的情况下制作的实验样本，一般要求按照一定的方式进行。

5.1.2 非公开的方式：为了避免有关当事人的警觉，在有关当事人不知情的情况下制作的实验样本，一般是在一定范围内进行。

5.1.3　公开方式制作的实验样本应由制作人、有关当事人及见证人签名确认。

5.1.4　非公开方式制作的实验样本应由两人以上共同参与并签名确认。

5.2　实验样本的制作方法

5.2.1　为避免引起嫌疑人的警觉，在案件的侦查阶段，实验样本的制作一般采取非公开的方式。

5.2.2　对于民事、经济、仲裁等案件，一般采取公开的方式制作实验样本。

5.2.3　为了解释检材上某些现象或特征的变化程度、范围及原因，一般需要制作实验样本进行分析和验证，因此在制作实验样本时，可根据具体案件的需求模拟不同条件制作相应的实验样本。

5.2.4　为了保证实验样本的可比性，制作时应尽量在以下几方面保持与检材一致。

a）文件内容和形式的一致；

b）制作工具的种类一致，如检材的制作工具已知，应用该工具制作实验样本；

c）制作材料的种类一致，如检材的制作材料已知，应用该材料制作实验样本；

d）制作方式的一致，尽可能模拟检材的制作方式制作实验样本；

e）制作过程的一致，尽可能模拟检材的制作过程制作实验样本。

6　样本的标识

6.1　样本标识的原则

6.1.1　无论是现场提取或依法收集的样本，还是案件有关当事人提供的样本或实验样本都应进行唯一标识。

6.1.2　对样本进行标识时，应根据样本的种类，采用分类标识的原则。

a）根据样本的性质可按照自然样本和实验样本进行标识；

b）自然样本可按照形成的时间可按照案前和案后样本进行标识；

c）历时样本可按照形成的时间顺序依次进行标识。

6.2　样本标识的方法

6.2.1　样本系散页的，可采用一定的方式进行固定，并在固定物封口或在样本背面等不影响其状态和检验/鉴定的部位用专用标签纸进行标识。

6.2.2　样本系装订成册的，在封面或封底用专用标签纸进行标识；或在样本背面等不影响其状态和检验/鉴定的部位用专用标签纸进行标识。

6.2.3　标识的内容应包括：

a）标识方法：一般采用“案号”+“样本”+“阿拉伯数字”顺次进行唯一性标识，可用大写字母缩写“YB”代表“样本”。如标识为“YB1（YB1-1，YB1-2……），YB2（YB2-1、YB2-2……）……”；

b）样本的数量：可以用“册”、“份”、“页”、“张”为单位来表述，如系册和份的，应标明具体的张数或页数，用“×份×页”表示；单页的（不分形状、大小）均用“1张（或1页）”表示；

c）样本的状态：应标明样本是否系原件或复写件或复制件，是否有破损、污染等现象等。标识时主要以样本上需检对象的状态为主，必要时对其他部分的状态也应作出说明，如状态一时难以确定的，应标明“待检”；

d）标识人及标识日期：由提取人或制作人、见证人、在场人、当事人等签名并标明日期。

笔迹鉴定规范

SF/Z JD0201002 - 2010

2010 年 4 月 7 日发布　2010 年 4 月 7 日生效

目　次

前　言

《笔迹鉴定规范》是由系列规范构成,下面列出了这些规范的预计结构。

——第 1 部分:笔迹特征的分类;

——第 2 部分:《笔迹特征比对表》的制作规范;

——第 3 部分:笔迹鉴定结论的种类及判断依据;

——第 4 部分:笔迹鉴定规程;

——第 5 部分:签名鉴定规程。

本规范由司法部司法鉴定科学技术研究所提出。

本规范由司法部司法鉴定科学技术研究所负责起草。

本规范主要起草人:杨旭、施少培、凌敬昆、钱煌贵、徐彻、卞新伟、孙维龙、奚建华、陈晓红。

第1部分　笔迹特征的分类

1　范围

本部分规定了笔迹鉴定中常用的术语和定义。

本部分规定了笔迹鉴定中笔迹特征的种类。

本部分适用于文件鉴定中笔迹鉴定。

2　规范性引用文件

下列文件中的条款通过本部分的引用而成为本部分的条款。凡是注明日期的引用文件,其随后所有的修改单(不包括勘误的内容)或修订版均不适用于本部分,然而,鼓励根据本部分达成协议的各方研究是否可适用这些文件的最新版本。凡是不注明日期的引用文件,其最新版本适用于本部分。

《简化字总表(1986年新版)》(1986年12月22日国家语言文字工作委员会发布)

《第一批异体字整理表》(1995年12月22日中华人民共和国文化部　中国文字改革委员会发布)

《现代汉语通用字表》(1988年03月25日国家语言文字工作委员会　中华人民共和国新闻出版署发布)

《现代汉语通用字笔顺规范》(1997年4月7日　国家语言文工作委员会　中华人民共和国新闻出版署发布)

《汉字统一部首表(草案)》(1983年中国文字改革委员会　国家标准计量局发布)

《汉字部首表》(教育部、国家语委发布,自2009年5月1日实施)

GB 13000.1　《字符集汉字部首归部规范》(教育部、国家语委发布,自2009年5月1日实施)

GB/T 12200.2－94　汉语信息处理词汇　02部分:汉语和汉字

GB/T 15834－1995　标点符号用法

SF/Z JD0201001－2010　文书鉴定通用规范　第1部分　文件鉴定通用术语

3　术语和定义

3.1　GB/T 12200.2－94　汉语信息处理词汇　02部分:汉语和汉字中确立的以下术语和定义适用于本部分

3.1.1　笔画:构成楷书汉字字形的最小连笔单位。汉字最基本的笔画有横、竖、撇、捺、点、折等。汉字笔画的名称见附录 A:《汉字笔画名称表》。

3.1.2　笔顺:书写每个汉字时的笔画的次序和方向。现代汉字的笔顺可参见《现代汉语通用字表》和《现代汉语通用字笔顺规范》,汉字笔顺书写的规则见附录 C:《汉字笔顺规则表》。

3.1.3　笔数:构成一个汉字或汉字部件的笔画数。

3.1.4　汉字部件:由笔画组成的具有组配汉字功能的构字单位。现代汉字部件按是否成字可分为成字部件与非成字部件。

3.1.5　部首:一部分可以成批构字的部件。凡含有某一部件构成的字在字典中均排列在一起,该部件作为领头单位排在开头,成为查字的依据,称为部首。部首多由形旁构成。汉字的部首规范参见 1983 年颁布的《汉字统一部首表(草案)》、2009 年颁布的《汉字部首表》和 GB 13000.1《字符集汉字部首归部规范》。

3.1.6　偏旁:合体字的构字单位的传统称呼。旧称合体字(由两个或两个以上汉字部件构成)左为偏,右为旁,现在统称偏旁。偏旁本为独体字,在古代汉字中偏旁一般与单独成字时形状相同,现代汉字偏旁有一些变化。汉字偏旁的名称见附录 B:《汉字偏旁名称表》。

3.2　SF/Z JD0201001 - 2010 文书鉴定通用规范　第 1 部分　文件鉴定通用术语 中确立的及以下术语和定义均适用于本部分

3.2.1　书写活动:书写活动是人类言语活动的一个组成部分,是运用语言,通过手写文字记录信息与表达思想的一种书面言语行为。

3.2.2　书写符号系统:指书写活动中用于记录信息与表达思想的一切文字、符号、图形、绘画等书写形象系统的总称。

3.2.3　书写工具:指书写活动中形成笔迹的造型体的总称。常见的书写工具有钢笔、圆珠笔、墨水笔、毛笔等。

3.2.4　书写承载物:指书写活动中通过书写工具在其上形成有色或无色书写符号系统的各种物体的总称。常见的书写承载物有书写纸、打印纸等各种纸张。

3.2.5　书写规范:指国家规定的书写符号系统的书写和使用标准、规范、规则等。如 1986 年新版的《简化字总表》和《第一批异体字整理表》规定的汉字的正写法;《现代汉语通用字笔顺规范》;GB/T 15834 - 1995《标点符号用法》;附录 A 汉字笔顺规则等。

3.2.6　书写技能:指个人掌握与运用书写符号系统进行书写、表达思想的技巧和能力。

3.2.7　书写水平:指从笔迹中反映出的书写人书写能力和技巧及审美品位的高低和优劣程度。书写水平根据高低和优劣程度可分为极高、较高、偏高、中等、偏差、较差、极差等级别。

3.2.8　书写速度:指书写活动中书写人通过书写运动器官控制书写工具进行书写运动的速度。书写速度根据快慢程度可分为潦草、较快、偏快、中等、偏慢、较慢、缓慢等级别。

3.2.9　书写力度:指书写活动中书写人通过书写运动器官控制书写工具进行书写运动的运笔压力与加速度。书写力度根据笔压力的大小程度可分为极重、较重、偏重、中等、偏轻、较轻、极轻等级别。

3.2.10　书写控制能力:指书写活动中书写人通过书写运动器官控制书写工具进行书写运动的能力。书写控制能力与书写人的生理和心理状态密切相关,根据程度可分为极高、较高、中等、较低、极低等级别。

3.2.11　书写习惯:指书写人在书写实践的过程中形成的自身独有的书写动力定型体系。

3.2.12　书写模式:指由书写方法、运笔方式、字体、字形、书写速度等因素综合反映出的书写人特定的书写形式,如按照字体可分为楷书体模式、行书体模式、草书体模式等;按照书写速度可分为慢写模式、快写模式、速写模式等;按照书写方法和运笔方式可分为简写模式、繁写模式、略写模式、缩写模式、连写模式等。

3.2.13　笔迹:又称手迹或手写字迹。指书写人利用书写工具、按照一定的书写规范通过书写活动外化成的文字、符号、绘画等书写符号系统,它能客观反映出书写人的书写技能和书写习惯特点,是笔迹鉴定的对象。

3.2.14　检材字迹:需要进行鉴定的可疑笔迹。

3.2.15　样本字迹:供比较、对照的笔迹。

3.2.16　笔迹种类:指笔迹根据不同文种、形成方式、形成机制等划分的各种类型。笔迹种类按照文种可分为:汉字笔迹、拼音文字笔迹、数字符号笔迹、绘画笔迹等;按照形成的方式可分为:正常笔迹和非正常笔迹,非正常笔迹又分为:条件变化笔迹、冒名笔迹、伪装笔迹、摹仿笔迹等。

3.2.17　正常笔迹:书写人在正常的心理和生理状态下,在通常的书写条件下书写形成的字迹。

3.2.18　非正常笔迹:书写人在非正常状态或非通常的书写条件下书写形成的字迹。一般包括:条件变化笔迹、伪装笔迹、摹仿笔迹、伪造笔迹等。

3.2.19　条件变化笔迹:书写人在非正常生理、心理状态下,或在非通常书写环境、条件下书写形成的非正常笔迹,如老年人笔迹、特殊病态笔迹、特殊书写工具形成的笔迹等。

3.2.20 冒名笔迹:书写人未采用任何摹仿手段、直接冒用他人的名义书写形成的笔迹。

3.2.21 伪装笔迹:书写人试图改变自身的书写习惯,故意采用某些特殊的书写方式书写形成的非正常笔迹。常见的伪装手段有故意改变书写速度,故意改变写法、结构、字形、搭配、笔顺、运笔等,某些情况下也有采用各种摹仿手段进行伪装的。

3.2.22 摹仿笔迹:书写人仿照他人的笔迹书写形成的非正常笔迹。摹仿笔迹根据采用的手段通常可分为临摹笔迹、套摹笔迹、记忆仿写笔迹等。

3.2.23 临摹笔迹:书写人对照被摹仿人的笔迹,边看边写形成的非正常笔迹。

3.2.24 套摹笔迹:书写人利用被摹仿人的笔迹采用直接套描方式或勾描后再描写的方式书写形成的非正常笔迹。

3.2.25 记忆仿写笔迹:书写人先对被摹仿人的笔迹进行比较分析、并练习仿写,然后脱离摹本凭记忆仿写形成的非正常笔迹。

3.2.26 笔迹特征:指书写人的书写技能、书写水平和书写习惯特点在笔迹中的具体反映。笔迹特征是笔迹鉴定的客观依据。

4 笔迹特征的种类

4.1 书写风貌特征

又称书写风格。指通过整篇字迹的谋篇布局、字的大小形态和结构特点、书写速度和力度的变化、笔画质量等因素综合反映出的书写人的书写技能、书写水平、书写控制能力的概貌特点。

4.2 布局特征

指通篇字迹谋篇布局的特点或局部字迹的排列组合关系。具体表现在段、行、字、符号之间及其相互之间的空间分布特点,如轴线和基线方向、角度;字间和行间的疏密;字与字或符号之间的比例关系;字或符号与格线的关系;行缩进、突出特点;抬头、落款的位置;页边、页脚、页眉的宽窄、形态等。

4.3 写法特征

又称字形特征。指单字及符号的基本构造和书写方法,构成汉字字形的要素是笔画、笔数及汉字部件的位置关系等。字形按照繁简可分为简化字、繁体字;按照规范性可分为规范字、非规范字、异体字、旧体字等;按照正误可分错字、别字等。规范字可参见《简化字总表(1986 年新版)》(1986 年 12 月 22 日国家语言文字工作委员会发布)、《现代汉语通用字表》(1988 年 03 月 25 日国家语言文

字工作委员会　中华人民共和国新闻出版署发布);非规范汉字如1977年12月20日提出来的《第二次汉字简化方案(草案)》中简化的汉字(简称"二简字");异体字可参见修订的《第一批异体字整理表》;新旧字形可参见《现代汉语词典》中的《新旧字形对照表》等;标点符号的使用规则可参见《标点符号用法》;汉语正词法可参见《汉语拼音正词法基本规则》和《信息处理用现代汉语分词规范》。

4.4　形体特征

又称字体特征。指单字的基本形状和体式,包括单字的体式、大小、形状及倾斜方向、角度等。单字的体式如楷书体、行楷体、行书体、行草体、草书体等;单字外部形状如长、方、扁、圆、椭圆、不规则形状等。

4.5　结构特征

指某些固定搭配的单字之间(如签名、日期等),以及单字的偏旁、部首、笔画之间的空间布局和比例关系。如单字各部件之间的左右、上下、里外、包围等结构特点,及各部件之间、笔画之间具体的搭配比例关系等。规范的汉字笔画、偏旁名称参见附件A《汉字笔画名称表》、附件B《汉字偏旁名称表》,汉字的基本间架结构及比例关系参见附件D《汉字间架结构表》。汉字的部首规范参见1983年颁布的《汉字统一部首表(草案)》、2009年颁布的《汉字部首表》和GB 13000.1《字符集汉字部首归部规范》。

4.6　笔顺特征

指构成单字的各部件之间、单字笔画之间及字与符号之间的书写次序和方向。现代汉字的规范笔顺可参见《现代汉语通用字表》和《现代汉语通用字笔顺规范》,汉字笔顺书写的规则见附录C:《汉字笔顺规则表》。

4.7　运笔特征

指起、行、收笔一个完整的书写过程或一系列相互关联的书写过程中反映出的书写方向和角度、书写速度和力度的变化特点在笔迹中的综合反映,以及书写过程中在笔画的起、收、转、折、连、绕、顿、提、摆、颤、抖、拖、带等细微书写动作处反映出的书写方向和角度、书写速度和力度的变化特点。

4.8　笔痕特征

指书写过程中书写工具在字迹笔画中形成的综合反映书写工具结构特点和书写人书写动作特点的痕迹特征,如用圆珠笔书写形成的油墨露白、堆积、间断、分裂等,其出现的部位、形态、分布特点。笔迹鉴定实践中,要特别注意区分书写工具形成的"笔痕特征"与因书写条件或伪装、摹仿形成的非正常笔迹的变化特征。

附录 A

汉字笔画名称表

笔画	名称	例字	笔画	名称	例字
丶	点	广	㇖	横　钩	写
一	横	王	𠃌	横折钩	月
丨	竖	巾	㇈	横折弯钩	九
丿	撇	白	㇌	横撇弯钩	那
㇏	捺	八	㇡	横折折折钩	奶
㇀	提	打	㇉	竖折折钩	与
㇛	撇　点	巡	㇄	竖　弯	四
𠄌	竖　提	农	㇍	横折 弯	沿
㇊	横折提	论	𠃍	横　折	口
㇁	弯　钩	承	𠃊	竖　折	山
亅	竖　钩	小	𠃋	撇　折	云
乚	竖弯钩	屯	㇇	横　撇	水
㇂	斜　钩	浅	㇋	横折折撇	建
㇃	卧　钩	心	㇞	竖折撇	专

附录 B
汉字偏旁名称表

形状	名称	例字	形状	名称	例字
冫	两点水	次、冷、准	止	止字旁	武
冖	秃宝盖	军、写、冠	户	户字旁	扇
十	十字儿	华	礻	示字旁	祖
讠	言字旁	论、计、识	王	王字旁	琅
刂	立刀旁	制、别、剑	木	木字旁	村、杜、极
八	八字旁	谷、分、公	车	车字旁	辆、输、轻
人	人字头	仓、全、合	日	日字旁	暇、明、暗
厂	厂字旁	原、压、历	曰	冒字头	冒、暑、显
力	力字旁	努	父	父字头	爹、斧、釜
又	又字旁	艰	牜	牛字旁	牵、特、物
亻	单人旁	侵	攵	反文旁	敏、故
卩	单耳刀	却	斤	斤字头	新
阝	双耳刀	陆	爫	爪字头	爱
廴	建字旁	延	月	月字旁	腹、肋、膛
勹	包字头	甸	穴	穴宝盖	穿、空、窟
厶	私字儿	参	立	立字旁	竖
匚	三框儿	医	目	目字旁	盲、瞳、盯
冂	同字框	网	田	田字旁	男、胃、累
氵	三点水	泸	石	石字旁	研、砂、磊
彡	三撇儿	彤	矢	矢字旁	矮
忄	竖心旁	悄	疒	病字旁	疼
宀	宝盖儿	宜	衤	衣字旁	衬
广	广字旁	底	钅	金字旁	错

(续表)

形状	名称	例字	形状	名称	例字
夕	夕字旁	梦	罒	皿字头	蜀
辶	走之旁	邀	皿	皿字底	盂、盖
寸	寸字旁	封	禾	禾木旁	秋、秀、秒
扌	提手旁	拖	白	白字旁	泉
土	提土旁	地	鸟	鸟字旁	鸭
艹	草字头	药	米	米字旁	粒、糕、料
大	大字头	套	西	西字头	栗、要
小	小字头	肖	页	页字旁	顷
口	口字旁	唱	舌	舌字旁	乱
囗	方框儿	国	缶	缶字旁	缸、缺
门	门字框	阅	耳	耳字旁	耽、职
巾	巾字旁	师	虫	虫字旁	蛹
山	山字旁	峡	虍	虎字头	虑、虚、虎
彳	双人旁	徐	竹	竹字头	管、篮
犭	反犬旁	猪	舟	舟字旁	船
饣	食字旁	饱	走	走字旁	赵
尸	尸字头	屡	足	足字旁	距、踞、跳
弓	弓字旁	张	角	角字旁	触、解
子	子字旁	孩	身	身字旁	躲
女	女字旁	妈	鱼	鱼字旁	鲜、鳄、鳔
纟	绞丝旁	绒	隹	隹字旁	雀
马	马字旁	骝	雨	雨字头	露、霜、零
灬	四点底	热	齿	齿字旁	龄
方	方字旁	旅	革	革字旁	靴、鞭、勒

（续表）

形状	名称	例字	形状	名称	例字
手	手字旁	拜	骨	骨字旁	骼
欠	欠字旁	欲	音	音字旁	韶、韵
火	火字旁	灭			
心	心字旁	意			

附录 C

汉字笔顺规则表

汉字规则			例字	笔画序列
基本规则		先横后竖	十	一丨
		先撇后捺	人	㇒㇏
		从上到下	亏	一一㇉
		从左到右	孔	㇇㇚㇀㇟
		先外后里	月	㇒㇆一一
		先外后里再封口	日	丨㇕一一
		先中间后两边	小	㇚㇒㇔
补充规则	带点的字	点在正上及左上先写点	门	㇔丨㇆
		点在右上后写点	犬	一㇒㇏㇔
		点在里面后写点	瓦	一㇙㇈㇔
	两面包围结构的字	右上包围结构，先外后里	勺	㇒㇆㇔
		左上包围结构，先外后里	庆	㇔一㇒一㇒㇏
		左下包围结构，先里后外	近	㇒㇒一丨㇔㇋㇏
	三面包围结构的字	缺口朝上的，先里后外	击	一一丨㇗丨
		缺口朝下的，先外后里	内	丨㇆㇒㇔
		缺口朝右的，先上后下再右下	区	一㇒㇔㇗

附录 D
汉字间架结构表

结构方式	例字	间架比例
独体结构	米、日	方正
品字形结构	品、森	各部分相等
上下结构	思、华	上下相等
	霜、花	上小下大
	基、想	上大下小
上中下结构	意	上中下相等
	褒、裹	上中下不等
左右结构	村、联	左右相等
	伟、搞	左窄右宽
	刚、郭	左宽右窄
左中右结构	衔、坳	左中右相等
	滩、傲	左中右不等
全包围结构	圆、国	全包围
半包围结构	医、叵	左包右
	庆、尾	左上包右下
	匀、句	右上包左下
	遍、建	左下包右上
	闻、闲	上包下
	函、凶	下包上

第2部分 《笔迹特征比对表》的制作规范

1 范围

本部分规定了《笔迹特征比对表》的制作原则、制作步骤和方法。

本部分适用于笔迹鉴定中《笔迹特征比对表》的制作。

2 规范性引用文件

下列文件中的条款通过本部分的引用而成为本部分的条款。凡是注明日期的引用文件，其随后所有的修改单(不包括勘误的内容)或修订版均不适用于本部分，然而，鼓励根据本部分达成协议的各方研究是否可适用这些文件的最新版本。凡是不注明日期的引用文件，其最新版本适用于本部分。

SF/Z JD0201002－2010 笔迹鉴定规范 第1部分 笔迹特征的分类

3 《笔迹特征比对表》的制作原则

3.1 笔迹鉴定应当制作《笔迹特征比对表》，并对主要的笔迹特征进行标识或说明，以便能对笔迹特征的异同情况、变化范围、程度、形成原因等进行全面、详细的比对和分析。

3.2 《笔迹特征比对表》根据比对的内容，分为检材与样本概貌的比对、局部字迹的比对和单字的比对。

3.3 概貌的比对，通常可直接或用复制件进行比对分析，不需另外再制作《笔迹特征比对表》。

3.4 局部字迹的比对和单字的比对，应当制作《笔迹特征比对表》。

3.5 当比对的字数较少或是惯用格式，如签名、日期、金额等，可直接制作需检字迹的《笔迹特征比对表》，不需制作单字的《笔迹特征比对表》；如需对个别单字进行重点的比对分析时，亦应制作单字的《笔迹特征比对表》。

3.6 当比对的字迹较多时，选取比对字迹的原则是既要客观全面，又应突出重点，在数量和质量上以充分反映书写人的书写习惯为限。

3.7 选取比对字迹可采用照相、复印或扫描复制等方法，手描的《笔迹特征比对表》只能作为鉴定人在检验过程中的检验记录，不能作为鉴定文书附件。

4 《笔迹特征比对表》的制作步骤和方法

4.1 准备阶段

在选取检材和样本字迹之前，应对检材和样本字迹进行初步的检验，以确定需要选取的检材和样本字迹。

4.2 检材和样本字迹的选取

4.2.1 复制的检材和样本字迹应当清晰，能真实反映检材和样本字迹的原貌及其细节。

4.2.2　如复制的检材和样本字迹不能突现的,可对其亮度和对比度作适当调整,以既能清晰显示复制的检材和样本字迹,又能反映出纸张等书写载体为限。

4.2.3　复制的检材和样本字迹一般保持原大,如字迹过大或过小,可对其大小作适当的等比例调整,不能作单向调整或不等比例调整,防止字迹变形。

4.2.4　如在复制过程中已经造成单字变形,可参照原始字迹作适当调整,尽可能保持与原始字迹外形一致。

4.2.5　复制的检材和样本字迹尽量保持原有色调,如在复制过程中已经形成偏色,可参照原始字迹作适当调整,尽可能调整到与原始字迹色调一致。

4.2.6　复制的检材和样本字迹,在不影响检验效果的前提下,也可使用灰度或黑白图片。

4.3　检材和样本字迹的编排

4.3.1　《笔迹特征比对表》的编排格式通常采用左右或上下格式进行编排,一般左(或上)为检材字迹,右(或下)为样本字迹。

4.3.2　复制的检材和样本字迹首先按照相同单字进行编排,如无相同单字,再按照相同偏旁、部首或笔画进行编排。

4.3.3　比对字迹之间应保持适当的间距,并尽可能编排整齐,以便于观察和分析比对。

5　《笔迹特征比对表》的标识方法

5.1　《笔迹特征比对表》的标识原则

5.1.1　《笔迹特征比对表》应在醒目位置对进行唯一性标识。

5.1.2　对选取的检材和样本字迹也应标明其出处。

5.1.3　对检材与样本字迹反映出的笔迹特征的异同情况应进行标识,必要时还应进行文字说明。

5.1.4　《笔迹特征比对表》应标明制作人、制作时间,并对记录内容进行审核确认。

5.2　《笔迹特征比对表》的标识

《笔迹特征比对表》的唯一性标识,通常在《笔迹特征比对表》右上角用“鉴定文书编号”进行标识。如鉴定文书编号为“2006文鉴字第01号”,可直接用该编号标识;也可用简略编号,如“J”代表鉴定文书,标识为“2006J01”或“2006J-1”。

5.3　选取的检材和样本字迹的标识

5.3.1　选取的检材字迹的标识:

a）如选取的检材字迹仅有一处，可直接用“检材标识”标明选取的检材字迹的出处；

b）如同一份检材上选取多处检材字迹的，可采用“检材编号”+“阿拉伯数字”的方式进行标识，阿拉伯数字表示依次选取检材字迹的序数，也可用两组阿拉伯数字（如5.16）表示检材字迹选于第5行第16列。

如：检材标识为“JC”，则选取的检材字迹以从上到下、从左到右的顺序依次标识为“JC.1，JC.2……”或用阿拉伯数字标示样本字迹所在的行和列，标识为“JC.1.2，JC.5.16……”；如检材标识为“JC1－1”，则选取的检材字迹以从上到下、从左到右的顺序依次标识为“JC1－1.1，JC1－1.2……”，或用阿拉伯数字标示样本字迹所在的行和列，标识为“JC1－1.1.2，JC1－1.5.16……”，以此类推。

5.3.2　选取的样本字迹的标识：

a）如选取的样本字迹仅有一处，可直接用“样本标识”标明选取的样本字迹的出处；

b）如同一份样本上选取多处样本字迹的，可采用“样本标识”+“阿拉伯数字”的方式进行标示，阿拉伯数字表示依次选取样本字迹的序数，也可用两组阿拉伯数字（如5.16）表示样本字迹选于第5行第16列。

如：样本标识为“YB”，则选取的样本字迹以从上到下、从左到右的顺序依次标识为“YB.1，YB.2……”，或用阿拉伯数字标示样本字迹所在的行和列，标识为“YB.1.2，YB.5.16……”；如样本标识为“YB1－1”，则选取的样本字迹以从上到下、从左到右的顺序依次标识为“YB1－1.1，YB1－1.2……”，或用阿拉伯数字标示样本字迹所在的行和列，标识为“YB1－1.1.2，YB1－1.5.16……”，以此类推。

5.4　笔迹特征的标识

对比较检验中发现的有价值的笔迹特征应逐一进行标识，标识规则如下：

5.4.1　笔迹特征的标识既要客观全面，又要简明扼要，标识符号不能对辨识笔迹特征造成干扰。

5.4.2　一般用红色标识相同的笔迹特征，用蓝色标识不同或变化的笔迹特征。

5.4.3　对有疑问或难以确定的笔迹特征，可标识为“？”。

5.4.4　对各种笔迹特征进行标识，推荐使用附录“笔迹特征标识符号表”中的标识符号。

附录E
笔迹特征的标识符号表

标识符号		标识说明
名称	图示	
实线	——————	用于标识布局、结构、字形等笔迹特征。
虚线	··············	用于标识单字、偏旁、部首、笔画间的搭配比例特征。
圈	○	用于标识单字局部的笔迹特征，如单字局部的连接、环绕、转折及单字局部特殊的结构、搭配等笔迹特征。
长尾箭头	————→	用于标识单字笔画连续的运笔动作。
短箭头	→	用于标识单字笔画的起、收、连、折、绕、顿、颤、拖、带、抖等细微的书写动作。
括号	（ ）	对于错字、别字、异体及特殊笔顺和写法的字，在括号内标明该单字的正写法或规范写法。或对某单字特征的说明。
标号	①、②……	用于标识笔顺特征。也可用于对笔迹特征进行编号。

第3部分　笔迹鉴定结论的种类及判断依据

1　范围

本部分规定了笔迹鉴定结论的种类及判断规范。

本部分规定了不同情况下鉴定结论的表述方式。

本部分适用于文件鉴定中笔迹的同一认定。

2 规范性引用文件

下列文件中的条款通过本部分的引用而成为本部分的条款。凡是注明日期的引用文件,其随后所有的修改单(不包括勘误的内容)或修订版均不适用于本部分,然而,鼓励根据本部分达成协议的各方研究是否可适用这些文件的最新版本。凡是不注明日期的引用文件,其最新版本适用于本部分。

SF/Z JD0201002－2010 笔迹鉴定规范 第1部分 笔迹特征的分类

3 鉴定结论的种类及判断依据

从理论上讲,鉴定结论应当是确定性的,要么肯定,要么否定。但在笔迹鉴定实践中,确实存在由于检材字迹或样本字迹的数量或质量等客观原因,其反映出的笔迹特征总和的价值尚不能充分反映出书写人的书写习惯的情况。在此种情况下,根据司法实践的需要,鉴定人可依据笔迹特征反映的客观情况,运用所掌握的专业知识和积累的实践经验,对反映出的笔迹特征进行综合评断作出不同程度的非确定性结论(即推断性结论)。为了较准确、客观地反映鉴定人对其所作判断的确信程度,笔迹鉴定中非确定性结论可分为极有可能、很可能(实践中常表述为“倾向”)、可能等不同等级。

3.1 确定性结论

3.1.1 肯定同一:

a) 检材与样本字迹存在足够数量的符合特征,且符合特征总和的价值充分反映了同一人的书写习惯;

b) 检材与样本字迹没有本质的差异特征;

c) 检材与样本字迹发生变化的笔迹特征能得到合理的解释。

释:该种结论是笔迹鉴定中明确的认定结论,通常表述为“检材字迹……是某人所写”。

3.1.2 否定同一:

a) 检材与样本字迹存在足够数量的差异特征,且差异特征总和的价值充分反映了不同人的书写习惯;

b) 检材与样本字迹没有本质的符合特征;

c) 检材与样本字迹相同或相似笔迹特征能得到合理的解释。

释:该种结论是笔迹鉴定中明确的否定结论,通常表述为“检材字迹……不是某人所写”。

3.2 非确定性结论

3.2.1 极可能同一:

a) 检材与样本字迹符合特征占绝大多数,且符合特征的质量非常高,其特征总和在极大程度上反映了同一人的书写习惯;

b) 检材与样本字迹没有显著的差异特征;

c）检材与样本字迹差异或变化特征能得到合理的解释。

释:这种结论是非确定性结论中肯定程度最高的结论,通常表述为“检材字迹……极有可能是某人所写”。

3.2.2　极可能非同一:

a）检材与样本字迹差异特征占绝大多数,且差异特征的质量非常高,其特征总和极大程度上反映了不同一人的书写习惯;

b）检材与样本字迹没有显著的符合特征;

c）检材与样本相同或相似特征能得到合理的解释。

释:这种结论是非确定性结论中否定程度最高的结论,通常表述为“检材字迹……极有可能不是某人所写”。

3.2.3　很可能同一(倾向肯定同一):

a）检材与样本字迹符合特征占多数,符合特征的质量明显高于差异特征的质量,符合特征总和基本上反映了同一人的书写习惯;

b）检材与样本字迹没有显著的差异特征;

c）检材与样本字迹差异或变化特征能得到比较合理的解释。

释:这种结论是非确定性结论中肯定程度较高的结论,仅次于3.2.1,通常表述为“倾向认为检材字迹……是某人所写”或表述为“检材字迹……很可能是某人所写”。

3.2.4　很可能非同一(倾向否定同一):

a）检材与样本字迹差异特征占多数,差异特征的质量明显高于符合特征的质量,差异特征总和基本上反映了不同人的书写习惯;

b）检材与样本字迹没有显著的符合特征;

c）检材与样本字迹相同或相似特征能得到比较合理的解释。

释:这种结论是非确定性结论中否定程度较高的结论,仅次于3.2.2,通常表述为“倾向认为检材字迹……不是某人所写”或表述为“检材字迹……很可能不是某人所写”。

3.2.5　可能同一:

a）检材与样本字迹符合特征与差异特征的数量和质量没有明显的区别,但符合特征总和的价值相对较高,在一定程度上反映出了同一人的书写习惯;

b）检材与样本字迹没有显著的差异特征;

c）检材与样本字迹差异或变化特征能得到相对合理的解释。

释:这种结论是非确定性结论中肯定程度最低的结论,其肯定程度明显小于3.2.3,仅表示一种技术上的合理推定。通常表述为“检材字迹……有可能是某人书写”或表述为“不能排除检材字迹……是某人书写的可能”。

3.2.6　可能非同一:

a）检材与样本字迹符合特征与差异特征的数量和质量没有明显的区别,但差异特征总和的价值相对较高,在一定程度上反映出了不同人的书写习惯;

b）检材与样本字迹没有显著的符合特征;

c）检材与样本字迹相同或相似特征能得到相对合理的解释。

释:这种结论是非确定性结论中否定程度最低的结论,其否定程度明显小于3.2.4,仅表示一种技术上的合理怀疑。通常表述为“检材字迹……有可能不是某人书写”。特别注意的是,实践中该种结论不能表述为“不能认定检材字迹……是某人所写”。该种表述方式很容易引起歧义,把该种结论误解为“倾向否定”结论,甚至混同于“否定同一”结论。

3.3 无法作出鉴定结论

3.3.1 检材不具备鉴定条件的。

3.3.2 样本不具备比对条件的。

3.3.3 根据检材与样本的具体情况,经综合评断既不能作出确定性结论也不能作出非确定性结论的。

释:该种鉴定结论通常表述为“无法判断检材字迹……是否某人书写”。不能表述为“无法判断检材字迹……是(或不是)某人所写”。以免在结论的理解上导致歧义。

4 鉴定结论的表述

4.1 鉴定结论的表述应准确全面,且简明扼要。

4.2 如样本字迹书写人明确的,鉴定结论的表述如上述各类鉴定结论注释中所述,相应表述为“检材字迹……是或不是(或非确定性)某人所写”。

4.3 如样本字迹书写人不明确的,上述鉴定结论种类中各种鉴定结论相应表述为“检材字迹……与样本字迹是或不是(或非确定性)同一人所写”。

4.4 如检材是复制件的,鉴定结论的表述分以下几种情况。

4.4.1 如检材声称是复制件的,经鉴定检材字迹确是复制形成的,上述鉴定结论种类中各种鉴定结论相应表述为“检材字迹……是或不是(或非确定性)出自某人的笔迹”或“检材字迹……与样本字迹是或不是(或非确定性)出自同一人的笔迹”。

4.4.2 如检材声称是原件的,而经鉴定检材字迹是复制形成的,鉴定结论表述为“检材字迹……不是直接书写形成”。同时应说明检材字迹的复制方法。

4.5 无论检材字迹是为原件还是复制件,鉴定结论均不使用“检材字迹……与样本字迹是或不(或非确定性)一致(或相同、同一)”等类似不准确的表述方式。

无论检材字迹是为原件还是复制件,即使经鉴定检材字迹与样本字迹不是同一人书写的,在鉴定结论的表述中,均不直接采用“检材字迹是或不是(或非确定性)伪造形成”的表述方式。

第4部分　笔迹鉴定规程

1　范围

本部分规定了笔迹鉴定的程序和方法。

本部分适用于文件鉴定中的笔迹的同一认定。

2　规范性引用文件

下列文件中的条款通过本部分的引用而成为本部分的条款。凡是注明日期的引用文件,其随后所有的修改单(不包括勘误的内容)或修订版均不适用于本部分,然而,鼓励根据本部分达成协议的各方研究是否可适用这些文件的最新版本。凡是不注明日期的引用文件,其最新版本适用于本部分。

SF/Z JD0201001－2010　文书鉴定通用规范

SF/Z JD0201002－2010　笔迹鉴定规范　第1部分　笔迹特征的分类

SF/Z JD0201002－2010　笔迹鉴定规范　第2部分　《笔迹特征比对表》的制作规范

SF/Z JD0102002－2010　笔迹鉴定规范　第3部分　笔迹鉴定结论的种类及判断依据

3　术语和定义

SF/Z JD0201001－2010文书鉴定通用规范和SF/Z JD0201002－2010　笔迹鉴定规范　第1部分　笔迹特征的分类　中确立的术语和定义均适用于本部分。

4　识别笔迹特征的一般方法

笔迹特征是笔迹同一认定的客观依据,笔迹特征的分类见SF/Z JD0201002－2010　笔迹鉴定规范　第1部分　笔迹特征的分类。

识别笔迹特征的方法通常包括但不仅限于以下方法。

4.1　目测

在自然光或照明光下,通过肉眼或借助放大镜进行观察和识别。

4.2　显微观察

对于通过目测难以辨别的特征,可借助显微镜进行观察和识别。

4.3　仪器检测

对于模糊字迹或怀疑有篡改的字迹选用合适的仪器进行检验和识别,常见的检测仪器如文检仪等。

4.4 测量

用合适的测量工具或测量软件对某些笔迹特征进行测量和分析,如笔画的长度、角度、弧度、距离、搭配比例关系等。

4.5 试验分析

对一些难以确定的特征可根据检材的具体情况通过模拟试验进行分析判断。

4.6 统计分析

运用统计学的原理和方法,对笔迹特征的分布状况、变化范围、程度等,在一定的范围内进行统计分析。

5 笔迹鉴定的步骤和方法

5.1 检材的检验

5.1.1 分析检材字迹是否直接书写形成,不是直接书写形成的,继续;是直接书写形成的,到5.1.2。

a) 分析检材字迹可能的复制方法(如复印/扫描打印/盖印等),是否符合相应复制方法的特点;

b) 分析检材字迹是否复制清晰,笔迹特征是否能得到反映;

c) 分析检材的复制方法是否对检材字迹的笔迹特征造成本质的影响。

5.1.2 检材字迹笔迹特征的分析。

a) 分析检材字迹是否书写正常,书写不正常的,初步分析可能的形成原因;

b) 分析检材字迹中有几种笔迹类型;

c) 分析各种类型笔迹的书写模式;

d) 分析各种类型、书写模式笔迹之间,笔迹特征是否一致,是否存在内在的联系或关联性;

e) 分析同一类型、书写模式的笔迹之间,笔迹特征变化的范围、程度及原因。

5.1.3 检材字迹的综合分析。

经综合分析如检材字迹不具备鉴定条件的,可根据SF/Z JD0201002-2010 笔迹鉴定规范 第3部分 笔迹鉴定结论的种类及判断依据 直接作出相应的鉴定结论;

如检材声称是直接书写形成,而经鉴定却是复制形成的,可根据SF/Z JD0201002-2010 笔迹鉴定规范 第3部分 笔迹鉴定结论的种类及判断依据 直接作出相应的鉴定结论;

a）经综合分析检材具备一定鉴定条件的，继续。

5.2 样本的检验

5.2.1 审查样本来源，确认样本字迹的书写人。通常情况下，以下类型的样本可以认为书写人是确定的。

a）委托人当场提取或经过侦查、质证等合法程序确认的样本字迹；

b）鉴定人当场提取的样本字迹；

c）经对样本字迹进行比较检验，能与以上两种样本合并的其他样本字迹。

5.2.2 分析样本字迹是否直接书写形成，不是直接书写形成的，继续；是直接书写形成的，到5.2.3。

a）分析样本可能的复制方法，是否符合相应复制方法的特点；

b）分析样本字迹是否复制清晰，笔迹特征是否能得到反映；

c）分析样本的复制方法是否会对样本字迹的笔迹特征造成本质的影响；

d）初步判断样本字迹是否具备比对条件，具备一定比对条件的，继续；不具备比对条件的，要求补充合适的样本。

5.2.3 进一步分析样本字迹笔迹特征。

a）分析样本字迹是否书写正常，书写不正常的，初步分析可能的形成原因；

b）分析样本字迹中有几种笔迹类型；

c）分析各种类型笔迹的书写模式；

d）分析各种类型、书写模式的笔迹，笔迹特征是否一致，是否存在内在的联系或关联性；

e）分析同一类型、书写模式的笔迹之间，笔迹特征变化的范围、程度及原因等。

5.2.4 样本字迹的综合分析

a）综合分析样本字迹的笔迹类型、书写模式与检材字迹的笔迹类型、书写模式是否存在可比性，初步判断样本字迹是否具有比对条件；

b）如样本字迹不具备比对条件或比对条件较差的，要求补充样本；

如样本字迹不具备比对条件，又不能补充样本的，可根据SF/Z JD0201002－2010 笔迹鉴定规范 第3部分 笔迹鉴定结论的种类及判断依据 直接作出相应的鉴定结论；

c）样本字迹具备一定比对条件的，继续。

5.3 检材与样本字迹的比较检验

5.3.1 制作《笔迹特征比对表》。

a）检材和样本字迹的比较检验中，应先制作《笔迹特征比对表》，对检材与样本字迹反映出的笔迹特征的异同情况、变化范围、程度、形成原因等逐一进行详细的比对、分析,并进行适当的标识或必要的说明。

《笔迹特征比对表》的制作遵循按照 SF/Z JD0201002 - 2010 笔迹鉴定规范 第 2 部分 《笔迹特征比对表》的制作规范 进行。

5.3.2 笔迹特征的比对方法。

笔迹特征的比对方法通常有但不仅局限于以下几种方法:

a) 直观比较:对检材和样本笔迹特征进行目测比较,对有价值的特征在《笔迹特征比对表》上进行标识,显示其异同。

b) 显微比较:对检材和样本笔迹特征进行显微观察和对比分析,对有价值的特征在《笔迹特征比对表》上进行标识,并作必要的说明。

c) 测量比较:用测量工具或软件对检材和样本字迹中某些笔迹特征,如布局、形体、搭配比例及笔画的角度、弧度、距离等进行测量比较。

d) 重合比较:对怀疑是出自同一母本的摹仿笔迹或怀疑检材字迹摹仿某样本字迹的,可将对应的字迹进行重合比对。

e) 统计分析比较:运用统计学的原理和方法,对检材和样本字迹笔迹特征的异同情况、变化范围、符合程度等进行统计分析。

5.3.3 检材字迹与样本字迹笔迹特征的对比分析。

a) 分析检材笔迹类型是否在样本中得到充分反映;

b) 分析检材不同类型笔迹中的书写模式是否在样本中得到充分反映;

c) 分析检材字迹与样本字迹笔迹特征的符合和相近或相似特征、差异和变化特征的分布情况;

d) 对检材字迹与样本字迹笔迹特征的符合和相近或相似特征、差异和变化特征的性质及形成原因进行初步分析,对特征总和的价值作出初步的评断。

5.3.4 笔迹特征价值的评价方法。

a) 根据是否符合通常的书写规范进行判断:符合通常的书写规范的笔迹特征,其特征价值较低;不符合通常的书写规范的笔迹特征,其特征价值较高。

b) 根据特征的出现的概率进行判断:一般出现率越高的特征价值越低;出现率越低的特征价值越高。

c) 根据特征的稳定性进行判断:一般相对稳定的特征,其特征价值较高;容易发生变化的特征,其特征价值较低。

d) 根据笔迹特征变化的分布情况判断:检材字迹笔迹特征的变化情况与样本字迹笔迹特征变化情况相符的,其特征价值较高;相同字迹不同书写模式之间发生变化的笔迹特征或差异特征,其特征价值较低。

e）根据笔迹的形成方式对笔迹特征的影响情况来判断：容易受影响的特征价值较低；不容易受影响的特征价值较高。

f）对于有些特殊的难以判断其特征价值的笔迹特征，可在一定的范围内作抽样调查，根据统计分析的结果判断其特征价值。

g）鉴定人根据经验，综合以上几方面情况对笔迹特征的价值作出综合评断。

5.4　检材字迹与样本字迹笔迹特征的综合评断

5.4.1　综合判断检材字迹是否正常笔迹，如不是正常笔迹，到5.5进一步分析确定其形成方法。

5.4.2　检材字迹是正常笔迹的，综合判断检材字迹反映出的笔迹特征的价值，确定其是否具备鉴定条件。

如检材字迹不具备鉴定条件的，可根据SF/Z JD0202002－2010　笔迹鉴定规范　第3部分　笔迹鉴定结论的种类及判断依据　直接作出相应的鉴定结论。

5.4.3　综合判断样本字迹是否正常笔迹，如是非正常笔迹的，到5.6进一步分析确定其形成方法。

5.4.4　样本字迹是正常笔迹的，综合判断样本字迹是否具有可比性，如样本不具有可比性或可比性较差的，则要求补充样本。

如样本字迹不具备比对条件，又不能补充的，可根据SF/Z JD0201002－2010 笔迹鉴定规范　第3部分　笔迹鉴定结论的种类及判断依据　直接作出相应的鉴定结论。

综合分析检材字迹与样本字迹反映出的笔迹特征符合点和相近或相似特征、差异点和变化特征的性质及其形成原因，并对特征总和的价值进行综合评断，最终根据综合评断的结果，依据SF/Z JD0201002－2010　笔迹鉴定规范　第3部分　笔迹鉴定结论的种类及判断依据　作出相应的鉴定结论。

5.5　检材字迹是非正常笔迹的进一步检验

5.5.1　检材字迹反映出非正常笔迹特点的，分析其形成的可能原因。

a）检材非正常笔迹可能是条件变化笔迹的，到5.5.2继续；

b）检材非正常笔迹可能是伪装笔迹的，到5.5.3继续；

c）检材非正常笔迹可能是摹仿笔迹的，到5.5.4继续。

5.5.2　检材非正常笔迹可能是条件变化笔迹的，从以下几方面进一步分析形成的可能原因。

a）分析是否是由书写速度的因素导致的变化；

b）分析是否是由书写工具导致的变化；

c）分析是否是由特殊的书写衬垫导致的变化；

d）分析是否是由特殊的书写姿势导致的变化；

e）分析是否是由特殊的书写环境导致的变化；

f）分析是否是由书写人特殊的生理、心理状态导致的变化等；

g）综合分析是否是由以上多方面的混合因素或其他特殊的客观因素导致的变化。

5.5.3　检材非正常笔迹可能是伪装笔迹的，从以下几方面进一步分析形成的可能原因。

a）分析是否是书写人故意放慢书写速度导致的变化；

b）分析是否是书写人强行加快书写速度导致的变化；

c）分析是否是书写人故意改变写法、结构、字体、字形及笔顺、运笔等笔迹特征导致的变化；

d）分析是否是书写人故意采用非习惯用手（一般为左手）进行书写导致的变化；

e）分析是否是书写人故意采用非常用工具进行书写导致的变化等；

f）综合分析是否是书写人混合采用以上方法或故意采用其他特殊手段导致的变化。

5.5.4　检材非正常笔迹可能是摹仿笔迹的，从以下几方面进一步分析形成的可能原因。

a）分析是否反映出书写人边观察边仿写他人笔迹的临摹笔迹的特点；

b）分析是否反映出书写人利用他人的笔迹进行套描仿写的特点；

c）分析是否反映出书写人采用利用他人的笔迹经过练习摹仿后凭记忆仿写的特点；

d）综合分析是否反映出书写人混合采用以上方法形成的仿写笔迹的特点。

5.5.5　根据以上检验结果，综合分析检材非正常笔迹的形成方法及其对检材笔迹特征的影响范围、程度，并根据与样本字迹比较检验的情况到5.4.7作出相应鉴定结论。

5.6　样本是非正常笔迹的进一步检验

5.6.1　样本字迹反映出非正常笔迹特征的，分析其形成的可能原因。

a）样本非正常笔迹可能是条件变化笔迹的，到5.6.2继续；

b）样本非正常笔迹可能是伪装笔迹的，到5.6.3继续。

5.6.2　样本非正常笔迹可能是条件变化笔迹，从以下几方面进行分析形成的可能原因：

a）分析是否是书写速度的因素导致的变化；

b）分析是否是由书写工具导致的变化；

c) 分析是否是由特殊的书写衬垫导致的变化；

d) 分析是否是由特殊的书写姿势导致的变化；

e) 分析是否是由特殊的书写环境导致的变化；

f) 分析是否是由书写人特殊的生理、心理状态导致的变化等；

g) 综合分析是否是由以上多方面的混合因素或其他特殊因素导致的变化。

5.6.3 样本非正常笔迹可能是伪装笔迹的,从以下几方面进一步分析形成的可能原因：

a) 分析是否是书写人故意放慢书写速度导致的变化；

b) 分析是否是书写人故意强行加快书写速度导致的变化；

c) 分析是否是书写人故意改变写法、结构、字体、字形及笔顺、运笔等笔迹特征导致的变化；

d) 分析是否是书写人故意采用非习惯用手(一般为左手)进行书写导致的变化；

e) 分析是否是书写人故意采用非常用工具进行书写导致的变化等；

f) 综合分析是否是书写人混合采用以上方法或故意采用其他特殊方法导致的变化。

5.6.4 综合分析样本非正常笔迹的形成原因对样本笔迹特征的影响程度,确定样本是否具备比对条件。不具备比对条件,要求补充样本。

6 鉴定结论

笔迹鉴定结论的种类及其判断依据,鉴定结论的表述,应遵循 SF/Z JD0201002-2010 笔迹鉴定规范 第3部分 笔迹鉴定结论的种类及判断依据。

第5部分 签名鉴定规程

1 范围

本规范规定了笔迹鉴定中签名鉴定的程序和方法。

本规范适用于笔迹鉴定中签名的同一认定。

2 规范性引用文件

下列文件中的条款通过本部分的引用而成为本部分的条款。凡是注明日期的引用文件,其随后所有的修改单(不包括勘误的内容)或修订版均不适用于本部分,然而,鼓励根据本部分达成协议的各方研究是否可适用这些文件的最新版本。凡是不注明日期的引用文件,其最新版本适用于本部分。

SF/Z JD0201001－2010　文书鉴定通用规范

SF/Z JD0201002－2010　笔迹鉴定规范　第1部分　笔迹特征的分类

SF/Z JD0201002－2010　笔迹鉴定规范　第2部分　《笔迹特征比对表》的制作规范

SF/Z JD0201002－2010　笔迹鉴定规范　第3部分　笔迹鉴定结论的种类及判断依据

SF/Z JD0201002－2010　笔迹鉴定规范　第4部分　笔迹鉴定规程

3　术语和定义

SF/Z JD0201001－2010　文书鉴定通用规范和SF/Z JD0201002－2010笔迹鉴定规范　第1部分　笔迹特征的分类　中确立的,以及下列术语和定义均适用于本部分。

3.1　姓名:指人的姓氏和名字。

3.2　别名:指正式的姓名以外的名字。

3.3　曾用名:指曾经使用过的名字。

3.4　签名:古称签字、画押。指人们在社会交往活动中在文件上需要签名的部位(一般是在文件的落款处),书写的代表个人身份的姓名、姓氏、名字或其他书写符号系统的统称。签名作为动词又称签署,即签字署名,指在特定文件上的特定部位书写姓名的一种特殊的书写活动,表示书写人对整份文件或文件部分内容真实性和有效性的确认,其行为具有法律层面的意义。签名按照文字种类可分为中文签名、汉语拼音签名、外文签名、符号签名及带日期的签名等。

3.5　写名:指使用规范的文字,按照书写规则,在文件上不需签名的部位书写的姓名字迹。写名与签名既有联系,也有区别,写名一般书写较工整,辨识度高,但个性不强。

3.6　中文签名:指用中国的通用文字(汉字)书写的签名。

3.7　汉语拼音签名:指根据中文签名中的汉字,按照汉语拼音的拼写规范书写的签名。汉语拼音签名常与中文签名混合使用。

3.8　少数民族签名:指用中国少数民族文字书写的签名,如藏文签名、蒙文签名、维文签名等。

3.9　外文签名:指用其他国家或民族的文字书写的签名,如常见的英文签名等。

3.10　符号签名:指不使用规范的文字,而是使用其他书写符号或简单的笔画书写的签名。该类签名辨识度差,只是一种代替签名的符号系统,没有任何语言文字上的意义,但个性较强。

3.11 带日期的签名:指签名字迹与日期连写的,是实践中最常见的一种签名形式。

3.12 检材签名:需要进行鉴定的可疑签名。

3.13 样本签名:供比较、对照的签名。

3.14 签名模式:指签名的书写形式,是由签名的书写方法、运笔方式、字体、形态及排列组合关系等因素综合反映出的书写人特定的签名形式。

4 签名模式的种类

4.1 按照书写方法和运笔方式签名模式可分为如下类型

4.1.1 正写签名:指按书写规范从左至右书写的签名。

4.1.2 反写签名:指用正常的书写姿态,将姓名反过来书写的签名。该类型签名,从纸张背面观察字形如正写签名。

4.1.3 连写签名:指采用笔笔相连、字字相接的书写方法和运笔方式书写的签名。

4.1.4 略写签名:指将姓名中重复的单字或偏旁、部首省略或采用省略符号代替书写的签名。

4.1.5 速写签名:指书写随意、运笔迂回环绕,混合采用连写和略写的方式书写的签名。

4.1.6 拼写签名:指把姓名或名中的多个单字,根据各自的结构特点,拼写组合成一个字或一个特殊造型的签名。

4.1.7 借写签名:指根据姓名中单字的结构特点,借用相邻单字的偏旁或某一笔画为下一个字的偏旁或某一笔画书写的签名。

4.1.8 变写签名:指将姓名中某一单字(通常是开头和最后的单字)的偏旁、部首或笔画采用变形、措位或夸张的运笔方式书写的签名。

4.1.9 画写签名:指根据姓名中单字的结构特点或字义,将签名设计成一种特殊的图案,采用绘画的方式书写的签名。

4.2 按照字体签名模式可分为如下类型

4.2.1 楷书签名:指采用楷书方式书写的签名。

4.2.2 行书签名:指采用行书方式书写的签名。

4.2.3 草书签名:指采用草书方式书写的签名。

4.2.4 隶书签名:指采用隶书方式书写的签名。

4.2.5 篆书签名:指采用篆书方式书写的签名。

4.3 按照排列组合关系签名模式可分为如下类型

4.3.1 横式签名:指签名中各单字的排列关系为横向排列。

4.3.2 竖式签名:指签名中各单字的排列关系为纵向排列。

4.3.3 斜式签名:指签名中各单字的排列关系为斜向排列。

4.3.4 重叠式签名:指姓名中各单字或部分单字为相互(左右或上下)重叠的组合关系的签名。

4.3.5 组合式签名:指采用组合方式书写的姓名中各单字或部分单字互为特殊组合方式的签名。

5 签名鉴定的步骤和方法

签名鉴定本质上也是一种笔迹鉴定,因此签名鉴定的步骤和方法应遵循 SF/Z JD0201002－2010 笔迹鉴定规范 第4部分 笔迹鉴定规程。但签名作为一种特殊的书写符号系统,一方面它具有字数少、书写模式变化多、易被摹仿的特点;另一方面它又是人们书写实践活动中出现频率最高、练习最多也是最为熟练的一种书写活动。因此,在鉴定中应特别注意把握以下几方面要点。

5.1 了解和分析案情

5.1.1 了解案件发生的经过、性质、争议的焦点及其他相关情况,特别是涉案当事人的情况、相互关系及是否存在利益冲突,是否占有或有可能获取对方的签名等。

5.1.2 询问文件的制作、发现、提取、保存等详细过程,特别是要确认检材签名是否当面所签,有关当事人是否亲眼所见。

5.1.3 了解当事人中谁、为什么要提出鉴定,对文件中怀疑的内容是否明确,理由是否充分,特别应确认当事人是对整个文件还是对文件部分内容怀疑。

5.1.4 询问是否首次鉴定,如不是首次鉴定的,应了解历次鉴定的具体情况,特别是有关当事人对历次鉴定结论的态度,提出重新鉴定的依据是否充分、可信。

5.1.5 注意了解和发现是否有与文件内容相关的其他人证、物证、书证、视听资料等证据存在,注意分析检材是否与其他证据相互矛盾,结合上述案件情况综合分析检材是否存在伪造或变造的可能。

5.1.6 认真分析检材签名与文件其他要素及案件系统要素间的相互关系。

5.2 详细分析检材

5.2.1 从检材签名的书写方法、运笔方式、形体及排列组合关系等分析确定检材签名模式的类型。

5.2.2 对于有两处以上检材签名的,应比较各签名之间在签名模式、外形上是否有联系;笔迹特征是否有变化及变化程度,是否存在内在的关联性。

5.2.3 从检材签名的书写模式与书写速度、书写速度与书写力度的变化情况、笔画间的连接方式和照应关系上综合判断其运笔是否流畅、自然,书写是否正常。

5.2.4 对于运笔不够自然、书写不正常的检材签名,综合分析其是否存在伪装或摹仿的可能。

5.2.5 通过对检材签名的全面分析,根据检材签名的具体情况,初步判断其是否具备鉴定条件。

5.3 全面分析样本

5.3.1 全面分析样本签名的性质及在时间和空间上的分布情况,确认其是否全面反映了书写人签名的多样性及其书写习惯。

5.3.2 从样本签名的书写模式上,对比分析样本签名模式与检材签名是否相同、相近或相似,确认相互间是否具有可比性。

5.3.3 对各类型样本签名,特别是实验样本,从签名的书写模式与书写速度、书写速度与书写力度的变化情况、笔画间的连接方式和照应关系上综合判断其运笔是否流畅、自然,书写是否正常。

5.3.4 对于运笔不够自然、书写不正常的实验样本签名,对比自然样本签名综合分析实验样本签名是否存在有意改变书写方法、运笔方式、书写速度等伪装书写的可能。

5.3.5 样本签名不具备可比性或尚未能充分反映了书写多样性或书写习惯的,应要求委托方补充样本。

5.3.6 根据签名鉴定案件的特殊性,应注意收集有关其他当事人,特别是利益冲突的另一方直接当事人的笔迹样本,为进一步分析检材签名是否为摹仿签名及摹仿签名的书写人创造条件。

5.4 检材与样本签名的比较检验

5.4.1 在检材与样本签名的比较检验中,特别注意相同、相近或相似书写模式签名间笔迹特征的相同或相似和差异或变化情况分析。

5.4.2 如检材签名怀疑为条件变化签名的,应注意对比分析样本签名中,不同书写条件的签名之间其笔迹特征的变化范围、程度及其变化情况是否与检材签名吻合,必要时可制作模拟样本。

5.4.3 如检材签名怀疑为伪装签名的,应注意分析其采用的伪装方法、手段及其可能导致签名笔迹特征的变化范围、程度。

5.4.4 如检材签名怀疑为摹仿签名的,应注意分析其采用的摹仿方法、手段及其可能导致签名笔迹特征的变化范围、程度。

5.4.5 如多处检材签名怀疑为摹仿签名的,应注意分析相互间是否存在采用相同的摹仿方法、手段及其是否存在摹仿同一样本签名的可能。

5.4.6　如检材签名怀疑为临摹或套摹签名的,应注意分析被临摹或套摹的样本签名可能的来源,并注意从现有的自然样本中寻找和发现是否有被临摹或套摹的样本签名。

5.4.7　如检材签名怀疑为临摹或套摹签名的,还应注意分析可能的临摹或套摹书写人,并注意分析检材签名与样本签名不同的或变化的笔迹特征是否在可能的摹仿人的笔迹样本中有所反映。

5.5　检材签名与样本签名笔迹特征的综合评断

5.5.1　通过对检材签名与样本签名的分别检验及比较检验,综合判断检材签名运笔是否流畅、自然、书写是否正常,是否存在伪装或摹仿的迹象,确认检材签名是否具备鉴定条件。

5.5.2　通过对检材签名与样本签名的分别检验及比较检验,综合判断样本签名是否能够客观、全面地反映书写人的书写习惯,与检材签名是否具备可比性,如仍不具备可比性或比对条件较差的,要求委托方补充适合的样本。

5.5.3　检材签名怀疑为条件变化签名的,应注意综合分析检材签名与样本签名中笔迹特征符合点的价值,发生变化的笔迹特征的性质,及是否在样本签名中得到一定程度的印证。

5.5.4　检材签名怀疑为伪装签名的,应注意综合分析检材签名与样本签名中笔迹特征符合点的价值,发生变化的笔迹特征的性质,及与不同的伪装方法、手段及其可能导致签名笔迹特征的变化范围、程度相吻合。

5.5.5　检材签名怀疑为摹仿签名的,应注意综合分析检材签名与样本签名中笔迹特征差异点的价值,相似笔迹特征的性质,及与其采用的摹仿方法、手段及其可能导致签名笔迹特征的相似或变化的范围是否相吻合。

5.5.6　检材签名怀疑为临摹或套摹签名的,如从现有的自然样本中寻找和发现有被临摹或套摹的样本签名的,其可作为判断摹仿签名的重要依据。

5.5.7　多处检材签名怀疑为临摹或套摹签名的,如发现相互是采用相同的方法、手段摹仿同一样本签名的,其可作为判断摹仿签名的重要依据。

5.5.8　检材签名怀疑为临摹或套摹签名的,如检材签名与样本签名不同的或变化的笔迹特征在怀疑的临摹或套摹书写人的笔迹样本中有有价值的相同笔迹特征反映的,可作为判断摹仿签名的重要依据。

5.5.9　运用系统鉴定的方法,全面分析文件要素之间及与案件其他要素之间的关系,综合判断所作鉴定结论的准确性或合理性。特别注意分析签名与其他文件要素的关系,如签名与落款日期或内容字迹之间的联系,或将该日期与相应的样本字迹进行比较,发现在两者笔迹特征的内在联系,可从另一方面印证所作鉴定结论的合理性和准确性。

6 鉴定结论

签名鉴定结论的种类及判断依据,鉴定结论的表述,应遵循 SF/Z JD0201002 - 2010 笔迹鉴定规范 第 3 部分 笔迹鉴定结论的种类及判断依据。

印章印文鉴定规范

SF/Z JD0201003－2010

2010年4月7日发布　2010年4月7日生效

目　次

前　言

《印章印文鉴定规范》是由系列规范构成，下面列出了这些规范的预计结构。

——第1部分：印文特征的分类；
——第2部分：《印文特征比对表》的制作规范；
——第3部分：印文鉴定结论的种类及判断依据；
——第4部分：印章印文鉴定规程。

本规范由司法部司法鉴定科学技术研究所提出。

本规范由司法部司法鉴定科学技术研究所负责起草。

本规范主要起草人：杨旭、施少培、凌敬昆、钱煌贵、徐彻、卞新伟、孙维龙、奚建华、陈晓红。

第1部分　印文特征的分类

1　范围

本部分规定了印章印文鉴定中常用的术语和印文特征的种类。

本部分适用于文件鉴定中印章印文鉴定。

2　规范性引用文件

下列文件中的条款通过本部分的引用而成为本部分的条款。凡是注明日期的引用文件,其随后所有的修改单(不包括勘误的内容)或修订版均不适用于本部分,然而,鼓励根据本部分达成协议的各方研究是否可适用这些文件的最新版本。凡是不注明日期的引用文件,其最新版本适用于本部分。

SF/Z JD0201001－2010　文书鉴定通用规范　第1部分　文件鉴定通用术语

3　术语和定义

SF/Z JD0201001－2010　文书鉴定通用规范　第1部分　文件鉴定通用术语中确立的以及下列术语和定义均适用于本部分。

3.1　印章:又称图章,通常由印面和用于执掌的印柄构成。按照其用途可分为公章、名章、专用章等;按照其制作方法常见的有雕刻印章(包括手工、机械、激光雕刻印章)、渗透印章(包括普通渗透印章和原子印章)、树脂印章(包括普通树脂印章和光敏印章)等;根据是否采用防伪技术可分为普通印章和防伪印章。

3.2　印面:又称印章章面。指印章上镌刻有文字、线条或图案等印文内容的表面。印面上镌刻的内容,根据其凹凸情况分为阳文和阴文。印面上镌刻的文字、线条或图案等印文内容凸起、空白部位凹陷的为阳文;印面上镌刻的文字、线条或图案等印文内容凹陷、空白部位凸起的为阴文。

3.3　印文:印章印文的简称,又称印鉴。指印章章面在纸张等文件载体上盖印出来的印迹,是印章章面结构特点的反映形象。

3.4　公章:印面上镌刻有单位、机构、部门法定名称的印章,是各级党、政、军机关及社会团体、企业、事业单位及其所属机构、部门使用的代表其单位、机构、部门的印章。

3.5　名章:又称私章,印面上镌刻有个人姓名的印章。

3.6　专用章:指单位、机构、部门内部使用的用于专门事务或专项业务的印章。如合同专用章、财务专用章、业务专用章、现金收讫章,及用于护照、证件、公证文书、邮件等特殊文件上的钢印、骑缝印、火漆封印、邮戳等。

3.7　章面材料:指用于制作印章章面的各种材料的总称。根据章面材料的理化特性,常见的章面材料如雕刻印章用的橡皮、塑料、木质、金属、牛角等材料;普通树脂印章用的树脂版材料、柔性版材料及光敏印章用的液体光敏树脂材料等;普通渗透印章用的微孔橡胶材料、原子印章用的章面和印油一体的复合材料等。

3.8　印文材料:指用于盖印印文的各类物质的总称。根据印文材料的理化特性,常见的印文材料可分为印泥和印油两大类。

3.9　印泥:盖印用的油溶性物质。印泥通常为红色,偶有蓝色。

3.10　印油:盖印用的溶液性物质。印油通常为红色或蓝色,也有紫色、黑色、黄色等。印油的种类较多,根据其用途可分为印台印油、原子印油、光敏印油等;根据是否采用防伪技术可分为普通印油和防伪印油。

3.11　原子印油:指供原子印章用的一种专用印油,也可用于印台印油。原子印章的结构特殊,其用印油的成分不同于印泥和普通印油,根据章油是否固化一体,原子印油又分为渗透性印油和固化性印油两大类。

3.12　光敏印油:指供光敏印章用的一种专用渗透性快干印油,具有不渗透、不扩散、即印即干的特点。

3.13　印台:专门用于储存印文材料的盛器,便于盖印时反复蘸取使用。

3.14　印盒:专门用于保存印章的存储物。有些印盒内还有专门用于储存印文材料的部位。

3.15　印鉴式样:指留供核对以防假冒或供比对的印文式样,如在银行开户、工商登记时所留印鉴式样,或印章印文同一认定中用样本印章盖印的样本印文等。

3.16　检材印文:需要进行鉴定的可疑印文。

3.17　样本印文:供比较、对照的印文。

3.18　检材印章:需要进行鉴定的可疑印章。

3.19　样本印章:供比较、对照的印章,用其盖印的印文称为印鉴式样或实验样本印文。

3.20　印文特征:指印章在制作、使用、保存过程形成的印面结构特性在印文中的具体表现,是印章印文同一认定的客观依据。

4　印文特征的种类

印文特征分为印文规格特征和印文细节特征。印文规格特征主要包括:印文内容、印文结构、印文布局、印文形状、印文大小尺寸等;印文细节特征主要包括:印文文字笔画、线条、图案、留白的形态、布局和搭配比例关系,以及在制作过程中形成的特殊暗记、疵点、划痕、残缺及反映雕刻工具特点的细微痕迹和印章在使用过程中形成的印面墨迹分布状态、印面附着物、磨损及修补、清洗形成的缺损、特殊暗记等。

4.1 印文内容特征

主要指印文上表明印文所代表的单位、机构、部门的名称或个人的姓名,或其他用途(如财务专用章等)的文字内容,也包括除印面文字外的其他内容,如印文图案等。

4.2 印文结构特征

指印章印面上构成印文的基本元素及其特性,印文结构通常由文字、图案、边框和空白等四部分基本元素构成。由于印文的种类和用途不同,其印面结构也有所不同的规定和要求,如国务院直属机关的印章,要求印文中央刊国徽,没有行政职能的中央刊五角星等;国家行政机关内设立的机构或直属单位的印章,规定名称自左而右环行或名称前段自左而右环行、后段自左而右直行等。

4.3 印文布局特征

指构成印文的基本元素如文字、图案、边框之间具体的排列组合、搭配比例等空间分布关系。

4.4 印文形状特征

指印文的外框形态。目前常见的公章为圆形,也有方形、椭圆形,专用章还有三角形等形状,而名章的形状就各式各样,甚至有不规则形状的印文。

4.5 印文尺寸特征

指印文外框的大小尺寸。不同形状的印文,其大小有不同的测量和表达方法,如圆形一般用直径表示;方形可用长、宽或对角线表示;椭圆形态或不规则印文均可用横向和纵向最大值表示。

4.6 印文文字特征

指印文文字的字形、字体及文字大小、笔画长短、粗细等,及单字与单字之间、单字笔画之间的布局、搭配比例等空间分布关系。

4.7 印文线条特征

指印文的边框和内部线条的形态、结构和大小、长短、粗细等,及线条之间的布局、搭配比例等空间分布关系。

4.8 印文图案特征

指构成印文图案的各部分如点、线、面的形状、结构、大小、长短、粗细等,及各部分之间的布局、搭配比例等空间分布关系。

4.9 印文留白特征

指印文空白部分的结构、形态等分布状态,及空白部位出现的除印文文字、图案、线条等印文内容外的多余印迹,其出现的部位、结构、形态等分布状态及与印文各部分内容之间的空间分布关系等。如印章在制作过程中形成的疵点、底纹等;或在伪造印章的过程中由于对原始印文的印文特征理解上的差错或受原印文处其他内容如交叉文字笔画的干扰,而将原印文上非原始印章印面上的一些特征固化,从而形成伪造印文的空白部位出现多余的疵点、底纹、笔画、线条等。

4.10　印面墨迹分布特征

指印章印面墨迹的深浅、浓淡、堆积、空白等的分布特点在印文中的具体表现,以及印面墨迹盖印后在纸张等文件载体上的吸附、渗透、洇散等特点。印章的结构、章面材质、印文材料特性的不同,以及盖印条件的变化和印面老化等原因,都会形成印面墨迹不同的分布特点。

4.11　印面缺损特征

指印章在制作、使用和保存过程中因清洗、摩擦、磕碰或印章印面材料的老化等原因形成的印面笔画、线条的磨损、残缺或变形等特征。

4.12　印面附着物特征

指印章章面吸附的非印面固有的细小物质的位置、结构、形态和大小、长短、粗细等,及其与印文上其他特征之间、相互之间的布局、搭配比例等空间分布关系在印文中的具体表现。由于印章章面和印文材料在保存、使用过程中其表面容易吸附来自周围环境的细小物质,如尘埃、毛发、纤维、纸屑、烟灰等,在盖印过程中印面和印文材料表面的接触又会使这些附着物相互混杂或转移。因此,印章在盖印过程中很容易产生印面附着物,其出现的随机性很强,一般持续的时间不长,容易发生变化,特征价值较高。

4.13　印面暗记特征

指印章在制作过程中或在使用过程中,为了防伪或其他目的故意在印面上制作的各种记号。常见的印面暗记特征是在印面上形成文字笔画或线条的残缺特征,这些痕迹往往比较明显,容易被发现,但与印面缺损特征之间往往难以区别,通常被视为印面缺损特征。

4.14　印文材料特性

指印文墨迹的理化特性,如墨迹的颜色、光泽、显微结构、形态及其光谱特性和成分等。

第2部分　《印文特征比对表》的制作规范

1　范围

本部分规定了《印文特征比对表》的制作步骤和方法。

本部分适用于印章印文鉴定中《印文特征比对表》的制作。

2 规范性引用文件

下列文件中的条款通过本部分的引用而成为本部分的条款。凡是注明日期的引用文件,其随后所有的修改单(不包括勘误的内容)或修订版均不适用于本部分,然而,鼓励根据本部分达成协议的各方研究是否可适用这些文件的最新版本。凡是不注明日期的引用文件,其最新版本适用于本部分。

SF/Z JD0201003 - 2010 印章印文鉴定规范 第 1 部分 印文特征的分类

3 《印文特征比对表》的制作原则

3.1 印文鉴定应当制作《印文特征比对表》,以便能对检材印文与样本印文反映出的印文特征的异同情况、变化范围、程度、形成原因等逐一进行全面的对比分析,并对主要印文特征进行标识或说明。

3.2 《印文特征比对表》根据比对的内容,分为检材印文与样本印文整体内容的比对、局部内容的比对和单个文字、图案、线条的比对。

3.3 印文鉴定中,通常只需要制作整个印文的《印文特征比对表》,不需要另外再制作局部内容和单个文字、图案、线条的《印文特征比对表》,但如需对印文局部内容或单个文字、图案、线条的进行重点的比对分析,也应制作相应《印文特征比对表》。

3.4 在拍摄、复印或扫描检材印文和样本印文时,应当加上比例尺。

3.5 样本印文的选取应当客观全面,又要突出重点。

3.6 选取的样本印文在数量和质量上以尽可能全面反映出该印章印文的特性为限。

3.7 尽量选取在盖印时间和盖印条件上与检材印文相同或相近的样本印文。

4 《印文特征比对表》的制作步骤和方法

4.1 准备阶段

在制作《印文特征比对表》之前,应对检材印文和样本印文进行初步的检验,以确定需要选取的样本印文。

4.2 检材和样本印文的选取

4.2.1 检材印文和样本印文的选取可采用照相、复印或扫描等方法进行复制。

4.2.2 复制的检材印文和样本印文应当清晰,能真实反映检材印文和样本印文的原貌及其细节。

4.2.3　复制的检材印文和样本印文应保持原有色调,对其色调一般不作调整,但如在复制过程中已经造成印文偏色,可参照原始印文作适当调整,尽可能保持与原始印文色调一致。

4.2.4　如纸张背景、复制条件等因素导致复制的检材印文和样本印文不能突现,可对其亮度和对比度作适当调整,但反差不宜过大,以尽量能清晰显示复制的检材印文和样本印文细节特征,又能反映出纸张等文件载体的情况为佳。

4.2.5　复制的检材印文和样本印文一般保持原大,如印文过大或过小,可同时对检材印文和样本印文的大小作适当的等比例调整。不能对单个印文作大小调整或对检材印文和样本印文作单向调整或不等比例调整,防止印文变形。但如在复制过程中已经造成印文变形,可参照原始印文作适当调整,尽可能保持与原始印文外形一致。

4.2.6　检材印文和样本印文大小规格不同时,应在复制的检材和样本印文图片上加比例尺,或标明图片的分辨率。

4.3　检材和样本印文的编排

4.3.1　复制的检材印文和样本印文在《印文特征比对表》上的编排格式通常采用左右或上下格式进行编排,一般左(或上)为检材印文,右(或下)为样本印文。

4.3.2　复制的检材印文和样本印文之间应保持适当的间距,尽可能编排整齐,便于观察和比对分析。

4.3.3　复制检材印文和样本印文的局部内容或单个文字、图案、线条的,应按照对应的内容编排《印文特征比对表》。

5　《印文特征比对表》的标识方法

5.1　《印文特征比对表》的标识

5.1.1　《印文特征比对表》应在醒目位置对其进行唯一性标识。

5.1.2　对选取的检材印文和样本印文应标明其出处。

5.1.3　对检材印文与样本印文反映出的印文特征的异同情况应进行标识,必要时还应进行文字说明。

5.1.4　《印文特征比对表》应标明制作人、制作时间,并对记录内容进行审核确认。

5.2　《印文特征比对表》的标识

《印文特征比对表》应进行唯一性标识,通常在《印文特征比对表》右上角用

“鉴定文书编号”进行标识。如鉴定文书编号为“2006文鉴字第01号”,可直接用该编号标识;也可用简略编号,如“J”代表鉴定文书,标识为“2006J01”或“2006J-1”。

5.3 选取的检材和样本印文的标识

5.3.1 选取的检材印文的标识。

(1) 如选取的检材印文仅有一处,可直接用“检材标识”标识选取的检材印文;

(2) 如同一份检材上选取多处检材印文的,可采用“检材编号”+“阿拉伯数字”进行标识,阿拉伯数字表示选取检材印文的序数。

如:检材标识为“JC”,则选取的检材印文以从上到下、从左到右的顺序依次标识为“JC.1,JC.2……”;如检材标识为“JC1-1”,则选取的检材印文以从上到下、从左到右的顺序依次标识为“JC1-1.1,JC1-1.2……”,以此类推。

5.3.2 选取的样本印文的标识。

(1) 如选取的样本印文仅有一处,可直接用“样本标识”标识选取的样本印文;

(2) 如同一份样本上选取多处样本印文的,可采用“样本标识”+“阿拉伯数字”进行标识,阿拉伯数字表示选取的样本印文的序数。

如:样本标识为“YB”,则选取的样本印文以从上到下、从左到右的顺序依次标识为“YB.1,YB.2……”;如样本标识为“YB1-1”,则选取的样本印文以从上到下、从左到右的顺序依次标识为“YB1-1.1,YB1-1.2……”,以此类推。

5.4 印文特征的标识

对比较检验中发现的有价值的印文特征应逐一进行标识,标识的规则如下。

(1) 一般用红色标识相同或相近的印文特征;

(2) 用蓝色标识不同或变化的印文特征;

(3) 对有疑问或难以确定的笔迹特征,可标识为“?”;

(4) 印文特征的标识既要客观全面,又要简明扼要,标识的符号不能对辨识印文特征造成干扰;

(5) 对各种印文特征进行标识时,推荐使用附件“印文特征标识符号表”中的标识符号;

(6) 对重要印文特征必要时可作编号,并作文字说明。

附录 A

印文特征的标识符号表

标识符号		标识说明
名称	图示	
实线	————————	印文特征划线比较中,用于标示印面结构、规格、布局及组合关系等印文特征。
虚线	………………	用于标示文字、线条、图案及相互间的搭配比例特征。
圈	○	用于标示文字、线条、图案等印文局部特征,如单字局部的特殊搭配、结构、形态等印文特征。
箭头	↘	用于标示文字、线条、图案等印文局部的细节特征,如附着物特征、暗记及单字局部的缺损、变形等印文特征。
标号	①、②……	用于对印文特征进行编号。

第 3 部分　印文鉴定结论的种类及判断依据

1　范围

本部分规定了印章印文鉴定结论的种类及判断依据。

本部分规定了针对不同情况鉴定结论的表述方式。

本部分适用于文件鉴定中印章印文的同一认定。

2　规范性引用文件

下列文件中的条款通过本部分的引用而成为本部分的条款。凡是注明日期的引用文件，其随后所有的修改单（不包括勘误的内容）或修订版均不适用于本部分，然而，鼓励根据本部分达成协议的各方研究是否可适用这些文件的最新版本。凡是不注明日期的引用文件，其最新版本适用于本部分。

SF/Z JD0201003－2010 印章印文鉴定规范 第1部分 印文特征的分类

3 鉴定结论的种类及判断依据

从理论上讲，鉴定结论应当是确定性的，要么肯定，要么否定。但在印章印文鉴定实践中，确实存在由于检材印文的质量或样本印文的数量或质量等客观原因，其反映出的印文特征总和的价值尚不能充分反映出是或非同一枚印章印文的特点的情况。在此种情况下，根据司法实践的需要，鉴定人可依据印文特征反映的客观情况，运用所掌握的专业知识和积累的实践经验，对反映出的印文特征进行综合评断作出不同程度的非确定性结论（即推断性结论）。为了较准确、客观地反映鉴定人对其所作判断的确信程度，印文鉴定中非确定性结论又可分为极有可能、很可能（实践中常表述为“倾向”）、有可能等不同等级。

3.1 确定性结论

3.1.1 肯定同一。

a）检材与样本印文存在足够数量的符合特征，且符合特征总和的价值充分反映了同一枚印章印文的特点；

b）检材与样本印文没有本质的差异特征；

c）检材与样本印文发生变化的印文特征能得到合理的解释。

释：该种结论是印文鉴定中明确的肯定性结论，通常表述为“检材印文……与样本印文……是同一枚印章盖印”。

3.1.2 否定同一。

a）检材与样本印文存在足够数量的差异特征，且差异特征总和的价值充分反映了不同印章印文的特点；

b）检材与样本印文没有本质的符合特征；

c）检材与样本印文相同或相似印文特征能得到合理的解释。

释：该种结论是印文鉴定中明确的排除性结论，通常表述为“检材印文……与样本印文……不是同一枚印章盖印”。

3.2 非确定性结论

3.2.1 极可能同一。

a）检材与样本印文符合特征占绝大多数，且符合特征的质量非常高，其特征总和在极大程度上反映了同一枚印章印文的特点；

b）检材与样本印文没有显著的差异特征；

c）检材与样本印文差异或变化特征能得到合理的解释。

释:这种结论是非确定性结论中肯定程度最高的结论,通常表述为“检材印文……与样本印文……极有可能是同一枚印章盖印”。

3.2.2　极可能非同一。

a）检材与样本印文差异特征占绝大多数,且差异特征的质量非常高,其特征总和极大程度上反映了不同印章印文的特点;

b）检材与样本印文没有显著的符合特征;

c）检材与样本相同或相似特征能得到合理的解释。

释:这种结论是非确定性结论中否定程度最高的结论,通常表述为“检材印文……与样本印文……极有可能不是同一枚印章盖印”。

3.2.3　很可能同一(倾向肯定同一)。

a）检材与样本印文符合特征占多数,符合特征的质量明显高于差异特征的质量,符合特征总和在很大程度上(或基本上)反映了同一枚印章印文的特点;

b）检材与样本印文没有显著的差异特征;

c）检材与样本印文差异或变化特征能得到比较合理的解释。

释:这种结论是非确定性结论中肯定程度较高的结论,仅次于3.2.1,通常表述为“倾向认为检材印文……与样本印文……是同一枚印章盖印”。或表述为“检材印文……与样本印文……很可能是同一枚印章盖印”。

3.2.4　很可能非同一(倾向否定同一)。

a）检材与样本印文差异特征占多数,差异特征的质量明显高于符合特征的质量,差异特征总和在很大程度上(或基本上)反映了不同印章印文的特点;

b）检材与样本印文没有显著的符合特征;

c）检材与样本印文相同或相似特征能得到比较合理的解释。

释:这种结论是非确定性结论中否定程度较高的结论,仅次于3.2.2,通常表述为“倾向认为检材印文……与样本印文……不是同一枚印章盖印”或表述为“检材印文……与样本印文……很可能不是同一枚印章盖印”。

3.2.5　可能同一。

a）检材与样本印文符合和差异特征的数量和质量没有明显的区别,但符合特征总和的质量相对较高,在一定程度上反映出了同一枚印章印文的特点;

b）检材与样本印文没有显著的差异特征;

c）检材与样本印文差异或变化特征能得到相对合理的解释。

释:这种结论是非确定性结论中肯定程度最低的结论,其肯定程度明显小于3.2.3,仅表示一种技术上的合理推定。通常表述为“检材印文……与样本印文……有可能是同一枚印章盖印”或表述为“不能排除检材印文……与样本印文……是同一枚印章盖印的可能”。

3.2.6　可能非同一。

a）检材与样本印文符合和差异特征的数量和质量没有明显的区别,但差

异特征总和的质量相对较高,在一定程度上反映出了不同印章印文的特点;

b)检材与样本印文没有显著的符合特征;

c)检材与样本印文相同或相似特征能得到相对合理的解释。

释:这种结论是非确定性结论中否定程度最低的结论,其否定程度明显小于3.2.4,仅表示一种技术上的合理怀疑。通常表述为“检材印文……与样本印文……有可能不是同一枚印章盖印”。特别注意的是,该种结论不能表述为“不能认定检材印文……与样本印文……是同一枚印章盖印”。该种表述方式很容易引起歧义,把该种结论误解为“倾向否定”结论,甚至混同于“否定”结论。

3.3 无法作出鉴定结论

3.3.1 检材印文不具备鉴定条件的。

3.3.2 样本印文不具备比对条件的。

3.3.3 根据检材印文与样本印文的具体情况,经综合评断既不能作出确定性结论也不能作出非确定性结论的。

释:该种鉴定结论通常表述为“无法判断检材印文……与样本印文……是否同一枚印章盖印”,不能表述为“无法判断检材字迹……是(或不是)某人所写”,以免在结论的理解上导致歧义。

4 鉴定结论的表述

4.1 鉴定结论的表述应准确全面,且要简明扼要。

4.2 如检材印文声称是盖印形成的,经鉴定也是盖印形成的,鉴定结论的表述如上款鉴定结论种类中所述,应表述为“检材印文……与样本印文……是或不是(或非确定性)同一枚印章盖印”。

4.3 如检材印文声称是盖印形成的,而经鉴定是复制形成的,鉴定结论表述为“检材印文……与样本印文……不是同一枚印章盖印”,同时应说明检材印文的复制方法。

4.4 如可疑文件(包括检材印文)声称是复制件的,经鉴定也是复制形成的,上款鉴定结论种类中各种鉴定结论应表述为“检材印文……与样本印文……是或不是(或非确定性)出自同一枚印章”。

4.5 无论检材印文是为原件还是复制件,鉴定结论均不使用“检材印文……与样本印文……是或不(或非确定性)一致(或相同、同一)”等类似不准确的表述方式。

4.6 印章印文鉴定的目的虽然是鉴别检材印文的真伪,但在鉴定结论的表述中,均不直接采用“检材印文是或不是(或非确定性)伪造形成”的表述方式,即使经鉴定检材印文与样本印文不是同一枚印章盖印的,也不能表述为“检材印文是伪造形成”。

第4部分　印章印文鉴定规程

1　范围

本部分规定了印章印文鉴定的程序和方法。

本部分适用于文件鉴定中印章印文的同一认定。

2　规范性引用文件

下列文件中的条款通过本部分的引用而成为本部分的条款。凡是注明日期的引用文件,其随后所有的修改单(不包括勘误的内容)或修订版均不适用于本部分,然而,鼓励根据本部分达成协议的各方研究是否可适用这些文件的最新版本。凡是不注明日期的引用文件,其最新版本适用于本部分。

SF/Z JD0201001－2010　文书鉴定通用规范

SF/Z JD0201003－2010　印章印文鉴定规范　第1部分　印文特征的分类

SF/Z JD0201003－2010　印章印文鉴定规范　第2部分　《印文特征比对表》的制作规范

SF/Z JD0201003－2010　印章印文鉴定规范　第3部分　印文鉴定结论的种类及判断依据

3　识别印文特征的一般方法

印文特征是印章印文同一认定的客观依据,印文特征的分类见SF/Z JD0201002－2010　印章印文鉴定规范　第1部分　印文特征的分类,识别印文特征的方法有但不仅限于以下方法。

3.1　目测

在自然光或照明光下,通过肉眼或借助放大镜进行观察和辨认。

3.2　显微检验

对于通过肉眼难以辨别的印文特征,借助显微镜进行观察和识别。

3.3　仪器检测

对于模糊印文或印文色料特性的分析可选用适当的仪器进行检测和辨认,常用的仪器如文检仪。

3.4　测量

用合适的测量工具或测量软件对印文的大小、长度、角度、距离、笔画间的布局和搭配比例关系等特征进行测量。

3.5　试验分析

对一些难以确定的印文特征可根据检材形成的条件进行模拟实验进行分析。

4 印文鉴定的步骤和方法

4.1 检材印文的检验

4.1.1 检材印文是原件的,分析检材印文是否是盖印形成的。如是盖印形成的,继续;如可能是复制的,到4.1.2继续。

a) 初步分析判断检材印文反映出的检材印章可能的制作方法、制作材料及其特性;

b) 分析检材印文是否可能属雕刻类印章印文,是手工雕刻、机械雕刻或激光雕刻类印章印文;

c) 分析检材印文是否可能属渗透类印章印文,是普通渗透类印章印文或章油一体原子印章印文;

d) 分析检材印文是否可能属树脂类印章印文,是树脂版、柔性版印章印文或光敏印章印文;

e) 分析检材印文是否可能属其他类型的印章印文及其反映出的特性;

f) 分析检材印文的形成方法、盖印材料是否可能会对检材印文特征造成的影响;

g) 分析检材印文是否盖印均匀、清晰,印文特征能否得到反映。

4.1.2 检材印文可能不是直接盖印的,从以下几方面进行分析。

a) 分析检材印文可能的复制方法,及是否符合相应复制方法的特点;

b) 分析检材印文是否混色(或单色)形成;

c) 分析检材印文是否反映了扫描复制的特点,是否混色(或单色)打印形成;

d) 分析检材印文是否转印或采用其他印刷方法复制形成;

e) 分析检材的复制方法是否会对检材印文特征造成本质的影响;

f) 分析检材印文是否清晰,印文特征能否得到反映。

4.1.3 检材印文的综合分析。

经综合分析如检材印文不具备鉴定条件的,可根据SF/Z JD0201003－2010 印章印文鉴定规范 第3部分 印文鉴定结论的种类及判断依据 直接作出相应的鉴定结论;

如检材印文声称是盖印形成,而经鉴定却是复制形成的,可根据SF/Z JD0201003－2010 印章印文鉴定规范 第3部分 印文鉴定结论的种类及判断依据 直接作出相应的鉴定结论;

a）经综合分析检材印文具备一定鉴定条件的，继续。

4.2 样本印文的检验

4.2.1 如提供样本印章的，则需要制作样本印文。

制作印章印文样本的，应遵循 SF/Z JD0201001－2010 文书鉴定通用规范 第4部分 文件鉴定样本的收集和制作要求 进行；

a）应制作不同盖印条件的样本印文，以便分析样本印文特征的变化规律；

b）应根据检材印文的盖印条件，模拟其盖印条件制作样本印文。

4.2.2 分析样本印文是否盖印形成，不是盖印形成的，继续；是盖印形成的，到4.2.3。

a）分析样本印文的复制方法及其特点；

b）分析样本印文是否复制清晰，印文特征是否能得到反映；

c）分析样本印文的复制方法是否会对印文特征造成本质的影响。

4.2.3 进一步分析样本印文的印文特征。

a）了解样本印章的制作方法、制作材料及其特性，分析用其盖印的印文的特点；

b）分析样本印文是否正常盖印的，印文特征能否得到全面反映；

c）如样本印文系非正常盖印的，如产生位移、重叠的，初步分析可能的形成原因；

d）如样本印文特征有变化的，分析其变化的范围、程度、原因及其性质。

4.2.4 样本印文的综合分析。

a）综合分析样本印文与检材印文是否具有可比性，确定样本印文是否具备比对条件；

b）如样本印文不具备比对条件的或比对条件较差的，要求补充合适的样本印文；

如样本印文不具备比对条件，又不能补充样本的，可根据 SF/Z JD0201003－2010 印章印文鉴定规范 第3部分 印文鉴定结论的种类及判断依据 直接作出相应的鉴定结论；

c）样本印文具备一定比对条件的，继续。

4.3 检材与样本印文的比较检验

4.3.1 制作印文特征比对表。

a）检材印文与样本印文的比较检验应制作《印文特征比对表》，对检材印文与样本印文反映出的印文特征的异同情况，变化范围、程度、形成原因等逐一进行全面的比对分析；

《印文特征比对表》的制作,应遵循 SF/Z JD0201003 - 2010 印章印文鉴定规范 第3部分 印文鉴定结论的种类及判断依据。

4.3.2 印文特征的比对方法。

a) 直观比对:对观察到的检材和样本印文的特征直接进行比较,对有价值的特征进行标识。

b) 重叠比对:直接将检材印文和样本印文或其复制件,在透光下进行重合比较,观察相互间的吻合程度。

c) 拼接比对:直接将检材印文或样本印文或其复制件,在对应的部位折叠后进行拼接比较,观察相互间的吻合程度。

d) 测量比对:用适当的测量工具或测量软件,对检材印文和样本印文的长度、角度、弧度及距离等进行测量比对,分析其异同。

e) 画线比对:用画有呈比例的、各种规格、形状的线条图案的透明网格,直接覆盖在检材和样本上进行比较,或在检材印文和样本印文的复制件上直接进行画线比较等。

f) 仪器/软件比对:借助各种比对仪器及图像比对软件(如 PHOTOSHOP、ACD 等图像处理软件等),对检材印文和样本印文进行重合、拼接、画线、测量等全面的比较分析。

4.3.3 检材与样本印文特征的对比分析。

a) 分析检材印文特征是否在样本印文中得到充分反映;

b) 分析检材印文与样本印文特征的符合和相近或相似特征、差异和变化特征的分布情况;

c) 对检材印文与样本印文特征的符合和相近或相似特征、差异和变化特征的性质及形成原因进行初步分析,对印文特征总和的价值作出初步的评断。

4.3.4 印文特征价值的评价方法。

a) 在对符合和相近或相似特征价值的评价中,印文细节特征的价值高于印文规格特征的价值;

b) 在对差异和变化特征的评价中,印文规格特征的价值高于印文细节特征的价值;

c) 在对符合和相近或相似特征价值的评价中,印章在使用过程中形成的印面残缺、磨损、暗记及附着物等细节特征是非常有价值的特征;

d) 在对差异和变化特征的评价中,印文的内容、结构、布局、形态、尺寸等规格特征是非常有价值的特征;

e) 对于有些特殊的难以判断其特征价值的笔迹特征,可通过模拟试验进行分析判断;

f) 鉴定人根据经验,综合以上几方面情况对印文特征的价值作出综合评断。

4.4 检材与样本印文特征的综合评断

4.4.1 综合判断检材印文反映出的印文特征的价值,确定其是否具备鉴定条件。

如检材印文不具备鉴定条件的,可根据 SF/Z JD0201003 - 2010 印章印文鉴定规范 第3部分 印文鉴定结论的种类及判断依据 直接作出相应的鉴定结论。

4.4.2 综合判断样本印文反映出的印文特征的价值,确定其是否具备比对条件。

4.4.3 如样本印文不具备比对条件或比对条件较差的,则要求补充合适的样本。

如样本印文不具备比对条件,又不能补充的,可根据 SF/Z JD0201003 - 2010 印章印文鉴定规范 第3部分 印文鉴定结论的种类及判断依据 直接作出相应的鉴定结论。

综合分析检材印文与样本印文反映出的印文特征符合点和相近或相似特征、差异点和变化特征的性质及其形成原因,并对特征总和的价值进行综合评断,最终根据综合评断的结果,依据 SF/Z JD0201002 - 2010 印章印文鉴定规范 第3部分 印文鉴定结论的种类及判断依据 作出相应的鉴定结论。

5 鉴定结论

印文鉴定结论的种类及判断标准,鉴定结论的表述,应遵照 SF/Z JD0201003 - 2010 印章印文鉴定规范 第3部分 印文鉴定结论的种类及判断依据。

印刷文件鉴定规范

SF/Z JD0201004 - 2010

2010 年 4 月 7 日发布　2010 年 4 月 7 日生效

目　次

前　言

《印刷文件鉴定规范》是由系列规范构成,下面列出了这些规范的预计结构。

——第 1 部分:印刷文件鉴定术语;
——第 2 部分:印刷文件制作方法及其特点;
——第 3 部分:印刷文件制作方法种类鉴定规范;
——第 4 部分:静电复印文件同机鉴定规范;
——第 5 部分:打印文件同机鉴定规范;
——第 6 部分:传真原始文件鉴定规范;
——第 7 部分:传真文件同机鉴定规范。

本规范由司法部司法鉴定科学技术研究所提出。
本规范由司法部司法鉴定科学技术研究所负责起草。
本规范主要起草人:施少培、杨旭、凌敬昆、钱煌贵、徐彻、卞新伟、孙维龙、奚建华、陈晓红。

第1部分　印刷文件鉴定术语

1　范围

本部分规定了印刷文件鉴定的基本术语及其定义。

本部分适用于文件鉴定中印刷文件的鉴定。

2　规范性引用文件

下列文件中的条款通过本部分的引用而成为本部分的条款。凡是注明日期的引用文件,其随后所有的修改单(不包括勘误的内容)或修订版均不适用于本部分,然而,鼓励根据本部分达成协议的各方研究是否可适用这些文件的最新版本。凡是不注明日期的引用文件,其最新版本适用于本部分。

GB 9851.1－9　印刷技术术语

GB/T 15962－1995　油墨术语

GB/T 17004　防伪技术术语

SF/Z JD0201001－2010　文书鉴定通用规范　第1部分　文件鉴定通用术语

3　术语和定义

SF/Z JD0201001－2010　文书鉴定通用规范　第1部分　文件鉴定通用术语中规定的术语和定义,及以下规定的和引用的GB 9851.1－9《印刷技术术语》、GB/T 15962－1995《油墨术语》、GB/T 17004《防伪技术术语》 中术语和定义均适用本部分。

3.1　印刷:使用印版或其他方式将原稿上的图文信息转移到承印物上的工艺技术。

3.2　印刷文件:又称印刷品、机制文件。指采用各种印刷技术制作的各类文件的总称。印刷文件包括传统制版印刷文件、办公设备机制文件、特种印刷文件和防伪印刷文件四大类。

3.3　印版:依据原稿复制的印刷模版。

3.4　制版:依照原稿复制成印版的工艺过程。

3.5　印前处理:印刷前进行的一系列技术处理,主要包括排版、分色、组版和打样四大部分。

3.6　印后加工:使印刷品获得所要求的形状和使用性能的生产工艺,例如裁切、装订、表面整饰等。

3.7　印刷故障:在印刷过程中影响生产正常进行或造成印刷品质量缺陷的现象之总称。例如由于油墨原因在印刷过程中出现的油墨应用的不良现象,如斑点、粉化、堆墨、蹭脏、起脏、脱墨、不下墨、透印、针孔、起油腻、糊版、细网点消失、充填不良等。

3.7.1　斑点:指油墨印在承印物上出现有深有浅的色调斑点。

3.7.2　粉化:指油墨印在承印物上,虽干燥后而仍可被擦掉的现象。

3.7.3　堆墨:指油墨在印刷过程中堆集在印版、墨辊和橡皮布上以致不能顺利印刷的现象。

3.7.4　蹭脏:指油墨由于固着得过慢以致污染压在上面印品背面的现象。

3.7.5　起脏:指印品非图文区出现许多油墨污点。

3.7.6　浮脏:指平版油墨的组成物质与润版药水结合,而使印版及印品的非图文区染有轻微浅淡的颜色。

3.7.7　晶化:指油墨在承印品上由于过分地干燥,表面结膜过于平滑,以致后印的油墨不能印得平整或完全印不上去的现象。

3.7.8　脱墨:指在胶版印刷过程中由于水墨平衡失调,以致在串墨辊上有部分油墨被水代替而不粘墨的现象。

3.7.9　不下墨:指在印刷过程中由于油墨不能在墨辊上顺利地转移而造成下墨量不一致或完全不下墨,以致出现印品色调深浅不一致和越来越浅的现象。

3.7.10　起油腻:指印版非图文区的憎墨性不佳,以致印品线条和网点铺开扩大,图文不清晰不完整。

3.7.11　透印:指印品上的油墨由纸面渗透到纸背而且印迹的边缘常有油迹出现。

3.7.12　粘页:指印刷采用了干性慢的油墨,以致印品粘贴成块。

3.7.13　迁移:指印品上的油墨转移到背面或其他印品上而使之受污染的现象。

3.7.14　针孔:指油墨不能适当地润湿承印物的表面而出现珠状小孔露底的现象。

3.7.15　罩光渗化:指印刷采用了不耐溶剂的油墨,在溶剂型罩光油墨罩光时,印品的印迹周围有渗色现象,网点模糊不清。

3.7.16 糊版:指过粗过粘的油墨在印刷机上使纸屑、墨皮等颗粒杂质集中在印版的网点上,使印品模糊不清。

3.7.17 细网点消失:指由于平版油墨油性不足或润版水酸性太大,给水量太多,以致印品中的细网点消失的现象。

3.7.18 充填不良:指由于油墨太稠、太粘或太稀以致印品的细线条部分不连续,有断开的现象。

3.8 原稿:制版所依据的实物或载体上的图文信息。

3.9 同版印刷文件:用同一印版印刷的文件。

3.10 同原稿印刷文件:指用同一原稿制成印版印刷的文件。

3.11 传统制版印刷文件:用凸版、凹版、平版和孔版等传统印刷方式制成的印刷文件。

3.11.1 凸版印刷:用凸版施印的一种印刷方式。凸版有活字版、铅整版、照相腐蚀凸版、手工雕刻凸版、电子雕刻凸版、感光树脂、橡胶等材料柔性版等。

3.11.2 凹版印刷:用凹版施印的一种印刷方式。凹版有照相凹版、蚀刻凹版、手工雕刻凹版、电子雕刻凹版等。

3.11.3 平版印刷:用平版施印的一种印刷方式。通常有胶版印刷、石版印刷和珂罗版印刷。

3.11.4 孔版印刷:指印版的图文部分可透过油墨漏印至承印物上的一种印刷方式。有誊印版印刷、丝网印刷和镂空版喷刷。誊印版印刷进一步可分为手工和打字誊写印刷、誊影制版印刷和一体速印机印刷。

3.12 办公设备机制文件:用办公常用设备,如打字机、打印机、静电复印机和传真机等制作的印刷文件。

3.12.1 打字(文)件:用字符式打字机,通过字符打印的方式制作的文件。字符式打字机分为普通打字机和电子打字机。

3.12.2 打印(文)件:用点阵式打印机,通过点阵打印的方式制作的文件。点阵式打印机有针式打印机、喷墨打印机、激光打印机、发光二极管打印机、热敏打印机、热升华打印机等。

3.12.3 静电复印(文)件:通过扫描原稿,依据静电印刷原理复制成的文件。

3.12.4 传真(文)件:依据传真通信协议,由发送方的传真机对原稿扫描、发送,接受方的传真机接受、记录制成的文件。除原稿的复制部分(传真图文部分)外,传真文件上还留有传真标识信息(报头和报尾)部分。

3.13 特种印刷文件:采用不同于一般制版、印刷、印后加工和材料生产的供特殊用途的印刷方式总称。根据印刷工艺、承印物和印刷材料大致分为三类:

使用特殊性能的油墨在纸、软片或其他材料上进行印刷,以满足特殊用途和要求;使用特殊的印刷方法在特殊形状、特殊材料上进行印刷;采用印刷转印材料将图文转移到承印物上。

3.13.1 热转印:用升华性染料油墨或其他材料将图文先印到转印纸上,与承印物合在一起,从纸张背面加热,使纸面染料升华而转印。

3.13.2 静电印刷:不借助压力,而用异性静电相吸的原理获取图像的印刷方法。

3.13.3 发泡印刷:用微球发泡油墨通过丝网印刷方式在纸张或织物上施印,获得隆起图文或盲文读物。

3.13.4 软管印刷:利用弹性橡皮层转印图像的原理,对软管进行印刷的方式。

3.13.5 曲面印刷:对外形呈曲面的承印物进行印刷的方式。印刷方法通常有干胶印、移印、转印、静电印刷、丝网印刷等。

3.13.6 贴花印刷:通常用平印方式将图案印在涂胶纸或塑料薄膜上,用时贴在被装饰物的物体表面(例如瓷器),通过转移而得到贴花图案。

3.13.7 液晶印刷:用渗入液晶的油墨,使印成品有可逆反应或不可逆反应的印刷方式。

3.13.8 磁性印刷:利用渗入氧化铁粉的磁性油墨进行印刷的方式。

3.13.9 喷墨印刷:通过计算机控制从喷嘴射在承印物上的细墨流而获得文字和图像的无压印刷方式。

3.13.10 立体印刷:制作立体感图像的印刷方式。

3.13.11 盲文印刷:用隆起的点字符号或线条组成盲人专用文字的印刷方式。

3.13.12 全息照相印刷:通过激光摄像形成的干涉条纹,使图像显现于特定承印物的复制技术。

3.13.13 移印(转移印刷):承印物为不规则的异形表面(如仪器、电气零件、玩具等),使用铜或钢凹版,经由硅橡胶铸成半球面形的移印头,以此压向印面将油墨转印至承印物上完成转移印刷的方式。

3.13.14 木版水印:依照原稿勾描和分版,在硬质木板上雕刻出多块套色版,用宣纸和水溶颜料逐版套印成逼真的复制艺术品的印刷方式。

3.13.15 拓印:以湿纸紧覆在碑文或金石文物上,用墨打拓其文字或图形的一种复制方法。

3.13.16 塑料薄膜印刷:以塑料薄膜为承印物的印刷方式。

3.13.17 不干胶印刷:在标签纸背面涂上不干胶水的专用复合纸进行印刷

的方式。

3.13.18　凹凸印刷:仅利用压力、而不使用油墨,在已印刷好的印刷品上或空白纸上用印版压出凹凸图文的印刷方法。

3.13.19　浮雕印刷:通过特殊的制版或印刷工艺,使印刷品画面具有浮雕的立体效果的印刷方法。

3.13.20　静电植绒印刷:采用高压静电场的方式,使短纤维垂直的“植”在涂有粘着剂的底材上,形成类似平绒的印刷方法。

3.13.21　金银墨印刷:用具有金银色彩的油墨进行印刷的方式。

3.13.22　热敏印刷:将无色热敏染料层转印到纸上,当对图文部分加热时,即产生颜色的印刷方法。分间接式和直接式热敏印刷。

3.13.23　微胶囊印刷:如无碳复写印刷。

3.14　防伪印刷文件:为了达到防伪目的,而采用特殊的印刷技术制作的文件。常见的防伪技术如:各种具有防伪性能的防伪油墨、防伪纸张、防复印技术、特种工艺防伪技术、全息防伪技术、结构防伪技术等。

3.15　防伪全息印刷:全息照相记录下的全息图像,复制在特定承印材料上的技术。观察时,可再现三维图像。

3.15.1　模压全息:又称彩虹全息。激光全息记录,白光再现浮雕型彩虹全息图。随着观察角度的变化,图像的颜色可以连续发生红绿蓝的变化。

3.15.2　反射全息:用光聚合感光材料制作的丹尼苏克全息图。观察时,可再现逼真的三维图像及不同的图案的变换。

3.16　重离子微孔防伪印刷:用重离子加速器的能量及特种成像技术,在高分子塑料薄膜上形成微孔防伪图案,再经过后期加工制作而成重离子微孔防伪标识的技术。

3.17　印刷油墨:由颜料、填充剂、连结料和辅助剂组成的胶态分散体系,用于印刷的着色材料。油墨种类繁多,按照印刷版型可划分为平版油墨、凸版油墨、凹版油墨、网孔油墨和专用油墨等,按照极性可划分为水性油墨、油性油墨等,按照状态可划分为胶体油墨、固体油墨等,按照性能可划分为普通油墨和防伪油墨。

3.18　防伪油墨:具有防伪性能的油墨。

3.18.1　光敏防伪油墨:在光线照射下能发出可见光的油墨。

3.18.2　紫外荧光油墨:在紫外光照射下能发出可见光的油墨。分有色荧光油墨和无色荧光油墨。

3.18.3　日光激发变色油墨:在太阳光照射下,能发出可见光的油墨。

3.18.4　红外防伪油墨:利用对红外光有不同的吸收特点,匹配制成的油墨,并能通过仪器检测或识别其印记。

3.18.5 热敏防伪油墨:在热作用下,能发生变色效果的油墨。

3.18.6 压敏防伪油墨:在压力或摩擦作用下,能出现颜色的油墨。

3.18.7 磁性防伪油墨:采用具有磁性的粉末材料作为一种功能成分所制作的防伪印刷油墨。

3.18.8 光学可变防伪油墨:采用能发生光学干涉作用的,多层光学薄膜片状粉末作为分散料所制作,印记在光线入射角分别为90度和30度时,颜色完全不同的油墨。

3.18.9 防涂改防伪油墨:对涂改用的化学物质具有显色化学反应的油墨。

3.18.10 防复印油墨:对彩色复印机扫描光线有反应,从而改变复印色调的油墨。

3.19 印刷纸张:指印刷承印物为纸质材料的总称。印刷纸张的种类较多,根据印刷机具可分为传统印刷用纸、办公机具用纸及特殊用途纸等,传统印刷用纸常见的有胶版印刷纸、凸版印刷纸、凹版印刷纸、新闻纸等,办公机具用纸中常见的有打印纸、复印纸、热敏纸、转印纸等,及特殊用途的防伪纸张等。

3.20 防伪纸张:具有防伪性能的纸张。

3.20.1 水印纸:纸张生产过程中,用铸模机制成的具有浮雕形的、可透视的、可触摸的图像、条码的纸张。

3.20.2 化学水印纸:将化学物质印刷在纸张上所制成的水印纸。

3.20.3 防伪嵌入物纸张:加有或涂敷具有防伪作用的小圆片、微粒、纤维、丝带、全息图及带有文字的半透明窄条等的防伪纸张。

3.20.4 超薄纸:又称低强度纸。表层具有不同颜色,可防止数字或签名等被擦去的防伪纸张。

3.21 特种工艺印刷:为了达到某种特殊效果或防伪目的,采用某种特殊的技术和工艺的印刷技术。

3.21.1 彩虹印刷:又称隔色印刷。一次印出的纹线有两种以上的颜色,在两色的交接处由一种颜色自然过渡到另一种颜色的印刷工艺。

3.21.2 对接印刷:又称花纹连接印刷。是印刷底纹的一种印刷工艺。有两种形式,一种是满版底纹印刷,纸张左右或上下对接可以形成一个完整的图案。一种是在纸张四边印有切边标记,将这些标记正面对折,纹线完全吻合。

3.21.3 对印印刷:正背两面的图案透光观察可以完全互合或是正背两面的部分图案透光观察又重新组成一个完整的图案。

3.21.4 接线印刷:一个完整图案中不同颜色的花纹,采用特制机器一次套印,变色的接线处既不分离,也不重合。

3.21.5　多色叠印:又称叠印印刷。两种颜色的油墨压印在一起,可产生第三种颜色。

3.21.6　缩微印刷:把极微小的文字印成肉眼看似一条普通印刷的虚线或实线,或印刷点,或底纹图案的组成部分。

3.21.7　多种印版套印:以手工雕刻凹版为主结合平板和凸版,多版多色一次套印的印刷方式。

3.22　印刷特征:利用印刷机械和印刷材料,按照一定的印刷工艺,运用印刷技术在承印物(文件载体)上形成的能够反映出其制作方式、方法、过程及制作工具种类特性和制作工具个体特性的表征。

3.23　印刷文件种类特征:指承印物(文件载体)上的能够反映出印刷机械、印刷材料、印刷工艺种类特性的表征。

3.24　印刷文件个体特征:指承印物(文件载体)上的能够反映出特定的印刷工具个体特性的表征。

3.25　印刷文件鉴定:通过对承印物(文件载体)上反映出的印刷特征进行分析、比较和鉴别,确定文件物证的印刷工具、印刷方法、印刷过程及其真伪、来源等的专门技术。根据印刷文件鉴定的目的和任务,印刷文件鉴定可分为:印刷文件种类鉴定;印刷文件同机鉴定;印刷文件同原稿鉴定;印刷文件同版鉴定、传真原始文件鉴定等。

3.26　印刷文件种类鉴定:通过对承印物(文件载体)上反映出的印刷文件种类特征进行分析、比较和鉴别,确定文件物证的印刷工具、印刷工艺种类及印刷过程等的专门技术。

3.27　印刷文件同机鉴定:通过对承印物(文件载体)上反映出的印刷文件个体特征进行分析、比较和鉴别,确定文件物证的特定印刷工具或是否用同一印刷工具印制的专门技术。

3.28　印刷文件同原稿鉴定:通过对承印物(文件载体)上反映出的制作印版的原稿特征进行分析、比较和鉴别,确定多份文件物证的印刷图文内容是否来源同一原稿的专门技术。

3.29　印刷文件同版鉴定:通过对承印物(文件载体)上反映出的印版的种类和个体特征进行分析、比较和鉴别,确定多份文件物证的印刷图文内容是否同一印版印刷的专门技术。

3.30　传真原始文件鉴定:通过对传真形式文件上反映出的各类传真特征或其他非传真特征进行分析、比较和鉴别,确定文件物证是否为传真接收机接收、记录形成的原始文件的专门技术。

第2部分　印刷文件的制作方法及其特点

1　范围

本部分描述了文件鉴定实践中常见印刷文件的各类制作方法及其基本特点。

本部分适用于对文件鉴定中各类印刷文件的鉴定。

2　规范性引用文件

下列文件中的条款通过本部分的引用而成为本部分的条款。凡是注明日期的引用文件,其随后所有的修改单(不包括勘误的内容)或修订版均不适用于本部分,然而,鼓励根据本部分达成协议的各方研究是否可适用这些文件的最新版本。凡是不注明日期的引用文件,其最新版本适用于本部分。

SF/Z JD0201001 - 2010　文书鉴定通用规范　第1部分　文件鉴定通用术语

SF/Z JD0201003 - 2010　印刷文件鉴定规范　第1部分　印刷文件鉴定术语

3　常见印刷文件的制作方法及其特点

3.1　凸版印刷文件

3.1.1　凸版印刷原理

凸版印刷的印版图文部分位于同一平面,且明显高于空白部分。印刷时,印版凸起部分由墨辊着墨,通过压力将图文压印到承印物表面。按凸版制作方法,有活字版、浇铸版、腐蚀版和手工、电子雕刻版等;按印版材料有铅版、铜版、锌版、塑料版、橡胶版、感光树脂版等。

3.1.2　凸版印刷文件的基本特点

a) 印刷的图文正面凹下、背面凸起;

b) 印迹较实,中淡边浓,边缘有挤墨现象;

c) 印迹边缘及微小空隙处易粘杂质而出现油墨疵点或模糊。

3.2　平版印刷文件

3.2.1　平版印刷原理

平版印刷文件的印版图文部分和空白部分几乎处于同一平面,空白部分亲水疏油,图文部分亲油疏水。印刷时,利用油水相拒原理,将版面湿润后施墨,仅使图文部分着墨,然后将图文直接或间接压印到承印物表面。平版印刷应用最广泛的是的胶版印刷,印版有:平凹版、多层金属版、预涂感光平版和即涂感光版等。其他平版印刷还有石版印刷和珂罗版印刷等。

3.2.2 平版印刷文件的基本特点

a) 图文部分平整,正反面无凹凸印压痕迹;

b) 印迹墨色均匀,无挤墨现象,但墨迹有时显得浅淡不实,边缘发虚;

c) 图文易出现点状漏空,空白部分常见脏版墨点,且墨点形状小、数量多;

d) 层次表现通过网点面积的大小实现;

e) 对于彩色图像,通过分色制版套印印刷,各色网点方向互不相同。

3.3 凹版印刷文件

3.3.1 凹版印刷原理

印版空白部分凸起并在同一平面,图文部分凹下。印刷时,印版普遍着墨后用刮刀等工具除去空白部分的油墨,借助较大的压力将油墨转移到承印物上。在印刷连续调图像时,是以墨层的厚薄(对应凹版的深浅)来表现画面的深浅变化。凹版主要有照相凹版、蚀刻凹版、手工、电子雕刻凹版等。

3.3.2 凹版印刷文件的基本特点

a) 印迹色调浓重,墨层凸于纸面,尤其雕刻版更为明显;

b) 低调处油墨较厚,呈起伏波浪状;

c) 印迹边缘不齐,照相版、加网版、电子雕刻版印迹边缘呈锯齿状,雕刻版有毛刺,文字笔画边缘更为明显。

3.4 孔板印刷文件

3.4.1 孔版印刷原理

印版的图文部分由大小不同的孔洞组成,能透过油墨或油漆,空白部分没有孔洞。印刷时,油墨透过孔洞漏印到承印物上。孔版印刷主要有誊印印刷、丝网印刷和镂空版喷刷。誊印印刷又称油印,进一步可分为手工和打字誊写印刷、誊影版印刷和一体速印机印刷。

3.4.2 孔版印刷文件的基本特点

a) 图文线条由不规则的点、片状墨迹构成;

b) 墨层较厚,边缘不齐,墨迹不匀;

c) 纸面空白处多有点状、片状或条状油墨污染痕迹;

d) 纸张无印版压痕。

3.5 静电复印文件

3.5.1 静电复印原理

利用光导体材料的光电效应,使原来表面均匀带电的基体,通过原稿的曝光,产生电位变化,形成相应于原稿图文的静电潜像,经显影、转印、定影等,制得复印品。静电复印机的工作过程主要有:充电、曝光、显影、转印、分离、定影、消电、清洁等步骤。按成像方法,有卡尔逊法(放电成像法)和NP法(电容成像法)。按色彩,有单色复印和彩色复印。按成像技术,有光学式和数字式之分。

3.5.2 静电复印文件的基本特点

a) 静电复印文件为复制件,常留有原稿纸边痕迹;

b) 图文墨迹呈墨粉凝聚状,有立体感,空白处分布有粉墨弥散点;

c) 图文线条质量较差,边缘常见散布的墨迹;

d) 具有缩放、灰度调节等功能;

e) 感光鼓光电特性及规格、显影方式、分离方式、定影方式、稿台方式、复印机功能、纸张规格及走纸方式、墨粉材料等反映出静电复印机的种类特点。

f) 因部件受损、污染和老化等原因,静电文件常见点、线、块状的痕迹及底灰分布,表现出静电复印机的个体特点。

3.6 字符式打字机打印文件

3.6.1 字符式打字机打印原理

字符式打字机打印原理与铅印相似,以击打动作,通过色带、着墨或复写完成字模印字。字符式打字机分普通打字机和电子打字机。普通打字机又分普通中文打字机和西文打字机。电子打字机分并行单字符打字机(如字鼓式宽行打字机、链式宽行打字机和带式宽行打字机)和串行式单字符打字机(如球型打字机和菊花瓣式打字机)。

3.6.2 字符式打字机打印文件的基本特点

a) 文字为字符打印形成,笔画无点阵痕迹;

b) 打印为击打形式,正面凹入,背面凸起;

c) 字符种类少,不能打印图形;

d) 字形、规格、最大字行宽度、步进距离、色带和功能键等反映出打字机的种类特点。

e) 笔画缺损、模糊、定位不准及色带痕迹等反映出打字机的个体特点。

3.7 传真文件

3.7.1 传真原理

传真时发送传真机的发信部件利用光电技术将原稿图文转化为电信号,并通过电话线路或其他网络传输给接受方,接收传真机的收信部件将接受到的电信号转化为光或热信号,记录在一定的介质上。按记录介质,传真文件分为热敏纸传真文件和普通纸传真文件。按印刷原理,普通纸传真文件有喷墨、激光静电、发光二极管静电、热转印等不同的印刷方式。

3.7.2　传真文件的基本特点

a）最上方和下方有传真标识信息,中间为图文部分;

b）传真标识信息为字库印刷形成,相同字符点阵分布一致,线条质量高;

c）图文部分分辨率低,线条质量差,斜线条呈锯齿状;

d）传真文件上反映出的是传真发送机和传真接收机的混合特点;

e）传真文件上常反映出传真发送机和传真接收机的种类特点和个体特点。

3.8　针式打印机打印文件

3.8.1　针式打印机打印原理

针式打印机主要由打印头、字车和传动机构、输纸机构、色带机构及控制电路构成。打印时打印头横向运动,打印针击打纸张,打印纸纵向同步走纸,形成打印文件。针式打印机除打印普通纸张的打印机外还有打印票证的专用打印机。

3.8.2　针式打印机打印文件的基本特点

a）墨迹为点阵分布,呈击打凹状,背面纸张凸起;

b）笔画边缘不整齐,斜线条呈锯齿状;

c）容易出现的打印缺陷主要表现为:笔画残缺或模糊;串行接字笔画错位、重叠或脱节;字库造字;字宽、字距和行距不匀;字符墨迹浓淡不匀;打印污染等。打印缺陷痕迹能较好地反映出打印机的个体特性,是打印机同机认定的主要依据。

3.9　喷墨打印机打印文件

3.9.1　喷墨打印原理

喷墨打印机的结构类似针式打印机,不同的是打印头由很细的喷嘴组成。打印时,在计算机控制下,喷嘴将墨水以细微的墨点形式喷射到纸张上,形成文字和图像。喷墨打印机按喷墨方式分连续式和随机式两种。打印油墨有液态和固态之分。

3.9.2　喷墨打印文件的基本特点

a）笔画平实,边缘常见喷溅状墨点;

b）液态油墨的笔画易洇散,多数易溶于水;固态油墨色彩鲜亮,线条质量好;

c）彩色打印模式下,黑色笔画可见多色混合;

d）容易出现的打印缺陷主要表现为:笔画残缺、露白、字符间距不规则、横向字符不成行、纵向排列不整齐、打印污染等。打印缺陷痕迹能较好地反映出打印机的个体特性,是打印机同机认定的主要依据。

3.10　激光打印机打印文件

3.10.1　激光打印原理

激光打印机由激光扫描成像系统和图像生成系统构成,其中图像生成系统的工作原理与静电复印机基本相同。激光打印机的光导体多与墨粉容器做成一体,一次性使用。

3.10.2　激光打印机打印文件的基本特点

a) 图文墨迹呈墨粉凝聚状,有立体感,空白处分布有粉墨弥散点;

b) 笔画边缘整齐,线条质量高;

c) 容易出现的打印缺陷主要表现为:横、纵向黑、白条状痕迹;点快、块状黑、白周期痕迹、墨迹分布不匀等。打印缺陷痕迹能较好地反映出打印机的个体特性,是打印机同机认定的主要依据。

3.11　其他点阵式打印机打印文件

其他点阵式打印机还有发光二极管打印机、热转印打印机(热熔式和热升华式)、液晶式打印机等。随着科学技术的进步,还会不断有新型的打印机出现。对于打印文件,一般需从打印原理和打印机构造上进行分析,必要时可通过制作实验样本,观察分析其打印特点,应用于鉴定。

第 3 部分　印刷文件制作方法种类鉴定规范

1　范围

本部分规定了印刷文件制作方法种类鉴定的检验步骤和方法。

本部分规定了传统制版印刷文件同版鉴定的检验步骤和方法。

本部分适用于对文件鉴定中各类印刷文件的制作方法种类和传统制版印刷文件同版鉴定。

2　规范性引用文件

下列文件中的条款通过本部分的引用而成为本部分的条款。凡是注明日期的引用文件,其随后所有的修改单(不包括勘误的内容)或修订版均不适用于本部分,然而,鼓励根据本部分达成协议的各方研究是否可适用这些文件的最新版本。凡是不注明日期的引用文件,其最新版本适用于本部分。

SF/Z JD0201001－2010　文书鉴定通用规范

SF/Z JD0201004－2010　印刷文件鉴定规范

SF/Z JD0201008－2010　文件材料鉴定规范

SF/Z JD0201005－2010　篡改(污损)文件鉴定规范　第 3 部分　文件印压字迹鉴定规范

3 各类印刷文件的制作方法及其特点

常见的各类印刷文件的制作方法及其特点见SF/Z JD0201004－2010 印刷文件鉴定规范 第2部分 印刷文件制作方法及其特点。

4 识别印刷特征的方法

4.1 宏观检验

通过肉眼或借助放大镜对宏观的印刷特征进行观察和分析。

4.2 显微检验

借助显微镜对微观的印刷特征进行观察和分析。

4.3 测量检验

借助测量工具或测量软件对印刷特征的位置、形态及关系进行测量和分析。

4.4 印压痕迹检验

通过侧光观察或压痕仪显现对印刷文件上的印压痕迹特征进行观察和分析,具体的检验方法可参照SF/Z JD0201005－2010 篡改(污损)文件鉴定规范 第3部分 文件印压字迹鉴定规范。

4.5 视频光谱检验

借助光谱成像设备对印刷材料的分色、红外、紫外光反射和吸收特性及可见、红外荧光特性进行观察和分析。

4.6 磁性检验

借助磁性检验设备,对印刷油墨的磁性特性及记录的磁信息进行检验和分析。

4.7 点滴分析

根据印刷墨迹的种类,选用适当的化学试剂对墨迹的溶解、显色等化学特性进行分析。

4.8 仪器分析

通过分析仪器对印刷墨迹的理化特性进行定性/定量分析,具体方法可根据印刷墨迹的类型参照SF/Z JD0201008－2010 文件材料鉴定规范 中相应的方法。

4.9 试验分析

通过市场调查和模拟试验对难以把握的印刷特征进行分析。

5 印刷文件制作方法种类鉴定的检验步骤和方法

5.1 传统制版印刷方法(凸版、平板、凹版、孔板)的种类鉴定

5.1.1 选用适当的特征识别方法,分析检材的印刷特征。主要考虑以下几个方面:

a) 检材承印物的特点;

b) 检材的排版特点;

c) 检材图文的层次、色泽和均匀度情况;

d) 检材图文处的墨迹和纸张的立体感效果;

e) 检材的显微墨迹形态和分布状况;

f) 检材图文边缘的挤墨、平滑度情况;

g) 检材上的露白、疵点、断笔、堆积、条痕等痕迹;

h) 检材的印版磨损和修版特征;

i) 检材的网点特征;

j) 检材的套色特征;

k) 检材印刷纸张和油墨的特性;

l) 检材的印后加工特点。

5.1.2 根据检材的印刷特征,结合 SF/Z JD0201004-2010 印刷文件鉴定规范 第 2 部分 印刷文件制作方法及其特点 中不同印刷方法的印刷品特点,综合评断检材是凸版、平版、凹版和孔版中的何种方法印刷形成。

5.1.3 根据具体情况,获取已知印刷方法的样本,对检材与样本进行比较检验,分析两者印刷特征的异同,综合评断检材是何种方法印刷形成。

5.1.4 根据鉴定需要,在确定了印刷方法的基础上,对检材的印刷种类特征进行进一步检验。主要考虑以下几个方面:

a) 排版种类特点:活字排版、铸字排版、打字排版、手动照相排版、自动照相排版等;

b) 印版种类特点主要从制版方法、制版材料和制版工艺角度分析;

c) 凸版印刷注意鉴别活字版、铅整版、照相腐蚀凸版、手工、电子雕刻凸版、橡胶凸版、感光树脂凸版等;

d) 平版印刷注意鉴别各种胶印版及珂罗版、石板等;

e) 凹版印刷注意鉴别手工雕刻凹版、电子雕刻凹版、照相凹版、蚀刻凹版等;孔版印刷注意鉴别各种誊写版、打字蜡版、誊影版、丝网版等。

f) 其他印刷工艺种类特点如加网、分色、套印等。

g) 印刷纸张和油墨的种类特点;

h) 印后加工特点。

5.1.5 根据具体情况,获取已知印刷种类的样本,对检材与样本进行比较检验,分析两者印刷特征的异同,综合评断检材的印刷种类。

5.2　传统制版印刷文件的同版印刷鉴定

5.2.1　对检材的检验：参照5.1，识别、分析检材的印刷特征。

5.2.2　对样本的检验：参照5.1，识别、分析样本的印刷特征。

5.2.3　对检材与样本的比较检验

a）比较检验检材与样本的内容的异同；

b）比较检验检材与样本的排版布局特征的异同；

c）比较检验检材与样本的印刷方法的异同；

d）比较检验检材与样本的印刷种类的异同；

e）比较检验检材与样本在印刷疵点、露白、断笔、印版磨损、修版等印刷缺陷特征的符合点和差异点的情况；

f）比较检验检材与样本印刷纸张、印刷油墨的异同；

g）比较检材与样本在裁切、装订、表面整饰等印后处理工艺及其特点的异同。

5.2.4　综合评断

a）分析检材与样本的印刷特征符合点的数量和质量；

b）分析检材与样本的印刷特征差异点的数量和质量；

c）分析检材与样本的印刷特征的变化情况；

d）综合评断检材与样本的印刷特征的变化、符合点和差异点的总体价值，判断检材与样本是否同版印刷形成。

5.3　办公设备机制文件印刷方式和工具的种类鉴定

5.3.1　选用适当的特征识别方法，发现并分析检材的印刷特征。主要考虑以下几个方面：

a）检材的纸张特点；

b）检材的文件形式及排版布局特征；

c）检材的击打凹凸痕迹及印压痕迹特征；

d）检材的显微墨迹形态和分布特征；

e）检材的点阵分布及分辨率特征；

f）检材的线条质量特征；

g）检材的字符错位、分离、倾斜等特征；

h）检材的周期性痕迹特征；

i）检材的点、块、线状污染、磨损、老化特征；

j）检材的走纸特征；

k）检材的色彩特征；

l）检材的打印、复印、传真的功能特征；

m) 其他的附加信息特征,如色带遗留信息、计算机储存信息、传真机传真报告等。

5.3.2 根据检材的印刷特征,结合 SF/Z JD0201004－2010 印刷文件鉴定规范 第2部分 印刷文件制作方法及其特点 中各种办公设备的印刷特点,综合评断检材是击打、静电印刷、喷墨印刷、热敏印刷、热转印印刷的何种方式制作形成。

5.3.3 根据文件形式和印刷特征,分析检材是打印文件、复制文件还是传真文件。

5.3.4 根据印刷特征,分析检材的制作方法。主要考虑以下几个方面:

a) 击打方式形成的检材:分析是字符式打印机打印还是针式打印机打印。

b) 静电印刷形成的检材:分析是光学扫描成像、激光扫描成像还是发光二极管扫描成像。

c) 喷墨印刷形成的检材:分析墨水组份及打印质量。

d) 热敏印刷形成的检材:分析是串行打印还是行式打印。

e) 热转印印刷的检材:分析是热熔型转印还是染料热升华型转印。

5.3.5 根据印刷方式、制作方法,综合评断检材制作设备的种类。

5.3.6 根据具体情况,可制作实验样本,对检材与样本进行比较检验,分析两者印刷特征的异同,综合评断检材的制作设备种类。

5.3.7 根据鉴定需要,进一步分析检材制作工具的机型特点。对于不同种类的制作设备,要分别考虑各自的特点。

a) 检材为字符式打字机打印:分析反映出的字模、串并方式、步进、输纸、打印宽度、色带、功能键等的机型种类特点;

b) 检材为针式打印机打印:分析反映出的打印头、字车、输纸、色带等的机型种类特点;

c) 检材为喷墨打印机打印文件:分析反映出的喷墨方式、喷头、输纸、同步、油墨等的机型种类特点;

d) 检材为激光或发光二极管打印:分析反映出的扫描方式、显影、定影、分离、输纸、墨粉等的机型种类特点;

e) 检材为静电复印机复印:分析反映出的稿台、显影、定影、分离、输纸、墨粉、复印功能等的机型种类特点;

f) 检材为传真件:分别分析反映出的传真发送机和传真接收机的各机构功能的机型种类特点;

g) 检材为其他办公设备制作:分析反映出的设备各机构、耗材及设备功能的机型种类特点。

5.3.8 根据具体情况,调研市场的设备情况,制作实验样本,对检材与样本进行进一步的比较检验,分析两者印刷特征的异同,综合评断检材制作设备的机型种类。

5.3.9 检验中应注意的事项

a) 注意把握各种不同印刷方法及设备的印刷特点及特征表现;

b) 注意区分静电复印机复印文件与激光打印机打印文件的不同;

c) 注意区分静电复印机复印文件与扫描后静电打印文件的不同;

d) 注意区分传真原始件与传真复制件的不同;

e) 注意区分喷墨打印机、激光打印机打印文件与一体速印机印刷文件的不同;

f) 注意鉴别传真发送机和传真接收机所形成的印刷特征;

g) 注意分析复制、复写、褪色、污染对印刷特征的影响;

h) 对于不能准确把握的印刷特征,通过市场调查或模拟实验进行研究和分析;

i) 由于集打印、复印和传真于一体的办公设备发展迅速,打印、复印、传真设备之间的界限已越来越模糊,故办公机制文件制作设备的种类确定应谨慎,表述要严谨。

5.4 特种印刷方法的种类鉴定

5.4.1 选用适当的印刷特征识别方法,分析检材的印刷材料、印刷方法、印刷工艺等特点。主要考虑以下几个方面:

a) 印刷品的用途:装饰、美工、标签、盲文、防伪及其他特种用途;

b) 承印物的材料特点:纸张、软管、塑料、橡胶、皮革、布料、金属、陶器、玻璃等;

c) 承印物的形状特点:平面、圆筒、圆锥、球体、曲面体、角体、多端体等;

d) 印刷方式特点:凸印、凹印、平印、丝网印刷;静电印刷、喷墨印刷、磁性印刷;直接印刷、间接印刷、转印印刷等;

e) 印刷特征:墨迹形态、分布、立体感、网点、套印、印刷疵点等特征;

f) 印刷材料特性。

5.4.2 根据检材的特性及不同印刷方法的印刷品特点,综合评断检材的印刷方法。

5.4.3 视需要,通过市场调查和获取已知印刷方法的样本,对检材与样本进行比较检验,分析两者印刷特征的异同,综合评断检材的印刷方法。

5.5 防伪印刷方法的种类鉴定

5.5.1 分析检材的形式和防伪要求。

5.5.2 选用适当的印刷特征识别方法，发现并分析检材的防伪印刷特征。主要考虑以下几个方面：

a) 承印物（一般为纸张）：材质、水印纸、化学水印纸、超薄纸、安全线、彩色纤维、彩点等；

b) 印刷油墨：色泽、光敏油墨（紫外荧光油墨、日光激发变色油墨、红外光油墨）、冲击发光油墨、光学可变油墨、热敏油墨、压敏油墨、磁性油墨、防涂改油墨、防复印油墨、涂水显像油墨等；

c) 特种印刷工艺：多色接线印刷、彩虹印刷、对印印刷、叠印印刷、对接印刷、缩微印刷、重离子微孔印刷、全息照相印刷；

d) 印刷方法：雕刻凹版、胶版、凸版。

5.5.3 分析检材所采用的防伪印刷技术的数量和分布。

5.5.4 根据具体情况，获取采用已知防伪技术的样本，对检材与样本进行比较检验，综合评断检材的防伪印刷方法。

6 鉴定结论

6.1 印刷文件的种类鉴定，往往是印刷文件变造鉴定、印刷文件同机鉴定、印刷文件制作时间鉴定的基础，一般不需要单独作出鉴定结论。

6.2 如需单独作出鉴定结论的，只需对检材具体的制作方法或制作工具的种类作出客观描述或判断。

6.3 对于传统制版类印刷文件的同版鉴定，鉴定结论通常表述为“检材之间或检材与样本之间是或不是同版印刷形成”。

第4部分 静电复印文件同机鉴定规范

1 范围

本部分规定了静电复印文件同机鉴定的检验步骤和方法。

本部分适用于印刷文件鉴定中静电复印文件的同机鉴定。

2 规范性引用文件

下列文件中的条款通过本部分的引用而成为本部分的条款。凡是注明日期的引用文件，其随后所有的修改单（不包括勘误的内容）或修订版均不适用于本部分，然而，鼓励根据本部分达成协议的各方研究是否可适用这些文件的最新版本。凡是不注明日期的引用文件，其最新版本适用于本部分。

SF/Z JD0201001－2010　文书鉴定通用规范

SF/Z JD0201004－2010　印刷文件鉴定规范

SF/Z JD0201005－2010　篡改(污损)文件鉴定规范　第3部分　文件印压字迹鉴定规范

SF/Z JD0201008－2010　文件材料鉴定规范　第4部分　墨粉鉴定

3　术语及定义

SF/Z JD0201001－2010　文书鉴定通用规范　第1部分　文件鉴定通用术语和SF/Z JD0201003－2010　印刷文件鉴定规范　第1部分　印刷文件鉴定术语中规定的,及以下术语及定义均适用于本部分。

3.1　静电复印机:是利用静电印刷原理,光、机、电高度一体化的复制设备。工作过程一般有充电、曝光、显影、转印、分离、定影、消电、清洁等步骤。

3.2　静电复印文件:由原稿通过静电复印机形成的一种复制件。

3.3　静电复印特征:静电复印机的复印方式特点、种类特点和个体特点在静电复印文件上的具体反映。

3.4　静电复印种类特征:静电复印机的种类特点在复制文件上的具体反映。主要表现出静电复印机的结构、工艺和耗材的特点。

3.5　静电复印个体特征:静电复印机的个体特点在复制文件上的具体反映。主要表现出静电复印机的磨损、老化、污染、偏离等特点。

4　静电复印特征

4.1　种类特征和个体特征

静电复印特征按普遍性和特殊性可分为种类特征和个体特征。种类特征是指某一类型的静电复印机都会产生的静电复印特征,主要反映出静电复印机的结构、工艺和耗材的种类特点;个体特征是指某一台特定静电复印机才可能产生的静电复印特征,主要反映出静电复印机的磨损、污染、老化、偏离等个体特点。

4.2　按成因分类的静电复印特征

静电复印特征按形成原因可分为感光鼓特征、稿台特征、显影特征、分离特征、定影特征、输纸特征、复印机功能特征、墨粉种类特征、纸张规格特征等,分别对应于形成这些特征的静电复印机部件、材料和复印功能。这些特征一般需要在4.3所列的表现出来的静电复印特征的基础上,通过分析、判断得出。

4.3　按表现形式分类的静电复印特征

静电复印特征按观察到的形式有:复印质量特征、点状墨迹或露白特征、块状墨迹或露白特征、线状墨迹或露白特征、周期特征、线条质量特征、显微墨迹形态特征、墨迹浓淡特征、墨迹分布特征、底灰特征、印压痕迹特征、硅油污染特征、缩放等功能特征、墨迹理化特性、纸张规格等。这些特征是进行静电复印文件同机鉴定的基础。通过形成原因的分析，这些静电复印特征一般可归类为4.2中按成因分类的某类静电复印特征。

5 识别静电复印特征的方法

5.1 宏观检验

通过肉眼或借助放大镜对宏观的静电复印特征进行观察和分析。

5.2 显微检验

借助显微镜对微观的静电复印特征进行观察和分析。

5.3 测量检验

借助测量工具或测量软件对静电复印特征的位置、形态及相互关系进行测量和分析。

5.4 印压痕迹检验

通过侧光观察或压痕仪显现对静电复印文件上的印压痕迹特征进行观察和分析，具体的检验方法可参照SF/Z JD0201005－2010 篡改（污损）文件鉴定规范 第3部分 文件印压字迹鉴定规范。

5.5 仪器分析

通过分析仪器对静电复印墨迹的理化特性进行定性/定量分析，具体的检验方法可参照SF/Z JD0201008－2010 文件材料鉴定规范 第4部分 墨粉鉴定。

5.6 试验分析

通过市场调查和模拟试验对难以把握的静电复印特征进行分析。

6 静电复印文件同机鉴定的步骤和方法

6.1 检材和样本的分别检验

6.1.1 根据SF/Z JD0201004－2010 印刷文件鉴定规范 第3部分 印刷文件制作方法种类鉴定规范，判断检材和样本是否为静电复印文件。检材/样本不是静电复印形成的，应与委托方沟通解决办法，或直接在鉴定文书中予以说明。

6.1.2 选用适当的特征识别方法，发现检材和样本上的静电复印特征和其他痕迹特征。特别要注意细微的、与图文重叠的、潜在的、纸张背面的等不明显的静电复印特征。

6.1.3 分析、鉴别检材和样本上的静电复印特征和原稿（亦可为复制件）痕迹特征。对于有多张检材或样本的，注意分析这些特征和痕迹的特点及再现性。

对于有原稿的,注意比较检材或样本上的这些特征和痕迹在原稿上是否有对应痕迹。

6.1.4 分析检材和样本是否多次复印(制)形成。如果经过多次复印(制)形成的,注意鉴别各次复印(制)形成的复印(制)特征或痕迹。

6.1.5 分析检材和样本上的静电复印特征的形成原因,判断形成检材和样本的静电复印机的种类特点。

6.1.6 分析检材和样本上的静电复印特征的数量和质量,初步判断这些特征在同一认定中的价值。

6.1.7 分析样本上的静电复印特征的稳定性和变化情况;分析特征变化的规律及与时间的关系;分析特征变化的原因。

6.1.8 在检材和样本复制件上对有价值的静电复印特征进行适当标记。

6.1.9 对检材上的静电复印特征的反映程度、同一认定的价值等情况进行综合分析,初步判断检材是否具备静电复印文件同一认定条件。如不具备鉴定条件的,应与委托方沟通解决办法,或直接在鉴定文书中予以说明。

6.1.10 对样本上的静电复印特征的反映程度、同一认定的价值等情况进行综合分析,初步判断样本是否具备静电复印文件同一认定比对条件。如样本不足的,应要求委托方进一步提供样本。

6.2 实验样本的制作

如果委托方能够提供可以静电复印机的,可制作实验样本供比较。

6.2.1 了解静电复印机的性能及使用、维护、维修情况,检查静电复印机的状态。

6.2.2 使用可疑静电复印机制作实验样本。视需要,变化复印机设置,如墨粉浓淡、纸张规格、进纸口及各种复印功能等,考察不同条件下的静电复印特征的表现。实验样本应能全面、清晰地反映出静电复印机的特点和状态。

6.3 检材与样本的比较检验

6.3.1 比较检材与样本所反映出的静电复印种类特征的符合和差异情况。

6.3.2 逐项比较检材与样本上的静电复印个体特征的符合点和差异点。

6.3.3 静电复印特征的比对方法

a) 直观比较:通过观察,必要时借助放大镜和显微镜,对检材与样本的静电复印特征的形态和分布进行比较。

b) 测量比较:通过测量,对检材与样本的静电复印特征的形态和位置关系进行比较。

c) 线条结合比较:在检材和样本的复制件或扫描图像上,通过连接分散的特征点,对静电复印特征的位置关系进行比较。

d) 重叠比较:通过重叠,对检材与样本的静电复印特征的形态和位置关系进行比较。

e) 材料特性比较:通过仪器分析,对检材与样本的复印墨粉的理化特性进行比较。

6.3.4 静电复印特征比对表的制作

a) 对于大范围的静电复印特征,直接在检材和样本复制件上进行标注。

b) 对于价值高的或细微的局部静电复印特征,通过复制剪贴、放大或显微摄影,制作特征比对表,并标明特征出处。

6.4 综合评断

6.4.1 对检材与样本的静电复印特征符合点的数量和质量进行评价,评价特征符合点时,应注意分析符合特征的特异性,一般有以下几个原则。

a) 与使用过程相关的由静电复印机磨损、污染、老化等导致的静电复印特征的价值较高;

b) 形态特殊的符合特征的价值相对较高;

c) 关联组合的符合特征的价值相对较高。

6.4.2 对检材与样本的静电复印特征差异点的数量和质量进行评价,评价特征差异点时,应注意分析差异特征的形成原因及可能导致特征变化的因素,需要把握以下几个方面。

a) 复印时间变化可能导致的特征变化;

b) 静电复印条件变化可能导致的特征变化;

c) 替换、补充墨粉(盒)可能导致的特征变化;

d) 保养、维护、维修情况可能导致的特征变化;

e) 多次复印及其他痕迹可能导致的特征变化;

f) 种类特征的差异具有非常高的否定价值;

g) 同期样本的特征价值相对较高;

h) 稳定的差异特征价值相对较高

6.4.3 对静电复印特征的进行评价应特别注意鉴别静电复印特征与原稿特征的区别,对于难以把握的静电复印特征,可通过模拟试验进行分析。

6.4.4 根据对检材与样本的静电复印特征的符合点和差异点的总体价值进行综合评断的情况,形成相应的鉴定意见。

7 鉴定结论的种类及判断依据

鉴定结论共分三类五种,其中确定性结论两种,分别为肯定同一和否定同一;非确定性结论两种,分别为倾向肯定同一和倾向否定同一;没有结论一种,无法判断是否同一。

7.1　肯定同一

7.1.1　结论的表述

a）检材与样本是同台静电复印机复印形成;

b）检材是某台静电复印机(样本静电复印机)复印形成。

7.1.2　判断标准

a）检材与样本的静电复印特征符合点的总体价值很高,充分反映了同台静电复印机的复印特点;

b）检材与样本的静电复印特征的差异点能得到合理解释。

7.2　否定同一

7.2.1　结论的表述

a）检材与样本不是同台静电复印机复印形成;

b）检材不是某台静电复印机(样本静电复印机)复印形成。

7.2.2　判断标准

a）检材与样本的静电复印特征差异点的总体价值很高,充分反映了不同静电复印机的复印特点;

b）检材与样本的静电复印特征符合点的总体价值较低,且能得到合理解释。

7.3　倾向肯定同一

7.3.1　结论的表述

a）检材与样本倾向是同台静电复印机复印形成;

b）检材倾向是某台静电复印机(样本静电复印机)复印形成。

7.3.2　判断标准

a）检材与样本的静电复印特征符合点的总体价值较高,基本反映了同台静电复印机的复印特点;

b）检材与样本的静电复印特征的差异点能得到合理解释。

7.4　倾向否定同一

7.4.1　结论的表述

a）检材与样本倾向不是同台静电复印机复印形成;

b）检材倾向不是某台静电复印机(样本静电复印机)复印形成。

7.4.2　判断标准

a）检材与样本的静电复印特征差异点的总体价值较高,基本反映了不同静电复印机的复印特点;

b) 检材与样本的静电复印特征符合点的总体价值较低,且能得到合理解释。

7.5 无法判断是否同一

7.5.1 结论的表述

a) 无法判断检材与样本是否同台静电复印机复印形成;

b) 无法判断检材是否某台静电复印机(样本静电复印机)复印形成。

7.5.2 判断标准

a) 检材不具备鉴定条件;

b) 样本不具备比对条件;

c) 根据检材和样本的特征反映,既无法得出确定性结论也无法得出倾向性结论。

第5部分 打印文件同机鉴定规范

1 范围

本部分规定了点阵式打印机打印文件同机鉴定的检验步骤和方法。

本部分适用于印刷文件鉴定中点阵式打印机打印文件的同机鉴定。

2 规范性引用文件

下列文件中的条款通过本部分的引用而成为本部分的条款。凡是注明日期的引用文件,其随后所有的修改单(不包括勘误的内容)或修订版均不适用于本部分,然而,鼓励根据本部分达成协议的各方研究是否可适用这些文件的最新版本。凡是不注明日期的引用文件,其最新版本适用于本部分。

SF/Z JD0201001 -2010 文书鉴定通用规范

SF/Z JD0201004 -2010 印刷文件鉴定规范

SF/Z JD0201008 -2010 文件材料鉴定规范

SF/Z JD0201005 -2010 篡改(污损)文件鉴定规范 第3部分 文件印压字迹鉴定规范

3 术语及定义

SF/Z JD0201001 -2010 文书鉴定通用规范 第1部分 文件鉴定通用术语和 SF/Z JD0201004 -2010 印刷文件鉴定规范 第1部分 印刷文件鉴定术语中规定的,以及以下术语及定义均适用于本部分。

3.1 点阵式打印系统(机):用点阵方式实现印字的打印系统。一般由计算机控制系统、文字处理软件和打印机组成。根据打印方式,点阵式打印机有针式打印机、喷墨打印机、激光打印机、发光二极管打印机、热敏打印机、热转印打印机等,其中最为常见的是前三种打印机。

3.2 点阵式打印文件:通过点阵式打印机打印的文件。

3.3 打印特征:打印机的打印方式特点、种类特点和个体特点在打印文件上的具体反映。

3.4 打印方式特征:打印机的打印方式特点在打印文件上的具体反映。主要反映出打印机采用的打印原理的特点。

3.5 打印种类特征:打印机的种类特点在打印文件上的具体反映。主要反映出打印机的结构、工艺和耗材的特点。

3.6 打印个体特征:打印机的个体特点在打印文件上的具体反映。主要反映出打印机的偏离、缺陷和污染的特点。

4 常见点阵式打印机的打印特征

4.1 针式打印机打印特征

4.1.1 针式打印机种类特征

主要有:打印头与基本字符规格特征;用纸特征;高速打印与双向打印特征;字库特征;字行间距特征;色带特征等。

4.1.2 针式打印机个体特征

主要有:打印笔画残缺、露白、模糊特征;串行接字错位、脱节、重叠特征;字符墨迹不匀特征;字宽、字距、行距不匀特征;自造字符特征等。

4.2 激光打印机打印特征

4.2.1 激光打印机种类特征

主要有:感光鼓特性及规格特征;显影方式特征;分离方式特征;定影方式特征;纸张规格及走纸特征;墨粉材料特征等。

4.2.2 激光打印机个体特征

激光打印机的个体特征多因使用过程中的部件受损、污染和老化等原因形成,表现为点、块、线状的黑色或白色痕迹及底灰分布,呈周期性、贯通性、弥散性(底灰)、潜在性(印压、硅油斑)等几种形式。激光打印机个体特征还可按造形部件和成因进行分类。

4.3 喷墨打印机打印特征

4.3.1 喷墨打印机种类特征

主要有:打印分辨率及线条质量特征;墨点飞溅特征;纸张印压特征;油墨种类特征等。

4.3.2　喷墨打印机个体特征

主要有:打印笔画残缺、露白、模糊特征;串行接字错位、脱节、重叠特征;字符间距、行距不规则特征;字符偏斜特征;字符不对称特征、污染特征等。

5　识别打印特征的方法

5.1　宏观检验

通过肉眼或借助放大镜对宏观的打印特征进行观察和分析。

5.2　显微检验

借助显微镜对微观的打印特征进行观察和分析。

5.3　测量检验

借助测量工具或测量软件对打印特征的位置、形态及相互关系进行测量和分析。

5.4　印压痕迹检验

通过侧光观察或压痕仪显现对打印文件上的印压痕迹特征进行观察和分析,具体的检验方法可参照 SF/Z JD0201005－2010　篡改(污损)文件鉴定规范　第3部分　文件印压字迹鉴定规范。

5.5　视频光谱检验

借助光谱成像设备对打印墨迹的分色、红外、紫外光反射和吸收特性及可见、红外荧光特性进行观察和分析。

5.6　仪器分析

通过分析仪器对打印墨迹的理化特性进行定性/定量分析,具体方法可根据打印墨迹的种类参照 SF/Z JD0201008－2010　文件材料鉴定规范　中的相应方法。

5.7　点滴分析

根据打印墨迹的种类,选用适当的化学试剂对打印墨迹的溶解、显色等化学特性进行分析。

5.8　试验分析

通过市场调查和模拟试验对难以把握的打印特征进行分析。

6　打印文件同机鉴定的步骤和方法

6.1　检材和样本的分别检验

6.1.1　根据 SF/Z JD0201004－2010　印刷文件鉴定规范　第3部分　印刷文件制作方法种类鉴定规范,确定检材和样本是否为点阵式打印机打印。不是点阵式打印机打印的,应与委托方沟通处理办法,或直接在鉴定文书中予以说明。

6.1.2 根据 SF/Z JD0201004－2010 印刷文件鉴定规范 第3部分 印刷文件制作方法种类鉴定规范，进一步确定检材和样本是采用何种打印方式打印形成，如针式打印、喷墨打印、激光打印等。

6.1.3 选用适当的特征识别方法，发现检材和样本上的打印特征及其他痕迹特征。特别要注意细微的、与图文重叠的、潜在的、纸张背面的等不明显的打印特征。

6.1.4 分析、鉴别检材和样本上的打印特征和其他痕迹特征，排除非打印形成的痕迹特征对鉴定的影响。

6.1.5 分析检材和样本上的打印特征的形成原因，判断形成检材和样本的打印机的种类特点。

6.1.6 分析检材和样本上的打印特征的数量和质量，初步判断这些特征在同一认定中的价值。

6.1.7 分析样本上的打印特征的稳定性和变化情况；分析特征变化的规律及与时间的关系；分析特征变化的原因。

6.1.8 在检材和样本复制件上对有价值的打印特征作适当标记。

6.1.9 对检材上的打印特征的反映程度、同一认定的价值等情况进行综合分析，初步判断检材是否具备打印文件同一认定条件。不具备鉴定条件的，应与委托方沟通处理办法，或直接在鉴定文书中予以说明。

6.1.10 对样本上的打印特征的反映程度、同一认定的价值等情况进行综合分析，初步判断样本是否具备打印文件同一认定比对条件。如样本不足的，要求委托方进一步提供样本。

6.2 实验样本的制作

如果委托方能够提供可疑打印机，可制作实验样本供比较。

6.2.1 了解打印机的性能及使用、维护、维修情况，检查打印机的状态。

6.2.2 使用可疑打印机打印实验样本。视需要，变化打印设置，如打印分辨率、打印浓度、纸张规格、进纸口及字体、字号等，考察不同条件下的打印特征表现。实验样本应能全面、清晰地反映出打印机的特点。

6.3 检材与样本的比较检验

6.3.1 比较检材与样本的打印机打印方式的异同。

6.3.2 比较检材与样本所反映出的打印种类特征的异同。

6.3.3 逐项比较检材与样本上的打印个体特征的符合点和差异点。

6.3.4 打印特征的比对方法

a）直观比较：通过观察，必要时借助放大镜和显微镜，对检材与样本的打印特征的形态和分布进行比较。

b) 测量比较:通过测量,对检材与样本的打印特征的形态和位置关系进行比较。

c) 线条结合比较:在检材和样本的复制件或扫描图像上,通过连接分散的特征点,对检材与样本的打印特征的位置关系进行比较。

d) 重叠比较:通过重叠,对检材与样本的打印特征的形态和位置关系进行比较。

e) 材料特性比较:通过显微观察、视频光谱、点滴分析和仪器分析等手段,对检材与样本的打印墨迹的理化特性进行比较。

6.3.5　打印特征比对表的制作

a) 对于大范围的打印特征,直接在检材和样本复制件上进行标注。

b) 对于价值高的或细微的局部打印特征,通过复制剪贴或放大、显微摄影,制作特征比对表,并标明特征出处。

6.4　综合评断

6.4.1　对检材与样本的打印特征符合点的数量和质量进行评价。评价特征符合点时,应注意分析打印特征的特异性,一般有以下几个原则:

a) 与使用过程相关的由打印机损伤、污染、老化等导致的打印特征的价值较高;

b) 形态特殊的符合特征的价值相对较高;

c) 关联组合的符合特征的价值相对较高。

6.4.2　对检材与样本的打印特征差异点的数量和质量进行评价。评价特征差异点时,应注意分析差异特征的形成原因及可能导致特征变化的因素,需要把握以下几个方面。

a) 打印时间变化可能导致的特征变化;

b) 打印条件变化可能导致的特征变化;

c) 替换、补充耗材可能导致的特征变化;

d) 保养、维护、维修可能导致的特征变化;

e) 打印方式的差异具有非常高的否定价值;

f) 打印种类特征的差异具有非常高的否定价值;

g) 同期样本的差异特征的价值相对较高;

h) 稳定的差异特征价值相对较高

6.4.3　在对打印特征的进行评价时应特别注意鉴别其他痕迹和因素对打印特征的影响,特别是检材或样本是打印复印件时,要注意分析复印对打印特征的影响。对于难以把握的打印特征,可通过模拟试验分析特征价值的高低。

6.4.4　根据对检材与样本的打印特征的符合点和差异点的总体价值进行综合评断的结果，形成相应的鉴定结论。

7　鉴定结论的种类及判断依据

鉴定结论共分三类五种，其中确定性结论两种，分别为肯定同一和否定同一；非确定性结论两种，分别为倾向肯定同一和倾向否定同一；没有结论一种：无法判断是否同一。

7.1　肯定同一

7.1.1　结论的表述

a）检材与样本是同台打印机打印形成；或

b）检材是某台打印机打印形成。

7.1.2　判断标准

a）检材与样本的打印特征符合点的总体价值很高，充分反映了同台打印机的打印特点；

b）检材与样本的打印特征的差异点能得到合理解释。

7.2　否定同一

7.2.1　结论的表述

a）检材与样本不是同台打印机打印形成；

b）检材不是某台打印机（样本打印机）打印形成。

7.2.2　判断标准

a）检材与样本的打印特征差异点的总体价值很高，充分反映了不同打印机的打印特点；

b）检材与样本的打印特征符合点的总体价值较低，且能得到合理解释。

7.3　倾向肯定同一

7.3.1　结论的表述

a）检材与样本倾向是同台打印机打印形成；

b）检材倾向是某台打印机（样本打印机）打印形成。

7.3.2　判断标准

a）检材与样本的打印特征符合点的总体价值较高，基本反映了同台打印机的打印特点；

b）检材与样本的打印特征的差异点能得到合理解释。

7.4　倾向否定同一

7.4.1　结论的表述

a）检材与样本倾向不是同台打印机打印形成；

b) 检材倾向不是某台打印机(样本打印机)打印形成。

7.4.2　判断标准

a) 检材与样本的打印特征差异点的总体价值较高,基本反映了不同打印机的打印特点;

b) 检材与样本的打印特征符合点的总体价值较低,且能得到合理解释。

7.5　无法判断是否同一

7.5.1　结论的表述

a) 无法判断检材与样本是否同台打印机打印形成;

b) 无法判断检材是否某台打印机(样本打印机)打印形成。

7.5.2　判断标准

a) 检材不具备鉴定条件;

b) 样本不具备比对条件;

c) 根据检材和样本的特征反映,既无法得出确定性结论也无法得出倾向性结论。

第6部分　传真原始文件鉴定规范

1　范围

本部分规定了传真原始文件鉴定的检验步骤和方法。

本部分适用于印刷文件鉴定中传真原始文件的鉴定。

2　规范性引用文件

下列文件中的条款通过本部分的引用而成为本部分的条款。凡是注明日期的引用文件,其随后所有的修改单(不包括勘误的内容)或修订版均不适用于本部分,然而,鼓励根据本部分达成协议的各方研究是否可适用这些文件的最新版本。凡是不注明日期的引用文件,其最新版本适用于本部分。

SF/Z JD0201001－2010　文书鉴定通用规范

SF/Z JD0201004－2010　印刷文件鉴定规范

SF/Z JD0201008－2010　文件材料鉴定规范

SF/Z JD0201005－2010　篡改(污损)文件鉴定规范　第3部分　文件印压字迹鉴定规范

3　术语及定义

SF/Z JD0201001－2010　文书鉴定通用规范　第1部分　文件鉴定通用术语

和 SF/Z JD0201004－2010　印刷文件鉴定规范　第 1 部分　印刷文件鉴定术语中规定的,以及以下术语及定义均适用于本部分。

3.1　传真机:发送、接收传真的机器。

3.2　传真发送机:发送传真的传真机。

3.3　传真接收机:接收传真的传真机。

3.4　传真件:按照通信协议,由发送方的传真机对原稿扫描、发送,接收方的传真机接收、记录制成的文件。

3.4.1　传真原始文件:指传真时,由传真接收机接受、记录形成的原始文件,又称传真原件。

3.4.2　传真复制件:指传真原件的复制件。

3.4.3　传真原稿:指用于传真发送机传送的文件。传真原稿有可能是原始件,也有可能是复制件。

3.5　传真形式文件:具有传真标识信息和图文部分,在形式上符合传真件特点的文件。传真形式文件可能是传真原件或传真复制件,也有可能是采用拼接复制等方法变造的文件。

3.6　传真标识信息:位于传真件最上方和最下方,标明发送方传真信息和接收方传真信息的部分。

3.6.1　传真发送标识信息:由发送方所决定,标明传真发送时间、发送方号码、发送人、接收人、页码等信息的部分。一般位于传真件最上方,故又称报头。

3.6.2　传真接收标识信息:由接收方所决定,标明接受时间、接收方号码等信息的部分,一般位于传真件最下方。

3.6.3　报文起始线和结束线:传真接收机收到传送和结束报文的指令后,由字符发生器在传真件最上方和最下方生成的线条。

3.7　传真图文:传真原稿图文在传真件上的复制部分。

3.8　传真特征:反映出传真发送、传输、接收特点的特征。

3.9　传真发送机特征:反映出传真发送机特点的特征。

3.9.1　传真发送机种类特征:反映出传真发送机种类特点的特征。

3.9.2　传真发送机个体特征:反映出传真发送机个体特点的特征。

3.10　传真接收机特征:反映出传真接收机特点的特征。

3.10.1　传真接收机种类特征:反映出传真接收机种类特点的特征。

3.10.2　传真接收机个体特征:反映出传真接收机个体特点的特征。

3.11　热敏纸传真件:使用热敏纸张,以热敏印刷方式记录的传真件。

3.12　普通纸传真件:使用普通打印、复印纸张,用激光静电印刷、喷墨印刷、热转印等方式记录的传真件。

4 传真特征

传真特征有传真发送机特征和传真接收机特征,都进一步可分为种类特征和个体特征。

4.1 传真发送机特征

4.1.1 传真发送机种类特征

主要有:送稿方式特征、扫描器件特征、读稿方式和状况特征、分辨率特征、中间色调级数特征、发送标识信息特征等。

4.1.2 传真发送机个体特征

多为传真发送机部件损伤、污染、偏离和老化所致,表现为黑色、白色纵向条纹、周期性斑点、图文变形等。

4.2 传真接收机特征

4.2.1 传真接收机种类特征

主要有:纸类特征、纸张规格特征、裁纸刀口特征、最大记录宽度特征、分辨率特征、色彩特征、记录机构特征、起始线特征、结束线特征、接收标识信息特征等。

4.2.2 传真接收机个体特征

主要表现在打印记录过程中,与相应打印方式的打印文件的个体特征相似。

5 识别传真特征的方法

5.1 宏观检验

通过肉眼或借助放大镜对宏观的传真特征进行观察和分析。

5.2 显微检验

借助显微镜对微观的传真特征进行观察和分析。

5.3 测量检验

借助测量工具或测量软件对传真特征的位置、形态及相互关系进行测量和分析。

5.4 印压痕迹检验

通过侧光观察或压痕仪显现对传真形式文件上的印压痕迹特征进行观察和分析,具体的检验方法可参照SF/Z JD0201005－2010 篡改(污损)文件鉴定规范 第3部分 文件印压字迹鉴定规范。

5.5 视频光谱检验

借助光谱成像设备对传真墨迹的分色、红外、紫外光反射和吸收特性及可见、红外荧光特性进行观察和分析。

5.6 仪器分析

通过分析仪器对传真墨迹的理化特性进行定性/定量分析，具体方法可根据传真墨迹的材料种类参照 SF/Z JD0201008－2010 文件材料鉴定规范中相应方法。

5.7 点滴分析

根据传真墨迹的材料种类，选用适当的化学试剂对传真墨迹的溶解、显色等化学特性进行分析。

5.8 试验分析

通过市场调查和模拟试验对难以把握的传真特征进行分析。

6 原始传真文件鉴定的步骤和方法

6.1 检材的检验

6.1.1 选用适当的特征识别方法，全面、细致地观察检材，了解检材概貌，发现各种传真特征及其他痕迹特征。

6.1.2 根据 SF/Z JD0201004－2010 印刷文件鉴定规范 第3部分 印刷文件制作方法种类鉴定规范，鉴别检材的制作方式，如热敏印刷、喷墨印刷、激光静电印刷、热转印印刷等记录方式。

6.1.3 分析、鉴别检材上的传真特征和原稿痕迹特征。对于原稿明显是复制件的，分析复制过程可能对检材图文部分产生的影响，如图纹线条质量、缩放变形等的变化。

6.1.4 分析检材上的特征的形成原因，按传真接收机特征、传真发送机特征、原稿痕迹特征及待定痕迹特征进行归类。

6.1.5 分析检材传真标识信息的布局是否合理，点阵分布和线条质量是否符合字库打印的特点。

6.1.6 分析检材图文部分是否合理，点阵分布、线条质量、缩放变形是否符合低分辨率扫描、打印的特点。

6.1.7 分析检材标识信息部分与图文部分的特征关系是否合理。

6.1.8 分析检材是否存在可疑的拼接变造痕迹。确定检材经过变造的，应与委托方沟通处理方法，或直接在鉴定文书中予以说明。

6.1.9 根据检验结果，对检材是否符合传真原件的特定进行综合评断，形成鉴定意见。

6.2 检材与样本的比较检验

如能获得原始传真样本或制作传真实验样本，则视需要，在6.1检验结果的基础上,对检材与样本进行进一步比较检验。

6.2.1 如能获得声称的传真机发送机/传真接收机形成的原始传真样本的,对检材与样本进行比较检验,其步骤和方法参照 SF/Z JD0201004 - 2010 印刷文件鉴定规范 第7部分 传真文件同机鉴定规范 中的检验步骤和方法。

6.2.2 如能获取声称的传真发送机/传真接收机的,通过制作实验样本,对检材与样本进行比较检验,其步骤和方法参照 SF/Z JD0201004 - 2010 印刷文件鉴定规范 第7部分 传真文件同机鉴定规范 中的检验步骤和方法。

6.2.3 根据对检材与样本的传真发送机/传真接收机的种类特征和个体特征的符合程度进行综合评断的具体情况,形成相应的鉴定结论。

7 鉴定结论的种类及判断依据

7.1 鉴定结论的种类

鉴定结论分六种,确定性结论两种,分别是检材是传真原件和检材不是传真原件;符合性结论一种,为检材符合传真原件的特点;非确定性结论两种,分别是倾向检材是传真原件和倾向检材不是传真原件;及无法判断检材是否传真原件。

7.2 鉴定结论的判断依据

各种鉴定结论主要依据检材传真标识信息是否符合字库打印的特点;图文部分是否符合低分辨率扫描、打印的特点;各传真特征及其关系是否合理;及检材与样本的传真特征的符合情况等综合得出。根据检材条件、样本情况及检验发现,结合鉴定人经验判断的确信程度,形成相应的鉴定结论。

第7部分 传真文件同机鉴定规范

1 范围

本部分规定了传真文件同机鉴定的检验步骤和方法。

本部分适用于印刷文件鉴定中传真文件的同机鉴定。

2 规范性引用文件

下列文件中的条款通过本部分的引用而成为本部分的条款。凡是注明日期的引用文件,其随后所有的修改单(不包括勘误的内容)或修订版均不适用于本部分,然而,鼓励根据本部分达成协议的各方研究是否可适用这些文件的最新版本。凡是不注明日期的引用文件,其最新版本适用于本部分。

SF/Z JD0201001 - 2010 文书鉴定通用规范

SF/Z JD0201004 - 2010 印刷文件鉴定规范

3 传真原理和传真特征

见 SF/Z JD0201004－2010 印刷文件鉴定规范 第6部分 传真原始文件鉴定规范 中第3款传真原理和传真特征。

4 识别传真特征的方法

见 SF/Z JD0201004－2010 印刷文件鉴定规范 第6部分 传真原始文件鉴定规范 中第4款识别传真特征的方法。

5 传真文件同机鉴定的步骤和方法

5.1 检材的检验

5.1.1 根据 SF/Z JD0201004－2010 印刷文件鉴定规范 第6部分 传真原始文件鉴定规范,确定检材是否传真原件。检材不是传真原件的,应与委托方沟通处理办法,或直接在鉴定报告中予以说明。

5.1.2 根据 SF/Z JD0201004－2010 印刷文件鉴定规范 第3部分 印刷文件制作方法种类鉴定规范,鉴别检材的记录方式,如热敏印刷、喷墨印刷、激光静电印刷、热转印印刷等记录方式。

5.1.3 选用适当的特征识别方法,发现检材上的传真特征和原稿痕迹特征。特别要注意细微的、与图文重叠的、潜在的、纸张背面的等不明显的传真特征。

5.1.4 分析、鉴别检材上的传真特征和原稿痕迹特征。对于原稿明显为复制件的,分析复制过程可能对检材图文部分产生的影响,如图文线条质量、缩放变形等的变化。

5.1.5 分析检材上的传真特征的成因,并按传真接收机特征、传真发送机特征进行归类。

5.1.6 分析检材上反映出的传真发送机/传真接收机的种类特征,判断形成检材的传真发送机/传真接收机的种类特性。

5.1.7 分析检材上表现出的传真发送机/传真接收机的个体特征,判断这些特征在传真发送机/传真接收机同一认定中的价值。

5.1.8 对有价值的传真发送机/传真接收机特征在检材复制件上进行适当标记。

5.1.9 对检材上的传真发送机/传真接收机特征的反映程度和同一认定价值进行综合分析,初步判断检材是否具备传真发送机/传真接收机的同一认定条件。如不具备鉴定条件的,应与委托方沟通处理办法,或直接在鉴定文书中予以说明。

5.2 实验样本的制作

如果委托方能够提供可疑传真发送机/传真接收机的,可制作实验样本供比较。

5.2.1 实验样本的种类

a) 用可疑传真发送机发送,某一传真机接收,制作的实验样本。该类样本可用于传真发送机的同一认定;

b) 用某一传真机发送,可疑传真接收机接收,制作的实验样本。该类样本可用于传真接收机的同一认定;

c) 用可疑传真发送机发送,可疑传真接收机接收,制作的实验样本。该类样本最为理想,可同时或单独用于传真发送机/传真接收机的同一认定。

5.2.2 了解可疑传真机的性能及使用、维护、维修情况,检查传真机的状态。注意调取可疑传真机的传真报告及色带(热转印传真机)。

5.2.3 根据鉴定要求和可获得的可疑传真机,制作相应的实验样本。视需要,变化传真发送机/传真接收机的设置,考察不同条件下的传真特征表现。实验样本应能全面、清晰地反映出可疑传真发送机/传真接收机的特点。

5.3 样本的检验

5.3.1 根据鉴定要求和样本的获得情况,样本可分为三种,分别是:

a) 供传真发送机同一认定的样本;

b) 供传真接收机同一认定的样本;

c) 供传真发送机和接收机同一认定的样本。

5.3.2 参照5.1的检验要素,对样本进行检验。发现传真特征,鉴别印刷方式,分析原稿影响,判断特征成因,对特征进行归类和标记,对传真机的种类和特征价值进行判断。

5.3.3 分析样本之间的传真发送机/传真接收机特征的关联性和变化情况。

5.3.4 对样本上的传真发送机/传真接收机特征的反映程度和同一认定价值进行综合分析,初步判断样本是否满足传真发送机/传真接收机同机鉴定的比对条件。如不具备比对条件的,应与委托方沟通,要求补充样本,或直接在鉴定文书中予以说明。

5.4 对检材与样本的比较检验

5.4.1 比较检材与样本所反映出的传真发送机/传真接收机的种类特征的异同。

5.4.2 逐项比较检材与样本的传真发送机/传真接收机个体特征的符合点

和差异点。

5.4.3　传真特征的比对方法

a）直观比较:通过直接观察,必要时借助放大镜和显微镜,对检材与样本的传真特征的形态和分布进行比较;

b）测量比较:通过测量,对检材与样本的传真特征的形态和位置关系进行比较;

c）线条结合比较:在检材和样本的复制件或扫描图像上,通过连接分散的特征点,对传真特征的位置关系进行比较;

d）重叠比较:通过重叠,对检材与样本的传真特征的形态和位置关系进行比较;

e）材料特性比较:通过显微观察、视频光谱、点滴分析、仪器分析等手段,对检材与样本的传真墨迹的理化特性进行比较。

5.4.4　传真特征比对表的制作

a）对于大范围的明显的传真特征,可直接在检材和样本复制件上进行标注;

b）对于价值高的或细微的局部传真特征,可通过复制剪贴或放大、显微摄影,制作特征比对表,并标明特征出处。

5.5　综合评断

5.5.1　对检材与样本的传真发送机/传真接收机特征的符合点的数量和质量进行评价。评价特征符合点时,应注意分析符合特征的特异性,一般遵循以下几个原则。

a）与使用过程相关的由设备缺陷、污染等导致的传真特征的价值较高;

b）形态特殊的传真特征的价值相对较高;

c）关联组合的传真特征的价值相对较高

5.5.2　对检材与样本的传真发送机/传真接收机特征的差异点的数量和质量进行评价。评价特征差异点时,应注意分析差异特征的形成原因及可能导致特征变化的因素,需要把握以下几个方面。

a）传真时间变化可能导致的特征变化;

b）传真条件变化可能导致的特征变化;

c）替换、补充耗材可能导致的特征变化;

d）保养、维护、维修可能导致的特征变化;

e）传真种类特征的差异具有非常高的否定价值;

f）同期样本的传真特征的价值相对较高;

g）稳定的传真特征价值相对较高

5.5.3　对传真特征的进行评价时,还应特别注意鉴别传真发送机特征和传真接收机特征；分析原稿痕迹、污染、退色等对传真特征的影响；可疑传真机中的传真报告、打印色带有可能留有很重要的信息。对于难以把握的传真特征，通过模拟试验进行分析。

5.5.4　根据对检材与样本的传真发送机/传真接收机特征的符合点和差异点的总体价值进行综合评断的具体情况，形成相应的鉴定结论。

6　鉴定结论的种类及判断依据

对于传真发送机同一认定和传真接收机同一认定，鉴定结论均分三类五种，其中确定性结论两种，分别为肯定同一和否定同一；非确定性结论两种，分别为倾向肯定同一和倾向否定同一；没有结论一种，为无法判断是否同一。

6.1　肯定同一

6.1.1　结论的表述

a）检材与样本是同台传真机接收或发送形成；

b）检材是某台传真机（样本传真接收机或发送机）接收或发送形成。

6.1.2　判断标准

a）检材与样本的传真接收机特征符合点的总体价值很高，充分反映了同台传真机接收或发送形成的特点；

b）检材与样本的传真接收机或发送机特征的差异点能得到合理解释。

6.2　否定同一

6.2.1　结论的表述

a）检材与样本不是同台传真机接收形成；

b）检材不是某台传真机（样本传真接收机或发送机）接收或发送形成。

6.2.2　判断标准

a）检材与样本的传真接收机或发送机特征差异点的总体价值很高，充分反映了不同传真机接收或发送形成的特点；

b）检材与样本的传真接收机或发送机特征符合点的总体价值较低，且能得到合理解释。

6.3　倾向肯定同一

6.3.1　结论的表述

a）检材与样本倾向是同台传真机接收或发送形成；

b）检材倾向是某台传真机（样本传真接收机或发送机）接收或发送形成。

6.3.2　判断标准

a）检材与样本的传真接收机或发送机特征符合点的总体价值较高，基本反映了同台传真接收机或发送机接收或发送形成的特点；

b）检材与样本的传真接收机或发送机特征的差异点能得到合理解释。

6.4　倾向否定同一

6.4.1　结论的表述

a）检材与样本倾向不是同台传真接收机或发送机接收或发送形成；

b）检材倾向不是某台传真机(样本传真接收机或发送机)接收或发送形成。

6.4.2　判断标准

a）检材与样本的传真接收机或发送机特征差异点的总体价值较高,基本反映了不同传真机接收或发送形成的特点；

b）检材与样本的传真接收机或发送机特征符合点的总体价值较低,且能得到合理解释。

6.5　无法判断是否同一

6.5.1　结论的表述

a）无法判断检材与样本是否为同台传真机接收或发送形成；

b）无法判断检材是否某台传真机(样本传真接收机或发送机)接收或发送形成。

6.5.2　判断标准

a）检材不具备传真接收机或发送机同一认定鉴定条件；

b）样本不具备传真接收机或发送机同一认定比对条件；

c）根据检材和样本情况,既无法得出确定性结论也无法得出倾向性结论。

篡改(污损)文件鉴定规范

SF/Z JD0201005－2010

2010年4月7日发布　2010年4月7日生效

目　次

前　言

《篡改(污损)文件鉴定规范》是由系列规范构成,下面列出了这些规范的预计结构。

——第1部分:变造文件鉴定规范;

——第2部分:污损文件鉴定规范;

——第3部分:文件印压字迹鉴定规范。

本规范由司法部司法鉴定科学技术研究所提出。

本规范由司法部司法鉴定科学技术研究所负责起草。

本规范主要起草人:杨旭、施少培、凌敬昆、徐彻、钱煌贵、陈晓红、卞新伟、孙维龙、奚建华。

第1部分　变造文件鉴定规范

1　适用范围

本部分规定了篡改文件鉴定中各类变造文件的检验步骤和方法。
本部分适用于文件鉴定中各类变造文件的检验/鉴定。

2　规范性引用文件

下列文件中的条款通过本部分的引用而成为本部分的条款。凡是注明日期的引用文件,其随后所有的修改单(不包括勘误的内容)或修订版均不适用于本部分,然而,鼓励根据本部分达成协议的各方研究是否可适用这些文件的最新版本。凡是不注明日期的引用文件,其最新版本适用于本部分。

SF/Z JD0201001－2010　文书鉴定通用规范
SF/Z JD0201002－2010　笔迹鉴定规范
SF/Z JD0201003－2010　印章印文鉴定规范
SF/Z JD0201004－2010　印刷文件鉴定规范
SF/Z JD0201005－2010　篡改(污损)文件鉴定规范
SF/Z JD0201008－2010　文件材料鉴定规范

3　术语和定义

SF/Z JD0201001－2010　文书鉴定通用规范　第1部分　文件鉴定通用术语　中规定的术语和定义,及以下术语和定义均适用于本部分。

3.1　变造文件:特指狭义的篡改文件,即在原真实文件的基础上,采用各种作假的手段对原真实文件的局部内容加以改变形成的内容虚假的可疑文件。常见的变造手段有:添加、涂改、擦刮、消退、掩盖、粘贴、拼凑、挖补、换页、拆封等。根据变造手段的不同,变造文件可分为:添改文件、擦刮文件、拼接文件、消退文件、掩盖文件、挖补文件、换页文件、拆封文件等。

3.2　添改文件:指采用添加、改写等手段在原真实文件(或文字)的基础上添加部分内容(或笔画),对原真实文件的局部内容加以改变形成的内容虚假的可疑文件。

3.3　擦刮文件:指利用一定的工具如刀片、橡皮等,采用刮、擦等手段对原真实文件的局部内容加以改变形成的内容虚假的可疑文件。

3.4　拼接文件:指利用原真实文件(一份或多份)的局部内容,采用剪接、粘贴拼凑、复制等手段直接拼接,或利用图像处理软件进行剪裁拼排间接拼接形成的内容虚假的可疑文件。

3.5 挖补文件:指采用挖补、粘贴等手段去除原真实文件的局部内容后在补贴上所需内容变形成的内容虚假的可疑文件。

3.6 消退文件:指采用各种消退手段消除原真实文件的局部内容,必要时添加所需内容形成的内容虚假的可疑文件。

3.7 掩盖文件:指采用各种涂抹、裱糊、遮掩等手段对原真实文件的局部内容加以改变形成的内容虚假的可疑文件。

3.8 换页文件:指采用抽取、替换等手段对原真实文件的局部内容加以改变形成的内容虚假的可疑文件。

3.9 拆封文件:指对已经密封的文件,采用一定手段拆封后替换或抽去有关内容后再密封复原形成的可疑文件。

4 变造文件常用的检验方法

4.1 目测:在自然光或照明光源下,通过目视或借助放大镜等其他工具,对检材虚检部位的色泽、状态、宏观形态等特征进行分析和比较。

4.2 显微检验:借助材料显微镜、激光共聚焦显微镜、电子显微镜等,对检材需检部位的色泽、状态、微观形态等特征进行分析和比较。

4.3 分色检验:检测和分析比较被检测部位在可见光范围内特定波长光线的反射或吸收特性。

4.4 紫外线检验:检测和分析比较被检测部位对紫外线吸收/反射特性等。

4.5 红外线检验:检测和分析比较被检测部位对红外线的吸收/反射特性等。

4.6 荧光检验:在特定光源的激发下,检测和分析比较被检测部位的荧光响应特性等。

4.7 分析仪器检测:利用显微分光光度计、拉曼光谱仪、显微红外光谱仪等现代分析仪器,检测和分析比较被检测部位的光谱特性、成分等。

4.8 光谱成像检验:利用不同波长范围的光谱成像仪器,或带光谱成像系统的拉曼光谱仪、显微红外光谱仪等分析仪器,检测和分析比较被检测部位的光谱特性等,同时根据被检测内容的光谱特性生成可视光谱图像,达到显示有关内容或痕迹的目的。

4.9 化学检验:选用适当的化学试剂,点滴分析检测部位纸张、文字色料等的化学特性,或显现被消退、模糊字迹等。

4.10 残字推断:根据需检部位的残留笔画,按照文字的书写规范,结合书写人的书写习惯,推测不完整文字的原有内容。

5 变造文件检验步骤

5.1 检验原则

5.1.1 遵循 SF/Z JD0201001－2010 文书鉴定通用规范 第2部分 文件鉴定通用程序 中规定的检验/鉴定原则。

5.1.2 变造文件鉴定前应固定检材的原貌，可采用拍照、扫描复制等方法，复制件应尽可能反映检材的原貌。

5.2 制定检验方案

5.2.1 根据委托要求和检材的具体情况，分析文件构成的系统要素；

5.2.2 分析文件系统各要素的形成方法、过程及相互关系，初步判断可能的变造手段，确定具体的检验方案。

5.3 根据确定的具体检验方案，并选择相应的检验方法，并参照6各类变造文件的检验要点实施检验。

5.3.1 文件有污染需要对污染痕迹文件进行处理，应参照 SF/Z JD0201005－2010 篡改（污损）文件鉴定规范 第2部分 污损文件鉴定规范 中有关方法。

文件纸张已分离成若干碎片的，应参照 SF/Z JD0201005－2010 篡改（污损）文件鉴定规范 第2部分 污损文件鉴定规范 中“破碎文件的整复和固定方法”进行整复和固定。

5.3.2 检验中需要对文件上模糊内容进行分析检验的，应参照 SF/Z JD0201005－2010 篡改（污损）文件鉴定规范 第2部分 污损文件鉴定规范 中“模糊字迹的检验方法”。

5.3.3 检验中需要对有关手写字迹的笔迹特征进行分析检验的，具体方法应参照 SF/Z JD0201002－2010 笔迹鉴定规范。

5.3.4 检验中需对文件上的印文、火漆印、钢印等进行分析检验的，具体方法应参照 SF/Z JD0201003－2010 印章印文鉴定规范。

5.3.5 检验中需要对印刷文字的制作方法、印刷工具、印刷特征进行分析检验的，具体方法应参照 SF/Z JD0201004－2010 印刷文件鉴定规范 中的相应方法。

5.3.6 检验过程中需要对文字色料、纸张、粘合剂特性或种类进行分析检验的，具体方法应参照 SF/Z JD0201008－2010 文件材料检验规范 中相应的检验方法。

5.3.7 检验中需要对文件上不可见印压痕迹进行分析检验的，具体方法应参照 SF/Z JD0201005－2010 篡改（污损）文件鉴定规范 第3部分 文件印压字迹鉴定规范。

5.4 综合判断

对在检验过程中观察到的各种痕迹、现象和各要素的检测结果进行系统分析,综合判断文件是否存在变造的事实,存在何种变造事实,并作出相应的鉴定结论。

6 各类变造文件的检验要点

6.1 添改文件的检验,应着重从文件的以下几方面要素进行分析和检验。

6.1.1 文件内容

a) 文件的内容是否符合主旨,内容和形式是否矛盾;

b) 文中用词、用语是否准确,语句是否通顺,是否符合通常的使用习惯和逻辑等。

6.1.2 手写字迹

a) 手写字迹的书写方式、形成过程是否一致,布局是否协调;

b) 相关手写字迹(或笔画)的笔迹特征是否相同,书写是否连贯,相邻单字笔画有无重描现象;

c) 特征注意分析改写文字是否符合书写规范和书写人的书写习惯,是否存在不正常的断笔、停顿、涂描等现象。

d) 采用显微检验法对相邻单字笔画的交叉部位的形成顺序进行检验,分析是否反常;

e) 采用显微检验法分析反映书写工具特点的"笔痕"特征是否连贯等。

6.1.3 机制文字

a) 机制文字的形成方法、过程是否一致,文字整体布局是否协调;

b) 特别注意分析可疑文字与相邻文字的字体、字形、笔画细微形态,及两者的行、字基线、倾斜方向和角度是否吻合;

c) 相关机制文字反映出的印刷特征,及反映机制文字制作工具特点的其他痕迹特征是否一致;

d) 注意分析可疑单字是否存在刮擦或重描痕迹,重复出现的单字是否同源关系等。

6.1.4 文字色料

a) 文字色料表观颜色、微观形态是否有差别;

b) 文字色料的理化特性是否相同,及在纸张上的渗透、扩散情况、附着能力等是否一致。

6.1.5 其他痕迹

a) 注意分析相关部位纸张皱痕、折叠与有关文字的形成关系;

b）注意分析相关部位纸张破损、污染等痕迹与有关文字的形成关系；

c）文件相关部位或其他有关文件上是否存在可疑文字的印压或转印痕迹；

d）是否存在其他异常痕迹等。

6.2　擦刮文件的检验，应着重从文件的以下几方面要素进行分析和检验。

6.2.1　纸张

a）观察纸张表面纤维结构的变化；

b）观察纸张表面是否反映出擦刮工具的痕迹特征；

c）检验纸张相关部位表面理化特性的变化。

6.2.2　文字

a）观察被擦刮文字处是否有残留的笔画或文字色料等；

b）观察被擦刮文字处是否有残留的文字或笔画的印压痕迹；

c）特别注意分析擦刮痕迹和残留的笔画或文字色料的分布状态，必要时对残留的笔画或文字色料理化特性进行检测分析，确定被擦刮文字色料的种类；

d）根据擦刮痕迹分布状态和残留的文字笔画，初步分析被刮除的可能的文字内容。

6.2.3　相关标记

a）观察纸张上固有的起防伪或装饰作用的底纹、水印、图案等是否有被破坏痕迹；

b）观察文件上相邻文字笔画或其他内容是否有被破坏的痕迹；

c）是否存在其他相关痕迹等。

6.3　拼接文件的检验，应着重从文件的以下几方面要素进行分析和检验。

6.3.1　内容

a）文件的内容是否符合逻辑，内容和形式是否矛盾；

b）文件的用词、用语是否符合通常的表达习惯，语言是否通顺。

6.3.2　文字

a）文字布局是否协调，规格是否一致；

b）特别注意分析机制文字之间的字体、字形、笔画细微形态，及行、字基线、倾斜方向和角度是否吻合；

c）注意分析机制文字反映出的制作工具特点、制作过程、印刷特征等是否一致；

d）相关手写字迹的笔迹特征是否相同，书写是否连贯，单字笔画有无重描、修饰等异常现象；

e）特别注意分析文件中重复出现的文字、符号等是否形状相同，是否系同源关系等。

6.3.3　拼接痕迹

a) 观察纸张是否存在裁剪、挖补、粘贴等痕迹,是否存在直接拼接的现象;

b) 如有直接拼接痕迹的,观察拼接处的分离痕迹是否吻合,注意区分是整体分离痕迹还是拼凑痕迹;

c) 对于非直接拼接的文件,特别注意分析可疑文字区域边缘与周围空白部位的灰度、色调、图像质量的变化,分析是否存在间接拼接的痕迹。

6.3.4　其他痕迹

a) 纸张相关部位的褶皱痕迹、折叠痕迹是否完整、连贯;

b) 纸张相关部位破损痕迹和其他污染痕迹是否完整、连贯;

c) 是否存在其他异常痕迹等。

6.4　挖补文件的检验,应着重从文件的以下几方面要素进行分析和检验。

6.4.1　纸张

a) 观察纸张的理化特性是否一致,有无擦刮、挖补或污染的痕迹;

b) 特别注意进行透光检验,观察纸张的厚度和纤维分布的变化;

c) 观察相关纸张部位上固有的起防伪或装饰作用的底纹、水印、图案等是否完整。

6.4.2　文字或照片

a) 注意分析文字或照片部位及周围是否有挖补、拼接等异常痕迹,与相邻文字之间布局是否协调;

b) 可疑机制文字与其他文字的制作工具、形成过程、印刷特征是否一致;

c) 可疑手写字迹与其他相关字迹的笔迹特征是否相同,书写是否连贯,单字笔画有无重描、修饰的痕迹;

d) 文件中重复出现的文字、符号等是否同源。

6.4.3　拼接痕迹

a) 观察纸张是否存在挖补粘贴形成的拼接痕迹,重点注意分析可疑文字、照片部位及相邻部位;

b) 如有拼接痕迹,观察拼接处分离痕迹是否吻合,是否存在粘合剂残留物等;

c) 是否存在其他异常痕迹等。

6.5　消退文件的检验,应从文件的以下几方面要素进行分析和检验。

6.5.1　消退方法的分析

根据消退残留痕迹状态或残留物的理化特性,分析可能的消退方法。常见的消退方法有:

a) 化学消退:通常选用化学试剂通过溶解、酸碱或氧化还原反应,消除或改变文字色料的颜色,使之不可见。常见的消退试剂有草酸、乙酸、乙醇、丙酮、高锰酸钾、盐酸、硫酸、双氧水等。化学消退会导致纸张的表面色泽及其他物理特性发生变化，纸张上会留有消退剂的痕迹，多数消退剂在紫外光激发有荧光响应，如消退不彻底，也会残留被消退文字的色料。

b）物理消退：通过对文字长时间的光照或加热，利用光或热效应，使文字色料的颜色逐步减淡甚至消失，如紫外光照射、烘箱加热等。物理消退由于长时间光照或加热，会导致纸张的表面色泽、硬度等物理特性发生变化，纸张上往往会残留未被彻底消退文字的色料，纸张表面或边缘有时会留下消退时固定纸张的工具留下的条、点、面等形状痕迹。

6.5.2　纸张

a）注意观察纸张表面色泽是否正常，是否有污染、消退残留物及异常印压痕迹等；

b）被消退处纸张表面的理化特性有无变化，纸张表面的纤维是否存在被破坏的痕迹等；

c）注意分析纸张上各类污损痕迹的分布状态、性质，是否符合化学消退或物理消退的痕迹特点。

6.5.3　文字

a）被消退处是否有残留的文字笔画、色料，相邻文字色料是否有退色或变色现象；

b）被消退处如再书写有文字的，注意观察添加文字有无扩散、退色或变色现象等；

c）同时注意分析添加文字笔迹特征、书写工具形成的“笔痕”特征、书写材料理化特性与其余文字是否一致。

6.5.4　消退残留物的理化分析

a）利用化学分析的原理和方法确定消退试剂的性质和种类，可用湿润的石蕊试纸蘸取少量残留物，进行酸碱度测试，初步判断是酸类或碱类物质；

b）采用适当的方法从可疑部位提取少量的待检液，选用特定试剂，进行显色或结晶反应，分析对残留物中的特殊离子如钠离子、钾离子、硫酸根离子等进行定性分析；

c）采用分析仪器检测的方法，对残留物质的光谱特性或微量元素进行定性或定量分析；

d）采用显微检验方法，如激光共聚焦显微镜、电子显微镜等，观察分析残留物的微观显微结构等。

6.5.5　其他痕迹

a）被消退处有无相关的文字“压痕”或转印痕迹；

b）注意用荧光检验法对文件上相关部位进行检验，分析是否存在原有文字的“潜影”等痕迹；

c）是否存在其他异常痕迹等。

6.5.6　消退文字的显现方法

根据具体的消退方法选择适当的显现方法，常用的显现方法有荧光检验法和化学检验法。通常选用荧光检验法，如效果不理想，可选用化学检验法，检验中应注意以下要点。

a）进行荧光检验时，应根据被消退文字材料的理化特性选择适当的激发光源和压制滤光器。

b）如荧光较弱的，可选用增强激发光强度、低温或延长荧光图像的采集时间等方法达到增强荧光的目的。

c）进行化学检验之前应征得委托方同意，并采用照相方式固定检材原貌。

d）分析化学检验中，应根据被消退字迹的理化特性选择适当的显现试剂作预试验，只有在确认检验效果的前提下方可对检材进行检验；

e）如被消退字迹系含铁离子墨水，可选用5%硫氰酸钾溶液加少量盐酸，或硫氰酸气熏法显示三价铁离子为红色，也可选用2% α,α'联吡啶乙醇溶液显示二价铁离子为红色等。

6.6　掩盖文件的检验，应从文件的以下几方面要素进行分析和检验。

a）分析文件的掩盖方式及被掩盖字迹与掩盖层形成的工具、色料的理化特性及变化情况等；

b）观察被掩盖字迹的相关部位是否留有字迹“压痕”；

c）观察掩盖字迹的相关部位是否留有转印或渗透形成字迹“潜影”；

d）观察被掩盖字迹的相应部位是否留有未被完全掩盖的残留字迹笔画等；

e）如掩盖层为有一定厚度的固化物时，根据被掩盖文字和掩盖物质的理化特性，可选用适当的试剂通过溶剂溶解法或氧化还原法消除涂层；

f）显示被掩盖的内容时，可从纸张正、反两面分别采用红外检验法、荧光检验法及化学分析等方法进行检验，或选用合适的溶剂适当加温采取溶解压取的方法进行转印提取；

g）辨读残留笔画时，可采用残字推断法分析可能的原有内容。

6.7　换页文件的检验，应从文件的以下几方面要素进行分析和检验。

6.7.1　订/线装痕迹

a）装订工艺、装订方法是否异常；

b）可疑页纸张上留下的装订孔结构、数量与原文件各页纸张上留下的装订孔是否一致；

c）可疑页纸张上留下的装订孔痕迹与原文件各页纸张上留下的装订孔痕迹是否吻合；

d）特别注意分析末页和首页上，由于印压作用形成的装订物在相应纸张部位留下的印压痕迹是否吻合。

6.7.2 封装痕迹

a）封条及纸张边缘骑缝章和书写的其他符号是否吻合；

b）火漆印、钢印、页码是否吻合；

c）粘贴部位纸张的分离痕迹是否吻合；

d）粘贴部位留下的粘合剂痕迹是否吻合。

6.7.3 纸张

a）注意分析文件各页纸张的色泽、规格等理化特性是否一致；

b）各页纸张上固有的起防伪或装饰作用的底纹、水印、图案等是否完整，纸张边缘的裁切痕迹是否吻合；

c）注意分析纸张上原有的印刷图文、线条反映出的印刷阶段性特征是否吻合；

d）特别注意分析纸张是否存在表示生产厂家、生产日期、批次等信息的文字、符号、标记、暗记或其他特殊标识。

6.7.4 手写字迹

a）文字的形成方法是否一致，文字布局是否协调；

b）相关手写字迹的笔迹特征是否相同，书写是否连贯，单字笔画有无重描现象；

c）可用显微观察的方法分析反映手写文字书写工具特点的"笔痕"特征是否连贯。

6.7.5 机制文字

a）文字的形成方法是否一致，文字整体布局是否协调；

b）注意分析各页文字的字体、字形、笔画细微形态，项目符号、编号及特殊符号的使用情况是否一致等；

c）注意分析各页文本的行、字、段间距，首行缩进、左缩进、悬挂缩进、对齐方式，页眉、页脚、左右边距，换行分页、中文板式设置等排版特征是否一致；

d）相关机制文字反映出的印刷特征，及反映机制文字制作工具特点的痕迹特征是否一致。

6.7.6 文字色料

a）文字色料表观颜色、微观形态是否有差别；

b）文字色料的理化特性是否相同。

6.7.7 其他痕迹

a) 各页纸张褶皱痕迹、折叠痕迹是否吻合;

b) 各页纸张破损痕迹与其他污染痕迹是否吻合;

c) 用荧光检验法检验各页纸张是否留有相关页的文字、印迹等的转印痕迹或"潜影";

d) 注意分析各页纸张是否留有相关页文字"压痕"等。

6.8 拆封文件的检验,应着重从文件的以下几方面要素进行分析和检验

6.8.1 分析文件密封处的构成要素、形成机制、制作方法等。

6.8.2 分析文件密封处各要素之间,及与其他要素之间的相互关系。

6.8.3 初步检查密封文件各封口处的状态及其他附加信息,如密封文件封口处有骑缝签名、日期、印文的,应注意检验贯穿封口的字迹笔画和印文文字笔画、线条的完整性和连贯性。

6.8.4 综合分析以上检验结果,初步查找可能拆封的部位,对怀疑拆封的部位,选用适当的方法进行开封检验。

6.8.5 开封检验前应采用照相或扫描方法固定开封前的状态,同时应在征得委托方同意或委托方在场的情况下,从密封文件的非封口部位采用适当的方法将其内的文件取出交还委托方另存,并做详细的记录。开封检验时应注意以下几方面情况。

a) 应根据纸张的理化特性和粘合部位状态,选用适当方法,必要时应当做预试验,以不形成新的分离痕迹为原则;

b) 常用的开封方法有清水浸泡法或蒸汽汽熏法,对封口进行处理时应特别注意把握处理的时间,确保封口能自然分离,不形成新的分离痕迹;

c) 开封后,应注意检验文件密口处对应纸张部位的分离痕迹是否吻合,是否存在纸屑等异物或其他痕迹;

d) 注意检验文件密口处对应纸张部位的粘合剂是否一致,是否存在使用两种粘合剂的情况。

7 鉴定结论

7.1 鉴定结论的种类

7.1.1 存在变造事实

a) 对文件的部分或全部要素进行检验;

b) 综合文件要素的检验结果,显示文件存在一种或多种变造痕迹;

c) 文件各要素的检验结果之间相互印证,且无本质性的矛盾。

7.1.2 不存在变造事实

a) 对文件各要素进行了全面的检验;

b）综合文件各要素的检验结果，均未发现文件存在任何的变造痕迹；

c）文件各要素之间的关系符合逻辑，且无本质性的矛盾；

d）也不存在通过现有技术手段无法发现的变造痕迹。

7.1.3　没有发现变造事实

a）对文件各要素进行了全面的检验；

b）综合文件各要素的检验结果，均未发现文件存在任何变造的迹象；

c）文件各要素的检验结果之间无明显矛盾；

d）但尚不能完全排除存在根据现有技术手段难以发现的变造痕迹的可能。

7.1.4　无法判断是否存在变造事实

a）检材不具备鉴定条件的；

b）根据现有的技术手段，无法确定是否存在变造事实的。

7.1.5　恢复或显示文件上被变造的内容

a）通常应用图片客观记录检验结果；

b）难以用图片记录的，对检测结果进行客观的文字描述。

7.2　鉴定结论的表述

7.2.1　存在变造事实的，鉴定结论中通常只对具体的变造现象进行客观的描述。

7.2.2　不存在变造事实的，鉴定结论中通常只对提出的鉴定要求回答不存在何种具体的变造痕迹。

7.2.3　对恢复和显现的变造内容，能够用检测图片显示的，应当用图片进行客观表示；图片不能清晰显示的，结论中应作详细的文字说明。

7.2.4　添改文件鉴定中，如无依据表明文件的可疑内容与其余内容的形成关系的，则鉴定结论只能表述为“两部分内容是或不是一次形成”，如有依据表明可疑内容在其余内容之后形成关系和次序的，则可表述为“可疑内容是或不是添加形成”。

7.2.5　换页文件鉴定中，如无依据表明文件的可疑页与其余页的形成次序的，则鉴定结论只能表述为“两部分是或不是一次形成”，只有当有依据表明可疑页与其余页的形成关系和次序的，鉴定结论方可表述为“可疑页是或不是换页形成。”

第2部分　污损文件鉴定规范

1　适用范围

本部分规定了文件鉴定中常见的污损文件的整复、固定及模糊内容的检验方法。

本部分适用于文件鉴定中污损文件的鉴定。

2 规范性引用文件

下列文件中的条款通过本部分的引用而成为本部分的条款。凡是注明日期的引用文件,其随后所有的修改单(不包括勘误的内容)或修订版均不适用于本部分,然而,鼓励根据本部分达成协议的各方研究是否可适用这些文件的最新版本。凡是不注明日期的引用文件,其最新版本适用于本部分。

SF/Z JD0201001－2010 文书鉴定通用规范

SF/Z JD0201005－2010 篡改(污损)文件鉴定规范 第 1 部分 变造文件鉴定

SF/Z JD0201006－2010 篡改(污损)文件鉴定规范 第 3 部分 文件印压字迹鉴定规范

SF/Z JD0201008－2010 文件材料鉴定规范

3 术语和定义

SF/Z JD0201001－2010 文书鉴定通用规范 第 1 部分 文件鉴定术语 中确立的以及下列术语和定义均适用于本部分。

3.1 污损文件:指文书物证在制作、保存、传递、使用的过程中受到污染、损坏的各类文件的总称。污损文件检验中常见的文件物证有:污染文件、破碎文件、烧毁文件、浸损文件等,检验主要任务是:清洁和整复被污染、损坏的文件物证,固定整复的污损文件,辨读模糊或不可见内容等。

3.2 污染文件:特指被各类污染物质如粪便、污渍、血迹、泥土等污染的污损文件。

3.3 破碎文件:又称分离文件,特指被破坏、撕裂、裁剪或其他外力作用下,已分离成若干部分的污损文件。

3.4 烧毁文件:特指已被燃烧、烧烤或正在燃烧的污损文件。

3.5 浸损文件:特指被水浸湿(泡)而粘连、损坏的污损文件。

4 污损文件的整复和固定方法

4.1 固定检材原貌

4.1.1 污损文件在清洁和整复前,应采用一定方法固定其原貌。

4.1.2 固定污损文件清洁和整复前原貌,一般采用拍照的方法。

4.2 制定检验方案

分析检材被污染、损坏的原因,针对不同类型的污损文件确定具体的检验方案,如文件被污染的,整复前应对其进行必要的清洁。如需对污损文件的材料进行检测的,可参照 SF/Z JD0201008 - 2010 文件材料鉴定规范 进行检验

4.2.1 如怀疑污染文件存在变造可能的,可根据污染文件的具体情况,参照 SF/Z JD0201005 - 2010 篡改(污损)文件鉴定规范 第1部分 变造文件鉴定规范 中相关检验方法进行检验。

4.2.2 如污损文件上有印压痕迹的,可参照 SF/Z JD0201005 - 2010 篡改(污损)文件鉴定规范 第3部分 文件印压字迹鉴定规范 进行检验。

4.3 污染文件的清洁

污染文件在清洁时应当遵循以下原则:

a) 污染文件清洁时应当遵循先分析污染物质和被污染文件内容的理化特性,再选择合适的清洁方法;

b) 如需要提取污染物质进行进一步检验时,提取的污染物质,应用洁净器皿妥善保存,提取时应尽量不破坏被污染的文件内容;

c) 根据污染物和被污染文件内容的具体情况,制定清洁方法,必要时应作预实验;

d) 清洁污染文件时,以不扩大污染范围、不破坏文件上被污染的内容为原则。

4.4 破碎文件的整复和固定

a) 破碎文件的整复应遵循先分析文件碎片的特性及分布情况再拼接的原则;

b) 对破碎文件的碎片进行分析时应仔细、全面,特别注意分析文件碎片的几何形状、边缘痕迹、理化特性及其上文字、线条、图案、污染痕迹等内容,并甄别其相互关系;

c) 拼接破碎文件时,可根据碎片上的具体情况,采用先局部拼接再整体拼合的原则,由边缘向中心或由内向外逐步拼接;

d) 在对破碎文件的各分离部分进行局部拼接时,应首先选择面积较大、边缘完整、形状特殊、有明显特征的碎片进行拼接;

e) 拼接的破碎文件可用玻璃或有一定硬度的透明薄膜进行固定,不宜进行裱糊、粘贴,同时应采用拍照固定。

4.5 烧毁文件的整复和固定

a) 整复被烧毁的文件时,应以保持原状、不再损坏为原则,禁止采用破坏性方法;

b) 烧毁文件的固定应遵循先整复后固定的原则;

c) 烧毁文件可用15%的甘油水溶液采用喷雾、气熏或直接用水漂等方法进行软化摊平;

d) 烧毁文件如已分离成碎片的,可参照4.4破碎文件的拼复方法进行拼合;

e) 烧毁文件的整复后可用玻璃或有一定硬度的透明薄膜进行固定,也可采用2% -3%有机玻璃三氯甲烷溶液或发型胶直接喷涂固定,同时应采用照相固定。

4.6 浸损文件的整复和固定

a) 对粘连的浸损文件在分离展开时,应以保持原状、不再损坏为原则,禁止采用破坏性方法;

b) 对已浸湿粘连的浸损文件如不能直接展开的,可待其干燥后再小心分离;

c) 对已干燥的浸损文件如不能直接展开的,可稍加润湿,待其软化后再小心分离。

d) 浸损文件如已分离成碎片的,可将碎片分离后按照4.4破碎文件的拼复方法进行拼合;

e) 整复后的浸损文件可用玻璃或有一定硬度的透明薄膜进行固定,不宜进行裱糊、粘贴,同时应采用拍照固定。

5 模糊内容的检验方法

污损文件模糊内容的辨认,应根据污损文件的污损原因及污染痕迹、纸张和需辨认内容材料的理化特性,选择合适的方法,尽可能显示出需辨认的内容。常用的检验方法如下。

5.1 目测检验:在自然光或照明光源下,通过目视或借助放大镜等其他工具,对检材需检部位的色泽、状态、宏观形态等特征进行分析和比较,初步辨认被污损的模糊内容。

5.2 显微检验:借助显微镜,在放射或透射光的照射下观察检材的色泽、状态、微观形态等,辨认被污损的模糊内容。

5.3 分色检验:检测和分析比较被检测部位在可见光范围内的反射或吸收特性等,凸显被污损的模糊内容。

5.4 紫外检验:检测和分析比较被检测部位紫外线特性等,显示被污损的模糊内容。

5.5 红外线检验:检测和分析比较被检测部位的红外线特性等,显示被污损的模糊内容。

5.6 荧光检验:检测和分析比较被检测部位的荧光特性等,显示被污损的模糊内容。

5.7　光谱成像法:利用不同波长范围的光谱成像仪,如紫外、可见、红外光谱成像仪、带光谱成像系统的拉曼光谱仪等,检测和分析比较被检测部位的光谱特性等,同时根据被检测的需辨认内容的光谱特性生成光谱图像,达到显示模糊内容的目的。

5.8　化学检验:对被检测部位的化学特性进行检测和分析比较,选择适当的化学试剂,消除污损痕迹,或通过显色反应、氧化还原反应等显现被污损的模糊内容。

5.9　高温灰化法:根据烧毁文件的灰化程度及文字色料的类型,利用高温电炉等对文件进行加温,使其在高温下进一步灰化,观察文字在灰化过程中的变化,达到显示模糊文字的目的。

5.10　残字推断法:根据需检部位的残留或模糊笔画,按照文字的书写规范,结合书写人的书写习惯,推测被破坏或模糊文字的原有内容。

6　鉴定结论

6.1　整复的污损文件,固定后应将原物返回委托人,鉴定机构只保留整复后的照片或图片。

6.2　对恢复和显现的内容,能够用图片显示的,应当用图片进行客观表示;图片不能清晰显示的,结论中应作详细的文字说明。

6.3　对于根据残字或模糊笔画推断的内容,应在鉴定书中特别说明。

第3部分　文件印压字迹鉴定规范

1　范围

本部分规定了文件上印压字迹的检验步骤和方法。

本部分适用于文件鉴定中文件纸张上无色印压字迹的显现和辨认。

2　规范性引用文件

下列文件中的条款通过本部分的引用而成为本部分的条款。凡是注明日期的引用文件,其随后所有的修改单(不包括勘误的内容)或修订版均不适用于本部分,然而,鼓励根据本部分达成协议的各方研究是否可适用这些文件的最新版本。凡是不注明日期的引用文件,其最新版本适用于本部分。

SF/Z JD0201001－2010　文书鉴定通用规范

3　术语和定义

SF/Z JD0201001－2010　文书鉴定通用规范　第1部分　文件鉴定通用术语

中确立的以及下列术语和定义均适用于本部分。

3.1 压痕:指在书写过程中在文件的下页纸张或衬垫物上形成的相应文字或笔画的无色印压痕迹。

3.2 静电压痕显现仪:简称静电压痕仪。静电压痕显现是基于电容器原理,通过对有印压痕迹的纸张充电,使文件上印压痕迹与纸张平面之间形成电位差,并感应成像薄膜形成稳定的静电图像,再通过黑色显影粉末将成像薄膜上的静电图像显现成可见的压痕图像。

3.3 静电图像:在成像薄膜上形成的潜在电位影像。

3.4 压痕图像:通过黑色显影粉末将成像薄膜上的静电图像显现出的影像。

4 文件印压字迹显现的方法

4.1 侧光检验法

选用适当的照明光源,以低角度(通常小于45°角)照明方式从纸张侧面照射纸张表面,从而达到显现纸张表面印压痕迹的目的。

4.2 表面涂色法

选用适当的色料(通常选用复写纸色料等),直接在纸张表面均匀地涂抹一层色料,由于纸张表面凹陷部分不易着色,从而达到显现纸张表面印压痕迹的目的。

4.3 静电压痕仪检验法

基于电容器原理,通过对有印压痕迹的纸张充电,使文件上印压痕迹与纸张平面之间形成电位差,并感应成像薄膜形成稳定的电位图像,即印压痕迹的静电图像。当带负电荷的黑色显影粉喷在成像薄膜上时,被无压痕部位的负电荷排斥,而被带正电荷的压痕部位吸附,这样压痕处与无压痕处所吸附的墨粉量不同就形成了反差,通过黑色显影粉末使成像薄膜上的静电图像清晰地显示出来,从而实现对纸张材料上印压痕迹的显现。静电压痕仪的一般构造、性能通常包括以下几部分。

4.3.1 充电设备

(1) 多孔载板:放置纸张的多孔平板,并可在纸张下面形成局部真空。

(2) 真空泵:保持多孔载板稳定、合适的低压,以使纸张平整、紧密地夹在多孔载板和成像薄膜之间。

(3) 充电棒:电压可高达8千伏,在空气中产生电子,可对成像薄膜进行充电的装置。

4.3.2 成像设备

(1) 成像薄膜:静电图像和压痕图像的成像载体。

(2) 滚筒:放置成像薄膜卷的装置。

(3) 墨粉:同复印机和激光打印机中使用的黑色粉末,是显影色剂。

(4) 喷墨装置:用于在形成静电图像的成像薄膜上喷射墨粉的装置,通常包括墨粉储存器、喷墨罩、喷墨嘴等。

(5) 玻璃小珠:直径通常为0.5毫米,用来吸附墨粉。

4.3.3 静电图像的显影方式

(1) 倾倒方式:混合玻璃小珠和墨粉的容器罐,使玻璃小珠表面带有合适的墨粉,形成玻璃小珠带正电,墨粉带负电。

(2) 涂抹方式:不同于倾倒显影法的一种清洁显影法装置(墨粉器),通过墨粉涂抹装置(如TAD)与成像薄膜摩擦,靠TAD中墨粉的自身重量释放墨粉成像。

(3) 喷墨方式:利用喷墨装置在形成静电图像的成像薄膜上均匀地喷撒一层墨粉,达到显现静电图像的目的。

4.3.4 压痕图像的固定方式

(1) 胶膜固定:用有粘性的薄膜固定和提取成像薄膜上压痕图像。

(2) 照相固定:用照相设备对成像薄膜上压痕图像进行拍照提取和固定。

4.3.5 其他辅助设备

(1) 回收槽:回收倾倒显影粉末载体(玻璃小珠)的装置。

(2) 加湿器:提高检材湿度的处理箱。

5 检验步骤和方法

文件印压字迹的检验,根据SF/Z JD0201001-2010 文书鉴定通用规范第2部分 文件鉴定通用程序 中先无损后有损的检验原则,应根据检材压痕的具体情况选择适当的检验方法。

5.1 侧光检验法

5.1.1 侧光检验是文件印压痕迹检验的常规方法,在采用其他检验方法之前均应进行测光检验,初步判断检材印压痕迹的具体状况。

5.1.2 纸张表面印压痕迹较明显时,侧光检验通常能达到比较理想的检验效果。

5.1.3 检验应注意选择光照强度和角度,一般情况下光照强度不宜过强,光照角度应小于45°角,低角度照明往往能得到比较理想的检验效果。

5.1.4 应采用照相或摄像的方法,固定侧光检验的结果。

5.2 表面涂色法

5.2.1 表面涂色法只适用纸张表面印压痕迹较明显的检材,由于其对检材有一定程度的污损作用,故一般不建议使用。

5.2.2 若选用表面涂色法,应在其他检验方法完成之后最后进行,检验前应采用照相或摄像灯方法固定检材的原貌。

5.2.3 检验时应选用适当的着色材料,通常用复写纸色料或用柔软物质蘸取少量墨粉逐步着色,着色时应掌握适当的力度,涂抹时应均匀。

5.3 静电压痕仪检验

不同品牌、型号的静电压痕仪其构件、性能不尽相同,但在检验原理、步骤和方法上基本一致。

5.3.1 显影设备准备

a) 倾倒显影墨粉:第一次使用时应将少量墨粉倒入倾倒显影墨粉罐与玻璃小珠混合,摇晃倾倒显影墨粉罐,使墨粉均匀分布到玻璃小珠周围;对已使用过倾倒显影墨粉,则观察玻璃小珠表面带有的墨粉量,如墨粉量少,可适当添加墨粉。

b) TAD 显影准备:对于新的 TAD,先用大头针在 TAD 纤维底部中心刺穿薄膜;对已使用过的 TAD,如墨粉不足,可多刺几个小孔。

c) 喷墨显影准备:应检查墨粉储存器内是否适量,喷墨嘴是否堵塞,并保持喷墨罩的清洁便于观察。

5.3.2 对检材的预处理

a) 根据实验室环境的相对湿度,结合检材干燥情况,决定是否用加湿器对检材加湿。需加湿时应将水盘加入适量的水,放入加湿器,再将检材放置在塑料格栏上,注意保持格栏清洁;

b) 加湿时应注意控制加湿时间,通常情况下加湿时间不能过长,一般加湿 1~2 分钟为宜。有胶层、较厚、纤维组织紧密的纸张可适当延长加湿时间。

5.3.3 成像前准备

a) 检验前将检材纸张正面放置在多孔载板上,启动真空泵,注意保持检材纸张的平整;

b) 手持成像薄膜两角,保持与多孔载板几公分距离,将成像薄膜平整地覆盖在检材上,尽量避免出现小褶皱,如出现可轻轻地拉扯薄膜边缘予以消除。

5.3.4 静电成像

a) 打开充电开关,使高压充电棒带电,手持充电棒外框,保持与成像薄膜 2~5cm 的高度,以平行、垂直、对角线等方向,缓慢移动充电棒,对检材上的成像薄膜均匀充电;

b）充电时间应当适当，直至控制面板充电指示灯闪烁充电结束，将充电棒朝下放置在工作台上；

c）充电后，等待成像薄膜上静电图像成像，直至控制面板指示灯熄灭。

5.3.5 显现静电图像

静电图像显现有三种方式：喷墨方式、倾倒显影墨粉方式、TAD涂色方式。通常采用倾倒方式和喷墨方式显现效果较好；在检材纸张上压痕较深情况下，可采用TAD涂色显现方式。

a）倾倒显影墨粉：将多孔载板右边缘抬高到适当高度使载板倾斜，缓慢、轻轻地抖动准备好的墨粉罐，将显影粉撒在需检验的部位显现图像，操作过程中注意控制载板倾斜角度和墨粉量，不要在载板上遗留玻璃小珠。

b）喷墨方式：将喷墨罩轻放在成像薄膜上，使文件处于喷墨盖罩中央部位，喷墨时注意控制喷墨量，一次不宜过多、喷墨时间不宜过长，应短时、少量、多次逐步喷撒。

c）TAD涂色方式：在检材需检部位外的成像薄膜上轻拍并轻轻移动TAD，使TAD薄膜内的墨粉充满到纤维底部表面，可对重点区域多次显现，直至得到理想的反差和可见度，但要注意避免墨粉过量。

5.3.6 压痕图像提取和固定

提取压痕图像有两种方式：固定胶膜提取和照相提取。通常情况下可采用仪器提供的固定胶膜提取，同时也可采用照相方式提取。

a）固定胶膜提取：剪切与提取区域相当的固定胶膜，从保护衬纸上剥离胶膜，手持固定胶膜两端呈半圆垂悬状，逐步降低高度使胶纸缓慢、平整地覆盖在成像区域，再用柔软的棉球、餐巾纸等从中间向外用力摩擦胶纸表面消除气泡，小心从检材上揭下粘合在一起的成像薄膜和固定胶膜，将取下粘合在一起的成像薄膜和固定胶膜夹入较硬的平纸板之间，以避免成像薄膜和固定胶膜形成褶皱。

b）照相提取：用照相机对已显现的压痕图像进行照相固定时，应注意拍摄角度和距离，拍摄时相机与成像薄膜间的角度，避免光线对压痕图像质量的影响，从薄膜上的反光可能影响压痕图像的照相效果，使用适当的曝光量，可用不同曝光量进行多次拍摄，以达到最佳效果。

5.3.7 墨粉回收

a）对于倾倒显影墨粉方式，将回收槽口对准墨粉罐，抬起轻轻敲击回收槽直接回收。

b）对于TAD方式，可用未穿孔的TAD纤维底部回收多余墨粉。

c）对于喷墨方式的墨粉，多余的墨粉可用墨粉刷收集回收。

5.3.8 显现结果的分析和判断

固定胶膜提取的,可将提取有成像薄膜的固定胶膜置于白色衬纸上,观察压痕正像。照相提取的静电图像,可用适当的图像处理软件调整图像质量,分析显现效果。对于部分模糊或残缺的文字,可结合上下文根据残余笔画采用残字推断法进行辨认。如显现效果不佳,可按照上述程序和方法反复进行显现,并注意从以下几方面调整检验条件。

a) 如检材纸张的纤维紧密,将检材纸张再次进行加湿处理;

b) 增加充电次数,一般可增加 2 至 4 次;

c) 如检材纸张的纤维松散,压痕较深,可将检材纸张反面平整放置在多孔载台上;

d) 变化显影方式。

6 鉴定结论

6.1 文件压痕字迹显现、提取、固定后应将原物返回委托人,鉴定机构只保留显现后的实物或照片、图片等。

6.2 对显现的内容,能够用图片显示的,应当用图片进行客观表示;图片不能清晰显示的,结论中应作详细的文字说明。

6.3 对于根据残字或模糊笔画推断的内容,应在鉴定书中特别说明。

特种文件鉴定规范

SF/Z JD0201006 - 2010

2010年4月7日发布　2010年4月7日生效

目　次

前　言

本规范是《文件鉴定通用规范》的组成部分，旨在确立我国文件鉴定实验室进行特种文件检验的步骤和方法等方面的要求，确保行业的规范和有序运行。

本规范由司法部司法鉴定科学技术研究所提出。

本规范由司法部司法鉴定科学技术研究所负责起草。

本规范主要起草人：杨旭、施少培、陈晓红、凌敬昆、徐彻、钱煌贵、卞新伟、孙维龙、奚建华。

1　适用范围

本规范规定了特种文件鉴定的检验步骤和方法。

本规范适用于对文件鉴定中货币、护照、身份证、票据等各类特种文件的安全标识和真伪鉴定。

2 规范性引用文件

下列文件中的条款通过本部分的引用而成为本部分的条款。凡是注明日期的引用文件,其随后所有的修改单(不包括勘误的内容)或修改版均不适用于本部分,然而,鼓励根据本部分达成协议的各方研究是否可适用这些文件的最新版本。凡是不注明日期的引用文件,其最新版本适用于本部分。

SF/Z JD0201001 - 2010 文书鉴定通用规范

SF/Z JD0201004 - 2010 印刷文件鉴定规范

SF/Z JD0201005 - 2010 篡改(污损)文件鉴定规范

SF/Z JD0201008 - 2010 文件材料鉴定规范

3 特种文件鉴定常用的检验方法

3.1 宏观检验:通过肉眼或借助放大镜、透射光照射下对宏观的印刷特征进行观察和分析,如水印、安全线等。

3.2 显微检验:借助显微镜对微观的印刷特征进行观察和分析,如雕刻特征、微缩印刷特征等。

3.3 测量检验:借助测量工具或测量软件对印刷特征的位置、形状、规格及相互关系进行测量和分析。

印压痕迹检验:通过触摸、侧光观察或压痕仪显现对特种文件上的各类印压痕迹和墨迹凹凸状况进行观察和分析,具体检验方法可参照SF/Z JD0201005 - 2010 篡改(污损)文件鉴定规范 第3部分 文件印压字迹鉴定规范。

3.4 红外光检验:在红外光照射下,观察和分析比较需检文件材料对红外光的反射、吸收特性。

3.5 紫外光检验:在紫外光照射下,观察和分析比较需检文件材料对紫外光的反射、吸收特性。

3.6 荧光检验:在特定光源的照射下,观察和分析比较需检文件材料的荧光特性,特种文件鉴定中常用365、245nm长波和短波紫外线进行荧光特性检验,某些防伪油墨需在特定光源下激发荧光(如反斯托克斯墨水,需在950nm激光下激发)。

3.7 磁性检验:借助磁性检验设备,对印刷油墨的磁性特性及记录的磁信息进行检验和分析。

3.8 点滴试验:通过特定的化学试剂对印刷墨迹的显色、溶解特性等进行分析。

分析仪器检验:通过分析仪器对印刷墨迹、纸张的理化特性进行定性和(或)定量分析,具体检验方法可参照 SF/Z JD0201008 - 2010　文件材料鉴定规范。

3.9　专用鉴别设备检验:专门用于鉴别各类特种文件的检测仪器,如验钞机、身份证鉴别仪、全息信息识别仪、证照鉴别系统等。

4　常见特种文件的特征

4.1　常见特种文件的制作工艺特征

a) 文件的规格:特种文件的类型、构成要素,及长度、宽度、厚度、页数等规格;

b) 文件的载体:特种文件承印物的材质和加工、合成工艺,承印物的色度、厚度、平滑度等;

c) 文件的印刷工艺:特种文件各部位的印制方法,印刷顺序,运用印刷油墨的特点等;

d) 文件的装订工艺:特种文件的装订方法,装订顺序,装订线的材质、粗细、颜色、缠绕方式等。

4.2　常见特种文件的内容信息特征

a) 内容信息:分析特种文件内容信息的项目、格式及具体内容、填写要求等;

b) 附加信息:分析特种文件附加信息的形成过程和形成方式,及附加信息的含义等。

4.3　特种文件常用的防伪方法

a) 承印物防伪:如特殊材质纸、水印纸、化学水印纸、超薄纸等;

b) 特殊添加物:如安全线、彩色纤维、彩点等。

c) 特殊油墨:如光敏油墨、紫外荧光油墨、日光激发变色油墨、红外油墨、光学可变油墨、热敏油墨、压敏油墨、磁性油墨、防涂改油墨、防复印油墨、涂水显像油墨、反斯托克斯墨水等。

d) 特殊工艺印刷:如全息照相印刷、多色接线印刷、彩虹印刷、对印印刷、叠印印刷、对接印刷、缩微印刷、重离子微孔印刷、多种印版套印等。

e) 特种印刷方法:如立体印刷、凹凸印刷、浮雕印刷、盲文印刷、磁性印刷、塑料薄膜印刷等。

f) 特殊文字和图案:如微缩文字和图案、特殊形状图案、隐形图案等。

g) 特殊装订方式:如多线缠绕装订等。

h) 文件号码:采用特殊的编制方式、印制方法、排列格式及其他特殊方式制作(如微孔印刷等)。

5　特种文件鉴定的检验步骤和方法

特种文件真伪的鉴定,通常需提供标准样本,鉴定时首先应根据以上常见特征文件特征对标准样本的制作工艺、内容信息、印刷特征、防伪特征等进行详细的分析,必要时应要求委托方提供标准样本的有关技术资料。根据标准样本各类特征及检材的具体情况,选择相应的检验方法对检材上对应的各类特征分别进行检验,应注意从以下几方面检验。

5.1　检材印刷方法的检验

根据检材的功能及印刷材料、印刷方法、印刷工艺的特点,分析检材的印刷特征,具体检验方法可参照 SF/Z JD0201004－2010　印刷文件鉴定规范,印刷材料特性如纸张理化特性、油墨理化特性、装订线理化特性等可参照 SF/Z JD0201008－2010　文件材料鉴定规范。

5.1.1　根据检材的特性及印刷方法、材料的特点,综合评断检材的印刷方法。

5.1.2　如有标准样本的,通过检材与标准样本的印刷方法的比较检验,综合评断检材与标准样本印刷方法的异同。

5.2　检材防伪特征的检验。

5.2.1　分析检材的形式和防伪要求,如有标准样本的,可根据标准样本防伪特征的情况,进行对比分析。

5.2.2　选用适当的检验方法,发现并分析检材防伪特征,可根据常见特种文件的防伪特征选用适当的检验方法逐一进行检验。虽不同种类的特种文件,其防伪技术手段及特点不尽相同,但通常可以从以下几方面检验。

纸张:注意分析特种文件使用的纸张的理化特性,是否采用特殊制作工艺,以及是否存在异常擦刮、消退、污染痕迹等,具体检验方法可参照 SF/Z JD0201005－2010 篡改(污损)文件鉴定规范　第1部分　变造文件鉴定规范　中有关方法。

a) 水印:在透射光的照射下,注意观察和分析水印的位置、形态及内容,如图案、文字、数字等,特别注意其轮廓的清晰度、立体感等。

b) 安全线:在特种光源的照射下,注意观察和分析安全线的位置、形态及线条中的微缩印刷内容等。

c) 防伪纤维:在特种光源的照射下,注意观察和分析防伪纤维的分布状态、荧光特性、颜色等。

d) 特殊油墨:在不同角度光源照射下或特种光源的照射下,注意观察和分析是否使用特殊油墨，如光变油墨、紫外荧光油墨等。

e）微缩印刷：采用显微检验方法，注意观察和分析微缩文字、微缩图案的印刷方式、内容等。

f）隐形印刷：注意放大观察和分析隐形线条、图案、文字的印刷方式、内容等。

g）照片：注意分析照片的制作方式，如粘贴、彩色激光打印、彩色喷墨打印等，接缝处处理方式，并特别注意分析照片部位有无变造痕迹等，具体检验方法可参照 SF/Z JD0201005－2010　篡改（污损）文件鉴定规范　第1部分　变造文件鉴定规范　中有关方法。

h）碾压薄版：注意分析照片页碾压薄版上的特殊印刷信息的内容、位置及相互关系，如全息印刷信息、彩虹印刷信息、特殊图案等。

i）特殊效果：注意发现检材上文字等内容的特殊印刷效果，如文字的 VIP 效果、重叠图像等。

j）证件文字、号码：注意分析不同部位文字、号码的印刷方式，如胶版、凸版、凹版印刷或直接打印，微孔号码注意分析其组合方式、大小形态等。同时应特别注意分析证件号码有无擦刮、消退、修补等变造痕迹，具体检验方法可参照 SF/Z JD0201005－2010　篡改（污损）文件鉴定规范　第1部分　变造文件鉴定规范　中有关方法。

k）装订线：注意分析装订线的数量、缠绕方式及颜色、荧光特性等，及是否采用特殊方式固定，如用塑料固定等，同时特别注意分析有无重新装订的痕迹。

5.2.3　分析检材防伪特征的数量和分布，并通过与标准样本的防伪特征进行比较检验，综合评断两者的防伪特征的异同。同时特别注意分析检材的重要部位和信息有无变造的痕迹。

5.3　检材特征质量的综合评断。

5.3.1　根据特征的稳定性进行判断：易受保存条件、环境等不确定因素影响的特征稳定性差，其特征价值较低；反之特征价值较高（如水印、防伪纤维、安全线等）。

5.3.2　根据制作工艺进行判断：制作工艺越复杂、技术含量越高（如特种工艺印刷、各种防伪特征等），特征价值越高；制作工艺越简单、技术含量越低，特征价值越低。

5.3.3　对于检材受到污损的，要分析污染和损坏是否会导致某些特征的改变或者消失，必要时在可能的情况下，可以进行模拟实验，根据模拟实验的结果判断特征的价值。

5.3.4　综合以上几方面，对特征的价值作出综合评价。

a) 如有标准样本的,通过检材与标准样本的比较检验,综合分析两者印刷特征、防伪特征等的异同,并根据综合评断的结果,参照6.1作出相应的鉴定结论;

b) 如无标准样本的,应综合分析检材的重要部位或信息,如照片、号码、防伪特征等,有无明显的变造痕迹或伪造现象,并根据综合分析的结果,参照6.2作出相应的鉴定结论。

6 鉴定结论

6.1 如有标准样本,通过对检材与样本的制作工艺、内容信息、印刷特征、防伪特征等综合鉴定,如两者存在本质差异的,可做出检材是伪造形成结论;如两者各类特征(特别是防伪特征)相符,个别变化特征能科学、合理解释的,可作出检材不是伪造形成结论。不建议采用推断性结论。

6.2 如无标准样本的,一般不对检材的真伪直接做出判断,只需对检材具体的制作方法、制作过程、印刷特征、防伪特征或其他异常痕迹(现象)等作出客观描述即可,只有当检材的重要部位或信息有明显的变造痕迹或伪造现象的,方可作出检材系伪造的鉴定结论。不建议采用推断性结论。

朱墨时序鉴定规范

SF/Z JD0201007－2010

2010年4月7日发布　2010年4月7日生效

目　次

前　言

本规范是《文件鉴定通用规范》的第8部分，旨在确立我国文件鉴定实验室进行印字形成先后鉴定所必须遵循的通用鉴定程序和方法等方面的要求，确保行业的规范和有序运行。

本规范由司法部司法鉴定科学技术研究所提出。

本规范由司法部司法鉴定科学技术研究所负责起草。

本规范主要起草人：杨旭、施少培、凌敬昆、钱煌贵、徐彻、卞新伟、孙维龙、奚建华、陈晓红。

1 范围

本规范规定了印字先后顺序鉴定中进行显微检验的步骤和方法。

本规范适用于文件鉴定中印字先后顺序的鉴定。

2 规范性引用文件

下列文件中的条款通过本部分的引用而成为本部分的条款。凡是注明日期的引用文件,其随后所有的修改单(不包括勘误的内容)或修订版均不适用于本部分,然而,鼓励根据本部分达成协议的各方研究是否可适用这些文件的最新版本。凡是不注明日期的引用文件,其最新版本适用于本部分。

SF/Z JD0201001 - 2010 文书鉴定通用规范

SF/Z JD0201004 - 2010 印刷文件鉴定规范

SF/Z JD0201008 - 2010 文件材料鉴定规范

3 术语和定义

SF/Z JD0201001 - 2010 文书鉴定通用规范 第1部分 文件鉴定通用术语、SF/Z JD0201003 - 2010 印章印文鉴定规范 第1部分 印文特征的分类中确立的以及下列术语和定义均适用于本部分。

3.1 朱墨时序:又称印字先后顺序。指文件系统要素中印迹(通常指印章印文和指印等)与文字(通常指各种书写工具形成的手写文字和打印、复印工具形成的印制文字等)之间形成的先后次序。

3.2 印字交叉部位:指文件系统要素中印迹(通常指印章印文和指印等)与文字(通常指各种书写工具形成的手写文字和打印、复印工具形成的印制文字)之间形成交叉、重叠的部分。印字形成交叉、重叠是鉴别印字先后顺序的前提条件。

3.3 朱墨时序鉴定:又称印字先后顺序鉴定。指利用一定的仪器设备对文件系统要素中印迹(通常指印章印文和指印等)与文字(通常指各种书写工具形成的手写文字和打印、复印工具形成的印制文字等)交叉部位的墨迹分布状态及理化特性进行检验和分析,从而判断两者形成的先后次序。

3.4 显微检验:指借助各种显微镜,对物体表面性状及微观结构等进行观察和分析判断。

3.5 显微图像:指通过显微镜观察到的微观图像。显微图像可以直接通过显微镜的目镜进行观察,也可通过专用图像软件获取微观图像并在电脑显示屏上进行观察。

3.6 显微图片:指采用一定的技术手段将通过显微镜观察到的显微图像制作成的微观图片。显微图片可以通过专用图像软件获取显微图像打印制作,也可采用显微照相的技术进行拍摄并打印或冲印。

3.7　显微特征：指通过显微镜直接观察到的或通过显微镜图片显示出的，被检测对象的微观形态的分布特征。印字交叉部位的显微特征是指通过显微镜观察到的印字交叉部位印文墨迹和文字材料的色料分布、显微结构、形态、颜色、光泽等特性，是判断印字先后顺序的主要依据。

4　印字交叉部位的显微特征

印字交叉部位显微特征受印文材料和文字材料的理化特性，及文件的制作方法、形成条件等诸多因素的影响，显微特征的表现形式不尽相同，其主要表现在但不局限于以下几方面。

4.1　先印后字的特征

a）印字交叉部位印文笔画连贯、完整；

b）印字交叉部位表面应呈现印文油墨被文字色料覆盖的现象；

c）印字交叉部位文字笔画可能出现收缩、渗散、中断等现象；

d）印字交叉部位印文色料可能出现被擦划、抑压、拖带等痕迹；

e）印字交叉部位文字色料可能出现如色料减浅、表面色泽变暗、无光泽等现象。

4.2　先字后印的特征

a）印字交叉部位文字笔画连贯、完整；

b）印字交叉部位表面应呈现文字色料被印文油墨覆盖的现象；

c）印字交叉部位印文笔画可能出现收缩、中断或缺损等现象；

d）印字交叉部位印文色料不应出现被擦划、抑压、拖带等痕迹；

e）印字交叉部位印文色料可能出现如油墨变浅、表面颜色变亮、光泽增强等现象。

5　检验步骤和方法

5.1　检验原则

5.1.1　遵循SF/Z JD0201001－2010　文书鉴定通用规范　第2部分　文件鉴定通用程序　中规定的检验/鉴定原则。

5.1.2　根据无损检验优先的原则，首先应当采用常规的显微检验法。

5.1.3　一般情况下不建议使用破坏性的检验方法，初检时禁止使用破坏性的检验方法。

5.1.4　印字形成多部位交叉的，应对各交叉部位分别进行检验，相互验证、综合判断。

5.1.5　可采用模拟实验的方法，对检验结果进行实验验证，并逐步建立各类印文材料与文字材料交叉部位的显微特征图片库。

5.2 初检

5.2.1 确定检材是否具备检验条件。

a) 检验印迹与文字必须形成交叉。

b) 交叉部位周围印迹和文字的墨迹分布均匀、完整,无明显的污损或破坏痕迹。

c) 印字交叉部位明显重叠,最好有两处以上的交叉部位可供检验。

5.2.2 观察和分析印迹与字迹交叉部位情况及与文件其他要素之间的关系。

5.2.3 对印迹材料和文字材料的理化特性进行综合分析,初步判断其种类。

5.2.4 根据印迹材料和文字材料的种类,确定检验方案,并选用合适的显微镜。常用的显微镜有:

a) 低倍率的立体显微镜:放大倍率一般在150倍左右;照明方式包括:反射侧光、透射光、垂直光等。

b) 高倍率的材料显微镜:放大倍率可达1500倍左右;照明方式一般包括:反射侧光、垂直光、同轴光、透射光、偏光等;视场有明场和暗场。

5.3 显微检验法的检验要点

5.3.1 针对检材的具体情况,选择适当的显微镜进行检验,通常应使用低倍率的立体显微镜和高倍率的材料显微镜交叉进行检验。

5.3.2 检验中应当遵循有关仪器的检验规范,并做好检验记录。

5.3.3 检验中应针对检材的具体情况,选择适当的放大倍率,使用高倍率的材料显微镜进行检验时,放大倍率既不能过低也不能过高,以得到最佳识别效果为原则。

5.3.4 检验中应针对检材的具体情况,选择适当的光照方式及照射角度、光照强度等,如侧光、垂直光、同轴光、偏光等光源的选择,在明场和暗场下分别进行比对分析。

5.3.5 检验中注意根据不同放大倍率景深的变化,进行动态的分层检验,可将高放大倍率的各层图像进行组合(某些显微镜具有自动或手动共聚焦功能),得到清晰的高倍显微图像,提高检验效果。

5.3.6 印字交叉部位显微特性的分析要点。

a) 交叉部位印文色料和文字色料的连贯性、完整性分析;

b) 交叉部位印文色料和字迹色料显微分布状态的分析;

c) 交叉部位印文色料和字迹色料的表面颜色变化的分析;

d）交叉部位印文色料和字迹色料的表面光泽变化的分析；

e）交叉部位手写字迹形成的压痕部位印文油墨的分布状态的分析；

f）交叉部位印文色料和字迹色料的收缩、渗散、中断、堆积等现象的分析；

g）交叉部位印文或字迹笔画边缘墨迹分布、颜色、光泽等情况的分析；

h）交叉部位印文油墨表面有无被擦划、拖带、抑压等现象的分析；

i）注意对比分析交叉部位与未交叉部位印文色料和文字色料在颜色、光泽、墨迹分布等特性上的变化情况。

5.4 显微图片的制作

5.4.1 通过显微镜专用图像软件获取不同条件下的显微图像并进行合理编排制作成高分辨率的显微图片。

5.4.2 采用显微照相技术，用数码相机拍摄不同条件下的显微图像，并利用专门图像软件进行合理编排制作成高分辨率的显微图片。

5.4.3 必要时对反映出的有价值的显微特征在显微图片上进行标识或说明。

5.5 实验验证

5.5.1 显微检验中，如对印字交叉部位的显微特征尚不能准确把握的，可根据检材印文和文字的情况进行模拟实验。

5.5.2 用检材印文和文字的制作工具或与检材印文和文字制作工具相近的工具制作先字后印和先印后字的实验样本。

5.5.3 采用以上检验步骤和方法，对样本印文与文字交叉部位的显微特征进行分析、鉴别，并将有价值的特征部位分别制作成显微图片供比对，必要时可进行盲样测试，以确保准确掌握印文与文字交叉部位的细微特征。

5.5.4 根据印字交叉部位显微特征的特性，将检材印字交叉部位的显微特征与样本印字交叉部位的显微特征进行对比分析，最终确认将检材印字交叉部位显微特征的性质和价值。

5.5.5 实验室平时也应根据常见的印文和文字材料类型建立显微特征图片库，为印字先后顺序鉴定的实验验证提供基础数据库。检验时可将检材的显微特征图片与库中同类材料的先字后印和先印后字的显微特征图片进行对比分析，最终为分析确认检材印字交叉部位的显微特征的性质提供客观的依据。

5.6 综合判断

根据检材印字交叉部位的显微特征的检验结果，必要时结合实验验证的情况进行综合分析，对检材印字交叉部位显微特征的性质作出科学、客观的评价，最终作出相应的鉴定结论。

6 鉴定结论

印字先后顺序鉴定的结论分为三大类共五种,其中确定性结论两种:先字后印或先印后字;倾向性结论两种:倾向先字后印或倾向先印后字;无法作出鉴定结论。

6.1 确定性结论

作出确定性结论的,无论是先字后印还是先印后字的,应满足以下条件:

a) 印字交叉部位完整、无影响检验效果的污染、破坏痕迹;

b) 印字交叉部位的显微特征反映明显,特征质量高,充分表现出先字后印或先印后字的特点;

c) 有依据表明或通过实验验证,没有其他能够影响这些显微特征的因素存在;

d) 检验结果与文件系统要素中的其他要素之间没有本质性的矛盾。

6.2 倾向性鉴定结论

作出倾向性结论的,无论是先字后印还是先印后字的,应满足以下条件:

a) 印字交叉部位完整、无影响检验效果的污染、破坏痕迹;

b) 印字交叉部位的显微特征反映较明显,特征价值较高,基本表现出先字后印或先印后字的特点;

c) 有依据表明或通过实验验证,基本没有其他能够影响这些显微特征的因素存在;

d) 检验结果与文件系统要素中的其他要素之间没有本质性的矛盾。

6.3 无法作出结论

a) 检材不具备鉴定条件的。

b) 根据显微检验方法既不能作出明确性结论也不能作出倾向性结论的。

文件材料鉴定规范

SF/Z JD0201008 - 2010

2010年4月7日发布　2010年4月7日生效

目　次

前　言

《文件材料鉴定规范》是由系列规范构成,下面列出了这些规范的预计结构。

——第1部分:纸张鉴定;
——第2部分:墨水鉴定;
——第3部分:油墨鉴定;
——第4部分:墨粉鉴定;
——第5部分:粘合剂鉴定。

本规范由司法部司法鉴定科学技术研究所提出。

本规范由司法部司法鉴定科学技术研究所负责起草。

本规范主要起草人:徐彻、杨旭、施少培、凌敬昆、罗仪文、奚建华、卞新伟、孙维龙、陈晓红。

第1部分 纸张鉴定

1 适用范围

本部分规定了文件材料鉴定中纸张的特性和种类比对检验的步骤和方法。

本部分适用于文件材料鉴定中纸张的鉴定。

2 规范性引用文件

下列文件中的条款通过本部分的引用而成为本部分的条款。凡是注明日期的引用文件,其随后所有的修改单(不包括勘误的内容)或修订版均不适用于本部分,然而,鼓励根据本部分达成协议的各方研究是否可适用这些文件的最新版本。凡是不注明日期的引用文件,其最新版本适用于本部分。

GB/T 451.1-2002 纸张和纸板尺寸、偏斜度的测定

GB/T 451.3-2002 纸和纸板厚度的测定

GB/T 22363-2008 纸和纸板粗糙度的测定(空气泄漏法)本特生法和印刷表面法

GB/T 458-2008 纸和纸板透气度的测定

GB/T 7974-2002 纸、纸板和纸浆亮度(白度)的测定 漫射/垂直法

GB/T 8941-2007 纸和纸板镜面光泽度测定(20° 45° 75°)

GB/T 19267 刑事技术微量物证的理化检验

GA/T 242-2000 微量物证的理化检验术语

JY/T 002-1996 激光喇(拉)曼光谱分析方法通则

SF/Z JD0201001-2010 文书鉴定通用规范

3 术语和定义

GA/T 242-2000 《微量物证的理化检验术语》及以下规定的术语及定义适用本部分。

3.1 纸张:指各类原纸和纸印品总称。

3.2 检材纸张:需要鉴定的纸张。

3.3 样本纸张:用于比较、对照的纸张。

3.4 需检纸张:检材纸张和样本纸张的统称。

3.5 纸张鉴定:指运用物理、化学分析的方法,分析鉴别需检纸张的纸张特性和种类是否相同。

3.6 纸张特性:指纸张本身的外观及物理、化学特性等,是纸张鉴定的具体

内容和纸张种类认定的客观依据。

3.7 外观纸病:指由于多方面的原因,引起的纸张残损或出现缺陷,如尘埃、斑点、歪斜等。

3.8 纸张纹痕:指纸张在抄造过程中留下的痕迹,如毯痕、网痕、水印等。

4 检验方法

在纸张的检验过程中,应根据检验目的确定具体的检验方法。常用的检验方法有:

4.1 外观检验:在自然光或照明光源下,通过目视、玻璃透光台或借助放大镜、显微镜等工具,对需检纸张颜色、光泽、状态、宏观形态以及外观纸病、纸张纹痕等特征进行分析和比较。

4.2 纸张的物理性能检验:按照 GB/T 451.3－2002、GB/T 22363－2008、GB/T 458－2008、GB/T 7974－2002 和 GB/T 8941－2007 方法的相关内容,检测和分析比较需检纸张的厚度、粗糙度、透气度、白度和光泽度等特性。

4.3 视频光谱检验:在特定光源激发或照射下,观察和分析比较需检纸张的荧光特性、紫外反射和红外反射特性。

4.4 拉曼光谱检验:按照 JY/T 002－1996 方法的相关内容,检测和分析比较需检纸张的拉曼光谱特性。

4.5 显微分光光度法检验:按照 GB/T 19267 方法的相关内容,检测和分析比较需检纸张的反射光谱特性。

4.6 X 射线荧光光谱法检验:按照相关仪器操作规程,检测和分析比较需检纸张的主要元素成分。

5 检验步骤和方法

5.1 设备

——放大镜、玻璃透光台、钢尺等

——体视显微镜

——厚度仪

——粗糙度测试仪

——透气度仪

——白度色度仪

——光泽度仪

——文检仪

——拉曼光谱仪

——显微分光光度计

——X射线荧光光谱仪

——其他

5.2 纸张外观检验

5.2.1 初步检验

观察纸张的颜色、光泽、外貌形态、表现形式，初步判断纸张的类别，分析需检纸张的可比性。

5.2.2 外观纸病的检验

通过目测、玻璃透光台或借助放大镜、显微镜观察纸张颜色、匀度，判明哪些是纸张的纸病或固有特征，哪些是污损痕迹。

5.2.3 纸张纹痕的检验

在透光下观察、比较纹痕的形状、分布、清晰程度等特征。

5.3 纸张规格的检验

5.3.1 通过目测辨别纸张形状，若形状规则，用测量工具测量纸张的尺寸，确定大小规格。

5.3.2 通过重叠比较，确定检材和样本纸张外形、尺寸是否一致。

5.4 仪器检验

选用仪器检验时，根据鉴定要求，综合检材、仪器情况而定。

5.4.1 纸张厚度检验

选择纸张多处空白部位，使用厚度仪分别检测需检纸张的厚度，求得其平均值后进行比较。

5.4.2 纸张粗糙度检验

选择纸张多处空白部位，使用粗糙度仪分别检测需检纸张的粗糙度，求得其平均值后进行比较。

5.4.3 纸张透气度检验

选择纸张多处空白部位，使用透气度仪分别检测需检纸张的透气度，求得其平均值后进行比较。

5.4.4 纸张白度检验

选择纸张多处空白部位，使用白度色度仪分别检测需检纸张的白度，求得其平均值后进行比较。

5.4.5 纸张光泽度检验

选择纸张多处空白部位，使用光泽度仪分别检测需检纸张的光泽度，求得其平均值后进行比较。

5.4.6 视频光谱检验

a）在相同条件下，观察需检纸张空白处在特定光源照射下的紫外反射和红外反射特性，并对需检纸张的紫外反射和红外反射特性，即有无反射、吸收程度进行分析比较；

b）在相同条件下，观察需检纸张空白处在特定光源激发下的荧光响应，并对需检纸张的荧光特性，即有无荧光、荧光强弱进行分析比较。

5.4.7　拉曼光谱检验

选择纸张多处空白部位，使用拉曼光谱仪检测需检纸张的拉曼光谱，并进行分析比较。

5.4.8　显微分光光度法检验

选择纸张多处空白部位，使用显微分光光度计检测需检纸张的反射光谱，并进行分析比较。

5.4.9　X 射线荧光光谱检验

选择纸张多处空白部位，使用 X 射线荧光光谱仪检测需检纸张的主要元素成分，并进行分析比较。

5.4.10　其他分析仪器检验

5.5　检验结果的评断

综合分析需检纸张的原纸特性的具体情况，对差异特性和符合特性的性质作出客观评断，需检纸张特性的评断包括：

a）纸张类别、颜色、外形、尺寸等是否一致；

b）纸张外观纸病有无差别；

c）纸张纹痕是否相符；

d）纸张厚度、粗糙度等物理特性是否相同；

e）纸张荧光、紫外反射、红外反射特性是否一致；

f）纸张拉曼位移峰峰位、峰数量和光谱背底形状等是否一致；

g）纸张反射光谱曲线形状（峰、峰谷、肩等位置、数量）是否相同；

h）纸张中主要元素成分是否相同，各对应元素相对百分含量是否一致；

i）纸张其他特性。

6　鉴定结论

6.1　检材纸张与样本纸张的特性存在本质性差异，结论为检材纸张与样本纸张不同。

6.2　根据已使用的检验方法，未发现检材纸张与样本纸张的特性存在本质性差异，结论为未发现检材纸张与样本纸张的特性不同。

6.3　若检材纸张不具备鉴定条件或根据现有检验技术，无法得出明确鉴定结论的,结论为无法判断检材纸张与样本纸张是否相同。

第2部分 墨水鉴定

1 适用范围

本部分规定了文件材料鉴定中墨水的特性和种类比对检验的步骤和方法。

本部分适用于文件材料鉴定中墨水的鉴定。

2 规范性引用文件

下列文件中的条款通过本部分的引用而成为本部分的条款。凡是注明日期的引用文件,其随后所有的修改单(不包括勘误的内容)或修订版均不适用于本部分,然而,鼓励根据本部分达成协议的各方研究是否可适用这些文件的最新版本。凡是不注明日期的引用文件,其最新版本适用于本部分。

GB/T 19267 刑事技术微量物证的理化检验

GA/T 242-2000 微量物证的理化检验术语

JY/T 002-1996 激光喇(拉)曼光谱分析方法通则

SF/Z JD0201001-2010 文书鉴定通用规范

3 术语和定义

GA/T 242-2000 《微量物证的理化检验术语》及以下规定的术语及定义适用本部分。

3.1 墨水:指文件上的各类墨迹的总称。包括书写墨水、喷墨墨水、书画墨汁和中国墨、防伪墨水及特种墨水等。

3.2 检材墨水:检材上需要鉴定的墨水。

3.3 样本墨水:用于比较、对照的墨水。

3.4 需检墨水:检材墨水和样本墨水的统称。

3.5 墨水鉴定:指运用物理、化学分析的方法,分析鉴别需检墨水的墨水特性和种类是否相同。

3.6 墨水特性:指墨迹的各类理化特性,如墨水的颜色、光泽、形态、成分及其紫外、可见光、红外、荧光等的光谱特性等。墨水特性是墨水鉴定的具体内容和墨水种类认定的客观依据。

4 检验方法

在墨水的检验过程中,应根据检验目的确定具体的检验方法。常用的检验方法有：

4.1 外观检验：在自然光或照明光源下，通过目视或借助放大镜等工具，对需检墨水颜色、光泽、状态、宏观形态等特征进行分析和比较。

4.2 显微检验：在照明光源下，借助体视显微镜等，对需检墨迹的颜色、光泽、微观形态等特征进行分析和比较。

4.3 紫外光检验：在紫外光照射下，观察和分析比较需检墨迹的特性。

4.4 荧光检验：在特定光源的照射下，观察和分析比较需检墨迹的荧光特性。

4.5 红外光检验：在红外光照射下，观察和分析比较需检墨迹的红外光特性。

4.6 显微分光光度法检验：按照 GB/T 19267 方法的相关内容，检测和分析比较需检墨水的反射光谱特性。

4.7 拉曼光谱检验：按照 JY/T 002－1996 方法的相关内容，检测和分析比较检材墨水的拉曼光谱特性。

5 检验步骤和方法

5.1 设备

——放大镜

——体视显微镜等

——文检仪

——显微分光光度计

——拉曼光谱仪

——其他

5.2 外观和显微检验

5.2.1 观察需检墨迹是否有污损、褪色等情况。

5.2.2 观察需检墨迹的色泽情况，并对需检墨迹颜色浓淡、光泽强弱进行分析比较。

5.2.3 观察需检墨迹渗透、扩散程度，并进行分析比较。

5.2.4 观察需检墨迹的表面形态和显微分布状态，并进行分析比较。

5.2.5 初步判断需检墨迹材料的墨水种类，分析需检墨迹表观特性是否有差异。

5.3 仪器检验

选用仪器检验时，根据鉴定要求，综合检材、仪器情况而定。

5.3.1 紫外光检验

在相同条件下,观察需检墨迹在紫外光照射下的反射、吸收特性,分析比较需检墨迹之间是否有差异。

5.3.2 红外光检验

在相同条件下,观察需检墨迹在红外光照射下的红外吸收响应,并对需检墨迹的红外吸收特性,即有无吸收、吸收程度进行分析比较,是否有差异。

5.3.3 荧光检验

在相同条件下,观察需检墨迹在紫外光、可见光、近红外光的激发下的荧光响应,并对需检墨迹的荧光特性,即有无荧光、荧光强弱进行分析比较,是否有差异。

5.3.4 显微分光光度法检验

使用显微分光光度计,分别检测需检墨迹的反射光谱,并进行分析比较。

5.3.5 拉曼光谱检验

使用拉曼光谱仪,分别检测需检墨迹的拉曼光谱,并进行分析比较。

5.3.6 其他分析仪器检验

5.4 检验结果的评断

综合分析检材墨水与样本墨水特性的具体情况,对差异特性和符合特性的性质作出客观评断,需检墨水特性的评断包括:

a) 外观特性是否相同;

b) 显微形态是否相同;

c) 荧光特性性是否相同;

d) 紫外光特性是否相同;

e) 红外光特性是否相同;

f) 反射光谱曲线形状(峰、峰谷、肩等位置、数量)是否相同;

g) 拉曼光谱峰峰位、峰数量和光谱背底形状等是否一致;

h) 其他特性。

6 鉴定结论

6.1 检材墨水与样本墨水的特性存在本质性差异,结论为检材墨水与样本墨水不同。

6.2 根据已使用的检验方法,未发现检材墨水与样本墨水的特性存在本质性差异,结论为未发现检材墨水与样本墨水的特性不同。

6.3 若检材墨水不具备鉴定条件或根据现有检验技术,无法得出明确鉴定结论的,结论为无法判断检材墨水与样本墨水是否相同。

第3部分　油墨鉴定

1　适用范围

本部分规定了文件材料鉴定中印刷油墨的特性和种类比对检验的步骤和方法。

本部分适用于文件材料鉴定中印刷油墨的鉴定。

2　规范性引用文件

下列文件中的条款通过本部分的引用而成为本部分的条款。凡是注明日期的引用文件,其随后所有的修改单(不包括勘误的内容)或修订版均不适用于本部分,然而,鼓励根据本部分达成协议的各方研究是否可适用这些文件的最新版本。凡是不注明日期的引用文件,其最新版本适用于本部分。

GB/T 19267　刑事技术微量物证的理化检验

GA/T 242 – 2000　微量物证的理化检验术语

JY/T 002 – 1996　激光喇(拉)曼光谱分析方法通则

SF/Z JD0201001 – 2010　文书鉴定通用规范

3　术语和定义

GA/T 242 – 2000　《微量物证的理化检验术语》及以下规定的术语及定义适用本部分。

3.1　油墨:特指文件上的各类油性墨迹的总称。常见的油墨种类有:盖印油墨(印泥、印油)、传统制版印刷油墨、办公印刷设备油墨(不包括激光打印粉墨、静电复印粉墨)、特种油墨、防伪油墨等。

3.2　检材油墨:检材上需要鉴定的油墨。

3.3　样本油墨:用于比较、对照的油墨。

3.4　需检油墨:检材油墨和样本油墨的统称。

3.5　油墨鉴定:指运用物理、化学分析的方法,分析鉴别需检油墨的油墨特性和种类是否相同。

3.6　油墨特性:指文件上油墨的各类理化特性,如油墨的颜色、光泽、形态、成分及其紫外、可见光、红外、荧光等的光谱特性等。油墨特性是油墨鉴定的具体内容和油墨种类认定的客观依据。

4　检验方法

在油墨的检验过程中,应根据检验目的确定具体的检验方法。常用的检验方法有：

4.1 外观检验：在自然光或照明光源下，通过目视或借助放大镜等工具，对需检油墨颜色、光泽、状态、宏观形态等特征进行分析和比较。

4.2 显微检验：在照明光源下，借助体视显微镜等，对需检油墨的颜色、光泽、微观形态等特征进行分析和比较。

4.3 紫外光检验：在紫外光照射下，观察和分析比较需检油墨的紫外线特性。

4.4 荧光检验：在特定光源的照射下，观察和分析比较需检油墨的荧光特性。

4.5 红外光检验：在红外光照射下，观察和分析比较需检油墨的红外线特性。

4.6 显微分光光度法检验：按照 GB/T 19267 方法的相关内容，检测和分析比较需检油墨的反射光谱特性。

4.7 拉曼光谱检验：按照 JY/T 002 - 1996 方法的相关内容，检测和分析比较检材油墨的拉曼光谱特性。

5 检验步骤和方法

5.1 设备

——放大镜

——体视显微镜等

——文检仪

——显微分光光度计

——拉曼光谱仪

——其他

5.2 外观和显微检验

5.2.1 观察需检墨迹是否有污损、褪色等情况。

5.2.2 观察需检墨迹的色泽情况，并对需检墨迹颜色浓淡、光泽强弱进行分析比较。

5.2.3 观察需检墨迹渗透、扩散程度，并进行分析比较。

5.2.4 观察需检墨迹的表面形态和显微分布状态，并进行分析比较。

5.2.5 初步判断需检墨迹材料的油墨种类，分析比较需检墨迹的表观特性是否有差异。

5.3 仪器检验

选用仪器检验时，根据鉴定要求，综合检材、仪器情况而定。

5.3.1　紫外光检验

在相同条件下,观察需检墨迹在紫外光照射下的反射、吸收特性,分析比较需检墨迹之间是否有差异。

5.3.2　红外光检验

在相同条件下,观察需检墨迹在红外光照射下的红外吸收响应,并对需检墨迹的红外吸收特性,即有无吸收、吸收程度进行分析比较,观察是否有差异。

5.3.3　荧光检验

在相同条件下,观察需检墨迹在紫外光、可见光、近红外光的激发下的荧光响应,并对需检墨迹的荧光特性,即有无荧光、荧光强弱进行分析比较,观察是否有差异。

5.3.4　显微分光光度法检验

使用显微分光光度计,分别检测需检墨迹的反射光谱,并进行分析比较。

5.3.5　拉曼光谱检验

使用拉曼光谱仪,分别检测需检墨迹的拉曼光谱,并进行分析比较。

5.3.6　其他分析仪器检验

5.4　检验结果的评断

综合分析检材油墨与样本油墨特性的具体情况,对差异特性和符合特性的性质作出客观评断,需检油墨特性的评断包括:

a) 外观特性的是否相同;

b) 显微形态是否相同;

c) 荧光特性是否相同;

d) 紫外光特性是否相同;

e) 红外光特性是否相同;

f) 反射光谱曲线形状(峰、峰谷、肩等位置、数量)是否相同;

g) 拉曼光谱峰峰位、峰数量和光谱背底形状等是否一致;

h) 其他特性。

6　鉴定结论

6.1　检材油墨与样本油墨的特性存在本质性差异,结论为检材油墨与样本油墨不同。

6.2　根据已使用的检验方法,未发现检材油墨与样本油墨的特性存在本质性差异,结论为未发现检材油墨与样本油墨的特性不同。

6.3　若检材油墨不具备鉴定条件或根据现有检验技术,无法得出明确鉴定结论的,结论为无法判断检材油墨与样本油墨是否相同。

第4部分　墨 粉 鉴 定

1　适用范围

本部分规定了文件材料鉴定中墨粉的特性和种类比对检验的步骤和方法。

本部分适用于文件材料鉴定中墨粉的鉴定。

2　规范性引用文件

下列文件中的条款通过本部分的引用而成为本部分的条款。凡是注明日期的引用文件,其随后所有的修改单(不包括勘误的内容)或修订版均不适用于本部分,然而,鼓励根据本部分达成协议的各方研究是否可适用这些文件的最新版本。凡是不注明日期的引用文件,其最新版本适用于本部分。

GB/T 19267　刑事技术微量物证的理化检验

GA/T 242 - 2000　微量物证的理化检验术语

JY/T 002 - 1996　激光喇(拉)曼光谱分析方法通则

SF/Z JD0201001 - 2010　文书鉴定通用规范

3　术语和定义

GA/T 242 - 200　《微量物证的理化检验术语》及以下规定的术语及定义适用本部分。

3.1　墨粉:指文件上的各种激光打印粉墨、静电复印粉墨的总称。

3.2　检材墨粉:检材上需要鉴定的墨粉。

3.3　样本墨粉:用于比较、对照的墨粉。

3.4　需检墨粉:检材墨粉和样本墨粉的统称。

3.5　墨粉鉴定:指运用物理、化学分析的方法,分析鉴别需检墨粉的墨粉特性和种类是否相同。

3.6　墨粉特性:指文件墨粉的各类理化特性,如墨粉的颜色、光泽、形态、成分及其光谱特性等。墨粉特性是墨粉鉴定的具体内容和墨粉种类认定的客观依据。

4　检验方法

在墨粉的检验过程中,应根据检验目的确定具体的检验方法。常用的检验方法有:

4.1　外观检验:在自然光或照明光源下,通过目视或借助放大镜等工具,对需检墨粉颜色、光泽、状态、宏观形态等特征进行分析和比较。

4.2　显微检验:在照明光源下,借助体视显微镜等,对需检墨粉的颜色、光泽、微观形态等特征进行分析和比较。

4.3　拉曼光谱法检验:按照 JY/T 002－1996 方法的相关内容,检测和分析比较需检墨粉的拉曼光谱特性。

4.4　X 射线荧光光谱法检验:用 X 射线荧光光谱仪检测和分析比较需检墨粉的主要元素成分。

4.5　扫描电镜/能谱法检验:按照 GB/T 19267 方法的相关方法,对需检墨粉的微观形态等特征进行观察和比较,并检测和分析比较需检墨粉的主要元素成分。

5　检验步骤和方法

5.1　设备

——放大镜;

——手术刀、电熨斗、样品杯等;

——体视显微镜等;

——拉曼光谱仪;

——X 射线荧光光谱仪

——其他

5.2　外观和显微检验

5.2.1　观察需检墨迹是否有污损、褪色等情况。

5.2.2　观察需检墨迹的色泽情况,并对需检墨迹颜色浓淡、光泽强弱,进行分析比较。

5.2.3　观察需检墨迹的表面形态和显微分布状态,并进行分析比较。

5.2.4　初步判断需检墨迹材料是否有差异,分析比较需检墨迹的表观特性是否有差异。

5.3　仪器检验

选用仪器检验时,根据鉴定要求,综合检材、仪器情况而定

5.3.1　拉曼光谱检验

使用拉曼光谱仪,分别检测需检墨迹的拉曼光谱特性,并进行分析比较。

5.3.2　X 射线荧光光谱检验

a) 使用 X 射线荧光光谱仪进行无损检验,分别检测需检墨迹的主要元素成分,并进行分析比较。

b) 进行有损检验,需先在显微镜下用手术刀刮取或用电熨斗提取等方法提

取墨迹上的适量墨粉，放置样品杯固定后，再使用X射线荧光光谱仪分别检测需检墨迹的主要元素成分，并进行分析比较。

5.3.3 扫描电镜/能谱法检验

在显微镜下用手术刀刮取或用电熨斗提取等方法提取墨迹上的适量墨粉，放置到电镜样品台上，在电镜下分别观察需检墨粉的微观形态等，并选择多个微区，用能谱仪检测这些微区所含的主要元素成分，并进行分析比较。

5.3.4 其他分析仪器检验

5.4 检验结果的评断

综合分析检材墨粉与样本墨粉特性的具体情况，对差异特性和符合特性的性质作出客观评断，需检墨粉特性的评断包括：

a）外观特性是否相同；

b）显微形态、结构是否相同；

c）拉曼光谱峰峰位、峰数量和光谱背底形状等是否一致；

d）主要元素成分是否相同，各对应元素相对百分含量是否一致；

e）其他特性。

6 鉴定结论

6.1 检材墨粉与样本墨粉的特性存在本质性差异，结论为检材墨粉与样本墨粉不同。

6.2 根据已使用的检验方法，未发现检材墨粉与样本墨粉的特性存在本质性差异，结论为未发现检材墨粉与样本墨粉的特性不同。

6.3 若检材墨粉不具备鉴定条件或根据现有检验技术，无法得出明确鉴定结论的，结论为无法判断检材墨粉与样本墨粉是否相同。

第5部分 粘合剂鉴定

1 适用范围

本部分规定了文件检验中粘合剂特性和种类比对检验的步骤和方法。

本部分规定了文件材料鉴定中粘合剂的鉴定。

2 规范性引用文件

下列文件中的条款通过本部分的引用而成为本部分的条款。凡是注明日期的引用文件，其随后所有的修改单（不包括勘误的内容）或修订版均不适用于本部分，然而，鼓励根据本部分达成协议的各方研究是否可适用这些文件的最新版本。凡是不注明日期的引用文件,其最新版本适用于本部分。

GB/T 19267　刑事技术微量物证的理化检验

GB/T 6040－2002　红外光谱分析方法通则

GA/T 242－2000　微量物证的理化检验术语

JY/T 002－1996　激光喇(拉)曼光谱分析方法通则

SF/Z JD0201001－2010　文书鉴定通用规范

3　术语和定义

GA/T 242－2000　《微量物证的理化检验术语》及以下规定的术语及定义适用本部分。

3.1　粘合剂:指文件上的各种浆糊和胶水等粘合材料的总称。

3.2　检材粘合剂:检材上需要鉴定的粘合剂。

3.3　样本粘合剂:供比较、对照的粘合剂。

3.4　需检粘合剂:检材粘合剂和样本粘合剂的统称。

3.5　粘合剂鉴定:指运用物理、化学分析的方法,分析鉴别需检粘合剂之间的特性和种类是否相同。

3.6　粘合剂特性:指文件粘合剂的各类理化特性,如粘合剂的颜色、形态、成分及其光谱特性等。粘合剂特性是粘合剂鉴定的具体内容和粘合剂种类认定的客观依据。

4　检验方法

文件上粘合剂的检验过程中,应根据检验目的和情况确定具体的检验方法。常用的检验方法有:

4.1　外观检验:在自然光或照明光源下,通过目视或借助放大镜等工具,对需检粘合剂色泽、宏观形态等特征进行分析和比较。

4.2　显微检验:在照明光源下,借助显微镜,对需检粘合剂的色泽、微观形态等特征进行分析和比较。

4.3　荧光检验:在紫外光激发下,观察和分析比较需检粘合剂的荧光特性。

4.4　拉曼光谱检验:按照 JY/T 002－1996 方法的相关内容,检测和分析比较需检粘合剂的拉曼光谱特性。

4.5　红外光谱法检验:按照 GB/T 19267 和 GB/T 6040－2002 方法的相关内容,检测和分析比较需检粘合剂的红外吸收光谱特性。

4.6　显色检验:根据检验目的和需检粘合剂情况,选择适当的试剂,点滴分析,观察和比较其显色反应特征,常用的粘合剂的显色试剂有碘 - 碘化钾试剂等。

5 检验步骤和方法

5.1 准备

5.1.1 设备

——放大镜

——显微镜

——手术刀、分离针、玻璃载玻片、盖玻片、定量滤纸等

——文检仪

——拉曼光谱仪

——红外光谱仪

——其他

5.1.2 试剂

——蒸馏水(去离子)

——碘(分析纯)

——碘化钾(分析纯)

5.2 外观和显微检验

5.2.1 观察需检粘合剂是否有污损等情况。

5.2.2 观察需检粘合剂的色泽情况,并对需检粘合剂颜色深浅、光泽强弱,进行分析比较。

5.2.3 观察需检粘合剂在纸上分布状态,并进行分析比较。

5.2.4 观察需检粘合剂的微观形态,并进行分析比较。

5.2.5 初步判断需检粘合剂材料的粘合剂种类,分析比较需检粘合剂的表观特性是否有差异。

5.3 仪器检验

选用仪器检验时,根据鉴定要求,综合检材、仪器情况而定。

5.3.1 荧光检验

在相同条件下,观察需检粘合剂在紫外光激发下的荧光响应,并对需检粘合剂的荧光特性,即有无荧光、荧光强弱进行分析比较,观察是否有差异。

5.3.2 拉曼光谱检验

使用拉曼光谱仪,分别检测需检粘合剂的拉曼光谱特性,并进行分析比较。

5.3.3 红外光谱法检验

在显微镜下用手术刀等工具提取文件上的适量粘合剂,使用红外光谱仪,分

别检测需检粘合剂的红外吸收光谱,并进行分析比较。

5.3.4 其他分析仪器检验

5.4 显色检验

根据文件鉴定中涉及粘合剂的类型,常用的显色试剂为碘-碘化钾试剂,该显色检验反应适用于淀粉浆糊、糊精浆糊和聚乙烯醇胶水的鉴别。

5.4.1 碘-碘化钾的配制

分别称取0.5克碘、1.0克碘化钾,倒入在250毫升的棕色试剂瓶中,并用150毫升蒸馏水将其充分溶解,溶解时间约10分钟。然后标注好试剂的名称、配制人和日期,在室温下保存有效期为半年。

5.4.2 检验

将检材上需检粘合剂用少量蒸馏水润湿,提取至载玻片上,取碘-碘化钾试剂点滴在需检的粘合剂上,约2秒左右,观察其反应颜色。

a) 呈兰色或兰紫色的,需检粘合剂为淀粉浆糊;

b) 呈兰色或红棕色的,需检粘合剂为糊精浆糊;

c) 呈兰绿,然后约30秒左右变成红棕色,需检粘合剂为聚乙烯醇胶水。

5.5 检验结果的评断

综合分析检材粘合剂与样本粘合剂特性的具体情况,对差异特性和符合特性的性质作出客观评断,需检粘合剂特性的评断包括:

a) 外观特性的是否相同;

b) 显微形态、结构是否相同;

c) 荧光特性是否相同;

d) 拉曼光谱峰峰位、峰数量和光谱背底形状等是否一致;

e) 红外光谱图中吸收峰的波数是否相同,峰形是否一致;

f) 显色反映是否一致;

g) 其他特性。

6 鉴定结论

6.1 检材粘合剂与样本粘合剂的特性存在本质性差异,结论为检材粘合剂与样本粘合剂不是同种类粘合剂。

6.2 检材粘合剂与样本粘合剂的特性一致,结论为检材粘合剂与样本粘合剂为同种类粘合剂。

6.3 若检材粘合剂不具备鉴定条件或根据现有检验技术,无法得出明确鉴定结论的,结论为无法判断检材粘合剂与样本粘合剂是否相同。

油漆鉴定规范

SF/Z JD0203001－2010

2010年4月7日发布　2010年4月7日生效

目　次

前　言

本规范是微量物证鉴定系列规范的一部分，旨在确立我国微量物证鉴定实验室进行油漆检验、鉴定应当遵循的检验步骤和方法，确保行业用语的规范。

本规范由司法部司法鉴定科学技术研究所提出。

本规范由司法部司法鉴定科学技术研究所负责起草。

本规范主要起草人：徐彻、杨旭、施少培、凌敬昆、罗仪文、奚建华。

1　适用范围

本规范规定了微量物证鉴定中油漆的特性和种类比对检验的步骤和方法。

本规范适用于微量物证鉴定中油漆的鉴定。

2 规范性引用文件

下列文件中的条款通过本部分的引用而成为本部分的条款。凡是注明日期的引用文件,其随后所有的修改单(不包括勘误的内容)或修订版均不适用于本部分,然而,鼓励根据本部分达成协议的各方研究是否可适用这些文件的最新版本。凡是不注明日期的引用文件,其最新版本适用于本部分。

GB/T 19267 刑事技术微量物证的理化检验

GB/T 6040 - 2002 红外光谱分析方法通则

GA/T 242 - 2000 微量物证的理化检验术语

JY/T 002 - 1996 激光喇曼光谱分析方法通则

3 术语和定义

GA/T 242 - 2000 《微量物证的理化检验术语》及以下规定的术语及定义适用本部分。

3.1 油漆:指以干性油为主要成膜物质的一类涂料。油漆由主要成膜物质(油料,树脂)、次要成膜物质(颜料,填料)和辅助成膜物质(溶剂,增塑剂,固化剂,稳定剂,防霉剂等)三部分组成。主要成膜物质包括油料和树脂,可以单独成膜,也可以与颜料、填料等物质粘接成膜。

3.2 检材油漆:需要鉴定的油漆。

3.3 样本油漆:用于比较、对照的油漆。

3.4 需检油漆:检材油漆和样本油漆的统称。

3.5 油漆鉴定:指运用物理、化学分析的方法,分析鉴别需检油漆的特性和种类是否相同。

3.6 油漆特性:指需检油漆的各类理化特性,如油漆的颜色、光泽、形态、成分及其光谱特性等。油漆特性是油漆鉴定的具体内容和油漆种类认定的客观依据。

4 检验方法

在油漆的检验过程中,应根据检验目的确定具体的检验方法。检验方法有:

4.1 外观检验:在自然光或照明光源下,通过目视或借助放大镜等工具,对需检油漆颜色、光泽、状态、宏观形态等特征进行分析和比较。

4.2 显微检验:在照明光源下,借助显微镜,对需检油漆的颜色、光泽、外观状态、层数、微观形态等特征进行分析和比较。

4.3 显微分光光度法检验：按照 GB/T 19267 方法的相关内容，检测和分析比较需检油漆的反射光谱特性。

4.4 红外光谱法检验：按照 GB/T 19627 和 GB/T 6040－2002 方法的相关内容，检测和分析比较需检油漆主要成膜物质等的红外吸收光谱特性。

4.5 拉曼光谱法检验：按照 JY/T 002－1996 方法的相关内容，检测和分析比较需检油漆主要成膜物质、次要成膜物质等的拉曼光谱特性。

4.6 X 射线荧光光谱法检验：按照有关仪器检验的规程，检测和分析比较需检油漆次要成膜物质中的主要元素成分。

4.7 扫描电镜/能谱法检验：按照 GB/T 19267 方法的相关内容，检测和分析比较需检油漆次要成膜物质中的主要元素成分。

5 检验步骤和方法

5.1 设备

——放大镜

——手术刀、镊子、分离针、玻璃载薄片、样品杯等

——体视显微镜

——显微分光光度计

——红外光谱仪

——拉曼光谱仪

——X 射线荧光光谱仪

——扫描电镜/能谱仪

——其他

5.2 外观和显微检验

5.2.1 观察需检油漆是否有污染等情况。

5.2.2 观察需检油漆的层次、色泽情况，并对需检墨迹的层数及对应各层颜色浓淡、光泽强弱，进行分析比较，是否有差异。

5.2.3 观察需检油漆的表面形态和显微分布状态，并进行分析比较，是否有差异。

5.2.4 初步判断需检油漆是否有差异。

5.3 样品制备

视需检油漆情况，采用不同的样品制备方法。

5.3.1 在体视显微镜下观察，若需检油漆为单一油漆，用手术刀等工具提取制备样品。

5.3.2 在体视显微镜下观察，若需检油漆为多层油漆组成的漆片时，用手

术刀等工具逐层剥离,分别制备样品,保证油漆各层之间没有互相干扰。

5.3.3　在体视显微镜下观察,若需检油漆为多种油漆混合物时,用手术刀等工具逐一分离、提取,分别制备样品

5.4　仪器检验

选用仪器检验时,根据鉴定要求,综合检材、仪器情况而定。

5.4.1　显微分光光度法检验

直接将需检油漆或制备好的样品放置到显微分光光度计扫描台上,分别检测需检油漆的反射光谱,并进行分析比较。

5.4.2　红外光谱法检验

使用红外光谱仪,分别检测需检油漆的红外吸收光谱,并进行分析比较。

5.4.3　拉曼光谱检验

直接将需检油漆或制备好的样品放置到拉曼光谱仪扫描台上,分别检测需检油漆的拉曼光谱,并进行分析比较。

5.4.4　X 射线荧光光谱检验

将制备好的样品由样品杯固定后,使用 X 射线荧光光谱仪,分别检测需检油漆的主要元素成分,并进行分析比较。

5.4.5　扫描电镜/能谱仪

将制备好的样品放置到电镜样品台上,在电镜下分别观察需检油漆的表面形态,并选择多个微区,用能谱仪检测这些微区所含的主要元素成分,并进行分析比较。

5.4.6　其他分析仪器检验

5.5　检验结果的评断

综合分析检材油漆与样本油漆特性的具体情况,对差异特性和符合特性的性质作出客观评断,需检油漆特性的评断包括:

a) 外观特性的是否一致;

b) 显微形态是否一致;

c) 反射光谱曲线形状(峰、峰谷、肩等位置、数量)是否相同;

d) 红外光谱图中吸收峰的波数是否相同,峰形是否一致;

e) 拉曼光谱峰峰位、峰数量和光谱背底形状等是否一致;

f) 主要元素成分是否相同,各对应元素相对百分含量是否一致;

g) 其他特性。

6　鉴定结论

6.1　检材油漆与样本油漆的特性存在本质性差异,结论为检材油漆与样本

油漆不是同种类油漆。

6.2 检材油漆与样本油漆的特性一致，结论为检材油漆与样本油漆为同种类油漆。

6.3 若检材油漆不具备鉴定条件或根据现有检验技术，无法得出明确鉴定结论的，结论为无法判断检材油漆与样本油漆是否相同。

声像资料鉴定通用规范

SF/Z JD0300001－2010

2010 年 4 月 7 日发布　2010 年 4 月 7 日生效

目　次

前　言

声像资料鉴定通用标准是由系列标准构成的标准体系。下面列出了这些标准的预计结构。

a）SF/Z JD0300001－2010　声像资料鉴定通用规范

第 1 部分：声像资料鉴定通用规范

第 2 部分：声像资料鉴定通用程序

b）SF/Z JD0301001－2010　录音资料鉴定规范

第 1 部分：录音资料真实性（完整性）鉴定规范

第 2 部分：录音内容辨听规范

第 3 部分：语音同一性鉴定规范

c）SF/Z JD0304001－2010　录像资料鉴定规范

第 1 部分：录像资料真实性（完整性）鉴定规范

第 2 部分：录像过程分析规范

第 3 部分：人像鉴定规范

第 4 部分：物像鉴定规范

本标准由司法部司法鉴定科学技术研究所提出。

本标准由司法部司法鉴定科学技术研究所负责起草。

本标准主要起草人:施少培、杨旭、孙维龙、卞新伟、陈晓红、奚建华、徐彻、钱煌贵。

第1部分　声像资料鉴定通用术语

1　范围

本部分规定了声像资料鉴定中常用的术语及其定义。

本部分适用于声像资料鉴定中的各项鉴定。

2　术语和定义

2.1　声像资料 Audio/Video Materials

运用现代科学技术手段,以录音、录像、照相等方式记录并储存的有关案件所涉客体的声音和形象的证据。具体分为录音资料、录像资料和照片/图片资料。

2.2　声像资料鉴定 Forensic Audio/Video Examination

简称声像鉴定,指运用现代科学技术手段结合专业经验知识,对录音带、录像带、磁盘、光盘、存储卡、图片等载体上记录的声音、图像信息的真实性、所反映的情况过程及声音、人体、物体的同一性等问题所进行的科学判断。

2.3　录音资料鉴定 Forensic Examination of Audio Recordings

声像资料中的录音资料的鉴定。具体内容有录音资料真实性(完整性)鉴定、语音同一性鉴定、录音同源性鉴定、录音内容辨听、录音处理、录音设备分析等。

2.4　录像资料鉴定 Forensic Examination of Video Recordings

声像资料中的录像资料的鉴定。具体内容有录像资料真实性(完整性)鉴定、人像鉴定、物像鉴定、录像同源性鉴定、录像过程分析、录像/图像处理、录像设备分析等。

2.5　照片/图片资料鉴定 Forensic Examination of Photographs

声像资料中的照片/图片资料的鉴定。具体内容有图像真实性(完整性)鉴定、人像鉴定、物像鉴定、图像同源性鉴定、图像处理、照相设备分析等。

2.6　录音资料真实性(完整性)鉴定 Forensic Authentication of Audio Recordings

又称录音资料剪辑鉴定,指通过听觉感知、声谱分析、元数据分析、数字信号分析等技术手段，对录音资料的原始性、连续性和完整性所进行的科学判断，以确定其是否经过后期加工处理。

2.7　录像资料真实性（完整性）鉴定 Forensic Authentication of Video Recordings

又称录像资料剪辑鉴定，指通过视觉辨识、成像分析、音频信号分析、视频信号分析、元数据分析、数字信号分析等技术手段，对录像资料的原始性、连续性和完整性所进行的科学判断，以确定其是否经过后期加工处理。

2.8　照片/图片资料真实性（完整性）鉴定 Forensic Authentication of Photographs

又称图像篡改鉴定，指通过视觉辨识、成像分析、元数据分析、数字信号分析等技术手段，对照片/图片是否经过后期加工处理所进行的科学判断。

2.9　语音同一性鉴定 Forensic Voice Identification

又称声纹鉴定、话者识别/鉴定、说话人鉴定和嗓音鉴定，指通过比较、分析，对声像资料记载的语音的同一性问题所进行的科学判断。

2.10　人像鉴定 Forensic Identification of Human Images

通过比较、分析，对声像资料记载的人体的同一性问题所进行的科学判断。

2.11　物像鉴定 Forensic Identification of Object Images

通过比较、分析，对声像资料记载的物体的同一性问题所进行的科学判断。

2.12　录音内容辨听 Forensic Interpretation of Audio Recordings

通过听辨，必要时借助录音处理等技术手段，书面整理录音资料所反映的对话内容。

2.13　录像过程分析 Forensic Process Analysis of Video Recordings

通过观察，必要时借助图像处理等技术手段，对录像资料记载的人、物的状态和变化情况所进行的辨识。

2.14　录音处理 Enhancement of Audio Recordings

通过数字信号处理，降低录音中不希望的声音成分，增强需要的声音成分，改善听觉或声谱效果。

2.15　图像处理 Image Processing

通过数字信号处理，对照相、录像记载的图像进行增强、校正、去模糊等处理，突出、复原需要的画面，改善视觉效果。

2.16　同源性鉴定 Origin Identification

通过比较、分析，对不同声像资料记载的语音、音乐等声音及人体、物体等形象是否出自于同一次的记录所进行的科学判断。

2.17 检材 Questioned Audio/Video Materials

声像资料鉴定中特指需要进行鉴定的录音、录像、照片/图片资料。

2.18 样本 Known Audio/Video Materials

声像资料鉴定中特指供比较和对照的录音、录像、照片/图片资料。

2.19 检材语音 Questioned Voice

又称检材语声、需检语音和需检语声,指检材中需要鉴定的说话人语音。

2.20 检材人像 Questioned Human Images

又称需检人像,指检材中需要鉴定的人体的形象。

2.21 检材物像 Questioned Object Images

又称需检物像,指检材中需要鉴定的物体的形象。

2.22 样本语音 Known Voice

又称样本语声,指样本中供比较和对照的说话人语音。

2.23 样本人像 Known Human Images

样本中供比较和对照的人体的形象。

2.24 样本物像 Known Object Images

样本中供比较和对照的物体的形象。

2.25 原始录音 Original Audio Recordings

事件发生时用特定设备和介质记录生成的录音资料。

2.26 原始录像 Original Video Recordings

事件发生时用特定设备和介质记录生成的录像资料。

2.27 原始照片 Original Photographs

事件发生时用特定设备和介质记录生成的照片资料,一般表现为底片和图像文件。

2.28 声称的原始声像 The Alleged Original Audio/Video Materials

声像资料提交方(录制/拍摄方)声称的原始录音、录像、照片资料。

2.29 声像资料复制件 Copy of Audio/Video Materials

采用转录、采集、扫描、计算机拷贝等方式复制的录音、录像、照片/图片资料。

2.30 检材录制/拍摄设备 Recording Equipment of Audio/Video Materials

录制/拍摄原始检材录音、录像、照片资料的设备。

2.31 声称的检材录制/拍摄设备 The Alleged Recording Equipment of Questioned Audio/Video Materials

检材提交方(录制/拍摄方)声称的录制/拍摄检材的设备。

第2部分　声像资料鉴定通用程序

1　范围

本部分规定了声像资料鉴定中案件的受理程序。
本部分规定了声像资料鉴定中案件的检验/鉴定程序。
本部分规定了声像资料鉴定中送检材料的流转程序。
本部分规定了声像资料鉴定中鉴定结果报告程序。
本部分规定了声像资料鉴定中检验记录程序。
本部分规定了声像资料鉴定中案件的档案管理程序。
本部分规定了声像资料鉴定中的出庭程序。
本部分适用于声像资料鉴定中的各项鉴定。

2　规范性引用文件

下列文件中的条款通过本部分的引用而成为本部分的条款。凡是注明日期的引用文件,其随后所有的修改单(不包括勘误的内容)或修订版均不适用于本部分,然而,鼓励根据本部分达成协议的各方研究是否可适用这些文件的最新版本。凡是不注明日期的引用文件,其最新版本适用于本部分。

《司法鉴定程序通则》2007年8月7日司法部颁布,2007年10月1日起施行

SF/Z JD0300001－2010　声像资料鉴定通用规范　第1部分:声像资料鉴定通用术语

SF/Z JD0301001－2010　录音资料鉴定规范　第1部分:录音资料真实性(完整性)鉴定规范

SF/Z JD0301001－2010　录音资料鉴定规范　第2部分:录音内容辨听规范

SF/Z JD0301001－2010　录音资料鉴定规范　第3部分:语音同一性鉴定规范

SF/Z JD0304001－2010　录像资料鉴定规范　第1部分:录像资料真实性(完整性)鉴定规范

SF/Z JD0304001－2010　录像资料鉴定规范　第2部分:录像过程分析规范

SF/Z JD0304001－2010　录像资料鉴定规范　第3部分:人像鉴定规范

SF/Z JD0304001－2010　录像资料鉴定规范　第4部分:物像鉴定规范

3 受理程序

3.1 案件的接受

3.1.1 案件可通过当面和邮件两种方式接受。

3.1.2 委托方必须提供介绍信、委托书等有关委托手续。

3.1.3 受理人应为具有声像资料鉴定资格的鉴定人。

3.2 了解案情

3.2.1 了解案情的途径

(1) 委托方对案件情况的介绍;

(2) 有关人员的当面陈述;

(3) 阅读有关的案件卷宗;

(4) 实地勘验和调查;

(5) 其他合法途径。

3.2.2 了解案情的内容

(1) 案件发生的经过、性质、争议的焦点及其他相关情况;

(2) 何人提交的检材,想说明什么问题,检材的关键内容是什么;

(3) 何人提出鉴定,为什么鉴定,鉴定的关键部分是什么;

(4) 是否存在与检材相关的其他人证、物证、书证、声像资料等证据,其情况如何;

(5) 是否首次鉴定,如不是首次鉴定的,应了解历次鉴定的具体情况。

3.2.3 了解与检材相关的情况

(1) 检材为何人、何时、何地录制;

(2) 检材的录制环境、现场人员情况;

(3) 检材的录制方式、录制设备、连接及操作情况;

(4) 检材的提取、保存及复制情况;

(5) 视鉴定需要,了解案件所涉人、物的具体情况,如语音同一性鉴定中被鉴定人的生活背景、物像同一性鉴定中被鉴定物品的特性等;

(6) 视鉴定需要,要求提供录制检材的设备或软件等。

3.2.4 了解与样本相关的情况

(1) 样本为何人、何时、何地录制;

(2) 样本的录制环境、现场人员情况;

(3) 样本的录制方式、录制设备、连接及操作情况;

(4) 样本的提取、保存及复制情况;

(5) 视鉴定需要,了解录制样本时,被鉴定人的状态、配合程度等情况。

3.3 审查送检材料

3.3.1 检材的审核

(1) 了解检材是否(声称)原始录制;

(2) 征得委托方同意,启动检材的防删除装置;

(3) 检查检材的标记情况,如无标记的,可要求委托方或征得委托方同意,通过书写文字、贴标签等方式进行标记,以防材料之间的混淆;

(4) 检查检材是否有损坏、拆卸、污染等情况;

(5) 检查检材录制设备、播放软件及连线的状态,是否能够正常工作;

(6) 通过提供的录制设备、播放软件或适当的声像设备对检材进行放像/音,检查检材状态;

(7) 通过文件名、时间计数、特殊画面或语音等,确定检材上需要鉴定内容的位置;

(8) 通过人、物、内容、声音等的特点,确定需要鉴定的内容;

(9) 初步判断检材是否具备鉴定条件。

3.3.2 样本的审核

(1) 了解样本是否原始录制;

(2) 征得委托方同意,启动样本的防删除装置;

(3) 检查样本的标记情况,如无标记的,可要求委托方或征得委托方同意,通过书写文字、贴标签等方式进行标记,以防材料之间的混淆;

(4) 检查样本是否有损坏、拆卸、污染等情况;

(5) 通过适当的声像设备或播放软件对样本进行放像/音,检查样本状态;

(6) 通过文件名、时间计数、特殊画面或语音等,确定样本上供比对内容的位置;

(7) 通过人、物、内容、声音等特点,确定供比对的内容;

(8) 初步判断样本是否具备比对条件。如需要补充样本的,应将有关录制样本的要求告知委托方;

(9) 如需鉴定方制作样本的,应向委托方提出需配合事项,按相应技术要求录制样本。

3.4 明确鉴定要求

3.4.1 明确委托方具体的鉴定要求。

3.4.2 审查委托方提出的鉴定要求是否属于声像资料鉴定的范围。

3.4.3 对委托方所提不科学、不合理或不确切的要求,应相互沟通,使其提出适当的要求。

3.5 决定是否受理

3.5.1　初步评价实验室现有资源和能力是否能够满足鉴定要求,决定是否受理。如有以下情况可以不予受理。

(1) 检材经初步检查明显不具备鉴定条件的;

(2) 样本经初步检验明显不具备比对条件,同时又无法补充的;

(3) 鉴定要求不明确的;

(4) 委托方故意隐瞒有关重要案情的;

(5) 在委托方要求的时效内不能完成鉴定的;

(6) 实验室现有资源和能力不能满足鉴定要求的;

(7)《司法鉴定程序通则》第十六条规定的不得受理的情况。

3.5.2　决定受理的

(1) 与委托方签订鉴定委托协议;

(2) 向委托方说明鉴定委托协议中所需填写的内容,并明确告知各项格式条款的具体内容;

(3) 要求委托方如实、详细填写鉴定委托协议中的相关内容;

(4) 认真核查委托方填写的各项内容。

3.5.3　决定不受理的,应向委托方说明原因。

3.5.4　如不能当场决定是否受理的,可先行接收,并向委托方出具收领单或在鉴定委托协议中予以说明。

(1) 接收后经审查决定不受理的,应及时将送检材料退回委托方,并向其说明原因;

(2) 接收后决定受理的,对案件进行编号登记。

3.6　登记

3.6.1　案件接收后应当进行统一登记。

3.6.2　决定受理的,对案件进行唯一性编号。

4　检验/鉴定程序

4.1　鉴定的启动

4.1.1　案件受理后,应组成鉴定组,并指定第一鉴定人。

4.1.2　根据案件的具体情况,确定相应的鉴定程序。

4.2　鉴定程序

4.2.1　鉴定程序分为普通程序和复杂程序。

4.2.2　初次鉴定的案件一般进入普通程序。

4.2.3　已经过鉴定的复核、重新鉴定或重大、疑难案件鉴定直接进入复杂程序。

4.2.4 普通程序中,鉴定人之间产生意见分歧的,转入复杂程序。

4.3 鉴定人和鉴定组

4.3.1 鉴定人必须具备声像资料鉴定专业的资质,并取得声像资料鉴定执业资格。

4.3.2 鉴定须由两人以上(含两人)鉴定人组成的鉴定组共同完成。

4.3.3 鉴定实行鉴定组负责制,第一鉴定人负主要责任,其他鉴定人承担次要责任。

4.3.4 第一鉴定人负责组织鉴定的实施,掌握鉴定时限,与委托方协调,汇总检验记录和讨论结果。

4.3.5 普通程序中鉴定组一般由两人组成。

4.3.6 复杂程序中鉴定组须由三人以上(含三人)组成,且鉴定人中须有高级技术职称鉴定人。

4.4 鉴定方式

4.4.1 根据鉴定项目的性质,鉴定分为协同鉴定和独立鉴定两种方式。

(1) 协同鉴定:鉴定人共同进行检验,或鉴定人对其他鉴定人的检验过程和结果进行核实确认,形成鉴定组意见。

(2) 独立鉴定:鉴定人首先独立进行检验,然后鉴定组进行讨论,形成鉴定组意见。

4.4.2 对于经验判断性不强的鉴定项目,如语音处理、图像处理、内容辨听、过程分析等,可采用协同鉴定方式。

4.4.3 对于经验判断性强的鉴定项目,如录音、录像资料真实性(完整性)鉴定、语音、人像、物像同一性鉴定等,应采用先独立鉴定再共同讨论的方式。

4.5 鉴定组讨论

4.5.1 第一鉴定人根据鉴定组各鉴定人的检验意见,负责组织鉴定组讨论。

4.5.2 鉴定组形成一致鉴定意见的,由第一鉴定人负责起草鉴定文书,并及时提交复核和签发。

4.5.3 鉴定组出现意见分歧的,按下款处理。

4.6 意见分歧的处理

4.6.1 普通鉴定程序中如出现意见分歧,通过讨论尚不能达成一致意见的,转入复杂程序。

4.6.2 复杂鉴定程序中如出现意见分歧的

(1) 通过讨论尚不能达成一致意见,但不存在方向性意见分歧的,则以多数(三分之二以上)鉴定人的意见为最终的鉴定结论。不同意见有权保留,同时应记录在案。

(2) 通过讨论仍存在重大意见分歧的,作无法鉴定处理。各种意见应记录在案,并向委托方说明。

4.7 检验/鉴定方法

鉴定人根据委托要求及检验的具体内容,确定检验/鉴定方案、选择检验/鉴定方法,并严格按照相应的鉴定规范进行操作。

4.7.1 声像资料鉴定项目的鉴定规范:

SF/Z JD0301001－2010 录音资料鉴定规范　第1部分:录音资料真实性(完整性)鉴定规范

SF/Z JD0301001－2010 录音资料鉴定规范　第2部分:录音内容辨听规范

SF/Z JD0301001－2010 录音资料鉴定规范　第3部分:语音同一性鉴定规范

SF/Z JD0304001－2010 录像资料鉴定规范　第1部分:录像资料真实性(完整性)鉴定规范

SF/Z JD0304001－2010 录像资料鉴定规范　第2部分:录像过程分析规范

SF/Z JD0304001－2010 录像资料鉴定规范　第3部分:人像鉴定规范

SF/Z JD0304001－2010 录像资料鉴定规范　第4部分:物像鉴定规范

4.7.2 鉴定中使用专门仪器的,应当遵循相应仪器的操作规程进行。

4.7.3 对于需要使用其他鉴定方法的,应事先对拟采用方法进行验证和确认,并文件化。

5 送检材料的流转程序

5.1 送检材料的标识

5.1.1 案件受理人应及时对送检材料进行唯一性标识。

5.1.2 送检材料的标识应遵循以下原则:

(1) 同一案件的送检材料应集中放置于一处,如档案袋等,放置处应标注委托单位和受理案号等信息;

(2) 在不影响播放的前提下,可在送检材料上粘贴表明其性质的标识,如检材(可简化用JC)、样本(可简化用YB);

(3) 无法直接粘贴标识的,可在送检材料外包装上进行标识;

(4) 对于有多个检材和样本的,应用编号予以区分,如JC1、2、3……,或YB1、2、3……;

(5) 必要时,应标注检材的需检位置和样本的供比对位置,如文件名、时间计数等。

5.2 送检材料的备份

5.2.1 检验前应当对送检材料进行备份。

5.2.2 送检材料的备份一般采用数字方式。

5.2.3 制作的备份应保持送检材料的信号原貌。

5.2.4 送检材料的备份应有唯一性标识,如通过文件夹名,文件名等标识。

5.2.5 鉴定结束后,应对备份制作硬拷贝,以长久保存。

5.3 送检材料的交接

5.3.1 送检材料在鉴定人间流转的过程中,应办理交接手续。

5.3.2 在检验过程中,鉴定人应妥善保存送检材料,防止送检材料被污染、损坏或遗失。

5.4 送检材料的补充

5.4.1 检验过程中,如需补充材料的,应与委托方联系,确定补充材料的内容、方式及时限,并对有关情况进行记录。

5.4.2 根据《司法鉴定程序通则》的规定,补充材料所需的时间不计算在鉴定时限内。

6 结果报告程序

6.1 复核和签发

6.1.1 鉴定文书应由复核人(授权签字人)进行复核。

6.1.2 复核人应当对鉴定人使用的检验/鉴定方法、检验记录、鉴定依据、鉴定结论等,从技术层面上进行全面审查。

6.1.3 鉴定文书应由签发人签发。

6.1.4 签发人应当对鉴定项目及各鉴定人的资格、能力、鉴定程序、检验记录等,从程序层面上进行全面审查。

6.2 鉴定文书

6.2.1 鉴定文书应如实按照鉴定组讨论达成的意见起草,并须经过复核和签发。

6.2.2 鉴定文书应依照司法鉴定文书制作规范的要求制作。根据声像鉴定的专业特点,鉴定文书的主要内容应包括:

(1) 委托人:委托机构(或个人);

(2) 委托日期:委托鉴定的具体日期;

(3) 委托事由:包括委托方的案号、案由或委托鉴定的简要理由或事项等;

(4) 送检材料:包括检材和样本,及与鉴定相关的录制检材的设备;

(5) 鉴定要求:具体的检验/鉴定要求;

(6) 检验过程:包括检验方法、使用仪器、检验发现及结果等;

(7) 分析说明:对检验发现及结果进行综合的分析评断,并阐明鉴定结论的主要依据;

(8) 鉴定意见:结论的表述既要准确客观,又应简明扼要;

(9) 落款:鉴定人签名并加盖鉴定机构的鉴定专用章,并标明鉴定完成的日期;

(10) 附件:视需要,附检材和样本复制件、检验图片、图谱、特征比对表等。

6.3 校对

6.3.1 鉴定文书制作完成后,鉴定人对其内容进行全面的核对。

6.3.2 鉴定人核对后,由校对人员进行文字校对。

6.4 报告的发送

6.4.1 鉴定文书经鉴定人签名后,加盖鉴定专用章。

6.4.2 送检材料、鉴定文书及委托方提供的其他有关材料,应及时返回委托方。

7 检验记录程序

7.1 鉴定过程中,与鉴定活动有关的情况应及时、客观、全面地记录,并保证其完整性。

7.2 鉴定人应妥善保存检验记录、原始数据、图片等有关资料,并及时移交第一鉴定人。

7.3 第一鉴定人负责审查、汇总鉴定组各鉴定人的检验记录、原始数据、图片等资料,并集中妥善保存。

7.4 检验记录的主要内容和鉴定人的相关职责

7.4.1 案件受理程序中有关情况的记录。

7.4.2 鉴定人检验的过程、鉴定意见等内容,由各鉴定人负责记录。

7.4.3 鉴定组的讨论过程、分歧意见处置、最终鉴定意见等内容,由第一鉴定人负责记录。

7.4.4 检验中使用仪器设备的,仪器名称、检验条件、检验结果等内容,由检验人负责记录。

7.4.5 鉴定过程中,与委托方联系、鉴定材料补充、鉴定事项变更、鉴定时限调整等情况,由第一鉴定人负责记录。

7.4.6 鉴定结束后,有关出庭、投诉等情况,由第一鉴定人负责或协助有关职能部门处理并记录。

7.4.7　以上各项记录的内容均应进行审核。

8　档案管理程序

8.1　鉴定人根据文书归档的有关规定详细整理有关鉴定资料,并将整理好的档案材料及时移交档案管理人员,并作好有关的交接记录。

8.2　声像资料鉴定的档案资料主要包括以下内容:

(1) 封面;

(2) 目录;

(3) 鉴定文书(包括附件);

(4) 鉴定文书签发稿;

(5) 案件受理过程中形成的记录资料;

(6) 送检材料流转过程中形成的记录资料;

(7) 检验/鉴定中形成的记录资料,如检验记录、图表、图片、数据等;

(8) 结果报告中形成的记录资料;

(9) 其他相关资料。

8.3　声像资料鉴定的档案资料应及时移交档案管理部门,并妥善保存。

9　出庭程序

9.1　职责和原则

9.1.1　鉴定人依法出庭接受法庭的质询是鉴定人应当履行的责任。

9.1.2　鉴定人接到审判机关的出庭通知后,应征得同意后出庭接受质询。

9.1.3　普通案件一般指派一名鉴定人出庭,就出具的鉴定报告接受质询。

9.1.4　复杂、疑难案件或有重大影响的案件,可指派多名鉴定人共同出庭,就出具的鉴定报告接受质询。

9.2　出庭前的准备

9.2.1　熟悉有关法律、法规。

9.2.2　熟悉有关案件情况。

9.2.3　熟悉鉴定程序和鉴定方法,如与鉴定有关的国际标准、国家标准、行业标准或行业公认的方法、程序、规范等。

9.2.4　全面掌握鉴定报告的有关情况,如送检材料、鉴定要求、检验过程和方法、鉴定结论和主要依据等。

9.2.5　准备与鉴定有关的展示资料,如检验图片、特征比对表等。

9.2.6　准备个人资料,如鉴定人的执业证书、个人履历及鉴定机构的资质证书等。

9.2.7　分析庭上可能提出的问题和出现的状况,做好相应的准备。

9.3　出庭质证的行为规范

9.3.1　着装整洁,举止得体。

9.3.2　语言规范、简练、准确。

9.3.3　鉴定人在接受法庭质询中,回答问题只限于与鉴定报告有关的内容。对于涉及国家机密、个人隐私、技术保密及与鉴定无关的内容,鉴定人可以向法庭说明理由并拒绝回答。

录音资料鉴定规范

SF/Z JD0301001 - 2010

2010 年 4 月 7 日发布　2010 年 4 月 7 日生效

目　次

前　言

声像资料鉴定标准是由系列标准构成的标准体系。下面列出了这些标准的预计结构。

a) SF/Z JD0300001 - 2010　声像资料鉴定通用规范

第 1 部分:声像资料鉴定通用规范

第 2 部分:声像资料鉴定通用程序

b) SF/Z JD0301001 - 2010　录音资料鉴定规范

第 1 部分:录音资料真实性(完整性)鉴定规范

第 2 部分:录音内容辨听规范

第 3 部分:语音同一性鉴定规范

c) SF/Z JD0304001 - 2010　录像资料鉴定规范

第 1 部分:录像资料真实性(完整性)鉴定规范

第 2 部分:录像过程分析规范

第 3 部分:人像鉴定规范

第 4 部分:物像鉴定规范

本标准由司法部司法鉴定科学技术研究所提出。

本标准由司法部司法鉴定科学技术研究所负责起草。

本标准主要起草人:施少培、杨旭、孙维龙、卞新伟、陈晓红、奚建华、徐彻、钱煌贵。

第1部分　录音资料真实性(完整性)鉴定规范

1　范围

本部分规定了声像资料鉴定中录音资料真实性(完整性)鉴定的步骤和方法。

本部分适用于声像鉴定中的录音资料真实性(完整性)鉴定。

2　规范性引用文件

下列文件中的条款通过本部分的引用而成为本部分的条款。凡是注明日期的引用文件,其随后所有的修改单(不包括勘误的内容)或修订版均不适用于本部分,然而,鼓励根据本部分达成协议的各方研究是否可适用这些文件的最新版本。凡是不注明日期的引用文件,其最新版本适用于本部分。

SF/Z JD0300001-2010　声像资料鉴定通用规范　第1部分:声像资料鉴定通用术语

SF/Z JD0300001-2010　声像资料鉴定通用规范　第2部分:声像资料鉴定通用程序

SF/Z JD0301001-2010　录音资料鉴定规范　第3部分:语音同一性鉴定规范

3　基本检验方法

录音资料真实性(完整性)鉴定的基本检验方法有,但不仅限于以下几种,具体鉴定中,鉴定人应根据需要进行选择。

3.1　物理检验:通过观察,必要时借助放大或显微设备,对录音磁带等载体及录音设备的物理状态进行检验和分析。

3.2　听觉检验:通过放音听辨,对录音的总体情况、对话语音、背景声音及特殊信号(如脉冲声、无音区)进行检验和分析。

3.3　波形分析:借助一定的设备或软件,对录音信号的振幅与时间的变化关系进行检验和分析。

3.4　频谱分析:借助一定的设备或软件,对录音信号的频谱分布进行检验和分析。具体又分三维语图(强度、频率和时间关系)分析和两维频谱(强度与频率关系)分析。

3.5　文件属性检验:通过一定的软件,对数字录音的文件属性信息进行检验和分析。

3.6　磁迹检验:借助一定的设备或磁迹显示液,对录音磁带的磁迹分布进行检验和分析。

3.7　录音处理:通过一定设备或软件,对录音中的某些片段进行处理,压制不希望的声音,突出需要的声音,便于进一步检验和分析。

3.8　语音分析:通过对语音的特性分析和比较,对录音中对话人的语音连续性和同一性进行检验和分析。

3.9　模拟实验分析(录制过程和录制设备分析):通过声称的检材录音设备,录制设备操作(如“录音”、“暂停”、“停止”等)产生的信号及设备固有的本底噪声,将其与检材录音中出现的特殊信号和本底噪声进行比较,分析、判断检材录音的录制设备、录制过程及特殊信号的产生原因。

3.10　模拟现场分析:通过现场调查和录音,对检材录音中出现的背景声音及一些特殊声音进行分析。

3.11　模拟剪辑分析:针对怀疑为通过某种方式剪辑形成的检材录音,通过适当的设备或软件,进行模拟剪辑实验,对剪辑点和剪辑录音的特点进行分析,并与检材录音进行比较。

4　鉴定步骤

4.1　准备

4.1.1　检查检材录音是否处于防删除状态。

4.1.2　检查检材录音是否适于播放。如发现检材录音有损坏,无法播放或播放可能产生破坏后果的,应及时通知委托方,协商处理办法。如委托方要求鉴定人进行修复的,需提供书面授权,检材录音修复前后的状态需记录或拍照固定。

4.1.3　检查委托方提供的检材录音的录制设备及附件是否完整,工作是否正常,是否适于放音和录音。如发现提供的录音设备无法或不适于放音和录音的,应及时通知委托方,协商处理办法。如委托方要求鉴定人进行修复的,需提供书面授权。如修复需要更换配件,导致录音设备状态变化的,鉴定人需向委托方说明其后果,鉴定的结论有可能仅仅基于对检材录音的检验,而无法通过模拟实验分析对检材录音的设备信息进行比对分析。录音设备修复前后的状态需记录或拍照固定。

4.2 检材录音的采集

4.2.1 模拟录音的采集

(1) 使用检材录音的录制设备或高质量的放音设备进行播放,可适当调节,保证最佳输出;

(2) 选用高质量的连接线和转接头连接放音设备和采集设备;

(3) 选用高质量的采集设备,设置适当的采样率、采集时间、采集声道等参数;

(4) 采集时应保证录音电平适中,即不能过载也不能信号过低;

(5) 采集的录音格式应能被分析系统所接受,或能够在不损失录音质量的情况下转换为分析系统所能接受的格式。

4.2.2 数字录音的采集

(1) 数字录音一般采用计算机复制或利用专用软件上传完成;

(2) 必要时需通过适当的格式转换软件,将采集的录音转换成分析系统能够接受的文件格式;

(3) 在某些情况下,亦可采用连线方式,通过采集设备采集录音,其要求同4.2.1。

4.2.3 采集的录音文件应进行唯一性标识。

4.2.4 必要时应对采集的录音进行检查或校验,保证其没有失真并适于分析。

4.3 检材录音的物理检验/文件属性检验

录音有模拟录音和数字录音两种方式,物理检验主要针对模拟录音,文件属性检验主要针对数字录音。

4.3.1 物理检验的主要内容

(1) 检材录音磁带是否有机械拆卸、更换痕迹;

(2) 检材录音磁带是否有卷带、撕裂、拉伸、掉磁等现象;

(3) 检材录音磁带是否有剪接痕迹;

(4) 检材录音磁带的带长(走时)与磁带标称的带长(走时)是否相符;

(5) 检材录音磁带的规格、特性、导带长度和连接方式等是否与标称的磁带品牌相符。

4.3.2 文件属性检验的主要内容

(1) 检材录音的文件名、格式、大小、时长、采样率、声道数、创建时间、修改时间等文件属性信息;

(2) 检材录音与录音设备中的其他录音的文件属性的关系;

(3) 检材录音的文件属性与声称的录制情况是否存在矛盾。

4.4 检材录音的听觉检验和声谱分析

综合应用听觉检验、波形分析和频谱分析方法,通过听录音、看信号,对检材录音进行全面检验。

4.4.1 通过适当的调节,将听音状态及波形/频谱信号调到最佳。听觉检验原则上要使用头戴式耳机,以减少外界的干扰;波形分析和频谱分析应能对信号在时间、强度和频率方向上进行选择。

4.4.2 必要时可借助录音处理和语音分析等方法辅助检验。

4.4.3 检验中应结合检材录音的形成陈述,发现是否存在矛盾。

4.4.4 听觉检验、波形分析和频谱分析的主要内容

(1) 检材录音与其前后录音的关联情况;

(2) 检材录音的总体情况,如录音方式、录音声道、录音内容、对话人、环境等;

(3) 对话语义的关联性和逻辑性;

(4) 对话语音的来源及变化情况;

(5) 对话语音的连续性和同一性;

(6) 相同对话语音的相似度;

(7) 对话语音的自然度及与话题的匹配性;

(8) 背景声的来源及变化情况;

(9) 背景声的连续性和一致性;

(10) 背景声与对话声的重叠情况;

(11) 录音的起始和结束信号情况;

(12) 录音电平的变化情况;

(13) 录音的频谱分布与录音方式和录音设备的符合情况;

(14) 录音中出现的脉冲信号情况;

(15) 录音中出现的信号丢失情况;

(16) 录音中出现的覆盖录音情况;

(17) 录音中的本底噪声及其一致性情况;

(18) 其他与检材录音的形成陈述有关的情况。

4.4.5 发现检材录音在对话声、背景声的连续性上有异常的,或检材录音中出现脉冲、信号丢失、信号覆盖等现象的,或检验情况与检材录音的形成陈述有矛盾的,或其他异常情况的,对上述存疑部位进行标记(可用时间计数),分析其形成原因。视需要,通过模拟实验分析、现场分析等方法对检材录音进行进一步检验,分析其形成原因。

4.5 检材录音的模拟实验分析

4.5.1 通过检材录音的录制设备,制作模拟实验样本。

4.5.2 模拟实验样本的制作要求

（1）录制设备操作（如“录音”、“暂停”、“停止”、“声激录音”等）产生的信号,特别是有可能导致检材中某一特殊现象的操作信号,及设备本底噪声。同一信号应录制多次,以考察其稳定性和变化范围;

（2）视需要,改变录音设备的设置状态,考察其影响;

（3）实验样本的录制条件应尽量与检材录音的录制条件保持一致;

（4）对于数字录音设备,可通过录制实验样本考察其文件属性的变化规律。

4.5.3 按照采集检材录音的要求,采集实验样本录音。

4.5.4 对检材录音与实验样本录音进行比较检验。可通过听觉检验、波形分析、频谱分析、文件属性检验等方法,比较两者的异同。

4.5.5 对检材录音的形成情况进行分析、判断,主要内容有:

（1）检材录音是否声称的录制检材录音的设备所录制;

（2）检材录音中出现的存疑现象和特殊信号是否声称的检材录音的录制设备所导致;

（3）检材录音中出现的存疑现象和特殊信号是何种操作所导致;

（4）检材录音中出现的存疑现象和特殊信号与声称的设备操作情况是否相符。

4.6 检材录音的模拟现场分析

4.6.1 模拟现场分析可通过现场调查或按照检材录音的形成陈述录制样本进行分析。

4.6.2 模拟现场分析应取得委托方的配合。

4.6.3 模拟现场分析应与检材录音的形成陈述密切结合,并针对检验中存疑的现象和信号。

4.6.4 对检材录音的形成情况进行分析、判断,主要内容有:

（1）检材录音中出现的一些背景声是否现场声音;

（2）现场的声音是否在检材录音中得到反映;

（3）现场情况是否能够与检材录音的形成陈述相吻合。

4.7 视需要,通过其他方法对检材录音中的存疑现象和信号进行分析,如磁迹分析、模拟剪辑分析等,分析其形成原因。

4.8 综合评断

4.8.1 根据委托要求,结合案件情况及检材录音的形成陈述,对在检验过程中发现的各种现象及检验结果进行系统分析,综合判断检材录音是否经过剪辑处理,作出相应的鉴定结论。

4.8.2　综合评断的主要内容

(1) 检材录音的原始性情况;

(2) 检材录音中的对话语音和背景声的连续性情况;

(3) 检材录音中是否有异常现象或特殊信号及对其形成原因的分析;

(4) 检材录音的录制设备情况;

(5) 检材录音的检验结果与检材录音形成陈述是否存在矛盾。

5　鉴定结论

5.1　检验发现检材录音存在异常情况,并分析为经过剪辑处理形成的,鉴定结论一般表述为:检材录音经过剪辑处理(必要时可注明存在的剪辑现象)。

5.2　检验未发现检材录音存在异常情况,并分析不存在通过现有技术手段无法发现的剪辑痕迹的,鉴定结论一般表述为:检材录音未经过剪辑处理。

5.3　检验未发现检材录音存在异常情况或发现的异常情况能够得到合理解释,但尚不能完全排除存在根据现有技术手段难以发现的剪辑痕迹的,鉴定结论一般表述为:未发现检材录音经过剪辑处理。

5.4　检验发现检材录音存在异常情况并分析经过剪辑处理的可能性很大的,鉴定结论一般表述为:倾向认为检材录音经过剪辑处理。

5.5　检验发现检材录音存在异常情况,但异常情况基本能够得到解释,并分析经过剪辑处理的可能性很小的,鉴定结论一般表述为:倾向认为检材录音未经过剪辑处理。

5.6　检验发现检材录音存在异常情况,但无法判断其形成原因和性质的,可在鉴定结论中对其部位和现象进行客观描述。

5.7　根据检验结果和综合评断无法判断检材录音是否经过剪辑处理的,鉴定结论一般表述为:无法判断检材录音是否经过剪辑处理。

第2部分　录音内容辨听规范

1　范围

本部分规定了声像资料鉴定中录音内容辨听的步骤和方法。

本部分适用于声像资料鉴定中的录音内容辨听。

2　规范性引用文件

下列文件中的条款通过本部分的引用而成为本部分的条款。凡是注明日期的引用文件，其随后所有的修改单（不包括勘误的内容）或修订版均不适用于本部分，然而，鼓励根据本部分达成协议的各方研究是否可适用这些文件的最新版本。凡是不注明日期的引用文件，其最新版本适用于本部分。

SF/Z JD0300001－2010　声像资料鉴定通用规范　第1部分：声像资料鉴定通用术语

SF/Z JD0300001－2010　声像资料鉴定通用规范　第2部分：声像资料鉴定通用程序

SF/Z JD0301001－2010　录音资料鉴定规范　第3部分：语音同一性鉴定规范

3　录音内容辨听的基本方法和原则

3.1　基本方法

3.1.1　在无外界干扰条件下，通过高质量的回放系统，反复放音听辨，对录音内容进行书面整理。

3.1.2　对微弱的、受干扰的、不清晰的语音，通过录音处理，改善听觉效果。

3.1.3　对语义不是十分明确的语音，对说话人的语音特点进行分析，了解与某种发音对应的语义。

3.2　基本原则

3.2.1　辨听须在采集或复制的录音上进行，不得直接对原始录音反复放音。

3.2.2　辨听整理的内容必须忠实于原录音，不得添加联想性或推断性内容。

3.2.3　辨听整理的内容一般用与普通话对应的语义文字表达，部分具有特殊含义的方言可用与发音对应的文字表达。

4　辨听步骤

4.1　准备

4.1.1　检查检材录音是否处于防删除状态。

4.1.2　检查检材录音及播放设备或软件的状况。如无法播放，应及时与委托方沟通，协商解决办法。

4.1.3　参照SF/Z JD0301001－2010　录音资料鉴定规范　第3部分：语音同一性鉴定规范　中的录音采集方法，将检材录音采集到计算机。

4.2　辨听整理

4.2.1　在无外界声音干扰条件下，通过高质量的回放系统，反复放音听辨，对录音内容进行书面整理。

(1) 应选择具有选区和循环播放功能的播放软件;

(2) 应采用头戴式耳机进行辨听,以排除外界干扰。

4.2.2 必要时对不能分辨的语音进行处理,以改善听觉效果。

4.2.3 必要时对说话人的语音特点进行分析,了解与发音对应的语义。

4.2.4 对于录音中出现的人名、地名、单位名等,应与委托方沟通,了解案件所涉的人物、地点等情况。

4.2.5 整理的辨听内容须进行语义逻辑和内容关联性的检查,有疑问的内容须反复辨听确认。

4.3 整理要求

4.3.1 辨听整理的内容以附件形式单独列出,并注明为某某案录音的辨听内容。

4.3.2 辨听整理须遵循3.2.2和3.2.3的要求。

4.3.3 录音中的说话人按男声和女声,用男、女表示。出现多个男、女声的,以男1、男2……和女1、女2……表示。如果录音中说话人有称谓的,也可用称谓表示。必要时,在鉴定文书中对各说话人的特点予以描述。

4.3.4 在不改变语义的前提下,可对录音中出现的冗余性语音进行省略处理,如“我、我、我……”用“我……”表示。

4.3.5 对于无法听清的内容,用某种符号表示,如用“ *** ”,并在鉴定文书中予以说明。

4.3.6 对于可能是但又不能完全肯定的内容,用某种符号方式标明,如用小括号,并在鉴定文书中予以说明。

4.3.7 对于录音中反映出的某些事件,如录音开始、录音结束、中途接电话、笑声等,可用某种符号方式标明,如用中括号。

4.3.8 录音中出现的人名、地名、单位名及其他不是与发音唯一性对应的内容,应在鉴定文书中予以说明,如用“辨听内容中出现的人名均为音译”。

5 辨听结果

辨听整理的内容通过附件形式附于鉴定文书之后,鉴定文书中除对检材录音情况、辨听方法、辨听设备和辨听过程进行描述外,还须注明附件中一些符号的意义及音译名称的处理原则。

第3部分　语音同一性鉴定规范

1　范围

本部分规定了声像资料鉴定中的语音同一性鉴定的步骤和方法。

本部分适用于声像资料鉴定中的语音同一性鉴定。

本部分的基本方法和鉴定步骤还适用于录音资料的同源性鉴定。

2　规范性引用文件

下列文件中的条款通过本部分的引用而成为本部分的条款。凡是注明日期的引用文件,其随后所有的修改单(不包括勘误的内容)或修订版均不适用于本部分,然而,鼓励根据本部分达成协议的各方研究是否可适用这些文件的最新版本。凡是不注明日期的引用文件,其最新版本适用于本部分。

SF/Z JD0300001－2010　声像资料鉴定通用规范　第1部分:声像资料鉴定通用术语

SF/Z JD0300001－2010　声像资料鉴定通用规范　第2部分:声像资料鉴定通用程序

SF/Z JD0301001－2010　录音资料鉴定规范　第1部分:录音资料真实性(完整性)鉴定规范

3　分析语音特征的基本方法

分析语音特征的基本方法有,但不仅限于以下几种,具体鉴定中,鉴定人应根据需要进行选择。

3.1　听觉检验:通过听觉对语音特征进行分析。

3.2　声谱检验:通过语图仪等分析仪器或软件,对语音特征进行分析。

(1) 波形分析:对语音的振幅与时间的关系进行分析;

(2) 基频分析:对语音的基频与时间的关系进行分析;

(3) 三维语图分析:对语音的能量、频率和时间的分布关系进行分析。根据分析带宽的宽窄,分为宽带语图分析和窄带语图分析;

(4) 两维频谱分析:对语音的能量与频率的分布关系进行分析。根据分析时长的长短,有即时频谱(功率谱)分析、区间频谱(功率谱)分析和长时间频谱(功率谱)分析,LPC分析;

(5) 其他嗓音分析技术:针对嗓音的各种特点形成的分析技术。

3.3　实验分析:通过模拟实验对一些难以把握的语音特征进行分析。

3.4　统计分析:运用统计学的原理和方法,对语音特征进行分析。

3.5　语音处理:通过一定设备或软件,对微弱的、受干扰的、不清晰的语音进行处理,使语音特征易于识别和分析。

4　检材录音和样本录音的采集

检材和样本录音的采集是进行语音分析和比对的一项十分重要的前期工作,采集质量的好坏关系到是否能够真实、清晰地反映出检材和样本语音的特征。采集的录音既能直接用于检验,也可用于制作硬拷贝存档。

4.1　模拟录音的采集

4.1.1　选用高质量的与检材和样本录音匹配的放音设备或录制检材和样本的录音设备进行播放,可适当调节,以保证最佳输出。

4.1.2　选用高质量的连接线和转接头连接放音设备和采集设备。

4.1.3　选用高质量的采集设备,设置适当的采样率、采集时间、采集声道等参数。

4.1.4　采集时应保证录音电平适中,即不能过载也不能信号过低。

4.1.5　采集的录音应保存为语音分析系统所能接受的文件格式,或能够在不损失录音质量的情况下转换为语音分析系统所能接受的格式。

4.2　数字录音的采集

4.2.1　数字录音的采集分连线采集和计算机复制两种方式。

4.2.2　连线采集的方法和要求同4.1。

4.2.3　计算机复制方式通过计算机直接复制或利用专用软件上传实现采集。必要时需通过适当的软件进行格式转换,使其能够被语音分析系统所接受。

4.3　采集的录音应进行唯一性标识。

4.4　必要时应对采集的录音进行检查或校验,保证其没有失真并适于分析。

5　实验样本的录制

本部分内容规定了录制实验样本的要求,同时亦可用于指导委托方录制样本。

5.1　熟悉被鉴定人语音的内容和特点

5.1.1　反复辨听,熟悉被鉴定人的对话内容,必要时进行书面记录。

5.1.2　通过听觉和声谱检验,对检材语音进行分析,注意选取听辨清晰、声谱明显、特征价值高的语音,以备录制样本时重点提取。

5.2　录音设备和环境要求

5.2.1 录制环境:尽量在无外界干扰的安静环境录制样本,不得模拟检材录音现场的噪声和回声效果。

5.2.2 录音方式:尽量采用与录制检材录音相同或相似的录音方式和传输线路,以保持样本与检材的信道影响一致。

5.2.3 录音设备:尽量使用录制检材的录音设备。如录制检材的录音设备无法获取或工作不正常,则应使用高质量的录音设备。如有可能,建议同时使用录制检材的录音设备和高质量的录音设备录制样本,以增加样本录制的可靠性及了解检材录制设备对语音的影响。

5.2.4 录音介质:应使用高质量的录音磁带或其他录音介质录制样本。

5.3 语音要求

5.3.1 发音方式

样本语音有自然交谈或自述、读说和复述三种方式,录制样本时可根据情况灵活采用。

(1) 自然交谈或自述:通过自由交谈或问答,被鉴定人在自然状态下发声;

(2) 读说:被鉴定人按整理的书面内容发声。录音前,应让被鉴定人熟悉书面内容,以提高说话的流畅度。

(3) 复述:被鉴定人重复其他人(可为鉴定人或委托方人员)说话内容。被重复人应尽量按照检材语音的语速、口音、说话状态说出相关的短语或句子,让被鉴定人重复。

5.3.2 重复遍数:同一语音应重复多遍,以考察语音的稳定性。

5.3.3 语速和节奏:尽量使被鉴定人说话的语速和节奏与检材语音保持一致。必要时可通过提示或复述方式调整。

5.3.4 口音:尽量使被鉴定人说话的方言与检材语音保持一致。

5.3.5 其他要求:如果检材语音中出现有一些特殊的语音特征,应尽量提取具有相类似特征的语音。

5.4 如有可能,录制样本时或之后,由熟悉被鉴定人平时语音的第三方听取录制的样本语音,了解是否有改变语速、变化口音、伪装发音等现象,以决定是否需要进一步录制样本。

5.5 注意事项

5.5.1 录制样本前,应做好准备工作,检查录音设备的供电、磁带等情况,并调节、测试录音效果。

5.5.2 录制样本时,应使话筒与被鉴定人保持适当距离,话筒方向朝向被鉴定人。

5.5.3 录制过程中,应注意观察录音电平的变化情况,必要时予以调节。

5.5.4　录音结束后,应在被鉴定人离开前检查录制的样本,保证其适用于比对。

5.6　记录和标识

对样本进行标识和记录,记录内容包括录制时间、地点、环境、录制人、在场人、被鉴定人、录音设备及被鉴定人的配合程度、有无伪装等情况。

6　检材和样本录音的真实性要求

6.1　原始性要求

语音同一性鉴定原则上要求提供原始的检材和样本录音。鉴定过程中发现不是原始录音的,应要求委托方提供原始录音。存在下列情况的,鉴定人可考虑作为特例处理。

6.1.1　原始录音为特殊设备录制或为整个存储系统的一部分,且在复制过程中其连续性、完整性能够得到保证,同时复制质量较高的;

6.1.2　原始录音已被抹除、毁坏,但复制录音质量较高,且连续性、完整性未发现异常的。

6.2　连续性和完整性要求

6.2.1　在鉴定过程中发现检材录音经过剪辑处理的,原则上不对语音的同一性出具结论,并向委托方说明理由。

6.2.2　在鉴定过程中发现样本经过剪辑处理,且委托方不能提供合理解释的,原则上终止鉴定,并向委托方说明理由。

7　鉴定步骤

7.1　对检材的检验

7.1.1　全面了解检材录音的总体情况,主要内容有以下几个方面:

(1) 检材状况,如录音介质特点、录音时长、文件属性等;

(2) 检材录音质量及信道特点;

(3) 检材语音的频域分布及特征反映情况;

(4) 检材录音内容及反映出的环境、人员、气氛、说话人情绪、语气等情况。

7.1.2　根据检材情况和检验需要,选择分析模式、调节分析参数,使检材语音特征能够得到最佳反映。

7.1.3　分析检材语音特征,主要有以下几个方面:

(1) 听觉特征:声源特征、音色特征、超音色特征、口头言语特征及发音缺陷特征等;

(2) 声谱特征:共振峰特征、音节内过渡音段特征、音节间过渡音段特征、谐

波线特征、音长特征、音强特征等;

(3) 相同检材语音的特征稳定性和变化情况。如有明显变化的,分析其形成原因;

(4) 检材语音是否有伪装现象,其特点如何。

7.1.4 初步判断检材语音是否具备鉴定条件。

存在下列情况,且程度严重,导致进一步的检验失去意义的,鉴定人可判定为检材不具备鉴定条件。

(1) 检材语音的频率范围偏窄,第三以上(含第三)的共振峰基本没有得到反映。

(2) 检材录音信噪比偏低,检材语音基本被其他声音所掩盖,导致听辨不清,特征反映不明显。

(3) 检材录音大幅过载,导致检材语音特征不清晰或严重失真。

(4) 有效检材语音的数量不足,导致检材语音特征反映不充分。

(5) 检材语音有严重的假声、耳语等伪装,导致听觉感知和声谱特征明显改变。

注 1:有时通过降噪处理,能够降低噪声干扰,使共振峰等语音特征得到更好的反映,但同时亦可能改变语音特征,故使用要谨慎。

注 2:伪装语音视其伪装方式和程度,有些能够鉴定,有些十分困难。录制样本时可让被鉴定人按检材语音的伪装方式发音,但结论的出具应谨慎。

7.2 对样本的检验

7.2.1 全面了解样本语音的总体情况,包括样本语音的录制情况、录音质量、信道特点、被鉴定人的配合程度及语音的频域分布及特征反映情况等。

7.2.2 分析样本语音特征

具体内容同 7.1.3。

7.2.3 初步判断样本语音是否具备比对条件

样本语音是否具备比对条件主要从以下几个方面考虑。如果判断为不具备或不满足比对条件的,应要求委托方进一步提供样本。

(1) 录音质量:样本语音特征是否能够得到反映;

(2) 样本语音的可比性:

a. 语种、方言与检材语音是否相同;

b. 发音方式、语速、语气是否与检材语音相同或相近;

c. 录音信道是否与检材语音相同或相近。

(3) 样本语音的充分性:是否有足够的与检材语音相同的语音段。

7.3 对检材与样本的比较检验

7.3.1 选取在检材语音和样本语音中均出现的特征价值高的相同语音进行比较。必要时,对其进行复制或对其部位进行标记。

7.3.2 听觉比较

(1) 比较方法:

a. 通过双通道快速切换选取的检材语音和样本语音,感知两者语音特征的异同;

b. 将复制的相同内容的检材语音与样本语音编辑成连续的语音流,感知两者语音特征的异同;

c. 口头言语特征、发音缺陷特征及持续时间长的超音色特征,通过分别听辨,比较语音特征的异同。

(2) 注意事项:

a. 尽量保持检材语音与样本语音的听辨条件一致;

b. 通过标音、文字等方式对语音听觉特征的差异点和符合点进行标注或纪录。

7.3.3 声谱比较

(1) 比较方法:

a. 图谱比较:通过图谱,对检材语音和样本语音的声学特征的异同进行直观比较;

b. 数值比较:通过测量或在数值分析模式下,对选取的检材语音和样本语音的声学参数值的异同进行比较。

(2) 声谱图及比对表的制作

a. 根据检验需要和语音特点,选择适当的分析模式、频率范围、分析带宽等参数;

b. 在显示器上并列检材语音和样本语音的声谱,制作比对表;

c. 通过标音、文字等方式对图谱的语音或内容进行标注;

d. 在比对表上对检材与样本语音特征的符合点和差异点进行标注。

7.4 综合评断

7.4.1 综合分析检材语音与样本语音的听觉特征的符合点和差异点的数量和质量。

7.4.2 综合分析检材语音与样本语音的声谱特征的符合点和差异点的数量和质量。

7.4.3 综合分析检材语音与样本语音的符合特征和差异特征的性质。

(1) 对于符合特征,注意分析语音特征的特异性程度。

(2) 对于差异特征,注意分析是本质性差异还是可能为以下原因导致的语

音变异:

a. 言语环境、对象、语气发生变化;

b. 心理、生理状态发生变化;

c. 疾病;

d. 故意伪装;

e. 不同的语音录制、传输过程;

f. 噪声干扰。

7.4.4 综合分析语音听觉结果和声谱结果的符合性、一致性程度。

7.4.5 综合分析检材语音是否具备鉴定条件。

7.4.6 综合分析样本语音是否满足比对条件。样本语音不满足比对条件的,要求进一步补充样本。

7.4.7 综合评断检材语音与样本语音的特征符合点和差异点的数量和质量,及特征符合点和差异点的总体价值的高低,形成鉴定结论。

8 鉴定结论和判断依据

根据检材语音与样本语音的条件、检材语音与样本语音的特征符合和差异的情况及鉴定人的确信程度,语音同一性鉴定的结论分为三类五种,其中确定性结论两种,分别为:肯定同一和否定同一;非确定性结论两种,分别为:倾向同一和倾向不同一;无法判断是否同一一种。

8.1 肯定同一

8.1.1 结论的表述

(1) 检材语音与样本语音是同一人所说;或

(2) 检材语音是某人所说(样本语音发音人身份确定的)。

8.1.2 判断依据

(1) 检材语音与样本语音存在足够的符合特征,且符合特征的价值充分反映了同一人的发音特点;同时

(2) 检材语音与样本语音没有本质的差异特征;同时

(3) 检材语音与样本语音的差异或变化特征能得到合理的解释。

8.2 倾向同一

8.2.1 结论的表述

(1) 倾向认为检材语音与样本语音是同一人所说;或

(2) 倾向认为检材语音是某人所说(样本语音发音人身份确定的)。

8.2.2 判断依据

(1) 检材语音与样本语音存在较多的符合特征,且符合特征的价值基本反

映了同一人的发音特点;同时

(2) 检材语音与样本语音没有本质的差异特征;同时

(3) 检材语音与样本语音的差异或变化特征能得到较合理的解释。

8.3 无法判断是否同一

8.3.1 结论的表述

(1) 无法判断检材语音与样本语音是否同一人所说;或

(2) 无法判断检材语音是否某人所说(样本语音发音人身份确定的)。

8.3.2 判断依据

(1) 检材语音不具备鉴定条件;或

(2) 样本语音不具备比对条件;或

(3) 检材语音与样本语音的符合特征和差异特征的价值高低难以评断,既不能得出确定性结论也不能得出倾向性结论。

8.4 否定同一

8.4.1 结论的表述

(1) 检材语音与样本语音不是同一人所说;或

(2) 检材语音不是某人所说(样本语音发音人身份确定的)。

8.4.2 判断依据

(1) 检材语音与样本语音存在足够的差异特征,且差异特征的价值充分反映了不同人的发音特点;同时

(2) 检材语音与样本语音没有本质的符合特征;同时

(3) 检材语音与样本语音的符合或相似特征能得到合理的解释。

8.5 倾向不同一

8.5.1 结论的表述

(1) 倾向认为检材语音与样本语音不是同一人所说;或

(2) 倾向认为检材语音不是某人所说(样本语音发音人身份确定的)。

8.5.2 判断依据

(1) 检材语音与样本语音存在较多的差异特征,且差异特征的价值基本反映了不同人的发音特点;同时

(2) 检材语音与样本语音没有本质的符合特征;同时

(3) 检材语音与样本语音的符合或相似特征能得到较合理的解释。

录像资料鉴定规范

SF/Z JD0304001－2010

2010年4月7日发布　2010年4月7日生效

目　次

前　言

声像资料鉴定标准是由系列标准构成的标准体系。下面列出了这些标准的预计结构。

a) SF/Z JD0300001－2010　声像资料鉴定通用规范
第1部分:声像资料鉴定通用规范
第2部分:声像资料鉴定通用程序
b) SF/Z JD0301001－2010　录音资料鉴定规范
第1部分:录音资料真实性(完整性)鉴定规范
第2部分:录音内容辨听规范
第3部分:语音同一性鉴定规范
c) SF/Z JD0304001－2010　录像资料鉴定规范
第1部分:录像资料真实性(完整性)鉴定规范
第2部分:录像过程分析规范
第3部分:人像鉴定规范
第4部分:物像鉴定规范

本标准由司法部司法鉴定科学技术研究所提出。

本标准由司法部司法鉴定科学技术研究所负责起草。

本标准主要起草人：施少培、杨旭、孙维龙、卞新伟、陈晓红、奚建华、徐彻、钱煌贵。

第1部分 录像资料真实性(完整性)鉴定规范

1 范围

本部分规定了声像资料鉴定中录像资料真实性(完整性)鉴定的步骤和方法。

本部分适用于声像资料鉴定中的录像资料真实性(完整性)鉴定。

2 规范性引用文件

下列文件中的条款通过本部分的引用而成为本部分的条款。凡是注明日期的引用文件，其随后所有的修改单(不包括勘误的内容)或修订版均不适用于本部分，然而，鼓励根据本部分达成协议的各方研究是否可适用这些文件的最新版本。凡是不注明日期的引用文件，其最新版本适用于本部分。

SF/Z JD0300001－2010 声像资料鉴定通用规范 第1部分：声像资料鉴定通用术语

SF/Z JD0300001－2010 声像资料鉴定通用规范 第2部分：声像资料鉴定通用程序

SF/Z JD0301001－2010 录音资料鉴定规范 第1部分：录音资料真实性(完整性)鉴定规范

SF/Z JD0301001－2010 录音资料鉴定规范 第3部分：语音同一性鉴定规范

SF/Z JD0304001－2010 录像资料鉴定规范 第2部分：录像过程分析规范

SF/Z JD0304001－2010 录像资料鉴定规范 第3部分：人像鉴定规范

SF/Z JD0304001－2010 录像资料鉴定规范 第4部分：物像鉴定规范

3 基本检验方法

录像资料真实性(完整性)鉴定的基本检验方法有，但不仅限于以下几种，具体鉴定中，鉴定人应根据需要进行选择。

3.1　物理检验:通过观察,必要时借助放大或显微设备,对录像磁带等载体及录像设备的物理状态进行检验和分析。

3.2　听觉检验:通过放音听辨,对录像中音频部分的总体情况、对话语音、背景声音及特殊信号(如脉冲声、无音区等)进行检验和分析。

3.3　视觉检验:通过放像观察,对录像的总体情况、画面中的具体人、物情况、时间计时及特殊信号(如突然闪烁等)进行检验和分析。

3.4　波形分析:借助一定的设备或软件,对录像中的音频和视频的波形信号(振幅与时间关系)进行检验和分析。

3.5　频谱分析:借助一定的设备或软件,对录像中的音频和视频的频谱信号进行检验和分析,具体又分三维语图(强度、频率和时间关系)分析和两维频谱(强度与频率关系)分析。

3.6　文件属性检验:通过一定的软件,对数字录像的文件属性进行检验和分析。

3.7　磁迹检验:借助一定的设备或磁迹显示液,对录像磁带的磁迹分布进行检验和分析。

3.8　图像处理:通过一定的设备或软件,对录像中的某些视频片断或单帧画面进行处理,使需要的部分更为清晰,便于进一步检验和分析。

3.9　录音处理:通过一定的设备或软件,对录像中音频部分的某些片段进行处理,压制不希望的声音,突出需要的声音,便于进一步检验和分析。

3.10　语音分析:通过分析、比较,对录像中音频部分的语音的连续性和同一性进行检验和分析。

3.11　画面分析:通过人、物外貌特征分析,对录像画面中人、物的连续性和同一性进行检验和分析。

3.12　模拟实验分析(录制过程和录制设备分析):通过声称的检材录像设备,录制设备操作(如“录像”、“暂停”、“停止”等)产生的信号及设备固有的音频、视频本底噪声,将其与检材录像中出现的特殊信号及音频、视频本底噪声进行比较,分析、判断检材录像的录制设备、录制过程及特殊信号的产生原因。

3.13　模拟现场分析:通过现场调查和录像,对检材录像中出现的人、物、声及一些特殊信号进行分析。

3.14　模拟剪辑分析:针对怀疑为通过某种方式剪辑形成的检材录像,通过适当的设备或软件,进行模拟剪辑实验,对剪辑点和剪辑录像的特点进行分析,并与检材录像进行比较。

4 鉴定步骤

4.1 准备

4.1.1 检查检材录像是否处于防删除状态。

4.1.2 检查检材录像是否适于播放。如发现录像有损坏,无法播放或播放可能产生破坏后果的,应及时通知委托方,协商处理办法。如委托方要求鉴定人进行修复的,需提供书面授权。检材录像修复前后的状态需记录或拍照固定。

4.1.3 检查委托方提供的检材录像的录制设备及附件是否完整,工作是否正常,是否适于放像和录像。如发现提供的录像设备无法或不适于放像和录像的,应及时通知委托方,协商处理办法。如委托方要求鉴定人进行修复的,需提供书面授权。如修复需要更换配件,导致录像设备状态变化的,鉴定人需向委托方说明其后果,鉴定的结论有可能仅仅基于对检材录像的分析,而无法通过模拟实验分析对检材录像的设备信息进行比对分析。录像设备修复前后的状态需记录或拍照固定。

4.2 检材录像的采集

4.2.1 采集方式

录像分视频和音频两部分信号,视检材录像和采集设备情况,可同时进行采集,也可分别进行采集。

(1) 连线采集:适用于模拟录像和数字录像的采集。通过连线连接放像设备和采集设备,将检材录像的视频/音频转录为数字视频/音频。

(2) 计算机复制采集:适用于数字录像的采集。将检材录像复制到计算机,必要时通过适当的格式转换软件,或用适当的播放软件放像进行单帧采集或屏幕采集,将检材录像的视频转换成分析系统能够接受的格式。

(3) 音频分离:适用于视频和音频合一的数字录像。通过适当的视频编辑软件,提取音频通道信号,形成独立的数字音频。

4.2.2 采集要求

(1) 选用录制检材的录像设备或高质量的放像设备或软件放像,必要时进行适当调节,保证最佳输出;

(2) 选用高质量的连接线和转接头,连接线不易过长,接头紧密结合;

(3) 选用高质量的采集设备,并设置适当的采集参数;

(4) 采集的视频、音频文件格式应能够被分析系统所接受,或能够在不损失录像视频和音频质量的情况下转换为分析系统所能接受的格式。

4.2.3 采集的录像文件(或独立的视频文件和音频文件)应进行唯一性标识。

4.2.4 必要时应对采集的录像进行检查或校验,保证其没有失真并适于分析。

4.3 检材录像的物理检验/文件属性检验

录像有模拟录像和数字录像两种方式,物理检验主要针对模拟录像,文件属性检验主要针对数字录像。

4.3.1 物理检验的主要内容

(1) 检材录像磁带是否有机械拆卸、更换痕迹;

(2) 检材录像磁带是否有卷带、撕裂、拉伸、掉磁等现象;

(3) 检材录像磁带是否有剪接痕迹;

(4) 检材录像磁带的带长(走时)与磁带标称的带长(走时)是否相符;

(5) 检材录像磁带的规格、特性、导带长度和连接方式等是否与标称的磁带品牌相符。

4.3.2 文件属性检验的主要内容

(1) 检材录像的文件名、格式、大小、时长、帧频率、采样率、声道数、创建时间、修改时间等文件属性信息;

(2) 检材录像与录像设备中的其他录像的文件属性的关系;

(3) 检材录像的文件属性与声称的录制情况是否存在矛盾。

4.4 检材录像的视觉检验、听觉检验和信号分析

综合应用视觉检验、听觉检验、波形分析和频谱分析等方法,通过看图像、听声音、测信号等方式,对检材录像中的音频、视频和单幅画面进行全面的综合性检验。

4.4.1 选用适当的播放方式和播放设置,高质量播放检材录像中的视频和音频,必要时采用单帧(场)放像或提取单帧(场)画面图像。

4.4.2 必要时借助图像处理、录音处理等方法,改善检材录像中视频、音频和单幅画面的质量,突出重点检验对象。

4.4.3 必要时借助语音同一性鉴定、人像鉴定、物像鉴定等方法辅助检验。

4.4.4 检验应结合检材录像的形成陈述,发现是否存在矛盾。

4.4.5 检材录像中的音频分析参照SF/Z JD0301001－2010 录音资料鉴定规范 第1部分:录音资料真实性(完整性)鉴定规范。

4.4.6 检材录像中单帧(场)画面分析的主要内容

(1) 画面反映的内容、视场、角度等情况;

(2) 图像的清晰度、反差、密度、色调等情况;

(3) 图像缺陷及成像物边缘情况;

(4) 图像直方图分布;

(5) 成像物的亮斑、阴影、光强分布关系;

(6) 成像物透视关系;

(7) 成像物景深关系;

(8) 画面不同部分的相似度。

4.4.7 检材录像中视频分析的主要内容

(1) 检材录像与其前后录像的联系;

(2) 检材录像的总体情况,如录像方式、探头数、录像内容、人物、环境等;

(3) 时间计数的连续性;

(4) 帧数与时间的关系;

(5) 运动人、物的变化连续性;

(6) 固定物体的一致性;

(7) 色温、对比度、亮度的变化情况

(8) 光线(照)的变化情况;

(9) 画面的跳跃、闪烁情况;

(10) 录像起始和结束的画面及信号情况;

(11) 多探头录像的关联性和同步性;

(12) 录像画面与声音的关联性(如口型等);

(13) 视频信号的波形和频谱分布情况;

(14) 视频信号与音频信号的波形和频谱的关联性(如是否同时出现脉冲等);

(15) 画面中光电器件缺陷导致的稳定的亮点和黑点情况;

(16) 其他与检材录像的形成陈述有关的情况。

4.4.8 发现检材录像在画面和声音的连续性上有异常的,或检材录像中出现画面突然闪烁、跳动,信号出现脉冲和丢失等现象的,或检验情况与检材录像形成陈述有矛盾的,或发现存在其他异常现象的,对上述存疑部位进行标记(可用时间计数),分析其形成原因。视需要,通过模拟实验分析、模拟现场分析等方法对检材录像进行进一步检验,分析其形成原因。

4.5 检材录像的模拟实验分析

4.5.1 通过声称的录制检材录像的设备,制作模拟实验样本。

4.5.2 模拟实验样本的制作要求

(1) 录制录像设备操作(如“录像”、“暂停”、“停止”等)产生的信号,特别是有可能导致检材录像中某一特殊现象的操作信号,及设备本底噪声信号。同一信号应录制多次,以考察其稳定性和变化情况;

(2) 视需要,改变录像设备的设置条件,考察其影响;

（3）实验样本的录制条件应尽量与检材录像的录制条件保持一致；

（4）对于数字录像设备，可通过录制实验样本考察其文件属性的变化规律。

（5）按照采集检材录像的要求，将实验样本采集到计算机。

4.5.3 对检材录像与实验样本进行比较检验。可通过视觉检验、听觉检验、波形分析、频谱分析、文件属性检验等方法，比较两者的异同。

4.5.4 对检材录像的形成情况进行分析、判断，主要内容有：

（1）检材录像是否声称的录制检材录像的设备所录制；

（2）检材录像中出现的存疑现象和特殊信号是否声称的录制检材录像的设备所导致；

（3）检材录像中出现的存疑现象和特殊信号是何种操作所导致；

（4）检材录像中出现的存疑现行和特殊信号与声称的设备操作情况是否相符。

4.6 检材录像的模拟现场分析

4.6.1 模拟现场分析可通过现场调查或按照声称的检材录制条件录制样本进行分析。

4.6.2 模拟现场分析应取得委托方的配合。

4.6.3 模拟现场分析应与检材录像的形成陈述密切结合，并针对检验中存疑的现象和信号。

4.6.4 对检材录像的形成情况进行分析、判断，主要内容有：

（1）检材录像中反映的环境与现场是否一致；

（2）检材录像中反映的人、物透视关系、光照条件等是否可能在现场产生；

（3）现场中的背景声和物体分布是否在检材录像中得到反映；

（4）检材录像的形成陈述与现场调查情况是否相符。

4.7 视需要，通过其他方法对检材录像中的存疑现象和信号进行分析，如磁迹分析、模拟剪辑分析等，分析其形成原因。

4.8 综合评断

4.8.1 根据委托要求，结合案件情况及检材录像的形成陈述，对在检验过程中发现的各种现象及检验结果进行系统分析，综合判断检材录像是否经过剪辑处理，并作出相应的鉴定结论。

4.8.2 综合评断的主要内容

（1）检材录像的原始性情况；

（2）检材录像中画面的合理性及视频和音频的连续性、关联性情况；

（3）检材录像中的视频和音频是否有异常现象或特殊信号及对其形成原因的分析；

(4) 检材录像的录制设备情况;

(5) 检材录像的检验结果与检材录像的形成陈述是否存在矛盾。

5 鉴定结论

5.1 检验发现检材录像存在异常情况,并分析为经过剪辑处理形成的,鉴定结论一般表述为:检材录像经过剪辑处理(必要时可注明存在的剪辑现象)。

5.2 检验未发现检材录像存在异常情况,并分析不存在通过现有技术手段无法发现的剪辑痕迹的,鉴定结论一般表述为:检材录像未经过剪辑处理。

5.3 检验未发现检材录像存在异常情况或发现的异常情况能够得到合理解释,但尚不能完全排除存在根据现有技术手段难以发现的剪辑痕迹的,鉴定结论一般表述为:未发现检材录像经过剪辑处理。

5.4 检验发现检材录像存在异常情况并分析经过剪辑处理的可能性很大的,鉴定结论一般表述为:倾向认为检材录像经过剪辑处理。

5.5 检验发现检材录像存在异常情况,但异常情况基本能够得到解释,并分析经过剪辑处理的可能性很小的,鉴定结论一般表述为:倾向认为检材录像未经过剪辑处理。

5.6 检验发现检材录像存在异常情况,但无法判断其形成原因和性质的,在鉴定结论中对其部位和现象进行客观描述。

5.7 根据检验结果和综合评断无法判断检材录像是否经过剪辑处理的,鉴定结论一般表述为:无法判断检材录像是否经过剪辑处理。

第2部分 录像过程分析规范

1 范围

本部分规定了声像资料鉴定中录像过程分析的步骤和方法。

本部分适用于声像资料鉴定中的录像过程分析。

2 规范性引用文件

下列文件中的条款通过本部分的引用而成为本部分的条款。凡是注明日期的引用文件,其随后所有的修改单(不包括勘误的内容)或修订版均不适用于本部分,然而,鼓励根据本部分达成协议的各方研究是否可适用这些文件的最新版本。凡是不注明日期的引用文件,其最新版本适用于本部分。

SF/Z JD0300001 - 2010 声像资料鉴定通用规范 第1部分:声像资料鉴定通用术语

SF/Z JD0300001－2010　声像资料鉴定通用规范　第 2 部分:声像资料鉴定通用程序

SF/Z JD0301001－2010　录音资料鉴定规范　第 1 部分:录音资料真实性(完整性)鉴定规范

SF/Z JD0301001－2010　录音资料鉴定规范　第 2 部分:录音内容辩听规范

SF/Z JD0301001－2010　录音资料鉴定规范　第 3 部分:语音同一性鉴定规范

SF/Z JD0304001－2010　录像资料鉴定规范　第 1 部分:录像资料真实性(完整性)鉴定规范

SF/Z JD0304001－2010　录像资料鉴定规范　第 3 部分:人像鉴定规范

SF/Z JD0304001－2010　录像资料鉴定规范　第 4 部分:物像鉴定规范

3　录像过程分析的关键技术和基本原则

3.1　关键技术

录像过程分析涉及录像回放和采集、图像处理、图片制作等关键技术。

3.1.1　录像回放和采集是过程分析的基础,只有通过高质量的回放和采集才能充分再现原始的图像和录音信息。

3.1.2　运用图像处理技术可以使不清晰图像的质量得到改善,以便能进行图像细节的观察和分析。

3.1.3　运用图片制作技术可以固定某些重要的图像,直观地展示重要的过程,使鉴定结论更具有说服力。

3.2　基本原则

3.2.1　录像过程分析原则上应在采集或复制的录像上进行,不得直接对原始录像进行反复回放。

3.2.2　录像过程分析必须忠实于原录像内容,不得有联想性、推断性内容。

4　录像过程分析的步骤和方法

4.1　准备

4.1.1　全面了解与录像过程有关的环境、人、物、事及争议的焦点等情况。

4.1.2　全面了解录像资料的有关情况,包括录制设备、录制方法、手段、技术参数及后期制作的情况等,并详细记录。视需要,可要求委托方提供录制录像资料的录像设备、播放设备或软件。

4.1.3　明确鉴定要求,并详细了解委托方及当事人各方对与需要鉴定的过程有关的场景、人、物、事等情况的陈述。

4.2　录像资料的审查

4.2.1　审查录像资料是否原始资料。如系复制的,要求委托方提供原始录像。

4.2.2　审查录像资料的防删除状态是否启动。如未启动,启动防删除状态。

4.2.3　审查录像资料的状况。如有损坏,应及时与委托方联系。

4.2.4　审查提供的录像资料的播放设备及附件是否完整。如有缺损,应及时与委托方联系。

4.3　录像资料的采集和处理

4.3.1　选用适当的放像设备或软件,进行放像采集,采集方法和要求参照SF/Z JD0304001－2010　录像资料鉴定规范　第1部分:录像资料真实性(完整性)鉴定规范中的有关内容。

4.3.2　如图像质量较差,无法清晰辨识的,可通过适当的图像处理系统对其进行处理。

4.3.3　如录像资料中的语音不清晰的,可通过适当的录音处理系统对其进行处理。

4.4　录像过程的分析

通过对录像图像的动态分析、单帧画面的静态分析,同时结合对录像资料中语音的分析,对录像反映的事件过程进行仔细的辨识和综合分析。

4.4.1　录像动态过程的分析

对一些重要的片断,可调整播放参数,采用慢速反复回放,必要时可进行逐帧图像回放进行仔细的观察和分析。录像动态过程分析的主要内容有以下几个方面:

(1) 录像画面中反映出的有关环境的动态转换及相互之间的关系;

(2) 录像画面中出现的有关人物的动作、姿态的变化情况及相互关系;

(3) 录像画面中出现的有关物体的性质、所处位置、状态及其移动/变化的情况及相互关系;

(4) 录像画面中反映出的有关事件发生的时间、地点、性质,以及与事件相关的环境、人、物的状态及其移动/变化的情况及相互关系。

4.4.2　录像静态过程的分析

录像静态过程分析的主要内容有以下几个方面:

(1) 单帧画面中的有关环境的状态、特点及相互之间的关系;

(2) 单帧画面中的有关人物的特征和动作、姿态的状态及相互关系;

(3) 单帧画面中的有关物体的特征和所处位置、性质、状态、数量等情况及相互关系；

(4) 对于录像过程中反复出现的有关人物，可遵循SF/Z JD0304001－2010 录像资料鉴定规范 第3部分：人像鉴定规范 进行同一性鉴定，确定不同场景出现的人物的相互关系；

(5) 对于录像过程中反复出现的有关物体，可遵循SF/Z JD0304001－2010 录像资料鉴定规范 第4部分：物像鉴定规范 进行同一性鉴定，确定不同场景出现的物体的相互关系。

4.4.3 语音分析

(1) 注意分析录像反映出的有关人物的语音内容，及其与周围环境、人物动作、正发生的事件之间的相互关系；

(2) 对于录像过程中反复出现的有关人物的语音，可遵循SF/Z JD0301001－2010 录音资料鉴定规范 第3部分：语音同一性鉴定规范 进行同一性认定，确定不同场景出现的人物的相互关系。

4.4.4 录像过程的综合分析

(1) 将录像资料动态分析结果与静态分析结果相结合，对录像反映的事件过程进行综合分析；

(2) 将录像资料中出现的人、物、事及环境相结合，对录像反映的事件过程进行综合分析；

(3) 将录像资料中出现的人物与语音分析结果相结合，对录像反映的事件过程进行综合分析；

(4) 将录像过程分析与案件情况相结合，对事件过程进行综合分析。

4.5 录像图片的制作

对录像过程中重要的图面应制作相应图片，主要采用以下方式。

4.5.1 采用高质量的打印设备制作。

4.5.2 采用专业的冲印设备制作。

4.6 结果整理

4.6.1 录像过程一般按事件发生的时间顺序进行描述，并用时间记数标明各个过程。

4.6.2 整理的事件过程，描述要简略得当。与案件密切相关的重要过程描述要详尽，不重要的过程描述可简略。

4.6.3 对于录像资料中出现的人、物、场所、环境等问题，应与委托方沟通，了解案件所涉的人、物、场所等客观情况。如案件所涉人、物、地点等与录像资料中出现的人名、物名、地名等相同的，可采用委托方提供的情况。

5 结果表述

5.1 分析结果一般只对委托方要求鉴定的过程进行客观描述。对于无法确定的过程,应在鉴定文书中加以说明。

5.2 对于录像反映的重要过程,可用图片形式加以固定。

5.3 如整理的辨识(听)内容过长,也可采用附件的形式附于鉴定文书之后。

第3部分 人像鉴定规范

1 范围

本部分规定了声像资料鉴定中人像鉴定的步骤和方法。

本部分适用于声像资料鉴定中的人像鉴定。

2 规范性引用文件

下列文件中的条款通过本部分的引用而成为本部分的条款。凡是注明日期的引用文件,其随后所有的修改单(不包括勘误的内容)或修订版均不适用于本部分,然而,鼓励根据本部分达成协议的各方研究是否可适用这些文件的最新版本。凡是不注明日期的引用文件,其最新版本适用于本部分。

SF/Z JD0300001－2010 声像资料鉴定通用规范 第1部分:声像资料鉴定通用术语

SF/Z JD0300001－2010 声像资料鉴定通用规范 第2部分:声像资料鉴定通用程序

3 术语和定义

3.1 人像

人像是指声像资料中通过照相、摄像等手段记录的人体外貌形象。记录人像的客体包括人像照片和人体录像两大类。

3.2 人像照片

人像照片是通过照相设备将人体外貌真实地记录在感光材料或其他数字记录媒介上形成的,它反映的是人体外貌瞬时的静态形象。

3.3 人体录像

人体录像是通过录像设备将人体外貌记录在录像磁带或其他数字媒介上形成的,它反映的是人体外貌的动态形象。

3.4 人像特征

人像特征是人体外貌各部分生长特点及其运动习惯的具体征象,是人像鉴定的具体依据。人像特征分为人体外貌的解剖学特征、人体动态特征、人体特殊标记特征及人体着装、佩饰特征等。

4 人像特征

4.1 人体外貌的解剖学特征

4.1.1 头部形态特征

头部是人体外貌的关键部分,在外形上分为脑颅和颜面两部分,因此头部形态特征可分为脑颅形态特征和颜面形态特征。脑颅部的骨骼(额骨、颞骨、顶骨、枕骨)决定了头的整体形态、大小、头顶的长短等;颜面部的骨骼(颧骨、鼻骨、上颌骨、下颌骨)决定了脸部的具体形状和比例。在检验侧面人像时,应注意枕骨的凹凸程度和颜面侧面轮廓形态。在检验正面人像时,既要注意分析颜面的整体形态,又要注意分析发际线、颧部、面颊及下颌各部分的具体形态。

4.1.2 五官形态特征

(1) 眼:由眼眶、眼睑、眼球三部分组成。眼眶决定了眼的大小,上眼睑、下眼睑及眼裂决定了眼开闭时的形态,眼球有突出、凹陷等情况。根据眼睑缘形态,眼可分为直线型、三角型、圆型等类型,各类型中眼有大、中、小,眼角有上翘、下翘、水平,眼皮有单层、双层、多层等形态。

(2) 眉:起自眼眶上缘内角延至外角,内端称眉头,外端称眉梢。眉分上列眉、下列眉,上列眉覆盖下列眉,两列眉相交成眉尖,形成眉的浓密处。眉的主要特征表现在眉的走向、浓淡、疏密、长短,以及眉尖、眉稍的具体形态等。

(3) 耳:主要由耳轮、对耳轮、耳屏、对耳屏、耳垂构成。其主要特征表现在耳的外部轮廓形态、大小、外张情况,及耳轮、对耳轮、耳屏、对耳屏、耳垂的具体形态、宽窄、厚薄,以及两耳的相对位置等。

(4) 口:主要由上唇、下唇、牙齿组成。其特征主要表现在口的闭合形态、大小,上唇、下唇的具体形态、厚薄程度,口角的走向,口裂线的形态,以及牙齿的形态、大小、排列状况、突出程度等。

(5) 鼻:主要有鼻脊、鼻翼、鼻孔组成。其主要特征表现在鼻的外部轮廓形态、大小、高低,鼻梁的宽窄、曲直、隆起状况,鼻尖的形态、大小、突起程度,鼻孔的形态、大小、仰俯情况,及鼻翼的形态、大小等。

4.1.3 五官配置关系特征

五官的配置关系是指眼、眉、耳、口、鼻在颜面上的相对位置及相互间的比例关系,包括五官的位置关系和五官的比例关系。

(1) 五官的位置关系指五官在颜面上的排列情况。检验时应特别注意眉、眼、耳对称关系,及眉眼、鼻、口等相邻器官的排列关系等。

(2) 五官的比例关系是指颜面上五官间的大小、长短、宽窄的比例关系。检验时应特别注意眉、眼、鼻、口与颜面的横向比例关系,及前额、眉、眼、鼻长、耳长、下颌与颜面的纵向比例关系等。

4.1.4 胡须特征

胡须特征主要指胡须的生长方向、长短、浓淡、疏密、粗细等特点。

4.1.5 皱纹特征

皱纹特征主要是指皱纹的生长部位、走向、长短、深浅、粗细、条数及排列等情况。

4.2 人体动态特征

人体动态特征是指人体通过颈部与腰部、肩关节与髋关节等运动形成的人体各种习惯性的动作,以及人体颜面在面部肌肉作用下形成的丰富多彩的表情特征,它包括颜面动态特征和头部、四肢、腰部习惯性的体态特征。

4.2.1 颜面动态特征

颜面动态特征即颜面的表情特征,指拍摄对象在被拍摄时习惯性的表情特点,如微笑、抿嘴、蹙眉、忧郁等。

4.2.2 体态特征

体态特征是指人体在拍摄时头部、四肢、腰部习惯性的姿态。检验时应特别注意头部和四肢的姿态及运动时的特点。头部姿态应注意头部的仰俯、右倾、左倾等情况;上肢姿态应注意两臂习惯性的伸屈动作,手腕、手指习惯性的造型,及运动时的手势特征等。下肢姿态应注意拍摄时习惯性的立、站、坐、蹲的姿态,及运动时的步态特征等。

4.3 人体特殊标记特征

人体外貌的特殊标记特征是由人体生理、病理及损伤等原因形成的人体解剖学特征异常和运动功能异常特征。包括颜面特殊标记,如瘤、痣、斑、麻、斜眼、歪嘴、兔唇等;人体其他部位的特殊标记,如缺指、多指、跛脚、驼背、曲臂等先天性的畸形或残缺;以及人体因外伤、疾病或人为性质形成的纹身、疤痕、残疾等。

4.4 人体着装、佩饰特征

指拍摄对象的穿着习惯和常用佩带、装饰物等,如拍摄对象常穿的服装,常佩带的手表、戒指、手镯、手链、耳环、项链等物品。

5 人像鉴定的步骤和方法

人像鉴定是运用同一认定的原理和方法,因而和其他物证同一认定的方法一样，也包括分别检验、比较检验和综合评断三个基本步骤。

5.1 分别检验

5.1.1 对检材人像照片的审查

全面了解检材人像照片/录像的拍摄条件及后期制作过程、拍摄对象情况，以及有关案件情况。

5.1.2 样本的收集

（1）检材是人像照片时，应尽可能收集在拍摄时间、条件、构图等方面与检材照片相近的样本照片，同时应注意收集这些样本照片的原始底片或数字图像；

（2）检材是人体录像时，注意收集录有被鉴定人的录像资料，以便利用丰富多彩的人体动态特征；

（3）需要时，应拍摄实验样本，通过控制拍摄条件及让被鉴定人变换姿态等方式，拍摄与检材人像条件一致或相近的样本。

5.1.3 检材人像和样本人像的处理和制作

（1）对于模糊不清的样本人像，可通过图像处理技术对其进行处理，并将处理的图像制作成人像图片/录像片段。

（2）将检材人像和样本人像复制或截图后，制成检材人像图片和样本人像图片，供比较检验使用。制作时，应按等瞳距或相等的任意两侧量点间距作基准，将检材人像与样本人像制作成等大。

（3）当检材为录像时，尽可能截取不同角度的人像图片，以便能反映出更多的人像特征。

（4）对于录像反映出的动态特征，应分别截取检材录像与样本录像上反映出人体动态特征的片断或图片，供比较检验使用。

5.1.4 人像特征的选取

人像特征是人像鉴定的具体依据，特征的选取应遵循以下原则：

（1）人像特征包括整体特征、局部特征和细节特征，特征价值有高有低。一般来说，整体特征出现率高，价值较低，如脸形特征等；局部特征和细节特征出现率低，价值较高，如特殊标记特征等。

（2）在选取人像特征时，应以检材人像为主，遵循先整体、后局部、再细节的原则，注意选取特征价值高的局部和细节特征。

（3）在选取人像特征时，应特别注意选择人像的特殊标记特征，如瘤、痣、斑、麻、斜眼、歪嘴、兔唇、缺指、多指、跛脚、驼背、曲臂等，以及人体因外伤、疾病或人为性质形成的纹身、疤痕、残疾等。

（4）在选取人像特征时，还应尽量利用那些习惯性的动态特征和特殊的个人着装、佩饰特征。

5.2　比较检验

比较检验的任务是将分别检验中选取的人像特征进行比对，找出检材人像与样本人像的特征符合点和差异点。比较检验主要采用以下几种方法：

5.2.1　特征标示法

将检材与样本人像特征逐一直接进行比对，并标示出特征的符合点和差异点。通常用红色标识符合特征，蓝色标识差异特征。

5.2.2　测量比较法

即在检材和样本人像上选取若干共同的测量点，然后选用适当的测量工具进行测量，比较各测量点之间的数值及比例关系，也可比较各连接线交叉组合成的几何形态及交叉角度等。

5.2.3　拼接比较法

用等大的检材人像和样本人像图片，选取两个相同的测量点连线，再沿连接线将对应的检材人像和样本人像进行接合，观察其吻合程度。另外，也可在投影比对仪等专门仪器上进行拼接比对。

5.2.4　定位比较法

选用带网线的透明胶片或玻璃片覆盖于检材人像和样本人像之上，确定各人像特征的位置、大小、相互间比例关系等。

5.2.5　重叠比较法

先将检材人像和样本人像制成等大的负片，然后用两负片进行透光重叠比较，或将两负片重叠曝光再制成正片，观察其吻合程度。另外，也可在投影比对仪等专门仪器上进行重叠比对。

5.2.6　计算机图像比对法

人像的比较检验也可借助计算机，选用适当的图像软件，将检材人像和样本人像进行拼接、重叠、定位、测量等综合的比对分析。

5.3　综合评断

综合评断是人像鉴定的关键步骤，是对比较检验中发现的检材人像与样本人像的特征符合点和差异点作出客观的评断和合理的解释，并根据人像特征符合点或差异点总和的价值作出相应的鉴定结论。

5.3.1　对人像特征差异点的分析和评价

对人像特征差异点的分析应充分考虑以下几方面因素：

(1) 人体自然发育生长引起的人像特征的变化；

(2) 人体伤病引起的人像特征的变化；

(3) 化妆、整容等引起的人像特征的变化；

(4) 死亡引起的人像特征的变化；

(5) 拍摄条件、拍摄对象的姿态变化引起的人像特征的变化;

(6) 照片/录像后期加工处理引起的变化。

5.3.2 对人像特征符合点的分析和评价

对人像特征符合点的分析应注意把握以下几个方面:

(1) 一般情况下,出现率低的局部特征、五官细节特征,特殊标记特征,以及习惯性的动态特征,其特征价值较高,是同一认定的主要依据;

(2) 对每一个符合特征,不能仅从外部形态去分析,还必须从其具体的走向、大小、高低、长短等细节特征,结合其对称的部分或相关联的部分综合分析,尽量提高每一特征的使用价值;

(3) 应特别注意人像的特殊标记特征的符合情况,如瘤、痣、斑、麻、斜眼、歪嘴、兔唇、缺指、多指、跛脚、驼背、曲臂等,以及人体因外伤、疾病或人为原因形成的纹身、疤痕、残疾等;

(4) 应特别注意个人特殊的着装、佩饰特征的符合情况。

5.3.3 对人像特征符合点和差异点的综合评断

根据对检材人像与样本人像的特征符合点和差异点的分析和评价结果,综合评断检材人像与样本人像的特征符合点和特征差异点的总体价值,最终作出相应的鉴定结论。

6 鉴定结论的种类及判断标准

在人像鉴定实践中,由于存在检材或样本所反映出的人像特征的数量或质量等客观原因,其特征的总体价值尚不能充分反映出同一人或不同人的外貌特点。在此种情况下,根据司法实践的需要,鉴定人可依据人像特征反映的客观情况,运用所掌握的专业知识和积累的实践经验,对反映出的人像特征进行综合评断,作出非确定性结论(即推断性结论)。根据人像鉴定司法实践的需求,鉴定结论分为确定性、非确定性和无法判断三类五种,即:肯定同一、否定同一;倾向肯定同一、倾向否定同一;无法作出结论。

6.1 确定性结论

6.1.1 肯定同一

(1) 检材人像与样本人像存在足够数量的符合特征,且符合特征的价值充分反映了同一人的外貌特点;

(2) 检材人像与样本人像没有本质的差异特征;

(3) 检材人像与样本人像的差异或变化特征能得到合理的解释。

6.1.2 否定同一

(1) 检材人像与样本人像存在足够数量的差异特征,且差异特征的价值充分反映了不同人的外貌特点；

（2）检材人像与样本人像没有本质的符合特征；

（3）检材人像与样本人像的符合或相似特征能得到合理的解释。

6.2 非确定性结论

6.2.1 倾向肯定同一

（1）检材人像与样本人像存在较多的符合特征，且符合特征的价值基本反映了同一人的外貌特点；

（2）检材人像与样本人像没有本质的差异特征；

（3）检材人像与样本人像的差异或变化特征能得到较合理的解释。

6.2.2 倾向否定同

（1）检材人像与样本人像存在较多的差异特征，且差异特征的价值基本反映了不同人的外貌特点；

（2）检材人像与样本人像没有本质的符合特征；

（3）检材人像与样本人像的符合或相似特征能得到较合理的解释。

6.3 无法判断是否同一

（1）检材人像不具备鉴定条件；

（2）样本人像不具备比对条件；

（3）根据检材人像和样本人像的具体情况，经综合评断既不能作出确定性结论，也不能作出非确定性结论。

7 鉴定结论的表述

7.1 鉴定结论的表述应准确全面，且简明扼要。

7.2 如样本所拍摄的对象是明确的，鉴定结论表述为“检材人像……是或不是（或非确定性）某人的人像”。

7.3 如样本所拍摄的对象不明确的，鉴定结论表述为“检材人像……与样本人像是或不是（或非确定性）同一人的人像”。

第4部分 物像鉴定规范

1 范围

本部分规定了声像资料鉴定中物像鉴定的步骤和方法。

本部分适用于声像资料鉴定中的物像鉴定。

2 规范性引用文件

下列文件中的条款通过本部分的引用而成为本部分的条款。凡是注明日期的引用文件,其随后所有的修改单(不包括勘误的内容)或修订版均不适用于本部分,然而,鼓励根据本部分达成协议的各方研究是否可适用这些文件的最新版本。凡是不注明日期的引用文件,其最新版本适用于本部分。

SF/Z JD0300001－2010　声像资料鉴定通用规范　第 1 部分:声像资料鉴定通用术语

SF/Z JD0300001－2010　声像资料鉴定通用规范　第 2 部分:声像资料鉴定通用程序

3　术语和定义

3.1　物像

特指声像资料中通过照相、摄像等手段记录的物体的外部形象。记录物体外部形象的客体包括物体照片和物体录像两大类。

3.2　物体照片

物体照片是通过照相设备将物体外部形态记录在感光材料或其他数字记录媒介上形成的,它反映的是物体瞬时的静态形象。

3.3　物体录像

物体录像是通过录像设备将物体外部形象记录在录像磁带或其他数字媒介上形成的,它反映的是物体在一段时间内的动态形象或(多角度的)静态形象。

3.4　物像特征

物像特征是物体的构成特点及外部形态的具体征象,是物像同一性鉴定的具体依据。物像特征可分为物体结构特征、物体功能性特征、物体形态特征、物体表面分布特征以及物体特殊标记特征等。

4　物像特征

4.1　物体结构特征

指构成物体的基本元素及其排列组合关系,如构成物体基本元素的各部分大小、长短、厚薄、宽窄,及其排列组合和比例关系。物体结构特征可分为整体结构特征和局部结构特征。

4.2　物体功能性特征

指构成物体基本元素的各部分的功能性特点及其组合后形成的整体功能性特点。

4.3　物体形态特征

指构成物体基本元素的各部分的造型,及其组合后形成的整体状态。物体形态特征可分为整体形态特征、局部形态特征和细微形态特征。

4.4 物体表面分布特征

指构成物体各部分表面具体的色泽、纹理分布、图文、符号等特点。

4.5 物体特殊标记特征

指物体在制作或使用过程中,在其表面形成的特殊记号、标记、残缺、破损及各种污染痕迹等。

5 物像鉴定的步骤和方法

物像鉴定是运用同一认定的原理和方法,因而和其他物证同一认定的方法一样,也包括分别检验、比较检验和综合评断三个基本步骤。

5.1 分别检验

5.1.1 对检材照片/录像的审查

全面了解检材照片/录像的拍摄条件及后期制作过程,以及拍摄物体的有关情况。

5.1.2 样本物像的收集

(1) 尽可能收集拍摄时间、条件、构图等方面与检材物像一致或相近的样本图片,同时注意收集这些样本的原始底片或数字图像。

(2) 如样本系实物的,通过控制拍摄条件和变换物体位置,拍摄与检材物像条件一致的样本物像。

5.1.3 检材物像和样本物像的处理和制作

(1) 对于模糊的样本图片或录像资料,通过图像处理技术对其进行处理,并将处理的图像制作成图片。

(2) 将检材物像和样本物像复制或截图后,制成检材物像图片和样本物像图片,供比较检验使用。制作时,应将检材物像与样本物像制作成等大物像。

(3) 当检材为录像时,尽可能截取不同角度的物像图片,以便能反映出物像特征。

5.1.4 选择具有鉴定价值的物像特征

物像特征是物像同一性鉴定的具体依据,特征的选择应遵循以下原则:

(1) 物像特征包括整体特征、局部特征和细节特征,特征价值有高有低。一般来说,整体特征出现率高,价值较低,如物体结构特征等;局部特征和细节特征出现率低,价值较高,如物体特殊标记特征、物体表面分布特征及特殊形状特征等。

(2) 在选择物像特征时,应以检材物像为主,遵循先整体、后局部、再细节的原则,注意选取特征价值高的局部和细节特征。

(3) 在选择物像特征时,应特别注意选择物体在制作或使用过程中形成的特殊记号、标记、残缺、破损及各种污染痕迹等特殊标记特征。

5.2 比较检验

比较检验的任务是将分别检验中选择的物像特征进行比对,找出检材物像与样本物像的特征符合点和差异点。物像特征的比较检验常采用以下几种方法。

5.2.1 特征标示法

即将检材与样本物像特征逐一直接进行比对,并标示出两者的符合点和差异点。通常用红色标识符合特征,蓝色标识差异特征。

5.2.2 测量比较法

即在检材物像和样本物像上选取若干共同的测量点,然后选用适当的测量工具进行测量,比较各测量点之间的数值及比例关系,也可比较各连接线交叉组合成的几何形态及交叉角度。

5.2.3 拼接比较法

用等大的检材物像和样本物像,选取两个相同的测量点连成线,再沿连接线将对应的检材物像和样本物像进行接合,观察其吻合程度,也可在投影比对仪等专门仪器上进行拼接比对。

5.2.4 定位比较法

是用带网线的透明胶片或玻璃片覆盖于检材物像和样本物像之上,较精确地确定各物像特征的位置、大小、相互间组合和比例关系。

5.2.5 重叠比较法

先将检材物像和样本物像制成等大的负片,然后用两负片进行透光重叠比较,或将两负片重叠曝光再制成正片,观察其吻合程度,也可在投影比对仪等专门仪器上进行重叠比对。

5.2.6 计算机图像比对法

物像的比较检验也可借助计算机,应用特定的图像软件,进行拼接、重叠、定位、测量等综合的对比分析。

5.3 综合评断

综合评断是物像鉴定的关键步骤,是对比较检验中发现的检材物像与样本物像的特征符合点和差异点作出客观的评断和合理的解释,并根据物像特征符合点或差异点总和的价值作出相应的鉴定结论。

5.3.1 对物像特征差异点的分析和评价

对物像差异特征的分析应充分考虑以下几个方面因素:

(1) 拍摄条件的不同引起的变化;

(2) 拍摄对象的状态不同引起的变化;

(3) 图片后期加工过程中引起的变化;

(4) 物体在留存过程中由于环境等因素引起的自然变化;

(5) 物体在使用、保存过程中由于认为的因素引起的变化。

5.3.2 对物像特征符合点的分析和评价

对物像特征符合点的分析应注意把握以下几个方面:

(1) 一般情况下,某些局部形态和特殊形态特征、细微的表面分布特征,以及物体在制作和使用过程中形成的特殊标记特征,其特征价值较高,是同一认定的主要依据;

(2) 应特别注意物体在制作或使用过程中形成的特殊记号、标记、残缺、破损及各种污染痕迹等特征的符合情况,这些特征具有很强的特异性,在物像同一性鉴定中起着十分重要的作用;

(3) 对每一个符合特征,不能仅从外部形态去分析,还必须从其具体的走向、大小、高低、长短等细节特征,结合其对称的部分或相关联的部分综合分析,尽量提高每一特征的使用价值。

5.3.3 对物像特征符合点和差异点的综合评断

根据对检材物像与样本物像的特征符合点和差异点的分析和评价结果,综合评断检材物像与样本物像的特征符合和特征差异的总体价值,并最终作出相应的鉴定结论。

6 鉴定结论的种类及判断标准

在物像鉴定实践中,由于存在检材或样本所反映出物像特征的数量或质量等客观原因,其特征价值尚不能充分反映出同一物体或不同物体的特点。在此种情况下,根据司法实践的需要,鉴定人可依据物像特征反映的客观情况,运用所掌握的专业知识和积累的实践经验,对反映出的物像特征进行综合评断,作出非确定性结论(即推断性结论)。根据物象鉴定司法实践需求,物像鉴定的鉴定结论分为确定性、非确定性和无法判断三类五种,即:肯定同一、否定同一;倾向肯定同一、倾向否定同一;无法作出结论。

6.1 确定性结论

6.1.1 肯定同一

(1) 检材物像与样本物像存在足够数量的符合特征,且符合特征的价值充分反映了同一物体的外形特点;

(2) 检材物像与样本物像没有本质的差异特征;

(3) 检材物像与样本物像的差异或变化特征能得到合理的解释。

6.1.2 否定同一

(1) 检材物像与样本物像存在足够数量的差异特征,且差异特征的价值充分反映了不同物体的外形特点;

(2) 检材物像与样本物像没有本质的符合特征;

(3) 检材物像与样本物像的符合或相似特征能得到合理的解释。

6.2 非确定性结论

6.2.1 倾向肯定同一

(1) 检材物像与样本物像存在较多的符合特征,且符合特征的价值基本反映了同一物体的外形特点;

(2) 检材物像与样本物像没有本质的差异特征;

(3) 检材物像与样本物像的差异或变化特征能得到较合理的解释。

6.2.2 倾向否定同一

(1) 检材物像与样本物像存在较多的差异特征,且差异特征的价值基本反映了不同物体的外形特点;

(2) 检材物像与样本物像没有本质的符合特征;

(3) 检材物像与样本物像的符合或相似特征能得到较合理的解释。

6.3 无法做出结论

6.3.1 检材物像不具备鉴定条件;

6.3.2 样本物像不具备比对条件;

6.3.3 根据检材物像与样本物像的具体情况,经综合评断既不能作出确定性结论,也不能作出非确定性结论。

7 鉴定结论的表述

7.1 鉴定结论的表述应准确全面,且简明扼要。

7.2 如样本所拍摄的对象是明确的,鉴定结论表述为"检材物像……是或不是(或非确定性)某一物体的物像。"

7.3 如样本所拍摄的对象不明确的,鉴定结论表述为"检材物像……与样本物像是或不是(或非确定性)同一物体的物像。"

（二）2011年司法鉴定技术规范

司法部办公厅关于推荐适用《法医临床检验规范》等8项司法鉴定技术规范的通知

司办通〔2011〕20号

各省、自治区、直辖市司法厅(局)，新疆生产建设兵团司法局、监狱局：

为进一步规范司法鉴定执业活动，推进司法鉴定标准化建设，保障司法鉴定质量，司法部司法鉴定管理局委托司法部司法鉴定科学技术研究所组织制定了《法医临床检验规范》等8项司法鉴定技术规范。该8项司法鉴定技术规范已通过专家评审，在科学性、可靠性、实用性等方面能够满足司法鉴定执业活动的相关要求，现予公布，推荐适用。

司法鉴定机构和司法鉴定人需要相关司法鉴定技术规范文本或咨询相关技术问题的，请直接与司法部司法鉴定科学技术研究所联系（联系人：吴何坚　联系电话：021－52364973）。

关于司法鉴定技术规范的使用情况，请反馈给司法部司法鉴定管理局。

附件：8项技术规范目录及文本

司法部办公厅
二〇一一年三月十七日

附件

司法鉴定技术规范目录(8 项)

序号	名称及编号	修订情况
1	法医临床检验规范 SF/Z JD0103003－2011	
2	视觉功能障碍法医鉴定指南 SF/Z JD0103004－2011	视觉功能障碍法医学鉴定规范 SF/Z JD0103004－2016
3	精神障碍者司法鉴定精神检查规范 SF/Z JD0104001－2011	
4	精神障碍者刑事责任能力评定指南 SF/Z JD0104002－2011	精神障碍者刑事责任能力评定指南 SF/Z JD0104002－2016
5	精神障碍者服刑能力评定指南 SF/Z JD0104003－2011	精神障碍者服刑能力评定指南 SF/Z JD0104003－2016
6	血液中碳氧血红蛋白饱和度的测定　分光光度法 SF/Z JD0107010－2011	
7	生物检材中河豚毒素的测定　液相色谱－串联质谱法 SF/Z JD0107011－2011	
8	血液中铬、镉、砷、铊和铅的测定　电感耦合等离子体质谱法 SF/Z JD0107012－2011	

法医临床检验规范

SF/Z JD0103003 - 2011

2011 年 3 月 17 日发布　2011 年 3 月 17 日生效

目　次

前　言

本技术规范在 SJB - C - 1 - 2003　《法医学人体伤残检验规范》及 SJB - C - 2 - 2003　《法医学人体损伤检验规范》的基础上,参照《法医临床司法鉴定实务》2009第一版，以及临床医学专著修改后制定，在内容上涵盖人体损伤和伤残检验的两部分。

本技术规范附录A为资料性附录。

本技术规范由司法部司法鉴定科学技术研究所提出。

本技术规范由司法部司法鉴定科学技术研究所负责起草。

本技术规范主要起草人：朱广友、范利华、程亦斌、夏文涛、刘瑞珏、杨小萍。

1 范围

本技术规范规定了法医临床检验的内容和方法。

本技术规范适用于各级司法鉴定机构进行人体损伤程度、伤残程度及相关鉴定案件的法医临床检验。

2 规范性引用文件

下列文件中的条款通过本技术规范的引用而成为本技术规范的条款。凡是注明日期的引用文件，其随后所有的修改单（不包括勘误的内容）或者修订版均不适用于本标准。然而，鼓励根据本标准达成协议的各方研究是否可使用这些文件的最新版本。

司发070号　人体重伤鉴定标准

法〔司〕发6号　人体轻伤鉴定标准（试行）

GB/T 16180　劳动能力鉴定　职工工伤与职业病致残等级

GB 18667　道路交通事故受伤人员伤残评定

3 总则

3.1　要求

3.1.1　应当遵循实事求是的原则，对人体原发性损伤及由损伤引起的并发症或者后遗症的主、客观体征进行全面、细致地检验，为鉴定结论提供分析的依据。

3.1.2　对被鉴定人的人身检验应由法医鉴定人进行。

3.1.3　对体表损伤，肢体畸形、缺损或者功能障碍应当拍摄局部照片。

3.1.4　检验所用的计量器械须按照规定进行检定或校准。

3.1.5　检查女性身体时，原则上应由女性法医进行。如果没有女性法医，可由男性法医鉴定人进行，但须有女性工作人员或被鉴定人家属在场。

3.1.6 检查女性身体隐私部位时，应征得其本人或者监护人的同意，如需拍照，须获得其本人或者监护人的同意。

3.2 检验时机

3.2.1 鉴定以原发性损伤为依据的，应尽可能在损伤早期检验并记录。

3.2.2 鉴定以损伤后果为依据的应在临床医疗终结后检验，原则上在损伤后3－6个月进行。

4 检验

4.1 一般情况

4.1.1 发育：应通过被鉴定人性别、年龄、身高（身长）、体重、第二性征等综合评价。成人发育正常的指标包括(1)头部的长度为身高的1/7～1/8；(2)胸围为身高的1/2；(3)双上肢左右伸直，左右指端的距离与身高基本一致；(4)坐高等于下肢的长度。正常人各年龄组的身高与体重之间存在一定的对应关系。

4.1.2 体型：成年人的体型可分为(1)无力型，亦称瘦长型，表现为体高肌瘦、颈细长、肩窄下垂、胸廓扁平、腹上角小于90°；(2)正力型，亦称匀称型，表现为身体各个部分结构匀称适中，腹上角90°左右，见于多数正常成人；(3)超力型，亦称矮胖型，表现为体格粗壮、颈粗短、面红、肩宽平、胸围大、腹上角大于90°。

4.1.3 营养状态：应通过皮肤、毛发、皮下脂肪、肌肉的发育情况进行综合判断。(1)良好：粘膜红润、皮肤光泽、弹性良好，皮下脂肪丰满而有弹性，肌肉结实，指甲、毛发润泽，肋间隙及锁骨上窝深浅适中，肩胛部和股部肌肉丰满；(2)不良：皮肤粘膜干燥、弹性降低，皮下脂肪菲薄，肌肉松弛无力，指甲粗糙无光泽、毛发稀疏，肋间隙、锁骨上窝凹陷，肩胛骨和髂骨嶙峋突出；(3)中等：介于两者之间。

4.2 体表检查

4.2.1 擦伤：检查擦伤发生的部位、形态、大小、颜色，有无表皮剥脱、血液渗出。若残留有表皮碎屑或游离皮瓣时，可以根据游离缘为力的起始端以及附着缘为终止端的特点，推断暴力作用方向。

4.2.2 挫伤：检查挫伤的部位、形态、大小，皮内或皮下的出血程度。因常与擦伤并存，检查有无表皮剥脱、局部肿胀和炎性反应。

4.2.3 创：法医临床检验时一般创均已经过清创缝合，为缝合创（尚未拆线）。检查创的部位、形态、走行方向，创缘是否平整，创角是否整齐，有无挫伤带，局部有无肿胀等。注意区分钝器创和锐器创，若为锐器创则需区分切割创、砍创、刺创及剪创。测量创的长度、宽度，测量创长时应注意不要将拖痕视为创。对于肢体盲管创，需明确创道深度，且普通测量方法无法测量时，可采用超声检查或其他影像检查方法加以明确。

4.2.4 皮肤瘢痕：检查瘢痕的部位、形态、颜色、质地，局部是否平坦，边缘是否整齐，与皮下组织有无粘连，是否存在功能障碍等。注意区分浅表性瘢痕、增殖性瘢痕、瘢痕疙瘩、萎缩性瘢痕及凹陷性瘢痕。测量瘢痕的长度、宽度或者面积。在测量瘢痕面积时，当瘢痕面积远离相关鉴定标准规定数值时，可采用“九分法”或“手掌法”测量；当瘢痕面积接近相关鉴定标准规定数值时，精确测量瘢痕面积。瘢痕面积测量，可先用无弹性透明薄膜覆盖在瘢痕表面，描绘瘢痕投影，通过计算机计算出瘢痕实际面积，再通过全身体表面积计算公式（S = 0.0061 × 身高（cm）+ 0.0128 × 体重（kg）− 0.1529）计算出瘢痕占体表面积的百分比。

4.3 颅脑检查

4.3.1 一般检查

4.3.1.1 头皮检查：注意头皮有无损伤及损伤的部位和范围（见4.2），头皮创及瘢痕的检查和测量宜剃光局部毛发，使创或瘢痕完整、充分地暴露。

4.3.1.2 意识状态：通过交谈了解被鉴定人的思维、反应、情感、计算及定向力等方面的情况。对较为严重者，进行痛觉试验、瞳孔反射等检查，以确定被鉴定人意识障碍的程度。意识障碍有下列不同程度的表现：（1）嗜睡，是最轻的意识障碍，是一种病理性倦睡。被鉴定人陷入持续的睡眠状态，可被唤醒，并能正确回答和做出各种反应，但当刺激去除后很快又再入睡。（2）意识模糊，是意识水平轻度下降，较嗜睡为深的一种意识障碍。被鉴定人能保持简单的精神活动，但对时间、地点、人物的定向能力发生障碍。（3）昏睡，是接近于人事不省的意识状态。被鉴定人处于熟睡状态，不易唤醒。虽在强烈刺激下（如压迫眶上神经，摇动被鉴定人身体等）可被唤醒，但很快又再入睡。醒时答话含糊或答非所问。（4）昏迷，表现为三阶段。a. 轻度昏迷，意识大部分丧失，无自主运动，对声、光刺激无反应，对疼痛刺激尚可出现痛苦的表情或肢体退缩等防御反应。角膜反射、瞳孔对光反射、眼球运动、吞咽反射等可存在。b. 中度昏迷，对周围事物及各种刺激均无反应，对于剧烈刺激可出现防御反射。角膜反射减弱，瞳孔对光反射迟钝，眼球无转动。c. 深度昏迷，全身肌肉松弛，对各种刺激全无反应。深、浅反射均消失。

4.3.1.3 精神状态：询问或观察被鉴定人是否存在怕刺激、易怒、失眠，是否有时高声呼叫、情绪激动、闭目不语、感情抑郁，是否有头痛、头晕、恶心、癫痫、狂躁、谵妄以及逆行性遗忘等。

4.3.1.4 语调与语态：注意被鉴定人有无运动性失语（能听懂语言，但说不出话）和感觉性失语（能发音，但不懂语言，也不知如何说）。

4.3.2 脑神经检查

4.3.2.1 嗅神经:检查前先确定被鉴定人鼻孔是否通畅、有无鼻黏膜病变。检查时嘱被鉴定人闭目,先压闭一侧鼻孔,用不同气味(酒精、氨水、无气味水等)置于另一鼻孔下,让被鉴定人辨别嗅到的各种气味。然后换另一侧鼻孔同法进行测试,注意双侧比较。

4.3.2.2 视神经:检查(1) 视力;(2) 视野;(3) 眼底。(见《眼损伤法医学检验规范》)

4.3.2.3 动眼、滑车、展神经:共同支配眼球运动,合称眼球运动神经。检查眼裂外观、眼球运动、瞳孔及对光反射、调节反射等。若存在眼球运动向内、向上及向下活动受限,以及上睑下垂、调节反射消失,则提示动眼神经麻痹;若存在眼球向下及向外运动减弱,则提示滑车神经受损;若存在眼球向外转动障碍,则提示展神经受损。

4.3.2.4 三叉神经:是混合性神经。感觉神经纤维分布于面部皮肤、眼、鼻、口腔黏膜,运动神经纤维支配咀嚼肌、颞肌和翼状内外肌。(1) 面部感觉,嘱被鉴定人闭眼,检查并对比双侧及内外侧痛觉、触觉和温度觉。注意区分周围性与核性感觉障碍,前者为伤侧伤支(眼支、上颌支、下颌支)分布区感觉障碍,后者呈葱皮样感觉障碍。(2) 角膜反射,嘱被鉴定人睁眼向内侧注视,以捻成细束的棉絮从被鉴定人视野外接近并轻触外侧角膜,避免触及睫毛,观察被刺激侧是否迅速闭眼和对侧是否也出现眼睑闭合反应,前者称为直接角膜反射,而后者称为间接角膜反射,直接和间接角膜反射均消失见于三叉神经受损(传入障碍)。(3) 运动功能,嘱被鉴定人作咀嚼动作,检查并对比双侧肌力强弱;再嘱被鉴定人作张口运动或露齿,检查张口时下颌有无偏斜。若一侧咀嚼肌肌力减弱或出现萎缩,张口时下颌偏向一侧,则提示该侧三叉神经运动纤维受损。

4.3.2.5 面神经:主要支配面部表情肌和舌前2/3味觉功能。(1) 运动功能,先观察静态时双侧额纹、眼裂、鼻唇沟和口角是否对称,然后嘱被鉴定人作皱额、闭眼、露齿、微笑、鼓腮或吹哨动作。若一侧额纹减少、眼裂增大、鼻唇沟变浅,不能皱额、闭眼,微笑或露齿时口角歪向对侧,鼓腮或吹哨时同侧漏气,则提示该侧面神经周围性损害;若皱额、闭眼无明显影响,只出现一侧下半部面部表情肌的瘫痪,则提示对侧面神经中枢性损害。(2) 味觉检查,分别以糖、盐、醋、奎宁置于被鉴定人伸出的舌前2/3的一侧,嘱被鉴定人以不同手势表达不同的味觉,先检查伤侧,再查对侧。

4.3.2.6 位听神经:(1) 听力检查(见《听力障碍法医鉴定规范》);(2) 前庭功能检查(见《前庭平衡功能检验规范》)。

4.3.2.7 舌咽、迷走神经:两者在解剖与功能上关系密切,常同时受损。

(1) 运动,检查被鉴定人有无发音嘶哑、带鼻音或完全失音,有无呛咳、吞咽困难,注意被鉴定人张口发“啊”音时悬雍垂是否居中,两侧软腭上抬是否一致。若一侧软腭上抬减弱,悬雍垂偏向对侧,则提示该侧神经受损;若悬雍垂虽居中,但双侧软腭上抬受限,甚至完全不能上抬,则提示双侧神经麻痹。(2) 咽反射,应用压舌板轻触左侧或右侧咽后壁,观察是否存在咽部肌肉收缩和舌后缩,是否伴有恶心反应。若一侧反射迟钝或消失,则提示该侧神经受损。(3) 感觉,应用棉签轻触两侧软腭和咽后壁,观察感觉。应检查舌后 1/3 的味觉,检查方法见4.3.2.5。

4.3.2.8 副神经:嘱被鉴定人作耸肩及转头运动,并给予一定的阻力,比较两侧的肌力。注意胸锁乳突肌及斜方肌有无萎缩。若一侧耸肩及向对侧转头无力或不能,且该侧胸锁乳突肌及斜方肌萎缩,则提示该侧副神经受损。

4.3.2.9 舌下神经:嘱被鉴定人伸舌,注意观察有无伸舌偏斜、舌肌萎缩及肌束颤动。若伸舌时舌尖偏向一侧,则提示该侧舌下神经麻痹;若不能伸舌,则提示双侧舌下神经麻痹。

4.3.3 感觉功能检查

4.3.3.1 浅感觉:用别针或针尖均匀地轻刺被鉴定人皮肤,检查痛觉;用棉签轻触被鉴定人的皮肤或黏膜,检查触觉;用盛有热水(40℃ -50℃)或冷水(5℃ -10℃)的玻璃试管接触被鉴定人皮肤,检查温度觉。检查时应注意交替进行,双侧比较。

4.3.3.2 深感觉:轻轻夹住被鉴定人的手指或足趾两侧,向上或向下移动,令其说出移动方向,检查运动觉;将被鉴定人的肢体置于某一姿势,嘱其描述该姿势或用对侧肢体模仿,检查位置觉;用震动着的音叉(128Hz)柄置于被鉴定人骨突起处,询问有无震动感觉,检查震动觉。

4.3.3.3 复合感觉:也称皮质感觉。以手指或棉签轻触被鉴定人皮肤某处,嘱其指出被触部位,检查皮肤定位觉;以钝脚分规轻轻刺激被鉴定人皮肤上的两点,并逐渐缩小双脚间距,直到被鉴定人感觉为一点时,测其实际间距,检查两点辨别觉;嘱被鉴定人用单手触摸熟悉的物体,并说出物体名称,检查实体觉;在被鉴定人的皮肤上画简单的图形或写简单的字,令其识别,检查体表图形觉。

4.3.4 运动功能检查

4.3.4.1 肌力:嘱被鉴定人作肢体伸屈动作,检查者从相反方向给予阻力,测试被鉴定人对阻力的克服力量,并注意两侧比较。肌力的记录采用0~5级的六级分级法。0级,完全瘫痪,测不到肌肉收缩;1级,仅测到肌肉收缩,但不能产生动作;2级,肢体在床面上能水平移动,但不能抵抗自身重力,即不能抬离床面;3级,肢体能抬离床面,但不能抗阻力;4级,能作抗阻力动作,但不完全;5级,正常肌力。

4.3.4.2　肌张力：嘱被鉴定人肌肉放松，检查者根据触摸肌肉的硬度以及伸屈其肢体时感知肌肉对被动伸屈的阻力作判断，应注意是否存在肌张力增高或肌张力降低。

4.3.4.3　不自主运动：(1) 震颤，注意区分静止性震颤和意向性震颤。前者静止时表现明显，而在运动时减轻，睡眠时消失，常伴肌张力增高；后者在休息时消失，运动时发生，愈近目的物愈明显，又称动作性震颤。(2) 舞蹈样运动，是否存在面部肌肉及肢体的快速、不规则、无目的、不对称的不自主运动，是否表现为做鬼脸、转颈、耸肩、手指间断性伸屈、摆手和伸臂等舞蹈样动作，睡眠时是否可减轻或消失。(3) 手足徐动，手指或足趾是否存在缓慢持续的伸展扭曲动作。

4.3.4.4　共济运动：(1) 指鼻试验，嘱被鉴定人先以示指接触距其前方0.5m检查者的示指，再以示指触自己的鼻尖，由慢到快，先睁眼、后闭眼，重复进行，观察是否存在指鼻不准；(2) 跟－膝－胫试验，嘱被鉴定人仰卧，上抬一侧下肢，将足跟置于另一下肢膝盖下端，再沿胫骨前缘向下移动，先睁眼、后闭眼，重复进行，观察是否存在动作不稳；(3) 快速轮替动作，嘱被鉴定人伸直手掌并以前臂作快速旋前旋后动作，或用一手手掌、手背连续交替拍打对侧手掌，观察是否存在动作缓慢、不协调；(4) 闭目难立正，嘱被鉴定人足跟并拢站立，闭目，双手向前平伸，观察是否存在身体摇晃或倾斜。上述检查若有异常时应按照《前庭平衡功能检验规范》进行仪器检测。

4.3.5　神经反射检查

4.3.5.1　浅反射：(1) 角膜反射，见4.3.2.4；(2) 腹壁反射，嘱被鉴定人仰卧，下肢稍屈曲，使腹壁松弛，然后用钝头竹签分别在肋缘下、脐平及腹股沟上方，由外向内轻划两侧腹壁皮肤，观察上、中或下部腹肌是否收缩；(3) 提睾反射，应用竹签由下而上轻划股内侧上方皮肤，观察同侧提睾肌是否收缩，睾丸是否上提；(4) 跖反射，嘱被鉴定人仰卧，下肢伸直，检查者手持被鉴定人踝部，用钝头竹签划足底外侧，由足跟向前至近小趾趾关节处转向拇趾侧，观察足跖是否屈曲；(5) 肛门反射，用大头针轻划肛门周围皮肤，观察肛门括约肌是否收缩。

4.3.5.2　深反射：(1) 肱二头肌反射，嘱被鉴定人前臂屈曲，检查者以拇指置于被鉴定人肘部肱二头肌腱上，然后另一手持叩诊锤叩击拇指，观察肱二头肌是否收缩，前臂是否快速屈曲；(2) 肱三头肌反射，嘱被鉴定人外展前臂，半屈肘关节，检查者以一手托住其前臂，另一手以叩诊锤直接叩击鹰嘴上方的肱三头肌腱，观察肱三头肌是否收缩，前臂是否伸展；(3) 桡骨骨膜反射，嘱被鉴定人前臂置于半屈半旋前位，检查者以一手托住其前臂，并使腕关节自然下垂，另一手以叩诊锤叩击桡骨茎突，观察肱桡肌是否收缩，是否发生屈肘和前臂旋前动作；(4)

膝反射，嘱被鉴定人仰卧，检查者以一手托起其膝关节使之屈曲约60°，另一手持叩诊锤叩击膝盖髌骨下方股四头肌腱，观察小腿是否伸展；(5) 跟腱反射，嘱被鉴定人仰卧，髋及膝关节屈曲，下肢取外旋外展位，检查者一手将被鉴定人足部背屈成角，另一手以叩诊锤叩击跟腱，观察腓肠肌是否收缩，足是否向跖面屈曲；(6) 阵挛，常见的有踝阵挛和髌阵挛。检查踝阵挛时，嘱被鉴定人仰卧，髋与膝关节稍屈，检查者一手托被鉴定人小腿，另一手持被鉴定人足底前端，突然用力使踝关节背屈并维持之，观察腓肠肌与比目鱼肌是否发生连续性节律性收缩，足部是否呈现交替性屈伸动作；检查髌阵挛时，嘱被鉴定人仰卧，下肢伸直，检查者以拇指与示指控住其髌骨上缘，用力向远端快速连续推动数次后维持推力，观察股四头肌是否发生节律性收缩，髌骨是否上下移动。

4.3.5.3 病理反射：(1) Babinski征，检查方法同跖反射，见4.3.5.1，观察拇趾是否背伸，余趾是否呈扇形展开；(2) Oppenheim征，用拇指及示指沿被鉴定人胫骨前缘用力由上向下滑压，观察项目同Babinski征；(3) Gordon征，用手以一定力量捏压腓肠肌，观察项目同Babinski征；(4) Hoffmann征，以一手持被鉴定人腕部，以另一手中指与示指夹住被鉴定人中指并稍向上提，使腕部处于轻度过伸位，以拇指迅速弹刮被鉴定人的中指指甲，观察其余四指是否掌屈。

4.3.5.4 脑膜刺激征：(1) 颈强直，嘱被鉴定人仰卧，检查者以一手托被鉴定人枕部，另一手置于其胸前作屈颈动作，感受是否存在抵抗力增强；(2) Kernig征，嘱被鉴定人仰卧，一侧髋、膝关节屈曲成直角，检查者将被鉴定人小腿抬高伸膝，观察是否伸膝受阻且伴疼痛及屈肌痉挛；(3) Brudzinski征，嘱被鉴定人仰卧，下肢伸直，检查者一手托起被鉴定人枕部，另一手按于其胸前，观察头部前屈时是否存在双髋与膝关节同时屈曲。

4.3.6 颅骨骨折

4.3.6.1 颅盖骨折：检查颅盖部有无局部凹陷，头皮有无损伤，常规影像检查有疑问时，应行切线位X线摄片及CT扫描，明确骨折的部位、类型。应注意是否为开放性骨折，是否合并脑实质损伤及颅内血肿。

4.3.6.2 颅底骨折：根据发生部位可分为颅前窝骨折、颅中窝骨折和颅后窝骨折。(1) 颅前窝骨折，检查额、面部是否有软组织损伤，眼睑及结膜下以及眶内软组织是否出现淤血斑（熊猫眼征），是否伴有鼻出血或脑脊液鼻漏，是否合并嗅神经或视神经损伤致嗅觉或视力减退或丧失，应行CT扫描了解眼眶及视神经管是否骨折；(2) 颅中窝骨折，检查颞部或耳后部是否有软组织损伤，是否伴有鼻出血、脑脊液鼻漏、脑脊液耳漏或脑脊液耳鼻漏，是否合并面神经或听神经损伤，致周围性面瘫或听力下降甚至丧失；(3) 颅后窝骨折，检查耳后部及枕部是否有软组织损伤，是否出现耳后淤血斑或枕部肿胀及皮下淤血斑，是否合并后组脑神经损伤致吞咽困难、发声嘶哑或伸舌偏斜等。

4.3.7 脑损伤

4.3.7.1 脑震荡:了解被鉴定人头部损伤后是否出现短暂的意识障碍和近事遗忘,需仔细审查伤后的病史记录及旁证材料。

4.3.7.2 弥散性轴索损伤:了解被鉴定人头部损伤后是否出现昏迷及昏迷的持续时间,检查瞳孔是否散大,对光反射是否消失。可行CT扫描明确大脑皮质与髓质交界处、胼胝体、脑干、内囊区域或第三脑室周围有无出血灶,有无出现弥漫性脑肿胀、蛛网膜下腔出血。也可行MRI检查,对无出血灶者,明确胼胝体和白质有无异常信号。

4.3.7.3 脑挫裂伤:了解被鉴定人头部损伤后是否出现意识障碍及意识障碍的持续时间,是否有头痛、头晕、恶心、呕吐等症状,是否有局灶性症状及体征,瞳孔是否有改变。应行CT扫描明确损伤的部位、范围及周围水肿程度,有无合并颅骨骨折及颅内血肿等。

4.3.7.4 原发性脑干损伤:了解被鉴定人头部损伤后是否出现昏迷及昏迷的持续时间,瞳孔是否有改变,眼球同向运动是否有障碍,肌张力是否增高,有无去大脑强直表现,呼吸、循环功能是否出现紊乱。应行CT扫描加以明确,必要时可行MRI检查。

4.3.7.5 颅内血肿:(1) 硬脑膜外血肿,有无意识障碍及是否具有“昏迷-清醒-再昏迷”的特征表现,瞳孔有无改变,是否具有锥体束征,生命体征是否平稳。应行CT扫描明确血肿形成的部位、出血量,是否伴有脑挫裂伤等。(2) 硬脑膜下血肿,应注意有无意识障碍,有无颅内压增高的症状,有无局灶性症状及体征。应行CT扫描明确血肿的部位、出血量,是否伴有脑挫裂伤等。(3) 脑内血肿,常来自于脑挫裂伤灶,注意有无进行性意识障碍加重,应行CT扫描明确血肿的部位、出血量。

4.3.8 颅脑损伤后遗症检验

4.3.8.1 毛发缺失:测量毛发缺失的范围,若为小面积毛发缺失,以“cm^2”表示;若为大面积毛发缺失,以缺失毛发的面积占整个头皮面积的百分比表示。

4.3.8.2 颅骨缺损:测量颅骨缺损的位置和范围,计算缺损的面积,也可以通过摄X线片或CT扫描,计算缺损的面积。

4.3.8.3 持续性植物状态:认知功能丧失,无意识活动,不能执行指令;保持自主呼吸和血压;不能理解和表达语言;能自动睁眼或在刺激下睁眼;可有无目的性眼球跟踪运动;丘脑下部和脑干功能基本保存。植物状态持续一个月以上,即属持续性植物状态。

4.3.8.4 失语症:(1) 完全性失语,被鉴定人对语言的理解严重受限,不能复述,失命名、失读或失写,完全丧失语言交流能力。(2) 运动性失语,注意区分严重运动性失语和中度运动性失语。前者表现为语言表达严重困难,词量严重缺乏,难以进行语言交流;后者表现为语言表达困难,词量明显减少,不能进行正常的语言交流。(3) 感觉性失语,注意区分严重感觉性失语和中度感觉性失语。前者表现为语词杂乱无章,无语言表达能力,不能进行语言交流;后者表现为语词杂乱无章,语言表达困难,不能进行正常的语言交流。(4) 轻度失语,表现为轻度语言功能障碍,但语言交流无明显困难。

4.3.8.5 构音障碍:注意区分严重构音障碍和轻度构音障碍。前者表现为音不分明,语不成句,难以听懂,甚至完全不能说话;后者表现为发音不准,吐字不清,语调速度、节律等异常,鼻音过重。

4.3.8.6 外伤性癫痫:注意是否具有导致癫痫发作的损伤基础,了解临床证实或旁证证实的癫痫发作的情况,了解癫痫发作时及发作间期的脑电图检查结果,需明确癫痫发作的类型、程度、频率,是否经过正规抗癫痫药物治疗,必要时测定血药浓度。尚需了解被鉴定人有无癫痫既往史,并了解家族史。

4.3.8.7 日常活动能力评定:日常活动能力包括进食,翻身,大小便,穿衣、洗漱,自主行动等五项。生活完全不能自理,上述五项均需护理(完全护理依赖);生活大部分不能自理,上述五项中三项以上需要护理(大部分护理依赖);部分生活不能自理,上述五项中一项以上需要护理(部分护理依赖)。

4.4 面部检查

4.4.1 面部软组织损伤:见4.2,尚需注意区别面部色素改变与面部皮肤瘢痕的区别,而面部色素改变面积的计算同皮肤瘢痕面积的计算方法。尚需注意是否存在颌面部穿透创,需测量面部皮肤瘢痕时测量相对应的粘膜面瘢痕,有疑问时,利用彩色多普勒超声仪检测,证实皮肤至粘膜层是否贯通(均为瘢痕组织)。

4.4.2 面颅骨骨折

4.4.2.1 眼眶骨折:检查眼眶及眶周有无软组织肿胀,有无局部压痛。应行CT扫描,明确眼眶内侧壁、外侧壁以及底壁是否存在骨折,需注意有无眶内积气、筛窦积液、内直肌增粗以及眶周软组织肿胀等影像学表现,对于眼眶底壁是否存在骨折尚需结合冠状位CT扫描,或图像重组加以明确。

4.4.2.2 鼻骨骨折:检查鼻外观有无畸形,局部有无压痛,软组织有无肿胀。应常规摄鼻骨侧位X线片,必要时摄鼻骨薄层CT平扫,以及图像重组,注意明确骨折的类型(系线性骨折还是粉碎性骨折,是否伴有移位等),是否存在鼻额缝分离,注意区分上颌骨额突骨折与鼻骨骨折。

4.4.2.3 颧骨骨折:检查颧部有无软组织肿胀,局部有无压痛。应行颧骨CT横断面扫描,必要时可行图像重组加以明确。

4.4.2.4　上颌骨骨折:检查颌面部有无软组织肿胀,局部有无压痛,应行颌面部 CT 扫描,必要时可行图像重组加以明确。应注意区分上颌骨额突骨折与鼻骨骨折,应注意是否伴有牙折断或脱落。

4.4.2.5　下颌骨骨折:检查颌面部有无软组织肿胀,局部有无压痛,应行下颌骨 CT 扫描,必要时可行图像重组加以明确。对有张口受限者,应进行张口位和闭口位 CT 扫描或 MRI 检查,了解颞合关节情况。

注意是否伴有牙折断或脱落。若颞下颌关节损伤时,检查张口是否受限。检查时,测量张口位时上、下切牙之间距离。或者以被鉴定人自身的示指、中指、无名指并列垂直置入上、下中切牙切缘间测量。

轻度张口受限系大开口时,上下切牙间距仅可并列垂直置入示指和中指;中度张口受限系大开口时,上下切牙间距仅可垂直置入示指;重度张口受限系大开口时,上下切牙间距不能置入示指横径。

4.4.3　眼损伤:见《眼损伤法医学检验规范》。

4.4.4　耳损伤

外耳:(1) 耳廓,检查耳廓的外形、大小、位置和对称性。若存在耳廓缺损,则可先用无弹性透明薄膜分别覆盖在残存耳廓前面及对侧全耳前面,分别描绘残存耳廓及对侧全耳在透明薄膜上的投影,通过计算机测出残存耳廓面积与对侧全耳面积,并计算出耳廓缺损面积占全耳面积的百分比。(2) 外耳道,检查外耳道皮肤是否正常,有无溢液,是否存在外耳道瘢痕狭窄、耵聍或异物堵塞。

中耳:采用耳镜检查鼓膜是否完整,有无穿孔、出血。若怀疑有鼓膜穿孔,常规进行鼓膜照相。

乳突:检查耳廓后方皮肤有无红肿,乳突有无压痛,是否可见瘘管形成。

听力:见《听力障碍法医鉴定规范》。

4.4.5　鼻损伤:检查鼻外观有无畸形或缺损,鼻中隔是否偏曲,有无鼻翼扇动,有无鼻出血,鼻腔有无异常分泌物,鼻窦区有无压痛以及是否存在鼻通气障碍。

4.4.6　口腔损伤

口唇及口腔黏膜:检查有无皮肤及黏膜破损,是否有发音或进食困难,是否影响咀嚼或吞咽功能,是否存在张口受限。

牙:检查牙齿有无牙震荡、牙脱位及牙折,牙列是否完整,明确牙脱位、牙折的数量。牙折时需区别冠折、根折或冠根联合折。注意有无牙及牙周疾病,牙龈有无肿胀、出血等。牙部位的记录要使用统一的符号,乳牙用罗马数字表示,恒牙用阿拉伯数字表示,如左上中切牙记录为“⌊1”。必要时应摄口腔全景 X 线片或口腔 CT 片。

松动程度分为Ⅰ度(牙向颊、舌侧方向活动 <1mm)、Ⅱ度(牙向颊、舌侧方向活动1~2mm)、Ⅲ度(牙向颊、舌侧方向活动 >2mm)。

舌:检查舌是否完整,味觉的检查方法见4.3.2.5。

4.5 颈部检查

4.5.1 颈部软组织损伤:见4.2。

4.5.2 喉与气管损伤:检查有无发音困难,有无咳嗽、咳痰、咯血、发绀、呼吸困难,有无皮下气肿,喉和气管是否移位或变形。必要时应行喉镜或支气管镜检查。

4.5.3 颈部食管损伤:检查有无吞咽困难,有无恶心、呕吐、呕血,必要时应行食管造影或食管镜检查。

4.5.4 颈部损伤后遗症检验

4.5.4.1 皮肤瘢痕:见4.2.4。尚需注意若为小面积皮肤瘢痕,以"cm^2"表示;若为大面积皮肤瘢痕,以皮肤瘢痕面积占颈前三角区面积的百分比表示。若瘢痕形成影响颈部活动度时,应仔细测量颈部前屈、后伸、左、右侧屈、左、右旋转的活动度,具体方法见附录A.1。

4.5.4.2 颈颌粘连分度:

轻度:单纯的颈部瘢痕或者颈胸瘢痕。瘢痕位于颌颈角平面以下的颈胸部。颈部活动不受限制,饮食、吞咽等均无影响。

中度:颏颈瘢痕粘连或者颏颈胸瘢痕粘连。颈部后仰及旋转受到限制,饮食、吞咽有所影响,不流涎,下唇前庭沟并不消失,能闭口。

重度:唇颏颈瘢痕粘连。自下唇至颈前均为瘢痕,挛缩后,下唇、颏部和颈前区都粘连在一起,颈部处于强迫低头姿势。下唇极度外翻,口角、鼻翼甚至下睑均被牵拉向下移位,不能闭口和说话,发音不清,长期流涎不止,饮食困难。特别严重的唇颏颈胸瘢痕粘连,颈部极度屈曲,颈、胸椎后突,呈驼背畸形,不能仰卧,不能平视,不能闭口,终日流涎不止,饮食、呼吸都发生困难。

4.5.4.3 声音嘶哑:行喉镜检查以明确有无声带运动异常、声门狭窄,注意是否存在喉上神经或喉返神经损伤。严重声音嘶哑系声哑或不能发声,无法与他人进行语言交流。

4.5.4.4 呼吸困难:行喉镜检查明确有无声门狭窄,行气管镜检查或CT扫描明确有无气管狭窄以及狭窄的部位和程度。根据体力活动受限的程度,呼吸功能障碍分级:

1级:与同年龄健康者在平地一同步行无气短,但登山或上楼时呈气短。

2级:平路步行1000M无气短,但不能与同龄健康者保持同样速度,平路快步行走呈现气短,登山或上楼时气短明显。

3 级:平路步行 100 米即有气短。

4 级:稍活动,如穿衣、谈话即气短。

4.5.4.5　吞咽困难:行食管镜或 X 线造影检查明确食道有无狭窄以及狭窄的部位和程度。(1) 吞咽功能严重障碍,只能进食流质,且进食流质时仍感明显不适;(2) 吞咽功能障碍,只能进食流质、半流质,不能进食软食;(3) 吞咽功能受严重影响,只能进食流质、半流质、软食,不能进食普食;(4) 吞咽功能受影响,虽能进食普食,但进食的速度缓慢且伴有明显不适。

4.6　胸部检查

4.6.1　胸部软组织损伤:见 4.2。

4.6.2　肋骨骨折:检查呼吸是否平稳,胸廓外观有无畸形,胸廓活动度是否两侧对称,胸壁有无压痛及压痛的部位,是否有胸膜摩擦感,胸廓挤压征是否阳性,听诊是否有异常呼吸音及胸膜摩擦音。行胸部正位/左前斜位/右前斜位 X 线摄片,胸部 CT 横断面扫描,必要时可行 CT 薄层平扫 + 图像重组,明确肋骨有无骨折及骨折的数量。

注意区分肋骨新鲜骨折与陈旧性骨折,若在损伤早期难以明确时可以在伤后 2－3 周待骨痂出现后复摄 X 线片或者 CT 片,观察是否有动态变化。若为单根肋骨骨折需注意是否伴有移位。

4.6.3　血胸、气胸:检查呼吸是否平稳,气管有无偏移,听诊有无呼吸音减弱或消失,注意有无休克或休克前期症状及体征。行胸部 X 线摄片及胸部 CT 扫描明确有无胸腔积液、气胸以及积液、气胸的程度(肺压缩%)。注意仔细审查病史资料,了解有无行胸腔引流等治疗并引流液体的性质、引流液体的量等。

4.6.4　气管、主支气管损伤:见 4.5.2。

4.6.5　胸部食管损伤:见 4.5.3。

4.6.6　女性乳房损伤:检查乳房有无畸形或缺失,注意乳腺导管有无损伤。

4.6.7　胸部损伤后遗症检验

4.6.7.1　皮肤瘢痕:见 4.2.4。

4.6.7.2　呼吸困难:见 4.5.4.4。

4.6.7.3　吞咽困难:见 4.5.4.5。

4.6.7.4　胸膜粘连或胸廓畸形:检查呼吸是否平稳、胸廓形态是否变化,并行胸部 CT 扫描,明确有无胸膜粘连及胸膜粘连的范围。

4.6.7.5　心功能不全:明确有心脏损伤的基础,需与自身疾病相鉴别。根据体力活动受限的程度,将心脏功能分为(1) Ⅰ级,无症状,体力活动不受限;(2) Ⅱ级,较重体力活动则有症状,体力活动稍受限;(3) Ⅲ级,轻微体力活动即有明显症状,休息后稍减轻,体力活动大部分受限;(4) Ⅳ级,即使在安静休息状态下亦有明显症状，体力活动完全受限。

4.7 腹部检查

4.7.1 腹部软组织损伤：见4.2。

4.7.2 腹部闭合性损伤：检查腹壁是否紧张，腹部是否有压痛、反跳痛，肝、脾有无肿大，肾区有无叩击痛，移动性浊音是否阳性。注意是否有恶心、呕吐、呕血、便血等。行超声、内镜或腹部CT扫描明确胃、肠、肝、脾、胰、肾以及胆道系统有无挫伤或破裂，腹腔有无积血及积血量。

4.7.3 腹部开放性损伤：仔细审查病史资料，详细了解临床的手术记录，明确腹膜有无破损（即区分穿透伤和非穿透伤）。检查方法见4.7.2。

4.7.4 腹部损伤后遗症检验

4.7.5 皮肤瘢痕：见4.2.4。

4.7.6 消化吸收功能障碍：检查发育及营养状态，见4.1.3。存在胃、肠、消化腺损伤或者缺损（包括手术切除），了解缺损范围。测身高和体重；检验血常规、血清白蛋白浓度、血清铁蛋白浓度、血清总胆固醇。出现血清白蛋白 < 6.0g/dL；血清总胆固醇 < 120mg/dL时为营养不良。

消化吸收障碍的评价方法：（1）粪脂染色镜检（半定量法）；（2）粪脂定量测定（Van de Kamer法）；（3）消化吸收试验：a. 葡萄糖耐量试验（50g法）呈低平曲线；b. D－木糖吸收试验；c. ^{131}I－油酸脂肪消化吸收功能试验；d. 其他：^{131}IRISA蛋白质消化吸收功能试验、^{151}钴－维生素B12吸收试验（Schilling试验）。根据上述检验结果综合判断是否存在消化吸收功能障碍。

消化吸收功能障碍分级：（1）消化吸收功能严重障碍，不能通过胃、肠消化吸收功能获得必需的营养物质，而只能依靠肠外营养支持的方式提供营养物质以维持生命（或重度营养不良），生活自理能力完全丧失；（2）消化吸收功能障碍，不能完全通过胃、肠消化吸收功能获得足够的营养物质（或中度营养不良），而需要通过肠外营养支持的方式补充足够的营养物质以维持生命，生活能够完全自理；（3）消化吸收功能受严重影响，进食普通饮食不能满足正常的营养需求（或轻度营养不良），而需要补充必要的营养物质，不能从事体力劳动；（4）消化吸收功能受影响，进食普通饮食不能满足正常的营养需求，但可以通过进食富营养的流质食物以满足营养需求，仅能从事一般体力劳动。

4.7.7 肾功能障碍：通过血生化检查了解内生肌酐清除率、血肌酐、尿素氮、自由水清除率、肾小球滤过率等，行肾浓缩稀释试验，必要时可行同位素肾图法和放射性核素肾显像法。明确肾功能障碍的程度（即轻度、中度、重度）。

4.8 盆部、会阴部检查

4.8.1 盆部、会阴部软组织损伤：见4.2。

4.8.2　骨盆骨折:检查骨盆局部有无压痛,骨盆挤压、分离试验是否阳性,行骨盆正位 X 线摄片及骨盆 CT 扫描明确骨折的部位、类型。

4.8.3　膀胱损伤:检查有无血尿、下腹部疼痛、排尿困难,行膀胱造影或膀胱镜检查明确有无膀胱破裂。

4.8.4　尿道损伤:检查有无尿道出血、排尿困难、尿潴留,行直肠指检了解尿道损伤的部位、程度及是否合并肛门、直肠损伤,行逆行尿道造影明确有无尿道破裂或断裂。

4.8.5　男性生殖器损伤:检查阴茎有无缺损或畸形,阴囊有无撕脱,有无鞘膜积液(血),行超声检查明确睾丸有无损伤。

4.8.6　女性生殖器损伤:检查下腹部有无压痛,阴道有无流血,阴道壁有无破损。行超声检查了解卵巢有无损伤,可行 MRI 检查了解子宫有无损伤,可行子宫输卵管造影明确输卵管有无损伤。

4.8.7　盆部、会阴部损伤后遗症检验

4.8.8　皮肤瘢痕:见 4.2.4。

4.8.9　骨盆畸形愈合、骨盆倾斜:检查骨盆外形有无明显畸形,脐至两侧髂前上棘的距离是否相等,两侧髂前上棘是否在同一水平,测量双下肢长度。行骨盆正位 X 线摄片,观察骨盆有无倾斜,骨盆环有无变形,两侧闭孔是否对称。对于女性被鉴定人,注意骨产道有无破坏。

4.8.10　尿道狭窄:行尿道造影检查明确尿道狭窄的程度。(1) 尿道闭锁,尿道造影显示尿道连续性中断,管腔消失;(2) 尿道重度狭窄,尿道造影显示尿道狭窄部位管腔小于正常管腔 1/3;(3) 尿道中度狭窄,尿道造影显示尿道狭窄部位管腔小于正常管腔 1/2;(4) 尿道轻度狭窄,尿道造影显示尿道管腔狭窄部位小于正常管腔 2/3。

4.8.11　排便和(或)排尿功能障碍:行直肠指诊或肛诊,检查肛门括约肌张力是否降低,直肠或肛门是否有瘢痕形成。检查肛门反射是否减弱。必要时行肛肠动力学检查评估排便功能,行尿流动力学检查评估排尿功能。

4.8.12　阴茎缺失或畸形:(1) 阴茎体完全缺失或严重畸形,阴茎海绵体完全缺失或阴茎体完全畸形(如阴茎弯曲、扭曲、异位等);(2) 阴茎体大部分缺失或畸形,阴茎缺失或畸形大于 1/2 或阴茎畸形大于 1/2;(3) 阴茎体部分缺失或畸形,阴茎体缺失或畸形小于或等于 1/2。

4.8.13　阴茎勃起功能障碍:见《男子阴茎勃起功能障碍法医鉴定规范》。

4.8.14　阴道狭窄:(1) 阴道闭锁,外生殖器解剖结构破坏、瘢痕形成使阴道口完全闭锁;(2) 阴道严重狭窄、功能严重障碍,成人阴道宽度小于 1cm,儿童小于 0.5cm;(3) 阴道狭窄、功能障碍,成人阴道宽度小于 2cm,儿童小于 1cm;

(4) 阴道狭窄、严重影响功能,成人阴道宽度小于3cm,严重影响性交功能;
(5) 阴道狭窄,影响性交功能。

4.9 脊柱与脊髓检查

4.9.1 脊柱骨折或脱位:检查脊柱生理弧度是否存在,棘突及椎旁肌肉有无压痛,脊柱有无叩击痛,检查感觉功能(见4.3.3)、运动功能(见4.3.4)、神经反射(见4.3.5)。行脊柱X线摄片、CT扫描或MRI检查明确骨折或脱位的部位、类型,注意椎管内有无占位,脊髓有无受压迫,脊髓有无异常信号。可行肌电图检查明确神经受累节段。

4.9.2 脊髓损伤:见4.9.1。

4.9.3 脊柱与脊髓损伤后遗症检验

4.9.4 感觉功能障碍:见4.3.3。

4.9.5 运动功能障碍:见4.3.4。

4.9.6 排便和(或)排尿功能障碍:见4.8.11。

4.9.7 颈部活动障碍:注意有无引起颈部活动障碍的损伤基础,测量颈部活动度,具体方法见附录A.1。

4.9.8 腰部活动障碍:注意有无引起腰部活动障碍的损伤基础,测量腰部活动度,具体方法见附录A.1。

4.10 四肢检查

4.10.1 四肢软组织损伤:见4.2。

4.10.2 骨与关节损伤

4.10.2.1 骨折与关节脱位:检查有无局部疼痛、肿胀和功能障碍,有无畸形、异常活动、骨擦音或骨擦感,注意有无休克、发热等全身症状。应常规行X线摄片,根据不同部位可适当调整投照角度,必要时可行CT扫描加以明确。

4.10.2.2 骨骺损伤:见4.10.2.1。尚需注意被鉴定人的年龄特点,注意被鉴定人骨骺有无闭合。

4.10.3 手部肌腱损伤

4.10.3.1 屈指肌腱损伤:仔细审查伤后病史资料,了解肌腱损伤的详细情况。对于(除拇指外)屈指肌腱的检查,固定伤指中节,若被鉴定人不能主动屈曲远侧指间关节则考虑指深屈肌腱断裂;固定除伤指外的其他三个手指,若伤指不能主动屈曲近侧指间关节则考虑指浅屈肌腱断裂;若被鉴定人近侧和远侧指间关节均不能主动屈曲时则考虑指浅屈肌腱和指深屈肌腱均断裂。固定拇指近节,若被鉴定人不能主动屈曲指间关节则考虑拇长屈肌腱断裂。由于蚓状肌和骨间肌具有屈曲手指、掌指关节的功能,故屈指肌腱断裂不影响掌指关节的屈曲。

4.10.3.2　伸指肌腱损伤:仔细审查伤后病史资料,了解肌腱损伤的详细情况。掌指关节背侧近端的伸指肌腱断裂时掌指关节呈屈曲位,近节指骨背侧伸肌腱断裂则近侧指间关节呈屈曲位,中节指骨背侧伸肌腱断裂则手指末节屈曲呈锤状指。

4.10.4　周围神经损伤

4.10.4.1　臂丛神经损伤:臂丛由C5、6、7、8和T1神经根组成,分为根、干、股、束、支五部分,终末形成腋、肌皮、桡、正中、尺神经。臂丛神经损伤主要分为上臂丛、下臂丛和全臂丛神经损伤。行肌电图检查明确有无臂丛神经损伤(以下周围神经损伤均需行肌电图检查)。(1)上臂丛神经损伤(C5－C7),检查上臂外侧、前臂外侧及拇、示、中指的感觉功能,检查是否存在肩外展障碍和屈肘功能障碍。(2)下臂丛神经损伤(C8－T1),检查上臂内侧中、下部、前臂内侧及环、小指的感觉功能,检查是否存在手指不能伸屈和手内在肌麻痹表现。(3)全臂丛神经损伤:检查整个上肢肌是否呈弛缓性麻痹,检查是否存在上肢大部分(除上臂部分区域)感觉功能障碍和全部关节主动活动功能丧失,并注意是否存在Horner综合征的表现。

4.10.4.2　正中神经损伤:正中神经于腕部和肘部位置表浅,易受损伤。腕部损伤时,检查手掌桡侧半、桡侧3个半手指掌面和近侧指间关节以远背侧的感觉功能,检查大鱼际肌和第1、2蚓状肌是否存在萎缩,检查是否存在拇指对掌功能障碍和拇、示指捏物功能障碍。肘上损伤时,除检查上述项目外,还应注意是否存在拇、示、中指屈曲功能障碍。

4.10.4.3　桡神经损伤:桡神经在肱骨中、下1/3交界处紧贴肱骨,易受损伤,该处损伤时,检查手背桡侧和桡侧3个半手指背侧近侧指间关节近端的感觉功能,检查是否存在伸腕、伸指和前臂旋后功能障碍,注意是否存在手背虎口区麻木及垂腕畸形。前臂近端损伤时,常仅损伤桡神经深支,仍检查上述项目,但伸腕功能基本正常。

4.10.4.4　尺神经损伤:尺神经易在腕部和肘部损伤。腕部损伤时,检查手部尺侧半和尺侧1个半手指的感觉功能,检查小鱼际肌、骨间肌和第3、4蚓状肌是否存在萎缩,检查是否存在爪形手畸形、Froment征和手指内收、外展功能障碍。肘上损伤时,除检查上述项目外,还应注意是否存在环、小指末节屈曲功能障碍。

4.10.4.5　股神经损伤:怀疑股神经损伤时,检查大腿前面及小腿内侧的感觉功能,检查屈髋、伸膝的肌力及膝反射,注意是否存在股四头肌的萎缩。

4.10.4.6　坐骨神经损伤:损伤部位高时,检查小腿后外侧和足部的感觉功能,检查是否存在膝关节不能屈曲、踝关节与足趾运动功能完全丧失、足下垂等,注意是否存在股后部肌肉及小腿和足部肌肉萎缩。股后中、下部损伤时,仍检查上述项目,但膝关节屈曲功能保存。

4.10.4.7 腓总神经损伤:腓总神经易在腘窝部及腓骨小头处损伤,检查小腿前外侧和足背前、内侧感觉功能,检查是否存在足背屈和外翻功能障碍、伸趾功能障碍、足内翻下垂畸形等,注意是否存在小腿前外侧肌肉萎缩。

4.10.4.8 胫神经损伤:胫神经于腘窝中间最浅,该处损伤后应检查小腿后侧、足背外侧和足底感觉功能,检查是否存在足跖屈、内收、内翻功能障碍及足趾跖屈、外展、内收障碍,注意是否存在小腿后侧屈肌群及足底内在肌萎缩。

4.10.4.9 肌电图检查:疑有周围神经损伤时应在损伤后2-4周对被检查肌肉神经进行肌电图检查,肌电图检查应由专门经验的仪器操作人员,或肌电图专家进行,法医鉴定时进行肌电图检查可对神经损伤的部位、神经损伤的程度等作出判断。

4.10.4.10 神经诱发电位:疑有神经系统损伤时,应进行神经诱发电位检查,包括躯体感觉神经、躯体运动神经和自主神经诱发电位检查。神经诱发电位检查可对神经损伤的部位、神经损伤的程度等作出客观判断。

4.10.5 肢体皮肤瘢痕:见4.2.4。

4.10.6 肢体缺失:检查肢体缺失的水平,测量残端的及对侧肢体的长度,必要时可行X线摄片明确骨缺损情况。

4.10.7 关节功能障碍:对于骨与关节损伤所致的关节功能障碍,测量关节的被动活动度;对于肌腱、周围神经损伤所致的关节功能障碍,测量关节的主动活动度。具体方法见附录A.1。测量关节活动是基于关节的中立位0°,而不是180°。关节活动度数是关节从0°开始,活动范围的增加。从0度开始伸展过度,为过伸,用"+"号标记为过伸,用"-"标记为不能伸展到0度。当一侧肢体损伤时,在测量伤侧关节活动度时,应同时测量健侧进行对照。

4.10.8 肢体长度的测量:(1) 上肢全长度,测量从肩峰至桡骨茎突或中指指尖的距离;(2) 下肢总长度,骨性长度测量从髂前上棘至内踝下尖的距离;表面长度测量从脐至内踝下尖的距离。

测量四肢长度时应注意(1) 伤肢与健肢放在相同对称的位置;伤肢测得长度与健肢长度相比;用同一骨性标志测量。(2) 选择骨突出点,用圆珠笔划出。测量时避免皮肤移动。

4.10.9 肢体周径的测量。选择骨突点明显处为标志,双侧均以此骨突点上或下若干cm处量其周径作对比。(1) 上肢周径测量,上臂可在肩峰下15cm平面测量;前臂可在尺骨鹰嘴下10cm平面测量。(2) 下肢周径测量,大腿可在髂前上棘下20cm平面测量或者髌骨上缘上10-15cm处;小腿可在胫骨结节下

15cm 平面测量，或者髌骨下缘下 10－15cm 处。(3) 脊髓前角损害或马尾不同节段受损时，检查下肢相应的神经支配区肌肉的周径。

5 附则

5.1 本规范中规定的临床检验项目，实验室检查项目，可根据案由、鉴定事项、损伤部位有重点、有选择地进行，但不得遗漏对鉴定结论有影响的项目。

5.2 本规范没有规定的临床检验项目或实验室检查项目，鉴定人有权根据鉴定事项的需要，增加必要的检验项目。

5.3 鉴定人在对被鉴定人进行检验时，可根据鉴定需要请临床专家协助检验，但鉴定人必须对作为鉴定依据的检验结果负责。

5.4 本规范中规定的临床专家，须是具有高级专业技术职务的专科医师，且经鉴定机构批准认可。

附录A

A.1 关节活动检测方法

表1 颈部、腰部、四肢关节活动度检测方法

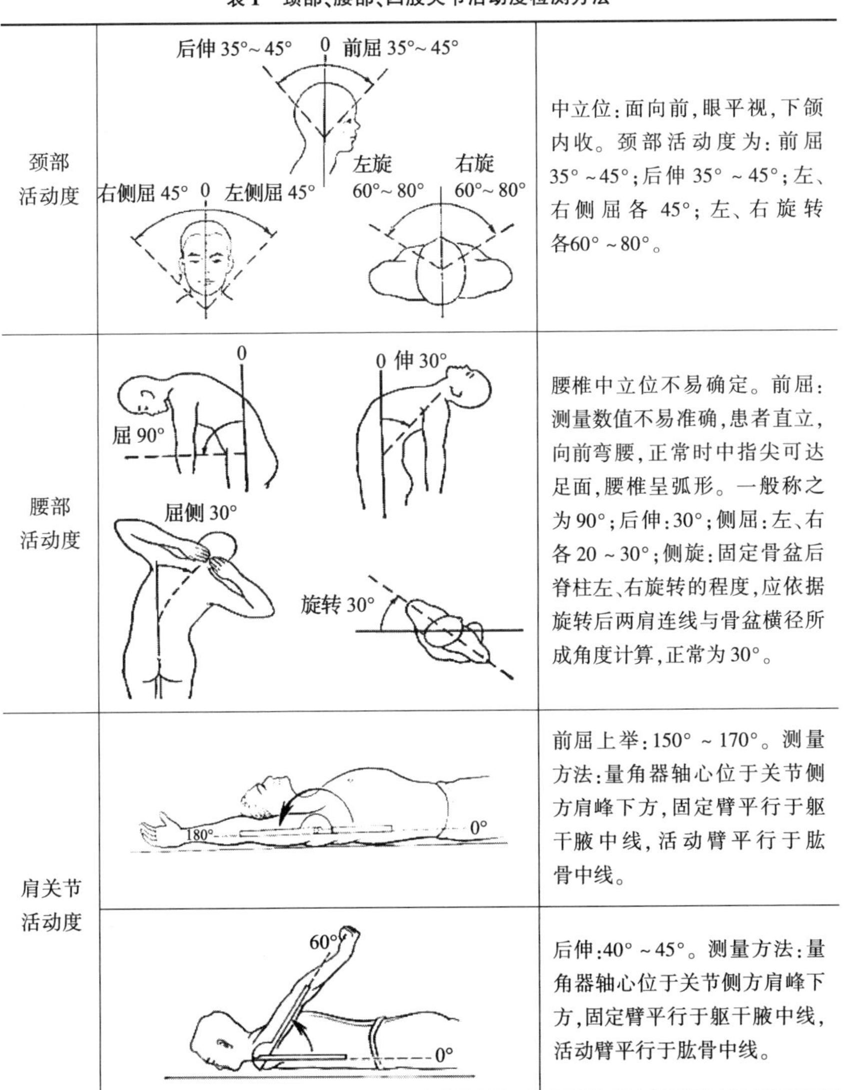

部位	图示	检测方法
颈部活动度	后伸35°~45° 0 前屈35°~45° 右侧屈45° 0 左侧屈45° 左旋 60°~80° 右旋 60°~80°	中立位：面向前，眼平视，下颌内收。颈部活动度为：前屈35°~45°；后伸35°~45°；左、右侧屈各45°；左、右旋转各60°~80°。
腰部活动度	0 屈90° 0 伸30° 屈侧30° 旋转30°	腰椎中立位不易确定。前屈：测量数值不易准确，患者直立，向前弯腰，正常时中指尖可达足面，腰椎呈弧形。一般称之为90°；后伸：30°；侧屈：左、右各20~30°；侧旋：固定骨盆后脊柱左、右旋转的程度，应依据旋转后两肩连线与骨盆横径所成角度计算，正常为30°。
肩关节活动度	180° 0°	前屈上举：150°~170°。测量方法：量角器轴心位于关节侧方肩峰下方，固定臂平行于躯干腋中线，活动臂平行于肱骨中线。
	60° 0°	后伸：40°~45°。测量方法：量角器轴心位于关节侧方肩峰下方，固定臂平行于躯干腋中线，活动臂平行于肱骨中线。

（续表）

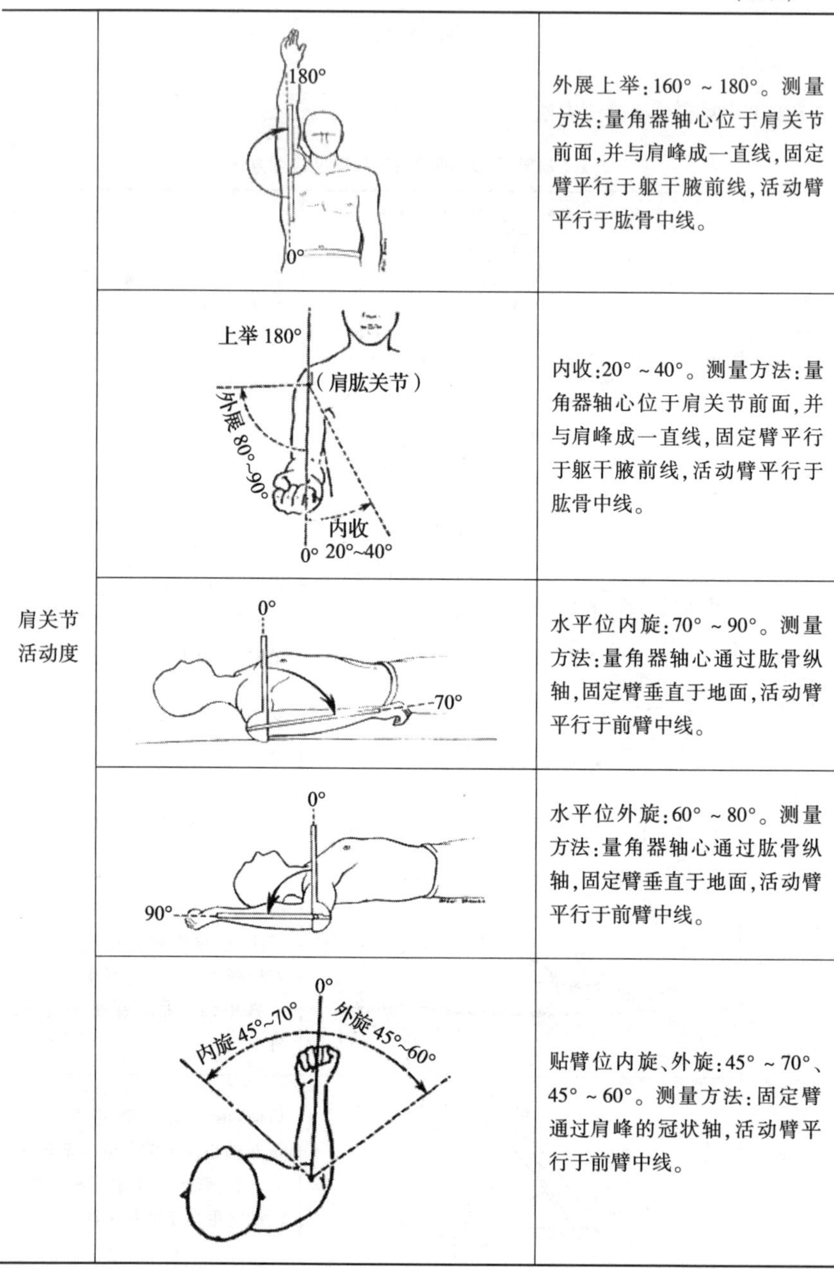

		外展上举：160° ~ 180°。测量方法：量角器轴心位于肩关节前面，并与肩峰成一直线，固定臂平行于躯干腋前线，活动臂平行于肱骨中线。
		内收：20° ~ 40°。测量方法：量角器轴心位于肩关节前面，并与肩峰成一直线，固定臂平行于躯干腋前线，活动臂平行于肱骨中线。
肩关节活动度		水平位内旋：70° ~ 90°。测量方法：量角器轴心通过肱骨纵轴，固定臂垂直于地面，活动臂平行于前臂中线。
		水平位外旋：60° ~ 80°。测量方法：量角器轴心通过肱骨纵轴，固定臂垂直于地面，活动臂平行于前臂中线。
		贴臂位内旋、外旋：45° ~ 70°、45° ~ 60°。测量方法：固定臂通过肩峰的冠状轴，活动臂平行于前臂中线。

(续表)

肘关节活动度		屈曲:135°～150°。测量方法:量角器轴心位于肘关节侧方并通过肱骨上髁,固定臂平行于肱骨中线,活动臂平行于前臂中线。
		伸展:0°～10°。测量方法:量角器轴心位于肘关节侧方并通过肱骨上髁,固定臂平行于肱骨中线,活动臂平行于前臂中线。
		旋前:80°～90°。测量方法:量角器轴心通过前臂纵轴,固定臂平行于肱骨中线,活动臂平行于所握铅笔(拇指侧)。
		旋后:80°～90°。测量方法:量角器轴心通过前臂纵轴,固定臂平行于肱骨中线,活动臂平行于所握铅笔(拇指侧)。
腕关节活动度		掌屈:50°～60°。测量方法:量角器轴心位于腕关节背侧(与第三掌骨成一线),固定臂紧贴前臂背侧中线,活动臂紧贴手背正中。
		背伸:50°～60°。测量方法:量角器轴心位于腕关节掌侧(与第三掌骨成一线),固定臂紧贴前臂掌侧中线,活动臂紧贴手掌正中。

（续表）

腕关节活动度	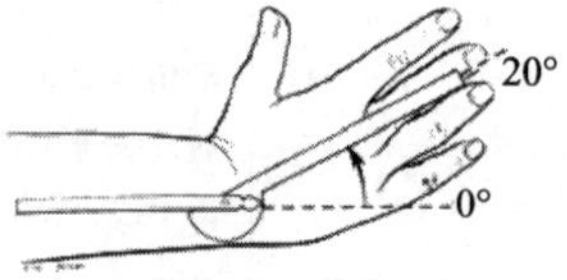	桡偏:25°～30°。测量方法:量角器轴心位于腕关节背侧腕骨的中点,固定臂平行于前臂中线,活动臂平行于第三掌骨。
	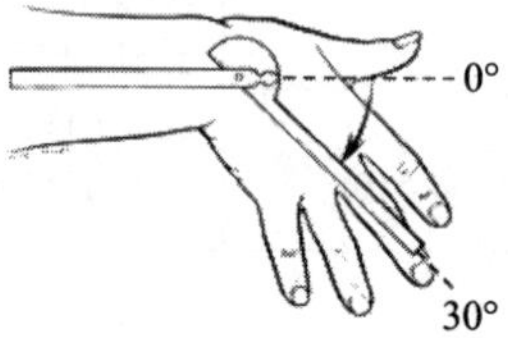	尺偏:30°～40°。测量方法:量角器轴心位于腕关节背侧腕骨的中点,固定臂平行于前臂中线,活动臂平行于第三掌骨。
髋关节活动度	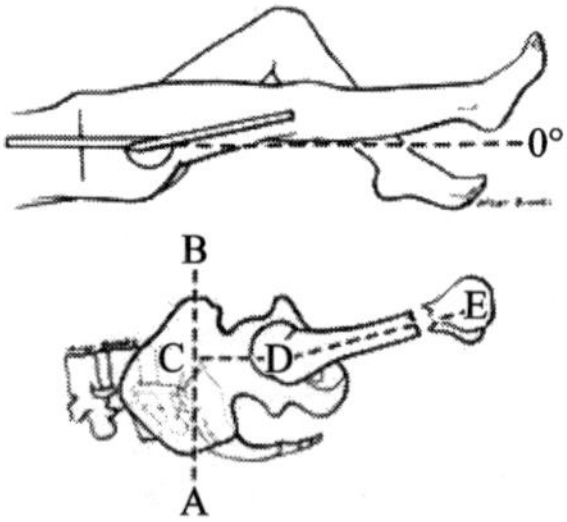	伸展:10°～15°。测量方法:矢状面画一条髂前上棘与髂后上棘的连线(B－A),画一条垂线至股骨大转子(C－D)。量角器轴心位于股骨大转子(D),固定臂位于垂线(C－D),活动臂平行于股骨中线。
	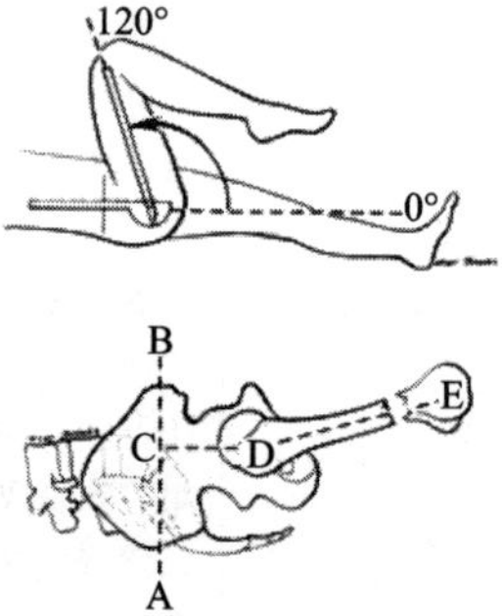	前屈:130°～140°。测量方法:矢状面画一条髂前上棘与髂后上棘的连线(B－A),画一条垂线至股骨大转子(C－D)。量角器轴心位于股骨大转子(D),固定臂位于垂线(C－D),活动臂平行于股骨中线。
	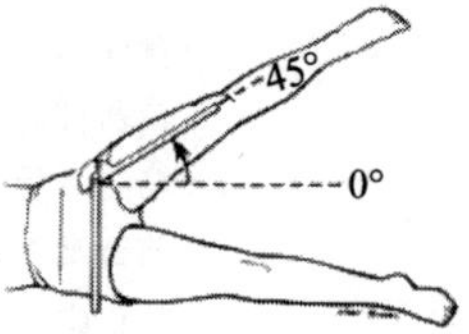	外展:30°～45°。测量方法:前面画一条双侧髂前上棘的连线。量角器轴心位于髋关节上,固定臂平行于双侧髋前上棘的连线,活动臂平行于股骨中线。

(续表)

髋关节活动度	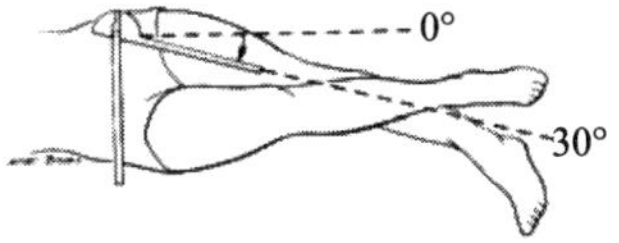	内收:20°~30°。测量方法:前面画一条双侧髂前上棘的连线。量角器轴心位于髋关节上,固定臂平行于双侧髋前上棘的连线,活动臂平行于股骨中线。
	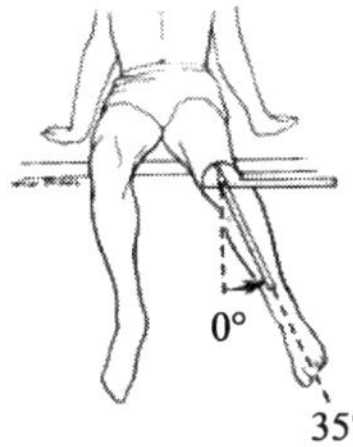	内旋:40°~50°。测量方法:量角器轴心通过股骨纵轴,固定臂平行于台面,活动臂平行于小腿中线。
	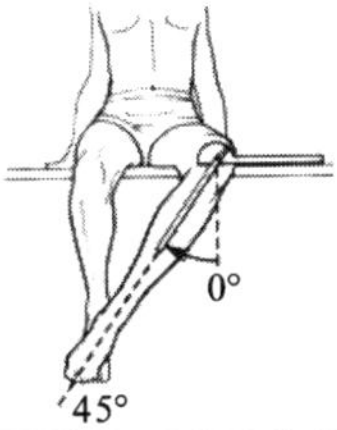	外旋:30°~40°。测量方法:量角器轴心通过股骨纵轴,固定臂平行于台面,活动臂平行于小腿中线。
膝关节活动度	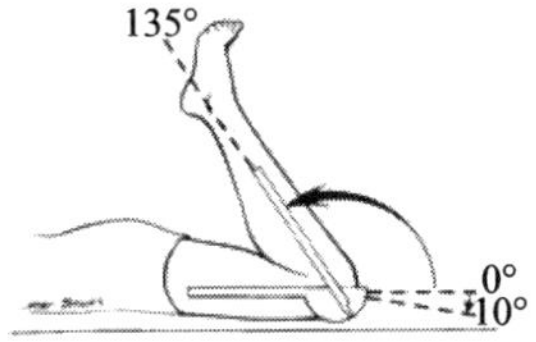	屈曲:120°~150°。测量方法:量角器轴心通过膝关节,固定臂平行于股骨中线,活动臂平行于腓骨中线。
踝关节活动度	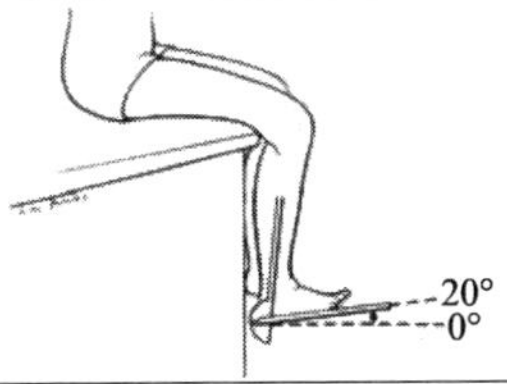	背屈:20°~30°。测量方法:量角器轴心紧靠足跟部,固定臂平行于腓骨,活动臂平行于第五跖骨。
	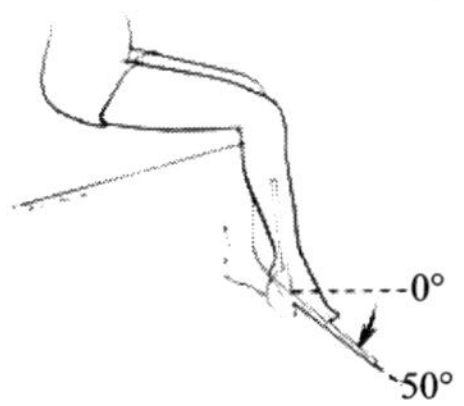	跖屈:40°~50°。测量方法:量角器轴心紧靠足跟部,固定臂平行于腓骨,活动臂平行于第五跖骨。

（续表）

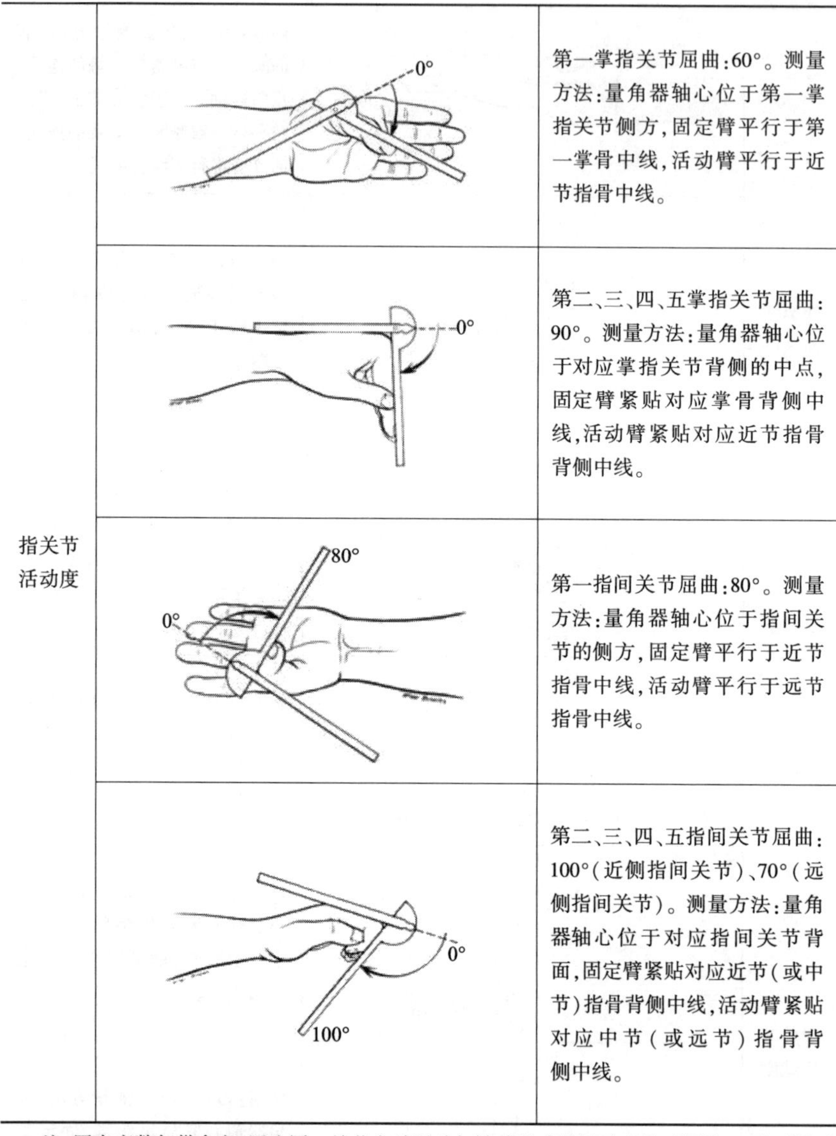

指关节活动度	0°	第一掌指关节屈曲:60°。测量方法:量角器轴心位于第一掌指关节侧方,固定臂平行于第一掌骨中线,活动臂平行于近节指骨中线。
	0°	第二、三、四、五掌指关节屈曲:90°。测量方法:量角器轴心位于对应掌指关节背侧的中点,固定臂紧贴对应掌骨背侧中线,活动臂紧贴对应近节指骨背侧中线。
	80° 0°	第一指间关节屈曲:80°。测量方法:量角器轴心位于指间关节的侧方,固定臂平行于近节指骨中线,活动臂平行于远节指骨中线。
	0° 100°	第二、三、四、五指间关节屈曲:100°(近侧指间关节)、70°(远侧指间关节)。测量方法:量角器轴心位于对应指间关节背面,固定臂紧贴对应近节(或中节)指骨背侧中线,活动臂紧贴对应中节(或远节)指骨背侧中线。

注:图中度数仅供参考,因为同一关节主动活动与被动活动的活动度是不同的,正常时被动大于主动,骨关节损伤以检查被动活动为主,神经损伤以检查主动活动为主,检查结果应注明。单侧损伤必须检查健侧,并以健侧检查结果为正常参考值,双侧均损伤一般引用参考值的平均值/上限。

A. 2 成年人各部位体表面积(%)的估计

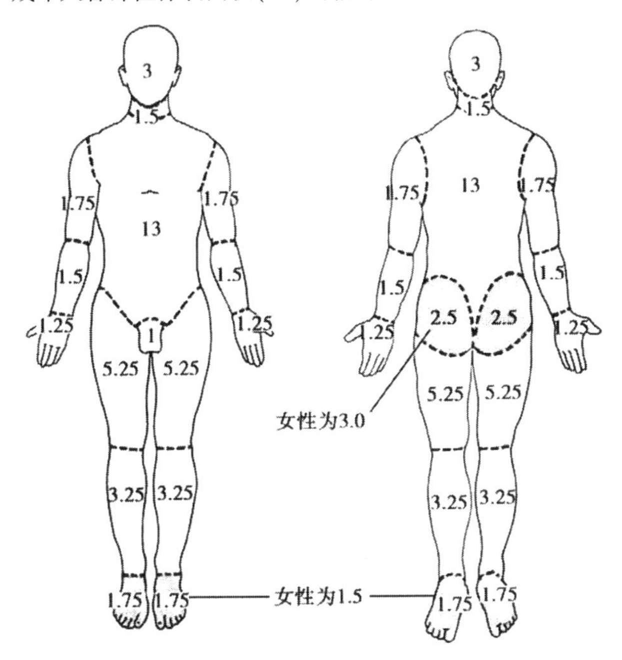

A. 3 儿童各部位体表面积(%)的估计

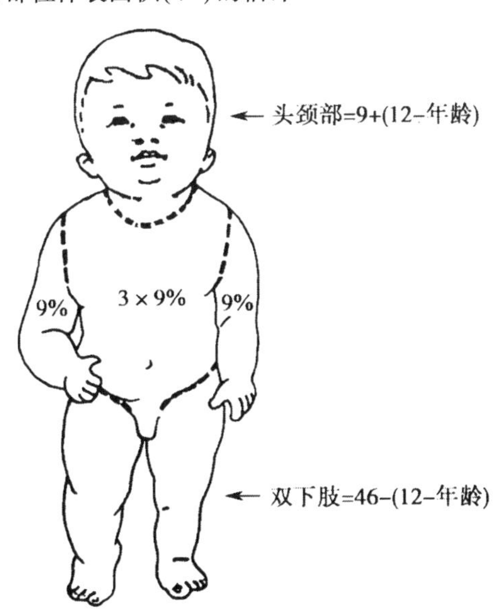

A.4 全身神经感觉分布图

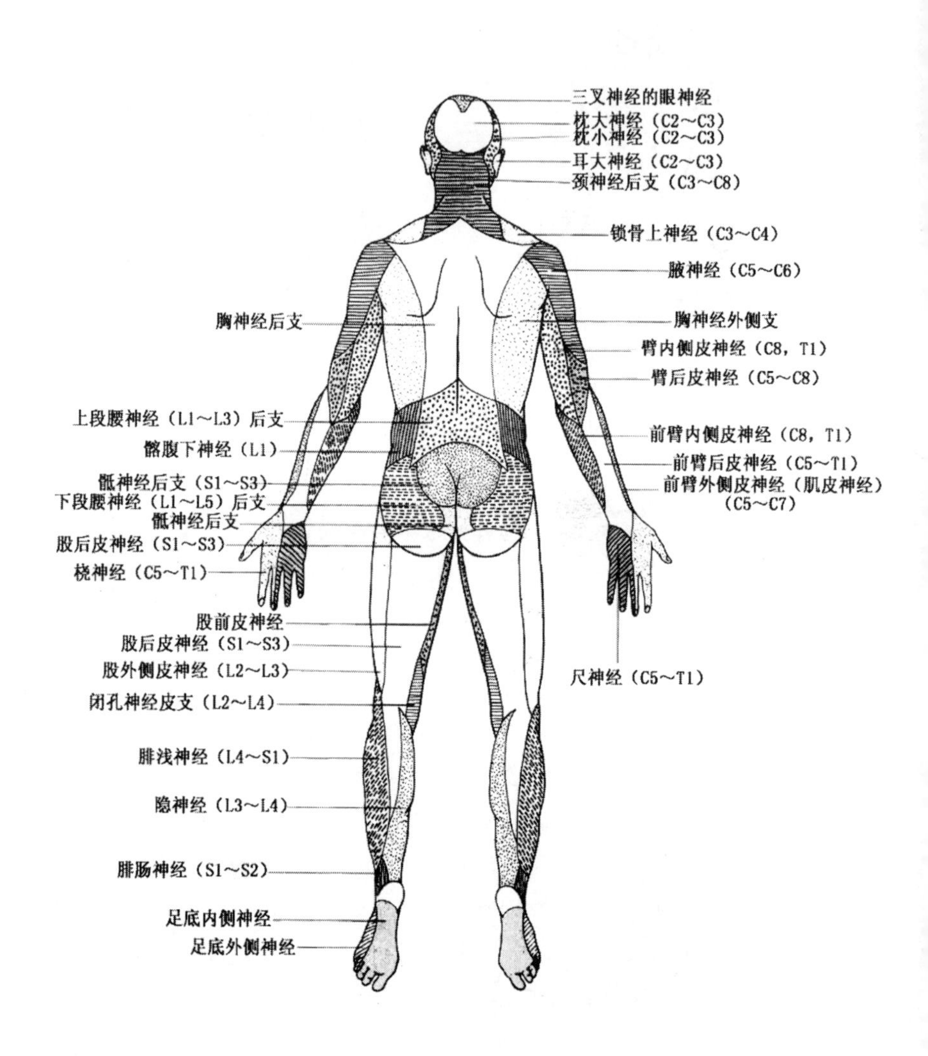

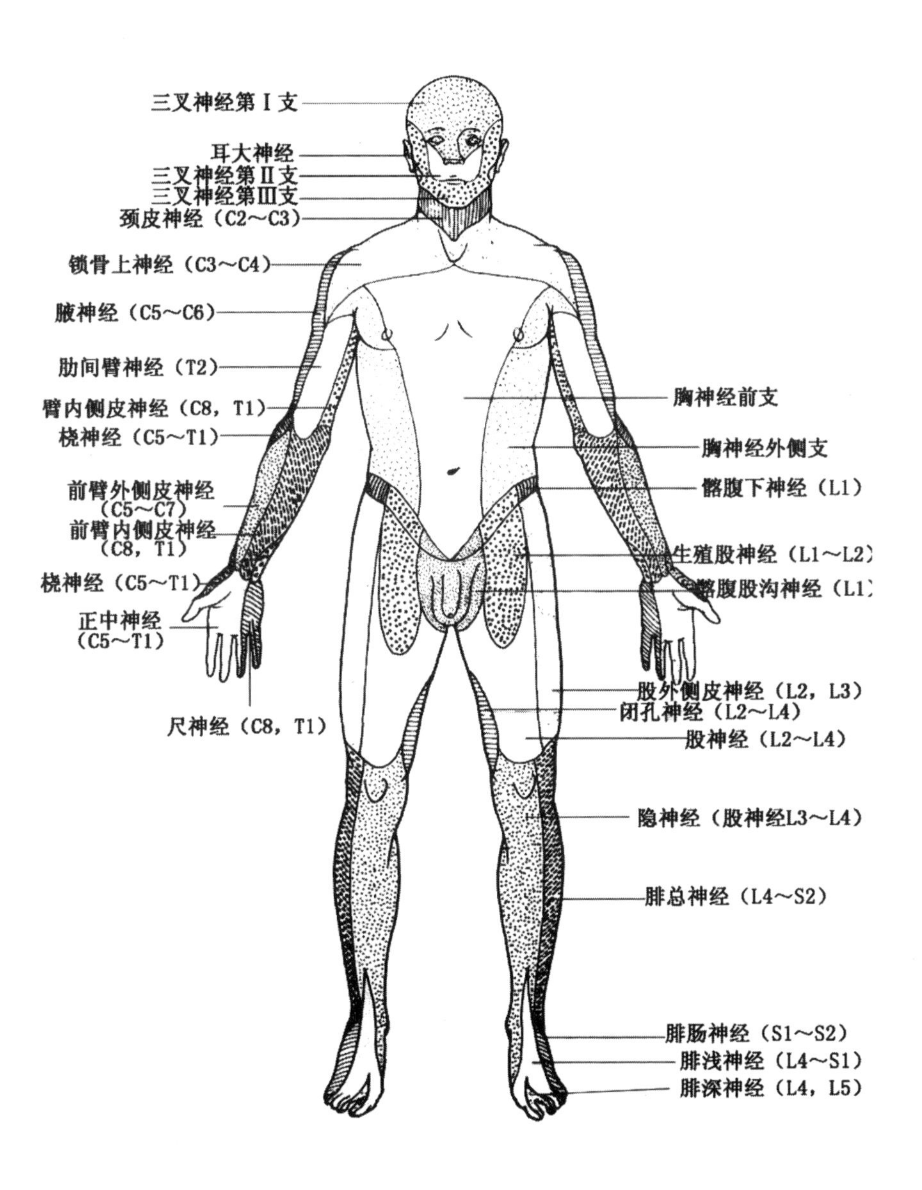
三叉神经第Ⅰ支
耳大神经
三叉神经第Ⅱ支
三叉神经第Ⅲ支
颈皮神经（C2～C3）
锁骨上神经（C3～C4）
腋神经（C5～C6）
肋间臂神经（T2）
臂内侧皮神经（C8，T1）
桡神经（C5～T1）
前臂外侧皮神经
（C5～C7）
前臂内侧皮神经
（C8，T1）
桡神经（C5～T1）
正中神经
（C5～T1）
尺神经（C8，T1）
胸神经前支
胸神经外侧支
髂腹下神经（L1）
生殖股神经（L1～L2）
髂腹股沟神经（L1）
股外侧皮神经（L2，L3）
闭孔神经（L2～L4）
股神经（L2～L4）
隐神经（股神经L3～L4）
腓总神经（L4～S2）
腓肠神经（S1～S2）
腓浅神经（L4～S1）
腓深神经（L4，L5）

A.5 上肢神经运动分布图

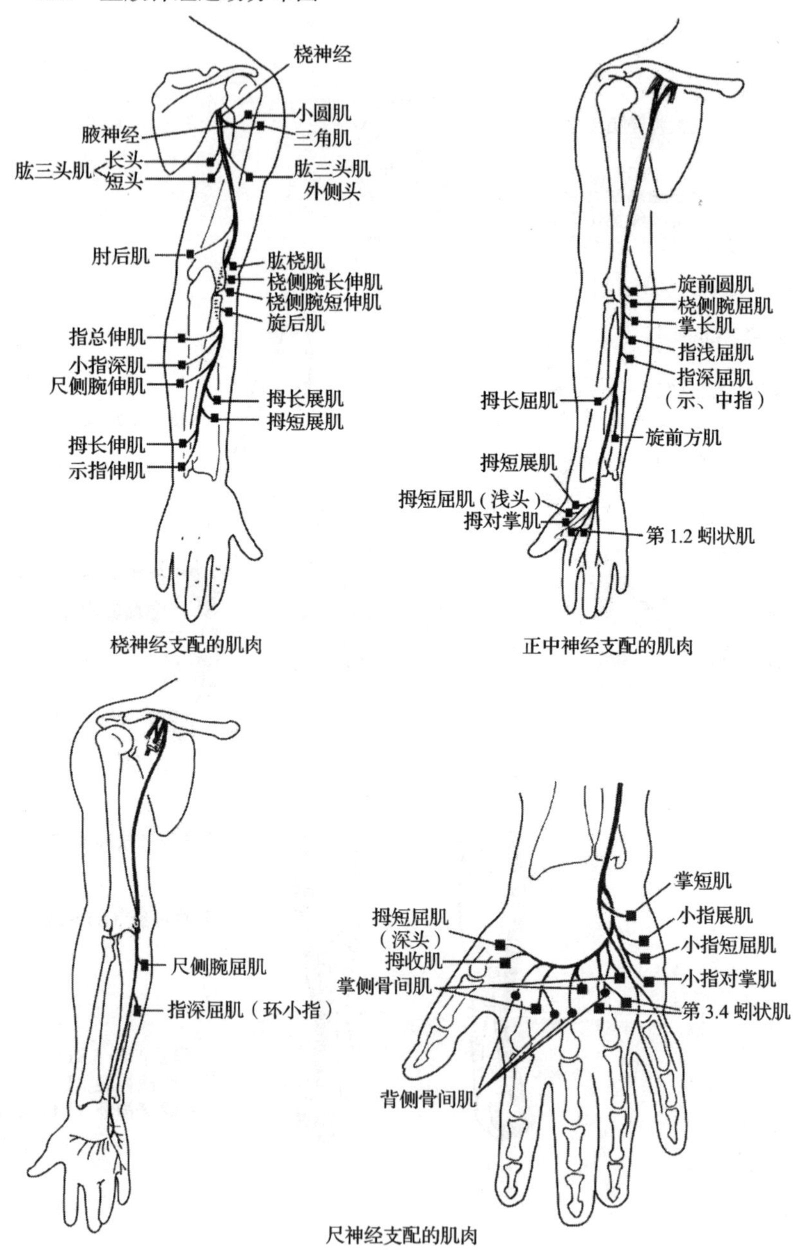

桡神经支配的肌肉

正中神经支配的肌肉

尺神经支配的肌肉

A.6 下肢神经运动分布图

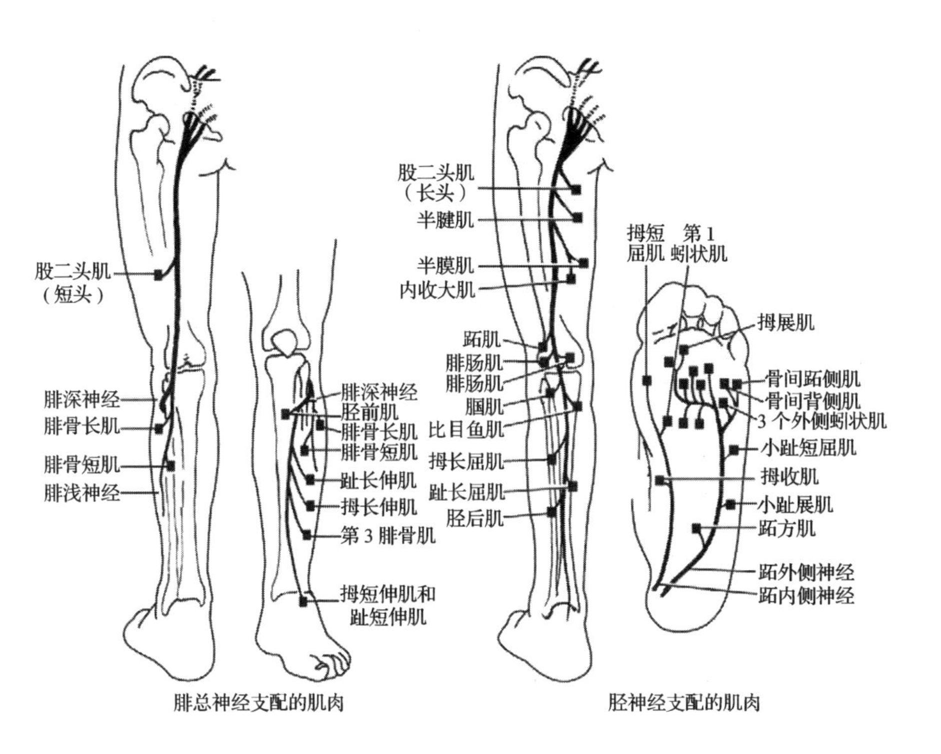

腓总神经支配的肌肉　　　　胫神经支配的肌肉

A.7 肌肉(肌力)检查方法

表2 肌肉(肌力)检查方法

受检肌肉	伤员动作
上肢:	
1. 三角肌	上肢由15°外展至90°
2. 肱二头肌、肱肌、喙肱肌	前臂在旋后位下,做屈肘动作
3. 肱三头肌	屈肘,前臂置于旋后位,用力做伸肘动作
4. 旋后肌	前臂置于旋前位做旋后动作
5. 旋前圆肌、旋前方肌	肘关节伸直,前臂置于旋后位,做前臂旋前动作
6. 指总伸肌	指掌关节置于伸直位,中及末节手指置于屈曲位,将中及末节手指伸直
7. 尺侧腕伸肌	腕关节置于掌曲内收位,腕关节做背伸动作
8. 拇长展肌	拇指置于内收位,做拇指外展和稍伸直动作
9. 拇长伸肌	拇指末节置于屈位,做拇指末节伸直动作
10. 拇短伸肌	拇指近节置于屈曲位,伸直拇指近节
11. 桡侧屈腕肌	腕关节置于背伸外展位,做屈腕动作
12. 尺侧屈腕肌	腕关节置于伸腕内收位,用力做屈腕动作
13. 掌长肌	用力握拳和屈腕
14. 指浅屈肌	2~5指中节置于屈曲位,用力屈指
15. 拇长屈肌	固定被检拇指近节,用力屈拇指末节
16. 指深屈肌	手指置于伸直位,检查者固定被检手指中节,嘱伤员屈曲手指末节
17. 外展拇短肌	拇指做外展动作
18. 拇指对掌肌	拇指和小指做对掌动作
19. 拇短屈肌	用力屈曲拇指近节
20. 拇收肌	做拇指内收动作
21. 外展小指肌	手指置于伸直位,小指用力外展
22. 小指短屈肌	1~4指置于伸直位,用力屈曲小指的指掌关节
23. 蚓状肌、骨间肌	1~4指置于伸直位,用力屈曲指掌关节
24. 骨间背侧肌	以中指为中心,用力将2、4、5指分开
25. 骨间掌侧肌	2~4指置于分开位置,向中指并拢

（续表）

受检肌肉	伤员动作
26. 肱桡肌	前臂置于中立位与旋后位之间，将前臂向前（掌侧）旋并屈肘
27. 桡侧伸腕长肌	腕关节置于屈腕外展位，用力做腕背伸动作
28. 尺侧伸腕肌	腕关节置于屈腕内收位，用力做腕背伸动作
29. 拇长展肌	做拇指外展并稍伸直动作
30. 拇短伸肌	用力伸直拇指近节
31. 拇长伸肌	用力伸直拇指末节
下肢：	
32. 股内收长肌、内收大肌	仰卧位，双下肢伸直，用力做夹腿动作
33. 股薄肌	用力将大腿内收，小腿屈曲及内旋
34. 髂腰肌	取坐位，膝关节屈曲，做屈髋动作（大腿向上抬）
35. 缝匠肌	取坐位，膝关节半屈，用力将大腿外旋
36. 股四头肌	取坐位，膝关节屈曲，用力伸直膝关节
37. 梨状肌、闭孔肌、孖肌、股方肌	取仰卧位，下肢伸直（髋、膝关节处于伸直位）用力将下肢做外旋动作
38. 臀中肌	取侧卧位，下肢伸直内旋，大腿用力做外展动作
39. 阔筋膜张肌	取俯卧位，膝关节屈曲，做小腿向外移动动作
40. 臀大肌	取俯卧位，小腿弯曲，用力后伸大腿（离开床面）
41. 半腱肌、半膜肌、股二头肌	取仰卧位，髋及膝关节均置于90°屈曲位，用力做屈膝动作
42. 腓肠肌	取仰卧位，膝关节伸直，做踝关节跖屈动作
43. 比目鱼肌	取俯卧位，膝关节屈曲90°，足做跖屈动作
44. 胫后肌	取仰卧位，足做跖屈和内收动作（检查医生可在足舟状骨结节后下方触摸胫后肌肌腱的张力）
45. 趾长屈肌	取仰卧位并将近侧趾节伸直，用力屈曲2～4趾末节

（续表）

受检肌肉	伤员动作
46. 拇长屈肌	取仰卧位，拇跖关节伸直，用力屈曲拇指末节
47. 趾短屈肌	取仰卧位，2 ~ 5 趾的跖趾关节固定于伸直位，用力屈曲 2 ~ 5 趾近侧趾间关节
48. 拇短屈肌	取仰卧位，拇趾趾间关节保持伸直位，屈曲拇趾跖趾关节
49. 拇展肌	用力将拇趾与第二趾分开
50. 跖方肌、小趾展肌、小指短屈肌	用力做小趾外展动作
51. 拇收肌	将拇趾向第二趾靠拢
52. 腓骨长肌	用力做足跖屈和外翻外展动作
53. 腓骨短肌	用力做足背伸和外展动作
54. 胫前肌	用力做足背伸和内收内旋动作
55. 趾长伸肌	用力伸直 2 ~ 5 趾末节
56. 拇长伸肌	用力做拇趾背伸动作

参考文献

[1] 吴孟超、吴在德、黄家驷. 外科学. 2008. 第 7 版. 北京：人民卫生出版社

[2] 吴在德、吴肇汉. 外科学. 第 6 版. 2003. 北京：人民卫生出版社

[3] 陈文彬、潘祥林. 诊断学. 第 7 版. 2008. 北京：人民卫生出版社

[4] 柏树令. 系统解剖学. 2004. 第 6 版. 北京：人民卫生出版社

[5] 芮德源. 临床神经解剖学. 2007. 北京：人民卫生出版社

[6] 吴恩惠、冯敢生. 医学影像学. 2008. 第 6 版. 北京：人民卫生出版社

[7] 田伟. 实用骨科学. 2008. 北京：人民卫生出版社

[8] 乐杰. 妇产科学. 第 7 版. 2008. 北京：人民卫生出版社

[9] 刘技辉、邓振华. 法医临床学. 2009. 北京：人民卫生出版社

[10] 朱广友. 法医临床司法鉴定实务. 2009. 北京：法律出版社

[11] 陈佩章. 人体重伤鉴定标准释义. 1991. 北京：中国检察出版社

[12] 吴军. 人体损伤程度司法鉴定指南. 2005 年第 2 版. 北京：中国检察出版社

[13] 贝政平. 内科疾病诊断标准. 2001 年第 1 版. 北京：科学出版社

[14] 陈寿康. 创伤诊断学 . 1991 年第 1 版. 北京：人民军医出版社

精神障碍者司法鉴定精神检查规范

SF/Z JD0104001 - 2011

2011 年 3 月 17 日发布　2011 年 3 月 17 日生效

目　次

前　言

本技术规范根据最高人民法院、最高人民检察院、公安部、司法部、卫生部《精神疾病司法鉴定暂行规定》、司法部《司法鉴定程序通则》,运用精神病学及法学的理论和技术,结合精神疾病司法鉴定的实践经验而制定,对精神检查的内容和方法,以及应注意的事项进行了具体的规定,旨在保证精神检查的全面性和系统性。

本技术规范所涉及的精神检查的内容及方法参考《中国精神障碍分类与诊断标准(第三版),CCMD - 3》及其配套的精神障碍诊断量表(DSMD)、《ICD - 10 精神与行为障碍分类》及其配套的复合性国际检查交谈量表(CIDI)和用于神经精神障碍的临床诊断量表(SCAN)、沈渔邨主编的《精神病学》(第五版)、《法医精神病学》(第三版)并按病理心理学对症状的分类依次编排。

本技术规范由司法部司法鉴定科学技术研究所提出。

本技术规范由司法部司法鉴定科学技术研究所负责起草。

本规范主要起草人:黄富银、张钦廷、蔡伟雄、管唯、汤涛、吴家声。

1 范围

本技术规范规定了精神障碍者司法鉴定精神检查的基本原则、要求和方法。

本技术规范适用于进行精神疾病司法鉴定时的精神检查。

2 定义

本技术规范采用以下定义：

2.1 精神检查 Mental State Examination

指鉴定人与被鉴定人进行接触交谈的活动，是提供鉴定意见的重要步骤之一。

2.2 精神症状 Mental Symptom

指大脑功能发生障碍时，精神活动所表现出的各种精神病理现象的总称，包括感知觉、思维、情感、记忆、智能和意志、意识等方面的异常。

2.3 精神障碍 Mental Disorder

又称精神疾病(mental illness)，是指在各种因素的作用下造成的心理功能失调，而出现感知、思维、情感、行为、意志及智力等精神活动方面的异常。

3 总则

3.1 制定本技术规范的目的是为规范精神障碍者司法鉴定精神检查的方法和内容。

3.2 由精神疾病司法鉴定人完成精神检查工作。精神检查应在比较安静的环境中进行，尽量避免外界的干扰。

3.3 鉴定人在精神检查前要熟悉案卷材料，检查时应以材料中的异常现象和可能的病因为线索，有重点地进行检查，并根据被鉴定人表现及交谈中发现的新情况进行针对性检查，避免刻板、公式化。

3.4 鉴定人做精神检查时，应以平和、耐心的态度对待被鉴定人，以消除交流的障碍，建立较为合作的关系；应根据被鉴定人的年龄、性别、个性、职业和检查当时的心理状态，采用灵活的检查方式以取得最佳的效果。

3.5 精神检查可以采用自由交谈法与询问法相结合的方式进行，一方面使被鉴定人在较为自然的气氛中不受拘束地交谈，另一方面又可在鉴定人有目的的提问下使其谈话不致偏离主题太远，做到重点突出。

3.6 精神检查时，既要倾听，又要注意观察被鉴定人的表情、姿势、态度及行为，要善于观察被鉴定人的细微变化，并适时描述记录。

3.7 精神检查时，要注意覆盖下述检查内容，做到全面、细致，并适时做好记录，确保记录内容真实和完整，必要时可进行录像、录音。

3.8 鉴定人认为必要时，可进行相关心理测验或实验室检查。

4 精神检查内容

4.1 合作被鉴定人的精神检查

4.1.1 一般情况

a）意识状态：意识是否清晰，有何种意识障碍，包括意识障碍的水平和内容。

b）定向力：时间、地点及人物的定向力；自我定向如姓名、年龄、职业等。

c）接触情况：主动或被动，合作情况及程度，对周围环境的态度。

d）日常生活：包括仪表、饮食、大小便；女性病人的经期情况；与其他人的接触及参加社会活动情况等。

4.1.2 认知过程

a）知觉障碍：

1）错觉：种类、出现时间及频度，与其他精神症状的关系及影响。

2）幻觉：种类、出现时间及频度，与其他精神症状的关系及影响，特别要检查有否诊断价值大的症状。

3）感知综合障碍：种类、出现时间及频度，与其他精神症状的关系及影响。

b）注意障碍：是否集中、涣散。

c）思维障碍：

1）思维过程和思维逻辑：语量和语速有无异常，有无思维迟缓、思维奔逸、思维中断、破裂性思维、思维贫乏及逻辑推理障碍等。

2）思维内容和结构：

有无妄想：种类、出现时间，内容及性质，发展动态，涉及范围，是否固定或者成系统，荒谬程度或者现实程度，与其他精神症状的关系。

有无强迫观念：种类、内容，发展动态及与情感意向活动的关系。

有无超价观念：种类、内容，发展动态及与情感意向活动的关系。

d）记忆障碍：有无记忆力减退（包括即刻记忆、近记忆及远记忆），记忆增强，有无遗忘、错构及虚构等，可辅助进行记忆测验。

e）智能障碍：包括一般常识、专业知识、计算力、理解力、分析综合及抽象概括能力等方面。可辅助进行智力测验。

f）自知力障碍：被鉴定人对所患的精神疾病是否存在自知力。

4.1.3　情感表现

包括是否存在情感高涨、情感低落、情感淡漠、情感倒错、情感迟钝、焦虑、紧张等。并注意被鉴定人的表情、姿势、声调、内心体验及情感强度、稳定性,情感与其他精神活动是否配合,对周围事物是否有相应的情感反应。

4.1.4　意志与行为活动

有无意志减退或增强,本能活动的减退或增强,有无木僵及怪异的动作行为。注意其稳定性及冲动性,与其他精神活动的关系及协调性等。

4.2　不合作被鉴定人的精神检查

处于极度兴奋躁动、木僵、缄默、违拗及意识模糊等状态的被鉴定人属于不合作被鉴定人。

4.2.1　一般情况

a) 意识:通过观察被鉴定人的面部表情、自发言语、生活自理情况及行为等方面进行判断。

b) 定向力:通过观察被鉴定人的自发言语、生活起居及接触他人时的反应等方面进行判断。

c) 姿态:姿势是否自然,有无不舒服的姿势,姿势是否长时间不变或多动不定,肌力、肌张力如何。

d) 日常生活:饮食及大小便能否自理,女性被鉴定人能否主动料理经期卫生。

4.2.2　言语

被鉴定人兴奋时应注意言语的连贯性及内容,有无模仿言语,吐字是否清晰,音调高低,是否用手势或表情示意。缄默不语时是否能够用文字表达其内心体验与要求,有无失语症。

4.2.3　面部表情与情感反应

面部表情如呆板、欣快、愉快、焦虑等,有无变化。周围无人时被鉴定人是否闭眼、凝视,是否警惕周围事物的变化。询问有关问题时,有无情感流露。

4.2.4　动作与行为

有无本能活动亢进、蜡样屈曲、刻板动作、模仿动作、重复动作。有无冲动、自伤、自杀行为。有无抗拒、违拗、躲避、攻击及被动服从。动作增多或减少,对指令是否服从。

4.3　与法律相关的问题

应根据相应的委托鉴定事项进行针对性询问,具体内容另行规定。

血液中碳氧血红蛋白饱和度的测定 分光光度法

SF/Z JD0107010 - 2011

2011 年 3 月 17 日发布　2011 年 3 月 17 日生效

目　次

前　言

本技术规范的附录为资料性附录。
本技术规范由司法部司法鉴定科学技术研究所提出。
本技术规范由司法部司法鉴定科学技术研究所负责起草。
本技术规范主要起草人:卓先义、刘伟、卜俊、向平、沈保华、马栋、严慧。

1　主题内容与适用范围

本技术规范规定了血液中碳氧血红蛋白饱和度(HbCO%)的测定方法。
本技术规范适用于血液中 HbCO% 的定量分析。

2 规范性引用文件

下列文件中的条款通过本技术规范的引用而成为本技术规范的条款。凡是注日期的引用文件,其随后所有的修改单(不包括勘误的内容)或修订版均不适用于本技术规范。然而,鼓励根据本技术规范达成协议的各方研究是否可使用这些文件的最新版本。凡是不注日期的引用文件,其最新版本适用于本技术规范。

GA/T 122 毒物分析名词术语

GB/T 6682 分析实验室用水规格和试验方法

3 原理

分光光度法测定血液中 HbCO% 是基于在一定波长下,HbCO% 与其吸光度成正比。利用双波长法,从正常人血和 CO 饱和血的体系中选择两对等吸收点(本方法中选择 $\lambda_1 = 530nm$,$\lambda_2 = 583nm$,$\lambda_3 = 569nm$,组成两对等吸收点,以有效消除干扰,减少误差),测出检材血及检材通入 CO 饱和血的两对等吸收点的吸收度差值,以其比值求得 HbCO%。

4 仪器与试剂

4.1 仪器:紫外/可见分光光度计。

4.2 移液器。

4.3 7mmol/L 氢氧化铵稀释液:取 0.05mL 的 28% $NH_3 \cdot H_2O$ 加蒸馏水稀释至 100mL。

4.4 CO 气体:管道煤气。

5 操作方法

5.1 样品测定

用移液管吸取 100μL 血液检材置 10mL 试管中,用 7mmol/L 氢氧化胺稀释液 10mL 稀释,以稀释液为参比,测其在 $\lambda_1 = 530nm$,$\lambda_2 = 583nm$,$\lambda_3 = 569nm$ 的吸收值 A,求出 $\Delta A1(A\lambda_1 - A\lambda_2)$、$\Delta A2(A\lambda_3 - A\lambda_2)$,然后将此样品溶液通 CO 气体约 15 分钟至饱和,气泡以 1~2 个/秒为宜,复测样品溶液在 $\lambda_1 = 530nm$,$\lambda_2 = 583nm$,$\lambda_3 = 569nm$ 的吸收值 A′,求出 $\Delta A1'(A\lambda_{1'} - A\lambda_{2'})$、$\Delta A2'(A\lambda_{3'} - A\lambda_{2'})$,根据 $\Delta A1/\Delta A1'$ 和 $\Delta A2/\Delta A2'$,求出 HbCO 饱和度。

5.2 记录与计算

记录检材在 λ_{530nm}、λ_{583nm}、λ_{569nm} 的吸收值,求出 ΔA1、ΔA2,样品溶液通 CO 气

体后再测λ_{530nm}、λ_{583nm}、λ_{569nm}的吸收值,求出$\Delta A1'$、$\Delta A2'$,血液中 HbCO 饱和度 C 按公式(1) 计算:

$$C(\%) = (C1' + C2')/2 \times 100 \quad (1)$$

式中:

$C1' = \Delta A1/\Delta A1'$

$C2' = \Delta A2/\Delta A2'$

5.3 双样相对相差

样品应按以上步骤同时平行测定两份,双样相对相差按公式(2)计算:

$$\text{双样相对相差}(\%) = \frac{|C_1 - C_2|}{C} \times 100 \quad (2)$$

式中:

C_1、C_2 为两份检材平行定量测定的结果;

C 为两份检材平行定量测定结果的平均值$(C_1 + C_2)/2$。

6 结果评价

6.1 正常吸烟者血液中 HbCO% 低于 10%。一氧化碳中毒者血液中 HbCO% 应大于 15%。

6.2 两份检材的双样相对相差不得超过 20%,结果按两份检材 HbCO% 的平均值计算,否则需要重新测定。

附录

(资料性附录)

1 数据处理

结果表达为小数点后保留 2 位数字。

2 波长的选择

用氢氧化铵稀释液稀释血液(n=8,包括正常人血和腐败血)及相应的通 CO 气体饱和血液,以稀释液为空白,分别进行波长 500~600nm 扫描。本方法中选择参考波长 $\lambda_1 = 530nm$、$\lambda_2 = 583nm$ 和 $\lambda_3 = 569nm$,组成两对等吸收点。测出两对等吸收点的吸收度差值$\Delta A_1 = A_1 - A_2$,$\Delta A_2 = A_3 - A_2$。

3 饱和 HbCO 血液制备

空白血液通入 CO 气体,每隔一段时间测定 1 次吸收度,求得其吸收度差值,实验结果见表1。结果表明,通CO气体10min后吸收度差值趋于稳定。故血液样品通CO气体至少10min后方可达饱和。注意通CO时应不断摇动使其均匀。

表1 血液通CO气体后吸收度差值

No.	时间(min)	Abs <λ530>	Abs <λ569>	Abs <λ583>	ΔA1	ΔA2	平均ΔA
1	3	1.315	1.352	0.918	0.397	0.434	0.416
2	5	1.295	1.302	0.858	0.437	0.444	0.441
3	10	1.274	1.212	0.761	0.513	0.451	0.482
4	15	1.303	1.225	0.771	0.532	0.454	0.493
5	25	1.287	1.214	0.760	0.527	0.454	0.491
6	40	1.266	1.201	0.744	0.522	0.457	0.490

4 精密度

采用60% HbCO的血液进行精密度测定(n=6),精密度为2.13%。

5 说明

本技术规范参照和参考了毒物分析行业现行的操作方法和近几年的文献,以及本实验室有关定量检测碳氧血红蛋白饱和度的经验。

生物检材中河豚毒素的测定 液相色谱-串联质谱法

SF/Z JD0107011-2011

2011年3月17日发布 2011年3月17日生效

目 次

前 言

本技术规范的附录A和附录B为资料性附录。

本技术规范由司法部司法鉴定科学技术研究所提出。

本技术规范由司法部司法鉴定科学技术研究所负责起草。

本技术规范主要起草人:刘伟、卓先义、沈保华、向平、卜俊、马栋、严慧。

1 范围

本技术规范规定了生物检材中河豚毒素的液相色谱－串联质谱检测方法。

本技术规范适用于生物检材中河豚毒素的定性及定量分析。

本技术规范血液、尿液中河豚毒素的检出限均为2ng/mL,肝中河豚毒素的检出限为4ng/g;血液、尿液和肝中河豚毒素的定量下限为5ng/mL或5ng/g。

2 规范性引用文件

下列文件中的条款通过本技术规范的引用而成为本技术规范的条款。凡是注日期的引用文件,其随后所有的修改单(不包括勘误的内容)或修订版均不适用于本技术规范,然而,鼓励根据本技术规范达成协议的各方研究是否可使用这些文件的最新版本。凡是不注日期的引用文件,其最新版本适用于本技术规范。

GA/T 122　毒物分析名词术语

3 原理

本法利用乙酸甲醇提取、固相萃取生物检材中的河豚毒素,然后用LC－MS/MS－MRM进行检测,经与平行操作的河豚毒素对照品比较,以保留时间和两对母离子/子离子对进行定性分析,以第一对离子对进行定量分析。

4 试剂和材料

4.1　河豚毒素对照品溶液的配制

取河豚毒素对照品(纯度:99%)1mg于10mL容量瓶中,用1%乙酸溶液溶解并定容至刻度,得浓度为0.1mg/mL的河豚毒素对照品储备液,置于冰箱中冷藏保存,保存期为12个月。实验中所用其他浓度的河豚毒素对照品溶液均从上述对照品储备液稀释而得。

4.2　甲醇(HPLC级)

4.3　冰乙酸(分析纯)

4.4　浓盐酸(优级纯)

4.5　乙腈(HPLC级)

4.6　甲酸(优级纯)

4.7　超纯水:由纯水系统制得,电阻率≥18.2MΩ·cm

4.8　混合溶液(0.2mol/L HCl 溶液 - 20% 甲醇)

Oasis MCX(30mg 1cc)固相萃取小柱或相当者,使用前依次用 1mL 甲醇、1mL 水处理,保持柱体湿润。

5　仪器

5.1　液相色谱 - 串联质谱仪

5.2　固相萃取仪

5.3　鼓风恒温干燥箱

5.4　氮吹仪

5.5　旋涡混合器

5.6　离心机

5.7　移液器

6　测定步骤

6.1　样品预处理

6.1.1　血液、尿液提取

取 0.5mL 血液或尿液,加入 1% 乙酸甲醇溶液 1.5mL,涡旋混合,13000r/min离心 10min,取上层清液用于固相萃取小柱上样,然后依次用 1mL 乙腈、1mL 甲醇、1mL 水淋洗,抽干小柱 6min,用混合溶液(0.2mol/L HCl 溶液 - 20% 甲醇)1mL 洗脱,洗脱液在氮吹仪上 60°C 吹干,残留物用 200μL 流动相溶解、供检。

6.1.2　组织提取

取 0.5g 研碎组织,用 1.5mL 1% 乙酸甲醇溶液浸泡 2h 后,涡旋混合,13000r/min离心 10min,取上层清液用于固相萃取小柱上样,余下同 6.1.1。

6.1.3　鱼干提取

取 5g 研碎鱼干,用 20mL 1% 乙酸甲醇溶液超声 30min 后,3000r/min 离心 3min,取上层清液 1mL 用于固相萃取小柱上样,余下同 6.1.1。

6.2　样品测定

6.2.1　仪器准备

每次开机前均应先检查使用仪器标识,确保仪器在准用状态。

6.2.2　液相色谱 - 串联质谱仪(LC - MS/MS)

6.2.2.1　液相色谱条件

a) 色谱柱:PC HILIC(100mm × 2.0mm,5μm)或相当者,前接保护柱;

b) 流动相:乙腈(A) - 0.1% 甲酸溶液(B)系列,洗脱程序见表 1;

表1　梯度洗脱程序

t/min	乙腈(A)/%	0.1%甲酸溶液(B)/%
0 ~ 0.8	90	10
0.8 ~ 1.2	90 ~ 20	10 ~ 80
1.2 ~ 2.5	20	80
2.5 ~ 4.0	20 ~ 90	80 ~ 10
4.0 ~ 10.0	90	10

c) 流速:200μL/min;

d) 柱温:室温;

e) 进样量:5μL。

6.2.2.2　质谱条件

a) 离子源:电喷雾电离 - 正离子模式(ESI +);

b) 检测方式:多反应监测(MRM);

c) 离子源电压(IS):5500V;

d) 碰撞气(CAD)、气帘气(CUR)、雾化气(GS1)、辅助气2(GS2)均为高纯氮气,使用前调节各气流流量以使质谱灵敏度达到检测要求;

e) 喷雾电压(IS)、去簇电压(DP)、碰撞能量(CE)等电压值应优化至最佳灵敏度。

在以上色谱、质谱条件下,河豚毒素的定性离子对、定量离子对和保留时间见表2。

表2　河豚毒素的定性离子对、定量离子对和保留时间

名称	定性离子对/(*m/z*)	定量离子对/(*m/z*)	t_R/(min)
河豚毒素	320.1/302.1 320.1/162.3	320.1/302.1	6.76

6.2.3　定性测定

在相同的试验条件下,如果空白检材中未出现相应的色谱峰,而检材中所选择的2对离子对均出现相应的色谱峰,且保留时间与空白检材添加对照品的

色谱峰保留时间比较,相对误差在 ±2% 内,则可认为检材中含有河豚毒素成分。

6.2.4　定量测定

根据检材中河豚毒素的含量情况,用相同基质添加相应河豚毒素对照品,采用外标－工作曲线法或外标－单点法,以定量离子对峰面积值进行定量测定。用外标－工作曲线法时检材中河豚毒素的含量应在线性范围内,用外标－单点法时检材中河豚毒素的含量应在空白检材中添加河豚毒素含量的 ±50% 内。

7　结果计算和表述

以外标－工作曲线或按公式(1)计算:

$$C = \frac{A \times C'}{A'} \tag{1}$$

式中:

C:检材中河豚毒素的含量,单位为纳克每毫升(ng/mL)或纳克每克(ng/g);

A:检材中河豚毒素的峰面积;

A':空白检材中添加河豚毒素的峰面积;

C':空白检材中添加河豚毒素的含量,单位为纳克每毫升(ng/mL)或纳克每克(ng/g)。

8　平行试验

样品应按以上步骤同时平行测定两份,双样相对相差按公式(2)计算:

$$\text{双样相对相差}(\%) = \frac{|C_1 - C_2|}{\bar{C}} \times 100 \tag{2}$$

式中:

$C1$、$C2$——两份检材平行定量测定的结果;

$\bar{C}$——两份检材平行定量测定结果的平均值($C1 + C2$)/2。

9　空白试验

对不同基质的生物检材,选用相应的基质进行空白对照试验。

10　结果评价

10.1　空白对照分析中应无河豚毒素的色谱峰。

10.2　如果空白血液中添加 2ng/mL 河豚毒素或空白肝组织中添加 4ng/g,出现相应的河豚毒素色谱峰,而检材中未出现相应的色谱峰,可认为检材中不含有河豚毒素,阴性结果可靠。如果添加中未出现相应的色谱峰,而检材中亦未出现相应的色谱峰,阴性结果不可靠,应查找原因,重新测定。

10.3 平行试验中两份检材的双样相对相差不得超过20%(腐败检材不得超过30%),结果按两份检材含量的平均值计算,否则需要重新测定。

11 方法检出限、定量下限和回收率

11.1 方法检出限与定量下限

本法血液、尿液中河豚毒素的检出限(S/N≥3)均为2ng/mL,肝中河豚毒素的检出限(S/N≥3)为4ng/g;血液、尿液和肝中河豚毒素的定量下限(S/N≥10)均为5ng/mL(g)。

11.2 回收率

本方法的回收率均大于50%。

附录A

(资料性附录)

工作曲线与方法学有效性验证数据

1 工作曲线

数据采用:河豚毒素采用320.1/302.1离子对峰面积。

B1 线性方程、线性范围及检出限

检材	线性方程	线性范围 $\rho/(ng \cdot mL^{-1}$ 或 $ng \cdot g^{-1})$	r	检出限 $\rho/(ng \cdot mL^{-1}$ 或 $ng \cdot g^{-1})$
血液	$y=502x+406$	4~100	0.9984	2
尿液	$y=148x-339$	4~100	0.9993	2
肝	$y=382x+2660$	5~100	0.9973	4

2 方法精密度和回收率

B2 测定血液、尿液、肝中河豚毒素含量的精密度和回收率

检材	添加河豚毒素含量 ρ/(ng · mL^{-1} 或 ng · g^{-1})	精密度(RSD)/%		回收率/%
		日内精密度(n=6)	日间精密度(n=4)	
血液	8	7.12	10.77	57.9
	40	4.76	7.16	56.8
	80	3.59	5.32	57.6
尿液	8	8.13	12.78	68.3
	40	5.33	7.90	76.6
	80	5.05	7.27	87.1
肝	8	8.55	12.80	49.6
	40	4.20	7.53	54.4
	80	6.70	5.75	53.3

附录 B

(资料性附录)

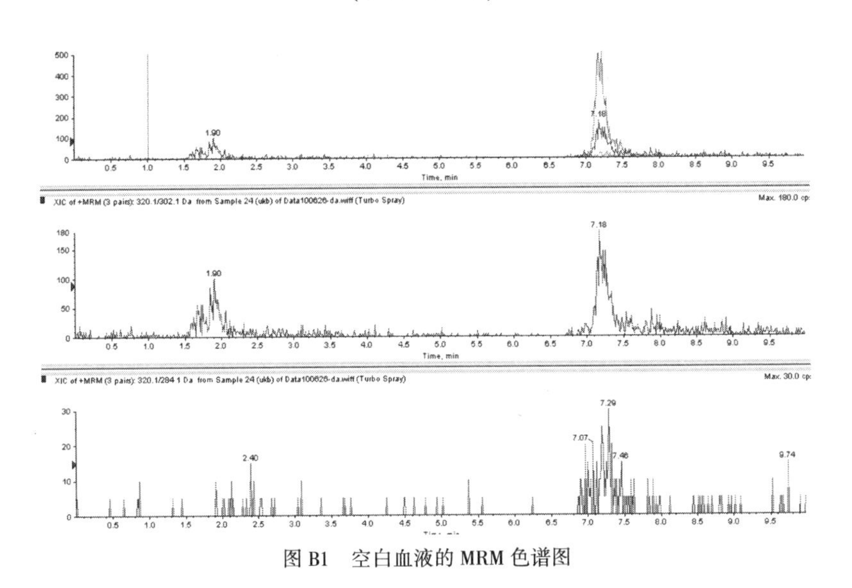

图 B1 空白血液的 MRM 色谱图

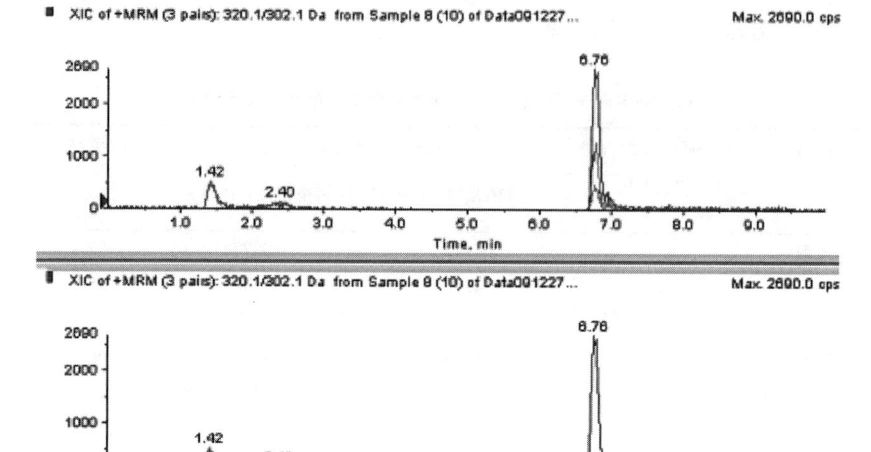

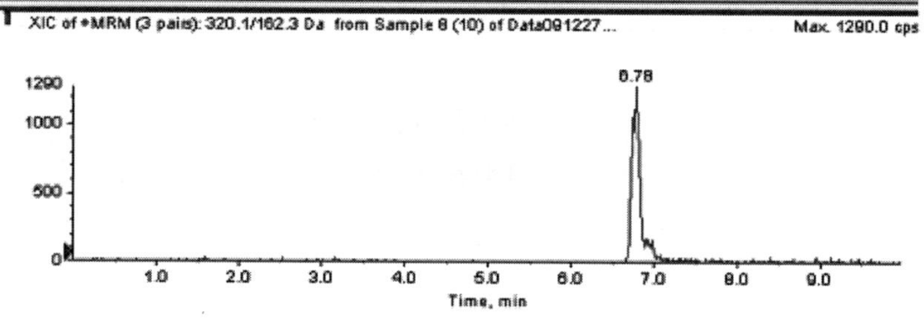

图 B2 空白血液中添加 10ng/mL 河豚毒素的 MRM 色谱图

血液中铬、镉、砷、铊和铅的测定 电感耦合等离子体质谱法

SF/Z JD0107012－2011

2011年3月17日发布　2011年03月17日实施

目　次

前　言

本技术规范的附录A和附录B为资料性附录。

本技术规范由司法部司法鉴定科学技术研究所提出。

本技术规范由司法部司法鉴定科学技术研究所负责起草。

本技术规范主要起草人：马栋、卓先义、刘伟、卜俊、沈保华、向平、严慧。

1 范围

本技术规范规定了血液中铬(Cr)、镉(Cd)、砷(As)、铊(Tl)、铅(Pb)的电感耦合等离子体质谱定量分析方法。

本技术规范适用于血液中铬(Cr)、镉(Cd)、砷(As)、铊(Tl)、铅(Pb)的电感耦合等离子体质谱定量分析。

2 规范性引用文件

下列文件中的条款通过本技术规范的引用而成为本技术规范的条款。凡是注日期的引用文件,其随后所有的修改单(不包括勘误的内容)或修订版均不适用于本技术规范,然而,鼓励根据本技术规范达成协议的各方研究是否可使用这些文件的最新版本。凡是不注日期的引用文件,其最新版本适用于本技术规范。

GA/T 122 毒物分析名词术语

3 原理

利用微波的穿透性和激活反应能力加热密闭容器内的血液样品,使血液样品有机质在短时间内被破坏,使用^{115}In 元素作为内标,并采用在线内标加入法将内标溶液和消解溶液一并通过蠕动泵导入电感耦合等离子体质谱(ICP - MS)系统,样品在通道中进行蒸发、解离、原子化、离子化等过程后,对离子按照质荷比进行检测。

4 试剂和材料

4.1 65%浓硝酸溶液:优级纯。

4.2 5%硝酸溶液

由65%浓硝酸加去离子水配制而成。

4.3 ICP - MS 调谐溶液

^{7}Li、^{89}Y、^{205}Tl 混合标准溶液,浓度均为1μg/L。

4.4 内标储备液

^{115}In 储备液(浓度为10mg/L)在冰箱中冷藏保存,保存有效期为12个月。

4.5 内标工作液

吸取适量的内标储备液用5%硝酸溶液配制成浓度为20μg/L 内标工作液。冰箱中冷藏保存,保存有效期为3个月。

4.6 标准混合储备液

Cr、Cd、As、Tl 和 Pb 混合标准溶液,浓度均为10mg/L,冰箱中冷藏保存,保存有效期为12个月。

4.7 标准混合工作溶液

吸取适量标准混合储备液,加5%硝酸溶液逐级稀释得各浓度的工作溶液,冰箱冷藏保存,保存有效期为6个月。

4.8 去离子水:电阻率≥18.2MΩ·cm。

4.9 氩气:纯度≥99.99%。

4.10 样品瓶(适用于ICP-MS检测的要求)

5 仪器

5.1 电感耦合等离子体质谱仪:质量扫描范围6-260amu。

5.2 微波消解仪。

5.3 电子分析天平:感量0.1mg。

5.4 精密移液器(500μL、2mL)。

6 测定步骤

6.1 样品消解

精密吸取500μL血液样本于消解罐中,加入65%的浓硝酸溶液2mL,将消解罐装入消解装置,按照消解程序(见附录A1)进行消解。消解完成后,取出消解罐,使其降至室温(可采用冰水浴迅速降温),在通风橱内旋开消解盖,慢慢倾倒出消解溶液于样品瓶中,用少许去离子水冲洗消解罐3次,合并倒入样品瓶,加入去离子水稀释至20.0g。

6.2 样品测定

6.2.1 质谱条件

a) 载气流速:0.8-1.3L/min;

b) 补偿气流速:0-1.0L/min;

c) 等离子气流速:15L/min;

d) 辅助气流速:0-1.0L/min;

e) RF 功率:1 500W;

f) 反射功率:<20W;

g) 蠕动泵转速:0.1rps。

6.2.2 制订校准曲线

以^{115}In元素作为内标,采用在线内标加入法将内标溶液和标准混合工作溶液,通过蠕动泵一并导入电感耦合等离子体质谱系统进行检测。标准混合工作溶液检测完成后,以各待测元素响应值和内标元素响应值之比为纵坐标,标准混合工作溶液相应浓度值为横坐标绘制校准曲线。

6.2.3 样品测定

按6.2.2项下对6.1消解所得样品进行检测，采用内标－校准曲线法或内标－单点法，以待测元素和内标元素响应值之比值计算各待测元素的浓度。用外标－校准曲线法时检材中待测元素的浓度应在线性范围内，用外标－单点法时检材中待测元素的浓度应在标准溶液浓度的±50%内。

7　结果计算和表述

以内标－校准曲线法或按式(1)计算血液样品中铬、镉、砷、铊、铅的浓度C(μg/L)。

$$C = \frac{A \times A_i' \times c}{A' \times A_i} \quad (1)$$

式中：

C——血液样品中待测物含量，单位为微克每升(μg/L)；

A——血液样品中待测物的响应值；

A'——标准溶液中待测物的响应值；

A_i'——标准溶液中内标物的响应值；

A_i——血液样品中内标物的响应值；

c——标准溶液中被测物浓度，单位为微克每升(μg/L)。

8　平行试验

检材应按以上步骤同时平行测定两份，双样相对相差按公式(2)计算：

$$\text{双样相对相差}(\%) = \frac{|C_1 - C_2|}{C} \times 100 \quad (2)$$

式中：

C_1、C_2——两份检材平行定量测定的结果；

C——两份检材平行定量测定结果的平均值$(C_1 + C_2)/2$。

平行试验中两份检材的双样相对相差不得超过20%，结果按两份检材浓度的平均值计算，否则需要重新测定。

附录A

（资料性附录）

血液中金属元素测定消解程序

步骤	温度(℃)	压力(bar)	时间(min)	升温速率(℃/min)
1	150	25	5	5

（续表）

步骤	温度(℃)	压力(bar)	时间(min)	升温速率(℃/min)
2	160	25	9	5
3	180	30	15	5
4	100	20	10	2

附录 B

（资料性附录）

检测条件及方法检出限

质荷比(m/z)	元素名称	积分时间(s)	元素总积分时间(s)	检测限(μg/L)
53	Cr	0.1	0.3	0.025
75	As	0.3	0.9	0.0006
111	Cd	0.1	0.3	0.0003
205	Tl	0.1	0.3	0.00001
208	Pb	0.6	1.8	0.0007

（三）2014年司法鉴定技术规范

司法部办公厅关于推荐适用《周围神经损伤鉴定实施规范》等13项司法鉴定技术规范的通知

司办通〔2014〕15号

各省、自治区、直辖市司法厅(局),新疆生产建设兵团司法局、监狱局:

为进一步规范司法鉴定执业活动,推进司法鉴定标准化建设,保障司法鉴定质量,司法部司法鉴定管理局组织制定了《周围神经损伤鉴定实施规范》等13项司法鉴定技术规范,现予印发,推荐适用。

司法鉴定机构和司法鉴定人需要获取相关司法鉴定技术规范文本,请登录司法部或司法部司法鉴定科学技术研究所网站(网址:www. moj. gov. cn,www. ssfjd. cn);需要咨询相关技术问题的,请与司法部司法鉴定科学技术研究所联系(联系人:何晓丹　联系电话:021－52367112)。

关于司法鉴定技术规范的使用情况请各地司法行政机关汇总后反馈给司法部司法鉴定管理局。

特此通知。

附件:司法鉴定技术规范目录(13项)及文本

司法部办公厅

2014年3月17日

附件

司法鉴定技术规范目录(13项)

序号	名称及编号	修订情况
1	周围神经损伤鉴定实施规范 SF/Z JD0103005-2014	
2	外伤性癫痫鉴定实施规范 SF/Z JD0103007-2014	
3	法医临床影像学检验实施规范 SF/Z JD0103006-2014	
4	道路交通事故受伤人员精神伤残评定规范 SF/Z JD0104004-2014	
5	生物学全同胞关系鉴定实施规范 SF/Z JD0105002-2014	
6	气相色谱-质谱联用法测定硫化氢中毒血液中的硫化物实施规范 SF/Z JD0107013-2014	
7	藏文笔迹鉴定实施规范 SF/Z JD0201009-2014	
8	电子数据司法鉴定通用实施规范 SF/Z JD0400001-2014	
9	电子数据复制设备鉴定实施规范 SF/Z JD0401001-2014	
10	电子邮件鉴定实施规范 SF/Z JD0402001-2014	
11	软件相似性鉴定实施规范 SF/Z JD0403001-2014	
12	建设工程司法鉴定程序规范 SF/ZJD0500001-2014	
13	农业环境污染事故司法鉴定经济损失估算实施规范 SF/Z JD0601001-2014	

周围神经损伤鉴定实施规范

SF/Z JD0103005 - 2014

2014 年 3 月 17 日发布　2014 年 3 月 17 日实施

目　次

前　言

本技术规范按照 GB/T 1. 1 - 2009 给出的规则起草。

本技术规范由司法部司法鉴定科学技术研究所提出。

本技术规范由司法部司法鉴定管理局归口。

本技术规范起草单位:司法部司法鉴定科学技术研究所。

本技术规范主要起草人:范利华、朱广友、高东、夏文涛、夏晴、田东。

本技术规范为首次发布。

1 范围

本技术规范规定了周围神经损伤法医学鉴定的检验和分析。

本技术规范适用于人体损伤程度鉴定、伤残等级鉴定中涉及周围神经损伤的法医学鉴定,其他相关法律规定涉及周围神经损伤的法医学鉴定也可参照使用。

2 规范性引用文件

下列文件对于本文件的应用是必不可少的。凡是注日期的引用文件,仅注日期的版本适用于本文件。凡是不注日期的引用文件,其最新版本(包括所有的修改单)适用于本文件。

SF/Z JD0103003 法医临床检验规范

3 术语与定义

下列术语和定义适用于本文件。

3.1 周围神经 Peripheral Nerves

周围神经包括脑神经、脊神经和植物神经,本规范涉及的是法医学鉴定中常见的臂丛及其重要分支(包括肩胛上神经、腋神经、肌皮神经、桡神经、正中神经、尺神经等)和腰骶丛及其重要分支(包括股神经、坐骨神经、腓总神经、胫神经等),以及脑神经中的面神经。

3.2 肌电图 Electromyography,EMG

记录肌肉静息、随意收缩及周围神经受刺激时各种电特性的一门专门技术。狭义肌电图通常指运用常规同芯圆针电极,记录肌肉静息和随意收缩的各种电特性。广义的肌电图除上述常规肌电图外,还包括神经传导检测、重复神经电刺激、F波、H反射、瞬目反射、单纤维肌电图、运动单位计数、巨肌电图等。

3.3 复合肌肉动作电位 Compound Muscle Action Potential,CMAP

支配一块肌肉的神经直接或间接受到刺激后从这块肌肉上记录到的几乎同步发生的肌纤维动作电位的总和。

3.4 感觉神经动作电位 sensory nerve action potential,SNAP

记录电极只在感觉神经或者混合神经感觉分支上检测到的动作电位,实际上是复合感觉神经动作电位。

3.5 神经传导速度 Nerve Conduction Velocity,NCV

动作电位沿神经或肌肉纤维的扩布速度,分为运动神经传导速度(motor

nerve condution veloctity, MNCV)、感觉神经传导速度(sensory nerve conduction veloctity, SNCV)、自主神经传导速度(autonomic nerve conduction veloctity)。

4 总则

4.1 鉴定原则

4.1.1 对于因损伤引起周围神经功能障碍的法医学鉴定,应以被鉴定人原发性损伤,以及与原发性损伤有直接联系的并发症或后遗症为基础,根据临床表现,结合现有的神经电生理学技术和方法,尽可能采用肌电图多种测试项目组合,多种分析指标互相印证,全面分析,综合鉴定。

4.1.2 对于周围神经损伤与疾病(或既往损伤)并存时,应根据损伤或疾病(或既往损伤)对神经功能障碍后果原因力的大小,分析判断损伤在神经功能障碍后果中的作用。

4.1.3 对于周围神经损伤的法医学鉴定应该包括神经损伤的部位、性质和程度。

4.2 鉴定时机

周围神经损伤后遗功能障碍的鉴定应待医疗终结后,神经损伤后遗功能障碍相对稳定时进行。

4.3 鉴定方法

4.3.1 收集及审核与损伤相关的信息

4.3.1.1 接受委托前详细了解案情,关注致伤原因、致伤方式。收集与周围神经损伤有关的病历资料、诊疗过程、肌电图检查报告等资料。鉴定人应当注意肌电图的检测时机是否恰当,判断肌电图检查内容是否齐全(见4.3.2)以及肌电图检查中各项指标与损伤部位、临床表现是否吻合,并进行必要的复查。

4.3.1.2 根据损伤部位进行详细、全面的神经系统检查。根据神经损伤的症状和体征,初步判断神经损伤部位,并进行详细记录。体格检查方法按SF/Z JD 0103003 《法医临床检验规范》的要求进行。

4.3.2 电生理检验项目选择

可选择的电生理检验项目:

a) 对于有周围神经损伤基础的,并有神经损伤症状和体征的,应进行神经电生理检查;

b) 常规进行针极肌电图和神经传导检测;

c) 针极肌电图检测取得肌肉放松状态下和不同收缩状态下的电活动;神经

传导检测包括运动和(或)感觉传导检测;

d) 检测应双侧对比,必要时进行 F 波、H 反射、体感和运动诱发电位检测。

5 周围神经损伤判定基准

5.1 臂丛损伤

5.1.1 臂丛损伤主要体征

臂丛损伤是指:

出现上肢 6 根神经(正中、尺、桡、肌皮、腋及前臂内侧皮神经)中任何两根神经联合损伤(非切割伤)即可诊断为臂丛损伤。臂丛以锁骨为界,将臂丛分为上、下两部,锁骨上部主要为臂丛根干部,锁骨下部主要为臂丛束支部。累及胸大肌及背阔肌为锁骨上部臂丛根干部损伤,不累及为锁骨下部臂丛束支部受损。

5.1.1.1 根性撕脱伤(节前损伤)

根性撕脱伤(节前损伤)主要表现为:

a) 神经根在脊髓部位的丝状结构断裂,主要表现为撕脱神经根所对应外周神经分支的功能障碍。

b) 全臂丛神经撕脱伤,主要表现为上肢呈全肌瘫;

c) 非全臂丛神经撕脱伤,既可表现为单独某一神经根撕脱伤,亦可为某几个神经根撕脱伤;

d) 颈 5 神经根损伤,主要表现为腋神经和正中神经损伤功能障碍(各主要神经分支功能障碍具体见下文),另外,颈 5 神经根的分支肩胛背神经支配的提肩胛肌功能障碍;

e) 颈 6 神经根损伤,主要表现为肌皮神经和桡神经功能障碍;

f) 颈 8 神经根损伤,主要表现为桡神经和正中神经功能障碍,且可有 Horner 综合征表现(如瞳孔缩小、眼睑变窄、眼球内陷、半脸无汗等);

g) 胸 1 神经根损伤,主要表现为桡神经和尺神经功能障碍,且可有 Horner 综合征表现。

5.1.1.2 臂丛神经干损伤

臂丛神经干损伤主要表现为:

a) 上干损伤(颈 5 – 颈 6),主要表现为腋神经、肩胛上神经麻痹,致使肩关节不能外展、上举及外旋;肌皮神经麻痹,致使肘关节不能屈曲;三角肌表面、上臂和前臂外侧的感觉异常;

b) 下干损伤(颈 8 – 胸 1),主要表现为正中神经麻痹,致使手指不能屈曲、拇指不能对掌;尺神经麻痹致使小指处于外展位,手指不能内收与外展,指间关节不能伸直;感觉异常发生在上臂、前臂及手部内侧面与第4、5指;下干分支支配的胸大肌胸肋部功能障碍。

5.1.1.3 臂丛神经束损伤

臂丛神经束损伤主要表现为:

a) 后束损伤,主要表现为桡神经和腋神经功能障碍,同时伴有后束支配的背阔肌功能障碍;

b) 外侧束损伤,主要表现为肌皮神经和正中神经功能障碍,同时伴有外侧束支配的胸大肌锁骨部功能障碍;

c) 内侧束损伤,主要表现为正中神经和尺神经功能障碍,同时伴有内侧束支配的胸大肌胸肋部功能障碍。

5.1.1.4 全臂丛根性损伤

主要表现为上干与下干损伤的联合症状,并出现中干损伤的主要症状——桡神经损伤,上肢呈全肌瘫。除上臂内侧外,感觉均丧失。

5.1.2 臂丛损伤电生理特征

臂丛损伤电生理特征为:

a) EMG:根性撕脱伤(节前损伤)与节后损伤的EMG特征相同,相应神经根及其分支支配肌肉表现为异常针极肌电图特征,完全损伤时无运动单位电位;

b) NCV:① 根性撕脱伤(节前损伤)的体感诱发电位有异常,完全损伤时体感诱发电位消失,但可以引出感觉神经动作电位。节后损伤既有体感诱发电位异常,亦有感觉神经传导异常,完全损伤时体感诱发电位和感觉神经动作电位均消失。② 干或束完全损伤时,相应神经干或束及其分支支配肌肉电刺激时无CMAP,感觉神经电刺激时无SNAP。干或束不完全损伤时,相应分支MNCV减慢,CMAP波幅下降,SNCV减慢,SNAP波幅降低。

5.2 肩胛上神经损伤

5.2.1 肩胛上神经损伤主要体征

肩胛部肌肉萎缩,外展起动困难,肌力明显下降,肩外展、上举、外旋受限。

5.2.2 肩胛上神经损伤电生理特征

肩胛上神经损伤电生理特征为:

a) EMG:支配肌(冈上肌、冈下肌)见异常针极肌电图特征,完全损伤则无运动单位电位;

b) NCV:① 完全损伤时,电刺激不能引出CMAP。② 不完全损伤时,CMAP潜伏期延长,波幅降低,且波形可离散。

5.3 腋神经损伤

5.3.1 腋神经损伤主要体征

感觉功能检查不可靠,小圆肌麻痹又不易单独查清,通过检查三角肌麻痹明确诊断。三角肌萎缩,呈方肩畸形,肩关节下垂半脱位,肩外展功能障碍。三角肌区表面皮肤感觉障碍。

5.3.2 腋神经损伤电生理特征

腋神经损伤电生理特征为:

a) EMG:支配肌(三角肌)见异常针极肌电图特征,完全损伤则无运动单位电位,在神经修复过程中可见新生、再生电位。

b) NCV:① 完全损伤时,电刺激不能引出 CMAP。② 不完全损伤时,CMAP 潜伏期延长,波幅降低,且波形可离散。

5.4 肌皮神经

5.4.1 肌皮神经损伤主要体征

上臂屈肌萎缩,主动屈肘功能障碍。前臂桡侧一狭长区皮肤感觉障碍。

5.4.2 肌皮神经损伤电生理特征

腋神经损伤电生理特征为:

a) EMG:支配肌(肱二头肌、肱肌、喙肱肌)见异常针极肌电图特征,完全损伤则无运动单位电位;

b) NCV:① 完全损伤时,电刺激不能引出 CMAP,感觉支(前臂外侧皮神经)SNCV 消失。② 不完全损伤时,CMAP 潜伏期延长,波幅降低,且波形可离散,感觉支(前臂外侧皮神经)SNCV 减慢,SNAP 波幅降低。

5.5 桡神经损伤

5.5.1 桡神经损伤主要体征

桡神经损伤主要体征为:

a) 腋部损伤:上臂、前臂的伸肌群和唯一支配的屈肌(肱桡肌)萎缩,伸肘、伸腕、伸指(包括拇指桡侧外展)和前臂旋后功能障碍,呈垂腕畸形。上臂外侧和前臂背侧皮肤、手背桡侧感觉功能障碍;

b) 上臂段损伤:伸肘功能可,伸腕、伸指和前臂旋后功能障碍。臂外侧和前臂背侧皮肤、手背桡侧感觉减退;

c) 前臂段损伤:伸腕功能基本正常,拇指桡侧外展功能受限,各指关节掌指伸直功能受限;手背虎口区麻木。

5.5.2 桡神经损伤电生理特征

5.5.2.1 腋部损伤

腋部损伤电生理特征为:

a) EMG:上臂、前臂的伸肌群和唯一支配的屈肌(肱桡肌)可见异常针极肌

电图特征,完全损伤时无运动单位电位;

b) NCV:① 完全损伤时,所有支配肌均不能诱发出 CMAP,感觉支(桡浅神经)的 SNAP 引不出。② 不完全损伤时,上肢分段测定的 MNCV 减慢,各支配肌 CMAP 波幅降低,SNCV 减慢,SNAP 波幅下降。

5.5.2.2 上臂段损伤

上臂段损伤电生理特征为:

a) EMG:含肱桡肌以下所有伸肌群可见异常针极肌电图特征,而肱三头肌针极肌电图检查正常;

b) NCV:① 完全损伤时,前臂伸肌不能诱发 CMAP,前臂桡浅神经 SNCV 引不出。② 不完全损伤时,前臂、上臂 MNCV 均减慢,相应波幅下降,前臂桡浅神经之 SNCV 减慢,SNAP 波幅降低。

5.5.2.3 前臂段损伤

前臂段损伤电生理特征为:

a) EMG:前臂伸肌群(如桡侧伸腕肌、尺侧伸腕肌、伸指总肌、示指固有伸肌)可见异常针极肌电图特征,而肱桡肌针极肌电图检查正常;

b) MNCV:① 完全损伤时,前臂伸肌的 CMAP 不能引出。② 不完全损伤时,前臂 MNCV 减慢,波幅下降;

c) SNCV:桡浅神经 SNCV 可正常,亦可减慢或缺失。

5.6 正中神经损伤

5.6.1 正中神经损伤主要体征

正中神经损伤主要体征为:

a) 腋部损伤:拇指、示指、中指屈曲功能障碍,前臂屈肌萎缩,拇指不能外展、对掌和对指,大鱼际肌萎缩,手掌面的桡侧 3 指半皮肤感觉障碍;

b) 肘部损伤:同腋部损伤特征;

c) 腕部损伤:拇指不能外展、对掌和对指,大鱼际肌萎缩,拇、示指捏物功能障碍,手掌面的桡侧 3 指半皮肤感觉障碍;

d) 返支损伤:拇指运动功能障碍同腕部损伤,但无感觉功能障碍。

5.6.2 正中神经损伤电生理特征

5.6.2.1 腋部损伤

腋部损伤电生理特征为:

a) EMG:正中神经前臂及手部支配肌(如桡侧屈腕肌、屈拇长肌、拇短展肌等)可见异常针极肌电图特征(如插入电位延长、出现自发电位等),募集反应减弱或运动单位电位减少,完全损伤时无运动单位电位;

b) NCV:① 完全损伤时,腋部以下 CMAP、SNAP 消失。② 不完全损伤时,腋部以下各段 MNCV、SNCV 减慢,相应 CMAP、SNAP 波幅下降。

5.6.2.2 肘部损伤

肘部损伤电生理特征为:

a) EMG:同腋部损伤特征;

b) NCV:同腋部损伤特征。

5.6.2.3 腕部损伤

腕部损伤电生理特征为:

a) EMG:拇短展肌呈异常针极肌电图特征,完全损伤时无运动单位电位;

b) NCV:① 完全损伤时,拇短展肌记录不到 CMAP,示(中)指的 SNAP 消失。② 不完全损伤时,拇短展肌 CMAP 潜伏期延长,波幅下降;示(中)指至腕的 SNCV 减慢,SNAP 波幅下降。

5.6.2.4 返支损伤

返支损伤电生理特征为:

a) EMG:正中神经返支唯一支配的拇短展肌呈异常针极肌电图特征,完全损伤时无运动单位电位;

b) MNCV:① 完全损伤时,拇短展肌记录不到 CMAP。② 不完全损伤时,拇短展肌 CMAP 潜伏期延长,波幅下降;

c) SNCV:示(中)指至腕的 SNCV 正常,SNAP 波幅正常。

5.7 尺神经损伤

5.7.1 尺神经损伤主要体征

尺神经损伤主要体征为:

a) 腋部损伤:前臂支配肌(尺侧腕屈肌和环、小指指深屈肌)和手内在肌(包括所有的骨间肌、小指展肌和拇收肌)均存在功能障碍,表现为腕关节屈曲不能,环、小指末节屈曲功能障碍,小鱼际肌、骨间肌和第 3、4 蚓状肌萎缩,存在爪形手畸形、Froment 征(+),手指内收、外展功能障碍;手部尺侧半和尺侧 1 个半手指的感觉功能障碍;

b) 肘部损伤:同腋部损伤特征;

c) 腕部损伤:尺侧腕屈肌和环、小指指深屈肌功能保存,小鱼际肌、骨间肌和第 3、4 蚓状肌萎缩,存在爪形手畸形、Froment 征(+),手指内收、外展功能障碍;手部尺侧半和尺侧 1 个半手指的感觉功能障碍。

5.7.2 尺神经损伤电生理特征

5.7.2.1 腋部损伤

腋部损伤电生理特征为:

a) EMG:同肘部损伤特征;

b）NCV：① 完全损伤时，腋部以下CMAP、SNAP消失。② 不完全损伤时，腋部以下各段MNCV、SNCV减慢，相应CMAP、SNAP波幅下降。

5.7.2.2　肘部损伤

肘部损伤电生理特征为：

a）EMG：肘以下尺神经支配肌（小指展肌、第一骨间肌、尺侧屈腕肌）可见异常针极肌电图特征，完全损伤时无运动单位电位；

b）NCV：① 完全损伤时，肘部以下CMAP、SNAP消失。② 不完全损伤时，肘以下各段MNCV、SNCV减慢，相应CMAP、SNAP波幅下降。

5.7.2.3　腕部损伤

腕部损伤电生理特征为：

a）EMG：骨间肌、小指展肌可见异常针极肌电图特征，完全损伤时无运动单位电位；

b）NCV：① 完全损伤时，小指展肌不能记录到CMAP；小指刺激，腕部不能记录到SNAP。② 不完全损伤时，所获CMAP之潜伏期延迟，波幅下降；小指－腕之SNCV速度减慢，SNAP波幅下降。

5.8　坐骨神经损伤

5.8.1　坐骨神经损伤主要体征

坐骨神经损伤主要体征为：

a）高位损伤时，小腿后外侧和足部的感觉功能障碍，膝关节不能屈曲、踝关节与足趾运动功能完全丧失、足下垂等，股后部肌肉及小腿和足部肌肉萎缩；

b）股后中、下部损伤时，膝关节屈曲功能保存。

5.8.2　坐骨神经损伤电生理特征

坐骨神经损伤电生理特征为：

a）损伤部位在臀部以下：股二头肌（长、短头）及腓总神经、胫神经靶肌群都可见异常针极肌电图特征，完全损伤时无运动单位电位，但臀肌无异常；

b）损伤部位在股部：股二头肌（短头）是特征性的定位指标；小腿部的腓总神经和胫神经有神经源性的损害表现；

c）H反射：对高位坐骨神经损伤，意义较大。

5.9　腓总神经损伤

5.9.1　腓总神经损伤主要体征

腓总神经损伤主要体征为：

a）小腿前外侧和足背前、内侧感觉功能障碍；

b）足内翻下垂畸形，足伸趾功能障碍；

c）背屈和外翻功能障碍；胫前肌及小腿前外侧肌肉萎缩。

5.9.2 腓总神经损伤电生理特征

腓总神经损伤电生理特征为：

a) EMG：腓总神经支配的胫前肌、腓骨长肌、伸拇长肌，趾短伸肌可见异常针极肌电图特征，完全损伤时无运动单位电位；如损伤平面在腘窝以上，股二头肌短头可见异常针极肌电图特征；

b) NCV：① 完全损伤时，膝以下腓总神经 CMAP 引不出，感觉神经传导引不出。② 不完全损伤时，膝以下 MNCV、SNCV 减慢，相应 CMAP、SNAP 波幅下降。

5.10 胫神经损伤

5.10.1 胫神经损伤主要体征

胫神经损伤主要体征为：

a) 小腿后侧、足背外侧和足底感觉功能障碍；

b) 踝关节跖屈、内收、内翻功能障碍；

c) 足趾跖屈、外展、内收障碍，小腿后侧屈肌群及足底内在肌萎缩。

5.10.2 胫神经损伤电生理特征

胫神经损伤电生理特征为：

a) EMG：小腿后侧肌（腓肠肌、比目鱼肌）及足肌（趾短展肌）可见异常针极肌电图特征，完全损伤时运动单位电位消失；

b) NCV：① 完全损伤时，小腿胫神经（腘窝 - 内踝段）的 CMAP 引不出，采用顺向或逆向法测量，感觉神经传导引不出。② 不完全损伤时，小腿胫神经（腘窝 - 内踝段）的 MNCV 减慢，CMAP 波幅下降，SNCV 减慢，SNAP 波幅降低。

5.11 股神经损伤

5.11.1 股神经损伤主要体征

股神经损伤主要体征为：

a) 髂窝部损伤：大腿前面及小腿内侧的感觉功能障碍；

b) 腹股沟处损伤：大腿内收及屈髋正常，但股四头肌萎缩，伸膝无力；大腿前面及小腿内侧皮肤感觉障碍；膝反射减弱或消失；腹股沟局部 Tinel 征阳性。

5.11.2 股神经损伤电生理特征

5.11.2.1 髂窝部损伤

髂窝部损伤电生理特征为：

a) EMG：髂腰肌、股内收肌群、股四头肌可见异常针极肌电图特征，完全损伤时运动单位电位消失；

b) NCV：① 完全损伤时，股神经支配肌 CMAP 引不出，隐神经 SNAP 引不出。② 不完全损伤时，大腿部股神经 MNCV 减慢，波幅降低，隐神经 SNAP 波幅降低。

5.11.2.2 腹股沟处损伤

腹股沟处损伤电生理特征为：

a) EMG：髂腰肌、股内收肌群无异常针极肌电图特征，股四头肌可见异常针极肌电图特征，完全损伤时运动单位电位消失；

b) NCV：① 完全损伤时，股神经支配肌之 CMAP 引不出，隐神经 SNAP 引不出。② 不完全损伤时，大腿部股神经 MNCV 减慢，波幅降低，隐神经 SNAP 波幅降低。

5.12 面神经损伤

5.12.1 面神经损伤主要体征

面神经损伤主要体征为：

a) 完全损伤，静态表现为前额纹消失、眼裂扩大、鼻唇沟变浅、口角下垂；动态表现为伤侧不能作皱额、蹙眉、闭目、露齿、鼓气和吹口哨的动作，露齿时口角歪向健侧；

b) 不完全损伤，则相应损伤分支所支配肌肉发生麻痹。如面神经颞支损伤，则其支配的额肌麻痹，表现为伤侧额纹消失或变浅，皱额不能或较健侧差；如颧支损伤，则其支配的眼轮匝肌麻痹，表现为伤侧眼裂增大，闭目较健侧差；如颊支损伤，则其支配的颊肌、口裂周围肌肉（如口轮匝肌）等麻痹，表现为伤侧鼻唇沟变浅，露齿、鼓气和吹口哨动作完成较健侧差；

c) 可有不同程度的（舌前2/3）味觉障碍。

5.12.2 面神经损伤电生理特征

面神经损伤电生理特征为：

a) 完全损伤：面神经支配肌（额肌、眼轮匝肌、颊肌、口轮匝肌）可见异常针极肌电图特征，运动单位电位消失；

b) 不完全损伤：乳突予电极刺激时，面神经支配肌的复合肌肉动作电位波幅降低，潜伏期延长。

6 常见周围神经系统疾病的鉴别

6.1 颈椎病（颈神经根病变）

6.1.1 神经根型颈椎病主要体征

神经根型颈椎病主要体征为：

a) 颈、肩部疼痛，并沿神经根分布区向上肢放射，伴麻木，正中多为单侧，有时可伴有头痛、头晕、耳鸣等症状；

b) 颈椎棘突、棘旁可有压痛点，神经根牵拉试验、压颈试验多阳性，受累神经根支配区皮肤感觉减退，受累神经根支配肌肉肌力减退，严重者可出现肌肉萎缩；

c）上肢腱反射迟钝，严重者甚至难以引出。

6.1.2　神经根型颈椎病电生理特征

神经根型颈椎病电生理特征为：

a）NCV：MNCV 一般正常。可出现 CMAP 波幅降低或 MNCV 轻度减慢，取决于受损的严重性。SNCV 和 SNAP 波幅正常；

b）EMG：可见自发电位，在受损早期大力收缩时，可出现混合相或单纯相；由于神经修复可出现高波幅、长时限的运动单位电位；

c）判断神经根性病变要同时辨别出受累神经根的上界和下界。如怀疑颈 6 神经根病变，则需同时检测颈 5 和颈 7 支配肌肉以确定是否受累。同时在同一节段选择不同周围神经分布区的肌肉，更能证明根性受损。如怀疑颈 8 受累，同时选择小指展肌和拇短展肌，这样排除了尺神经或正中神经周围性损害所见的肌肉神经源性损害。

6.1.3　脊髓型颈椎病主要体征

脊髓型颈椎病主要体征为：

a）四肢麻木、无力，僵硬，胸腹部有束带感，行走不稳甚至不能行走，下肢有踩棉花感；

b）四肢感觉障碍，痛觉减退多见，少数下肢本体觉、振动觉消失；

c）四肢肌张力增高，腱反射亢进，可引出病理反射，如踝阵挛、髌阵挛、霍夫曼征和巴彬斯基征。

6.1.4　脊髓型颈椎病电生理特征

脊髓型颈椎病电生理特征为：

a）除上述神经根型的电生理特征外，尚需结合运动诱发电位（MEP）和感觉诱发电位（SEP）检测以做出全面评估；

b）上肢 MEP 特征：诱发电位波幅降低，波形离散，潜伏期延长或左右两侧差值超过正常范围；

c）下肢 MEP 特征：MEP 反应缺失或潜伏期延长，且下肢比上肢更为敏感，是发现脊髓功能性受压的早期电生理依据；

d）下肢 SEP 特征：SEP 的潜伏期延长，波形异常。

6.2　腰椎病（骶神经根病变）

6.2.1　腰椎病主要体征

腰椎病主要体征为：

a）主要表现为腰 4、腰 5 和骶 1 神经根受累，可有反复发作的腰腿痛，并可沿坐骨神经或股神经向下肢放射痛，伴相应神经支配区的皮肤感觉减退、麻木；

b）腰椎棘突、棘旁区压痛；

c）患肢直腿抬高试验多为阳性；

d）受累神经支配肌无力，严重者可萎缩，膝反射、跟腱反射可减弱甚至消失。

6.2.2　腰椎病电生理特征

腰椎病电生理特征为：

a）NCV：MNCV一般正常。也可出现CMAP波幅降低，取决于病变的程度。SNCV和SNAP波幅正常；

b）EMG：在受损早期，大力收缩时可出现混合相或单纯相；以后出现自发电位，由于神经修复出现高波幅、长时限的运动单位电位；

c）最常累及的是腰4、腰5和骶1。腰4选择股四头肌，腰5选择胫前肌，骶1选择腓肠肌。同样要确定神经根受累的上下界。棘旁肌的纤颤电位说明是后支分出以前的损害，可以与周围神经和神经丛病鉴别。

6.3　肘管综合症

6.3.1　肘管综合症主要体征

肘管综合症主要体征为：

a）手的精细动作不灵活，尺神经支配手部肌肉不同程度萎缩、无力，小指外展、内收不同程度受限，尺神经卡压严重者可出现爪形手畸形；

b）尺神经支配区感觉异常，如手掌、手背尺侧半和小指、环指尺侧半感觉减退、麻木等；

c）屈肘试验阳性，肘部Tinel征阳性。

6.3.2　肘管综合症电生理特征

6.3.2.1　神经传导检测

神经传导检测特征为：

a）神经选择：尺神经，跨肘进行分段传导检测，一般间隔2～3厘米逐段测试；

b）常见结果：在受损严重时，尺神经支配的相应肌肉CMAP波幅可降低，尺神经远端运动电位潜伏期可轻度延长。如发现2厘米距离的传导时间≥0.8毫秒，或波幅骤降者，可确定该处卡压。SNCV和MNCV在卡压处减慢，传导速度必须较上下段慢10米/秒以上才能确诊。

6.3.2.2　针电极肌电图

针电极肌电图特征为：

a）肌肉选择：第一骨间肌和小指展肌，可同时选择拇短展肌作为与颈神经根病的鉴别诊断；

b）常见结果：相应肌肉表现为自发电位增多，以后随病程进展可出现高波幅、宽时限的神经源性损害。

6.4 腕管综合症

6.4.1 腕管综合症主要体征

腕管综合症主要体征为:

a) 大鱼际肌有不同程度萎缩,拇指对掌功能不同程度受限;

b) 手部麻痛,以拇指、示指、中指为主,但常伴有夜间麻醒史,活动后可缓解;

c) 腕掌屈试验及腕部正中神经 Tinel 征阳性。

6.4.2 腕管综合症电生理特征

6.4.2.1 神经传导检测

神经传导检测特征为:

a) 神经选择:正中神经和(或)尺神经,同时选择尺神经是作为鉴别诊断的依据;

b) 常见结果:正中神经远端运动电位潜伏期延长,CMAP 波幅通常正常。SNCV 减慢(或)SNAP 降低。同侧的尺神经远端运动电位潜伏期和感觉传导正常。

6.4.2.2 针电极肌电图

针电极肌电图特征为:

a) 肌肉选择:通常通过 NCV 的检测就可诊断。小指展肌的检测有助于和尺神经受累进行鉴别诊断;

b) 常见结果:早期可表观为自发电位增多,募集相显示运动单位丢失现象,随病程进展可出现 MUP 时限增宽,波幅增高。

6.5 腓总神经麻痹

6.5.1 腓总神经麻痹主要体征

腓总神经麻痹主要体征为:

a) 踝背伸足趾背伸无力,卡压严重者不能背伸和足外翻;

b) 小腿前外侧和足背感觉减退;

c) 腓骨小头处 Tinel 征阳性。

6.5.2 腓总神经麻痹电生理特征

6.5.2.1 神经传导检测

神经传导检测特征为:

a) 神经选择:腓总神经、胫神经,跨膝进行分段传导检测,一般间隔 2 ~ 3 厘米逐段测试;

b) 常见结果:以腓骨小头处嵌压性病变最为常见。腓总神经测定时常见腓骨小头上、下节段 SNCV、MNCV 减慢,也可见传导阻滞或异常波形离散。远端运动电位潜伏期和远端感觉传导速度和波幅可以正常,根据病变情况和严重程度也可有异常。胫神经感觉运动传导测定正常。

6.5.2.2 针电极肌电图

针电极肌电图特征为:

a) 肌肉选择:胫前肌、腓肠肌,需要鉴别时根据情况可以选择股二头肌短头和股四头肌;

b) 常见结果:胫前肌可见神经源性损害表现,腓肠肌正常。有时坐骨神经损害时也可出现类似腓总神经麻痹表现,股二头肌短头测定有助于鉴别。

7 附则

7.1 本技术规范主要涉及与法医鉴定有关的周围神经损伤类型,若在鉴定中遇到本技术规范未涉及的周围神经损伤或疾病,可以比照本技术规范第5章、第6章相应部位或相同病因的类型,按照本技术规范鉴定方法进行鉴定。

7.2 本技术规范涉及的周围神经损伤电生理检测应符合附录A要求并参考附录B测试方法。

7.3 为司法鉴定提供神经肌电图检测的实验室应符合附录A的要求。

附录A

(规范性附录)

神经肌电图实验室规范

A.1 人员要求

A.1.1 技术人员

技术人员应具备以下资格条件:

a) 医学(或者法医学)大专以上学历背景,熟悉神经解剖知识。

b) 临床神经电生理学方面的专业技能培训累计6个月以上,熟悉神经电生理检测的原理和方法。

A.1.2 鉴定报告人员

鉴定报告人员应具备以下资格条件:

a) 医学或法医学大学本科以上学历背景,熟悉神经解剖知识。

b) 临床神经电生理学方面的专业培训累计1年以上,具有临床神经科或者神经电生理检测工作经验3年以上,熟悉周围神经电生理检测的原理和方法,并能对电生理检测结果作出正确解释,对检测报告结论负责。

c) 同时还应满足《司法鉴定程序通则》关于司法鉴定人资格的要求,或者卫生部关于执业医师的要求。

A.2 环境要求

检测环境应符合以下要求:

a) 检测的环境无外源性高磁场的干扰;

b) 检测环境应安静,以免检测时受噪杂环境的影响。

c) 检测环境应保持常温,以免皮肤温度过低而影响检测结果。

A.3 设备要求

A.3.1 电生理仪基本要求

电生理仪基本要求为:

a) 进行周围神经损伤电生理检测的实验室应至少具备一台电生理仪,可以进行针极肌电图、运动和感觉神经传导检测、运动诱发电位检测和体感诱发电位检测等项目。

b) 电生理仪应包括刺激器、放大器、平均叠加器、显示器、监听器及储存各种数据图像的电脑硬件以及报告打印装置。肌电图神经诱发电位仪自身前置放大器应具备电磁辐射隔离技术,保证良好的抗干扰能力。

A.3.2 电生理仪器的主要技术指标

电生理仪器的主要技术指标为:

a) 放大器:必须满足具有高输入阻抗、低噪声和宽大动力范围的特点。一般输入阻抗应在 100 千欧以上,内部噪声应小于 3 微伏,共模抑制比应大于 100 分贝。

b) 刺激器:刺激方式应包括重复、单次、序列等方式,刺激频率、脉冲宽度、刺激强度均连续可测。

c) 监听器:可监听肌电声音的外置扬声器或耳机。

A.4 检测方法要求

A.4.1 针极肌电图检查

A.4.1.1 检测前准备

检测前应做好以下准备:

a) 询问详细损伤史,根据损伤部位做全面的神经系统检查,作出初步诊断后,评估操作此项目的必要性;

b) 排除肌电图检查禁忌症,包括易出血倾向,如血液疾病、抗凝血或抗血小板药物使用等,防止因针极肌电图造成出血,引发并发症;

c) 向被检查者及家属解释肌电图检查的目的、操作过程,以及可能的并发症。

A.4.1.2 针极肌电图检测实施

针极肌电图检测实施步骤为:

a）根据损伤或疾病部位，结合体格检查结果，选择被检神经的支配肌肉，确定要下针的部位。具体方法详见附录 B；

b）检查者开始检查前洗手、戴手套，予以下针部位皮肤以医用酒精棉球消毒，并待其干燥；

c）下针时，请被检者放松肌肉，检查中，要被检者肌肉用力收缩时，应特别小心，当肌肉开始收缩前，针尖置于皮下，而每当肌肉收缩或放松时，都应将针尖移至皮下，待肌肉保持固定力量再插入；

d）插入时的肌电活动：以同心圆针针电极快速插入肌腹，扫描速度为 50～100 毫秒/厘米，灵敏度为 100 微伏/厘米，观察针极插入时电活动的特点及有无肌强直、肌强直样放电或插入电活动延长；

e）肌肉松弛时的电活动：扫描速度为 5～10 毫秒/厘米，灵敏度为 100 微伏/厘米，观察有无自发电位，如纤颤电位、正锐波和束颤电位。

f）小力收缩（轻收缩）时的肌电活动：肌肉轻度收缩时，测定 20 个运动单元电位的平均时限与平均电压，及多相电位的百分数。为测定运动单位平均时限，必要时应在同一肌肉选择 2～3 个不同位置进行检查。为避免误差，每个波要同时出现 2～3 次，方能计算在内。时限是从基线最初的偏斜处起到最后偏斜回基线为止。运动单位的位相以波峰越过基线者为准；

g）大力收缩时的肌电活动：扫描速度 50～100 毫秒/厘米，灵敏度为 500 微伏/厘米～1 毫伏/厘米。被检者以最大力量收缩受检肌肉时，观察募集反应类型（包括干扰相、混合相、单纯－混合相、单纯相、少量 MUP、无 MUP），必要时测量其波幅峰值。

A. 4. 1. 3　针极肌电图结果判断

A. 4. 1. 3. 1　正常针极肌电图

正常针极肌电图特征为：

a）静息电位：当肌肉完全放松时，不应出现任何失神经电位（纤颤电位、正锐波），即示波屏上一般应呈现一条直线。但少数人的正常肌肉可于一个部位出现偶发的自发电位；

b）插入电位：是针电极插入肌肉纤维或神经末梢的机械刺激产生的成簇的、伴有清脆声音、持续时间 300 毫秒左右的电位，针电极一旦停止移动，插入电位即消失；

c）终板区的电活动：包括终板噪音和终板电位，系针极插在终板区或肌肉神经纤维引起，被检者诉进针处疼痛。前者波幅为 10～50 微伏，时限为1～2毫秒；后者波幅为 100～200 微伏，时限为 3～4 毫秒。终板区电活动的声音似贝壳摩擦的杂音；

d）运动单位动作电位（MUAP）：面部肌肉较短（2～9 毫秒），四肢肌肉较长（7～15 毫秒）。低温、缺氧和年龄增加均可使时限延长。肌肉多相波一般不会超过 20%，三角肌不超过 25%，胫骨前肌不超过 35%；

e）募集电位：应为干扰相，波幅通常为 2～4 毫伏。

A.4.1.3.2　异常针极肌电图

异常针极肌电图特征为：

a）插入电位增多或减少，或者时限延长；

b）出现自发电位：包括正锐波、纤颤电位、束颤电位、复合重复放电、肌颤搐放电、肌强直放电等。在一块肌肉 2～3 个部位出现自发电位（纤颤电位、正锐波）是神经源性损害的可靠表现；

c）运动单位电位异常：神经源性损害表现为时限增宽、波幅升高及多相波百分比增多；若需定量，则计算 20 个运动单位电位的平均时限，较正常值延长 20% 以上提示异常；多相电位的百分数明显增多，亦提示异常。肌源性损害表现为时限缩短、波幅降低和多相波百分比增多；

d）募集电位异常：神经源性损害表现为高波幅的单纯相或混合相；而肌源性损害表现为低波幅的干扰相即病理干扰相。在神经源性疾病的早期，可仅出现自发电位和募集电位的异常，无运动单位电位的改变。募集电位是肌电图重要的指标，不能遗漏，但检测者需注意，募集电位受被检者主观配合程度的影响，检测时应注意重复检查和判断该检测结果的可靠性，必要时可在报告中注明；

e）以上 4 项中必须具备 a）、b）2 项之一，尤其以 b）项最为可靠，然后参考其他两项，方可认定存在神经源性损害。

A.4.2　神经传导速度检查

A.4.2.1　检测前准备

检测前应做好以下准备：

a）温度：实验室环境温度应保持在常温。被检者皮肤温度是影响神经传导速度的重要因素，应不低于 29 摄氏度，重复测试应控制温度一致性；

b）刺激强度和时限：给予电刺激时，必须注意安全，刺激强度应逐步升高，达到超强刺激（即波幅不再升高）后再增加 10%～30% 电量即可；刺激时限一般为 0.1 毫秒或 0.2 毫秒；

c）接地电极有助于消除干扰，应置于刺激电极与记录电极之间，并确保与皮肤接触良好；

d）对于安装有心脏起搏器的患者，不应进行神经传导检测；对于体内植入了心律转复设备或除颤器时，应咨询心脏专科医师，刺激器要远离植入设备 15

厘米以上,必须接好地线,并且刺激电流的时限不应超过0.2毫秒;

e) 不要将刺激电极置于心脏区域,刺激电极、记录电极和地线应置于肢体同一侧,以减少通过躯体的泄露电流;

f) 表面电极和环状电极与肢体皮肤接触点用75%酒精去除皮肤表面油渍。

A.4.2.2 运动神经传导检测

A.4.2.2.1 电极放置

电极放置的一般方法为:

a) 刺激电极使用表面电极(如马鞍桥电极、贴片电极等),置于神经干在体表的投影上,阴极置于远端,阳极置于近端;阴极和阳极之间的距离一般为2厘米;

b) 记录电极置于被测神经支配肌肉的肌腹上,参考电极置于肌肉附近的肌腱或其附着点上,通常使用表面电极(贴片电极等)做记录电极,但当检测支配肢体近端肌肉的神经时(如肩胛上神经、腋神经、肌皮神经、桡神经、股神经、坐骨神经等)或使用表面电极所引出的复合肌肉动作电位波幅不够理想时,通常使用同芯圆针电极,即将针电极刺入被检神经支配肌肉的肌腹中(如腋神经支配的三角肌,肌皮神经支配的肱二头肌,桡神经支配的肱三头肌,股神经支配的股直肌,坐骨神经支配的股二头肌等)。

A.4.2.2.2 表面电极放置

表面电极放置方法为:

a) 正中神经:近端刺激点置于肱骨内上髁上方,远端刺激点在腕横纹中点(掌长屈肌腱与指浅屈肌腱之间),记录电极置于手拇短展肌;

b) 尺神经:近端刺激点置于肱骨内上髁与尺骨鹰嘴窝之间,远端刺激点在腕横纹尺侧缘,记录电极置于手小指展肌;

c) 腓总神经:近端刺激点放置于腓骨小头外下方,远端刺激点在外踝横纹处,记录电极置于拇趾短伸肌;

d) 胫神经:近端刺激点置于腘窝中央,远端刺激点在内踝后部,记录电极置于拇展肌。

A.4.2.2.3 测试方法

测试方法为:

a) 给予单脉冲方形波刺激,频率1~1.5次/秒,每次0.1~0.2毫秒,刺激强度达超强刺激后可适当再增加一定强度;

b) 运动神经传导检测的主要指标包括近端、远端潜伏期,近端、远端复合肌肉动作电位波幅,以及神经传导速度(两刺激点之间);

c) 测量从刺激到诱发电位波形开始出现的时间,称潜伏期(单位为毫秒),

分别测定近端刺激点和远端刺激点的潜伏期,两者之差即为该段神经两刺激点之间的传导时间(单位为毫秒)。复合肌肉动作电位波幅为测量诱发电位波形的峰-峰间最大高度(单位为毫伏);

d) 用皮尺或卷尺精确测量近端刺激点与远端刺激点间的距离,即为该段神经两刺激点间的长度(单位为毫米)。

A.4.2.2.4 异常结果判断

异常结果为:

a) 运动神经传导速度减慢(较健侧检测结果减慢20%以上或小于正常平均值-2个标准差)或远端运动潜伏期延长(超过健侧检测结果20%以上或超过正常平均值+2个标准差);

b) 运动诱发电位波幅明显下降(较健侧检测结果降低20%以上或低于1毫伏)或波形明显复杂者(超过4相者);

c) 运动神经传导速度(米/秒)=距离(毫米)÷传导时间(毫秒)。

A.4.2.3 感觉神经传导检测

A.4.2.3.1 测试前准备

测试前应做好以下准备:

a) 除检测上肢的正中神经、尺神经需使用环状电极绕于相应的手指上,其他一般均采用表面电极置于神经干在体表的投影上;

b) 顺行性感觉神经传导检测,刺激电极(使用表面电极时)置于神经干在体表的投影上,而刺激电极(使用环状电极时)绕于相应的手指或足趾上,阴极置于近端,阳极置于远端,阴极和阳极之间的距离一般为2厘米左右。记录电极和参考电极均置于神经干在体表的投影上,参考电极置于近端;

c) 逆行性感觉神经传导检测,刺激电极即为顺行法的记录、参考电极位置,而记录、参考电极为顺行法的刺激电极位置。

A.4.2.3.2 表面电极放置

表面电极放置方法为:

a) 正中神经:刺激电极(环状电极)一般置于示指、中指,记录电极置于腕横纹中点(掌长屈肌腱与指浅屈肌腱之间),接地电极置于手背面;

b) 尺神经:刺激电极(环状电极)一般置于小指,记录电极置于腕横纹尺侧缘(尺侧腕屈肌腱),接地电极置于手背面;

c) 桡浅神经:刺激电极(表面电极)一般置于前臂中段,记录电极置于虎口区,接地电极置于手背面;

d) 腓浅神经:刺激电极(表面电极)一般置于腓骨中段旁,记录电极置于足背上(内、外踝连线中点处),接地电极置于刺激电极和记录电极之间;

e）腓肠神经：刺激电极（表面电极）一般置于足跟上12厘米处，记录电极置于外踝下方，接地电极置于刺激电极和记录电极之间；

f）足底内外侧皮神经：刺激电极（表面电极）一般置于内踝下，记录电极置于趾短展肌或小趾展肌处。

A.4.2.3.3　测试方法

测试方法为：

a）给予单脉冲方形波电刺激，1～1.5次/秒，每次0.1～0.2毫秒，增大刺激强度至被检者感觉指或趾明显发麻（恒流刺激器的刺激量一般用30～40毫安，最大不超过50毫安）。需用叠加装置，叠加次数可根据图形的清晰度来定，一般叠加10～20次；

b）感觉神经传导检测的主要指标包括潜伏期、感觉神经动作电位（SNAP）波幅，神经传导速度（刺激点至记录点之间）；

c）测量从刺激开始到诱发电位波形开始出现的时间，称潜伏期（单位为毫秒）。感觉神经动作电位波幅为测量诱发电位波形的峰－峰间的最大高度（单位为微伏）；

d）用皮尺或卷尺精确测量刺激点与记录点间的距离，即为该段神经两点间的长度（单位为毫米）。

A.4.2.3.4　异常结果判断

异常结果有：

a）感觉神经传导速度减慢（较健侧检测结果减慢20%以上或小于正常平均值－2个标准差）；

b）感觉动作电位波幅下降（较健侧检测结果降低20%以上或小于正常平均值－2个标准差）；

c）传导速度（米/秒）＝距离（毫米）÷传导时间（毫秒）。

A.4.2.4　F波测定

F波测定方法为：

a）F波的检测方法同运动神经传导检测，不同的是刺激电极的阴极置于近端；

b）观察指标：最短潜伏期、最长潜伏期和平均潜伏期；F波出现率；F波传导速度；

c）F波异常的判断标准：潜伏期延长或速度减慢、出现率降低或波形消失。

A.4.2.5　H反射

H反射测定方法为：

a）H反射的检测方法：记录电极置于刺激神经支配的肌肉肌腹，阴极朝向近

端,阳极在远端。与F波不同,刺激强度为低强度,通常出现F波后降低刺激强度直至出现稳定的H波;

b）观察指标为H反射的潜伏期、波幅和波形等;

c）H反射异常的判断标准:H反射潜伏期延长,两侧差值大于均值2.5倍或3倍标准差;H反射未引出;

d）H反射潜伏期与年龄、身高有关,建议采用公式计算。H反射潜伏期(毫秒) = -1.10 + 0.16 × 身高(厘米) + 0.06 × 年龄(岁) + 2.8。

A.5　神经源性损害电生理检测结果判定原则

神经源性损害电生理检测结果判定原则为:

a）周围神经损伤的电生理判断一般情况下不能仅单纯依靠某一单项检测技术做出,应通过多项检测技术综合判断;

b）对于混合性周围神经,必须至少进行针极肌电图和运动/感觉神经传导检测;

c）对于单纯运动性周围神经,必须至少进行针极肌电图和运动神经传导检测;

d）对于单纯感觉性周围神经,若不需要排除运动神经的损伤,则可仅进行感觉神经传导检测;

e）需注意与周围神经系统相关疾病、既往陈旧损伤以及中枢神经系统的损伤或病变进行鉴别;

f）运动/感觉神经传导检测正常参考值的选择,推荐首先选择与自身健侧(非损伤侧)检测值进行对照,然后可与实验室的正常参考值进行比较;

g）若不能与健侧(非损伤侧)进行比较时,则推荐与实验室正常参考值进行对照;

h）实验室应建立正常参考值基础数据,对于尚未建立的,可参考国内较为标准的实验室的正常参考值(本技术规范推荐参照北京协和医院神经科肌电图实验室/复旦大学附属华山医院手外科肌电图实验室公布的数据);

i）对于针极肌电图检测而言,目前其主要观测指标为定性指标,一般不需与正常参考值进行比较;对于部分可定量指标,如运动单位电位和募集电位的波幅,由于影响因素较多,不推荐与其他实验室参考值进行比较,若确有比较的需要,建议与自身健侧同组肌肉检测结果进行对照。

A.6　检测报告

报告内容应当能够全面、准确、真实地反映检测过程,提供判断结果的信息。

A.6.1　报告基本信息

应包括检测单位名称、设备名称及型号、被检测人姓名、年龄、性别、检测编号、检测时室内温度(有条件者可包括被检测人体表温度)、检测项目名称、检测结果(表格或图形均可)、检测意见、检测者姓名和检测日期。

A.6.2　针极肌电图报告

应包括检测肌肉名称,左侧和(或)右侧,不同状态下的肌电活动变化,包括插入电位、完全放松(静息)、随意(主动)轻收缩、大力收缩时的波形、相位、波幅等。

A.6.3　神经传导检测报告

应包括检测神经名称,刺激和记录的部位,刺激强度,距离,潜伏期,速度,波幅,波形等,注明是否进行双侧对比。

A.6.4　其他

F波:应包括潜伏期、速度和出现率等。H反射:应包括潜伏期、波幅和波形等。

A.6.5　报告诊断意见

应对各检测项目的阳性和阴性发现予以详细和客观的描述,提示性意见应包括对周围神经损伤的定性、定位和定量的诊断,必要时可比较与既往电生理检测结果的动态改变出具提示性意见。

附录B

(资料性附录)

周围神经支配主要肌肉的针极肌电图检查方法

B.1　面肌

B.1.1　额肌

检查方法为:

——神经支配:面神经颞支支配;

——进针部位:眉中点上约两指宽处水平进针,深0.5~1厘米;

——完成动作:眉毛上抬,目上视。

B.1.2　眼轮匝肌

检查方法为:

——神经支配:面神经颧支、颊支支配;

——进针部位:目外眦处水平向内进针,深为0.5~1厘米;

——完成动作:用力闭目;

——注意事项:嘱患者闭目同时轻轻张口,放松下颌,以免记录到咬肌或颞肌的电位。

B.1.3 口轮匝肌

检查方法为:

——神经支配:面神经颊支、下颌支支配;

——进针部位:口角处水平向内进针,深0.5~1厘米;

——完成动作:用力鼓腮吹气;

——注意事项:口轮匝肌含有从一侧至另一侧交叉的肌纤维,故单侧失神经时有可能在患侧记录到正常侧的肌纤维活动,应予鉴别。

B.2 躯干肌

B.2.1 颈棘旁肌

检查方法为:

——神经支配:各节段脊神经后支支配;

——进针部位:患者取坐位,放松肩部,含胸低头,于所检颈段棘突旁约2.0厘米处垂直进针;

——意义:颈椎旁肌有损伤表现常提示神经根性损伤,但不能提示神经根序数;

——注意事项:患者低头使下颌靠近前胸,尽量放松,以避免肌电干扰。部分患者肺组织可延伸至锁骨上,距皮肤表面较近,故检测颈胸段棘旁肌时,进针轻轻向上,深度约2毫米,以尽可能减少气胸发生的可能。

B.2.2 腰椎旁肌

检查方法为:

——神经支配:各节段相应脊神经后支支配;

——进针部位。患者俯卧放松,于所检腰椎棘突旁2厘米左右垂直进针;

——意义:椎旁肌有损伤表现常提示神经根性损伤,但不能提示神经根序数;

——注意事项:为使腰椎旁肌完全放松,可置一小枕头于腹下,并嘱患者轻轻抬髋。

B.3 上肢主要肌肉

B.3.1 第1背侧骨间肌

检查方法为:

——神经支配:尺神经-内侧束-下干-颈8、胸1根;

——进针部位:从第一掌指关节处,经各掌骨作一条垂直于手长轴的水平线,针在此线上紧沿着第二掌骨桡侧插入;

——完成动作:手掌中立位,拇、示指伸直并拢,示指偏向桡侧;

——意义:尺神经深支运动传导检测时,可于该肌记录;

——注意事项:进针不宜过深,可能进入拇收肌。

B.3.2 小指展肌

检查方法为:

——神经支配:尺神经－内侧束－下干－颈8、胸1根;

——进针部位:于小指掌指关节尺侧和豌豆骨尺侧之间连线的中点进针,进针深0.6～1.3厘米;

——完成动作:外展小指;

——意义:在尺神经运动传导检测中,常以该肌作为记录肌肉;

——注意事项:进针过深可能进入小指对掌肌或蚓状肌。

B.3.3 拇短展肌

检查方法为:

——神经支配:正中神经(内侧头)－内侧束－下干－颈8、胸1根;

——进针部位:第一掌指关节掌侧和腕掌关节之间连线的中点。进针深度0.6～1.3厘米;

——完成动作:拇指向掌侧外展;

——意义:在正中神经运动传导检测中,常以该肌作为记录肌肉;

——注意事项:进针过深可能进入拇对掌肌,过于偏内侧会进入拇短屈肌。

B.3.4 旋前方肌

检查方法为:

——神经支配:前骨间神经－正中神经－外、内侧束－中、下干－颈7、颈8、胸1根;

——进针部位:于腕背侧尺、桡骨茎突连线中点上方三指宽处进针,针针穿透骨间膜,深度约1.9厘米;或于腕掌侧桡动脉桡侧斜向进针;

——完成动作:嘱患者前臂旋前;

——意义:前骨间神经卡压综合征患者常规检测该肌;

——注意事项:方法1进针过深会进入指浅屈肌,方法2进针时注意避开桡动脉。

B.3.5 屈拇长肌

检查方法为:

——神经支配:前骨间神经－正中神经－外、内侧束－中、下干－颈7、颈8、胸1根;

——进针部位:于桡骨掌侧、桡侧缘,前臂中1/2进针,深至桡骨稍退出即可;

——完成动作:屈曲拇指指间关节;

——意义:前骨间神经卡压综合征患者常规检测该肌;

——注意事项:进针过浅,过于偏尺侧可能进入屈指浅肌。

B.3.6 屈指深(浅)肌

检查方法为:

——神经支配:正中神经-外、内侧束-中、下干-颈7、颈8、胸1根;

——进针部位:前臂掌侧中1/2偏尺侧进针;

——完成动作:屈曲手指指间关节;

——注意事项:进针偏浅,偏近端可能进入浅层屈肌。

B.3.7 桡侧屈腕肌

检查方法为:

——神经支配:正中神经-外侧束-上、中干-颈5、6、7根;

——进针部位:肱骨内上髁与肱二头肌腱连线以远3、4指宽处进针;

——完成动作:屈曲腕关节并向桡侧偏斜;

——注意事项:进针过深可能进入指浅屈肌、屈拇长肌。太偏桡侧可能进入旋前圆肌,太偏尺侧会进入掌长肌。

B.3.8 尺侧屈腕肌

检查方法为:

——神经支配:尺神经-内侧束-下干-颈7、8根;

——进针部位:前臂中上1/3交接处,于尺骨掌侧缘向桡侧约两指宽处进针;

——完成动作:屈曲腕关节并向尺侧偏斜;

——注意事项:进针偏深可能进入屈指深肌。

B.3.9 旋前圆肌

检查方法为:

——神经支配:正中神经-外侧束-上干-颈5、6根;

——进针部位:肱骨内上髁与肱二头肌腱连线以远约两指宽处进针;

——完成动作:前臂旋前;

——注意事项:进针过深可能进入指浅屈肌,太偏尺侧可能会进入桡侧屈腕肌。

B.3.10 示指固有伸肌

检查方法为:

——神经支配:后骨间神经-桡神经-后束-中下干-颈7、8,胸1根;

——进针部位:尺骨茎突上约两指宽处,靠尺骨桡侧进针,深约1.3厘米;

——完成动作:背伸示指并同时屈曲其余几个手指;

——意义:在桡神经运动传导检测中,常以该肌作为记录肌肉;

——注意事项:进针过于偏桡侧可能进入拇长伸肌,过于偏近端会进入伸指总肌。

B. 3. 11　伸拇长肌

检查方法为:

——神经支配:后骨间神经 – 桡神经 – 后束 – 中、下干 – 颈 7、8 根;

——进针部位:前臂背侧中点沿尺骨桡侧缘进针;

——完成动作:伸拇指指间关节;

——注意事项:进针过浅可能进入尺侧伸腕肌,进针太靠近端可能进入拇长展肌。

B. 3. 12　尺侧伸腕肌

检查方法为:

——神经支配:后骨间神经 – 桡神经 – 后束 – 中、下干 – 颈 7、8 根;

——进针部位:前臂背侧尺骨中段,从尺骨正上方进针;

——完成动作:伸腕关节并向尺侧偏斜;

——注意事项:进针过深,太靠桡侧可能进入拇长伸肌,太靠近端会进入肘后肌。

B. 3. 13　伸指总肌

检查方法为:

——神经支配:后骨间神经 – 桡神经 – 后束 – 中、下干 – 颈 7、8 根;

——进针部位:前臂背侧中、上 1/3,肱骨外上髁以远约四指宽,尺、桡骨之间进针,深度一般不宜超过 1. 3 厘米;

——完成动作:背伸掌指关节;

——意义:在桡神经运动传导检测中,常以该肌作为记录肌肉;

——注意事项:进针太靠桡侧可能进入桡侧伸腕肌,太靠尺侧会进入尺侧伸腕肌。

B. 3. 14　桡侧伸腕肌

检查方法为:

——神经支配:桡神经 – 后束 – 上、中干 – 颈 6、7 根;

——进针部位:肱骨外上髁以远两指宽处,偏桡侧进针;

——完成动作:伸腕关节并向桡侧偏斜;

——注意事项:进针过于靠桡侧可能进入肱桡肌,太靠尺侧会进入伸指总肌。

B. 3. 15　旋后肌

检查方法为:

——神经支配:后骨间神经 – 桡神经 – 后束 – 上干 – 颈 5、6 根;

——进针部位:旋转前臂扪及桡骨小头,于桡骨头下约两指宽处进针,深至桡骨稍退出即可;
——完成动作:前臂旋后;
——注意事项:进针过浅可能进入肱桡肌,桡侧伸腕肌。

B. 3. 16　肱桡肌

检查方法为:
——神经支配:桡神经－后束－上干－颈5、6根;
——进针部位:肱二头肌腱与肱骨外上髁连线中点以远三指处进针;
——完成动作:患肢中立位,屈曲肘关节;
——注意事项:进针过于靠后可能进入桡侧伸腕肌。

B. 3. 17　肱三头肌

检查方法为:
——神经支配:桡神经－后束－上、中、下干－颈5、6、7、8,胸1根;
——进针部位:外侧头－紧靠三角肌止点或沿三角肌粗隆后进针;长头－腋后皱褶以远约四指宽处进针;
——完成动作:伸直肘关节;
——注意事项:外侧头进针太靠近端可能会进入三角肌。

B. 3. 18　肱二头肌

检查方法为:
——神经支配:肌皮神经－外侧束－上干－颈5、6根;
——进针部位:上臂中1/2处肱二头肌肌腹正中进针;
——完成动作:前臂旋后,屈曲肘关节;
——意义:颈6神经根的代表肌;
——注意事项:进针太靠远端,进针太深可能进入肱肌。

B. 3. 19　三角肌

检查方法为:
——神经支配:腋神经－后束－上干－颈5、6根;
——进针部位:肩峰与三角肌粗隆连线中点处进针;
——完成动作:外展上臂。

B. 3. 20　冈下肌

检查方法为:
——神经支配:肩胛上神经－上干－颈5、6根;
——进针部位:肩胛冈下方两指宽处(冈下窝)进针,深至肩胛骨稍退出即可;

——完成动作:前臂旋后位屈肘 90 度,上臂紧贴躯干,外旋肩关节;
——意义:颈 C5 神经根的代表肌;
——注意事项:进针太浅可能进入斜方肌,太靠外侧会进入三角肌。

B. 3. 21　冈上肌

检查方法为:
——神经支配:肩胛上神经 - 上干 - 颈 5、6 根;
——进针部位:紧挨肩胛冈中点上方的冈上窝处进针;
——完成动作:外展上臂;
——注意事项:进针过浅可能进入斜方肌。

B. 3. 22　背阔肌

检查方法为:
——神经支配:胸背神经 - 后束 - 上、中、下干 - 颈 6、7、8 根;
——进针部位:沿腋后皱褶向下约三指宽处进针;
——完成动作:上臂内旋、内收并后伸;
——意义:为颈 7 神经根的代表肌;
——注意事项:进针太靠上可能进入大圆肌。

B. 3. 23　前锯肌

检查方法为:
——神经支配:胸长神经 - 颈 5、6、7 根;
——进针部位:紧挨肩胛下角内侧缘斜向进针;
——完成动作:肩关节向前(后)活动;
——意义:前锯肌有损伤表现一般提示颈 5、6、7 神经根性损伤;
——注意事项:进针过浅可能进入背阔肌、肩胛下肌。

B. 3. 24　胸大肌

检查方法为:

——神经支配:锁骨部:胸前外侧神经 - 外侧束 - 上、中干 - 颈 5、6、7 根。胸肋部:胸前内侧神经 - 内侧束 - 中、下干 - 颈 7、8,胸 1 根。

——进针部位:锁骨部:锁骨中点下一指宽处水平进针。胸肋部:腋前皱褶处旁开两指进针。

——完成动作:锁骨部:肩关节前屈位内收上臂。胸肋部:内收上臂。

——意义:胸大肌胸肋部为颈 8、胸腰神经根的代表肌。

——注意事项;进针过深可能进入喙肱肌,靠外会进入肱二头肌。

B. 3. 25　斜方肌

检查方法为:

——神经支配:副神经脊支和来自颈3、4神经根的分支。

——进针部位:方法1,沿颈部与肩部形成的夹角处进针;方法2,斜方肌上、中、下三点记录部位,上点:颈7棘突旁开4厘米;中点:上、下点连线中分;下点:肩胛骨侧缘中点,棘突旁开3厘米。

——完成动作:耸肩。

——注意事项:进针过深可能进入提肩胛肌。

B.3.26 肩胛提肌

检查方法为:

——神经支配:肩胛背神经-颈5根,并有颈3、4根分支参与;

——进针部位:肩胛上角上方两指宽,偏内侧一指宽处进针;

——完成动作:耸肩。

——注意事项:进针过浅可能进入斜方肌。

B.3.27 胸锁乳突肌

检查方法为:

——神经支配:副神经脊支和来自颈3、4神经根的分支;

——进针部位:耳后乳突与胸锁关节连线中点处进针;

——完成动作:收下颌,头转向对侧;

——意义:该肌的检测可用于鉴别运动神经元病与颈椎病。

B.4 下肢主要肌肉

B.4.1 臀大肌

检查方法为:

——神经支配:臀下神经-骶丛-腰5,骶1、2根;

——进针部位:于股骨大转子和尾骨之间连线的中点处进针;

——完成动作:伸髋,屈膝;

——意义:该肌可鉴别坐骨神经损伤或是骶丛、神经根性损伤;

——注意事项:注意避开坐骨神经。

B.4.2 臀中肌

检查方法为:

——神经支配:臀上神经-骶丛-腰4、5,骶1根;

——进针部位:于髂嵴中点以远两指宽处进针;

——完成动作:外展大腿;

——注意事项:进针太靠后可能进入臀大肌,太靠前会进入阔筋膜张肌,进针太深会进入臀小肌。

B.4.3 股直肌

检查方法为：

——神经支配：股神经－腰丛－腰2、3、4根；

——进针部位：大腿前面、髌骨上缘与髂前上嵴连线中点进针；

——完成动作：伸膝、屈髋上抬下肢；

——意义：在股神经运动传导检测中，常以该肌作为记录肌肉；

——注意事项：进针过深可能进入股中间肌，太靠内侧远端会进入股内肌，太偏外侧会进入股外侧肌。

B. 4. 4　股内肌

检查方法为：

——神经支配：股神经－腰丛－腰2、3、4根；

——进针部位：大腿前面，髌骨内上角上方四指宽处进针；

——完成动作：伸膝、屈髋上抬下肢；

——注意事项：进针太靠后可能进入缝匠肌、股薄肌；太靠前会进入股直肌。

B. 4. 5　股外侧肌

检查方法为：

——神经支配：股神经－腰丛－腰2、3、4根；

——进针部位：大腿外侧面，髌骨上方一手宽处进针；

——完成动作：伸膝、屈髋上抬下肢；

——注意事项：进针太靠后可能进入股二头肌，太靠前会进入股直肌。

B. 4. 6　大收肌(股内收肌群)

检查方法为：

——神经支配：闭孔神经－腰、骶丛－腰2、3、4、5根；

——进针部位：股骨内侧髁与耻骨结节连线中点处进针；

——完成动作：内收大腿；

——注意事项：进针太靠前可能进入缝匠肌。

B. 4. 7　股二头肌

检查方法为：

——神经支配：长头：坐骨神经(胫神经)－骶丛－腰5、骶1根。短头：坐骨神经(腓总神经)－骶丛－腰5、骶1、2根。

——进针部位：长头：沿腓骨头和坐骨结节连线的三分之一至中间进针；短头：在腘窝触摸股二头肌长头肌腱，在肌腱内侧进针。

——完成动作：屈膝、外旋小腿。

——意义：股二头肌的检测可用来鉴别坐骨神经损伤与单纯腓总、胫神经损伤。股二头肌短头的检测可用来鉴别腓总神经损伤是在腓骨小头上还是在腓骨下。

——注意事项：进针太靠内侧会进入半膜肌。

B.4.8　胫前肌

检查方法为：

——神经支配：腓深神经－腓总神经－坐骨神经－骶丛－腰4、5根；

——进针部位：于胫骨结节下方四指宽、胫骨嵴外侧一指宽处进针；

——完成动作：伸膝、足背伸；

——注意事项：进针太靠后可能进入腓骨长肌，太深会进入趾长伸肌。

B.4.9　腓骨长肌

检查方法为：

——神经支配：腓浅神经－腓总神经－坐骨神经－骶丛－腰5，骶1、2根；

——进针部位：小腿外侧面、腓骨头下方三指宽处进针；

——完成动作：伸膝、足外翻背伸；

——注意事项：进针太靠后可能进入腓肠肌、比目鱼肌。进针太靠前、太深会进入趾长伸肌。

B.4.10　拇长伸肌（足）

检查方法为：

——神经支配：腓深神经－腓总神经－坐骨神经－骶丛－腰5、骶1根；

——进针部位：于内、外踝连线上方三指宽紧挨胫骨嵴外侧进针；

——完成动作：伸拇趾；

——注意事项：进针太浅、太靠近端会进入胫前肌，太偏外侧会进入第三腓骨肌。

B.4.11　趾短伸肌

检查方法为：

——神经支配：腓深神经－腓总神经－坐骨神经－骶丛－腰5、骶1根；

——进针部位：于外踝以远三指宽处进针；

——完成动作：背伸足趾；

——意义：在腓总神经运动传导检测中，常以该肌作为记录肌肉。

B.4.12　腓肠肌

检查方法为：

——神经支配：胫神经－坐骨神经－骶丛－腰1、2根。

——进针部位：外侧头：于腘窝皱褶下约一手宽，小腿偏外侧部进针。内侧头：于腘窝皱褶下约一手宽，小腿偏内侧部进针。

——完成动作：伸膝，足跖屈。

——注意事项：进针过深会进入比目鱼肌、趾长屈肌。

B.4.13　比目鱼肌

检查方法为：

——神经支配：胫神经－坐骨神经－骶丛－腰5，骶1、2根；

——进针部位：于腓肠肌肌腹下方凹陷处，跟腱内侧进针；

——完成动作：伸膝，足跖屈；

——注意事项：进针过浅，太靠近端会进入腓肠肌。

B.4.14　趾短展肌

检查方法为：

——神经支配：足底内侧神经－胫神经－坐骨神经－骶丛－骶1、2根；

——进针部位：于足外缘第五跖骨头以近约两指宽处进针；

——完成动作：屈曲和外展足趾；

——意义：在胫神经运动传导检测中，常以该肌作为记录肌肉。

参考文献

[1] GB 18667－2002，道路交通事故受伤人员伤残评定[S]

[2] GB/T 16180－2006，劳动能力鉴定 职工工伤及职业病致残等级[S]

[3] GBZ 76－2002，职业性急性化学物中毒性神经系统疾病诊断标准[S]

[4] 人体损伤程度鉴定标准[S]，2014

[5] American Society Clinical Neurophysiology, Guidelines on Evoked Potentials [S]，2009

[6] 中华医学会神经病学分会肌电图和临床神经电生理学组，肌电图规范化检测和临床应用共识(一)[J]，中华神经科杂志，2008，41(4)：279—283

[7] 中华医学会神经病学分会肌电图和临床神经电生理学组，肌电图规范化检测和临床应用共识(二)[J]，中华神经科杂志，2008，41(5)：353—357

[8] Jun Kimura 主编，郭铁城、朱愈译. Electro diagnosis in diseases of nerve and muscle－principles and practice [M], 2008

外伤性癫痫鉴定实施规范

SF/Z JD0103007 - 2014

2014年3月17日发布　2014年3月17日实施

目　次

前　言

本技术规范按照GB/T 1.1 - 2009给出的规则起草。

本技术规范由湘雅二医院司法鉴定中心提出。

本技术规范由司法部司法鉴定管理局归口。

本技术规范起草单位:湘雅二医院司法鉴定中心、北京博大司法鉴定所。

本技术规范主要起草人：胡守兴、万金华、周迁权、谭利华、肖志杰、杨丽、郭其、熊继品、王锐、刘名旭、郭岩。

本技术规范为首次发布。

引　言

制定本技术规范的依据包括：

——司法部、最高人民法院、最高人民检察院和公安部于1990年9月29日颁布实施的(司发〔1990〕070号)《人体重伤鉴定标准》

——最高人民法院、最高人民检察院、公安部、司法部于1990年4月2日颁布实施的法(司发〔1990〕6号)《人体轻伤鉴定标准(试行)》

——司法部于2007年8月7日发布的《司法鉴定程序通则》

——GB/T 16180－2006　《职工工伤与职业病致残等级》

——GB 18667－2002　《道路交通事故受伤人员伤残评定》

——GA/T 521－2004　《人身损害受伤人员误工损失日评定标准》

1　范围

本技术规范规定了颅脑损伤后癫痫法医学鉴定的基本要求、内容、方法和诊断，认定原则。

本技术规范适用于法医临床检验鉴定中颅脑损伤后癫痫的法医学鉴定，其他需要进行颅脑损伤后癫痫鉴定的亦可参照执行。

2　术语和定义

下列文件对于本文件的应用是必不可少的。凡是注日期的引用文件，仅注日期的版本适用于本文件。凡是不注日期的引用文件，其最新版本(包括所有的修改单)适用于本文件。

2.1　癫痫发作 Epileptic Seizure

脑神经元异常和高度同步化放电所造成的临床现象，是癫痫病人每一次或每一种具体发作的临床表现。根据大脑受累的部位和异常放电扩散的范围，癫痫发作可表现为不同程度的运动、感觉、意识、行为、精神或自主神经障碍，伴有或不伴有意识或警觉程度的变化。

2.2　癫痫 Epilepsy

一组由不同病因引起的慢性脑部疾病，以大脑神经元高度同步化，且常具自限性异常放电所导致的，以发作性、短暂性、重复性及刻板性的中枢神经系统功能失常为特征的综合征。

2.3 癫痫综合征 Epileptic Syndromes

具有特殊病因，由特定的症状和体征组成的特定的癫痫现象。

2.4 颅脑损伤后癫痫发作 Post - traumatic Seizure（PTS）

颅脑损伤所引起，脑部神经元异常和高度同步化放电所造成的临床现象，其特征是突然和一过性症状，由于异常放电的神经元在大脑中的部位不同而有多种多样的表现，可以是运动、感觉、意识、行为、精神或自主神经的障碍，伴有或不伴有意识或警觉程度的变化。

2.5 颅脑损伤后癫痫 Post - traumatic Epilepsy（PTE）

颅脑损伤所引起的一种脑部疾病，其特点是持续存在能产生癫痫发作的脑部持久性改变，并出现相应的神经生物学、认知、心理学以及社会学等方面的后果。

3 总则

3.1 以医学和法医学理论和技术为基础，结合法医临床检案的实际经验，为颅脑损伤后癫痫的法医学鉴定提供科学依据和统一标准。

3.2 外伤性癫痫定义表述不确切，多数学者认为颅脑损伤后癫痫更为恰当。本规范为不引起歧义，采用颅脑损伤后癫痫的定义。

3.3 在颅脑损伤后当时或立即癫痫发作，造成即刻癫痫的因素与慢性复发性癫痫发作的原因不同，这种癫痫发作不是颅脑损伤后癫痫，故颅脑损伤后癫痫分类不包括此类。

3.4 对于人体损伤程度的鉴定，鉴定时机的选择，可根据颅脑损伤后癫痫确诊时间而确定。

3.5 对于人身损害、工伤、意外事故及交通事故伤残评定的鉴定时机的选择，应在确诊颅脑损伤后癫痫系统治疗一年后方可进行。

4 癫痫发作的分类

4.1 全身性发作

最初的症状学和脑电图提示发作起源于双侧脑部者称为全身性发作，这种类型的发作多在发作初期就有意识障碍。

4.1.1 全身强直 - 阵挛性发作

其主要临床特征是意识丧失，双侧强直后紧跟有阵挛的序列活动。可由部分性发作演变而来，也可在起病时即表现为全身强直 - 阵挛性发作，发作可分为强直期、阵挛期、发作后期。

4.1.2 强直性发作

表现为与强直－阵挛性发作中强直期相类似的全身骨骼肌强直持续性收缩,肌肉僵直,躯体伸展背屈或前屈。常可伴头、眼向一侧偏转,整个躯体的旋转移动,并可出现明显的自主神经症状,如面色苍白等。

4.1.3 阵挛性发作

类似于全身强直－阵挛性发作中阵挛期的表现,特点是主动肌间歇性收缩,导致肢体有节律性的抽动。

4.1.4 失神发作

4.1.4.1 失神发作的标志性特点

失神发作的标志性特点是突然发生和突然终止的意识丧失。

4.1.4.2 典型失神发作

表现为活动突然停止,如讲话、走路、进食时出现发呆、呼之不应、眼球上翻、手中物体落地。部分患者可机械重复原有的简单动作,每次发作持续数秒钟,每天可发作数十、上百次。发作后立即清醒,可继续先前的活动。醒后不能回忆,甚至不知刚才发了病。脑电图上常可见典型的双侧对称的每秒3Hz棘－慢复合波,背景活动正常,预后较好。

4.1.4.3 不典型失神发作

表现为起始和终止均较典型失神发作缓慢,常伴肌张力降低,脑电图为规则的棘－慢复合波,双侧常不对称,背景活动异常。患儿常合并智能减退,预后较差。

4.1.5 肌阵挛性发作

表现为快速、短暂、触电样肌肉收缩,可遍及全身,也可限于某个肌群,常成簇发生。

4.1.6 失张力性发作

是由于双侧部分或全身肌肉张力突然丧失,导致不能维持原有的姿势,出现跌倒、肢体下坠等表现。若出现意识障碍,通常持续时间仅有几秒钟。

4.2 部分性发作

发作起始时的临床表现和脑电图改变提示发作源于一侧大脑皮质的局部区域。根据有无意识障碍及是否继发全身性发作可分为以下三类。

4.2.1 单纯部分性发作

除具有癫痫的共性外,发作时始终意识存在,发作后能复述发作的生动细节是主要特征。

4.2.1.1 运动性发作

一般累及身体的某一部位相对局限或伴有不同程度的扩展。局灶运动性发作后,可出现暂时性肢体无力,称为 Todd 瘫痪,可持续数分钟至数日。

4. 2. 1. 1. 1　局灶性运动发作

指局限于身体某一部位的发作,其性质多为阵挛性,即常见的局灶性抽搐。

4. 2. 1. 1. 2　杰克逊发作

开始为身体某一部位抽搐,随后按一定顺序逐渐向周围部位扩展,其扩展的顺序与大脑皮质运动区所支配的部位有关。如从手指 - 腕部 - 前臂 - 肘 - 肩 - 口角 - 面部逐渐发展。

4. 2. 1. 1. 3　旋转性发作

双眼、头甚至躯干向一侧旋转,伴有身体扭转,但很少超过 180 度,部分患者过度的旋转可引起跌倒,出现继发性全身性发作。其发作起源一般为额叶、颞叶、枕叶或顶叶,以额叶常见。

4. 2. 1. 1. 4　姿势性发作

发作性一侧上肢外展,肘部屈曲,头向同侧扭转、眼睛注视着同侧。其发作多数起源于额叶内侧辅助运动区。

4. 2. 1. 1. 5　发音性发作

表现为突然言语中断,或不自主重复发作前的单音或单词,其发作起源一般为额叶内侧辅助运动区。

4. 2. 1. 1. 6　抑制性运动性发作

发作时动作停止,语言中断,意识不丧失,其发作起源多为优势半球语言中枢,偶为任何一侧的辅助运动区。

4. 2. 1. 1. 7　失语性发作

常表现为运动性失语,可为完全性失语,也可表现为说话不完整、重复语言或用词不当等部分性失语,发作时意识不丧失。其发作起源均在优势半球语言中枢有关区域。

4. 2. 1. 2　感觉性发作

其异常放电的部位为相应的感觉皮质。

4. 2. 1. 2. 1　躯体感觉性发作

其性质为体表感觉异常,如一侧面部、肢体或躯干的麻木感、针刺感、电流感、电击感、烧灼感等。放电起源于对侧中央后回皮质。

4. 2. 1. 2. 2　视觉性发作

可表现为暗点、黑朦、闪光、无结构性视幻觉。放电起源于枕叶皮质。

4. 2. 1. 2. 3　听觉性发作

幻听多为噪声或单调的声音。放电起源于颞上回。

4.2.1.2.4　嗅觉性发作

常表现为难闻、不愉快的嗅幻觉。放电起源于钩回的前上部。

4.2.1.2.5　味觉性发作

常见苦味或金属味。放电起源于岛叶或其周边。

4.2.1.2.6　眩晕性发作

常表现为坠入空间的感觉或在空间漂浮的感觉,或水平或垂直平面的眩晕感觉。放电起源于颞叶皮质。

4.2.1.3　自主神经性发作

常表现为口角流涎、上腹部不适感或压迫感、“气往上冲”的感觉、肠鸣、呕吐、尿失禁、面色或口唇苍白或潮红、出汗、竖毛等,临床上常是继发或作为复杂部分性发作的一部分。放电多起源岛叶、间脑及其周围,放电很容易扩散而影响意识,继发复杂性发作。

4.2.1.4　精神性发作

主要表现为高级大脑功能障碍。极少单独出现,常常是继发或作为复杂部分发作的一部分。

4.2.1.4.1　情感性发作

可表现为极度愉快或不愉快的感觉,如愉快感、欣快感、恐惧感、忧郁伴自卑感等,恐惧感是最常见的症状,常突然发生,无任何原因,患者突然表情惊恐,甚至因恐惧而突然逃跑,小儿可表现为突然扑到大人怀中,紧紧抱住大人。发作时常伴有自主神经症状,如瞳孔散大、面色苍白或潮红、竖毛等,持续数分钟缓解。

4.2.1.4.2　记忆障碍性发作

是一种记忆失真,主要表现为似曾相识感(对生疏的人或环境觉得曾经见过或经历过)、陌生感(对曾经经历过的事情感觉从来没有经历过)、记忆性幻觉(对过去的事件出现非常精细的回忆和重现)、强迫思维等。放电起源于颞叶、海马、杏仁核附近。

4.2.1.4.3　认知障碍性发作

常表现为梦样状态、时间失真感、非真实感等。

4.2.1.4.4　发作性错觉

是指知觉歪曲而使客观事物变形。可表现为视物变形、变大或变小,声音变强变弱,变大或变小,变远或变近;身体某一部位变大或变小等。放电起源于颞叶,或颞顶、颞枕交界处。

4.2.1.4.5　结构幻觉性发作

表现为一定程度整合的知觉经历。幻觉可以是躯体感觉性、视觉性、听觉性、嗅觉性或味觉性。

4.2.2 复杂部分性发作

特征是发作时有意识障碍,对外界刺激没有反应,往往有自主神经症状和精神症状发作。EEG可记录单侧或双侧不同的异常放电,通常位于颞叶内侧面的海马、海马回、杏仁核等结构,少数始于额叶。

4.2.2.1 自动症:患者出现意识障碍和出现看起来有目的,但实际上没有目的的发作性作为异常是自动症的主要特征。部分患者发作前有感觉和运动先兆,发作时对外界刺激反应,随后出现一些看似有目的,实际上没有目的的活动,如反复咂嘴、噘嘴、咀嚼、舔舌、牙或吞咽(口、消化道自动症)或反复搓手、抚面、不断地穿衣、脱衣、解衣扣、摸索衣裳(手足自动症),也可表现为游走、奔跑、无目的地开门、关门、乘车上船,还可表现为自言自语、叫喊、唱歌(语言性自动症)或机械重复原来的动作。发作后患者意识模糊,常有头昏、不能回忆发作中的情况。

4.2.2.2 仅有意识障碍:表现为突然动作停止,两眼发直,叫之不应,不跌倒,面色无改变,发作后可继续原来的活动。放电起源于颞叶,也可以起源于额叶、枕叶等其他部位。

4.2.2.3 先有单纯部分性发作,继之出现意识障碍。

4.2.2.4 先有单纯部分性发作,后出现自动症。

4.2.3 部分继发全身强直-阵挛性发作

可由单纯部分性发作或复杂部分性发作进展而来,也可能一起病表现为全身强直-阵挛性发作,此时易误诊为原发性全身强直-阵挛性发作。但仔细观察病人可能发现提示脑部局灶性损害依据,如病人的头转向一侧或双眼向一侧凝视、一侧肢体抽搐更剧烈,脑电图痫性放电双侧不对称。

4.3 不能分类的发作 Unclassified epileptic seizures

因资料不充分或不完全,按照分类标准无法将其归类的发作。包括一些新生儿癫痫,如有节律的眼动、咀嚼及游泳样动作。

5 癫痫的诊断

5.1 病史采集

5.1.1 发作史:完整而详细的发作史对区分是否为癫痫发作、癫痫发作的类型、癫痫及癫痫综合征的诊断有重大的意义。完整的发作史是准确诊断癫痫的关键。

5.1.1.1 首次发作的年龄:有相当一部分癫痫发作和癫痫综合征均有特定起病年龄范围。

5.1.1.2 大发作前是否有"先兆":即刚要发作前的瞬间,患者自觉的第一个感受或表现,这实际是一种部分性发作。最常见的先兆如恶心、心慌、胃气上升感、害怕、似曾相识感、幻视或幻听、一侧口角抽动等。婴幼儿往往表现为惊恐样、恐惧的尖叫声、向母亲跑出或突然停止活动等。

5.1.1.3 发作时的详细过程:发作好发于清醒状态或睡眠状态,发作时有无意识丧失,有无肢体僵直或阵挛性抽搐,有无摔伤及大、小便失禁等,表现为一侧肢体抽动还是两侧肢体抽动,头部是否转向一侧或双眼是否斜向一侧等。

5.1.1.4 有几种类型的发作:一般需询问早期发作的表现,后来的发作形式有无改变和最后一次发作的表现。

5.1.1.5 发作的频率:平均每月或每年能发作多少次,是否有短时间内连续的丛集性发作,最长与最短发作间隔。

5.1.1.6 发作有无诱因:如睡眠不足、过量饮酒、发热、过度疲劳、情绪紧张以及某种特殊刺激。

5.1.1.7 是否应用了抗癫痫药物治疗及其效果。

5.1.2 出生史:是否足月出生,出生是否顺利,有无窒息或产伤等情况,询问其母亲在怀孕期间患过何种疾病。

5.1.3 生长发育史:重点了解神经精神发育情况,包括运动、语言、智力等。

5.1.4 热性惊厥史:具有热性惊厥史的患者出现癫痫的几率较正常人为高。

5.1.5 家族史:如果家族中有癫痫或抽搐发作的患者,特别是具体发作表现与疑诊者相似。

5.1.6 其他疾病史:是否有头颅外伤史、中枢神经系统感染史或中枢神经系统肿瘤等明确的脑部损伤或病变的病史。

5.2 体格检查

包括内科查体和神经系统查体,重点是神经系统检查,要注重患者精神状态和智能,注意患者的语言是否正常,在检查眼部时应注意检查眼底。

5.3 辅助检查

5.3.1 脑电图(EEG)

由于癫痫发病的病理生理基础是大脑兴奋性的异常增高,而癫痫发作是大脑大量神经元共同异常放电所引起,EEG 反映大脑电活动,是诊断癫痫发作的最重要的手段。详见附录 A

5.3.2 长程视频脑电图(VEEG)

是视频和脑电图相结合的一种脑电图监测形式,能在 24 小时,甚至更长时间内对病人连续进行脑电图监测，对脑电活动和行为在一定范围内，一定时间内进行连续的观察和描记。长程视频脑电图是通过数码摄像镜头同步记录病人的表情、行为及部分生命体征，将病人发作时的临床表现与脑电图所见同步记录，同时捕捉病人异常脑电图和发作时临床表现，对癫痫诊断和癫痫分类有极大的帮助。详见附录A

5.3.3 脑磁图(MEG)

是一种无创性脑功能检测技术，其原理是检测皮质神经元容积传导电流产生的磁场变化，与EEG可以互补，可应用于癫痫源的定位及功能区的定位。

5.3.4 电子计算机X线体层扫描(CT)

能够发现较为粗大的结构异常，但难以发现细微的结构异常。多在急性癫痫发作时或发现大脑有可疑的钙化和无法进行磁共振成像(MRI)检查的情况下应用。详见附录B

5.3.5 磁共振成像(MRI)

MRI有很高的空间分辨率，能发现一些细微的结构异常，对于病因诊断有很高的提示价值，特别是对于难治性癫痫的评估。特定成像技术对于发现特定的结构异常有效，如海马硬化的发现。详见附录B

5.3.6 单光子发射计算机断层扫描(SPECT)

是通过向体内注射能发射γ射线的放射性示踪药物后，检测体内γ射线的发射，来进行成像的技术，反映脑灌注的情况。癫痫源在发作间歇期SPECT为低灌注，发作期为高灌注。

5.3.7 正电子发射断层扫描(PET)

正电子参与了大脑内大量的生理动态，通过标记示踪剂反映其在大脑中的分布。在癫痫源的定位中，目前临床常用的示踪剂为18F标记2－脱氧葡萄糖(FDG)，观测局部脑代谢变化。理论上讲，发作间歇期癫痫源呈现低代谢，发作期呈现高代谢。

5.3.8 磁共振波谱(MRS)

癫痫源部位的组织具有生化物质的改变，利用存在于不同生化物质中相同的原子核在磁场下其共振频率也有差别的原理，以光谱的形式区分不同的生化物质并加以分析，能提供癫痫的脑生化代谢状态的信息，并有助于定位癫痫源。

5.3.9 功能磁共振(fMRI)

能在不应用示踪剂或增强剂的情况下无创性的描述大脑内神经元激活的区域，是血氧水平依赖技术，主要应用于脑功能区的定位。

5.4 实验室检查

5.4.1　血液学检查:包括血常规、肝肾功能、血糖、电解质、血钙等检查。

5.4.2　尿液检查:包括尿常规及遗传代谢病的筛查等。

5.4.3　脑脊液检查:包括常规、生化、细菌培养、支原体、弓形虫、巨细胞病毒、囊虫病等病因检查。

5.4.4　遗传学检查

5.4.5　其他检查:如毒物筛查、代谢障碍相关检查。

5.5　癫痫的鉴别诊断

5.5.1　假性癫痫发作:又称心因性癫痫发作,癔病性癫痫发作,可表现为运动、感觉、自动症等类似癫痫发作的症状,多在精神受刺激后发病,可有哭叫、闭眼、眼球躲避、瞳孔正常为其特点,发作形式不符合癫痫发作分类的标准,发作时脑电图无癫痫样放电,视频脑电监测对鉴别假性癫痫发作很有意义。

5.5.2　晕厥:为脑血流短暂性灌注降低、缺氧所致的意识瞬时丧失,一般可见明显的诱因,如久站、剧痛、见血、情绪激动、极度寒冷、胸内压增高(抽泣、咳嗽等)诱发,患者摔倒时不像癫痫发作那样突然,而比较缓慢。仅靠临床症状难以区分,需借助脑电图和心电图监测等。

5.5.3　偏头痛:与癫痫主要有以下几方面相鉴别:

a) 后者头痛轻,且在发作后发生,前者以双侧或偏侧剧烈头痛为主。

b) 癫痫脑电图异常为阵发性棘波或棘慢波,偏头痛仅少数有局灶性慢波,偶有尖波。

c) 二者均可有视幻觉,癫痫幻觉更复杂,偏头痛以闪光、暗点为主要特征。

d) 癫痫发作多有意识丧失,且以突然、短暂为特点,偏头痛无意识丧失。

5.5.4　短暂性脑缺血发作:若有一过性意识丧失,易与复杂部分性发作混淆,但患者既往无反复发作,有动脉硬化,年龄偏大及脑电图正常可鉴别。

6　颅脑损伤后癫痫的诊断及分类

对颅脑损伤后癫痫的诊断,首先明确是否为癫痫,并且确定是由颅脑损伤引起的,然后再确定癫痫发作类型及外伤所致癫痫源的部位。

6.1　颅脑损伤后癫痫的诊断

6.1.1　符合癫痫诊断标准:

a) 临床有二次以上典型癫痫发作;

b) 脑电图(EEG)检查出现特异性癫痫发作波或24小时脑电监测出现特异性癫痫发作波。

6.1.2 颅脑损伤的确认：

a）有明确的颅脑外伤史；

b）影像学检查有明确颅脑损伤的表现。

6.1.3 颅脑损伤部位与癫痫源的关联性：

a）癫痫发作类型与颅脑损伤部位癫痫发作表现一致；

b）癫痫发作源于颅脑损伤部位。

6.1.4 颅脑损伤后癫痫治疗情况：

a）是否系统有效治疗；

b）系统有效治疗后癫痫发作的情况；

c）系统治疗后癫痫发作的频率。

6.1.5 颅脑损伤后癫痫发作类型或表现

6.2 颅脑损伤后癫痫发作分类

颅脑损伤后癫痫发作类别包括：

a）即刻发作（Immediate PTS）：伤后24小时内发作

b）早期发作（Early PTS）：伤后24小时至7天内发作

c）晚期发作（Late PTS）：伤后7天以后发作

7 颅脑损伤后癫痫的法医学鉴定

7.1 颅脑损伤后癫痫重伤鉴定

颅脑损伤后癫痫重伤鉴定要件包括：

a）有二次以上典型癫痫发作史；

b）有明确的颅脑外伤史；

c）影像学检查有明确颅脑损伤的表现（如脑挫裂伤、颅内血肿、颅骨凹陷性骨折、脑水肿、脑软化、脑内异物、慢性硬膜下血肿及脑膜－脑瘢痕等）；

d）脑电图检查出现特异性癫痫发作波或24小时脑电监测出现特异性癫痫发作波，癫痫发作源于颅脑损伤部位；

e）排除其他病因所致癫痫。

以上5点中a、b、c、e是必备要件，d是条件要件。

7.2 颅脑损伤后癫痫的伤残鉴定

7.2.1 人身损害、工伤及意外事故伤残评定

7.2.1.1 三级伤残癫痫重度（以下条件须同时具备）：

a）符合颅脑损伤后癫痫的诊断；

b）系统服药治疗一年后；

c）全身性强直－阵挛发作、单纯或复杂部分发作伴自动症或精神症状，平均

每月发作一次以上,或失神发作和其他类型发作平均每周发作一次以上。

7.2.1.2　五级伤残癫痫中度(以下条件须同时具备):

a）符合颅脑损伤后癫痫的诊断;

b）系统服药治疗一年后;

c）全身性强直－阵挛发作、单纯或复杂部分发作,伴自动症或精神症状,平均每月发作一次或一次以下,或失神发作和其他类型发作平均每周发作一次以下。

7.2.1.3　九级伤残癫痫轻度(以下条件须同时具备):

a）符合颅脑损伤后癫痫的诊断;

b）需系统服药治疗方能控制的各种类型癫痫发作。

7.2.2　交通事故受伤人员伤残评定

7.2.2.1　三级伤残(以下条件须同时具备):

a）符合颅脑损伤后癫痫的诊断;

b）系统治疗一年后药物仍不能控制;

c）大发作平均每月一次以上或局限性发作平均每月四次以上或小发作平均每周七次以上或精神运动性发作平均每月三次以上。

7.2.2.2　五级伤残(以下条件须同时具备):

a）符合颅脑损伤后癫痫的诊断;

b）系统治疗一年后药物仍不能控制;

c）大发作平均每三月一次以上或局限性发作平均每月二次以上或小发作平均每周四次以上或精神运动性发作平均每月一次以上。

7.2.2.3　七级伤残(以下条件须同时具备):

a）符合颅脑损伤后癫痫的诊断;

b）系统治疗一年后药物仍不能完全控制;

c）大发作平均每六月一次以上或局限性发作平均每二月二次以上或小发作平均每周二次以上或精神运动性发作平均每二月一次以上。

7.2.2.4　九级伤残(以下条件须同时具备):

a）符合颅脑损伤后癫痫的诊断;

b）系统治疗一年后药物仍不能完全控制;

c）大发作一年一次以上或局限性发作平均每六月三次以上或小发作平均每月四次以上或精神运动性发作平均每六月二次以上。

7.2.2.5　十级伤残(以下条件须同时具备):

a）符合颅脑损伤后癫痫的诊断;

b）系统治疗后药物能够控制;

c）遗留脑电图中度以上改变。

附录 A

（规范性附录）

颅脑损伤后癫痫脑电图检查实施规范

A.1　人员要求

A.1.1　技术人员应具备以下条件：

a）医学(或法医学)大专以上学历；

b）能熟练掌握神经电生理学和临床脑电图(electroencephalogram,EEG)学基础理论和操作技能及方法,专业培训 6 个月以上,实际工作 3 年以上；

c）能识别 EEG 的各种伪波,并及时排除伪差；

d）能对 EEG 做出准确定侧、定位。

A.1.2　鉴定报告人员应具备以下资格条件：

a）医学或法医学大学本科以上学历,有神经生理、病理学、神经电生理学、EEG 学技能方面培训经历 1 年以上和 3 年以上神经科临床经历及 5 年以上 EEG 室工作经历；

b）具备中级以上职称,有阅读 1000 份以上 EEG 图谱经历；

c）正确掌握成人、老年人和儿童不同年龄阶段清醒与睡眠 EEG 特征；

d）能准确识别 EEG 各种伪波,并正确分析、判定正常和异常 EEG；

e）了解各种癫痫样波形与出现方式及定侧、定位。

A.2　环境要求

A.2.1　EEG 检查室应远离放射科、超声科和大功率电源,接有单独地线,在较安静,无噪声,无强光直射下的偏暗检查室内进行。

A.2.2　室内应装有冷暖空调,以防被鉴定人出汗或寒颤。

被鉴定人检查时一般取坐位或卧位,应设有高背靠椅和卧床及自制小棉枕头备用。

A.3　设备和用品要求

A.3.1　鉴定设备：须选择符合国际 EEG 和临床电生理联盟(IFSECN)或中华医学会 EEG 与临床神经电生理学组建议的仪器最低要求,仪器应有足够的放大倍数 100 万倍以上,应具备 16 道以上记录笔,配有 1－50Hz 可调闪光刺激器。

A.3.2　仪器参数设置标准：标准电压 5mm＝50μv；时间常数 0.3s；高频滤波＞60Hz；关闭陷波器；纸速 30mm/s；头皮电阻值＜20kΩ,最好不超过 5kΩ。

A.3.3　电极：

A. 3. 3. 1　盘状支架电极：应备有氯化好清洁的盘状银质支架电极 22 个，用棉花、纱布将电极包裹好，浸泡在饱和盐水中，用于常规 EEG 记录。

A. 3. 3. 2　盘状平面银质电极：氯化好盘状平面银质电极，并带有电线和插座 22 根，涂上导电膏，用于长时间录像视频脑电图（VideoVEEG，EEG）和 24h 动态脑电图（ambulatoryEEG，AEEG）记录。

A. 3. 3. 3　针灸毫针蝶骨电极：备有 5 – 6cm 长的针灸针 10 根，作蝶骨电极之用。

A. 3. 4　其他用品，EEG 室应备有饱和盐水、75 和 95% 乙醇、碘酒、丙酮、导电膏、火棉胶、平头针注射器、药用棉花、棉纤和纱布等。

A. 4　被鉴定人检查前的准备和须知

A. 4. 1　被鉴定人检查前的准备和须知和常规 EEG 检查相同。应注意的是被鉴定人是否有颅骨缺损和颅骨缺损修复术，如修复的是金属颅骨，做此项检测则意义不大，应如实告诉被鉴定人及家属。

A. 4. 2　AEEG 检查时被鉴定人及家属须知：

a）24hAEEG 仪是贵重精密仪器，安装、调试、戴在被鉴定人身上后，要有家属陪同，应爱护好仪器和所有配件，各按键不能随便自己按，手不能到头上抓挠，睡觉时可以将仪器卸下放在枕头边，防止身体压在仪器上，如抽搐发作时应将被鉴定人平卧，头偏向一侧，松开领扣和腰带，保护好四肢，精神运动性发作和精神障碍者，应将被鉴定人控制在房间内，保护好仪器设备；

b）被鉴定人不能参加任何活动，以休息为主，不吃硬性零食，不喝酒，保持安静；

c）被鉴定人不接触水、电，冬天不睡电热毯；

d）被鉴定人和家属应将 24h 内活动情况，如吃饭、睡觉、发病的起止时间记录下来，第二天检查结束交给 EEG 室，供分析时参考。

A. 5　EEG、AEEG、VEEG 检查方法和要求

A. 5. 1　电极安放位置：按 10 – 20 系统（International 10 – 20 System）电极安放法，它是国际 EEG 学会推荐的标准电极安装法，电极位置是通过对头部不同标志区测量而确定，电极部位包括双侧 Fp1、Fp2、F3、F4、C3、C4、P3、P4、O1、O2、F7、F8、T3、T4、T5、T6、Fz、Cz、Pz 和 A1、A2，共 21 个电极。A1、A2 为两侧耳垂电极，国外有的 EEG 仪只在头颅顶部安放一个电极通过 10 – 20MΩ 的大电阻连接于大地作参考电极，称为平均参考电极，电位接近零位，上述各电极的安放位置应根据头颅大小测定而确定。

24hAEEG 和 VEEG 电极安放：将被鉴定人头发分开，用 95 乙醇或丙酮脱脂清洁后，电极紧贴头皮，盖上小块纱布，用平头针注射器抽上火棉胶，再将火棉胶

打在纱布上,对电极进行固定,A1、A2电极安放于双侧耳后乳头。

毫针蝶骨电极安放:毫针蝶骨电极必须经高压蒸汽或75%的乙醇浸泡30min消毒,手指和皮肤用碘酒消毒,乙醇脱碘后进针,进针部位在双侧颧弓中点下2cm乙状切迹处即“下关穴”,进针时让被鉴定人微张口,不要咬牙,垂直进针约向上15度插入4-5cm,直达骨壁卵圆孔附近。电极安放要求电极之间距离相等,两侧部位相同。头皮上电极称为有效电极或活动电极,头皮以外的电极称为参考电极。

A.5.2 导联:EEG记录导联应具有16道以上,应包括单极参考导联和双极纵向导联、双极横向导联及定位导联,必要时加做特殊电极导联,如颞叶蝶骨电极导联等。

A.5.3 蝶骨电极导联:蝶骨电极常用F7、F8或T3、T4与两侧耳垂A1、A2相连接,蝶骨电极能对前颞叶底部和颞叶内侧部位癫痫源的电活动有较为满意的记录,对颞叶癫痫临床诊断阳性率提高15-30%,但应具有一定经验的技术人员操作。

A.5.4 导联定位法:是通过异常脑波最高波幅或最低波幅出现的所在区域位置和极性,可推测出病变部位和范围。外伤性癫痫EEG可出现局限性慢波、棘波、尖波等异常波形,常可提示颅内异常病灶的部位,但由于脑波具有传导性,因此异常脑波的电场范围常常超出实际病灶的大小,有时可能是从远处传导而来,更应注意的是阴性棘波的波幅愈高,频率愈快,定位的价值愈大。请切记不论何种定位法,两侧半球病侧和健侧相同区域都应同时进行,三角导联定位法左侧半球是顺时针,而右侧半球则是逆时针,如左侧半球为F3-C3、C3-F7、F7-F3顺时针,右侧半球为F4-C4、C4-F8、F8-F4逆时针。定位导联是根据参考导联和双极导联所记录的EEG而确定的,如一侧性或局限性放电就应根据放电区域进行定位,这样才能有的放矢,进行有效的记录。定位导联很多,应根据实际需要来使用,有四点定位法,十字交叉定位法等等,所以EEG技术人员必须精通操作,才能记录出一份合格的EEG。癫痫源灶的定位即所谓刺激性病灶定位的位相倒置均为顶对顶的倒置,谓之针逢相对。底对底的位相倒置多为颅内软化灶。

A.5.5 颅脑损伤后癫痫EEG记录:颅脑损伤后癫痫被鉴定人取坐位或卧位,垫好枕头,夹好电极夹,频繁发作者须进行VEEG监测,时间为2-4h,最好能记录到清醒和睡眠时EEG,尤其对在睡眠中发作者应描记睡眠或剥夺睡眠EEG,剥夺睡眠EEG被鉴定者在禁睡24h后再进行EEG检查,间断性发作和睡眠中发作者行24hAEEG监测。总之,能记录到发作时EEG为最佳记录,记录中如有临床发作,不应关闭仪器,应对其进行同步EEG描记。

颅脑损伤后癫痫应进行多次EEG检查,有5次以上检查为好,最佳检查时间为1周内,1月内,3月内和半年,1年;最少也不应少于3次,检查时间为1月、半年、1年。

A.5.5.1　颅脑损伤后癫痫EEG记录技术标准:目前EEG记录大都通过数字化(digitalEEG)显示屏进行采样贮存,调出回放、分析,记录时须输入被鉴定人姓名、性别、年龄、左右利手、临床诊断,EEG编号,住院号、门诊号,被鉴定人合作情况,意识状态等。用记录纸描记的EEG,在记录纸首页应做好上述记载,并做好导联标记或加盖导联图章。

A.5.5.2　安装电极前应详细阅读申请单,了解被鉴定人情况,必要时补充病史。

A.5.5.3　EEG记录前和记录结束后均用进行仪器定标和生物定标,仪器定标是将EEG所有记录笔的放大器技术参数设置同一标准,如总增益“1”;时间常数“0.3s”;高频滤波“60Hz”;定标电压“5mm = 50μν”;50Hz陷波器关闭,走纸速度“30mm/s”来进行10秒钟的定标记录,观察各记录笔是否在同一垂直线上,阻尼大小是否适中,阻尼过大,波顶较圆钝,证明记录笔压纸过紧,阻尼过小,波顶变尖锐,说明记录笔压纸过松,阻尼大小可对阻尼螺钉进行调节,位相是否相同、波幅是否同等高度、波形是否同一形状。生物定标是将各记录笔连接于被鉴定人头皮上的任意两个电极,最好设置为Fp1和O1电极记录10秒,来观察脑波的波幅,波形和位相是否一致,这两种定标都是用来检验EEG在记录中,各放大器和记录笔是否在同等状态下正常工作的唯一标准。

A.5.5.4　EEG常规记录时间应 > 20min清醒无干扰较稳定的EEG,过度换气、闪光刺激、睁闭眼试验应增加记录时间,过度换气前后应各记录1 - 3min以上。

A.5.5.5　EEG操作技术:描记一份合格有参考价值的EEG,操作技术人员应耐心细致及精力集中的操作,发现伪差应及时排除与纠正,注意被鉴定人的意识和一切动作并做好标记。

A.6　颅脑损伤后癫痫EEG常规诱发试验

A.6.1　EEG诱发试验是通过各种生理性或非生理性的方式诱发出异常波,特别是癫痫样波的出现,是提高EEG的阳性率的方法。EEG常规诱发试验包括睁闭眼试验、过度换气和间断性闪光刺激。

A.6.2　诱发试验EEG出现的异常表现,常为暴发性癫痫样放电,如棘波、棘慢波、尖波、尖慢波和暴发性慢波及暴发性节律波;局限性改变,一侧性或一侧区域性棘波、棘慢波、尖波、尖慢波和慢波;局限性快波增多,波幅增高等,可作为定位指标。

A.6.3　闪光诱发试验,只有那些对闪光刺激容易诱发癫痫样发作波者。闪光刺激应由操作技术人员谨慎执行，当 EEG 出现癫痫样放电，应立即停止刺激，有眼部疾病者禁用。

A.7 颅脑损伤后癫痫 EEG 所见

A.7.1 颅脑损伤后癫痫 EEG 所见有局限性慢波、局限性爆发性异常波、局限性爆发性节律波、局限性高波幅快波、广泛性高波幅慢波或病理波等。虽然颅脑外伤 EEG 检查在外伤现场或急性期很难进行，但是颅脑外伤后 EEG 检查对伤后的治疗、预后的评估有不可替代的作用。经国内外多家学者的研究报道，颅脑外伤后 1 个月进行 EEG 检查为最佳时期，伤后 3 个月、半年、1 年、2 年进行 EEG 复查必不可少，是推估、评价脑功能的重要指标。重症颅脑外伤有意识障碍者 EEG 改变一般认为从普遍性异常慢波或病理波向局限性慢波或病理波演变。早期癫痫波的出现预后良好，多数学者报道一半患者能在一月内恢复正常 EEG，如果 EEG 在 3 个月 – 半年内不能恢复正常者可能伴有终身脑功能障碍，有 3 – 50% 可出现迁延性颅脑损伤后癫痫。国外有个案报道颅脑外伤后 18 年才出现癫痫。尽管颅脑外伤性癫痫在伤后什么时间出现甚是难料，但严重颅脑外伤后在 24h – 1 月内出现癫痫者还是多见，只有严重的硬膜穿通伤和颅内慢性血肿者出现癫痫的时间推移，因此颅脑外伤后 EEG 多次复查十分重要，有着不可低估的价值。

A.7.2 外伤后 EEG 可疑癫痫样放电：急性期，受伤部位或者对冲伤部位出现局限性或一侧性 δ 或 θ 波，可呈散在性和节律性发放，波形可类似正弦样波，部分为高波幅多形性慢波，持续局灶性多形性 δ 波，其波幅成人一般为 100μν 以上，儿童可达 300μν 以上，临床和实验研究表明，多形性 δ 波的产生以白质损失为主，多提示在大脑皮层、皮层下或丘脑核团有局部结构性脑损伤，如颅内血肿或脑挫裂伤。局限性一侧性爆发性异常波，尤其是病侧额叶、颞叶小棘波、小棘慢波、小尖波，夹有较多高波幅快波图形，临床上确有抽搐发作，应视为癫痫样放电。

A.7.3 外伤后 EEG 局限性生理波改变：局限性 α 波、睡眠 σ 波和 β 波增多，波幅增高见于颅骨缺损区称为开颅征属正常，外伤后无颅骨缺损时出现阵发局限性特高波幅无调幅的 α 节律，广泛性高波幅调节不明显 α 活动并前移到额叶和前颞叶部，局限性特高波幅睡眠 σ 节律应视为异常，特别是出现局限性高波幅快波时应高度注意，局限性高波幅快波称为所谓刺激性 β 波，是神经细胞高度兴奋的表现，被认为是癫痫放电的可能，生理波局限性波幅降低见于外伤后颅内血肿，平坦活动可能为电极放置在血肿上。

A.7.4 外伤后 EEG 典型癫痫样放电：是指突出于 EEG 背景，突发性出现、突发性消失，临床上将棘波、棘慢波、多棘慢波、尖波、尖慢波等复合波，各种频率的阵发性或爆发性异常波称为癫痫样放电,但不是所有癫痫样放电都伴有临床癫痫样发作。颅脑损伤后癫痫 EEG 以局限性放电多见,如是广泛性、弥漫性放电,应严格从频率、波幅、位相、波形来区分两侧半球是原发性同步,还是继发性同步:

a) 棘波:棘波时限 <70ms,有上升支陡直和快速的下降支,突出于背景,散在或阵发性出现,是神经元快速超同步化放电,属皮层放电;

b) 棘慢波:一个棘波和一个慢波组成的复合波称棘慢波,棘波也可在慢波的上升支或顶部及下降支,称非典型棘慢波,尤其是一侧额颞叶的棘波、小棘慢波或小尖波放电与外伤性癫痫是否关联,应密切结合临床,两侧同步性 3Hz 典型棘慢波放电,为癫痫小发作波形,与颅脑外伤无关。

c) 多棘慢波:两个以上棘波和一个慢波组成称多棘慢波放电,常见于肌阵挛性癫痫,也可出现于其他类型癫痫。

d) 尖波:尖波时限 >70ms,上升支陡直和下降支稍缓慢,是一种常见癫痫样放电,多为局限性,尖波病变较棘波深而广泛,应与生理性尖波相区别,如睡眠尖波,儿童顶枕部尖波等。

e) 尖慢波:一个尖波和一个慢波组成,多为散在性一侧或局限性放电,棘慢波或尖慢波在不同时间出现在不同部位称为多灶性放电。

f) 阵发或爆发节律性放电:是指某一频率有节律的波突然出现,突然终止,明显突出于背景 EEG,并持续一段时间,见于 EEG 的各种频率。

g) 周期性一侧性癫痫样放电:是指各种癫痫样波,每隔 1 - 2s 周期性反复出现在一侧或一侧区域,是一种严重的异常 EEG 现象,提示有严重的脑损伤。

A. 8　颅脑损伤后癫痫 EEG 的阅读、测量、分析与评定

A. 8. 1　了解被鉴定人一般情况和病史,如年龄、性别,左右利手,意识状况,外伤情况,外伤时有无意识障碍,意识障碍时间长短,有无抽搐发作,外伤后第一次抽搐发作时间,有无颅骨骨折和颅骨缺损,是否为颅骨凹陷性骨折,颅骨缺损区域和大小,有无躯体、肢体和头部各器官功能损害和障碍等。

A. 8. 2　了解 EEG 仪器的性能和参数设置,观察仪器定标和生物定标。

A. 8. 3　外伤后 EEG 阅读:应将 EEG 全图从头至尾粗阅一遍,注意被鉴定人合作情况,各导联是否有伪差,两侧是否对称,有无一侧性或局限性改变,有无病理发作性异常波,异常波出现方式和部位,各种常规诱发试验前后 EEG 的变化,如安放了特殊电极和进行特殊诱发试验,更应注意观察特殊电极和特殊诱发试验的 EEG 变化。AEEG 和 VEEG 记录中如有临床发作,重点观察发作时同步 EEG 记录。

A. 8. 4　外伤后 EEG 测量与分析:目前 EEG 测量分析有两种,一为专用的

EEG 测量透明尺进行测量和目测测量加以分析,适用于纸张描记的 EEG,另一为数字化 EEG,用计算机软件进行数据采集的 EEG,用计算机专用软件进行测量分析。首先测量仪器各导联定标垂直线和高度,各导笔均应在一垂直线上,各导联定标电压高度均为 5mm = 50μν。再对 EEG 进行测量,应测量其平稳、安静时 EEG 波幅,周期、位相等:

a) 波幅:波顶至波底垂直距离称为波幅,波幅用微伏(μν)为单位表示;通常 1mm = 10μν。低波幅 < 30μν;中波幅 30 – 75μν;高波幅 75 – 150μν;特高或极高波幅 > 150μν。

b) 周期:从一个波的波谷到下一个波的波谷的时间称为周期,周期用(ms)表示,常规 EEG 记录纸速为 30mm/s,1s = 1000ms。每秒出现周期数称为频率,频率常用(Hz)表示。脑波的频率按国际可分三个频带,即中间频带 8 – 13 不足 14Hz 称 α 波;慢波频带 0.5 – 7 不足 8Hz,慢波频带又分为 δ 波 0.5 – 3 不足 4Hz,θ 波 4 – 7 不足 8Hz;快波频带 14 – 50Hz,快波频带分为 β 波 14 – 30Hz,γ 波 > 30Hz。

c) 位相:向上偏转为负相,即阴性波,向下偏转为正相,即阳性波,大脑左右两侧相同脑区 EEG 记录中应为同位相,在两个导联的记录笔应同时向上或向下偏转,称同位相或同步,如在两个导联记录笔同时向相反方向偏转 180 度时,称位相倒置。测量各导联两侧相同脑区脑波均用在同一时间内测量,进行两侧对侧性的比较分析,不同频率的脑波在两侧不同区域均用测量5 – 10次以上。

d) 脑波的出现方式:脑波单个出现的称孤立的或单个散在,两个以上出现的称活动,有恒定周期和波形而反复出现的称节律。全脑均可见到的称广泛性或弥漫性,一侧半球或一个区域出现的称一侧性或局限性。突然出现,突然消失称阵发性或爆发性,阵发或爆发的时间长短又可分短程不足 3s,长程 3 – 10s,10s 以上为持续等。

e) 脑波波形:单一波形,如单形性 δ 波,θ 波,单一节律性波等;复合波,如棘慢波、尖慢波,多棘慢波,复型慢波等;杂乱波形,如多形性慢波,高度失律等。

f) 外伤后 EEG 复查,应与前次 EEG 进行比较分析,有改善者病理波减少,波幅降低,正常生理波增多;如是病理波增多,波幅增高可考虑有加重趋势。

g) 外伤后 EEG 评定和报告书写及资料收集:EEG 的评定带有一定经验和主观性,应紧密结合临床和影像学资料。评定颅脑损伤后癫痫 EEG 是否正常或异常,异常有轻度异常,中度异常,重度或高度异常,是否存在颅脑损伤后癫痫,主要评定要求是否出现异常发作波,异常发作波与颅脑外伤区域性的关系。凡出现一侧性或局限性发作性异常波应视为癫痫的可能性,左右两侧广泛性发作波应区分原发性和继发性,确定是否外伤引起或外伤前就有癫痫源性病灶,有极少数病例癫痫样波的出现,可能远离外伤性病变区域,如为远隔征,常称为镜灶。能记录到临床发作时 EEG、VEEG、AEEG 对颅脑损伤后癫痫的诊断具有不可争辩的价值。

A. 8. 5　颅脑损伤后癫痫 EEG 判定标准,包括 VEEG 和 AEEG(参照中华医学会癫痫和 EEG 学组判定标准):

a) 轻度异常 EEG:EEG 以 θ 波为主,两侧频率、波幅有轻微不对称,伤侧频率前后时间记录慢于 1 个波以上;一侧或一个区域波幅始终增高 30% 以上,颅骨缺损除外;出现局限性 >30μνβ 波和阵发性特高波幅的 α 节律与睡眠 σ 节律;成人出现一侧性始终慢于 8. 5Hzα 波;α 波波幅成人超过 150μν,儿童超过 200μν,且无明显调幅;广泛性 α,并前移。

b) 中度异常 EEG:以 δ 波为主;阵发局限性出现一侧或一个区域单形性高波幅 δ 波或 θ 波,有明显不对称;出现少量非典型性病理发作波;局限性快波波幅增高,含凹陷性颅骨骨折区;一侧额叶部、颞叶部小棘波、小棘慢波、小尖波。

c) 重度或高度异常 EEG:出现一侧性或局限性特高波幅 δ 和 θ 节律;多形性慢波含非典型性尖慢波;各种节律性爆发和阵发;周期性一侧性癫痫样放电;典型棘波、棘慢波、多棘慢波和尖波、尖慢波等病理波,能定侧、定位意义更大,典型 3Hz 棘慢波除外;局限性高波幅快波 >50μν,所谓刺激灶;两侧半球广泛性对称同步性放电应区分原发性和继发性;发作时同步 EEG 记录见典型癫痫样放电,上述改变均为自发性和诱发性出现。

A. 8. 6　颅脑损伤后癫痫 EEG、VEEG、AEEG 报告的书写:报告的书写应条理分明,内容简要,重点突出,并结合被鉴定人实际情况,供阅读者一看就明。目前 EEG 报告书写有两种形式,一为格式加填写试,另一为完全格式填写试,第一种被认为是较为正规 EEG 报告,首先将被鉴定者姓名,性别,年龄,左右利手,合作情况,意识状态,用药情况,住院号,门诊号,EEG 编号等填写在固定的格式内或进行打√。书写的内容全部是对 EEG 图纸的描述,描述的重点为基本节律,诱发试验以及结果和提示。对 EEG 的描述包括波幅、频率、位相、波形、出现方式和部位,先描述常规记录,后描述诱发试验或特殊电极,先描述正常 EEG,后描述异常所见,先描述普遍性出现,后描述局限性改变,记录中如有临床发作,应描述同步 EEG 所见,最后根据对图纸的测量与分析和 EEG 的评定标准评定,评判时,应给予真实而恰如其实的评定结果,必要时给予提示,如棘波、尖波样放电或放电的突出部位等。如是 EEG 复查,应与前次 EEG 进行比较描述,可以提出建议,建议其他检查和下次 EEG 复查时间。最后签名、填写报告时间,年、月、日。报告一般一式两份,一份发给被鉴定人,一份存档保存,备查。

A. 8. 7　EEG、VEEG、AEEG 资料的收集与整理:EEG 资料收集要建立一个登记本,其内容有记录时间,姓名、性别、年龄、临床诊断,EEG 编号,EEG 结果,备注等,对每位被鉴定者进行登记,用纸张记录的 EEG,应按 EEG 描记纸张大小进行设计制作装图袋备用,装图袋上应印有记录时间、姓名、性别、年龄、临床诊断、EEG 编号等内容。报告书写要一式两份,底份和申请单一并粘贴在 EEG 图纸的第二页上,将每一位被鉴定者所做 EEG 图纸,申请单、报告单一并装入备用 EEG 袋内,以备查阅。用计算机软件进行报告书写的报告单,应储存在计算机内,以备调用查询。

A.9 脑电地形图(Brain electrical activity mapping,BEAM)

A.9.1 脑电地形图(Brain electrical activity mapping,BEAM),或称定量脑电图(Quantitative electro - encephalogram,QEEG)等,它是继 CT 和 MRI 之后又一成像技术的发展,是基于电子计算机分析生物电的一种新的电生理学成像诊断技术,是 80 年代一项具有国际水平的临床医学、电子工程学和计算机科学相结合的新兴神经电生理检查项目,是一种有效地用来描记大脑功能变化的、安全的、无创性诊断方法。BEAM 既可诊断功能性疾病,又可协助诊断器质性疾病,并可观察器质性病变对其周围正常脑组织的功能影响。BEAM 在某些方面可补充 CT 和 MRI 的不足,在病变未形成器质性病灶或体积不够大而 CT 和 MRI 未能显影时,只要病变部位脑组织有功能改变,BEAM 即可显示异常,故对大脑病变可起到超前诊断作用,为大脑病变的早期诊断和早期治疗,以及预后的判断带来了希望。

A.9.2 BEAM 的基本概念:BEAM 就是计算化的 EEG,它应用图形技术来表达大脑的电生理信息,代替了 EEG 的曲线图,它能直观、醒目地利用彩色平面图形和左右侧位图形来反映大脑的神经电生理活动,对病变部位能较好的定侧、定位,是一种神经电生理学的成像技术。

A.9.3 BEAM 的原理:BEAM 是从头部不同部位的电极上收集到的脑电信号 EEG,一般提取无干扰、平稳 EEG 信号 60 - 100s,经过滤波器衰减 0.5Hz 以下和 30Hz 以上的各种频率的干扰信号,再经放大器信号放大后输入计算机的模数转换(A - D)器进行转换,将波形信号转化为数字信息贮存在计算机的贮存器中,通常可在每个导联采集 512 或 1024 个点,根据不同时间相的电压变量进行快速付立叶转化(FFT),处理为不同频域的功率段的功率谱。它包括以分别表示 δ(Delta)、θ(Theta)、α(Alpha)和 β(Beta)四个不同频率段的功率图。

A.9.4 成像原理:以 Ueno 和 Matsuoka 提出的二维内插补差法为原理,利用直线型和曲线型插值运算,从一个 5 × 5 数值矩阵中推出 65 × 65 个点的电压变量值,以等电位效应原理用彩色带和数值化表示出不同的灰度等级,并用打印机在一个预置形态如 CT 一样的平面图上打印出来,并列出灰度标尺供分析。

A.9.5　BEAM 的阅读、分析及诊断：

A.9.5.1　临床资料　首先通过 BEAM 申请单可了解被鉴定者的性别、年龄、左右利、病史、临床症状及是否应用对中枢神经系统有影响的药物如抗癫药、镇静药等，是否进行过其他特殊检查及检查目的和特殊要求等，以做分析时参考。

A.9.5.2　了解被鉴定人时的状态如体位、是否合作、意识状态、是否闭目、有无嗜睡和药物催眠等情况，以便正确判断检查结果。

A.9.5.3　分析有关数值观察了解 BEAM 数值及颜色灰阶值情况以做分析时参考。

A.9.5.4　阅读和分析每一个图形改变情况　一般 BEAM 分为 α(Alpha)频段图形，β(Beta)频段图形，θ(Theta)频段图形和 δ(Delta)频段图形，根据需要还可再细分为 α1、α2 和 β1、β2 等频段图像等。每个频段图形可显示横断水平面图像和左右侧位图像，根据每个图像的颜色灰阶数值和左右侧对比以及与正常值对比来分析 BEAM 正常或异常。

颅脑损伤后癫痫 BEAM 可根据不同频率段图像的功率值改变进行分析、诊断，颅脑损伤区域 α 频段图像功率明显局限性增高，颅骨缺损区域除外；颅脑损伤区域 β 频段图像功率局限性增高，含颅骨凹陷性骨折区域；颅脑损伤区域 δ 和 θ 频段图像功率局限性增高等。

根据图像中颜色灰阶值左右相对应部位是否对称进行诊断，目前记录仪器软件制造商不同，其灰度值有 10 级、16 级、30 级不等，一般正常人左右颜色灰阶值是基本对称，通常 10 级差别在 3 个灰阶值之内，16 级在 3－5 灰阶值内，30 级在 4－6 灰阶值内，大于上述灰阶值应视为异常。

根据图像左右相对应功率数值是否相等进行诊断，正常人左右功率数值基本相等，一般差别在 30% 以内，如超过 30% 提示异常，应结合功率谱曲线图、功率谱百分之比图、数字地形图等进行分析。

A.9.5.5　BEAM 的诊断原则：关于 BEAM 的诊断，一般遵循两个原则，一是要结合被鉴定者的病史和临床症状，二是根据 BEAM 的图像改变特点进行诊断。被鉴定人的病史和临床症状资料的获得，通过被鉴定人或家属获取。而颅脑外伤后脑机能障碍复杂多样，有生理性的功能失调、有脑挫裂伤所致的病理变化，反映大脑机能变化的 EEG 和 BEAM 常出现异常改变。BEAM 能直观、定位地显示颅脑损伤的部位、程度、范围，从而对颅脑外伤后的脑功能变化进行客观正确的评价，尤其对颅脑损伤后癫痫源性焦点的确定更醒目、直观和准确。

A.9.5.6　BEAM 检查图像显示：

BEAM 检查可显示各种图像，因目前 BEAM 仪器生产厂家不同和性能的差

异,所以每种BEAM仪所能显示的图像亦不相同。大部分BEAM仪所能显示的各种图像如下:

a) 显示α、β、θ、δ各频段图像,并根据需要将上述频段划分为α1α2,α3,α4…,β1、β2、β3、β4…。依次类推,有的仪器可达到每个Hz呈现一个图像,以便进行分析研究。

b) 显示上述各频段的水平位(正位图和俯视图)和左、右侧侧位图像,和单个侧位图像。

c) 显示带有EEG(带有全部导联和带有部分导联的EEG)的BEAM图像。

d) 显示棘波地形图像。

e) 显示诱发电位地形图(包括视觉诱发电位、听觉诱发电位、体感诱发电位和P30。诱发电位地形图)图像。

f) 显著性概率地形图所用的统计学处理可分为t检验地形图图像和z检验地形图图像。

g) 同时显示6个或8个频率段的地形图图像。

h) 显示频谱功率图,又称统计地形图或称Summary地形图。根据需要可将某1至2个频段化作以0.5Hz或1.0Hz或2.0Hz……为梯度的频谱功率图。

i) 显示显著性概率地形图图像。

j) 显示以时间(毫秒ms)1至若干ms为梯度的实时地形图图谱。

A.9.6 BEAM与EEG之间的对比分析:

a) BEAM是通过电子计算机分析,可发现较微小的改变,EEG是目测,对较小病变可能漏诊。

b) BEAM是通过图像形式显示病变,而EEG是曲线图,前者较直观,定位更准确,且能显示病变范围以及病变对其周围正常脑组织的功能影响及范围,后者则次之。

c) BEAM可通过显著性概率地形图进行被检查者与正常值进行对比,而EEG则不能进行。

A.9.7 关于BEAM与脑CT,MRI和EEG的相互对比问题:

a) BEAM与CT和MRI在病变的解剖定位方面为优势,BEAM以功能诊断为优势,故BEAM所显示的病变范围较CT和MRI大。BEAM除能显示病变外,尚能显示病变对其周围正常脑组织的功能影响,所以病变范围较CT,MRI为大。

b) CT和MRI必须在病灶形成后且体积有一定的大小时才能显影诊断,BEAM只要病变部位开始有功能改变时,而病灶未形成以前即可显影诊断,故BEAM改变可早于CT和MRI,具有超前诊断的作用。

c）BEAM 能协助诊断功能性疾病，而且是目前较理想的、可靠的诊断措施，如对原发性癫痫、脑震荡和精神疾病等可协助诊断，而 CT 和 MRI 则不能诊断。

d）BEAM 还能协助诊断、观察病变对其周围正常脑组织功能的影响，而 CT 和 MRI 则不能显示，故 BEAM 据此可协助观察疗效和判断预后。

e）CT 和 MRI 可进行增强检查，以协助诊断与鉴别诊断，而 BEAM 则不能进行。

A.9.8　BEAM 报告内容：按照报告单内容逐项填写一般内容，报告内容描述：

a）描述每个频率段（α、β、θ、δ 等）的功率变化，要着重描述被鉴定者所特有的频率段功率改变程度和改变的部位。

b）描述频谱功率的改变，即记录描述功率值改变频段的各部位的左右半球相对应部位功率定量变化的百分比差（<30%，>30% 或 >50%）。

c）记述 z 检验 BEAM 结果（即被鉴定者功率值改变与正常值对照得出的标准差 SD 或称偏离度），<3 为正常范围，>3 为轻度异常，>5 为异常（明显异常）。

d）记述过度换气等诱发试验结果。

A.9.8.1　BEAM 结论与诊断，应根据脑电地形图的改变特点，结合临床资料得出 BEAM 诊断。目前主要诊断方式是类似 EEG 诊断轻、中、重度异常，根据 BEAM 改变特点，结合临床资料尽量作出临床提示，这样提供的诊断临床参考意义更大。

目前 BEAM 对外伤后癫痫的诊断还存在误区，是因为所应用的机器的性能所限，不是所有厂商生产的软件都能对 EEG 出现的棘波、尖波进行确认，所以 BEAM 对棘波和尖波不能确定，但是性能好的 BEAM 仪生产厂商可利用分析软件分析协助癫痫的诊断，而且还可以对原发性和继发性癫痫进行鉴别诊断。主要有 2 种方法：一是利用棘波自动分析软件进行分析判断，棘波自动分析功能选择的标准菜单主要包括一系列参数，检测 EEG 信号中的棘波活动，标准对这些参数值进行确定。分析软件滤掉杂波，有效地达到自动化检测功能，检测出真的棘波活动。二是利用时域分析方法进行分析，根据棘波或尖波周期进行判断。根据上述二种方法，再结合临床发作表现，对癫痫进行诊断和分类。

颅脑损伤后癫痫 BEAM 应紧密结合 EEG 进行分析，而主要是定侧、定位的分析，EEG 是局限性慢波改变，BEAM 则为局限性慢波频段功率值增高，如是局限性棘波、尖波放电，BEAM 应是 θ、α、β 频段功率值局限性增高。BEAM 与样本的剪取、拼接 EEG 信号关系密切，是弥补 EEG 定侧、定位的不足，因此 BEAM 的操作技术显得十分重要。

附录B

(规范性附录)

颅脑损伤后癫痫医学影像学读片规范

B.1 提供医学影像学作为鉴定材料要求规范

被鉴定方应签字确认如实提供医学影像学材料,鉴定方一般只对提供材料所做结论负责,如被鉴定方要求对材料的真实性进行鉴定,应申请同一认定鉴定。一般情况下,被鉴定方应提供如下医学影像学鉴定材料:

a) 受伤当时的头部CT或/和MRI或/和平片之胶片或/和纸质图片或/和电子载体及相应医疗机构的医学影像学诊断报告;

b) 受伤后病情变化过程(尤其是加重时期)的头部CT或/和MRI或/和平片之胶片或/和纸质图片或/和电子载体及相应医疗机构的医学影像学诊断报告;

c) 病情稳定后或最近时期的头部CT或/和MRI或/和平片之胶片或/和纸质图片或/和电子载体及相应医疗机构的医学影像学诊断报告;

d) 如被鉴定方提供的影像学资料不足以提供充分的鉴定证据,应重新进行或复查头部CT或/和MRI检查并提供检查图像资料与医学影像学诊断报告。

非本鉴定机构出具的医学影像学诊断报告直接作为证据的条件规范,非本鉴定机构出具的医学影像学读片报告直接作为鉴定材料应具备以下条件之一:

a) 报告内容与经医院审核确认的原始手术记录或病理结果互为印证;

b) 两位以上医师签名,其中一位医师具有材料可证明的具有医学影像学副主任医师以上职称且注册地为二级甲等或二级甲等以上医院且具有相应岗位上岗资格证明。

B.2 鉴定机构医学影像诊断学鉴定人员资质规范

本鉴定机构医学影像诊断学鉴定人员应具有临床影像诊断学副主任医师或以上职称。

B.3 医学影像学鉴定过程规范

B.3.1 医学影像学鉴定材料的选择:

a) 手术前影像资料选择已充分显示全部病变及其程度的头部CT或/和MRI;

b）结果期影像学资料选择手术后病变稳定期或最近时期的头部 CT 或/和 MRI。

B. 3. 2　医学影像鉴定过程规范：

a）记录所审读原始影像资料的检查日期、姓名与照片编号；

b）根据照片上标注的检查日期、姓名与照片编号及前后病变的变化规律从形式与内容上审核检查材料的真实性；

c）记录或审核头部原始影像资料所显示的病变，尤其与癫痫相关的颅内病变及其诊断；

d）对已审核病变的照片照相并存档。

B. 4　颅脑外伤医学影像学诊断及术语规范

B. 4. 1　颅骨骨折：

a）线形骨折：平片或 CT 片，非颅缝及血管沟部位的不规则线形负影。非典型线形骨折应有 CT 三维重建及/或颅骨表面成像图。

b）穿通性骨折：除外颅骨疾病的贯通颅骨外板与内板的局限性负影。

c）粉碎性骨折：出现分离骨片的颅骨骨折。

d）凹陷骨折：骨折片向颅内凹陷的颅骨骨折。

e）颅缝分离：颅骨骨折的一种，颅缝明显大于正常，或两侧颅缝明显不等宽。

新鲜与陈旧骨折，满足以下任意一个条件可确认为新鲜骨折：

a）骨折线邻近软组织肿胀、出血或/和伴有新近的颅内脑损伤证据；

b）复查照片、CT 或 SPECT 提示骨折线发生变化，如骨痂形成或愈合；

c）有明确可解释骨折形成的暴力病史，或有明确局部骨折体征，且无确切证据可证明伤前存在骨折线的无骨痂形成的颅骨骨折。

B. 4. 2　颅内积气和脑脊液漏：

a）颅内积气：手术前 CT 和/或 MRI 片，颅内出现空气影。首次照片颅内积气不能确认者，复查后影像发生变化可确认。硬膜下腔、蛛网膜下腔、脑室内及脑组织内积气提示硬脑膜破裂。

b）脑脊液漏：CT 和/或 MRI 显示脑脊液溢出颅腔外，脑脊液漏提示硬脑膜破裂。

B. 4. 3　硬膜外血肿：CT 和/或 MRI 显示具有血肿特征的物质位于颅骨内板下与硬脑膜间。

B. 4. 4　硬膜下血肿：CT 和/或 MRI 显示具有血肿特征的物质位于颅骨内板下与蛛网膜间。

B. 4. 5　颅内脑外血肿：CT 和/或 MRI 特征不能区别硬膜外或硬膜下血肿，或硬膜外血肿与硬膜下血肿混合存在时。

B.4.6 蛛网膜下腔出血:CT 和/或 MRI 显示脑池和/或脑沟有肯定的具有血液密度或信号的物质。单次照片不能肯定时,复查照片影像发生变化者可确认。

B.4.7 脑室内积血:CT 和/或 MRI 显示脑室内有血肿特征的物质存在,单次照片不能肯定时,复查照片影像发生变化者可确认。

B.4.8 脑内血肿:CT 和/或 MRI 显示脑组织内有具有血肿特征的物质。

B.4.9 硬膜下积液:一侧或两侧颅内硬膜下间隙增宽,其内容物一般具有脑脊液特征,如合并出血或高蛋白物沉积,内容物具有相应特征。

外伤性硬膜下积液:一侧或两侧颅内硬膜下间隙增宽,外伤后前后两次内容物含量有变化者,可确认为外伤性硬膜下积液。

B.4.10 脑挫伤:CT 和/或 MRI 显示局部脑组织水肿、坏死、液化和/或多发散在的小出血灶。

B.4.11 弥漫性脑损伤:弥漫性脑损伤包括弥漫性脑水肿、弥漫性脑肿胀和弥漫性脑白质损伤。

B.4.12 脑水肿:CT 显示局部或弥漫性脑白质密度减低;MRI 显示局部或弥漫性脑白质内水分增多,T1WI 及 T2WI 均呈水样信号。

B.4.13 脑肿胀:CT 或/和 MRI 显示局部或弥漫性脑组织体积增大,中度以上脑肿胀显示脑室、脑池或脑沟较正常者明显变小,单次照片可以确认,轻度肿胀者前后两次图片对比显示脑组织体积发生变化可以确认。

B.4.14 弥漫性脑白质损伤:又称脑白质剪切伤,CT 或/和 MRI 显示局部或弥漫性脑组织水肿\肿胀,并有散在点状出血灶。

B.4.15 脑软化灶:CT 或/和 MRI 显示局部或弥漫性脑组织缺失,局部组织被液体信号代替,后天病变所致者,MRI 可显示脑软化灶周围伴有胶质增生信号。

外伤性脑软化灶:后次图像具有脑软化征象,前次图像具有脑损伤征象。

B.4.16 胶质增生:MRI 显示病灶周围白质具有非水肿异常信号,往往无增强,无占位效应。

外伤后胶质增生:后次图像具有胶质增生征象,前次图像具有脑损伤征象。

B.4.17 脑积水:CT 或/和 MRI 显示局部或弥漫性脑室扩大,梗阻性脑积水表现为梗阻平面以上脑室扩大,交通性脑积水显示全脑室扩大。

外伤后脑积水:后次图像具有脑积水征象,前次图像具有脑损伤征象。

B.4.18 脑萎缩:CT 或/和 MRI 显示局部或弥漫性脑组织体积缩小,其直接征象为脑室\脑池\脑沟扩大,轻度脑萎缩需要前后两次图片对比才能确认。

外伤性脑萎缩:后次图像具有脑萎缩征象,前次图像具有脑损伤征象。

参考文献

[1] SF/Z JD 0103003 - 2011　法医临床检验规范

[2] 国际抗癫痫联盟(ILAE)癫痫发作分类(1981)

[3] 国际抗癫痫联盟对癫痫和癫痫综合的分类标准(1989)

[4] 杨期东等. 神经病学[M]. 北京:人民卫生出版社,2010:216—222

[5] 吴江等. 神经病学[M]. 北京:人民卫生出版社,2005:264—274

[6] 中华医学会. 临床诊疗指南 - 癫痫病分册[M]. 北京:人民卫生出版社,2007:7—9,23—25

[7] 刘晓燕. 临床脑电图学[M]. 北京:北京人民卫生出版社,2006:136—142

[8] 刘秀琴. 神经系统临床电生理学[上](脑电图学). 北京:人民军医出版社,2004:23—31,294—295

[9] 谭郁玲编;临床脑电图学与脑电地形图学[M]. 北京:人民卫生出版社,1999. 2:184—185,338—339

[10] 刘青蕊、黄宝晨、孙吉林编;实用临床电生理学[M]. 北京:中国科学技术出版社,2006. 4. 54—62

[11] [日]福山幸夫编;张书香译;李文中审校. 小儿实用脑电图学[M]. 北京:人民出版社,1987:182—189

[12] [日]大熊辉雄著;周锦华译. 脑电图判读 step by step 病例篇[M]. 北京:科学出版社,2001:203—220

[13] Mark Quigg著;元小冬、许亚茹译. 脑电图精粹[M]. 北京:北京大学医学出版社,2008:24—43

[14] JOHN R. HUGHES 著;马仁飞译;潘映辐审校. 临床实用脑电图学[2][M]. 北京:人民卫生出版社,1997. 11:194—195

[15] Warren T. Blume, Masako Kaibara, G. Bryan Young 著;刘兴洲译. 成年人脑电图谱[M]. 北京:海洋出版社. 2004. 12. 501—530

[16] Commission on Classification and Terminology of the International League Against Epilepsy (1981) Proposal for revised clinical and electrographic classification of epileptic seizures. Epilepsia 22:489 - 501

[17] Commission on Classification and Terminology of the International League Against Epilepsy (1989) Proposal for revised classification of epilepsies and epileptic syndromes. Epilepsia 30:389 - 399

[18] Pagni CA, Zenga F. Posttraumatic epilepsy with special emphasis on prophylaxis and prevention. Acta Neurochirurgica, 2005, Acta Neurochirurgica Supplementum (93):27 - 34

[19] Rubenstein CL. Medico - legal aspects of traumatic epilepsy. Calif Med, 1958, 89(4):276 - 278

[20] Smith HW. Medico - Legal Facets of Epilepsy. Texas Law Review, 1952, 31:782 - 783

[21] Perr IN. Post - Traumatic Epilepsy and the Law. Cleveland - Marhal law review, 1959, 8:129 - 151

法医临床影像学检验实施规范

SF/Z JD0103006 - 2014

2014 年 3 月 17 日发布　2014 年 3 月 17 日实施

目　次

前　言

本技术规范按照 GB/T 1.1 - 2009 给出的规则起草。

本技术规范由司法部司法鉴定科学技术研究所提出。

本技术规范由司法部司法鉴定管理局归口。

本技术规范起草单位:司法部司法鉴定科学技术研究所。

本技术规范主要起草人:夏文涛、应充亮、万雷、朱广友、范利华。

本技术规范为首次发布。

引　言

制定本技术规范的依据包括以下国家或行业标准:现行人体损伤程度鉴

定的相关技术标准;由国家质量监督检验检疫总局发布并于 2002 年 11 月 1 日开始实施的 GB 18667 -2002《中华人民共和国国家标准 · 道路交通事故受伤人员伤残程度评定》;由国家质量监督检验检疫总局和国家标准化管理委员会发布并于 2007 年 5 月 1 日开始实施的 GB/T 16180 -2006《中华人民共和国国家标准 · 劳动能力鉴定 职工工伤与职业病致残等级》;由公安部发布的于 2005 年 3 月 1 日开始实施的 GA/T 521 -2004《中华人民共和国公共安全行业标准 · 人身伤害受伤人员误工损失日评定准则》,以及由司法部于 2007 年 8 月 7 日发布的《司法鉴定程序通则》。

本技术规范运用医学、法医学理论和技术,结合法医学检验、鉴定实践而制定,为法医临床学检验、鉴定中作为外部信息的影像学资料的审核、采用及必要时进行影像学检验提供科学、规范、统一的方法和标准。

1 范围

本技术规范规定了法医临床学司法鉴定实践中常见的人体损伤影像学检验的基本要求、主要内容和诊断、认定原则。

本技术规范适用于法医临床影像学外部信息的审核与必要的影像学检验。

本技术规范适用于各类人体损伤的法医临床学鉴定。

2 术语和定义

下列术语和定义适用于本文件。

2.1 影像学检验

利用射线或磁场装置进行医学诊断辅助法医临床学鉴定的活动。主要包括传统 X 线检查技术(普通摄片与特殊造影)、X 线计算机体层摄影术(computed tomography,CT)与磁共振成像技术(megnenetic resonance imaging,MRI)。

2.2 影像学资料

通过医学影像学检验所获取的图像资料,包括图片形式(如胶片等)与电子存储介质为载体的数字文件(如光盘等)。

2.3 影像学外部信息

司法鉴定机构委托本机构以外的其他机构(包括临床医疗机构)进行影像学检验所获取的影像学资料,以及由委托人提供的可作为鉴定依据的影像学资料(包括各种载体所承载的 X 线、CT、MRI 等影像学图像)。

2.4 法医临床影像学检验

鉴定人(包括聘请的专家辅助人)对影像学外部信息进行审阅,必要时进行影像学检验,并提供影像学诊断和认定意见的活动。法医临床影像学检验应满足法医临床检验、鉴定的实际需求。

2.5 影像学外部信息的审核

鉴定人(包括聘请的专家辅助人)对影像学外部信息进行审查,审查的内容包括影像学检查的方法、影像学图像的质量是否满足鉴定的要求,提供影像学诊断和认定意见等。

3 总则

3.1 影像学检验的基本要求

法医临床影像学检验应满足法医临床检验、鉴定的实际需求,应根据损伤的部位和性质等选择适合的检验方法,包括特殊体位、图像增强功能等。

3.2 影像学资料的基本要求

法医临床影像学资料应具有较高的图像质量,确保具有足够的清晰程度,要能够显示不同组织、正常组织与病变(损伤)组织之间的影像学特征。

3.3 影像学报告的基本要求

3.3.1 法医临床影像学诊断和认定意见应包括损伤部位、损伤性质和损伤的严重程度。

3.3.2 法医临床影像学检验报告应描述能够反映损伤部位、损伤性质和损伤严重程度的影像学变化特征。

3.4 影像学外部信息审核的基本原则

鉴定人对委托人作为外部信息所提供的影像学资料,进行客观地分析性审核。审核的要点包括(但不限于):

a) 影像学资料与案情材料(包括所反映的或者可能的损伤经过与致伤方式)的吻合性;

b) 影像学资料与其他临床病历资料(包括损伤后诊治经过)的吻合性;

c) 影像学资料与法医学检验结果的吻合性;

d) 影像学资料对鉴定委托事项的相关性;

e) 影像学资料对鉴定委托事项的充分性;

f) 影像学资料的质量(包括摄片质量与保存质量)能否满足鉴定要求;

g) 被鉴定人个人信息(姓名、性别、年龄,必要时包括既往史、个人生活史、家族史、职业史等)。

3.5 影像学检验结果评价的基本原则

3.5.1 在观察外部信息提供的影像学资料和实施影像学检验时,应结合被鉴定人个人信息(性别、年龄,必要时包括既往史、个人生活史、家族史、职业史),

案情材料反映的(包括可能的)损伤经过与致伤方式,损伤后诊治经过等。

3.5.2 应尽可能全面观察损伤后影像学随访的检验资料。

3.5.3 应排除自身疾病(退变)及陈旧(外伤)性改变或其他病理基础的影响。

3.5.4 在审核影像学检验结果时,鉴定人可参考临床影像学诊断意见。鉴定人认为临床影像学诊断意见不明确或存有争议时,可邀请有专门知识的专家辅助人提供专业意见,最终综合形成认定意见。

3.6 必要时的影像学检验

3.6.1 鉴定人认为存在如下情形的(不仅限于),可以要求重新或者补充进行影像学检验。

重新或者补充进行影像学检验情形有:

a) 有必要进行影像学同一认定的;

b) 需观察近期影像学改变,进行随访检验,或者判断是否符合医疗终结标准的;

c) 送鉴影像学检验资料不能完全满足鉴定要求,需采用其他影像学检验技术或方法的。

3.6.2 拟行重新或补充影像学检验的,应征得委托人的同意(必要时书面函告);被鉴定人不配合检查导致鉴定不能的情形,由委托人依据法律规定及具体情况处理。被鉴定人在鉴定机构以外的影像学实验室获取重新或补充影像学检验检查结果时,应经委托人确认后提交鉴定机构。

4 常见损伤的影像学检验要求及诊断与认定标准

4.1 颅内血肿量的影像学测量

颅内血肿按血肿的来源和部位可分为硬脑膜外血肿、硬脑膜下血肿及脑内血肿等。

4.1.1 影像学检验方法

可选择CT扫描与MRI检查。

4.1.2 颅内血肿量计算

可采用多田氏公式血肿容积测量法、改良球缺体积公式血肿容积测量法、体视学血肿容积测量法、steiner计算法、软件血肿容积测量法等方法计算颅内血肿量。

4.1.3 多田氏公式血肿容积测量法

多田氏公式血肿容积计算公式为:

$$v = \frac{kabc\pi}{6}$$

式中：v——血肿容积，单位为毫升(mL)

a——头颅CT轴位扫描显示血肿最大层面的血肿最大长径，单位为厘米(cm)

b——头颅CT轴位扫描显示血肿最大层面的血肿最大宽径，单位为厘米(cm)

c——扫描层厚，单位为厘米(cm)

k——可见血肿的层数

4.2　眶壁骨折

4.2.1　影像学检验方法

眶壁骨折分为：眶顶骨折、眶缘骨折与眶壁爆裂性骨折。眶壁爆裂性骨折最常见于眶内侧壁，其次为眶底壁。

影像学检查首选CT。建议行薄层扫描，必要时进行多方位图像重组。

4.2.2　眶内侧壁新鲜骨折CT认定标准

4.2.2.1　直接征象

一侧眶内侧壁(筛骨纸板)骨质连续性中断、缺损。

4.2.2.2　间接征象

间接征象表现为：

a) 伤侧眼睑软组织肿胀伴有或不伴有皮下积气；

b) 伤侧眼眶内积气；

c) 伤侧筛窦气房内积液；

d) 伤侧眼内直肌肿胀。

4.2.3　眶底壁新鲜骨折CT认定标准

4.2.3.1　轴位扫描图像：上颌窦腔内见局限性异常稍高密度影与条片状骨质密度(骨嵴)影，呈现眼眶“底陷征”或上颌窦“悬顶征”，即CT轴位图像见上颌窦腔内上份显示无定形斑片状或类卵圆形软组织影，边缘部位嵌杂细小条形骨嵴影。

4.2.3.2　冠状面图像重组：眼眶底壁骨质连续性中断、塌陷或缺失，上颌窦腔内上份见软组织密度影与骨质密度影夹杂，可伴有上颌窦腔积液。

4.3　鼻区骨折

4.3.1　影像学检验方法

主要指上颌骨额突骨折与鼻骨骨折。新鲜骨折的直接征象：上颌骨额突和鼻骨骨皮质连续性中断。间接征象：鼻区(包括鼻背部及邻近颌面部)软组织增厚肿胀，鼻腔黏膜增厚等。

影像学检查首选CT。建议行薄层扫描，必要时进行多方位图像重组或重建。也可选择X线摄片作为辅助检验手段。

4.3.2　上颌骨额突骨折

上颌骨与鼻骨连接处骨性突起的骨折。CT 轴位图像于鼻颌缝后侧上颌骨突起处骨质可见线形低密度影，可伴有或不伴有骨折端移位。

4.3.3　鼻骨线形骨折

4.3.3.1　单侧鼻骨一处骨折，骨折端不伴有明显移位。

4.3.3.2　鼻骨骨折端完全错位（骨折端横向或内外完全分离，断端不重合），或者骨折端成角畸形（骨折线两端之夹角小于 150°）者，视为鼻骨线形骨折伴有明显移位。

4.3.3.3　外伤致鼻颌缝分离，视为鼻骨线形骨折，但不宜认定为鼻骨骨折伴有明显移位。

4.3.4　鼻骨粉碎骨折

单侧或两侧鼻骨两处或两处以上线形骨折。

4.4　寰枢关节脱位

4.4.1　影像学检验方法

X 线摄片（包括寰枢关节张口位及颈椎侧位）与 CT 扫描。CT 扫描时可行图像重组，同时可选择行 MRI 检查，确证是否合并存在软组织损伤，有助于确认。

4.4.2　影像学认定标准

成人枢椎齿状突与寰椎两侧侧块之间距相差大于 3.0mm，伴有寰枢椎外侧块关节对合差异、错合、关节间隙不等宽，或者枢椎齿状突前缘与寰椎前结节后壁间距大于 3.0mm。须除外颈椎退行变及齿状突先天性发育异常等。

4.4.3　影像学认定原则

影像学认定原则为：

a）应排除人为体位不正、投照不正造成的假阳性结果；

b）存在明确的颈部外伤史及致伤方式；

c）存在相应临床症状及体征；

d）存在确切影像学证据支持。但对年龄在 15 岁以下的少年儿童及发育异常的成年人须慎重。

4.5　肩锁关节脱位

4.5.1　影像学检验方法

首选肩关节 X 线正位摄片。摄片时，被鉴定人直立于摄片架前，背靠摄片架，两足分开，使身体站稳；两臂自然下垂并两手各握重量相等的重物（4.0～6.0kg），身体正中面对摄片架纵向正中线，使锁骨呈水平状。中心线对准胸 3 椎体。

4.5.2　影像学认定标准

X 线示肩锁关节间隙增宽（正常成人关节间隙宽度 <0.5cm）或锁骨外侧端

向上移位。双侧对比有助于明确认定。

4.5.3 影像学认定原则

影像学认定原则为:

a) 须有明确肩部外伤史;

b) 应对比两侧肩锁关节摄片征象。

4.6 肋骨骨折

4.6.1 影像学检验方法

4.6.1.1 常用影像学技术为X线摄片、CT扫描及肋骨CT图像重组。X线摄片包括肋骨后前位、左或右前斜位。肋骨CT选择轴位扫描,必要时可选择多平面重组(MPR)、最大密度投影(MIP)、表面遮盖法(SSD)、容积再现(VR)及曲面重组(CPR)等图像重组技术。

4.6.1.2 肋骨X线摄片及CT扫描均应在屏气状态下进行。

4.6.1.3 肋骨后前位X线摄片时,被鉴定人直立于摄片架前,面向影像板或射线接收器,两足分开,头稍抬高,两肘弯曲放置于臀部,两臂及肩部尽量内转,避免肩胛骨影像与肋骨重叠。肋骨(左、右)前斜位摄片时被鉴定人直立于摄片架前,面向影像板或射线接收器,两足分开,头稍抬高,摄片时两肘部弯曲并将两手背放置于臀部,手臂及肩部尽量内转,将身体向摄片侧转45度,使胸腋部靠近影像板或射线接收器。以上检查X线中心均对准胸4椎体。

4.6.2 影像学认定原则

影像学认定原则为:

a) 须有明确的胸部外伤史;

b) 必要时需观察影像学随访检验结果;

c) 多种影像检验技术之间可互相补充、互相结合,应综合分析相关影像学资料;

d) 应注意鉴别CT重组图像可能存在的因人为或设备因素造成的伪影。

4.7 脊椎骨折

脊椎骨折包括椎体、椎板、椎弓及其附件(横突、棘突和上、下椎小关节突)骨折。

4.7.1 影像学检验方法

4.7.1.1 X线摄片、CT扫描及MRI检查等。

4.7.1.2 X线摄片包括颈椎、胸椎、腰椎及骶尾椎正侧位及斜位摄片。注意摄片时应嘱被鉴定人深吸气后屏住呼吸。

4.7.1.3 轴位CT扫描,必要时薄层扫描后进行图像重组。

4.7.1.4 MRI检查包括矢状面及横断面成像,常用T1WI、T2WI、抑脂序列、质子加权技术等。

4.7.2 影像学认定原则

影像学认定原则为:

a) 椎体压缩骨折在正位影像上显示椎体两侧不等高、侧位影像上呈楔形改变,椎板及椎体附件骨折在 X 线平片上可见线形透亮影,横突骨折可见分离移位,上、下关节突损伤一般以脱位多见,行 CT 扫描有助于明确认定;

b) 判定椎体属单纯压缩骨折或者粉碎骨折应行 CT 扫描;

c) 椎体新鲜骨折在 MRI 图像上通常显示椎体楔形改变,且椎体内可见斑片状等或低 T1WI、高 T2WI 信号影,抑脂序列呈高信号影,在骨折后数月逐渐消退。

4.7.3 胸腰段椎体骨折的鉴别

鉴别方法为:

a) 单纯压缩骨折多属过度屈曲及轴向外力作用所致,暴力作用于椎体前上部致椎体呈楔形变。CT 轴位扫描显示椎体前份骨质被挤压向周边移位,椎体上部骨皮质不完整,骨松质因压缩而增密,骨小梁排列紊乱,但骨折线一般仅限于累及脊柱前柱。

b) 胸、腰椎椎体骨折压缩 1/3 的判断标准:通常根据椎体前缘压缩程度或者压缩最明显处判定;压缩程度应以同一椎体前缘与后缘比较,或与相邻椎体比较,但应依据胸椎与相邻胸椎比较、腰椎与相邻腰椎比较的原则。

c) 爆裂骨折多系遭受纵向暴力作用所致,CT 轴位扫描可显示 X 线平片与 MRI 不易发现的骨折线和碎骨片,骨折线累及脊柱中、后柱,或因碎骨块向后突入椎管内致椎管结构不完整,可伴有硬膜囊、脊髓或脊神经根受压。

d) 粉碎骨折系指椎体两处或两处以上骨折。骨折线累及脊柱中、后柱,和/或椎体后缘有碎骨块突入椎管致椎管狭窄者,可视为椎体粉碎性骨折。

4.8 脊柱椎间盘突出

4.8.1 影像学检验方法

外伤性椎间盘突出多与特殊类型的外力作用(纵向旋转暴力)有关,单纯过度屈曲或过度伸展很少能直接引起椎间盘纤维环破裂而致髓核突出。绝大多数不伴有脊椎骨折或脱位的椎间盘突出多系由于椎间盘退变或在长期慢性劳损的基础上,因脊柱受到外力作用后诱发(或促进)椎间盘突出的症状与体征显现(或加重)。

影像学检查推荐 CT 及 MRI。

4.8.2 影像学认定标准

4.8.2.1 直接征象

椎管前缘于椎间盘层面可见超出椎体边缘的呈均匀光滑的软组织密度影。

4.8.2.2 间接征象

间接征象有：

a）硬脊膜囊外脂肪间隙移位、变窄或消失；

b）硬脊膜囊前缘或侧方及神经根受压移位；

c）无相应椎体骨质增生硬化、髓核压迹及椎间盘钙化等。

4.8.3 影像学认定原则

影像学认定原则为：

a）必须有脊柱外伤史；

b）椎小关节相应影像学检查证据，MRI 检查存在脊柱周围软组织挫伤或椎体骨挫伤有助于支持认定；

c）相应椎体无明显退行性改变；

d）多个运动节段椎间盘突出常见于脊柱退行性改变。

4.9 脊椎滑脱

4.9.1 影像学检验方法

脊椎滑脱指上面一个椎体及其整个节段向前滑动。先天发育异常、退行性改变及外伤等均可致脊椎滑脱。因脊椎先天发育异常而发生的谓椎弓崩裂；因退行性变引发的称脊柱不稳；由于外伤所造成的多为椎弓和/或椎小关节突骨折、脱位所致。

影像学检查推荐 X 线摄片（包括椎体正侧位、双斜位及功能性侧位）及 CT 扫描，也可选择 MRI 检查。

4.9.2 X 线平片认定标准

斜位 X 线平片能显示“苏格兰狗颈断裂征”的椎弓骨折征；“苏格兰狗颈断裂征”系指在椎弓崩裂时，峡部可出现一带状裂隙征象。功能性侧位片以判断椎体滑脱程度。椎体不稳滑脱的 X 线诊断标准有过伸、过屈位片上向前或向后位移 >3mm，或终板角度变化 >15°；正位片上侧方移位 >3mm；椎间盘楔形变（>5°）。

4.9.3 CT 认定标准

椎弓和/或椎小关节突骨折征象，并 CT 软组织窗显示为偏心的“椎间盘膨隆”，即同一椎间盘在某个层面向某一方向“膨隆”，而在其相邻的上一个或下一个层面却向相反的方向“膨隆”。这种“膨隆”呈新月状。该征象是由于椎间盘与相邻的上下椎体均不在同轴向上所致；椎小关节“双关节面征”均为脊柱滑脱的征象。

4.9.4 MRI 认定标准

矢状面成像类似 X 线侧位片的影像观，可显示硬脊膜囊、脊髓受压的征象。

4.10 骨盆畸形

4.10.1 影像学检验方法

骨盆正位X线摄片。

4.10.2 骨盆畸形愈合影像学判定标准

符合下列条件之一的,可视为骨盆畸形愈合:

a) 两侧闭孔形态不对称;

b) 耻骨联合分离(包括内固定术后);

c) 骶髂关节分离(包括内固定术后);

d) 髋臼骨折术后;

e) 其他各种类型骨折后的骨盆环明显偏斜或形态破坏,双侧坐骨结节、髂嵴或者髋臼不等高,并排除体位因素所致。

4.10.3 骨盆严重畸形愈合影像学判定标准

一般需同时满足:

a) 通常至少应包括两处以上骨盆构成骨的骨折;

b) 遗留骨盆环状结构的完整性和对称性破坏;

c) 伴有骨盆倾斜、髋关节运动受限,或者坐、立、行走不适等功能影响。

4.10.4 骨盆严重畸形愈合影响骨产道的影像学判定标准

判定标准为:

a) 骨产道破坏常见于骨盆多处骨折,尤其骨盆环多处骨折;

b) 骨盆环正常结构破坏,形状明显不规则,前后径或左右径等显著短缩;

c) 骨盆环内缘不光滑,有骨痂向小骨盆腔内突出生长,影响胎头入盆;

d) 尾骨、坐骨、耻骨下支等骨折畸形愈合,骨痂向骨盆出口突出生长致女性骨产道出口狭窄。

4.11 足弓破坏

4.11.1 影像学检验方法

足损伤致跗、跖骨骨折愈合后足弓X线测量值背离临床医学足弓正常参考值和/或维持足弓功能作用的肌肉、韧带严重损伤(挛缩、毁损、缺失),谓足弓破坏。包括足损伤致扁平足、高弓足等,需注意与先天性变异、畸形相鉴别。

影像学检查推荐足弓X线摄片。摄取站立(生理负重)下双侧足部X线水平侧位片,投照方法是站立位(双足平立)水平侧向投照,中心线对准外弓顶点,球管距胶片90~180cm(改良横仓氏法)。

4.11.2 足弓测量

4.11.2.1 以距骨头最低点为原点,分别向跟骨与水平面接触最低点及第1

跖骨头与水平面接触最低点各作一直线,测量两直线相交形成的夹角,为内侧纵弓角。

4.11.2.2　以跟骰关节最低点为原点,分别向跟骨与水平面接触最低点及第5跖骨头与水平面接触最低点各作一直线,测量两直线相交形成的夹角,为外侧纵弓角。

4.11.2.3　以第1跖骨头与水平面接触最低点为原点,分别向第1跗跖关节最低点及跟骨与水平面接触最低点各作一直线,测量两直线相交形成的夹角,为前弓角。

4.11.2.4　以跟骨与水平面接触最低点为原点,分别向跟骰关节最低点及第5跖骨头与水平面接触最低点各作一直线,测量两直线相交形成的夹角,为后弓角。

4.11.3　影像学认定原则

足弓测量及足弓破坏的认定应行双侧足弓对照摄片。当一侧足部损伤时,与健侧比对结合相关文献所载正常参考值,判定伤侧足弓破坏程度;当双足损伤时,比较正常参考值,判定足弓破坏程度。

4.12　外伤性肩袖损伤

4.12.1　影像学检验方法

肩袖损伤是各种原因引起的肩袖水肿、部分撕裂和完全撕裂,其中肩关节撞击综合征是肩关节结构反复撞击形成,属于慢性肩袖损伤。肩袖损伤多见于冈上肌肌腱,其余肌腱单独损伤少见。由于冈上肌肌腱穿过肩峰下和肱骨头上的狭小间隙,所以很容易受到挤压、摩擦而损伤,产生无菌性炎症或肌腱断裂,其余的冈下肌、肩胛下肌及小圆肌也可同时受到损伤,但以冈上肌肌腱的症状比较突出。这些肌腱的损伤及无菌性炎症或冈上肌腱的断裂即为肩袖损伤。

肩袖损伤与多种原因有关,年轻人多在肩关节不稳、内撞击综合征或外伤的基础上发生,而老年人多在退变、缺血以及长期肩峰下撞击综合征的基础上发生。鉴定时需注意区别由于退行性变造成的肩袖损伤。

影像学检查首选MRI,但肩袖损伤诊断的金标准为关节镜检查。

4.12.2　肩袖损伤MRI表现

部分撕裂表现为肌腱信号增高,肌腱连续性部分中断,肩袖变薄、形态不规则,分为关节囊面部分撕裂和滑囊面的部分撕裂;完全撕裂表现为肌腱连续性完全中断,撕裂断端毛糙、退缩或不退缩。部分撕裂和完全撕裂可见患侧肩峰－三角肌下滑囊、关节腔内有T_1WI低信号、T_2WI高信号等液体信号影。

4.12.3　外伤性肩袖损伤的影像学认定原则

同时符合下列条件者,方可认定为外伤性肩袖损伤。

a) 必须有肩关节外伤史(如跌倒时手外展着地);

b) 有相应影像学检查证据,MRI检查存在肩关节周围软组织挫伤或肱骨头骨挫伤有助于支持认定;

c) 无明显肩关节退行性改变(存在明显退变的肩关节在遭遇外伤后更易发生肩袖损伤,外伤很可能是肩袖损伤的诱发因素)。

4.13 膝关节半月板/韧带损伤

4.13.1 影像学检验方法

膝关节附属结构主要包括关节囊,髌韧带,胫侧副韧带,腓侧副韧带,前、后交叉韧带及内、外侧半月板等。

影像学检查首选MRI。

4.13.2 膝关节损伤的MRI观察

正常的半月板在MRI图像上呈均匀、类三角形的低信号影,半月板损伤后在低信号半月板内出现T_2WI高信号影。

4.13.3 膝关节半月板损伤的MRI分度

Ⅰ度损伤在MRI的T_2WI上表现为半月板内点片状或类圆形高信号影,未达到半月板的关节面缘。Ⅱ度损伤为Ⅰ度损伤的续化。在MRI的T_2WI上表现为水平或斜行条状高信号影,未达到半月板关节面缘可达到关节囊缘。Ⅲ度损伤即为半月板部分撕裂,在MRI的T_2WI上表现为半月板内的高信号影达到关节面缘。

4.13.4 膝关节半月板损伤的MRI表现

半月板内出现Ⅲ度损伤信号改变,半月板形态变小或截断,半月板组织移位;常合并膝关节组成骨的骨挫伤,伴关节腔(多处)积液。

4.13.5 膝关节交叉韧带损伤的MRI表现

前交叉韧带撕裂多于单独的后交叉韧带,显示韧带部分增粗,连续性部分或完全中断,部分撕裂表现为全段或局部信号增高、韧带边缘毛糙、韧带松弛扭曲,完全撕裂表现为韧带连续性中断,断端毛糙,呈"拖把"状。

4.13.6 外伤性膝关节半月板损伤的影像学认定原则

半月板Ⅰ度、Ⅱ度损伤多为退行性改变造成,Ⅲ度损伤多与急性外伤有关。

4.14 股骨头坏死

4.14.1 影像学检验方法

股骨头坏死又称股骨头缺血性坏死,是由股骨颈骨折或髋关节脱位等外伤后造成,或因某些内科疾患与激素类药物应用等非创伤性因素造成。

影像学检查推荐X线、CT、MRI或同位素骨扫描等。

4.14.2　X 线认定标准

股骨头坏死早期 X 线平片只显示骨矿物质影像，无特殊骨坏死表现，当缺血修复开始才出现特征性改变，故 X 线平片对早期诊断股骨头坏死的敏感性较低。早期股骨头坏死无特异性征象。修复期新生骨在死骨表面沉积引起骨小梁增粗，X 线平片表现为骨质硬化；死骨部分吸收后被纤维肉芽组织替代，X 线平片表现为囊状透光区；再后出现"新月征"，说明软骨下骨折、塌陷；伴随病情进展出现股骨头变扁、关节间隙狭窄及继发性髋关节骨关节炎。

4.14.3　CT 认定标准

正常股骨头承重骨小梁呈星状放射，即"星状征"。骨关节早期股骨头坏死可出现"星状征"簇集和局灶硬化，多数只显示较晚期骨结构改变。CT 对早期股骨头坏死的诊断敏感性低于 MRI 和核素扫描；而对较晚期股骨头坏死可显示轻度软骨下骨塌陷，利于评估骨质内囊状透光区大小、部位及范围。

4.14.4　MRI 认定标准

成人正常股骨头 MRI 表现如光滑球形，内侧有头窝形成的小凹。骨髓腔在 T_1WI 为高信号，T_2WI 为中等信号，这种信号由骨髓内的脂肪含量决定。横跨股骨头的半弧形低信号带代表融合的骺线，皮质骨为高信号骨髓腔外围的低信号带，关节软骨为中等信号。股骨头坏死的典型 MRI 表现是股骨头前上区（即股骨头载荷区）软骨下的局灶性低信号改变，边界清楚，呈楔型、节段型、带状或环状。一般认为"双线征"是股骨头坏死较特异征象，"双线征"即在 SE 序列 T_2WI，包绕骨坏死灶的低信号带内侧出现高信号带。

4.15　骨骺骨折

4.15.1　影像学检查方法

软骨内成骨的骨骼在其发育过程中，其骨干两端的软骨内出现次级骨化中心，即骨骺。在骨骺与骨干的干骺端之间保留一层软骨，称为骺板。在成年以前，骺板的软骨细胞不断增殖，与骨干骨组织的形成保持平衡，使骨不断加长。到青春期末（18～20 岁），骺板失去增殖能力，而全部被骨组织代替，长骨因骺板闭合而停止生长。在长骨骨干和骨骺之间，可见一条骨化的骺板痕迹，称为骺线。

可选择 X 线摄片、CT 扫描、MRI 检查等，必要时对双侧关节进行摄片以便对比。

4.15.2　X 线判定标准

损伤后早期主要根据骨骺移位、骺板增宽、骨骺与干骺端间隙变化及骨折线累及骺板等间接征象作为判断骺板骨折的依据。骨折线延伸至长骨干骺端端面,可以判定骨折线累积骺板。后期主要以骺板早闭、骨桥形成作为诊断依据。

4.15.3 CT 判定标准

CT 可清晰显示骨骺部位骨折线的走行,特别是利用薄层容积扫描后进行冠状面、矢状面图像重组,可以精确地显示骨折的位置和范围,如骨折线累及骺板即可认为骺板以上骨折。

4.15.4 MRI 判定标准

骺板在 MRI 的 T_1WI 图像呈均匀中等偏低信号,T_2WI 图像呈均匀高信号,STIR(抑脂序列图像)去除了脂肪信号的影响,图像比 T_2WI 更为清楚。急性期的骺板损伤在 MRI 的 T_2WI 上为软骨均匀高信号背景下的低信号影,骨桥形成后可在有细线状或条片状低信号连接骺板两端。

4.15.5 认定原则

a) 该损伤诊断仅适用于儿童或者四肢长骨骨骺尚未完全闭合的青少年。

b) 骨折线必须累及到骺板。

4.16 常见损伤影像学分级(分期)标准

附录 A 给出了常见损伤影像学分级(分期)标准。

附录 A

(规范性附录)

常见损伤影像学分级(分期)标准

A.1 肩锁关节脱位分度

A.1.1 Ⅰ度(轻度):肩锁关节韧带未断裂,关节稳定无移位。

A.1.2 Ⅱ度(中度):肩锁关节半脱位,关节囊韧带及关节纤维软骨韧带破裂,肩锁韧带断裂,喙突韧带尚完整,关节不稳定,可能为向前上或后上半脱位。

A.1.3 Ⅲ度(重度):肩锁关节完全脱位,关节囊韧带与关节纤维软骨盘破裂,肩锁韧带及喙锁韧带断裂,可能为前脱位或后脱位。

A.1.4 轻度者一般需悬吊制动 3 ~7 日。中至重度者可行手法复位,并外固定制动 4 ~6 周;复位后关节不稳定者,需行切开复位内固定术。

A.2 脊椎压缩分度

A.2.1 Ⅰ度:椎体单纯压缩性骨折,且压缩程度小于椎体高度的 1/3。

A.2.2 Ⅱ度:(1)椎体压缩超过 1/3,但小于 1/2;(2)椎体压缩不超过 1/3,但伴有棘间韧带断裂、附件骨折。

A.2.3　Ⅲ度:(1)椎体压缩超过1/2;(2)椎小关节突骨折伴椎体脱位;(3)椎体粉碎性骨折;

A.2.4　Ⅳ度:椎体骨折伴有脊髓损伤,出现肢体或泌尿生殖系统功能障碍。

A.2.5　Ⅰ度为稳定型骨折,一般无需特殊治疗。Ⅱ~Ⅲ度为不稳定型骨折,可考虑行手术治疗,恢复期稳定性;若治疗不当,可能发展为Ⅳ度。

A.3　脊柱滑脱分度

常用 Meyerding 分度,即:将下位椎体上缘划为4等份,根据上位椎体相对下位椎体向前滑移的程度分为I–IV度。

A.3.1　Ⅰ度:椎体向前滑动不超过椎体中部矢状径的1/4者。

A.3.2　Ⅱ度:超过1/4,但不超过2/4者。

A.3.3　Ⅲ度:超过2/4,但不超过3/4者。

A.3.4　Ⅳ度:超过椎体矢状径的3/4者。

A.4　椎间盘突出分度

A.4.1　Ⅰ度(凸起型):纤维环内部断裂,外层因髓核压力而凸起,常呈半球形或弧形孤立凸起于椎间盘的后外侧,居神经根外前或内下方。

A.4.2　Ⅱ度(破裂型):纤维环全层破裂或几乎全层破裂,已破裂纤维环的髓核或破裂的纤维环甚至部分软骨终板向后进入椎管,突出范围较Ⅰ度者广泛,与神经根可有粘连,可压迫神经根或影响马尾神经功能。

A.4.3　Ⅲ度(游离型):突出物游离至椎管内,甚至破入硬膜囊内,压迫硬膜或刺激神经根,属退行性变。

A.4.4　Ⅰ度者临床症状轻微,适宜非手术治疗;Ⅱ~Ⅲ度者若神经根压迫症状严重,非手术治疗效果欠佳,可考虑手术治疗。

A.5　股骨头坏死分期(国际骨循环协会推荐的ARCO分期)

A.5.1　0期:骨活检结果与缺血性坏死一致,但其他所有检查都正常。

A.5.2　Ⅰ期:同位素骨扫描阳性或MRI阳性或均呈阳性,依据股骨头受累位置,再分为内侧、中央及外侧。ⅠA:股骨头受累<15%;ⅠB:股骨头受累15%~30%;ⅠC:股骨头受累>30%。

A.5.3　Ⅱ期:X线异常(股骨头斑点状表现,骨硬化,囊腔形成及骨质稀疏),在X线片及CT上无股骨头塌陷,骨扫描及MRI呈阳性,髋臼无改变,依据股骨头受累位置,再分为内侧、中央及外侧。ⅡA:股骨头受累<15%;ⅡB:股骨头受累15%~30%;ⅡC:股骨头受累>30%。

A.5.4　Ⅲ期:新月征,依据股骨头受累位置,再分为内侧、中央及外侧。ⅢA:新月征<15%或股骨头塌陷为2mm;ⅢB:新月征为15%~30%或股骨头塌陷

为 2～4mm;ⅢC:新月征 >30% 或股骨头塌陷 >4mm。

A.5.5　Ⅳ期:X 线片示股骨头变扁,关节间隙变窄,髋臼出现硬化、囊性变及边缘骨赘形成。

A.6　骨盆骨折的类型

A.6.1　第 1 型:骨盆边缘孤立性骨折,多为外力骤然作用导致局部肌肉猛烈收缩或直接暴力作用所致,骨折发生在骨盆边缘部位,盆环未受累,骨折移位一般不明显。

A.6.2　第 2 型:骨盆环单处骨折,多为直接暴力所引起的前后冲撞或侧方挤压所致,常无明显的移位,较稳定。

A.6.3　第 3 型:骶尾骨骨折,常见于滑跌坐地时,可能引起马尾神经终端的损伤,一般移位不显著。

A.6.4　第 4 型:骨盆环双处骨折伴骨盆环破裂,多为交通事故强大暴力所造成,属不稳定型骨盆骨折,常伴盆腔器官受损。此类骨盆骨折通常为:双侧耻骨上、下支骨折,一侧耻骨上支骨折合并耻骨联合分离;耻骨上、下支骨折合并骶髂关节脱位,耻骨上支、下支骨折合并髂骨骨折,髂骨骨折合并骶髂关节脱位,耻骨联合分离合并骶髂关节脱位。

A.7　足弓测量正常值

A.7.1　内侧纵弓正常参考值:113°～130°。

A.7.2　外侧纵弓正常参考值:130°～150°。

A.7.3　前弓角正常参考值:13°以上。

A.7.4　后弓角正常参考值:16°以上。

A.8　胸腔积液量的影像学观察与分级(以 X 线胸片为依据)

A.8.1　Ⅰ级(少量):第 5 前肋以下。

A.8.2　Ⅱ级(中量):第 5 至第 2 前肋之间。

A.8.3　Ⅲ级(大量):第 2 前肋以上。

A.9　半月板损伤分度

A.9.1　Ⅰ度损伤在 MRI 的 T_2WI 上表现为半月板内点片状或类圆形高信号影,未达到半月板的关节面缘,为膝关节附属结构退行性变征象。

A.9.2　Ⅱ度损伤即严重变性,是Ⅰ度损伤的续化。在 MRI 的 T_2WI 上表现为水平或斜行条状高信号影,未达到半月板关节面缘可达到关节囊缘,为膝关节附属结构退行性变加重征象。

A.9.3　Ⅲ度损伤即撕裂,在 MRI 的 T_2WI 上表现为半月板内的高信号影达到关节面缘,为膝关节附属结构撕裂征象。

参考文献

[1] 中华人民共和国国务院　第449号令《放射性同位素与射线装置安全和防护条例》(2005年12月1日)

[2] 中华人民共和国卫生部　《放射诊疗管理规定》(2006年3月1日)

[3] GB/T 17589－1998　X射线计算机　断层摄影装置影像质量保证检测规范

[4] SF/Z JD0103003－2011　《法医临床检验规范》

[5] 中华医学会影像技术分会　《常规X线诊断影像质量标准(草案)》(1999年9月18日)

道路交通事故受伤人员精神伤残评定规范

SF/Z JD0104004 - 2014

2014年3月17日发布　2014年3月17日实施

目　次

前　言

本技术规范按照GB/T 1.1 - 2009给出的规则起草。

本技术规范由司法部司法鉴定科学技术研究所提出。

本技术规范由司法部司法鉴定管理局归口。

本技术规范起草单位:司法部司法鉴定科学技术研究所。

本技术规范主要起草人:张钦廷、管唯、蔡伟雄、汤涛、黄富银。

本技术规范为首次发布。

引　言

本规范根据中华人民共和国国家标准《道路交通事故受伤人员伤残评定》(GB18667－2002)及司法部《司法鉴定程序通则》,运用精神医学、赔偿医学及法学的理论和技术,结合精神疾病司法鉴定的实践经验而制定,为道路交通事故受伤人员精神伤残程度的评定提供科学依据和统一标准。

1　范围

本技术规范规定了道路交通事故受伤人员精神伤残程度评定的总则、要求、方法、判定标准。

本技术规范适用于对道路交通事故受伤人员精神伤残程度的评定,其他人身损害所致精神伤残程度的评定亦可参照执行。

2　规范性引用文件

下列文件对于本文件的应用是必不可少的。凡是注日期的引用文件,仅注日期的版本适用于本文件。凡是不注日期的引用文件,其最新版本(包括所有的修改单)适用于本文件。

GB 18667－2002　道路交通事故受伤人员伤残评定

SJ/Z JD0104001－2011　精神障碍者司法鉴定精神检查规范

3　术语和定义

下列术语和定义适用于本文件。

3.1　精神伤残 Mental Impairment

因道路交通事故颅脑损伤所致的精神残疾,是指道路交通事故受伤人员颅脑损伤后,大脑功能出现紊乱,出现不可逆的认知、情感、意志和行为等方面的精神紊乱和缺损,及其导致的生活、工作和社会活动能力不同程度损害。

3.2　精神障碍 Mental Disorder

在各种因素的作用下造成的心理功能失调,而出现感知、思维、情感、行为、意志及智力等精神活动方面的异常,又称精神疾病(mental illness)。

3.3　脑外伤所致精神障碍 Mental Disorder Due to Brain Damage

颅脑遭受直接或间接外伤后,在脑组织损伤的基础上所产生的精神障碍和后遗综合征。

3.4 脑震荡后综合征 mental Disorder Due to Brain Concussion

脑震荡后出现的一组症状,根据出现的频度次序,可表现为头痛、头晕、疲乏、焦虑、失眠、对声光敏感、集中困难、易激惹、主观感觉不良、心情抑郁等;约有55%的病人在恢复期出现,20% ~30%的患者可迁延呈慢性状态。

3.5 精神病性症状 Psychotic Symptom

患者由于丧失了现实检验能力而明显地不能处理某些现实问题的表现。指有下列表现之一者:

a) 突出的妄想;

b) 持久或反复出现的幻觉;

c) 紧张症行为,包括紧张性兴奋与紧张性木僵;

d) 广泛的兴奋和活动过多;

e) 显著的精神运动性迟滞。

4 总则

4.1 评定原则

4.1.1 精神伤残评定以道路交通事故所致人体损伤后治疗效果为依据,应认真分析残疾与事故、损伤之间的关系,实事求是地评定。

4.1.2 进行精神伤残程度评定时,首先应评定被评定人的精神状态,根据CCMD-3或ICD-10进行医学诊断;在确认被评定人患有脑外伤所致精神障碍的基础上,考察精神症状对被评定人的日常生活、工作和社会活动能力等的影响,根据受损程度评定精神伤残等级。

4.2 评定时机

4.2.1 评定时机应以事故直接所致的损伤或确因损伤所致的并发症治疗终结为准。

4.2.2 精神伤残的评定应当在医疗终结后进行,一般在脑外伤6个月以后进行。如被评定人后遗精神异常主要表现为明显的精神病性症状等较严重情形的,应在进行系统精神专科治疗后进行。

4.3 评定人条件

由具有法医精神病鉴定资质的司法鉴定人担任。

4.4 评定书

4.4.1 评定人进行评定后,应制作评定书并签名。

4.4.2 评定书包括一般情况、简要案情、旁证调查、病历摘抄、神经系统检查及精神检查所见、必要的辅助检查所得、分析说明及评定意见等内容。

4.5 精神伤残程度

4.5.1 本技术规范根据道路交通事故受伤人员的伤残状况,将受伤人员的精神伤残程度划分为10级,从第一级到第十级。

4.5.2 精神伤残程度评定时应遵循附录A中的判定准则。

5 脑外伤所致精神障碍的诊断原则和方法

5.1 病史资料审查

应当对被评定人诊断、治疗的相关病史资料进行审查,明确被评定人是否存在脑外伤及其具体形式,了解被评定人治疗及康复情况。一般应当对被评定人事故后的头颅影像学(CT、MRI等)资料进行审核,确证道路交通事故后脑外伤情况。

5.2 旁证调查或旁证材料审查

5.2.1 一般应当对熟悉被评定人情况的相关人员进行调查,重点掌握道路交通事故前被评定人是否存在精神异常、是否具有影响被评定人精神功能状况的各种脑部及躯体疾患病史,以及事故后被评定人精神异常的表现形式及发展变化情况,了解事故前后被评定人工作、生活情况的改变情况。

5.2.2 掌握被评定人情况的相关人员也可通过书面形式向委托人或鉴定人反映上述情况。

5.3 神经系统检查和精神检查

5.3.1 神经系统检查:应按一定顺序,亦可根据病史和初步观察所见,有所侧重。通常先查颅神经,包括其运动、感觉、反射和植物神经各个功能;然后依次查上肢和下肢的运动系统和反射;最后查感觉和植物神经系统。

5.3.2 精神检查:按SJ/Z JD0104001-2011的规定进行。

5.4 辅助检查

5.4.1 智力测验

被评定人主要表现为智能损害的,应当进行标准化智力测验(一般选用中国修订韦氏智力量表,有语言功能障碍或种族因素者,可根据具体情况选用相应的智力测验工具),由于精神症状不能配合检查的除外。对被评定人在测验过程中的合作程度或努力程度应当进行描述。对智力测验结果应当进行评估,不能单纯根据智商确定智能缺损等级。

5.4.2 记忆测验

被评定人主要表现为记忆损害的,应当进行标准化记忆测验(一般选用中国修订韦氏记忆测验),由于精神症状影响不能配合完成检查的除外。对被评定人在测验过程中的合作程度或努力程度应当进行描述。

5.4.3 头颅影像学检查

条件许可时,可对被评定人行头颅 CT 或 MRI 检查,明确评定时或最近 3 个月内被评定人的脑解剖结构状况。

5.4.4 脑电生理检查

条件许可时,可对被评定人行脑电图、脑电地形图或事件相关电位检查,明确评定时被评定人脑自发电位或诱发电位状况。

5.5 诊断

5.5.1 综合旁证材料、病史资料及检查所得,根据 ICD－10 或 CCMD－3 明确被评定人的精神状态;在分析说明部分应当说明被评定人主要的精神损害表现,如智能损害、记忆损害、人格改变或精神病性症状等。

5.5.2 脑外伤所致精神障碍的诊断必须首先确证存在脑外伤,如脑挫裂伤、颅内血肿(包括硬脑膜外、硬脑膜下血肿和脑内血肿)、蛛网膜下腔出血等。

5.5.3 脑震荡后综合征的诊断必须在排除脑实质性损害后确证存在脑震荡,即存在短暂意识丧失和逆行性遗忘。

6 道路交通事故受伤人员精神伤残程度判定标准

6.1 按 GB 18667－2002 的规定进行判定。

6.2 脑外伤所致精神障碍致日常活动能力轻度受限,可评定为十级伤残。

6.3 脑震荡后综合征明显影响日常生活、工作等,最高可评定为十级伤残。

7 附则

7.1 评定道路交通事故受伤人员精神伤残程度时,应排除原有伤、病等进行评定。

7.2 存在原有伤、病时,可首先确定被评定人目前精神状况相当于的伤残程度;然后根据原有伤、病对目前造成伤残程度的影响后进行相应扣除,最终给出本次道路交通事故所致的精神伤残程度;如不能区分原有伤、病对造成目前伤残程度的影响,则说明不能评定原有伤、病的影响。

7.3 附录 A 与规范正文判定标准,二者应同时使用。

附录 A

(规范性附录)

道路交通事故所致精神伤残程度评定细则

A.1 脑外伤所致精神障碍的诊断细则

A.1.1 症状标准

有脑外伤,伴有相应的神经系统及实验室检查证据,并至少有下列 1 项:

a）器质性智能损害综合征；

b）器质性遗忘综合征(器质性记忆损害)；

c）器质性人格改变；

d）器质性意识障碍；

e）器质性精神病性症状；

f）器质性情感障碍综合征(如躁狂综合征、抑郁综合征等)；

g）器质性解离(转换)综合征；

h）器质性神经症样综合征(如焦虑综合征、情感脆弱综合征等)。

A.1.2　严重标准:日常生活或社会功能受损。

A.1.3　病程标准:精神障碍的发生、发展,以及病程与脑外伤相关。

A.1.4　排除标准:缺乏精神障碍由其他原因(如精神活性物质)引起的足够证据。

A.1.5　脑外伤所致精神障碍评定时不作严重程度区分。

A.2　脑震荡后综合征的诊断细则

A.2.1　症状标准

A.2.1.1　有脑外伤导致不同程度的意识障碍病史;中枢神经系统和脑 CT 检查,不能发现弥漫性或局灶性损害征象。

A.2.1.2　精神障碍的发生、发展,及病程与脑外伤相关。

A.2.1.3　目前的症状与脑外伤相关,并至少有下列 3 项:

a）头痛、眩晕、内感性不适,或疲乏;

b）情绪改变,如易激惹、抑郁,或焦虑;

c）主诉集中注意困难,思考效率低,或记忆损害,但是缺乏客观证据;

d）失眠;

e）对酒的耐受性降低;

f）过分担心上述症状,一定程度的疑病性超价观念和采取病人角色。

A.2.2　严重标准:社会功能受损。

A.2.3　病程标准:符合症状标准和严重标准至少已 3 个月。

A.2.4　排除标准:排除脑挫裂伤后综合征、精神分裂症、情感性精神障碍,或创伤后应激障碍。

A.3　颅脑损伤所致智力缺损的诊断细则

A.3.1　症状标准

症状表现为:

a）记忆减退,最明显的是学习新事物的能力受损;

b）以思维和信息处理过程减退为特征的智能损害,如抽象概括能力减退,

难以解释成语、谚语,掌握词汇量减少,不能理解抽象意义的词汇,难以概括同类事物的共同特征,或判断力减退;

c) 情感障碍,如抑郁、淡漠,或敌意增加;

d) 意志减退,如懒散、主动性降低;

e) 其他高级皮层功能受损,如失语、失认、失用,或人格改变等;

f) 无意识障碍;

g) 实验室检查:如CT、MRI检查对诊断有帮助,神经病理学检查有助于确诊,智商、记忆商等心理测验有助于量化智力及记忆缺损程度。

A.3.2 严重标准:日常生活或社会功能受损。

A.3.3 病程标准:符合症状标准和严重程度标准至少已6个月。

A.3.4 排除标准:排除假性痴呆、精神发育迟滞、归因于社会环境极度贫乏和教育受限的认知功能低下,或药源性智能损害。

A.3.5 智能缺损程度评定

A.3.5.1 极重度智能缺损

表现为:

a) 智商在20以下;

b) 社会功能完全丧失,不会逃避危险;

c) 生活完全不能自理,大小便失禁;

d) 言语功能丧失。

A.3.5.2 重度智能缺损

表现为:

a) 智商在20-34之间;

b) 表现显著的运动损害或其他相关的缺陷,不能学习和劳动;

c) 生活不能自理;

d) 言语功能严重受损,不能进行有效的交流。

A.3.5.3 中度智能受损

表现为:

a) 智商在35-49之间;

b) 不能适应普通学校学习,可进行个位数的加、减法计算;可从事简单劳动,但质量低、效率差;

c) 可学会自理简单生活,但需督促、帮助。

d) 可掌握简单生活用语,但词汇贫乏。

A.3.5.4 轻度智能缺损

表现为:

a）智商在50－69之间；

b）学习成绩差或工作能力差，只能完成较简单的手工劳动；

c）能自理生活；

d）无明显言语障碍，但对语言的理解和使用能力有不同程度的延迟。

参考文献

［1］GA/T800－2008　人身损害护理依赖程度评定

［2］国际疾病及相关健康问题的分类（第十版），International Classification of Diseases，10th Revision，ICD－10

［3］中国精神障碍分类与诊断标准（第三版），Chinese Classification of Mental Disorder，3rd Revision，CCMD－3

［4］国际健康、功能与身心障碍的分类，International Classification of Functioning，Disability and Health，ICF

［5］美国医学会永久性伤残评定指引（第六版），AMA Guides to the Evaluation of Permanent Impairment，6th Revision

［6］美国精神病学和法律协会精神残疾评定指南，AAPL Practice Guideline for the Forensic Evaluation of Psychiatric Disability

生物学全同胞关系鉴定实施规范

SF/Z JD0105002 – 2014

2014 年 3 月 17 日发布　2014 年 3 月 17 日实施

目　次

前　言

本技术规范按照 GB/T 1.1 – 2009 给出的规则起草。

本技术规范由司法部司法鉴定科学技术研究所和中山大学法医鉴定中心共同提出。

本技术规范由司法部司法鉴定管理局归口。

本技术规范起草单位：司法部司法鉴定科学技术研究所、中山大学法医鉴定中心、四川大学华西基础医学与法医学院。

本技术规范主要起草人：李成涛、孙宏钰、赵书民、陆惠玲、李莉、侯一平。

本技术规范为首次发布。

引　言

本技术规范运用法医物证学、遗传学和统计学等学科的理论和技术，结合法医物证鉴定的实践经验而制定，为生物学全同胞关系鉴定提供科学依据和统一标准。

1　范围

本技术规范规定了法庭科学 DNA 实验室进行生物学全同胞关系鉴定的内容及结果判断标准。

本技术规范适用于在双亲皆无情形下甄别生物学全同胞与无关个体关系，若两名被鉴定人间存在其他亲缘关系（如半同胞、堂表亲等），则本技术规范不适用。

2　规范性引用文件

下列文件对于本文件的应用是必不可少的。凡是注日期的引用文件，仅注日期的版本适用于本文件。凡是不注日期的引用文件，其最新版本（包括所有的修改单）适用于本文件。

GA/T 382－2002　法庭科学 DNA 实验室规范

GA/T 383－2002　法庭科学 DNA 实验室检验规范

SF/Z JD0105001－2010　司法鉴定技术规范——亲权鉴定技术规范

司发通〔2007〕71 号　司法鉴定文书规范

3　术语和定义

下列术语和定义适用于本文件。

3.1　全同胞 Full Sibling(FS)

具有相同的生物学父亲和生物学母亲的多个子代个体。

3.2　全同胞关系鉴定 Full Sibling Testing

通过对人类遗传标记，如常染色体 STR 基因座的检测，根据遗传规律分析，对有争议的两名个体间是否存在全同胞关系进行鉴定，其参照关系为无关个体。

3.3　状态一致性评分 Identity by State (IBS) Score

两名个体在同一基因座上可出现相同的等位基因，这些等位基因的“一致性”即称为状态一致性。该等位基因也称为状态一致性等位基因。相应地，在 1

个 STR 基因座上,两名被鉴定人间的状态一致性等位基因个数称之为 IBS 评分(IBS score, *ibs*),若采用包含 n 个相互独立的常染色体遗传标记分型系统对两名被鉴定人进行检测,各个遗传标记上的 ibs 之和即为累计状态一致性评分,记作 IBS。

3.4　检测系统效能 Power of the Tenotyping System

采用给定的检测系统以及相应的判定标准进行生物学全同胞关系鉴定时,预计能够给出明确结论的可能性。

4　相关参数的计算方法

4.1　单个常染色体 STR 基因座的状态一致性评分(IBS)计算

依据状态一致性评分的定义,设有 A 和 B 两名被鉴定人,某一常染色体 STR 基因座有 P、Q、R 和 S 等多个等位基因,则 A 与 B 间在该遗传标记的状态一致性评分可依据表 1 计算。

表 1　单个常染色体 STR 基因座的状态一致性评分计算表

被鉴定人基因型		*ibs*
个体 A	个体 B	
PP	PP	2
PQ	PQ	2
PP	PQ	1
PQ	QR	1
PP	QQ	0
PP	QR	0
PQ	RS	0

4.2　常染色体 STR 基因座分型系统累计状态一致性评分(IBS)的计算

依据状态一致性评分的定义,采用包含 n 个相互独立的常染色体 STR 基因座分型系统对两名被鉴定人进行检测后,其累计状态一致性评分按以下公式进行计算:

$$IBS = ibs_1 + ibs_2 + ibs_3 + \cdots + ibs_n = \sum_{i=1}^{n} ibs_i \qquad (i = 1, 2, 3 \cdots, n)$$

式中：

IBS——常染色体 STR 基因座分型系统累计状态一致性评分

Ibs_i——单个常染色体 STR 基因座的状态一致性评分

5 检验程序

5.1 采样要求

采样要求应符合 SF/Z JD0105001－2010 的规定。

5.2 DNA 提取和保存

检材的 DNA 提取和保存应符合 GA/T 383－2002 和 SF/Z JD0105001－2010 的规定。

5.3 DNA 定量分析

DNA 定量分析应按照 GA/T 382－2002 和 GA/T 383－2002 的要求进行。

5.4 PCR 扩增与分型

5.4.1 基因座

5.4.1.1 在进行生物学全同胞关系鉴定时，目前亲缘关系鉴定常用的 19 个常染色体 STR 基因座（vWA、D21S11、D18S51、D5S818、D7S820、D13S317、D16S539、FGA、D8S1179、D3S1358、CSF1PO、TH01、TPOX、Penta E、Penta D、D2S1338、D19S433、D12S391、D6S1043）为必检基因座。

5.4.1.2 鼓励在上述 19 个必检 STR 基因座基础上增加更多的、经过验证的、与上述 19 个 STR 基因座不存在连锁的其他常染色体 STR 基因座，以提高检测系统效能。不推荐在 19 个 STR 必检基因座的基础上每次增加 1 个或 2 个 STR 基因座，这对提高检测系统效能的帮助有限。建议在 19 个必检 STR 基因座基础上，每次增加 10 个常染色体 STR 基因座，如检测 29 个或 39 个，以下 22 个常染色体 STR 为部分可供选择的补充基因座（排序不分先后）：D1S1656、D2S441、D3S1744、D3S3045、D4S2366、D5S2500、D6S477、D7S1517、D7S3048、D8S1132、D10S1248、D10S1435、D10S2325、D11S2368、D13S325、D14S608、D15S659、D17S1290、D18S535、D19S253、D21S2055、D22－GATA198B05。

5.4.1.3 当两名被鉴定人均为男性时，可以补充检验 Y－STR 基因座（如 DYS456、DYS389 Ⅰ、DYS390、DYS389 Ⅱ、DYS458、DYS19、DYS385a/b、DYS393、DYS391、DYS439、DYS635、DYS392、Y GATA H4、DYS437、DYS438、DYS448 等）；当两名被鉴定人均为女性时，可以补充检验 X－STR 基因座（如 GATA172D05、HPRTB、DXS6789、DXS6795、DXS6803、DXS6809、DXS7132、DXS7133、DXS7423、DXS8377、DXS8378、DXS9895、DXS9898、DXS10101、DXS10134、DXS10135、

DXS10074等）。

5.4.1.4 可以通过线粒体DNA序列分析进行补充检验。补充检验不能单独使用。

5.4.2 PCR扩增

宜选用商品化的试剂盒进行DNA扩增，在常染色体STR基因座分型中，至少应该包含本技术规范5.4.1.1中所规定的19个常用STR基因座的分型结果。每批检验均应有阳性对照样本（已知浓度和基因型的对照品DNA和/或以前检验过的、已知基因型的样本）以及不含人基因组DNA的阴性对照样本。PCR扩增体系与温度循环参数均按试剂盒的操作说明书进行。

5.4.3 PCR扩增产物的检测与结果判读

使用遗传分析仪，对PCR产物进行毛细管电泳分析，使用等位基因分型参照物（Ladder）来对样本分型，步骤方法按照仪器操作手册。

5.4.4 结果分析

全同胞关系鉴定主要依据常染色体STR基因座分型结果，通过计算两名被鉴定人间的累计状态一致性评分（IBS），结合IBS在无关个体对人群和全同胞对人群中的概率分布规律，对被鉴定人之间是否存在生物学全同胞关系做出判断。依据孟德尔遗传规律可知，即使是真正的全同胞，在同一个基因座上也可以出现基因型完全不同（即在该基因座上的状态一致性评分为0）的情形，其发生概率为0.2500；另一方面，即使是真正的无关个体，也可以因为偶然的因素在同一基因座上出现基因型完全相同（即在该基因座上的状态一致性评分为2）的情形，其发生概率与等位基因的人群频率分布有关。

6 鉴定意见

6.1 依据常染色体STR基因座分型结果进行生物学全同胞关系鉴定时，鉴定意见分为“倾向于认为两名被鉴定人为全同胞”、“倾向于认为两名被鉴定人为无关个体”和“在当前检测系统下，无法给出倾向性意见”3种。

6.2 鉴定意见的准确性受IBS值和检测系统效能的影响。表2列出了采用不同的常染色体STR基因座检测系统进行生物学全同胞关系鉴定的IBS阈值和检测系统效能。由表2可见，仅仅依据19个常染色体基因座的分型结果，有相当一部分案例（约占25%）在不补充检验其他检测系统的情形下将无法得出结论。

表2　不同常染色体STR检测系统对应的生物学全同胞关系鉴定IBS阈值和检测系统效能

常染色体STR检测系统	鉴定意见	阈值	检测系统效能
19个必检基因座	倾向于认为两名被鉴定人为全同胞	IBS≥22	约0.7500
	无法给出倾向性意见	22 > IBS > 13	
	倾向于认为两名被鉴定人为无关个体	IBS≤13	
19个必检基因座基础上补充检验10个STR基因座	倾向于认为两名被鉴定人为全同胞	IBS≥32	约0.8500
	无法给出倾向性意见	32 > IBS > 21	
	倾向于认为两名被鉴定人为无关个体	IBS≤21	
19个必检基因座基础上补充检验20个STR基因座	倾向于认为两名被鉴定人为全同胞	IBS≥42	约0.9500

7　鉴定文书

生物学全同胞关系鉴定文书的格式要求参照《司法鉴定文书规范》。

8　特别说明

8.1　本实施规范定义的生物学全同胞关系特指在双亲皆无情形下甄别全同胞和无关个体两种检验假设。鉴定人应详细了解两名被鉴定人间是否存在其他可能的亲缘关系，若两名被鉴定人间存在其他亲缘关系（如半同胞、堂表亲等），则本实施规范不适用。

8.2　依据19个常染色体STR基因座的分型结果进行全同胞关系鉴定时，该检测系统的效能约为0.7500，即采用该系统同时依据相应的判定标准能够得出明确结论的可能性约为75.00%，得出的倾向性鉴定意见的准确性不低于99.00%；分别依据29个常染色体STR基因座和39个常染色体STR基因座的分型结果同时依据相应的判定标准进行全同胞关系鉴定时，检测系统的效能分别约为0.8500和0.9500，得出的倾向性鉴定意见的准确性均不低于99.90%。

8.3　表2所给出不同的常染色体STR基因座检测系统下进行生物学全同胞鉴定的IBS域值和检测系统效能，所依赖的基因座来源于5.4.1，相应的判定标准仅适用于检测19个、29个和39个常染色体STR基因座。在19个必检STR基因座基础上,每次补充检验10个常染色体STR基因座时,推荐的补充顺序为,将适合的候选常染色体STR基因座依据其在该人群中的个体识别力由大到小进行排序和选择,但最小的个体识别力应不低于0.9000。

8.4 对于补充检验的X染色体遗传标记、Y染色体遗传标记或线粒体DNA测序结果,应采用文字描述的方式进行分析。

参考文献

[1] CNAS-CL01:2006 检测和校准实验室认可准则

[2] CNAS-CL28:2010 检测和校准实验室能力认可准则在法医物证DNA检测领域的应用说明

[3] 司法部2006第107号令 司法鉴定程序通则

[4] 司发通〔2011〕323号 司法鉴定机构仪器设备基本配置标准

气相色谱-质谱联用法测定
硫化氢中毒血液中的硫化物实施规范

SF/Z JD0107013-2014

2014年3月17日发布 2014年3月17日实施

目 次

前　言

本技术规范按照 GB/T 1.1－2009 的规则起草。

本技术规范由重庆法医验伤所提出。

本技术规范由司法部司法鉴定管理局归口。

本技术规范起草单位：重庆法医验伤所。

本技术规范主要起草人：丁世家、李剑波、赵华、靳红卫、李永国、刘德伟。

本技术规范为首次发布。

1　范围

本技术规范规定了气相色谱－质谱联用测定硫化氢中毒血液中硫化物的方法。

本技术规范适用于硫化氢中毒血液中硫化物的定性及定量分析。

2　规范性引用文件

下列文件对于本文件的应用是必不可少的。凡是注日期的引用文件，仅注日期的版本适用于本文件。凡是不注日期的引用文件，其最新版本（包括所有的修改单）适用于本文件。

GB/T 6682 分析实验室用水规格和试验方法

3　检测范围与检出限

硫化氢中毒血液中硫化物测定方法的检测范围为 0.05～10.0mmol/L，其检出限为 0.007mmol/L。

4　原理

硫化氢中毒血液中的多种形态硫化物在碱性条件下转化成硫离子，经衍生化后采用液－液萃取法提取衍生物，并用气相色谱－质谱联用仪进行检测；经与硫化钠对照品比较，以保留时间、特征离子进行定性分析，用内标法进行定量分析。硫化氢衍生物的质谱图与色谱图参见附录 A。

5　实用检材

硫化氢中毒实用检材一般须迅速采集新鲜的血液，并注意密封冷冻保存和及时检验，防止检材腐败产生硫化氢而引起干扰。

6 试剂和材料

除另有规定外,试剂均为分析纯,水为 GB/T 6682 规定的一级水。需要的试剂和材料如下:

a) 硫化钠:分析纯,含量99%以上;

b) 硫化钠标准系列工作液:精密称取对照品硫化钠适量,用一级水配成20.0mmol/L 的硫化钠标准溶液(储备液),将储备液用一级水稀释成浓度为0.5mmol/L、1.0mmol/L、2.0mmol/L、5.0mmol/L 和 10.0mmol/L 的硫化钠标准系列工作液;

c) 五氟苄基溴:用甲苯配制成 20.0mmol/L 的溶液;

d) 1,3,5-三溴苯(TBB):用乙酸乙酯配制成 0.01mmol/L 的溶液;

e) 苯扎氯铵;

f) 四硼酸钠;

g) 磷酸二氢钾;

h) 乙酸乙酯;

i) 甲苯。

7 仪器

需要的仪器如下:

a) 气相色谱-质谱联用仪:配有电子轰击离子源(EI);

b) 分析天平:感量 0.1mg;

c) 漩涡振荡器;

d) 低温离心机;

e) 精密移液器;

f) 可控温摇床。

8 测定步骤

8.1 样品处理

取血液 0.4mL 于具塞离心管中,加入 1.5mL 5.0mmol/L 苯扎氯铵的 0.04mol/L 四硼酸钠溶液,然后加入 20.0mmol/L 五氟苄基溴甲苯溶液 1.0mL、0.01mmol/L TBB 乙酸乙酯溶液 1.0mL,加盖密封,于振荡器中涡旋振荡 1min,置于 55℃恒温摇床中振摇 4h,加入 0.1g 的磷酸二氢钾,振荡器中涡旋振荡 1min,于转速 4000r/min 离心 5min,分离有机层,取样 1.0L 进行气相色谱-质谱联用分析。五氟苄基溴与中毒血液中硫离子发生的衍生化反应参见附录B。

8.2 测定

8.2.1 气相色谱-质谱联用仪测定参考条件

气相色谱-质谱联用仪测定参考条件如下：

a）色谱柱：推荐使用HP-5MS 30m×0.25mm×0.25μm高效毛细管色谱柱；也可以使用Rtx-5MS，Rtx-5 Amine，DB-5MS，PTE-5等色谱柱；

b）柱温：初始温度50℃，保持1min，以10℃/min升到280℃，保持1min；

c）进样口温度：200℃；

d）传输线温度：240℃；

e）载气：氦气，纯度≥99.999 9%，流速1.0mL/min；

f）分流比：10∶1；

g）进样量：1.0μL；

h）离子源：电子轰击离子源；

i）检测方式：选择离子检测扫描，硫化物衍生物的特征离子为m/z 394，m/z 181，m/z 45；内标TBB的特征离子为m/z 312，m/z 233，m/z 154。

8.2.2 定性测定

将空白检材、空白添加（Na_2S）检材和样品检材按照8.1处理后，在相同色谱条件下进行GC/MS分析，分别以空白添加检材总离子流图中内标和硫化物衍生物的保留时间和保留时间对应的特征离子峰作为参照，对样品检材进行定性分析，以空白检材进行方法的专属性测定。硫化氢中毒血液中硫化物的GC/MS分析参数参见附录C。

8.2.3 定量测定

8.2.3.1 精密度与检出限

定量测定采用内标法-单点校正法或内标法-标准曲线法定量测定。该方法精密度：CV<10%；检出限：可检出0.007mmol/L的硫化物。

8.2.3.2 内标法-单点校正法

在空白血液中添加相近浓度的对照品，和检材按照以上步骤同时进行定量测定。检材浓度应在添加对照品浓度的±50%以内。

8.2.3.3 内标法-校准曲线法

在空白血液中添加适量硫化钠对照品制得一系列校准样品，以硫化钠衍生化物与内标峰面积比对硫化钠浓度绘制标准曲线，用标准曲线法对检材进行定量，并且保证所测样品中硫化物的浓度值在其线性范围内。

8.3 平行试验

8.3.1 按以上步骤对同一试样进行平行试验。

8.3.2　平行试验中两份检材测定结果按两份检材的平均值计算，双样相对相差不得超过20%。

8.3.3　双样相对相差d按照式(1)及式(2)计算：

$$\bar{C} = \frac{C_1 + C_2}{2} \quad (1)$$

$$d = \frac{|C_1 - C_2|}{\bar{C}} \times 100\% \quad (2)$$

式中：

C_1、C_2——两份样品平行定量测定的结果。

8.4　空白试验

除以相同基质空白替代检材外，均按上述步骤进行。

9　结果计算

以内标法－校准曲线法或按式(3)计算被测样品中硫化物的浓度：

$$C = \frac{A \times A_i' \times c}{A' \times A_i} \quad (3)$$

式中：

C——血液样品中目标物的浓度，单位为毫摩尔每升(mmol/L)；

A——血液样品中目标物的峰面积；

A′——标准溶液中目标物的峰面积；

Ai′——标准溶液中内标物的峰面积；

Ai——血液样品中内标物的峰面积；

C——标准溶液中目标物的浓度，单位为毫摩尔每升(mmol/L)。

附录A

（资料性附录）

硫化氢衍生物的质谱图与色谱图

硫化氢衍生物的质谱图见图A.1。

硫化氢衍生物的色谱图见图A.2。

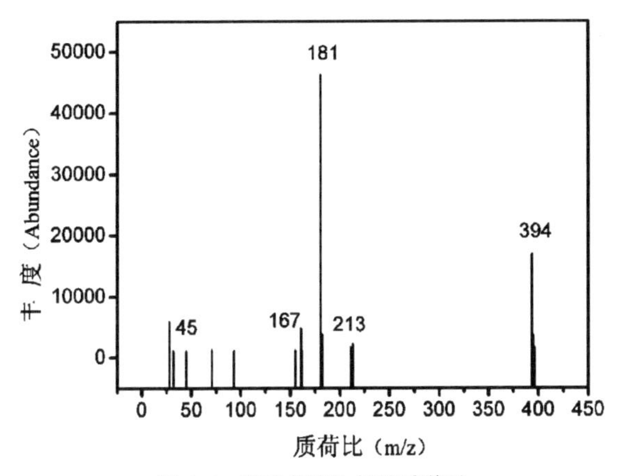

图 A.1　硫化氢衍生物的质谱图

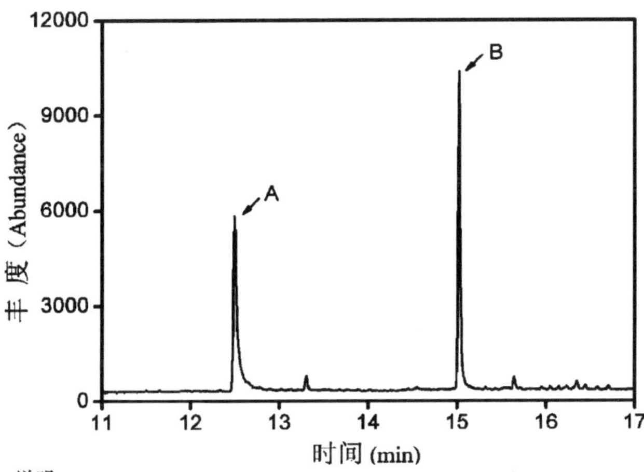

说明：

A：TBB（内标），保留时间为12.5min；

B：硫化氢中毒血液中的硫化氢，保留时间为15.0min。

图 A.2　硫化氢衍生物的色谱图

附录 B
（资料性附录）

五氟苄基溴与中毒血液中硫离子发生的衍生化反应

五氟苄基溴与中毒血液中硫离子发生的衍生化反应见图 B.1。

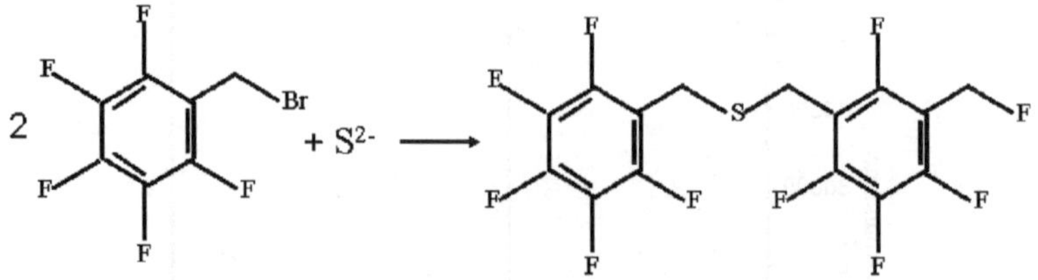

图 B.1 五氟苄基溴与中毒血液中硫离子发生的衍生化反应

附录 C

(资料性附录)

硫化氢中毒血液中硫化物的 GC/MS 分析参数

硫化氢中毒血液中硫化物的 GC/MS 分析参数见图 C.1。

中文名	英文名	特征离子
1,3,5 - 三溴苯	1,3,5 - tribromobenzene, TBB	312*/233/154
五氟苄基硫醚	Bis(pentafluorobenzyl) disulfide, BPFBD	181*/394/45
注:* 为定量离子。		

图 C.1 硫化氢中毒血液中硫化物的 GC/MS 分析参数

参考文献

[1] GA/T 122 毒物分析名词术语

藏文笔迹鉴定实施规范
第 1 部分:藏文笔迹特征的分类

SF/Z JD0201009.1-2014

2014 年 3 月 17 日发布　2014 年 3 月 17 日实施

目　次

前　言

SF/Z JD0201009　《藏文笔迹鉴定实施规范》分为五个部分:

——第 1 部分:藏文笔迹特征的分类;

——第 2 部分:《藏文笔迹特征比对表》的制作规范;

——第 3 部分:藏文笔迹鉴定结论的种类及判断依据;

——第 4 部分:藏文笔迹鉴定规程;

——第 5 部分:藏文签名鉴定规程。

本技术规范为 SF/Z JD0201009 的第 1 部分。

本技术规范按照 GB/T 1.1-2009 的规则起草。

本技术规范由司法部司法鉴定科学技术研究所提出。

本技术规范由司法部司法鉴定管理局归口。

本技术规范起草单位:西藏警官高等专科学校司法鉴定所。
本技术规范主要起草人:其美次仁、刘惠萍。
本技术规范为首次发布。

1 范围

SF/Z JD0201009 的本技术规范规定了藏文笔迹鉴定中常用的术语和定义以及笔迹特征的种类。

本技术规范适用于文件鉴定中藏文笔迹鉴定。

2 规范性引用文件

下列文件对于本文件的应用是必不可少的。凡是注日期的引用文件,仅注日期的版本适用于本文件。凡是不注日期的引用文件,其最新版本(包括所有的修改单)适用于本文件。

SF/Z JD0201001.1－2010 文书鉴定通用规范 第1部分 文件鉴定通用术语

3 术语和定义

SF/Z JD0201001.1－2010 中界定的及以下术语和定义均适用于本文件。

3.1 笔画

构成藏文乌坚字(相当于楷书汉字)字形的最小连笔单位。藏文字最基本的笔画有字头、字颈、字臂、字腹、字腰、字肢、字背、字腿等。藏文字笔画的名称见表 A.1。

3.2 笔顺

书写每个藏文字时的笔画的次序和方向。藏文字笔顺规则通常是:由上至下,先左后右,先外后里,先写字头或主要笔画后写附加笔画,笔顺规则见表 A.2。

3.3 笔数

构成一个藏文字的笔画数。

3.4 书写工具

指书写活动中形成笔迹的造型体的总称。(常见的藏文书写工具有钢笔、圆珠笔、墨水笔、竹笔等,其中钢笔和竹笔的笔尖是特制而成,笔尖宽而斜。由于藏文字体的不同,笔尖的斜度方向不同,书写乌坚体的笔尖左低右高,书写乌眉体的笔尖左高右低,书写丘玛体的笔尖较窄。书写藏文时执笔方法不同于汉字,在书写过程中便于笔的旋转,一般用拇指和食指夹笔)。

3.5 书写控制能力

指书写活动中书写人通过书写运动器官控制书写工具进行书写运动的能力。书写控制能力与书写人的生理和心理状态密切相关,根据程度可分为极高、较高、中等、较低、极低等级别。

3.6 书写习惯

指书写人在书写实践的过程中形成的自身独有的书写动力定型体系。

3.7 书写模式

指由书写方法、运笔方式、字体、字形、书写速度等因素综合反映出的书写人特定的书写形式,如按照藏文字体可分为乌坚体模式、乌眉体模式等;按照书写速度可分为慢写模式、快写模式、速写模式等;按照书写方法和运笔方式可分为简写模式、略写模式、缩写模式、连写模式等。

3.8 样本字迹

供比较、对照的笔迹。

3.9 笔迹种类

指笔迹根据不同文种、形成方式、形成机制等划分的各种类型。笔迹种类按照文种可分为:汉字笔迹、拼音文字笔迹、数字符号笔迹、绘画笔迹等;按照形成的方式可分为:正常笔迹和非正常笔迹,非正常笔迹又分为:条件变化笔迹、冒名笔迹、伪装笔迹、摹仿笔迹等(藏文属拼音文字)。

3.10 正常笔迹

书写人在正常的心理和生理状态下,在通常的书写条件下书写形成的字迹。

3.11 非正常笔迹

书写人在非正常状态或非通常的书写条件下书写形成的字迹。一般包括:条件变化笔迹、伪装笔迹、摹仿笔迹、伪造笔迹等。

3.12 条件变化笔迹

书写人在非正常生理、心理状态下,或在非通常书写环境、条件下书写形成的非正常笔迹,如老年人笔迹、特殊病态笔迹、特殊书写工具形成的笔迹等。

3.13 冒名笔迹

书写人未采用任何摹仿手段、直接冒用他人的名义书写形成的笔迹。

3.14 伪装笔迹

书写人试图改变自身的书写习惯,故意采用某些特殊的书写方式书写形成的非正常笔迹。常见的伪装手段有故意改变书写速度,故意改变写法、结构、字形、搭配、笔顺、运笔等,某些情况下也有采用各种摹仿手段进行伪装的。

3.15 摹仿笔迹

书写人仿照他人的笔迹书写形成的非正常笔迹。摹仿笔迹根据采用的手段通常可分为临摹笔迹、套摹笔迹、记忆仿写笔迹等。

3.16 临摹笔迹

书写人对照被摹仿人的笔迹,边看边写形成的非正常笔迹。

3.17 套摹笔迹

书写人利用被摹仿人的笔迹采用直接套描方式或勾描后再描写的方式书写形成的非正常笔迹。

3.18 记忆仿写笔迹

书写人先对被摹仿人的笔迹进行比较分析并练习仿写,然后脱离摹本凭记忆仿写形成的非正常笔迹。

3.19 笔迹特征

指书写人的书写技能、书写水平和书写习惯特点在笔迹中的具体反映。笔迹特征是笔迹鉴定的客观依据。

4 藏文笔迹特征的种类

4.1 书写风貌特征

又称书写风格。指通过整篇字迹的谋篇布局、字的大小形态和结构特点、书写速度和力度的变化、笔画质量等因素综合反映出的书写人的书写技能、书写水平、书写控制能力的概貌特点。

4.2 布局特征

4.2.1 布局特征的表现

指通篇字迹谋篇布局的特点或局部字迹的排列组合关系。具体表现在段、行、字、符号之间及其相互之间的空间分布特点。如字间和行间的疏密;字与字或符号之间的比例关系;字或符号与格线的关系;行缩进、突出特点;抬头、落款的位置;页边、页脚、页眉的宽窄、形态等。

4.2.2 基线特征

基线是指书写藏文的三格本的四条线中,从上向下数第三条平行线。藏文书写规则要求藏文字母要水平地沿着基线或假想基线即排成直线书写。基线特征是指书写人书写藏文字母时中格字母下沿的假想连线形成的基线位置形态特点。藏文书写采用的三线簿与英文书写的三线簿相似,但由四条线组成的三格本不同,即由四条线组成的不均匀的三格本。藏文书写时三个上加的元音字母允许超出第一线(上行线),下加的元音字母和下加字母不能超出第四线(下行线)。

4.2.3　分段提行和空格特征

藏文文章分段时，首段一般先写字头再空 1—2 个字母的位置，其余各段落则在提行、空格时要求每一段的第一行缩进 2—3 个字母的位置。现在的藏文文章基本上遵循着汉字的分段规则。

4.2.4　符号特征

藏文不同于其他的拼音文字，藏文起首要有起头符号，也称字头称号“༄༅”，在每个音节之间必须要有音节的分节符号来分开，句字之间要有分句符号来分开。分节符号在不同的形体中写法各不相同，即乌坚体中写成三角的点号“་”，在乌眉体中写成稍弯的斜竖“་”。藏语里分节符号叫擦，分句符号叫歇。歇又可分为切歇“།”、尼歇“༎”、西歇“༎ ༎”、珠歇“༈”、仁切绷歇“༑”。

4.3　写法特征

又称字形特征。指单字及符号的基本构造和书写方法，构成藏文字字形的要素是笔画、笔数的位置关系等。写法特征又包括缩、简写法。缩、简写法是指传统习惯形成的和约定俗成的各种缩略语和各类符号、代号的书写方法。如人或事物名称的简缩写法，或者为省减单词中的字母而形成的减缩写法。

4.4　错别字特征

藏文的错别字主要表现在拼写错误方面。在拼写藏文时，由于书写人所受的教育程度和练习过程、方法的差异，多少都可能存在着错误的拼写，尤其是在文化程度较低或藏语水平不高的书写人中更容易出现这种现象。在藏文的词语中除单个字母能表意的词语外，大部分都是多个字母和元音组成的词语。多个字母包括前加字母、上加字母、基字、下加字母、后加字母、再后加字母，还有元音，读音为这些多个字母加元音的结合音。如：“བསྒྲིགས་”按从左到右的排列顺序བ是前加字母、ས是上加字母、ག是基字、ྲ是下加字母、ག是后加字母、ས是再后加字母，ི是元音，读音为“窄”（在此只是为了帮助理解而标示了相似的汉语音，实际汉语音无法标示准确的藏语音）。藏语中由于语文水平的差异拼写时造成很多错字和同音别字，而且错别字在特定的语境中，对词意的理解不会产生太大的影响，特别是藏语水平不高或较低的书写人中错别字出现的频率很高。但作为特征它的稳定性不高。因此，在藏文笔迹鉴定的实践中，特别注意错别字特征的使用。

4.5　形体特征

又称字体特征。指单字的基本形状和体式,包括单字的体式、大小、形状及倾斜方向、角度等。单字的体式如乌坚体、簇玛体、珠擦体、丘玛体等;单字外部形状如长、方、扁、圆、不规则形状等。藏文的几种字体见表 A.3。

4.6 结构特征

指某些固定搭配的单字之间(如签名、日期等),以及单字的笔画之间的空间布局和比例关系。

4.7 笔顺特征

指构成单字的各笔画之间及字与符号之间的书写次序和方向。藏文的字母符号数量有限,每个字母的结构一般比较简单,笔画数量也少,因此藏文字母的规范笔顺较多,特殊笔顺较少。藏文字的规范笔顺见表 A.2。

4.8 运笔特征

指起、行、收笔一个完整的书写过程或一系列相互关联的书写过程中反映出的书写方向和角度、书写速度和力度的变化特点在笔迹中的综合反映,以及书写过程中在笔画的起、收、转、折、连、绕、顿、提、摆、颤、抖、拖、带等细微书写动作处反映出的书写方向和角度、书写速度和力度的变化特点。藏文字的起、行、收笔主要是根据书写工具而定,专用的藏文书写笔书写时,起、行、收笔的运笔形态、方向等特征大体趋于一致,个人差异极不明显。而非专用的藏文书写笔(常用的钢笔或圆珠笔等)书写时,起、行、收笔的运笔形态、方向等特征的差异性很明显。

4.9 笔痕特征

指书写过程中书写工具在字迹笔画中形成的综合反映书写工具结构特点和书写人书写动作特点的痕迹特征,如专用的藏文书写钢笔或自制的竹签笔书写形成的墨水露白、堆积、间断、分裂等,其出现的部位、形态、分布特点。笔迹鉴定实践中,要特别注意区分书写工具形成的“笔痕特征”与因书写条件或伪装、摹仿形成的非正常笔迹的变化特征。

附录 A

(资料性附录)

藏文字笔画名称及笔顺规则

藏文字笔画名称见表 A.1。

表 A.1　藏文字笔画名称表

笔画	
名称	(字头)(其瓦)(吾拉)(字腿)(字臂)(字腹)(索巴)(字肢)(字颈)(曲枪瓦)(字腰)
笔画	
名称	(冈恰)(卧宗)(吉拉)(堆坡)(娘格)(坡或括诊)(坡拉)(格厅)(亚普)
笔画	
名称	(酿美)(弛曲)(普达)(驰诊)(背)(里谷)(眉夏)(雄诊)

藏文笔顺规则见表 A.2。

表 A.2　藏文笔顺规则表

（续表）

藏文字体式样见表 A.3。

表 A.3　藏文字体式样表

字体名称	字体式样
乌坚体	ༀ། །ཀ་ཁ་ག་ང་། ཅ་ཆ་ཇ་ཉ།ཏ་ཐ་ད་ན།པ་ཕ་བ་མ། ཙ་ཚ་ཛ་ཝ། ཞ་ཟ་འ་ཡ། ར་ལ་ཤ་ས། ཧ་ཨ། ི ུ ེ ོ།
乌眉体	[illegible]
珠擦体	[illegible]
丘玛体	[illegible]

参考文献

[1] SF/Z JD0201001－2010　文书鉴定通用规范
[2] SF/Z JD0201002－2010　笔迹鉴定通用规范
[3] 司法鉴定程序通则,2007 年 10 月 1 日

[4] 中国刑事科学技术协会. 中国刑事科学技术大全 文件检验[M]. 北京, 中国人民公安大学出版社, 2002 版

[5] 旦巴. 藏族书法字帖[M]. 青海,青海民族出版社,2010 版

[6] 珠穆朗玛藏文输入法、珠穆朗玛藏文字体

藏文笔迹鉴定实施规范
第2部分:《藏文笔迹特征比对表》的制作规范

SF/Z JD0201009.2-2014

2014年3月17日发布　2014年3月17日实施

目　次

前　言

SF/Z JD0201009　《藏文笔迹鉴定实施规范》分为五个部分:
——第1部分:藏文笔迹特征的分类;
——第2部分:《藏文笔迹特征比对表》的制作规范;
——第3部分:藏文笔迹鉴定结论的种类及判断依据;
——第4部分:藏文笔迹鉴定规程;
——第5部分:藏文签名鉴定规程。

本技术规范为SF/Z JD0201009的第2部分。

本技术规范按照GB/T 1.1-2009的规则起草。

本技术规范由司法部司法鉴定科学技术研究所提出。

本技术规范由司法部司法鉴定管理局归口。
本技术规范起草单位:西藏警官高等专科学校司法鉴定所。
本技术规范主要起草人:其美次仁、刘惠萍。
本技术规范为首次发布。

1 范围

SF/Z JD0201009 的本技术规范规定了《笔迹特征比对表》的制作原则、制作步骤和方法。

本技术规范适用于笔迹鉴定中《笔迹特征比对表》的制作。

2 规范性引用文件

下列文件对于本文件的应用是必不可少的。凡是注日期的引用文件,仅注日期的版本适用于本文件。凡是不注日期的引用文件,其最新版本(包括所有的修改单)适用于本文件。

SF/Z JD0201002.2-2010 笔迹鉴定规范 第2部分 《笔迹特征比对表》的制作规范

3 《藏文笔迹特征比对表》的制作原则

《藏文笔迹特征比对表》的制作原则应符合 SF/Z JD0201002.2-2010 中的要求。

4 《藏文笔迹特征比对表》的制作步骤和方法

《藏文笔迹特征比对表》的制作步骤和方法应符合 SF/Z JD0201002.2-2010 中的要求。

5 《藏文笔迹特征比对表》的标识方法

5.1 《藏文笔迹特征比对表》的标识原则

5.1.1 《藏文笔迹特征比对表》应在醒目位置进行唯一性标识。

5.1.2 对选取的检材和样本字迹也应标明其出处。

5.1.3 对检材与样本字迹反映出的笔迹特征的异同情况应进行标识,必要时还应进行文字说明。

5.1.4 《藏文笔迹特征比对表》应标明制作人、制作时间,并对记录内容进行审核确认。

5.2 《藏文笔迹特征比对表》的标识

《藏文笔迹特征比对表》的唯一性标识,通常在《藏文笔迹特征比对表》右上角用"鉴定文书编号"进行标识。如鉴定文书编号为"2006 文鉴字第 01 号",可直接用该编号标识;也可用简略编号,如"J"代表鉴定文书,标识为"2006J01"或"2006J-1"。

5.3 选取的检材和样本字迹的标识

5.3.1 选取的检材字迹的标识

5.3.1.1 如选取的检材字迹仅有一处,可直接用"检材标识"标明选取的检材字迹的出处;

5.3.1.2 如同一份检材上选取多处检材字迹的,可采用"检材编号"+"阿拉伯数字"的方式进行标识,阿拉伯数字表示依次选取检材字迹的序数,也可用两组阿拉伯数字(如5.16)表示检材字迹选于第5行第16列。

示例:检材标识为"JC",则选取的检材字迹以从上到下、从左到右的顺序依次标识为"JC.1,JC.2……"或用阿拉伯数字标示样本字迹所在的行和列,标识为"JC.1.2,JC.5.16……";如检材标识为"JC1-1",则选取的检材字迹以从上到下、从左到右的顺序依次标识为"JC1-1.1,JC1-1.2……",或用阿拉伯数字标示样本字迹所在的行和列,标识为"JC1-1.1.2,JC1-1.5.16……",以此类推。

5.3.2 选取的样本字迹的标识

5.3.2.1 如选取的样本字迹仅有一处,可直接用"样本标识"标明选取的样本字迹的出处;

5.3.2.2 如同一份样本上选取多处样本字迹的,可采用"样本标识"+"阿拉伯数字"的方式进行标示,阿拉伯数字表示依次选取样本字迹的序数,也可用两组阿拉伯数字(如5.16)表示样本字迹选于第5行第16列。

示例:样本标识为"YB",则选取的样本字迹以从上到下、从左到右的顺序依次标识为"YB.1,YB.2……",或用阿拉伯数字标示样本字迹所在的行和列,标识为"YB.1.2,YB.5.16……";如样本标识为"YB1-1",则选取的样本字迹以从上到下、从左到右的顺序依次标识为"YB1-1.1,YB1-1.2……",或用阿拉伯数字标示样本字迹所在的行和列,标识为"YB1-1.1.2,YB1-1.5.16……",以此类推。

5.4 笔迹特征的标识

对比较检验中发现的有价值的笔迹特征应逐一进行标识,标识规则如下:

a) 笔迹特征的标识既要客观全面,又要简明扼要,标识符号不能对辨识笔迹特征造成干扰;

b) 一般用红色标识相同的笔迹特征,用蓝色标识不同或变化的笔迹特征;

c) 对有疑问或难以确定的笔迹特征,可标识为"?";

d）对各种笔迹特征进行标识，可以参见附录A。

附录A

（资料性附录）

笔迹特征的标识符号表

笔迹特征的标识符号见表A.1。

表A.1　笔迹特征的标识符号

标识符号		标识说明
名称	图标	
实线	————	用于标识布局、结构、字形等笔迹特征。
虚线	…………	用于标识单字、偏旁、部首、笔画间的搭配比例特征。
圈	○	用于标识单字局部的笔迹特征，如单字局部的连接、环绕、转折及单字局部特殊的结构、搭配等笔迹特征。
长尾箭头	——→	用于标识单字笔画连续的运笔动作。
短箭头	↘	用于标识单字笔画的起、收、连、折、绕、顿、颤、拖、带、抖等细微的书写动作。
括号	（　）	对于错字、别字、异体及特殊笔顺和写法的字，在括号内标明该单字的正写法或规范写法，或对某单字特征的说明。
标号	①、②……	用于标识笔顺特征，也可用于对笔迹特征进行编号。

参考文献

[1] SF/Z JD0201001－2010　文书鉴定通用规范
[2] SF/Z JD0201002－2010　笔迹鉴定通用规范
[3] SF/Z JD0201009.1－2013　藏文笔迹鉴定实施规范　第1部分　藏文

笔迹特征的分类

[4] 司法鉴定程序通则, 2007年10月1日

[5] 中国刑事科学技术协会. 中国刑事科学技术大全 文件检验[M]. 北京,中国人民公安大学出版社, 2002版

藏文笔迹鉴定实施规范
第3部分:藏文笔迹鉴定结论的种类及判断依据

SF/Z JD0201009.3-2014

2014年3月17日发布　2014年3月17日实施

目　次

前　言

SF/Z JD0201009　《藏文笔迹鉴定实施规范》分为五个部分:
——第1部分:藏文笔迹特征的分类;
——第2部分:《藏文笔迹特征比对表》的制作规范;
——第3部分:藏文笔迹鉴定结论的种类及判断依据;
——第4部分:藏文笔迹鉴定规程;
——第5部分:藏文签名鉴定规程。
本技术规范为SF/Z JD0201009的第3部分。
本技术规范按照GB/T 1.1-2009的规则起草。
本技术规范由司法部司法鉴定科学技术研究所提出。
本技术规范由司法部司法鉴定管理局归口。

本技术规范起草单位:西藏警官高等专科学校司法鉴定所。
本技术规范主要起草人:其美次仁、刘惠萍。
本技术规范为首次发布。。

1 范围

SF/Z JD0201009 的本技术规范规定了藏文笔迹鉴定结论的种类及判断规范以及不同情况下鉴定结论的表述方式。

本技术规范适用于文件鉴定中藏文笔迹的同一认定。

2 规范性引用文件

下列文件对于本文件的应用是必不可少的。凡是注日期的引用文件,仅注日期的版本适用于本文件。凡是不注日期的引用文件,其最新版本(包括所有的修改单)适用于本文件。

SF/Z JD0201002 - 2010 笔迹鉴定规范 第 3 部分 《笔迹鉴定结论的种类及判断依据》的制作规范

3 鉴定结论的种类及判断依据

3.1 基本要求

藏文笔迹特征比对表的标识方法应符合 SF/Z JD0201002. 3 - 2010 的要求。

3.2 确定性结论

3.2.1 肯定同一

肯定同一包括:

a) 检材与样本字迹存在足够数量的符合特征,且符合特征总和的价值充分反映了同一人的书写习惯;

b) 检材与样本字迹没有本质的差异特征;

c) 检材与样本字迹发生变化的笔迹特征能得到合理的解释。

注:该种结论是笔迹鉴定中明确的认定结论,通常表述为“检材字迹……是某人所写”。

3.2.2 否定同一

否定同一包括:

a) 检材与样本字迹存在足够数量的差异特征,且差异特征总和的价值充分反映了不同人的书写习惯;

b) 检材与样本字迹没有本质的符合特征;

c) 检材与样本字迹相同或相似笔迹特征能得到合理的解释。

注:该种结论是笔迹鉴定中明确的否定结论,通常表述为“检材字迹……不是某人所写”。

3.3 非确定性结论

3.3.1 极可能同一

极可能同一包括:

a)检材与样本字迹符合特征占绝大多数,且符合特征的质量非常高,其特征总和在极大程度上反映了同一人的书写习惯;

b)检材与样本字迹没有显著的差异特征;

c)检材与样本字迹差异或变化特征能得到合理的解释。

注:这种结论是非确定性结论中肯定程度最高的结论,通常表述为“检材字迹……极有可能是某人所写”。

3.3.2 极可能非同一

极可能非同一包括:

a)检材与样本字迹差异特征占绝大多数,且差异特征的质量非常高,其特征总和极大程度上反映了不同一人的书写习惯;

b)检材与样本字迹没有显著的符合特征;

c)检材与样本相同或相似特征能得到合理的解释。

注:这种结论是非确定性结论中否定程度最高的结论,通常表述为“检材字迹……极有可能不是某人所写”。

3.3.3 很可能同一(倾向肯定同一)

很可能同一包括:

a)检材与样本字迹符合特征占多数,符合特征的质量明显高于差异特征的质量,符合特征总和基本上反映了同一人的书写习惯;

b)检材与样本字迹没有显著的差异特征;

c)检材与样本字迹差异或变化特征能得到比较合理的解释。

注:这种结论是非确定性结论中肯定程度较高的结论,仅次于3.3.1,通常表述为“倾向认为检材字迹……是某人所写”或表述为“检材字迹……很可能是某人所写”。

3.3.4 很可能非同一(倾向否定同一)

很可能非同一包括:

a)检材与样本字迹差异特征占多数,差异特征的质量明显高于符合特征的质量,差异特征总和基本上反映了不同人的书写习惯;

b)检材与样本字迹没有显著的符合特征;

c)检材与样本字迹相同或相似特征能得到比较合理的解释。

注:这种结论是非确定性结论中否定程度较高的结论,仅次于3.3.2,通常表述为“倾向认为检材字迹……不是某人所写”或表述为“检材字迹……很可能不是某人所写”。

3.3.5 可能同一

可能同一包括：

a）检材与样本字迹符合特征与差异特征的数量和质量没有明显的区别，但符合特征总和的价值相对较高，在一定程度上反映出了同一人的书写习惯；

b）检材与样本字迹没有显著的差异特征；

c）检材与样本字迹差异或变化特征能得到相对合理的解释。

注：这种结论是非确定性结论中肯定程度最低的结论，其肯定程度明显小于3.3.3，仅表示一种技术上的合理推定。通常表述为"检材字迹……有可能是某人书写"或表述为"不能排除检材字迹……是某人书写的可能"。

3.3.6 可能非同一

可能非同一包括：

a）检材与样本字迹符合特征与差异特征的数量和质量没有明显的区别，但差异特征总和的价值相对较高，在一定程度上反映出了不同人的书写习惯；

b）检材与样本字迹没有显著的符合特征；

c）检材与样本字迹相同或相似特征能得到相对合理的解释。

注：这种结论是非确定性结论中否定程度最低的结论，其否定程度明显小于3.3.4，仅表示一种技术上的合理怀疑。通常表述为"检材字迹……有可能不是某人书写"。特别注意的是，实践中该种结论不能表述为"不能认定检材字迹……是某人所写"。该种表述方式很容易引起歧义，把该种结论误解为"倾向否定"结论，甚至混同于"否定同一"结论。

3.4 无法作出鉴定结论

无法作出鉴定结论包括：

a）检材不具备鉴定条件的；

b）样本不具备比对条件的；

c）根据检材与样本的具体情况，经综合评断既不能作出确定性结论也不能作出非确定性结论的。

注：该种鉴定结论通常表述为"无法判断检材字迹……是否某人书写"，不能表述为"无法判断检材字迹……是（或不是）某人所写"，以免在结论的理解上导致歧义。

4 鉴定意见的表述

4.1 鉴定意见的表述应准确全面，且简明扼要。

4.2 如样本字迹书写人明确的，鉴定意见的表述如上述各类鉴定结论注释中所述，相应表述为"检材字迹……是或不是（或非确定性）某人所写"。

4.3 如样本字迹书写人不明确的，上述鉴定意见种类中各种鉴定意见相应表述为"检材字迹……与样本字迹是或不是（或非确定性）同一人所写"。

4.4 如检材是复制件的，鉴定结论的表述分以下几种情况：

a）如检材声称是复制件的，经鉴定检材字迹确是复制形成的，上述鉴定意见种类中各种鉴定意见相应表述为“检材字迹……是或不是(或非确定性)出自某人的笔迹”,或“检材字迹……与样本字迹是或不是(或非确定性)出自同一人的笔迹”。

b) 如检材声称是原件的,而经鉴定检材字迹是复制形成的,鉴定意见表述为“检材字迹……不是直接书写形成”。同时应说明检材字迹的复制方法。

4.5 无论检材字迹是为原件还是复制件,鉴定意见均不使用“检材字迹……与样本字迹是或不是(或非确定性)一致(或相同、同一)”等类似不准确的表述方式。无论检材字迹是为原件还是复制件,即使经鉴定检材字迹与样本字迹不是同一人书写的,在鉴定意见的表述中,均不直接采用“检材字迹是或不是(或非确定性)伪造形成”的表述方式。

参考文献

[1] SF/Z JD0201001－2010　文书鉴定通用规范

[2] SF/Z JD0201002－2010　笔迹鉴定通用规范

[3] SF/Z JD0201009.1－2013　藏文笔迹鉴定实施规范　第1部分　藏文笔迹特征的分类

[4] 司法鉴定程序通则, 2007年10月1日

[5] 中国刑事科学技术协会. 中国刑事科学技术大全　文件检验[M]. 北京,中国人民公安大学出版社,2002版

藏文笔迹鉴定实施规范
第 4 部分:藏文笔迹鉴定规程

SF/Z JD0201009.4 - 2014

2014 年 3 月 17 日发布　2014 年 3 月 17 日实施

目　次

前　言

SF/Z JD0201009　《藏文笔迹鉴定实施规范》分为五个部分:

——第 1 部分:藏文笔迹特征的分类;

——第 2 部分:《藏文笔迹特征比对表》的制作规范;

——第 3 部分:藏文笔迹鉴定结论的种类及判断依据;

——第 4 部分:藏文笔迹鉴定规程;

——第 5 部分:藏文签名鉴定规程。

本技术规范为 SF/Z JD0201009 的第 4 部分。

本技术规范按照 GB/T 1.1 - 2009 的规则起草。

本技术规范由司法部司法鉴定科学技术研究所提出。

本技术规范由司法部司法鉴定管理局归口。

本技术规范起草单位:西藏警官高等专科学校司法鉴定所。
本技术规范主要起草人:其美次仁、刘惠萍。
本技术规范为首次发布。

1 范围

SF/Z JD0201009 的本技术规范规定了藏文笔迹鉴定的程序和方法。
本技术规范适用于文件鉴定中的藏文笔迹的同一认定。

2 规范性引用文件

下列文件对于本文件的应用是必不可少的。凡是注日期的引用文件,仅注日期的版本适用于本文件。凡是不注日期的引用文件,其最新版本(包括所有的修改单)适用于本文件。

SF/Z JD0201001 - 2010　文书鉴定通用规范

SF/Z JD0201002. 4 - 2010　笔迹鉴定规范　第 4 部分　《笔迹鉴定规程》的制作规范

SF/Z JD0201009. 1 - 2013　藏文笔迹鉴定实施规范　第 1 部分　藏文笔迹特征的分类

3 术语和定义

SF/Z JD0201001 - 2010、SF/Z JD0201002. 4 - 2010 和 SF/Z JD0201009. 1 - 2013 的分类中确立的术语和定义均适用于本技术规范。

4 藏文笔迹鉴定规程

藏文笔迹鉴定规程应符合 SF/Z JD0201002. 4 - 2010 的要求。

参考文献

[1] SF/Z JD0201001 - 2010　文书鉴定通用规范

[2] SF/Z JD0201002 - 2010　笔迹鉴定通用规范

[3] SF/Z JD0201009. 2 - 2013　藏文笔迹鉴定实施规范　第 2 部分　藏文《笔迹特征比对表》的制作规范

[4] SF/Z JD0201009. 3 - 2013　藏文笔迹鉴定实施规范　第 3 部分　藏文

笔迹鉴定结论的种类及判断依据

［5］司法鉴定程序通则，2007年10月1日

［6］中国刑事科学技术协会.中国刑事科学技术大全　文件检验［M］.北京，中国人民公安大学出版社，2002版

藏文笔迹鉴定实施规范
第5部分：藏文签名鉴定规程

SF/Z JD0201009.5－2014

2014年3月17日发布　2014年3月17日实施

目　次

前　言

SF/Z JD0201009　《藏文笔迹鉴定实施规范》分为五个部分：

——第1部分:藏文笔迹特征的分类；

——第2部分:《藏文笔迹特征比对表》的制作规范；

——第3部分:藏文笔迹鉴定结论的种类及判断依据；

——第4部分:藏文笔迹鉴定规程；

——第5部分:藏文签名鉴定规程。

本技术规范为SF/Z JD0201009的第5部分。

本技术规范按照GB/T 1.1－2009的规则起草。

本技术规范由司法部司法鉴定科学技术研究所提出。

本技术规范由司法部司法鉴定管理局归口。
本技术规范起草单位:西藏警官高等专科学校司法鉴定所。
本技术规范主要起草人:其美次仁、刘惠萍。
本技术规范为首次发布。

1 范围

SF/Z JD0201009 的本技术规范规定了笔迹鉴定中签名鉴定的程序和方法。
本规范适用于笔迹鉴定中签名的同一认定。

2 规范性引用文件

下列文件对于本文件的应用是必不可少的。凡是注日期的引用文件,仅注日期的版本适用于本文件。凡是不注日期的引用文件,其最新版本(包括所有的修改单)适用于本文件。

SF/Z JD0201002.3 – 2010 笔迹鉴定规范 第 3 部分 笔迹鉴定结论的种类及判断依据

SF/Z JD0201002.5 – 2010 笔迹鉴定规范 第 5 部分 《签名鉴定规程》的制作规范

3 术语和定义

SF/Z JD0201002.5 – 2010 界定的术语和定义均适用于本技术规范。

4 签名模式的种类

按照字体签名模式可分为如下类型:
a) 乌坚体签名:指采用乌坚体方式书写的签名;
b) 乌眉体签名:指采用乌眉体方式书写的签名,包括如下类型:
1) 珠擦体签名:指采用珠擦体方式书写的签名;
2) 丘玛体签名:指采用丘玛体方式书写的签名。

5 签名鉴定的步骤和方法

签名鉴定的步骤和方法应符合 SF/Z JD0201002.5 – 2010 的要求。

6 鉴定意见

签名鉴定意见的种类及判断依据,鉴定意见的表述,应符合 SF/Z

JD0201002.3－2010的要求。

参考文献

［1］SF/Z JD0201001－2010　文书鉴定通用规范

［2］SF/Z JD0201002－2010　笔迹鉴定通用规范

［3］SF/Z JD0201009.1－2013　藏文笔迹鉴定实施规范　第1部分　藏文笔迹特征的分类

［4］SF/Z JD0201009.2－2013　藏文笔迹鉴定实施规范　第2部分　藏文《笔迹特征比对表》的制作规范

［5］SF/Z JD0201009.3－2013　藏文笔迹鉴定实施规范　第3部分　藏文笔迹鉴定结论的种类及判断依据

［6］SF/Z JD0201009.4－2013　藏文笔迹鉴定实施规范　第4部分　藏文笔迹鉴定规程

［7］司法鉴定程序通则,2007年10月1日

［8］中国刑事科学技术协会.中国刑事科学技术大全　文件检验［M］.北京,中国人民公安大学出版社,2002版

电子数据司法鉴定通用实施规范

SF/Z JD0400001 - 2014

2014 年 3 月 17 日发布　2014 年 3 月 17 日实施

目　次

前　言

本技术规范按照 GB/T 1.1 - 2009 的规则起草。

本技术规范由司法部司法鉴定管理局提出并归口。

本技术规范由国家信息中心电子数据司法鉴定中心联合司法部司法鉴定科学技术研究所、上海辰星电子数据司法鉴定中心共同起草。

本技术规范主要起草人：叶红、王笑强、张羽、魏连、施少培、杨旭、李岩、金波、郭弘、黄道丽、徐隽。

本技术规范为首次发布。

引　言

本规范主要解决电子数据司法鉴定的基本定位、法律要求、程序规范和通用性技术要求,依据CNAS、ISO/IEC中检测实验室的相关标准及行业政策法规,结合电子数据司法鉴定的实际工作,对鉴定活动中所涉及的操作行为、工具设备、鉴定方法以及实施环境提出规范性要求,对鉴定各环节进行任务分解和权责划分,为电子数据司法鉴定的统一规范提供标准依据。

1　范围

本技术规范规定了电子数据司法鉴定的通用实施程序和通用要求,包括鉴定实施中必要环节的程序规范以及技术管理要求。

本技术规范适用于指导电子数据司法鉴定机构和鉴定人员从事司法鉴定业务。

2　规范性引用文件

下列文件对于本文件的应用是必不可少的。凡是注日期的引用文件,仅注日期的版本适用于本文件。凡是不注日期的引用文件,其最新版本(包括所有的修改单)适用于本文件。

3　术语和定义

3.1　电子数据 Electronic Data

基于计算机应用和通信等电子化技术手段形成的信息数据,包括以电子形式存储、处理、传输、表达的静态数据和动态数据。

3.2　存储介质 Storage Medium

承载电子数据的各类载体或设备。

示例:常见存储介质包括硬盘、光盘、闪存等。

3.3　检材 Material for Examination

电子数据鉴定中的检验对象。

3.4　样本 Material for Comparison

电子数据鉴定中用于同检材进行比对检验的电子数据。

3.5　原始电子数据 Original Electronic Data

委托鉴定时送检的检材或样本中包含的电子数据。

3.6　电子数据副本 Duplication of Electronic Data

通过逐比特复制,获得的与被复制数据完全一致的数据。

3.7 完整性校验 Integrity Check

确保数据复制结果与被复制数据完全一致的校验性比对过程。

3.8 散列值 Hash Value

又称哈希值或校验码,是通过特定的散列算法把任意长度的输入数据变换成固定长度的输出值,用于标识电子数据的唯一性或完整性。

示例:常用散列算法包括 MD5、SHA1 和 SHA256 等。

4 电子数据鉴定基本原则

4.1 原始性原则

电子数据鉴定应以保证检材/样本的原始性为首要原则,禁止任何不当操作对检材/样本原始状态的更改。

4.2 完整性原则

条件允许情况下,电子数据鉴定应首先对原始电子数据制作电子数据副本,并进行完整性校验,确保电子数据副本与原始电子数据的一致性。

4.3 安全性原则

电子数据鉴定原则上以电子数据副本为操作对象,检材/样本应封存妥善保管以确保安全。整个检验鉴定过程应在安全可控的环境中进行。

4.4 可靠性原则

电子数据鉴定所使用的技术方法、检验环境、软硬件设备应经过检测和验证,确保鉴定过程、鉴定结果的准确可靠。

4.5 可重现原则

电子数据鉴定应通过及时记录、数据备份等方式,保证鉴定结果的可重现性。

4.6 可追溯原则

电子数据鉴定过程应受到监督和控制,通过责任划分、记录标识和过程监督等方式,满足追溯性要求。

4.7 及时性原则

对委托鉴定的动态、时效性电子数据,应及时进行数据固定与保存,防止数据改变和丢失。

5 电子数据鉴定通用程序

5.1 案件受理

5.1.1 受理方式

案件受理实行程序审核与技术审核相结合的方式,对确认符合受理规定的应予以受理。

5.1.2　程序审核

审核委托方提供的委托书、身份证明、检材等委托材料,对手续齐全的予以确认。

5.1.3　技术审核

5.1.3.1　审核检材/样本的送检状态,使用拍照、录像等方式记录其外观和标识,并确认委托方要求鉴定的电子数据。

5.1.3.2　审核委托方的鉴定要求,通过相互沟通,引导其提出科学、合理、明确的鉴定要求。

5.1.3.3　审核鉴定要求与检材/样本的技术关联性,从技术层面确认委托鉴定要求的有效性和可行性。

5.1.4　受理规则

5.1.4.1　如有以下情况不予受理:

a) 经审核委托材料不齐全、委托鉴定要求不具备有效性和可行性,同时无法补充完善的;

b)《司法鉴定程序通则》中第十六条规定的不得受理的情况。

5.1.4.2　对不能当场决定是否受理的,可先行接收进行检验,并向委托方出具送检材料收领单。检验应在七个工作日内完成,确认是否受理并告知委托方。

5.1.4.3　经审核决定受理的,应与委托方签订司法鉴定委托协议书。否则,应完整退还委托方提供的所有委托材料。

5.2　检验/鉴定

5.2.1　方案制定

5.2.1.1　案件受理后,应成立由两名以上鉴定人(含两人)组成的鉴定组共同实施鉴定。

5.2.1.2　根据委托要求、检材及样本的情况,鉴定组讨论确定鉴定方案,鉴定方案主要包括技术路线、使用方法、设备软件、鉴定进度计划等。

5.2.1.3　根据鉴定要求如需补充材料,应及时书面告知委托方,并调整鉴定方案。委托方提供补充材料所需时间不计算在鉴定时限内。

5.2.2　鉴定实施

5.2.2.1　电子数据检验鉴定原则上以电子数据副本作为操作对象,对可制作电子数据副本的检材应先制作电子数据副本,并计算散列值进行完整性校验,制作完成后检材应妥善保管。

5.2.2.2　对不能制作电子数据副本的,应在操作过程中采取可能的写保护措施,并采用拍照、录像等方式记录所有对检材的操作行为。

5.2.2.3　如遇特殊情况,需要以检材作为操作对象并可能对其造成修改时,必须经委托人书面同意,并记录说明所有对检材的具体操作及结果。

5.2.2.4　检验鉴定的操作过程应严格遵守方案所选择的鉴定方法,合理使用设备仪器进行电子数据司法鉴定工作。

5.2.2.5　检验鉴定应详细记录鉴定操作的每个步骤以及阶段性结论。

5.3　文书出具

5.3.1　文书起草

5.3.1.1　鉴定文书应依据《司法鉴定程序通则》和《司法鉴定文书规范》中要求的规范格式进行制作。

5.3.1.2　鉴定文书应如实按照鉴定组讨论形成的意见进行起草,真实客观地反映整个检验鉴定过程。

5.3.2　文书发放

5.3.2.1　鉴定文书制作完成后,应进行内容核对和文字校对,并经相关负责人复核和签发后方可出具。

5.3.2.2　鉴定文书应按约定的方式及时送达委托方,并留存送达回证。

5.4　出庭作证

5.4.1　出庭

5.4.1.1　依法出庭质证是鉴定人应当履行的法律义务。接到审判机关的出庭通知后,鉴定人如无正当理由应准时参加庭审,并客观忠实回答有关鉴定文书的各项问题。

5.4.1.2　鉴定人出庭前应全面掌握鉴定文书的相关情况,包括送检材料、鉴定要求、检验过程和方法、鉴定结论和主要依据等,并准备必要的计算机设备和软硬件环境以便进行鉴定结论展示。

5.4.2　质证

5.4.2.1　鉴定人在庭审中回答问题应简练准确,尽量使用通俗、规范的语言进行解释说明。

5.4.2.2　鉴定人接受当庭询问只限于回答与鉴定文书相关的内容,对涉及国家秘密、个人隐私、技术保密以及与鉴定无关的内容,鉴定人可以向法庭说明理由并拒绝回答。

6　电子数据鉴定通用要求

6.1　鉴定人员

6.1.1　从事电子数据鉴定人员必须取得鉴定执业资格。

6.1.2　新入职的检验鉴定人员必须经过培训才可上岗。鉴定人员应定期接受专业培训,培训可采用在职、脱产或其他适当形式。

6.1.2.1　当检验标准、检验方法、人员岗位和鉴定设备发生变化时,应及时对在岗人员进行培训。

6.2　设备环境

6.2.1　应配备合理的实验室环境,设置门禁管理系统,铺设防静电地板。有手机检验项目的,还应配备必要的手机信号屏蔽设施。

6.2.2　应配备计算机系统及信息网络安全防护措施,及时对防入侵、防病毒软件设备进行升级。

6.2.3　应配置满足电子数据鉴定所必需的工具设备,具体可参照《司法鉴定机构仪器设备配置标准》文件执行。

6.2.4　应对工具设备进行定期维护,并记录仪器设备的使用状态。

6.3　鉴定材料流转和保存

6.3.1　标识

6.3.1.1　在不影响读取的前提下,应在检材/样本上粘贴唯一性标识。

6.3.1.2　无法直接粘贴标识的,可在检材/样本的外包装上进行标识。

6.3.2　交接

6.3.2.1　检材/样本在流转过程中应办理交接手续。

6.3.2.2　在检验鉴定过程中,应妥善保存送检材料,防止其损坏或遗失。

6.3.3　保存

6.3.3.1　同一案件的送检材料应集中放置于一处,放置处应标明案件唯一性标识等信息。

6.3.3.2　应在专门防磁、防静电的存储环境中保存送检材料。

6.4　鉴定方法

6.4.1　应优先使用以国家标准、行业标准或地方标准发布的方法。

6.4.2　当没有以国家、行业、地方标准发布的方法时,可根据具体鉴定要求,参照权威组织、有关科学书籍、期刊公布的方法,自行设计制定适用的鉴定方法。自行制定的鉴定方法,在使用前应通过司法主管部门组织的专家确认。

6.5　检验记录

6.5.1　检验鉴定过程中,与鉴定活动有关的情况应及时、客观、全面地记录,记录方式包括文字、拍照、截图、录像等。

6.5.2　检验记录应包括以下主要内容:

a) 案件编号、检材编号、鉴定要求、检材的基本属性及状态描述;

b) 使用的鉴定方法、仪器设备、软件及软件版本号;

c) 鉴定步骤、操作结果、鉴定对象特征、鉴定发现;

d) 鉴定人员签名、时间记录。

6.5.3 检验记录中的文字表述应准确、无歧义,拍照、录像等材料应清晰可辨识。

6.6 档案管理

6.6.1 应将司法鉴定文书以及在鉴定过程中形成的有关材料整理立卷,归档保存。

6.6.2 应在鉴定完成后及时完成立卷归档工作,并做好档案材料移交记录。

6.6.3 刑事案件档案保管期限为永久保管,其他案件档案保管期限不少于5年。保管期限从该鉴定事项办结后的下一年度起算。

6.6.4 应定期对档案进行检查和清点,防止档案受损。

参考文献

[1] GA/T 754 - 2008 电子数据存储介质复制工具要求及检测方法

[2] GA/T 755 - 2008 电子数据存储介质写保护设备要求及检测方法

[3] GA/T 756 - 2008 数字化设备证据数据发现提取固定方法

[4] GA/T 757 - 2008 程序功能检验方法

[5] GA/T 976 - 2012 电子数据法庭科学鉴定通用方法

[6] SF/Z JD0300001 - 2010 声像资料鉴定通用规范

[7] CNAS - CL01 检测和校准实验室能力认可准则

[8] CNAS - CL27 检测和校准实验室能力认可准则在电子物证检验领域的应用说明

[9] 司法鉴定程序通则, 2007 年 10 月 1 日

[10] 司法鉴定文书规范, 2007 年 10 月 1 日

[11] 司法鉴定机构仪器设备配置标准, 2012 年 3 月 1 日

电子数据复制设备鉴定实施规范

SF/Z JD0401001－2014

2014年3月17日发布　2014年3月17日实施

目　次

前　言

本技术规范按照GB/T 1.1－2009给出的规则起草。

本技术规范由福建中证司法鉴定中心提出。

本技术规范由司法部司法鉴定管理局归口。

本技术规范起草单位:福建中证司法鉴定中心。

本技术规范主要起草人:赵庸、卢建斌、张雪峰。

本技术规范为首次发布。

引　言

制定本技术规范的依据包括以下国家或行业标准:中华人民共和国公安部于2012年2月1日颁布实施的GA/T 976－2012　《电子数据法庭科学鉴定

通用方法》和中华人民共和国司法部于 2007 年 8 月 7 日发布的《司法鉴定程序通则》。

本技术规范运用数据存储原理,结合电子数据取证、鉴定实践而制定,为电子数据复制设备的功能要求和检验方法提供科学、规范、统一的方法和标准。

1 范围

本技术规范规定了电子数据复制设备的功能要求和检验方法,以及使用电子数据复制设备进行操作的步骤。

本技术规范适用于复制电子数据存储介质存储的数据的软件和硬件设备的检测。

2 术语和定义

2.1 源存储介质 Source Data Storage

存储原始数据的电子数据存储介质。

2.2 目标存储介质 Target Data Storage

存储目标对象的电子数据存储介质。

2.3 逐比特复制 Bit - stream Duplicate

将数据的每个比特位准确复制到目标存储介质中。

注:逐比特复制的对象可以是数据文件、磁盘分区、整个磁盘等。

2.4 目标对象 Target Object

从源存储介质复制获得的数据存储对象,包括镜像文件、柱面对齐备份和柱面非对齐备份。

2.5 镜像文件 Image File

从源存储介质复制生成的一个或一组文件,从该文件或文件组中存储的数据可重新创建源存储介质存储的数据比特流。本规范所称镜像文件中的比特位是指从镜像文件重新创建获得的数据比特流中的比特位。

2.6 柱面对齐备份 Cylinder Aligned Copy

将源存储介质数据逐比特复制到目标存储介质中,并对文件系统分区表和启动扇区做出适当调整,使分区的第一个扇区与磁盘柱面边界对齐,并对调整所增加的扇区进行合理填充获得的数据存储对象。

2.7 柱面非对齐备份 Cylinder Unaligned Copy

将源存储介质数据逐比特复制到目标存储介质中,并且不调整文件系统分区表和分区启动扇区获得的数据存储对象。

2.8 复制设备 Duplication Device

读取源存储介质存储的数据并复制到目标对象的软件或硬件设备。

2.9 合理填充 Benign Fill

在数据复制过程中,当源存储介质特定数据存储区域无法读取或目标存储介质存在剩余数据存储区域时,向目标存储介质对应的数据存储区域填充不会与其他数据混淆的数据。

示例:比如填充常数0或"This data is not from the source data storage"等明显标识该数据不是来自源存储介质的文本。

2.10 可见数据扇区 Visible Data Sector

源存储介质中位于可用分区之内的扇区。

2.11 隐藏数据扇区 Hidden Data Sector

源存储介质中位于可用分区之外的扇区。

2.12 损坏扇区 Bad Sector

由于物理损坏等原因,无法读取其存储的数据的扇区。

2.13 未解决错误 Unresolved Error

复制设备向源存储介质或目标存储介质发出指令时存储介质返回失败或错误状态码,如果复制设备通过重发指令或改为执行其他指令仍然无法完成其所要实现的目标或仍然返回失败或错误状态码,则称发生的错误为未解决错误。

3 要求

3.1 接口可用性要求

电子数据复制设备应能使用其支持的所有接口复制数据。

3.2 目标对象要求

复制设备应生成镜像文件、柱面对齐备份或柱面非对齐备份。

3.3 复制完整性要求

对于源存储介质所有可见数据扇区和隐藏数据扇区中的任一比特位,复制设备生成的目标对象中都可获得与其相对应的比特位。

3.4 复制准确性要求

如果源存储介质中的比特位可读取,复制设备生成的目标对象中的比特位与对应的源存储介质中的比特位数值应一致。

3.5 错误处理要求

a) 如果从源存储介质读取数据发生未解决错误,复制设备应告知用户发生的错误类型和位置;

b) 如果向目标对象写入数据发生未解决错误,复制设备应告知用户发生错误;

c) 如果源存储介质中存在损坏扇区,复制设备生成的目标对象中对应的比特位应被合理填充。

3.6 存储空间不匹配处理要求

3.6.1 存储空间不足处理要求

a) 如果目标存储介质存储空间不足,复制设备应告知用户;

b) 如果目标对象为镜像文件,且复制设备支持切换目标存储介质,复制设备应提示用户切换目标存储介质,并在目标存储介质切换后在新的目标存储介质上继续写入镜像文件。

3.6.2 存储空间过剩处理要求

如果目标对象为柱面非对齐备份,且数据复制后目标存储介质存在剩余存储空间,复制设备应保留剩余存储空间的数据不变或对剩余存储空间进行合理填充。

3.7 写保护要求

复制设备应在自带写保护功能或使用写保护设备保护源存储介质的情况下复制数据。

3.8 操作提示要求

3.8.1 风险提示要求

如果用户坚持在已知错误情况下复制,复制完成设备应告知相应风险。

3.8.2 标识要求

复制设备应有明确的标识区分源存储介质和目标存储介质。

3.8.3 状态显示要求

复制设备应能显示当前的操作状态、复制速度、操作进度等信息。

3.8.4 中断操作要求

如果复制设备正在执行使用者设置的某一类操作时,使用者因某些原因需要中止当前的操作,复制设备应允许使用者执行中断操作。

4 检测步骤

4.1 检测要求

检测要求如下:

a) 对于复制设备支持的所有访问接口,均应分别按照本章规定的方法逐一检测;

b) 对于复制设备支持的所有目标对象,均应分别按照本章规定的方法逐一检测。

4.2　对于复制设备支持的所有目标对象,均应分别按照本章规定的方法逐一检测。

4.2.1　对于目标对象为柱面非对齐备份的,按照以下步骤检测:

a) 准备两个型号相同、存储容量相同、不存在损坏扇区的电子数据存储介质,分别记为 A 和 B;

b) 在 A 上随机写入任意数据后进行分区,并使 A 上存在隐藏数据扇区;

c) 使用复制设备将 A 复制到 B 上;

d) 计算 A 和 B 上存储的所有数据的校验值,比较校验值,如果一致,则判定符合复制完整性要求和复制准确性要求,否则判定不符合复制完整性要求和复制准确性要求。

注:校验值可以是 MD5、SHA - 1、SHA - 256 等。

4.2.2　对于目标对象为镜像文件的,按照以下步骤检测:

a) 准备两个型号相同、存储容量相同、不存在损坏扇区的电子数据存储介质,分别记为 A 和 B;

b) 准备一个存储容量大于 A 的电子数据存储介质,记为 C;

c) 在 A 上随机写入任意数据后进行分区,并使 A 上存在隐藏数据扇区;

d) 使用复制设备将 A 复制生成镜像文件存储到 C 上;

e) 从镜像文件重新创建源存储介质的比特流并写入到 B 上;

f) 计算 A 和 B 上存储的所有数据的校验值,如果校验值一致,则判定符合复制完整性要求和复制准确性要求,否则判定不符合复制完整性要求和复制准确性要求。

4.3　错误处理要求的检测

a) 准备两个存在损坏扇区的电子数据存储介质,其中存储容量较小的记为 A,存储容量较大的记为 B;

b) 准备与 A 型号相同、存储容量相同、不存在损坏扇区的电子数据存储介质,记为 C;

c) 使用复制设备将 A 中的数据复制到 B 上,并使复制过程中 A 的损坏扇区被读取,B 的损坏扇区被写入;

d) 检查复制设备是否报告 A 的损坏扇区读取错误和错误位置,如果未报告错误和错误位置,则判定不符合错误处理要求;

e) 检查复制设备是否报告 B 的损坏扇区写入错误,如果未报告错误,则判定不符合错误处理要求;

f) 对于目标对象为柱面非对齐备份的,检查 B 中与 A 损坏扇区对应的扇区是否得到合理填充,如果未得到合理填充则判定不符合错误处理要求;

g）对于目标对象为镜像文件的，从镜像文件重新创建源存储介质的比特流并写入到 C 中，检查 C 中与 A 损坏扇区对应的扇区是否得到合理填充，如果未得到合理填充，则判定不符合错误处理要求；

h）如果上述检测未判定不符合错误处理要求的，则判定符合错误处理要求。

4.4 存储空间不匹配处理要求的检测

4.4.1 存储空间不足处理要求的检测

检测方法为：

a）准备两个存储容量不同、不存在损坏扇区的电子数据存储介质，其中存储容量较大的记为 A，存储容量较小的记为 B。

b）对于目标对象为镜像文件的，准备存储容量大于 A 的电子数据存储介质，记为 C，准备型号和存储容量与 A 相同的电子数据存储介质，记为 D。

c）将 A 分为两个分区，假定第一个分区起始扇区至第二个分区起始扇区的长度为 N 个扇区，保证 B 的存储空间大于 N 个扇区。

d）使用复制设备将 A 复制到 B 上。

e）检查复制设备是否报告目标存储空间不足。

f）计算 B 上存储的所有数据的校验值和 A 从第一个物理扇区开始，存储空间大小与 B 相同的所有扇区的校验值，比较两个校验值是否一致。

g）对于目标对象为镜像文件的，检查复制设备是否提示用户切换目标存储介质。如果提示用户切换目标存储介质，则切换到 C。在复制完成过后，从镜像文件重新创建 A 的比特流并写入到 D 中。计算 A 和 D 上存储的所有数据的校验值，比较两个校验值是否一致。

h）对于复制过程中未提示用户目标存储空间不足或校验值不一致的，判定不符合存储空间不足处理要求，否则判定符合存储空间不足处理要求。

4.4.2 存储空间过剩处理要求的检测

检测方法为：

a）准备两个存储容量不同、不存在损坏扇区的电子数据存储介质。存储容量较小的记为 A，存储容量较大的记为 B。假定 A 的扇区总数为 N，B 的扇区总数为 M。

b）计算 B 的第 N+1 个扇区到最后一个扇区所保存的数据的校验值；

c）使用复制设备将 A 复制到 B 上；

d）检查 B 的第 N+1 个扇区至最后一个扇区是否得到合理填充，如果得到合理填充，则判定符合存储空间过剩处理要求；如果未得到合理填充，计算 B 的第 N+1 个扇区至最后一个扇区所保存的数据的校验值，如果校验值与数据复制前计算获得的校验值不一致,则判定不符合存储空间过剩处理要求,否则判定符合存储空间过剩处理要求。

注:对目标对象为镜像文件的,可不检测存储空间过剩处理要求。

4.5 写保护要求的检测

a)准备两个型号相同、存储容量相同、不存在损坏扇区的电子数据存储介质,分别记为 A 和 B;

b)在 A 上随机写入任意数据;

c)计算 A 上存储的所有数据的校验值;

d)使用复制设备将 A 复制到 B 上;

e)重新计算 A 上存储的所有数据的校验值,比较校验值,如果一致,则判定符合写保护要求,否则判定不符合写保护要求。

参考文献

[1] GA/T 754-2008 电子数据存储介质复制工具要求及检测方法
[2] GA/T 755-2008 电子数据存储介质写保护设备要求及检测方法
[3] GA/T 976-2012 电子数据法庭科学鉴定通用方法

电子邮件鉴定实施规范

SF/Z JD0402001 - 2014

2014 年 3 月 17 日发布　2014 年 3 月 17 日实施

目　次

前　言

本技术规范按照 GB/T 1.1 - 2009 给出的规则起草。

本技术规范由司法部司法鉴定科学技术研究所提出。

本技术规范由司法部司法鉴定管理局归口。

本技术规范起草单位:司法部司法鉴定科学技术研究所。

本技术规范主要起草人:施少培、杨旭、卞新伟、陈晓红、李岩、卢启萌。

本技术规范为首次发布。

1　范围

本技术规范规定了电子邮件鉴定的术语和定义、鉴定步骤、检验记录、鉴定意见的规范性要求。

本技术规范适用于电子数据鉴定中的电子邮件鉴定。

2 术语和定义

下列术语和定义适用于本文件。

2.1 电子邮件 Electronic Mail(E - mail)

通过网络在用户终端之间传送的信函。由邮件头和邮件内容组成。

2.2 邮件头 E - mailheader

电子邮件的信封部分,反映了邮件的传送和投递情况,包含邮件的接收人、发送人、发送时间、主题、邮件 ID、路由过程等信息。

2.3 邮件内容 E - mailbody

电子邮件的发送人要投递给接收人的信息部分,除正文外,还可添加以文件形式传送的附件。

2.4 电子邮件客户端 E - mail Client

用户终端中安装的发送、接收与管理电子邮件的软件,如 Outlook Express、Foxmail 等。

2.5 网页电子邮件服务 Webmail

基于网页浏览器发送、接收与管理电子邮件的服务。

2.6 检材 Material for Examination

包含需要进行鉴定电子邮件的硬件设备或网络电子邮箱。

2.7 检材邮件 Questioned E - mail

检材中需要进行鉴定的电子邮件,又称待检邮件、需检邮件。

3 鉴定步骤

3.1 了解相关情况

3.1.1 了解检材邮件形成过程的陈述。

3.1.2 了解检材邮件提交方的电子邮件收发情况,如接收和发送方式、使用的电子邮件客户端等。

3.1.3 当检材邮件位于网络电子邮箱中时,了解电子邮箱地址及其口令信息,并获得其使用授权。

3.1.4 如检材邮件有抄送方和密送方时,尽可能获取抄送方和密送方的相关电子邮件,拓展信息来源。

3.2 固定保全

3.2.1 计算机等硬件设备

当检材为计算机等硬件设备时:

a) 对检材进行唯一性标识;

b) 对检材进行拍照或录像,记录其特征;

c) 对具备条件的检材进行保全备份,并进行完整性校验,之后使用备份数据进行检验;

d) 搜寻、提取检材邮件及相关邮件,计算检材邮件或包含检材邮件的数据文件的哈希值。

3.2.2 网络电子邮箱

当检材为网络电子邮箱时:

a) 通过电子邮件客户端或网页方式搜寻、提取检材邮件及相关邮件;

b) 对登录网络电子邮箱及提取邮件过程进行截图或录像,并记录登录时间、地点、人员、环境等信息;

c) 计算提取的检材邮件的哈希值。

注:提取时不得删除保存在邮件服务器上的电子邮件。

3.3 搜索和恢复

按照相关技术方法,搜索、恢复保存在硬件设备上的电子邮件及其他相关文件和数据。

3.4 真实性检验和分析

3.4.1 检验和分析内容

根据检材邮件具体情况,视需要对下列全部或部分内容进行检验和分析:

a) 邮件基本信息检验:查看检材邮件及其所在电子邮箱中其他邮件的结构、格式、内容、收件人、发件人、抄送人、密送人、时间、数字签名等情况。

b) 邮件结构和格式分析:根据电子邮件服务和电子邮件客户端的特点,分析检材邮件的结构、格式、属性信息等是否存在异常。

c) 邮件头分析:分析检材邮件的邮件头信息是否存在异常。重点关注邮件头格式、时间信息、路由信息、客户端信息、邮件ID信息等内容。

d) 邮件正文分析:分析检材邮件的正文信息是否存在异常。重点关注正文的结构及内容的合理性和逻辑性等情况。

e) 邮件附件分析:通过附件元数据等信息,分析检材邮件的附件是否存在异常。重点关注附件的时间属性等情况。

f) 往来邮件分析:搜索相同发件人/收件人/抄送人/密送人之间对同主题邮件(检材邮件)的往来邮件,分析相互之间的逻辑关系是否存在矛盾。

g) 其他相关信息分析:在检材中搜索检材邮件及其附件中出现的关键词和文件,分析搜索到的内容与检材邮件是否存在关联,相互之间的逻辑关系是否存在矛盾。

h) 邮件服务器分析:如条件允许,对收发检材邮件的服务器进行检验,分析其中的相关信息与检材邮件是否存在矛盾。包括保存在服务器上的电子邮件、服务器日志及数据备份等。

3.4.2　综合评断

根据上述检验结果，对检材邮件的真实性进行综合分析，注意把握以下原则：

a）检材邮件与其他邮件之间的相互印证关系对于证实其真实性具有较高的价值；

b）检材邮件与邮件服务器中信息之间的相互印证关系对于证实其真实性具有较高的价值；

c）对于带有数字签名、邮件客户端结构严密等类型的电子邮件，应考虑进行伪造篡改的技术可行性；

d）有些异常现象，特别是时间异常，有可能是邮件服务器或用户终端的系统设置所致，应通过对其他邮件的比较，判断其性质；

e）对于检验中发现的一些存疑现象，应通过实验分析，判断其性质；

f）注意分析检验结果与检材邮件的形成过程陈述是否存在矛盾。

4　检验记录

与鉴定活动有关的情况应及时、客观、全面地记录，保证鉴定过程和结果的可追溯性。检验记录应反映出检验人、检验时间、审核人等信息。检验记录的主要内容有：

a）有关合同评审、变更及与委托方的沟通等情况；

b）检材固定保全情况，包括检材照片或录像、登录网络电子邮箱和提取检材邮件的截图或录像、检材及检材邮件的哈希值等；

c）检验设备和工具情况；

d）检验过程和发现；

e）对检验发现的分析和说明；

f）其他相关情况。

5　鉴定意见

5.1　电子邮件固定保全及搜索

根据委托要求，对电子邮件的存储位置、状态及接收、发送等信息进行客观描述，并附提取的电子邮件。提取的电子邮件可以为纸质或电子形式，并做好标识。

5.2　电子邮件真实性鉴定

5.2.1　确定经过伪造篡改

判断依据:发现检材邮件存在异常,并分析这些异常为伪造篡改形成。

5.2.2 排除经过伪造篡改

判断依据:未发现检材邮件存在异常,并分析不存在通过现有技术手段无法发现的伪造篡改可能性。

5.2.3 未发现经过伪造篡改

判断依据:未发现检材邮件存在异常或发现的异常能够得到合理解释,但尚不能完全排除存在根据现有技术手段难以发现的伪造篡改痕迹的可能性。

5.2.4 无法判断是否经过伪造篡改

判断依据:检材邮件存在异常,但无法准确判断其性质或形成原因;或检材邮件信息量过少,无法形成明确性意见;或其他经综合分析亦无法形成明确性意见。

软件相似性鉴定实施规范

SF/Z JD0403001 - 2014

2014年3月17日发布　2014年3月17日实施

目　次

前　言

本技术规范按照 GB/T 1.1 - 2009 给出的规则起草。

本技术规范由上海辰星电子数据司法鉴定中心提出。

本技术规范由司法部司法鉴定管理局归口。

本技术规范起草单位:上海辰星电子数据司法鉴定中心。

本技术规范主要起草人:金波、郭弘、高峰、张颖、张晓、崔宇寅、蔡立明、黄道丽、沙晶、孙杨、雷云婷、张云集。

本技术规范为首次发布。

1　范围

本技术规范规定了软件相似性检验的技术方法和步骤。

本技术规范适用于在电子数据检验鉴定工作中的软件的相似性检验。

2 术语和定义

2.1 检材 Software for Examination

电子数据检验鉴定中需检验的软件。

2.2 样本 Software for Comparison

电子数据检验鉴定中用于同检材进行比对检验的软件。

2.3 数字化设备 Digital Device

存储、处理和传输二进制数据的设备，包括计算机、通信设备、网络设备、电子数据存储设备等。

2.4 源代码 Source Code

未经编译的、按照一定的程序设计语言规范书写的、人类可读的计算机指令语言指令。

2.5 目标程序 Object Code

编译器或汇编器处理源代码后所生成的、可直接被计算机运行的机器码集合。

2.6 运行环境 Runtime Environment

一种把执行码在目标机器上运行的环境。

2.7 哈希值 Hash Value

使用安全的哈希算法对数据进行计算获得的数据。常用哈希算法包括 MD5、SHA1 和 SHA256 等。

2.8 反编译 Decompile

将已编译的程序文件还原成汇编或者高级语言代码的过程。

3 仪器设备

3.1 硬件

电子数据存储设备、保全备份设备、检验设备。

3.2 软件

送检软件所需的运行环境、文件比对工具、反编译工具、源代码分析工具等。

4 检验步骤

4.1 记录检材和样本情况

4.1.1 对送检的检材/样本进行唯一性编号，编号方法为××××（年度）－×××（受理号）－××（流水号），如 2012－39－2 表示 2012 年受理的编号 39 案件的第2个检材。

4.1.2　对检材/样本为数字化设备的，对数字化设备进行拍照，并记录其特征。

4.2　检材和样本的保全备份

对具备保全条件的检材和样本进行保全备份，并计算保全备份的副本或镜像的哈希值。

4.3　检验项目的选择

分析检材和样本，根据检材和样本的内容选择以下一项或多项内容进行检验：

a）源代码间的比对；

b）目标程序间的比对；

c）源代码和目标程序间的比对；

d）文档的比对（如适用）。

e）文档和源代码/目标程序间的比对。

注：文档包括开发文档、需求说明书、总体设计方案、详细设计方案等。

4.4　程序的比对检验

4.4.1　要求

对检材和样本进行比对检验时，需先排除影响比对的内容（如公共程序库文件、第三方库文件和GNU通用公共许可的程序等）。

4.4.2　源代码间的比对

对检材和样本的源代码的目录结构、文件名、文件内容、变量、函数、宏定义等进行比对检验。检验时，应排除自定义的文件名、变量名、函数名等名称被修改的影响，对程序逻辑与结构等内容进行比对检验。

4.4.3　目标程序间的比对

分别对检材和样本中的目标程序文件计算哈希值。若所有对应文件的哈希值相同，则软件相同。若对应文件的哈希值不相同，按下列步骤进行：

a）安装程序检验（如适用），对检材和样本的安装程序进行下列比对检验：

1）目录结构及目录名；

2）各组成文件的文件名、文件哈希值、文件内容、文件结构和文件属性等。

b）安装过程检验（如适用）。

分别运行检材和样本的安装程序，观察安装过程的屏幕显示、软件信息、使用功能键后的屏幕显示以及安装步骤，并进行比对检验。

c）安装后的程序检验，对安装成功的检材和样本的程序进行下列比对检验：

1）安装后产生的目录结构及目录名；

2）安装后产生的文件的文件名、文件哈希值、文件内容、文件结构和文件

属性等;

3) 安装后的软件的配置过程和运行方式。

d) 程序的使用过程检验:运行该程序,对使用过程中的屏幕显示、功能、功能键和使用方法等进行比对检验。

e) 核心程序的逆向分析:必要时,对目标程序的核心程序进行反编译,对反编译后的代码进行比对检验。

4.4.4 源代码和目标程序间的比对

将源代码编译成目标程序后再进行比对检验,检验过程按照目标程序间的比对进行。

注:源代码编译过程中,由于编译软件、编译环境等不同,相同的源代码每次编译产生的文件可能会有差异。

4.5 文档的比对

对检材和样本的文档的目录结构、内容以及属性进行比对。

5 检验记录

5.1 与鉴定活动有关的情况应及时、客观、全面地记录,保证鉴定过程和结果的可追溯性。

5.2 对于检材/样本为数字化设备的,应记录:

a) 检材/样本的类别;

b) 检材/样本的型号;

c) 检材/样本出厂时的唯一性编号(如适用);

d) 检材/样本的固件版本号(如适用);

e) 检材/样本中软件的名称、版本等属性信息(如适用);

f) 检材/样本的照片。

5.3 对于检材/样本为独立于数字化设备的软件的,应记录:

a) 软件的名称、版本、大小等属性信息;

b) 软件的哈希值;

c) 软件的运行环境。

5.4 对于检验的结果,应记录:

a) 检材与样本的相同部分,如目录结构、目录名、文件、文件名、文件内容等;

b) 检材与样本的相似部分,如安装或使用过程中的屏幕显示等。

6 检验结果

6.1 列出检材与样本的相似比例,并对存在相同或相似的部分进行说明。

6.2 若检材与样本中存在软件署名、开发者的姓名、单位、废程序段、独特的代码序列等相同时,需在检验结果中单独列出。

7 附则

7.1 对检验用的软件工具的适用性应进行适当确认。

7.2 在检验过程中,检出的数据应存储在专用的存储介质中并妥善保管。

7.3 对送检的检材和样本要做好防震、防水、防磁、防静电等保护。

建设工程司法鉴定程序规范

SF/Z JD0500001 - 2014

2014 年 3 月 17 日发布　2014 年 3 月 17 日实施

目　次

前　言

本技术规范按照 GB/T 1.1－2009 给出的规则起草。

本技术规范由司法部司法鉴定科学技术研究所提出。

本技术规范由司法部司法鉴定管理局归口。

本技术规范起草单位：司法部司法鉴定科学技术研究所、浙江衢州康平建筑工程司法鉴定事务所、辽宁天华司法鉴定中心、上海大华工程造价咨询有限公司、重庆天廷工程咨询有限公司、山西家豪司法鉴定中心。

本技术规范主要起草人：周柯生、韩峰、倪雪梅、杨台英、崔春芳、郭耀庭、沈敏、朱淳良、周子义。

本技术规范为首次发布。

引　言

为规范建设工程司法鉴定程序，提高建设工程司法鉴定质量，维护和促进司法公正，服务诉讼活动，平息社会纠纷，化解社会矛盾，制定本技术规范。

本技术规范主要依据：《中华人民共和国刑事诉讼法》，《中华人民共和国民事诉讼法》，《中华人民共和国行政诉讼法》，《中华人民共和国仲裁法》，全国人民代表大会常务委员会《关于司法鉴定管理问题的决定》，国务院《建设工程质量管理条例》（国务院令第 279 号），相关部（委）建设工程质量管理规定和办法，最高人民法院《关于民事诉讼证据的若干规定》，最高人民法院《关于行政诉讼证据的若干规定》，最高人民法院《关于审理建设工程施工合同纠纷案件适用法律问题的解释》，司法部《司法鉴定程序通则》（司法部令第 107 号），司法部《司法鉴定机构管理办法》（司法部令第 96 号），司法部《司法鉴定人登记管理办法》（司法部令第 95 号），司法部《司法鉴定文书规范》，各省（自治区、直辖市）司法厅《司法鉴定工作流程》，各省（自治区、直辖市）建设、发展和改革、财政行政主管部门发布的“建设工程计价规则和计价依据”，并结合司法鉴定工作实际制定。

1 范围

1.1 本技术规范规定了建设工程司法鉴定的程序。

1.2 本技术规范适用于建设工程质量类、建设工程造价类的司法鉴定,不适用于军事、抢险救灾等有特殊要求的建设工程的司法鉴定。

司法鉴定机构受理的诉前鉴定和非诉鉴定可参照本技术规范执行。

1.3 建设工程司法鉴定除应按本技术规范执行外,还应符合国家、行业、地方现行有关标准的规定及工程计价依据的要求。

2 规范性引用文件

2.1 下列文件中的条款通过本技术规范的引用而成为本技术规范的条款。凡是注日期的引用文件,其随后所有的修改单(不包括勘误的内容)或修订版均不适用于本技术规范,然而,鼓励根据本技术规范达成协议的各方研究是否可使用这些文件的最新版本。凡是不注日期的引用文件,其最新版本适用于本技术规范。

2.2.1 GB50292 民用建筑可靠性鉴定标准。

2.2.2 GB50144 工业建筑可靠性鉴定标准。

2.2.3 国家、行业、地方建设工程设计和施工及质量验收规范、规程。

2.2.4 国家、行业、地方建设工程检测试验标准、规范、规程。

2.2.5 国家、行业、地方建设工程指导性计价依据。

3 术语和定义

下列术语和定义适用于本技术规范。

3.1 建设工程 Construction Engineering

为人类生活、生产提供物质技术基础的各类建(构)筑物和工程设施。

3.2 司法鉴定 Judicature Appraisal

在诉讼活动中鉴定人运用科学技术或者专门知识对诉讼涉及的专门性问题进行鉴别和判断并提供鉴定意见的活动。

3.3 委托人 Principal

在诉讼活动中委托司法鉴定机构进行司法鉴定活动的司法机关。

在诉前和非诉活动中委托司法鉴定机构进行鉴定活动的仲裁机构、政府部门、社会组织、公民或其他主体。

3.4 司法鉴定机构 Judicial Authentication Institutions

经过司法行政机关审核登记并取得《司法鉴定许可证》,从事司法鉴定业务的法人或者其他组织。

3.5 司法鉴定人 Judicature Appraiser

经过司法行政机关审核登记并取得《司法鉴定人执业证》,从事司法鉴定业务的人员。

3.6 鉴定资料 Material of Appraisal

经委托人质证认可或经查证属实的存在于各种载体上与鉴定事项有关的记录。

3.7 建设工程质量 Construction Quality

反映建设工程满足相关标准规定或合同约定的要求,包括在安全、使用功能及其在耐久性能、环境保护、建筑节能等方面所有明显和隐含能力的特性综合。

3.8 现场勘验 Site Survey

在委托人组织下或经委托人同意,司法鉴定人会同各方当事人共同到达现场,凭借仪器设备及专用工具对受鉴项目进行观察、查勘(包括查询、查档、访问)、检验以及收集证据的活动。

3.9 建设工程材料 Construction Material

建设工程所用材料、制品、构配件及设备。

3.10 检验 Test

按照有关标准、程序和技术方法,确定所给定产品、材料、设备、物理、化学现象、工艺过程等的性能、状况或者其是否符合有关标准和要求,并出具具有证明作用的检验数据和结果的活动。

注:有时称为检测、试验、测试。

3.11 抽样 Sampling

取出物质、材料或产品的一部分作为其整体的代表性样品进行检测或校准的一种规定程序。抽样也可能是由检测或校准该物质、材料或产品的相关规范要求的。某些情况下(如法庭科学分析),样品可能不具备代表性,而是由其可获性所决定。

3.12 受鉴项目 Project to Appraised

根据委托人所委托的鉴定事项应鉴定的工程项目。

3.13 建设工程质量司法鉴定 Judicature Appraisal for Construction Quality

司法鉴定机构接受委托,运用建设工程相关理论和技术标准对有质量争议的工程进行调查、勘验、检测、分析、复核验算、判断,并出具鉴定意见的活动。

3.14 既有建设工程 Existing Construction Project

已存在的为人类生活、生产提供物质技术基础的各类建(构)筑物和工程设施。

3.15 建设工程造价司法鉴定 Judicature Appraisal for Construction Cost

司法鉴定机构接受委托,依据国家的法律、法规以及中央和省、自治区及直辖市等地方政府颁布的工程造价计价依据,针对某一特定建设项目的合同文件及竣工资料,来计算和确定某一工程价值并出具鉴定意见的活动。

3.16 计价依据 Basis of Valuation

运用科学、合理的调查统计和分析测算方法,从工程建设经济技术活动和市场交易活动中获取的可用于预测、评估、计算工程造价的参数、量值、方法等,具体包括由国家和省、市级有关行政主管部门编制的工程量清单计价规范、工程定额、价格指数、建设市场价格信息等计价依据。

3.17 不可抗力 Force Majeure

承包人和发包人在订立合同时不可预见,在合同履行过程中不可避免发生并不能克服的自然灾害和社会性突发事件。

3.18 司法鉴定文书 Judicature Appraisal Instruments

司法鉴定机构和司法鉴定人依照法定条件和程序,运用科学技术或者专门知识对诉讼中涉及的专门性问题进行分析、鉴别和判断后出具的记录和反映司法鉴定过程及司法鉴定意见的书面载体。

4 建设工程司法鉴定的委托与受理

4.1 建设工程司法鉴定的委托

4.1.1 建设工程司法鉴定应由司法鉴定机构统一受理委托。

4.1.2 司法鉴定机构接受鉴定委托,应要求委托人出具鉴定委托书,委托书应载明委托的司法鉴定机构的名称、委托鉴定的事项和鉴定要求、委托人的名称等内容。

委托事项属于重新鉴定的,应在委托书中注明。

司法鉴定机构和司法鉴定人不得按照委托人的不合理要求或暗示进行鉴定并提供鉴定意见。

4.1.3 委托人应向鉴定机构提供真实、充分的鉴定资料,并对鉴定资料的真实性、合法性负责。

建设工程司法鉴定的鉴定资料(格式参见附录A),可根据受理鉴定案件具体情况进行增减。

4.2 建设工程司法鉴定的受理

4.2.1 委托受理

4.2.1.1 司法鉴定机构收到委托书后,应对委托人委托鉴定的事项进行审查,对属于本鉴定机构司法鉴定业务范围,委托鉴定的事项及鉴定要求明确,提供的鉴定资料经过质证的鉴定委托,应予以受理。

4.2.1.2　对提供的鉴定资料不真实、不齐全的,司法鉴定机构可以要求委托人补充。委托人补充齐全的,可以受理。

4.2.1.3　司法鉴定机构对于符合受理条件的鉴定委托,应及时作出受理的决定;不能及时作出受理的,应在十个工作日内作出是否受理的决定,并通知委托人;对通过信函或其他方式提出鉴定委托的,应在二十个工作日内作出是否受理的决定,并通知委托人;对疑难、复杂或者特殊鉴定事项的委托,可以与委托人协商确定受理的时间。

4.2.1.4　司法鉴定机构在受理鉴定委托过程中,对案件争议的事实初步了解后,司法鉴定人如发现委托鉴定事项不利于事实的查明或者难以鉴定时,应向委托人释明。

4.2.1.5　对不予受理的鉴定委托,应向委托人说明理由,退还其提供的鉴定资料。

具有下列情形之一的鉴定委托,司法鉴定机构不得受理:

a) 委托鉴定的事项超出本机构司法鉴定业务范围的;

b) 鉴定资料未经过质证或者取得方式不合法的;

c) 鉴定事项的用途不合理或者违背行业和社会公德的;

d) 鉴定要求不符合司法鉴定执业规则或者相关鉴定技术规范的;

e) 鉴定要求超出本机构技术条件和鉴定能力的;

f) 同时委托其他鉴定机构就同一鉴定事项进行鉴定的;

g) 不符合本技术规范第5.20.3条规定的;

h) 其他不符合法律、法规、规章规定情形的。

4.2.2　建设工程司法鉴定协议书

4.2.2.1　司法鉴定机构决定受理鉴定委托的,应在与委托人协商一致的基础上签订《建设工程司法鉴定协议书》(格式参见附录B)。

司法鉴定协议书应当载明下列事项:

a) 委托人和鉴定机构的基本情况;

b) 委托鉴定的事项及鉴定要求;

c) 鉴定项目;

d) 本鉴定事项是否属于重新鉴定;

e) 鉴定过程中双方的权利、义务;

f) 鉴定费用及收取方式;

g) 鉴定机构对司法鉴定的风险提示,《建设工程司法鉴定风险提示》(内容参见附录C);

h) 其他需要载明的事项。

4.2.2.2 在司法鉴定过程中需要变更协议书内容的,应当由协议双方协商确定。

4.2.2.3 司法鉴定协议书应以唯一性和连续性进行登记编号。

4.2.3 收费

4.2.3.1 建设工程司法鉴定由司法鉴定机构统一收取司法鉴定费用。司法鉴定机构执行省级司法和物价行政部门发布的收费项目和标准。没有收费标准的,可协商由鉴定机构根据所受理鉴定项目的实际情况参考相关行业收费办法收取费用。

4.2.3.2 司法鉴定机构接受鉴定委托后十天内,根据省级司法和物价行政部门发布的收费项目和标准或相关各方协商的收费标准,向委托人提交《鉴定费支付通知单》(格式参见附录D)。

4.2.3.3 申请司法鉴定的当事人向鉴定机构支付鉴定费后,司法鉴定机构正式受理鉴定并开始实施鉴定工作。

4.2.3.4 司法鉴定机构受理委托的鉴定事项鉴定过程时间较长,或司法鉴定机构在鉴定过程中,遇有复杂、疑难、特殊的技术问题或其他特殊情况,无法事先确定鉴定费用的,可分阶段通过委托人向申请司法鉴定的当事人收取鉴定费用。

5 建设工程司法鉴定的基本原则和程序

5.1 应遵循依法鉴定原则、独立鉴定原则、客观鉴定原则、公正鉴定原则。应遵守职业道德和职业纪律,尊重科学,遵守建设领域有关的标准、技术文件要求。

5.2 司法鉴定机构受理鉴定委托后,应建立《建设工程司法鉴定工作流程信息表》(格式参见附录E),以载明鉴定过程中每项鉴定事项发生的时间、事由、形成的记录种类。各项记录应进行唯一性和连续性标识。

5.3 建设工程司法鉴定实行鉴定人负责制度。司法鉴定人应当科学、客观、独立、公正地进行鉴定,并对作出的鉴定意见负责。

5.4 司法鉴定机构受理鉴定委托后,应指定本机构中具有该鉴定事项执业资格的司法鉴定人进行鉴定。

5.5 司法鉴定机构对同一鉴定事项,应指定或者选择不少于二名司法鉴定人共同进行鉴定。

对疑难、复杂或者特殊的鉴定事项,可以指定或者选择多名司法鉴定人进行鉴定。

5.6　委托的鉴定事项完成后,鉴定机构可以指定机构内专人进行复核;对于涉及复杂、疑难、特殊技术问题或者属于重新鉴定的鉴定事项,应指定机构内专人进行复核。复核人员对该项鉴定的实施是否符合规定的程序、是否采用规定的技术标准和技术规范等情况进行复核,复核后的意见,应当存入同一鉴定档案。复核后发现有违反本技术规范规定情形的,司法鉴定机构应予以纠正。

5.7　司法鉴定人具有下列情形之一的,应自行回避;不自行回避的,委托人、当事人及利害关系人有权要求其回避。

应回避的情形有:

a) 是受鉴项目的当事人,或者是当事人近亲属的;

b) 本人或者其近亲属与受鉴项目有利害关系的;

c) 担任过受鉴项目的证人、辩护人、诉讼代理人的;

d) 担任过受鉴项目咨询、论证、勘察、设计、监理、施工、检测(测绘)任务的;

e) 与受鉴项目各方当事人有其他关系可能影响司法鉴定公正的;

f) 其他应回避的情形。

5.8　鉴定机构应建立回避声明制度。司法鉴定人自行提出回避的,由其所属的司法鉴定机构决定;委托人要求司法鉴定人回避的,应向该司法鉴定人所属的司法鉴定机构提出,由司法鉴定机构决定。委托人对司法鉴定人是否实行回避的决定有异议的,可以撤销鉴定委托。

5.9　司法鉴定机构应在受理鉴定委托后五日内,向委托人送达《司法鉴定组成人员通知书》(格式参见附录F),载明司法鉴定组成人员的姓名、专业技术任职资格、专业技术执业资格、司法鉴定执业证号。各方当事人如对司法鉴定人申请回避,可在接到通知后十天内以书面形式向委托人提出,并说明理由。

5.10　鉴定过程中形成的需要委托人了解、答复的各种文件,需要向委托人说明有关问题和联系的事项,应制作工作联系函向委托人送达。工作联系函和送达回证应进行唯一性标识。《司法鉴定送达回证》(格式参见附录G)。

5.11　司法鉴定机构应严格依照有关要求保管和使用鉴定资料,严格监控鉴定资料的接收、传递、鉴别、保存和处置,建立科学、严密的管理制度。

5.12　司法鉴定人进行鉴定,根据相关规定及实际情况,应依据以下相关标准或技术文件:

a) 国家标准;

b) 司法行政主管部门、司法鉴定行业组织,建设工程相关行业主管部门、建设工程相关行业组织制定的行业标准;

c) 省级主管部门制定的相应的地方标准;

d) 经过标准化行政主管部门备案的企业标准;

e）建设工程相关领域被认可的技术成果；

f）相关各方当事人协商一致的标准或技术方法；

g）不具备前款规定的标准或技术方法的，可采用司法鉴定机构自行制定的有关技术方法，并通过计量认证，形成书面文件，经当事各方一致同意后实施。

5.13 鉴定方案的确定

5.13.1 司法鉴定人应全面了解熟悉案情，对送鉴资料进行认真研究，了解各方当事人争议的焦点和委托人的鉴定要求，并对受鉴项目进行初步调查。

5.13.2 司法鉴定人应根据受鉴项目的特点和初步调查结果、鉴定目的和要求制订鉴定方案。鉴定方案内容应包括鉴定的依据、采用的标准、案情调查的工作内容、鉴定技术路线、工作进度计划及需由当事人完成的配合准备工作等。

5.13.3 鉴定方案必须经鉴定机构的技术管理者批准后方能实施。

5.14 案情调查

5.14.1 根据鉴定需要，司法鉴定人有权查询与鉴定有关的资料，询问当事人、证人，复查现场，补充或者复制鉴定所需的资料。

5.14.2 案情调查可采用以下形式：

a）听证会：请各方当事人分别陈述案情及争议的焦点，目的是充分听取各方的意见。司法鉴定人在听证会上应严格保持中立，不妄加评论。听证会应形成听证会纪要。

b）专项询问：向受鉴项目的有关单位和有关人员进行访问、查询、调查，了解真实情况、查清客观事实。专项询问应形成询问笔录。《询问笔录》（格式参见附录 H）。

c）现场勘验：在委托人组织下或经委托人同意，司法鉴定人会同各方当事人共同到达现场对受鉴项目的具体部位进行现场实勘、实测、实量、实查，并进行必要的检验和查询、查档、访问，掌握第一手资料，为专门性问题鉴别和判断提供真实客观的依据。现场勘验应形成记录。《建设工程司法鉴定现场勘验记录》（格式参见附录 J）。用于现场勘验、检验（测绘）的计量器具必须经计量检定（校准）合格。

注 1：计量检定指查明和确认计量器具是否符合法定要求的程序，包括检查、加标记和（或）出具检定证书。

注 2：校准指在规定条件下，为确定测量装置或测量系统所指示的量值，或实物量具或参考物质所代表的量值，对应的由标准所复现的量值之间关系的一组操作。

5.14.3 案情调查视鉴定项目和鉴定过程的具体情况，可举行一次或多次。案情调查应有二名及以上司法鉴定人员进行，且至少应有一名司法鉴定人。案情调查除专项调查外，应由委托人组织或委托人同意，并通知各方当事人参加。案情调查应有专人负责记录，记录要由参与者签字确认。当事人经委托人合法通知未到现场或到现场拒绝在案情调查记录上签字,不影响司法鉴定人对案情调查事实的确认。

5.15　鉴定机构从事建设工程质量鉴定的,在业务范围内应依法建立通过资质认定或认可的检测实验室。

5.16　建设工程司法鉴定过程中,遇有特别复杂、疑难、特殊技术问题或鉴定人意见有重大分歧时,可向司法鉴定机构以外的相关专家进行咨询,但最终的鉴定意见应由司法鉴定机构出具。

5.17　完成鉴定的时限

5.17.1　司法鉴定机构应在收到委托人出具的鉴定委托书或签订《建设工程司法鉴定协议书》之日起六十个工作日内完成委托事项的鉴定。

5.17.2　鉴定事项涉及复杂、疑难、特殊的技术问题或者检验过程需要较长时间的,经与委托人协商并经鉴定机构负责人批准,完成鉴定的时间可以延长,每次延长时间一般不得超过六十个工作日。

5.17.3　司法鉴定机构与委托人对完成鉴定的时限另有约定的,从其约定。

5.17.4　在鉴定过程中补充或者重新提取鉴定资料,司法鉴定人复查现场、赴鉴定项目所在地进行检验和调取鉴定资料所需的时间,不计入鉴定时限。

5.18　终止鉴定

5.18.1　终止鉴定情形

司法鉴定机构在进行鉴定过程中,遇有下列情形之一的,应终止鉴定:

a) 发现委托鉴定事项的用途不合法或者违背社会公德的;

b) 委托人提供的鉴定资料不真实或者不充分,委托鉴定现场不具备检测鉴定条件的;

c) 因鉴定资料不充分或者因鉴定资料损坏、丢失,委托人不能或无法补充提供符合要求的鉴定资料的;

d) 委托人的鉴定要求或者完成鉴定所需的技术要求超出本机构技术条件和鉴定能力的;

e) 委托人不履行司法鉴定委托受理协议书规定的义务或者当事人不予配合,致使鉴定无法继续进行的;

f) 因不可抗力致使鉴定无法继续进行的;

g) 委托人撤销鉴定委托或者主动要求终止鉴定的;

h) 申请鉴定当事人拒绝支付鉴定费用的;

i) 司法鉴定委托受理协议书约定的其他终止鉴定的情形。

5.18.2　终止鉴定的,司法鉴定机构应书面通知委托人,说明理由,并退还鉴定材料。

5.18.3　终止鉴定的，司法鉴定机构应根据终止的原因及责任，酌情退还有关鉴定费用。

5.19　补充鉴定

有下列情形之一的，司法鉴定机构可以根据委托人的请求进行补充鉴定，补充鉴定是原委托鉴定的组成部分：

a）委托人增加新的鉴定要求的；

b）委托人发现委托的鉴定事项有遗漏的；

c）委托人就同一委托鉴定事项又提供或者补充新的鉴定资料的；

d）其他需要补充鉴定的情形。

补充鉴定可以由原司法鉴定人进行，也可以由其他司法鉴定人进行。

补充鉴定意见书中应注明与原委托鉴定事项相关联的鉴定事项；补充鉴定意见与原鉴定意见明显不一致的，应说明理由。增加新的鉴定要求，有可能改变原鉴定意见的，应视为新的鉴定事项，另行委托。

5.20　重新鉴定

5.20.1　重新鉴定情形

有下列情形之一的，司法鉴定机构可以接受委托进行重新鉴定：

a）原司法鉴定机构或司法鉴定人不具有从事原委托事项鉴定执业资格的；

b）原司法鉴定机构超出登记的业务范围组织鉴定的；

c）原司法鉴定人按规定应回避没有回避的；

d）委托人或者其他诉讼当事人对原鉴定意见有异议，并能提出合法依据和合理理由的；

e）法律规定或者委托人认为需要重新鉴定的其他情形。

5.20.2　资质条件

接受重新鉴定委托的司法鉴定机构的资质条件，一般应相当于或高于原委托的司法鉴定机构；参与重新鉴定的司法鉴定人的技术职称或执业资格，应相当于或高于原委托的司法鉴定人。

5.20.3　回避

进行重新鉴定，有下列情形之一的，司法鉴定人应回避：

a）有本技术规范第5.7条规定情形的；

b）参加过受鉴项目同一鉴定事项的初次鉴定的；

c）在受鉴项目同一鉴定事项的初次鉴定过程中作为专家提供过咨询意见的。

5.21　司法鉴定机构和司法鉴定人应保守在执业活动中知悉的国家秘密、商业秘密，不得泄露个人隐私。未经委托人同意，不得向其他人或者组织提供与鉴定事项有关的信息,但法律、法规另有规定的除外。

6 建设工程质量类鉴定

6.1 建设工程施工阶段质量鉴定

6.1.1 初步调查

6.1.1.1 查阅相关资料,包括:工程地质勘察报告、经审查合格的施工图设计文件、相关的设计计算书、设计变更联系单、分部分项工程验收记录、涉及结构安全和主要使用功能的分部分项工程的检验资料、建设工程材料进场复验报告、给排水资料、管线资料、环境条件资料、质量事故及质量纠纷详细情况报告及其他相关资料。

6.1.1.2 根据初步调查的情况,确定鉴定方案。

6.1.2 按本技术规范第5.14条的规定进行现场勘验。如有必要,可对有质量问题和质量纠纷的建设工程材料或实体等,按现行规范进行抽样或全部抽样检测。如需进行微破损和破损检测时,应事先向委托人释明。

注:破损检测指在检测过程中,对结构的既有性能有局部和暂时的影响,但可修复的检测方法;破损检测指在检测过程中,对结构的既有性能具有荷载性破坏的检测方法。

6.1.3 根据施工图设计文件、设计计算书、施工技术资料、检验报告、现场勘验记录及其他相关资料等,按现行相关标准、规范、规程进行复核验算,从勘察、设计、施工、所选用材料设备、环境条件等方面进行分析、查明质量问题的原因。

6.1.4 针对查明的质量问题的原因,必要时可根据相关标准,提出处理方案。

6.1.5 对建设工程施工质量进行司法鉴定,不应作出合格或不合格的鉴定意见,而应作出工程质量是否符合施工图设计文件、相关标准、技术文件的鉴定意见。

6.1.6 对建设工程材料进行检测鉴定,应根据相关规定或约定作出是否符合相关标准的判定。

6.1.7 当建设工程质量不符合要求时,应按照相关标准的要求进行处理。

6.1.8 司法鉴定人可根据委托鉴定的事项及鉴定要求,按照上述相应条款规定的步骤进行操作。

6.1.9 村镇建设工程、农村或城镇居民二层以上的住宅施工阶段质量鉴定,应按本技术规范和现行相关标准执行;农村或城镇居民二层(含二层)以下的自建住宅和临时性建筑施工阶段质量鉴定,可参照本技术规范和现行相关标准执行。

6.2 既有建设工程质量鉴定

6.2.1 根据委托人委托鉴定的事项和鉴定要求,可对既有建设工程出现的质量问题进行鉴定。

6.2.2　既有建设工程质量鉴定，司法鉴定人可根据委托鉴定的事项及鉴定要求按下列规定的程序进行：

a）初步调查；

b）确定鉴定目的、范围和内容；

c）制订鉴定方案；

d）详细调查与检测（必要时可进行补充调查）；

e）分析与复核验算；

f）加固修复方案或结构适修性评估；

注2：结构适修性指残损的或承载能力不足的已有结构，适于采取修复措施所应具备的技术可行性与经济合理性的总称。

g）出具鉴定文书。

6.2.3　对既有建设工程的质量鉴定应符合有关工程勘察设计、施工、检测标准的规定。

6.2.4　对已建成二年以上且已投入使用的民用建筑进行可靠性鉴定，应符合《民用建筑可靠性鉴定标准》（GB50292）的规定。

6.2.5　对已存在的、为工业生产服务，可以进行和实现各种生产工艺过程的工业建筑进行可靠性鉴定，应符合《工业建筑可靠性鉴定标准》（GB50144）的规定。

6.2.6　既有村镇建设工程、农村或城镇居民二层以上住宅的质量鉴定，应按本技术规范和现行相关标准执行；既有农村或城镇居民二层（含二层）以下的自建住宅和临时性建筑的质量鉴定，可参照本技术规范和现行相关标准执行。

6.3　建设工程灾损鉴定

6.3.1　建设工程灾损是指自然灾害、人为损坏、事故破坏引起对建设工程的不利后果。

6.3.2　建设工程灾损初步调查，包括：查阅工程地质勘察报告、竣工图、设计计算书、施工技术资料、灾损详细情况报告等。

6.3.3　根据初步调查的情况，制订鉴定方案。

6.3.4　按本技术规范第5.14条的规定进行现场勘验。现场勘验灾损状况；观察结构损伤严重程度；了解灾损过程；制订检测方案。

6.3.5　查阅灾损报告、结构设计和竣工等资料，并进行核实。对结构所能承受灾损作用的能力作出初步判断。

6.3.6　根据鉴定的需要，按现行规范对受损构件与未受损构件的材质性能、结构变形、构造节点、结构构件承载能力等进行针对性的对比检测。

6.3.7　根据受损构件的材质特性，几何参数，受力特征，按相关现行工程技术标准、规范进行结构分析计算和构件复核验算。

6.3.8 根据结构分析计算和构件复核验算结果,按现行相关标准进行结构构件的鉴定评级,确定结构的安全性。可根据受损构件的损伤程度提出处理意见。

6.3.9 村镇建设工程、农村或城镇居民二层以上的住宅灾损鉴定,应按本技术规范和现行相关标准执行;农村或城镇居民二层(含二层)以下的自建住宅和临时性建筑的灾损鉴定,可参照本技术规范和现行相关标准执行。

6.4 建设工程其他专项质量

6.4.1 建设工程其他专项鉴定包括:建(构)筑物渗漏鉴定、建筑日照间距鉴定、建筑节能施工质量鉴定、建筑材料鉴定、工程设计工作量和质量鉴定、周边环境对建设工程的损伤或影响鉴定、装修工程质量鉴定、绿化工程质量鉴定、市政工程质量鉴定、工业设备安装工程质量鉴定、水利工程质量鉴定、交通工程质量鉴定、铁路工程质量鉴定、信息产业工程质量鉴定、民航工程质量鉴定、石化工程质量鉴定等。

6.4.2 建设工程其他专项质量鉴定,司法鉴定人可根据委托鉴定的事项和鉴定要求按本技术规范第6.1条至第6.3条规定的步骤进行操作。

7 建设工程造价类鉴定

7.1 建设工程造价鉴定

7.1.1 建设工程造价鉴定除应遵循依法鉴定原则、独立鉴定原则、客观鉴定原则、公正鉴定原则,还应遵循从约原则和取舍原则。

7.1.2 建设工程造价鉴定应按本技术规范第4.1.3条的规定收集相关的鉴定资料。

7.1.3 由司法机关委托的工程造价鉴定,鉴定资料的真实性和有效性应由司法机关进行质证认定。

7.1.4 司法鉴定人在认真研究鉴定资料熟悉案情基础上,根据受鉴项目投标文件、施工总包合同、专业分包合同及其补充协议等相关资料,提出鉴定方案。并按本技术规范第5.14条的规定进行案情调查。

7.1.5 司法鉴定人应按受鉴项目施工合同的约定,计算工程量,确定工程造价。

7.1.6 施工合同对受鉴项目计价方法或者计价标准约定不明或没有约定的,司法鉴定人可参照受鉴项目施工合同履行期间适用的工程造价计价依据确定受鉴项目工程造价。

7.1.7 因发包人或者承包人提出受鉴项目变更,导致受鉴项目的工程量或者质量标准发生变化,当事人对该部分工程价款不能协商一致的,可参照受鉴项目施工合同履行期间适用的工程造价计价依据确定该部分工程价款。

7.1.8 发包人和承包人对受鉴项目的工程量产生争议的,应按照施工过程中形成的签证等书面文件确认有争议的工程量。承包人能够证明有争议的工程量是发包人同意施工的,但未能提供有效签证文件证明其工程量发生的,可以按照承包人提供的其他证据确认实际发生的工程量。

7.1.9 法律、行政法规规定必须招标投标的建设工程,发包人和承包人就同一受鉴项目另行订立的工程施工合同与中标合同实质性内容不一致的,不论该中标合同是否经过备案登记,司法鉴定人应以中标合同作为工程造价鉴定的依据。

当事人违法进行招投标,发包人和承包人就同一受鉴项目又另行订立工程施工合同,不论中标合同是否经过备案登记,均为无效合同,但如果已完工程的质量合格,司法鉴定人应以符合双方当事人的真实意思并在施工中具体履行的施工合同作为工程造价鉴定的依据。

法律、行政法规没有规定必须进行招标投标的建设工程,应当以发包人和承包人实际履行的施工合同作为工程造价鉴定的依据;经过招标投标的,当事人实际履行的施工合同与中标合同实质性内容不一致的,司法鉴定人应以中标的施工合同作为工程造价鉴定的依据。

7.1.10 受鉴项目施工合同无效,但受鉴项目经竣工验收合格,司法鉴定人应参照受鉴项目施工合同对计价方法和计价标准的约定确定受鉴项目造价。

7.1.11 受鉴项目施工合同终止履行的,应根据承包人已完成的工程量,按受鉴项目施工合同约定的计价方法和计价标准或受鉴项目施工合同履行期间适用的工程造价指导性计价依据,制定科学、客观、公正的鉴定技术路线,确定工程造价。

7.1.12 司法鉴定人完成受鉴项目鉴定造价初稿后,应通过委托人向各方当事人提交征求意见稿。各方当事人在规定的时间内对征求意见稿提出的异议,司法鉴定人应进行核对和答复。当事人对征求意见稿的异议具有相应证据或者依据的,司法鉴定人应对征求意见稿进行调整并出具鉴定意见。

7.1.13 既有建设工程和灾损建设工程的加固修复造价鉴定,根据司法鉴定人现场勘验经各方当事人确认的加固修复范围,按照委托人委托的具有相应资质的设计单位出具的加固修复设计,考虑既有和灾损建设工程加固修复的施工特点,执行既有和灾损建设工程所在地适用的工程造价计价依据,确定既有和灾损建设工程的加固修复造价。

7.2 建设工程工期鉴定

7.2.1 受鉴项目应按施工合同约定的时间开工。施工合同中未约定受鉴项目开工时间,应以发包人或监理人批准的开工时间为准。

7.2.2 发包人与承包人在施工合同内规定了开工日期,因承包人原因不能按时开工,发包人或监理人接到承包人延期开工申请,同意承包人要求的,工期相应顺延;发包人或监理人不同意延期要求或承包人未在规定时间内提出延期开工要求的,工期不予顺延。

因发包人原因不能按照《建设工程施工合同》约定的开工日期开工,发包人或监理人应以书面形式通知承包人,推迟开工日期。由发包人承担因延期开工给承包人造成的损失,并相应顺延工期。

如因不可抗力原因不能按时开工的,工期相应顺延。

委托人提交的送鉴资料中,均无发包人或承包人的原因需推迟开工日期的证据,应以施工合同约定的时间确定开工日期或以实际开工时间确定。

7.2.3 受鉴项目施工合同对工期约定不明或没有约定的,司法鉴定人应按相关工期定额,确定受鉴项目工期。

7.2.4 发包人未取得施工许可证而被主管部门责令停止施工的,按发包人或监理人同意顺延的工期竣工;如果发包人未取得施工许可证并未被主管部门责令停止施工的,受鉴项目工期应从实际开工日期起按合同约定工期计算。

相关情形有:

a) 因发包人原因而被主管部门责令停止施工的,按发包人或监理人同意顺延的工期计算。

b) 因承包人原因而被主管部门责令停止施工的,按合同约定计算工期。

c) 因其他原因被主管部门责令停止施工的,按发包人或监理人同意顺延的工期计算。

7.2.5 各方当事人对建设工程实际竣工日期有争议的,按照以下情形分别确定竣工日期:

a) 受鉴项目经竣工验收合格的,以竣工验收合格之日为竣工日期;

b) 承包人已经提交竣工验收报告,发包人拖延验收的,以承包人提交验收报告之日为竣工日期;

c) 受鉴项目未经竣工验收,发包人擅自使用的,以转移占有受鉴项目之日为竣工日期。

7.2.6 受鉴项目竣工前,发包人和承包人对工程质量发生争议,工程质量经鉴定合格的,鉴定期间为工期顺延期间。

7.2.7 委托人提交的送鉴资料中,有经发包人或监理人关于工期顺延的工程签证单的,以工程签证单确定工期顺延的时间。

7.2.8 设计变更和工程量增加,应查明是否增加了关键线路和关键工作上的工程量。关键工作增加了工程量,工期应予以顺延;关键工作未增加工程量,工期可不予顺延。

注 1:关键线路指在工期网络计划中从起点节点开始,沿箭线方向通过一系列箭线与节点,最后到达终点节点为止所形成的通路上所有工作持续时间总和最大的线路。

注 2:关键工作指关键线路上的工作,关键工作上各项工作持续时间总和即为网络计划的工期。关键工作的进度将直接影响到网络计划的工期。

7.2.9 因发包人原因造成受鉴项目停工的,相应顺延工期;因承包人原因造成受鉴项目停工的,工期不予顺延。

7.2.10 因特殊原因,发包人要求受鉴项目部分单位工程或工程部位甩项竣工的,以甩项协议签署的时间来确定这部分工程的竣工时间。受鉴项目其全部竣工时间按本技术规范第 7.2.5 条的规定确定竣工日期。

7.3 建设工程暂停施工、合同的终止、不可抗力相关费用鉴定

7.3.1 建设工程暂停施工相关费用鉴定

7.3.1.1 发包人(监理人)指示暂停施工的相关费用鉴定

发包人(监理人)认为有必要时,可向承包人发出暂停施工的指示,承包人应按发包人(监理人)指示暂停施工。不论由于何种原因引起的暂停施工,暂停施工期间承包人应负责妥善保护工程并提供安全保障。司法鉴定人需确定以下发生的费用,并由责任方承担:

a) 保护、保管暂停施工部分的工程或全部工程的费用;

b) 由于暂停施工而引起的、必需的安全费用;

c) 项目经理部人员的工资及进入施工现场生产工人的工资;

d) 由于暂停施工而引起的需延期租赁的施工机械和施工机具租赁费用;

e) 暂停施工达 28 天或 28 天以上,承包人为受鉴项目已采购的生产设备和(或)材料的款项;

f) 为暂停施工部分的工程复工而引起的、必需的准备费用。

7.3.1.2 承包人原因引起的暂停施工,由承包人承担发生的费用,并按合同的约定承担违约责任。

7.3.2 建设工程合同的终止相关费用鉴定

7.3.2.1 发包人原因导致的合同终止相关费用鉴定

因发包人违约导致合同终止的,司法鉴定人需确定发包人应向承包人支付的下列费用:

a) 合同解除日以前承包人所完成的永久工程的价款;

b) 承包人为受鉴项目施工订购并已付款的材料、工程设备和其他物品的金额。发包人付款后,该材料、工程设备和其他物品归发包人所有;

c）承包人为完成受鉴项目所发生的，而发包人未支付的费用；

d）承包人撤离施工场地以及遣散承包人人员的费用；

e）承包人进场施工机械的停滞费用；

f）承包人为完成受鉴项目所建造的临时设施的摊销费用；

g）受鉴项目未施工部分承包人的可得利益；

h）由于解除合同应赔偿的承包人的损失；

i）按合同约定在合同解除日前应支付给承包人的其他费用。

7.3.2.2 承包人原因导致的合同终止相关费用鉴定

因承包人违约导致合同终止的，司法鉴定人需确定承包人的下列费用：

a）合同终止日以前承包人所完成的永久工程的价款；

b）承包人为受鉴项目施工订购并已付款的材料、工程设备和其他物品的金额。发包人付款后，该材料、工程设备和其他物品归发包人所有；

c）承包人为完成受鉴项目所发生的，而发包人未支付的费用；

d）承包人为完成受鉴项目所建造的临时设施的摊销费用；

e）由于解除合同应赔偿的发包人的损失。

7.3.2.3 不可抗力导致的合同终止相关费用鉴定

因不可抗力导致合同无法履行，发包人和承包人都有权通知对方终止合同。在这种情况下，合同将在对方收到通知后终止。发出通知方可以就受到不可抗力影响而未能履约申请免除责任或者部分免除责任。一旦发生此类终止，司法鉴定人需确定发包人应向承包人支付的下列费用：

a）合同终止日以前承包人所完成的永久工程的价款；

b）承包人为受鉴项目施工订购并已付款的材料、工程设备和其他物品的金额。发包人付款后，该材料、工程设备和其他物品归发包人所有；

c）承包人为完成受鉴项目所发生的，而发包人未支付的金额；

d）承包人为完成受鉴项目所建造的临时设施的摊销费用；

e）承包人撤离施工场地以及遣散承包人人员的费用；

f）按合同约定在合同终止日前应支付给承包人的其他费用。

7.3.3 不可抗力相关费用鉴定

不可抗力导致的人员伤亡、财产损失、费用增加和（或）工期延误等后果，按以下原则确定：

a）永久工程，包括已运至施工场地的材料和工程设备的损害，以及因工程损害造成的第三方人员伤亡和财产损失由发包人承担；

b）承包人设备的损坏由承包人承担；

c）发包人和承包人各自承担其人员伤亡和其他财产损失及其相关费用；

d) 承包人的停工损失由承包人承担,但停工期间应发包人(监理人)要求照管工程和清理、修复工程的费用由发包人承担;

e) 不能按期竣工的,应合理延长工期,承包人不需支付逾期竣工违约金。发包人要求赶工的,承包人应采取赶工措施,赶工费用由发包人承担。

8 建设工程司法鉴定文书

8.1 司法鉴定机构和司法鉴定人在完成委托的鉴定事项后,应依据委托人所提供的鉴定资料和相关检验结果、技术标准和执业经验,科学、客观、独立、公正地提出鉴定意见,并向委托人出具司法鉴定文书。

8.2 司法鉴定文书的出具

8.2.1 司法鉴定文书是鉴定过程和鉴定结果的书面表达形式(包括文字、数据、图表和照片等)。建设工程司法鉴定文书一般出具司法鉴定意见书和司法鉴定检验(测绘)报告书。

8.2.2 司法鉴定文书的语言表述应符合下列要求:

a) 使用符合国家通用语言文字规范、通用专业术语规范和法律规范的用语,不得使用文言、方言和土语;

b) 使用国家法定计量单位;

c) 文字精练,用词准确,语句通顺,描述客观清晰。

8.2.3 司法鉴定文书的制作应规范、标准,不得涉及国家秘密,不得作出法律结论,不得载有案件定性和确定当事人法律责任的内容。

8.2.4 多人参加司法鉴定,对鉴定有不同意见的,应当注明。

8.2.5 司法鉴定文书格式

司法鉴定文书一般由封面、绪言、案情摘要、书证摘录、分析说明、鉴定意见、附注、落款、附件等部分组成:

a) 封面:应写明司法鉴定机构的名称、司法鉴定文书的类别及编号、司法鉴定许可证号、司法鉴定文书出具年月;封二应写明声明、司法鉴定机构的地址和联系信息。

b) 编号:写明司法鉴定机构缩略语、年份、专业缩略语、文书缩略语及序号。编号位于司法鉴定文书正文标题下方右侧,编号处应当加盖司法鉴定机构的司法鉴定专用章钢印。

c) 绪言:宜包括以下内容:

1) 委托单位;

2) 委托日期;

3) 鉴定项目;

4）鉴定事项；

5）送鉴资料；

6）送鉴日期；

7）鉴定日期；

8）鉴定地点。

d）案情摘要：写明委托鉴定事项涉及受鉴项目争议的简要情况。

e）书证摘录：系对送鉴资料的摘要，所有摘要应注明出处，重点摘录有助于说明鉴定过程和鉴定结果的内容，引用资料应客观全面。

f）分析说明：分析说明是司法鉴定文书的关键部分，是检验司法鉴定文书质量的标志之一。宜包括以下内容：

1）说明受鉴项目概况；

2）指明引用法律、法规、规章、定额、标准、规范、规程的出处；

3）写明鉴定的实施过程和科学依据，包括鉴定资料采信、鉴定程序、所用技术路线、技术方法、技术标准；

4）通过阐述理由和因果关系，解答鉴定事由和有关问题，说明根据鉴定资料和鉴定过程形成鉴定意见的分析、鉴别和判断的过程。

g）鉴定意见：应当明确、具体、规范、具有针对性和可适用性。

h）附注：对司法鉴定文书中需要解释的内容，可以在附注中作出说明。

i）附件目录：相对于司法鉴定文书正文后面的附件，应按附件在正文中出现的顺序，统一编号形成目录。

j）落款：

1）在司法鉴定文书落款处应写明司法鉴定人的专业技术职务资格和执业资格执业证号。

2）司法鉴定人应在司法鉴定文书上签名或盖章。

3）司法鉴定文书各页之间应加盖司法鉴定机构的司法鉴定专用章红印，作为骑缝章。

4）文书制作日期上应加盖司法鉴定机构的司法鉴定专用章红印。

k）附件：包括司法鉴定委托书、建设工程司法鉴定协议书，与鉴定意见有关的检验、测绘报告，案情调查中形成的记录，相关的图片、照片和其他必要的资料，司法鉴定机构司法鉴定许可证、司法鉴定人执业资格证书复印件。

8.2.6　司法鉴定人在对受鉴项目进行检测和鉴定过程中，如发现在委托鉴定事项之外，存在安全使用隐患，影响主要使用功能或造价结算方面等情形的，可在出具鉴定意见时予以披露。

8.2.7　补充鉴定文书格式

补充鉴定文书在司法鉴定意见书格式的基础上,应说明以下事项:

a) 补充鉴定说明:阐明补充鉴定理由和新的委托鉴定事由;

b) 补充资料摘要:在补充新资料摘要的基础上,还要包括原鉴定书的基本内容等;

c) 补充鉴定过程:在补充鉴定、检测等基础上,还要包括原鉴定过程的基本内容等;

d) 补充鉴定意见:在原鉴定意见的基础上,提出补充鉴定意见;

e) 补充鉴定司法鉴定意见书是原司法鉴定意见书的补充和有效组成部分,应一并使用。

8.2.8 司法鉴定文书的补正

8.2.8.1 应委托人、当事人的要求或者司法鉴定人自行发现有下列情形之一的,经司法鉴定机构负责人审核批准,应对司法鉴定文书进行补正:

a) 司法鉴定文书的图像、表格、文字不清晰的;

b) 司法鉴定文书中的签名、盖章或者编号不符合制作要求的;

c) 司法鉴定文书文字表达有瑕疵或者错别字,不影响鉴定意见、不改变司法鉴定文书的其他内容的。

8.2.8.2 对已发出司法鉴定文书的补正,应以追加文件或者更换文书的形式实施,并应包括如下声明:"对××××字号(或其他标识)文书的补正"。司法鉴定文书补正应满足本技术规范的相关要求。经委托人同意,可以更换新的司法鉴定文书。重新制作的司法鉴定文书除补正内容外,其他内容应与原鉴定文书一致。

8.2.9 司法鉴定文书出具后,不得撤销。司法鉴定机构和司法鉴定人发现所出具的鉴定意见存在严重错误的,应及时向委托人和有关办案机关作出书面说明。

8.3 司法鉴定文书的制作

8.3.1 使用 A4 规格纸张,打印制作。

8.3.2 在正文每页页眉的右上角注明正文共几页,同时注明本页是第几页。

8.3.3 不得有涂改。

8.3.4 份数:司法鉴定文书应根据委托人及当事人的数量和司法鉴定机构的存档要求来确定制作份数。

8.4 司法鉴定文书送达

8.4.1 司法鉴定文书制作完成后,应及时向委托人送达。

8.4.2 司法鉴定文书送达应由委托人签收,送达回证应有唯一性和连续性标识。《司法鉴定送达回证》参见附录 G。

9 司法鉴定人的出庭

9.1 司法鉴定人经人民法院依法通知,应当出庭作证,回答与鉴定事项有关的问题。

因法定事由不能出庭作证的,经人民法院同意后可以书面或其他形式对鉴定事项的有关问题作出解释和说明。

9.2 司法鉴定人出庭前应做好相应准备工作,熟悉和准确理解专业领域相应的法律法规和标准。

9.3 委托人应在出庭前向司法鉴定人提交所需回答的问题及当事人异议的内容,以方便司法鉴定人准备。

9.4 司法鉴定人出庭作证时,应当出示司法鉴定人的执业资格证明。

9.5 司法鉴定人出庭作证时,由承担鉴定事项的司法鉴定人依法、客观、公正、实事求是、有针对性地回答司法鉴定的相关问题。必要时,司法鉴定人应提供相应的证据。

9.6 司法鉴定人出庭作证时,有权拒绝回答与鉴定无关的问题。

9.7 司法鉴定人出庭作证,应按省级司法和物价行政主管部门规定的收费标准收取相应的费用。

10 建设工程司法鉴定业务档案管理

10.1 鉴定材料的收集

10.1.1 司法鉴定人应在鉴定事项办结后三个月内收集下列材料,整理立卷并签字后归档:

a) 司法鉴定委托书;

b) 建设工程司法鉴定委托受理协议书;

c) 鉴定过程中形成的文件资料;

d) 鉴定文书正本;

e) 鉴定文书底稿;

f) 送达回证;

g) 检验、测绘报告,测绘图纸资料;

h) 需保存的送鉴资料;

i) 其他应归档的特种载体材料。

需退还委托人的送鉴资料,应复制或拍照存档。如不方便复制或拍照存档,应当附加说明。

鉴定档案应纸质版与电子版双套归档。

10.2 鉴定档案的整理

10.2.1 归档的照片、光盘、录音带、录像带、数据库光盘等,应当注明承办单位、制作人、制作时间、说明与其他相关的鉴定档案的参见号,并单独整理存放。

10.2.2 卷内材料的编号及案卷封面、目录和备考表的制作

卷内材料的编号及案卷封面、目录和备考表的制作应符合以下要求:

a) 卷内材料经过系统排列后,应当在有文字的材料正面的右下角、背面的左下角用阿拉伯数字编写页码;

b) 案卷封面可打印或书写。书写应用蓝黑墨水或碳素墨水,字迹要工整、清晰、规范;

c) 卷内目录应按卷内材料排列顺序逐一载明,并标明起止页码;

d) 卷内备考表应载明与本案卷有关的影像、声像等资料的归档情况;案卷归档后经司法鉴定机构负责人同意入卷或撤出的材料情况;立卷人、机构负责人、档案管理人员的姓名;立卷、接收日期,以及其他需说明的事项。

10.2.3 需存档的施工图设计文件(或竣工图)按国家有关标准折叠后存放于档案盒内。

10.2.4 案卷应当做到材料齐全完整、排列有序,标题简明确切,保管期限划分准确,装订不掉页不压字。

10.2.5 档案管理人员对已接收的案卷,应按保管期限、年度顺序、鉴定类别进行排列编号。涉密案卷应当单独编号存放。

10.2.6 档案管理人员应在分类排列的基础上编制《案卷目录》、计算机数据库等检索工具。

10.3 鉴定档案的保管

10.3.1 鉴定档案的保管期限按受理后是否出具鉴定文书分类。受理后出具鉴定文书的,列为永久保管。受理后没有出具鉴定文书的,列为定期保管,保管期限为十年。

10.3.2 鉴定档案的保管期限,从该鉴定事项办结后的下一年度起算。

10.3.3 鉴定档案目录登记簿、接收登记簿、销毁登记簿、销毁批件、移交登记簿列为永久保管。

10.3.4 档案应按“防火、防盗、防潮、防高温、防鼠、防虫、防光、防污染”等条件进行安全保管。档案管理人员应当定期对档案进行检查和清点,发现破损、变质、字迹褪色和被虫蛀、鼠咬的档案应及时采取防治措施,并进行修补和复制。发现丢失的,应当立即报告,并负责查找。

10.4　鉴定档案的查阅和借调制度

10.4.1　司法行政机关司法鉴定管理部门和司法机关因工作需要查阅和借调鉴定档案的，应出具单位函件，出示行政执法证件（工作证），并履行登记手续。借调鉴定档案的应在一个月内归还。

10.4.2　其他国家机关依法需要查阅鉴定档案的，应出具单位函件，经办人工作证，经司法鉴定机构负责人批准，并履行登记手续。

10.4.3　其他单位和个人一般不得查阅鉴定档案，因特殊情况需要查阅的，应出具单位函件，出示个人有效身份证明，经司法行政机关司法鉴定管理部门批准，并履行登记手续。

10.4.4　经司法鉴定机构负责人同意，卷内材料可以摘抄或复制。复制的材料，由档案管理人员核对后，注明“复印件与案卷材料一致”的字样，并加盖司法鉴定机构印章。

10.4.5　司法鉴定人查阅和借调鉴定档案，应经司法鉴定机构负责人同意，履行登记手续。借调鉴定档案应在七天内归还。

10.4.6　借调鉴定档案到期未归还的，档案管理人员应当催还。造成档案损毁或丢失的，依法追究相关当事人责任。

10.5　鉴定档案的鉴定、销毁和移交

司法鉴定档案的鉴定、销毁和移交按司法行政主管部门的规定执行。

附录A

（资料性附录）

建设工程司法鉴定送鉴资料目录格式

建设工程司法鉴定送鉴资料目录

选择项	序号	文件资料名称	选择项	序号	文件资料名称
□	1	民事诉讼状（仲裁申请书）	□	4	工程勘察委托合同
□	2	民事答辩状（仲裁答辩状）	□	5	地质勘察报告
□	3	建设项目批文	□	6	工程设计委托合同

(续表)

选择项	序号	文件资料名称	选择项	序号	文件资料名称
□	7	建设工程规划许可证	□	22	工程会议纪要
□	8	工程招、投标文件	□	23	建设工程检测、测绘试验报告
□	9	施工组织设计	□	24	工程验收记录
□	10	中标通知书	□	25	单位工程竣工报告
□	11	工程监理委托合同	□	26	单位工程验收综合结论
□	12	建设工程施工合同(补充协议)	□	27	工程结算书
□	13	开工报告	□	28	工程结算审核书
□	14	建筑工程施工许可证	□	29	证据保全公证书
□	15	施工图设计文件审查报告	□	30	合同约定的主要材料预算价格
□	16	施工图纸(或竣工图纸)	□	31	甲供材料、设备明细表
□	17	图纸会审记录	□	32	当事人存在的矛盾和争议事实
□	18	设计变更单	□	33	
□	19	工程签证单	□	34	
□	20	工程联系单	□	35	
□	21	工程洽谈记录	□	36	

说明:

1. 需提供的文件资料在选择项的方框内打"√";

2. 司法机关委托鉴定的送鉴资料应经双方当事人质证认可,复印件由委托人注明与原件核对无误;

3. 其他委托鉴定的送鉴资料,委托人应对材料的真实性承担法律责任;

4. 送鉴资料不具备鉴定条件或与鉴定要求不符合,或委托鉴定的内容属国家法律法规限制的,本鉴定机构可以不予受理;

5. 鉴定机构认为需要的其他资料,可另行通知。

附录 B

（资料性附录）

建设工程司法鉴定协议书格式

建设工程司法鉴定协议书

案号：××××××××××××××

委托人			
联系人		联系电话	
联系地址		邮政编码	
委托日期		送鉴人	
鉴定受理机构		鉴定许可证号	
机构负责人		联系电话	
机构联系地址		邮政编码	
鉴定业务范围			
鉴定项目：			
鉴定资料：			
委托鉴定事项：			
说明事项			
报告发送方式：□自取　□邮寄　□送达　□其他方式			

约定事项：

B1．鉴定工作按照国家司法部颁发的《建设工程司法鉴定程序规范》(SJB××××)规定的程序进行。

B2．鉴定机构应在受理鉴定委托后五日内，向委托人送达《司法鉴定组成人员通知书》，各方当事人经委托人在被告知本案鉴定人后，如认为必要，可在十天内向鉴定机构提出鉴定人回避的申请。

（续表）

B3. 委托人应提供与案件有关经质证的鉴定资料。因提供不真实资料而产生的后果，由委托人负责。未按规定提交鉴定补充资料，负有举证责任的一方，则应承担对己不利的法律后果。

B4. 鉴定人有权查询与鉴定有关的资料，询问当事人、证人，复查现场，补充或者复制鉴定所需的资料。

B5. 委托人应组织鉴定人和各方当事人进行案情调查。案情调查视鉴定项目和鉴定过程的具体情况，可以举行一次或多次。当事人经委托人合法通知未到现场或到现场拒绝在案情调查记录上签字，不影响司法鉴定人对案情调查事实的确认。

B6. 案件各方当事人应配合鉴定活动，如有疑问，可按规定向委托人提出。如不配合鉴定活动，不影响鉴定工作的正常进行。

B7. 司法鉴定结论不能保证达到申请鉴定当事人所期待的愿望，也可能存在对申请当事人不利及不能够解决其诉讼和纠纷解决中所有难题的情况。

B8. 鉴定机构在进行鉴定过程中，遇有《建设工程司法鉴定程序规范》(SJB××××)第4.19条规定情形之一的，鉴定方有权终止协议的履行。

终止鉴定的，司法鉴定机构应根据终止的原因及责任，酌情退还有关鉴定费用。

B9. 鉴定时间从协议书签订之日起六十个工作日完成。鉴定事项涉及复杂、疑难、特殊的技术问题或者检验过程需要较长时间的，经与委托人协商并经鉴定机构负责人批准，完成鉴定的时间可以延长，每次延长时间一般不得超过六十个工作日。司法鉴定机构与委托人对完成鉴定的时限另有约定的，从其约定。在鉴定过程中补充或者重新提取鉴定资料，司法鉴定人复查现场、赴鉴定项目所在地进行检验和调取鉴定资料所需的时间，不计入鉴定时限。

B10. 申请鉴定当事人支付鉴定费后，鉴定机构正式受理本案鉴定工作。鉴定费不包括与本案有关的第三方费用(如公证费、检测及配合费等)。

B11. 因鉴定工作要求，需进行检测的项目，鉴定机构另收检测费10%的配合费。

B12. 在鉴定期间，委托人单方面取消鉴定委托或终止鉴定的，鉴定费将不予退还。

B13. 依据下列标准(□国家、行业标准；□地方标准；□协议方式)，收取鉴定费用：详见"鉴定费支付通知单"。

B14. 本鉴定事项是否属于重新鉴定：是：□；否：□。

委托人____________________(签名或盖章)

年　月　日

受理机构____________________(签名或盖章)

年　月　日

附录 C

（资料性附录）

建设工程司法鉴定风险提示格式

建设工程司法鉴定风险提示

建设工程司法鉴定是一项专业性和技术性很强的工作，司法鉴定活动必须遵循依法、独立、客观、公正的原则进行。本鉴定机构特别提示委托司法鉴定存在以下风险：

C1. 司法鉴定意见只能作为证据使用，并经过质证后才能被采信。

C2. 送鉴资料应当提供原件、原物或经核对无异议的复印件、复制品，否则将不被采信。送鉴资料的真实性、可靠性失真时，鉴定意见可能错误。

C3. 如鉴定当事人出于某种动机，夸大事实或隐匿事实，都会对鉴定意见的正确与否产生客观上的影响。

C4. 鉴定当事人提出的鉴定请求应明确、具体、完整，不要随意扩大鉴定范围。与诉讼（和纠纷解决）无关的鉴定要求，除得不到人民法院或仲裁机构的支持（和纠纷解决）外，鉴定当事人还要负担相应的鉴定费用。

C5. 案件各方当事人应配合鉴定活动，如有疑问，可按规定向委托人提出。如不配合鉴定活动，不影响鉴定工作的正常进行。

C6. 未按规定提交鉴定补充材料，负有举证责任的一方，则应承担对己不利的法律后果。

C7. 委托人委托的鉴定机构或鉴定人员不具备相关的鉴定资格，当事人可对其鉴定结论提出异议并申请重新鉴定。

C8. 一方当事人诉前自行委托作出的鉴定结论，另一方当事人有足够证据可以反驳并申请重新鉴定。

C9. 司法鉴定意见不能保证达到申请鉴定当事人所期待的愿望，也可能存在对申请当事人不利及不能够解决诉讼或解决纠纷中所有难题的情况。

C10. 由于送鉴资料不全或案情特别复杂等情况，使鉴定活动无法正常进行时，鉴定可能中止。出现不可抗力致使鉴定无法继续进行时；确需补充鉴定资料而无法补充时；出现鉴定机构难以解决的技术问题时；鉴定必须终止。

C11. 在鉴定期间，委托人单方面取消鉴定委托的，鉴定费将不予退还。

附录 D

(规范性附录)

鉴定费支付通知单格式

鉴定费支付通知单

<table>
<tr><td>
案号:××××××××××××××
____
贵方委托______________________案件鉴定,本鉴定机构根据有关收费标准及本案实际情况,审核确定本案本阶段鉴定费(第三方费用)　　万　仟　佰　拾　元(¥______)。鉴定费收取后,本鉴定机构正式受理本案鉴定工作。
委托人:　　　　　　　　鉴定机构:
签收人:　　　　　　　　经办人:
年　月　日　　　　　　　年　月　日
</td><td>第一联　存根联</td></tr>
<tr><td>
案号:××××××××××××××
____
贵方委托______________________案件鉴定,本鉴定机构根据有关收费标准及本案实际情况,审核确定本案本阶段鉴定费(第三方费用)　　万　仟　佰　拾　元(¥______)。鉴定费收取后,本鉴定机构正式受理本案鉴定工作。鉴定费交至:
收 款 人:×××××
开户银行:×××××银行×××××市×××××分行×××××分理处
账　　号:×××××××××××××××
鉴定机构:
经办人:
年　月　日
</td><td>第二联　通知联</td></tr>
</table>

附录 E
（资料性附录）
建设工程司法鉴定工作流程信息表格式

建设工程司法鉴定工作流程信息表

案号：　　　　　　　　　　　　　　　　　　　　编号：

序号	时间	事项	记录种类	记录编号
	年　月　日			
	年　月　日			
	年　月　日			
	年　月　日			
	年　月　日			
	年　月　日			
	年　月　日			
	年　月　日			
	年　月　日			
	年　月　日			
	年　月　日			
	年　月　日			
	年　月　日			
	年　月　日			
	年　月　日			
	年　月　日			
	年　月　日			
	年　月　日			
	年　月　日			
	年　月　日			
	年　月　日			
	年　月　日			

附录 F

（资料性附录）

司法鉴定组成人员通知书格式

司法鉴定组成人员通知书

案号　　　　　　　　　　　　　　　　　　　　　　　　编号：

____________________________：

根据司法部《建设工程司法鉴定程序规范（SJB × × × × – × × × ×）》的有关规定，现将贵院委托的____________________________一案的司法鉴定人组成人员通知如下：

司法鉴定人：________，专业技术任职资格：________，专业技术执业资格：________，司法鉴定人执业证号：____________。

司法鉴定人：________，专业技术任职资格：________，专业技术执业资格：________，司法鉴定人执业证号：____________。

如果对以上司法鉴定人申请回避，请在接到本通知后十天内书面向本鉴定机构提出，并说明理由。

年　月　日

附录G
(资料性附录)
送达回证格式

送达回证

编号：

兹收到×××××鉴定机构(××〔××××〕建鉴字×××号)司法鉴定文书正本　　　　份，副本　　　　份。建设工程司法鉴定________________(编号：　　　)　　份。

送达机构：×××××鉴定机构
送 达 人：
送达地点：
受送达单位：
受送达人：
送达时间：　年　月　日

附录H

(资料性附录)

询问笔录格式

询问笔录

案号　　　　　　　　　　　　　　　　　　　　　　编号:

一、时间:________年________月________日________时。

二、地点:______________________________。

三、询问人:____。

记录人:_____________________;见证人:____________________,

工作单位及职务_____________________________________。

四、被询问人:姓名:____________,年龄____________,性别____________,

工作单位及职务_____________________________________,

住址及电话____。

问:我们是×××××司法鉴定机构司法鉴定人(出示证件),我们就____________一案接受的委托,想通过您了解一下与本案的有关情况,希望您能实事求是回答我们提出的问题,以利维护当事人的合法权益。您愿意接受我们询问吗?

答:____

____

____

____

____

____

____

____

____

____

____

____

____

____

____

____

签名:　　　　　　　　　　　　　　　　　　　　　　电话:

附录I

（资料性附录）

建设工程司法鉴定现场勘验记录格式

建设工程司法鉴定现场勘验记录

案号　　　　　　　　　　　　　　　　　　　　编号：

______年______月______日______午，由______人民法院组织，在______法官见证下，______司法鉴定机构司法鉴定人______、______，工作人员______、______会同本案原告______代表______及委托代理人______，本案被告______代表______及委托代理人______，共同到达本工程现场，对______进行了勘验，现记录如下：

______

______

______

______

______

______

______

______

______

______

______

______

______

______

______

______

______

______

签名：　　　　　　　　　　　　　　　　　　电话：

本技术规范用词说明

1. 为便于在执行本技术规范条文时区别对待,对要求严格程度不同的用词,说明如下:

1)表示很严格,非这样做不可的用词:
正面词采用“必须”;反面词采用“严禁”。

2)表示严格,在正常情况下均应这样做的用词:
正面词采用“应”;反面词采用“不应”或“不得”。

3)表示允许稍有选择,在条件允许时首先应这样做的用词:
正面词采用“宜”;反面词采用“不宜”。

4)表示有选择,在一定条件下可以这样做的,采用“可”。

2. 本规范中指定应按其他有关标准、规范执行时,写法为“应符合……的规定”或“应按……执行”。

参考文献

[1] 霍宪丹主编. 司法鉴定通论[M]. 北京:法律出版社,2009. 5

[2] 朱树英. 工程合同实务问答[M]. 北京:法律出版社,2007. 2

[3] 周吉高. 建设工程专项法律实务[M]. 北京:法律出版社,2008. 10

[4] 邹明理主编. 司法鉴定法律精要与依据指引[M]. 北京:人民出版社,2005. 1

[5] 韩继云主编. 土木工程质量与性能检测鉴定加固技术[M]. 北京:中国建材工业出版社,2010. 8

[6] 沈敏、吴何坚. 试论司法鉴定技术标准体系建设[J]. 中国司法鉴定2007(4)

[7] 李利华、张冬先. 法医鉴定文书制作应注意的问题[J]. 中国司法鉴定2008(5)

[8] 张军. 我国司法鉴定制度的改革与完善[J]. 中国司法鉴定 2008(2)

[9] 张福生. 对当前工程质量若干问题的思考[J]. 工程质量 2009(10)

[10] 周吉高. 工程造价司法鉴定中的司法审判权[J]. 中国律师 2008(12)

[11] 栾时春、张明泽. 论我国司法鉴定人对鉴定事项的释明[J]. 中国司法鉴定 2012(4)

《建设工程司法鉴定程序规范》条文说明

制定说明

《建设工程司法鉴定程序规范》(SF/Z JD0500001－2014)经司法部2014年3月17日以司办通〔2014〕15号文批准发布。

为便于广大司法鉴定人员、法官、律师、建设咨询、开发公司、监理、施工、科研、学校等单位有关人员在使用本技术规范时,能正确理解和执行条文规定,《建设工程司法鉴定程序规范》编制组按章、节、条顺序编制了本技术规范的条文说明。但是,本条文说明不具备与标准正文同等的法律效力,仅供使用者作为理解和把握标准规定的参考。

目　次

1　范围

1.1　本条主要阐明制定本技术规范的目的。

司法鉴定是法律规则与科学技术的结合,因此具有双重性:既要遵守法定的规则和程序,又必须遵循科学规律。司法鉴定的各个环节都必须有严格的法律依据和程序规范。一旦司法鉴定程序违法,其鉴定意见的可靠性与公正性必将受到质疑,司法鉴定服务和保障诉讼活动的作用就不能实现。《司法鉴定程序通则》(司法部令 107 号)第三十九条规定"本通则是司法鉴定机构和司法鉴定人进行司法鉴定活动应当遵守和采用的一般程序规则,不同专业领域的鉴定事项对其程序有特殊要求的,可以另行制定或者从其规定。"为规范建设工程司法鉴定程序,提高建设工程司法鉴定质量,维护和促进司法公正,服务诉讼活动,化解社会矛盾,平息社会纠纷,促进司法鉴定技术标准体系建设,制定本技术规范。

注:司法鉴定程序是以我国刑事诉讼法、民事诉讼法、行政诉讼法规定的基本鉴定程序为依据,并将与司法鉴定相关的法律、法规以及部门规章的规定加以具体化,使之成为系统的司法鉴定程序。它由诉讼法决定并受其制约。司法鉴定程序是鉴定意见具备证据效力的首要条件。首先要程序合法,鉴定意见才能进一步审查其证明力。有时,尽管鉴定意见是客观、准确的,如果程序不合法也不能作为证据采用。司法鉴定程序是司法鉴定活动应遵循的方式、方法、步骤以及相关的规则和标准,包括:鉴定的委托与受理、鉴定的组织、实施与监督、鉴定步骤与方法、鉴定结果的处理、鉴定文书制作、鉴定材料处理、鉴定人出庭、鉴定业务档案管理等多个环节的规则、方法和标准。司法鉴定程序是确保司法鉴定质量的关键。

本条依据指引:《最高人民法院关于民事诉讼证据的若干规定》第二十七条,《最高人民法院关于行政诉讼证据的若干问题的规定》第六十二条,《司法鉴定程序通则》(司法部令第 107 号)第二条。

1.2 根据我国目前社会经济发展水平,建设领域涉及诉讼和解决纠纷需要进行鉴定的事项主要有:建设工程质量类鉴定,包括:建设工程施工阶段质量纠纷鉴定,既有建设工程质量鉴定,建设工程灾损鉴定,建设工程其他专项鉴定;建设工程造价类鉴定,包括:建设工程造价鉴定,建设工程工期鉴定,建设工程暂停施工、合同的终止、不可抗力相关费用鉴定。

《建设工程质量管理条例》(国务院令第 279 号)第八十条规定:抢险救灾及其他临时性房屋建筑和农民自建低层住宅的建设活动,不适用本条例。军事建设工程的管理,按照中央军事委员会的有关规定执行。因此,本条规定:本技术规范不适用于军事、抢险救灾等有特殊要求的建设工程的司法鉴定。

司法鉴定机构受理的诉前鉴定和非诉鉴定可参照本技术规范执行。

诉前鉴定是指案件未进入诉讼程序前(司法机关尚未受理、立案)由诉讼当事人一方直接委托鉴定机构和鉴定人进行的鉴定,又称当事人举证鉴定。这种未按诉讼法规定的程序进行的鉴定,虽不能称为司法鉴定,但它与司法鉴定已有一定的联系。

诉前鉴定,从广义上讲,既包括人民法院立案前一方当事人自行委托的鉴定,又包括立案后未经人民法院决定一方诉讼当事人直接委托的鉴定。诉前鉴定意见的效力要由人民法院和诉讼当事人双方共同审查评断并经质证确定。

《最高人民法院关于民事诉讼证据的若干规定》第七十二条规定:“当事人提出的证据,另一方当事人认可或者提出的相反证据不足以反驳的,人民法院可以证明其证明力。”这也从另一角度表明诉前鉴定具有限制证明力。

诉前鉴定有一定的必要性和合理性。有些案件,没有诉前鉴定,提供证据,就不可能提起诉讼,或者给原告方举证造成困难。只有借助诉前鉴定意见,人民法院才可能受理。许多民事纠纷原告方掌握或收集了一些准备作为证据的材料,但为明确其真实性或证明力,需通过初步鉴定,以确定可否作为证据。从这个意义上讲,诉前鉴定也是诉讼当事人举证的组成部分。

非诉鉴定,是指在仲裁、公证、行政执法和民事活动中,需要就科技、专门性问题作出鉴别和判断,委托法定鉴定机构、鉴定人进行鉴定并出具鉴定意见。按我国现行法规、规章规定,这种委托,司法鉴定机构是可以受理的。且司法鉴定的技术要求和管理规定也适用于非诉鉴定,非诉鉴定也应按照正确的方法和法定的程序进行。

随着和谐社会的构建,各级政府和社会各界越来越重视把各类重大政治、经济和社会问题纳入到法治的轨道来解决。社会矛盾中面对的各种法律问题、法律关系不仅数量剧增,而且所涉及内容日益专业化、复杂化和综合化。司法鉴定意见作为司法证明的一种科学证据,因其自身的性质、特点和社会公信力,通过对社会纠纷和矛盾中的专门性问题进行鉴别、审查和判断,能在平息化解社会矛盾中发挥技术保障和技术服务的积极作用。

本条依据指引:《建设工程质量管理条例》(国务院令第279号)第七十九条、第八十条。

1.3　由于司法鉴定是法律性与科学性的统一,调整司法鉴定活动的也是法律规范、行政规范和技术规范的统一。全国人民代表大会常务委员会《关于司法鉴定管理问题的决定》第八条规定:“鉴定机构接受委托从事司法鉴定业务,不受地域范围的限制。”由于我国地域广阔,各地的社会经济发展水平不同。本技术规范规定了建设工程司法鉴定的方法和程序,同时,强调进行建设工程司法鉴定除应按本技术规范执行外,还应符合建设领域国家、行业、地方现行工程技术标准的规定及计价依据的要求。

本条依据指引:全国人民代表大会常务委员会《关于司法鉴定管理问题的决定》第八条,《司法鉴定程序通则》(司法部令第107号)第三条。

2　规范性引用文件

建设工程包括:建筑工程、交通工程、水利工程、其他土木工程、机电工程等,本技术规范适用于建设工程质量类、建设工程造价类的司法鉴定。因此,引用性文件还应包含国家、行业、地方建设工程设计和施工及质量验收规范和规程、工程计价依据。

3 术语和定义

本技术规范采用的术语及其定义，是根据下列原则确定的：

凡现行工程建设国家标准已作规定的，一律加以引用，不再另行给出定义；

凡现行工程建设国家标准未作规定的，由本技术规范参照国际标准和国外先进标准给出其定义，或从建设工程司法鉴定的角度赋予其涵义，但涵义不等于术语的定义；

当现行工程建设国家标准虽已有该术语，但定义（或涵义）不准确或概括的内涵不全时，由本技术规范完善其定义（或涵义）。

本技术规范按照 GB/T 1.1－2009 的规定还给出了术语的相应英文译名，但有些英文译名在国际上尚未统一。在这种情况下，本技术规范采用的英文译名不一定与国外标准或指南相一致。

3.1 建设工程指为人类生活、生产提供物质技术基础的各类建（构）筑物和工程设施。建设工程按自然属性可分为建筑工程、土木工程和机电工程三大类，按使用功能可分为房屋建筑工程、铁路工程、公路工程、水利工程、市政工程、煤炭矿山工程、水运工程、海洋工程、民航工程、商业与物资工程、农业工程、林业工程、粮食工程、石油天然气工程、海洋石油工程、火电工程、水电工程、核工业工程、建材工程、冶金工程、有色金属工程、石化工程、化工工程、医药工程、机械工程、航天与航空工程、兵器与船舶工程、轻工工程、纺织工程、电子与通信工程、广播电影电视工程等；各行业建设工程可按自然属性进行分类与组合。

本条依据指引《建设工程分类标准》（GB/T 50841－2013），第1.0.3条。

3.2 目前对司法鉴定的解释理论上有狭义和广义两种：

狭义的司法鉴定，指经司法机关（在我国包括审判机关、公安机关、检察机关）委托或者同意，由鉴定机构对侦查、诉讼活动中涉及的特定事项进行鉴定，出具鉴定意见的专业活动。如果不是司法机关因核实、审理案件需要而作出的任何鉴定，都不是司法鉴定。

广义的司法鉴定，指经司法机关或者当事人（仲裁机构、政府部门、社会组织、公民等）的委托，鉴定机构通过技术手段或者专门知识为其提供相关鉴定意见的专业活动。从司法鉴定本质上看，其具有法律服务性质，是一项司法辅助性活动，它不仅为司法机关侦查审理案件服务，而且也为仲裁、公证、行政执法和民事活动中认定证据服务，这些非诉讼活动又称之为准司法活动。在非诉讼活动中遇有专门性问题时,也需要委托具有专门知识与技能的人对有关问题作出鉴别和判断,并以此作为处理问题的依据。

本技术规范对司法鉴定采用了广义的解释和定义。

在实践中,对司法鉴定性质的理解应把握以下几点:

司法鉴定是一种法律服务,具有科学性、独立性和客观性。

司法鉴定的实施主体为司法鉴定人。

司法鉴定是鉴定人向委托人提供鉴定意见的活动。

司法鉴定的对象是委托人委托的专门性问题。

司法鉴定是一项科学求证活动,鉴定人运用科学知识或者专门知识所得出的鉴定意见是科学知识的一种表达,具有坚实、令人信服的科学依据。

司法鉴定是一种鉴别或者判断的活动,鉴定意见是经过反复论证、严谨推理得出的可靠的证明结果。

本条依据指引:《全国人民代表大会常务委员会关于司法鉴定管理问题的决定》第一条。

3.3　本条定义参见条文说明第3.2条。

3.4　司法鉴定机构是司法鉴定人的执业机构,应具备《司法鉴定机构管理办法》(司法部令第96号)规定的条件,经省级司法行政机关审核登记,取得《司法鉴定许可证》,在登记的司法鉴定业务范围内,开展司法鉴定活动。

本条依据指引:《中华人民共和国民事诉讼法》第七十六条,《中华人民共和国行政诉讼法》第三十五条,《司法鉴定机构管理办法》(司法部令第96号)第三条,中国国家认证认可监督管理委员会、司法部《司法鉴定机构资质认定评审准则》术语和定义。

3.5　司法鉴定人应是具备《司法鉴定人登记管理办法》(司法部令第95号)规定的条件、经省级司法行政机关审核登记、取得《司法鉴定人执业证》、按照登记的司法鉴定执业类别、运用科学技术或者专门知识对诉讼涉及的专门性问题进行鉴别和判断并提出鉴定意见的人员。司法鉴定人应在一个司法鉴定机构中执业。

司法鉴定人是实施具体鉴定工作的主体,是就专门性问题作出判断结论的司法鉴定工作的具体承担者和实施者。我国的司法鉴定人既是帮助司法机关解决诉讼活动中有关专门性问题的专家,又是"独立的诉讼参与人",这一法定地位明确了我国司法鉴定人并不享有优越于其他诉讼参与人的地位与权利,其鉴定意见并不具有"科学判决"的性质。司法鉴定人的鉴定意见是法定的证据之一,也是有待法庭最终确认的证据材料。

本条依据指引:《司法鉴定人登记管理办法》(司法部令第95号)第三条,中国国家认证认可监督管理委员会、司法部《司法鉴定机构资质认定评审准则》术语和定义。

3.6 鉴定资料是用以证明案件事实的各种证据资料,包括:当事人的陈述;书证;物证;视听资料;电子数据;证人证言;勘验笔录。以上各种证据资料必须经质证认可或经查证属实才能作为鉴定的依据。

本条依据指引:《中华人民共和国民事诉讼法》第六十三条,《中华人民共和国行政诉讼法》第三十一条,《最高人民法院关于民事诉讼证据的若干规定》第四十七条,《司法鉴定程序通则》(司法部令第107号)第十二条。

3.10 检验(检测)是建设工程质量司法鉴定中非常重要的一环。实际工作中,经常会把"检验(检测)"与"鉴定"混为一谈。其实两者既有联系,又有区别,检测的内涵小于鉴定。

鉴定内容包括:勘验、检验、设计、施工、环境等一切与出具鉴定意见有关的工作,鉴定可以出具结论性意见,即鉴定意见。而检验只能出具数据,提供给相关鉴定人计算、复核验算或使用,而不能出具结论性意见。如设计等级为C30的混凝土柱,检验数据为29.5MPa,还不能直接判定该批混凝土柱为不合格,必须由相关鉴定人复核验算后才能做出结论(如不影响结构性能,需修补、加固、拆除等)。

3.11 建设工程抽样方案的确定,主要涉及两个方面的问题:(1)抽样数量:从理论上讲,全部检测是最理想的,但工作量有时会非常大。因此,相关建设工程规范,对于按批进行检测构件的抽样作了规定。如《回弹法检测混凝土抗压强度技术规程》(JGJ/T 23-2011)规定:按批量进行检测时,应随机抽取构件,抽检数量不宜少于同批构件总数的30%且不宜少于10件。当检验同批构件数量大于30个时,抽样构件数量可适当调整,并不得少于国家现行有关标准规定的最少抽样数量。(2)抽样方法:应遵守"随机抽样"原则。所谓随机抽样,是指总体的每一个个体都有被抽到的可能,并且每个个体被抽到的可能性相同,而不是凭人们的主观意图去挑选。有时由于实际情况的复杂性与多样性,要想做到绝对的随机抽样是困难的,但应尽量减少抽样引起的误差。

3.13 建设工程质量类鉴定包括:建设工程施工阶段质量纠纷鉴定,既有建设工程质量鉴定,建设工程灾损鉴定,建设工程其他专项鉴定。

国务院颁发的《质量振兴纲要》中第一次科学地对质量进行了分类,将质量划分为三种:第一种产品质量;第二种工程质量;第三种服务质量。所谓产品质量,是指各行各业生产的除建设工程以外的各种产品的质量,由《中华人民共和国产品质量法》调整。我们日常接触到的大多数工业生产的物品,包括建设工程使用的建筑材料、建筑构配件和设备,属于法律规定的产品范围的,都属于这个范畴。所谓工程质量即建设工程质量,是独立于产品质量外的单独一种类型的质量,由《建设工程质量管理条例》(国务院令第279号)调整。将建设工程质量单列一类,主要是由建设工程的重要性和特殊性决定的。所谓服务质量,是指向客户或购买者提供的一种非物质型的“软质量”。

以上定义与分类,与国际通用分类方法基本一致,并以国务院文件形式颁发,是对工程质量的权威定义与分类。

建设工程有其本身的重要性和特殊性:一是具有单项性;二是具有一次性与寿命的长期性;三是其生产管理方式的特殊性,建设工程项目施工地点是特定的,产品位置固定而操作人员流动,当地政府的管理和干预等。

正是由于上述建设工程的特点而形成了建设工程质量本身的特点:(1) 影响因素多;(2) 质量波动大;(3) 质量变异大;(4) 质量隐蔽性;(5) 终检局限大。

本条依据指引:《检测鉴定阶段对建设工程质量评定》//韩继云主编《土木工程质量与性能检测鉴定加固技术》,北京:中国建材工业出版社,2010.8,P350—354。

3.15　目前对工程造价的理解理论上有狭义和广义两种:

狭义的理解,指一个建设项目或一个单位工程的建安工程价值。

广义的理解,指完成一个建设项目所需费用的总和,包括:土地费、前期费用、建安费、设备费及其他与工程有关的费用,即建设项目的建设成本。

本技术规范对工程造价采用狭义的理解。其范围包括:一个建设项目或一个单位工程的在建工程、竣工工程或受损工程的工程造价。

合同文件组成部分包括:(1) 中标通知书;(2) 投标函及其附录;(3) 专用合同条款及其附件;(4) 通用合同条款;(5) 技术标准和要求;(6) 图纸;(7) 已标价工程量清单或预算书;(8) 其他合同文件。在合同订立及履行过程中形成的与合同有关的文件均构成合同文件的组成部分。

本条依据指引:住房和城乡建设部、国家工商行政管理总局《建设工程施工合同》(GF-2013-0201)第一部分协议书第六条。

3.16　行政主管部门发布的计价依据,包括:工程定额、价格指数、建设市场价格信息等,是各地行政主管部门根据本地建设市场建安成本的平均值确定的,可以理解为完成单位工程量所消耗的人工、材料、机械台班等的标准额度,属于政府指导价范畴。

工程量清单计价规范是工程造价的技术标准。

本条依据指引:最高人民法院民事审判第一庭编著《〈最高人民法院关于审理建设工程施工合同纠纷案件适用法律问题的解释〉理解与适用》第十六条(工程价款的计算标准),P146页。

4 建设工程司法鉴定的委托与受理

本章对司法鉴定委托受理的过程进行规范,要求环节都应形成记录,记录的格式可参见在附录中的规定。

4.1 建设工程司法鉴定的委托

4.1.1 本条是强制性条文。按我国目前的规定,司法鉴定人必须在一个鉴定机构中执业,只能以鉴定机构的名义受理鉴定案件。司法鉴定人不能独立受理鉴定业务,不得私自收费。司法鉴定人私自接受司法鉴定委托的,由省级司法行政机关依法给予警告,并责令其改正。

本条依据指引:《全国人民代表大会常务委员会关于司法鉴定管理问题的决定》第八条,《司法鉴定程序通则》(司法部令第107号)第八条、第十一条,《司法鉴定人登记管理办法》(司法部令第96号)第三条、第二十九条。

4.1.2 本条对司法鉴定的委托作了相应规定。

本条依据指引:《中华人民共和国民事诉讼法》第七十六条,《中华人民共和国行政诉讼法》第三十五条,《中华人民共和国仲裁法》第四十四条,《司法鉴定程序通则》(司法部令第107号)第十二条。

4.1.3 本条第一款为强制性条文。诉讼案件中当事人提交的证据材料,必须经司法机关查证属实,才能作为认定事实的根据。因此本条规定,凡接受司法机关委托的司法鉴定,只接受委托人的送鉴资料,不得接受当事人单独提供的资料。鉴定资料还应包括诉讼活动中各方当事人对鉴定资料的质证意见或委托人制作的无法组织质证的书面说明。

本条依据指引:《中华人民共和国民事诉讼法》第六十三条,《中华人民共和国行政诉讼法》第三十一条、第三十五条,《最高人民法院关于民事诉讼证据的若干规定》第二十九条,《最高人民法院关于行政诉讼证据的若干规定》第十四条,《司法鉴定程序通则》(司法部令第107号)第十二条、第十三条。

4.2 建设工程司法鉴定的受理

4.2.1.1 本条对司法鉴定的受理作出了规定。

本条依据指引:《司法鉴定程序通则》(司法部令第107号)第十四条。

4.2.1.3 本条对司法鉴定的受理时限作出了规定。

本条依据指引:《司法鉴定程序通则》(司法部令第107号)第十五条。

4.2.1.4、8.2.6、8.2.8、8.2.9、9.1 这几条涉及的是司法鉴定人的释明。

由于民事诉讼中当事人对主张的事实负有举证责任,但当事人、当事人的代理人甚至法官往往并不具备相关科学技术知识背景,因此,在诉讼活动中需委托鉴定人运用科学技术或者专门知识对诉讼涉及的专门性问题进行鉴别和判断并提供鉴定意见。司法鉴定人作为协助法官查明案件事实的辅助人,司法鉴定人在鉴定过程对案件的事实的发现,应向庭审法官说明和向申请鉴定当事人释明。司法鉴定人的释明包括审查受理鉴定阶段的释明,出具鉴定意见时的披露,鉴定文书送达后的释明。

1. 审查受理鉴定阶段的释明:

审查受理鉴定阶段的释明指对委托鉴定事项的释明和对鉴定风险的释明。

(1) 对委托鉴定事项的释明:

在诉讼实践中,经常出现诉争事实本可以通过鉴定查明,但由于申请鉴定当事人并不具备相关科学技术知识的背景,提出的委托鉴定事项并不利于事实的查明或者难以鉴定时,如果按照委托要求进行鉴定,可能难以解决诉讼审理的纠纷。因此司法鉴定人在受理鉴定委托时,对案件争议的事实初步了解后,向法官说明,申请鉴定当事人如变更鉴定事项有助于查明事实真相,解决案件的争点,对于维护当事人的合法权益有重要作用,也为诉讼顺利进行有很好的帮助。

(2) 对鉴定风险的释明:

司法鉴定是一项专业性和技术性很强的工作,司法鉴定活动必须遵循依法、独立、客观、公正的原则进行,应向申请鉴定当事人释明司法鉴定存在风险:司法鉴定意见不能保证达到申请鉴定当事人所期待的愿望,也可能存在对申请鉴定当事人不利及不能够解决诉讼或解决纠纷中所有难题的情况;鉴定资料应当提供原件,或经核对无误的复印件,鉴定资料的真实性和可靠性失真时,鉴定意见可能错误;司法鉴定意见只能作为证据使用,应经质证才能采信;等等。

2. 出具鉴定意见时的披露

(1) 司法鉴定人在鉴定的过程中,需要对受鉴项目进行检测和鉴定。检测和鉴定过程中,可能会有当事人未意识到的对案件争议解决起重要作用的发现,也可能会有涉及受鉴项目结构安全、主要使用功能或造价结算方面的发现。虽然这些发现超越委托鉴定事项的范围,但司法鉴定人员可向委托人进行披露。一方面,在法官和当事人不具备相关科学技术背景的情况下,司法鉴定人对超越委托鉴定事项检测和鉴定结果的披露,有助于案件的公平审理和诉愿的达成;另一方面,司法鉴定人对涉及结构安全、主要使用功能或造价结算方面的披露,有助于受鉴项目的安全正常使用。

(2) 由于披露的信息不属于委托鉴定事项的内容,为维护鉴定意见文书的权威性,该披露不应以鉴定意见的形式出现,可以在检测、鉴定过程、分析说明、附注部分予以披露。

3. 鉴定文书送达后的释明

司法鉴定文书送达后的释明,司法鉴定人可以书面方式或出庭方式实现:在当事人或法官对司法鉴定意见书有异议，而该异议可以通过书面说明的方式解释清楚的，司法鉴定人可以书面形式释明。如司法鉴定意见书中出现不影响鉴定意见的文字错误时，司法鉴定人员可向法院提交书面补正函。司法鉴定人以出庭的方式释明，是鉴定文书送达后常见的释明方式。鉴定文书送达后的释明，还包括鉴定意见使用时需注意的问题。

本条依据指引：《全国人民代表大会常务委员会关于司法鉴定管理问题的决定》第十条、第十一条、第十二条，《司法鉴定人登记管理办法》（司法部令第95号）第六条、第二十二条，《司法鉴定程序通则》（司法部令第107号）第三条、第七条、第十四条、第二十三条、第三十七条，栾时春、张明泽《论我国司法鉴定人对鉴定事项的释明》，《中国司法鉴定》2012(4)。

4.2.1.5 本条对司法鉴定受理的范围作出规定。

司法鉴定活动是一项科学活动，也是一项法律活动。司法鉴定机构和司法鉴定人在受理司法鉴定的过程中，可能由于主观或者客观的原因不能解决案件中特定的专门性问题，不能完成鉴定工作的既定要求，无法科学、准确地作出鉴定意见，如果确实存在此种情况，司法鉴定机构和司法鉴定人可以拒绝受理该项鉴定工作。一般地，基于以下事由，司法鉴定机构和司法鉴定人可以拒绝受理鉴定工作：

1. 委托事项超出本机构司法鉴定业务范围。一个建设工程鉴定机构的鉴定业务范围，是由省级司法行政机关颁证部门在《司法鉴定许可证》中注明的，只能受理核准的专业，即使是相近专业，如房地产评估、土地评估、工业产品价格鉴定等都是不允许超越的。超业务范围受理，即构成违法从事鉴定活动。

2. 鉴定工作需要解决的专门性问题超出了司法鉴定人的执业范围和专业知识范围。司法鉴定人不得跨专业受理鉴定和实施鉴定。司法鉴定人的执业范围同样是由省级司法行政机关颁证部门在《司法鉴定人执业证》中作了明确限定的，只能在限定的专业范围内受理与实施鉴定。有时，相关专业的鉴定，因涉及本人专业的某项技术问题，可被邀请作为特聘鉴定人或共同鉴定人，但必须在鉴定书上说明。鉴定机构在受理鉴定和指派鉴定任务时，根据本机构的从业范围和鉴定人的专业结构，不得随意受理和跨专业指定鉴定人。鉴定人也应抵制这种做法。应指出的是，有的鉴定人尽管是某项专业的专家，但若《司法鉴定人执业证》上未予载明，也不能受理该项鉴定。

3. 另外，有下列情形之一的，司法鉴定机构和司法鉴定人也可以拒绝受理鉴定工作：

(1) 委托人提供虚假情况或者不合理的鉴定要求。

(2) 委托人提供的鉴定资料未达到鉴定工作的最低要求，请求补充鉴定资料未能实现。

(3) 本鉴定机构不具备解决特定问题的条件。

(4) 司法鉴定机构和司法鉴定人属于法律规定的回避范围。

(5) 鉴定活动受到非法的干扰,足以影响鉴定工作的正常进行及鉴定意见的科学性,经过请求仍未能予以排除。

司法鉴定机构和司法鉴定人基于上述事由拒绝鉴定工作,并非是不履行职责,推卸责任,而是为了避免由于某些特定的原因导致鉴定活动丧失了科学性与公正性,以免作出了错误的鉴定意见而导致冤假错案的产生,同时也是为了维持司法鉴定活动作为一项法律活动的尊严,避免司法鉴定工作的随意性。

同时,为了避免滥用此项权利,司法鉴定机构和司法鉴定人一旦拒绝受理鉴定工作,应向委托人说明拒绝受理的理由,必要时还需要递交书面说明。

本条依据指引:《司法鉴定程序通则》(司法部令第107号)第十六条,《司法鉴定机构管理办法》(司法部令第96号)第三条,《司法鉴定人登记管理办法》(司法部令第95号)第三条。

4.2.2.1　本条对《建设工程司法鉴定协议书》的基本内容作出了规定。

本条依据指引:《司法鉴定程序通则》(司法部令第107号)第十七条。

4.2.3.1　本条对司法鉴定收费作出了一些基本规定。

本条依据指引:《全国人民代表大会常务委员会关于司法鉴定管理问题的决定》第十五条,《司法鉴定程序通则》(司法部令第107号)第十七条,《司法鉴定人登记管理办法》(司法部令第95号)第二十一条,《最高人民法院对外委托鉴定、评估、拍卖等工作管理规定》(法办发〔2007〕5号)第二十七条。

5　建设工程司法鉴定的基本原则和程序

5.1　本条是强制性条文。对建设工程司法鉴定的基本原则作出规定。

本技术规范规定司法鉴定基本原则主要包括依法鉴定、独立鉴定、客观鉴定、公正鉴定四方面内容:

1. 依法鉴定原则,是指参与司法鉴定活动的各方主体,必须严格遵守法律、法规、规章的各项规定,规范地进行鉴定活动。依法鉴定原则在建设工程司法鉴定基本原则中处于前提和基础地位。依法鉴定原则所称之“法”是广义上的法,其中,既包括实体法,也包括程序法;既有国家相关法律、法规,也有地方性法规、部门规章及规范性文件;既要严格遵守国家机关制定的法律文件,又要认真执行建设领域的相关标准。依法鉴定原则贯穿于全部建设工程司法鉴定活动,司法鉴定主体在建设工程司法鉴定活动的各个环节都必须严格依照法律、法规、规章的要求。依法鉴定原则的实质是实现建设工程司法鉴定活动的规范化、标准化、制度化。

2. 独立鉴定原则,是指司法鉴定人在建设工程司法鉴定过程中不受外界的干扰,独立自主地对鉴定事项作出科学判断,提出鉴定意见并对鉴定意见负责。独立鉴定原则在建设工程司法鉴定基本原则中处于保障地位。独立鉴定原则包含以下三层含义:一是司法鉴定人独立进行科学判断;二是司法鉴定人以科学技术标准为基础提出鉴定意见;三是司法鉴定人对鉴定意见负责。独立鉴定原则要求司法鉴定人独立于委托人,司法鉴定人出具鉴定意见独立于司法鉴定机构的行政领导,司法鉴定人独立于其他司法鉴定人。

3. 客观鉴定原则,是指在建设工程司法鉴定活动中必须遵循客观规律,反映案件事实,摒弃主观臆断。客观鉴定原则在建设工程司法鉴定基本原则中处于首要地位。客观鉴定原则包含以下三层含义:一是真实,即依据真实的而不是虚假的鉴定资料进行鉴定活动;二是准确,即采取科学、先进的而不是落后的科学技术,对鉴定事项予以定性、定量的检验、鉴别和判定;三是可靠,即对鉴定事项按照科学思维而不是主观随意地进行分析、判断,作出有关案件事实的鉴定意见。客观鉴定原则要求司法鉴定人牢固树立科学精神,重视科学方法和技术创新,优化司法鉴定流程,正确把握客观真实与法律真实的关系。

4. 公正鉴定原则,是指在建设工程司法鉴定活动中应以公平、公正为价值追求,秉持正当性,不得有专私、偏袒。司法鉴定人居中立之地位,以科学之神圣,仗法律之权威,再现事实真相,其目的与宗旨是促进公正司法,维护社会公平正义。包括鉴定活动程序公正和鉴定意见的实体公正两方面。公正鉴定原则在建设工程司法鉴定基本原则中处于核心地位。公正鉴定原则是人类价值追求的体现,公正鉴定原则是司法公正的保障,司法鉴定在诉讼活动中必须贯彻公平、公正、公开的程序理念,坚持"以事实为依据,以法律为准绳"的准则,确保司法公正,公正鉴定原则是司法鉴定公信力的来源。公正鉴定原则要求司法鉴定主体保持中立,鉴定法律关系中权利义务应体现对等性,司法鉴定过程要坚持公开,鉴定意见必须客观真实。

本条依据指引:《全国人民代表大会常务委员会关于司法鉴定管理问题的决定》第十二条,《司法鉴定程序通则》(司法部令第107号)第三条,《司法鉴定机构管理办法》(司法部令第96号)第七条,《司法鉴定人登记管理办法》(司法部令第95号)第六条,霍宪丹主编《司法鉴定通论》,北京:法律出版社,2009.5,第三章,P47—58。

5.2 司法鉴定机构应对建设工程司法鉴定过程进行记录和监控,使整个鉴定过程具有标识和可追溯性,以保证鉴定意见达到法定性(法律性)、中立性(独立性)和客观性(真实性)的统一。

本条依据指引：GB/T 19001－2008/ISO 9001：2008 第 7.5.3 条、第 8.2.3 条，《司法鉴定程序通则》(司法部令第 107 号)第二十三条。

5.4　本条是强制性条文。鉴定机构应指定本机构中具有委托鉴定事项执业资格的司法鉴定人进行鉴定，这是对鉴定机构的严格要求。

本条依据指引：《司法鉴定程序通则》(司法部令第 107 号)第十八条。

5.5　本条第一款是强制性条文。为了确保司法鉴定意见的准确性、客观性，鉴定同一个专门性问题，应由两名及以上有资格的司法鉴定人进行。

本条依据指引：《司法鉴定程序通则》(司法部令第 107 号)第十九条。

5.6　鉴定事项完成后，应由其鉴定机构中技术职务高、鉴定经验丰富的高级鉴定专家担任鉴定复核人，并由鉴定机构的授权人签发。鉴定复核人对司法鉴定程序的合法性、鉴定文书的准确性、完整性负责。

本条依据指引：《司法鉴定程序通则》(司法部令第 107 号)第三十二条，《司法鉴定机构资质认定评审准则》。

5.7—5.8　回避制度是我国司法鉴定制度中一项基本制度。鉴定人的回避，既是司法鉴定人的义务，又是诉讼当事人及其法定代理人的权利。这一制度在我国的法律、司法鉴定法规和部门规章中均有明确规定，本条结合建设工程的特点，规定了司法鉴定人应回避的几种情形。

现实生活中，人际关系十分复杂。是否具备回避的条件，回避对象最为清楚。为了规范回避制度，应建立鉴定机构和鉴定人回避声明制度，即回避对象在履行职务前，应事先声明自己无法律所规定的应回避的情形，同时将此项声明制作成书面声明由鉴定机构盖章，司法鉴定文书应就此专列一章，或在司法鉴定文书封二中载明。回避声明书的内容应和以下内容相近：

——本鉴定机构及鉴定人对受鉴项目所涉及的各方当事人、代理人、利益相关人不存在任何现时或预期利益(除本案的鉴定工作酬金外)；

——本鉴定机构及司法鉴定人与受鉴项目当事人、代理人、利益相关人没有发生过任何利益往来；

——本鉴定机构及司法鉴定人对受鉴项目不拥有现存或预期的利益；

——本鉴定机构及司法鉴定人对受鉴项目涉及的各方没有任何偏见；

——本鉴定机构及司法鉴定人不存在现行法律规定所要求的回避情形。

本条依据指引：《中华人民共和国民事诉讼法》第四十五条，《中华人民共和国行政诉讼法》第四十七条，《全国人民代表大会常务委员会关于司法鉴定管理问题的决定》第九条，《司法鉴定程序通则》(司法部令第 107 号)第六条、第二十条。

5.9　根据建设工程司法鉴定公正鉴定的原则，司法鉴定过程要坚持公开。

当事人有申请司法鉴定人回避的权利,鉴定机构就应有告知的义务。因此规定鉴定机构应在受理鉴定委托后五日内,向当事人送达《司法鉴定组成人员通知书》。

5.10 本条对鉴定机构在鉴定过程中需制作的工作联系函作出了规定。

本条依据指引:GB/T19001 - 2008/ISO9001:2008 第 7.5.3 条、第 8.2.3 条。

5.11 本条是强制性条文。真实可靠的鉴定资料是形成客观正确的鉴定意见的基础,同时,鉴定资料也是当事人的重要档案资料。因此,司法鉴定机构应对鉴定资料妥善保管谨慎使用。本条对鉴定资料的登记、保管和使用作出了规定。

本条依据指引:《中华人民共和国民事诉讼法》第六十三条,《中华人民共和国行政诉讼法》第三十一条,《最高人民法院关于民事诉讼证据的若干规定》第二十九条,《最高人民法院关于行政诉讼证据的若干规定》第三十二条,《司法鉴定程序通则》(司法部令第 107 号)第二十一条,GB/T19001 - 2008/ISO9001:2008 第 7.5.4 条。

5.12 司法鉴定是司法鉴定人运用自然科学原理、规律、技术和方法对鉴定对象进行检验判断的科学求证活动,司法鉴定活动必须尊重客观规律,体现事物固有的、内在的和本质的联系。因此,司法鉴定人在进行建设工程司法鉴定活动过程中,除了应遵守国家、部门有关法律、法规和规章,司法行政主管部门、司法鉴定行业组织制定的行业标准外,还必须遵守和采用建设领域的相关标准。

随着我国国民经济的迅速发展,各种新产品、新工艺、新方法不断涌现,委托的鉴定事项对应的标准往往不止一个,可能会有国家标准、行业标准(协会标准)、地方标准以及企业标准等。而如何选择正确的标准进行鉴定,对于鉴定人员来说就显得尤为重要。

标准体系是由一定系统范围内的具有内在联系标准组成的科学有机整体。标准体系又可分解成由若干分体系组成,每个分体系也是由具有内在联系的标准组成,也形成了一个科学的有机整体。全国标准体系可由"全国通用综合性基础标准体系"、"各行业、专业、地区和企业标准体系"等分体系组成,而每个分体系的组成要素仍是标准。按照我国编制的标准体系表的表现形式,用得最多的是两种包含四个变数的表格,即领域—层次—种类—级别和领域—序列—种类—级别。标准体系表,为我们区分标准的主次、轻重缓急以及加强标准的配套和协调方面,起到了良好的作用。

标准按级别划分为国家标准、行业标准(协会标准)、地方标准和企业标准。其中国家标准级别最高,其他依次递减。而按照性质划分,标准又分为强制性标准和推荐性标准,强制性标准是必须无条件执行的标准,没有可选择性。而推荐性标准是自愿性的。但如果执行了推荐性标准,或推荐性标准被强制性标准引用,就必须严格按此标准执行。如《钢筋混凝土用钢　第3部分:钢筋焊接网》(GB/T1499.3-2010)为推荐性标准,但如果设计文件明确要求采用符合该标准的产品,则该标准必须严格执行。

通常级别越高的标准,其技术要求越低,比如国家标准的要求往往低于行业标准,这是因为国家标准充分考虑我国的国情,比如自然资源、环境资源及民族特点等,以期有广泛的适应性,且充分利用我国的自然资源。例如,《建设用砂》(GB/T14684-2011)这一国家标准中规定砂的含泥量≤5.0%时可配制C30砼,若我们检测某一砂样品的泥含量为4.5%时,按国家标准判定,此样品含泥量指标达到合格品的要求;而按行业标准《普通混凝土用砂质量标准及检验方法》(JGJ 52-2006)规定,此样品只能配制≤C25的砼,则此样品就不能满足要求。另一方面,建设工程的各个行业,根据本行业的特点,也相继制定了行业标准。如砂的标准就包括:《建设用砂》(GB/T14684-2011)、《普通混凝土用砂、石质量及检验方法标准》(JGJ52-2006)、《水工混凝土砂石骨料试验规程》(DL/T5151-2001)、《水工混凝土试验规程》(SL352-2006)、《公路工程集料试验规程》(JTGE42-2005)。在这些标准中,无论哪一个标准,都无法代替另外的标准。如超、逊径指标,在水利行业是必检项目,而在国家标准中无此指标要求。选用不同的标准,有时会得出截然相反的结论。由此可见,如何选择正确的标准,是检测鉴定人员极其重要的一项工作。下面就标准的选择做以下说明。

1. 合理选择标准的原则

(1) 鉴定机构应广泛收集不同级别的相关标准,如国家标准、行业标准(协会标准)、地方标准及企业标准。

(2) 检测鉴定人员要认真学习各标准,特别要仔细研究其适用范围、试验方法,找出其中的区别与联系。

(3) 检测鉴定人员应紧密结合实际情况选择标准,不生搬硬套。

(4) 注意标准的时效性,不能使用已淘汰或废止的标准;如确需使用已淘汰或废止的标准,应获得相关各方当事人的认可。

2. 合理选择标准的方法

(1) 只有国家标准或行业标准或地方标准的,应严格按此标准执行。比如钢筋砼热轧光圆钢筋只有《钢筋混凝土用钢　第1部分:热轧光圆钢筋》(GB1499.1-2008)一个标准,检测时,应按此标准执行。

(2) 既有国家标准,又有行业标准的,应根据实际情况与适用条件选择。比如鉴定一个水库质量,用于水库大坝用砂应采用《水工混凝土试验规程》(SL352-2006),水库上面的水泵房用砂则应采用《建设用砂》(GB/T14684-

2011)。

(3) 既有国家标准或行业标准,又有地方标准的,应比较两个标准的区别及规定,根据具体情况采用。比如《回弹法检测混凝土抗压强度技术规程》(JGJ/T23 - 2011)与《回弹法检测泵送混凝土抗压强度技术规程》(DB33/T1049 - 2008)两个标准,由于《回弹法检测混凝土抗压强度技术规程》(JGJ/T23 - 2011)第 6.1.2 条规定:有条件的地区和部门,应制定本地区的测强曲线或专用测强曲线,检测单位宜按专用测强曲线、地区测强曲线、统一测强曲线的顺序选用测强曲线。如果所鉴项目符合《回弹法检测泵送混凝土抗压强度技术规程》(DB33/T1049 - 2008)检测条件,应优先采用《回弹法检测泵送混凝土抗压强度技术规程》(DB33/T1049 - 2008);如不符合《回弹法检测泵送混凝土抗压强度技术规程》(DB33/T1049 - 2008)检测条件,则采用《回弹法检测混凝土抗压强度技术规程》(JGJ/T23 - 2011)。

(4) 既有国家标准或行业标准或地方标准,又有企业标准时,则根据具体情况采用。如国家标准或行业标准或地方标准,为强制性标准时,则此标准为最低标准,必须严格执行,如国家标准或行业标准或地方标准,为推荐性标准时,应向委托人索取相关资料,按相关资料所标明的生产标准执行,若提供不出,则按级别高的标准执行。

(5) 只有企业标准时,根据相关法律的规定,企业标准应报当地标准化行政主管部门,经备案登记的企业标准为有效标准,鉴定机构可以按已经备案登记的企业标准进行检测鉴定。

(6) 无相关国家标准、行业标准(协会标准)、地方标准和企业标准,但有建设工程相关领域被认可的技术成果,鉴定机构可以按此标准进行检测鉴定。

"被认可"包含以下条件:

a. 国际或国家专业性学术会议或报刊上发表的本专业论文,或正式出版的本专业专著,且被至少 3 名本专业高级职称及以上专家认可的;

b. 获国家三等奖或省、部二等奖(指自然科学奖、科技进步奖、发明奖,下同)及其以上项目的;

c. 获国家或省、部科技攻关重大成果奖,且被至少 3 名本专业高级职称及以上专家认可的。

(7) 无相关国家标准、行业标准(协会标准)、地方标准和企业标准,但有相关各方当事人认可的标准,鉴定机构可以按此标准进行检测鉴定。

(8) 无相关国家标准、行业标准(协会标准)、地方标准和企业标准,但有相关各方当事人认可的技术方法,鉴定机构可以按此标准进行检测鉴定。

(9) 不符合上述条款的,鉴定机构可以自行制定符合通行技术规则并能够满足检测需要的有关技术方法(其中所引用的方法应符合相关标准且通过计量认证),报当地标准化行政主管部门备案后采用。如涉及较为复杂的技术方法,其检验能力及方法应通过计量认证后采用。

本条依据指引:《全国人民代表大会常务委员会关于司法鉴定管理问题的决定》第十二条,《司法鉴定程序通则》(司法部令第107号)第三条、第二十二条,《司法鉴定机构管理办法》(司法部令第96号)第八条,《标准体系表编制原则和要求》(GB/T13016)。

5.13 根据建设工程司法鉴定不同的鉴定事项和委托人不同的鉴定要求,承担鉴定任务的司法鉴定人应编制不同的鉴定方案。根据司法部公布的《司法鉴定程序通则》第二十二条、本条的规定,鉴定机构应建立完善的技术支撑体系,应按建设工程领域不同专业的技术要求和特点,采用符合相关要求的技术标准,编写相应的鉴定工作作业指导书,作为编制受理鉴定案件鉴定方案的依据,鉴定方案必须经鉴定机构的技术管理者批准后方能实施。

本条依据指引:《司法鉴定程序通则》(司法部令第107号)第三条、第二十二条。

5.14 案情调查的重要作用:一是避免其中一方当事人的先入为主,能够客观、公正地了解案情;二是克服送鉴材料的局限性,对一些不完整、表达不清楚、有矛盾的地方必须经各方当事人共同澄清;三是确定现场勘验的进行。

司法鉴定活动是一项以司法鉴定人的活动为中心的技术服务活动。因此,在该项法律活动中,作为鉴定活动法律关系的主体,司法鉴定人应享有与其工作相适应的主体权利。根据我国诉讼法及有关法规的相关规定,我国执业的司法鉴定人享有以下几个方面的权利:

1. 查阅与鉴定有关的案卷资料。任何一个需要进行鉴定的专门性问题都与案情紧密相连,因此司法鉴定人应该向办案人员进行书面的或口头的了解,从而确保对鉴定资料进行全面、客观、准确地把握和认识。

司法鉴定人了解案件资料之目的在于能够尽可能全面、客观地把握与鉴定资料相关的情况,以便及时、有效、准确、科学地进行司法鉴定工作。司法鉴定人不能将了解到的案情资料作为推断鉴定意见的依据,同时也不能用案件中其他已知的鉴定结果作为自己的肯定意见或否定意见的依据,案情调查得到的资料,只有通过分析、验证,才可采信。

2. 询问与鉴定事项有关的当事人、证人了解进行鉴定所必需的案件资料,如召开听证会、向鉴定项目的有关单位和有关人员进行访问、查询、调查等。

3. 现场勘验、检查以及现场检测等活动属调查取证活动。由于建设工程的特殊性,对涉及有争议的受鉴项目的工程质量和工程造价等鉴定事项,必须经过现场勘验、检查,有的还要进行现场检测,才能查清事实,为鉴定提供依据,而这些都涉及专业技术问题。因此,建设工程司法鉴定的现场勘验、检查以及现场检测,是十分必要和重要的程序。不过,现场勘验、检查以及现场检测等活动,必须由委托人组织实施,在委托人见证(诉前鉴定及非诉鉴定可申请受鉴项目辖区公证处见证,或请求辖区政府机构、社区、村委会指派工作人员见证)下,司法鉴定人会同各方当事人共同参加。现场勘验、检查以及现场检测,一般以满足具体的鉴定工作之需为宜。现场勘验、检查以及现场检测形成的记录应由参加现场勘验、检查以及现场检测在场人员签字确认。

注1:《中华人民共和国计量法》第九条规定:县级以上人民政府计量行政部门对社会公用计量标准器具,部门和企业、事业单位使用的最高计量标准器具,以及用于贸易结算、安全防护、医疗卫生、环境监测方面的列入强制检定目录的工作计量器具,实行强制检定。未按照规定申请检定或者检定不合格的,不得使用。实行强制检定的工作计量器具的目录和管理办法,由国务院制定。

对前款规定以外的其他计量标准器具和工作计量器具,使用单位应当自行定期检定或者送其他计量检定机构检定,县级以上人民政府计量行政部门应当进行监督检查。

《中华人民共和国计量法实施细则》第二十五条规定:任何单位和个人不准在工作岗位上使用无检定合格印、证或者超过检定周期以及经检定不合格的计量器具。

对仪器设备进行检定和核查,是为了确保检验机构所拥有的仪器设备计量器具的量值溯源,确保检验结果的准确性。

注2:用于检测或(和)校准的对检测、校准和抽样结果的准确性或有效性有显著影响的所有设备,包括辅助测量设备(例如用于测量环境条件的设备),在投入使用前应进行校准。实验室应制定设备校准的计划和程序。该计划应包含一个对测量标准、用做测量标准的标准物质以及用于检测和校准的测量与检测设备进行选择、使用、校准、核查、控制和维护的系统。

本条依据指引:《中华人民共和国民事诉讼法》第七十六条、第八十条,《中华人民共和国行政诉讼法》第三十五条,《最高人民法院关于民事诉讼证据的若干规定》第三十条,《最高人民法院关于行政诉讼证据的若干规定》第三十三条、第三十四条,《司法鉴定人登记管理办法》(司法部令第95号)第二十一条。

5.15　本条是强制性条文。鉴定机构从事建设工程质量鉴定的,应建立依法通过计量认证的检测实验室。

根据国家有关法律规定,检验机构只有计量认证合格,才能向社会提供检验服务。并且检验机构必须符合下列条件,才能进行计量认证:(1) 依法设立的法人组织或者其分支机构;(2) 有规范的名称;(3) 有明确的检验服务项目;(4) 有具备相应专业知识和技能的管理人员、检验人员;(5) 有检验服务活动所必需的场所、工作环境和设施、仪器设备;(6) 有与检验服务活动相适应的管理体系;(7) 法律、行政法规规定的其他条件。

鼓励鉴定机构的检测实验室通过实验室认可。

根据鉴定业务许可范围,仅从事建设工程造价鉴定的鉴定机构无须建立检测实验室。

本条依据指引:《全国人民代表大会常务委员会关于司法鉴定管理问题的决定》第五条,《司法鉴定机构管理办法》(司法部令第95号)第十四条,《中华人民共和国认证认可条例》(中华人民共和国国务院令第390号),《实验室和检查机构资质认定管理办法》(国家质量监督检验检疫总局令第86号)。

5.16　在共同鉴定的情况下,多个鉴定人参加同一案件的同一个专门性问题的鉴定,应充分发挥每个鉴定人的积极性,对不同意见展开深入讨论并进行必要的检测,少数案件限于客观条件或主观条件因素影响,经过充分讨论仍不能求得统一意见时,可以向司法鉴定机构以外的相关专家(有些鉴定事项可能会向非建设领域的专家咨询,如化工工程,有时要向化工领域专家咨询)进行咨询,但最终的鉴定意见应由司法鉴定机构出具。这样既有利于避免盲目的"求同"情况出现,也有利于明确司法鉴定人的职责。

对涉及特殊专业的司法鉴定,司法鉴定机构可以向司法鉴定机构以外的相关专家(有些鉴定事项可能会向非建设领域的专家咨询,如化工工程,有时要向化工领域专家咨询)进行咨询,但最终的鉴定意见应由司法鉴定机构出具。

本条依据指引:《司法鉴定程序通则》(司法部令第107号)第二十五条、第三十五条。

5.17　司法鉴定时限,是指从受理鉴定之日起,到实施鉴定活动、完成鉴定任务、出具司法鉴定意见时所限定的时间范围。规定鉴定时限,是实现鉴定活动高效要求和确保诉讼时效的重要措施。

如果司法鉴定人在鉴定活动中发现已有的鉴定资料在数量或质量上达不到预期的要求,不能满足鉴定工作的需要,尤其是鉴定资料不足的情况下,司法鉴定人有权要求委托人补充收取相关的鉴定资料。

司法部和最高人民法院将鉴定时限规定为15个工作日、30个工作日、60个工作日三种情形。根据建设工程领域的特殊性,本条将建设工程司法鉴定的时限规定为60个工作日,如需延长时间,每次一般不得超过60个工作日。鉴定机构与委托人对完成鉴定的时限另有约定的,从其约定。在鉴定过程中补充或者重新提取鉴定资料,司法鉴定人复查现场、赴鉴定项目所在地进行检验和调取鉴定资料所需的时间,不计入鉴定时限。

本条依据指引:《司法鉴定程序通则》(司法部令第107号)第二十六条。

5.18　终止鉴定是指司法鉴定机构和司法鉴定人在实施鉴定过程中,由于出现某种事由,不能实现鉴定委托的要求,终止鉴定活动继续进行的一种处理方式。本条规定了可以终止鉴定的几种情形。

本条依据指引:《司法鉴定程序通则》(司法部令第107号)第二十七条。

5.19　补充鉴定是原鉴定的继续,是对原鉴定进行补充、修正、完善的再鉴定活动。重新鉴定程序中也可能产生补充鉴定活动。补充鉴定一般由原委托人委托,仍由原司法鉴定机构和原司法鉴定人或其他司法鉴定人实施鉴定。补充鉴定是原委托鉴定的组成部分,司法鉴定机构和司法鉴定人严禁在原鉴定文书上批字、盖章,以反映补充鉴定过程与结果。

本条依据指引:《司法鉴定程序通则》(司法部令第107号)第二十八条。

5.20　重新鉴定是指经过鉴定的专门性问题,由于鉴定程序、方法、结果的某种缺陷或争议,诉讼当事人或司法机关有充足理由按规定程序请求再次鉴定,而产生的一系列活动过程。重新鉴定一般应委托原司法鉴定机构和司法鉴定人以外的其他鉴定主体实施,个别案件在特殊情况时(如委托人指定等),可以委托原鉴定机构鉴定,但不能由原司法鉴定人鉴定。

司法部、国家认证认可监督管理委员会《关于全面推进司法鉴定机构认证认可工作的通知》(司发通〔2012〕114号)(附件:司法鉴定机构申请认证认可的条件和工作程序)第一条第(一)项第2目规定:司法鉴定机构资质认定分为国家级资质认定和省级资质认定。国家级资质认定由国家认证认可监督管理委员会负责;省级资质认定由省级质量技术监督局负责。因此本条规定,接受重新鉴定委托的司法鉴定机构的资质条件,一般应相当于或高于原委托的司法鉴定机构。

接受重新鉴定委托的司法鉴定人的技术职称或执业资格,应相当于或高于原委托的司法鉴定人。

本条依据指引:《中华人民共和国民事诉讼法》第一百三十九条,《最高人民法院关于民事诉讼证据的若干规定》第二十七条、第二十八条,《最高人民法院关于行政诉讼证据的若干规定》第二十九条,《司法鉴定程序通则》(司法部令第107号)第二十九条、第三十条,司法部、国家认证认可监督管理委员会《关于全面推进司法鉴定机构认证认可工作的通知》(司发通〔2012〕114号)(附件　司法鉴定机构申请认证认可的条件和工作程序)第一条第(一)项第2目。

5.21　本条是强制性条文。司法鉴定工作是针对某些专门性问题,这些专门性问题可能涉及案件中的秘密和当事人的隐私等不应公开的信息。就鉴定资料本身而言,有的还涉及国家秘密。因此,出于某些方面利益的考虑,作为承担具体案件鉴定工作的司法鉴定人应保守这些秘密,这也是法律规定的司法鉴定人的义务。我国法律对司法鉴定人应保守的秘密的范围和环节以及期限等进行了相应的规定。

保守国家秘密、商业秘密、案内秘密和当事人隐私等不应公开的信息既是司法鉴定人的义务,又是司法鉴定人执业纪律与职业道德的要求。我国法律中确立的司法鉴定人应保守的秘密的范围包括其在执业活动中知悉的案件秘密,证据秘密,鉴定方法、内容、手段、结果的秘密,鉴定资料的秘密,当事人的个人秘密。归纳起来就是国家秘密、商业秘密、案内秘密和个人隐私等四个方面。具体的内容要视案件的情况和信息的性质而定。

司法鉴定人以保守案内秘密最为重要:司法鉴定活动过程中,有三个关键环节:提交鉴定结果、开庭过程和法庭作证。在这三个关键环节上必须严格遵守保守秘密的规定。对于其他的阶段,也应要根据实际的需求要求司法鉴定人来保守相关的秘密。

司法鉴定人保守秘密的义务贯穿于整个司法鉴定活动始终。对于司法鉴定人保守秘密的期限而言,其中多数秘密的保密期限是永久性的(如国家秘密等),只有少数秘密的保密期限是短期的(如鉴定意见等)。具体的期限视情况而定。

本条依据指引:《最高人民法院关于民事诉讼证据的若干规定》第四十八条,《司法鉴定程序通则》(司法部令第107号)第五条,《司法鉴定人登记管理办法》(司法部令第95号)第二十二条。

6 建设工程质量类鉴定

6.1 建设工程施工阶段质量鉴定

对建设工程施工阶段出现的质量问题,我们往往仅从施工的角度去分析和查找原因,但直接或间接影响工程质量的因素是多方面的,可能存在于工程实施全过程(勘察、设计、施工)及整个寿命周期;可能缘于我们对建筑科学知识本身认识的不足;可能缘于人的“质量行为的过失”;可能缘于各级管理者对质量监管不合理的“规划”;等等。

建设工程施工阶段出现质量问题,引起当事人产生纠纷,启动鉴定程序,其原因是多方面的。

一是结构的先天缺陷。工程设计是把各种现有的技术成果转换为生产力的一种手段和活动。在进行工程设计时,尽管设计人员尽最大可能考虑了影响工程安全和使用的诸多因素,在结构上采取了各种各样的处理措施,但是由于技术水平的限制,实际结构有其各自的结构特点和与众不同的使用环境以及施工质量的差异,竣工使用后的结构不可能完全被设计分析时采取的数学模型所描述,使用中实际情况与原先设计构思有一定的差异。另外,场地选择的错误,基础方案的不合理,结构体系选择上的失误或计算方法选择上的差异等均可能在工程中留下隐患,导致结构的先天不足。结构的先天不足还可能源于施工,造成这类隐患的原因很多,如使用了劣质或低等级建筑材料,施工管理和质量控制措施不利,技术设备落后施工程序不合理,施工人员素质低技术水平参差不齐,甚至有些施工企业为了减少开支采取偷工减料等手段等,导致工程质量低劣,达不到设计要求。

二是结构的后天损害。恶劣的使用环境是引起结构缺陷和损伤的一个主要原因。在长期的外部环境及使用环境条件下,外部介质每时每刻都在侵蚀结构材料,导致其组成材料的劣化,工程结构的功能将逐渐地被削弱,甚至丧失,这是一个不可改变的客观规律。按照劣化作用的性质来分,外部环境对工程结构的侵蚀作用一般可以分为三类:

1. 物理作用:如高温及高湿、温湿变化,霜冻及冻融现象,粉尘及流水冲刷,辐射等因素对结构材料的劣化。

2. 化学作用:如含有酸、碱或盐等化学介质的气体或液体,一些其他有机材料、烟气等向结构材料内部侵入,产生化学作用,引起材料组成成分的变化。

3. 生物作用:如一些微生物、真菌、水藻、水动物、蠕虫、昆虫、多细胞作物等对工程材料的破坏。

意外灾害也是结构后天损伤的一个重要原因。意外灾害包括自然灾害和人为灾害,它们使工程结构受到严重损害,甚至完全丧失其结构功能。

使用不当也会造成对工程结构的损害。对建筑结构而言,使用不当造成损伤的原因是多方面的。如随意改变使用功能,增大使用荷载;为了达到某种装潢效果,随意改变甚至拆除承重结构;为了增大建筑面积,未经设计单位验算设计,对原有设计建筑进行扩建甚至加层改造等。

本条依据指引:张福生《对当前工程质量若干问题的思考》,《工程质量》2009(10)P1—P3;《检测鉴定阶段对建设工程质量评定》//韩继云主编《土木工程质量与性能检测鉴定加固技术》,北京:中国建材工业出版社,2010. 8,P350—354。

6.1.3 应该注意,工程技术标准规范中的施工工艺要求不宜作为工程质量的鉴定依据。

6.1.5 本条是强制性条文。对建设工程质量进行司法鉴定,不应作出合格或不合格的鉴定意见,而应作出工程质量是否符合施工图设计文件、相关标准、技术文件的鉴定意见。

《建设工程质量管理条例》(国务院令第 279 号)规定:建设单位、勘察单位、设计单位、施工单位、工程监理单位依法对建设工程质量负责,都是建设工程质量主体。因此,《建筑工程施工质量验收统一标准》(GB50300)规定,建设工程质量合格与否的结论,只能由建设单位组织建设工程各质量责任主体,通过规定的程序进行竣工验收后才能得出。

对建设工程质量进行司法鉴定,主要是通过司法鉴定人的专业知识和技术经验,根据工程标准规范,采用必要的检测和验算手段,对建设工程质量进行鉴定。根据委托的鉴定要求,有时仅对某分部分项工程质量进行鉴定。因此,对建设工程质量进行司法鉴定,不应作出合格或不合格的鉴定结论:一是鉴定机构和司法鉴定人独立地进行鉴定,不具备施工质量竣工验收规定的主体和程序;二是法律规定不合格的工程不得交付使用,一旦对已投入使用的工程作出不合格的鉴定结论,将在法律和规章上引起混乱,影响正常的工作生产、生活秩序。因此,鉴定机构和鉴定人对建设工程质量进行鉴定,应作出工程质量是否符合施工图设计文件、相关标准、技术文件的鉴定意见。对可以继续承载的工程出现的质量缺陷,经过验算和技术分析,找出质量问题的原因,分清质量责任,提出加固修复方案;对不能继续正常承载的工程结构,应根据工程建设规范标准,及时出具鉴定意见,要求建设单位立即采取措施。

特别提出的是,由于建设工程质量本身的特点,对建设工程施工质量进行的事后检测和鉴定,作出的鉴定意见,不能免除建设单位、勘察单位、设计单位、监理单位、施工单位各自应依法承担的质量责任和义务。

本条依据指引:《中华人民共和国建筑法》第六十一条,《建设工程质量管理条例》(国务院令第 279 号)第三条,《建筑工程施工质量验收统一标准》(GB50300 - 2001)第 6.0.3 条、第 6.0.4 条,《检测鉴定阶段对建设工程质量评定》//韩继云主编《土木工程质量与性能检测鉴定加固技术》,北京:中国建材工业出版社,2010.8,P350—354。

6.1.6 建设工程材料应按相关规定或约定进行是否符合相关标准的判定,相关规定或约定包括:

(1) 相关的法律、法规,如《标准化法》、《产品质量法》等;

(2) 相关的标准;

(3) 相关的指导性技术文件;

(4) 相关当事人协商一致的技术方法;

(5) 有效的技术文件,如设计文件、招投标文件等;

(6) 相关合同、协议;

(7) 其他对建设工程材料有要求的有效资料。

6.1.7 建设工程质量不符合要求时,目前国家、行业均有进行处理的相关标准,如《建筑工程施工质量验收统一标准》(GB50300)、《工业安装工程施工质量验收统一标准》(GB50252)等,可按实际情况选用。

6.1.9、6.2.6、6.3.9 值得重视的是在各类鉴定实践中,村镇建设工程和农村或城镇中自建住宅的质量纠纷占相当的比重。《中华人民共和国建筑法》第八十三条规定:抢险救灾及其他临时性房屋建筑和农民自建低层住宅的建筑活动,不适用本法。《建设工程质量管理条例》(国务院令第 279 号)第八十条规定:抢险救灾及其他临时性房屋建筑和农民自建低层住宅的建设活动,不适用本条例。《村庄和集镇规划建设管理条例》第二十一条规定:在村庄、集镇规划区内,凡建筑跨度、跨径或者高度超出规定范围的乡(镇)村企业、乡(镇)村公共设施和公益事业的建筑工程,以及二层(含二层)以上的住宅,必须由取得相应的设计资质证书的单位进行设计,或者选用通用设计、标准设计。《关于加强村镇建设工程质量安全管理的若干意见》(建质〔2004〕216 号)规定:对于建制镇、集镇规划区内的所有公共建筑工程、居民自建两层(不含两层)以上、以及其他建设工程投资额在 30 万元以上或者建筑面积在 300 平方米以上的所有村镇建设工程、村庄建设规划范围内的学校、幼儿园、卫生院等公共建筑(以下称限额以上工程),应严格按照国家有关法律、法规和工程建设强制性标准实施监督管理。上述建设工程应执行本规范。对于村庄建设规划范围内的农民自建两层(含两层)以下住宅(以下简称农民自建低层住宅)的建设活动,县级建设行政主管部门的管理以为农民提供技术服务和指导作为主要工作方式。

随着社会经济的快速发展,在农村建制镇、集镇规划区外的村庄的建设也蓬勃发展,公共建筑的建设规模不断增长,农村或城镇居民的住宅也大都在二层以上。为了保障房屋建筑结构安全,保护人民群众生命财产安全,本条规定,无论是否在建制镇、集镇规划区内的村镇建设工程、农村或城镇居民二层以上住宅的鉴定,均应按本技术规范和现行相关标准执行。

6.2 既有建设工程质量鉴定

本条是根据我国既有建设工程质量鉴定的实践经验,并参考了其他有关标准、指南和手册确定的,本条规定了鉴定的工作程序。执行时,可根据受鉴项目的性质进行具体安排。例如,若遇简单的问题,可予以适当简化;若遇到特殊的问题,可进行必要的调整和补充。

关于鉴定依据,一直存在着两种不同的观点:一种认为,鉴定应以原设计、施工规范为依据;另一种则认为,鉴定应以现行设计、施工规范为依据。国内有关专家进行了研究一致认为,较全面而恰当的是以下提法:

(1) 由于已有建(构)筑物绝大多数在鉴定并采取措施后继续使用,因而不论从保证其下一目标使用期所必需的可靠度或是从标准规范的适用性和合法性来说,均不宜直接采用已被废止的原规范作为鉴定的依据。这一观点在国际上也是一致的。如国际标准《结构可靠性原则》(ISO/DIS2394 - 1996)中便明确规定:对已有建筑物的鉴定,原设计规范只能作为参考性的指导文件使用。

(2) 以现行设计、施工标准规范作为已有建筑物鉴定的依据之一,是无可非议的,但若认为它们是唯一依据则欠妥。因为现行设计、施工规范毕竟是以拟建工程为对象制定的,不可能系统地考虑已有建(构)筑物所能遇到各种问题。

（3）采用以《民用建筑可靠性鉴定标准》(GB50292)和《工业建筑可靠性鉴定标准》(GB50144)为依据的提法,则较为全面,因为其内涵已全面概括了以下各方面的内容和要求:

① 现行设计、施工规范中的有关规定;

② 原设计、施工规范中尚行之有效,但由于某种原因已被现行规范删去的有关规定;

③ 根据已有建(构)筑物特点和工作条件,必须由《民用建筑可靠性鉴定标准》(GB50292)和《工业建筑可靠性鉴定标准》(GB50144)作出的规定。

（4）既有建设工程竣工时间不足二年,或竣工时间超过二年但未正式投入使用的工程需进行质量鉴定时,应以现行标准作为鉴定依据。

6.3 建设工程灾损鉴定

自然灾害、人为破坏、事故破坏引起建设工程的不利后果,一般有:超过规范允许范围的沉降、移位、倾斜、裂缝,火灾,雪灾,爆破振动损害,机械振动损害,机动车辆碰撞,相邻建筑物施工影响,化学侵蚀等,在条款中不能一一列明,因此,本条采用了原则和抽象的描述。从进行司法鉴定程序角度考虑,建设工程各种灾损的鉴定程序应该是相同的。本条强调的是建设工程遭受到不同的灾害,鉴定时应按相关现行标准进行勘验、检测、复核验算和技术分析,出具鉴定意见。

6.4 建设工程其他专项质量鉴定

《工程建设项目施工招标投标办法》(国家发展计划委员会、建设部、铁道部、交通部、信息产业部、水利部、民用航空总局第30号令)第六条规定:“各级发展计划、经贸、建设、铁道、交通、信息产业、水利、外经贸、民航等部门依照《国务院办公厅印发国务院有关部门实施招标投标活动行政监督的职责分工意见的通知》(国办发〔2000〕34号)和各地规定的职责分工,对工程施工招标投标活动实施监督,依法查处工程施工招标投标活动中的违法行为。”因此,建设工程其他专项鉴定包括:建(构)筑物渗漏鉴定、建筑日照间距鉴定、建筑节能施工质量鉴定、建筑材料鉴定、工程设计工作量和质量鉴定、周边环境对建设工程的损伤或影响鉴定、装修工程质量鉴定、绿化工程质量鉴定、市政工程质量鉴定、工业设备安装工程质量鉴定、水利工程质量鉴定、交通工程质量鉴定、铁路工程质量鉴定、信息产业工程质量鉴定、民航工程质量鉴定、石化工程质量鉴定等。其进行司法鉴定的程序应该是相同的。同样强调的是不同行业不同专业鉴定时,应按相关现行标准进行复核验算和技术分析,出具鉴定意见。

7 建设工程造价类鉴定

7.1 建设工程造价鉴定

由于建设工程本身的重要性和特殊性而形成了建设工程造价的技术经济特点,即:

(1) 单件性计价。工程项目是为特定用户的特定使用需要,在特定地点建造的一次性产品,每一项建设工程都有指定的专门用途。所以也就有不同的结构、造型和装饰,不同的体积和面积,建设时要采用不同的工艺设备和建筑材料。即使是用途相同的建设工程,技术水平、建筑等级和建筑标准也有差别,建设工程还必须在结构、造型等方面适应工程所在地社会经济、气候、地质、地震、水文等自然条件,适应当地的风俗习惯。这就使得建设工程的实物形态千差万别。再加上不同地区构成投资费用的各种价值要素的差异,最终导致建设工程造价的千差万别。因此,对于建设工程就不能像对工业产品那样按品种、规格、质量成批地定价,只能通过特殊的程序(编制估算、概算、预算、合同价、结算价及最后确定竣工决算等),就各个项目(建设项目或工程项目)计算工程造价,即单件计价。

(2) 多次性计价。建设工程的生产过程是一个周期长、投资大的生产消费过程。包括可行性研究在内的设计过程一般较长,而且要分阶段进行,逐步加深。为了适应工程建设过程中各方经济关系的建立,适应项目管理的要求,适应工程造价控制和管理的要求,需要按照设计和建设阶段多次进行计价。从投资估算、设计概算、施工图预算到招标投标合同价和最后在结算价基础上编制的竣工决算,整个计价过程是一个由粗到细、由浅到深、最后确定建设工程实际造价的过程。计价过程各个环节之间相互衔接,前者制约后者,后者补充前者。

(3) 按工程构成的分部组合计价。按相关规定与标准(如SL252－2000等)规定,工程建设项目有大、中、小型之分。凡是按照一个总体设计进行建设的各个单项工程总体即是一个建设项目。它一般是一个企业(或联合企业)、事业单位或独立的工程项目。在建设项目中,凡是具有独立的设计文件、竣工后可以独立发挥生产能力或工程效益的工程为单项工程,也可将它理解为具有独立存在意义的完整的工程项目。各单项工程又可分解为各个能独立施工的单位工程。考虑到组成单位工程的各部分是由不同工人用不同工具和材料完成的可以把单位工程进一步分解为分部工程。然后还可按照不同的施工方法、构造及规格,把分部工程更细致地分解为分项工程。工序是分项工程的组成部分,按照组织上不可分割的,在操作过程中技术上属于同类的施工过程,可把分项工程更细致地分解为工序。建筑产品是按照不同的施工方法、构造及规格,可以用适量的计量单位并便于测定或计价的工程基本构造要素,一般一道或几道工序可构成一项建筑产品。与以上工程构成的方式相适应,建设工程具有分部组合计价的特点。计价时,首先要对工程建设项目进行分解,按构成进行分项分部计算,并逐层汇总。例如:为确定建设项目的总造价,要先确定建筑产品的价格和各分项分部工程的价格,再计算各单位工程的造价,然后计算各单项工程的造价,最后汇总成总造价。

7.1.1　本条是强制性条文。

受合同法律关系的制约,工程造价争议首先是一个合同问题。一项具体的建设工程项目的合同造价,是当事人经过利害权衡、竞价磋商等博弈方式所达成的特定的交易价格,而不是某一合同交易客体的市场平均价格或公允价格。这是现代经济学理论的基本观点,也是市场经济制度下维护公正与效率所应遵循的司法原则。在工程合同造价纠纷案件中,经常会遇到当事人在合同或者签证中的特别的约定,有的约定是明显高于或低于定额计价标准或市场价格的。根据《合同法》的自愿和诚实信用原则,只要当事人的约定不违反国家法律和行政法规的强制性规定,也即只要与法无悖,不管双方签订的合同或具体条款是否合理,鉴定人均无权自行选择鉴定依据或否定当事人之间有效的合同或补充协议的约定内容。这就是工程造价鉴定必须遵循的从约原则。

在鉴定过程中由于当事人提供的证据不够完善,或者因案情的复杂性和特殊性,或者遇到需要定性方可判定,或者现有证据有矛盾难以作出确定判断,致使工程司法鉴定难以得出确定的意见时,司法鉴定人应结合案情按不同的标准和计算方法,根据证据成立与否出具不同的鉴定意见,供司法机关根据开庭和评议对鉴定意见进行取舍。有的司法鉴定人根据自己的意愿,径自认定一种证据材料,甚至认定合同无效,然后据此作出鉴定意见,这实质上是代行了审判权。比如有的合同对价款结算让利作了明显过高的约定,能否按约计算,其决定权应由司法机关裁判,司法鉴定人对鉴定资料的真实性和有效性无认定权,鉴定资料的真实性和有效性只能由审判人员认定。司法鉴定人应提供是否按约定计价的两个鉴定意见供司法机关判定。这就是工程造价鉴定必须遵循的取舍原则。

7.1.3　本条是强制性条文。质证作为审查判断证据的重要方法之一,是民事诉讼中一个十分重要的环节,它是指当事人各方采用询问、辨认、质疑、辩驳等核实方式对一方提出的证据进行质辩的过程。质证的目的是为了就证据的可采性和证明力对法官的心证产生影响,使法院正确认定证据的效力。《民事诉讼法》第六十七条规定:“人民法院对有关单位和个人提出的证明文书,应当辨别真伪,审查确定其效力。”第六十八条规定:“证据应当在法庭上出示,并由当事人互相质证。”《最高人民法院关于民事经济审判方式改革的若干规定》第十二条规定:“未经庭审质证的证据,不能作为定案的证据。”因此,本条规定,由司法机关委托的工程造价鉴定,鉴定资料的真实性和有效性应由司法机关进行质证认定。

本条依据指引:《最高人民法院关于民事诉讼证据的若干规定》第四十七条,

《民事诉讼法》第六十三条、第六十八条,周吉高《工程造价司法鉴定中的司法审判权》,《中国律师》2008(12),P25—P27。

7.1.5 发包人与承包人如果在施工合同中约定了工程的计价标准或计价方法,则应首先从其约定,充分尊重当事人的意愿。在建设工程合同纠纷中,经常遇到当事人在合同中特别约定,有的约定是明显高于或低于定额计价标准或市场价格的,在发生争议后,一方当事人会提出撤销或改变原有约定。根据《合同法》的自愿和诚实信用原则,只要当事人的约定不违反法律和行政法规的强制性规定,不管双方签订的合同或具体条款是否合理,均应遵从当事人自己的约定。定额标准为指导性计价依据,准许合同约定与定额标准不相一致。建设工程施工合同约定的工程款结算标准与建设行业主管部门颁布的工程定额标准和造价计价方法不一致的,应以合同约定为准。当事人以合同约定与定额标准不一致为由,请求按照工程定额标准结算的,人民法院是不予支持的。因为建设工程定额标准是各地建设主管部门根据本地建设市场建安成本的平均值确定的,可以理解为完成单位工程量所消耗的人工、材料以及机械台班等的标准额度,属于政府指导价范畴,应允许合同当事人随行就市订立与定额标准不一致的工程结算价格。同样道理,当事人签订低于承包人企业类别、资质等级定额标准的建设工程合同也属于市场经营行为,应认定双方签订的建设工程施工合同有效。

本条依据指引:《最高人民法院关于审理建设工程施工合同纠纷案件适用法律问题的解释》第十六条。

7.1.6 长期以来,我国建设行业所签订的建设工程施工合同,在签约或履约过程中许多没有事先约定确定工程造价的程序和方法,当工程竣工进行造价结算时,要么发包人同意实报实销,要么合同双方互相扯皮,从而极容易酿成纠纷。根据《合同法》第六十二条的规定,受鉴项目施工合同对计价方法和计价标准约定不明或者没有约定的,司法鉴定人应按受鉴项目施工合同履行期间适用的工程造价指导性计价依据确定受鉴项目造价。

因为工程造价指导性计价依据是各地建设主管部门根据本地建设市场建安成本的平均值确定的,可以理解为完成单位工程量所消耗的人工、材料以及机械台班等的标准额度。如第7.1.1条条文说明中阐述的,一项具体的建设工程项目的合同造价,是当事人经过利害权衡、竞价磋商等博弈方式所达成的特定的交易价格,而不是某一合同交易客体的市场平均价格或公允价格。这是现代经济学理论的基本观点,也是市场经济制度下维护公正与效率所应遵循的司法原则。因此,受鉴项目施工合同对计价方法和计价标准约定不明或没有约定的,司法鉴定人应按受鉴项目施工合同履行期间适用的工程造价指导性计价依据确定受鉴项目造价。

本条依据指引:《合同法》第六十二条。

7.1.8 在建设工程施工合同纠纷案件中,当事人之间就工程量问题产生争议的占有相当大的比例。工程量计算准确与否,直接影响到发包人和承包人双方的切身利益。发包人和承包人作为建设工程施工合同的双方当事人,属于独立的法人主体,具有各自的经济利益,为了自身的发展和业务需要,必然都要追求经济利益的最大化,这是市场经济的必然要求,属于竞争中的合理现象。体现在工程量的计算和确认上,双方都往往容易强调有利于自己的方面,最终导致工程量计算和确认上出现争议。在工程量发生争议时,如果承包人举不出实际发生工程量变化的证据,只是提出要求按增加工程量结算工程价款的,诉讼中不会得到人民法院的支持,也不会得到司法鉴定人的采信。承包人如能够证明其增加的施工行为得到发包人同意或者认可的,即使没有工程量变更的签证等证明文件,但如果承包人能够提供如双方往来记录、函件等材料,证明工程量变化系出自发包人的意思表示,对于这些证据材料也可以作为认定工程量变化的依据。

能够反映工程量变化的载体还体现在很多方面,主要的有以下几种:(1) 会议纪要:双方商量工程量方面的会谈形成的纪要,都是对某些问题作出决定,可视为对合同有关内容的一种补充。只有经过双方签字认可的会议纪要才能作为直接证据使用,单方起草没有经过双方签字的会议纪要只有在经过对方认可后,才可以作为证据使用。(2) 工程检验记录:如建筑定位放线验收单、基础验槽记录、设备开箱验收记录、水电消防实验、试压记录等,都能在一定程度上反映出工程量的变化。(3) 来往邮件、函件等:这些书面文件往往可以证明发生变化的时间、原因等情况。而且,这些文件还可以说明双方就一些问题的交流信息,可以评价双方当事人对事情的观点和看法。(4) 工程洽商记录:工程洽商记录中记载了工程施工中地下障碍的处理、工程局部尺寸材料的改换、增加或者减少某项工程内容的情况。(5) 工程通知资料:发包人提供的场地范围、水、电接通位置、水准点、施工作业时间限定、施工道路指定等,都是通过通知书的方式告诉承包人。

本条依据指引:《最高人民法院关于审理建设工程施工合同纠纷案件适用法律问题的解释》第十九条。

7.1.9 本条所涉及的内容也就是社会上人们通常所说的“黑白合同”或者“阴阳合同”的效力及其处理问题。需要从以下三个方面着重把握规定的内容:(1) 被称为“黑白合同”或者“阴阳合同”的两个不同版本的合同,在签订时间上可以存在三种状态,即与中标合同内容不一致的合同在中标合同之前签订;与中标合同不一致的合同在中标合同之后签订;与中标合同内容不一致的合同和中标合同在同一天签订且难以确定先后顺序。(2) 两份合同不一致的地方必须是在工程价款、工程质量或者工程期限等三个合同实质性内容方面有所违背,而不是一般的合同内容变更或者其他条款的修改。需要注意的是,在中标合同签订后,任何一方当事人都有权依法通过协商变更合同部分条款,但要注意区分“黑白合同”或者“阴阳合同”与依法变更合同的界线。(3) 依法进行招标投标的项目,招标人在一定的期限内向有关行政监督部门提交招标投标情况的书面报告,是法律规定的对招标投标进行的备案制度,这是体现国家对强制招标项目这些民事活动的干预和监督。设立这种备案制度,并不是说中标结果和中标合同必须经行政部门审查批准后才能生效,而是确定不论中标合同是否经过备案,应以中标的合同作为承包人与发包人双方结算工程款的依据。

另有一种情况,法律、行政法规规定必须进行招标投标的建设工程,当事人违法进行招投标而中标无效。中标无效共有六种情形,《招标投标法》中有明确规定:(1) 招标代理机构泄密或恶意串通;(2) 招标人泄露招标情况或标底;(3) 投标人串标或行贿;(4) 投标人弄虚作假骗取中标;(5) 招标人在确定中标前与投标人进行实质性谈判;(6) 招标人违法确定中标人。中标无效导致施工合同无效,这也是《建筑法》、《合同法》中的规定。因此,当事人就同一受鉴项目又另行订立工程施工合同,不论中标合同是否经过备案登记,两份施工合同均为无效合同。施工合同无效,但如果已完工程的质量合格,司法鉴定人应当按照《最高人民法院关于审理建设工程施工合同纠纷案件适用法律问题的解释》第二条的规定,以符合双方当事人的真实意思、并在施工中具体履行的施工合同作为工程造价鉴定的依据。

还有一种情况,法律、行政法规没有规定必须进行招标投标的建设工程,应当以当事人实际履行的施工合同作为工程造价鉴定的依据;经过招标投标的,当事人实际履行的施工合同与中标合同实质性内容不一致的,应当以中标的施工合同作为工程造价鉴定的依据。招标投标活动应当按照《建筑法》、《合同法》、《招标投标法》等有关法律的规定,遵循公开、公平、公正的原则,严格按照既定的评定标准评标和定标。严格遵循上述原则确定的中标合同,无论是对招标人还是投标人,也无论是对其他参与竞标活动的主体,都是一个公平的结果。因此,经过招标投标的建设工程,必须以中标合同作为确定双方当事人享有权利和履行义务的基础和依据。

本条依据指引:《最高人民法院关于审理建设工程施工合同纠纷案件适用法律问题的解释》第二十一条,浙江省高级人民法院民事审判第一庭《关于印发〈关于审理建设工程施工合同纠纷案件若干疑难问题的解答〉的通知》(浙法民一〔2012〕3号)第十六条,江苏省高级人民法院《关于审理建设工程施工合同纠纷案件若干问题的意见》(苏高法审委〔2008〕26号)第十一条。

7.1.10 《合同法》第五十八条规定,合同无效或者被撤销后,因该合同取得的财产应予以返还;不能返还或者没有必要返还的,应折价补偿。建设工程施工合同的特殊之处在于,建设工程的施工过程,就是承包人将劳务及建设工程材料物化到建设工程的过程。基于这一特殊性,合同无效,发包人取得的财产形式上是承包人建设的工程,实际上是承包人对工程建设投入劳务及建设工程材料(一般是工程款),故而无法适用无效恢复原状的返还原则,只能折价补偿。由于当前建设市场中,关于工程价款的计算标准较多,计算方法复杂多样。合同无效后,以何种标准折价补偿承包人工程价款,一直是工程造价鉴定中的难点问题。就建设工程施工合同而言,工程质量是建设工程的生命,《建筑法》及相关行政法规范,均将保证工程质量作为立法的主要出发点和主要目的。《中华人民共和国建筑法》及《建设工程质量管理条例》规定,未经验收或者验收不合格的建设工程,不得交付使用。在建设工程经竣工验收合格后,无效合同与有效合同在《中华人民共和国建筑法》制定的根本目的上已无很大区别。如果抛开合同约定的工程价款,发包人按照何种标准折价补偿承包人,均有不当之处,不能很好地平衡双方之间的利益关系。工程经竣工验收,已经达到《中华人民共和国建筑法》保护的目的。为平衡双方当事人之间利益关系,便捷、合理解决纠纷,确定建设工程施工合同无效,建设工程经竣工验收合格的,参照合同约定支付承包人工程价款。

特别要注意的是,合同无效的认定权或者合同的撤销权,应由人民法院行使。

本条依据指引:《最高人民法院关于审理建设工程施工合同纠纷案件适用法律问题的解释》第二条。

7.1.11 建设工程施工合同往往会因各种原因而终止履行。施工合同终止履行后应按受鉴项目施工合同约定的计价方法和计价标准或受鉴项目施工合同履行期间适用的工程造价指导性计价依据,制定科学、客观、公正的鉴定技术路线,确定承包人已完成的工程量的工程造价:

1. 承包人已完成工程量的确定:

(1) 司法鉴定案件在委托人组织和见证下,由司法鉴定人会同各方当事人代表和委托代理人共同到达受鉴项目现场,对承包人已完成的工程量进行详细查勘,并对施工现场堆放的松散建设工程材料进行清点。

(2) 对承包人已完成的工程量的查勘结果和现场堆放的松散建设工程材料清点结果形成记录,并由参加现场勘验的人员在记录上签字确认。

2. 主要鉴定技术路线:

(1) 可调价格合同:

按照现场勘验确定的承包人已完成的工程量,执行施工合同约定的计价方法和计价标准或受鉴项目施工合同履行期间适用的工程造价指导性计价依据,确定工程造价。

(2) 固定总价合同:

a. 按照《建筑工程施工质量验收统一标准》(GB 50300－2001)的规定,一个建筑工程由地基基础、主体结构、建筑装饰装修、建筑屋面、建筑给水排水及采暖、建筑电气等九个分部工程及数百个分项工程组成。根据国家现行建设工程的技术标准和现行工程造价的相关法规,均无法将发包的固定总价分解到每个单位工程及每个分部分项工程。因此,根据《合同法》的有关规定,宜采取以下技术路线对承包人已完成的工程量进行造价鉴定。

b. 按受鉴项目施工图设计文件计算全部工程量,执行受鉴项目施工合同履行期间适用的工程造价指导性计价依据,确定受鉴项目完全工程造价 m。

c. 按承包人受鉴项目合同价 Q 占受鉴项目完全工程造价 m 的百分比计算受鉴项目的下浮率 η。

d. 按现场勘验确定的受鉴项目承包人已完成的工程量,按受鉴项目完全造价同一计算口径,执行受鉴项目施工合同履行期间适用的工程造价指导性计价依据,确定受鉴项目已完工程计算造价 n。

e. 以受鉴项目合同价 Q 占受鉴项目完全工程造价 m 相同的下浮率 η,确定受鉴项目已完工程量的鉴定造价 $P = n * \eta$。

(3) 固定单价合同:

A. 平方米单价固定合同

a. 按照《建筑工程施工质量验收统一标准》(GB 50300)的规定,一个建筑工程由地基基础、主体结构、建筑装饰装修、建筑屋面、建筑给水排水及采暖、建筑电气等九个分部工程及数百个分项工程组成。根据国家现行建设工程的技术标准和现行工程造价的相关法规,均无法将发包的固定单价分解到每个单位工程及每个分部分项工程。因此,根据《合同法》的有关规定,宜采取以下技术路线对承包人已完成的工程量进行造价鉴定。

b. 根据《建筑工程建筑面积计算规范》(GB/T 50353)的规定,按原施工图确定受鉴项目的计算建筑面积 s_j,以 m^2 为单位。

c. 按受鉴项目施工图设计文件计算全部工程量,执行受鉴项目施工合同履行期间适用的工程造价指导性计价依据,确定受鉴项目完全工程造价 m。

d. 计算确定受鉴项目完全单方造价 $n_h = m/s_j$。

e. 计算施工合同单方造价 n_t 占完全单方造价 n_h 的百分比 $\eta = n_t/n_h \times 100\%$。

f. 按现场勘验确定的受鉴项目承包人已完成的工程量,按完全造价同一计算口径,执行受鉴项目施工合同履行期间适用的工程造价指导性计价依据,确定受鉴项目已完工程计算造价 Q。

g. 以施工合同单方造价 n_t 占完全单方造价 n_h 相同的下浮率 η,确定受鉴项目已完工程量的鉴定造价 $P = Q * \eta$。

B. 工程量清单固定单价合同,执行《建设工程工程量清单计价规范》(GB 50500):

a. 合同中已有相应综合固定单价的,按合同中已有的综合固定单价确定已完工程量价款;

b. 合同中无相应综合固定单价的,按类似的综合固定单价确定已完工程量价款;

c. 合同中无相应综合固定单价,也无类似工程的价格的,执行受鉴项目施工合同履行期间适用的工程造价指导性计价依据,按合同约定的下浮率,确定已完工程量价款。

3. 其他合理的鉴定技术路线。

7.1.13 既有建设工程和灾损建设工程加固修复造价鉴定,根据司法鉴定人现场勘验经当事人确认的加固修复范围,按照委托人委托具有相应资质设计单位出具的加固修复设计,执行应加固修复建设工程所在地适用的工程造价指导性计价依据(各项费率取中值),采用加固修复建设工程所在地当期建设工程材料信息价和当地建设市场公允的人工价格,考虑加固修复施工机具、用具和材料移位、覆盖、复位、清理及建筑垃圾清运费用,确定建设工程灾损加固修复造价。

鉴定实践中,应该针对实际承担工程保修任务的不同主体,按不同的标准对建设工程保修阶段的造价进行鉴定:由缔结主合同的承包人来承担工程保修任务时,按在主合同中的约定(包括造价结算中的各种优惠、让利条件),来确定工程保修阶段的造价,这是承包人应当履行的法定的后合同义务;由第三方施工人来承担工程保修任务时,工程保修造价应按本条的规定确定,工程保修事项责任如归属于缔结主合同的承包人,其工程保修价款发包人可向承包人追偿。

7.2 建设工程工期鉴定

7.2.1—7.2.2 建设工程的开工时间是《合同法》规定施工合同应包括的主要内容,发包人和承包人都必须严格履行。由于建设工程涉及的面广,往往有一些预想不到的因素,影响按约定的日期开工,因此,在发包人与承包人签订的施工合同中双方规定了开工日期,在遇到因发包人和承包人的原因需推迟开工日期,双方应按施工合同约定的程序,通知对方,还要约定是否顺延工期,以及因一方推迟开工日期,给对方造成损失的赔偿责任。

本条依据指引:住房和城乡建设部、国家工商行政管理总局《建设工程施工合同》(GF-2013-0201)通用条款第7.3条,住房和城乡建设部、国家工商行政管理总局《建设项目工程总承包合同》(GF-2011-0216)通用条款第4.4.2条。

7.2.3 《全国统一建筑安装工程工期定额》是依据国家建筑安装工程施工及验收规范等有关规定,按正常施工条件、合理的劳动组织,以施工企业技术装备和管理的平均水平为基础,结合各地区工期定额执行情况,在广泛调整研究的基础上修编而成。《全国统一建筑安装工程工期定额》是编制招标文件的依据,是签订建筑安装工程施工合同、确定合理工期及施工索赔的基础,也是施工企业编制施工组织设计、确定投标工期、安排施工进度的参考。

由于我国幅员辽阔,各地地理气候条件差别较大,在进行工期鉴定时,应按各地区《全国统一建筑安装工程工期定额实施说明》,确定受鉴项目工期。

因建设工程按自然属性可分为建筑工程、土木工程和机电工程三大类,除建筑工程有工期定额,其他行业也有工期定额,如水利行业有水利工期定额,故本条规定司法鉴定人应按相关工期定额,确定受鉴项目工期。

7.2.4 由于施工许可证制度属于《建筑法》对于开工的程序规定,是否取得施工许可证与是否实际开工之间并无直接联系。根据《建筑法》第六十四条规定:"未取得施工许可证或者开工报告未经批准擅自施工的,责令改正,对不符合开工条件的责令停止施工,可以处以罚款。"也即,未取得施工许可证并不会必然导致工程停工。

本条依据指引:朱树英《工程合同实务问答》,北京:法律出版社2007.2,中篇,第四部分,P241。

7.2.5 竣工日期采用一个时间段或截止日为表现方式,一般都在受鉴项目施工合同中予以写明,而实际竣工日期则往往会引起争议。有时承包人可能会比合同预计的日期提前完工,有时也可能因为种种原因不能如期完工,而工程完工之日和竣工验收合格之日也可能有个时间差,究竟以哪个时间点作为实际竣工日期至关重要。确定受鉴项目实际竣工日期,其法律意义涉及给付工程款的本金及利息起算时间、计算违约金的数额以及风险转移等诸多问题。

工程实际竣工日期的确认,如经双方签字确认竣工日期的,应以双方确认的日期为竣工日期。当双方对实际竣工日期有争议时,应分别情况进行处理:

第一,受鉴项目经竣工验收合格的,以竣工验收合格之日为竣工日期,而不是以承包人提交竣工验收报告之日为竣工日期,这是指一般正常情况,不包括发包人拖延的情形。如果受鉴项目经验收为不合格的,发包人有权要求承包人在合理期限内无偿修理或者返工、改建。所谓"合理期限",是指根据工程质量不符合约定的具体情形,以及根据国家相关规定确定的工期和相关合同文件约定的内容,承包人进行无偿修理或者返工、改建所需要的时间。承包人对受鉴项目进行修复后,经再次验收合格之日为工程竣工日期。对质量不合格的受鉴项目进行修理或者返工、改建,势必会占用一定的时间,这样可能会导致不能按照合同约定的竣工日期交付工程,而逾期交付的原因是由于承包人的工程质量不合格而进行修复占用了时间,承包人应当承担违约责任。

第二,承包人已经提交了申请竣工验收的报告,而发包人迟迟不予验收的,以承包人提交验收报告之日为竣工日期,而不是以后来验收合格之日为竣工日期。过去,是由政府专门设立建设工程质量监督机构,对建设工程的全过程进行监督。承包人完工后,向发包人提交竣工报告,质监机构组织发包人、承包人等对工程进行竣工验收,并出具建设工程质量核验证明书。近年来随着建设市场的蓬勃发展,质监机构代表政府对建设市场进行监控已经越来越不符合市场经济发展的需要。国务院颁布的《建设工程质量管理条例》彻底改变了由质监机构代表政府对工程进行竣工验收的传统做法,而改由发包人负责组织勘察、设计、施工、监理等有关单位进行竣工验收,质监机构不再承担代表政府直接参与工程质量检验的职责。发包人在验收中处于主导地位,质监机构的职能已经淡化。建设工程的竣工质量验收由发包人负责组织进行,行政主管部门不再负责工程质量验收评定和工程质量评定等级。对工程进行竣工检查和验收,是发包人的权利和义务。建设工程完工后,承包人应当按照国家竣工验收的有关规定,向发包人提供完整的竣工资料和竣工验收报告,请发包人组织竣工验收。发包人收到竣工验收报告后,应及时组织勘察、设计、施工、监理等有关单位参加的竣工验收,检查整个建设项目是否已按设计要求和合同约定全部建设完成。工程竣工后的验收,是对承包人履行义务是否符合合同约定进行的检验,也是承包人请求支付工程款的前提条件。如果发包人为了自己的利益恶意阻止条件成就的,应当视为条件已成就。也就是说,承包人已经提交竣工验收报告,而发包人为了达到拖欠工程款等其他目的,故意拖延验收,为了保护承包人的合法权益,制裁发包人恶意阻止条件成就的行为,应以承包人提交验收报告之日为竣工日期。这样规定也是为了强化发包人及时验收意识。至于在受鉴项目如何认定“发包人拖延验收”,可以参考《建筑装饰施工合同》(甲种本)中的规定,该合同文本中第三十二条载明:“甲方代表在收到乙方送交的竣工验收报告7天内无正当理由不组织验收,或验收后7天内不予批准且不能提出修改意见,视为竣工验收报告已被批准,即可办理结算手续。竣工日期为乙方送交竣工验收报告的日期,需修改后才能达到竣工要求的,应为乙方修改后提请甲方验收的日期。”2001年11月5日建设部发布的《建筑工程施工发包与承包计价管理办法》中也规定:发包方应当在收到竣工结算文件后的约定期限内予以答复。逾期未答复的，竣工结算文件视为已被认可。发承包双方在合同中对上述事项的期限没有明确约定的，可认为其约定期限均为28日。

第三，在受鉴项目未经竣工验收的情况下，发包人擅自使用的，以受鉴项目转移占有为竣工日期。

在实践中，经常出现发包人出于自己需要，为提前获得投资效益，没有经过验收就急于使用已经竣工的工程，发包人实际接收后，意味着承包人已完成其合同义务，从而开始享有请求支付工程价款的权利，同时也意味着，工程的一切意外风险由发包人承担。一般而言，标的物的风险转移以交付为要件。所谓的交付，一般来说转移占有就视为交付。但是，发包人一旦提前使用未经验收的工程就完全免除承包人的质量责任，尤其是有些质量缺陷明显就是承包人施工不当造成的，不分青红皂白完全都由发包人承担责任也是不公平的。现行有效的法律、法规都没有规定未经验收发生的质量问题一律都由发包人承担。但是，发包人擅自使用未经验收的工程，应当承担一定的法律责任是毋庸置疑的。国务院《建设工程质量管理条例》（国务院令第279号）第五十八条规定："违反本条例规定，建设单位有下列行为之一的，责令改正，处工程合同价款2%以上4%以下的罚款；造成损失的，依法承担赔偿责任：（一）未组织竣工验收，擅自交付使用的；（二）验收不合格，擅自交付使用的；（三）对不合格的建设工程按照合格工程验收的。"从该条规定可以看出，对发包人擅自使用未经验收的建设工程等行为要处以较为严厉的行政处罚，发包人对这一行为的违法性应该是明知的，主观上存在过错。当发包人存在未经验收提前使用建设工程的过错时，应当为其过错承担相应的法律责任。在工程未经验收的情况下，发包人擅自使用，发生纠纷时却以工程未经验收为由拒付工程款，显然是不合适的，故以建设工程转移占有之日作为竣工之日是比较合理合法的。

本条依据指引：《最高人民法院关于审理建设工程施工合同纠纷案件适用法律问题的解释》第十四条。

7.2.6 《建设工程质量管理条例》（国务院令第279号）对从事建设工程活动的各个主体，应当履行的保证工程质量的义务作出了明确、具体、全面的规定，如勘察、设计、施工的质量必须符合国家安全标准；建设单位不得违法要求降低工程质量；总承包单位与分包单位对分包工程的质量承担连带责任；勘察、设计单位必须对其勘察、设计的质量负责；工程施工企业对工程的施工质量负责，必须按照工程设计图纸和施工技术标准施工，不得偷工减料。工程设计的修改由原设计单位负责，工程施工企业不得擅自修改工程设计；工程施工企业必须使用合格建材；建设工程的竣工实行验收制度；建设工程的质量实行保修制度等。

建设工程质量问题比较复杂,质量责任又可能涉及建设单位、勘察单位、设计单位、监理单位、施工单位等。一旦出现质量问题,当事人可能各执一词,不愿承担责任。而认定工程质量缺陷本身及责任人的问题,又具有很强的技术性和专业性,需要委托有资质的鉴定机构进行鉴定,即有关工程质量的纠纷常取决于技术鉴定的意见,而对有关质量问题的鉴定往往需要一定的时间。建设工程施工阶段对工程质量发生争议,对工程质量的鉴定可否作为顺延工期的理由,主要以工程质量是否合格作为判断标准。如果工程质量合格的,对于承包人来说,把工程质量的鉴定期间作为顺延工期期间是比较合理和公平的。反之,如果工程质量经鉴定为不合格的,工期不应顺延,承包人应承担逾期交工的违约责任。涉及隐蔽工程的验收问题,当发包人对隐蔽工程提出质量异议要求重新检验时,承包人应按要求进行剥露,并在检验后重新覆盖或修复。如果检验合格,发包人应承担由此发生的经济支出,赔偿承包人损失并相应顺延工期;如果检验不合格,则承包人承担所发生的费用,而且工期不以顺延。

本条依据指引:《最高人民法院关于审理建设工程施工合同纠纷案件适用法律问题的解释》第十五条,住房和城乡建设部、国家工商行政管理总局《建设工程施工合同》(GF－2013－0201)通用条款第7.8.3条。

7.2.7 建设工程施工合同履行过程中,因以下原因造成工期延误,经发包人或监理人确认,工期可以相应顺延:

(1) 发包人未能按专用条款的约定提供图纸及开工条件;

(2) 发包人未能按约定日期支付工程预付款、进度款,致使施工不能正常进行;

(3) 工程师未按合同约定提供所需指令、批准等,致使施工不能正常进行;

(4) 设计变更和工程量增加;

(5) 一周内非承包人原因停水、停电、停气造成停工累计超过8小时;

(6) 不可抗力;

(7) 专用条款中约定或工程师同意工期顺延的其他情况。

本条依据指引:住房和城乡建设部、国家工商行政管理总局《建设工程施工合同》(GF－2013－0201)通用条款第7.5条、第10.6条。

7.2.8 设计变更导致工程量的增加,并不必然导致工期的增加,如果增加的工程量并非是关键工作,可以组织工人平行施工和交叉施工,还可以增加作业工人和施工机械等组织措施,承包人可以要求增加工程造价而不影响总工期。

本条依据指引:住房和城乡建设部、国家工商行政管理总局《建设工程施工合同》(GF－2013－0201)通用条款第7.5条、第10.6条。

7.2.10 通俗地说,甩项是部分通过验收先行交付使用,未通过验收的部分工程甩下,等到符合条件时再验收。甩项也即部分交工。甩项在《建设工程施工合同》(GF－2013－0201)通用条款第14.3条规定:“发包人要求甩项竣工的,合同当事人应签订甩项竣工协议。”

本条依据指引:住房和城乡建设部、国家工商行政管理总局《建设工程施工合同》(GF－2013－0201)通用条款第14.3条,朱树英《工程合同实务问答》,北京:法律出版社2007.2,中篇,第四部分,P239。

7.3　建设工程暂停施工、合同的终止、不可抗力相关费用鉴定

7.3.1　本条依据指引:住房和城乡建设部、国家工商行政管理总局《建设工程施工合同》(GF－2013－0201)通用条款第7.8.1条,住房和城乡建设部、国家工商行政管理总局《建设项目工程总承包合同》(GF－2011－0216)通用条款第4.6条。

7.3.2.1　本条对因发包人原因导致合同终止后,承包人相关损失鉴定作了规定。

《建设工程项目管理规范》(GB/T 50326－2001)第6.2.2条第4款规定:“项目经理部的人员配置应满足施工项目管理的需要。职能部门的设置应满足本规范第3.0.6条中各项管理内容的需要。”第5.2.2条规定:“项目经理只宜担任一个施工项目的管理工作,当其负责管理的施工项目临近竣工阶段且经建设单位同意可以兼任一项工程的项目管理工作。”因此,受鉴项目因发包人原因导致合同终止停工后,项目部管理人员除项目经理外的管理人员应安排到其他施工项目工作,其施工工人应退场由承包人安排到其他工程施工。

《全国统一施工机械台班费用定额(2001)》编制规则第6.0.1条规定:施工机械停滞费指施工机械非自身原因停滞期间所发生的费用。施工机械停滞费可按下列公式计算:机械停滞费＝台班折旧费＋台班人工费＋台班其他费用。因此,受鉴项目因发包人原因导致合同终止停工后,应按规定计取施工机械停滞费。

住房城乡建设部、财政部颁布实施的《建筑安装工程费用项目组成》(建标〔2013〕44号)规定:临时设施费是指施工企业为进行建设工程施工所必须搭设的生活和生产用的临时建筑物、构筑物和其他临时设施费用。包括临时设施的搭设、维修、拆除、清理费或摊销费等。因此,受鉴项目因发包人原因导致合同终止停工后,受鉴项目未施工部分的临时设施费用应按比例摊销。

受鉴项目因发包人原因导致合同终止停工后,承包人工程未施工部分可得利益为工程未施工部分的可得利润。建设工程施工合同中约定的价款结算方式中可以确定工程未施工部分利润的,按照该方式计取工程未施工部分的利润;建设工程施工合同中约定的价款结算方式中无法确定工程未施工部分利润的,可

参照当地建设行政主管部门在签约时发布的计价依据计算工程未施工部分利润。

本条依据指引:《建设工程项目管理规范》(GB/T 50326－2001)第5.2.2条、第6.2.2条,《建筑安装工程费用项目组成》(建标〔2013〕44号),《全国统一施工机械台班费用定额(2001)》编制规则第6.0.1条,住房和城乡建设部、国家工商行政管理总局《建设工程施工合同》(GF－2013－0201)通用条款第7.8.1条,住房和城乡建设部、国家工商行政管理总局《建设项目工程总承包合同》(GF－2011－0216)通用条款第18.1条。

7.3.2.2　本条依据指引:住房和城乡建设部、国家工商行政管理总局《建设工程施工合同》(GF－2013－0201)通用条款第7.8.2条,住房和城乡建设部、国家工商行政管理总局《建设项目工程总承包合同》(GF－2011－0216)通用条款第18.2条。

7.3.2.3　本条依据指引:住房和城乡建设部、国家工商行政管理总局《建设工程施工合同》(GF－2013－0201)通用条款第17.4条

7.3.3　本条依据指引:住房和城乡建设部、国家工商行政管理总局《建设工程施工合同》(GF－2013－0201)通用条款第15.3条,住房和城乡建设部、国家工商行政管理总局《建设项目工程总承包合同》(GF－2011－0216)通用条款第17.3条。

8　建设工程司法鉴定文书

8.1　本条为强制性条文。司法鉴定机构和司法鉴定人完成的鉴定成果是法定的证据之一,并不具有"科学判决"的性质,也是有待于法庭最终质证确认的证据材料。因此,司法鉴定机构和司法鉴定人完成的鉴定成果应是鉴定意见,而不是鉴定结论。

司法鉴定意见是鉴定类证据的书面表现形式。鉴定意见的表现形式很多,按其对鉴定结果的确定程度及其证明意义,有确定性意见与推断性意见两类。

确定性意见是对被鉴定问题作出断然性结论。其中包括对被鉴定问题的"肯定"或"否定"、"是"或"不是"、"有"或"没有""等级与能力确定"等。由于确定性意见是明确回答鉴定要求的意见,诉讼主体(含司法机关、诉讼双方当事人)较容易接受,评断其客观性与关联性难度相对较小,证明作用也相对较大。因此,鉴定人总是力图作出确定性意见,委托人也总是希望鉴定人出具这种意见。但是在有些案件中确实很难实现这一目的。因为不论哪一个鉴定门类,出具这类意见都有严格的鉴定条件和具体的鉴定标准。鉴定条件较差或鉴定标准不够的难以作出确定性意见。

推断性鉴定意见是对被鉴定问题作出不确定的分析意见。如“可能是”或“可能不是”、“可能有”或“可能没有”、“可能相同”或“可能不同”等。鉴定人出具推断性鉴定意见的基本条件是:被鉴定问题条件差但又具备一定的鉴定条件,或者被鉴定的问题本身技术难度大,经过鉴定难以形成确定性意见。从科学认识方法和证据要求角度来讲,鉴定人出具推断性意见是正常的,合理的。

本条依据指引:《中华人民共和国民事诉讼法》第七十六条,《最高人民法院关于民事诉讼证据的若干规定》第二十九条、第七十一条、第七十七条,《最高人民法院关于行政诉讼证据的若干规定》第三十二条,《司法鉴定程序通则》(司法部令第 107 号)第三十四条。

8.2 本条依据指引:《司法鉴定程序通则》(司法部令第 107 号)第三十四条,司法部《司法鉴定文书规范》。

8.2.1 司法鉴定文书是鉴定活动的最终成果,反映了鉴定受理、实施过程、鉴定技术方法及鉴定意见等内容,是鉴定人智力活动的载体。鉴定文书不仅要回答和解决专门性问题,而且也是鉴定人个人科学技术素养、法律知识素养、逻辑思维能力的系统展示。鉴定文书的使用人、关系人,既包括法官等司法人员,也包括当事人及其他诉讼参与人,他们的唯一共同点就是并不具备相关科学技术知识的背景。因此,司法鉴定文书除了应文字简练,用词专业、科学外,还应考虑鉴定的目的和实际用途,注意逻辑推理和表述规范,力求让上述人员能够看明白从而做到正确使用。

司法鉴定意见书是司法鉴定机构和司法鉴定人对委托的鉴定事项进行鉴别和判断后,出具的记录司法鉴定人专业判断意见的文书。

司法鉴定检验(测绘)报告书是司法鉴定机构和司法鉴定人从建设工程结构和空间位置角度出发,通过对样品或实物以约定的方法进行检测(测绘),例如钢筋力学性能检测、钢筋混凝土力学性能检测、三维空间位置测量等,出具的客观反映司法鉴定人检测(测绘)过程和检测(测绘)结果的文书。

司法鉴定过程中涉及的检测(测绘)事项,是综合采用多种方法,来对样品或实物的性能和可靠性下结论,方法包括:设计图纸复核,实物外观检查(测绘),使用状况调查,各种检测(测绘)等,最后形成综合结论。因此,检测(测绘)是建设工程质量司法鉴定不可缺少的内容,司法鉴定检验(测绘)报告书是司法鉴定意见书重要的统一组成部分。

8.2.3 本条为强制性条文。司法鉴定人对案件中的专门性问题,只能就案件事实作出鉴定意见,而不能作出法律结论。所谓作出法律结论,是指鉴定人超越职权范围,对被鉴定的问题作出法律认定结论,即鉴定意见对案件定性或确定鉴定事项当事人的法律责任。本条之所以如此规定,是因为对案件事实的判断和适用法律是司法机关的审判权。鉴定意见中如果含有司法鉴定人的法律结论,就容易引发偏见,妨碍公正地认定事实;鉴定意见如果解决法律问题,就侵犯了司法机关的审判权。

本条依据指引:《最高人民法院关于民事诉讼证据的若干规定》第二十九条、第六十五条,《司法鉴定程序通则》(司法部令第107号)第三十四条。

8.2.5　本条所载司法鉴定文书各组成部分的顺序,也是出具司法鉴定文书各部分的顺序。

a) 声明内容可由司法鉴定机构根据需要撰写;鉴定机构的回避声明也可在声明内容中载明。声明的内容需和以下内容相近:

——本司法鉴定文书中陈述的事实是真实和准确的,其中的分析说明、鉴定意见是本鉴定机构司法鉴定人公正的专业分析。

——本司法鉴定文书的分析说明、鉴定意见仅对送鉴送审资料负责。

——本司法鉴定文书的正文和附件是不可分割的统一组成部分,使用人和利益关系人不能就某项条款或某个附件进行单独使用,由此而作出的任何推论、理解、判断本鉴定机构概不负责。

——本鉴定机构收取本案的鉴定费用与本司法鉴定文书中的分析说明、鉴定意见无关,也与本司法鉴定文书的使用无关。

——本鉴定机构和司法鉴定人员与受鉴项目及当事人、代理人、利益相关人不存在任何现时利益或预期利益(除本案的鉴定工作酬金外),没有发生过任何利益往来;也与有关当事人没有个人利害关系和任何偏见;不存在现行法律规定所要求的回避情形。

——未经本鉴定机构同意,本司法鉴定文书的全部或部分内容不得在任何公开刊物和新闻媒体上发表或转载,不得向与本案无关的任何单位及个人提供,否则本鉴定机构将追究相应的法律责任。

——本司法鉴定文书的使用人和关系人复制本司法鉴定文书,未重新加盖“司法鉴定专用章”或鉴定机构公章无效。

——司法鉴定机构的地址和联系信息。

b) 司法部公布的《司法鉴定文书规范》第十二条要求司法鉴定文书加盖司法鉴定机构的司法鉴定专用章红印和钢印两种印模,第十四条规定司法鉴定机构的司法鉴定专用章应经登记管理机关备案后启用。考虑到建设工程司法鉴定案件数量不多,并且司法鉴定机构行政印章的效力高于业务专用章。本条款规定建设工程司法鉴定文书同时加盖司法鉴定机构的行政印章红印和钢印两种印模。

d) 案情摘要主要描述与委托鉴定事项有关的案件的简要情况。案情摘要应以第三方立场,客观、综合、简明扼要、公正地叙述案件的实际情况,不掺杂鉴定人个人的主观意见和看法。案情摘要描述应避免以下情形:(1) 未抓住整个案件的重点,只是罗列一些与鉴定关系不大,甚至无关的"故事性情节";(2) 过于简单,不能系统全面地反映案情;(3) 先入为主,只摘要有助于本鉴定意见的情节,或片面地引用原告或被告的一面之词;(4) 断章取义,未能反映某句话、某个事实出现的前提。

f) 分析说明是根据鉴定资料的检验结果并结合案情,应用科学原理进行分析、鉴别和判断的过程。分析说明应紧紧围绕委托鉴定的事项来进行,根据客观的检验事实和提供的鉴定资料,通过逻辑推理和科学分析,为最终的鉴定意见提供充分的依据。分析说明应根据相应的标准、规范、规程,也可以引用业内认可的观点或资料,但引用的观点或资料应注明出处。分析说明的书写质量反映了鉴定人的综合业务水平、分析归纳能力、文字表达能力及工作责任心。

g) 鉴定意见是司法鉴定人根据鉴定资料的现场勘验、检测事实,运用科学原理和逻辑推理,经过分析说明,回答委托人提出的委托鉴定事项的意见,是司法鉴定人思维过程的结晶,也是司法鉴定的落脚点。鉴定意见常用三言两语,甚至一句话即可简明表达。鉴定意见应精练、明确、具体、规范,有针对性和可适用性。鉴定意见只回答委托鉴定的专业问题,不回答法律问题,不能超出委托鉴定事项的范围。

h) 附注位于落款之前,是对司法鉴定文书中需要解释的内容进行说明,有多处需要进行说明的地方,在附注中按顺序进行说明。附注的内容需和以下内容相近:

——本司法鉴定书仅对受鉴项目的质量和造价进行了检验、鉴别和判定,并作出了客观、独立、公正的鉴定意见,而未考虑受鉴项目发包人和承包人签订的《建设工程施工合同》中涉及的违约规定的条款及其他问题,也不涉及合同履行过程中发包人与承包人之间往来的财务费用。

——本司法鉴定书未考虑原、被告双方其他的民事约定及本案鉴定费用等有关问题。

——本司法鉴定文书正本份数,副本份数,具有同等法律效力,鉴定机构存档一份正本。

i) 附件是司法鉴定文书的有效组成部分,位于正文之后,因此应在正文中列明附件的目录,以便司法鉴定文书使用人明了附件的组成及便于查阅。

j) 司法部公布的《司法鉴定文书规范》第十条规定司法鉴定文书的落款应与正文同页,不得使用"此页无正文"字样。考虑到建设工程司法鉴定每个案件至少应由二名及以上司法鉴定人共同进行鉴定,并由具有本专业高级技术职务任职资格的司法鉴定人复核,本条款又规定司法鉴定文书落款应写明司法鉴定人的执业证号,并签署司法鉴定人的专业技术职务资格和执业资格。由于落款需载明的内容较多,与正文安排在同一页有一定困难。因此,本技术规范规定司法鉴定文书落款单设一页,置于司法鉴定文书正文最后一页。

司法部公布的《司法鉴定文书规范》第十二条要求司法鉴定文书加盖司法鉴定机构的司法鉴定专用章红印和钢印两种印模。

k) 附件是司法鉴定文书的重要组成部分,用以详细说明论证司法鉴定的结果和分析说明,起到支撑鉴定意见的作用。附件主要包括与鉴定意见有关的检验、测绘报告,案情调查中形成的记录,其他必要的资料和相关的图片、照片等,司法鉴定机构司法鉴定许可证、司法鉴定人执业资格证书复印件。附件附在鉴定文书的正文之后,并应按附件目录相同的编号进行编号和装订。

本条依据指引:《最高人民法院关于民事诉讼证据的若干规定》第二十九条、第三十一条、第七十一条、第七十七条,《最高人民法院关于行政诉讼证据的若干规定》第三十二条,《司法鉴定程序通则》(司法部令第 107 号)第三十四条。

8.2.8—8.2.9　这两条也为司法鉴定人的释明。司法鉴定文书常见的缺陷有两类,一类是程序性的缺陷,另一类是实体性的缺陷。程序性的缺陷表现为:鉴定机构和鉴定人不具有相应的鉴定资格;鉴定程序违法;文字表述部分有错别字;意思表述不准确,论述不完整或不充分;鉴定意见部分与论证部分有逻辑矛盾;只回答鉴定要求所提出的部分问题;鉴定意见在程度判断上界限不明确;没有鉴定人签名或盖章,或者没有加盖鉴定机构印章等。这些问题违反了程序法的要求或司法鉴定文书制作规范的要求,对鉴定意见的效力产生影响。虽然这种影响并不必然地影响对鉴定意见的实质判断,但其影响了对鉴定意见的审查评断及合法性,所以为了保障诉讼等活动的效率,可以依照诉讼以及有关司法鉴定的程序规范进行补救。实体性的缺陷表现为鉴定方法运用不正确,鉴定依据不充分,等等。如果司法鉴定文书存在实质性的缺陷,则必然影响鉴定意见的科学可靠性和可采性。

在司法实践中,司法鉴定人或诉讼当事人如果发现司法鉴定文书有缺陷应向处理案件的司法机关申请补救,承办案件的司法人员接到司法鉴定人或当事人的申请后应该进行审查,然后根据情况作出是否决定补救或作其他处理的决定。如需对已发出的司法鉴定文书作出修正(或补正),甚至需要签发新的司法鉴定文书,这两条对发生以上事项时的处理方法作出了规定。

本条依据指引:《最高人民法院关于行政诉讼证据的若干规定》第三十条,《司法鉴定程序通则》(司法部令第 107 号)第三十二条,GB/T 19001 - 2008/ISO9001:2008 第 7.5.3 条、第 8.2.3 条,邹明理主编《司法鉴定法律精要与依据指引》,北京:人民出版社,2005.1,第五章第一节“司法鉴定文书的缺陷及其补救”,P129。

8.3.4 司法部公布的《司法鉴定文书规范》第十条规定,司法鉴定文书制作一般应一式三份,两份交委托人收执,一份由司法鉴定机构存档。根据建设工程司法鉴定工作的实际情况分析,司法鉴定文书制作一式三份不能满足案件各方的需要:审判机关的合议庭、司法鉴定管理部门、上诉法院均需持有司法鉴定文书;诉讼案件中原、被告一方或双方可能有二人以上的共同诉讼人;鉴定机构存档一般应需三份,一份正本与其他鉴定过程中形成的资料一起装订成册归档,另备一份以供司法鉴定人出庭作证或协助调解处理纠纷之需,另存司法鉴定文书清样,以供事后案件有关当事人复制司法鉴定文书之需。因此,本技术规范规定司法鉴定文书应根据委托人的要求、当事人的数量和司法鉴定机构的存档要求来确定制作份数。

8.4 司法鉴定文书需要邮寄送达时,可以合法邮政机构的邮寄凭证作为送达回证。

本条依据指引:《中华人民共和国民事诉讼法》第七十七条,《司法鉴定程序通则》(司法部令第 107 号)第三十四条。

9 司法鉴定人的出庭

9.1 本条为强制性条文,也是司法鉴定人的释明。由于司法鉴定工作解决的是案件中的专门性问题,鉴定意见是法定证据之一。因此,为了保证鉴定意见的科学性、确定鉴定意见的证明力,就应接受法庭的质证。鉴定意见是司法鉴定人运用专门知识对案件中的专门性问题进行分析判断后得出的结论,而对鉴定意见的举证、质证需要司法鉴定人出庭。

出庭作证是司法鉴定人的重要义务之一。司法鉴定人出庭举证、质证,在法庭上以科学的态度阐明该项鉴定意见的可靠性和证据意义,并回答有关人员提出的疑问,对于支持诉讼,对于维护当事人的合法权利,对于法庭依法判决,对于宣传科学技术证据的效力都具有重要的意义。

司法鉴定人因法定事由不能出庭作证的,经人民法院同意后可以书面或其他形式作证,随着科学技术的进步,其他形式的出庭作证陆续出现,如视频作证等,经人民法院同意后可以采用。

《中华人民共和国民事诉讼法》第七十八条规定:“当事人对鉴定意见有异议或者人民法院认为鉴定人有必要出庭的,鉴定人应当出庭作证。经人民法院通知,鉴定人拒不出庭作证的,鉴定意见不得作为认定事实的根据;支付鉴定费用的当事人可以要求返还鉴定费用。”

司法鉴定人作为独立的诉讼参与人以“证人”的身份出庭作证，其证言内容处于中立立场。司法鉴定人出庭作证不仅是履行法定义务，也是行使诉讼权利的表现。

司法鉴定人出庭作证的条件是，凡是担任本案专门性问题鉴定工作的鉴定人和复核人除依法回避的以外，接到人民法院的出庭通知以后，都应按时出庭作证，除非存在正当的理由并且经过人民法院的批准，否则司法鉴定人不能免除出庭义务。对于违反这一义务的司法鉴定人，法律规定了相关的处罚措施。司法鉴定人出庭作证的具体任务包括：一是宣读鉴定意见书，即完成举证任务；二是接受诉讼当事人、审判人员按照法律程序就有关鉴定意见方面的问题进行的询问，即完成质证任务。

诉前鉴定和非诉鉴定，委托人需要司法鉴定人解释和回答疑问的，司法鉴定人也应该进行释疑。

本条依据指引：《全国人民代表大会常务委员会关于司法鉴定管理问题的决定》第十一条，《中华人民共和国民事诉讼法》第七十八条，《最高人民法院关于民事诉讼证据的若干规定》第五十九条、第六十条，《最高人民法院〈关于民事诉讼证据的若干规定〉的理解与适用》第四十七条，《最高人民法院关于行政诉讼证据的若干规定》第三十九条、第四十七条、第四十八条，《司法鉴定程序通则》（司法部令第107号）第三十七条，《司法鉴定人登记管理办法》（司法部令第96号）第二十二条。

10 司法鉴定业务档案管理

10.1.1 本条为强制性条文。司法鉴定机构和司法鉴定人应对鉴定资料依鉴定程序逐项建立档案。司法鉴定档案的内容应包括司法鉴定委托书，送鉴资料副本，案情简介、鉴定记录、司法鉴定文书以及需要留档的其他资料。司法鉴定档案是鉴定人出庭质证和复查鉴定情况以及评估鉴定工作质量的物质依据。司法鉴定机构应当建立鉴定档案的立卷和归档制度、查阅和借调制度及销毁和移交制度。

本条依据指引：《司法鉴定程序通则》（司法部令第107号）第三十八条，浙江省司法厅、浙江省档案局《司法鉴定业务档案管理办法》。

11 附录

本技术规范所列的九个附录，是鉴定过程中形成的记录格式，供鉴定机构和司法鉴定人参考使用，使用人可根据本地区和本机构的具体情况进行选择或变更。

农业环境污染事故司法鉴定经济损失估算实施规范

SF/Z JD0601001－2014

2014 年 3 月 17 日发布　2014 年 3 月 17 日实施

目　次

前　言

本技术规范按照 GB/T 1. 1 – 2009 给出的规则起草。

本技术规范由农业生态环境及农产品质量安全司法鉴定中心、农业部环境保护科研监测所提出。

本技术规范由司法部司法鉴定管理局归口。

本技术规范起草单位:农业生态环境及农产品质量安全司法鉴定中心、农业部环境保护科研监测所。

本技术规范主要起草人:王伟、周其文、米长虹、刘潇威、师荣光。

本技术规范为首次发布。

1　范围

本技术规范规定了农业环境污染事故引起的农产品、农业环境及其他财产损失的估算范围、现场调查、估算方法及其适用条件、误差分析与控制。

本技术规范适用于农业环境污染事故引起的损害因果关系已经确定情形下的经济损失估算。

本技术规范不适用于农业环境污染事故引起的人体健康损失估算。

2　规范性引用文件

下列文件对于本文件的应用是必不可少的。凡是注日期的引用文件,仅注日期的版本适用于本文件。凡是不注日期的引用文件,其最新版本(包括所有的修改单)适用于本文件。

GB/T 21678　渔业污染事故经济损失计算方法

NY/T 398　农、畜、水产品污染监测技术规范

3　术语及定义

下列术语和定义适用于本文件。

3. 1　农业环境污染事故 Agro – environmental Pollution Accident

由于单位或个人的故意、过失或不可抗拒的原因,使某种有害物质或能量进入农业生产区域,对农田土壤、农用水体、农区大气等农业生物所必需的生产环境正常状态或功能产生不良影响,导致农业生物受到明显伤害、减产、绝收或引起农产品质量下降的事件。

3. 2　农产品 Agricultural Products

来源于农业的初级产品,即在农业活动中获得具有一定经济价值的植物、动

物及其产品,主要包括种植业产品、畜牧业产品、渔业产品。

3.3　经济损失 Economic Loss

可以用货币形式度量的农业环境污染事故导致的农产品、农业环境及其他财产损失,包括农产品产量损失、农产品质量损失、农业环境损失、设施损失、处置费用。

3.4　农业环境损失 Agro – environmental Loss

农业环境污染事故引起的,可用货币形式表示的,农产品赖以生长的农田土壤、农用水体等环境载体正常状态或生产功能的丧失或毁损。

3.5　对照区 Control Area

与估算区域环境条件基本一致,未受到污染危害且种养殖农产品种类、生产技术和管理方式基本相同的农业生产区域。

3.6　后期投资 Late Investment

农业环境污染事故发生时至农业生物生长到商品规格所需投入但尚未投入的以货币形式表现的费用,包括肥料费、农药费、饲料费、养护费、人员费等。

3.7　设施损失 Installation Loss

农业环境污染事故导致的农业机械、种养设施、污染防护设施等的废置或功能受损。

3.8　类比法 Analogy Method

将估算农业环境污染事故与已发生的类型相同或相似的农业环境污染事故相比较,参照相同或类似事故中农产品或农业环境损失,确定估算事故中农产品或农业环境损失的方法。

3.9　估算基准日 Base Date of Estimation

以具体日期表示的确定估算对象价值的时间点。

4　估算原则

4.1　科学合理性

估算应能科学合理地反映农业环境污染事故经济损失的客观实际和内在属性,要用于计算已经造成的实际损失和可预见的必然损失,对于既可能发生又可能不发生的损失,不予估算。对于当前尚未取得行业专家和公众认可的损失科目,在估算过程中不予考虑。

4.2　客观公正性

估算过程应客观、真实地反映农业环境污染事故造成的经济损失,避免人为因素影响,充分估计和控制误差。

4.3　操作实用性

估算科目的确定要考虑估算的可操作性,用于估算科目计算的公式应简单、易操作,计算参数值能通过统计资料、调研或者实验等手段获取。对于不具有估算实施性的损失科目,不予估算。

5 估算范围

农业环境污染事故引起的除人体健康损失外的各项经济损失,主要包括农产品损失、农业环境损失及相关财产设施损失。

6 现场调查

6.1 现场勘察

6.1.1 通过现场查看、田间(水域)测量等方法,查明农业环境污染事故的危害程度和影响范围;查明估算区域农业生物种类和品种管理情况、病虫害情况;观察受污染农业生物或农业环境的分布和周边环境,观察农业生物及农产品受害症状,查看农业环境受污染特征,初步确定估算对象和范围。

6.1.2 通过现场查勘、农业生物生长情况比对等方法,从双方当事人推荐的可供选择的对照区中确定本估算的对照区及其位置。

6.1.3 现场勘察应绘制农业生物和农业环境污染危害分布图,并注明受损对象和受损范围。

6.1.4 现场勘察由受委托鉴定机构两名以上(含两名)鉴定人实施。

6.1.5 现场勘察应通知第三方代表和当事人双方代表到场见证,通知后其中一方无正当理由拒不到场的,不影响现场勘察工作的实施。

6.1.6 现场勘察应制作现场勘察记录,并由第三方代表和当事人双方代表签字或签章,一方拒绝签字或签章的,应注明拒签及理由。

6.2 资料收集

收集的资料应包括:

a) 估算区域近三年来的耕种或养殖管理情况。

b) 估算区域的气候气象及其变化状况。

c) 污染因果关系鉴定意见书及相关检测报告。

d) 污染事故发生前三年当地同等农产品产量;对照区相同农产品产量;受损农产品产量等数据。

e) 事故当地当年或以前年份正常品质农产品市场价格或政府指导价格;受污染影响的农产品市场价格。

f) 其他与估算密切相关的材料和实物。

鉴定机构应当尽可能全面地向委托方索取估算所需资料,必要时通过法院或政府职能部门获取。

6.3 其他

通过现场勘察、资料收集、实地走访、现场询问等方法,核实原被告双方提供但未经核实的资料及其他相关信息。

7 损失估算

7.1 估算对象和估算范围确定

根据鉴定委托和现场调查情况,确定估算对象及其分布情况,估算的时间和空间范围,包括损害可能持续的时间。

7.2 损失量参数确定

7.2.1 受害面积与数量测定

根据因果关系鉴定报告及其他资料,确定估算范围内农产品的受害面积或数量;必要时,采用踏查、随机抽样、现场丈量等方法确定。

7.2.2 正常年份农产品单位产量确定

种植业产品产量按近三年估算范围内同期单位产量平均值确定,近三年估算范围内同期单位产量无法通过调查获取的,以对照区同期单位产量为准。

畜禽及其产品产量,根据受污染养殖场前三个养殖期或近三年平均畜禽产品产量确定,也可通过与近似养殖条件下养殖场相同养殖期情况比较获得。

7.2.3 减产幅度确定

7.2.3.1 受污染对象产量确定

农产品减产量可通过现场调查、测产、与对照区产量对比等方式获取,必要时以实验数据作为补充。

7.2.3.2 减产幅度确定

减产幅度通过农产品减产量与正常年份产量或对照区农产品产量比较获得。

7.2.4 质量损失测定

依据 NY/T 398 在事故区现场抽检样品,按超标样品所占比例、受害面积或数量,并考虑污染特点等因素综合确定,也可通过与对照区农产品质量的比较获得。

农产品中有毒有害物质超过有关标准且失去原有经济价值时视为全部损失。

7.2.5 农产品价格确定

正常年份农产品价格以当时当地市场平均价格计;当时当地市场平均价格无法获取时,按近三年当地市场平均价格计;市场平均价格以政府相关部门公布或实地调查获取的价格为准。

受损农产品价格以当时当地市场平均价格计,但能证明实际销售价格的,以实际售价计。

7.2.6　受污染影响年份确定

农业环境恢复到污染前状态所需年份,由鉴定机构根据农业环境污染程度、修复方案或替代方案,考虑农业环境自我恢复能力综合确定。

7.2.7　修复费用测定

修复费用主要取决于所选择的修复方法及实施该方法的成本。

修复方法选择和修复费用计算需满足如下条件:

a) 所选择的修复方法要技术可行,费用经济;

b) 采取修复方法所消耗的时间应短于自然恢复所需时间;

c) 所选修复方法对农业环境不利影响较小;

d) 修复费用低于自然恢复期所造成的生产损失;

e) 修复费用计算恢复至污染前农业资源环境状态或功能。

7.3　损失价值计算

7.3.1　农产品损失

7.3.1.1　市场价值法

适用于农业环境污染事故引起的具有市场价格或者可以换算为市场价格的农产品经济损失估算。

7.3.1.1.1　农产品产量损失

$$L_y = \sum_{i=1}^{n} (D_i \times a \times A_i \times P_{yi} - F_i) \tag{1}$$

式中:

L_y——指污染事故导致的各类农产品经济损失,单位为元;

D_i——指正常年份 i 类农产品单位产量,单位为千克/公顷(头、只、匹);

a——指受污染事故影响 i 类农产品减产幅度,%;

A_i——指 i 类农产品受害面积或数量,单位为公顷(头、只、匹);

P_{yi}——指 i 类农产品价格,单位为元/千克(头、只、匹);

F_i——指 i 类农产品的后期投资,单位为元;

n——指污染事故导致产量下降的农产品种类。

7.3.1.1.2　农产品质量损失

$$L_q = \sum_{i=1}^{n} [(P_{qi}^0 - P_{qi}) Q_{qi} - F_i] \tag{2}$$

式中:

L_q——污染事故导致农产品质量下降的经济损失,单位为元;

Q_{qi}——指受污染事故影响质量下降的 i 类农产品数量,单位为千克(头、只、匹);

P_{qi}^{0}——指正常年份 i 类农产品价格,单位为元/千克(头、只、匹);

P_{qi}——指受损 i 类农产品价格,单位为元/千克(头、只、匹);

F_{i}——指 i 类农产品的后期投资,单位为元;

n——污染事故导致质量下降的农产品种类。

7.3.1.2　专家评判法

适用于受污染农产品属稀有、异常资源,其经济价值高低不主要取决于成本,难以通过成本法、市场法等方法直接评估的情形。

7.3.1.2.1　专家遴选

专家数量应根据鉴定需要确定,不得少于5人。专家应满足以下条件:

a) 应具有高级以上职称,长期从事该领域研究或开发工作,在该领域具有较高的权威性;

b) 精通业务,具有相关工作经验,有一定知名度,有代表性;

c) 熟知估算对象经济价值。

7.3.1.2.2　评估程序

评估程序包括:

a) 由受委托鉴定机构根据估算对象具体情况,遴选专家;

b) 广泛收集近年来(3—5年)估算区域的农产品生产、资源动态变化等资料;

c) 组织评估专家赴排污企业、估算区域及其周边、对照区实地勘察;

d) 结合现场勘察情况,对获得的资料进行筛选、统计、分析、整理;

e) 形成专家个人意见,并由评估专家亲笔签名。

7.3.1.2.3　意见处理

专家针对估算对象提出意见或建议后,鉴定人员应结合自己的判断,对专家意见进行分析研究,形成鉴定意见。常用的方法有:

a) 平均法:对专家提出的价格建议,采用算术平均法,计算平均数,以此平均数作为评估价值。在计算平均值时,也可以根据专家的权威,确定专家意见的权数,采用加权平均的方法计算平均值。

b) 众数法:将专家意见中出现最多的意见,作为评估农产品经济价值的依据。

7.3.1.3　类比法

适用于资源信息有限,且需要在较短时间内形成评估意见,无法通过市场价值法、专家评判法估算的情形。

适用类比法,需要同时具备以下条件:

a) 存在相同或相似已发生的农业环境污染事故;

b）由具有资质的司法鉴定机构或其他合法评估机构形成评估意见，且已被人民法院或政府相关部门采信。

采用此方法时，应充分注意分析本次事故与类比事故之间的相似性，主要包括：

a）污染事故的相似性。包括污染事故的性质、主要污染物、污染途径等。

b）受污染农业资源环境特征的相似性。包括农业资源的地理位置、自然环境、环境要素本底值、用途等。

c）受污染农产品的一致性。包括农产品类型、品种、生长环境、田间管理等。

d）分析事故与类比事故时间跨度不能过大，事故与类比事故跨度超过一年时，需考虑价格变动因素。

7.3.2　农业环境损失

7.3.2.1　市场价值法

适用于：

a）农产品本身具有现行市场价格或与该农产品基本相同的参照物具有现行市场价格；

b）受污染农业环境具有可恢复性，可以通过修复、治理等技术措施恢复大部或者全部生产和环境功能，且经济技术可行。

$$L_{\mathrm{E}} = L + \text{修复费用} \tag{3}$$

7.3.2.1.1　鉴定基准日起受影响年份内农产品经济损失(L)

鉴定基准日至农业环境恢复到污染前状态的农产品经济损失：

$$L = \sum_{i=1}^{m} L_i \tag{4}$$

式中：

L——污染事故导致农业环境质量下降的经济损失，单位为元；

m——指受污染事故影响的年数，单位为年。

$$L_i = \sum_{j=1}^{n} [(Q_{yij}^{0} \times P_{yij}) + (P_{yij} - P_{qij})Q_{qij}] \tag{5}$$

式中：

L_i——第i年污染事故导致农业环境质量下降的经济损失，单位为元；

Q_{yij}^{0}——指在污染事故后i年份j类农产品的减产量，单位为千克（头、只、匹）；

Q_{qij}——指受污染事故影响质量下降的i年份j类农产品数量，单位为千克（头、只、匹）；

P_{yij}——指i年份未受污染的j类农产品价格，单位为元/千克（头、只、匹）；

P_{qij}——指i年份受污染影响的j类农产品价格，单位为元/千克（头、只、匹）；

n——指受污染事故影响的农产品种类。

注：第i年份j类农产品绝收的，只计算减产损失。第i年份j类农产品失去原有经济价值的，只计算质量下降损失。

7.3.2.1.2 修复费用

修复费用(F)由修复方案编制费用(B)、修复材料费(T)、监测检测费(M)、修复效果评估费(A)、监管费用(G)、人力成本(U)等组成。计算公式如下：

$$F = B + T + M + A + G + U \qquad (6)$$

修复费用也可以参照《环境污染损害数额计算推荐方法(第一版)》4.5推荐的方法计算。

农业环境污染事故造成的环境损失当期可以修复的，则只计算修复费用。

7.3.2.2 专家评判法

农业环境污染事故造成的环境损失无法通过市场价值法估算的，按6.3.1.2规定实施。

7.3.2.3 类比法

无法通过市场价值法估算，时间要求较短，且有可供类比的鉴案，按6.3.1.3规定实施。

7.3.3 设施损失

设施损失按重置完全价值折旧方法计算，见式(7)。

$$L_f = \text{重置完全价值} \times (1 - \text{年平均折旧率} \times \text{已使用年限}) \times \text{毁损率} \qquad (7)$$

$$\text{年平均折旧率} = (1 - \text{预计净残值率}) \times 100\% / \text{折旧年限} \qquad (8)$$

7.3.4 处置费用

受损方为防止事故进一步扩大或减少事故危害而采取措施所支出的合理费用，按实际支出计算。

8 误差分析与控制

8.1 非污染因素与污染因素交叉引起的误差

非污染因素与污染因素交叉，且危害特征相似，在污染因素致害经济损失估算时，将非污染因素致害产生的经济损失排除引起的误差。

充分收集并分析农产品及农业环境本底资料，尤其是污染事故前农产品病虫害情况、施肥施药情况；查阅土壤肥力、田间管理、气候等资料，结合与对照区的比对，尽量排除非污染因素造成的经济损失，降低误差。

8.2 累积性污染引起的误差

经济损失估算时，可能存在上一次污染或累积性污染所造成的经济损失，无法完全剔除而引起的误差。

收集本次污染事故前农产品和农业环境的监测报告及相关检测数据，无法获得时,通过与对照区比较,确定本次事故前受评价农产品及农业环境经济状况。

8.3 参数确定引起的误差

非商品规格的农业生物形态换算为商品规格时的换算率以及受污染的损失率等;平均价格的确定等,受诸多因素影响,会给计算结果带来一定误差。

鉴定机构应根据估算对象的具体情况,结合行业和市场经验,考虑估算方法的特点,通过证据质证、实地调查、监测检测等方法,确定具体参数和误差控制范围。

8.4 适用“专家评判法”的误差

适用专家评判法时,专家的专业水平、心理状态、对特定污染事故的偏好等,都可能影响估算结果的准确性,出现因专家适用而产生的误差。

运用专家评判法时,应避免专家接触与估算无关的案件信息,专家选择可参考《中华人民共和国仲裁法》仲裁员确定规则执行。

9 其他规定

9.1 农业环境污染事故发生后,评估的农业生物未达到商品规格时,在计算损失时应换算为商品规格,换算时应考虑农业生物的自然死亡率,换算比例由鉴定机构根据农业生物种类、种养殖技术、种养殖区域管理情况和当地种养殖平均情况确定。后期投资按当时当地的平均费用计算。

9.2 农业生物苗、芽、幼株等的经济损失,应换算为商品苗种等的平均价格进行计算,换算比例由鉴定机构在市场调查的基础上确定。

9.3 造成国家和地方重点农业、野生保护植物损失的,其损失可参照本规范的方法进行估算,市场平均价格以省级以上农业主管部门提供或公布为准。

9.4 以产肉为主的畜禽产品,以畜禽本身为估算对象;以产蛋、奶、毛等为主的畜禽,以其主要经济功能和价值估算,必要时,将畜禽与其产品分开估算;以孵化幼崽为主的畜禽,将畜禽与其幼崽分开估算。

9.5 畜禽及其产品损失量估算依照本规范执行,也可由鉴定机构视具体情形,根据畜禽特点及其主要经济功能据实估算。

9.6 损失估算中,确有受损财物等变卖收益的,可予扣除或另行处理。

9.7 农业环境污染事故引起的渔业经济损失估算,按 GB/T 21678 执行。

10 估算意见书编制

10.1 格式

估算意见书按照附录 B 格式要求编写。

10.2 内容

估算意见书包括委托方、估算事项、受理日期、估算材料、估算区域、估算对象、案情摘要、估算原则、估算基准日、估算依据、估算方法、计算参数确定、损失计算、分析说明、估算意见、附件。

附件包括鉴定机构及鉴定人资质证明、估算标准、估算委托书、因果关系鉴定意见书、相关监测(检测)报告、鉴定区域分布图,以及支撑估算的其他资料。

附录 A

（规范性附录）

农业环境污染事故司法鉴定经济损失估算流程图

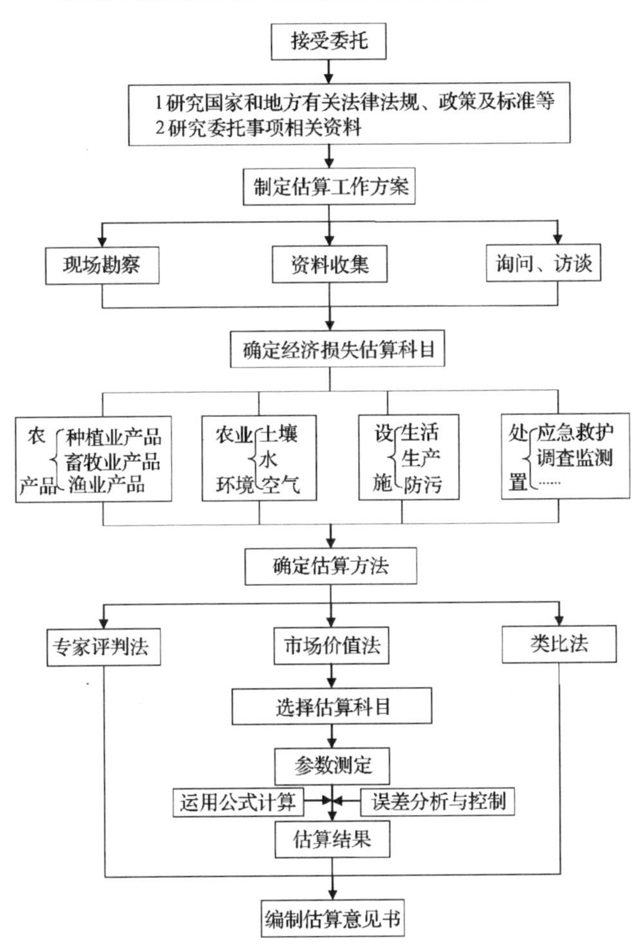

图 1　农业环境污染事故司法鉴定经济损失估算流程图

附录 B
（规范性附录）
农业环境污染事故司法鉴定经济损失估算意见书

××农业环境污染事故司法鉴定经济损失估算意见书

（司法鉴定机构的名称 + 司法鉴定文书类别的标题：一般 2 号或者小 1 号宋体，加黑，居中排列）

司法鉴定许可证号：000000000

（司法鉴定机构许可证号：3 号仿宋体，居中排列）

声　　明

(2 号宋体,加黑,居中排列)

1. 委托人应当向鉴定机构提供真实、完整、充分的鉴定材料,并对鉴定材料的真实性、合法性负责。

2. 司法鉴定人按照法律、法规和规章规定的方式、方法和步骤,遵守和采用相关技术标准和技术规范进行鉴定。

3. 司法鉴定实行鉴定人负责制度。司法鉴定人依法独立、客观、公正地进行鉴定,不受任何个人和组织的非法干预。

4. 使用本鉴定文书应当保持其完整性和严肃性。

(声明内容:3 号仿宋体)

地　　址:××市××路××号(邮政编码:000000)
联系电话:000-00000000

(司法鉴定机构的地址及联系电话:4 号仿宋体)

标题(司法鉴定机构名称+委托鉴定事项,小2号黑体,居中排列)

编号 ××司法鉴定中心[20××]×鉴字第×号

(编号:包括司法鉴定机构缩略名、年份、专业缩略语、文书性质缩略语及序号:年份、序号采用阿拉伯数字标识,年份应标全称,用方括号"[ ]"括入,序号不编虚位。5号宋体,居右排列。编号处加盖司法鉴定机构的司法鉴定专用章钢印)

一、基本情况(3号黑体)

委托方:×××× (二级标题:4号黑体,段首空2字)

(文内4号仿宋体,两端对齐,段首空2字,行间距一般为1.5倍。日期、数字等均采用阿拉伯数字标识。序号采用阿拉伯数字"1."等顺序排列。下同)

估算事项:
受理日期:
估算材料:
估算区域:
估算对象:

二、案情摘要

三、估算过程

估算原则:
估算基准日:
估算依据:
估算方法:
计算参数确定:
损失计算:

四、分析说明

五、估算意见

六、附件

附件目录

七、落款

司法鉴定人签名或者盖章
《司法鉴定人执业证》证号:
司法鉴定人签名或者盖章
《司法鉴定人执业证》证号:

(司法鉴定机构司法鉴定专用章)
二〇××年×月×日

(文书制作日期:用简体汉字将年、月、日标全,“零”写为“〇”,居右排列。日期处加盖司法鉴定机构的司法鉴定专用章红印)

说明:

1. 估算意见书各页之间应当加盖司法鉴定机构的司法鉴定专用章红印,作为骑缝章。

2. 对估算意见书中需要解释的内容,可以在正文的落款后另加附注予以说明。(附注为4号仿宋体)

参考文献

[1] NY/T 1263 农业环境污染事故损失评价技术准则

[2] 环境保护部(环发〔2011〕60号)关于开展环境污染损害鉴定评估工作的若干意见》,附件:环境污染损害数额计算推荐方法(第一版)

（四）2015年司法鉴定技术规范

司法部办公厅关于推荐适用《法医学虚拟解剖操作规程》等28项司法鉴定技术规范的通知

司办通〔2015〕65号

各省、自治区、直辖市司法厅(局),新疆生产建设兵团司法局、监狱局:

为进一步规范司法鉴定执业活动,推进司法鉴定标准化建设,保障司法鉴定质量,司法部司法鉴定管理局组织制定了《法医学虚拟解剖操作规程》等28项司法鉴定技术规范。该28项司法鉴定技术规范已通过专家评审,在科学性、可靠性、实用性等方面能够满足司法鉴定执业活动的相关要求,现予印发,推荐适用。

司法鉴定机构和司法鉴定人需要获取相关司法鉴定技术规范文本,请登录司法部或司法部司法鉴定科学技术研究所网站(网址:www. moj. gov. cn,www. ssfjd. cn);需要咨询相关技术问题的,请与司法部司法鉴定科学技术研究所联系(联系人:何晓丹　联系电话:021－52367112)。

关于司法鉴定技术规范的使用情况请各地司法行政机关汇总后反馈给司法部司法鉴定管理局。

特此通知。

附件:司法鉴定技术规范目录(28项)及文本

司法部办公厅

2015年11月20日

附件

司法鉴定技术规范目录(28项)

序号	名称及编号	修订情况
1	法医学虚拟解剖操作规程 SF/Z JD0101003－2015	
2	法医学尸体解剖规范 SF/Z JD0101002－2015	
3	亲子鉴定文书规范 SF/Z JD0105004－2015	
4	生物学祖孙关系鉴定规范 SF/Z JD0105005－2015	
5	法医 SNP 分型与应用规范 SF/Z JD0105003－2015	
6	人身损害后续诊疗项目评定指南 SF/Z JD0103008－2015	
7	血液和尿液中108种毒(药)物的气相色谱－质谱检验方法 SF/Z JD0107014－2015	
8	血液中45种有毒生物碱成分的液相色谱－串联质谱检验方法 SF/Z JD0107015－2015	
9	毛发中可卡因及其代谢物苯甲酰爱康宁的液相色谱－串联质谱检验方法 SF/Z JD0107016－2015	
10	生物检材中32种元素的测定 电感耦合等离子体质谱法 SF/Z JD0107017－2015	
11	激光显微拉曼光谱法检验墨水 SF/Z JD0203002－2015	
12	文件制作时间鉴定通用术语 SF/Z JD0201010－2015	

（续表）

序号	名称及编号	修订情况
13	印章印文形成时间物理检验规范 SF/Z JD0201013－2015	
14	打印文件形成时间物理检验规范 SF/Z JD0201011－2015	
15	静电复印文件形成时间物理检验规范 SF/Z JD0201012－2015	
16	多光谱视频文件检验仪检验规程 SF/Z JD0201014－2015	
17	文件上可见指印鉴定技术规范 SF/Z JD0202001－2015	
18	录音设备鉴定技术规范 SF/Z JD0301002－2015	
19	音像制品同源性鉴定技术规范 SF/Z JD0300002－2015	
20	录音资料处理技术规范 SF/Z JD0301003－2015	
21	图像真实性鉴定技术规范 SF/Z JD0302001－2015	
22	图像资料处理技术规范 SF/Z JD0302002－201	
23	手机电子数据提取操作规范 SF/Z JD0401002－2015	
24	数据库数据真实性鉴定规范 SF/Z JD0402002－2015	
25	破坏性程序检验操作规范 SF/Z JD0403002－2015	
26	即时通讯记录检验操作规范 SF/Z JD0402003－2015	
27	电子数据证据现场获取通用规范 SF/Z JD0400002－2015	
28	计算机系统用户操作行为检验规范 SF/Z JD0403003－2015	

法医学虚拟解剖操作规程

SF/Z JD0101003 - 2015

2015 年 11 月 20 日发布　2015 年 11 月 20 日实施

目　次

前　言

虚拟解剖作为一种非侵入性的新型"解剖"技术,是通过影像学技术独立、客观、完整地构建人体组织器官的三维立体图像,是法医学判断死亡原因、死亡方式和致伤方式的一种辅助手段。本技术规范根据国内外相关新技术研究进展与应用成果,结合当前本国法医学鉴定工作的实际现状而制定,旨在为各级相关技术人员开展实施虚拟解剖鉴定工作提供指导。

本技术规范的内容包括法医学虚拟解剖的一般程序原则、技术要求及操作规范等。由于法医学鉴定个案复杂多变,鉴定实践中基于求同存异的原则,在具体实施过程中,本技术规范的各部分内容均可酌情独立使用。应用本技术规范中未涉及的其他影像学技术进行虚拟解剖时,可依据法律、法规及相应的医学影像学理论与技术,参照本规范执行。

本技术规范根据《中华人民共和国刑事诉讼法》、《中华人民共和国民事诉讼法》及司法部《司法鉴定程序通则》的有关规定,运用法医病理学及医学影像学的理论和技术,结合法医病理学鉴定的实践经验而制定,为法医学尸体检验、死亡原因及致伤方式的鉴定提供科学依据和统一标准。

本技术规范按照 GB/T 1.1-2009 给出的规则起草。

本技术规范由司法部司法鉴定科学技术研究所提出。

本技术规范由司法部司法鉴定管理局归口。

本技术规范起草单位:司法部司法鉴定科学技术研究所、北京市公安局。

本技术规范主要起草人:陈忆九、刘力、秦志强、刘宁国、张建华、应充亮、黄平、邹冬华、万雷、李正东、邵煜。

1 范围

本技术规范规定了法医学虚拟解剖操作的原则及一般程序。

本技术规范适用于各级公安机关、检察机关及面向社会服务的司法鉴定机构开展法医学虚拟解剖检验工作。

本技术规范适用于各类法医学尸体检验。

2 规范性引用文件

下列文件对于本技术规范的应用是必不可少的。凡是注日期的引用文件,仅注日期的版本适用于本技术规范。凡是不注日期的引用文件,其最新版本(包括所有的修改单)适用于本技术规范。

国务院令第 449 号 2005 放射性同位素与射线装置安全和防护条例

卫生部令第 46 号 2005 放射诊疗管理规定

GA/T 149-1996 法医学尸表检验

GA/T 147-1996 法医学尸体解剖

GA 268-2009 道路交通事故尸体检验

WS/T 263-2006 医用磁共振成像(MRI)设备影像质量检测与评价规范

WS/T 391-2012 CT 检查操作规程

ASTM E1570-2000(2005)e1 计算机层析(CT)检查规程

ASTM E2767-2010 X 线计算机断层摄影术试验方法用无损评定(DICONDE)中数字成像与通信的规程

ASTM E1441-2011 计算机断层扫描(CT)成像指南

ASTM E1570-2011 计算机断层扫描(CT)检查规程

3 术语和定义

下列术语和定义适用于本技术规范。

3.1 虚拟解剖 Virtopsy

利用影像学技术(X 线、CT、MRI 等)获取尸体组织器官的影像学资料，以非侵入性技术或微创手段探测人体损伤、疾病等形态学变化，在一定程度上取得类似于尸体解剖的效果，达到诊断损伤与病变的目的的一种检验方法与技术。

3.2 多层螺旋 CT Multislice Computed Tomography，MSCT

采用了滑环技术、锥形 X 线束、多排探测器，扫描轨迹呈螺旋状前进的 CT 检查技术。

3.3 尸体血管造影 Postmortem Angiography

一种用于观察尸体体内血管(包括动脉、静脉、心腔等)形态、分布及病变的法医影像学检查技术。

3.4 三维光学表面扫描 Optical 3D Surface Scanning

利用三维光学扫描设备对真实物体或环境的外观信息(包括形状、颜色等)进行采集与分析。

3.5 放射学诊断 Diagnostic Radiology

利用 X 线、CT、MRI 等各种医学影像学技术对人体进行检查和疾病诊断。

3.6 医学数字成像和通信 Digital Imaging and Communications in Medicine，DICOM

用于医学影像的处理、储存、打印、传输上的一组通用的标准协定。包含档案格式的定义及网络通信协定。

3.7 图像存档与传输系统 Picture Archiving and Communication System，PACS

一种包括成像设备、信息传输网络、图像工作站、信息储存与检索档案室在内的计算机或网络系统，用于获取、存储、传输和显示数字图像。

4 法医学虚拟解剖程序及技术要求

4.1 法医学虚拟解剖原则

4.1.1 合法原则

法医学虚拟解剖应符合国家相关法律、法规的规定，并尽可能尊重民族风俗习惯，特殊情况下有关人员应依法履行回避制度。

4.1.2 客观、公正原则

法医学虚拟解剖应当实事求是，客观、公正、科学地开展工作，不受其他外界因素干扰。

4.1.3　合理、有效原则

法医学虚拟解剖应根据不同成像技术的使用范围与诊断价值，并结合案件需求，合理、有序、有效地选用一种或综合使用几种成像技术和检查方法。

4.1.4　全面系统原则

法医学虚拟解剖应全面细致，CT扫描间距尽可能按所使用设备允许的最小值设置，并选择合适的成像方法和重建方式，以避免因操作不规范、检验不全面而影响结果。应特别关注各组织、器官、结构的阳性和阴性影像学征象，必要时可采用特殊检查方法。

4.1.5　实时记录原则

法医学虚拟解剖过程中应及时以文字和图像方式进行记录。

4.1.6　妥善保存资料原则

法医学虚拟解剖相关资料应妥善保存，纸质及照片资料可保存至案件终结，影像学图像资料应转换成指定格式并长期保存。

4.1.7　结果相互印证原则

法医学虚拟解剖所获得的检验结果，应与尸表检验所见、案情、病史资料等互相比对验证，必要时应行尸体解剖以确证，经分析审定后再采纳，避免仅依据影像学检验所见做出诊断。

4.1.8　综合判断原则

虚拟解剖诊断应依据虚拟解剖检验所见，结合案情调查（包括死亡过程、客观病史等）、现场勘验信息、尸体检验、致伤物检验、相关实验室检验结果等，进行综合分析判断。

4.2　法医学虚拟解剖的适用范围

4.2.1　因死者生前信奉宗教信仰、民族风俗等不宜进行尸体解剖的情况。

4.2.2　因死者生前或家属意志表示不愿进行尸体解剖的情况。

4.2.3　存在传染病、有毒物质、放射性核素或其他生物危害污染的尸体及其他基于保障鉴定人及其他相关人员人身健康而不宜进行尸体解剖的情况。

4.2.4　年代久远、严重腐败、严重烧毁的尸体及其他出于防止严重毁损尸体而不宜进行尸体解剖的情况。

4.2.5　面部、脊柱、骨盆等非常规解剖部位的检查。

4.2.6　作为传统尸体解剖前的辅助检查。

4.2.7　科研用途或其他原因。

注：上述适用范围不包括法律规定需强制进行尸体解剖的情形。对于通过虚拟解剖检验无法明确诊断或对鉴定事项做出判断的情况，仍需进行尸体解剖检验。

4.3　虚拟解剖的任务和职责

4.3.1 获取与死亡有关的所有材料,包括案情信息、现场勘验信息、致伤物信息等。

4.3.2 进行尸表检验,结合相关材料初步判断死亡原因、致伤方式、致伤物等,确定虚拟解剖的检查内容、部位和方式。

4.3.3 通过虚拟解剖描述法医病理形态学所见,包括损伤、病变的部位、类型、程度或病理状态等。

4.3.4 全面结合案情调查、现场勘验、尸表检验(及尸体解剖)、致伤物检验结果等,综合分析死亡原因、死亡方式、致伤方式、成伤机制、致伤物推断、损伤事件重建等。

4.3.5 根据虚拟解剖检验结果,决定是否需要进行尸体解剖,并指导尸体解剖的术式和程序等。

4.3.6 保存、归档相关影像学数据,以备后续鉴定及科研需求。

4.4 虚拟解剖的基本要求

4.4.1 应具有符合国家相关标准和规定的放射诊疗场所和配套设施。

4.4.2 应具有符合国家相关标准的尸体解剖场所和配套设施。

4.4.3 虚拟解剖场所与尸体解剖场所之间应具有专用的尸体运送通道和影像学数据共享设施。

4.4.4 应具有虚拟解剖电子数据存储及归档的场所与设备。

4.4.5 应具有法医病理学、医学影像学专业从业人员各至少1名。应配备大专以上学历或中级以上专业技术职务任职资格并具有相关大型仪器上岗资质的医学影像学仪器设备专业操作技术人员。

4.4.6 应具有放射事件应急处置预案。

4.5 虚拟解剖的操作原则

4.5.1 虚拟解剖应在尸表检验后进行。由法医学鉴定人综合分析相关信息后明确检查范围、部位、内容等。

4.5.2 应根据鉴定事项、检查目的、部位、内容及不同成像技术和检查方法的使用范围、优势与不足合理选择检查技术。

4.5.3 尸体一般采取仰卧位进行扫描。为了显示被检尸体不同方位下的组织结构,可根据实际需求变换或采取特殊体位,应由法医学鉴定人进行现场指导。

4.5.4 应按相关标准规定选择适当的拍摄条件与技术参数。

4.5.5 头面部、颈项部、躯干部为常规检查部位。此外,可根据需要对四肢进行检查。

4.5.6 应在影像学图像上清晰地标注死者个人信息(唯一性标识)、检查日期和定位标记,并注意避免遮蔽图像信息或有关影像认定的区域。

4.5.7　应注意识别影像学图像上出现的伪影并尽可能采取措施消除伪影或避免伪影的产生。

4.5.8　影像学阅片时应结合成像技术条件,并按相应顺序对多方位、多层面图像进行全面系统地观察和分析,避免仅依据单帧/层面图像做出影像学诊断。

4.5.9　阅片时应注意尸体成像与活体成像的差异。

4.5.10　阅片时应注意识别生活反应与生命体征的影像学征象。

4.5.11　检查组织、器官、结构的生理情况、病理学改变、损伤情况。应描述、记录阳性发现、有争议的内容及具有鉴别意义的阴性情况。描述、记录内容应包括阳性发现的位置、程度(大小、孤立/多发性病变)、放射学表现(影像密度、信号强度、典型征象)和伴随征象等。

4.5.12　如检测到体内异物,应标记异物的位置、性质、大小、形态,便于后续提取与分析工作。

4.5.13　法医学鉴定人与影像学技术人员均需直接观察图像,并共同作出影像学诊断,包括肯定性、否定性与疑示性诊断。最终的虚拟解剖报告应由法医学鉴定人结合案件相关资料综合分析后出具。

4.5.14　虚拟解剖完成后,所有相关文字及图像数据应以指定格式与形式进行保存、归档。

4.6　虚拟解剖的检验程序

4.6.1　信息交接与录入

4.6.1.1　法医学鉴定人应告知虚拟解剖操作人员有关死亡的所有信息,包括案情、现场勘验情况、致伤物检验、尸表检验结果等。

4.6.1.2　虚拟解剖操作人员应核对并录入死者个人信息(唯一性标识)、检查日期等。考虑到尸体死后变化对于影像学检查结果的影响,应记录死亡时间(死亡距检验的间隔时间)、尸体保存条件、保存方式。

4.6.2　尸体准备与安置

4.6.2.1　对于冷冻保存的尸体,应待完全解冻后再进行虚拟解剖,以避免器官、组织内结冰而影响影像学检验效果。尸体解冻过程中,应尽量避免尸体腐败。

4.6.2.2　应使用不产生伪影的尸体袋包裹尸体,并避免血液、体液外渗而污染检查设备。

4.6.2.3　尸体取仰卧位放置于检查床上。若尸体尸僵较强,应事先将尸僵松解,尽量使尸体处于解剖学标准姿势。如采用特殊体位进行检查应做记录。

4.6.2.4　检查尸体低下部位（如下肢、盆腔）时，可将尸体转向后重新放置于检查床上。

4.6.2.5　检查应除去被检查部位体表的金属物品，如发夹、钥匙、钱币和含有金属物质的纽扣等，以防止产生伪影或干扰仪器正常运作。

4.6.3　检查条件的设置和影像学扫描

4.6.3.1　应根据案件相关信息和法医学鉴定人的要求确定检查部位、检查内容、重点关注部位，选择成像技术并设定技术参数。

4.6.3.2　扫描过程中注意观察实时图像，若发现成像内容、部位、范围与预设计划不符时应立即中止扫描，经修正技术参数后重新扫描。

4.6.3.3　对于阅片过程中所见阳性与阴性影像学征象，可在调整检查条件后对该部位行进一步核准。

4.6.4　虚拟解剖的技术要求

4.6.4.1　X线摄影的技术要求

a）选择照射野：应按死者检查部位的大小及法医学鉴定要求选择投照方式与要求范围；

b）安放摄片标识：摄片标识应包括摄片日期、检查编号、左右标识；

c）尸体摆放与中心线设置：根据检查部位及检查目的，按标准位置摆放尸体体位，根据要求将中心线对准被摄部位，并包纳要求投照的躯体范围；

d）选择焦片距：按检查要求选择球管与曝光接收器的距离；

e）选择曝光条件：根据投照部位及设备条件，选择最佳管电压、管电流及曝光时间值；

f）曝光：曝光过程中，密切注意设备控制台仪表工作状态。

4.6.4.2　CT扫描的技术要求

a）尸体摆放：根据检查要求摆放尸体体位及头部朝向，可采用适当的辅助装置，固定死者的检查位置。依据检查部位调节检查床面高度。

b）扫描定位：进行定位扫描，根据定位图像修正扫描范围。

c）扫描确认：选择扫描方式，确认扫描参数（包括层厚、层距、pitch、kV、mAs等），扫描过程中在监视器屏幕上观察图像效果。

d）窗位设置：软组织窗（窗位：35～50HU，窗宽：300～400HU）、肺窗（窗位：-600HU，窗宽：1600HU）、骨窗（窗位：200～800HU，窗宽：1500～2000HU）等，并可根据病损情况适当调整；测定目标区域的CT值，包括正常区域与病损区域的比对以及病损区域增强前后的比对。必要时可测定病损范围，或将病损区域图像放大。

e）必要时采取多方位图像重组。

f）图像拍摄与打印：根据不同设备可选择自动拍摄或手动拍摄、胶片打印、光盘刻录或其他有效媒质载体。

4.6.4.3 MRI 扫描的技术要求

a）尸体标识信息和扫描体位参见 4.6.4.1 及 4.6.4.2；

b）定位像扫描：采用快速成像序列同时做冠、矢、轴三方向定位图，在定位片上确定扫描基线、扫描方法和扫描范围；

c）成像序列：采用常规 HASTE 序列冠状位扫描、常规横轴 TSE/T2WI 横轴位扫描或 2D－TSE/T2WI 矢状位扫描。必要时可根据需要辅以其他的成像序列（脂肪饱和技术、动态增强扫描、2D 单幅厚层扫描或 3D 薄层扫描等）；

d）成像野：一般为 18～25cm。可根据检查要求设定扫描范围及成像野；

e）成像层间隔：一般为 0.6～0.8mm，也可达 1.5mm；

f）成像层厚：一般为 3～5mm；

g）矩阵：一般为（256×256）～（512×512）。

注：实际成像序列及参数的选择应根据所使用仪器进行调整，上述成像序列以 Siemens Medical Solutions，Trio TIM3.0T 超导型磁共振扫描仪为例。

4.6.4.4 必要时可对损伤或病变进行长度、面积、体积测量。

4.6.4.5 对虚拟解剖所见阳性征象应拍摄图像，对有争议的和具有鉴别意义的阴性情况也应拍摄图像。

4.6.5 影像学阅片

4.6.5.1 基本要求

影像学阅片应由具备阅片能力的影像学专业技术人员完成，图像的对比度和窗宽窗位选择应满足相关要求。应注意检查有无下列潜在致死性疾病或病变的影像学征象。损伤的影像学检查见附则 7.4。

4.6.5.2 颅脑

a）脑缺血性病变，包括动脉闭塞、静脉窦血栓形成等引起的脑实质改变；

b）颅内出血性病变，包括硬脑膜外、硬脑膜下、蛛网膜下腔出血、脑实质出血等；

c）脑血管畸形，包括动脉瘤、动静脉畸形等；

d）肿瘤；

e）炎症，包括脑膜炎、脑脓肿、脑炎、颅内结核等；

f）颅脑先天发育畸形或变异；

g）退行性改变。包括老年性脑改变、脑萎缩、脱髓鞘改变等；

h）缺氧性脑病；

i）脑水肿、脑积水、脑疝；

j）呼吸机脑。

4.6.5.3　心脏

a）气体栓塞；

b）心脏瓣膜与冠状动脉钙化；

c）心内膜炎；

d）局部缺血。包括心肌梗死及其合并症（心脏破裂、室壁瘤等）；

e）心脏大小、心室壁厚度及心腔大小的改变；

f）心包炎、心包积液、心脏压塞。

4.6.5.4　血管系统

a）血栓形成与栓塞；

b）出血，包括动脉瘤、血管畸形破裂等。

4.6.5.5　呼吸系统

a）肺部感染；

b）肺气肿；

c）肿瘤；

d）血、气胸。

4.6.5.6　消化系统

a）消化道出血、腹腔积血（液）；

b）消化系统器官炎症、肿瘤、破裂。

注：上述检查内容并未包括所有潜在致死性疾病或病变，仅为法医学实践中经影像学检查可检出的常见情形。

4.6.6　特殊检查

4.6.6.1　图像重组：对轴位扫描原始数据运用表面遮盖显示、多平面重组、曲面重组、最大密度投影、最小密度投影、容积再现三维成像等算法与技术，经计算机处理后输出重组二维及三维图像，针对性观察、辨识解剖结构，进行损伤检查。

4.6.6.2　三维光学表面扫描：使用三维光学扫描设备对尸表损伤及致伤物表面进行扫描，经计算机处理后进行数字化比对分析。

4.6.6.3　尸体血管造影：对尸体心腔及血管系统灌注造影剂后实施扫描，检查心腔及血管系统。具体检查方法及内容见7.10。

4.6.7　虚拟解剖结果的交接

a）虚拟解剖检验结束后，影像学专业技术人员应告知法医学鉴定人所见阳性与阴性影像学征象，并指导法医学鉴定人直接观察相关图像；

b）由影像学专业技术人员与法医学鉴定人共同作出虚拟解剖诊断；

c）根据虚拟解剖检验结果由法医学鉴定人决定是否进行尸体解剖以进一步验证及明确死亡原因。

4.6.8　尸体解剖

a）如需进行尸体解剖，应在虚拟解剖检验结束后24小时内实行，并尽量维持与虚拟解剖一致的尸体存放环境；

b）尸体解剖操作手法应尽量符合影像学成像规定（与扫描方向、平面一致），以获取最优的比对资料；

c）尸体解剖程序可根据虚拟解剖检查结果进行调整，重要的影像学阳性征象均应在尸体解剖中进行核查，可针对关键的阳性征象部位制定详细的解剖、检查方案，对于不属于常规检查内容且虚拟解剖也无阳性发现的部位，根据实际情况可适当从简；

d）尸体解剖过程中应即时调阅虚拟解剖检查结果进行比对，以指导解剖操作，避免漏检或毁损重要标本。

4.6.9　虚拟解剖与尸体解剖结果的比对与评估

a）列出虚拟解剖所见阳性与阴性影像学征象，做出虚拟解剖诊断；

b）列出尸体解剖阳性与阴性所见，做出法医病理学诊断；

c）分析、比对两种检验方式各自的优势与不足，作为后续类似工作的指导与补充。

4.6.10　出具虚拟解剖检验报告

4.6.11　数据存储，归档，建库

4.6.11.1　影像学图像数据应转换为DICOM格式储存并以胶片、CD/DVD或PACS系统方式存档。

4.6.11.2　纸质资料应按相关要求储存并归档。

4.6.11.3　建立虚拟解剖数据库，将虚拟解剖检验结果、尸体解剖检验结果及两者比对结果录入，进行后续分析研究。

5　虚拟解剖记录

5.1　文字记录要求

5.1.1　鉴定号、虚拟解剖编号或其他唯一性编号。

5.1.2　死者的详细信息，包括姓名、性别、出生日期、身份证号等（未知名尸体除外）。

5.1.3　虚拟解剖检验的日期、时间和地点。

5.1.4　虚拟解剖/鉴定委托方信息。

5.1.5　影像学专业技术人员与法医学鉴定人的姓名和技术职称。

5.1.6 尸表检查记录。

5.1.7 影像学检查方法、检查部位、重建技术、成像序列及其他关键性技术参数。

5.1.8 影像学检查结果,包括所见阳性与阴性征象、测量数值与三维重建结果,记录损伤与病变的部位、形态、大小和数量等。

6 法医学虚拟解剖检验报告

6.1 形式要求

6.1.1 客观、完整、详细、易懂。

6.1.2 符合逻辑、结构合理、采用推论短文形式,各部分内容易于查阅。

6.1.3 采用便于阅读、长期保存的纸质形式留存,如使用电子文档存储文本资料应同时出具纸质形式的报告。

6.2 内容要求

6.2.1 同5.1。

6.2.2 死亡日期、时间和地点(如果已知)。

6.2.3 委托方所提供的死亡过程、死亡情况、现场勘查记录等案件信息。

6.2.4 虚拟解剖诊断,包括肯定性、否定性与可能性诊断。

6.2.5 法医学鉴定人对虚拟解剖结果的诊断与分析说明是检验报告的重要部分,应当针对委托事项进行较为全面的解释、阐述。如果可能,应明确死亡原因、死亡方式、致伤方式、致伤物类别等。若不能明确,也应阐述清楚,并建议行尸体解剖检验。

6.2.6 虚拟解剖检验报告由参与检验的具有司法鉴定资质的法医学鉴定人与影像学技术人员各至少1名签字、填写日期,并加盖鉴定机构公章。

6.2.7 诊断报告形成的时间不应超过案件委托时约定的鉴定时限,并应在鉴定时限内尽早完成。

7 常见案例检查方案

7.1 尸体死后变化

7.1.1 凝血和血液坠积

7.1.1.1 结合尸体体位、姿势与尸斑分布情况,注意鉴别心血管系统及内脏器官内血液坠积与病理改变的影像学征象。

7.1.1.2 注意鉴别心血管系统内血液凝固与血栓的影像学征象。

7.1.2 腐败

7.1.2.1　注意鉴别皮下软组织或肌肉内腐败气体与病理性气肿的影像学征象。

7.1.2.2　注意鉴别颅内腐败气体与病理性颅内积气的影像学征象。

7.1.2.3　注意鉴别心脏和大血管内腐败气体与病理性气体/气栓的影像学征象。

7.1.2.4　注意检查内脏中腐败气体的影像学征象。

7.1.2.5　注意检查呼吸道、腹腔及其他部位蛆虫聚集的影像学征象。

7.2　生活反应和生命征象

7.2.1　组织反应

注意检查有无体内器官组织的水肿、出血的影像学征象。

7.2.2　血液循环

7.2.2.1　注意检查体内有无血栓、气栓、器官组织栓子、异物栓子的影像学征象。宜采用 MRI 检查器官组织栓子,宜采用 MSCT 检查气栓及异物栓子。

7.2.2.2　注意检查体内有无出血、血肿、积血的影像学征象。

7.2.3　呼吸作用与摄食

7.2.3.1　注意检查呼吸道、消化管内有无内源性与外源性固体、液体的影像学征象。宜采用 MSCT 及 MRI 检查呼吸道、消化管内的胃内容物及血液等。宜采用 MSCT 检查消化管、呼吸道内的外源性微粒。

7.2.3.2　注意鉴别胃内容物生前误吸与濒死期及死后流入呼吸道的影像学征象。

7.3　个体识别

7.3.1　齿科学检查:对全牙列进行 X 线或 CT 扫描及三维曲面重组,根据牙列特征进行个体识别。

7.3.2　骨骼检查:对尸体行全身 CT 扫描,根据骨性结构标志物推断身高、性别、年龄等,进行人类学识别。根据骨骼特征(疾病、畸形、缺失等)进行个体识别。

7.3.3　外源材料:对尸体行全身 CT 扫描,观察牙列、关节、骨骼等部位的外源异物,进行个体识别。可根据 CT 值对异物材质进行区分。

7.4　机械性损伤

7.4.1　检查原则

7.4.1.1　注意检查有无生活反应和生命征象的影像学征象。

7.4.1.2　影像学检查所见应结合案情、病史资料、尸表检验(及尸体解剖)、致伤物检验等信息进行综合分析判断。

7.4.1.3 根据检查结果确定以下内容：损伤类型与程度；致伤方式、成伤机制和致伤物推断/认定；死亡原因；损伤过程；生前伤与死后伤鉴别。

7.4.1.4 进行损伤与致伤物比对时，应对致伤物进行三维光学表面扫描，并对尸体损伤进行三维光学表面扫描及 CT/MRI 检查后进行比对。

7.4.2 颅脑损伤

7.4.2.1 注意检查有无头面部软组织损伤（皮肤、皮下软组织、肌肉等）。包括出血、水肿、撕裂、缺失等。

7.4.2.2 注意检查有无颅骨、上位颈椎损伤。

7.4.2.3 注意检查有无颅内损伤：

a）颅内出血。包括硬脑膜外血肿、硬脑膜下血肿、蛛网膜下腔出血、脑内出血等。

b）脑损伤。包括弥漫性轴索损伤、脑挫伤、脑挫裂伤、脑干损伤等。

c）颅内积气/气栓。

d）脑水肿、脑疝。

7.4.2.4 注意检查有无头面部异物。

7.4.3 锐器、钝器伤

7.4.3.1 注意检查有无皮下脂肪组织和肌肉组织损伤的影像学征象。包括水肿、出血、撕裂等。

7.4.3.2 注意检查有无头部损伤的影像学征象。包括面部损伤与颅脑损伤。注意检查钝性外力直接与间接作用形成的损伤。

7.4.3.3 注意检查有无颈部损伤的影像学征象。包括肌肉、血管、骨骼、脊髓等组织的出血、骨折、断裂等。

7.4.3.4 注意检查有无胸、腹部及骨盆区损伤的影像学征象。包括胸、腹、盆腔、血管、骨骼、内脏等部位与组织的积气、出血、破裂、骨折、撕裂、缺失等。

7.4.3.5 注意检查有无四肢损伤的影像学征象。注意检查有无反映生前机体意识、姿势、位置的特征性损伤（如楔形骨折等）。

7.4.3.6 锐器创应注意检查骨骼损伤、创道方向，并测量创腔深度。注意检查创内有无异物，标记异物位置，便于后续提取与分析工作。宜使用 CT 检查，可结合 MRI 检查。

7.4.4 枪弹伤

7.4.4.1 注意检查皮肤损伤形态、骨骼损伤形态、创道走向、皮肤上有无射击残留物、创道内及体内有无异物。

7.4.4.2 根据检查结果判断以下内容：持枪方式；射击距离；枪弹创类型；

入口与出口损伤;体内子弹路径;射击顺序;子弹及异物残留与定位。

7.4.4.3 将检查结果反馈给专业人员进行分析或子弹提取,确定子弹类型及枪械类型。

7.4.4.4 应使用CT(或X线)检查,宜结合使用MRI检查创道。可对皮肤损伤进行三维光学表面扫描进行损伤检查与枪支比对。

7.4.5 致死性出血

7.4.5.1 注意检查有无重要血管损伤、心脏破裂。

7.4.5.2 注意检查有无体腔内积血,并估算积血量。

7.4.5.3 注意检查有无重要血管扁平、塌陷、断面直径或面积减小。

7.4.5.4 测量心腔容积宜采用MRI检查。

7.5 机械性窒息

7.5.1 注意检查颈部皮下软组织、淋巴结、唾液腺、肌肉等组织出血、喉部(骨与软骨)及颈椎骨折的影像学征象。

7.5.2 注意检查有无生活反应和生命征象的影像学征象。

7.5.3 影像学检查所见应结合案情、现场调查、尸体检验、致伤物检验等信息进行综合分析判断。

7.5.4 溺死尸体的检验见本规范附则7.6。

7.6 水中尸体

7.6.1 注意检查有无呼吸道及消化管内吸(吞)入物(液体、固体)。

7.6.2 注意检查有无水性肺气肿、肺灌注不均匀、支气管痉挛。

7.6.3 注意检查有无肺水肿。

7.6.4 注意检查有无血液稀释。

7.6.5 注意检查有无胃和十二指肠扩张。

7.6.6 注意检查有无鼻旁窦内液体。

7.6.7 注意检查有无(可使用MRI检查)肺脏溺死斑。

7.6.8 影像学定位下穿刺提取体内溺液行硅藻检验。

7.7 高温损伤

7.7.1 热损伤

7.7.1.1 进行放射学个体识别,参见7.3。

7.7.1.2 注意检查有无生活反应和生命征象的影像学征象。

7.7.1.3 注意检查由脱水、热皱缩、火焰烧伤造成的死后热损伤的影像学征象。包括器官皱缩、硬脑膜外热血肿、骨折等。

7.7.1.4 可采用三维光学表面扫描评估烧伤程度。

7.7.1.5 注意检查有无其他致死性因素。

注：因一氧化碳中毒、毒/药物中毒、急骤燃烧、缺氧、中暑、热僵等致死的尸体，单独运用影像学检查可能并无阳性发现。

7.8 新生儿、婴幼儿尸体

7.8.1 如怀疑虐待儿童，应检查有无骨骼损伤、颅内出血、视网膜出血的影像学征象。

7.8.2 结合尸表检查、尸体解剖、实验室检验结果等进行综合分析判断。

7.9 医疗纠纷

7.9.1 注意检查体内有无内源性与外源性（医源性）异物，并对其长度、大小、材质、位置等特征进行描述。

7.9.2 注意检查有无异常气体积聚及气体栓塞的影像学征象。

7.9.3 注意检查外伤、手术部位及周围有无异常出血、积血。

7.9.4 应结合病史资料进行综合分析判断。

7.10 尸体血管造影

7.10.1 尸体血管造影的检查内容

7.10.1.1 特定器官血管类型和解剖变异。

7.10.1.2 生理性与病理性改变。

7.10.1.3 非自然因素（如外伤等）引起的变化。

7.10.1.4 新对比剂的实验性研究。

7.10.2 尸体血管造影的程序

7.10.2.1 离体器官血管造影

a）提取目标器官；

b）将器官放置于38℃左右的水浴器皿中，插入导管，结扎相应血管；

c）用38℃左右生理盐水进行预灌注；

d）根据需求选择对比剂；

e）选用手工注射或压力泵进行灌注；

f）进行X线或MSCT扫描检查血管。

7.10.2.2 在体血管造影

a）根据检查部位，选择动脉与静脉进行插管。宜选取同侧相对应的动脉与静脉，插管血管的侧枝小血管应进行结扎。

b）选择灌注液及对比剂。宜选用低粘度油性灌注液与亲脂性对比剂，亦可仅使用对比剂。

c）用压力泵进行灌注，灌注液自动脉输入静脉输出，建立死后循环。灌注压应不高于120mmHg，宜保持在60mmHg左右。

d）用压力泵自动脉向死后循环中灌注对比剂。灌注压应不高于120mmHg，宜保持在60mmHg左右。

e) 进行 X 线或 MSCT 扫描检查血管。

f) 如需动态血管造影,可在灌注对比剂后不同时间间隔进行扫描。

g) 大血管造影可将对比剂放出并再次灌注对比剂,可重复进行血管造影。

法医学尸体解剖规范

SF/Z JD0101002 - 2015

2015 年 11 月 20 日发布　2015 年 11 月 20 日实施

目　次

前　言

本技术规范根据刑事诉讼法、民事诉讼法及司法部《司法鉴定程序通则》有关规定,运用法医病理学的理论和技术,结合法医病理学鉴定的实践经验而制定,为法医学尸体检验、死亡原因鉴定提供科学依据和统一标准。

本技术规范参考了《中华人民共和国刑事诉讼法》、《中华人民共和国民事诉讼法》、卫生部《尸体解剖规则》和欧盟部长委员会提案《法医学尸体解剖协调规则》、美国法医协会《法医学尸体解剖执行标准》。

本技术规范按照 GB/T 1.1 - 2009 给出的规则起草。

本技术规范由司法部司法鉴定科学技术研究所提出。

本技术规范由司法部司法鉴定管理局归口。

本技术规范由司法部司法鉴定科学技术研究所、中国医科大学负责起草。

本技术规范主要起草人:陈忆九、官大威、秦志强、张国华、刘宁国、张建华、黄平、邹冬华、李正东、邵煜。

引　言

现阶段我国在法医学尸体检验方面已建立了多项行业技术标准、规范,并按不同的死亡原因规定了相关尸体检验的重点内容和方法。然而,上述标准、规范中均未系统地规定法医学尸体检验的总体原则、一般注意事项以及现场勘验、尸体解剖程序和要求、尸体解剖报告格式及特殊尸体的检验方案等。鉴于此,有必要借鉴国内外法医学领域新的研究进展与应用技术成果,并结合当前我国法医学鉴定工作的实际现状,制定一项全面、系统、可操作性强,且具有指导意义的法医学尸体解剖规范。该技术规范有助于各级专业技术人员在进行法医学尸体检验、鉴定过程中形成一整套完善的工作程序,有助于法医学鉴定工作的开展,能为相关学术交流提供技术支持。

本技术规范规定了法医学尸体检验的一般原则、条件和作业程序。

本技术规范的内容包括现场尸体勘验、尸表检验的一般程序原则以及法医学尸体解剖操作规范等。由于法医学鉴定个案复杂多变,鉴定实践中基于求同存异的原则,在具体操作中本技术规范的各部分内容均可酌情独立使用。

本技术规范适用于各类法医学鉴定的尸体检验。

1　范围

本技术规范规定了法医学尸体解剖的一般程序及规则。

本技术规范适用于各级公安部门、检察机关及面向社会服务的司法鉴定机构进行法医学尸体检验、鉴定。

2　规范性引用文件

下列文件对于本技术规范的应用是必不可少的。凡是注日期的引用文件,仅注日期的版本适用于本技术规范。凡是不注日期的引用文件,其最新版本(包括所有的修改单)适用于本技术规范。

GA/T 117－2005　现场照相、录像要求规则

GA/T 147 - 1996 法医学尸体解剖

GA/T 148 - 1996 法医病理学检材的提取、固定、包装及送检方法

GA/T 149 - 1996 法医学尸表检验

GA/T 150 - 1996 机械性窒息尸体检验

GA/T 151 - 1996 新生儿尸体检验

GA/T 167 - 1997 中毒尸体检验规范

GA/T 168 - 1997 机械性损伤尸体检验

GA/T 169 - 1997 法医学物证检材的提取、保存与送检

GA/T 170 - 1997 猝死尸体的检验

GA/T 221 - 1999 物证检验照相要求规则

GA/T 223 - 1999 尸体辨认照相、录像方法规则

GA 268 - 2009 道路交通事故尸体检验

欧盟部长委员会提案 Rec(99)3E - 2009 法医学尸体解剖协调规则(On the Harmonisation of Medico - Legal Autopsy Rules)

美国法医协会 - 2005 法医学尸体解剖执行标准(Forensic Autopsy Performance Standards)

3 术语和定义

下列术语和定义适用于本技术规范。

3.1 现场尸体勘验 External Examination of The Body at Scene

指在案件发生或发现尸体的场所,继案情调查、现场勘验之后,进行的尸表检验,同时发现和采集有关生物源性物证及其他相关物证检材的过程。

3.2 尸表检验 External Examination of the Body

指对尸体衣着、一般情况、尸体现象及尸体外表痕迹等进行检查并采集有关生物源性物证及其他相关物证检材的过程。

3.3 尸体解剖 Medico - legal Autopsy

即尸体解剖检验,简称尸检或尸解,对死者遗体进行全面系统的法医学观察和解剖。

3.4 组织学检验 Histological Examination

指将组织样本制成厚约数微米的切片,经不同方法染色后在显微镜下对细胞和组织的病理学变化进行观察。

4 法医学尸体解剖程序及技术要求

4.1 法医学尸体解剖原则

4.1.1 合法原则

法医学尸体解剖应符合国家相关法律、法规的规定,并尽可能尊重民族风俗或习惯,特殊情况下有关人员应依法履行回避制度。

4.1.2 客观公正原则

法医学尸体解剖过程中应当实事求是,以科学为依据,客观、公正地开展工作,不屈服于各方力量。

4.1.3 全面系统原则

尸体检验(特别是初次尸检)务必要全面细致,避免因检验不全面发生纰漏而影响尸体解剖结论或复检工作。应特别关注包括衣着、隐蔽部位、体腔及器官的各种阳性发现和阴性结果,并尽可能全面提取组织、体液、毛发、指甲等生物检材以备检。

4.1.4 准确辨识原则

辨识过程包括肉眼检查、组织学观察和实验室检查。应通过仔细的观察辨识病理改变,根据专业理论和实践经验作出合乎逻辑的分析和鉴别。

4.1.5 正确采样原则

法医病理学检材包括人体器官、组织及供毒物分析等实验室检查的生物检材。尸体解剖过程应在详细了解案情、完整把握案件特点、正确认识病变的基础上按法医学检材提取要求正确、有效地提取检材。

4.1.6 实时记录原则

尸体检验过程中须及时以文字和图像形式进行实时记录。不仅要记录阳性改变,有鉴别意义的阴性特征也必须记录在案。

4.1.7 检材妥善保存原则

法医病理学检材必须妥善保存、备检,器官检材应保存到案件终结,组织石蜡块及组织病理切片检材应永久保存。

4.1.8 结果相互印证原则

尸体解剖过程中提取的生物检材进行实验室检测获得的结果,应综合尸体检验所见情况分析审定后再采纳,避免仅依据某一项检测结果出具鉴定意见。

4.1.9 综合判断原则

法医病理学鉴定意见必须依据尸体检验的客观所见,结合调查案情(包括死亡过程、客观病史等)、现场勘验信息及实验室检测结果,分析主要原因与次要原因、整体与局部的关系、一般与特殊的关系、形态变化与功能变化的关系、内因与外因的关系后综合判断。

4.2 法医学尸体解剖的适用范围

4.2.1 非自然死亡。

4.2.2 死亡原因或死亡方式不明确时,无论尸体处于何种腐败程度,均需进行尸体解剖,包括以下情况:

a) 他杀或怀疑他杀;

b) 存有疑义或争议的猝死;

c) 侵犯人身健康权益,如怀疑人身伤害或任何形式的虐待等行为;

d) 涉及患者死亡的医患纠纷;

e) 意外死亡,包括交通事故、工伤事故、家中意外死亡;

f) 职业性疾病或损伤;

g) 工业或环境灾害、烈性传染病死亡;

h) 监管期内死亡;

i) 无名尸体或白骨化尸体;

j) 明确或可疑的对公共健康有危害的疾病所致的死亡;

k) 其他涉及法律问题的死亡。

4.3 现场尸体勘验的任务和职责

现场尸体勘验应在现场指挥人员主持下进行,法医应与参加现场勘验的其他专业人员明确分工、密切配合。主要任务和职责是:

a) 确认死亡。

b) 从相关人员处获取与死亡有关的所有案情材料。

c) 观察尸体所处环境与方位,检查衣着服饰情况。

d) 检查尸体和现场中血痕、毛发等生物学物证的分布和特征,并收集法医物证检材。

e) 检查尸体和现场中呕吐物分布和特征,检查尸体所处环境中遗留毒(药)物及包装物情况,并收集法医毒物分析检材。

f) 对尸体体表进行初步检查,结合现场勘验情况初步判断死因、死亡方式、致伤物等。

g) 检查尸体现象,推断死亡时间。推断死亡时间时,均需记录周围环境温度,除尸体已经高度腐败或者白骨化外,均需测量尸体直肠深部温度,并通过尸体温度、尸斑、尸僵等情况结合其他发现综合判断。

h) 防止尸体在搬运和储藏保存过程中的损伤和破坏。

4.4 尸体解剖的基本要求

4.4.1 尸体解剖前的准备工作

4.4.1.1 应先了解案情及现场勘验情况:了解死者的一般情况、生前病史、案发经过、损伤或死亡过程、尸体发现经过和尸体检验要求解决的问题等。如果死者近期曾在医院就诊,应当同时提取留存的血样、病历、影像学资料及其他医学记录。

4.4.1.2　工作条件的准备:尸体解剖应在具备一定条件和设备的尸体解剖室进行。解剖室应设置尸体解剖台,并设有充足的照明设施和必要的记录设备。在条件允许时可在解剖前进行 X 线、CT 或其他辅助检查。

4.4.1.3　若必要,提取死者指纹,并剪取尸体双手指甲以备检。

4.4.1.4　记录检验时间和地点,记录尸体检验人员、助手和其他在场人的姓名、身份及各自在尸体检验中所承担的工作。

4.4.2　尸表检验

4.4.2.1　进行衣着检查后方可移除尸体衣着。

4.4.2.2　详细检查每件衣物、纽扣及饰物的式样、材料、花色、商标、尺码;检查衣物口袋内的物品;检查衣物的附着物,如纤维、橡胶、火药、毛发、油漆、油脂、血迹或人体分泌物等并分别提取;检查衣物上破损的部位、形态、大小,并与尸体上对应部位的损伤进行比对,查找致伤物作用痕迹。

4.4.2.3　尸体体表以及与外部相通的孔道内留有血迹、污渍、附着物等情况时,在拍照、记录后应擦拭、清洗并再次细致检查。

4.4.2.4　检查并记录尸长、体型、发长、发色、口腔(牙齿)等体表个体特征。

4.4.2.5　检查并记录尸体现象。

4.4.2.6　检查眼睑、眼球、角膜及瞳孔变化。

4.4.2.7　检查并记录体表损伤的形态特征,按头颅、胸肋骨、脊柱、四肢长骨等部位检查骨折情况。

4.4.2.8　进行胸、腹(盆)腔穿刺检查积血(液)情况。

4.4.2.9　提取皮肤损伤部位检材进行组织学检验。

4.4.3　尸体剖验

4.4.3.1　头颅

4.4.3.1.1　检查头皮下及帽状腱膜,比较损伤、出血部位与表皮损伤的位置关系。

4.4.3.1.2　颜面部的检查原则上应尽可能采用不破坏外观容貌的方法进行,需要鉴别和确定伤病时,可局部切开、分离颜面部皮肤及皮下软组织。

4.4.3.1.3　颅骨的检查和记录必须包括对内、外板表面及完整性的检查。如有需要应对颅骨的厚度、骨缝、颅板障结构及第一、二颈椎的连接情况等进行检查并描述记录。

4.4.3.1.4　全面检查硬脑膜、蛛网膜及其下腔、软脑膜、脑脊液,大脑、小脑、脑干、垂体表面以及脑血管、神经。

4.4.3.1.5 一般情况下,脑的切开检查均应在甲醛溶液固定充分之后(约7－10天)进行。若脑组织明显自溶,已不具备进一步组织学检查条件,可不经固定直接切开检查。

4.4.3.2 颈部和胸部

4.4.3.2.1 常规采用直线、T字或Y字型术式切开法。

4.4.3.2.2 检查颈部及胸壁皮下软组织及肌肉、肋间肌、淋巴结、舌骨、甲状软骨、环状软骨、气管软骨、胸骨、肋骨。解剖时,应逐层充分暴露和分离颈部皮肤、筋膜和肌肉,显示颈部各层解剖结构。

4.4.3.2.3 去除胸骨及软组织暴露胸腔,对胸腔、心包腔进行检查。

4.4.3.2.4 原位检查颈部与胸腔器官,提取喉、纵隔、心、肺等器官组织进行离体检查。

4.4.3.3 腹部和盆部

4.4.3.3.1 常规采用直线术式切开法。

4.4.3.3.2 检查腹壁皮下软组织及肌肉,检查腹腔、腹膜、网膜、膈肌、膀胱,原位检查腹腔器官;提取肝、脾、双侧肾、双侧肾上腺、胰腺及胃、肠等器官组织进行离体检查。

4.4.3.3.3 剖开胃及全部肠管,对其内容物进行检查。

4.4.3.3.4 提取并检查内生殖器官(男性取睾丸,女性取子宫及附件,如子宫腔内有胎儿,需取出胎儿后按相关标准对其进行检查)。

4.4.4 尸体解剖的操作原则

4.4.4.1 颅腔、胸腔、腹盆腔为常规检查项目。此外,根据检验需要可对颜面部、脊髓腔、关节腔、四肢、背臀部及会阴部进行局部解剖。

4.4.4.2 由于解剖和取样所造成的人为破坏痕迹应当逐一做好记录。

4.4.4.3 根据衣着、体表的血迹分布及形状及体内出血情况,估计出血量。

4.4.4.4 凡疑有颈部机械性损伤者,应先行胸、腹腔与颅腔的解剖与检验后,在无血液污染的情况下对颈部进行检验。

4.4.4.5 体腔的检查应包括:体腔壁软组织及骨性结构有无损伤及疾病等变化,体腔积液的性质及积液量,器官原始位置及毗邻关系,器官表面有无黏附物、有无损伤或渗出等情况。提取并逐一检验各器官。

4.4.4.6 记录主要器官的重量、大小,所有器官均需检查表面、切面的色泽、结构纹理、病理改变及损伤情况。

4.4.4.7 所有器官的检查和切开必须遵循已建立的病理学解剖规则,包括:打开所有相关血管,如颅内动脉、血窦、颈动脉、冠状动脉、肺动脉、肺静脉、主动脉、腹腔器官血管、股动脉、下肢静脉。相关器官的管腔必须分离,如气管和支气管,胆道和输尿管。所有空腔器官必须打开,并描述记录其内容物的颜色、性质、粘稠度、数量(如果必要,需取样保存)。如果有损伤,解剖操作必须和普通的解剖步骤和方法有所区别,并进行描述和记录。

4.4.4.8 对疑似因机械性损伤而死亡的案例,必要时可对尸体背部、四肢等包括软组织和肌肉在内的所有结构进行充分解剖显露和检查。为显示特定损伤,允许对常规的解剖方法进行调整,但应当进行特别记录并说明。

4.4.4.9 四肢存在骨折时,可切开相应肢体检查局部创伤及骨折或医疗情况;有条件者,可于解剖前行 X 线或 CT 等辅助检查。

4.4.4.10 在有怀疑或已明确的性侵犯案例中,性器官应当和外阴、直肠、肛门一起在解剖之前全部分离提取;相关的阴道和肛门拭子均应当在解剖工作之前完成。

4.4.4.11 法医学尸体解剖结束后,应将不需要提取的器官组织放回体腔内后缝合解剖切口,尽可能保持尸体外观完整及洁净。

4.5 检材提取原则

4.5.1 在清洗尸体前,提取外来生物学物质,包括体表残留的毛发、分泌物和指甲缝内存留物,必要时提取口腔、阴道和肛门拭子,以备 DNA 检验。

4.5.2 所有的尸体解剖均需提取主要器官及存在可疑损伤、病变部位的组织检材,经甲醛溶液充分固定后再行组织取材并制片。

4.5.3 常规提取外周血(不建议使用心血)、尿液和胃内容物等以备毒(药)物分析和遗传学鉴定;对于死亡原因不确定的案件或毒物药物检验需要,可以选择玻璃体液、脑脊液、胆汁、毛发、脑、肝、肾和其他相关组织;上述检材提取之前不得用水冲洗。

4.5.4 必要时提取指纹、掌纹、唇纹。

4.5.5 如尸体条件较差无法获取上述检材时,可提取肌肉组织(腰大肌或大腿肌肉)。

4.5.6 若尸体高度腐败出现蝇蛆等现象,可提取不同时期、不同类别昆虫进行法医昆虫学检验。

4.5.7 如果需要对某些骨折特征进行三维重建,需留取骨和其他骨结构。

4.5.8 如需确定死者身源或个人识别,除 4.5.1、4.5.3 相关检材外,还可留取骨骼、肌肉及软组织。

4.5.9 检材和样本应当采取合适的方法提取、固定、包装并尽快送检,暂不能立即送检的应妥善保存。

4.5.10 对于水中溺死尸体,应当在无污染的情况下提取胃内容物,胸腔积液,肺、肝和可能发现硅藻的器官和组织,进行硅藻检验;同时,应当提取溺死处水域的水样进行硅藻检验。

4.6 特殊检查

4.6.1 躯干部背侧检查

可采用直线或T字型术式切开,充分显露皮下各层软组织,存在肩胛骨、肋骨及脊柱骨折时需暴露创伤及骨折,可于解剖前行X线或CT等辅助检查。

4.6.2 脊柱与脊髓腔检查

按规则切开皮肤与皮下软组织、肌肉,暴露脊柱,检查软组织、肌肉、韧带、椎骨,打开脊髓腔,检查脊膜与脊髓表面,提取脊髓进行检查。

4.6.3 空气栓塞检查

若条件许可解剖前应进行放射学检查;解剖操作首先应当部分开胸,对胸骨下3/4进行分离,在心包腔内加注清水之后在水中打开右心室以检查是否有气泡溢出。

4.6.4 气胸检查

在开颅、开腹及解剖颈部之前,在胸部正中做一纵型切口,将皮下组织剥离至两侧腋中线处,提起使其形成袋状,盛水后在水面下刺破肋间隙,检查是否有气泡溢出。

4.6.5 肺动脉栓塞检查

原位打开肺动脉主干、左右肺动脉及肺门处肺叶动脉,观察有无栓子栓塞,并检查盆底静脉、双下肢静脉有无血栓形成。

4.6.6 心血管畸形检查

原位检查或将心、肺整体取出检查,必要时,在不破坏病变的基础上切开心、肺进行检查。

4.6.7 处女膜检查

检查处女膜是否破裂。如有破裂,检查破裂口位置并判断是新鲜还是陈旧性破裂,是否合并有其他会阴部损伤。

5 尸体解剖记录

5.1 照相、摄像要求

5.1.1 照相镜头应垂直于被摄主体表面,尽量防止和减少变形。

5.1.2 应同时拍摄被摄主体及其周围解剖学部位的标志,以便判断被摄主体的位置及方向;对尸体特征应同时予以概貌与细目进行拍摄。

5.1.3 细目照相应为测量摄影,在被摄主体旁放置比例尺(和鉴定例号标签),准确清晰地反映被摄主体的大小、形态与特征。

5.1.4　不仅要拍摄尸体检验的阳性所见,有争议的和有鉴别意义的阴性情况也要拍摄。

5.1.5　提取检材时,应先拍摄其原始状况,提取后可再放置在适当的背景、光线条件下拍摄。

5.1.6　如有条件可在照相记录的同时采取摄像记录。

5.2　文字图表记录要求

5.2.1　项目要求

5.2.1.1　尸表检验记录(包括现场尸体检验记录)。

5.2.1.2　尸体解剖记录。

5.2.1.3　器官检查记录。

5.2.1.4　检材提取及处置记录。

5.2.1.5　病理组织学观察记录。

5.2.1.6　其他实验室检查(如硅藻)记录。

5.2.2　内容要求

5.2.2.1　鉴定号、计算机查询号或其他唯一性编号。

5.2.2.2　死者的详细信息,包括姓名、性别、出生日期、身份证号等(无名尸体除外)。

5.2.2.3　死亡的日期、时间和地点(如果已知)。

5.2.2.4　尸体解剖的日期、时间和地点。

5.2.2.5　法医鉴定人的姓名和职称。

5.2.2.6　尸体解剖/死因鉴定委托方信息。

5.2.2.7　公安、检察、法院等委托机构、死者亲属或其他相关人员向法医提供的死亡过程、死亡情况概况等。

5.2.2.8　参与死亡现场勘验的法医对死亡现场的详细记录。

5.2.2.9　尸表检查、尸体解剖、体腔检查和器官检查、病理组织学检查记录。

5.2.2.10　其他尸体特征与标记、附着物、法医昆虫学等内容。

5.2.2.11　在进行尸体检验时,必要时需对损伤及其他尸体特征加以绘图说明位置、形状、大小和方向。

6　尸体解剖报告

6.1　形式要求

6.1.1　完整、详细、易懂、客观。

6.1.2　分析过程和鉴定意见应尽量使医学和非医学人员均可理解。

6.1.3 符合逻辑、结构合理、采用推论短文形式,各部分内容易于查阅。

6.1.4 以便于阅读、长期保存的纸质形式保存,如果使用电子文档存储文本也应同时出具纸质形式报告。

6.2 内容要求

6.2.1 鉴定号、计算机查询号或其他唯一性编号。

6.2.2 死者的详细信息,包括姓名、性别、出生日期、身份证号等(无名尸体除外)。

6.2.3 如果已知,应当包括死亡的日期、时间和地点。

6.2.4 尸体解剖的日期、时间和地点。

6.2.5 法医鉴定人的姓名、资质和职称。

6.2.6 尸体解剖/死因鉴定委托方信息。

6.2.7 委托方所提供的死者死亡过程、死亡情况等信息。

6.2.8 参与死亡现场勘验的法医对死亡现场的详细记录。

6.2.9 尸表检查、尸体解剖、体腔检查、器官检查、病理组织学观察记录。

6.2.10 法医毒化检验、遗传学鉴定、微生物检验和其他检验的结果必须包括在报告内。

6.2.11 辅助检查(如放射学、牙科学、昆虫学、人类学等检查)结果必须包括在报告内。

6.2.12 法医对尸体解剖检验结果的分析说明与鉴定意见是尸体解剖报告中的重要部分,应当对与死亡原因、致伤物、死亡时间等委托事由全面解释说明。

6.2.13 根据检验结果,进行综合分析解释,做出鉴定意见。如果存在多个致死因素(如损伤、疾病、中毒、医疗问题等),均应当逐条列出;如果可能,应分析相关因素间的因果关系及各自参与死亡原因的作用力程度。

6.2.14 报告至少由2名参与鉴定的法医签字并填写日期、加盖鉴定机构公章。

6.2.15 报告形成的时间不应超过案件委托时约定的鉴定时限,并应在鉴定时限内尽早做出。

7 常见案例检查方案

7.1 尸体身份认定

7.1.1 肉眼识别:必须由死者的亲人、熟识者或近期目击者来识别尸体。

7.1.2 随身物品:检查衣物、饰品、口袋内容物等,获取身份证件及其他相关信息。

7.1.3 生理特征:生理特征可由尸体检验获得。

7.1.4　齿科学检查:若条件许可,牙齿和下颌骨的检查应当由具有法医齿科学经验的医生完成。

7.1.5　人类学识别:当尸体白骨化或者高度腐败时,应进行人类学识别。

7.1.6　指纹:若需要,应提取指纹。

7.1.7　提取血液、毛发作血型及 DNA 检验。

7.1.8　女尸需检查有无妊娠及性侵害情况。

7.2　机械性损伤

7.2.1　锐、钝器伤

7.2.1.1　衣着检查需注意检查致伤物作用痕迹。

7.2.1.2　损伤检查需注意检查致伤物作用痕迹。

7.2.1.3　损伤检查应包括:部位、形态、大小、方向以及生活反应。对于创,重点检查创缘、创角、创口、创腔、创壁、创底、创道、组织缺损、创腔内异物、检查骨折、器官损伤、体腔积血情况。

7.2.1.4　对于损伤部位,解剖操作应尽量避免破坏损伤的原始状况;对于贯通性损伤创道,需用探针检查并放置显示创道贯通状态后,原位拍照;如需要,可对损伤部位局部组织进行取样,用于损伤时间和创腔内异物的推定;应在对损伤的原始情况进行检查、记录、拍照后再提取检材。

7.2.1.5　逐层解剖和描述损伤,包括损伤大小、致伤物作用痕迹和生活反应等。

7.2.1.6　对可疑致伤物进行检验,并将其与衣物损伤及尸体损伤特征进行比对。

7.2.2　枪弹伤

7.2.2.1　现场勘验:检查枪械、子弹类型、致伤枪械、弹壳和涉案人员的相对位置。

7.2.2.2　衣着与尸表检查:对衣物破损处进行检查并取样,对衣物与体表残留的血痕、射击物颗粒及其他附着物进行检查并取样。

7.2.2.3　尸体解剖:重点检查射入口、射出口、创道特征、创口距足底的距离、枪口印痕;在入口或出口周围对不明确的皮肤损伤取样;初步判断射击方向、子弹运行轨迹以及受害者所处的位置。

7.2.2.4　现场勘验及尸体检验中提取弹头需用塑料夹夹取。

7.2.2.5　有条件时,在解剖前或解剖中应进行 X 线或 CT 辅助检查。

7.2.3　爆炸伤

7.2.3.1　现场勘验与尸体检验中提取爆炸残留物送检。

7.2.3.2　尸体检验对于协助重建爆炸物种类、爆炸装置的类型和特征具有决定性价值。

7.2.3.3　保存组织样本、衣物等进行化学分析以判断爆炸物类型。

7.2.3.4　有条件时,尸体解剖之前应行全身X线或CT检查对体内可能存留的金属物进行探测和定位,如发现引爆装置的部件则有助于对爆炸装置的判断;经影像学检查发现存留于人体组织中的遗留物应于尸体解剖过程中提取以备检。

7.2.4　高坠伤

7.2.4.1　现场勘验确定人体与建筑物的相互位置(包括坠落起点和着地点)。

7.2.4.2　注意识别身体着地部位损伤。

7.2.4.3　衣着检查注意高坠强大暴力引起的衣物崩裂、撕裂等,需与暴力所致损伤相鉴别。

7.2.4.4　注意尸体损伤是否具有外轻内重的特点。

7.2.4.5　注意尸体损伤(包括致死性损伤)是否可由高坠过程中形成。

7.2.4.6　在复杂损伤中注意发现有无工具类致伤物作用损伤的特征。

7.2.4.7　全面系统的毒、药物检验,并注意是否存在安眠、镇静剂和乙醇等可影响人意识状态的药物影响。

7.3　机械性窒息

7.3.1　检验原则包括以下方面:

a) 尸体窒息征象必须与各类窒息死亡特有的暴力损伤痕迹相结合,方能明确诊断;

b) 尸体征象必须与全身系统剖验相结合并注意有无其他致死原因;

c) 注意鉴别不同机械性窒息的方式。

7.3.2　现场勘验应注意检查脚踏物品(如椅子等相关的平台物体)、绕颈的缢(勒)索打结方法、附着于绳索间、手上和其他物件上的痕迹。

7.3.3　尸体检验重点检查内容包括:

a) 尸斑、尸僵、尸体姿势、有无异常体位、有无异常装扮;

b) 颜面部皮肤、结膜、鼓膜及口、唇、齿龈粘膜的肿胀、淤血、出血、缺血及损伤情况;口鼻部异物;齿、舌损伤情况;头面部孔腔出血(液)情况;

c) 颈部肌群、器官及其他组织出血情况、颈部骨性与软骨结构损伤、颈动脉内膜横裂、呼吸道粘膜损伤、呼吸道异物;

d) 心、肺表面出血点、肺水肿征象、内部器官淤血情况;

e) 索沟、掐痕及其他印痕的形态、数目、位置、方向、有无提空;索沟的宽度与深度、颜色与终止点(或勒环);印痕处及周围的皮肤损伤、水泡、皮肤及皮下软组

织出血;

f) 由挣扎、抵抗、被胁迫等引起的体表损伤、手中及指甲内是否嵌有异物、有无性侵犯相关损伤;

g) 注意是否存在随体位分布的流涎和尿失禁痕迹。

7.3.4　如存在绳索绕颈,需在保留绳索特征(如绳结)的情况下取下绳索后再行颈部解剖。

7.3.5　如果怀疑外力作用于颈部,在对颈部各层解剖结构进行检查后,提取颈部软组织、肌肉和相应骨骼标本以供组织学检查。

7.3.6　溺死尸体的检验见本规范 7.4。

7.4　水中尸体

7.4.1　尸体检验重点、检查内容包括:

a) 尸斑分布情况,口、鼻腔中泡沫性状(必要时可挤压胸腹部),手足皮肤苍白皱缩改变,手中异物,鹅皮样改变,浸软作用,附着的泥土和藻类,环境(如岩石和船只)及水中动物造成的损伤、指甲的缺失、皮肤的缺损;

b) 肺表面出血斑、水性肺气肿征象、呼吸道及消化道内溺液与异物、心内血液状态及心血管内膜红染情况、辅助呼吸肌群(如胸锁乳突肌、斜角肌、胸大肌、背阔肌)有无出血、颞骨椎体内有无出血、脾贫血情况。

7.4.2　胃内容物、胸腔积液、肺、肝和可能发现硅藻的器官和组织应在无污染的情况下取样进行硅藻检验,同时,应当提取溺死处水域的水样进行硅藻检验。对于水中发现的新鲜尸体,可取左、右心腔血进行血液生化学检验。

7.4.3　注意鉴别生前入水与死后入水。

7.5　性犯罪

7.5.1　详细掌握犯罪现场的勘验和案情资料。

7.5.2　检查体表损伤,注意辨别并提取乳房等部位的咬痕和齿痕,注意会阴部损伤情况。如果需要,尸体的皮肤应当在紫外灯下进行检查。

7.5.3　如条件允许,在尸体解剖过程中首先应将内生殖器官和外阴、直肠、肛门一起全部分离提取并进行全面检查。

7.5.4　提取检材进行 DNA 检验,包括:体表残留的阴毛和分泌物、乳头及其周围、阴道与肛门拭子、死者指甲和抓落的毛发以及其他外来生物源性物证。

7.6　新生儿、婴幼儿尸体

7.6.1　新生儿尸体检验重点检查内容包括:

a) 新生儿各项体表(发育)指标,包括:尸重、身长、坐高,头、胸、腹部周线,头部径线;尸体表面血液、胎脂附着情况;

b) 描述产瘤等分娩损伤情况;

c) 骨化中心的状态、脐带和胎盘发育情况、心血管和器官发育、畸形情况;

d) 必要时进行肺浮扬试验、胃肠浮扬试验;

e) 鉴定死产与活产。

7.6.2 如怀疑虐待儿童,需重点检查体表损伤和疤痕,X线检查骨骼损伤,评估营养状态。对所有损伤组织、营养不良的局部淋巴结、内分泌器官、免疫组织、不同部位的肠组织进行组织学检查。注意有无机械性窒息征象;如需要,应进行毒物分析工作。

7.7 猝死

7.7.1 怀疑存在某些特殊病变时(如气胸、心血管空气栓塞等)在解剖过程中需进行相关试验。

7.7.2 怀疑心血管系统疾病猝死,解剖时应注意勿破坏重要结构(如窦房结、粥样斑块等);仔细检查肺动脉、冠状动脉(开口、走行及管腔情况)、心脏瓣膜、心肌、主动脉有无病变或异常,必要时检查传导系统。

7.7.3 怀疑中枢神经系统疾病猝死,注意检查有无硬脑膜外、硬脑膜下、蛛网膜下腔及脑组织出血,有无破裂的脑血管病变;检查脑有无中线结构移位,有无脑疝形成;检查脑底动脉(颈内动脉及椎－基底动脉系统);检查大脑、小脑、脑干有无肿瘤、出血、坏死病灶;检查有无颈椎疾病(增生压迫、关节脱位)、颈髓病变等。

7.7.4 怀疑呼吸系统疾病猝死,注意检查有无呼吸道异物、喉头水肿、咽后壁脓肿、肺部炎症。

7.7.5 注意检查有无消化系统、泌尿生殖系统、内分泌系统、免疫系统及其他系统的重要器官病变。

7.7.6 有医源性因素参与时,应注意排除药物过敏、中毒、手术并发症等因素所致的死亡。

7.7.7 猝死的死因诊断须在全面且系统的检查之后做出,如需要,应进行毒物分析工作,并注意有无电击、窒息等其他致死原因。

7.8 烧死

7.8.1 检查体表及内部器官热作用改变与生活反应,如尸长缩短、尸斑鲜红、尸表油腻、拳斗姿势、皮肤烧伤、外眼角皱褶、睫毛征候、硬脑膜外热血肿、热呼吸道综合征等;提取心脏或大血管内血液进行碳氧血红蛋白含量测定。

7.8.2 注意检查有无其他致死性因素,判断生前烧死或死后焚尸。

7.9 冻死

7.9.1 调查现场的环境条件,记录现场温度与湿度。

7.9.2　注意检查尸体有无苦笑面容、反常脱衣现象、红色尸斑、冻伤、胃粘膜出血斑及髂腰肌出血等改变。

7.9.3　需对外伤、中毒、疾病死等进行排他性鉴别。

7.10　电击死

7.10.1　疑为电击死案例,应首先切断电源,需对可疑电源与带电物体进行检查,再进行现场勘验和尸体检验。

7.10.2　检查尸体有无电流斑。不典型电流斑需与皮肤擦挫伤及热作用损伤进行鉴别,必要时结合组织学、组织化学染色和扫描电镜等手段进行判断;体表无电流斑者不能排除电击死,需行尸体解剖检查与其他特殊检查综合判断。

7.10.3　检查尸体有无其他电击征象,如皮肤金属化、电烧伤、电击纹、骨珍珠等。

7.10.4　需鉴别其他种类暴力、中毒和疾病死,判断电击死与死后电击。

7.11　中毒

7.11.1　注意衣物有无特殊气味、流涎、呕吐物或排泄物污染、毒药物流注或腐蚀痕迹,衣物口袋内有无毒药物残渣。

7.11.2　注意体表有无化学性损伤、皮肤及血管硬化、注射痕迹、动物牙痕、女性会阴部黏膜有无异常,注意检查尸斑颜色、肌痉挛、瞳孔大小、口腔黏膜、牙龈异常。

7.11.3　尸体解剖时在未提取毒化检材之前不得用水冲洗尸体;重点检查消化系统,注意内容物性状、气味、粘膜变化。

7.11.4　检材提取要求如下:

a) 怀疑中毒死,需提取常规检材;

b) 怀疑药物滥用,除常规检材外,应附加脑脊液、脑组织、注射孔部位皮肤、毛发;

c) 怀疑挥发性、脂溶性的毒物中毒,如助火剂或其他溶剂,除常规检材外,应附加左心血、脑组织、一侧肺脏、皮下脂肪组织及衣物等;

d) 怀疑食物中毒,除常规检材外,应附加肠内容物,可从小肠不同的节段取材;

e) 怀疑慢性中毒(如金属、药物、杀虫剂等),除常规检材外,应附加毛发、指甲、骨、脂肪组织、肠内容物;

f) 怀疑注射毒物时,应提取注射部位皮肤、软组织,并提取肢体对侧组织作为对照;

g) 怀疑阴道摄入毒物时,取提阴道及子宫检材;

h) 怀疑中毒案件的尸体挖掘,需综合考虑怀疑毒物种类、尸体埋葬的情况,制定挖掘方案,提取相关检材(包括尸体周围泥土)。

7.12 群体性死亡

7.12.1 法医应尽快进入事故发生地,巡视和划定保护范围。

7.12.2 对尸体、尸块及遗物的位置、散落特征分别进行记录并编号。

7.12.3 提取指纹,检查衣着,提取遇难者的遗物装入已编号的物证袋内。

7.12.4 进行尸体体表检查和尸体剖验;合并同一个体的尸块。

7.12.5 提取牙齿、毛发、血液、肌肉组织等以备个体识别。

7.12.6 对于白骨化尸体,进行年龄、性别等判断。

7.12.7 若为交通事故,注意收集与交通事故有关的检材与物证。

7.12.8 综合死亡原因、死亡时间、个人识别、损伤特征以及死前的生理状态作出鉴定意见,分析事故原因。

7.13 碎尸

7.13.1 确定发现的碎尸块是否为人体组织。

7.13.2 所发现的碎尸块是否属同一人体。

7.13.3 推断碎尸的性别、年龄、身长。

7.13.4 查找个体特征,进行组织 DNA 检测。

7.13.5 确定死亡原因、推断死亡时间。

7.13.6 分析碎尸工具。

亲子鉴定文书规范

SF/Z JD0105004－2015

2015年11月20日发布　2015年11月20日实施

目　次

前 言

本技术规范按照 GB/T 1.1-2009 给出的规则起草。

本技术规范由司法部司法鉴定科学技术研究所和四川大学华西基础医学与法医学院中心共同提出。

本技术规范由司法部司法鉴定管理局归口。

本技术规范起草单位:司法部司法鉴定科学技术研究所、四川大学华西基础医学与法医学院、北京市公安局、中国政法大学与中山大学。

本技术规范主要起草人:李成涛、侯一平、刘雅诚、鲁涤、孙宏钰、李莉。

本技术规范为首次发布。

引 言

本技术规范根据《司法鉴定文书规范》(司发通〔2007〕71 号)的总体要求,结合亲子鉴定的专业特点和实践经验而制定,为亲子鉴定的文书制作提供科学依据和统一标准。

1 范围

本技术规范规定了法庭科学 DNA 实验室撰写亲子鉴定文书时在专业用语和格式上的具体要求。

本技术规范适用于三联体亲子鉴定、二联体亲子鉴定及在上述两类亲子鉴定中出现不符合遗传规律情形下的文书撰写。

2 规范性引用文件

下列文件对于本技术规范的应用是不可少的。凡是标注日期的引用文件,仅标注日期的版本适用于本技术规范。凡是不标注日期的引用文件,其最新版本(包括所有的修改单)适用于本技术规范。

GA/T 382-2014 法庭科学 DNA 实验室规范

GA/T 383-2014 法庭科学 DNA 实验室检验规范

GA/T 965 法庭科学 DNA 亲子鉴定规范

SF/Z JD0105001　亲权鉴定技术规范

司发通〔2007〕71 号　司法鉴定文书规范

3　术语和定义

下列术语和定义适用于本技术规范。

3.1　亲子鉴定 Parentage Testing

是指通过对人类遗传标记的检测，根据遗传规律分析，对有争议的父母与子女血缘关系的鉴定。

3.2　三联体亲子鉴定 Parentage Testing of Trios

是指被检测男子、孩子生母与孩子构成的亲子鉴定或者被检测女子、孩子生父与孩子构成的亲子鉴定。

3.3　二联体亲子鉴定 Parentage Testing of Duos

是指被检测男子与孩子构成的亲子鉴定或被检测女子与孩子构成的亲子鉴定。

3.4　遗传标记 Genetic Marker

是指具有多态性的基因座。用于亲子鉴定的遗传分析系统由一定数量的遗传标记组成，常用的是一组常染色体短串联重复序列(STR)。

3.5　非父排除概率 Power of Exclusion，PE

是指对于不是孩子生父的随机男子，遗传分析系统具有的排除能力。它是遗传分析系统效能的评估指标。

3.6　基因座 Locus

是指染色体上基因所占的位置或基因组 DNA 中的一段。

3.7　等位基因 Allele

同一个基因座上的基因可以有多个，它们之间存在 DNA 一级结构的差异，这种有差异的基因互称为等位基因。

3.8　短串联重复序列 Short Tandem Repeat，STR

是指存在于人类基因组 DNA 中的一类具有长度多态性的 DNA 序列，其核心序列一般由 2 个 ~6 个碱基构成，由于核心序列重复次数的不同致个体间存在差异。

3.9　亲权指数 Paternity Index，PI

是亲权关系鉴定中判断遗传证据强度的指标。它是两个条件概率的似然比率：

$$PI=\frac{\text{概率}\langle\text{检测到 3 人的遗传表型}\mid\text{假设被检测男子是孩子的生物学父亲}\rangle}{\text{概率}\langle\text{检测到 3 人的遗传表型}\mid\text{假设一个随机男子是孩子的生物学父亲}\rangle}$$

3.10 累积亲权指数 Cumulative Paternity Index,CPI

多个遗传标记用于亲子鉴定时,设每个遗传标记的亲权指数分别为 PI_1,PI_2,PI_3,…PI_n,n 个遗传标记的亲权指数相乘则为累积亲权指数。

$CPI = PI_1 \times PI_2 \times PI_3 \times \cdots \times PI_n$(1、2、3、n 代表第 1、2、3、n 个基因座的 PI 值)

3.11 人类荧光标记 STR 复合扩增检测试剂 the human fluorescent STR multiplex PCR reagent

是指用于检验人类样本 STR 基因分型的一系列试剂,其利用聚合酶链式反应(PCR)技术和荧光标记检测技术,能同步对人类 DNA 样本多个 STR 基因座进行复合扩增并得到 STR 基因座分型。

3.12 阳性 DNA 对照样本 Positive Control DNA

是指已知浓度和分型的人类 DNA 样本。

4 亲权指数的计算方法

按照 GA/T965 法庭科学 DNA 亲子鉴定规范和 SF/Z JD0105001 亲权鉴定技术规范的方法进行计算。

5 文书格式

5.1 鉴定文书的制作应当使用 A4 规格(210mm×297mm)纸张,打印制作;应该单栏打印,左右、上下边距各空 2 厘米(首页上边距空 4 厘米,左边距留出装订线 1 厘米)。

5.2 在正文每页页眉的右上角注明正文共几页,同时注明本页是第几页。

5.3 文书中的文字、表格的颜色均应为黑色。图像、照片可使用彩色。

5.4 在字体和字号方面,标题应小 2 号黑体,居中排列;编号为 4 号仿宋体,居右排列。文内一级标题用 3 号黑体,居左排列;二级标题用 4 号黑体,段首空 2 字;正文用 4 号仿宋体,两端对齐,段首空 2 字,行间距为 1.5 倍行高;文内编号用“一、(一)、1、(1)”表示;页号位于页面下端,居中,必须连续编号。表格用统一的三线表,图表说明和表内文字用 5 号仿宋体。

5.5 落款应当与正文同页,不得使用“此页无正文”字样。

5.6 鉴定文书不得有涂改。

5.7 鉴定文书的语言表述应使用符合国家通用语言文字规范、通用专业术语规范和法律规范的用语。使用少数民族语言文字的,应当符合少数民族语言文字规范。

5.8 鉴定文书应当文字精练,用词准确,语句通顺,描述客观、清晰。

5.9 鉴定文书应使用国家标准计量单位和符号。

5.10 司法鉴定人应当在司法鉴定文书上签名或盖章。

5.11 鉴定文书应当同时加盖司法鉴定机构的司法鉴定专用章红印和钢印两种印模。鉴定文书正文标题下方编号处应当加盖司法鉴定机构的司法鉴定专用章钢印;鉴定文书各页之间应当加盖司法鉴定机构的司法鉴定专用章红印,作为骑缝章;鉴定文书制作日期处应当加盖司法鉴定机构的司法鉴定专用章红印。

5.12 附件同正文要求。

6 文书内容

6.1 鉴定文书一般由封面、正文和附件组成。

6.2 鉴定文书封面、正文和附件的要求应当符合司发通〔2007〕71 号"司法鉴定文书规范"第六条、第七条、第八条的规定。

6.3 鉴定文书的正文应至少包含基本情况、被鉴定人概况、检验过程(含检材处理和检验方法、检验结果)、分析说明和鉴定意见五个部分。

7 文书示范

7.1 鉴定意见书(三联体,意见:支持)参见附录 A。

7.2 鉴定意见书(三联体,意见:排除)参见附录 B。

7.3 鉴定意见书(三联体,出现不符合遗传规律现象,意见:支持)参见附录 C。

7.4 鉴定意见书(二联体,意见:支持)参见附录 D。

7.5 鉴定意见书(二联体,意见:排除)参见附录 E。

7.6 鉴定意见书(二联体,出现不符合遗传规律现象)参见附录 F。

7.7 鉴定意见书(父母皆疑二联体,意见:支持)参见附录 G。

7.8 鉴定意见书(父母皆疑二联体,意见:排除)参见附录 H。

8 特别说明

8.1 本规范的文书内容是基于常染色体 STR 检验结果分析基础上而展开论述的,在具体的案件中可能会增加性染色体 STR 检验或线粒体 DNA 检验,这部分检验内容的描述本规范不作统一规定,但是建议实验室按照各自的遗传规律清晰地表述检验结果。

8.2 示范文书中被鉴定人 A 指被检母亲,B 指被检孩子,C 指被检父亲。

8.3 示范文书中被鉴定人概况中的称谓是指自诉称谓。

8.4 鉴定材料如果系送检,则应在“基本情况”中的“鉴定材料”中注明,并应拍照固定,放在附件中。

8.5 示范文书中的案件编号和样本编号仅供参考,各实验室可按照自己的编号规则撰写。

8.6 示范文书中的被鉴定人概况应尽可能填写,确实无此信息时可以缺省。

8.7 示范文书中的被鉴定人的证件电子照片可以缺省。

8.8 父母皆疑的二联体鉴定中,如果出现一个认定、一个排除的情况,则可参照7.4和7.5的格式,分别分析和表述鉴定意见。

8.9 当出现不符合遗传规律现象时,如果经过计算,CPI大于认定标准则可以出具“支持”意见,如果CPI小于认定标准,且增加检验其他STR基因座后仍未达到认定标准,则可以出具“不排除”意见。

附录A

(资料性附录)

三联体鉴定意见书格式(意见:支持)

×××司法鉴定中心鉴定意见书

××司鉴中心[2015]物鉴字第TT号

一、基本情况

委托人:CC、AA

委托事项:对CC与BB之间有无亲生血缘关系的鉴定

委托日期:2015年×月×日

受理日期:2015年×月×日

鉴定材料:CC、AA与BB血样

二、被鉴定人概况

被鉴定人	性别	称谓	出生日期	身份证件号码	样本编号
AA	女	母			2015-物鉴TT-X
BB	男	子			2015-物鉴TT-X
CC	男	父			2015-物鉴TT-X

三、检验过程

1. 检材处理和检验方法

按照中华人民共和国公共安全行业标准GA/T 383－2014附录A中的Chelex法抽提DNA,采用×××人类荧光标记STR复合扩增检测试剂(××公司)进行复合PCR扩增,用××型号遗传分析仪(××公司)进行毛细管电泳和基因型分析。

2. 检验结果

STR 基因座	AA	BB	CC	亲权指数
D19S433	,	,	,	
D5S818	,	,	,	
D21S11	,	,	,	
D18S51	,	,	,	
D6S1043	,	,	,	
D3S1358	,	,	,	
D13S317	,	,	,	
D7S820	,	,	,	
D16S539	,	,	,	
CSF1PO	,	,	,	
Penta D	,	,	,	
vWA	,	,	,	
D8S1179	,	,	,	
TPOX	,	,	,	
Penta E	,	,	,	
TH01	,	,	,	
D12S391	,	,	,	
D2S1338	,	,	,	
FGA	,	,	,	

四、分析说明

D19S433等19个STR基因座均为人类的遗传标记,遵循孟德尔遗传定律,联合应用可进行亲权鉴定，其累积非父排除概率大于0.9999。综上检验结果分析，在每一个STR基因座，CC均能提供给BB必需的等位基因。经计算，累积亲权指数为××××（注：大于10000）。

五、鉴定意见

依据现有资料和DNA分析结果，支持CC为BB的生物学父亲。

鉴定人：主任法医师　　×××

《司法鉴定人执业证》证号：××××××

主检法医师　　×××

《司法鉴定人执业证》证号：××××××

授权签字人：主任法医师　　×××

《司法鉴定人执业证》证号：××××××

二〇一五年×月×日

注：被鉴定人及相关证件电子照片见附件。

×××司鉴中心［2015］物鉴字第TT号

附件

被鉴定人AA、BB与CC及其证件电子照片

附录B

（资料性附录）

三联体鉴定意见书格式（意见：排除）

×××司法鉴定中心鉴定意见书

×××司鉴中心［2015］物鉴字第TT号

一、基本情况

委托人：CC、AA

委托事项：对CC与BB之间有无亲生血缘关系的鉴定

委托日期：2015年×月×日

受理日期：2015年×月×日

鉴定材料：CC、AA与BB血样

二、被鉴定人概况

被鉴定人	性别	称谓	出生日期	身份证件号码	样本编号
AA	女	母			2015－物鉴 TT－X
BB	男	子			2015－物鉴 TT－X
CC	男	父			2015－物鉴 TT－X

三、检验过程

1. 检材处理和检验方法

按照中华人民共和国公共安全行业标准 GA/T 383－2014 附录 A 中的 Chelex 法抽提 DNA，采用×××人类荧光标记 STR 复合扩增检测试剂(××公司)进行复合 PCR 扩增，用××型号遗传分析仪(××公司)进行毛细管电泳和基因型分析。

2. 检验结果

STR 基因座	AA	BB	CC	亲权指数
D19S433	,	,	,	
D5S818	,	,	,	
D21S11	,	,	,	
D18S51	,	,	,	
D6S1043	,	,	,	
D3S1358	,	,	,	
D13S317	,	,	,	
D7S820	,	,	,	
D16S539	,	,	,	
CSF1PO	,	,	,	
Penta D	,	,	,	
vWA	,	,	,	
D8S1179	,	,	,	
TPOX	,	,	,	
Penta E	,	,	,	
TH01	,	,	,	
D12S391	,	,	,	
D2S1338	,	,	,	
FGA	,	,	,	

四、分析说明

D19S433 等 19 个 STR 基因座均为人类的遗传标记,遵循孟德尔遗传定律,联合应用可进行亲权鉴定,其累积非父排除概率大于 0.9999。综上检验结果分析,CC 在 ××××、×××× 和 ×××× 等基因座不能提供给孩子必需的等位基因。经计算,累积亲权指数为 ××××(注:小于 0.0001)。

五、鉴定意见

依据现有资料和 DNA 分析结果,排除 CC 为 BB 的生物学父亲。

鉴定人:主任法医师 ×××
《司法鉴定人执业证》证号:××××××
主检法医师 ×××
《司法鉴定人执业证》证号:××××××
授权签字人:主任法医师 ×××
《司法鉴定人执业证》证号:××××××

二〇一五年× 月×日

注:被鉴定人及相关证件电子照片见附件。

×××司鉴中心[2015]物鉴字第 TT 号

附件

被鉴定人 AA、BB 与 CC 及其证件电子照片

附录 C

(资料性附录)

三联体鉴定意见书格式(出现不符合遗传规律现象,意见:支持)

×××司法鉴定中心鉴定意见书

×××司鉴中心[2015]物鉴字第 TT 号

一、基本情况

委托人:CC、AA

委托事项:对 CC 与 BB 之间有无亲生血缘关系的鉴定

委托日期:2015 年×月×日

受理日期:2015 年×月×日

鉴定材料:CC、AA 与 BB 血样

二、被鉴定人概况

被鉴定人	性别	称谓	出生日期	身份证件号码	样本编号
AA	女	母			2015－物鉴TT－X
BB	男	子			2015－物鉴TT－X
CC	男	父			2015－物鉴TT－X

三、检验过程

1. 检材处理和检验方法

按照中华人民共和国公共安全行业标准GA/T 383－2014附录A中的Chelex法抽提DNA，采用×××人类荧光标记STR复合扩增检测试剂(××公司)进行复合PCR扩增，用××型号遗传分析仪(××公司)进行毛细管电泳和基因型分析。

2. 检验结果

STR基因座	AA	BB	CC	亲权指数
D19S433	,	,	,	
D5S818	,	,	,	
D21S11	,	,	,	
D18S51	,	,	,	
D6S1043	,	,	,	
D3S1358	16,18	16,18	15,15	
D13S317	,	,	,	
D7S820	,	,	,	
D16S539	,	,	,	
CSF1PO	,	,	,	
Penta D	,	,	,	
vWA	,	,	,	
D8S1179	,	,	,	
TPOX	,	,	,	
Penta E	,	,	,	
TH01	,	,	,	
D12S391	,	,	,	
D2S1338	,	,	,	
FGA	,	,	,	

四、分析说明

D19S433 等 19 个 STR 基因座均为人类的遗传标记,遵循孟德尔遗传定律,联合应用可进行亲权鉴定,其累积非父排除概率大于 0.9999。上述检验结果表明,除 D3S1358 基因座外,CC 均能提供给孩子必需的等位基因。在 D3S1358 基因座,AA 的基因型为“16,18”,BB 的基因型为“16,18”,CC 的基因型为“15,15”,CC 不能提供给孩子必需的等位基因 16 或 18,不符合遗传规律。按照 GA/T 965 - 2011《法庭科学 DNA 亲子鉴定规范》和 SF/Z JD0105001 - 2015《亲权鉴定技术规范》中不符合遗传规律情形时亲权指数的计算方法,×××基因座的亲权指数为××××。综上 19 个 STR 基因座的累积亲权指数为××××(注:大于 10000)。

五、鉴定意见

依据现有资料和 DNA 分析结果,支持 CC 为 BB 的生物学父亲。

鉴定人:主任法医师 ×××
《司法鉴定人执业证》证号:××××××
主检法医师 ×××
《司法鉴定人执业证》证号:××××××
授权签字人:主任法医师 ×××
《司法鉴定人执业证》证号:××××××

二〇一五年×月×日

注:被鉴定人及相关证件电子照片见附件。

×××司鉴中心[2015]物鉴字第 TT 号

附件

被鉴定人 AA、BB 与 CC 及其证件电子照片

附录 D

(资料性附录)

二联体鉴定意见书格式(意见:支持)

×××司法鉴定中心鉴定意见书

×××司鉴中心[2015]物鉴字第 TT 号

一、基本情况

委托人:CC

委托事项:对 CC 与 BB 之间有无亲生血缘关系的检验

委托日期:2015 年 ×月 ×日

受理日期:2015 年 ×月 ×日

鉴定材料:CC 与 BB 血样

二、被鉴定人概况

被鉴定人	性别	称谓	出生日期	身份证件号码	样本编号
BB	男	子			2015 - 物鉴 TT - X
CC	男	父			2015 - 物鉴 TT - X

三、检验过程

1. 检材处理和检验方法

按照中华人民共和国公共安全行业标准 GA/T 383 - 2014 抽提 DNA,采用 × × ×人类荧光标记 STR 复合扩增检测试剂(× ×公司)进行复合 PCR 扩增,用 × ×型号遗传分析仪(× ×公司)进行毛细管电泳和基因型分析。

2. 检验结果

STR 基因座	BB	CC	亲权指数
D19S433	,	,	
D5S818	,	,	
D21S11	,	,	
D18S51	,	,	
D6S1043	,	,	
D3S1358	,	,	
D13S317	,	,	
D7S820	,	,	
D16S539	,	,	
CSF1PO	,	,	
Penta D	,	,	
vWA	,	,	
D8S1179	,	,	
TPOX	,	,	
Penta E	,	,	
TH01	,	,	
D12S391	,	,	
D2S1338	,	,	
FGA	,	,	

四、分析说明

D19S433 等 19 个 STR 基因座均为人类的遗传学标记，遵循孟德尔遗传定律，联合应用可进行亲权鉴定，其累积非父排除概率大于0.9999。综上检验结果分析，BB 的等位基因可从 CC 的基因型中找到来源。经计算，累积亲权指数为××××（注：大于10000）。

五、鉴定意见

依据现有资料和 DNA 分析结果，支持 CC 为 BB 的生物学父亲。

鉴定人：主任法医师　　×××

《司法鉴定人执业证》证号：××××××

主检法医师　　×××

《司法鉴定人执业证》证号：××××××

授权签字人：主任法医师　　×××

《司法鉴定人执业证》证号：××××××

二〇一五年×月×日

注：被鉴定人及相关证件电子照片见附件。

×××司鉴中心[2015]物鉴字第 TT 号

附件

被鉴定人 BB 与 CC 及相关证件电子照片

附录 E

（资料性附录）

二联体鉴定意见书格式（意见：排除）

×××司法鉴定中心鉴定意见书

×××司鉴中心[2015]物鉴字第 TT 号

一、基本情况

委托人：CC

委托事项：对 CC 与 BB 之间有无亲生血缘关系的检验

委托日期：2015 年×月×日

受理日期：2015 年×月×日

鉴定材料：CC 与 BB 血样

二、被鉴定人概况

被鉴定人	性别	称谓	出生日期	身份证件号码	样本编号
BB	男	子			2015 - 物鉴 TT - X
CC	男	父			2015 - 物鉴 TT - X

三、检验过程

1. 检材处理和检验方法

按照中华人民共和国公共安全行业标准 GA/T 383 - 2014 抽提 DNA,采用×××人类荧光标记 STR 复合扩增检测试剂(××公司)进行复合 PCR 扩增,用××型号遗传分析仪(××公司)进行毛细管电泳和基因型分析。

2. 检验结果

STR 基因座	BB	CC	亲权指数
D19S433	,	,	
D5S818	,	,	
D21S11	,	,	
D18S51	,	,	
D6S1043	,	,	
D3S1358	,	,	
D13S317	,	,	
D7S820	,	,	
D16S539	,	,	
CSF1PO	,	,	
Penta D	,	,	
vWA	,	,	
D8S1179	,	,	
TPOX	,	,	
Penta E	,	,	
TH01	,	,	
D12S391	,	,	
D2S1338	,	,	
FGA	,	,	

四、分析说明

D19S433 等 19 个 STR 基因座均为人类的遗传学标记，遵循孟德尔遗传定律，联合应用可进行亲权鉴定，其累积非父排除概率大于0.9999。综上检验结果分析，BB 在××××、××××和××××等基因座的等位基因不能从 CC 的基因型中找到来源。经计算，累积亲权指数为××××（注：小于 0.0001）。

五、鉴定意见

依据现有资料和 DNA 分析结果，排除 CC 为 BB 的生物学父亲。

鉴定人：主任法医师　　×××

《司法鉴定人执业证》证号：××××××

主检法医师　　×××

《司法鉴定人执业证》证号：××××××

授权签字人：主任法医师　　×××

《司法鉴定人执业证》证号：××××××

二〇一五年×月×日

注：被鉴定人及相关证件电子照片见附件。

×××司鉴中心[2015]物鉴字第 TT 号

附件

被鉴定人 BB 与 CC 及相关证件电子照片

附录 F

（资料性附录）

二联体鉴定意见书格式（出现不符合遗传规律现象）

×××司法鉴定中心鉴定意见书

×××司鉴中心[2015]物鉴字第 TT 号

一、基本情况

委托人：CC

委托事项：对 CC 与 BB 之间有无亲生血缘关系的检验

委托日期：2015 年×月×日

受理日期：2015 年×月×日

鉴定材料：CC 与 BB 血样

二、被鉴定人概况

被鉴定人	性别	称谓	出生日期	身份证件号码	样本编号
BB	男	子			2015 - 物鉴 TT - X
CC	男	父			2015 - 物鉴 TT - X

三、检验过程

1. 检材处理和检验方法

按照中华人民共和国公共安全行业标准 GA/T 383 - 2014 抽提 DNA,采用×××人类荧光标记 STR 复合扩增检测试剂(××公司)进行复合 PCR 扩增,用××型号遗传分析仪(××公司)进行毛细管电泳和基因型分析。

2. 检验结果

STR 基因座	BB	CC	亲权指数
D19S433	,	,	
D5S818	,	,	
D21S11	,	,	
D18S51	,	,	
D6S1043	,	,	
D3S1358	16 ,18	15,15	
D13S317	,	,	
D7S820	,	,	
D16S539	,	,	
CSF1PO	,	,	
Penta D	,	,	
vWA	,	,	
D8S1179	,	,	
TPOX	,	,	
Penta E	,	,	
TH01	,	,	
D12S391	,	,	
D2S1338	,	,	
FGA	,	,	

四、分析说明

D19S433等19个STR基因座均为人类的遗传学标记，遵循孟德尔遗传定律，联合应用可进行亲权鉴定，其累积非父排除概率大于0.9999。上述检验结果表明，除D3S1358基因座外，CC均能提供给BB必需的等位基因。在D3S1358基因座，BB的基因型为“16，18”，CC的基因型为“15，15”，CC不能提供给孩子必需的等位基因16或18，不符合遗传规律。按照SF/Z JD0105001－2015《亲权鉴定技术规范》中不符合遗传规律情形时亲权指数的计算方法，D3S1358基因座的亲权指数为××××。综上19个STR基因座的累积亲权指数为×××××（注：大于10000）。

五、鉴定意见

依据现有资料和DNA分析结果，支持CC为BB的生物学父亲。

鉴定人：主任法医师 ×××

《司法鉴定人执业证》证号：××××××

主检法医师 ×××

《司法鉴定人执业证》证号：××××××

授权签字人：主任法医师 ×××

《司法鉴定人执业证》证号：××××××

二〇一五年×月×日

注：被鉴定人及相关证件电子照片见附件。

×××司鉴中心[2015]物鉴字第TT号

附件

被鉴定人BB与CC及相关证件电子照片

附录G

（资料性附录）

父母皆疑二联体鉴定书格式（意见：支持）

×××司法鉴定中心鉴定意见书

×××司鉴中心[2015]物鉴字第TT号

一、基本情况

委托人：CC、AA

委托事项：对CC、AA与BB之间有无亲生血缘关系的检验

委托日期:2015 年×月×日

受理日期:2015 年×月×日

鉴定材料:CC、AA 与 BB 血样

二、被鉴定人概况

被鉴定人	性别	称谓	出生日期	身份证件号码	样本编号
AA	女	母			2015 - 物鉴 TT - X
BB	男	子			2015 - 物鉴 TT - X
CC	男	父			2015 - 物鉴 TT - X

三、检验过程

1. 检材处理和检验方法

按照中华人民共和国公共安全行业标准 GA/T 383 - 2014 抽提 DNA,采用×××人类荧光标记 STR 复合扩增检测试剂(××公司)进行复合 PCR 扩增,用××型号遗传分析仪(××公司)进行毛细管电泳和基因型分析。

2. 检验结果

STR 基因座	AA	BB	CC
D19S433	,	,	,
D5S818	,	,	,
D21S11	,	,	,
D18S51	,	,	,
D6S1043	,	,	,
D3S1358	,	,	,
D13S317	,	,	,
D7S820	,	,	,
D16S539	,	,	,
CSF1PO	,	,	,
Penta D	,	,	,
vWA	,	,	,
D8S1179	,	,	,

（续表）

STR 基因座	AA	BB	CC
TPOX	,	,	,
Penta E	,	,	,
TH01	,	,	,
D12S391	,	,	,
D2S1338	,	,	,
FGA	,	,	,

四、分析说明

D19S433 等 19 个 STR 基因座均为人类的遗传学标记，遵循孟德尔遗传定律，联合应用可进行亲权鉴定，其累积非父排除概率大于 0.9999。综上检验结果分析，BB 的等位基因可从 AA 的基因型中找到来源，经计算，累积亲权指数为××××（注：大于 10000）；BB 的等位基因可从 CC 的基因型中找到来源，经计算，累积亲权指数为××××（注：大于 10000）。

五、鉴定意见

依据现有资料和 DNA 分析结果，支持 CC 与 AA 为 BB 的生物学父母亲。

鉴定人：主任法医师　×××

《司法鉴定人执业证》证号：××××××

主检法医师　×××

《司法鉴定人执业证》证号：××××××

授权签字人：主任法医师　×××

《司法鉴定人执业证》证号：××××××

二〇一五年×月×日

注：被鉴定人及相关证件电子照片见附件。

×××司鉴中心［2015］物鉴字第 TT 号

附件

被鉴定人 AA、BB 与 CC 及相关证件电子照片

附录 H

（资料性附录）

父母皆疑二联体鉴定书格式（意见：排除）

×××司法鉴定中心鉴定意见书

×××司鉴中心[2015]物鉴字第 TT 号

一、基本情况

委托人:CC、AA

委托事项:对 CC、AA 与 BB 之间有无亲生血缘关系的检验

委托日期:2015 年×月×日

受理日期:2015 年×月×日

鉴定材料:CC、AA 与 BB 血样

二、被鉴定人概况

被鉴定人	性别	称谓	出生日期	身份证件号码	样本编号
AA	女	母			2015－物鉴 TT－X
BB	男	子			2015－物鉴 TT－X
CC	男	父			2015－物鉴 TT－X

三、检验过程

1. 检材处理和检验方法

按照中华人民共和国公共安全行业标准 GA/T 383－2014 抽提 DNA,采用 X××人类荧光标记 STR 复合扩增检测试剂(××公司)进行复合 PCR 扩增,用××型号遗传分析仪(××公司)进行毛细管电泳和基因型分析。

2. 检验结果

STR 基因座	AA	BB	CC
D19S433	,	,	,
D5S818	,	,	,
D21S11	,	,	,
D18S51	,	,	,
D6S1043	,	,	,
D3S1358	,	,	,
D13S317	,	,	,
D7S820	,	,	,
D16S539	,	,	,
CSF1PO	,	,	,
Penta D	,	,	,
vWA	,	,	,

(续表)

STR 基因座	AA	BB	CC
D8S1179	,	,	,
TPOX	,	,	,
Penta E	,	,	,
TH01	,	,	,
D12S391	,	,	,
D2S1338	,	,	,
FGA	,	,	,

四、分析说明

D19S433 等 19 个 STR 基因座均为人类的遗传学标记,遵循孟德尔遗传定律,联合应用可进行亲权鉴定,其累积非父排除概率大于 0.9999。综上检验结果分析,BB 在××××、×××× 和××××等基因座的等位基因不能从 AA 的基因型中找到来源,经计算,累积亲权指数为××××(注:小于 0.0001);BB 在××××、××××和××××等基因座的等位基因不能从 CC 的基因型中找到来源,经计算,累积亲权指数为××××(注:小于 0.0001)。

五、鉴定意见

依据现有资料和 DNA 分析结果,排除 CC 与 AA 为 BB 的生物学父母亲。

鉴定人:主任法医师　×××
《司法鉴定人执业证》证号:××××××
主检法医师　×××
《司法鉴定人执业证》证号:××××××
授权签字人:主任法医师　×××
《司法鉴定人执业证》证号:××××××

二〇一五年×月×日

注:被鉴定人及相关证件电子照片见附件。

×××司鉴中心[2015]物鉴字第 TT 号

附件

被鉴定人 AA、BB 与 CC 及相关证件电子照片

生物学祖孙关系鉴定规范

SF/Z JD0105005－2015

2015年11月20日发布　2015年11月20日实施

目　次

前　言

本技术规范按照GB/T 1.1－2009给出的规则起草。

本技术规范由司法部司法鉴定科学技术研究所和中山大学医学院共同提出。

本技术规范由司法部司法鉴定管理局归口。

本技术规范起草单位:司法部司法鉴定科学技术研究所、中山大学、四川大学华西基础医学与法医学院。

本技术规范主要起草人:李成涛、吕德坚、侯一平、孙宏钰、李莉。

本技术规范为首次发布。

引 言

本技术规范运用法医物证学、遗传学和统计学等学科的理论和技术,结合法医物证鉴定的实践经验而制定,为生物学祖孙关系鉴定提供科学依据和统一标准。

1 范围

本技术规范规定了法庭科学DNA实验室进行生物学祖孙关系鉴定的内容及结果判断标准。

本技术规范适用于在生母参与情形下鉴定祖父母与孩子的祖孙关系,其他情形的祖孙关系鉴定,本技术规范不适用。

2 规范性引用文件

下列文件对于本技术规范的应用是不可少的。凡是标注日期的引用文件,仅标注日期的版本适用于本技术规范。凡是不标注日期的引用文件,其最新版本(包括所有的修改单)适用于本技术规范。

GA/T 382-2014 法庭科学DNA实验室规范

GA/T 383-2014 法庭科学DNA实验室检验规范

GA/T 965 法庭科学DNA亲子鉴定规范

SF/Z JD0105001 亲权鉴定技术规范

司发通〔2007〕71号 司法鉴定文书规范

3 术语和定义

下列术语和定义适用于本技术规范。

3.1 祖孙关系鉴定 Kinship Analysis of Grandparent(s) and Grandchildren

祖孙关系鉴定是通过对人类遗传标记的检测,根据遗传规律分析,对有争议的祖父母与被检孩子之间是否存在生物学祖孙关系进行鉴定。依据参照亲缘个体的多少,祖孙关系鉴定至少包括以下几种情形:生母、祖父、祖母同时参与下被检孩子与祖父、祖母间的祖孙关系鉴定;生母、祖父(或祖母)参与情形下被检孩子与祖父(或祖母)间的祖孙关系鉴定;祖父、祖母同时参与情形下被检孩子与祖父、祖母间的祖孙关系鉴定;祖父(或祖母)与被检孩子间的祖孙关系鉴定。本规范中的祖孙关系鉴定特指生母、祖父、祖母同时参与鉴定下被检孩子与祖父、祖母间的祖孙关系鉴定,该对争议祖父母,要么双方都与孩子存在祖孙关系,要么都不是孩子的祖父或者祖母。

3.2 平均非祖父母排除率 Mean Power of Random Grandparents Excluded, RGE

是指通过检测一个或多个遗传标记能将群体中随机一对夫妇排除为孩子祖父母的能力。

3.3 祖孙关系指数 Grandparent Index, GI

祖孙关系指数为亲权指数的一种,是生物学祖孙关系鉴定中判断遗传证据强度的指标。是指争议祖父母与孙子(女)之间存在祖孙关系时其遗传表型出现的几率与争议祖父母与孙子(女)为无关个体时其遗传表型出现的几率之比值。

4 相关参数计算方法

4.1 共显性遗传标记平均非祖父母排除率(生母参与情形下)的计算

$$RGE = \sum_{i=1}^{n} p_i(1 - p_i + p_i^2)(1 - p_i)^4 + \sum_{i}^{n-1} \sum_{j=i+1}^{n} p_i p_j(p_i + p_j)(1 - p_i - p_j)^4 \quad (1)$$

式中:

RGE——

p_1、p_2、…、p_n——为有 n 个等位基因共显性遗传标记系统的等位基因频率。

4.2 祖孙关系指数的计算

在计算某一 STR 基因座上的祖孙关系指数时,首先应依据遗传学原理,参照被检孩子及其生母的基因型,推断出被检孩子在该基因座上的生父基因。

当被检孩子与生母基因型相同(此时无法确定孩子生父基因)时,则被检孩子的两种等位基因均有生父基因的可能。

当被检孩子与生母在该基因座不吻合遗传规律、考虑存在生母等位基因突变的情形时,首先应考虑生母最可能的突变基因,进而确定生父基因,如生母基因型为(7/8),被检孩子为(9/10),则应确定等位基因 10 为生父基因,若生母基因型为(8/8)或(7/8),被检孩子为(9/9),则应按生父基因为等位基因 9 处理。若生母基因型为(9/9)或(6/9),被检孩子为(8/10),则应按生父基因为等位基因不能确定处理(即 8 和 10 均有可能为生父基因)。通常不考虑被检孩子生母基因与生父基因同时突变的可能。

当生母与被检孩子间不吻合遗传规律的基因座个数超过 1 个时,则建议依据《SF/Z JD0105001 亲权鉴定技术规范》先确认生母与被检孩子间的生物学母子关系。

在确定生父基因后,建议采用本地区的等位基因频率,依据 4.2.1 或 4.2.2 中给出的方法计算出每一个基因座相应的祖孙关系指数,并按 4.3 中的方法依据乘法规则要求基因座间连锁平衡计算得到累积祖孙关系指数。

4.2.1 无突变情形下祖孙关系指数的计算

此处的无突变情形是指被检孩子的生父基因与被检祖父、祖母间吻合遗传规律,不考虑突变的可能。

在无突变情形下,依据《SF/Z JD0105001 亲权鉴定技术规范》3.7 中的亲权指数的通用计算公式,祖孙关系指数的计算方法可简言为:被检孩子生父等位基因来自于被检祖父、祖母的概率与生父等位基因的人群等位基因频率的比值。当被检孩子的两个等位基因均有生父等位基因可能时,生父等位基因的人群等位基因频率为这两个等位基因的人群频率之和。

表1举例说明了无突变情形下不同基因型组合时祖孙关系指数的计算方法。

4.2.2 突变情形下祖孙关系指数的计算

此处的突变情形是指被检孩子的生父基因与被检祖父、祖母间不吻合遗传规律,考虑突变的可能。

设男性 STR 基因座的平均一步突变率为μ,则女性 STR 基因座的平均一步突变率为$\mu/3.5$,由于这一平均突变率既包含了步数增加的突变概率,又包含了步数减少的突变概率,而对于特定的基因型组合而言,其突变方向只能有一种,因此在进行突变情形下的祖孙关系指数计算时,男性和女性的突变率分别按0.5μ和$\mu/7$计算。

若考虑被检孩子可能的生父基因与被检祖父或祖母间存在一步突变的可能,则在4.2.1中所给出的祖孙关系指数计算方法中,分母依然为所有生父基因的人群概率(或之和),分子为每一生父基因的突变来源概率与相应突变概率之积的总和,其中突变来源概率为相应的突变来源数占祖父母所能提供的等位基因个数之比。

举例说明如下:设生母基因型为12/14,被检孩子为基因为12/14,祖父基因型为13/13,祖母基因型为13/15。在计算这一特定的基因型组合情形下的祖孙关系指数时,由于生父基因不能确定,故分母为等位基因12和等位基因14的人群中概率之和。计算分子时应考虑:(1)当生父基因为12时,其来源于祖父的突变来源概率为$2/4=0.5$,相应的突变概率为0.5μ;其来源于祖母的突变来源概率为$1/4=0.25$,相应的突变概率为$\mu/7$;(2)当生父基因为14时,其来源于祖父的突变来源概率为$2/4=0.5$,相应的突变概率为0.5μ;其来源于祖母的突变来源概率为$2/4=0.5$,相应的突变概率为$\mu/7$;因此,在这一特定基因型组合情形下,分子为:$0.5\times0.5\mu+0.25\times\mu/7+0.5\times0.5\mu+0.5\times\mu/7=0.5\mu+0.75\times\mu/7$。

当生父基因不能确定时,若一种生父基因存在突变可能,而另一种生父基因吻合遗传规律时,则在分子计算时两种可能性均应纳入计算。表2举例说明了突变情形下部分基因型组合时祖孙关系指数的计算方法。

表 1　无突变情形下部分基因型组合时祖孙关系指数的计算方法(举例)

祖父×祖母	被检孩子	孩子生母	孩子生父基因	GI 计算公式
PP× PP	PP	PQ	P	$1/p$
PP×PR	PQ	QQ	P	$0.75/p$
PQ× PR	PQ	QQ	P	$0.5/p$
PP× RR	PQ	QQ	P	$0.5/p$
PR× QQ	PQ	QQ	P	$0.25/p$
PQ× PQ	PQ	PQ	P 或 Q	$1/(p+q)$
PP× PQ	PQ	PQ	P 或 Q	$1/(p+q)$
PP× PR	PQ	PQ	P 或 Q	$0.75/(p+q)$
PQ× PR	PQ	PQ	P 或 Q	$0.75/(p+q)$
PP× RS	PQ	PQ	P 或 Q	$0.5/(p+q)$
PR× QS	PQ	PQ	P 或 Q	$0.5/(p+q)$
PR× RS	PQ	PQ	P 或 Q	$0.25/(p+q)$

表 2　突变情形下部分基因组合时祖孙亲缘关系指数的计算方法(举例)

祖父×祖母	被检孩子	孩子生母	孩子生父基因	GI 计算公式
12/12×12/12	13/13	13/14	13	$(0.5\times0.5\mu+0.5\times\mu/7)/P13$
12/12×12/15	13/14	14/16	13	$(0.5\times0.5\mu+0.25\times\mu/7)/P13$
10/12×12/15	13/14	14/18	13	$(0.25\times0.5\mu+0.25\times\mu/7)/P13$
10/12×15/15	13/14	14/14	13	$(0.25\times0.5\mu)/P13$

（续表）

祖父×祖母	被检孩子	孩子生母	孩子生父基因	GI计算公式
10/15×12/15	13/14	14/14	13	$(0.25\times\mu/7)/P13$
12/12×14/14	13/14	13/14	13或14	$(0.5+0.5\times0.5\mu+0.5\times\mu/7)/(P13+P14)$
12/12×13/14	15/15	13/14	13或14	$(0.5\times0.5\mu+0.5\times\mu/7)/(P13+P14)$
12/12×12/15	13/14	13/14	13或14	$(0.5\times0.5\mu+0.5\times\mu/7)/(P13+P14)$
12/18×15/16	13/14	13/14	13或14	$(0.25\times0.5\mu+0.25\times\mu/7)/(P13+P14)$
12/18× 16/18	13/14	13/14	13或14	$(0.25\times0.5\mu)/(P13+P14)$
11/18×15/18	13/14	13/14	13或14	$(0.25\times\mu/7)/(P13+P14)$

4.3　累积祖孙关系指数的计算方法

$$CGI = GI_1 \times GI_2 \times GI_3 \times \cdots \times GI_n = \prod_{i=1}^{n} GI_n \quad (\mathrm{i} = 1,2,3,\cdots,\mathrm{n}) \tag{2}$$

式中：

CG——

GI_1、GI_n——

5　检验程序

5.1　采样要求

采样要求参照SF/Z JD0105001中的要求。

5.2　DNA提取和保存

检材的DNA提取和保存见GA/T 383－2014和SF/Z JD0105001。

5.3　DNA定量分析

按照中华人民共和国公共安全行业标准GA/T 382－2014和GA/T 383－2014的要求进行。

5.4 PCR 扩增与分型

5.4.1 基因座

5.4.1.1 在进行生物学祖孙关系鉴定时，目前亲缘关系鉴定常用的 19 个常染色体 STR 基因座（*vWA*、*D21S11*、*D18S51*、*D5S818*、*D7S820*、*D13S317*、*D16S539*、*FGA*、*D8S1179*、*D3S1358*、*CSF1PO*、*TH01*、*TPOX*、*Penta E*、*Penta D*、*D2S1338*、*D19S433*、*D12S391*、*D6S1043*）为本规范推荐检测的基因座。

5.4.1.2 鼓励在上述 19 个 STR 基因座基础上增加更多的、经过验证的、与上述 19 个 STR 基因座不存在连锁和连锁不平衡的其他常染色体 STR 基因座，以提高检测系统效能。

5.4.1.3 当被检孩子为男性时，可考虑对争议祖父与孩子补充检验 Y－STR 基因座（如 *DYS456*、*DYS389I*、*DYS390*、*DYS389II*、*DYS458*、*DYS19*、*DYS385*a/b、*DYS393*、*DYS391*、*DYS439*、*DYS635*、*DYS392*、*YGATA H4*、*DYS437*、*DYS438*、*DYS448* 等）；当被检孩子为女性时，可考虑对争议祖母与孩子补充检验 X－STR 基因座（如 *GATA172D05*、*HPRTB*、*DXS6789*、*DXS6795*、*DXS6803*、*DXS6809*、*DXS7132*、*DXS7133*、*DXS7423*、*DXS8377*、*DXS8378*、*DXS9895*、*DXS9898*、*DXS10101*、*DXS10134*、*DXS10135*、*DXS10074* 等）。

5.4.2 PCR 扩增

建议选用商品化的试剂盒进行 PCR 扩增，在常染色体 STR 基因座分型中，至少应该包含 5.4.1.1 中所规定的 19 个常用 STR 基因座的分型结果。每批检验均应有阳性对照样本（已知浓度和基因型的对照品 DNA 和/或以前检验过的、已知基因型的样本）以及不含人基因组 DNA 的阴性对照样本。PCR 扩增体系与温度循环参数均按试剂盒的操作说明书进行。

5.4.3 PCR 扩增产物的检测与结果判读

使用遗传分析仪，对 PCR 产物进行毛细管电泳分析，使用等位基因分型参照物（Ladder）来对样本分型，步骤方法按照仪器操作手册。

6 鉴定意见

6.1 鉴定意见是依据 DNA 分型结果，对被检孩子与祖父母间是否存在生物学祖孙关系作出的判断。

6.2 实验使用的遗传标记平均非祖父母排除率应不小于 0.9999。平均非祖父母排除率的计算见 4.1。

6.3 为了避免潜在突变影响，任何情况下都不能仅根据一个遗传标记不符合遗传规律就作出排除意见。

6.4 任何情况下都不能为了获得较高的祖孙关系指数，将检测到的不符合遗传规律的遗传标记删除。

6.5　在满足6.2～6.4的条件下，累积祖孙关系指数大于10000时，支持被检测夫妇是孩子生物学祖父母的假设。

6.6　在满足6.2～6.4的条件下，累积祖孙关系指数小于0.0001，支持被检测夫妇不是孩子生物学祖父母的假设。

6.7　在不能满足6.5或6.6的指标时，应通过增加检测的遗传标记来达到要求。否则，建议无法作出鉴定意见。

7　鉴定文书

生物学祖孙关系鉴定文书的格式要求参照《司法鉴定文书规范》(司发通〔2007〕71号)。

8　特别说明

8.1　本规范仅适用于生母、祖父、祖母同时参与情形下，祖父母与被检孩子间的生物学祖孙关系鉴定。这一鉴定的检验假设包括以下两种相互对立的两种假设关系：争议的祖父母与被检孩子为无关个体；争议的祖父母与被检孩子间存在生物学祖孙关系。若不能确定生母与被检孩子间的生物学母子关系，则本规范不适用。

8.2　对于3.1中定义的其他情形下的生物学祖孙关系鉴定，将依据后续的研究结果给出相应的实施规范。这些后续补充的实施规范将作为本规范的附件使用或在新版本的规范中发布。

8.3　依据当前对亲子关系鉴定的研究结果，常染色体及性染色体STR基因座在减数分裂过程中的平均突变率(μ)相似，μ≈0.2%。由于STR突变中一步突变占90%以上，二步或更多步的突变所占的比例很少(<10%)，根据逐步突变模型，可以认为STR的平均一步突变率约为0.2%，平均二步突变率约为0.2%～0.1%，不同步数的平均突变率见《SF/Z JD0105001　司法鉴定技术规范——亲权鉴定技术规范》。在祖孙关系指数计算过程中，仍建议对祖孙间STR基因座的平均一步突变率以0.2%计算。虽然祖孙间经过了两次减数分裂，但两次减数分裂均突变的可能性很小，不需分别考虑由祖父母到生父、生父到孩子两次减数分裂过程中均突变的可能，可根据祖孙等位基因之间的步数判别突变的等位基因，步数最小者才考虑突变。祖母与孙子/女间的平均一步突变率按0.2%的3.5分之一计算。一般也不考虑祖父和祖母同时突变的可能性。

8.4　对于补充检验的Y－STR或X－STR检测结果，建议仅对Y或X染色体特殊的遗传规律进行描述性分析，判断是否符合同一父系(被检孩子为男性时)或是否符合祖母与孙女(被检孩子为女性时)的遗传规律。不推荐仅依据补充检验的 Y-STR 或 X-STR 基因座检测结果出具明确的生物学祖孙关系鉴定意见,应以常染色体 STR 的结果作为出具鉴定意见的主要依据。

参考文献

[1] Chakraborty R, Meagher TR, Smouse PE. Parentage analysis with genetic markers in natural populations. I. The expected proportion of offspring with unambiguous paternity. Genetics. 1988;118:527-36

[2] Fung WK, Chung YK, Wong DM. Power of exclusion revisited: probability of excluding relatives of the true father from paternity. International journal of legal medicine. 2002;116:64-7

[3] Slooten KJ, Egeland T. Exclusion probabilities and likelihood ratios with applications to kinship problems. International journal of legal medicine. 2014;128:415-25

法医SNP分型与应用规范

SF/Z JD0105003 - 2015

2015年11月20日发布　2015年11月20日实施

目　次

前　言

本技术规范按照GB/T 1.1 - 2009给出的规则起草。

本技术规范由四川大学华西基础医学与法医学院、司法部司法鉴定科学技术研究所提出。

本技术规范由司法部司法鉴定管理局归口。

本技术规范起草单位:四川大学华西基础医学与法医学院、司法部司法鉴定科学技术研究所。

本技术规范主要起草人:侯一平、李成涛、张霁、张素华、李英碧、李莉、罗海玻、宋凤。

本技术规范为首次发布。

1 范围

本技术规范规定了法庭科学 DNA 实验室用微测序法进行法医 SNP 分型的要求及结果判断标准(采用微测序法作为 SNP 分型技术的说明见附录 A)。

本技术规范适用于法庭科学采用 SNP 进行个体识别和亲缘关系鉴定两个领域。

2 规范性引用文件

下列文件对于本技术规范的应用是必不可少的。凡是注日期的引用文件,仅注日期的版本适用于本技术规范。凡是不注日期的引用文件,其最新版本(包括所有的修改单)适用于本技术规范。

GA/T 382 - 2014 法庭科学 DNA 实验室建设规范

GA/T 383 - 2014 法庭科学 DNA 实验室检验规范

GA/T 965 - 2011 法庭科学 DNA 亲子鉴定规范

CNAS - CL08:2013 司法鉴定/法庭科学机构能力认可准则

CNAS - CL28:2014 司法鉴定/法庭科学机构能力认可准则在法医物证 DNA 鉴定领域的应用说明

SF/Z JD0105001 - 2010 亲权鉴定技术规范

3 术语和定义

下列术语和定义适用于本技术规范。

3.1 单核苷酸多态性 Single Nucleotide Polymorphisms(SNPs)

指人群中正常个体基因组的单个碱基的变异,且最小等位基因频率大于1%。

3.2 微测序法 Minisequencing Technique

指基于引物延伸原理进行单个碱基序列分析的技术,也称引物延伸法。基本原理是在紧邻已知 SNP 位点的上游设计引物,在仅有 ddNTP 存在条件下进行测序反应时,延伸反应在延长一个碱基时终止,然后通过检测 ddNTP 标记物的特征确定延伸单个碱基的种类。

3.3 SNaPshot 方法 SNaPshot Assay

是一种基于荧光标记 ddNTP 单碱基延伸原理用于 SNP 分型的微测序技术。同一反应体系中若含有针对不同 SNP 的等位基因特异性引物,而它们 5'端长度不同,则可实现多个 SNP 同步分析。

3.4 匹配概率 Probability of Matching(Pm)

指一名与案件没有关系的随机个体纯粹由于机会与检材分型结果一致的概率。

3.5 似然率 Likelihood(LR)

是评估遗传分析提供证据强度的指标。数值上似然率是两个条件概率的比值。在个人识别时两个条件概率的假设分别是,现场检材是嫌疑人所留(原告假设)和现场检材是一个与案件无关的随机个体所留(被告假设)。似然率提供了基于术语"支持"的简单约定,以便根据一定数据来支持一种假设,排斥另一种假设。

4 检验程序

4.1 检材的提取和保存

按照 GA/T 383 - 2014 中的要求进行。

4.2 DNA 提取与定量分析

按照 GA/T 383 - 2014 中的要求进行。

4.3 SNP 分型

4.3.1 采用基于微测序的 SNaPshot 方法进行 SNP 分型。分型方法包括:PCR 扩增、引物延伸反应和电泳分型。

4.3.2 PCR 扩增

4.3.2.1 PCR 扩增试剂、仪器、反应体系及循环参数:按照 GA/T 383 - 2014 中的要求进行。

4.3.2.2 在法医学领域应用 SNP 进行个人识别和亲缘关系鉴定时,本规范建议可在以下 SNP 中选择:

a)【常染色体 SNP】

1) 二等位 SNP:

rs740910、rs1490413、rs1335873、rs1979255、rs1493232、rs2040411、rs1528460、rs717302、rs251934、rs8037429、rs891700、rs901398、rs873196、rs964681、rs737681、rs1463729、rs1360288、rs1382387、rs1413212、rs2056277、rs2107612、rs1015250、rs1005533、rs729172、rs10495407、rs1357617、rs719366、rs1031825、rs733164、rs938283、rs2111980、rs1886510、rs914165、rs354439、rs763869、rs2076848、 rs1024116、rs1355366、rs735155、rs1454361、rs727811、rs917118、rs2831700、rs907100、rs1029047、rs2046361、rs722098、rs876724、rs2016276、rs826472、rs2830795、rs1028528。

2）三等位 SNP：

rs1630312、rs3091244、rs2069945、rs6001030、rs140676、rs356167、rs941454、rs10045、rs3743842、rs2298556、rs3816662、rs2307223、rs10811897、rs17287498、rs385780、rs11141033、rs4540055、rs3812847、rs2032582、rs2278786。

b）【非常染色体 SNP】

1）Y 染色体 SNP：

rs11096433、M145、rs9306845、rs9786479、rs17276358、rs2075640、M134、M88、M95、rs16980426、rs17323322、M122、rs13447354、M89、rs9786707、M15、rs16980711、M9、rs17316592、rs17276345。

2）X 染色体：

rs2056688、rs2128519、rs1534285、rs763056、rs1373592、rs993010、rs1557054、rs1243792、rs925178、rs1207480、rs1936313、rs1977719、rs1372687、rs1857602、rs985425、rs933315、rs2190288、rs1991961、rs1931662、rs149910、rs1573704、rs1340718、rs1930674、rs1339597、rs1981452。

3）线粒体 SNP：

709、1719、1736、3010、3394、3970、4216、4883、5147、5417、5460、6392、6455、8584、8701、9090、10397、10398、11914、12705、13708、13928、14318、14783、15487、16519。

注：在上述 SNP 基础上可增加文献报道且经验证的其他 SNP，以提高检测的系统效能。

4.3.3 引物延伸反应

扩增产物使用核酸外切酶（Exo）和虾碱性磷酸酶（SAP）进行纯化。在 Exo 和 SAP 酶处理后的 PCR 产物中加入 SNP 的单碱基延伸引物、SNaPshot mix 进行单碱基引物延伸反应，反应完成后，通过向产物中加入 SAP 来消化未结合的荧光素标记的 ddNTP。

4.3.4 电泳分型

使用遗传分析仪，对 PCR 产物进行毛细管电泳分析，数据分析可使用为观测峰的颜色和片段长度范围涉及的 Genotyper 或 GeneMapper ID 等软件进行 SNP 分型。具体步骤按照仪器或软件操作手册进行。

5 SNP 分型结果分析

5.1 分型结果的说明

5.1.1 峰的位置与 SNP 遗传标记 5’端加尾的长度有关，表示相互区别的不同位点。纯合子以单峰形式出现,杂合子通常以不同颜色峰显示。

5.1.2 峰的颜色表示所选择的 SNP 的核苷酸信息,四种脱氧核糖核苷酸标记不同颜色的染料:A(绿色),G(蓝色),C(黄色,为了达到更好的视觉效果,通常显示为黑色),T(红色)。因此,在电泳图谱中出现一个绿色峰,表明一个 A(ddATP)通过聚合酶结合在 SNP 上。

5.2 分型结果的基本要求

5.2.1 确认内标峰高阈值大于 100 相对荧光单位,且每一内标峰标定正确。

5.2.2 确认已知阳性参照物的分型结果正确,阴性参照物无等位基因峰。

5.2.3 样本分型图谱清晰,且峰高大于 100 相对荧光单位。

5.3 拔起峰的分析

5.3.1 拔起峰(pull up 峰)指含有荧光染料的单碱基延伸反应产物从一个光谱通道扩散到另一个通道的结果在电泳图谱中的呈现。

5.3.2 每一种荧光染料都有不同波长的最大发射光谱,而当某一荧光染料过多造成 matrix 去颜色叠加不能正常工作,会出现拔起峰的现象。

5.3.3 当一个样本的 SNP 分型图谱中,与主峰处于同一纵轴线的其他所有颜色上均有相应的吸收峰时,判断为拔起峰,通常由于超高峰所致。

5.3.4 拔起峰可通过减少扩增时的样本 DNA 量、减少扩增循环数、减少单碱基延伸反应产物、重建光谱校正等来消除。

5.4 等位基因丢失的分析

5.4.1 当 PCR 扩增或单碱基延伸反应的模板在引物结合区发生突变,阻碍引物结合,会导致扩增失败或引物延伸失败,无法检测到模板 DNA 中本身存在的一个等位基因。

5.4.2 考虑有等位基因丢失可能时,需更换 DNA 序列不同的引物进行重新检测。

5.5 非特异峰的分析

5.5.1 PCR 引物去除不全:表现为在电泳图谱上出现的片段长度为比 PCR 引物长度多 1 个碱基的产物,为 Exo 酶对 PCR 引物消化不全,可加大 Exo 酶量消化后去除。

5.5.2 ddNTP 去除不全:未经消化的 ddNTP 常出现在大于 70bp 的位置,超量的 ddNTP 也会出现在较短片段位置,为 SAP 对未结合的荧光素标记的 ddNTP 消化不完全所致,可通过加大 SAP 量消化后去除,由于 ddNTP 是荧光素标记的,该原因导致的额外峰也称为染料峰。

5.5.3 荧光污染:由于抗菌素、维生素、多环芳香族化合物、荧光助色物质、各种纺织染料等有荧光,导致出现非特异峰也称荧光污染峰,通常比较宽,拥有较宽的荧光光谱范围,可通过有机提取法去除。

5.5.4　其他:还有由气泡、尿素结晶或电压波动引起的非特异峰称为伪峰,通常尖耸且出现在四种颜色的相同位置,没有重复性。

6　SNP 分型结果表示

分型结果的描述:SNP 检验结果以表格的形式列出,标明检材或样本的编号、SNP 名称及等位基因分型。等位基因以 A、C、G、T 表示;等位基因间以“/”分隔;纯合子只标出 1 个;未得到分型或无法明确判定分型的标为“ - ”。

7　SNP 分型结果应用

7.1　补充个人识别鉴定

STR 基因座被广泛应用于 DNA 数据库建立和实际案件鉴定的个体识别。当犯罪现场提取的物证为降解检材时,SNP 分型结果可作为补充鉴定应用于个体识别,即通过比较案发现场收集到的法医物证检材与嫌疑人的 SNP 遗传标记,判断前后两次或多次出现的个体是否为同一个体。若两份检材的 SNP 分型不同,可判断两份检材不是来自同一个体;若 SNP 分型相同,则称为两份检材的 SNP 分型匹配,即不能排除两份检材来自同一个体。

7.2　辅助亲缘关系鉴定

当 STR 系统的分型结果不足以确定某些复杂亲缘关系时,SNP 可以作为补充鉴定的遗传标记。常染色体 SNP 符合孟德尔遗传规律,即子代的等位基因一个来自于父亲,一个来自于母亲。在有争议的父母和孩子三份样本所检测的多个 SNP 分型结果中,孩子的一对等位基因分别在有争议父母的基因型中找到来源时,不排除该有争议父母为孩子的生物学父母。Y 染色体、X 染色体和线粒体 SNP 可在某些特殊的亲缘关系鉴定中作为补充鉴定的遗传标记使用。

8　SNP 分型结果评估

8.1　个人识别

8.1.1　匹配。两份检材所检测的多个 SNP 均相同时判断为匹配。两份检材遗传标记分型匹配有两种可能的原因:① 两份检材来自同一个体;② 两份检材不是来自同一个体,理论上可能来自群体中的一名随机个体,仅仅因其遗传标记碰巧相同而出现了匹配。此时可以通过计算匹配概率来估计一个理论上的随机个体碰巧匹配的可能性有多大。匹配概率按附录 B 计算,似然率按附录 C 计算。

8.1.2　不匹配。在排除拔起峰、等位基因丢失、非特异峰等前提下,两份检材在所检测的 SNP 中有两个及以上不同时判断为不匹配。

8.1.3　两份检材在所检测的 SNP 中只有一个不同时，不能排除两份检材来自同一个体，需增加检测更多 SNP。增加检测更多 SNP 后，两份检材在所检测的 SNP 中有两个及以上不同时判断为不匹配。

8.2　亲子鉴定

SNP 作为亲子鉴定的补充遗传标记。累积非父排除概率和累积父权指数按 GA/T 965—2011 或 SF/Z JD0105001 - 2010 中的要求计算。对于不符合遗传规律的 SNP，PI 取值可为 0.000 01.

8.3　SNP 与 STR 的同时使用

当 SNP 与 STR 同时使用时，或多个 SNP 同时使用时，需有证据表明 SNP 与 STR 是相互独立的，或 SNP 之间是相互独立的。不能证明相互独立时按单倍型计算。

附录 A

(规范性附录)

有关本规范采用微测序法作为 SNP 分型技术的说明

由于 SNP 不具有与 STR 相当的多态信息量，实际案件中 DNA 样本量往往又十分有限，所以法医 SNP 检测方法必须具有同时检测多个 SNP 的能力。微测序法能同时复合分析多个 SNP，符合这一要求。微测序方法更重要的优点是可直接用于当前绝大多数法医 DNA 实验室的多色荧光电泳检测设备上，包括 310、3130 和 3500 等基因分析仪。现有实验室无需新增设备即可开展检验。这种技术灵敏度高，被证实应用于案件样本相当有效。其他方法需要添加特殊设备，不需添加设备的通量又较低。

本技术规范仅规定了法庭科学 DNA 实验室用微测序法进行法医 SNP 分型的要求及结果判断标准，其他方法可参照本规范。

附录 B

(规范性附录)

随机匹配概率计算

在法医物证学范畴内，随机匹配概率是指一名与案件没有关系的随机个体纯粹由于机会与检材分型结果一致的概率。计算公式为：

$$Pr(E|Hd) = 1 \times P(X)$$

式中随机匹配概率(E|Hd)，竖线右边为条件，左边为事件，P(X)为人群中这种 DNA 图谱的频率，以频率估计概率，即为发现这种 DNA 图谱的理论概率。

随机匹配概率越小,遇到这种个体的可能性越小,支持现场检材是嫌疑人留下的假设。

附录 C
(规范性附录)
似然率计算

似然率基于两个假设,一个现场检材是嫌疑人所留(原告假设)和现场检材是一个与案件无关的随机个体所留(被告假设),计算公式为:

$$LR = Pr(E/Hp)/Pr(E/Hd)$$

式中(Hp)现场检材是嫌疑人所留(原告假设),(Hd)现场检材是一个与案件无关的随机个体所留(被告假设),Pr(E|Hp)为原告假设 Hp 条件下获得证据 DNA 图谱的概率,Pr(E|Hd)为被告假设 Hd 条件下获得证据 DNA 图谱的概率。统计学上似然率在数值上超过 1,支持原告假设(Hp);反之,如果小于 1,则支持被告假设(Hd)。在法医个人识别实践中,当似然率在数值上超过全球人口总数时,表明证据有足够强度支持原告假设。

人身损害后续诊疗项目评定指南

SF/Z JD0103008 - 2015

2015 年 11 月 20 日发布　2015 年 11 月 20 日实施

目　次

前　言

本技术规范运用医学、法医学、康复医学理论和技术,结合法医临床学鉴定实践,为人身损害受伤人员后续诊疗项目的评定提供依据。

本技术规范的附录 A 为推荐性附录,附录 B 为参考性附录。

本技术规范按照 GB/T 1.1 - 2009 给出的规则起草。

本技术规范由中国政法大学证据科学研究院提出。

本技术规范由司法部司法鉴定管理局归口。

本技术规范起草单位:中国政法大学证据科学研究院。

本技术规范主要起草人:王旭、王岩、常林、张军卫、朱广友、杜雁、宁锦、范利华、张凤芹、郭兆明、杨英恺、杨天潼、于丽丽、项剑、郭微、金姬善,马军、白松、刘会、傅博。

1 范围

本技术规范规定了人身损害受伤人员后续诊疗项目评定的原则、方法和内容。

本技术规范适用于对人身损害受伤人员后续诊疗项目的必要性及合理性的评定。

2 规范性引用文件

下列文件对于本技术规范的应用是必不可少的。凡是注日期的引用文件,仅所注日期的版本适用于本技术规范。凡是不注日期的引用文件,其最新版本(包括所有的修改单)适用于本技术规范。

GB/T 13461 - 2008 组件式小腿假肢

GB/T 14191.1 - 2009/ISO 8549 - 1:1989 假肢学和矫形器学术语

GB/T 16180 - 2014 劳动能力鉴定 职工工伤与职业病致残等级

GB/T 18027 - 2008 电动上肢假肢部件

GB/T 18375.8 - 2004 假肢—下肢假肢的结构检验—第 8 部分:检验报告

GB 18667 - 2002 道路交通事故受伤人员伤残评定

GB/T 21665 - 2008/ISO 15621:1999, IDT 尿吸收辅助器具 评价的一般指南

GB/T 21665 - 2008/ISO 16021:2000 尿吸收辅助器具 从使用者和护理者的角度评价一次性成人失禁用尿吸收辅助器具的基本原则

GB/T 24432 - 2009 假肢费用赔偿鉴定

GB/T 31147 - 2014 人身损害护理依赖程度评定

GA/T 1193 - 2014 人身损害误工期、护理期、营养期评定规范

中国残疾人联合会 《残疾人辅助器具基本配置目录》

最高人民法院、最高人民检察院、公安部、国家安全部、司法部联合发布《人

体损伤程度鉴定标准》

SF/Z JD0103003－2011　法医临床检验规范

MZ002－1993　自身力源上肢假肢

劳动和社会保障部　《工伤康复诊疗规范(试行)》和《工伤康复服务项目(试行)》

3　术语和定义

下列术语和定义适用于本技术规范。

3.1　人身损害

是指各种致伤因素所引起的人体组织器官结构破坏或者功能障碍。

3.2　后续诊疗项目

后续诊疗项目是指:原始损害的病情稳定或针对原始损害的治疗结束后,伤者仍遗留系统、器官或组织的功能障碍,为降低这些功能障碍而必需的后期治疗、康复以及残疾辅助器具配置等项目。一般包括二次手术、继续用药、康复、残疾辅助器具等。

3.3　康复

康复是指综合、协调地应用医学的、社会的、教育的、职业的措施,以减轻伤残者的身心和社会功能障碍,最终能重返社会。

3.4　医疗康复

是指通过应用医学的方法和手段帮助伤残者实现全面康复的目标,主要包括药物、手术、物理等治疗方法。本指南所指康复主要指应用医学手段的康复治疗。

3.5　医学康复期

本标准所指的医疗康复期指人身损害受伤人员住院接受康复治疗的时间。医疗康复期因伤情不同各异,原则上不超过2年。

3.6　残疾辅助器具

辅助器具是指能够有效地防止、补偿或代偿、减轻或消除损伤、活动限制和参与限制,提高、维持或改善伤残者功能的任何产品、器械、设备或技术系统。通俗地说,凡是能够有效减轻残疾影响,提高伤残者生活质量和社会参与能力的器具。其主要作用:

1）功能代偿的作用;

2）功能补偿的作用;

3）支撑和稳定的作用;

4）预防/矫正畸形作用;

5）促进和改善功能的作用。

3.7　假肢

是指用于整体或部分替代一个缺失或缺陷肢体的体外使用装置，又称假肢装置。

3.8　矫形器

是指用于改变神经肌肉和骨骼系统的结构和机能特性的体外使用装置，又称矫形装置。

3.9　更换周期

是指残疾辅助器具因磨损等而需更换的周期。

3.10　医疗依赖

是指因伤/病致残，并医疗期满后，仍然不能脱离药物或其他医疗手段治疗者。如：外伤性癫痫者需长期行抗癫痫药物治疗等。

医疗依赖分为一般医疗依赖和特殊医疗依赖。

相关分类参照 GA/T 16180－2006 《劳动能力鉴定　职工工伤与职业病致残等级》。

3.11　护理依赖

护理依赖是指躯体残疾者和精神障碍者需经他人护理、帮助以维系日常生活的状态。护理依赖主要包括下列 5 项日常生活、活动能力指标：

1）进食；

2）床上活动；

3）大、小便；

4）穿衣、洗漱；

5）自我移动。

护理依赖分为：完全护理依赖，大部分护理依赖，部分护理依赖。

相关分类参照 GA/T 800－2008 《人身损害护理依赖程度评定》。

4　总则

4.1　评定原则

应以人身损害受伤人员的伤情、临床诊疗规范、后续诊疗项目为依据，实事求是地确定评定项目。

本规范中尚未规定的内容，而确需给予后续诊疗的，依实际情况并结合临床、康复医生的建议，加以评定、确认。

4.2　评定时机

应以外伤直接所致的机体损伤或确因损伤所致的并发症，经过诊断、治疗达到临床医学一般原则所承认的症状及体征基本稳定为准。一般在具备伤残评定条件后进行,即临床治疗期终结以后。

5 颅脑损伤

5.1 头皮挫伤/头皮裂伤

愈合后一般无需特殊处理。

5.2 头皮撕脱伤/头皮烧烫伤

a）大面积(直径大于5cm)的头皮撕脱,可待肉芽组织生长后植皮。

b）全层头皮烧烫伤(直径大于5cm),头皮瘢痕形成,需行二期切痂植皮术。

c）大片毛发缺损者可配置假发。

5.3 颅盖骨骨折

a）有碎骨片存留或颅骨缺损者(半年后)需行二次颅骨修补手术治疗。

b）合并癫痫者需行系统抗癫痫治疗1)。

5.4 颅底骨折

a）愈合后一般无需特殊处理。

b）合并癫痫者需系统抗癫痫治疗。

c）脑脊液耳、鼻漏长期不愈者,可行脑脊液耳、鼻漏修补术。

5.5 轻型颅脑损伤

愈合后一般无需特殊处理。

5.6 脑挫裂伤

a）预后与脑损伤部位、程度、范围有关。

b）无功能障碍者无需特殊处理。

c）颅骨缺损者(半年后)需行二次颅骨修补手术治疗。

d）合并癫痫、失语、外伤后脑积水、肢体功能障碍者,后续诊疗项目参见相关条款。

e）合并精神症状者需临床相关治疗,具体根据临床情况确定。

5.7 硬脑膜外血肿/硬脑膜下血肿/脑内血肿

a）脑内血肿预后与脑损伤部位、程度、范围有关。

b）痊愈后一般无需特殊处理。

c）颅骨缺损者需行二次手术治疗。

d）合并癫痫者、外伤后脑积水、肢体功能障碍者,后续诊疗项目参见相关条款。

e）合并精神症状者需临床相关治疗,具体根据临床情况确定。

5.8 开放性颅脑损伤

1）系统抗癫痫治疗:遵医嘱或参照《临床诊疗指南 癫痫病分册》。

a）痊愈后一般无需特殊处理。

b）颅骨缺损者需行二次手术治疗。

c）合并癫痫、失语、外伤后脑积水、肢体功能障碍者，后续诊疗项目参见相关条款或视临床情况确定。

d）合并精神症状者需临床相关治疗，具体根据临床情况确定。

5.9 颅神经损伤

a）痊愈后一般无需特殊处理。

b）合并功能障碍者可配置临床辅助器具（如：眼镜、助听器等），具体根据临床具体情况确定。

5.10 外伤性癫痫

需长期系统抗癫痫药物治疗（具体遵循医嘱或参照《临床诊疗指南　癫痫病分册》）；必要时手术治疗。

5.11 偏瘫/单瘫

a）需康复训练，可配置辅助器具和必要康复器材。

b）伴有二便功能障碍者，需要排便排尿护理及用品（包括排便护理和排尿管理，如间歇导尿用品、清洁导尿用尿包、尿失禁用品等）。

c）必要时可给予协助坐起或转移、活动之器具（如轮椅、助行器等）。

d）预防感染的措施。

e）其他情况根据临床情况确定。

5.12 外伤后脑积水

必要时可手术治疗，根据临床情况确定。

5.13 外伤后失语

根据临床情况确定。

5.14 二便失禁或功能障碍

a）可视情况给予“尿垫、尿片和一次性尿裤、一次性导尿包”等排便排尿护理及用品（按每月计算）。

b）定期复查。

5.15 植物生存状态

a）呼吸道管理（包括呼吸道清理/辅助排痰等）。

b）排便排尿护理及用品（包括排便护理和排尿管理，如间歇导尿用品、清洁导尿用尿包、尿失禁用品等）。

c）预防感染的措施。

d）预防肢体挛缩的措施及用品。

e）肠道内、外给予营养的措施。

f）其他情况根据临床情况确定。

6 眼部损伤

6.1 眼睑损伤

a）轻度损伤,愈合后无需特殊处理。

b）眼睑畸形者可行相关整形治疗。

6.2 眉毛缺损

a）轻微缺损无需特殊处理。

b）必要时可行皮瓣移植、修复缺损等整形治疗。

6.3 眼眶损伤

a）轻度眼眶损伤稳定后无需特殊治疗。

b）严重者可行整形治疗。

6.4 视器及视力损伤

a）视临床情况行手术治疗。

b）必要时可配置眼镜等助视器,眼球缺损者可配置义眼。

c）视情况配置盲人手杖等行动生活辅助器具。

7 耳鼻咽喉及颌面口腔损伤

7.1 外耳血肿/裂伤

愈合后一般无特殊处理。

7.2 外耳缺损

a）必要时可行再植或再造术。

b）视情况可配置假耳。

7.3 外伤性鼓膜穿孔

a）多可自行愈合。

b）超过6周仍不能自行愈合者,可行手术修补。

7.4 听骨链损伤

可行中耳探查术,修复听骨链。术后若合并粘连、听骨脱位/脱落等可行再次手术治疗。

7.5 听器及听力损伤

a）视临床情况行手术治疗。

b）必要时可配置助听器等生活辅助器具。

7.6 鼻骨/鼻窦骨折/鼻中隔损伤

a）愈合后一般无需特殊处理。

b）畸形愈合影响功能或容貌者，可行手术治疗。

c）遗留鼻中隔偏曲者可行手术矫正。

7.7 鼻缺损

a）可行修复、整形手术。

b）视情况配置假鼻。

7.8 开放性喉损伤

a）可行喉裂开术，手术修复喉软骨及喉粘膜。

b）为避免喉部狭窄的发生，需内置喉模，如无狭窄无需特殊处理。

7.9 甲状腺/甲状旁腺损伤

腺体损伤遗留功能障碍者，视情况给予药物替代治疗，必要时长期服药。

7.10 面部撕裂伤

a）必要时行游离植皮或皮瓣修复术。

b）视情况二期行相关整形治疗。

7.11 唇损伤

a）愈合后一般无需特殊处理。

b）严重者待瘢痕软化后行修复术。

7.12 牙损伤/缺损

a）轻度损伤愈合后一般无需特殊处理。

b）牙齿冠折、根折、缺损者可行牙再植、种植、修复等处理。

c）视情况配置假牙。

7.13 颧骨/颧弓骨折

a）愈合后一般无需特殊处理。

b）畸形愈合并影响容貌者，可行手术复位。

8 胸部损伤

8.1 胸壁挫/擦伤

愈合后一般无需特殊处理。

8.2 胸壁撕脱伤

a）小范围者愈合后一般无需特殊处理。

b）严重者视临床情况确定。

8.3 胸骨/肋骨骨折

a）骨折愈合后一般无需特殊处理。

b）开放性胸骨、肋骨骨折需手术治疗，术后二次取内固定术。

c）多发肋骨骨折可行内固定治疗，术后二次取内固定术。

d）特殊情况根据临床情况评定。

8.4　气胸/血胸

a）愈合后一般无需特殊处理。

b）特殊情况根据临床情况评定。

8.5　心脏损伤

a）损伤愈合后一般无需特殊处理。

b）特殊情况根据临床情况评定。

9　腹部及泌尿生殖系统损伤

9.1　腹壁闭合性损伤/腹壁开放性损伤

a）愈合后,无需特殊处理。

b）无内脏损伤者不需特殊处理。

c）如合并腹壁疝需二次手术治疗;切除原瘢痕组织进行修补。

9.2　肝脏损伤

a）肝脏损伤造成肝脓肿、腹腔脓肿、胆道出血、胆瘘者需再次手术治疗。

b）特殊情况根据临床情况评定。

9.3　胆囊、胆总管损伤

a）胆囊、胆总管损伤一期手术不能修补或造成胆瘘者需行二次手术治疗。

b）特殊情况根据临床情况评定。

9.4　脾脏损伤

a）愈合后一般无需特殊处理。

b）特殊情况根据临床情况评定。

c）小儿脾切除术后,有发生暴发性感染的可能,可根据临床情况予以评定。

9.5　胰腺损伤

a）若出现胰瘘不能自愈者,可考虑再次手术治疗。

b）特殊情况根据临床情况评定。

9.6　肠损伤

a）十二指肠损伤造成十二指肠瘘或狭窄、梗阻者多需二次手术治疗。

b）小肠损伤造成肠外瘘、吻合口瘘、吻合口狭窄者需二次手术治疗。

c）结肠损伤造成结肠瘘、狭窄、梗阻者多需二次手术治疗。

d）结肠造口术后或肠外置术后者多需二次手术。

e）造成直肠瘘、狭窄、梗阻者多需手术治疗。

f）特殊情况根据临床情况评定。

9.7　肾/肾上腺损伤

a）肾损伤造成假性肾囊肿、肾周脓肿者常需手术切开引流。

b）肾性高血压者常需介入或手术治疗。

c）内分泌功能障碍者，行药物替代治疗。

d）特殊情况根据临床情况评定。

9.8　膀胱损伤

a）膀胱损伤造成膀胱阴道瘘或膀胱直肠瘘需行再次手术治疗。

b）特殊情况根据临床情况评定。

9.9　尿道损伤

a）尿道损伤造成尿道狭窄者多需定期尿道扩张治疗；

b）遗留尿道瘘者需进行再次手术。

c）特殊情况根据临床情况评定。

9.10　阴囊损伤

根据临床情况评定。

9.11　阴茎损伤

a）阴茎部分缺损（尚存部分有3厘米以上者），可以满足基本的排尿和性功能，无需再行手术治疗。

b）阴茎大部分缺损或完全缺损，排尿、男性功能障碍者，视情况行阴茎再造手术。

c）视临床情况确定。

9.12　外阴、阴道损伤

a）遗留阴道狭窄者根据临床情况行手术治疗；

b）遗留阴道瘘者需进行再次手术。

c）视临床情况确定。

9.13　子宫/附件损伤

a）愈合后（子宫/附件修补术）一般无需特殊处理。

b）内分泌功能障碍者，行药物替代治疗。

9.14　肠粘连以及肠梗阻

a）必要时行粘连松解术治疗。

b）视临床情况确定。

10　四肢骨与关节损伤

10.1　锁骨/肩胛骨/上肢长骨骨折

a）行内固定治疗者，可予内固定物取出术。

b）骨折不愈合者，可行切开复位内固定及植骨术。

c）伴有神经损伤并经保守治疗超过3个月仍无恢复征象者，可行手术治疗。

d）二次手术后可考虑患肢康复训练。

e）必要时予以配置相应的辅助器具。

10.2　肩锁关节脱位

陈旧性肩锁关节脱位者，如肩部疼痛、肩锁关节出现退行性改变，可采用锁骨外端切除术治疗。二次手术后可考虑患肢康复训练。

10.3　肱骨髁间骨折/肱骨外髁骨折/尺骨鹰嘴骨折

a）行内固定治疗者，可予内固定物取出术。

b）骨折不愈合者，可行切开复位内固定及植骨术。

c）伴有神经损伤并经保守治疗超过3个月仍无恢复征象者，可行手术治疗。

d）遗留严重肘关节功能障碍者，必要时可行肘关节置换术。

e）二次手术后可考虑患肢康复训练。

f）必要时予以配置相应的辅助器具。

10.4　腕掌关节脱位

a）陈旧性腕掌关节脱位者，若症状和功能障碍不明显，可不予处理，必要时可行切开复位内固定。

b）关节软骨破坏者可行关节融合。

c）二次手术后可考虑患肢康复训练。

10.5　掌骨骨折/指骨骨折

a）行内固定治疗者，可行内固定物取出术。

b）骨折不愈合者，可行二次手术治疗。

c）必要时可配置矫形器。

d）视临床情况确定。

10.6　髋臼骨折/股骨颈骨折

a）行内固定治疗者，可予内固定物取出术。

b）骨折不愈合者，可行切开复位内固定及植骨术。

c）骨折畸形愈合、髋关节周围骨化性肌炎、髋关节创伤性关节炎者，可行手术治疗。

d）股骨头坏死者，可行髋关节置换术。

e）伴有神经损伤并经保守治疗超过3个月仍无恢复征象者，可行手术治疗。

f）二次手术后可考虑患肢康复训练。

g）必要时可配置拐杖等辅助器具。

10.7　股骨髁上骨折/股骨髁骨折/髌骨骨折/胫腓骨骨折/踝关节骨折

a) 行内固定治疗者,可行内固定物取出术。

b) 骨折不愈合者,可行切开复位内固定及植骨术。

c) 出现创伤性关节炎者,可予针对性治疗。

d) 伴有神经损伤并经保守治疗超过 3 个月仍无恢复征象者,可行手术治疗。

e) 二次手术后可考虑患肢康复训练。

f) 必要时可配置下肢矫形器及拐杖等辅助器具。

10.8　距骨骨折/跟骨骨折/跖骨骨折/趾骨骨折

a) 行内固定治疗者,可行内固定物取出术。

b) 骨折不愈合者,可行切开复位内固定及植骨术。

c) 出现创伤性关节炎者,可予针对性治疗。

d) 二次手术后可考虑患肢康复训练。

e) 必要时可配置下肢矫形器及拐杖等辅助器具。

10.9　骨骺分离/骨骺损伤

a) 遗留肘内翻、关节畸形、肢体不等长等严重后遗障碍者,可予二期截骨矫正治疗。

b) 具体视生长发育及临床情况定。

c) 二次手术后可考虑患肢康复训练。

10.10　创伤性肢体离断

a) 康复训练。

b) 安装假肢[2),穿戴假肢后的康复训练。

c) 肩部离断者可安装肩部假肢。

d) 肘上缺失者可安装上臂假肢。

e) 腕上缺失者可视情况安装前臂腕离断简易假肢、前臂手等。

f) 手(指)缺失者,可行断指再植及移植手术治疗,可配置部分手假肢。

g) 足部缺损者可视情况配置部分足假肢,矫形鞋等。

h) 单侧踝上截肢者,可视情况配置踝离断假肢、小腿假肢、双拐等残疾辅助器具。

I) 单侧膝上截肢者,可配置膝离断假肢、大腿假肢、髋离断假肢、轮椅和双拐等残疾辅助器具。

j) 两肢以上缺失者可配置轮椅、电动起立床等辅助器具;待康复训练满 6 个

---

2) 假肢分为功能性假肢和装饰性假肢,功能性假肢包括肌电假肢和机械假肢,可根据残端形态和肌力情况进行选择。

月评估合格后,行相应的辅助器具评价。

11 脊柱与脊髓及神经损伤

11.1 寰椎骨折

a) 配置 Halo 架[3]或围领外固定辅助器具。

b) 骨折不愈合者可行融合术。

c) 内固定器一般不必取出。

d) 伴有脊髓损伤者行康复训练,必要时配置轮椅等辅助器具。

11.2 齿状突骨折

a) 可行齿状突螺钉固定或环枢内固定融合术。

b) 骨折未愈合者可行切开复位内固定术,内固定物一般不取出。

c) 伴有脊髓损伤者行康复训练,必要时配置轮椅等辅助器具。

11.3 枢椎椎弓骨折

a) Halo 架等外固定复位治疗;必要时行骨折内固定术。

b) 伴有脊髓损伤者行康复训练,必要时配置轮椅等辅助器具。

11.4 环枢椎脱位

a) 牵引或外固定架复位后,必要时可行环枢椎固定融合术,内固定器一般不必取出。

b) 伴有脊髓损伤者行康复训练,必要时配置轮椅等辅助器具。

11.5 下颈椎骨折

a) 骨折压迫脊髓和脊柱不稳定者,可行椎管减压、固定、融合术。

b) 伴有脊髓损伤者行康复训练,必要时配置轮椅等辅助器具。

11.6 颈椎脱位

a) 可行切开复位、减压、固定、融合术。

b) 伴有脊髓损伤者行康复训练,必要时配置轮椅等辅助器具。

11.7 颈椎间盘创伤性破裂

a) 压迫脊髓者及脊柱不稳定者,可行椎间盘切除、植骨融合手术或前后路联合手术。

b) 伴有脊髓损伤者行康复训练,必要时配置轮椅等辅助器具。

11.8 胸椎压缩骨折

a) 多选择 PVP 或 PKP[4]治疗,脊柱严重后凸畸形者,可行切开复位、植骨、固

---

3) Halo 架亦称为 Halo - vest 架,是一种具有自控牵引功能的三维坚强颈椎外固定架,具有轻便安全、固定牢靠、复位率高的特点,具有牵引与固定的协同作用。可解决患者术后早期因颅骨长期牵引带来的卧床痛苦,利于早期康复。

定、融合术。

b）伴有脊髓损伤者行康复训练，必要时配置轮椅等辅助器具。

c）必要时行内固定器取出手术。

11.9　胸椎爆裂骨折/胸椎安全带骨折/胸椎脱位

a）可行切开复位、植骨融合及内固定术。

b）伴有脊髓损伤者行康复训练，必要时配置轮椅等辅助器具。

c）必要时行内固定器取出手术。

11.10　胸椎间盘外伤性破裂

a）压迫脊髓者需行手术减压、固定、融合手术治疗。

b）伴有脊髓损伤者行康复训练，必要时配置轮椅等辅助器具。

c）必要时行内固定器取出手术。

11.11　腰椎压缩骨折

a）多选择 PVP 或 PKP 治疗。

b）脊柱严重后凸畸形者，可行后路切开复位、植骨融合及内固定术。

c）伴有脊髓损伤者行康复训练，必要时配置轮椅等辅助器具。

11.12　腰椎爆裂性骨折/腰椎安全带骨折/腰椎脱位

a）多行切开复位、植骨、融合固定手术。

b）伴有脊髓损伤者行康复训练，必要时配置轮椅等辅助器具。

c）必要时行内固定器取出手术。

11.13　腰椎间盘外伤性破裂

a）压迫脊髓者需手术减压。

b）伴有脊髓损伤者行康复训练，必要时配置轮椅等辅助器具。

c）必要时行内固定器取出手术。

11.14　骶骨骨折

a）骨折碎片压迫马尾神经，及骨盆不稳定者可手术治疗。

b）伴有脊髓损伤者行康复训练，必要时配置轮椅等辅助器具。

c）必要时行内固定器取出手术。

11.15　尾骨骨折

愈合后一般无特殊处理。

11.16　脊椎附件骨折

愈合后一般无需手术治疗。

11.17　颈部水平脊髓损伤（四肢瘫）

a）手术治疗者，术后应带围领（如费城围领）保护 3 个月。

4）PKP 手术：又称经皮球囊扩张椎体成形术，也是一种脊柱的微创手术。

b）脊髓损伤直接并发症的治疗。

c）辅助排痰的措施。

d）需康复训练者,可配置辅助器具和必要康复器材。

e）伴有二便功能障碍者需要排便排尿护理及用品(包括排便护理和排尿管理,如间歇导尿用品、清洁导尿用尿包、尿失禁用品)。

f）必要时需配置协助其坐起或转移之器具(如轮椅、助行器等),根据临床情况确定。

g）高位四肢瘫(损伤平面在颈4及以上)伴有呼吸功能异常者,可定期使用呼吸辅助设备和接受必要的康复训练。

11.18　胸腰部脊髓损伤(截瘫)

a）手术治疗者,术后带胸腰骶支具保护3个月。

b）脊髓损伤直接并发症的治疗。

c）康复训练,可配置站立或行走的下肢矫形器、辅助器具和必要康复器材。

d）伴有二便功能障碍者需要排便排尿护理及用品(包括排便护理和排尿管理,如间歇导尿用品、清洁导尿用尿包、尿失禁用品等)。

12　体表损伤

a）小范围体表损伤,愈合后一般不需临床处理。

b）较大范围体表瘢痕,可行瘢痕切除植皮术治疗,或给予弹力手套、弹力袜等处理,具体视临床情况定。

附录A

(推荐性附录)

使用标准的说明

A.1　评定的基本原则

1）本标准涵盖的内容是指因本次损伤/事故所致的后续诊疗项目,需排除既往损伤、疾病。

2）在具体案件的评定中,应遵循个性化为主、循证化为辅的原则,考虑不同个体的自身情况、损伤情况、临床治疗、恢复等因素具体分析,综合评定,不可机械照搬。

3）未列入本标准中的物理性、化学性和生物性等致伤因素造成的人体损伤,比照本标准中的相应条款综合评定。

A.2　评定人员的条件

评定人员需满足以下两者之一：

1）法医学专业大学本科以上学历，具备主检法医师资格及相应业务技术能力；

2）临床医学专业大学（含康复医学专业）本科以上学历，具备与评定内容相关的临床医学专业主治医师（满足卫生部关于执业医师的要求）以上资格及相应业务技术能力。

上述人员需同时满足司法鉴定政策法规中关于司法鉴定人资格的要求。

A.3 评定的特殊要求

因后续诊疗项目评定，专业性强，司法鉴定时需聘请相关临床专业的专家共同参与。

A.4 外部信息

对于作为送检资料提供的伤后病历材料，鉴定人员应考虑对其可采性、可靠性进行验证；尤其病历材料中反映的信息可能影响鉴定意见的，则这种验证更为必要。

当需要利用鉴定机构以外的人员、设备或技术手段进行检测，且该检测对鉴定结果有重要影响时，应有程序性要求保证外部信息的完整性，并审核其可采用程度，有必要的还应加以验证。

附录B

（参考性附录）

医疗康复与残疾辅助器具的相关规定

B.1 残疾辅助器具的配置标准

根据《最高人民法院关于审理人身损害赔偿案件适用法律若干问题的解释》第二十六条规定，残疾辅助器具费用按照普通适用器具的合理标准计算。故此，残疾辅助器具一般应参照国产普及型的配置标准确定，即以能起到功能补偿作用为标准。包括有助于恢复生活自理能力，有助于从事生产劳动，有助于恢复性、回归性社会交往等功能。

B.2 医疗康复期的时间长度

视具体情形：短期1－3个月，中期4－6个月，长期6－12个月。根据病情及临床康复评估，确需继续医疗康复的，其最长期限原则上不超过2年。

B.3 辅助器具更换期限

1）成年人（年满18周岁以上）配置假肢的更换期限，可按照GB/T 13461、GB/T 18027、GB/T 18375（所有部分）和MZ002所规定的产品使用寿命来确定；

对于尚未颁布国家标准或行业标准的产品,可参考假肢生产单位的产品说明书中规定的产品使用寿命来确定。

2) 未成年人(年龄未满18周岁)配置假肢产品的更换期限,除根据产品的使用寿命外,还要考虑肢体伤残者的生长发育情况;年龄未满18周岁前,假肢产品每年至少需要更换一次接受腔或者也可以每年更换一次假肢。

3) 具体配置时,可比照中国残疾人联合会颁布的《残疾人辅助器具基本配置目录》及各地《工伤职工配置辅助器具管理办法》项目等内容,并结合当地经济、社会发展状况,综合评定。

<table>
<tr><th colspan="6">肢体伤残者辅助器具配置简表(供参考)</th></tr>
<tr><th colspan="2">名称</th><th>使用年限</th><th>产品说明</th><th>适用对象</th><th>主要作用</th></tr>
<tr><td rowspan="12">假肢</td><td>部分足假肢</td><td>3</td><td rowspan="6">由国产材料制作的假肢接受腔、机械关节、聚氨酯或橡胶假脚、国产材料外装饰套及内衬等。</td><td rowspan="11">上、下肢相应部位截肢,经评估适合装配假肢的伤残者</td><td rowspan="11">代偿或弥补肢体缺失部分的功能,使截肢者在身体平衡和外观上得到改善</td></tr>
<tr><td>踝离断假肢</td><td>3</td></tr>
<tr><td>小腿假肢</td><td>3</td></tr>
<tr><td>膝离断假肢</td><td>3</td></tr>
<tr><td>大腿假肢</td><td>3</td></tr>
<tr><td>髋离断假肢</td><td>3</td></tr>
<tr><td>部分手假肢</td><td>3</td><td>硅橡胶定制装饰性手套</td></tr>
<tr><td>腕离断简易假肢</td><td>3</td><td rowspan="4">国产组件及装饰性手套</td></tr>
<tr><td>前臂手</td><td>3</td></tr>
<tr><td>上臂假肢</td><td>3</td></tr>
<tr><td>肩部假肢</td><td>3</td></tr>
<tr><td>前臂肌电假肢</td><td>3</td><td>国产组件及装饰性手套</td><td>双侧上肢截肢者,其中与装配假肢对应部位经测试有实用肌电信号</td><td>通过装配假肢,使双侧上肢截肢者获得手的抓、握等功能</td></tr>
</table>

（续表）

<table>
<tr><th colspan="2">名称</th><th>使用年限</th><th>产品说明</th><th>适用对象</th><th>主要作用</th></tr>
<tr><td rowspan="7">矫形器</td><td>矫形鞋</td><td>2</td><td rowspan="6">国产材料定制产品</td><td rowspan="6">偏瘫、截瘫伤残者或外伤导致的下肢功能障碍者（包括畸形）</td><td rowspan="2">补高及改善足部功能</td></tr>
<tr><td>足矫形器</td><td>2</td></tr>
<tr><td>踝足矫形器</td><td>2</td><td rowspan="4">改善相应部位的功能状态（如支撑、保护、限位）</td></tr>
<tr><td>膝踝足矫形器</td><td>2</td></tr>
<tr><td>膝矫形器</td><td>2</td></tr>
<tr><td>脊柱矫形器</td><td>2</td></tr>
<tr><td>颈托</td><td>2</td><td>国产材料通用产品</td><td>颈椎损伤者</td><td>保持颈部功能状态，防止损伤</td></tr>
<tr><td rowspan="3">移动辅具类</td><td>助推轮椅</td><td>3</td><td>国产护理型轮椅，铝合金材质，由护理者推动</td><td>经评估需配置轮椅但自身不具备驱动轮椅能力的伤残者</td><td>丧失自主行走能力的伤残者依靠他人实现移动功能</td></tr>
<tr><td>普通轮椅</td><td>3</td><td>固定扶手，钢质车架</td><td>需借助轮椅代步的伤残者</td><td rowspan="2">代步工具及增进伤残者日常生活能力</td></tr>
<tr><td>功能轮椅</td><td>3</td><td>活动扶手，活动脚踏板，另外可根据伤残者具体情况增加头枕、身体固定带、腿托等配件。并具备附属功能，如可调为全躺位或半躺位</td><td>有位置转移需求、长时间借助轮椅活动的截瘫、偏瘫伤残者</td></tr>
</table>

（续表）

名称		使用年限	产品说明	适用对象	主要作用
移动辅具类	电动四轮轮椅	5	由电子控制装置操作轮椅运动方向和速度，转向灵活，具有身体固定安全带和防倾斜装置；扶手及脚踏板可拆卸	高位截瘫伤残者，单侧上肢功能正常，只能依靠电动驱动轮椅的伤残者	使运动受限的伤残者实现自主移动功能
	手摇三轮车	3	多种操控形式并设有倒档装置	下肢残疾，但上肢健全具有相应体力的伤残者	
移动辅具类	防褥疮座垫	2	充气垫、记忆海绵垫或凝胶垫	长时间乘坐轮椅、自行移位困难的伤残者	降低褥疮多发部位的受压程度，改善局部供血供氧状况，防止褥疮发生
	助行器	3	铝合金材质，高度可调，包括框式助行器、两轮助行器、四轮助行器	下肢残疾，肌力及平衡能力较差，需借助其进行站立和行走训练、以及辅助生活的伤残者	使行走困难的伤残者实现部分行走功能
	腋拐	2	木质、钢质或铝合金材质，高度可调	下肢残疾但上肢功能健全的伤残者	
	肘拐	2	钢质或铝合金材质，高度可调	下肢伤残需借助工具行走	

（续表）

名称		使用年限	产品说明	适用对象	主要作用
移动辅具类	护理床	5	手摇三折式，带床垫	重度肢体功能障碍无法独立翻身及自行坐起	帮助长期卧床的重度伤残者移动
护理类	防褥疮床垫	2	充气垫、记忆海绵垫	长时间卧床、自行移位困难的伤残者	方便看护人员对重度伤残者进行护理
	座便椅	3	可折叠，框架式，有靠背，钢质材料	因肢体功能障碍导致的入厕困难的伤残者	防止使用者从床上跌落，辅助翻身及坐起
	引流袋		由引流管、集尿袋和外阀门构成	截瘫伤残者	长期卧床伤残者进餐

血液和尿液中 108 种毒（药）物的气相色谱－质谱检验方法

SF/Z JD0107014－2015

2015 年 11 月 20 日发布　2015 年 11 月 20 日实施

目　次

前　言

本技术规范按照 GB/T 1.1－2009 给出的规则起草。

本技术规范由司法部司法鉴定科学技术研究所提出。

本技术规范由司法部司法鉴定管理局归口。

本技术规范起草单位：司法部司法鉴定科学技术研究所。

本技术规范主要起草人：卓先义、严慧、刘伟、向平、沈保华、卜俊、马栋。

本技术规范为首次发布。

1 范围

本技术规范规定了血液和尿液中 108 种毒(药)物(参见附录 A)的气相色谱 - 质谱检验方法。

本技术规范适用于血液和尿液中 108 种毒(药)物的定性分析。也适用于体外样品、可疑物证中 108 种毒(药)物的定性分析。

2 规范性引用文件

下列文件对于本技术规范的应用是必不可少的。凡是注日期的引用文件,仅所注日期的版本适用于本技术规范。凡是不注日期的引用文件,其最新版本(包括所有的修改单)适用于本技术规范。

GB/T 6682 分析实验室用水规格和试验方法

GA/T 122 毒物分析名词术语

3 术语和定义

GA/T 122 中界定的术语和定义适用于本技术规范。

4 原理

在酸性、碱性条件下,用有机溶剂将待测毒(药)物从血液或尿液中提取出来,用气相色谱 - 质谱法进行检测,以保留时间和特征碎片离子进行定性分析。

5 试剂、仪器和材料

5.1 试剂

5.1.1 乙醚。

5.1.2 甲醇。

5.1.3 盐酸:用水配制成 1moL/L 盐酸溶液。

5.1.4 氢氧化钠:用水配制成 10% 氢氧化钠溶液。

5.1.5 对照品标准溶液的制备:分别精密称取 108 种毒(药)物对照品各适量,用甲醇配成 1mg/mL 的对照品储备溶液,置于冰箱中冷冻保存,保存时间 12 个月。试验中所用其他浓度的标准溶液均从上述储备溶液稀释而得,置于冰箱中冷藏保存,保存时间 3 个月。

5.1.6 内标物对照品标准溶液配制:精密称取 SKF_{525A} 和烯丙异丙巴比妥对照品适量,用甲醇配成 1mg/mL 的混合内标储备溶液,置于冰箱中冷冻保存,保存时间 12 个月。将内标储备液用甲醇稀释 5 倍,得 200μg/mL 的内标工作液,置于冰箱中冷藏保存，保存时间3个月。

注：本规范所用试剂除另有说明外均为分析纯，试验用水为二级水（见GB/T 6682规定）。

5.2 仪器和材料

5.2.1 气相色谱-质谱仪：配有电子轰击源（EI）。

5.2.2 旋涡混合器。

5.2.3 离心机。

5.2.4 恒温水浴锅。

5.2.5 移液器。

5.2.6 分析天平：感量0.1mg。

6 测定步骤

6.1 样品预处理

6.1.1 待测样品

取待测血液或尿液2mL置于10mL离心管中，加入200μg/mL的内标工作液10μL，加1mol/LHCl溶液使呈酸性（pH3-4），用乙醚3mL涡旋混合提取约2min，离心使之分层，转移出乙醚提取液于5mL试管中，检材中再加10% NaOH溶液，使检材呈碱性（pH11-12），用乙醚3mL提取残留液，涡旋混合约2min，离心使之分层，转移乙醚层，合并乙醚提取液，于约60°C水浴中挥发至近干，残留物加30μL甲醇复溶，待测。

6.1.2 空白样品

取空白血液或尿液2mL，按6.1.1项下进行操作和分析。

6.1.3 添加样品

取空白血液或尿液2mL，添加待测样品中出现的可疑毒（药）物对照品，按6.1.1项下进行操作和分析。

6.2 测定

6.2.1 气相色谱-质谱仪参考条件

以下为参考条件，可根据不同品牌仪器和不同样品等实际情况进行调整：

a）色谱柱：DB-5MS毛细管柱（30m×0.25mm×0.25μm）或等效色谱柱；

b）柱温：100°C保持1.5min，以25°C/min程序升温至280°C保持15min；

c）载气：氦气，纯度≥99.999%；

d）流速：1mL/min；

e）进样量：1μL；

f）进样口温度：250℃；

g）EI源电压：70eV；

h）离子源温度：230℃；

i）四极杆温度：150℃；

j）接口温度：280℃；

k）采用全扫描模式，质量范围 m/z 50－500。

l）108 种毒（药）物的保留时间与特征碎片离子见附录 A。

6.2.2 定性分析

在相同的试验条件下，待测样品中出现的色谱峰保留时间与添加对照样品的色谱峰保留时间相比较，相对误差在 ±2% 内，且特征碎片离子均出现，所选择的离子相对丰度比与添加对照品的离子相对丰度比之相对误差不超过表 1 规定的范围，则可判断样品中存在这种化合物。

表 1 相对离子丰度比的最大允许相对误差（%）

离子丰度比	≥50	20～50	10～20	≤10
允许的相对误差	±20	±25	±30	±50

7 结果评价

7.1 阴性结果评价

如果待测样品中仅检出内标 SKF_{525A} 和烯丙异丙巴比妥未检出附录 A 中毒（药）物成分，则阴性结果可靠；如果待测样品中未检出内标，则阴性结果不可靠。

7.2 阳性结果评价

如果待测样品中检出附录 A 中毒（药）物成分且空白样品无干扰，则阳性结果可靠；如果待测样品中检出毒（药）物成分且空白样品亦呈阳性，则阳性结果不可靠。

8 方法检出限

本技术规范血液和尿液中 108 种毒（药）物成分的检出限参见附录 A。

附录 A

（资料性附录）

108 种毒（药）物和内标的 GC－MS 参考参数

表 A.1 108 种毒（药）物和内标的 GC－MS 参考参数

编号	名称	保留时间（min）	特征碎片离子	检测限（μg/mL）	
				血液	尿液
1	灭多威	3.04	88、105	0.2	0.1
2	苯丙胺	3.54	44、91	0.2	0.2

(续表)

编号	名称	保留时间(min)	特征碎片离子	检测限(μg/mL)	
				血液	尿液
3	丙戊酸	3.66	57、73、102	0.5	0.5
4	甲基苯丙胺	4.16	58、91	0.05	0.02
5	残杀威	4.36	110、152	0.3	0.2
6	金刚烷胺	4.55	94、151	0.1	0.1
7	甲胺磷	5.11	94、141	0.1	—
8	敌敌畏	5.17	79、109、185	0.5	0.2
9	杀虫双(单)	5.41	70、103、149	0.5	0.3
10	尼古丁	5.63	84、133、162	0.1	0.05
11	去甲伪麻黄碱	5.86	44、77、105	0.1	0.05
12	异烟肼	5.87	78、106、137	0.2	0.2
13	MDMA	5.98	58、135、194	0.5	0.2
14	麻黄碱	6.16	58、166	0.125	0.1
15	甲基麻黄碱	6.27	42、72、105	0.1	0.05
16	尼可刹米	6.30	78、106、177	0.1	0.1
17	MDA	6.40	77、136、180	0.1	0.05
18	乙酰甲胺磷	6.43	94、136	0.1	—
19	托吡酯	6.48	127、171、245	0.5	—
20	氧乐果	6.57	110、156	0.2	—
21	布洛芬	6.67	91、161、206	0.1	0.05
22	治螟磷	6.86	97、202、322	0.2	—
23	巴比妥	6.87	141、156、184	5	2
24	异戊巴比妥	6.88	141、156	5	2

（续表）

编号	名称	保留时间(min)	特征碎片离子	检测限(μg/mL)	
				血液	尿液
25	烯丙基异丙基巴比妥	6.95	167、195、153	0.5	0.2
26	非那西汀	7.00	108、137、179	0.2	0.1
27	对乙酰氨基酚	7.07	109、151	0.5	0.2
28	毒鼠强	7.19	212、240	0.02	0.01
29	乐果	7.21	87、125、230	0.5	0.2
30	哌替啶	7.36	71、172、247	0.05	0.02
31	呋喃丹	7.37	149、164、221	0.5	0.2
32	特丁磷	7.39	231、288	0.3	—
33	咖啡因	7.45	109、194	0.1	0.1
34	久效磷	7.46	127、192、224	0.3	—
35	司可巴比妥钠	7.50	168、195	5	2
36	可铁宁	7.57	98、147、176	0.1	0.05
37	硫喷妥	7.58	157、172	1	1
38	苯海拉明	7.88	58、73、165	0.2	0.2
39	氨基比林	7.90	96、188、231	0.125	0.1
40	氯胺酮	7.92	152、180	0.05	0.02
41	利多卡因	7.95	86、234	0.05	0.02
42	苯巴比妥	8.00	117、204	1	1
43	毒死蜱	8.09	258、314、352	0.2	—
44	福美双	8.17	88、121、208	0.2	0.2
45	异丙安替比林	8.19	215、230	0.1	0.05
46	曲马多	8.35	58、263	0.0125	0.01
47	扑尔敏	8.45	58、203	0.0125	0.01

（续表）

编号	名称	保留时间(min)	特征碎片离子	检测限(μg/mL)	
				血液	尿液
48	安替比林	8.46	96、188	0.1	0.05
49	溴敌隆	8.47	178、260	0.5	—
50	对硫磷	8.48	97、109、291	0.5	—
51	甲基对硫磷	8.51	109、263	0.2	—
52	西洛西宾	8.66	58、204	0.5	—
53	文法拉辛	8.69	58、134、179	0.1	—
54	喹硫磷	8.69	146、157、298	0.2	—
55	美托洛尔	8.70	72、223、252、267	0.1	0.1
56	马拉硫磷	8.75	93、127、173	0.2	0.2
57	乙基对硫磷	8.91	109、139、291	0.2	—
58	美沙酮	8.94	72、294	0.025	0.02
59	阿米替林	9.06	58、202、215	0.05	0.02
60	丙咪嗪	9.06	58、193、234	0.1	0.05
61	安眠酮	9.07	235、250	0.1	0.05
62	多塞平	9.08	58、189	0.125	0.1
63	右美沙芬	9.09	59、150、271	0.2	0.1
64	氯美扎酮	9.16	98、152、208	0.5	0.5
65	氟卡尼	9.18	84、97、301	0.2	—
66	阿托品	9.20	124、289	0.125	0.1
67	溴虫腈	9.24	59、137、247	0.5	—
68	三唑磷	9.54	161、257、313	0.5	—
69	苯妥因	9.84	180、209、252	0.5	0.3

（续表）

编号	名称	保留时间（min）	特征碎片离子	检测限（μg/mL）	
				血液	尿液
70	胺菊酯	9.89	123、164	0.3	0.2
71	卡马西平	9.91	193、236	0.2	0.1
72	SKF_{525A}	9.93	86、99、167	0.5	0.2
73	咳必清	9.98	86、144、318	0.1	0.1
74	苯妥因纳	10.07	180、223、252	0.4	0.2
75	安定	10.09	256、283、284	0.05	0.05
76	东莨若碱	10.16	94、108、138、303	0.2	0.1
77	CBD（大麻二酚）	10.25	174、231、246、314	0.3	0.2
78	地芬尼多	10.28	98、232	0.1	0.1
79	异丙嗪	10.28	72、180、284	0.1	0.05
80	氯丙嗪	10.40	58、318	0.025	0.02
81	可待因	10.74	162、229、299	0.5	0.2
82	THC（四氢大麻酚）	10.81	231、271、299、314	0.1	0.05
83	咪达唑仑	10.99	310、325	0.125	0.1
84	罗拉西泮	11.05	239、274、302	3	2
85	CBN（大麻酚）	11.24	223、238、295、310	0.2	0.2
86	海洛因	11.30	268、327、369	0.1	0.05
87	乙酰可待因	11.41	229、282、341	0.1	0.05
88	硝苯地平	11.61	284、329	5	3
89	帕罗西汀	11.98	192、329	0.1	0.1
90	普罗帕酮	12.17	72、297、312	0.1	0.1
91	硝甲西泮	12.21	220、248、267、294	3	2

（续表）

编号	名称	保留时间（min）	特征碎片离子	检测限（μg/mL）	
				血液	尿液
92	杀鼠醚	12.38	121、188、292	1	1
93	硝基西泮	12.40	253、264、280	3	2
94	氟硝西泮	12.60	285、286、312	3	2
95	二氯苯醚菊酯	12.73	127、163、183	1	1
96	氯硝西泮	13.26	280、314	3	2
97	杀灭菊酯	13.35	125、167、419	1	0.5
98	唑吡坦	13.62	235、307	0.1	0.05
99	氯氮平	14.10	243、256、326	0.125	0.12
100	氟安定	14.12	58、86、387	3	2
101	氯氰菊酯	14.14	127、163、181	0.5	0.2
102	阿普唑仑	14.46	204、273、308	0.5	0.2
103	氰戊菊酯	14.77	181、225、419	1	0.5
104	氟哌啶醇	15.14	123、224、237	0.5	0.5
105	艾司唑仑	15.24	205、259、294	0.5	0.2
106	利眠宁	15.34	241、282	0.1	0.05
107	延胡索乙素	15.84	164、190、355	0.2	0.2
108	三唑仑	15.90	238、313、342	0.5	0.2
109	溴氰菊酯	16.03	181、253	0.5	0.2
110	佐匹克隆	19.95	143、245	0.2	0.1

血液中45种有毒生物碱成分的液相色谱－串联质谱检验方法

SF/Z JD0107015－2015

2015年11月20日发布　2015年11月20日实施

目　次

前　言

本技术规范按照GB/T 1.1－2009给出的规则起草。

本技术规范由司法部司法鉴定科学技术研究所提出。

本技术规范由司法部司法鉴定管理局归口。

本技术规范起草单位：司法部司法鉴定科学技术研究所。

本技术规范主要起草人：刘伟、沈敏、卓先义、沈保华、向平、卜俊、马栋、严慧。

本技术规范为首次发布。

1 范围

本技术规范规定了血液中 45 种有毒生物碱成分(见附录 A)的液相色谱 - 串联质谱(LC - MS/MS)检验方法。

本技术规范适用于血液中 45 种有毒生物碱成分的定性定量分析。也适用于尿液及体外样品、可疑物证中 45 种有毒生物碱的定性分析。

2 规范性引用文件

下列文件中对本技术规范的应用是必不可少的。凡是注日期的引用文件,仅所注日期的版本适用于本技术规范。凡是不注日期的引用文件,其最新版本(包括所有的修改单)适用于本技术规范。

GA/T 122 毒物分析名词术语

GB/T 6682 分析实验室用水规格和试验方法

3 术语和定义

GA/T 122 中界定的术语和定义适用于本技术规范。

4 原理

本法利用 45 种有毒生物碱成分可在碱性条件下被有机溶剂从血液中提取出来的特点,以 SKF_{525A} 为内标,用液相色谱 - 串联质谱法的多反应监测(MRM)模式进行检测,经与平行操作的有毒生物碱对照品比较,以保留时间、两对母离子/子离子对进行定性分析;以定量离子对峰面积为依据,内标法或外标法定量。

5 试剂和仪器

5.1 试剂

5.1.1 乙腈。

5.1.2 甲酸:优级纯。

5.1.3 甲醇。

5.1.4 乙醚:分析纯。

5.1.5 乙酸铵。

5.1.6 超纯水:由纯水系统制得,电阻率≥18.2MΩ · cm。

5.1.7 pH9.2 硼砂缓冲液。

5.1.8 流动相缓冲液:20mmol/L 乙酸铵和 0.1% 甲酸缓冲液:分别称取

1.54g 乙酸铵和1.84g 甲酸置于1000mL容量瓶中,加水定容至刻度,pH 值约为4。

5.1.9 45种有毒生物碱对照品标准溶液:分别精密称取45种有毒生物碱对照品各适量,用甲醇配成1.0mg/mL对照品标准储备溶液,置冰箱中冷冻保存,保存时间为12个月。试验中所用其他浓度的对照品标准溶液均从上述储备液用甲醇稀释而得。

5.1.10 内标物 SKF_{525A}对照品标准溶液:精密称取 SKF_{525A}适量,用甲醇配制成1.0mg/mL SKF_{525A}对照品标准储备溶液,置冰箱中冷冻保存,保存时间为12个月。将储备液用甲醇稀释得5μg/mL SKF_{525A}内标工作液,置冰箱中冷藏保存,保存时间为6个月。

注:本技术规范所用试剂除另有说明外均为色谱纯,试验用水为一级水(见GB/T 6682规定)。

5.2 仪器

5.2.1 液相色谱-串联质谱仪:配电喷雾离子源(ESI)。

5.2.2 分析天平:感量0.1mg。

5.2.3 涡旋混合器。

5.2.4 离心机。

5.2.5 精密移液器。

5.2.6 恒温水浴锅。

6 测定步骤

6.1 样品预处理

6.1.1 待测样品

取待测血液1mL,加5μg/mL SKF_{525A}内标工作液10μL,加1mL pH9.2硼砂缓冲液后,用乙醚3mL提取,涡旋混合,离心,将乙醚层转移至另一试管中,同法提取两次,合并乙醚液,置60°C水浴中挥干,残留物用100μL流动相(乙腈:流动相缓冲液=70:30)定容,供LC-MS/MS分析。

6.1.2 空白样品

取空白血液1mL,按6.1.1项下进行操作和分析。

6.1.3 添加样品

取空白血液1mL,添加待测样品中出现的可疑有毒生物碱对照品,按6.1.1项下进行操作和分析。

6.2 测定

6.2.1 液相色谱-串联质谱仪参考条件

a)液相色谱柱:Capcell Pak C18(250mm×2.0mm,MGⅡ 5μm)或相当者;

b)柱温:室温;

c)流动相:V(乙腈):V(流动相缓冲液) = 70:30;

d)流速:200μL/min;

e) 进样量:5μL;

f) 离子源:电喷雾电离 - 正离子模式(ESI +);

g) 检测方式:多反应监测(MRM);

h) 离子源电压(IS):5500V;

i) 碰撞气(CAD)、气帘气(CUR)、雾化气(GS1)、辅助气 2(GS2)均为高纯氮气,使用前调节各气流流量以使质谱灵敏度达到检测要求;

j) 各成分去簇电压(DP)、碰撞能量(CE)等电压值应优化至最佳灵敏度(见附录 A)。

6.2.2 定性分析

定性分析以两对母离子/子离子对进行(见附录 A)。如果待测样品出现某一有毒生物碱两对母离子/子离子对的特征色谱峰,保留时间与添加样品中相应对照品的色谱峰保留时间比较,相对误差在 ±2% 内,且所选择的离子对相对丰度比与添加对照品的离子对相对丰度比之相对误差不超过表 1 规定的范围,则可认为待测样品中检出此种有毒生物碱成分。

表 1 相对离子对丰度比的最大允许相对误差(%)

相对离子对丰度比	≥50	20 ~ 50	10 ~ 20	≤10
允许的相对误差	±20	±25	±30	±50

6.2.3 定量分析

6.2.3.1 定量方法

根据待测样品中有毒生物碱的浓度情况,用空白血液添加相应有毒生物碱对照品,采用内标法或外标法,以定量离子对峰面积进行定量测定。定量方法可采用工作曲线法或单点校正法。

采用工作曲线法时,待测样品中有毒生物碱的浓度应在工作曲线的线性范围内。配制系列浓度的有毒生物碱血液质控样品,按 6.1.1 进行样品处理,按 6.2.1 条件进行测定,以有毒生物碱和内标定量离子对峰面积比(或有毒生物碱定量离子对峰面积)为纵坐标,血液中有毒生物碱浓度为横坐标绘制工作曲线,用工作曲线对待测样品中有毒生物碱浓度进行定量。

采用单点校正法时待测样品中有毒生物碱的浓度应在添加样品中有毒生物碱浓度的 ±50% 内。

6.2.3.2 结果计算

6.2.3.2.1 内标－工作曲线法

在系列浓度的有毒生物碱血液质控样品中，以有毒生物碱与内标 SKF_{525A} 定量离子对的峰面积比（Y）为纵坐标、有毒生物碱质量浓度（C）为横坐标进行线性回归，得线性方程。

根据待测样品中有毒生物碱与内标 SKF_{525A} 定量离子对峰面积比，按公式（1）计算出待测样品中有毒生物碱的质量浓度。

$$C = \frac{Y - a}{b} \tag{1}$$

式中：

C——待测样品中有毒生物碱质量浓度，单位为纳克每毫升（ng/mL）；

Y——待测样品中有毒生物碱与内标峰面积比；

a——线性方程的截距；

b——线性方程的斜率。

6.2.3.2.2 内标－单点校正法

根据待测样品及添加样品中有毒生物碱与内标 SKF_{525A} 定量离子对峰面积比，按公式（2）计算出待测样品中有毒生物碱的质量浓度。

$$C = \frac{A \times A_i' \times c}{A' \times A_i} \tag{2}$$

式中：

C——待测样品中有毒生物碱质量浓度，单位为纳克每毫升（ng/mL）；

A——待测样品中有毒生物碱的峰面积；

A'——添加样品中有毒生物碱的峰面积；

Ai——待测样品中内标的峰面积；

Ai'——添加样品中内标的峰面积；

c——添加样品中有毒生物碱的质量浓度，单位为纳克每毫升（ng/mL）。

6.2.3.2.3 外标－工作曲线法

在系列浓度的有毒生物碱血液质控样品中，以有毒生物碱定量离子对的峰面积（Y）为纵坐标、有毒生物碱质量浓度（C）为横坐标进行线性回归，得线性方程。

根据待测样品中有毒生物碱定量离子对峰面积，按公式（3）计算出待测样品中有毒生物碱的质量浓度。

$$C = \frac{Y - a}{b} \tag{3}$$

式中：

C——待测样品中有毒生物碱质量浓度,单位为纳克每毫升(ng/mL);

Y——待测样品中有毒生物碱的峰面积;

a——线性方程的截距;

b——线性方程的斜率。

6.2.3.2.4　外标-单点校正法

根据待测样品及添加样品中有毒生物碱定量离子对峰面积,按公式(4)计算出待测样品中有毒生物碱的质量浓度。

$$C = \frac{A \times c}{A'} \tag{4}$$

式中:

C——待测样品中有毒生物碱质量浓度,单位为纳克每毫升(ng/mL);

A——待测样品中有毒生物碱的峰面积;

A'——添加样品中有毒生物碱的峰面积;

c——添加样品中有毒生物碱的质量浓度,单位为纳克每毫升(ng/mL)。

6.2.3.3　平行试验

待测样品同时平行测定两份,双样相对相差按公式(5)计算:

$$RD(\%) = \frac{|C_1 - C_2|}{\bar{C}} \tag{5}$$

式中:

RD——相对相差;

C1、C2——两份待测样品平行定量测定的质量浓度;

$\bar{C}$——两份待测样品平行定量测定质量浓度的平均值。

6.2.4　空白试验

用空白血液进行空白试验。

7　结果评价

7.1　定性结果评价

7.1.1　阴性结果评价

如果待测样品中仅检出内标 SKF_{525A} 未检出附录 A 中 45 种有毒生物碱成分,则阴性结果可靠;如果待测样品中未检出内标,则阴性结果不可靠。

7.1.2　阳性结果评价

如果待测样品中检出附录 A 中有毒生物碱成分且空白样品无干扰,则阳性结果可靠;如果待测样品中检出有毒生物碱成分且空白样品亦呈阳性,则阳性结果不可靠。

7.2　定量结果评价

平行试验中两份检材的双样相对相差不得超过20%（腐败检材不得超过30%），结果按两份检材浓度的平均值计算，否则需要重新测定。

8　检出限和定量下限

内容见附录A

附录A

（资料性附录）

45种有毒生物碱的LC－MS/MS参数、检出限、定量下限

表A.1　45种有毒生物碱的LC－MS/MS参数

中文名	英文名	保留时间/min	定性离子对 m/z	定量离子对 m/z	CE/eV	DP/V
SKF_{525A}（内标）	SKF_{525A}	4.36	354.3→209.2	354.3→209.2	26	44
			354.3→167.4		35	
阿托品	Atropine	2.38	290.3→124.1	290.3→124.1	34	85
			290.3→93.1		44	
巴马汀	Palmatine	2.80	338.2→323.2	338.2→323.2	36	55
			338.2→294.2		41	
草乌甲素	Bulleyaconitine	3.32	644.4→584.2	644.4→584.2	44	80
			644.4→552.2		50	
茶碱	Theophylline	2.54	181.1→124.0	181.1→124.0	26	50
			181.1→96.0		33	
次乌头碱	Hypaconitine	3.21	616.4→556.2	616.4→556.2	45	100
			616.4→524.0		48	

（续表）

中文名	英文名	保留时间/min	定性离子对 m/z	定量离子对 m/z	CE/eV	DP/V
蒂巴因	Thebaine	2.63	312.2→58.2	312.2→58.2	38	60
			312.2→266.2		21	
东莨菪碱	Scopolamine	2.36	304.3→138.3	304.3→138.3	31	60
			304.3→156.3		23	
毒扁豆碱	Physostigmine	2.52	276.2→219.2	276.2→219.2	30	50
			276.2→162.3		18	
二羟丙茶碱	Diprophylline	3.82	609.3→195.2	609.3→195.2	50	100
			609.3→174.0		64	
粉防己碱	Hanfangchin	2.47	249.1→152.0	249.1→152.0	47	100
			249.1→162.0		50	
高三尖杉酯碱	Homoharringtonine	2.47	546.4→298.3	546.4→298.3	40	60
			546.4→266.2		58	
后马托品	Homatropine	2.40	276.1→124.1	276.1→124.1	33	80
			276.1→142.2		42	
槐定碱	Sophoridine	2.46	243.2→226.3	243.2→226.3	20	55
			243.2→210.1		42	
胡椒碱	Piperine	2.39	286.0→201.0	286.0→201.0	29	80
			286.0→135.1		35	
加兰他敏	Galanthamine	2.40	288.0→213.2	288.0→213.2	32	63
			288.0→231.2		26	
可待因	Codeine	2.49	300.2→199.2	300.2→199.2	40	80
			300.2→165.3		60	
可卡因	Cocaine	2.70	304.1→182.2	304.1→182.2	28	60
			304.1→150.2		35	

（续表）

中文名	英文名	保留时间/min	定性离子对 m/z	定量离子对 m/z	CE/eV	DP/V
可可碱	Theobromine	3.19	623.4→381.1	623.4→381.1	56	90
			623.4→592.3		46	
苦参碱	Matrine	2.73	365.3→321.2	365.3→321.2	33	50
			365.3→265.1		41	
利血平	Reserpine	2.41	249.2→148.1	249.2→148.1	46	76
			249.2→176.0		48	
吗啡	Morphine	3.16	349.2→305.2	349.2→305.2	33	60
			349.2→249.2		42	
麻黄碱	Ephedrine	2.37	166.1→148.1	166.1→148.1	18	40
			166.1→133.1		30	
麦角新碱	Ergometrine	2.37	326.4→223.2	326.4→223.2	34	60
			326.4→208.3		41	
毛果芸香碱	Pilocarpine	2.50	209.3→94.9	209.3→94.9	39	70
			209.3→163.5		28	
马钱子碱	Brucine	2.39	395.1→244.2	395.1→244.2	52	80
			395.1→324.3		43	
那可汀	Narcotine	5.49	414.2→220.3	414.2→220.3	32	60
			414.2→353.2		33	
羟基喜树碱	Hydroxycamptoth-ecin	2.34	306.2→140.3	306.2→140.3	35	60
			306.2→122.0		40	
青藤碱	Sinomenine	2.35	286.1→201.2	286.1→201.2	36	80
			286.1→165.3		56	
秋水仙碱	Colchicine	2.80	400.4→310.1	400.4→310.1	35	98
			400.4→358.1		31	

(续表)

中文名	英文名	保留时间 /min	定性离子对 m/z	定量离子对 m/z	CE/eV	DP/V
山梗菜碱	Lobeline	2.98	338.2→96.0	338.2→96.0	30	50
			338.2→216.3		40	
山莨菪碱	Anisodamine	2.48	181.0→138.0	181.0→138.0	26	70
			181.0→163.2		28	
士的宁	Strychnine	2.49	335.1→184.2	335.1→184.2	51	100
			335.1→156.2		61	
石杉碱甲	Huperzine	2.14	609.4→386.1	609.4→386.1	58	100
			609.4→564.3		43	
筒箭毒碱	Tubocurarine	2.70	354.1→189.0	354.1→189.0	43	55
			354.1→149.2		37	
乌头碱	Aconitine	3.32	646.4→586.1	646.4→586.1	46	100
			646.4→526.2		51	
小檗碱	Berberine	2.46	330.1→239.0	330.1→239.0	37	90
			330.1→181.3		47	
新乌头碱	Mesaconitine	2.94	632.3→572.2	632.3→572.2	46	100
			632.3→354.2		58	
喜树碱	Camptothecin	2.38	255.1→181.2	255.1→181.2	28	60
			255.1→123.9		45	
雪上一枝蒿甲素	Bullatine	2.47	344.1→58.1	344.1→58.1	66	60
			344.1→235.0		54	
氧化苦参碱	Oxymatrine	2.46	264.7→247.2	264.7→247.2	40	60
			264.7→205.1		42	
氧可酮	Oxycodone	2.44	316.2→298.1	316.2→298.1	27	80
			316.2→241.1		36	
延胡索乙素	Tetrahydropalmati-ne	3.63	356.4→192.3	356.4→192.3	35	80
			356.4→165.3		34	

（续表）

中文名	英文名	保留时间/min	定性离子对 m/z	定量离子对 m/z	CE/eV	DP/V
药根碱	Jatrorrhizine	3.11	335.8→292.2	335.8→292.2	44	40
			335.8→321.4		42	
罂粟碱	Papaverine	3.62	340.1→202.2	340.1→202.2	37	60
			340.1→324.3		41	
原阿片碱	Protopine	3.03	352.1→336.1	352.1→336.1	41	60
			352.1→308.2		41	

表 A.2 45 种有毒生物碱的检出限(LOD)和定量下限(LOQ)

（单位：ng/mL）

化合物	LOD	LOQ	化合物	LOD	LOQ
阿托品	1	2	毛果芸香碱	0.5	2
巴马汀	0.5	1	马钱子碱	1	2
草乌甲素	0.1	0.2	那可汀	0.1	0.1
茶碱	2.5	10	羟基喜树碱	25	50
次乌头碱	0.1	0.1	青藤碱	5	7
蒂巴因	1	1	秋水仙碱	2.5	10
东莨菪碱	0.2	0.5	山梗菜碱	0.5	1
毒扁豆碱	0.5	0.5	山莨菪碱	25	50
二羟丙茶碱	5	10	士的宁	0.2	0.5
粉防己碱	2	10	石杉碱甲	10	20
高三尖杉酯碱	0.5	1	筒箭毒碱	5	10
后马托品	1	2	乌头碱	0.1	0.1
槐定碱	2	5	小檗碱	0.2	0.5
胡椒碱	0.1	0.1	新乌头碱	0.1	0.2
加兰他敏	0.5	1	喜树碱	2	5

（续表）

化合物	LOD	LOQ	化合物	LOD	LOQ
可待因	2	2.5	雪上一枝蒿甲素	1	2
可卡因	0.1	0.1	氧化苦参碱	5	8
可可碱	20	40	氧可酮	1	2
苦参碱	0.2	0.5	延胡索乙素	0.1	0.2
利血平	0.5	1	药根碱	2	5
吗啡	5	7	罂粟碱	0.1	0.2
麻黄碱	0.5	1	原阿片碱	1	2
麦角新碱	0.5	1			

毛发中可卡因及其代谢物苯甲酰爱康宁的液相色谱-串联质谱检验方法

SF/Z JD0107016-2015

2015年11月20日发布　2015年11月20日实施

目　次

前　言

本技术规范按照GB/T 1.1-2009给出的规则起草。

本技术规范由司法部司法鉴定科学技术研究所提出。

本技术规范由司法部司法鉴定管理局归口。

本技术规范起草单位:司法部司法鉴定科学技术研究所。
本技术规范主要起草人:向平、卓先义、刘伟、严慧、沈保华、沈敏。
本技术规范为首次发布。

1 范围

本技术规范规定了毛发中可卡因及其代谢物苯甲酰爱康宁的液相色谱-串联质谱检验方法。

本技术规范适用于毛发中可卡因及其代谢物苯甲酰爱康宁的定性及定量分析。

2 规范性引用文件

下列文件对于本技术规范的应用是必不可少的。凡是注日期的引用文件,仅所注日期的版本适用于本技术规范。凡是不注日期的引用文件,其最新版本(包括所有的修改单)适用于本技术规范。

GB/T 6682 分析实验室用水规格和试验方法

GA/T 122 毒物分析名词术语

3 术语和定义

GA/T 122 中界定的术语和定义适用于本技术规范。

4 原理

在中性条件下,用有机溶剂将可卡因及其代谢物苯甲酰爱康宁从毛发样品中提出,提取后的样品用液相色谱-串联质谱法的多反应监测(MRM)模式进行检测,经与平行操作的可卡因和苯甲酰爱康宁对照品比较,以保留时间和两对母离子/子离子对进行定性分析;以定量离子对峰面积为依据,采用内标法定量测定。

5 试剂、仪器和材料

5.1 试剂

5.1.1 甲醇:HPLC 级。

5.1.2 乙酸胺:色谱纯。

5.1.3 甲酸:优级纯。

5.1.4 丙酮。

5.1.5 二氯甲烷。

5.1.6 20mmol/L 乙酸铵和 0.1% 甲酸缓冲液:分别称取 1.54g 乙酸铵和

1.84g 甲酸置于 1000mL 容量瓶中,加水定容至刻度,pH 值约为 4。

5.1.7　可卡因对照品。

5.1.8　苯甲酰爱康宁对照品。

5.1.9　内标为可卡因 - d_3 和苯甲酰爱康宁 - d_8 或其他合适的内标物。

5.1.10　可卡因和苯甲酰爱康宁对照品标准溶液配制:分别精密称取可卡因和苯甲酰爱康宁对照品各适量,用甲醇配成 1mg/mL 的标准储备溶液,置于冰箱中冷冻保存,保存时间 12 个月。试验中所用其他浓度的标准溶液均从上述储备溶液用甲醇稀释而得。置于冰箱中冷藏保存,保存时间 3 个月。

5.1.11　内标物对照品标准溶液配制:市售可卡因 - d_3 和苯甲酰爱康宁 - d_8的甲醇溶液质量浓度为 100μg/mL,置于冰箱中冷冻保存。将可卡因 - d_3 和苯甲酰爱康宁 - d_8 储备液用甲醇稀释 50 倍,得 2μg/mL 的内标工作液。置于冰箱中冷藏保存,保存时间 3 个月。

注:本规范所用试剂除另有说明外均为分析纯,试验用水为一级水(见 GB/T 6682 规定)。

5.2　仪器和材料

5.2.1　液相色谱 - 串联质谱仪:配有电喷雾离子源(ESI)。

5.2.2　超声波清洗仪。

5.2.3　离心机。

5.2.4　移液器。

5.2.5　分析天平,感量 0.1mg。

6　测定步骤

6.1　毛发样品预处理

6.1.1　毛发样品采集

贴根(紧贴头皮)剪取头顶后部(枕骨部位)的头发,所采头发平放于清洁纸或铝箔纸上,标记发根位置,经包裹、折叠后,置于纸袋(信封袋)中。记录个体信息、摄药史、毛发颜色、长度特征以及特殊处理情况等。

当无头发可采或个体的头发极短时,可采取人体其他部位的毛发,如腋毛、阴毛、男性胡须等,作为头发的替代品。

6.1.2　毛发样品洗涤

毛发样品依次用二氯甲烷、水和丙酮振荡洗涤,清洗后的毛发晾干后剪成约 1mm 段,供检。

6.1.3　毛发样品的提取

称取毛发 20mg,加入 10μL 内标工作液(可卡因 - d_3 和苯甲酰爱康宁 - d_8 2μg/mL),加入 0.5mL 甲醇超声 30min,然后以 2500r/min 离心 3min,将上清液转移至样品瓶中,待测。

6.1.4 添加样品及空白样品

取空白毛发20mg两份,一份添加可卡因和苯甲酰爱康宁对照品制得0.5ng/mg添加样品,一份做阴性对照,按上述操作与待测毛发平行提取和分析。

6.2 测定

6.2.1 液相色谱-串联质谱仪参考条件

以下为参考条件,可根据不同品牌仪器和不同样品等实际情况进行调整:

a) 色谱柱:Allure PFP Propyl 液相色谱柱(2.1mm×100mm×5μm)或等效色谱柱;

b) 流动相:V(甲醇):V(20mmol/L乙酸铵和0.1%甲酸缓冲液)=80:20;

c) 流速:200μL/min;

d) 柱温:室温;

e) 进样量:5μL;

f) 离子源:电喷雾电离-正离子模式(ESI+);

g) 检测方式:多反应监测(MRM);

h) 离子源电压(IS):5500V;

i) 碰撞气(CAD)、气帘气(CUR)、雾化气(GS1)、辅助气(GS2)均为高纯氮气,使用前调节各气流流量以使质谱灵敏度达到检测要求;

j) 去簇电压(DP)、碰撞能量(CE)应优化至最佳灵敏度;

k) 可卡因、苯甲酰爱康宁和内标物的定性离子对、定量离子对和保留时间见表1。

表1 可卡因、苯甲酰爱康宁和内标物的定性离子对、定量离子对、去簇电压(DP)、碰撞能量(CE)和保留时间

名称	定性离子对	DP(V)	CE(eV)	保留时间(min)
可卡因	304.2/150.1*	60	35	6.5
	304.2/182.3		28	
苯甲酰爱康宁	290.2/168.3*	70	26	2.5
	290.2/105.1		43	
可卡因-d_3	307.1/153.2*	60	35	6.5
	307.1/185.3		27	
苯甲酰爱康宁-d_8	298.3/171.0*	60	27	2.5
	298.3/110.2		46	

注:* 为定量离子对

6.2.2 定性分析

在相同的试验条件下,待测样品中出现两对定性离子对色谱峰,其保留时间与添加样品中目标物保留时间比较,相对误差在 ±2% 内,且相对离子对丰度比与添加样品中的相对离子对丰度比之相对误差不超过表 2 规定的范围,则可判断样品中存在目标物。

表 2 相对离子对丰度比的最大允许相对误差(%)

相对离子对丰度比	≥50	20~50	10~20	≤10
允许的相对误差	±20	±25	±30	±50

6.2.3 定量分析

6.2.3.1 定量方法

根据待测样品中可卡因和苯甲酰爱康宁的浓度情况,用空白毛发添加相应可卡因和苯甲酰爱康宁对照品,采用内标法,以定量离子对峰面积进行定量测定。定量方法可采用工作曲线法或单点校正法。

采用工作曲线法时待测样品中可卡因和苯甲酰爱康宁的质量分数应在工作曲线的线性范围内。配制系列质量分数的可卡因和苯甲酰爱康宁毛发质控样品,按 6.1.3 进行样品处理,按 6.2.1 进行测定,以可卡因、苯甲酰爱康宁和内标定量离子对峰面积比为纵坐标,毛发中可卡因和苯甲酰爱康宁质量分数为横坐标绘制工作曲线,用工作曲线对待测样品中可卡因和苯甲酰爱康宁质量分数进行定量。

采用单点校正法时待测样品中可卡因和苯甲酰爱康宁的质量分数应在添加样品中可卡因和苯甲酰爱康宁质量分数的 ±50% 内。

6.2.3.2 结果计算

6.2.3.2.1 内标-工作曲线法

以目标物与内标物定量离子对的峰面积比(Y)为纵坐标、目标物质量分数(C)为横坐标进行线性回归,得线性方程。

根据各样品中目标物及内标物定量离子对的峰面积值,按式(1)计算出待测样品中目标物的质量分数。

$$C = \frac{Y - a}{b} \qquad (1)$$

式中:

C——待测样品中目标物的质量分数,单位为纳克每毫克(ng/mg);

Y——待测样品中目标物与内标物定量离子对的峰面积比;

a——线性方程的截距;

b——线性方程的斜率。

6.2.3.2.2 内标－单点校正法

根据待测样品和添加样品中目标物与内标物定量离子对的峰面积值，按式(2)计算出待测样品中目标物的质量分数。

$$C = \frac{A \times A'_i \times c}{A' \times A_i} \quad (2)$$

式中：

C——待测样品中目标物的质量分数，单位为纳克每毫克(ng/mg)；

A——待测样品中目标物的峰面积；

A'——添加样品中目标物的峰面积；

A_i——待测样品中内标物的峰面积；

A'_i——添加样品中内标物的峰面积；

c——添加样品中目标物的质量分数，单位为纳克每毫克(ng/mg)。

6.2.3.3 平行试验

待测样品同时平行测定两份，双样相对相差按公式(3)计算：

$$RD(\%) = \frac{|C_1 - C_2|}{\bar{C}} \times 100 \quad (3)$$

式中：

RD——相对相差；

C_1、C_2——两份待测样品平行定量测定的质量分数；

$\bar{C}$——两份待测样品中平行定量测定质量分数的平均值。

6.2.4 空白试验

用空白毛发进行空白试验。

7 结果评价

7.1 定性结果评价

7.1.1 阴性结果评价

如果添加样品中检出可卡因和苯甲酰爱康宁成分，待测样品中未检出可卡因和苯甲酰爱康宁成分，则阴性结果可靠；如果添加样品中未检出可卡因和苯甲酰爱康宁成分，则阴性结果不可靠。

7.1.2 阳性结果评价

如果待测样品中检出可卡因和苯甲酰爱康宁成分，且空白样品无干扰，则阳性结果可靠；如果待测样品中检出可卡因和苯甲酰爱康宁成分，且空白样品亦呈阳性，则阳性结果不可靠。

7.2　定量结果评价

平行试验中两份检材的双样相对相差不得超过30%,结果按两份检材质量分数的平均值计算,否则需要重新测定。

8　方法检出限和定量下限

本技术规范毛发中可卡因、苯甲酰爱康宁的检出限均为0.02ng/mg,定量下限均为0.05ng/mg。

附录A

(资料性附录)

工作曲线和方法学有效性验证数据

A.1　工作曲线

数据采用:可卡因、苯甲酰爱康宁和内标均采用定量离子对峰面积。

表A.1　线性方程和线性范围

目标物	线性范围(ng/mg)	线性方程	r
可卡因	0.05 - 10	y = 26x + 0.0342	0.9941
苯甲酰爱康宁	0.05 - 10	y = 1.8x - 0.0038	0.9977

A.2　方法准确度、精密度

表A.2　毛发中可卡因、苯甲酰爱康宁测定的精密度和准确度

目标物	添加含量(ng/mg)	准确度(%)	精密度(%)	
			日内RSD(n = 6)	日间RSD(n = 24)
可卡因	0.05	89.2	4.8	4.9
	0.5	109.6	2.3	2.1
	10	100.2	3.9	4.3
苯甲酰爱康宁	0.05	77.2	9.1	8.5
	0.5	104.2	2.2	2.0
	10	109.9	5.3	5.2

附录 B

（资料性附录）

毛发中可卡因和苯甲酰爱康宁的 MRM 色谱图

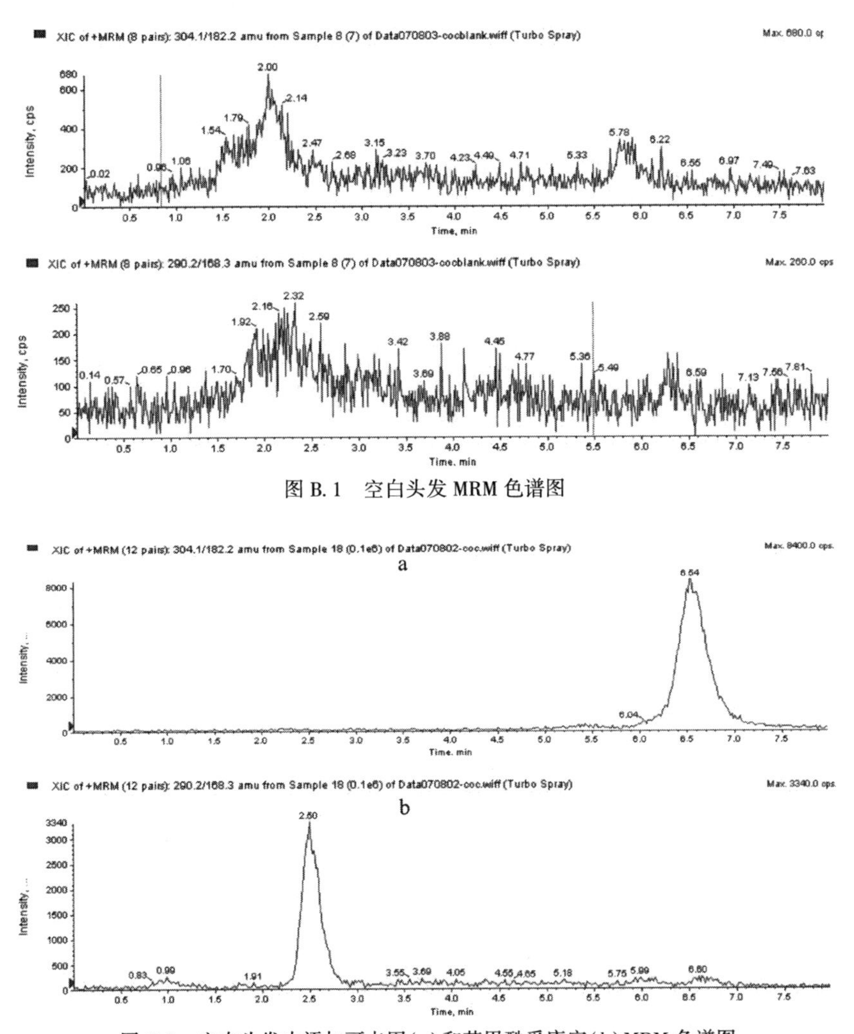

图 B.1　空白头发 MRM 色谱图

图 B.2　空白头发中添加可卡因（a）和苯甲酰爱康宁（b）MRM 色谱图

生物检材中32种元素的测定
电感耦合等离子体质谱法

SF/Z JD0107017－2015

2015年11月20日发布　2015年11月20日实施

目　次

前　言

本技术规范的附录A和附录B均为资料性附录。

本技术规范按照GB/T 1.1－2009给出的规则起草。

本技术规范由司法部司法鉴定科学技术研究所、江苏大学司法鉴定所、陕西西研微量物证司法鉴定所提出。

本技术规范由司法部司法鉴定管理局归口。

本技术规范由司法部司法鉴定科学技术研究所、江苏大学司法鉴定所、陕西西研微量物证司法鉴定所负责起草。

本技术规范主要起草人:马栋、沈敏、谢吉民、柯玲、卓先义、向平、石敏侠、荆俊杰。

1 范围

本技术规范规定了生物检材(血液、尿液、头发)中 32 种元素(参见附录 A)的电感耦合等离子体质谱定量分析方法。

本技术规范适用于生物检材(血液、尿液、头发)中 32 种元素(参见附录 A)的电感耦合等离子体质谱定量分析。

2 规范性引用文件

下列文件对于本技术规范的应用是必不可少的。凡是注日期的引用文件,仅注日期的版本适用于本技术规范。凡是不注日期的引用文件,其最新版本(包括所有的修改单)适用于本技术规范。

GB/T 4842 - 2006 氩

GB/T 6682 分析实验室用水规格和试验方法(GB/T 6682 - 2008,ISO 3696:1987,MOD)

GA/T 122 - 1995 毒物分析名词术语原理

3 原理

加热密闭容器内的血液和头发样品,使血液和头发样品中的有机质在强酸和强氧化剂的作用下被破坏。尿液样品可采用直接稀释方法降低基质效应的影响。经处理后的上述样品使用指定的元素(参见附录 A)作为内标,采用在线内标加入法将内标溶液和消解溶液同时通过蠕动泵导入电感耦合等离子体质谱(ICP - MS)系统,样品经雾化、解离、原子化、离子化等过程后,对待测元素按照质荷比进行检测。

4 试剂和材料

4.1 实验用水

GB/T 6682 - 2008 规定的一级水。

4.2 30% 过氧化氢溶液

优级纯。

4.3 65%浓硝酸溶液

优级纯。

4.4 5%硝酸溶液

由65%浓硝酸加去离子水配制而成。

4.5 ICP－MS调谐溶液

^{7}Li、^{89}Y、^{205}Tl混合标准溶液(浓度为1μg/L),溶剂为2%硝酸,在冰箱中冷藏保存,保存有效期为12个月。

4.6 内标混合储备液

含^{6}Li、^{72}Ge、^{89}Y、^{115}In、^{159}Tb元素的混合储备液(浓度为10mg/L),溶剂为5%硝酸。在冰箱中冷藏保存,保存有效期为12个月。

4.7 内标混合工作液

吸取适量的内标储备液用5%硝酸溶液配制成浓度为20μg/L内标工作液。冰箱中冷藏保存,保存有效期为3个月。

4.8 标准储备液

含待测元素的标准溶液(浓度为10mg/L),溶剂为5%硝酸。冰箱中冷藏保存,保存有效期为12个月。

4.9 标准工作溶液

吸取适量标准储备液,加5%硝酸溶液逐级稀释得各浓度的工作溶液,检测时现场配制。

4.10 氩气

纯度≥99.999%。

4.11 样品管

聚丙烯材质。

4.12 容量瓶

10mL(聚丙烯材质)。

5 仪器

5.1 电感耦合等离子体质谱仪

质量扫描范围6－260amu。

5.2 干式恒温器

可控温度范围20－120℃,温度稳定性±1℃。

5.3 精密移液器

500μL、1mL。

5.4 分析天平

感量 0.1mg。

6 测定步骤

6.1 样品前处理

6.1.1 头发前处理

将头发样品放入样品管中，依次采用丙酮、水、水、丙酮对头发样品振荡清洗，晾干后使用不锈钢剪刀将头发剪成约 1mm 每段。称取 20mg 头发两份于样品管中，分别加入 65% 的浓硝酸 800μL 和 30% 的过氧化氢 200μL，密闭静置 10 分钟后，将样品管置于干式恒温器升温至 90℃ 加热消解 3 小时。待消解完成后，使消解溶液降至室温(可采用冰水浴迅速降温)，在通风橱内旋开瓶盖，转移消解溶液于容量瓶中，用少许水连续冲洗样品管三次，合并倒入 10mL 容量瓶，继续加入水定容至刻度。

6.1.2 血液前处理

使用精密移液器吸取两份 250μL 血液样本于样品管中，分别加入 65% 的浓硝酸 800μL 和 30% 的过氧化氢 200μL，密闭静置 10 分钟后，将样品管置于干式恒温器升温至 90℃ 加热消解 3 小时。待消解完成后，使消解溶液降至室温(可采用冰水浴迅速降温)，在通风橱内旋开瓶盖，转移消解溶液于容量瓶中，用少许水连续冲洗样品管三次，合并倒入 10mL 容量瓶，继续加入水定容至刻度。

6.1.3 尿液前处理

使用精密移液器吸取两份 250μL 尿液样本于 10mL 容量瓶中，加入 5% 的硝酸定容至刻度。

6.2 样品测定

6.2.1 质谱条件

每次测定前使用调谐液对 ICP - MS 仪器参数优化，要求双电荷干扰小于 1.5%，氧化物干扰小于 3.0%，质谱参考条件可见附录 B。

6.2.2 制订标准曲线

采用在线内标加入法将内标溶液和标准工作溶液(1∶20，v∶v)，通过蠕动泵一并导入电感耦合等离子体质谱系统进行检测。标准工作溶液检测完成后，以各待测元素响应值和内标元素响应值之比(Y)为纵坐标，标准工作溶液相应浓度值(C，μg/L)为横坐标绘制标准曲线。

6.2.3 样品测定

按 6.2.2 项下对 6.1 所得样品进行检测，采用内标 - 标准曲线法或内标－单点法,以待测元素和内标元素响应值之比值计算各待测元素的浓度。用内标－标准曲线法时,检材中待测元素的浓度应在线性范围内,用内标－单点法时检材中待测元素的浓度应在标准溶液浓度的±30%内。

7 结果计算和表述

7.1 内标－标准曲线法

对6.2.3项下所得待测元素和内标元素响应值之比按式(1)代入计算血液、尿液、头发样品中待测元素的质量浓度 C。

$$C = \frac{Y - a}{b} \times m \tag{1}$$

式中:

C——血液、尿液样品中待测元素的质量浓度(μg/L)或头发样品中待测元素的质量分数(μg/Kg);

Y——血液、尿液或头发样品中待测元素与内标物的响应值之比;

a——线性方程的截距;

b——线性方程的斜率;

m——血液、尿液或头发样品稀释倍数。

7.2 内标－单点校正法

对6.2.3项下所得待测元素和内标元素响应值之比按式(2)代入计算血液、尿液、头发样品中待测元素的浓度 C。

$$C = \frac{A \times A_i' \times c}{A' \times A_i} \times m \tag{2}$$

式中:

C——血液、尿液样品中待测元素的质量浓度(μg/L)或头发样品中待测元素的质量分数(μg/Kg);

A——血液、尿液或头发样品中待测物的响应值;

A'——标准溶液中待测物的响应值;

A_i'——标准溶液中内标物的响应值;

A_i——血液、尿液或头发样品中内标物的响应值;

c——标准溶液中待测元素浓度(μg/L);

m——血液、尿液或头发样品稀释倍数。

8 平行试验

记录2份平行操作的检材样品含量,按公式(3)计算相对相差:

$$RD = \frac{|X_1 - X_2|}{\bar{X}} \times 100\% \tag{3}$$

式中:

RD——相对相差(%);

X_1、X_2——两份血液、尿液、头发样品中待测元素平行定量测定的含量数值;

$\bar{X}$——两份血液、尿液、头发样品中待测元素平行定量测定含量的平均值。

9 分析结果评价

两份检材的相对相差若不超过 20%,定量数据可靠,结果按两份检材的平均值计算,否则需要重新进行测定。

附录 A
（资料性附录）
血液和尿液中元素检测方法学评价

元素（符号）	英文名称	质量数	内标	检出限（ng/mL）		定量限（ng/mL）	线性范围（ng/mL）	线性回归方程	线性相关系数
				血液	尿液				
锂（Li）	Lithium	7	^{6}Li	0.001	0.003	0.01	0.01～10	y = 1.2810x + 0.0624	0.9996
铍（Be）	Beryllium	9	^{6}Li	0.0004	0.002	0.01	0.01～50	y = 0.2847x + 0.0027	1.0000
硼（B）	Boron	11	^{6}Li	0.026	0.12	0.04	0.5～500	y = 0.3361x + 0.1932	0.9999
镁（Mg）	Magnesium	24	^{72}Ge	1	0.059	5	5～10000	y = 0.8738x + 0.5530	1.000
铝（Al）	Aluminium	27	^{72}Ge	0.2	0.19	1	1～200	y = 0.8814x + 0.9404	1.000
钙（Ca）	Calcium	43	^{72}Ge	21.8	4.64	50	50～20000	y = 0.0013x + 0.0137	0.9996
钛（Ti）	Titanium	47	^{72}Ge	0.01	0.017	0.05	0.05～100	y = 0.0667x + 0.0149	0.9999
钒（V）	Vanadium	51	^{72}Ge	0.001	0.0007	0.01	0.01～100	y = 1.5210x + 0.0074	0.9996
铬（Cr）	Chromium	53	^{72}Ge	0.02	0.008	0.05	0.05～100	y = 0.1603x + 0.0130	0.9998
锰（Mn）	Manganese	55	^{72}Ge	0.01	0.016	0.05	0.05～50	y = 0.8967x + 0.0489	0.9999
铁（Fe）	Iron	57	^{72}Ge	0.4	0.49	1	1～50000	y = 0.0294x + 0.3269	0.9997
钴（Co）	Cobalt	59	^{72}Ge	0.002	0.0004	0.005	0.005～10	y = 0.9883x + 0.0017	0.9998
镍（Ni）	Nickel	60	^{72}Ge	0.008	0.003	0.01	0.01～50	y = 0.3175x + 0.0071	0.9999
铜（Cu）	Copper	63	^{72}Ge	0.1	0.011	0.5	0.5～100	y = 0.4872x + 0.0704	1.0000

(续表)

元素(符号)	英文名称	质量数	内标	检出限(ng/mL)		定量限(ng/mL)	线性范围(ng/mL)	线性回归方程	线性相关系数
				血液	尿液				
锌(Zn)	Zinc	66	^{72}Ge	0.28	0.15	1	1 ~ 2000	y = 0.8933x + 3.2440	0.9994
镓(Ga)	Gallium	69	^{72}Ge	0.001	0.0005	0.005	0.005 ~ 10	y = 0.5632x + 0.0012	1.0000
砷(As)	Arsenic	75	^{72}Ge	0.0016	0.011	0.01	0.01 ~ 100	y = 0.1204x + 0.0012	1.0000
硒(Se)	Selenium	82	^{89}Y	0.016	0.085	0.1	0.1 ~ 500	y = 0.0599x + 0.0068	1.000
铷(Rb)	Rubidium	85	^{89}Y	0.0008	0.0009	0.005	0.005 ~ 200	y = 0.9765x − 0.0023	0.9999
锶(Sr)	Strontium	88	^{89}Y	0.017	0.004	0.05	0.05 ~ 50	y = 1.3560x + 0.0302	0.9997
锆(Zr)	Zirconium	90	^{89}Y	0.002	0.001	0.01	0.01 ~ 10	y = 0.8560x + 0.0044	0.9999
钼(Mo)	Molybdenum	95	^{89}Y	0.0004	0.0008	0.001	0.001 ~ 50	y = 0.2700x + 0.0006	1.0000
银(Ag)	Silver	107	^{115}In	0.0014	0.002	0.005	0.005 ~ 10	y = 0.5852x + 0.0009	0.9998
镉(Cd)	Cadmium	111	^{115}In	0.0006	0.0005	0.005	0.005 ~ 10	y = 0.1496x + 0.0002	1.0000
锡(Sn)	Tin	118	^{115}In	0.01	0.02	0.05	0.05 ~ 100	y = 0.3212x + 0.0668	1.0000
锑(Sb)	Antimony	121	^{115}In	0.005	0.001	0.01	0.01 ~ 10	y = 0.4668x + 0.0028	0.9998
铯(Cs)	Cesium	133	^{159}Tb	0.0002	0.0001	0.001	0.001 ~ 5	y = 1.5630x + 0.0005	0.9999
钡(Ba)	Barium	137	^{159}Tb	0.005	0.006	0.01	0.01 ~ 50	y = 0.1689x + 0.0052	1.0000
铊(Tl)	Thallium	205	^{159}Tb	0.0004	0.0002	0.001	0.001 ~ 10	y = 1.3350x + 0.0024	0.9996
铅(Pb)	Lead	208	^{159}Tb	0.011	0.008	0.05	0.05 ~ 100	y = 0.6020x + 0.0038	0.9998
钍(Th)	Thorium	232	^{159}Tb	0.0002	0.001	0.001	0.001 ~ 10	y = 1.7600x + 0.0011	1.0000
铀(U)	Uranium	238	^{159}Tb	0.0004	0.0003	0.001	0.001 ~ 100	y = 0.6334x + 0.0001	0.9999

头发中元素检测方法学评价

元素(符号)	英文名称	质量数	内标	检出限(μg/g)	定量限(μg/g)	线性范围(μg/g)	线性回归方程	线性相关系数
锂(Li)	Lithium	7	^{6}Li	0.0005	0.005	0.01-5	y=0.4064x+0.0685	0.9997
铍(Be)	Beryllium	9	^{6}Li	0.0002	0.005	0.01-50	y=1.1440x+0.0010	0.9997
硼(B)	Boron	11	^{6}Li	0.013	0.02	0.5-50	y=0.0784x+0.0345	0.9998
镁(Mg)	Magnesium	24	^{72}Ge	0.5	2.5	5-20000	y=0.8682x+1.0450	0.9999
铝(Al)	Aluminium	27	^{72}Ge	0.1	0.5	1-200	y=1.0450x+3.0880	0.9994
钙(Ca)	Calcium	43	^{72}Ge	10.9	25.0	50-20000	y=0.0022x+0.0615	1.0000
钛(Ti)	Titanium	47	^{72}Ge	0.005	0.025	0.05-50	y=0.1134x+0.0120	1.0000
钒(V)	Vanadium	51	^{72}Ge	0.0005	0.005	0.01-200	y=1.3400x-0.0532	1.0000
铬(Cr)	Chromium	53	^{72}Ge	0.056	0.25	0.5-200	y=0.1459x+0.0234	1.0000
锰(Mn)	Manganese	55	^{72}Ge	0.005	0.025	0.05-200	y=1.7080x+0.1593	1.0000
铁(Fe)	Iron	57	^{72}Ge	0.2	2.5	5-2000	y=0.0363x+0.4318	0.9999
钴(Co)	Cobalt	59	^{72}Ge	0.0023	0.005	0.01-200	y=1.3890x+0.0038	0.9999
镍(Ni)	Nickel	60	^{72}Ge	0.0044	0.025	0.05-200	y=0.1892x+0.0105	0.9996
铜(Cu)	Copper	63	^{72}Ge	0.05	0.25	0.5-200	y=0.4267x+0.1914	0.9998
锌(Zn)	Zinc	66	^{72}Ge	0.14	0.5	1-2000	y=0.1029x+0.2586	0.9997
镓(Ga)	Gallium	69	^{72}Ge	0.0012	0.0025	0.005-200	y=0.7504x+0.0027	0.9996
砷(As)	Arsenic	75	^{72}Ge	0.0008	0.005	0.01-200	y=0.6687x+0.0149	1.0000

（续表）

元素（符号）	英文名称	质量数	内标	检出限（μg/g）	定量限（μg/g）	线性范围（μg/g）	线性回归方程	线性相关系数
硒（Se）	Selenium	82	^{89}Y	0.0078	0.05	0.1－2000	y＝0.0072x＋0.0016	0.9999
铷（Rb）	Rubidium	85	^{89}Y	0.0004	0.0025	0.005－200	y＝0.9049x＋0.0034	0.9998
锶（Sr）	Strontium	88	^{89}Y	0.0087	0.025	0.05－200	y＝1.2920x＋0.0518	0.9997
锆（Zr）	Zirconium	90	^{89}Y	0.001	0.005	0.01－50	y＝0.9475x＋0.0041	0.9999
钼（Mo）	Molybdenum	95	^{89}Y	0.0002	0.0005	0.001－200	y＝0.2424x－0.0005	0.9999
银（Ag）	Silver	107	^{115}In	0.0007	0.005	0.001－200	y＝0.6171x＋0.0006	0.9997
镉（Cd）	Cadmium	111	^{115}In	0.0003	0.0025	0.005－200	y＝0.1281x－0.000002	0.9995
锡（Sn）	Tin	118	^{115}In	0.005	0.025	0.05－50	y＝0.3149x＋0.0437	1.0000
锑（Sb）	Antimony	121	^{115}In	0.005	0.025	0.05－50	y＝0.4439x＋0.0031	1.0000
铯（Cs）	Cesium	133	^{159}Tb	0.0001	0.025	0.001－50	y＝1.463x＋0.0009	1.0000
钡（Ba）	Barium	137	^{159}Tb	0.0026	0.025	0.05－200	y＝0.1854x＋0.0010	0.9998
铊（Tl）	Thallium	205	^{159}Tb	0.0002	0.0005	0.001－200	y＝0.8877x＋0.0006	0.9999
铅（Pb）	Lead	208	^{159}Tb	0.0057	0.025	0.05－200	y＝0.6558x＋0.1507	0.9997
钍（Th）	Thorium	232	^{159}Tb	0.0001	0.0005	0.001－200	y＝1.3760x＋0.0008	0.9999
铀（U）	Uranium	238	^{159}Tb	0.0002	0.0005	0.001－200	y＝1.5280x＋0.0005	0.9999

附录 B

（资料性附录）

血液、尿液和头发检测参考条件

载气流速	0.86L/min
辅助气流速	0.22L/min
等离子气流速	15L/min
射频功率	1500W
采样深度	8mm
蠕动泵流速	0.1rps
采样模式	Peaking hopping
积分时间	0.1s
重复测定次数	3 次

激光显微拉曼光谱法检验墨水

SF/Z JD0203002－2015

2015年11月20日发布　2015年11月20日实施

目　次

前　言

本技术规范按照GB/T 1.1－2009给出的规则起草。

本技术规范由司法部司法鉴定科学技术研究所提出。

本技术规范由司法部司法鉴定管理局归口。

本技术规范起草单位：司法部司法鉴定科学技术研究所。

本技术规范主要起草人：徐彻、罗仪文、孙其然、杨旭、施少培、奚建华。

本技术规范为首次发布。

1　范围

本技术规范规定了微量物证鉴定、文书鉴定中激光显微拉曼光谱法对墨水比对检验的步骤和方法。

本技术规范适用于司法鉴定领域中墨水的鉴定。

2 规范性引用文件

下列文件对于本技术规范的应用是必不可少的。凡是注日期的引用文件,仅注日期的版本适用于本技术规范。凡是不注日期的引用文件,其最新版本(包括所有的修改单)适用于本技术规范。

GA/T 242 - 2000 微量物证的理化检验术语

JY/T 002 - 1996 激光拉曼光谱分析方法通则

3 术语和定义

GA/T 242 - 2000 和 JY/T 002 - 1996 界定的及下列术语和定义适用于本技术规范。

3.1 墨水

通常指文件上的各类墨水形成的墨迹的总称,包括书写墨水、喷墨墨水、书画墨汁和中国墨、防伪及特种墨水等种类的墨水墨迹。

3.2 检材墨迹

需检验的墨水墨迹。

3.3 样本墨迹

供比对的墨水墨迹。

3.4 样品墨迹

送检材料上检材墨迹和样本墨迹的统称。

4 仪器设备

激光显微拉曼光谱仪,可配置的激光器有:

a)紫外激光器,一般波长范围 244nm ~ 364nm;

b)蓝绿激光器,一般波长范围 405nm ~ 592nm;

c)红色激光器,一般波长范围 628nm ~ 830nm。

5 操作步骤

5.1 仪器准备

5.1.1 环境温度和湿度符合仪器的要求。

5.1.2 拉曼光谱仪工作状态正常,选用的激光器与检测样品匹配,经硅片校准确认仪器波数位置准确,计数强度符合要求。

5.2 样品分析

5.2.1 检测时,先将样品固定在检测平台上,按照低倍物镜到高倍物镜顺序,将显微镜聚焦墨迹或载体纸张清晰。功率设置以不破坏样品,拉曼信号强但不饱和为原则;曝光时间和累积次数设置以拉曼信号高效、不饱和、高信噪比、可识别宇宙射线为原则。

5.2.2 每个样品应选取3个以上不同部位进行检测,记录各个检测结果。

5.2.3 载体分析

对载体纸张采用与检测墨迹样品时相同的条件进行检测。将墨迹与载体纸张的拉曼光谱图进行比较,确定载体纸张对墨迹的拉曼光谱图的影响。

5.2.4 排除宇宙射线以及荧光灯的影响。

6 检验结论

6.1 当样品在同一纸张(或纸张相同的同一份文件)上时,将检材与样本的拉曼光谱图进行比较:

1) 若检材与样本的拉曼位移峰数目、峰位置不同,则结论为:检材与样本的成分不同;

2) 若检材与样本的拉曼位移峰数目、峰位置相同,但荧光背景不同,则结论为:检材与样本的成分不同;

3) 若检材与样本的拉曼位移峰数目、峰位置均相同,荧光背景未见明显差异,则结论为:检材与样本的拉曼光谱一致。

6.2 当样品在不同纸张上时,将检材与样本的拉曼光谱图进行比较:

1) 若检材与样本的拉曼位移峰数目、峰位置不同,则结论为:检材与样本的成分不同;

2) 若检材与样本的拉曼位移峰数目、峰位置相同,则结论为:检材与样本的拉曼光谱未检见明显差异。

文件制作时间鉴定通用术语

SF/Z JD0201010 - 2015

2015 年 11 月 20 日发布　2015 年 11 月 20 日实施

目　次

前　言

本技术规范旨在确立我国文书鉴定实验室进行文件制作时间鉴定所必须遵循的通用术语,确保行业的规范和有序运行。

本技术规范按照 GB/T 1.1 - 2009 规则起草。

本技术规范由司法部司法鉴定科学技术研究所提出。

本技术规范由司法部司法鉴定管理局归口。

本技术规范起草单位:司法部司法鉴定科学技术研究所、中国政法大学和西南政法大学。

本技术规范主要起草人:杨旭、施少培、刘建伟、贾治辉、徐彻、钱煌贵、卞新伟、孙维龙、陈晓红、罗仪文、王楠、杨进友。

1　范围

本技术规范规定了文件制作时间鉴定的通用术语。

本技术规范适用于文书鉴定中文件制作时间的鉴定。

2 规范性引用文件

下列文件对于本技术规范的应用是必不可少的。凡是注日期的引用文件,仅注日期的版本适用于本技术规范。凡是不注日期的引用文件,其最新版本(包括所有的修改单)适用于本技术规范。

SF/Z JD0201001-2010 文书鉴定通用规范 第1部分 文书鉴定通用术语

3 术语和定义

SF/Z JD0201001-2010 《文书鉴定通用规范》 第1部分 《文书鉴定通用术语》中界定的以及下列术语和定义均适用于本技术规范。

3.1 时间

指按国际标准计时所确定的时刻和日期,其表达形式有时钟上或日历上确定的具体的分、时、日、月、年等,也指事物(如行动、过程、情况等)存在或继续的期间。在文书鉴定中,通常指文件形成的日期及形成顺序、过程等。

3.2 文件制作时间

指整份文件或文件的部分内容形成的日期,也指不同文件之间,或同一份文件的不同部分之间形成的顺序和过程等。

3.3 文件标称时间

指文件上标注的日期,如文件上标注的落款日期、签名日期、签订时间等。

3.4 文件声称时间

指文件的提供者(或有关当事人)陈述的文件的制作日期。

3.5 文件绝对时间

指文件形成的确切时间,在文书鉴定的实践中,文件形成的确切时间通常用年、月、日等时间单位来表示。

3.6 文件相对时间

指文件形成的大致时间范围,通常是指文件在什么时间之前或之后,在某时间范围之内,不在某特定的时间(如文件的标称时间)或时间范围制作形成,也指不同的文件之间或同一份文件的不同部分之间形成的顺序和过程,以及是否一次、同时、同批、相近或近期、同期制作形成等。

3.7 文件形成顺序

指不同的文件之间,或同一份文件的不同部分之间在时间上形成的先后次序,如印文与文字、文字与文字之间形成的先后顺序等。

3.8 朱墨时序

又称印文与文字形成的先后顺序,简称印字先后顺序。指文件系统要素中印迹(通常指印章印文和指印)与文字(通常指各种书写工具形成的手写文字和打印、复印等印刷工具印制的文字)之间形成的先后次序。

3.9 一次

指同一份文件的不同部分之间,或不同的文件之间是采用相同的方法、同一工具、在相同条件下连续制作形成。“一次”不是一种确切的时间概念,是针对文件的制作过程而言,主要是指文件书写或印制过程的连贯性和连续性。

3.10 同时

指不同的文件之间,或同一份文件的不同部分之间形成的时间相同。绝对的相同时间是不存在的,“同时”只是表示时间非常接近,因此鉴定实践中既可理解为不同的文件之间或同一份文件的不同部分之间形成时间是否相同,也可理解为不同的文件之间或同一份文件的不同部分之间是否一次制作形成。

3.11 同批

指多份文件之间是采用相同的方法、同一工具、在相同或相近条件下一次批量制作形成。“同批”不是确切时间的概念,是针对有一定数量的文件而言,主要是指这些文件的制作工具、方法、条件的一致性和制作过程的连续性。

3.12 相近

指不同的文件之间,或同一份文件的不同部分之间的形成时间接近。文书鉴定中“相近”是相对时间的概念,不是指文件形成的确切时间,其时间长短是相对于需检文件之间标称的时间间隔而言。

3.13 近期

指文件的形成时间距离鉴定时间较为接近。“近期”是相对当前的鉴定时间而言,一般表明鉴定时可疑文件的某种要素在时间上反映出形成较近的特性。

3.14 同期

指不同的文件之间,或同一份文件的不同部分之间在同一时期制作形成,“同期”所指的时间长短往往与该时期内“特定特征”的持续时间有关。

3.15 文件系统要素

指具体案件中文书物证的构成要素,既包括与案件情况有关的外部要素,如与文书物证有关的时间、地点、人物、环境等情况,也包括构成文书物证本身的内部要素,如文件的形式、内容、言语、笔迹、印迹、制作材料、制作工具、污损及其他痕迹等。本技术规范中文件系统要素特指构成文件系统的内部要素。

3.16 历时性特征

指文件系统要素在文件的制作、使用、保存、传递等过程中形成的或产生变化的,能够客观反映文件各要素随时间变化规律的各类特征的总称。文件各要素反映出的历时性特征,是判断文件形成过程、形成时间的主要依据,根据其特征性质的不同,又可分为同时段特征和阶段性特征。

3.17 同时段特征

指文件系统要素在文件的使用过程中形成的或产生变化的,能够客观反映文件各要素在时间和空间上符合连续分布特性的各类特征的总称。文件各要素反映出的同一阶段特征,是判断文件是否一次、同批、同时、相近形成的主要依据。

3.18 阶段性特征

指文件系统要素在文件的制作、使用、保存、传递等过程中形成的或产生变化的,能够客观反映文件各要素随时间的推移、在不同阶段反映出的在时间和空间上变化规律的各类特征的总称。

3.19 文件制作时间鉴定

指根据文件系统要素的构成及其随时间的变化规律,利用物理、化学检验方法或其他专业技术手段,对可疑文件的制作过程、顺序和形成时间进行检验的专门技术。根据文件要素类型的不同,文件制作时间鉴定可分为印刷文件的印制时间鉴定、印章印文的盖印时间鉴定和手写文件的书写时间鉴定等。文件制作时间鉴定使用的检验方法和技术手段主要包括文件制作时间鉴定的物理检验法和化学检验法。

3.20 文件制作时间鉴定的物理检验法

指根据文件系统要素的物理特性(如物质的规格、形态、分布状态等)随时间的变化规律,利用物理检验方法和手段,对文件的制作过程、顺序和形成时间进行检验的专门技术。

3.21 文件制作时间鉴定的化学检验法

指根据文件系统要素的化学特性(如物质的挥发性、氧化性、还原性、络合性等)随时间的变化规律,利用化学分析或仪器检测等方法和手段,对文件的制作过程、顺序和形成时间进行检验的专门技术。

3.22 印制时间鉴定

特指对可疑印刷文件的制作过程、顺序和形成时间进行检验的专门技术,根据印刷文件的制作方式不同,印刷文件制作时间鉴定又可分为打印文件制作时间鉴定、复印文件制作时间鉴定及传统印刷文件的制作时间等。

3.23 盖印时间鉴定

特指对文件上可疑印文的制作过程、形成顺序和时间进行检验的专门技术。

3.24　书写时间鉴定

特指对文件上可疑手写字迹的书写过程、形成顺序和形成时间进行检验的专门技术，根据手写字迹的书写工具和书写材料的不同，书写时间鉴定又可分为圆珠笔油墨书写时间鉴定、蓝黑墨水书写时间鉴定、签字笔墨水书写时间鉴定等。

印章印文形成时间物理检验规范

SF/Z JD0201013 - 2015

2015 年 11 月 20 日发布　2015 年 11 月 20 日实施

目　次

前　言

本技术规范旨在确立我国文书鉴定实验室进行印章印文形成时间物理检验所必须遵循的鉴定程序和方法等方面的要求，确保行业的规范和有序运行。

本技术规范按照 GB/T 1.1 - 2009 规则起草。

本技术规范由司法部司法鉴定科学技术研究所提出。

本技术规范由司法部司法鉴定管理局归口。

本技术规范起草单位：司法部司法鉴定科学技术研究所、中国政法大学。

本技术规范主要起草人：杨旭、施少培、刘建伟、徐彻、钱煌贵、卞新伟、孙维龙、陈晓红、罗仪文、王楠。

1 范围

本规范规定了印章印文形成时间物理检验的步骤和方法。

本规范适用于文件制作时间鉴定中印章印文盖印时间的鉴定。

2 规范性引用文件

下列文件对于本技术规范的应用是必不可少的。凡是注日期的引用文件，仅注日期的版本适用于本技术规范。凡是不注日期的引用文件，其最新版本(包括所有的修改单)适用于本技术规范。

SF/Z JD0201001－2010 文书鉴定通用规范

SF/Z JD0201003－2010 印章印文鉴定规范

SF/Z JD0201004－2010 印刷文件鉴定规范

SF/Z JD0201008－2010 文件材料鉴定规范

3 术语和定义

SF/Z JD0201001－2010 《文书鉴定通用规范》、SF/Z JD0201003－2010《印章印文鉴定规范》中界定的，以及下列术语和定义均适用于本规范。

3.1 印文历时性特征

特指印章印面在使用、保存、传递、盖印、清洗、修补、注墨等过程中形成或产生变化的反映印章使用时间信息的印文特征的总称。印文阶段性特征根据其性质的不同，又可分为印文同时段特征和印文阶段性特征。

3.2 印文同时段特征

特指印章在同一使用阶段形成或产生变化的，能够客观反映印文在时间和空间分布上连续特性的各类特征的总称。印文同时段特征，是判断多枚印文是否一次、同批、同时、相近形成的依据。

3.3 印文阶段性特征

特指印章在使用、保存、传递等过程中形成或产生变化的，能够客观反映文件各要素在不同时间段反映出的在时间和空间上变化规律的各类特征的总称，印文历时性特征是判断印文盖印时间的具体依据。

4 印文历时性特征的种类

4.1 印章尺寸、形状的变化特征

印章印面材料老化是导致印章尺寸、形状产生变化的主要原因。印章印面材料老化的原因主要来自三个方面，一是印章材料本身的性能；二是由于长期浸染印油、印泥等盖印“介质”带来的影响;三是来自保存和使用环境等外部条件如温度、湿度、光照等,以及盖印压力的作用等带来的影响。三个方面因素的综合作用,导致不同类型、不同材料、不同使用情况的印章发生程度不同的老化现象。其老化特征突出地表现在印文的尺寸和形状的变化上。如木质印章易发生膨胀变形,变形的程度与木质材料的干燥程度、木纹的分布以及外部条件等因素有关;渗透性印章和原子印章,根据储墨垫的性能、质量的不同以及温度、外力等使用条件的不同,极易产生收缩变形,其渗透孔容易受阻,印油也易发生渗透不均等现象,导致印文尺寸、形状以及印面油墨分布的阶段性变化。这些变化均能客观地反映出印章印文盖印时间方面的信息,是印文盖印时间鉴定的重要依据。

4.2 印面缺损的变化特征

印章印面由于长期浸染印油、印泥,加上盖印过程中在外力的作用下与纸张等载体接触、摩擦,以及在保存过程中与其他物体的磕碰、摩擦等,会逐步导致印面缺损等特征,这些特征主要表现在印面文字笔画、线条、图案、边框的磨损、残缺、变形等,而且一旦出现是不可逆转的,也无法完全恢复,同时随着印章的继续使用还会持续地发生规律性的变化,这为我们判断印章印文的盖印时间提供了非常有价值的信息,是印文盖印时间鉴定的重要依据。

4.3 印面附着物分布的变化特征

对于章墨分离的印章,印面附着物主要来自两个方面,一是来自印章印面,二是来自盖印“介质”。印章和盖印“介质”分别在保存过程中其表面容易吸附来自周围环境的细小物质,如尘埃、毛发、纤维、纸屑、烟灰等,在盖印过程中印章和盖印“介质”表面的接触又会使这些附着物相互混杂或转移。因此,对于印墨分离的印章,很容易产生印面附着物,其出现的部位、具体形态、分布等随机性很强,一般持续的时间不长,容易发生变化。对于注墨类印章,附着物产生的情况与印墨分离的印章类似,只是其附着物的来源主要是印章印面,因而附着物出现频率相对较低。印面附着物特征可以为判断印章印文的盖印时间提供一方面重要依据。

4.4 印面墨迹分布的变化特征

对于渗透性注墨类印章,注墨后往往要使用相当一段时期。由于油墨的持续使用和不断的挥发、氧化等,加上储墨垫或章面材料渗透孔收缩、阻塞、老化等导致墨迹渗透不均匀现象,其印面油墨分布会发生阶段性的规律变化。其总体上的变化是从浓到淡、从均匀到分散、从清晰到模糊。对于章墨分离类印章,印面油墨的分布变化主要来自盖印“介质”,通常印墨分离的印章,其盖印“介质”往往要固定使用相当一段时间,由于来自印章的压力和摩擦,其表面分布会不断发生一定规律性的变化,这种变化会直接反映在蘸取其盖印的印文上。印面油墨分布的变化情况同样可以为判断印章印文的盖印时间提供一方面的重要依据。

4.5 印文墨迹渗散程度的变化特征

印文墨迹中,特别是印泥、印油中含有一定的油性物质,一旦盖印在文件纸张上会发生不同程度的渗透现象。印油的这种渗透现象其变化的程度主要与印油的特性、含量的多少、文件载体的特性、周围的环境因素(如温度、湿度、光照等),以及其在纸张上附着时间的长短有关。对同一文件上印文墨迹的渗透程度进行一定时间的持续检测分析,根据其变化规律可以为判断印文是否近期形成提供一方面的依据。

4.6 印文墨迹附着能力的变化特征

印文墨迹,特别是印泥,在纸张上的附着能力随时间推移会产生不同程度的变化。印文墨迹附着能力的变化主要与印油的特性、含量的多少、文件载体的特性、周围的环境因素(如温度、湿度、光照等)有关。同时与其在纸张上附着时间的长短有关,一般盖印时间不长的,印文墨迹未干的,其附着能力低,比较容易被转印;盖印时间较长的,印文墨迹已干的,其附着能力强,不易被转印。因此,对印文墨迹的附着能力进行转印检测,可以为判断印文是否近期形成提供一方面的依据。

4.7 印面暗记特征

指印章在制作过程中或在使用过程中,为了防伪或其他目的人为在印面上制作的各种记号。常见的印面暗记特征是在印面上形成文字笔画或线条的残缺特征。与印面缺损特征一样,暗记特征一旦出现是不可逆转的,也无法完全恢复,同时随着印章的继续使用还会持续地发生规律性的变化,这为我们判断印章印文的盖印时间提供了非常有价值的信息,也是印文盖印时间鉴定的重要依据。

4.8 其他因素形成的变化特征

印章在人为的清洗、修补或加注印油等过程中形成的各种痕迹和产生的特殊现象。这些迹象如果反映出明显的阶段性变化规律,可以为印章印文的盖印时间提供一方面的重要依据。

5 识别印文历时性特征的一般方法

5.1 常规检验

通过目测或借助放大镜,在自然光或照明光下,对印文的宏观、细微的形态特征进行观察和识别。

5.2 显微检验

借助各种显微镜,对于通过常规检验难以辨别的细微形态和显微结构等特征进行放大观察和识别。

5.3 检测分析

借助文检仪或其他光谱、色谱分析仪器等,对印文材料的物理特性进行检测分析。

5.4 测量分析

借助合适的测量工具或测量软件,对印文特征的长度、角度、距离、搭配比例、布局关系等进行测量。适用时,可运用统计学的原理和方法,根据印文特征的测量结果对印文特征的分布状况、变化范围、程度及特征性质等进行统计分析。

5.5 试验分析

对一些难以确定的印文特征,可根据检材形成的条件进行模拟实验进行分析和验证。

6 鉴定步骤和方法

6.1 检材印文的检验

6.1.1 分析检材印文的特点,初步判断检材印章的种类,必要时应要求委托人提供检材印章。

6.1.2 根据检材印章的种类,分析其盖印的印文可能出现的印文历时性特征。

6.1.3 检验检材印文的盖印条件,初步判断其是否能清晰地反映出印文的历时性特征。

6.1.4 有多枚检材印文的,遵循 SF/Z JD0201003 - 2010 《印章印文鉴定规范》,鉴定检材印文是否为同一枚印章的印文。

6.1.5 分析判断多枚印文之间是否一次盖印形成,检验时应注意分析以下几方面技术要点:

a) 分析各印文的盖印位置、方位及倾斜角度、压力偏重的分布是否一致或相近;

b) 分析多枚印文在印面墨迹分布特征上是否反映出特定的阶段性特点;

c) 分析这些阶段性特征是否反映出连续性的变化规律;

d) 分析是否存在其他能够影响这些印文阶段性特征的因素;

e) 综合评断反映出的这些阶段性特征的数量和质量是否反映出连续盖印的特点。

6.1.6 综合印文色料的新旧程度、附着能力、印油的渗透情况等因素,初步判断检材印文是否可能系近期形成。如有可能系近期形成的,可对检材印文色料的新旧程度、附着能力、印油的渗透情况等因素进行一段时间的跟踪检测，并做好有关记录，根据对检材印文的变化规律，可为综合判断检材印文是否一次或相近时间盖印提供一方面的依据。

6.2 样本印文的检验

6.2.1 遵循 SF/Z JD0201003－2010 《印章印文鉴定规范》，判断样本印文是否同一印章盖印。

6.2.2 审查样本印文的来源，通常可以从以下几方面对样本印文的来源进行审查：

a）是否通过侦查、调查、质证等合法程序证实或认可的样本印文；

b）是否从与本案无任何利害关系的第三方提取的，能够被证实已经生效的样本印文，如工商、税务等档案资料；

c）是否能够通过其他证据证实的样本印文。

6.2.3 分析样本印文的特点，初步判断样本印章的种类，必要时应要求委托人提供样本印章。

6.2.4 对样本印文的比较检验：

a）对样本印文逐一进行比较检验，分析其是否反映出印文阶段性特征；

b）分析样本印文反映出的阶段性特征是否稳定，其变化情况是否在现有样本中得到全面反映；

c）分析样本印文反映出的阶段性特征是否存在一定的变化规律，是否具备鉴定价值；

d）分析样本印文反映出的阶段性特征与其标称的日期是否吻合，如有疑问或矛盾，则该样本印文不能使用，应要求委托方重新确认。

6.2.5 根据样本印文反映出的阶段性特征的变化规律，初步确定样本印文是否具备比对条件。如样本印文明显不具备比对条件，则要求补充样本。

6.3 检材与样本印文的比较检验

6.3.1 遵循 SF/Z JD0201003－2010 《印章印文鉴定规范》，判断检材与样本印文是否同一印章盖印。如不是同一印章盖印的，要求补充与检材印文同一的样本印文。

6.3.2 通过检材与样本印文的比较检验，综合判断样本印文在标称的时期内（特别是在检材标称或声称的时间范围或时间点）反映出有价值的阶段性特征，确定样本是否具备比对条件，如样本印文不具备比对条件的，则要求补充样本。

6.3.3 通过检材与样本印文的比较检验，根据样本印文反映出的阶段性特征的变化规律，综合判断检材印文是否应该能够清晰地反映出印文阶段性特征，确定检材印文是否具备鉴定条件。

6.3.4 综合判断检材印文与样本印文是否具备通过检材与样本印文的比较检验,根据样本印文阶段性特征的变化规律分析判断检材印文形成时间的条件。

6.3.5 将检材印文反映出的阶段性特征与样本印文反映出的阶段性特征逐一进行比较检验,根据样本印文反映出的阶段性特征的变化规律,综合分析检材印文反映出的阶段性特征与样本印文反映出的阶段性特征的吻合或变化情况。

6.4 综合评断

根据样本印文反映出的阶段性特征的变化规律,对检材印文与样本印文反映出的阶段性特征的吻合、不同或变化特征的总体价值作出综合评断,并根据综合评断的结果,对检材印文的形成时间作出相应的鉴定意见。

7 鉴定意见

7.1 检材印文为某时间范围盖印

7.1.1 检材与样本印文为同一枚印章盖印,且样本的标称时间已知。

7.1.2 样本印文在标称的时间范围内反映出有价值的阶段性特征。

7.1.3 这些阶段性特征随时间的推移呈明显的规律性变化。

7.1.4 检材印文与某时间范围样本印文的阶段性特征吻合,而与其他时间段样本印文的阶段性特征明显不同。

7.1.5 无其他影响印文阶段性特征的因素。

7.2 检材印文不是某时间范围盖印

7.2.1 检材与样本印文为同一枚印章盖印,且样本的标称时间已知。

7.2.2 样本印文在标称的时间范围内反映出有价值的阶段性特征。

7.2.3 这些阶段性特征随时间的推移呈明显的规律性变化。

7.2.4 检材印文与某时间范围样本印文的阶段性特征明显不同。

7.2.5 无其他影响印文阶段性特征的因素。

7.3 根据样本材料检材印文倾向为某时间范围盖印

7.3.1 检材与样本印文为同一枚印章盖印,且样本的标称时间已知。

7.3.2 样本印文在标称的时间范围内反映出有价值的阶段性特征。

7.3.3 这些阶段性特征随时间的推移呈明显的规律性变化。

7.3.4 检材印文与某时间范围样本印文的阶段性特征基本吻合,但与其他时间段样本印文的阶段性特征明显不同。

7.3.5 无其他能够影响印文阶段性特征的因素。

7.4　检材印文倾向不是某时间范围盖印

7.4.1　检材与样本印文为同一枚印章盖印，且样本的标称时间已知。

7.4.2　样本印文在标称的时间范围内反映出有价值的阶段性特征。

7.4.3　这些阶段性特征随时间的推移呈一定的规律性变化。

7.4.4　某时间范围样本印文的阶段性特征在检材印文中没有出现。

7.4.5　无其他影响印文阶段性特征的因素。

7.5　多枚印文是一次盖印形成的

7.5.1　各印文的盖印位置、方位及倾斜角度、压力偏重的分布一致或相近。

7.5.2　在印文墨迹的分布上反映出特定的同一阶段特征。

7.5.3　这些阶段性特征反映出连续性的变化规律。

7.5.4　这些特定的同一阶段特征在其他历时样本印文中没有出现。

7.5.5　无其他影响这些印文同一阶段特征的因素。

7.6　不能判断检材印文的盖印时间

7.6.1　检材印文不具备鉴定条件。

7.6.2　样本印文不具备比对条件的。

7.6.3　检材与样本印文阶段性特征的性质难以评断，既不能得出确定性意见，也不能得出倾向性意见。

打印文件形成时间物理检验规范

SF/Z JD0201011 - 2015

2015 年 11 月 20 日发布　2015 年 11 月 20 日实施

目　次

前　言

本技术规范旨在确立我国文书鉴定实验室进行打印文件形成时间物理检验所必须遵循的步骤和方法等方面的要求,确保行业的规范和有序运行。

本技术规范按照 GB/T 1.1 - 2009 规则起草。

本技术规范由司法部司法鉴定科学技术研究所提出。

本技术规范由司法部司法鉴定管理局归口。

本技术规范起草单位:司法部司法鉴定科学技术研究所和西南政法大学。

本技术规范主要起草人:施少培、杨旭、贾治辉、杨进友、徐彻、钱煌贵、卞新伟、孙维龙、陈晓红、罗仪文、王楠。

1　范围

本技术规范规定了打印文件形成时间物理检验的步骤和方法。

本技术规范适用于文件制作时间鉴定中打印文件形成时间的鉴定。

2 规范性引用文件

下列文件对于本技术规范的应用是必不可少的。凡是注日期的引用文件，仅注日期的版本适用于本技术规范。凡是不注日期的引用文件，其最新版本(包括所有的修改单)适用于本技术规范。

SF/Z JD0201001－2010 文书鉴定通用规范

SF/Z JD0201004－2010 印刷文件鉴定规范

SF/Z JD0201008－2010 文件材料鉴定规范

3 打印文件的历时性特征

在打印机的使用过程中，由于部件的老化、磨损、污染及保养、维修、更换耗材等原因，打印机处于不断的变化之中，这种变化反映在该打印机不同时间打印的文件上，表现出与时间相关的打印特征的历时性变化。

打印历时性特征的表现形式多种多样，既可能是某种打印痕迹从无到有或从有到无的变化，也可能是各种打印痕迹的形态变化，也可能是如墨粉底灰、墨迹浓淡的程度变化。打印机的保养、维修、更换耗材等往往也会导致打印痕迹的明显变化。

利用打印历时性特征判断可疑文件的打印时间一般可以从两个角度进行：一是通过变化的打印阶段性特征确定打印时间，即如果检材与某一时间段样本的打印阶段性特征符合，而与其他时间段样本的打印阶段性特征差异，则可以确定检材是在该时间段打印形成；二是通过某些特定时间段内稳定的打印同时段特征排除打印时间，即如果在某一时间段内，样本上稳定的打印阶段性特征在检材上未能得到反映，则可以排除检材是在该时间段打印形成。

4 检验步骤和方法

4.1 检材的检验

4.1.1 在SF/Z JD0201004－2010《印刷文件鉴定规范》第五部分《打印文件同机鉴定规范》中对检材的检验基础上，对检材进行进一步检验。

4.1.2 分析检材上的打印特征及其形成原因，判断这些特征是否可能与打印机的使用过程相关。

4.1.3 根据检材上打印特征的状况，初步判断检材是否具备打印时间鉴定条件。

4.2 样本的检验

4.2.1 在SF/Z JD0201004－2010《印刷文件鉴定规范》第五部分《打

印文件同机鉴定规范》 中对样本的检验基础上,对样本进行进一步检验。

4.2.2 审核样本材料,确定样本的打印时间,并按样本标称时间对样本排序。

4.2.3 分析不同时期样本的打印特征是否随时间的推移表现出阶段性变化规律。

4.2.4 分析在某些特定时间段(一般为含检材标称时间或怀疑时间的时间段)的样本是否存在相对稳定的打印特征。

4.2.5 根据样本上打印阶段性特征的反映程度,初步判断样本是否具备打印时间鉴定比对条件。样本不足的,应要求委托方补充样本。

4.3 检材与样本的比较检验

4.3.1 按照 SF/Z JD0201004 - 2010 《印刷文件鉴定规范》中第五部分《打印文件同机鉴定规范》中的检验步骤和方法,判断检材与样本是否为同台打印机打印。检材与样本不是同台打印机打印的,要求委托方补充不同时期的与检材为同台打印机打印的样本。无法补充的,则不具备通过打印阶段性特征判断打印时间的鉴定条件。

4.3.2 进一步对检材与不同时间段的样本进行比较检验,发现两者在打印阶段性特征上的符合点和差异点。检验中应特别关注:

a) 检材与不同时间段样本在变化的打印阶段性特征上的符合情况;

b) 检材与某些特定时间段样本在稳定的打印阶段性特征上的差异情况。

4.4 综合评断

对检材与样本在打印阶段性特征上的符合点和差异点的数量和价值进行综合评断,形成鉴定意见。

5 鉴定意见

5.1 检材为某时间段打印形成

5.1.1 检材与样本为同台打印机打印。

5.1.2 样本的打印特征随时间的推移表现出明显的阶段性变化规律。

5.1.3 在这些变化的打印阶段性特征上,检材与某时间段样本存在很好的符合,而与其他时间段样本存在明显的差异。

5.2 检材不是某时间段打印形成

5.2.1 检材与样本为同台打印机打印。

5.2.2 样本在某一时间段内存在稳定的打印阶段性特征。

5.2.3 在这些稳定的打印阶段性特征上,检材与样本存在明显的差异。

5.3 检材倾向是某时间段打印形成

5.3.1 检材与样本为同台打印机打印。

5.3.2 样本的打印特征随时间的推移表现出较好的阶段性变化规律。

5.3.3 在这些变化的打印阶段性特征上,检材与某时间段样本存在较好的符合,而与其他时间段样本存在一定的差异。

5.4 检材倾向不是某时间段打印形成

5.4.1 检材与样本为同台打印机打印。

5.4.2 样本在某时间段内存在较为稳定的打印阶段性特征。

5.4.3 在这些稳定的打印阶段性特征上,检材与样本存在一定的差异。

5.5 不能判断检材的打印时间

5.5.1 检材不具备打印时间鉴定条件。

5.5.2 样本不具备打印时间比对条件。

5.5.3 检材和样本的打印阶段性特征的性质和价值难以评断,既不能得出确定性意见,也不能得出倾向性意见。

静电复印文件形成时间物理检验规范

SF/Z JD0201012－2015

2015年11月20日发布　2015年11月20日实施

目　次

前　言

本技术规范旨在确立我国文书鉴定实验室进行静电复印文件形成时间物理检验所必须遵循的步骤和方法等方面的要求，确保行业的规范和有序运行。

本技术规范按照GB/T 1.1－2009规则起草。

本技术规范由司法部司法鉴定科学技术研究所提出。

本技术规范由司法部司法鉴定管理局归口。

本技术规范起草单位：西南政法大学和司法部司法鉴定科学技术研究所。

本技术规范主要起草人：贾治辉、杨进友、施少培、杨旭、徐彻、钱煌贵、卞新伟、孙维龙、陈晓红、罗仪文、王楠。

1 范围

本技术规范规定了静电复印文件形成时间物理检验的步骤和方法。

本技术规范适用于文件制作时间鉴定中静电复印文件形成时间的鉴定。

2 规范性引用文件

下列文件对于本技术规范的应用是必不可少的。凡是注日期的引用文件，仅注日期的版本适用于本技术规范。凡是不注日期的引用文件，其最新版本(包括所有的修改单)适用于本技术规范。

SF/Z JD0201001－2010 文书鉴定通用规范

SF/Z JD0201004－2010 印刷文件鉴定规范

SF/Z JD0201008－2010 文件材料鉴定规范

3 静电复印历时性特征

在静电复印机的使用过程中，由于部件的老化、磨损、污染及保养、维修等原因，静电复印机处于不断的变化之中，这种变化反映在该静电复印机不同时间复印的静电复印文件上，表现出与时间相关的静电复印特征的历时性变化。

静电复印历时性特征的表现形式多种多样，既可能是某种静电复印痕迹从无到有或从有到无的变化，也可能是各种静电复印痕迹的形态变化，也可能是如墨粉底灰、复印浓淡的程度变化。静电复印机的保养、维修、更换耗材等往往也会导致静电复印痕迹的明显变化。

利用静电复印历时性特征判断可疑文件静电复印时间一般可以从两个角度进行。一是通过比较，发现检材与某一时间段样本的静电复印阶段性特征符合，而与其他时间段样本的静电复印阶段性特征差异，从而确定检材是在该时间段复印形成；二是通过比较，发现在某一时间段内，样本上稳定的静电复印同时段特征在检材上未能得到反映，从而排除检材是在该时间段复印形成。

4 检验步骤和方法

4.1 检材的检验

4.1.1 在SF/Z JD0201004－2010《印刷文件鉴定规范》第四部分《静电复印文件同机鉴定规范》中对检材的检验基础上，对检材进行进一步检验。

4.1.2 分析检材上的静电复印特征及其形成原因，判断这些特征是否可能与静电复印机的使用过程相关。

4.1.3 根据检材上静电复印特征的状况,初步判断检材是否具备静电复印时间鉴定条件。

4.2 样本的检验

4.2.1 在 SF/Z JD0201004 - 2010 《印刷文件鉴定规范》 第四部分《静电复印文件同机鉴定规范》 中对样本的检验基础上,对样本进行进一步检验。

4.2.2 审核样本材料,确定样本的静电复印时间,并按样本标称时间对样本排序。

4.2.3 分析不同时期样本的静电复印特征是否随时间的推移表现出一定的变化规律。

4.2.4 分析在某些特定时间段(一般为含检材标称时间或怀疑时间的时间段)的样本是否存在相对稳定的静电复印特征。

4.2.5 根据样本上静电复印阶段性特征的反映程度,初步判断样本是否具备静电复印文件时间鉴定比对条件。样本不足的,应要求委托方补充样本。

4.3 检材与样本的比较检验

4.3.1 按照 SF/Z JD0201004 - 2010 《印刷文件鉴定规范》 第四部分《静电复印文件同机鉴定规范》 中的检验步骤和方法,判断检材与样本是否为同台静电复印机复印。检材与样本不是同台静电复印机复印的,要求委托方补充不同时期的与检材为同台静电复印机复印的样本。无法补充的,则不具备通过静电复印阶段性特征判断检材复印时间的鉴定条件。

4.3.2 进一步对检材与不同时间段的样本进行比较检验,发现两者在静电复印阶段性特征上的符合点和差异点。检验中应特别关注:

a) 检材与不同时间段样本在变化的静电复印阶段性特征上的符合情况;

b) 检材与某些特定时间段样本在稳定的静电复印阶段性特征上的差异情况;

c) 检材/样本经过多次复印的,注意鉴别各次复印形成的痕迹,防止静电复印特征的混淆。

4.4 综合评断

对检材与样本在静电复印阶段性特征上的符合点和差异点的数量和价值进行综合评断,形成鉴定意见。

5 鉴定意见

5.1 检材为某时间段静电复印形成

5.1.1 检材与样本为同台静电复印机复印。

5.1.2　样本静电复印特征随时间的推移表现出明显的阶段性变化规律。

5.1.3　在这些变化的静电复印阶段性特征上,检材与某时间段样本存在很好的符合,而与其他时间段样本存在明显的差异。

5.2　检材不是某时间段静电复印形成

5.2.1　检材与样本为同台静电复印机复印。

5.2.2　样本在某时间段内存在稳定的静电复印阶段性特征。

5.2.3　在这些稳定的静电复印阶段性特征上,检材与样本存在明显的差异。

5.3　检材倾向是某时间段静电复印形成

5.3.1　检材与样本为同台静电复印机复印。

5.3.2　样本静电复印特征随时间的推移表现出较好的阶段性变化规律。

5.3.3　在这些变化的静电复印阶段性特征上,检材与某时间段样本存在较好的符合,而与其他时间段样本存在一定的差异。

5.4　检材倾向不是某时间段静电复印形成

5.4.1　检材与样本为同台静电复印机复印。

5.4.2　样本在某时间段内存在较稳定的静电复印阶段性特征。

5.4.3　在这些稳定的静电复印阶段性特征上,检材与样本存在一定的差异。

5.5　不能判断检材的静电复印时间

5.5.1　检材不具备静电复印时间鉴定条件。

5.5.2　样本不具备静电复印时间比对条件。

5.5.3　检材和样本的静电复印阶段性特征的性质和价值难以评断,既不能得出确定性意见,也不能得出倾向性意见。

多光谱视频文件检验仪检验规程

SF/Z JD0201014 - 2015

2015 年 11 月 20 日发布　2015 年 11 月 20 日实施

目 次

前 言

本技术规范旨在确立多光谱视频文件检验仪进行文件检验时应当遵循的方法和步骤,确保相关鉴定活动的规范有序。

本技术规范按照 GB/T 1.1 - 2009 给出的规则起草。

本技术规范由西南政法大学司法鉴定中心提出。

本技术规范由司法部司法鉴定管理局归口。

本技术规范起草单位:西南政法大学司法鉴定中心。

本技术规范主要起草人:易旻、喻彦林、彭迪、吴玲、邹卫东、杨进友、唐旭。

1 范围

本技术规范规定了使用多光谱视频文件检验仪(文检仪)进行检验的步骤、

方法以及与检验有关的设备维护及功能核查方法。

本技术规范非多光谱文件检验仪仪器使用说明(或操作指南),是适用于采用多光谱文件检验仪进行文件检验以及管理活动的通用性指引。

2 规范性引用文件

下列文件对于本技术规范的应用是必不可少的。凡是注日期的引用文件,仅所注日期的版本适用于本技术规范。凡是不注日期的引用文件,其最新版本(包括所有的修改单)适用于本技术规范。

GB 4793.1-2007 测量、控制和实验室用电气设备的安全要求 第1部分:通用要求(IDT IEC1010-1:2001)

GB/T 6040-2002 红外光谱分析方法通则

GB/T 19863 体视显微镜试验方法(GB/T 19863-2005, ISO 15227:2000, MOD)

GB/T 25480-2010 仪器仪表运输、运输贮存基本环境条件及试验方法

JY/T 022-1996 紫外和可见吸收光谱方法通则

SF/Z JD0201001-2010 文书鉴定通用规范

SF/Z JD0201004-2010 印刷文件鉴定规范

SF/Z JD0201005-2010 篡改(污损)文件鉴定规范

SF/Z JD0201006-2010 特种文件鉴定规范

SF/Z JD0201008-2010 文件材料鉴定规范

3 术语和定义

下列术语和定义适用于本技术规范。

3.1 多光谱视频文件检验仪

又称文书检验仪、文书鉴定仪、文检仪。是一种基于机械、光学、电子及计算机技术,综合视频显微图像检验、多光谱分析、图像处理及信息管理等功能的综合检验系统,用于文书类对象(或适用的其他对象)的光学无损检验。

多光谱视频文件检验仪主要构件包括:高分辨率摄像机,分光系统(连续干涉滤色片或光栅分光),光强度可调的红外、紫外、可见光源及相应的光汇聚与偏转系统,截止滤色片组,激发滤色片组,信号处理系统,机械与控制系统,显示与图像处理系统等。

多光谱视频文件检验仪分为一体机与分体机两种结构形式。一体机是指将上述构件集合在同一机体内并实现功能要求;分体机一般为两部分组成,即光、机、电集成的主机单元和配套使用的计算机单元(含与主机通讯所需的接口组

件）。

本技术规范主要以分体式结构为对象进行，一体式结构可参照使用。

3.2 红外光

又称做红外线，是波长比可见光长的电磁波。文检仪使用的红外光为近红外光，波长范围应覆盖700nm～1000nm。

3.3 紫外光

又称做紫外线，是波长范围比可见光短，但比X射线长的电磁波。文检仪使用的紫外光应覆盖短波紫外光（如254nm）、中波紫外光（如312nm）、长波紫外光（如365nm）。

3.4 可见光

是电磁波谱中人眼可以感知的部分，其波长在400～700nm。文检仪光源应涵盖全部可见光波段，并能进行多波段分光。

3.5 反射光

光从一种介质射向另一种介质时，在它们的分界面上会改变光的传播方向，又返回到原来的介质中，返回到原来介质中的光就是反射光。反射光波长与入射光波长一致。

3.6 透射光

是入射光穿过物体后的出射光，其波长、方向与入射光一致。

3.7 侧光

是指光源自物体的单侧进行投射照明形式。

3.8 同轴光

指光线先通过一块45度安装的半透半反玻璃全反射垂直照到被测物体，从被测物体上反射的光线垂直向上穿过半透半反玻璃，进入摄像头。这样就既消除了反光，又避免了图像中产生摄像头的倒影。同轴光照明提供了比传统光源更均匀的照明，能够凸显物体表面不平整，克服表面反光造成的干扰。

3.9 荧光

当物质经入射光照射，吸收光能后进入激发态，立即退激发并发出的发射光。发射光波长大于入射光波长，入射光停止后，发射光也随之立即消失。

3.10 反斯托克斯光

波长小于激发光源波长的荧光，称为反斯托克斯光。

3.11 单色光

光线中包含不同频率的光，则为复合光。如果只含有一种频率的光，则为单色光。

3.12 数字视频摄像机

是指摄像机的图像处理及信号的记录全部使用数字信号完成的摄像机。

3.13 光学滤色片

只能使特定波长范围的光通过的镜片,通常由有色玻璃或镀膜玻璃制成。包括长通滤色片、低通滤色片、带通滤色片。

3.14 光谱分析

分别测定多个波段或波长的吸光度、透光率或光强度,根据测量值随波长的变化关系,判断物质属性的一种仪器分析方法。

4 功能描述

多光谱视频文件检验仪是一种基于光、机、电和计算机系统的文件检查系统,其主要功能须涵盖视频图像检验、光谱分析两大模块,并能实现模块间的分别检验和复合检验。

4.1 视频图像检验

4.1.1 可变倍数视频图像检验。在所有可观察图像模式下实现不同放大倍率的实时视频图像检验,可形成静态图像进行标示、测量和采集、存贮。

4.1.2 多光源照明。应当包括红外(近红外区)、紫外(长波紫外、中波紫外、短波紫外)、可见光(白光及通过滤光装置形成的带通光源)等照明模式,并具有一定的组合照明模式可供选择。

4.1.3 多种照明路径。通过光学构件,对不同的光源提供有入射光、同轴光、侧光、透射光等照明途径,并具有一定的组合方式。

4.1.4 分光图像检验。提供紫外光致荧光图像检验、可见光致荧光图像检验、可见分光(带通)及红外反射图像检验。

4.2 光谱分析

又称光谱检验。提供局部区域连续光谱采集及光谱谱图比对检验。包括但不局限于:反射光谱检验、透射光谱检验、荧光光谱检验。

4.3 标注和测量功能

4.3.1 可进行长度、角度、半径、面积、亮度等参数测量。

4.3.2 可进行直线、折线、箭头、矩形、椭圆形、文字等内容的标注。

4.4 辅助功能

4.4.1 操作控制。

4.4.2 文件管理。

4.4.3 证件机读码、隐藏信息和电子芯片信息识别。

5 操作规程

5.1 启动

5.1.1 依次启动计算机和工作站主机,等待主机自检完成后启动主机软件,并登陆。

5.1.2 等待计算机与主机的通讯连接并初始化。关注初始化结果,作出仪器是否正常的判断,并记录。

5.1.3 所有用户账户应当在建立初始就设置密码,并视安全要求及时变更密码。

5.2 视频图像检验

5.2.1 加载检验对象,确保平置并将待检区域调整在显示中心位置。

5.2.2 根据检验目的,选择适当的可见光入射模式,由低到高逐渐变换放大倍率进行检验:

a) 检验过程中依所使用设备操作说明,适当调整焦距、光照强度、感光度、曝光时间等参数。

b) 应注意避免下层纸张、物质的可能干扰。必要时可衬垫空白纸张以隔断干扰。

5.2.3 根据检验目的,选择适当的照明光源及组合,调整照明光源路径及组合,重复5.2.2步骤。采用的照明光源、路径及其组合应包括(但不局限于):整个可见光波段(400nm~700nm)入射、透射、侧射,带通可见光(3个以上波段)入射,紫外光(含长波、中波、短波)落射、侧射,近红外光入射,可见光激发荧光,紫外光激发荧光等:

a) 不同光源对检验区域有不同的要求,应当关注这种要求并通过放大倍率的调整予以满足;

b) 部分光源对操作人员的健康有一定影响,检验时应当严格按照设备使用规程关闭舱门,确保安全;

c) 强光照射(尤其是紫外光)可能造成部分文件纸张、色料(如热敏纸张及其字迹)的变化,应通过缩短照射时间、降低照射光强度以尽可能减少其危害;

d) 荧光检验应尤其注意入射波长、检测波长的调节,以达到最佳的检验效果。

5.2.4 检验过程中适时采集检验图片,检验图片应包含案件唯一性标识、检验参数、检验日期、检验人等信息,并编号保存。此环节所采集保存图像为原始检验记录,其保存及转移需满足机构业已建立的管理体系文件中的相关规定实施,不得在本机系统中进行后期图像处理。

5.3 光谱分析

5.3.1 根据检验需要,可选择待检区域进行反射光谱、透射光谱、荧光光谱扫描。

5.3.2 光谱检验（尤其是荧光光谱检验、透射光谱检验）时，应通过光源强度、感光度、曝光时间调节，保证检测信号有足够强度和信噪比。

5.3.3 对微小区域进行的光谱分析，相同光学性质的测试对象，应选择三个以上不同测试点进行重复试验，并考察其数据稳定性、可靠性。

5.3.4 光谱扫描所定义扫描分析区域应作标记并可追溯。

5.3.5 合理使用参照品，如标准白板，以建立比对基准点。

5.3.6 光谱曲线以波峰、波谷、斜率、拐点、斯托克斯位移，以及曲线随波长从低到高的发展变化趋势作为定性的主要依据，不能仅以不同曲线纵坐标光强度的差异作为定性依据。

5.3.7 根据检验需要，通过各采样点在 CIE 色度图中的位置及坐标值，对被检验对象的颜色进行相对精确区分。

5.4 标注和测量

5.4.1 根据检验需要，在仪器所提供测量及标识功能中，可选择待检区域进行长度、角度、半径、面积、亮度等参数测量。

5.4.2 测量应进行重复试验，考察其数据稳定性、可靠性。对微小区域进行的测量，应明确标记其测量区域。

5.4.3 选择适当的标注方法进行标注。对微小区域测量获得的数据，应对其数据来源区域进行明确标识。

5.4.4 测量及标识结果为原始检验记录组成部分。

5.5 关机

5.5.1 完成检验后，应将设备调至可见光入射光视频图像检验状态，将光学放大倍率调至最低，取出检验对象并关闭舱门。

5.5.2 依次退出多光谱视频文件检验仪软件系统，关闭主机电源，关闭计算机。

5.5.3 填写使用记录。

6 检验结果

6.1 检验结果的表达

6.1.1 多光谱视频文件检验仪检验结果以原始记录为表达形式，包括但不限于图像、图谱及数据。

6.2 视频图像检验结果的表达

6.2.1 视频图像检验结果包括影像记录、静态图片，依照 5.2 进行检验后采集并保存，为原始检验记录，可输出为后期检验材料。

6.2.2 如检出异常现象或与比对材料不同的特征反映，应明确标明检验条件,必要时辅以图片说明。

6.2.3 如未检出异常现象或与比对材料不同的特征反映,应明确列出所进行的检验方法,必要时辅以图片说明。

6.3 光谱分析结果的表达

6.3.1 光谱分析结果以图谱、数据方式表达,依照5.3进行检验后作出。

6.3.2 如检出异常现象或与比对材料不同的光谱特征,应明确标识检验条件与检验部位,必要时辅以检验图片进行说明。

6.3.3 如未检出异常现象或与比对材料不同的光谱特征,应明确列出所进行的检验方法、条件、检验部位,必要时辅以检验图片进行说明。

6.3.4 如未检出异常现象或与比对材料不同的光谱特征,应明示设备光谱分析的灵敏度、分辨率及光谱范围。

6.4 测量结果的表达

6.4.1 测量结果应明确标注重复次数,表明每次测定的原始数据及统计数据。

6.4.2 微小区域测量获得的测量数据,应明确标记其测量位置及区域。

7 维护与功能核查

7.1 维护

7.1.1 常规维护。确保仪器安装、使用环境条件满足要求,尤其是湿度要求,必要时应配备除湿机。确保仪器软件工作条件满足要求,必要时应安装安全软件。关注自检状态,及时发现是否存在异常。

7.1.2 定期进行光源检查,确保光源系统处于正常工作状态。

7.1.3 定期对不用拆卸即可维护的光学系统(如侧光偏转镜)进行除尘操作。

7.2 功能核查

多光谱视频文件检验仪虽具有光谱分析功能,但以定性分析为主,并不具备精确定量的检测意义。为确保仪器检验功能始终处于稳定、完好状态,需通过定期的功能核查方式予以确认。

7.2.1 功能核查的内容

应当通过功能核查的内容,包括:几何标尺核查;可见光带通中心频率核查;荧光图像功能核查。

7.2.2 功能核查的实施

a) 几何标尺核查

仅核查X、Y向直线标尺。

分别在不同放大倍率(5X、20X、50X),于可见光视频检验条件下摄取经检定过的游标卡尺预测定过的固态钢性物品(如矩形白色塑料薄片)图片,并在X、Y两方向进行标示测定。重复三次,统计误差并与真值进行比较,给出偏离值和校正因子。

b)可见光带通中心频率检查

建议选择国标色标卡(GSB05-1426-2001)中:PB02、R03、Y02分别进行光谱扫描,标示其中心频率。比较不同时间所测定光谱图,判断中心频率是否发生漂移以确定稳定性。

c)荧光图像功能核查

分别制作可见光激发及紫外激发荧光检测样本(要求相对稳定并易于保存),用此样本进行荧光图像检测并采集存储,用于不同时间所采集图像比较以判断荧光图像功能是否完备。

文件上可见指印鉴定技术规范

SF/Z JD0202001 - 2015

2015 年 11 月 20 日发布　2015 年 11 月 20 日实施

目　次

前　言

本技术规范旨在确立我国文件上可见指印鉴定中应当遵循的基本原则、检验步骤和方法,并且确保行业规范运行。

本技术规范按照 GB/T 1.1 - 2009 给出的规则起草。

本技术规范由司法部司法鉴定科学技术研究所提出。

本技术规范由司法部司法鉴定管理局归口。

本技术规范起草单位：司法部司法鉴定科学技术研究所。

本技术规范主要起草人：钱煌贵、杨旭、施少培、凌敬昆、徐彻、卞新伟、孙维龙、陈晓红、孙其然。

1 范围

本技术规范规定了可见指印鉴定的程序和方法。

本技术规范适用于文件等客体上可见指印的同一认定。

2 规范性引用文件

下列文件对于本技术规范的应用是必不可少的。凡是注日期的引用文件，仅注日期的版本适用于本技术规范。凡是不注日期的引用文件，其最新版本（包括所有的修改单）适用于本技术规范。

GA/T 144 《指纹专业名词术语》

SF/Z JD0201001－2010 第1部分 《文件鉴定通用术语》

3 术语及定义

SF/Z JD0201001－2010 第1部分 《文件鉴定通用术语》 中确立的术语，及以下规定的和引用的 GA/T 144 《指纹专业名词术语》 中的术语和定义均适用于本技术规范。

3.1 指印

又称指纹。广义上泛指反映人手掌各部位乳突纹线分布特点的印迹，包括十指指印、指节印和掌印等，鉴定实践中通常指十指指印的印迹。

3.2 文件

又称文书，指人们在社会交往中形成和使用的各种公文、合同、契约、书信、字据、证照等材料的总称。

3.3 可见指印

无需技术显现，通过目测或借助放大镜即可观察到的有色加层或减层指印。

3.4 检材指印

检材上需要鉴定的指印。

3.5 样本指印

样本上供比较、对照的指印，包括：十指指印和单指指印等。

3.6 乳突线

真皮乳突层乳突成行排列所组成的线状结构以及覆盖其上的表皮凸起线状结构。

3.7 沟纹线

与凸起纹线相间的凹陷纹线,又称犁沟线或小犁沟。

3.8 可见指印纹线

沾附有色介质的手指乳突纹线遗留的,且与承受体存在反差的介质反映形象。

3.9 指印纹型

指根据手指所留纹线的整体结构划分的指印纹线分布的基本类型的总称,通常分为斗型纹、箕型纹、弓型纹、混杂型纹四种基本纹型:

3.9.1 斗型纹

内部花纹由一条以上的环形线、螺形线、曲形线组成,且有两个或两个以上三角。斗型纹根据中心纹线结构不同,分为环形斗、螺形斗、绞形斗、双箕斗、曲形斗、囊形斗、杂形斗。

3.9.2 箕型纹

内部花纹由一条或一条以上箕形线组成,具备三个系统且有一个三角位于箕枝的相对一侧。箕型纹又分左箕纹和右箕纹,或正箕纹和反箕纹。

3.9.3 弓型纹

花纹由上部的弓形线和下部的直形线、弧形线、波浪线等组合而成。弓型纹又分弧形纹和帐形纹。

3.9.4 混杂型纹

凡弓箕斗单一纹型所不能包括,由两种纹型混合组成的花纹,或结构杂乱无法归入弓箕斗型纹的花纹。

3.10 指印特征

由指纹纹线的一般特征、细节特征以及印面特征组成的指印反映形象的总称。

3.11 指印纹线一般特征

由指纹纹型、纹线形态和流向等组成的指印反映形象。具体有:

3.11.1 纹型特征

由内部花纹、外围线、根基线、三角等组成的指印反映形象。

3.11.2 内部花纹

居于花纹中心部位的纹线,即被三角上部支流和下部支流包围的全部纹线。

3.11.3 外围线

从上面和侧面包围着内部花纹的弓形线体系。

3.11.4　根基线

内部花纹和两侧外围线下部的横行纹线体系。

3.11.5　三角

三组不同流向的纹线汇合之处,形成类似三角的区域。

3.11.6　纹线流向特征

乳突线痕迹延伸的方向。

3.12　指印纹线细节特征

由乳突线的起点、终点、分歧、结合、小钩、小眼、小桥、小点、小棒、汗孔、细点线等组成的指印纹线的反映形象。

3.12.1　起点、终点

按顺时针方向,纹线的起端称起点,纹线的终端称终点。

3.12.2　分歧线、结合线

按顺时针方向,一条乳突线分叉成两条或两条以上乳突线称分歧线;反之,两条或两条以上乳突线汇合成一条乳突线称结合线。

3.12.3　棒形线(短线)

长度大于2mm,小于10mm的纹线。

3.12.4　眼形线

纹线中途分叉后又结合组成眼状的纹线。

3.12.5　桥形线

连接相邻两条纹线之间的斜形短线。

3.12.6　钩形线

一头连接一条纹线的斜形短线。

3.12.7　细点线

由一组细小的皮肤结缔组织组成的不连续分布线。

3.12.8　小点

长度大于1mm、小于2mm的独立的乳突结构。

3.13　指印印面特征

由指印纹线的有色介质、其他附着物及由变异产生的形态等构成指印痕迹反映形象的总称。包括:积墨特征、漏白特征、边缘特征、介质特征和变异特征等。

3.14　一次性捺印

指同一手指连续捺印形成两枚或两枚以上的指印。

3.15　追踪线

用以确定指印各区域细节特征及其相互关系的一条或数条较清晰的不间断指印纹线。

3.16 追迹线

从左三角的下部支流开始,沿着这条支流向右三角方向追迹,用来测定左右三角之间关系的纹线。

3.17 骑缝指印

捺印在纸张分折处或跨两纸以上侧边区域捺印的有色指印。文件上除了骑缝指印外,还常有骑缝签名、骑缝印文等,用来增强保真防伪作用。

4 指印鉴定的受理

4.1 检材与样本指印的审查

4.1.1 在受理指印鉴定之前应首先了解有关案情,根据委托内容,明确鉴定目的和要求,同时应确认检材指印和样本指印。

4.1.2 初步检验检材指印和样本指印,并且根据检材指印和样本指印的具体情况以及鉴定的目的和要求,确定是否受理或暂缓受理。对确定受理的案件应进行登记,并签订委托鉴定协议书。

4.2 样本指印的提取

4.2.1 样本指印的提取应选择或参照资料性附件 B 中规定的《指印提取表》式样进行提取。

4.2.2 样本指印的提取分为滚动捺印、平面捺印和局部捺印三种。应依据检材指印情况,灵活选取与检材指印相适应的滚动(左右滚动、前后滚动)捺印、平面捺印或局部捺印方式。

4.2.3 鉴定机构提取样本指印时,建议选择资料性附件 B 中规定的《指印提取表》式样,使用专用的指印捺印油墨进行提取。

4.2.4 提取的样本指印应全面反映指印的纹线特征,捺印指位和区域能够满足鉴定的要求。

4.3 检材指印与样本指印的保存

4.3.1 对留有检材指印与样本指印的文件,应妥善存放,防水防潮,防止纸张折叠以及与相邻物品摩擦。

4.3.2 对检材指印与样本指印,应选择采用照相、摄像或扫描等方式进行复制提取,以电子文件形式保存,并按照以下“检材指印与样本指印的标识”方法进行唯一性标识。对易于脱色、褪色的指印,在复制提取后如果需要,还应采取适合的方法对检材原件加以固定保存。

5　检材指印与样本指印的标识

5.1　对检材指印进行标识

5.1.1　检材指印标识可采用“案号＋检材标识＋编号＋序号”进行。大写字母“JC”代表“检材”；阿拉伯数字“1、2、3……”代表“编号”；“－1、－2、－3……”代表“序号”。案号既可统一标识在《指印特征比对表》右上角，也可标识在检材标识之前。

5.1.2　对检材上只有一枚指印的，直接用“案号＋检材标识”。

5.1.3　对不同检材上各有一枚需检指印的，可采用“案号＋检材标识＋编号”方式进行标识，如“2013001JC1、2013001JC2、2013001JC3……”。

5.1.4　对只有一份检材且同一检材上存在多枚指印的，可采用“案号＋检材标识＋序号”方式进行标识，如“2013001JC－1、2013001JC－2、2013001JC－3……”。

5.1.5　对多份检材且同一检材上存在多枚指印的，可采用“案号＋检材标识＋编号＋序号”方式进行标识，如“2013001JC1－1、2013001JC1－2、2013001JC1－3……”，“2013001JC2－1、2013001JC2－2、2013001JC2－3……”。

5.2　对选取的样本指印进行标识

5.2.1　样本指印标识可采用“案号＋样本标识＋编号＋指名＋序号”进行。大写字母“YB”代表“样本”；阿拉伯数字“1、2、3……”代表“编号”；指名既可用中文，也可用大写英文缩写标识，如“右手食指（或RI）”，“左手拇指（或LT）”，“－1、－2、－3……”代表“序号”。

5.2.2　对只有一枚样本指印的，直接用“案号＋样本标识”进行标识。

5.2.3　对只有一人样本指印且指名明确的，用“案号＋样本标识＋指名”进行标识，如“2013001YB 右手食指”。

5.2.4　对有多人样本指印且指名明确的，用“案号＋样本标识＋编号＋指名”进行标识，如“2013001YB1 右手食指、2013001YB2 右手食指、2013001YB3 右手食指……”。

5.2.5　对只有一人多枚样本指印且指名不明确的，用“案号＋样本标识＋序号”进行标识，如“2013001YB－1、2013001YB－2、2013001YB－3……”。

5.2.6　对有多人多枚样本指印且指名不明确的，用“案号＋样本标识＋编号＋序号”进行标识，如“2013001YB1－1、2013001YB1－2、2013001YB1－3……”，“2013001YB2－1、2013001YB2－2、2013001YB2－3……”。

6　识别指印特征方法和原则

6.1　识别指印特征的方法

6.1.1　目测:在自然光或其他光源下,通过目测或借助放大镜进行观察和辨认。

6.1.2　显微检验:对于通过目测难以辨别的特征,可借助显微镜进行观察和识别,具体操作应按相应仪器的检验规程进行。

6.1.3　仪器检测:对于模糊指印可用视频光谱仪(或多波段光源)进行检验,获得清晰的显示结果。

6.1.4　测量:用具备测量功能的工具对指印特征之间的相对位置、比例关系等进行测量。

6.1.5　专用指印比较仪:用专门进行指印比对的仪器对指印特征及其相互关系等进行系统的比较、测量、标识和分析等。

6.1.6　理化分析仪器:用以确定指印介质的理化特性,包括视频光谱仪、傅里叶变换红外光谱仪、激光拉曼光谱仪、扫描电镜/X 射线能谱仪等,具体的操作应按相应仪器的检验规程进行。

6.1.7　实验分析:对一些难以确定的特征可根据检材形成的条件进行模拟实验分析。模拟实验分析应在鉴定文书中说明。

6.2　识别指印特征应遵循的原则

6.2.1　客观原则

对检材指印特征的确定,应以检材实物原件为依据,必须实事求是,不能主观臆断,必要时可通过模拟实验进行分析确认。

6.2.2　全面原则

对检材指印的检验应细致、全面,完整,并且尽可能地找出全部可识别的指印特征。模糊指印中各区域识别的指印细节特征,如果追踪线连贯,可视为同一整体。

6.2.3　次序原则

识别指印特征应首先检验内部花纹区域,然后检验根基和外围纹线区域;针对检材指印和样本指印,首先检验检材指印,待完成全部检材指印特征识别后,再检验样本指印,以防先入为主。

7　《指印特征比对表》的制作规范

7.1　《指印特征比对表》的制作原则

7.1.1　指印鉴定应当制作《指印特征比对表》。《指印特征比对表》是指印鉴定文书应有的组成部分。

7.1.2　《指印特征比对表》根据比对的内容,分为检材指印与样本指印比对、检材指印之间的比对或样本指印之间的比对。

7.1.3　在拍摄、扫描或复印检材指印和样本指印时，应保持检材指印和样本指印等比例大小且不失真，必要时应加上比例尺或度量标识，表明检材指印与样本指印相对规格。

7.1.4　选取的样本指印应当全面且相对清晰，在数量和质量上以能满足鉴定需求为准。

7.2　《指印特征比对表》的制作步骤和方法

在制作《指印特征比对表》之前，应对检材指印和样本指印进行初步的检验，以确定需要选取的样本指印。

7.2.1　检材指印和样本指印的复制

7.2.1.1　复制的检材和样本指印应当清晰，能真实反映检材和样本指印的原貌及其细节。

7.2.1.2　检材和样本指印的复制，建议使用扫描复制的方法，并根据指印大小设置适当的图像分辨率，以便能清晰观察指印细节特征。

7.2.1.3　复制的检材和样本指印应保持原有色调，对其色调一般不作调整，但如在复制过程中已经造成指印偏色，可参照原始指印作适当调整，尽可能保持与原始指印色调一致。

7.2.1.4　如纸张背景、复制条件等因素导致复制的检材和样本指印不能凸现，可对其亮度和对比度作适当调整，但反差不宜过大，以既能清晰显示复制的检材和样本指印细节特征，又能反映出纸张等文件载体的情况为佳。

7.2.1.5　复制的检材和样本指印可作适当的等比例调整，但不能对检材和样本指印作单向调整或不等比例调整，防止指印变形；指印规格有调整的，建议加上比例尺或度量标识。

7.2.1.6　检材与样本指印大小规格不同时，要特别注意在复制过程中保证等比例复制，应加比例尺或度量标识，表明检材与样本指印相对规格。

7.2.2　检材指印和样本指印的编排

7.2.2.1　复制的检材和样本指印在《指印特征比对表》上的编排格式通常采用左右或上下格式进行编排，一般左（或上）为检材指印，右（或下）为样本指印。

7.2.2.2　《指印特征比对表》中检材和样本指印应编排整齐，并保持适当的间距，便于标号分析。

7.3　《指印特征比对表》的标识原则和标识方法

7.3.1　《指印特征比对表》的标识原则

7.3.1.1　《指印特征比对表》应在醒目位置对其进行唯一性标识。

7.3.1.2　对选取的检材和样本指印应标明其出处。

7.3.1.3 《指印特征比对表》中,应对检材指印的指印特征进行标识;样本指印的指印特征应根据鉴定意见的具体情况进行标识。必要时应对特殊的指印特征进行文字说明。

7.3.1.4 检材指印特征的标示既要客观全面,也应避免过度标示导致指印特征标示线对识别指印特征的干扰。当检材指印特征数量较少(少于 10 处)时,应全部进行标识;当检材指印特征数量多时,建议标识的指印特征数量可不超过 20 处。

7.3.1.5 《指印特征比对表》应标明制作人、制作时间,并对记录内容进行审核确认。

7.3.2 《指印特征比对表》的标识方法

《指印特征比对表》应进行唯一性标识,可在《指印特征比对表》右上角用“鉴定文书编号”进行标识。

7.3.3 选取的检材和样本指印的标识

7.3.3.1 检材指印的标识,见 5.1。

7.3.3.2 样本指印的标识,见 5.2。

7.3.4 指印特征的标识及要求

对比较检验中发现的有价值的指印特征,应在作为检验记录的《指印特征比对表》中逐一进行标识,检材指印图片应完整,原则上不得随意裁切,如确需对局部指印特征进行裁切标识的,应标明其出处。建议保存未对指印特征进行标识的《指印特征比对表》,以便对照复核用。

7.3.4.1 检材和样本指印两者放大应同倍,一般以原物的 3 至 6 倍为宜。

7.3.4.2 一般用与指印颜色反差较大的有色线条划定标线。

7.3.4.3 标线应呈放射状,分布均匀,标线之间不得交叉。

7.3.4.4 选择与指印色泽强反差的颜色标识相同或相近的指印特征。

7.3.4.5 用蓝色标号标识不同或变化的指印特征。

7.3.4.6 对有疑问或难以确定的指印特征,可用“?”进行标号。

7.3.4.7 对应标号应一致,并且按顺时针方向标识,建议从一点钟附近的位置作为起始点。

7.3.4.8 指印特征标识既要客观全面,又要简明扼要,标识的标线和标号不能对辨识指印特征造成干扰。

7.3.4.9 对各种指印特征进行标识时,建议使用附录 A“指印特征标识符号表”中的标识符号。

8 检验步骤和方法

8.1 准备

8.1.1 指印检验常用设备

指印检验常用设备有：

1）放大镜及刻度尺、比例尺、10×测量倍率计等；

2）体视显微镜；

3）高倍率立体显微镜；

4）比较显微镜或指印专用比对仪；

5）视频光谱仪、多波段光源；

6）其他专用的仪器或软件。

8.1.2 样本指印的提取材料或设备

样本指印的提取材料或设备有：

1）专用指印捺印油墨(墨盒)；

2）专用掌印捺印油墨(墨盒)；

3）专用指印捺印提取仪。

8.1.3 样本指印的提取

样本指印的提取应按照4.2要求进行，捺印的样本指印应清晰、全面。且需填写捺印人的基本情况，并且需捺印人、提取人及在场人签字确认。

8.2 对检材指印的检验

8.2.1 检材不是原件的，继续；检材声称是原件的，转8.2.2继续

1）分析检材的复制方法。

2）分析检材指印是否清晰，指印特征能否得到全面反映。

3）综合分析检材的复制方法是否会对检材指印特征造成本质的影响：

a）如能造成本质影响的，转9.1.3继续；

b）如不会造成本质影响的，转8.2.3继续。

8.2.2 分析确定检材指印的形成方式

1）分析检材指印是否采用盖印、打印、复印等方式复制形成，如确定检材指印是复制形成的，可直接作出检材指印不是捺印形成的鉴定意见，并说明其具体的形成方式。

2）确定检材指印是捺印形成的，继续。

8.2.3 确定检材指印是否具备鉴定的条件

1）不具备鉴定条件的，转9.1.3继续；

2）检材具备鉴定条件的，继续。

8.2.4 对骑缝指印的检验

1）对接比较检验：对接骑缝指印的纹线，比较骑缝缘的长度、介质的色泽、纹线的粗细和流向；

2) 对单块骑缝指印分别进行检验,确定其是否具备鉴定条件。

8.3 对样本指印的检验

8.3.1 没有提供样本指印的,则要求被鉴定人捺指印样本

1) 首先捺印清晰的十指样本指印,以便能全面反映指印区域及特征;

2) 其次根据检材指印的捺印条件,模拟捺印样本指印。

8.3.2 样本不是原件的,继续;样本是原件的,转8.3.3继续

1) 确定样本的复制方法;

2) 分析样本指印是否清晰,指印特征能否得到全面反映;

3) 综合分析样本的复制方法是否会对样本指印特征造成本质的影响。

8.3.3 初步判断样本是否存在比对的条件

1) 样本指印不具备比对条件的,要求补充样本。

a) 能补充样本的,转8.3.2继续;

b) 不能补充样本的,转9.1.3继续。

2) 样本指印具备比对条件或具备一定程度比对条件的,继续。

8.4 对检材指印和样本指印特征逐一进行比较检验

8.4.1 指印特征比对表的制作,见7。

8.4.2 指印特征比对的方法

1) 标识比对:对观察到的检材和样本指印特征在特征比对表中标识,并且进行比较检验;

2) 重叠比对:将检材和样本指印直接重叠进行比较,观察相互间的吻合程度;

3) 几何图形比较:将检材和样本指印的特征点进行连线,对构成的图案结构、形状进行比较;

4) 仪器比对:利用专门的比对仪器,对检材和样本指印进行系统的比对。

8.5 指印特征数量的统计分析

8.5.1 分析检材与样本指印相同特征的数量。

8.5.2 分析检材与样本指印差异或变化特征的数量。

8.6 指印特征质量的评价

8.6.1 检材和样本指印符合特征价值的评价。

8.6.2 检材和样本指印差异特征价值的评价。

8.6.3 检材和样本指印变化特征形成的原因。

8.7 对检材指印和样本指印特征数量和质量的综合评断

8.7.1 综合判断检材指印特征是否具备作出鉴定意见条件

1) 如不具备鉴定条件,转9.1.3继续;

2）具备鉴定条件的，继续。

8.7.2　综合判断样本指印是否具有比对条件

如样本指印不具备比对条件或比对条件较差，则要求补充样本。

1）能补充样本的，转 8.3.2 继续；

2）不能补充样本的，转 9.1.3 继续。

8.7.3　对检材和样本指印特征中符合特征、差异特征进行综合评断，对变化特征的原因进行科学分析，根据特征总和的质量作出相应的鉴定意见。

8.8　根据鉴定要求，可进一步评断多枚检材指印之间或多枚样本指印之间是否存在一次性捺印形成的现象

8.8.1　分析多枚指印在印面特征上是否反映出特定的阶段性特征

1）如果没有反映出特定的阶段性特征，则终止；

2）如果反映出特定的阶段性特征，继续。

8.8.2　分析这些印面阶段性特征是否反映出连续性规律和特点

1）如果没有反映出连续性规律和特点，则终止；

2）如果反映出连续性规律和特点，继续。

8.8.3　分析是否有其他能够影响这些印面阶段性特征的因素存在

1）如果有可能存在，则需进行验证

a）验证证实存在的，则终止；

b）验证证实不存在的，则继续。

2）如果没有其他可影响这些阶段性特征的因素存在，继续。

8.8.4　综合评断反映出的这些印面阶段性特征的数量和质量是否反映出连续捺印的特点

1）如果反映出连续捺印的特点，转 9.1.4 继续；

2）如果不足以反映出连续捺印的特点，则转 9.1.3 继续。

9　鉴定意见的种类和表述

9.1　鉴定意见的种类

9.1.1　肯定同一

肯定同一，必须同时满足以下条件：

1）检材和样本指印特征一般特征符合；

2）检材和样本指印有足够数量的细节特征符合，特征总和反映了同一人捺印的特定性；

3）检材和样本指印没有明确的细节特征差异，若有可疑的变化特征需能得到科学合理的解释。

9.1.2　否定同一

1）检材与样本指印特征一般特征不同。

2）检材与样本指印细节特征不符，特征的总体价值反映了非同一人捺印的特定性。

9.1.3　不能作出鉴定意见

1）检材指印不具备鉴定条件的；

2）样本指印不具备比对条件的。

9.1.4　多枚指印是一次性捺印形成

1）多枚指印在印痕墨迹的分布特征上反映出连续捺印的阶段性特征，且；

2）没有其他能够影响这些印迹阶段性特征的因素存在。

9.2　鉴定意见的表述

9.2.1　当样本捺印人确定，且出具认定结论的，鉴定意见表述为："检材指印是样本捺印人的何指捺印形成"，或"检材指印是样本捺印人的何指所留"。

9.2.2　当样本捺印人确定，且出具否定结论的，鉴定意见表述为："检材指印不是样本捺印人捺印形成"，或"检材指印不是样本捺印人所留"。

9.2.3　当样本捺印人不确定，且出具认定结论的，鉴定结表述为："检材指印与样本指印是同一人捺印形成"，或"检材指印与样本指印是同一人所留"。

9.2.4　当样本捺印人不确定，且出具否定结论的，鉴定结论表述为："检材指印与样本指印不是同一人(同一手指)捺印形成"，或"检材指印与样本指印不是同一人(同一手指)所留"。

9.2.5　当检材或样本指印系复制件时，认定的鉴定意见表述为："检材指印与样本指印是出自同一人(某手指)"；否定的鉴定意见表述为："检材指印与样本指印不是出自同一人(某手指)"。

9.2.6　当检材指印不具备鉴定条件，但样本捺印人确定时，鉴定意见表述为："无法确定检材指印是否样本捺印人捺印形成"，或"无法确定检材指印是否样本捺印人所留"。

9.2.7　当检材指印不具备鉴定条件，样本捺印人不确定时，鉴定意见表述为："无法确定检材指印与样本指印是否同一人捺印形成"，或"无法确定检材指印与样本指印是否同一人所留"。

9.2.8　当两枚或两枚以上检材指印认定是一次性捺印形成的，鉴定意见表述为："检材指印1、检材指印2……均是(同一手指)一次性捺印形成"。

9.2.9　当两枚或两枚以上检材指印认定是一次性捺印形成，并且检材指印分别处于署期不同文件上的，鉴定意见表述为："检材1指印、检材2指印……均是(同一手指)一次性捺印形成"。

10 《指印鉴定意见书》的要求

10.1 包含要素

《指印鉴定意见书》的书写格式应符合司法鉴定文书规范性要求。通常应包括以下要素：

a) 序言部分；

b) 检验过程；

c) 分析说明；

d) 鉴定意见；

e) 落款；

f) 附件。

10.2 要素书写要求

10.2.1 序言部分

10.2.1.1 标题：写明司法鉴定机构的名称和文件名称。

10.2.1.2 编号：写明司法鉴定机构的缩略名、年份、专业缩略语、文书性质缩略语及序号。

10.2.1.3 基本情况：写明委托人、案情摘要、鉴定材料、鉴定事项、鉴定日期等内容。

10.2.2 检验过程

10.2.2.1 写明鉴定实施过程和科学依据，包括技术标准和技术规范，所用观察检验设备，检材指印的原始状态以及发现的指印特征数量，样本指印情况等。

10.2.2.2 写明对委托人提供的检材和样本指印之间进行比较检验后得出的客观结果，并且用《指印特征比对表》的形式进行附注。

10.2.3 分析说明

即综合评断过程。写明检材指印、样本指印之间符合或差异特征的数量和质量的情况，分析形成鉴定意见的依据。

10.2.4 鉴定意见

应当明确、具体，表述规范，详见9.2鉴定意见的表述。

10.2.5 落款

司法鉴定人、授权签字人签名或盖章，写明司法鉴定人的执业证证号，并且注明文书的制作时间。

10.2.6 附件

《指印特征比对表》等。

10.3 《指印鉴定意见书》附件的要求

10.3.1 检材和样本全貌复制件或全貌拍摄图片,并且分别进行唯一性标识。全貌复制件或拍摄图片中能够清晰反映指印所处的位置。

10.3.2 制作的《指印特征比对表》应符合“7 指印特征比对表制作规范”要求。

10.3.3 肯定同一结论的,应附标识了检材与样本对应指印特征的指印特征比对图片。

10.3.4 否定同一结论的,应附标识了检材指印特征的标号图片。

10.3.5 无法作出鉴定意见的:当检材指印不具备鉴定条件时,应该尽可能标识检材指印中的稳定特征,样本指印特征可不作标识;当样本指印不具备比较条件时,应标识检材指印特征,样本指印中的稳定特征可作标识。

附录 A

(资料性附录)

指印特征标识符号表

标识符号		标识说明
名称	图示	
标线	——————	指印纹线特征比较中,用于标识指印特征点至标号之间的连线。
标号	1、2…… ①、②…… A、B……	用于对指印纹线特征进行编号。
单箭头	↘	指印印面特征比较中,用于单个指印积墨特征、漏白特征位置标识。

（续表）

标识符号		标识说明
名称	图示	
单框	△ ◇ ○ ◌	指印印面特征比较中，用于指印积墨特征、漏白特征位置、形态标识。
不规则双框		用于指印印面特征区域标识。
标号加箭头	1↑、2↑…… ①↑、②↑…… A↑、B↑……	指印印面特征比较中，用于一组或多组指印积墨特征、漏白特征、边缘特征位置、形态的对应标识。
不规则虚线		指印印面特征比较中，用于指印边缘特征位置、形态标识。
圈点	⊙	定位标志。指印印面特征检验中的定位标识，标识的对象是纹线细节特征。
问号加标号	?、? 1、……	用于有疑问或待确定的指印特征标识。

附录 B
(资料性附录)
指印样本提取表格式

表 B.1 ×××××××鉴定中心指印样本提取表

捺印人姓名: 性别: 年龄: 证件号码:					
右手指印(R)	拇指(T)	食指(I)	中指(M)	环指(R)	小指(L)
左手指印(L)	拇指(T)	食指(I)	中指(M)	环指(R)	小指(L)
重点指印	以上捺印不清或重点指印的捺印(需标明具体指印名称或英文缩写,如:RL、RI……LR、LI……):				
声明:本人声明,此表内捺印的指印均是本人自愿并亲自捺印形成。捺印人签名/日期:					
提取人签名/日期:				在场人签名/日期:	

编号:×××××× 第 页 共 页 发布日期:××××××

表 B.2 ×××××××鉴定中心指印样本提取表

<table>
<tr><td colspan="10">捺印人姓名：　　性别：　　年龄：　　证件名称/号码：</td></tr>
<tr><td colspan="10">本人声明，此表内捺印的指印均是本人自愿并亲自捺印形成。捺印人签名/日期：</td></tr>
<tr><td colspan="2">1. 右手拇指</td><td colspan="2">2. 右手食指</td><td colspan="2">3. 右手中指</td><td colspan="2">4. 右手环指</td><td colspan="2">5. 右手小指</td></tr>
<tr><td colspan="2">6. 左手拇指</td><td colspan="2">7. 左手食指</td><td colspan="2">8. 左手中指</td><td colspan="2">9. 左手环指</td><td colspan="2">10. 左手小指</td></tr>
<tr><td colspan="3">左手四指并指</td><td>左手拇指</td><td>右手拇指</td><td colspan="5">右手四指并指</td></tr>
<tr><td colspan="10">以上捺印不清或重点指印的捺印（需标明具体指印名称或以上指印编号，如：1、2、3……）：</td></tr>
<tr><td colspan="5">提取人签名/日期：</td><td colspan="5">在场人签名/日期：</td></tr>
</table>

编号：××××××　　发布日期：××××××　　第　页　共　页

表 B.3　×××××××鉴定中心手印样本提取表

捺印人姓名：　　性别：　　年龄：　　证件名称/号码：	
左手掌印	右手掌印
↑ 指尖方向	
声明：经本人确认，此表内捺印的掌印均是本人自愿并亲手捺印形成。捺印人签名：　　日期：	
提取人签名/日期：　　在场人签名/日期：	

编号：××××××　　发布日期：××××××　　第　页　共　页

录音设备鉴定技术规范

SF/Z JD0301002－2015

2015年11月20日发布　2015年11月20日实施

目　次

前　言

本技术规范按照GB/T 1.1－2009给出的规则起草。

本技术规范由司法部司法鉴定科学技术研究所提出。

本技术规范由司法部司法鉴定管理局归口。

本技术规范起草单位：司法部司法鉴定科学技术研究所、广东天正司法鉴定中心和贵州天剑司法鉴定中心。

本技术规范主要起草人：施少培、杨旭、曾锦华、卢启萌、李岩、卞新伟、奚建华、陈晓红、孙维龙、郝新华、谢朝化。

本技术规范为首次发布。

1　范围

本技术规范规定了声像资料鉴定中录音设备鉴定的方法和步骤。

本技术规范适用于声像资料鉴定中的录音设备鉴定。

2 规范性引用文件

下列文件对于本技术规范的应用是必不可少的。凡是注日期的引用文件,仅注日期的版本适用于本技术规范。凡是不注日期的引用文件,其最新版本(包括所有的修改单)适用于本技术规范。

SF/Z JD0300001 - 2010 声像资料鉴定通用规范

SF/Z JD0301001 - 2010 录音资料鉴定规范

3 术语和定义

下列术语和定义适用于本技术规范。

3.1 录音设备鉴定 Forensic Identification of Audio Recording Devices

通过文件属性及元数据分析、声谱分析、特征信号分析、本底噪声分析以及其他统计特征分析等技术手段,对检材录音是否由某录音设备所录制进行的专业判断。

3.2 元数据 Metadata

数字录音中描述录音属性、录制参数和数据结构等信息的数据。

3.3 声谱 Spectrogram

声音在时频域的信息表现。

3.4 特征信号 Signature Signal

录音过程中产生的与录音设备操作相关的表征信号。

3.5 本底噪声 Background Noise of Devices

录音过程中产生的与录音设备相关的噪声信号。

4 步骤和方法

4.1 了解情况

4.1.1 了解检材录音形成过程,重点了解检材录音录制环境、录音设备录制参数设置等情况。

4.1.2 了解待检录音设备功能及使用情况。

4.2 对送检录音设备进行拍照固定

4.2.1 对录音设备进行唯一性标识。

4.2.2 对录音设备进行拍照等方式固定。

4.3 录音采集

4.3.1 对于模拟录音,使用适当的放音设备和音频采集卡,在高保真条件下将模拟录音转换为数字录音。

4.3.2　对于数字录音,通过文件复制方式采集录音。

4.3.3　通过适当的格式转换软件,将采集的录音转换为录音分析系统支持的格式。

4.3.4　通过文件夹或文件名命名等方式对采集的录音进行唯一性标识,并计算哈希值。

4.4　实验样本录制

4.4.1　实验样本的种类

a) 文件属性及元数据分析实验样本:用于比较分析录音设备的文件属性模式、录制参数和数据结构;

b) 特征信号分析实验样本:用于比较分析录音设备的录音开始/暂停/结束等操作信号;

c) 本底噪声分析实验样本:用于比较分析录音设备本底噪声;

d) 其他统计特征分析实验样本:用于比较分析录音设备的其他固有特点。

4.4.2　实验样本录制注意事项

a) 应录制不同录音模式和参数设置的实验样本,以全面考察录音设备的特点;

b) 应注意录制与检材录音条件相同的实验样本,以重点考察该类录音条件下的录音设备特点;

c) 同样实验内容应录制多次,以考察特征的稳定性及变化情况。

4.5　检验与分析

根据检材录音和录音设备的具体情况,视需要对下列全部或部分内容进行检验和分析。

4.5.1　文件属性及元数据分析

比较检验检材录音与样本录音在文件属性模式、录音格式、录音参数和数据结构等方面的异同。

4.5.2　特征信号分析

通过听辨、波形分析和频谱分析等方式,比较检验检材录音与样本录音在相应操作行为下所产生的信号异同。

4.5.3　本底噪声分析

通过波形分析和频谱分析等信号分析方式,比较检验检材录音与样本录音在本底噪声分布上的异同。

4.5.4　统计特征分析

通过适当的信号分析方法,比较检验检材录音与样本录音在频率响应及其他信号统计特征等方面的异同。

4.6 注意事项

4.6.1 注意分析检材录音是否经过处理,处理后的录音有可能导致反映出的录音设备特点产生变化。

4.6.2 注意分析检验发现是否属于录音设备固有的特点,录音环境等因素有可能对录音设备固有特点的表现形式造成影响。

4.6.3 注意分析检验发现的稳定性,一般情况下,稳定的特征对鉴别录音设备具有较高的价值。

5 鉴定意见

5.1 确定是声称的录音设备生成

鉴定意见表述:检材录音是声称的录音设备录制。

5.2 确定不是声称的录音设备生成

鉴定意见表述:检材录音不是声称的录音设备录制。

5.3 倾向是声称的录音设备生成

鉴定意见表述:检材录音倾向是声称的录音设备录制。

5.4 倾向不是声称的录音设备生成

鉴定意见表述:检材录音倾向不是声称的录音设备录制。

5.5 无法判断

鉴定意见表述:无法判断检材录音是否声称的录音设备录制。

音像制品同源性鉴定技术规范

SF/Z JD0300002－2015

2015年11月20日发布　2015年11月20日实施

目　次

前　言

本技术规范按照GB/T 1.1－2009给出的规则起草。

本技术规范由司法部司法鉴定科学技术研究所提出。

本技术规范由司法部司法鉴定管理局归口。

本技术规范起草单位：司法部司法鉴定科学技术研究所和上海辰星电子数据司法鉴定中心。

本技术规范主要起草人：施少培、杨旭、卢启萌、曾锦华、李岩、卞新伟、奚建华、陈晓红、孙维龙、金波、郭弘。

1　范围

本技术规范规定了声像资料鉴定中音像制品同源性鉴定的步骤和方法。

本技术规范适用于声像资料鉴定中的音像制品同源性鉴定。

2 规范性引用文件

下列文件对于本技术规范的应用是必不可少的。凡是注日期的引用文件,仅注日期的版本适用于本技术规范。凡是不注日期的引用文件,其最新版本(包括所有的修改单)适用于本技术规范。

SF/Z JD0300001-2010 声像资料鉴定通用规范

SF/Z JD0301001-2010 录音资料鉴定规范

SF/Z JD0304001-2010 录像资料鉴定规范

3 术语和定义

下列术语和定义适用于本技术规范。

3.1 音像制品 Audio and Video Product

包含音频、图片、视频的产品。

3.2 同源性鉴定 Origin Identification

通过比较、分析,对不同音像制品中记载的语音、乐曲等声音及人体、物体等影像是否出自同一来源所进行的专业判断。

3.3 元数据 Metadata

音像制品文件中描述声音、图像属性的数据。

4 设备和工具

4.1 声音采集设备和工具

4.1.1 高保真录音机、音频采集卡等,能够将模拟录音转化为数字录音。

4.1.2 数字音频播放软件,能够对常见格式的数字音频进行解码播放。

4.2 图像采集设备和工具

4.2.1 高清晰度扫描仪、照相机、放像机及采集卡等,能够将模拟图像转化为数字图像。

4.2.2 数字图像播放软件,能够对常见格式的数字图像进行解码播放。

5 步骤和方法

5.1 准备

5.1.1 了解检材和样本的形成过程以及案件相关情况。

5.1.2 明确具体鉴定内容。

5.2 采集检材和样本

5.2.1 声音采集

5.2.1.1　对于模拟录音，使用适当的放音设备和音频采集卡，在高保真条件下将模拟录音转换为数字录音。

5.2.1.2　对于数字录音，通过文件复制方式采集录音。如果涉及原始录音，应采取写保护方式进行复制。

5.2.1.3　对于数字视频中的声音，尽可能采用无损提取的方式，在保持声音质量的条件下将视频中的声音转换为数字录音。

5.2.1.4　通过文件夹或文件命名等方式对采集的录音进行唯一性标识，并计算哈希值。

5.2.2　图像采集

5.2.2.1　对于模拟图像，使用扫描仪、照相机、放像机及采集卡等设备，选择适当参数，在保证图像质量的前提下将模拟图像转换为数字图像。

5.2.2.2　对于数字图像，通过文件复制方式采集图像。如果涉及原始图像，应采取写保护方式进行复制。

5.2.2.3　通过文件夹或文件命名等方式对采集的图像进行唯一性标识，并计算哈希值。

5.3　分别检验

5.3.1　文件属性及元数据检验

对于数字音像制品，分别对检材和样本的文件属性及元数据进行检验，如文件格式、大小、录制时间、录制设备、录制参数、数据结构等。

5.3.2　内容检验

分别对检材和样本中需要鉴定的内容进行检验，如录制场景、背景环境、录制内容、噪声分布等概貌和细节情况。

5.4　比较检验

5.4.1　哈希值比较

对于数字音像制品，比较检验检材与样本的哈希值的异同。

5.4.2　文件属性及元数据比较

对于数字音像制品，比较检验检材与样本的文件属性及元数据的异同。

5.4.3　内容比较

5.4.3.1　对检材与样本中需要鉴定的图像内容进行比较，如画面场景、拍摄角度、拍摄光线、人体状态、物体状态、场景中人体、物体的位置关系等，具体方法可参照 SF/Z JD0304001－2010　《录像资料鉴定规范》　第3部分和第4部分中的相关内容。

5.4.3.2　对检材与样本中的需要鉴定的声音内容进行比较，如录音场景、录音时长、录音内容、背景声音、录音质量、信道特点、声音特点、语音和歌声与背景声音的关系等,具体方法可参照 SF/Z JD0301001 - 2010 《录音资料鉴定规范》 第3部分中的相关内容。

5.4.3.3 对检材与样本中视频图像与音频声音的匹配关系进行比较。

5.5 综合评断

5.5.1 对符合点的分析和评价

对于特征的符合点,注意分析其特异性程度,以确定其价值。

5.5.2 对差异点的分析和评价

对于特征的差异点,注意分析其产生原因,以确定是本质差异还是非本质差异。

5.5.3 综合分析和评价

综合评断检材与样本中需要鉴定的声音和图像的特征符合点和差异点的数量和质量及总体价值的高低,形成鉴定意见。

5.6 注意事项

5.6.1 应充分考虑由于复制或后期加工导致的声音、图像特征的变化。

5.6.2 应充分考虑检材或样本经过后期处理的可能,对检材的不同组成部分与样本的相应部分进行比较和分析。

6 记录要求

对检验设备和工具情况、检验过程和发现、对检验发现的分析和说明等与鉴定有关的情况应及时、客观、全面地记录,保证鉴定过程和结果的可追溯。

7 鉴定意见

7.1 检材与样本具有同源性

意见表述:检材与样本中需要鉴定的内容为同源录制形成。

7.2 检材与样本不具有同源性

意见表述:检材与样本中需要鉴定的内容不是同源录制形成。

7.3 倾向认为检材与样本具有同源性

意见表述:倾向认为检材与样本中需要鉴定的内容为同源录制形成。

7.4 倾向认为检材与样本不具有同源性

意见表述:倾向认为检材与样本中需要鉴定的内容不是同源录制形成。

7.5 无法判断是否具有同源性

意见表述:无法判断检材与样本是否同源录制形成。

录音资料处理技术规范

SF/Z JD0301003 - 2015

2015 年 11 月 20 日发布　2015 年 11 月 20 日实施

目　次

前　言

本技术规范旨在确立声像资料司法鉴定实验室进行录音资料处理应当遵循的方法和步骤等方面的要求,确保相关鉴定活动的规范有序。

本技术规范按照 GB/T 1.1 - 2009 规则起草。

本技术规范由司法部司法鉴定科学技术研究所提出。

本技术规范由司法部司法鉴定管理局归口。

本技术规范起草单位:司法部司法鉴定科学技术研究所。

本技术规范主要起草人:杨旭、施少培、卞新伟、卢启萌、李岩、奚建华、陈晓红、孙维龙、曾锦华。

1　范围

本技术规范规定了声像资料鉴定中录音处理的步骤和方法。

本技术规范适用于声像资料鉴定中的录音处理。

2 引用文件

下列文件对于本技术规范的应用是必不可少的。凡是注日期的引用文件,仅注日期的版本适用于本技术规范。凡是不注日期的引用文件,其最新版本(包括所有的修改单)适用于本技术规范。

SF/Z JD0300001 - 2010 声像资料鉴定通用规范

SF/Z JD0301001 - 2010 录音资料鉴定规范

3 术语和定义

下列术语和定义适用于本技术规范。

3.1 录音资料处理 Audio Processing

运用数字信号处理技术,对录音信号进行降噪、增强等处理,清晰化所需要的录音内容,改善听觉或声谱效果。

3.2 噪声 Noise

特指录音资料中对所需要的录音内容造成干扰的声音。

3.3 增强 Enhancement

加强、提升所需要的声音的技术。

3.4 降噪 Denoising

消除、降低干扰噪声的技术。

3.5 高保真 High - fidelity

保持声音不失真,清晰再现声音信号的技术。

4 设备和工具

4.1 录音采集设备

4.1.1 高保真录音机及音频采集卡。能够将模拟录音转化为数字录音。

4.1.2 数字音频播放软件及格式转换软件。能够对常见格式的数字音频进行解码,并能够在保持原有录音质量的基础上转换为录音处理系统支持的格式。

4.2 录音处理系统

能够实现速度变换、降噪、增强等处理功能并能够保存处理过程和结果的软硬件设备。

4.3 录音输出设备

4.3.1 光盘刻录机。

4.3.2　其他存储设备。

5　处理原则

5.1　妥善保管原则

原始录音必须妥善保管。处理应仅对原始录音的副本(采集的录音)进行,严禁对原始录音直接进行处理。

5.2　详细记录原则

录音处理过程应详细记录,保证处理过程和结果的可追溯。

5.3　保持录音内容真实性原则

录音处理结果应避免引入原始录音中不存在的内容,导致对录音内容的错误理解。

6　处理步骤和方法

6.1　录音采集

6.1.1　对于模拟录音,使用适当的放音设备和音频采集卡,在高保真条件下将模拟录音转换为数字录音。

6.1.2　对于数字录音,通过文件复制方式采集录音。如果涉及原始录音,应采取写保护方式进行复制。

6.1.3　必要时通过适当的格式转换软件,将采集的录音转换为录音处理系统支持的格式。

6.1.4　通过文件夹或文件名命名方式对采集的录音进行唯一性标识。

6.2　信号分析

6.2.1　审听待处理录音,必要时结合声谱分析,分析导致录音不清晰的原因及其信号特点,如干扰噪声的信号特点。

6.2.2　根据待处理录音状况和处理目的,选择适当的处理方法、处理顺序和处理工具。

6.3　录音处理

6.3.1　信号放大

a) 对于强度过低的声音,如微弱语音,进行信号放大处理,改善听觉或声谱效果;

b) 保存处理结果,留待进一步处理或直接输出。

注:放大语音信号的同时也会放大干扰噪声。

6.3.2　速度变换

a) 对于变化过程过快的声音,如语速过快语音,改变其播放速度,改善听觉或声谱效果;

b）保存处理结果，留待进一步处理或直接输出。

6.3.3 降噪

a）根据干扰噪声的信号特点，选择适当的处理滤波器；

b）调整降噪参数，直至达到较佳的降噪效果；

c）保存处理结果，留待进一步处理或直接输出。

6.4 处理结果评估

6.4.1 比较得到的录音处理结果，根据录音处理要求，选择最佳结果作为输出。

6.4.2 如果处理结果不满足处理目的，则尝试以这些结果为基础，选择适当的处理模式，调节处理参数，进行进一步处理。

6.5 注意事项

6.5.1 录音的不同部位有可能受到不同程度或不同噪音的影响，此时应对不同部位进行分段处理。

6.5.2 单一的处理滤波器可能很难达到最理想的处理效果，此时应综合使用多个滤波器进行处理。

6.5.3 不同的处理顺序有可能导致不同的处理效果，应注意选择合适的处理顺序，以达到最佳的处理效果。

6.5.4 由于降噪可能导致所需要的声音信号的损失，因此需要根据录音处理的要求，在降噪程度和录音内容的清晰度之间达到适当平衡。

6.5.5 录音资料处理效果有赖于原始录音信息的充分性，信息不足则难以达到理想的处理效果。

7 处理结果

7.1 处理后的录音应保存为常见的不会降低声音质量的音频格式，如wav格式。

7.2 处理结果以刻录光盘或存储到移动存储介质的方式输出，并做好标识。

图像真实性鉴定技术规范

SF/Z JD0302001 -2015

2015 年 11 月 20 日发布　2015 年 11 月 20 日实施

目　次

前　言

本技术规范旨在确立声像资料司法鉴定实验室进行图像真实性鉴定应当遵循的方法和步骤等方面的要求,确保相关鉴定活动的规范有序。

本技术规范按照 GB/T 1.1 -2009 规则起草。

本技术规范由司法部司法鉴定科学技术研究所提出。

本技术规范由司法部司法鉴定管理局归口。

本技术规范起草单位:司法部司法鉴定科学技术研究所。

本技术规范主要起草人:施少培、杨旭、陈晓红、卞新伟、卢启萌、李岩、孙维龙、奚建华、曾锦华。

1　范围

本技术规范规定了声像资料鉴定中的图像真实性鉴定的方法和步骤。

本技术规范适用于声像资料鉴定中的图像真实性鉴定。

2 引用文件

下列文件对于本技术规范的应用是必不可少的。凡是注日期的引用文件，仅注日期的版本适用于本技术规范。凡是不注日期的引用文件，其最新版本(包括所有的修改单)适用于本技术规范。

SF/Z JD0300001－2010 声像资料鉴定通用规范

3 术语和定义

下列术语和定义适用于本技术规范。

3.1 图像 Image

特指利用光学成像原理和设备，对客观场景拍摄形成的影像。包括模拟照片、数码照片和视频帧。

3.2 图像真实性鉴定 Forensic Authentication of Image

特指运用元数据分析、成像分析、处理痕迹分析、图像信号分析等技术手段，对图像是否经过后期加工(或篡改)处理所进行的科学判断。

3.3 元数据 Metadata

描述图像数据及其属性的数据。图像元数据包含EXIF信息。

3.4 EXIF Exchangeable Image File Format

可交换图像文件格式的缩写，记录了数码照片的属性信息和拍摄参数。

3.5 写保护 Write Block

存储介质接入计算机时，保证计算机无法修改存储介质中数据的防护设备或措施，可以通过软件或硬件方式实现。

3.6 数字水印 Digital Watermark

嵌于数字图像中，用于标识或校验的特定信息。

3.7 完整备份 Integral Duplication

通过对存储介质进行逐比特复制及校验，获得与被复制数据完全一致的数据。

4 设备和工具

4.1 图像采集和备份设备

4.1.1 高清晰度扫描仪或数码相机。

4.1.2 写保护设备。

4.1.3 完整备份设备。

4.2　图像检验和分析系统

能够对常见格式的图像文件进行解码，实现文件属性元数据分析、成像分析、处理痕迹分析、图像信号分析等图像真实性检验方法并保存结果的设备。

4.3　数据恢复工具

能够对存储介质中被删除的图像数据进行恢复的软件。

5　鉴定步骤

5.1　准备

5.1.1　了解案情及检材图像形成过程。

5.1.2　要求委托方提供能够得到的最初始图像，如底片、数码照片文件等。

5.1.3　如有可能，要求委托方提供拍摄检材图像的器材。

5.2　图像的采集

5.2.1　模拟图像的采集

选择适当的采集方式，如扫描、照相等，设置适当条件和保存格式，将模拟图像转化为数字图像。

5.2.2　数字图像的采集

将数字图像通过写保护设备从存储介质上复制至计算机。如有必要，可对整个介质进行完整备份，以备对整个存储介质进行被删除图像数据的恢复。

5.2.3　记录

记录采集的检材图像的哈希值，使用采集的检材图像进行检验。

5.3　图像检验和分析

根据检材图像具体情况，视需要对下列全部或部分内容进行检验和分析。

5.3.1　物理检验

对于检材图像为模拟图像的，对其物理形状进行检验。主要内容有：

a）检材图像的形成方式，如冲印、喷墨打印、热升华打印等；

b）检材图像是否有拼接、涂改、挖补等变造痕迹。

5.3.2　存储介质检验

对于声称为原始拍摄的数字图像，对其存储介质进行检验，主要内容有：

a）被删除图像或数据与检材图像或数据的关联性；

b）备份图像、缩略图与检材图像的一致性；

c）存储介质中其他图像，特别是同一主题图像与检材图像的关联性。

5.3.3　文件属性/元数据检验

对于检材为数字图像的，对其文件属性/元数据进行检验。主要内容有：

a）检材图像的文件名、大小、格式、创建时间、修改时间等信息是否符合原始图像的特点；

b）检材图像的EXIF信息是否符合原始图像的特点；

c）检材图像的数据结构是否符合原始图像的特点。

注：必要时应使用提供的拍摄检材图像的器材进行模拟实验，确定原始图像的数据特点。

5.3.4 成像分析

通过观察、测量等手段，对检材图像的成像合理性进行分析。主要内容有：

a）图像内容、视场、角度的合理性；

b）图像光强分布、色调分布的合理性；

c）图像透视比例关系的合理性；

d）图像景深关系的合理性。

注：必要时应通过现场调查和模拟拍摄，分析检材图像的成像关系是否合理。

5.3.5 处理痕迹分析

通过观察、计算等手段，对检材图像是否存在异常区域或像素分布进行分析。主要内容有：

a）可疑成像物与其他区域的成像质量情况；

b）可疑成像物边缘的像素分布情况；

c）不同区域图像的相似性及重复情况；

d）图像非正常斑块、变形、错位等情况；

e）图像直方图分布情况。

5.3.6 图像信号分析

通过适当的图像分析工具或算法，对检材图像不同区域的重采样、重压缩、CFA插值等特性进行分析。

5.3.7 数字水印分析

对于加载数字水印的检材图像，检测、提取图像中的数字水印，对数字水印的内容和完整性进行分析。

5.3.8 器材分析

使用提供的拍摄检材的器材进行模拟实验，比较检材图像与模拟实验图像在元数据内容和结构、图像处理方式、本底噪声等方面的异同，分析检材图像是否为提供的拍摄器材所拍摄。

5.4 综合评断

根据委托要求，结合案件情况及检材图像的形成陈述，对在检验过程中发现的各种现象及检验结果进行系统分析，综合判断检材图像是否经过加工处理，作出相应的鉴定意见。

6 记录要求

与鉴定有关的情况应及时、客观、全面地记录,保证鉴定过程和结果可追溯。主要内容有:

a) 检材图像的哈希值;

b) 检验设备和工具情况;

c) 检验过程和发现;

d) 对检验发现的分析和说明;

e) 其他相关情况。

7 鉴定意见

7.1 鉴定意见分类

图像真实性鉴定的鉴定意见分为六种,分别为:

a) 经过加工处理;

b) 未经过加工处理;

c) 未发现经过加工处理;

d) 倾向经过加工处理;

e) 倾向未经过加工处理;

f) 无法判断是否经过加工处理。

7.2 鉴定意见判断依据及表述

7.2.1 经过加工处理

7.2.1.1 判断依据:发现检材图像存在异常,并分析这些异常为加工处理所形成。

7.2.1.2 鉴定意见表述:检材图像经过加工处理。

7.2.2 未经过加工处理

7.2.2.1 判断依据:未发现检材图像存在异常,并分析不存在通过现有技术手段无法发现的加工处理的可能性。

7.2.2.2 鉴定意见表述:检材图像未经过加工处理。

7.2.3 未发现经过加工处理

7.2.3.1 判断依据:未发现检材图像存在异常或发现的异常能够得到合理解释,但尚不能完全排除存在根据现有技术手段难以发现的加工处理痕迹的可能性。

7.2.3.2 鉴定意见表述:未发现检材图像经过加工处理。

7.2.4 倾向经过加工处理

7.2.4.1　判断依据:发现检材图像存在异常,并分析这些异常为加工处理形成的可能性很大。

7.2.4.2　鉴定意见表述:倾向认为检材图像经过加工处理。

7.2.5　倾向未经过加工处理

7.2.5.1　判断依据:发现检材图像存在异常,但这些异常基本能够得到解释,并分析经过加工处理的可能性不大。

7.2.5.2　鉴定意见表述:倾向认为检材图像未经过加工处理。

7.2.6　无法判断是否经过加工处理

7.2.6.1　判断依据:检材图像存在异常,但无法判断其性质或形成原因。

7.2.6.2　鉴定意见表述:无法判断检材图像是否经过加工处理。

注:以上鉴定意见表述中,如能确定加工处理是以改变图像反映的客观事实为目的,则可采用“篡改处理”表述。

图像资料处理技术规范

SF/Z JD0302002－2015

2015 年 11 月 20 日发布　2015 年 11 月 20 日实施

目　次

前　言

本技术规范旨在确立声像资料司法鉴定实验室进行图像资料处理应当遵循的方法和步骤等方面的要求,确保相关鉴定活动的规范有序。

本技术规范按照 GB/T 1.1－2009 规则起草。

本技术规范由司法部司法鉴定科学技术研究所提出。

本技术规范由司法部司法鉴定管理局归口。

本技术规范起草单位:司法部司法鉴定科学技术研究所。

本技术规范主要起草人:卞新伟、施少培、杨旭、孙维龙、卢启萌、李岩、陈晓红、奚建华、曾锦华。

1 范围

本技术规范规定了声像资料鉴定中图像处理的步骤和方法。

本技术规范适用于声像资料鉴定中的图像处理。

2 引用文件

下列文件对于本技术规范的应用是必不可少的。凡是注日期的引用文件，仅注日期的版本适用于本技术规范。凡是不注日期的引用文件，其最新版本(包括所有的修改单)适用于本技术规范。

SF/Z JD0300001－2010 声像资料鉴定通用规范

SF/Z JD0304001－2010 录像资料鉴定规范

3 术语和定义

下列术语和定义适用于本技术规范。

3.1 图像处理 Image Processing

运用数字信号处理技术，对图像进行增强、复原、降噪、几何变换等处理，清晰化或校正所需要的图像内容，改善视觉效果。

3.2 图像增强 Image Enhancement

对图像进行空域或频域的调整，增强所需要的图像内容的处理技术。

3.3 图像降噪 Image Denoising

消除、降低图像中噪声，突出所需要的图像内容的处理技术。

3.4 图像复原 Image Restoration

通过逆图像退化过程，去除或减轻在获取图像过程中发生的图像质量下降的处理技术。

3.5 图像几何变换 Image Transformation

通过几何变换，改变、校正图像位置、大小、形状的处理技术。

4 设备和工具

4.1 图像采集设备

4.1.1 高清晰度扫描仪、照相机、放像机及图像采集卡。能够将模拟图像转化为数字图像。

4.1.2 数字图像播放软件及格式转换软件。能够对常见格式的数字图像进行解码，并能够在保持原有图像质量的基础上转换为图像处理系统支持的文件格式。

4.2 图像处理系统

能够实现图像增强、图像降噪、图像复原、图像几何变换等处理功能并能够保存处理过程和结果的软硬件设备。

4.3 图像输出设备

4.3.1 图像打印机。

4.3.2 光盘刻录机。

4.3.3 其他存储设备。

5 处理原则

5.1 妥善保管原则

原始图像必须妥善保管。处理应仅对原始图像的副本(采集的图像)进行,严禁对原始图像直接进行处理。

5.2 详细记录原则

图像处理过程应详细记录,保证处理过程和结果的可追溯。

5.3 保持图像内容真实性原则

图像处理结果应避免引入原始图像中不存在的内容或造成严重的细节损失,导致对图像内容的错误理解。

6 处理步骤和方法

6.1 图像采集

6.1.1 对于模拟图像,使用扫描仪、照相机、放像机及采集卡等设备,选择适当参数,在保证图像质量的前提下将模拟图像转换为数字图像。

6.1.2 对于数字图像,通过文件复制方式采集图像。如果涉及原始图像,应采取写保护方式进行复制。

6.1.3 必要时通过适当的格式转换软件,将采集的图像转换为图像处理系统支持的文件格式。

6.1.4 通过文件夹或文件名命名方式对采集的图像进行唯一性标识。

6.2 图像分析

6.2.1 检查待处理图像,分析导致图像不清晰的原因。

6.2.2 确定需处理的图像区域,明确需要达到的处理效果。

6.2.3 根据待处理图像状况和处理目的,选择适当的处理方法、处理顺序和处理工具。

6.3 图像处理

6.3.1 增强处理

a) 调节色阶、亮度、对比度、阈值、曝光度等参数,达到较佳的明暗视觉效果;

b) 调节颜色值、色调、饱和度、颜色亮度、色彩平衡等参数,达到较佳的色彩视觉效果;

c) 使用锐化、强化边缘等滤波方式,逐步调节参数,增强特定区域的图像细节;

d) 保存处理结果,留待进一步处理或直接输出。

6.3.2 降噪处理

a) 根据图像的噪声类型选择适当的降噪滤波器;

b) 调节降噪参数,达到较佳的视觉效果;

c) 保存处理结果,留待进一步处理或直接输出。

6.3.3 复原处理

a) 根据图像的退化原因选择适当的去模糊滤波器;

b) 调节处理参数,达到较佳的视觉效果;

c) 保存处理结果,留待进一步处理或直接输出。

6.3.4 几何变换

a) 根据图像的变形情况选择适当的校正工具;

b) 调节控制参数,达到较佳的校正效果;

c) 保存处理结果,留待进一步处理或直接输出。

6.4 处理结果评估

6.4.1 比较得到的图像处理结果,根据图像处理的要求,选择最佳处理结果作为输出。

6.4.2 如果处理结果不满足处理要求,则尝试以这些结果为基础,选择适当的处理模式,调节处理参数,进行进一步处理。

6.5 注意事项

6.5.1 很多情况下,对整幅图像进行处理很难达到理想的效果,但对特定区域进行处理有可能获得更好的效果。

6.5.2 很多情况下,图像的不清晰是由多种原因导致,此时应综合使用多种处理方式和工具进行处理。

6.5.3 不同的处理顺序有可能导致不同的处理效果,应注意选择合适的处理顺序,以达到最佳的处理效果。

6.5.4 过度对图像进行增强处理有可能导致噪声的增强甚至产生伪影,应注意合理控制处理参数。

6.5.5 过度对图像进行降噪处理有可能导致图像细节的损失,应注意合理控制处理参数。

6.5.6 图像处理效果有赖于原始图像信息的充分性,原始图像信息不足则难以达到理想的处理效果。

7 处理结果

7.1 处理结果可以以图像打印、冲印等硬拷贝方式输出及光盘刻录、移动存储介质保存等数字图像输出方式输出,并做好相应标识。

7.2 以数字图像输出方式给出的处理结果应保存为常见的不会降低图像质量的格式,如 bmp、无压缩 jpg 等。

手机电子数据提取操作规范

SF/Z JD0401002 - 2015

2015 年 11 月 20 日发布　2015 年 11 月 20 日实施

目　次

前　言

本技术规范按照 GB/T 1.1 - 2009 给出的规则起草。

本技术规范由上海辰星电子数据司法鉴定中心提出。

本技术规范由司法部司法鉴定管理局归口。

本技术规范起草单位:上海辰星电子数据司法鉴定中心。

本技术规范主要起草人:崔宇寅、郭弘、雷云婷、蔡立明、金波、杨涛、高峰、沙晶、张云集、张颖、黄道丽、张晓、孙杨。

1　范围

本技术规范规定了电子数据鉴定中手机电子数据提取的方法和流程步骤。

本技术规范适用于各类手机内置存储数据、存储卡中数据和 SIM 卡中数据的检验。

2 术语和定义

SF/Z JD0400001－2014 和 SF/Z JD0401001－2014 界定的以及下列术语和定义适用于本技术规范。

2.1 SIM 卡 Subscriber Identity Module Card

保存移动电话服务的用户身份识别数据的智能卡，也称为用户身份模块卡。SIM 卡主要用于 GSM 系统，但是兼容的模块也用于 UMTS 的 UE（USIM）和 IDEN 电话。CDMA2000 和 cdmaOne 的 RUIM 卡和 UIM 卡，也称作 SIM 卡；按照物理规格可分为 Full－Size、Mini－Size、Micro－Size 和Nano－Size。

2.2 外置存储卡 Removable Storage Card

用于扩展数字移动电话存储空间的外部闪存介质。

2.3 信号屏蔽容器 Radio Isolation Container

可完全隔离手机所具备的 3G、GSM、Wifi、红外和蓝牙等通信信号的容器，如信号屏蔽袋。

2.4 PIN Personal Identity Number

PIN 码（PIN1）是用户和 SIM 卡系统间的身份识别密码，只有用户输入的 PIN 码和 SIM 卡系统中存储的密码相同时，用户才被授权访问。

2.5 IMSI International Mobile Subscriber Identification Number

国际移动用户识别码（IMSI）是区别移动用户的标志，储存在 SIM 卡中，可用于区别移动用户的有效信息。其结构为 MCC＋MNC＋MSIN，其中 MCC 是移动用户所属国家代号，占 3 位数字；MNC 是移动网号码，由两位或者三位数字组成，用于识别移动用户所归属的移动通信网；MSIN 是移动用户识别码，用以识别某一移动通信网中的移动用户。

2.6 ICCID Integrate Circuit Card Identity

集成电路卡识别码（ICCID），为 SIM 卡的唯一识别号码，共有 20 位数字组成，其编码格式为：XXXXXX 0MFSS YYGXX XXXXX，其中前六位运营商代码。

2.7 JTAG Joint Test Action Group

一种国际标准测试协议，主要用于芯片内部测试及对系统进行仿真、调试，JTAG 技术是一种嵌入式调试技术，它在芯片内部封装了专门的测试电路 TAP（Test Access Port，测试访问口），通过专用的 JTAG 测试工具对内部节点进行测试。

2.8 IMEI International Mobile Equipment Identity

国际移动设备识别码（手机序列号），用于在手机网络中识别每一部独立的手机，是国际上公认的手机标志序号。

3　现场获取

3.1　准备

在进行手机电子数据现场获取之前，需分析案情并进行准备工作，包括：

a）现场获取的目的和范围；

b）现场获取的人员，需明确分工，落实责任；

c）明确手机现场获取需携带的仪器设备；

d）明确手机现场获取采用的方法、标准和规范；

e）明确手机现场获取步骤；

f）明确手机现场获取操作可能造成的影响。

3.2　证据获取

3.2.1　静态获取

对于已经关闭的手机，在法律允许的范围内并在获得授权的情况下，对手机进行拍照或者拍摄，获取并记录手机的相关附件设备和信息，包括但不限于：

a）手机品牌和型号；

b）手机唯一性标识（如：IMEI号）；

c）手机SIM卡和外置存储卡；

d）手机的启动密码和PIN码；

e）手机附件设备（如：电源线、数据线和其他配备设备）和相关手册。

3.2.2　动态获取

3.2.2.1　对于处于运行状态的手机，如未启用安全验证机制（如开机密码和PIN码）或能获取解决安全验证机制的方法，应按照3.2.1方法进行获取，并记录手机的操作系统。

3.2.2.2　如手机已启用安全验证机制（如开机密码和PIN码），且无法获取解决安全验证机制的方法，应将手机从无线网络隔离后提取数据。将手机从无线网络隔离的方法包括：

a）电子/射频屏蔽；

b）设置为“飞行”模式；

c）禁用Wi－Fi、蓝牙和红外通信。

3.2.2.3　如需获取证据数据的手机正连接计算机进行同步，应采取以下措施：

a）在获取计算机安全机制的情况下，关闭计算机电源，防止数据传输或同步覆盖；

b）同时获取手机和连接的数据线、底座和与其同步的计算机，用于从计算机的硬盘中获取手机中未获取的同步数据；

c）不可取出手机中的数据存储卡和 SIM 卡。

3.3 封存

3.3.1 已经关闭的手机，应采取以下措施进行封存：

a）如手机的电池可拆卸，应取下电池；

b）使用信号屏蔽容器进行封存，并予以标记；

c）封存前后应对手机进行拍照或录像，照片或者录像应当从各个角度反映手机封存前后的状况，清晰反映封口或张贴封条处的状况。

3.3.2 处于运行状态的手机，如需保持开机状态，应采取以下措施进行封存：

a）使用带有适配电源的信号屏蔽容器进行封存，并予以标记；

b）将手机放置在专门设计的硬质容器中，防止无意触碰按键；

c）封存前后应对手机进行拍照或录像，照片或者录像应当从各个角度反映手机封存前后的状况，清晰反映封口或张贴封条处的状况。

注 1：信号屏蔽容器在使用前需经过测试，确保对 3G、GSM、WIFI、红外和蓝牙等通信信号的屏蔽。

注 2：手机信号与基站通信并非实时，当手机放入信号屏蔽容器中，信号完全屏蔽需要等待 10－20 秒时间。

注 3：对于多个送检手机，应独立封存，防止送检手机之间的交叉污染。

4 实验室检验

4.1 记录送检手机的情况

4.1.1 对送检手机进行唯一性编号。

4.1.2 对送检手机进行拍照，并记录其特征。

4.1.3 获取和记录送检手机的相关信息，应包括但不限于：

a）品牌、型号和操作系统；

b）唯一性标识；

c）SIM 卡；

d）外置存储卡；

e）开机密码和 PIN 码；

f）附件设备（如：电源线、数据线和其他配备设备）和相关手册。

4.2 数据的检验分析

4.2.1 手机存储数据获取

根据送检要求，对送检手机的获取可分层次进行，根据情况选择以下的一项或多项进行：

a）手工获取：不借助其他手机取证设备，对屏显数据进行获取；

b）逻辑获取：对送检手机的文件系统进行获取；

c）物理获取（镜像获取/JTAG）：对送检手机文件系统进行镜像备份，或使用JTAG方式进行获取；

d）芯片获取：对送检手机中的物理内存芯片进行获取；

e）微读获取：使用高倍电子显微镜检验对手机内存单元进行物理观察以获取数据。

注1：根据送检要求，可对送检手机进行提高操作权限的检验手段〈如root等〉。

4.2.2 SIM卡的数据获取

通过手机取证设备或者SIM卡取证设备对SIM卡进行复制，从复制的SIM卡中提取数据。SIM卡中提取的数据包含但不限于：

a）IMSI；

b）ICCID；

c）短消息；

d）通讯录；

e）通话记录。

4.2.3 外置存储卡数据获取

外置存储卡中数据的恢复和获取按照GB/T 29360－2012和GA/T 756－2008的要求进行。

5 检出数据

计算检出数据的哈希值，并复制到专用的存储介质中。

6 检验记录

检验时需做好检验记录，记录应贯穿整个检验过程，记录的内容应包括但不限于：

a）检验开始的时间和日期；

b）送检手机和相关附件的物理状况；

c）送检手机接受时的状态（关闭或开启）；

d）送检手机的品牌、型号、服务提供商等信息；

e）检验过程中使用的方法、标准和规范；

f）检验过程中使用的软、硬件工具；

g) 检验过程所在的环境;

h) 检验的人员信息;

i) 检验过程中发生的异常;

j) 检验过程数据。

数据库数据真实性鉴定规范

SF/Z JD0402002－2015

2015年11月20日发布　2015年11月20日实施

目　次

前　言

本技术规范按照GB/T 1.1－2009给出的规则起草。

本技术规范由司法部司法鉴定科学技术研究所提出。

本技术规范由司法部司法鉴定管理局归口。

本技术规范起草单位：司法部司法鉴定科学技术研究所、上海交通大学和贵州天剑司法鉴定中心。

本技术规范主要起草人：李岩、施少培、杨旭、卢启萌、曾锦华、卞新伟、陈晓红、邱卫东、黄征、郭捷、谢朝化。

1　范围

本技术规范规定了数据库数据真实性鉴定的步骤和方法。

本技术规范适用于电子数据鉴定中数据库数据的真实性鉴定。

2 规范性引用文件

下列文件对于本技术规范的应用是必不可少的。凡是注日期的引用文件，仅注日期的版本适用于本技术规范。凡是不注日期的引用文件，其最新版本（包括所有的修改单）适用于本技术规范。

GB/T 5271.17－2010 信息技术词汇第17部分：数据库

SF/Z JD0400001－2014 电子数据司法鉴定通用实施规范

3 术语和定义

下列术语和定义适用于本技术规范。

3.1 数据库 Database

支持一个或多个应用领域，按概念结构组织的数据集合，其概念结构描述这些数据的特征及其对应实体间的联系。

3.2 数据库管理系统 Database Management System（DBMS）

基于硬件与软件，用于定义、建立、操纵、控制、管理和使用数据库的系统。

3.3 数据库应用系统 Database Application System（DBAS）

在数据库管理系统的支持下建立的计算机及其他应用系统。

3.4 数据库数据文件 Database File

与数据库数据相关的文件，包含数据库数据表文件、数据库配置文件及数据库日志文件等，如 SQL Server 的 .mdf 和 .ldf 文件、Oracle 的 .ora 文件等。

4 鉴定步骤

4.1 准备

4.1.1 了解待检数据库的开发、使用和维护等情况。

4.1.2 了解待检数据库的安全管理、权限配置等相关情况。

4.1.3 了解待检数据库的版本更新、升级等情况。

4.1.4 了解待检数据库备份情况，如备份的频次、备份文件的存放位置、最后一次备份时间等。

4.2 固定和保全

4.2.1 条件允许情况下，对运行待检数据库的系统进行拍照或录像。

4.2.2 条件允许情况下，对待检数据库所在的存储介质进行完整性备份。

4.2.3 无法进行完整性备份的，可直接对数据库系统中的所需文件或数据进行提取。

注1：提取过程应注意保持数据库数据的完整性，避免改变数据库结构及添加、修改、删除数据库数据。

注 2:无法进行完整性备份的,提取过程应进行全程录像。

4.3 搜索和恢复

搜索、恢复与待检数据库相关的存储介质中的数据库数据文件及数据。

4.4 检验和分析

4.4.1 对数据库数据文件、备份文件、日志文件及其他相关文件的属性进行检验。

4.4.2 通过数据库管理系统分析数据库中数据表、数据字段与数据库应用系统所显示数据的对应关系。

4.4.3 分析数据库数据结构及数据是否存在异常。

4.4.5 分析数据库数据的时间顺序是否存在矛盾,重点关注含有时间信息的数据表。

4.4.6 分析数据库日志内容及与数据库数据是否存在矛盾。

4.4.7 分析数据库备份与数据库数据是否存在矛盾。

4.4.8 分析数据库数据的硬拷贝(如从数据库应用系统获得的纸质打印件)与数据库数据是否存在矛盾。

4.4.9 分析数据库的用户权限授予及变更情况。

4.4.10 分析其他可能与检材数据库形成印证关系的数据。

4.5 注意事项

4.5.1 应尽可能多角度对数据库数据进行检验,以形成相互之间的印证关系。

4.5.2 有些异常情况可能是数据库应用系统的缺陷、版本升级或者数据库使用者误操作等原因造成,应对其成因进行综合分析。

4.5.3 对于检验发现的存疑情况可通过实验进行分析。

4.5.4 注意分析数据库数据与其形成过程陈述是否存在矛盾。

5 记录要求

与鉴定活动有关的情况应及时、客观、全面地记录,保证鉴定过程和结果的可追溯性。检验记录应反映出检验人、检验时间、审核人等信息。检验记录的主要内容有:

a) 有关合同评审、变更及与委托方的沟通等情况;

b) 检材固定保全情况,包括照片、录像及备份数据和提取数据的哈希值等;

c) 检验设备和工具使用情况;

d) 检验过程和发现;

e) 对检验发现的分析和说明;

f) 其他相关情况。

6 鉴定意见

根据检验发现,对待检数据库中的数据是否经过修改及修改情况进行客观描述。信息不充分的,可出具无法判断的鉴定意见。

破坏性程序检验操作规范

SF/Z JD0403002 - 2015

2015 年 11 月 20 日发布　2015 年 11 月 20 日实施

目　次

前　言

本技术规范按照 GB/T 1.1 - 2009 给出的规则起草。
本技术规范由上海辰星电子数据司法鉴定中心提出。
本技术规范由司法部司法鉴定管理局归口。
本技术规范起草单位:上海辰星电子数据司法鉴定中心。
本技术规范主要起草人:蔡立明、郭弘、杨涛、沙晶、崔宇寅、张云集。
本技术规范为首次发布。

1　范围

本技术规范规定了对计算机信息系统中的破坏性程序进行检验、分析的操作规范和步骤。

本技术规范适用于计算机信息系统中的破坏性程序的检验鉴定。

2 规范性引用文件

下列文件对于本技术规范的应用是必不可少的。凡是注日期的引用文件，仅所注日期的版本适用于本技术规范。凡是不注日期的引用文件，其最新版本(包括所有的修改单)适用于本技术规范。

SF/Z JD0100000－2012 电子数据司法鉴定通用实施规范

3 术语和定义

SF/Z JD0100000－2012 电子数据司法鉴定通用实施规范所确立的以及下列术语和定义适用于本技术规范。

3.1 计算机信息系统 Computer Information System

指具备自动处理数据功能的系统，包括计算机、网络设备、通信设备、自动化控制设备等。

3.2 破坏性程序 Destructive Programs

对计算机信息系统的功能或计算机信息系统中存储、处理或者传输的数据等进行未授权地获取、删除、增加、修改、干扰及破坏等的应用程序。

3.3 程序行为 Program Behavior

程序在运行期间与计算机信息系统的交互及其对计算机信息系统产生的影响。

3.4 静态分析 Static Analysis

在没有真正执行程序的情况下，对可执行程序进行的分析。

3.5 动态分析 Dynamic Analysis

在程序运行过程中，对可执行程序的程序行为进行的分析。

3.6 逆向分析 Reversing Analysis

对可执行程序进行反编译，通过分析反编译代码获知可执行程序的程序行为及其实现过程。

4 检验步骤

4.1 待检破坏性程序的固定保全

4.1.1 当检材为电子文件时，对电子文件进行备份，并计算哈希值。

4.1.2 当检材为数字化设备时：

a) 对检材进行唯一性标识，并贴上标签；

b) 对检材进行拍照或录像，记录其特征。

4.1.2.1 当检材为开机状态时：

a) 对检材屏幕的显示内容进行拍照或录像;

b) 在条件允许的情况下,获取检材内存镜像并计算哈希值;

c) 对检材存储介质中的待检破坏性程序进行备份,并计算哈希值。

4.1.2.2 当检材为关机状态时:

a) 对于具有写保护条件的,应将检材中的存储介质通过写保护设备连接至检验设备上;

b) 关闭检验设备上的各种安全防护软件,防止安全防护软件自动将待检破坏性程序删除;

c) 对待检破坏性程序进行固定保全时,应将待检破坏性程序与检验设备上的其他程序及文件等进行隔离,防止待检破坏性程序对检验设备上的系统、程序、文件等造成破坏;

d) 计算待检破坏性程序的哈希值。

4.2 待检破坏性程序检验环境的搭建

4.2.1 根据待检破坏性程序的运行环境,搭建相应的检验环境,搭建的检验环境应确保其具备触发待检破坏性程序运行的条件,并确保待检破坏性程序能够正常运行。

4.2.2 在检验环境中安装必要的系统监控、网络监控和程序分析等工具。

4.2.3 避免安装与待检破坏性程序检验无关的软件程序等,以免影响待检破坏性程序的正常运行。

4.2.4 在条件允许的情况下,可搭建虚拟检验环境对待检破坏性程序进行实验分析。

4.3 待检破坏性程序的检验分析

4.3.1 待检破坏性程序的静态分析

根据待检破坏性程序的具体情况,对待检破坏性程序进行静态分析,分析内容可包括:

a) 待检破坏性程序的基本信息,包括文件的大小、创建时间、修改时间和版本号等;

b) 检验待检破坏性程序文件的文件类型,以帮助了解待检破坏性程序的本质和意图;

c) 将待检破坏性程序与已知样本破坏性程序进行相似性比对,或使用反病毒软件和反间谍软件扫描待检破坏性程序文件,以确定待检破坏性程序文件是否具有已知恶意代码的特征码;

d) 检测待检破坏性程序是否具有防检测分析的保护工具,如加壳、加密等情况。若存在防检测分析的保护工具,可根据需要先去除保护工具。

4.3.2　待检破坏性程序的动态分析

根据待检破坏性程序的具体情况,对待检破坏性程序进行动态分析,分析内容可包括:

4.3.2.1　待检破坏性程序行为监控

a) 执行待检破坏性程序,在待检破坏性程序运行过程中,通过观察屏显等方法检验计算机信息系统中是否发生异常情况,若存在异常情况,应分析异常情况的产生是否与待检破坏性程序有关;

b) 在待检破坏性程序运行过程中,可使用监控软件对其行为进行监控,通过监控软件记录并分析待检破坏性程序的程序行为;

c) 若发现待检破坏性程序在运行过程中存在网络通讯行为的,应使用网络通讯监控软件对其收发的网络数据包进行检验分析,分析内容可包括其收发网络数据包的网络通讯地址、内容、收发时间等信息,从而判断待检破坏性程序的网络程序行为。

4.3.2.2　日志文件的分析

在执行待检破坏性程序后,检验分析系统日志文件是否存在异常情况,若存在异常情况,分析判断异常情况的产生是否与待检破坏性程序有关。

4.3.2.3　系统内存的检验分析

在待检破坏性程序运行过程中,检验分析计算机信息系统内存中的相关信息是否存在异常情况,如指定进程相关的内存数据、隐藏的进程、网络连接等相关信息,并分析判断异常情况的产生是否与待检破坏性程序有关。

4.3.2.4　其他相关信息分析

在待检破坏性程序运行过程中,检验计算机信息系统中存储、处理或者传输的数据、配置文件以及应用程序等的异常情况,并分析异常情况产生的原因。

4.3.2.5　待检破坏性程序的逆向分析

必要时,可对待检破坏性程序进行逆向分析,通过分析反编译代码获知可执行程序的程序行为及其实现过程。

4.3.2.6　实验分析

必要时,可通过设计实验对待检破坏性程序仍存疑的程序行为或功能进行分析。

4.3.2.7　综合分析判断

将待检破坏性程序运行过程中发现的所有异常情况进行综合分析,分析各种异常情况之间的相关性,判断异常情况的出现是否与待检破坏性程序有关联。

5 检验记录

与检验活动有关的情况应及时、客观、全面地记录，保证检验过程和检验结果的可追溯性。检验记录应反映出检验人、检验时间、审核人等信息。检验记录的主要内容应包括：

a）检材固定保全情况；

b）检验设备和工具情况；

c）检验过程和发现；

d）对检验发现的分析和说明；

e）待检程序对计算机系统造成的破坏情况（如存在）；

f）其他相关情况。

6 检验结果

待检程序的检验结果可以是以下四种之一：

a）确定为破坏性程序

判断依据：发现待检程序存在对计算机信息系统的功能或计算机信息系统中存储、处理或者传输的数据等进行未授权地获取、删除、增加、修改、干扰及破坏等的行为。检验结果一般表述为：待检程序为破坏性程序。

b）确定为非破坏性程序

判断依据：未发现待检程序存在对计算机信息系统的功能或计算机信息系统中存储、处理或者传输的数据等进行未授权地获取、删除、增加、修改、干扰及破坏等的行为，并分析不存在通过现有技术手段无法发现的有对计算机信息系统的功能或计算机信息系统中存储、处理或者传输的数据等进行未授权地获取、删除、增加、修改、干扰及破坏等的可能性。检验结果一般表述为：待检程序不是破坏性程序。

c）未发现待检程序具有破坏性

判断依据：未发现待检程序存在对计算机信息系统的功能或计算机信息系统中存储、处理或者传输的数据等进行未授权地获取、删除、增加、修改、干扰及破坏等的行为，但尚不能完全排除存在根据现有技术手段难以发现的情况。检验结果一般表述为：未发现待检程序具有破坏性。

d）无法判断是否为破坏性程序

根据检验结果和综合分析无法判断是否为破坏性程序，或经综合分析亦无法形成明确性意见的，检验结果一般表述为：无法判断是否为破坏性程序。

即时通讯记录检验操作规范

SF/Z JD0402003 - 2015

2015 年 11 月 20 日发布　2015 年 11 月 20 日实施

目　次

前　言

本技术规范按照 GB/T 1.1 - 2009 给出的规则起草。
本技术规范由上海辰星电子数据司法鉴定中心提出。
本技术规范由司法部司法鉴定管理局归口。
本技术规范起草单位:上海辰星电子数据司法鉴定中心。
本技术规范主要起草人:蔡立明、高峰、林九川、沙晶、雷云婷、孙杨。
本技术规范为首次发布。

1　目的和范围

本技术规范规定了即时通讯记录检验的技术方法和步骤。
本技术规范适用于在电子数据检验鉴定中的即时通讯记录鉴定。

2 规范性引用文件

下列文件对于本技术规范的应用是必不可少的。凡是注日期的引用文件，仅注日期的版本适用于本技术规范。凡是不注日期的引用文件，其最新版本（包括所有的修改单）适用于本技术规范。

SF/Z JD0400001－2014 电子数据司法鉴定通用实施规范

3 术语和定义

SF/Z JD0400001－2014 电子数据司法鉴定通用实施规范 所确立的以及下列术语和定义适用于本技术规范。

3.1 即时通讯 Instant Messaging

即时通讯是一种使用网络进行实时交互信息（包括在实时条件下支持离弦、延时功能）的集声音、文字、图像等的综合性交流方式。

3.2 即时通讯客户端 Instant Messaging Client

安装在计算机、手机、智能设备等终端上的用于提供即时通讯服务的应用程序。

3.3 即时通讯协议 Instant Messaging Protocol

对即时通讯过程及数据传输进行控制的规则。

3.4 即时通讯记录 Instant Messaging Data

即时通讯中所传递的文字消息、传输的文件、通话记录和声像信息等。

3.5 即时通讯记录文件 Instant Messaging Data File

存储即时通讯记录的数据文件。

4 原则

SF/Z JD0400001－2014 电子数据司法鉴定通用实施规范 所确立的原则适用于本技术规范。

5 检验步骤

5.1 了解相关情况

5.1.1 了解即时通讯记录的形成过程及存储方式等信息。

5.1.2 当即时通讯记录文件采用了加密方式保存时，了解即时通讯记录文件的加解密方式。

5.1.3 当无法读取通讯记录文件时，了解即时通讯客户端用户账号及其口令信息，并获得其使用授权。

5.2 固定保全

5.2.1 确定检材的步骤

a）对检材进行唯一性标识，并贴上标签；

b）对检材进行拍照或录像，记录其特征；

c）对具备条件的检材进行保全备份，并进行完整性校验，之后使用备份数据进行检验。

5.2.2 即时通讯记录文件的获取

a）如有必要，应按照相关技术方法，搜索、恢复保存在存储介质上的即时通讯记录文件；

b）查找检材中即时通讯客户端的安装路径及相关用户信息存储位置，获取即时通讯客户端的版本、用户相关信息和即时通讯记录文件；

c）对于基于浏览器的即时通讯客户端，应查找并获取检材中浏览器的版本和浏览器缓存中的易失性即时通讯记录；

d）在条件允许的情况下，获取存储在服务器端的即时通讯记录；

注：在获取时不得删除保存在服务器上的即时通讯记录。

e）计算即时通讯记录文件的哈希值。

5.3 即时通讯记录的呈现

5.3.1 搭建检验环境

检验环境应包括：

a）针对获取的不同种类的即时通讯记录文件，安装相应的即时通讯客户端或搭建能正常读取即时通讯记录文件的检验环境；

b）当即时通讯记录文件采用了加密方式保存，需搭建解密即时通讯记录文件检验环境。

5.3.2 即时通讯记录相关信息的呈现

根据搭建的检验环境将即时通讯记录内容导出并保存为特定文件，计算导出文件的哈希值，检出的内容可以包括：

a）即时通讯客户端的名称、安装路径；

b）用户目录存放路径；

c）用户即时通讯帐号、即时通讯中用户的昵称和即时通讯帐号中关联的邮件、手机等相关信息；

d）即时通讯记录内容和即时通讯中传递的文件、图片、语音等。

5.4 即时通讯记录的真实性检验和分析

根据检材即时通讯记录具体情况，视需要对下列全部或部分内容进行检验和分析。

5.4.1 即时通讯记录基本信息检验

检验即时通讯记录文件及其所在目录中其他即时通讯记录文件的结构、格式、内容、即时通讯对象、时间等情况。

5.4.2 即时通讯记录文件的环境分析

根据即时通讯记录的存储环境,检验分析即时通讯记录文件的存放路径、即时通讯客户端或浏览器的配置信息、日志文件等是否存在异常。

5.4.3 即时通讯记录正文分析

分析即时通讯记录的正文信息是否存在异常。重点关注正文的结构及内容的合理性和逻辑性等情况。

5.4.4 即时通讯记录文件的属性信息分析

检验即时通讯记录文件的文件名、文件格式、创建时间和修改时间等信息,分析即时通讯记录文件属性与其他文件属性以及即时通讯内容等是否存在矛盾。

5.4.5 其他相关信息分析

在检材中搜索即时通讯记录文件及即时通讯中传递的文件、图片等信息中出现的关键词和文件,分析搜索到的内容与即时通讯记录是否存在关联,相互之间的逻辑关系是否存在矛盾。

5.4.6 即时通讯服务器分析

如条件允许,对即时通讯服务器进行检验,分析其中的相关信息与检材即时通讯记录是否存在矛盾。包括保存在服务器上的即时通讯记录文件、服务器日志及备份数据等。

5.4.7 实验分析

若发现即时通讯记录存在异常现象,应按照检材环境进行实验,分析产生这些异常现象的原因,以确定这些现象的性质。

6 检验记录

与检验活动有关的情况应及时、客观、全面地记录,保证检验过程和检验结果的可追溯性。检验记录应反映出检验人、检验时间、审核人等信息。检验记录的主要内容有:

a) 检材固定保全情况:包括检材照片或录像、登录即时通讯客户端和提取即时通讯记录文件截图或录像、检材及即时通讯记录文件的哈希值等;

b) 检验设备和工具情况;

c) 检验过程和发现;

d) 对检验发现的分析和说明;

e) 其他相关情况。

7 结论表述

根据即时通讯记录的检验步骤阐述检验结果,可以包括如下内容:

a) 即时通讯记录文件固定保全的情况;

b) 即时通讯记录的检出结果;

c) 客户端与服务器端即时通讯记录的验证结果;

d) 即时通讯记录的真实性结论,结论可以是以下四种之一:

1) 确定经过伪造篡改

判断依据:发现即时通讯记录存在异常,并分析这些异常为伪造篡改形成。

2) 排除经过伪造篡改

判断依据:未发现即时通讯记录存在异常,并分析不存在通过现有技术手段无法发现的伪造篡改可能性。

3) 未发现经过伪造篡改

判断依据:未发现即时通讯记录存在异常或发现的异常能够得到合理解释,但尚不能完全排除存在根据现有技术手段难以发现的伪造篡改痕迹的可能性

4) 无法判断是否经过伪造篡改

判断依据:即时通讯记录存在异常,但无法准确判断其性质或形成原因,或检材即时通讯记录信息量过少,无法形成明确性意见,或其他经综合分析亦无法形成明确性意见。

电子数据证据现场获取通用规范

SF/Z JD0400002－2015

2015年11月20日发布　2015年11月20日实施

目　次

前　言

本技术规范按照GB/T 1.1－2009给出的规则起草。

本技术规范由司法部司法鉴定科学技术研究所提出。

本技术规范由司法部司法鉴定管理局归口。

本技术规范起草单位：上海辰星电子数据司法鉴定中心。

本技术规范主要起草人：雷云婷、崔宇寅、张颖、郭弘、黄道丽。

本技术规范为首次发布。

1　范围

本技术规范规定了电子数据鉴定中电子数据证据现场识别、收集、获取和保存的通用方法。

本技术规范适用于电子数据鉴定中电子数据证据现场识别、收集、获取和保存。

2 规范性引用文件

下列文件对于本技术规范的应用是必不可少的。凡是注日期的引用文件，仅所注日期的版本适用于本技术规范。凡是不注日期的引用文件，其最新版本（包括所有的修改单）适用于本技术规范。

SF/Z JD0100000－2012 电子数据司法鉴定通用实施规范

3 术语和定义

SF/Z JD0100000－2012 电子数据司法鉴定通用实施规范 中界定的以及下列术语和定义适用于本技术规范。

3.1 随机存取内存转储 Random Access Memory Dump（RAM Dump）

将随机存取内存（RAM）中的部分或者全部数据转存到某种类型的存储介质中。

3.2 逻辑文件 Logical Files

用户所观察到的文件组织形式，是可以直接处理的数据及结构。

3.3 潜在电子证据 Potential Digital Evidence

所有与案件相关的电子数据证据。

3.4 易失性数据 Volatile Data

容易改变或消失的数据，如内存数据。

4 原则

SF/Z JD0100000－2012 电子数据司法鉴定通用实施规范 所确立的原则适用于本技术规范。

5 步骤

5.1 制订方案

在进行电子数据证据现场获取之前，需分析案情并根据具体情况制订详细的方案，包括：

a）明确现场获取的目的和范围；

b）明确参加现场获取的人员，需明确分工，落实责任；

c）明确进行现场获取需携带的移动仪器设备；

d）明确现场获取采用的方法和步骤；

e）明确现场获取的顺序；

f）明确现场获取操作可能造成的影响。

5.2 记录现场

现场取证人员应在到达现场后，立即对现场状况通过拍照或录像等的方式进行记录并予以编号保存，以便需要时可以进行验证或重建系统。

5.3 现场静态获取

对于已经关闭的系统，在法律允许的范围内并在获得授权的情况下，应对相关电子设备和存储介质进行获取（封存），方法如下：

a）采用的封存方法应当保证在不解除封存状态的情况下，无法使用被封存的存储介质和启动被封存电子设备；

b）封存前后应当拍摄或者录像被封存电子设备和存储介质并进行记录，照片或者录像应当从各个角度反映设备封存前后的状况，清晰反映封口或张贴封条处的状况；

c）对系统附带的电子设备和存储介质也应实施封存。

5.4 现场动态获取

对于运行中的系统，应进行电子数据证据的动态获取，其中又具体分为易丢失数据的提取和固定、在线获取以及电子设备和存储介质的封存三个部分。

5.4.1 易丢失数据的提取和固定

易丢失数据的提取和固定应遵照以下步骤：

a）固定保全内存数据，特别是以下数据：

1）打开并未保存的文档；

2）最近的聊天记录；

3）用户名及密码；

4）其他取证活动相关的文件信息。

b）获取系统中相关电子数据证据的信息，包括：

1）存储介质的状态，确认是否存在异常状况等；

2）正在运行的进程；

3）操作系统信息，包括打开的文件，使用的网络端口，网络连接（其中包括IP信息，防火墙配置等）；

4）尚未存储的数据；

5）共享的网络驱动和文件夹；

6）连接的网络用户；

7）其他取证活动相关的电子数据信息。

c）确保证据数据独立于电子数据存储介质的软硬件，逻辑备份证据数据以及属性、时间等相关信息。

5.4.2　在线获取

在线获取应在现场不关闭电子设备的情况下直接分析和提取电子系统中的数据,包括:

a）打开的聊天工具中的聊天记录;

b）打开的网页;

c）打开的邮件客户端中的邮件;

d）其他取证活动相关的电子数据信息。

5.4.3　电子设备和存储介质的封存

在法律允许的范围内并在获得授权的情况下,结合实际情况进行分析,对系统是否需关闭作出判断并采取相应的措施。其中,对于已经关闭的系统的处理方式参照5.3。

对于不能关闭的电子设备和存储介质,应遵循以下几点:

a）采用的封存方法应当保证在不解除封存状态的情况下,电子设备和存储介质可保持原有运行状态;

b）对于有特殊要求的电子设备和存储介质(如手机等无线设备),应保证电子设备和存储介质的封存方式完全屏蔽,不因电磁等影响而发生实质性改变;

c）封存前后应当拍摄或者录像被封存电子设备和存储介质并进行记录,照片或者录像应当从各个角度反映设备封存前后的状况,清晰反映封口或张贴封条处的状况。

5.5　电子数据证据的固定保全

从现场获取的上述所有电子数据证据需遵照以下几个方式进行固定保全:

a）完整性校验方式:计算电子数据和存储介质的完整性校验值,并进行记录;

b）备份方式:复制、制作原始存储介质的备份,并依照5.3规定的方法封存原始存储介质;

c）封存方式:对于无法计算存储介质完整性校验值或制作备份的情形,应当依照5.4.4规定的方法封存原始存储介质,并记录不计算完整性校验值或制作备份的理由;

d）保密方式:潜在电子数据证据的保密是一个要求,无论是业务要求或法律要求(如隐私)。潜在电子数据证据应以确保数据机密性的方式保存。

6　记录

电子数据证据现场获取的过程中,记录应贯穿整个过程:

a）记录可以用摄像、截屏、拍照、编写文档等方式存放于任何一种存储介质中。

b）对可能存在证据数据的电子数据存储介质进行拍照，编号并贴上标签标识：

1）对现场状况以及提取数据、保存数据的关键步骤进行录像；

2）对电子数据证据信息的属性、状态以及其他信息进行详细记录。

c）从现场获取的电子数据证据，应记录该电子数据的来源和提取方法。

现场获取检查结束后，应当及时记录整个工作过程。

7 注意事项

在电子数据证据现场获取中，应注意以下事项：

a）不得将生成、提取的数据存储在原始存储介质中。

b）不得在目标系统中安装新的应用程序。如果因为特殊原因，需在目标系统中安装新的应用程序的，应当记录所安装的程序及其目的。

c）应当详细、准确记录实施的操作以及对目标系统可能造成的影响。

计算机系统用户操作行为检验规范

SF/Z JD0403003－2015

2015年11月20日发布　2015年11月20日实施

目　次

前　言

本技术规范旨在确立电子数据司法鉴定实验室进行计算机系统用户操作行为检验应当遵循的技术方法和步骤等方面的要求,确保相关鉴定活动的规范有序。

本技术规范按照GB/T 1.1－2009规则起草。

本技术规范由司法部司法鉴定科学技术研究所提出。

本技术规范由司法部司法鉴定管理局归口。

本技术规范由司法部司法鉴定科学技术研究所负责起草。

本技术规范主要起草人:施少培、杨旭、李岩、卢启萌、卞新伟、陈晓红、奚建华、孙维龙、曾锦华。

1 范围

本技术规范规定了计算机系统用户操作行为检验的技术方法和步骤。

本技术规范适用于电子数据鉴定中的计算机系统用户操作行为检验。

2 规范性引用文件

下列文件对于本技术规范的应用是必不可少的。凡是注日期的引用文件，仅注日期的版本适用于本技术规范。凡是不注日期的引用文件，其最新版本（包括所有的修改单）适用于本技术规范。

SF/Z JD0400001－2014 电子数据司法鉴定通用实施规范

SF/Z JD0402001－2014 电子邮件鉴定实施规范

3 术语和定义

SF/Z JD0400001－2014 电子数据司法鉴定通用实施规范 所确立的以及下列术语和定义适用于本技术规范。

3.1 用户操作行为 User Behavior

用户使用计算机系统的特定行为，如登录/登出、接入外部设备、文件操作、打印、软件使用、浏览网页、即时通讯、收发电子邮件等。用户操作行为分为正在进行的行为和已经发生的行为。

3.2 操作痕迹 Operation Trace

存在于日志、注册表、临时文件、配置文件、数据库等区域，可以全部或部分反映用户操作行为过程的数据。

4 检验步骤

4.1 了解相关情况

4.1.1 了解检材的使用情况，如用户信息、系统状态、可能的操作行为等。

4.1.2 如检材有登录口令或加密密钥保护，了解口令或密钥信息，并获得使用授权。

4.2 固定保全

4.2.1 对检材进行唯一性标识。

4.2.2 对检材进行拍照或录像，记录其特征。

4.2.3 当检材为开机状态时：

a）对检材屏幕的显示内容进行拍照或录像；

b）必要时提取检材内存数据并计算哈希值；

c）必要时对检材存储介质中需要的数据进行备份，并计算哈希值；

d）采用适当工具和方法对检材进行在线分析，并对检材中运行的程序及进程/线程进行分析和保全。

4.2.4 当检材为关机状态时：

a）对具备条件的检材进行完整备份，并进行校验，之后使用备份数据进行检验；

b）对于无法进行完整备份的检材，采用适当的工具和方法启动计算机系统，对需要的数据进行备份，并计算哈希值；

c）必要时在只读条件下进行开机检验，并做好相关记录。

4.3 搜索和恢复

根据检验需要，搜索、恢复保存在检材中的相关文件和数据。

4.4 检验和分析

根据检材具体情况，视检验需要对下列全部或部分内容进行检验和分析。

4.4.1 登录/登出行为检验。

a）分析系统日志、应用程序日志及系统安全日志等日志文件中与用户登录/登出相关的记录；

b）分析注册表中用户键值中的信息，如用户最后一次登录时间、最后一次登录失败时间等；

c）在系统中其他位置查找与登录/登出相关的信息，如系统中文件的修改时间、防病毒软件的启动/关闭记录等。

4.4.2 接入外部设备行为检验。

a）分析系统驱动安装日志中与设备相关的数据；

b）分析注册表中与设备相关的数据；

c）分析系统中的文件与外部设备中的文件的相似性及复制关系；

d）对于存在自动备份机制的外部设备（如手机），分析备份在计算机系统中的数据。

4.4.3 文件操作行为检验。

a）分析文件的属性信息；

b）分析文件的元数据信息；

c）分析文件操作形成的临时文件、备份文件、快捷方式等；

d）分析文件在相关软件及系统中的最近打开记录；

e）对于被删除的文件，分析其状态、位置及内容。

4.4.4 打印行为检验。

a）分析系统中安装的打印机驱动程序；

b) 恢复并分析打印临时文件,如 SHD、SPL 及 TMP 文件;

c) 查找打印源文件,针对特定类型的源文件(如 Word 文档),分析其中的打印时间。

4.4.5 软件使用行为检验。

a) 分析系统中软件文件的属性信息;

b) 分析软件运行时生成的配置文件、临时文件及其属性信息;

c) 分析软件的日志信息;

d) 分析软件在系统中其他位置(如注册表、系统还原点、系统镜像、最近打开文档等)留下的信息;

e) 对于含有数据库的软件,对数据库中的数据进行分析。

4.4.6 浏览网页行为检验。

a) 根据网页浏览器类型和版本,查找其历史数据保存位置;

b) 分析网页浏览历史数据,如地址栏网址输入记录、网址重定向记录、网页浏览历史记录等;

c) 分析与被浏览网页相关的图片、文档、压缩包、Cookies、脚本等信息;

d) 查找并分析系统中与被浏览网页相关的其他文件,如收藏夹、保存的网页、下载的文件等;

e) 条件允许的情况下获取并分析位于服务器上的相关记录。

4.4.7 即时通讯行为检验。

a) 查找系统中安装的即时通讯软件及其数据文件;

b) 分析客户端软件版本、用户账号等信息及数据文件的属性信息;

c) 分析数据文件中的聊天记录等信息;

d) 查找并分析通过即时通讯传输的图片、文档、多媒体文件等信息;

e) 条件允许的情况下获取并分析即时通讯交互中另一方的数据;

f) 条件允许的情况下获取并分析位于服务器上的相关记录。

4.4.8 电子邮件收发行为检验。

a) 查找系统中安装的电子邮件客户端软件及其数据文件;

b) 根据客户端类型分析数据文件中的电子邮件及其相互之间的关联;

c) 在系统中搜索其他与需检电子邮件相关的信息;

d) 对于通过网页电子邮件服务收发的电子邮件,按照浏览网页行为进行检验;如能获得授权,参照 SF/Z JD0402001 - 2014 电子邮件鉴定实施规范 保全并分析;

e) 条件允许的情况下获取并分析电子邮件往来中另一方或其他收件(抄送)方的电子邮件;

f) 条件允许的情况下获取并分析位于服务器上的相关记录。

4.5 注意事项

4.5.1 计算机系统中的时间信息与真实时间并非完全一致,检验中应注意系统时间与实际时间的差值,并分析人为修改、失电等原因造成的系统时间改变。

4.5.2 对于加密的数据,检验前应先对其进行解密。

4.5.3 在查找操作痕迹时,应注意搜索、恢复的全面性。

4.5.4 注意查找并分析检材中多处可以互相印证的操作痕迹。

4.5.5 注意查找并分析与操作行为相关的存在于第三方的数据。

4.5.6 对于检验中发现的一些存疑现象,可以搭建类似的环境进行实验重现,判断其性质。

5 检验记录

与鉴定活动有关的情况应及时、客观、全面地记录,保证鉴定过程和结果的可追溯。检验记录应反映出检验人、检验时间、审核人等信息。检验记录的主要内容有:

a) 有关合同评审、变更及与委托方的沟通等情况;

b) 检材固定保全情况,包括检材照片或录像、检材的哈希值等;

c) 检验设备和工具情况;

d) 检验过程和发现;

e) 对检验发现的分析和说明;

f) 其他相关情况。

6 检验结果

6.1 计算机系统用户操作行为检验结果应根据检验要求对检验对象、检验范围、检验所得进行客观、概括的描述。

6.2 对于尚不能明确计算机系统用户操作行为的,可出具无法判断结论并说明原因。

（五）2016年司法鉴定技术规范

司法部办公厅关于颁布《亲权鉴定技术规范》等8项司法鉴定技术规范（2016年修订版）的通知

司办通〔2016〕58号

各省、自治区、直辖市司法厅（局），新疆生产建设兵团司法局、监狱局：

为切实加强司法鉴定标准化工作，保证鉴定质量，适应司法鉴定工作需求和科学技术发展，司法部组织有关专家对2010—2011年颁布的《亲权鉴定技术规范》等8项司法鉴定技术规范进行了修订，现予印发，推荐适用。自印发之日起，该8项技术规范旧版废止，不再适用。

请登录司法部或司法部司法鉴定科学技术研究所网站（网址：www. moj. gov. cn/www. ssfjd. com）获取相关司法鉴定技术规范电子文本。技术咨询电话：021－52367112，联系电话：010－65153134。

附件：1. 司法鉴定技术规范（2016年修订版）目录

2. 司法鉴定技术规范（2016年度I）

3. 司法鉴定技术规范（2016年度II）

司法部办公厅

2016年9月22日

附件

司法鉴定技术规范目录(2016年修订版)

序号	2016年修订版名称及编号	原版名称及编号
1	道路交通事故涉案者交通行为方式鉴定 SF/Z JD0101001 - 2016	道路交通事故涉案者交通行为方式鉴定 SF/Z JD0101001 - 2010
2	亲权鉴定技术规范 SF/Z JD0105001 - 2016	亲权鉴定技术规范 SF/Z JD0105001 - 2010
3	血液中乙醇的测定 顶空气相色谱法 SF/Z JD0107001 - 2016	血液中乙醇的测定 顶空气相色谱法 SF/Z JD0107001 - 2010
4	生物检材中苯丙胺类兴奋剂、哌替啶和氯胺酮的测定 SF/Z JD0107004 - 2016	生物检材中苯丙胺类兴奋剂、杜冷丁和氯胺酮的测定 SF/Z JD0107004 - 2010
5	血液、尿液中238种毒(药)物的检测 液相色谱 - 串联质谱法 SF/Z JD0107005 - 2016	血液、尿液中154种毒(药)物的检测 液相色谱 - 串联质谱法 SF/Z JD0107005 - 2010
6	视觉功能障碍法医学鉴定规范 SF/Z JD0103004 - 2016	视觉功能障碍法医鉴定指南 SF/Z JD0103004 - 2011
7	精神障碍者刑事责任能力评定指南 SF/Z JD0104002 - 2016	精神障碍者刑事责任能力评定指南 SF/Z JD0104002 - 2011
8	精神障碍者服刑能力评定指南 SF/Z JD0104003 - 2016	精神障碍者服刑能力评定指南 SF/Z JD0104003 - 2011

道路交通事故涉案者交通行为方式鉴定

SF/Z JD0101001－2016

2016年9月22日发布　2016年9月22日实施

目　次

前　言

本技术规范按照GB/T 1.1－2009给出的规则起草。

本技术规范由司法部司法鉴定科学技术研究所提出。

本技术规范由司法部司法鉴定管理局归口。

本技术规范起草单位：司法部司法鉴定科学技术研究所。

本技术规范起草人：陈建国、刘宁国、陈忆九、秦志强、张建华、李丽莉、冯浩、邹冬华、毛明远。

本技术规范所代替规范的历次版本发布情况为：SF/Z JD0101001－2010。

引　言

我国目前对于道路交通事故现场、车辆勘验和伤亡人员检验等方面已有一系列较为完备的标准,在道路交通事故技术鉴定方面发挥着很大的作用。为满足道路交通事故处理中对涉案者交通行为方式鉴定的需求,本技术规范在已有道路交通事故相关标准的基础上,规定了对道路交通事故涉案者交通行为方式鉴定的原则、方法和内容。

本技术规范规定了如何利用各方面信息进行交通行为方式鉴定的原则、方法和内容。

1　范围

1.1　本技术规范规定了道路交通事故涉案者交通行为方式鉴定中的综合判断方法。

1.2　本技术规范适用于在有关鉴定机构中具有相应执业资格的鉴定人推断或认定道路交通事故涉案者的交通行为方式。

1.3　技术规范中的注是对正文的说明、举例,它们既不包含要求,也不构成技术规范的主体部分。

2　规范性引用文件

下列文件对于本技术规范的应用是必不可少的。凡是注日期的引用文件,仅注日期的版本适用于本技术规范。凡是不注日期的引用文件,其最新版本(包括所有的修改单)适用于本技术规范。

GA/41　道路交通事故痕迹物证勘验
GA/50　道路交通事故勘验照相
GA/268　道路交通事故尸体检验
GA/T147　法医学尸体解剖
GA/T148　法医病理学检材的提取、固定、包装及送检方法
GA/T149　法医学尸表检验
GA/T150　机械性窒息尸体检验
GA/T168　机械性损伤尸体检验
GA/T169　法医学物证检材的提取、保存与送检
GA/T944　道路交通事故机动车驾驶人识别调查取证规范
GA/T1087　道路交通事故痕迹鉴定

3 术语和定义

本规范采用下列术语和定义：

3.1 道路交通事故 Road Traffic Accidents

是指单方、双方或多方当事人利用交通工具（机动车或非机动车）在道路行驶过程中发生的人员伤亡或者财产损失的事件。

3.2 交通行为方式 Manner of Action in Road Traffic Accidents

是指道路交通事故发生时道路交通事故涉案者所处的行为状态。

注：涉案者所处的行为状态，如驾驶、乘坐、骑行、推行车辆或在道路上直立、蹲踞、倒卧等。

3.3 驾驶状态 Driving State

是指涉及各类车辆的道路交通事故发生时，处于车辆驾驶座位置的人员正在驾驶车辆的状态。

3.4 乘坐状态 State as a Sassenger

是指涉及各类车辆的道路交通事故发生时，处于车辆驾驶座以外的其他位置的人员正在乘坐车辆的状态。

3.5 推行状态 State of Pushing a Bicycle

是指道路交通事故发生时，持有自行车、机动两轮车等车辆的涉案者正在推车行进的状态。

3.6 直立状态 State as a Pedestrian

是指道路交通事故发生时，涉案者正处在道路上直立行走或站立的状态。

3.7 蹲踞状态 Squat State

是指道路交通事故发生时，涉案者正处在蹲或坐于地面上的非直立状态。

3.8 倒卧状态 Lying State

是指道路交通事故发生时，涉案者正处在倒卧于地面的状态。

4 道路交通行为方式判断的原则与依据

4.1 总则

4.1.1 交通行为方式鉴定是根据案情，对与事故相关的现场、车辆、伤亡人员进行勘验后，依据勘查结果进行综合分析，并做出涉案者在事故发生时所处行为状态书面意见的过程。

4.1.2 交通行为方式鉴定是对道路交通事故涉案者在事故发生时的状态进行分析判断的技术行为，如对车辆驾驶人或乘坐人的判断，对非机动车持有人骑行或推行的判断，对行人直立、蹲踞或倒卧状态的判断等。

4.1.3 交通行为方式鉴定的全过程应符合相关法律、法规。

4.1.4 从事交通行为方式鉴定的人员,应具有相应鉴定人资格,并能掌握和运用交通工程学、车辆工程学、法医学、痕迹物证学等相关专业知识。

4.2 行为方式的分析判断原则

4.2.1 成立原则

有关证据可以互相印证,能确立存在逻辑链关系的原则。

4.2.2 排除原则

有关证据不能互相印证,不能确立存在关系的原则。

4.2.3 对比原则

通过对涉案者之间交通行为方式的诸多认定依据,进行能不能确立关系的比较,得出更具倾向性的意见。

4.2.4 典型证据优先原则

交通行为方式鉴定依据最有典型特征的证据为判断支撑点,可以根据损伤典型特征推断,可以根据碰撞后运动轨迹典型特征推断,也可以利用生物检材、织物纤维等物质交换进行个体识别。交通行为方式鉴定还可运用计算机仿真事故再现等技术进行辅助分析。

4.3 交通行为方式判断的依据

4.3.1 根据事故所涉人、车、道路及周围环境等的痕迹物证勘验,客观分析出道路交通事故形态及处在不同道路交通事故形态中涉案各方的行为状态。

4.3.2 根据分析得出的碰撞形态及车的运动过程,结合有关信息,查找人与车的二次碰撞形成的痕迹和附着物,推断事故所涉人在事发时所处的位置。

4.3.3 根据人体(活体或尸体)体表痕迹及损伤形态特征,结合有关信息,分析致伤物和致伤方式,汇总分析重建道路交通事故过程,推断处于不同事故现象中所涉当事人的交通行为方式。

5 典型道路交通事故的交通行为方式判断

5.1 汽车驾驶人/乘坐人的判断

5.1.1 根据不同事故的碰撞形态,车内人员会形成不同的碰撞结果,其在车内驾驶座位置或驾驶座以外位置所形成的碰撞现象因周边环境不同而形成的损伤及体表痕迹也会有所不同。

5.1.2 根据车辆前后风窗玻璃及左右车门玻璃的损坏情况,分析是与硬物碰撞形成还是与软性客体(如人体)碰撞形成,并结合人员体表痕迹及损伤进行判断。

5.1.3 根据各座位上安全带痕迹及锁止情况,分析各座位上的当事人是否使用了安全带,气囊是否起爆,并结合车内人员的不同体表痕迹及损伤进行判断。

5.1.4 根据驾驶座周边部件(如方向盘等)及其他座位周边部件是否异常损坏和留有撞击印痕及附着物,结合车内人员的不同衣着及损伤进行比对判断,必要时对微量物证进行比对。

5.1.5 根据勘验到的各座位周边附着的血迹、毛发和人体组织物,结合车内人员不同部位的痕迹及损伤形态特征进行判断,必要时与当事人进行 DNA 检验比对。

5.1.6 根据在第一现场查找到的各座位周边的遗留物(手机、鞋等个人用品),确认其所有人。

5.1.7 根据各车门、车窗的变形、锁闭情况,分析车内人员的撤离、抛甩条件。

5.1.8 对于已经被抛甩出车外的人员,应再结合原始现场人、车的相对位置进行判断。

5.2 摩托车驾驶人/乘坐人的判断

5.2.1 根据摩托车正面碰撞事故的碰撞对象及碰撞形态,分析碰撞时的减速度或加速度,会造成摩托车车上人员不同的运动轨迹;依据被碰撞车、物上的痕迹和各人不同的着地位置,结合人体体表痕迹及损伤判断其事发时在车上所处的位置。

5.2.2 摩托车正面碰撞事故中,应根据碰撞对其前后座人员所形成的不同损伤进行分析。前座人员除头面部(或头盔)直接在碰撞中形成损伤外,其胸腹部和顶枕部、腰背部往往又会与所驾车辆的驾驶操纵部件以及和后座人员身体碰撞形成特征性损伤;此时后座人员的损伤程度则一般较轻。

5.2.3 对于摩托车侧面被其他车辆碰撞的事故,应在确认两车具体碰撞部位的基础上,区分摩托车车上人员是否应受到直接碰撞和可能形成的不同受伤情况。对于摩托车前后座踏脚高度不同的情况,可根据受伤人员下肢损伤位置距地高来判断。

5.2.4 对于踏板式摩托车,可根据前后座人员下肢、会阴区所处的位置及其接触物的不同,分析不同的损伤机理。其前座驾驶人两腿间无异物,且处于相对隐蔽位置;后座骑跨式座位的乘坐人的腿部则比较暴露,碰撞或倒地时下肢和会阴部的内外侧往往都会形成骑跨式损伤痕迹。

5.2.5 应注意摩托车驾驶人在事故碰撞、倒地中,其上肢和手容易受到的特征性损伤(如大鱼际擦挫伤、腕关节脱位或尺、桡骨下段骨折等)。

5.2.6　应注意摩托车车上人员衣裤的损坏和车辆表面附着物特征来区分事发时摩托车上人员所处的位置。

5.3　自行车驾驶/乘坐人员的判定

5.3.1　根据自行车正面碰撞事故的碰撞对象及碰撞形态,分析方法类似于5.2.1,但自行车由于缺乏动力,所发生的交通事故现象与摩托车亦有所区别,进行分析时应充分考虑到车速、动力、自身重量等因素。

5.3.2　自行车正面碰撞事故中,应根据其前后座人员的不同损伤进行分析。前座人员的损伤特征以正面直接撞击伤,特别是头面部及四肢前侧为主,后座乘坐人员的损伤则以随自行车倒地摔跌形成的损伤为主。

5.3.3　对于自行车侧面被其他车辆碰撞的事故,应在确认两车具体碰撞部位的基础上,区分自行车车上人员是否应受到直接碰撞和可能形成的不同受伤情况。对于自行车前后座踏脚高度不同的情况,可根据受伤人员下肢损伤位置距地高来判断。

5.3.4　应注意自行车驾驶人在事故碰撞、倒地中,其上肢和手容易受到的特征性损伤(如大鱼际擦挫伤、腕关节脱位或尺、桡骨下段骨折等)。

5.4　自行车骑行/推行状态的判定

5.4.1　当事人是否具有骑跨伤的特征:双下肢内外侧均有损伤或体表痕迹,其中外侧呈现一侧为直接撞击伤、另一侧为摔跌伤,而内侧通常为在摔跌中与自行车部件接触形成的擦、挫伤。

5.4.2　可根据绝大多数自行车当事人的推车习惯位于自行车的左侧的情况(特殊情况除外)及与其他车辆的碰撞形态,分析两车间是否存在直立的当事人,如自行车同侧前后部均有碰擦痕迹,则说明当事人呈骑跨状态的可能性比较大。

5.4.3　当事人下肢直接撞击形成的损伤位置偏低,与造成其损伤的汽车保险杠距地高度有偏差,可以考虑碰撞时其脚位于自行车踏板上的可能性。

5.4.4　当事人处于推行状态时可与推行的车辆相碰撞产生相应的损伤、痕迹。

5.5　行人的直立、蹲踞、倒卧状态的判定

5.5.1　根据肇事车辆的痕迹高度来判断被撞人体的高度,以判定其是直立、蹲踞还是倒卧。

5.5.2　根据当事人的损伤结合碰撞或摔跌来判定其是直立、蹲踞还是倒卧。

5.5.3　根据事故现场人、血迹和车的相对位置来判定其是直立、蹲踞还是倒卧。

6 附则

6.1 非道路交通事故涉案者交通行为方式鉴定参照本规范执行。

6.2 本规范未规定的道路交通事故涉案者交通行为方式,可根据案情、依照法律、法规,应用现代科学手段,作出科学合理的鉴定。

6.3 对于农用运输车、叉车等带有驾驶舱类其他机动车和电动自行车、人力三轮车、电动轮椅车及机动轮椅车等非机动车的当事人交通行为方式鉴定可以参照本规范执行。

亲权鉴定技术规范

SF/Z JD0105001 - 2016

2016 年 9 月 22 日发布　2016 年 9 月 22 日实施

目　次

前　言

本技术规范按照 GB/T 1.1 - 2009 给出的规则起草。

本技术规范由司法部司法鉴定科学技术研究所提出。

本技术规范由司法部司法鉴定管理局归口。

本技术规范起草单位:司法部司法鉴定科学技术研究所、四川大学华西基础医学与法医学院、北京市公安局、中山大学、中国政法大学。

本技术规范主要起草人:李成涛、李莉、侯一平、刘雅诚、孙宏钰、鲁涤、张素华。

本技术规范所代替规范的历次版本发布情况为:SF/Z JD0105001 - 2010。

引 言

本技术规范运用法医物证学、遗传学和统计学等学科的理论和技术,结合法医物证鉴定的实践经验而制订,为亲权鉴定提供科学依据和统一标准。

1 范围

本技术规范规定了我国法医 DNA 实验室进行亲权鉴定所必须遵循的技术要求。

本技术规范适用于从事亲权鉴定的 DNA 实验室,不适用于大通量数据库的比对。

2 规范性引用文件

下列文件对于本文件的应用是不可少的。凡是标注日期的引用文件,仅标注日期的版本适用于本文件。凡是不标注日期的引用文件,其最新版本(包括所有的修改单)适用于本文件。

GA/T382 - 2014 法庭科学 DNA 实验室建设规范

GA/T383 - 2014 法庭科学 DNA 实验室检验规范

GA/T965 法庭科学 DNA 亲子鉴定规范

CNAS - CL08 司法鉴定/法庭科学机构能力认可准则

CNAS - CL28 司法鉴定/法庭科学机构能力认可准则在法医物证 DNA 鉴定领域的应用说明

3 术语和定义

下列术语和定义适用于本技术规范。

3.1 亲权鉴定 Parentage Testing

亲权鉴定是通过对人类遗传标记的检测,根据遗传规律分析,对个体之间血缘关系的鉴定。

3.2 三联体亲子鉴定 Parentage Testing of Trios

被检测男子、孩子生母与孩子的亲子鉴定或者被检测女子、孩子生父与孩子的亲子鉴定。

3.3　二联体亲子鉴定　Parentage Testing of Duos

被检测男子与孩子的亲子鉴定或被检测女子与孩子的亲子鉴定。

3.4　遗传标记　Genetic Marker

具有多态性的基因座。用于亲子鉴定的遗传分析系统由一定数量的遗传标记组成,常用的有常染色体短串联重复序列(STR)、Y 染色体短串联重复序列(Y-STR)、X 染色体短串联重复序列(X-STR)。

3.5　排除概率　Power of Exclusion,PE

对于不是孩子生父的随机男子,遗传分析系统具有的排除能力。它是遗传分析系统效能的评估指标。

3.6　亲权指数　Parentage Index,PI

亲权指数是亲权关系鉴定中判断遗传证据强度的指标。它是两个条件概率的似然比率:

$$PI=\frac{\text{概率}\langle\text{检测到当事人的遗传表型}|\text{假设被检测个体是孩子的生物学父亲或母亲}\rangle}{\text{概率}\langle\text{检测到当事人的遗传表型}|\text{假设一个随机个体是孩子的生物学父亲或母亲}\rangle}$$

4　总则

从事亲子鉴定的机构应符合 CNAS-CL08:2013 中 4.1 条款的要求或是获得法医物证鉴定资质的机构。应当定期参加亲子鉴定的能力验证计划并考核合格。

5　检验程序

5.1　采样要求

对于三联体,采集被检测男子、孩子生母与孩子的样本用于检验;对于二联体,采集被检测男子与孩子的样本用于检验。样本一般是血液(斑)或口腔拭子(唾液斑),其他人体生物学材料如精液(斑)、带毛囊毛发、羊水、组织块等亦可作为亲权鉴定的样本。对于接受了外周血干细胞移植的当事人,应避免采集其血样作为检验材料,宜取其口腔拭子(唾液斑)或毛发进行检验。样本必须分别包装,注明被采样人姓名、编号、采样人、采样日期等,置于冰箱冷藏或冻存。

采样时,需要填写采样单,写明委托方名称、采样日期、采样类型、被采样人姓名、性别、称谓、出生日期、证件号码等,并拍摄被采样人照片,由被采样人在采样单上留下右手拇指或食指指纹(婴儿可留右脚拇趾印),并签名确认(婴幼儿的姓名由其监护人代签)。

鉴定机构应有用于检材/样本的运输、接收、处置、保护、存储、保留和/或清理的规定,应对接收、内部传递、处置、保留、返还和清理等过程进行记录,确保"保管链"记录的完整性和可追溯性。

鉴定机构应具有能识别各检材/样本的标识系统,并确保检材/样本在本鉴定机构的整个期间能得到持续的识别。

5.2 DNA 提取和纯化

检材的 DNA 提取和纯化方法见 GA/T383 - 2014 中附录 A 内容。

5.3 DNA 定量分析

见 GA/T 383 - 2014 中 6.1 ~ 6.3 条款内容。

5.4 PCR 扩增与分型

5.4.1 基因座

5.4.1.1 选用多态性基因座(如 STR、SNP 等类型)进行 PCR 扩增,其中,常染色体 STR 基因座宜符合如下要求:

1)基因座定义和具有的特征已有文献报道;

2)种属特异性、灵敏性、稳定性研究已实施;

3)已有可供使用并公开发表的群体遗传数据,群体遗传数据包括从有关人群中获得的该基因座等位基因频率或单倍型频率及突变率;

4)遗传方式符合孟德尔定律;

5)串联重复单位为四或五核苷酸。

5.4.1.2 除常染色体基因座外,建议在需要时增加 Y - STR、X - STR 的检验。其中,Y - STR 系统可选择 DYS456、DYS389I、DYS390、DYS389II、DYS458、DYS19、DYS385 a/b、DYS393、DYS391、DYS439、DYS635、DYS392、Y GATA H4、DYS437、DYS438、DYS448 等基因座进行单倍型检验;X - STR 系统可选用 GATA172D05、HPRTB、DXS6789、DXS6795、DXS6803、DXS6809、DXS7132、DXS7133、DXS7423、DXS8377、DXS8378、DXS9895、DXS9898、DXS10101、DXS10134、DXS10135、DXS10074 等。

5.4.2 PCR 扩增

建议选用商品化的试剂盒进行 PCR 扩增,每批检验均应有阳性对照样本(已知浓度和基因型的对照品 DNA 和/或以前检验过的、已知基因型的样本)以及不含人基因组 DNA 的阴性对照样本。PCR 扩增体系与温度循环参数均按试剂盒的操作说明书进行。

5.4.3 PCR 扩增产物的检测与结果判读

使用遗传分析仪,对 PCR 产物进行毛细管电泳分析,使用等位基因分型参照物(Ladder)来对样本分型,步骤方法按照仪器操作手册。

6 相关参数计算方法

6.1 三联体亲权指数(符合遗传规律)的计算见表1。

表1 三联体常染色体STR基因座亲权指数计算公式

生母基因型	孩子基因型	生父基因(推断)	被检父基因型	PI值计算公式
PP	PP	P	PP	$1/p$
PP	PQ	Q	QQ	$1/q$
PP	PP	P	PQ	$1/(2p)$
PP	PQ	Q	QR	$1/(2q)$
PP	PQ	Q	PQ	$1/(2q)$
PQ	QQ	Q	QQ	$1/q$
PQ	QR	R	RR	$1/r$
PQ	QR	R	RS	$1/(2r)$
PQ	PR	R	PR	$1/(2r)$
PQ	QQ	Q	QR	$1/(2q)$
PQ	PQ	P或Q	PP	$1/(p+q)$
PQ	PQ	P或Q	QQ	$1/(p+q)$
PQ	PQ	P或Q	PQ	$1/(p+q)$
PQ	PQ	P或Q	PR	$1/[2(p+q)]$

注:p、q、r分别表示等位基因P、Q、R的分布频率。

6.2 三联体亲权指数(不符合遗传规律)的计算见表2。

表2 遇到不符合遗传规律时常染色体STR亲权指数(PI)计算实例(以D13S317为例,平均突变率为0.002)

基因座	母亲	孩子	被检测男子	亲权指数
D13S317	7	7-8	9-11	$\mu/(4p_8)$
D13S317	7	7-8	10-11	$\mu/(40p_8)$
D13S317	7	7-8	11-12	$\mu/(400p_8)$

(续表)

基因座	母亲	孩子	被检测男子	亲权指数
D13S317	7	7-8	9	$\mu/(2p_8)$
D13S317	7-8	8	9	$\mu/(2p_8)$
D13S317	7-8	8	7-9	$2\mu/(4p_8)$
D13S317	7-8	8	9-11	$\mu/(4p_8)$
D13S317	7-9	7-9	10-11	$\mu/[4(p_7+p_9)]$
D13S317	7-9	7-9	10	$\mu/[2(p_7+p_9)]$
D13S317	7-9	7-9	8-10	$3\mu/[4(p_7+p_9)]$

注:1) 表中 p_7、p_8、p_9 为相应等位基因 7、8、9 的频率。

2) 如果母亲的表型为 QQ,孩子的表型为 PQ,被检测男子表型为 $P'R$,其中 P' 比 P 小或大 1 个或 2 个重复单位(s=1 或 2)。μ 为该基因座平均突变率。p 为等位基因 P 的频率。

如果突变为 1 步(s=1),则:$PI=X/Y=\mu/(4p)$

如果突变为 2 步(s=2),则:$PI=X/Y=\mu/(40p)$

以此类推。

3) 偶尔会遇到不能区分 STR 不符合遗传规律的现象是源自母亲或是源自被检测男子。此时亲权指数的计算应考虑男女突变率不相同。例如:D13S317 基因座,母亲为 7-8,孩子为 7-9,被检测男子为 7-8。父权指数计算方法为:

$$PI=\frac{(mut_f 8\rightarrow 9)+(mut_m 8\rightarrow 9)}{P_9}=\frac{\mu_f+\mu_m}{4P_9}$$

式中,$mut_f 8\rightarrow 9$ 为被检测男子的等位基因 8 突变为 9 的概率;$mut_m 8\rightarrow 9$ 为母亲的等位基因 8 突变为 9 的概率。μ_f 为男性突变率,μ_m 为女性突变率。通常,男性突变率高于女性突变率。例如,男性突变率可取值 0.002,而女性突变率可取值 0.001~0.0005,为了便于实验室间的数据比较,推荐女性突变率可取值 0.0005。

6.3 二联体亲权指数(符合遗传规律)的计算见表 3。

表 3 二联体常染色体 STR 基因座亲权指数计算公式

孩子 基因型	被检父 基因型	PI 值计算 公式
PP	PP	$1/p$
PP	PQ	$1/(2p)$
PQ	PP	$1/(2p)$
PQ	PQ	$(p+q)/(4pq)$
PQ	PR	$1/(4p)$

注:p、q、r 分别表示等位基因 P、Q、R 的分布频率

6.4 二联体亲权指数(不符合遗传规律)的计算见表4。

表4 二联体中存在不符合遗传规律时遗传标记亲权指数计算实例
(以D7S820为例,平均突变率为0.002)

基因座	孩子	被检测男子 (被检测女子)	亲权指数
D7S820	7-8	9-11	$\mu/(8P_8)$
D7S820	7-8	10-11	$\mu/(80P_8)$
D7S820	7-8	11-12	$\mu/(800P_8)$
D7S820	7-8	9	$\mu/(4P_8)$
D7S820	8	9	$\mu/(2P_8)$
D7S820	8	7-9	$2\mu/(4P_8)$
D7S820	8	9-11	$\mu/(4P_8)$
D7S820	7-9	8-10	$\mu(2P_7+P_9)/(8P_7P_9)$
D7S820	7-9	8	$\mu(P_7+P_9)/(4P_7P_9)$
D7S820	7-9	6-10	$\mu(P_7+P_9)/(8P_7P_9)$

注:1)表中p_7、p_8、p_9为相应等位基因7、8、9的频率。

2)如果孩子的表型为PQ,被检测男子表型为$P'R$,其中P'比P小或大1个或2个重复单位(s=1或2),μ为该基因座平均突变率,p为等位基因P的频率,则亲权指数计算方法为:

突变为1步(s=1),则:PI=X/Y=$\mu/(8p)$

突变为2步(s=2),则:PI=X/Y=$\mu/(80p)$

突变为3步(s=3),则:PI=X/Y=$\mu/(800p)$

以此类推。

7 鉴定意见

7.1 鉴定意见是依据DNA分型结果,对是否存在血缘关系作出的判断。鉴定意见一般分“排除存在亲权关系”和“支持存在亲权关系”两种情形。

7.2 三联体亲子鉴定和二联体亲子鉴定实验使用的遗传标记累计非父排除率均应不小于0.9999,三联体亲子鉴定和二联体亲子鉴定累计非父排除率的计算参见附录A。

7.3 为了避免潜在突变影响,任何情况下都不能仅根据一个遗传标记不符合遗传规律就作出排除意见。

7.4 任何情况下都不能为了获得较高的累计亲权指数,将检测到的不符合遗传规律的遗传标记删除。累计亲权指数的计算见附录B。

7.5 在满足7.1~7.4的条件下,被检测男子的累计亲权指数小于0.0001时,支持被检测男子不是孩子生物学父亲的假设。鉴定意见可表述为:依据现有资料和DNA分析结果,排除被检测男子是孩子的生物学父亲。

7.6 在满足7.1~7.4的条件下,被检测男子的累计亲权指数大于10000时,支持被检测男子是孩子生物学父亲的假设。鉴定意见可表述为:依据现有资料和DNA分析结果,支持被检测男子是孩子的生物学父亲。

7.7 在不能满足7.5或7.6的指标时,应通过增加检测的遗传标记来达到要求。

8 鉴定文书

亲子鉴定文书的格式要求参照司法部司法鉴定管理局颁布的亲子鉴定文书规范。

9 特别说明

9.1 本规范适用的三联体亲子鉴定类型包括被检测男子、孩子及其母亲构成的三联体和被检测女子、孩子及其父亲构成的三联体两种类型。

9.2 本规范适用的二联体亲子鉴定类型包括被检测男子及孩子构成的二联体和被检测女子及孩子构成的二联体两种类型。

9.3 对于补充检验的Y-STR、X-STR或线粒体DNA检测结果,建议仅对Y或X染色体或线粒体特殊的遗传规律进行描述性分析,不推荐仅依据补充检验的Y-STR或X-STR或线粒体DNA检测结果出具明确的鉴定意见,也不推荐依据Y-STR或线粒体DNA计算得到的亲缘关系指数与依据常染色体STR计算得到的亲缘关系指数联合计算。

9.4 如果在鉴定书里使用其他数学或词语的表达式时,应定义并解释其含义,使委托人或法庭了解其意义。如要将亲权指数值转换为传统使用的父权相对机会,应同时给出转换时所采用的前概率。例如,某案累计亲权指数为10000时,可以表述为本案累计亲权指数为10000,在假定父权前概率为0.5时,父权相对机会为0.9999。

9.5 本技术规范在7.5或7.6中的鉴定意见是以不考虑双胞胎或者近亲情况为前提的。近亲情况应采用另外的公式,并需全面、系统地结合其他因素做综合分析。

附录A

(规范性附录)

排除概率计算

A.1 排除概率(PE)确切地说应该是非父排除概率,指对于不是孩子生父的随机男子,遗传分析系统具有的排除能力。它是遗传分析系统效能的评估指标。

A.2 排除概率的计算

目前常用的DNA遗传标记,如STR一个基因座有多个等位基因,并且均为显性。设 p_i 代表群体中第 i 个等位基因频率,p_j 代表群体中第 j 个等位基因频率,并且等位基因 i 不等于等位基因 j,则排除概率为:

1)三联体亲子鉴定 $PE = \sum p_i(1-p_i)^2 - 1/2[\sum\sum p_i^2 p_j^2(4-3p_i-3p_j)]$

2)二联体亲子鉴定 $PE = \sum_{i=1} p_i^2(1-p_i)^2 + \sum_{j>i=1} 2p_i p_j(1-p_i-p_j)^2$

A.3 上述公式是对于一个基因座而言的。亲子鉴定不止使用一个基因座,有必要知道使用的全部遗传标记对于不是孩子生父的男子,否定父权有多大的可能性,即累计排除概率(cumulative probability of exclusion,*CPE*)。

计算累计排除概率的前提条件是一个遗传标记系统独立于另一个系统。累计排除概率计算公式为:

$$CPE = 1-(1-PE_1)(1-PE_2)(1-PE_3)\cdots(1-PE_k) = 1-\prod(1-PE_k)$$

上式中,PE_k 为第 k 个遗传标记的 *PE* 值。求出各个遗传标记的 *PE* 值后,可按公式求出累计排除概率(CPE)。

附录 B

(规范性附录)

累计亲权指数计算

多个遗传标记用于亲子鉴定时,设每个遗传标记的亲权指数分别为 PI_1,PI_2,PI_3,…PI_n,n 个遗传标记的亲权指数相乘则为累计亲权指数(Combined paternity index,CPI),则:

$CPI = PI_1 \times PI_2 \times PI_3 \times \cdots \times PI_n$(1、2、3、n 代表第 1、2、3、n 个基因座的 PI 值)

血液中乙醇的测定
顶空气相色谱法

SF/Z JD0107001 - 2016

2016 年 9 月 22 日发布　2016 年 9 月 22 日实施

目　次

前　言

本技术规范按照 GB/T 1.1 - 2009 给出的规则起草。

本技术规范的附录 A 和附录 B 为资料性附录。

本技术规范由司法部司法鉴定科学技术研究所提出。

本技术规范由司法部司法鉴定管理局归口。

本技术规范起草单位:司法部司法鉴定科学技术研究所。

本技术规范主要起草人:卓先义、刘伟、向平、沈保华、卜俊、马栋、严慧。

本技术规范所代替规范的历次版本发布情况为:SF/Z JD0107001 - 2010。

1 范围

本技术规范规定了血液中乙醇的顶空气相色谱测定方法。

本技术规范适用于血液中乙醇的定性及定量分析。

本技术规范的方法检出限为0.01mg/mL;定量下限为0.05mg/mL。

2 规范性引用文件

下列文件对于本技术规范的应用是必不可少的。凡是注日期的引用文件,仅注日期的版本适用于本技术规范。凡是不注日期的引用文件,其最新版本(包括所有的修改单)适用于本技术规范。

GB/T 6682 分析实验室用水规格和试验方法(GB/T 6682-2008,ISO 3696:1987,MOD)

GA/T 122 毒物分析名词术语

3 原理

本法利用乙醇的易挥发性,以叔丁醇为内标,用顶空气相色谱火焰离子化检测器进行检测,经与平行操作的乙醇对照品比较,以保留时间进行定性分析;以峰面积为依据,用内标法定量。

4 试剂和材料

除另有说明外,水为GB/T 6682规定的二级水。

4.1 乙醇

色谱纯。

4.2 乙醇标准溶液

精密称取适量乙醇,用水配成10.0mg/mL乙醇标准储备溶液。储备液在冰箱中冷藏密闭保存,有效期为6个月。试验中所用其他浓度的标准溶液均从上述储备液稀释而得,在冰箱中冷藏密闭保存,有效期为3个月。

4.3 叔丁醇

色谱纯。

4.4 叔丁醇溶液

精密称取适量叔丁醇,用水配成5.0mg/mL叔丁醇储备液。储备液在冰箱中冷藏密闭保存,有效期为12个月。将储备液用水稀释,得40.0μg/mL叔丁醇内标工作液,在冰箱中冷藏密闭保存,有效期为6个月。

5 仪器

5.1 气相色谱仪

配火焰离子化检测器（FID）。

5.2　顶空进样器

配 1mL 定量进样环。

5.3　样品瓶

10mL，顶空自动进样器用。

5.4　硅橡胶垫

5.5　铝帽

5.6　密封钳

5.7　精密移液器

5.8　自动稀释仪

6　测定步骤

6.1　样品处理

用精密移液器或自动稀释仪取待测血液 0.10mL 及 0.50mL 40.0μg/mL 叔丁醇内标工作液，加入样品瓶内，盖上硅橡胶垫，用密封钳加封铝帽，混匀。

6.2　测定

6.2.1　顶空气相色谱测定参考条件

a）色谱柱（1）：DB - ALC1（30m ×0.32mm ×1.8 μm）石英毛细管柱或相当者；

柱温：恒温 40 ℃；

色谱柱（2）：DB - ALC2（30m ×0.32mm ×1.2 μm）石英毛细管柱或相当者；

柱温：恒温 40 ℃；

b）载气：氮气，纯度≥99.999%，流速 8mL/min；

c）进样口温度：150 ℃；

d）检测器温度：250 ℃；

e）加热箱温度：65 ℃；

f）定量环温度：105 ℃；

g）传输线温度：110 ℃；

h）气相循环时间：3.5min；

i）样品瓶加热平衡时间：10.0min；

j）样品瓶加压时间：0.10min；

k）定量环充满时间：0.10min；

l）定量环平衡时间：0.05min；

m）进样时间：1.00min。

6.2.2　定性测定

样品溶液按照顶空气相色谱测定条件测定，以叔丁醇为内标，记录色谱峰的保留时间。将待测样品色谱峰的保留时间与乙醇标准对照品的保留时间比较，相对误差在±2%内，空白对照样品内标物色谱峰正常而无乙醇的色谱峰，一般可以认为待测样品中含有乙醇；必要时，选择不同的色谱条件或用气相色谱－质谱法确证。如果内标物色谱峰正常，而无乙醇的色谱峰时，可认为检验结果为阴性。乙醇对照品和内标气相色谱图，参见附录A。

6.2.3　定量测定

本方法采用内标法－校准曲线法或内标法－单点校正法定量测定。

6.2.3.1　内标法－校准曲线法

采用内标－校准曲线法测定（见附录B）。将乙醇对照品溶液进样，以乙醇和内标峰面积比为纵坐标，乙醇对照品工作溶液浓度为横坐标绘制标准曲线，用标准曲线对待测样品进行定量，所测样品中乙醇的浓度值应在线性范围内。

6.2.3.2　内标法－单点校正法

待测血液样品乙醇浓度在标准溶液浓度的±30%内可用单点法定量。

6.3　平行试验

按以上步骤对同一待测样品进行平行试验。

单柱单检测器两份样品测定结果按两份样品的平均值计算，双样相对相差不得超过10%（有凝血块的血样不超过15%）。双样相对相差按式(1)计算：

$$\text{双样相对相差}(\%) = \frac{|C_1 - C_2|}{\bar{C}} \times 100 \qquad (1)$$

式中：

C_1、C_2——两份样品平行定量测定的结果；

$\bar{C}$——两份样品平行定量测定结果的平均值$(C_1 + C_2)/2$。

双柱双检测器两份样品测定结果的相对标准偏差RSD（%）若不超过5%时（有凝血块的血样不超过10%），结果按两份样品结果的平均值计算。

7　结果计算

血液中乙醇浓度测定采用内标法－校准曲线法定量或按式(2)计算：

$$C = \frac{A \times A_i' \times c}{A' \times A_i} \qquad (2)$$

式中：

C——血液样品中乙醇浓度，单位为毫克每毫升（mg/mL）；

A ——血液样品中乙醇的峰面积；

A′——标准溶液中乙醇的峰面积；

A_i'——标准溶液中内标物的峰面积；

A_i——血液样品中内标物的峰面积；

c ——标准溶液中乙醇浓度，单位为毫克每毫升(mg/mL)。

附录 A

(资料性附录)

乙醇对照品和内标气相色谱图

A.1　按色谱柱(1)条件得乙醇对照品和内标气相色谱图，见图 A.1。

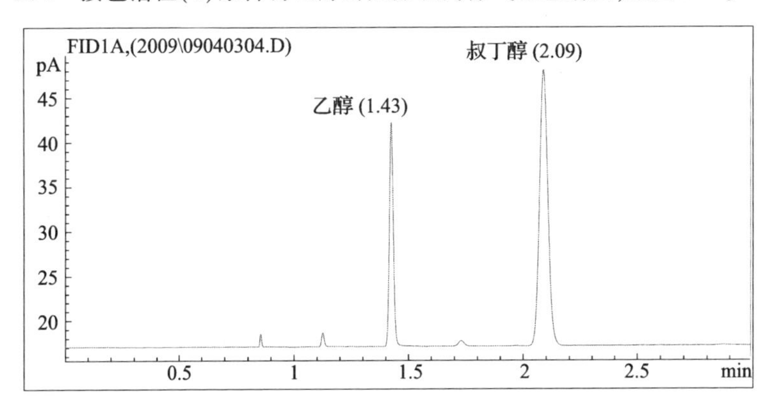

图 A.1　按色谱柱(1)条件得的乙醇对照品和内标气相色谱图

A.2　按色谱柱(2)条件得乙醇对照品和内标气相色谱图，见图 A.2。

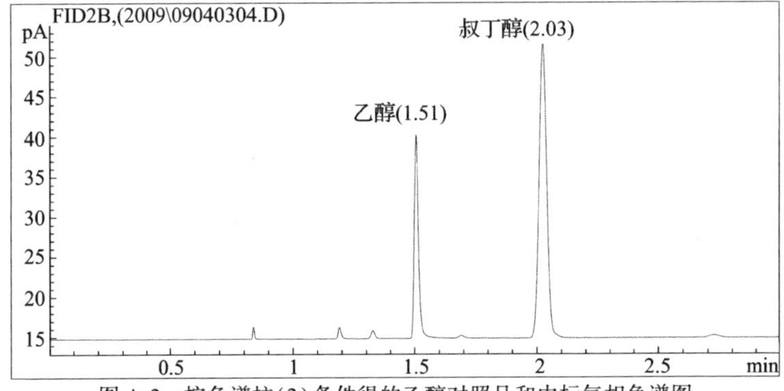

图 A.2　按色谱柱(2)条件得的乙醇对照品和内标气相色谱图

附录 B

（资料性附录）

校准曲线

配制乙醇浓度为 0.10、0.20、0.50、0.80、1.00、2.00、3.00mg/mL 的水溶液，按 6.1 和 6.2 项下分析，每一浓度点取 2 份，以乙醇与内标叔丁醇的峰面积比对乙醇浓度做标准曲线。

按色谱柱（1）条件测得的标准曲线方程为 $X = 1.0761C - 0.0162$（$r = 0.9997$），按色谱柱（2）条件测得的标准曲线方程为 $X = 1.0655C - 0.0177$（$r = 0.9997$）。式中 X 为乙醇与叔丁醇的峰面积比值，C 为乙醇工作溶液浓度（mg/mL）。

生物检材中苯丙胺类兴奋剂、哌替啶和氯胺酮的测定

SF/Z JD0107004－2016

2016年9月22日发布　2016年9月22日实施

目　次

前　言

本技术规范按照 GB/T 1.1－2009 给出的规则起草。

本技术规范的附录 A 为资料性附录。

本技术规范由司法部司法鉴定科学技术研究所提出。

本技术规范由司法部司法鉴定管理局归口。

本技术规范起草单位:司法部司法鉴定科学技术研究所。

本技术规范主要起草人:刘伟、卓先义、向平、沈保华、卜俊、马栋、严慧。

本技术规范所代替规范的历次版本发布情况为:SF/Z JD0107004－2010。

1　范围

本技术规范规定了血液、尿液及毛发中苯丙胺(AMP)、甲基苯丙胺(MAMP)、3、4－亚甲双氧甲基苯丙胺(MDMA)、4、5－亚甲双氧苯丙胺(MDA)、哌替啶和氯胺酮的测定方法。

本技术规范适用于血液、尿液及毛发中 AMP、MAMP、MDMA、MDA、哌替啶和氯胺酮的定性定量分析。

2　规范性引用文件

下列文件对于本技术规范的应用是必不可少的。凡是注日期的引用文件,仅注日期的版本适用于本技术规范。凡是不注日期的引用文件,其最新版本(包括所有的修改单)适用于本技术规范。

GB/T 6682　分析实验室用水规格和试验方法

GA/T 122　毒物分析名词术语

第一篇　免疫筛选法

3　原理

采用高度特异性的抗原－抗体反应的免疫胶体金层析技术,通过单克隆抗体竞争结合苯丙胺或甲基苯丙胺偶联物和尿液中可能含有的苯丙胺或甲基苯丙胺,试剂盒含有被事先固定于膜上测试区(T)的苯丙胺或甲基苯丙胺偶联物和被胶体金标记的抗苯丙胺或甲基苯丙胺单克隆抗体。

4 试剂

苯丙胺尿液胶体金法试剂盒,甲基苯丙胺尿液胶体金法试剂盒。

5 操作方法

用吸管吸取尿液检材,滴入试剂盒的样品孔中5滴(约150~200 μL),3~5分钟后观察结果。

6 结果判定

6.1 苯丙胺尿液胶体金法试剂盒

6.1.1 阳性

仅质控区C出现紫红色带,而测试区T无紫红色带,提示含有苯丙胺成分。

6.1.2 阴性

质控区C及测试区T均出现紫红色带,表明尿液中无苯丙胺或苯丙胺浓度在1000ng/mL以下。

6.1.3 无效

质控区C未出现紫红色带,结果无效,应重新检验。

6.2 甲基苯丙胺尿液胶体金法试剂盒

6.2.1 阳性

仅质控区C出现紫红色带,而测试区T无紫红色带,表明甲基苯丙胺浓度在1000ng/mL以上。

6.2.2 阴性

质控区C及测试区T均出现紫红色带,表明尿液中无甲基苯丙胺或甲基苯丙胺浓度在1000ng/mL以下。

6.2.3 无效

质控区C未出现紫红色带,结果无效,应重新检验。

第二篇 气相色谱-质谱联用法

7 原理

利用苯丙胺类兴奋剂、哌替啶和氯胺酮易溶于有机溶剂、难溶于水的特点,在碱性条件下用有机溶剂从生物检材中提出,用气相色谱-质谱联用仪进行检测,经与平行操作的苯丙胺类兴奋剂或哌替啶、氯胺酮对照品比较,以保留时间和特征碎片离子定性分析;以定量离子峰面积为依据,外标法定量。

8 试剂和材料

除另有规定外,试剂均为分析纯,水为 GB/T 6682 规定的二级水。

8.1 AMP、MAMP、MDMA、MDA、哌替啶和氯胺酮

纯度≥98%。

8.2 AMP、MAMP、MDMA、MDA、哌替啶、氯胺酮对照品溶液的制备

分别精密称取对照品 AMP、MAMP、MDMA、MDA、哌替啶、氯胺酮各适量,用甲醇配成 1mg/mL 的对照品储备溶液,置于冰箱中冷冻保存,有效期为 12 个月。试验中所用其他浓度的标准溶液均从上述储备液稀释而得,冰箱中冷藏保存,有效期为 6 个月。

8.3 10% 氢氧化钠溶液

8.4 乙醚

8.5 甲醇

8.6 丙酮

8.7 0.1% 十二烷基磺酸钠溶液

8.8 0.1% 洗洁精溶液

8.9 0.1mol/L 盐酸溶液

9 仪器

9.1 气相色谱-质谱联用仪

配有电子轰击源(EI)。

9.2 分析天平

感量 0.1mg。

9.3 微波炉

9.4 涡旋混合器

9.5 离心机

9.6 恒温水浴锅

9.7 空气泵

9.8 移液器

9.9 具塞离心试管

9.10 冷冻研磨机

10 测定步骤

10.1 样品预处理

10.1.1 尿液直接提取

取尿液2mL置于10mL具塞离心管中,用10%氢氧化钠溶液调至pH >11,用乙醚3mL提取,涡旋混合、离心,转移有机层至另一离心管中,约60 ℃水浴中挥干,残留物用50 μL甲醇溶解,取1 μL进气相色谱/质谱联用仪分析。

10.1.2 血液直接提取

取血液2mL置于10mL具塞离心管中,加入10%氢氧化钠溶液0.2mL,用乙醚3mL提取,以下同10.1.1项下操作。

10.1.3 毛发提取

10.1.3.1 毛发采集

贴发根处剪取毛发,发根处作标记。量取长度。

10.1.3.2 毛发洗涤

毛发样品依次用0.1%十二烷基磺酸钠溶液、0.1%洗洁精溶液、水和丙酮振荡洗涤,晾干后剪成约1mm段,供检。

10.1.3.3 毛发的水解

10.1.3.3.1 毛发的酸水解

称取50mg毛发,加1mL 0.1mol/L盐酸溶液浸润,45 ℃水浴水解12～15小时,取出后用10%氢氧化钠溶液调至pH >11。

10.1.3.3.2 毛发的碱水解

称取50mg毛发,加1mL10%氢氧化钠溶液,80 ℃水浴水解5～10min,取出。

10.1.3.4 毛发的提取

毛发水解液用乙醚3mL提取,涡旋混合、离心分层,转移乙醚层至另一离心管中,约60 ℃水浴中挥干。残留物用50 μL甲醇溶解,取1 μL进气相色谱－质谱联用仪分析。

10.2 样品测定

10.2.1 气相色谱－质谱参考条件

a) 色谱柱:HP－5MS毛细管柱(30m ×0.25mm ×0.25 μm)或相当者;

b) 柱温:100 ℃保持1.5min,以25 ℃/min程序升温至280 ℃,保持15min;

c) 载气:氦气,纯度≥99.999%,流速:1.0mL/min;

d) 进样口温度:250 ℃;

e) 进样量:1 μL;

f) 电子轰击源:70eV;

g) 四极杆温度:150 ℃;

h) 离子源温度:230 ℃;

i) 接口温度:280 ℃;

j）检测方式：全扫描；

k）质量范围 50 ~ 500amu。

l）AMP、MAMP、MDMA、MDA、哌替啶及氯胺酮的保留时间与特征碎片离子见表 1。

表 1　AMP、MAMP、MDMA、MDA、哌替啶及氯胺酮的色谱峰保留时间与特征碎片离子

名称	GC/MS 保留时间(min)	碎片离子(m/z)
AMP	4.3	44、91[1)]、120
MAMP	4.7	58、91[1)]、134
MDA	6.6	77、136[1)]、179
MDMA	7.0	58、135[1)]、194
哌替啶	8.0	71、172、247[1)]
氯胺酮	8.4	180[1)]、209、152

注：1)为定量离子。

10.2.2　定性分析

进行样品测定时，如果检出的色谱峰保留时间与空白检材添加相应对照品的色谱峰保留时间比较，相对误差在 ±2% 内，并且在扣除背景后的样品质谱图中，所选择的离子均出现，且所选择的离子相对丰度比与添加对照品的离子相对丰度比之相对误差不超过表 2 规定的范围，则可判断样品中存在这种化合物。

表 2　相对离子丰度比的最大允许相对误差(%)

相对离子丰度比	≥50	20 ~50	10 ~20	≤10
允许的相对误差	±20	±25	±30	±50

10.2.3　定量测定

采用外标－校准曲线法或单点法定量。用相同基质空白添加适量目标物对照品制得一系列浓度校准样品，以目标物的峰面积对目标物浓度绘制校准曲线，并且保证待测样品中目标物的浓度在其线性范围内。当待测样品中目标物浓度在添加样品浓度的 ±50% 以内时，可采用单点校准。

10.3　平行试验

待测样品应按以上步骤同时平行测定两份。

平行试验中两份检材测定结果按两份检材的平均值计算，双样相对相差不得超过 20%（腐败检材不超过 30%）。双样相对相差按式(1)计算：

$$双样相对相差(\%) = \frac{|C_1 - C_2|}{\bar{C}} \times 100 \quad (1)$$

式中：

C_1、C_2——两份样品平行定量测定的结果；

$\bar{C}$——两份样品平行定量测定结果的平均值$(C_1 + C_2)/2$。

10.4　空白试验

除以相同基质空白替代检材外，均按上述步骤进行。

11　结果计算

以外标－校准曲线法或按式（2）计算被测样品中AMP、MAMP、MDMA、MDA、哌替啶及氯胺酮浓度：

$$C = \frac{A_1 \times W}{A_2 \times W_1} \quad (2)$$

式中：

C——待测样品中目标物的浓度（μg/mL或μg/g）；

A_1——待测样品中目标物的峰面积；

A_2——添加样品中目标物的峰面积；

W——添加样品中目标物的添加量（μg）；

W_1——待测样品取样量（mL或g）。

12　方法检出限

血液、尿液和毛发中苯丙胺类兴奋剂、哌替啶和氯胺酮的检出限见附录A。

第三篇　液相色谱－串联质谱法

13　原理

利用苯丙胺类兴奋剂、哌替啶和氯胺酮易溶于有机溶剂、难溶于水的特点，在碱性条件下用有机溶剂从生物检材中提出，提取后的样品用液相色谱－串联质谱法（LC－MS/MS）的多反应监测（MRM）模式进行检测，经与平行操作的苯丙胺类兴奋剂或哌替啶、氯胺酮对照品比较，以保留时间和两对母离子/子离子对进行定性分析；以定量离子对峰面积为依据，外标法定量。

14　试剂和材料

除另有规定外，试剂均为分析纯，水为GB/T6682规定的一级水。

14.1　AMP、MAMP、MDMA、MDA、哌替啶及氯胺酮对照品及溶液的制备

同8.1及8.2。

14.2　丙酮

14.3　乙醚

14.4　10%氢氧化钠溶液

14.5　0.1mol/L盐酸溶液

14.6　0.1%十二烷基磺酸钠溶液

14.7　0.1%洗洁精溶液

14.8　乙腈

色谱纯。

14.9　甲酸

优级纯。

14.10　乙酸铵

色谱纯。

14.11　流动相缓冲液

20mmol/L乙酸铵和0.1%甲酸缓冲液:分别称取1.54g乙酸铵和1.84g甲酸置于1000mL容量瓶中,加水定容至刻度,pH值约为4。

15　仪器

15.1　液相色谱-串联质谱仪

配有电喷雾离子源(ESI)。

15.2　分析天平

感量0.1mg。

15.3　涡旋混合器

15.4　离心机

15.5　恒温水浴锅

15.6　移液器

15.7　具塞离心试管

15.8　冷冻研磨机

16　测定步骤

16.1　样品预处理

16.1.1　尿液提取

取尿液2mL置于10mL具塞离心管中,用10%氢氧化钠溶液调至pH >11,用

乙醚3mL提取，涡旋混合、离心，转移有机层至另一离心管中，约60 ℃水浴中挥干，残留物中加入100 μL乙腈：流动相缓冲液（70：30）进行溶解，取5 μL进LC－MS/MS分析。

16.1.2　血液提取

取血液2mL置于10mL具塞离心管中，加入10%氢氧化钠溶液0.2mL，用乙醚3mL提取，以下同16.1.1项下操作。

16.1.3　毛发提取

称取50mg毛发，同10.1.3.3项酸水解或碱水解后，用乙醚3mL提取，以下同16.1.1项下操作。

16.2　样品测定

16.2.1　液相色谱－串联质谱参考条件

a）色谱柱：Allure PFP Propyl 100mm ×2.1mm ×5 μm或相当者，前接保护柱；

b）柱温：室温；

c）流动相：V（乙腈）：V（缓冲液）＝（70：30）；

d）流速：200 μL/min；

e）进样量：5 μL；

f）扫描方式：正离子扫描（ESI＋）；

g）检测方式：多反应监测（MRM）；

h）离子喷雾电压：5500V；

i）离子源温度：500 ℃；

j）每个化合物分别选择2对母离子/子离子对作为定性离子对。其定性离子对、定量离子对、去簇电压（DP）、碰撞能量（CE）和保留时间（t_R）见表3。

表3　AMP、MAMP、MDMA、MDA、哌替啶及氯胺酮的定性离子对、定量离子对、去簇电压（DP）、碰撞能量（CE）和保留时间（t_R）

名称	定性离子对	DP（V）	CE（eV）	保留时间（min）
AMP	136.1/119.1[1)]	20	33	5.12
	136.1/91.1		26	
MAMP	150.1/119.1[1)]	30	16	6.07
	150.1/91.1		26	
MDMA	194.2/163.4[1)]	35	18	5.93
	194.2/105.0		29	
MDA	180.1/163.1[1)]	40	15	5.01
	180.1/135.1		28	

（续表）

名称	定性离子对	DP(V)	CE(eV)	保留时间(min)
哌替啶	248.3/220.3	50	30	8.49
	248.3/174.1		30	
氯胺酮	238.1/179.1[1)]	40	25	5.3
	238.1/125.1		40	

注：1)为定量离子对。

16.2.2 定性测定

进行样品测定时，如果检出的色谱峰保留时间与空白检材添加对照品的色谱峰保留时间比较，相对误差小于2%，并且在扣除背景后的样品质谱图中，均出现所选择的离子对，而且所选择的离子对相对丰度比与添加对照品的离子对相对丰度比之相对误差不超过表4规定的范围，则可判断样品中存在这种化合物。

表4 相对离子对丰度比的最大允许相对误差(%)

相对离子对丰度比	≥50	20~50	10~20	≤10
允许的相对误差	±20	±25	±30	±50

16.2.3 定量测定

采用外标－校准曲线法或单点法定量。用相同基质空白添加适量目标物对照品制得一系列校准样品，以目标物的峰面积对目标物浓度绘制校准曲线，并且保证所测样品中目标物的响应值在其线性范围内。当待测样品中目标物浓度在添加样品浓度的±50%以内时，可采用单点校准。

16.3 平行试验

待测样品应按以上步骤同时平行测定两份。

平行试验中两份检材测定结果按两份检材的平均值计算，双样相对相差不得超过20%（腐败检材不超过30%）。双样相对相差按式(1)计算：

$$\text{双样相对相差}(\%)=\frac{|C_1-C_2|}{\bar{C}}\times 100 \qquad (1)$$

式中：

C_1、C_2——两份样品平行定量测定的结果；

$\bar{C}$——两份样品平行定量测定结果的平均值$(C_1+C_2)/2$。

16.4 空白试验

除以相同基质空白替代检材外，均按上述步骤进行。

17 结果计算

以外标－校准曲线法或按式（2）计算被测样品中AMP、MAMP、MDMA、MDA、哌替啶及氯胺酮浓度：

$$C=\frac{A_1\times W}{A_2\times W_1} \tag{2}$$

式中：

C——待测样品中目标物的浓度（μg/mL或μg/g）；

A_1——待测样品中目标物的峰面积；

A_2——添加样品中目标物的峰面积；

W——添加样品中目标物的添加量（μg）；

W_1——待测样品取样量（mL或g）。

18 方法检出限

血液、尿液和毛发中苯丙胺类兴奋剂、哌替啶和氯胺酮的检出限见附录A。

附录A

（资料性附录）

血液、尿液和毛发中AMP、MAMP、MDMA、MDA、哌替啶及氯胺酮的检出限

血液、尿液和毛发中AMP、MAMP、MDMA、MDA、哌替啶及氯胺酮的检出限见表A。

表A 生物检材中AMP、MAMP、MDMA、MDA、哌替啶及氯胺酮的检出限

样品	成分	GC/MS检出限（μg/mL或μg/g）	LC－MS/MS检出限（μg/mL或μg/g）
尿液	AMP	0.1	0.05
	MAMP	0.1	0.02
	MDMA	0.1	0.02
	MDA	0.1	0.05
	哌替啶	0.1	0.02
	氯胺酮	0.1	0.02

（续表）

样品	成分	GC/MS 检出限（μg/mL 或μg/g）	LC－MS/MS 检出限（μg/mL 或μg/g）
血液	AMP	0.2	0.05
	MAMP	0.2	0.02
	MDMA	0.2	0.02
	MDA	0.2	0.05
	哌替啶	0.2	0.02
	氯胺酮	0.2	0.02
毛发	AMP	5	0.2
	MAMP	2	0.5
	MDMA	2	0.5
	MDA	5	0.2
	哌替啶	2	0.2
	氯胺酮	2	0.2

血液、尿液中238种毒(药)物的检测 液相色谱-串联质谱法

SF/Z JD0107005-2016

2016年9月22日发布　2016年9月22日实施

目　次

前　言

本技术规范按照GB/T 1.1-2009给出的规则起草。

本技术规范由司法部司法鉴定科学技术研究所提出。

本技术规范由司法部司法鉴定管理局归口。

本技术规范起草单位：司法部司法鉴定科学技术研究所。

本技术规范主要起草人：向平、卓先义、沈敏、刘伟、沈保华、卜俊、马栋、严慧。

本技术规范所代替规范的历次版本发布情况为：SF/Z JD0107005-2010。

1　范围

本技术规范规定了血液或尿液中阿片类、苯丙胺类、大麻酚类滥用药物，有机磷及氨基甲酸酯类杀虫剂、苯二氮卓类、抗抑郁类、抗癫痫类、平喘类、解热镇痛类药物以及其他常见治疗药物共238种毒(药)物(见附录A)的液相色谱－串联质谱(LC－MS/MS)检验方法。

本技术规范适用于血液或尿液中阿片类、苯丙胺类、大麻酚类滥用药物，有机磷类及氨基甲酸酯类杀虫剂、苯二氮卓类、抗抑郁类、抗癫痫类、平喘类、解热镇痛类药物以及其他常见治疗药物共238种毒(药)物的定性定量分析。也适用于体外样品、可疑物证中238种毒(药)物的定性分析。

2　规范性引用文件

下列文件中对本技术规范的应用是必不可少的。凡是注日期的引用文件，仅所注日期的版本适用于本技术规范。凡是不注日期的引用文件，其最新版本(包括所有的修改单)适用于本技术规范。

GA/T122 毒物分析名词术语

GB/T 6682 分析实验室用水规格和试验方法

3　术语和定义

GA/T122 中界定的术语和定义适用于本技术规范。

4　原理

本技术规范利用阿片类、苯丙胺类、大麻酚类滥用药物，有机磷及氨基甲酸酯类杀虫剂、苯二氮卓类、抗抑郁类、抗癫痫类、平喘类、解热镇痛类以及其他常见治疗药物共238种毒(药)物可在碱性条件下被有机溶剂从生物检材中提取出来的特点，利用LC－MS/MS多反应监测进行检测。经与平行操作的毒(药)物对照品比较，以保留时间、两对母离子/子离子对进行定性分析；以定量离子对峰面积为依据，内标法或外标法定量。

5　试剂和仪器

5.1　试剂

5.1.1　乙腈。

5.1.2　乙醚：分析纯。

5.1.3　乙酸胺。

5.1.4 甲酸(50%)：优级纯。

5.1.5 超纯水：由纯水系统制得，电阻率18.2MΩ·cm。

5.1.6 pH9.2硼砂缓冲液。

5.1.7 20mmol/L乙酸胺和0.1%甲酸缓冲液：分别称取1.54g乙酸铵和1.84g甲酸，置于1000mL容量瓶中，加水至刻度，摇匀备用，pH值约为4。

5.1.8 238种毒(药)物对照品标准溶液：分别精密称取238种毒(药)物对照品各适量，用甲醇配成1.0mg/mL对照品标准储备溶液，置冰箱中冷冻保存，保存时间为12个月。试验中所用其他浓度的对照品标准溶液均从上述储备液用甲醇稀释而得。

5.1.9 内标物地西泮-d5和SKF_{525A}对照品标准溶液：精密称取地西泮-d5和SKF_{525A}适量，用甲醇配制成1.0mg/mL地西泮-d5和SKF_{525A}对照品混合标准储备溶液，置冰箱中冷冻保存，保存时间为12个月。将储备液用甲醇稀释得1μg/mL地西泮-d5和SKF_{525A}内标工作液，置冰箱中冷藏保存，保存时间为6个月。

注：本技术规范所用试剂除另有说明外均为色谱纯，试验用水为一级水(见GB/T 6682规定)。

5.2 仪器

5.2.1 液相色谱-串联质谱联用仪(LC-MS/MS)：配有电喷雾离子源。

5.2.2 旋涡混合器。

5.2.3 离心机。

5.2.4 恒温水浴锅。

5.2.5 精密移液器。

5.2.6 具塞离心试管。

5.2.7 分析天平：感量0.1mg。

6 测定步骤

6.1 样品预处理

6.1.1 待测样品

取血液或尿液1mL，加入10 μL地西泮-d5和SKF_{525A}内标溶液(1μg/mL)，加入2mL pH9.2硼酸缓冲液后用3.5mL乙醚提取，混旋，离心。上清液于60 ℃水浴中挥干，残余物中加入200 μL流动相复溶，取10 μL进LC-MS/MS分析。

6.1.2 空白样品

取空白血液或尿液1mL，按“6.1.1”项下进行操作和分析。

6.1.3 添加样品

取空白血液或尿液1mL，添加待测样品中出现的可疑毒(药)物对照品，按

"6.1.1"项下进行操作和分析。

6.2 测定

6.2.1 LC-MS/MS 参考条件

以下为参考条件，可根据不同品牌仪器和不同样品等实际情况进行调整：

a) 液相柱：Allure PFP Propyl 100mm ×2.1mm ×5 μm 或相当者，接 C18 保护柱；

b) 流动相：乙腈：20mmol/L 乙酸铵和 0.1% 甲酸缓冲液（70：30）；

c) 流速：200μL/min；

d) 进样量：10μL；

e) 离子源：电喷雾电离-正离子模式（ESI+）；

f) 检测方式：多反应监测（MRM）；

g) 碰撞气（CAD）、气帘气（CUR）、雾化气（GS1）、辅助加热气均为高纯氮气，使用前调节各气流流量以使质谱灵敏度达到检测要求；

h) 去簇电压（DP）、碰撞能量（CE）等电压值应优化至最优灵敏度，参见附录 A。

6.2.2 定性分析

6.2.2.1 筛选

筛选分析选取毒（药）物的第一对母离子/子离子。如果待测样品的 MRM 色谱图中出现峰高超过 5000 的色谱峰，则记录该峰的保留时间和对应的母离子/子离子对，由附录 A 筛选出可疑的毒（药）物，并进行空白添加实验，进行确证分析。

6.2.2.2 确证

重新设定 LC-MS/MS 条件，按照附录 A 增加可疑毒（药）物的第二对母离子/子离子。如果待测样品出现可疑毒（药）物两对母离子/子离子对的特征色谱峰，保留时间与添加样品中相应对照品的色谱峰保留时间比较，相对误差在 ±2.5% 内，且所选择的离子对相对丰度比与添加对照品的离子对相对丰度比之相对误差不超过表 1 规定的范围，则可认为待测样品中检出此种毒（药）物成分。

表 1 相对离子对丰度比的最大允许相对误差（%）

相对离子对丰度比	≥50	20~50	10~20	≤10
允许的相对误差	±20	±25	±30	±50

6.2.3 定量分析

6.2.3.1 定量方法

根据待测样品中毒（药）物的浓度情况，用空白血液或尿液添加相应毒（药）物对照品，采用内标法或外标法，以定量离子对峰面积进行定量测定。定量方法可采用工作曲线法或单点校正法。

采用工作曲线法时待测样品中毒(药)物的浓度应在工作曲线的线性范围内。配制系列浓度的毒(药)物血液或尿液质控样品,按“6.1.1”进行样品处理,按“6.2.1”条件进行测定,以毒(药)物和内标定量离子对峰面积比[或毒(药)物定量离子对峰面积]为纵坐标,血液或尿液中毒(药)物浓度为横坐标绘制工作曲线,用工作曲线对待测样品中毒(药)物浓度进行定量。

采用单点校正法时待测样品中毒(药)物的浓度应在添加样品中毒(药)物浓度的±50%内。

6.2.3.2 结果计算

6.2.3.2.1 内标－工作曲线法

在系列浓度的毒(药)物血液或尿液质控样品中,以毒(药)物与内标定量离子对的峰面积比(Y)为纵坐标、毒(药)物质量浓度(C)为横坐标进行线性回归,得线性方程。

根据待测样品中毒(药)物与内标定量离子对峰面积比,按公式(1)计算出待测样品中毒(药)物的质量浓度。

$$C=\frac{Y-a}{b} \tag{1}$$

式中:

C——待测样品中毒(药)物质量浓度,单位为纳克每毫升(ng/mL);

Y——待测样品中毒(药)物与内标峰面积比;

a——线性方程的截距;

b——线性方程的斜率。

6.2.3.2.2 内标－单点校正法

根据待测样品及添加样品中毒(药)物与内标定量离子对峰面积比,按公式(2)计算出待测样品中毒(药)物的质量浓度。

$$C=\frac{A\times A_i'\times c}{A'\times A_i} \tag{2}$$

式中:

C——待测样品中毒(药)物质量浓度,单位为纳克每毫升(ng/mL);

A——待测样品中毒(药)物的峰面积;

A'——添加样品中毒(药)物的峰面积;

Ai——待测样品中内标的峰面积;

Ai'——添加样品中内标的峰面积;

c——添加样品中毒(药)物的质量浓度,单位为纳克每毫升(ng/mL)。

6.2.3.2.3 外标－工作曲线法

在系列浓度的毒(药)物血液或尿液质控样品中,以毒(药)物定量离子对的峰面积(Y)为纵坐标、毒(药)物质量浓度(C)为横坐标进行线性回归,得线性方程。

根据待测样品中毒(药)物定量离子对峰面积,按公式(3)计算出待测样品中毒(药)物的质量浓度。

$$C = \frac{Y - a}{b} \quad (3)$$

式中:

C——待测样品中毒(药)物质量浓度,单位为纳克每毫升(ng/mL);

Y——待测样品中毒(药)物的峰面积;

a——线性方程的截距;

b——线性方程的斜率。

6.2.3.2.4　外标－单点校正法

根据待测样品及添加样品中毒(药)物定量离子对峰面积,按公式(4)计算出待测样品中毒(药)物的质量浓度。

$$C = \frac{A \times c}{A'} \quad (4)$$

式中:

C——待测样品中毒(药)物质量浓度,单位为纳克每毫升(ng/mL);

A——待测样品中毒(药)物的峰面积;

A'——添加样品中毒(药)物的峰面积;

c——添加样品中毒(药)物的质量浓度,单位为纳克每毫升(ng/mL)。

6.2.3.3　平行试验

待测样品同时平行测定两份,双样相对相差按公式(5)计算:

$$RD(\%) = \frac{|C_1 - C_2|}{\bar{C}} \times 100 \quad (5)$$

式中:

RD——相对相差;

C_1、C_2——两份待测样品平行定量测定的质量浓度;

$\bar{C}$——两份待测样品平行定量测定质量浓度的平均值。

6.2.4　空白试验

用空白血液或尿液进行空白试验。

7　结果评价

7.1　定性结果评价

7.1.1 阴性结果评价

如果待测样品中仅检出内标地西泮-d5和SKF_{525A},未检出附录A中238种毒(药)物成分,则阴性结果可靠;如果待测样品中未检出内标,则阴性结果不可靠。

7.1.2 阳性结果评价

如果待测样品中检出附录A中毒(药)物成分且空白样品无干扰,则阳性结果可靠;如果待测样品中检出毒(药)物成分且空白样品亦呈阳性,则阳性结果不可靠。

7.2 定量结果评价

平行试验中两份检材的双样相对相差不得超过20%(腐败检材不得超过30%),结果按两份检材浓度的平均值计算,否则需要重新测定。

8 方法检出限

本技术规范血液中238种毒(药)物成分的最低检出限见附录A。

附录A

(资料性附录)

238种毒(药)物的LC-MS/MS分析资料

目标物名称	母离子/子离子对(m/z)		DP	CE (1/2)	Rt	LOD
中文名　英文名	1	2	(V)	(eV)	(min)	(ng/mL)
苯丙胺 amphetamine	136.1/119.1	136.1/91.1	40	20/16	6.7	1
甲胺磷 methamidophos	142.1/94	142.1/112.1	60	20/17	1.74	20
甲基苯丙胺 methamphetamine	150.1/119.1	150.1/91.1	30	16/26	8.03	1
苯丁胺 phentermine	150/91.1	150/133.3	20	27/13	8.05	1
苯丙醇胺 phenylpropanolamine	152.1/134.3	152.1/117.2	40	16/24	5.15	20
金刚烷胺 amantadine	152.2/135.3		40	24	6.97	1
对乙酰氨基酚 acetaminophenol	152.3/110.2	152.3/93	50	21/31	1.56	10
尼古丁 nicotine	163.2/130.2	163.2/117.1	30	30/36	5.79	1
灭多威 methomyl	163.2/88.0		30	20	1.7	20

（续表）

目标物名称	母离子/子离子对(m/z)		DP	CE (1/2)	Rt	LOD
中文名　英文名	1	2	(V)	(eV)	(min)	(ng/mL)
甲卡西酮 methcathinone	164.0/146.0	164.0/130.0	60	10/34	5.7	1
速灭威 metolcarb	166.1/109.1	166.1/81.1	50	19/31	2.26	1
麻黄碱 ephedrine	166.1/148.1	166.1/133.1	40	18/26	6.09	1
苯佐卡因 benzocaine	166.3/138.2	166.3/120.1	60	16/23	2.09	20
加巴喷丁 gabapentin	172.2/154.2	172.2/137.3	60	18/21	2.16	20
可铁宁 cotinine	177.2/101.2	177.2/80.2	30	11/32	1.95	1
尼可刹米 nikethamide	179.3/108.1	179.3/72.1	65	26/30	2.09	1
3,4-亚甲基二氧基苯丙胺 MDA	180.1/163.1	180.1/135.1	40	15/18	6.48	1
美西律 mexiletine	180.2/58.2	180.2/163.3	50	22/20	9.07	1
乙酰甲胺磷 acephate	184/143.1	184/125.1	55	12/24	1.6	10
爱康宁 ecognine	186.2/168.3	186.2/82.2	57	25/38	1.7	10
安替比林 antipyrine	189.0/56.0	189.0/77.0	60	27/37	1.96	20
异丙威 isoprocarb	194.1/137.2	194.1/152	55	13/12	2.48	1
1-(3,4-亚甲二氧基苯)-2-丁胺 BDB	194.2/135.3	194.2/177.2	50	19/13	7.76	1
3,4-亚甲基二氧基甲基苯丙胺 MDMA	194.2/163.4	194.2/135.3	35	18/29	7.76	1
咖啡因 caffeine	195.2/138.2	195.2/110	50	29/32	1.83	1
爱康宁甲酯 ecognine ester	200.2/182.2	200.2/82.2	52	25/32	5.05	10
甲萘威 carbaryl	202.1/145.2	202.1/117.1	50	14/35	2.43	1
乙胺丁醇 ethambutol	205.2/116.1	205.2/149	60	21/12	8.68	10
异丙隆 isoproturon	207.1/72	207.1/165.1	60	36/21	2.28	10
N-甲基-1-(3,4-亚甲二氧基苯)-2-丁胺 MBDB	208.3/177	208.3/135.3	50	15/28	8.85	1
3,4-亚甲二氧基-N-乙基-苯丙胺 MDEA	208.4/163.1	208.4/133.2	71	19/23	8.5	1

（续表）

目标物名称	母离子/子离子对(m/z)		DP	CE (1/2)	Rt	LOD
中文名　英文名	1	2	(V)	(eV)	(min)	(ng/mL)
氧乐果 omethoate	214/155.1	214/183.1	50	22/15	1.57	10
莠去津 atrazine	216.2/174	216.2/95.8	75	25/33	2.11	10
敌稗 propanil	218.0/162.3	218.0/127.0	60	21/37	2.84	20
眠尔通 meprobamate	219.2/158.2	219.2/97	50	12/19	1.78	1
扑米酮 primidone	219.2/162.3	219.2/119.2	55	17/24	1.76	20
3,4－亚甲基二氧基丙基苯丙胺 MDPR	222.2/163.3	222.2/135.3	50	19/29	10.54	1
克百威 carbofuran	222.2/165.2	222.2/123	50	17/34	2.26	1
敌敌畏 dichlorvos	223.1/127.1	223.1/109.1	60	23/24	2.15	1
久效磷 monocrotophos	224.1/127.1	224.1/193.1	50	20/11	1.73	1
去甲氯胺酮 norketamine	224.1/207.1	224.1/125.1	40	19/32	4	1
特布他林 terbutaline	226.1/152.1	226.1/170.2	60	23/16	3.99	20
阿米洛利 amiloride	230.1/171	230.1/212.4	60	24/20	4.12	10
乐果 dimethoate	230/199	230/171.1	45	13	1.82	1
异丁司特 ibudilast	231.1/161.5	231.1/189.3	60	25/26	3.19	20
异丙安替比林 isopropylantipyrine	231.1/189.1	231.1/201	90	28/32	2.15	10
萘普生 naproxen	231.2/185.4	231.2/170.3	60	20/35	2.56	20
可乐定 clonidine	232.1/162.3	232.1/215.2	60	48/34	3.19	20
芬氟拉明 fenflutamine	232.2/159.3	232.2/187.3	20	32/20	13.64	1
氨基比林 aminophenazone	232.3/111.2	232.3/98.1	50	21/25	2.42	10
去甲哌替啶 normeperidine	234.2/160.3	234.2/91.1	75	23/60	13.67	1
利多卡因 lidocaine	235.2/86.3	235.2/101.2	35	28/14	9.04	1
普鲁卡因 procaine	237.2/100.2	237.2/164.4	50	22/23	7.05	20
卡马西平 carbamazepine	237.3/194.3	237.3/192.3	60	26/32	1.76	1
氯胺酮 ketamine	238.1/179.1	238.1/125.1	40	25/40	7.48	1

（续表）

目标物名称	母离子/子离子对(m/z)		DP	CE (1/2)	Rt	LOD
中文名　英文名	1	2	(V)	(eV)	(min)	(ng/mL)
沙丁胺醇 salbutamol	240. 1/148. 2	240. 1/222. 2	50	26/17	4. 02	20
灭线磷 mocap	243. 2/131	243. 2/173. 0	50	26/20	2. 59	20
苯环利定 phencyclidine	244. 2/86. 0	244. 2/159. 3	40	17/19	5. 59	20
哌替啶 meperidine	248. 3/220. 3	248. 3/174. 1	50	30/28	10. 92	1
7 – 氨基硝西泮 7 – aminonitrazepam	252. 2/121. 1	252. 2/146. 2	80	37/38	1. 84	10
奥卡西平 oxcarbazepine	253. 0/235. 9	253. 0/208. 1	70	19/20	1. 78	1
西米替丁 cimetidine	253. 2/159. 3		70	20	3. 28	10
三氨蝶啶 triamterene	254. 0/237	254. 0/104	60	27/37	4. 03	10
奈福泮 nefopam	254. 1/181. 3	254. 1/166. 3	60	27/38	11. 58	20
拉莫三嗪 lamotrigine	256. 1/211. 2	256. 1/145. 1	50	35/53	3. 37	1
苯海拉明 diphenhydramine	256. 2/167. 2	256. 2/165. 2	30	17/54	15. 5	1
敌百虫 trichlorfon	259. 3/223	259. 3/127. 1	60	16/23	1. 5	1
普萘洛尔 propranolol	260. 1/116. 1	260. 1/183. 2	60	25	11. 59	10
卡立普多 carisoprodol	261. 3/200. 2	261. 3/97. 1	50	23/15	1. 5	10
甲拌磷 phorate	261/75. 1	261/244. 3	40	17/10	4. 11	10
甲基对硫磷 parathion – methyl	264. 1/125	264. 1/232	60	30/21	9. 75	20
噻氯匹定 ticlopidine	264. 1/125	264. 1/239. 1	60	44/24	9. 73	20
去甲替林 nortriptyline	264. 2/233. 1	264. 2/191. 3	50	20/32	16	20
曲马多 tramadol	264. 2/58	264. 2/246. 2	50	37/16	9. 74	1
丁卡因 tetracaine	265. 2/176. 2	265. 2/220. 4	50	21/25	11. 99	20
米氮平 mirtazapine	266. 1/195. 1	266. 1/208. 8	80	37/35	9. 2	10
阿替洛尔 atenolol	267. 2/145. 2	267. 2/190. 3	60	38/26	3. 61	20
美托洛尔 metoprolo	268. 3/116. 1	268. 3/133. 2	60	26/35	7. 17	20
乙草胺 acetochlor	270. 1/224. 1	270. 1/148	60	13/30	3. 16	20
甲草胺 alachlor	270. 2/238. 3	270. 2/162. 3	60	16/27	3. 09	20

（续表）

目标物名称	母离子/子离子对（m/z）		DP	CE（1/2）	Rt	LOD
中文名　英文名	1	2	（V）	（eV）	（min）	（ng/mL）
硫线磷 cadusafos	271. 1/159. 0	271. 1/215. 0	60	18/13	3. 45	20
去甲西泮 nordiazepam	271. 2/140. 2	271. 2/208. 1	70	36/36	2. 32	10
右美沙芬 dextromethorphan	272. 3/147. 2	272. 3/213. 3	60	42/37	14. 67	1
布桂嗪 bucinnazine	273. 2/117. 1	273. 2/155. 2	60	25/20	5. 8	10
氯苯那敏 chlorpheniramine	275. 2/230. 1	275. 2/167. 1	50	22/53	12. 47	1
罗哌卡因 ropivacaine	275. 3/126. 2	275. 3/84. 2	60	31/58	11. 39	10
环苯扎林 cyclobenzaprine	276. 3/216. 3	276. 3/231	50	34/25	18. 88	20
克仑特罗 clenbuterol	277. 2/203. 1	277. 2/259. 1	60	23/16	8. 83	1
杀螟松 fenitrothion	278. 1/124. 9	278. 1/246. 2	76	30/25	2. 16	10
马普替林 maprotiline	278. 1/250. 2	278. 1/219. 2	60	26/34	15. 61	10
阿米替林 amitripthyline	278. 2/191. 3	278. 2/233. 3	60	35/30	20. 28	10
2－亚乙基－1,5－二甲基－3,3－二苯基吡咯烷 EDDP	278. 2/234. 3	278. 2/249. 3	70	41/33	29	10
文拉法辛 venlafaxine	278. 3/58. 1	278. 3/259. 9	40	40/17	11. 28	10
倍硫磷 fenthion	279. 3/247. 0	279. 3/169. 0	50	23/23	3. 74	20
多塞平 doxepin	280. 3/107. 2	280. 3/220. 2	50	31/36	15. 64	1
丙咪嗪 imipramine	281. 3/86. 2	281. 3/208. 2	50	24/35	19. 07	1
硝西泮 nitrazepam	282. 2/236. 2	282. 2/180. 2	70	32/52	2. 14	10
酚妥拉明 phentolamine	282/212. 3	282/239. 5	60	20/15	9. 26	20
7－氨基氟硝西泮 7－aminoflunitrazepam	284. 2/135. 2	284. 2/226. 2	80	39/41	1. 96	1
地西泮 diazepam	285. 1/193. 3	285. 1/154. 1	80	45/36	2. 77	1
异丙嗪 promethazine	285. 2/86. 1	285. 2/198. 1	55	25/31	17. 23	1
吗啡 morphine	286. 1/201. 2	286. 1/165. 3	80	36/56	3. 97	1
7－氨基氯硝西泮 7－aminoclonazepam	286. 1/222. 2	286. 1/250. 1	60	34/25	1. 61	1

（续表）

目标物名称	母离子/子离子对(m/z)		DP	CE (1/2)	Rt	LOD
中文名　英文名	1	2	(V)	(eV)	(min)	(ng/mL)
氢吗啡酮 hydromorphone	286. 2/185. 3	286. 2/199. 1	85	40/40	4. 51	10
地莫西泮 demoxepam	287. 1/269. 3	287. 1/180. 2	70	38/32	1. 87	10
奥沙西泮 oxazepam	287. 2/241. 2	287. 2/269. 3	50	31/21	2. 02	10
加兰他敏 galanthamine	288. 1/213. 2	288. 1/231	60	32/24	5. 06	10
特丁硫磷 terbufos	289. 2/103	289. 2/233	50	14/10	5. 4	20
N－去烃氟西泮 desalkylflurazepam	289. 2/140. 2	289. 2/226. 1	60	37/38	2. 1	20
布比卡因 bupivacaine	289. 3/140. 2	289. 3/84. 1	60	29/51	13. 7	10
异稻瘟净 iprobenfos	289/91. 1	289/205. 1	60	66/14	3. 06	1
苯甲酰爱康宁 benzoylecognine	290. 2/168. 3	290. 2/105. 2	70	26/43	2. 15	10
阿托品 atropine	290. 3/124. 1	290. 3/93. 1	85	34/44	6. 2	1
对硫磷 parathion	292. 1/236	292. 1/264	60	21/15	3. 89	20
美利曲辛 melitracen	292. 3/247. 2	292. 3/232. 2	60	26/34	24. 37	20
昂丹司琼 ondansetron	294. 2/170. 3	294. 2/184. 3	60	37	9. 92	20
艾司唑仑 estazolam	295. 2/267. 3	295. 2/205. 2	70	34/53	2. 4	10
辛可尼丁 cinchonidine	295. 3/81. 2	295. 3/168. 3	60	42/39	7. 64	20
尼美西泮 nimetazepam	296. 1/250. 2	296. 1/222. 1	70	36/38	2. 47	1
去甲氟西汀 norfluoxetine	296. 2/134. 2		60	10	3. 68	20
艾司洛尔 esmolo	296. 3/145. 2	296. 3/219. 2	50	34/28	7. 43	10
辛硫磷 phoxim	299. 3/77	299. 3/129. 0	60	46/16	4. 33	20
喹硫磷 quinalphos	299. 1/163. 2	299. 1/243. 2	50	29/24	3. 81	10
去甲奥氮平 norolanzapine	299. 2/198. 1	299. 2/213. 1	75	50/37	13. 42	20
可待因 codeine	300. 2/199. 2	300. 2/165. 3	80	40/52	5. 16	1
替马西泮 temazepam	301. 2/255. 2	301. 2/283. 1	70	36/19	2. 34	1
苯海索 trihexyphenidyl	302. 1/97. 8	302. 1/284. 1	60	29/24	19. 49	10
双氢可待因 dihydrocodeine	302. 5/199. 3	302. 5/201. 2	60	44/42	5. 4	10

（续表）

目标物名称	母离子/子离子对(m/z)		DP	CE (1/2)	Rt	LOD
中文名　英文名	1	2	(V)	(eV)	(min)	(ng/mL)
杀扑磷 methidathion	303.1/145	303.1/85.1	50	15/32	2.95	1
可卡因 cocaine	304.1/182.2	304.1/150.2	60	28/35	12.93	1
东莨菪碱 scopolamine	304.3/138.3	304.3/156.3	60	31/23	5.55	20
二嗪农 diazinon	305.1/169.2	305.1/153.1	60	29/30	3.9	10
山莨菪碱 anisodamine	306.2/140.3	306.2/122	60	35/40	4.73	10
舍曲林 sertraline	306.2/275.1	306.2/159.2	80	17/34	20.41	20
唑吡坦 zolpidem	308.1/235.1	308.1/263.2	40	53/35	6.21	1
丁咯地尔 buflomedil	308.1/237.1	308.1/140.2	60	28/22	10.52	20
阿普唑仑 alprazolam	309.1/281.1	309.1/274.2	80	33/32	2.85	1
氟西汀 fluoxetine	310.1/43.7	310.1/148.2	60	24/16	19.2	10
美沙酮 methadone	310.2/265.2	310.2/105.1	50	22/38	25.68	1
地芬尼多 diphenidol	310.2/292	310.2/128.9	130	23/35	14.23	20
大麻酚 CBN	311.2/223.2	311.2/293.1	60	29/23	7.06	20
蒂巴因 thebaine	312.2/58.2	312.2/266.2	60	38/24	8.82	1
奥氮平 olanzapine	313.1/255.9	313.1/84.1	70	25/32	12.44	1
去甲氯氮平 norclozapine	313.4/270	313.4/192.1	70	32/55	9.24	20
氟硝西泮 flunitrazepam	314.2/268.3	314.2/239.3	85	35/45	5.81	1
乙基吗啡 ethylmorphine	314.3/229.3	314.3/165.4	80	36/53	5.79	10
四氢大麻酚 THC	315.2/193.2	315.2/259.2	60	32/28	7.03	20
大麻二酚 CBD	315.2/193.2	315.2/105.2	60	32/26	4.65	20
雷尼替丁 ranitidine	315.3/176.2	315.3/270.3	70	23/18	2.92	20
氯硝西泮 clonazepam	316.2/270.1	316.2/214.1	75	36/49	2.16	1
羟考酮 oxycodone	316.2/298.1	316.2/241.1	80	27/36	5.74	1
氯普噻吨 chlorprothixene	316.3/271.2	316.3/231.1	65	27/39	25.45	20
溴西泮 bromazepam	317.1/183.3	317.1/210.2	60	43/35	2.11	10

（续表）

目标物名称	母离子/子离子对(m/z)		DP	CE (1/2)	Rt	LOD
中文名　英文名	1	2	(V)	(eV)	(min)	(ng/mL)
古柯乙烯 cocaethylene	318.2/196.2	318.2/150.2	61	26/35	15.11	20
氯丙嗪 chlorpramazine	319.3/86.2	319.3/246.2	60	30/34	24.01	10
稻丰散 phenthoate	321.1/247.2	321.1/163.1	60	15/17	4.04	10
劳拉西泮 lorazepam	321.1/275.1	321.1/303.1	60	30/21	1.99	1
甲基毒死蜱 chlorpyrifos methyl	322.1/125.0	322.1/290.0	66	28/22	4.17	
治螟磷 sulfotep	323.1/171.1	323.1/295.2	60	20/15	4.29	10
二甲弗林 dimefline	324.4/279.3	324.4/163.4	80	22/35	12.2	20
α-羟基阿普唑仑 α-hydroxyalprazolam	325.2/297.2	325.2/279.2	90	35/33	3.53	10
西酞普兰 citalopram	325.3/109.2	325.3/262.0	80	41/26	13.9	10
咪达唑仑 midazolam	326.2/291.4	326.2/244.2	65	37/35	4.74	1
比索洛尔 bisoprolol	326.3/116.2	326.3/74.1	80	25/40	7.94	20
氯氮平 clozapine	327.3/270.1	327.3/296.3	75	32/33	11.35	1
单乙酰吗啡 6-acetylmorphine	328.1/211.3	328.1/165.3	90	36/54	5.35	1
洛沙平 loxapine	328.2/271.2	328.2/297.3	80	30/36	14.46	20
纳洛酮 naloxone	328.3/310.1	328.3/253.2	60	27/37	4.84	1
拉贝洛尔 labetalol	329.2/311.1	329.2/294.3	80	18/27	7.3	20
帕罗西汀 paroxetine	330.3/192.3	330.3/70.1	60	28/51	13.42	10
马拉硫磷 malathion	331.1/127.1	331.1/99.1	60	18/19	3.32	1
胺菊酯 tetramethrin	332.4/164.4	332.4/135.3	60	34/25	4.62	1
咳必清 carbetapentane	334.4/100.1	334.4/145.3	60	33/30	21.48	10
芬太尼 fentanyl	337.2/188.3	337.2/105.2	70	31/55	13.86	1
法莫替丁 famotidine	338.2/189.3	338.2/259	60	27/17	2.8	20
洛贝林 lobeline	338.2/96	338.2/216.3	60	30/40	18.8	20
罂粟碱 papaverine	340.1/202.2	340.1/202.2	60	37/41	5.86	1
右丙氧芬 dextropropoxyphene	340.2/266.2	340.2/324.3	60	12/35	20.18	10

（续表）

目标物名称	母离子/子离子对(m/z)		DP	CE (1/2)	Rt	LOD
中文名　英文名	1	2	(V)	(eV)	(min)	(ng/mL)
去氯羟嗪 decloxizine	341.2/167.3		60	24	10.36	20
α－羟基咪达唑仑 α－hydroxymidazolam	342.0/324.2	342.0/203	70	29/30	2.43	10
舒必利 sulpiride	342.1/112.2	342.1/214.2	60	35/46	5.3	20
乙酰可待因 acetylcodeine	342.2/225.2	342.2/165.3	85	35/61	8.04	1
三唑仑 triazolam	343.2/308.2	343.2/315.2	80	36/35	2.71	1
贝凡洛尔 bevantolol	346.3/165.3	346.3/150.1	80	29/45	11.35	20
硝苯地平 nifedipine	347.3/315.2	347.3/271.4	60	12/16	2.34	20
毒死蜱 chlorpyrifos	350.0/198.0	350.0/322.0	70	26/17	5.6	20
美洛昔康 meloxicam	352.1/115.1	352.1/141.2	80	25/29	1.38	20
他扎罗汀 tazarotene	352.2/324.2	352.2/294.3	80	35/54	6.34	20
萝巴新 raubasine	353.2/144.1	353.2/210.2	70	37/29	11.4	10
罗通定 rotundine	356.2/192.3	356.2/165.3	60	36/34	10.74	20
吲哚美辛 indomethacin	358.2/139.3	358.2/174.2	70	26/18	3.25	20
阿曲库铵 atracurium	358.4/206	358.4/151.2	85	27/41	9.65	20
α－羟基三唑仑 α－hydroxytriazolam	359.2/331.2	359.2/176.1	80	38/37	2.01	1
尼群地平 nitrendipine	361.3/315.1	361.3/329.2	80	13/20	2.9	20
伏杀磷 phosaline	370.1/184.1	370.1/324.1	70	20/18	4.49	1
海洛因 heroin	370.2/268.2	370.2/165	90	38/60	7.62	1
曲唑酮 trazodone	372.2/176.2	372.2/148.3	60	34/50	8.25	1
羟嗪 hydroxyzine	375.2/201.1		60	26	13.48	20
氟哌啶醇 haloperidol	376.2/165.4	376.2/358.2	60	33/28	15.24	1
氨溴索 ambroxol	379.1/264.1	379.1/116.2	80	22/24	6.36	20
赛利洛尔 celiprolol	380.3/251.2	380.3/307.2	80	31/25	6.33	20
甲磺隆 metsulfuron－methyl	382.1/167.6	382.1/350.1	80	19/16	1.66	20

（续表）

目标物名称	母离子/子离子对(m/z)		DP	CE (1/2)	Rt	LOD
中文名　英文名	1	2	(V)	(eV)	(min)	(ng/mL)
哌唑嗪 prazosin	384. 2/247. 2	384. 2/138. 2	60	39/43	9. 18	20
喹硫平 quetiapine	384. 4/253. 1	384. 4/221	54	35/53	9. 22	20
乙硫磷 ethion	385. 1/199. 0	385. 1/143. 0	60	13/33	5. 81	20
丁螺环酮 buspirone	386. 5/121. 9	386. 5/222. 2	100	42/39	9. 55	20
舒芬太尼 sufentanil	387. 1/238. 1	387. 1/355. 3	50	27/26	18. 22	20
氟西泮 flurazepam	388. 2/315. 2	388. 2/288. 1	65	32/33	10. 13	10
尼索地平 nisoldipine	389. 1/344. 2	389. 1/357. 1	60	16/14	14. 38	20
佐匹克隆 zopiclone	389/245. 1	389/345. 1	80	30/25	4. 3	20
地塞米松 dexamethasone	393. 3/355. 2	393. 3/237. 1	51	17/25	18. 1	20
苯磺隆 tribenuron – methyl	396/155. 1	396/181. 0	70	24/33	2. 82	20
福尔可定 pholcodine	399. 1/114. 2	399. 1/381. 1	80	47/33	17. 94	20
羟基喹硫平 hydroxyquetiapine	400. 2/269. 1	400. 2/295. 2	80	34/36	5. 11	10
奋乃静 perphenazine	404. 2/171. 3	404. 2/143. 2	60	33/39	16. 15	20
洛伐他汀 lovastatin	405. 4/285. 1	405. 4/43. 2	70	15/21	3. 32	20
三氟拉嗪 trifluoperazine	408. 4/195. 3	408. 4/133. 3	40	19/29	6. 61	1
氨氯地平 amlodipine	409. 2/238. 2	409. 2/294. 2	60	26/32	7. 67	20
苄嘧磺隆 bensulfuron methyl	411. 1/149. 1	411. 1/182. 2	80	27/23	2. 29	20
利培酮 risperidone	411. 2/191. 4		80	43	10. 11	10
齐拉西酮 ziprasidone	413. 1/194. 2	413. 1/177. 2	80	39/39	8. 06	20
那可丁 norcotine	414. 2/220. 3	414. 2/353. 2	60	32/33	6. 04	1
去甲丁丙诺啡 norbuprenorphine	414. 2/83. 1	414. 2/101. 1	80	64/52	7. 72	20
哌氟酰胺 flecanide	415. 1/398. 1	415. 1/301. 2	70	25/33	3. 96	10
尼莫地平 nimodipine	419/343. 1	419/359. 1	60	13/22	3. 06	20
多潘立酮 domperidone	426. 4/175. 1	426. 4/147. 2	100	39/58	6. 08	20

（续表）

目标物名称	母离子/子离子对(m/z)		DP	CE (1/2)	Rt	LOD
中文名　英文名	1	2	(V)	(eV)	(min)	(ng/mL)
羟基利培酮 hydroxyrisperidone	427.2/207.2	427.2/110.2	70	40/58	7.65	20
去氢阿立哌唑 dehydroaripiprazole	446.1/285.2	446.1/98.1	80	33/58	10	20
阿立哌唑 aripiprazole	448.0/285.2	448.0/98.1	80	38/54	13.01	20
地芬诺酯 diphenoxylate	453.3/425.1	453.3/187.4	80	20/30	31.85	20
西沙比利 cisapride	466.2/184.2	466.2/234.1	75	38/30	10.54	10
丁丙诺啡 buprenorphine	468.1/396	468.1/187.2	110	52/57	13.49	20
西地那非 sildenafil	475.0/58.1	475.0/100.1	80	50/60	5.43	10
尼卡地平 nicardipine	480.1/315	480.1/166.3	60	31/30	13.8	20
格列本脲 glibenclamide	496.3/371	496.3/451.3	70	19/23	2.62	20
乌头碱 aconitine	646.4/586.1	646.4/526.2	80	46/51	15.9	20
甲氨基阿维菌素 emamectin	886.6/158.2	886.6/302.2	80	51/42	20.69	20
阿维菌素 avermectin	890.7/305.3	890.7/567.5	80	38/20	3.9	20
双苯戊二氨酯 SKF_{525A}(内标)	354.3/209.3	354.3/167.3	80	25/37	28.24	
地西泮-d_5(内标)	290.2/198.2	290.2/159.2	60	45/36	2.77	

视觉功能障碍法医学鉴定规范

SF/Z JD0103004 - 2016

2016 年 9 月 22 日发布　2016 年 9 月 22 日实施

目　次

前　言

本技术规范按照 GB/T 1.1 - 2009 给出的规则起草。

请注意本技术规范的某些内容可能涉及专利。本技术规范的发布机构不承担识别这些专利的责任。

本技术规范由司法部司法鉴定科学技术研究所提出。

本技术规范由司法部司法鉴定管理局归口。

本技术规范起草单位:司法部司法鉴定科学技术研究所、中国政法大学证据科学研究院、苏州大学医学部、华中科技大学同济医学院。

本技术规范主要起草人:夏文涛、王旭、刘瑞珏、郭兆明、陈捷敏、王萌、陶陆阳、周姝、俞晓英、项剑、陈溪萍、陈晓瑞、刘冬梅。

本技术规范所代替规范的历次版本发布情况为:SF/Z JD0103004 - 2011。

1 范围

本规范规定了视觉功能障碍检验、鉴定的基本原则、要求和方法。

本规范适用于各类人身伤害案件中涉及视觉功能障碍的法医学鉴定，其他需要进行视觉功能检验和评估的法医学鉴定亦可参照执行。

2 术语和定义

2.1 视觉功能 Visual Function

视觉功能的主要作用在于识别外物，确定外物以及自身在外界的方位，包括形觉、光觉、色觉等。主要通过视力、视野、双眼视、色觉等检查以评估视觉功能状态。

法医学鉴定中的视觉功能障碍主要是指视力减退与视野缺损。

2.2 视力 Visual Acuity，VA

视力，也称视锐度、视敏度，系指分辨物体表面两点间最小距离（夹角），用于识别物体形状的能力。

视力包括远、近视力。远视力是法医学鉴定中评价视敏度最常用的指标。

远视力评价的工具和记录方法以国际标准视力表与小数视力为准。

2.3 视力障碍 Visual Impairment

通常系指远视力障碍，有广义和狭义之分。广义的视力障碍即指视力较正常降低；狭义的视力障碍则指远视力降低至中度以上视力损害或盲目程度。

2.4 视野 Visual Field，VF

眼球正视前方一固定目标，在维持眼球和头部不动的情况下，该眼所能见到的空间范围称为视野。视野的大小通常以圆周度表示。

2.5 视野缺损 Visual Field Deficiency

若受检眼视野的周界缩小或视野的范围内出现不能看见的盲区，则属于视野缺损。依据视野缺损的大致形态特征，可分为向心性缩小、象限性缺损、偏盲、生理盲点扩大等。

2.6 双眼视觉 Binocular Vision

双眼视觉不仅具有两眼叠加的作用，可降低视敏度阈值，扩大视野，消除单眼视野的生理盲点，更可以形成立体视觉，使主观的视觉空间更准确地反映外在的实际空间。

3 鉴定原则

3.1 基本原则

视觉功能障碍的法医学鉴定应运用临床眼科学、视觉科学和法医学理论与技术,结合司法鉴定实践,在客观检验的基础上,全面分析,综合判定。

对于受检者自述伤后出现视觉功能障碍,鉴定人应根据眼器官结构的检查结果,分析其所述视觉功能障碍的损伤性病理学基础。对于无法用损伤性质、部位、程度等解释的视觉功能障碍,应排除损伤与视觉功能障碍的因果关系;对于与自身疾病(或病理基础)以及认知功能障碍有关的视觉功能障碍,应分析伤病关系。

3.2 鉴定步骤

3.2.1 审查鉴定材料

首先应详细了解外伤史。需要采集的材料主要包括病史材料,应尽可能全面、完整、充分地反映:① 受伤时间、致伤物和致伤方式;② 伤后主要症状和体征;③ 伤后主要诊疗经过,包括愈后情况。

必要时应了解伤前眼科病史(包括视觉功能情况),询问家族性疾病史、全身疾病史及用药史。

3.2.2 视觉功能检测

按受检者主诉视觉功能障碍的情况,检查其视力、视野等视觉功能情况。

3.2.3 眼部结构检查

按先右眼、后左眼,或者按先健眼、后伤眼的顺序,依次进行眼附属器、眼球前段、眼球后段结构的检查。其中裂隙灯显微镜检查、眼底检查等需在暗室内进行。必要时选择进行屈光、眼压、眼球运动、眼球突出度、双眼视、泪器、眼影像学等针对性检查。

应实时、客观、全面记录检查结果;有条件的应对检查结果摄片存档,以备复核。

3.2.4 伪盲或伪装视力降低的检验

对于疑有伪盲或伪装视力降低情况需进行鉴别检验的,可选择进行相应伪盲或伪装视力降低的检查,或者进行视觉电生理的检验。

3.3 结果评价

认定为损伤导致视觉功能障碍的,其障碍程度应与原发性损伤或者因损伤引起的并发症、后遗症的性质、程度相吻合。

认定为损伤导致视觉功能障碍的,其障碍程度应与伪盲或伪装视力降低检验的结果和/或视觉电生理的测试结果相吻合。

认定为损伤导致视觉功能障碍的,应排除本身疾病或病理基础的影响。

3.4 鉴定时机

视觉功能障碍的鉴定,原则上应在损伤或因损伤引起的并发症、后遗症医疗终结后方可进行。

上述医疗终结系指经临床医学一般原则所承认的医疗措施实施后达到临床效果稳定,即眼部损伤症状消失或稳定,眼部体征及视觉功能情况趋于相对固定。

一般而言,较轻的或不遗留明显视觉功能障碍的眼部损伤,鉴定时机可适当提前;若存在视觉功能障碍或者将以视觉功能障碍作为损伤程度鉴定、伤残程度评定主要依据的,推荐其鉴定时机为损伤之日起90日以后。

4 鉴定方法

4.1 眼部结构的一般检查

4.1.1 外眼的检查

检查眼眶、眼睑、结膜、眼球突出度、眼位、眼球活动,以及泪器、眼压。

4.1.2 眼前段的检查

采用裂隙灯生物显微镜或手电照射法,检查角膜、巩膜、前房、虹膜、瞳孔区、晶状体及前段玻璃体的结构。

4.1.3 眼后段检查

应用直接检眼镜等设备,检查玻璃体及眼底。

为扩大眼底检查的范围,提高准确性,在无禁忌证时可行扩瞳检查。

4.2 行为视力的检查

4.2.1 裸眼视力

4.2.1.1 准备

运用国际标准视力表。指定视标,嘱受检者读出。根据其读出的最小视标确定为其视力。检查距离一般为5米;检查室距离不足5米时,可采用平面镜反光的方法延长检查距离。视力表的悬挂高度应以1.0行与受检眼等高为宜。表的照明应均匀无眩光,光照度为300~500勒克斯(lux)。

若采用视力表投影仪,则可按使用说明书的要求,检查距离一般为3至6米。

4.2.1.2 检查

常规为先查右眼、后查左眼;也可先查健眼,后查伤眼。

戴镜者先测裸眼视力,然后测戴镜视力并记录矫正镜片的度数。以遮眼板遮盖一眼,查另一眼裸眼视力。自较大视标开始,在3秒钟内准确指出视标(缺口)的方向。待该行视标均被正确指认,可向下换行;若该行视标一半以上不能正确指认,应向上换行。

若受检者不能辨认最大视标的方向,则令其逐步走近视力表(最小距离为1m),直至能够辨认视标方向为止。

若走近至1m时仍不能辨认最大视标的方向,则改为检查其数手指的能力。嘱受检者背光,检查者伸出若干手指,令其说出所见到的手指数。若受检眼不能辨认1m以内的手指数,则检查者改以手在受检眼前晃动,观察受检者能否辨认。若受检眼不能辨认手动,则检查其在暗室内有无辨认光感的能力,多以烛光(或聚光手电)投照受检眼,观察其能否辨认。

有光感视力的,必要时记录九方位(正前方、右上方、右方、右下方、前上方、前下方、左上方、左方、左下方)光定位。

4.2.1.3 记录

将能看清的最小视标代表的视力值记录下来,作为受检眼的视力。若最小视标行(如1.0)有部分(未达半数,如2个)视标未能正确指认,可记录下该行视标所代表的视力,并在右上角记录未正确辨认的视标数,以负号表示(如1.0^{-2})。若某行视标(如0.9)全部均能准确辨认,下一行视标(如1.0)中有个别视标也能辨认(未达半数,如2个),则记录均能辨认视标行所代表的视力数值作为该眼的视力水平,并在右上角记录下一行能辨认的视标数,以正号表示(如0.9^{+2})。

检查数指能力时,若受检眼仅能辨清距受检眼50cm的手指数,则记录为数指/50cm(CF/50cm)。

检查识别手动能力时,若受检眼仅能辨认眼前20cm的手部晃动时,则记录为手动/20cm(HM/20cm)。

检查光感能力时,若能看到光,则记录为光感(LP),必要时记录能够辨认光感的最大距离(如5m光感或LP/5m);否则记录为无光感(NLP)。

检查光定位时,依次检查正前方、右上方、右方、右下方、前上方、前下方、左上方、左方、左下方等共九个方位,分别以“+”表示能辨认,“-”表示不能辨认。

4.2.1.4 改变测试距离的视力换算

获知受检者逐步走近视力表能看清视标的最大距离,根据公式$V=(d/D)V_0$(V为受检者待测视力,V_0为所看清最小视标所代表的视力水平,D为正常眼看清该视标的距离,d为受检者看清该视标的实际距离)换算受检眼的视力。例如:3m处能看清0.1行视标,则视力为$(3/5)\times0.1=0.06$。

4.2.2 屈光状态

4.2.2.1 准备

若视力未达到正常水平(或低于鉴定标准规定的起点,如《人体损伤程度鉴定标准》轻伤二级规定的“视力0.5以下”),应检查其有无屈光异常,以判断是否需行矫正视力的检查。

4.2.2.2 检查

可用针孔镜检查受检眼的视力,若视力有显著提高(比如提高2行或以上)

时,提示其可能存在屈光异常。

也可用电脑验光仪和/或检影验光法了解有无屈光异常及其大致程度;对存有屈光异常的,行插片试镜,以观察能否提高视力水平。

4.2.3 矫正视力

针孔镜视力:若受检眼在针孔镜下视力可获得提高,可记录针孔镜视力。如裸眼视力为0.3,针孔镜下视力为0.6,则记录为:0.3,+针孔镜→0.6。

插片视力:插片试镜后视力有提高者,可记录插片视力。如裸眼视力为0.3,插-2.00Ds球镜时视力为0.8,则记录为:0.3,-2.00Ds→0.8。

对联合球镜和柱镜插片后视力有提高者,应记录联合球镜和柱镜的度数及其插片视力。如裸眼视力为0.3,试插-2.00Ds球镜联合-0.75Dc×90°柱镜时,视力为0.8,应记录为:0.3,-2.00Ds-0.75Dc×90°→0.8。

应检查并记录最佳矫正视力(包括针孔镜及插片试镜视力)。

4.3 视野检查

4.3.1 对比法视野检查

假定检查者视野完好。检查者与受检者相距1m相对而坐,检查者遮盖右眼,令受检者遮盖左眼,以检查其右眼。嘱受检者右眼固视检查者左眼。检查者伸出左手持一白色圆形视标或手指自颞侧向中心区域缓慢移动,令受检者在右眼余光看见该标志物时即行示意,以比较其视野范围与检查者之间的差异。重复该动作检查上方、下方、鼻侧等四个方向或再增加颞上、颞下、鼻上、鼻下至八个方向。以同法查受检者左眼。若两人同时看见视标或相差不多,表明受检者视野大致正常。

本检查法仅能对受检眼的视野状况进行初步评估,难以获得准确、定量的结果。

4.3.2 手动视野计检查

手动视野计主要用于检查周边视野。一般先将视标由外向内移动,再由内向外移动,以比较两者的结果,必要时可重复检查。

4.3.3 计算机自动视野计检查

4.3.3.1 一般原则与方法

计算机自动视野计种类繁多,但原理相同,基本结构如下:① 固定装置 包括固定头部的结构和供受检者固视的注视点;② 视标及移动装置 视标可有不同直径大小(1、3、5、10mm),临床最常用的为3mm和5mm直径的视标。1mm直径的视标主要供检查中心暗点用。在一定情况下,亦可以依据中心视力好坏作为选择视标大小的参考;③ 照明 在检查过程中照明强度不能改变,重复检查时条件亦不能改变;④ 记录 通常为自动记录。

4.3.3.2 动态视野检查

动态视野检查是用同一刺激强度光标从某一不可见区(如从视野周边不可见区)向中心可见区移动,以探查不可见区与可见区分界点的方法。动态视野检查能够全面衡量视野范围,测定周边视野,对法医学鉴定具有重要意义,但在检测视野浅暗点时,敏感性较差。

法医学鉴定时推荐使用5mm直径的视标。

4.3.3.3 静态视野检查

视野缺损可以根据敏感度的消失与降低分为绝对缺损和相对缺损。静态阈值视野测定可以通过对受检眼光敏感度的检测定量分析视野缺损的程度,主要用于中心视野的检测。检查过程由计算机程序自动控制。

静态阈值视野测定是指用不同刺激强度的视标在同一位置依次呈现,让受检者感受出所用的最低刺激强度,即测得阈值,常用于相对视野缺损的检测。该方法可以反映视敏度下降的情况,超阈值静点检查采用阈值以上的刺激视标检测绝对视野缺损。

法医学鉴定时,视野检查的目的主要在于了解视野的大小,一般以动态视野检查结果为计算视野缺损范围的依据,但静态视野检查结果与动态视野检查具有较好的相关性,可以作为定性评价以及评估动态视野检查结果可靠性的有效手段。

4.3.4 视野缺损的评价

4.3.4.1 影响视野检查结果的因素

a) 年龄:是影响心理物理检查的主要因素。随着年龄的增加,视网膜敏感性逐渐下降,等视线呈向心性缩小。

b) 瞳孔大小:一般要求做视野检查时瞳孔直径大于3mm,过小会严重影响视野检查的结果,但过大则会影响视网膜成像的质量。

c) 受检眼的明适应或暗适应程度:明适应状态时,黄斑的功能处于最佳状态;在暗适应状态时除黄斑中心凹外视网膜对光的敏感性有所提高。检查时,受检眼应充分适应视野计的背景照明。

d) 固视情况:在视野检查时,固视的好坏对检查结果精确性的影响很大。应采用计算机视野计所附带的固视检测程序。

e) 屈光不正:未矫正的屈光不正不能使光标在视网膜平面形成焦点,检查结果不能代表真实的视野,因此检测时应选择适合的矫正镜片。

f) 学习效应:初次接受视野检查者在复查时,等视线常比初次结果略大。但随着视野复查次数增加,学习效应的影响会变小。

g) 人为因素:如镜片架边缘、矫正镜片、高假阳性率、高假阴性率等,在检查时应充分注意。

h) 检查技术方面:如检查者的经验,应用的视标、背景照明、刺激时间都会影响检查的结果。

4.3.4.2 视野缺损的评价

法医学鉴定标准中所指的视野均为周边视野,因此在鉴定实践中应行周边视野检查并依据相应的方法计算视野缺损程度。

具体计算、评价方法见附录A。

4.4 伪盲及伪装视力降低的检验

4.4.1 伪盲

"伪盲"系指伪装失明。此处的"盲"指完全失明(无光感),也即盲目5级。

4.4.2 双眼伪盲的检验

4.4.2.1 行为观察

伪盲者对检查一般不合作,或拒绝检查。令受检者两眼注视眼前某处目标,受检者多故意往其他方向看。

又如:双眼伪盲者通过障碍物时一般不会绊脚,而真盲者往往被障碍物绊脚。

4.4.2.2 视动性眼球震颤试验

令受检者注视眼前迅速旋转、画面有垂直线条的视动鼓,伪盲者可出现水平性、快慢交替,有节律的跳动型眼球震颤,即视动性眼球震颤;而真盲者不出现此种震颤。

4.4.2.3 瞬目试验

用手指或棉棒,在受检者不注意时,做突然出现在盲眼前的动作(切忌触及睫毛或眼睑),如为真盲则无反应,伪盲者立即出现瞬目动作。

4.4.3 单眼伪盲的检验

4.4.3.1 障碍阅读法

嘱受检者阅读距离30cm远的横排书报,让头与读物均固定不动;然后在受检者双眼和读物之间置一垂直笔杆,距眼约10cm左右;如仅用单眼必然会因眼前笔杆遮挡部分视线出现阅读障碍;如受检者继续阅读不受干扰,则证明其为双眼注视读物,此"盲眼"应属伪盲。

4.4.3.2 瞳孔检查

伪盲者双眼瞳孔应等大(需排除药物引起的瞳孔扩大)。观察瞳孔对光反射,伪盲眼直接对光反射存在,健眼间接对光反射也存在,但要注意外侧膝状体以后的损害,可不发生瞳孔大小、形状及对光反射异常。

4.4.3.3 瞬目试验

将健眼遮盖,用手指或棉捧,在受检者不注意时,作突然刺向盲眼的动作,但不要触及睫毛或眼睑,如为真盲则无反应,伪盲者立即出现瞬目动作。

4.4.3.4　同视机检查

用视角在10°以上的双眼同视知觉型画片,在正常眼位,如能同时看到两侧画片,则表示双眼有同时视觉功能,所谓盲眼为伪盲。

4.4.3.5　三棱镜试验

a) Duane试验:嘱受检者向前方看一目标,在所谓盲眼前放-6△的三棱镜,三棱镜底可向内或向外,注意该眼球是否转动;如为伪盲,则眼球必向外(三棱镜底向内时)或向内(三棱镜底向外时)运动,以避免复视。

b) 将所谓盲眼遮盖,在健眼前放一6△底向下的三棱镜,使其边缘恰好位于瞳孔中央,此时健眼产生单眼复视,然后去掉受检眼前的遮盖,同时把健眼前的三棱镜上移遮住整个瞳孔,如仍有复视则为伪盲。

c) 让受检眼注视眼前一点,以一底向上或向下的6△三棱镜置于健眼前,如果受检者出现复视,则为伪盲。

4.4.3.6　柱镜重合试验

又名Jackson试验。将-5.00Dc柱镜和+5.00Dc柱镜两轴重合,此时镜片屈光度等于0,放于健眼前,查双眼视力,然后转动任何一个柱镜片,使其与另一柱镜片轴呈垂直,则健眼视物模糊,再查视力,若视力仍不变则为伪盲。对于原有屈光不正者,应注意调整球镜片的度数。

4.4.3.7　雾视法

在健眼前放一+6.00Ds屈光度的球镜,在所谓盲眼前放-0.25Ds或+0.25Ds屈光度的球镜,如仍能看清5米远距离视力表上的视标时,则为伪盲。

4.4.3.8　雾视近距阅读试验

又名Harlan试验。在受检者健眼前置一+6.00Ds屈光度的球镜,使成为人工近视,令其阅读眼前17cm处的近视力表,在不知不觉中将视力表移远,如受检者仍能读出,则表示为伪盲眼的视力。

4.4.3.9　视野检查法

检查健眼视野,但不遮盖所谓盲眼,如果鼻侧视野超过60°,则可考虑为伪盲。

4.4.3.10　红绿色试验

用红、绿两色镜片分别置于受检者双眼试镜架上,令其阅读红字与绿字,若红、绿两色均能看出,则为伪盲。

4.4.3.11　意识试验

遮盖受检者健眼,并嘱其两臂半伸屈状,两手手指分开做接触运动,若受检者故意不能使两手接触,则“盲眼”为可疑。

4.4.4 伪装视力降低

伪装视力降低即行为视力检查结果与实际视力不相符合,受检者存在夸大视力下降(但未达无光感)程度的情况。

4.4.5 伪装视力降低的检验

4.4.5.1 变换测试距离法

受检者所能看清的视标的大小,与检查距离有关。如遮盖健眼,在5米处检查时仅能看到0.2行视标,然后令其走近视力表缩短检查距离,若在2.5米处仍只能看到0.2行视标,提示该眼可能为伪装视力降低。

4.4.5.2 视野检查法

检查视野,在不同距离、用不同光标检查的视野,若结果显示范围无变化,则可能为伪装视力降低。

4.4.5.3 雾视法

双眼分别查视力后,将镜架戴于受检者眼前,在健眼前放一+12.0Ds的球镜,在低视力侧放-0.25Ds的球镜,如双眼同时查视力,其视力较单独查低视力眼的视力好时,则该眼为伪装视力降低。

4.5 眼科特殊检查

4.5.1 眼超声探查

眼超声探查主要包括A型、B型超声以及UBM(超声生物显微镜)等技术。A型超声主要用于准确测距,B型超声可显示眼球整体图像,UBM能清晰显示前房角等细节特征。

B型超声一般有两种探测技术,包括:轴向探查和斜向探查。轴向探查时,眼球的玻璃体表现为无反射的暗区,眼球后壁和眶内组织的回声光带则呈W形,可显示视神经的三角形暗区,眼底光带呈现规则的弧形。斜向探查时,显示玻璃体暗区,眼球壁和眼内组织的回声光带也呈规则的弧形,不能显示视神经暗区。B型超声探查主要应用于以下眼部损伤或疾病:高度近视、玻璃体混浊、视网膜脱离、脉络膜脱离、眼内异物、玻璃体后脱离、玻璃体积血、玻璃体机化膜、晶状体脱位等。

UBM可用于观察角膜混浊、角膜厚度、房角宽度、虹膜离断或萎缩、晶状体脱位等局部的形态特征。

4.5.2 光相干断层扫描检查

眼科光相干断层扫描成像术(optical coherence tomography,OCT)是一种无创伤性的检查法,可在不扩瞳的条件下进行。可分别进行眼前段和眼后段的OCT

扫描。

眼前段 OCT 可显示受检眼的角膜厚度、前房深度、虹膜厚度、前房角形态特征及晶状体前表面等,并对角膜、房角及虹膜等结构进行成像。

眼后段 OCT 可鉴别的结构依次为玻璃体、视网膜、视网膜神经上皮、视网膜色素上皮及脉络膜等,可测量视网膜神经纤维上皮层的厚度,可观察视网膜水肿、出血和渗出等病变,还可显示视网膜各层和脉络膜的病变。该技术可用于视神经、视网膜挫伤或萎缩、黄斑裂孔、视网膜下以及色素上皮下积液、视网膜脱离、脉络膜损伤等的观察。

4.5.3 同视机检查

4.5.3.1 同时知觉检查

1) 主观斜视角检查:置入同时知觉(一级)画片,分别检查右眼裸眼注视、左眼裸眼注视、右眼戴镜注视、左眼戴镜注视下的主观斜视角。主观斜视角一般在5°(除非特别说明,一般均指圆周度)以下,超过5°具有诊断意义。

2) 客观斜视角检查:主、客观斜视角差值不超过5°,为正常视网膜对应;差值超过5°为异常。

4.5.3.2 融合功能检查

置入融合功能(二级)画片,先查发散融合功能,再查集合(辐辏)融合功能。发散正常值范围为 -4° ~ -6°;集合正常值范围为 +25° ~ +30°。

必要时检查垂直发散和旋转发散。垂直发散正常值一般为2△ ~4△;旋转发散正常值为15° ~25°。

4.5.3.3 立体视觉检查

置入立体视(三级)画片,对有无立体视进行检查。

4.5.3.4 九个诊断眼位的检查

置入立体十字画片。将双侧目镜分别调节至中心正前方、右上转15°、右转15°、右下转15°、上转25°、下转25°、左上转15°、左转15°、左下转15°,测定各方位下的斜视角。在能够测量主观斜视角的情况下,尽量测量主观斜视角;主观斜视角测定有困难的,客观斜视角也可作为评价指标。

结果判断:垂直方向斜视角2° ~3°以内为正常;水平方向5° ~6°以内为正常。通过了解斜视角最大的诊断眼位,可诊断眼肌损伤。

4.5.4 眼底荧光素血管造影(FFA)检查

眼底荧光素血管造影是眼底疾病的常用诊断手段,但有明显过敏体质、严重全身疾病及妊娠妇女应慎行。此外,尚需注意有无扩瞳禁忌。

造影前一般先拍摄眼底(彩色)照片。标准的眼底造影应自注射造影剂开始计时,并连续拍照,尽量包括全部眼底。

4.5.5　眼部放射学检查

眼部放射学检查可包括X线、CT和MRI。

眼部X线摄片主要用于检查眶壁骨折或眶骨感染，以及金属或其他不透X线的异物并予以定位。

CT扫描是诊断眼眶骨折的可靠方法。应注意采用薄层扫描，必要时采用多方位扫描或者行图像重组等处置，避免漏诊。

MRI能较好地显示眼部软组织（包括眼球）的解剖形态特征，并可定位非磁性异物。

4.6　视觉电生理检查

4.6.1　视网膜电图

4.6.1.1　一般原则与方法

若需评估视路和视皮层功能，应先检查视网膜的功能。视网膜电图（electro-retinogram，ERG）是视网膜上瞬时光亮度变化所引起的光电反应，用于评价视网膜的功能。最常用的是全视野闪光视网膜电图（flash－electroretinogram，fERG），此外，还有图像视网膜电图（pattern－electroretinogram，P－ERG）。

推荐的视网膜电流图电位记录方法：作用电极置于角膜，地电极置于耳垂或乳突，参考电极置于前额中央或置于双极电极的开睑装置内。

视网膜电图各波的振幅和潜伏期是其主要评价指标。各实验室应建立所使用设备的正常值范围。

4.6.1.2　全视野闪光视网膜电图

应用全视野Ganzfeld球形刺激器，按照视觉电生理国际标准化委员会提出的视网膜电图国际标准，通常记录5个反应。根据刺激条件的不同，记录最大反应（即暗适应眼最大反应，系用标准闪光记录的视网膜电图）、视杆细胞反应（即暗适应眼视杆细胞反应，系用弱闪光记录的视网膜电图）、振荡电位（白色标准闪光刺激）、单次闪光视锥细胞反应（即明适应眼视锥细胞反应，系在背景光适应后，以标准闪光的高端刺激所记录的视网膜电图）、闪烁光反应（用30Hz闪光记录的视网膜电图）。上述各种检查方法，因成分起源不同，能分别反映视网膜不同细胞的功能状态。

受检者的准备：① 充分扩瞳；② 一般明适应或暗适应至少20分钟，如先前曾进行眼底照相等检查，则暗适应需1个小时；③ 保持眼球固视。

4.6.1.3　图像视网膜电图

观看视屏上明暗交替改变的条栅或棋盘格图像时，从角膜面记录到的电反应，系诱发的视网膜反应，能提供有关视网膜内层细胞的信息。图像视网膜电图信号很小，记录较为困难。根据刺激图像的翻转频率，分为瞬态图像视网膜电图和稳态图像视网膜电图。

受检者准备：① 自然瞳孔；② 注视刺激屏中央；③ 在最佳矫正视力状态下检查。

4.6.2 视诱发电位

4.6.2.1 一般原则与方法

视诱发电位(visual evoked potential，VEP)是闪光或图像刺激视网膜时在大脑视皮质内产生的生物电，反映从视网膜到视皮层视觉通路的功能状态，与视力有较好的相关性。值得注意的是，视诱发电位是反映视觉通路对刺激光或图像明暗变化的电反应，有时与主观的视力并非完全吻合。

记录方法：按照脑电图国际标准10－20系统放置电极，记录电极置于Oz位，即前后中线枕后粗隆上方2～3cm、与两耳相平的连线上；参考电极置于Fz位，即鼻根部上方5～8cm；地电极置于耳垂或乳突位。使电极接触部位的电阻符合仪器的允许范围。

推荐常用的视诱发电位技术包括：图像视诱发电位(panttern visual evoked potential，PVEP)、闪光视诱发电位(flash visual evoked potential，FVEP)。

视诱发电位的评价重点在于观察波形的分化以及P100波的潜伏期和振幅。

4.6.2.2 闪光视诱发电位

闪光视诱发电位的成分和大小存在很大的个体差异，常难以根据其潜伏期或振幅进行个体间比较，通常依据是否引出FVEP波形来判断视觉通路的完整性和两眼的异同，故常用在无法检查眼底的情况。在检查时应行双眼记录并相互对比，须注意一定的叠加次数，以得到稳定波形。

4.6.2.3 图像视诱发电位

图像刺激方式主要有翻转棋盘格和条栅，根据刺激时间频率分为瞬态和稳态图像视诱发电位。通常测量其N75、P100、N135的振幅和潜伏期。

在视力优于0.1时，首选图像视诱发电位，应尽可能同时记录并比较双眼波形。

4.6.3 其他视觉电生理方法

视觉事件相关电位(visual event related potential，VERP)是一种特殊的视诱发电位，是特定的视觉刺激作用于感觉系统或脑的某一部位，在给与撤刺激时，在脑区引起的电位变化。包括视力、视野和色觉事件相关电位等三种刺激模式，可以作为评价相应视觉功能的参考。测量指标通常包括C1、P100、N200、vMMN、P300等振幅和潜伏期。

扫描图像视诱发电位(sweep visual evoked potential，SPVEP)，以及多焦视网膜电图(mutifocal electroretinogram，mfERG)和多焦视诱发电位(mutifocal visual evoked potential,mfVEP)也可以作为视觉功能评估的参考。

4.7　眼外伤后斜视和复视的检查

4.7.1　眼外伤后斜视的一般检查

斜视即眼位不正。

斜视按其不同注视位置及眼位偏斜变化,可分为共同性和非共同性斜视。按其融合状态与表现形式可以分为:隐性斜视;间歇性斜视,又称恒定性斜视,属显性斜视范畴,为隐性斜视和显性斜视的过渡形式;显性斜视。

斜视可采用角膜映光法检测。在双眼正前方 33cm 以外,以烛光(或聚光手电)投照,嘱受检者双眼注视光源,观察双眼角膜映光点是否对称并且位于瞳孔中央。若映光点在瞳孔边缘者,大致相当于斜视 15°;在角膜边缘者,大致相当于斜视 45°。

可采用同视机的主观斜视角和客观斜视角精确测量斜视度数。

4.7.2　眼外伤后复视的检查

4.7.2.1　红玻片试验

红玻片试验是复视最常用的检查方法。该试验应在半暗室内进行。

一般将红玻片置于右眼前,在保持受检者头位不动的情况下,距眼正前方 50cm(也可为 1m)用烛光(或聚光手电)投照,检查并记录九个方位(右上方、右方、右下方、前上方、正前方、前下方、左上方、左方及左下方)下的检查结果。

结果判断原则:①首先询问复视像是水平分开还是垂直分开;②然后询问各方向复视像的分开距离;③确认周边像属何眼,则该眼的眼肌有受累。此方法适用于单条眼外肌麻痹造成的复视。

4.7.2.2　同视机检查法

可采用同视机的九个诊断眼位检查法与红玻片试验结果相互验证。也可通过同视机的其他检查方法加以鉴别,如复视者有的不能融合物像,有的融合范围会发生偏离;复视者在有复视的方向通常难以形成良好的立体视。

附录 A

(资料性附录)

视觉功能障碍程度分级标准

A.1　视力障碍

此处所谓视力均指中心远视力。

A.1.1　视力正常的判断标准

远视力的正常值与人眼的发育有关。3 岁时的远视力正常值 ≥0.6;4 岁时≥0.8;5岁时即≥1.0。

5岁以上时一眼视力≤0.8时,即为视力轻度降低(接近正常);若一眼视力≤0.5时,则属视力降低。

A.1.2 低视力与盲目采用WHO分级标准(表A.1)

表A.1 盲及视力损害分级标准(2003年,WHO)

分类	远视力低于	远视力等于或优于
轻度或无视力损害		0.3
中度视力损害(视力损害1级)	0.3	0.1
重度视力损害(视力损害2级)	0.1	0.05
盲(盲目3级)	0.05	0.02
盲(盲目4级)	0.02	光感
盲(盲目5级)		无光感

A.2 视野缺损

A.2.1 视野正常的判断标准

正常眼球八个方位的视野度数值为:颞侧85°,颞下85°,下侧65°,鼻下50°,鼻侧60°,鼻上55°,上侧45°,颞上55°。八个方位度数合计为500°。

A.2.2 视野缺损的计算方法

采用动态视野测试方法,读取受检眼周边视野实际检查结果中在以上八个方位的数值,并计算其合计值。以检测所得合计值除以正常值500,即得到视野有效值。

根据视野有效值,查表A.2,可以获知其残存视野所相当的视野半径。

表A.2 视野有效值与残存视野半径、直径对照表

视野有效值(%)	视野度数(半径)	视野度数(直径)
8	5°	10°
16	10°	20°
24	15°	30°
32	20°	40°
40	25°	50°
48	30°	60°
56	35°	70°

（续表）

视野有效值(%)	视野度数(半径)	视野度数(直径)
64	40°	80°
72	45°	90°
80	50°	100°
88	55°	110°
96	60°	120°

A. 2. 3　视野缺损的分级

根据查表2所获知的视野半径值,可换算成视野直径。根据表A. 3,判断视野缺损程度。

表A. 3　视野缺损的程度

视野缺损程度	视野度数(直径)
视野接近完全缺损	小于5°
视野极度缺损	小于10°
视野重度缺损	小于20°
视野中度缺损	小于60°
视野轻度缺损	小于120°

精神障碍者刑事责任能力评定指南

SF/Z JD0104002－2016

2016年9月22日发布　2016年9月22日实施

目　次

前　言

本技术规范按照GB/T 1.1－2009给出的规则起草。

本技术规范根据《中华人民共和国刑法》及司法部《司法鉴定程序通则》,运用精神病学及法学的理论和技术,结合法医精神病学司法鉴定的实践经验而制定,为刑事责任能力鉴定提供科学依据和统一标准。

本技术规范参考了《中国精神障碍分类与诊断标准》(CCMD－3第三版),《国际疾病及相关健康问题的分类》(ICD－10第十版),《中华人民共和国精神卫生法》,“麦克劳顿条例”(McNaughton Rule)、“不可抗拒冲动法则”(Irrestible Impulse Test)及“美国法律协会法则”(ALI Test)、即实质能力标准法则(Substantial Capacity Rule)。

本技术规范由司法部司法鉴定科学技术研究所提出。
本技术规范由司法部司法鉴定管理局归口。
本技术规范起草单位:司法部司法鉴定科学技术研究所。
本技术规范主要起草人:蔡伟雄、张钦廷、管唯、汤涛、黄富银。
本技术规范所代替规范的历次版本发布情况为:SF/Z JD0104002 - 2011。

1 范围

本技术规范规定了刑事责任能力评定的基本原则、要求和方法。

本技术规范适用于对被鉴定人(犯罪嫌疑人、被告人)的刑事责任能力评定,有关违法案件的受处罚能力评定亦可参照执行。

2 规范性引用文件

下列文件对于本技术规范的应用是必不可少的。凡是注日期的引用文件,仅所注日期的版本适用于本技术规范。凡是不注日期的引用文件,其最新版本(包括所有的修改单)适用于本技术规范。

CCMD - 3 中国精神障碍分类与诊断标准

ICD - 10 国际疾病及相关健康问题的分类

3 定义

3.1 精神障碍 Mental Disorder

又称精神疾病(mental illness),是指在各种因素的作用下造成的心理功能失调,而出现感知、思维、情感、行为、意志及智力等精神活动方面的异常。

3.2 刑事责任能力 Criminal Responsibility

刑事责任能力也称责任能力,是指行为人能够正确认识自己行为的性质、意义、作用和后果,并能够根据这种认识而自觉地选择和控制自己的行为,从而到达对自己所实施的刑法所禁止的危害社会行为承担刑事责任的能力,即对刑法所禁止的危害社会行为具有的辨认和控制能力。

3.2.1 完全刑事责任能力

行为人实施某种危害行为时,对自己行为的辨认和控制能力完整。

3.2.2 限定刑事责任能力

也称部分责任能力、限制责任能力,本技术规范建议使用限定(刑事)责任能力。在发生危害行为时,由于精神症状的影响,对自己行为的辨认或者控制能力明显削弱,但尚未到达丧失或不能的程度。

3.2.3 无刑事责任能力

是指行为人实施某种危害行为时,由于严重意识障碍、智能缺损、或幻觉妄想等精神症状的影响,不能控制自己的行为或不能理解与预见自己的行为结果的状态。

3.3 辨认能力 Capacity of Appreciation

是指行为人对自己的行为在刑法上的意义、性质、作用、后果的分辨认识能力。也可以认为是行为人对其行为的是非、是否触犯刑法、危害社会的分辨认识能力。具体地说,是行为人实施危害行为时是否意识其行为的动机、要达到的目的,为达到目的而准备或采取的手段,是否预见行为的后果、是否理解犯罪性质以及在法律上的意义等。

3.4 控制能力 Capacity of Control

指行为人具备选择自己实施或不实施为刑法所禁止、所制裁的行为的能力,即具备决定自己是否以行为触犯刑法的能力,既受辨认能力的制约,也受意志和情感活动的影响。

4 总则

4.1 本技术规范以精神病学及法学的理论和技术为基础,结合法医精神病学司法鉴定的实践经验而制定,为刑事责任能力评定提供科学依据和统一标准。

4.2 刑事责任能力的评定有两个要件:医学要件和法学要件。医学要件为存在某种精神障碍;法学要件为该精神障碍是否影响其危害行为的辨认能力或控制能力及影响程度。

4.3 本技术规范将刑事责任能力分为完全刑事责任能力、限定刑事责任能力和无刑事责任能力3等级。

4.4 进行刑事责任能力评定时,首先应评定被鉴定人的精神状态,根据CCMD或ICD进行医学诊断,在医学诊断的基础上再考察辨认和控制能力受损程度,根据辨认或控制能力的损害程度评定责任能力等级。

4.5 辨认与控制能力损害程度的判断应从以下方面进行评估:作案动机、作案前先兆、作案的诱因、作案时间选择性、地点选择性、对象选择性、工具选择性、作案当时情绪反应、作案后逃避责任、审讯或检查时对犯罪事实掩盖、审讯或检查时有无伪装、对作案行为的罪错性认识、对作案后果的估计、生活自理能力、工作或学习能力、自知力、现实检验能力、自我控制能力。

4.6 进行刑事责任能力评定可辅以标准化评定工具,但评定工具不能取代鉴定人工作。

4.7 本技术规范分为正文和附录两个部分。

4.8 使用本技术规范时,应严格遵循附录中的分级依据或者判定准则以及附录中正确使用的说明。

5 刑事责任能力判定标准

5.1 精神障碍者的刑事责任能力

5.1.1 完全刑事责任能力

a) 被鉴定人实施某种危害行为时,精神状态正常;或虽然能建立明确的精神障碍诊断,但其对危害行为的辨认和控制能力完整;

b) 参考标准:标准化评定工具检验在完全刑事责任能力范围内。

5.1.2 限定刑事责任能力

a) 在发生危害行为时,能建立明确的精神障碍诊断;

b) 被鉴定人对危害行为的辨认或控制能力削弱,但尚未到达丧失或不能的程度;

c) 辨认或控制能力削弱由精神障碍所致;

d) 参考标准:标准化评定工具检验在限定刑事责任能力范围内。

5.1.3 无刑事责任能力

a) 在发生危害行为时,能建立明确的精神障碍诊断;

b) 被鉴定人对危害行为的辨认或控制能力丧失;

c) 辨认或控制能力的丧失由精神障碍所致;

d) 参考标准:标准化评定工具检验在无刑事责任能力范围内。

5.2 特殊精神障碍者的刑事责任能力

5.2.1 反社会人格障碍者评定为完全刑事责任能力;

5.2.2 普通(急性)醉酒者评定为完全刑事责任能力;

5.2.3 复杂性醉酒者,实施危害行为时处于辨认或控制能力丧失或明显削弱状态的,评定为限定刑事责任能力;再次发生复杂性醉酒者,评定为完全刑事责任能力。

5.2.4 病理性醉酒者,实施危害行为时处于辨认或控制能力丧失的,评定为无刑事责任能力;再次发生病理性醉酒时,对自愿者评定为完全刑事责任能力。

5.2.5 对毒品所致精神障碍者,如为非自愿摄入者按5.1条款评定其刑事责任能力;对自愿摄入者,如果精神症状影响其辨认或控制能力时,不宜评定其刑事责任能力,可进行医学诊断并说明其作案时精神状态。

6 附则

6.1 附录A与指南正文判定标准,两者须同时使用。

6.2　本技术规范推荐使用《精神病人刑事责任能力评定量表》作为标准化评定工具。

附录A

（规范性附录）

刑事责任能力判定标准细则

A.1　完全刑事责任能力

A.1.1　精神状态正常，也包括以下情形：

A.1.1.1　按CCMD标准诊断为“无精神病”；

A.1.1.2　既往患有精神障碍已痊愈或缓解，作案时无精神症状表现；

A.1.1.3　伪装精神病或诈病；

A.1.1.4　精神障碍具间歇性特点，作案时精神状态完全恢复正常，如心境障碍（情感性精神病）的缓解期。

A.1.2　能建立明确的精神障碍诊断，指以下情形：

A.1.2.1　符合CCMD或ICD诊断标准的精神障碍，包括：器质性精神障碍，精神活性物质或非成瘾物质所致精神障碍，精神分裂症和其他精神病性障碍，心境障碍（情感性精神障碍），癔症、应激相关障碍、神经症，精神发育迟滞等。

A.1.3　对危害行为的辨认和控制能力完整，指以下情形：

A.1.3.1　辨认能力完整指被鉴定人对自己的行为在刑法上的意义、性质、作用、后果具有良好的分辨认识能力；

A.1.3.1.1　能充分认识行为的是非、对错；

A.1.3.1.2　能充分认识行为的违法性和社会危害性；

A.1.3.1.3　能充分认识行为的必要性。

A.1.3.2　控制能力完整指被鉴定人完全具备选择自己实施或不实施为刑法所禁止、所制裁行为的能力。

A.1.4　标准化评定工具检验在完全刑事责任能力范围内，指以下情形：

A.1.4.1　《精神病人刑事责任能力量表》总分在37分以上（含37分）；

A.1.4.2　《精神病人刑事责任能力量表》判别结果为完全刑事责任能力。

A.1.5　按CCMD标准诊断为普通（单纯）醉酒或反社会人格障碍者。

A.1.6　再次发生的复杂性醉酒者与因自愿陷入的病理性醉酒者。

A.2　限定刑事责任能力

A.2.1　同A.1.2条款。

A.2.2　对危害行为的辨认或控制能力削弱，指以下情形：

A. 2. 2. 1　辨认或控制能力界于完整与丧失之间；

A. 2. 2. 2　辨认能力削弱指被鉴定人对自己的行为在刑法上的意义、性质、作用、后果的分辨认识能力受损；

A. 2. 2. 3　控制能力削弱指犯罪嫌疑人选择自己实施或不实施为刑法所禁止、所制裁的行为的能力削弱。

A. 2. 3　标准化评定工具检验在限定刑事责任能力范围内，指以下情形：

A. 2. 3. 1　《精神病人刑事责任能力量表》总分在16～36分之间；

A. 2. 3. 2　《精神病人刑事责任能力量表》判别结果为限定刑事责任能力。

A. 2. 4　按CCMD标准被诊断为复杂性醉酒者，作案时符合A. 2. 2条款或A. 3. 2条款。

A. 3　无刑事责任能力

A. 3. 1　同A. 1. 2条款。

A. 3. 2　对作案行为的辨认或控制能力丧失，指以下情形：

A. 3. 2. 1　辨认能力丧失指被鉴定人完全不能认识自己行为在刑法上的意义、性质、作用、后果；

A. 3. 2. 2　实质性辨认能力丧失指被鉴定人虽然能认识作案行为的是非、对错或社会危害性，但不能认识其必要性；

A. 3. 2. 3　控制能力丧失指被鉴定人不具备选择自己实施或不实施为刑法所禁止、所制裁的行为的能力。

A. 3. 3　标准化评定工具检验在无刑事责任能力范围内，指以下情形：

A. 3. 3. 1　《精神病人刑事责任能力量表》总分在15分以下（含15分）；

A. 3. 3. 2　《精神病人刑事责任能力量表》判别结果属无刑事责任能力。

A. 3. 4　按CCMD标准被诊断为病理醉酒者，作案时符合A. 3. 2条款。

附录B

（资料性附录）

标准化评定工具简介及其评价

刑事责任能力需要从医学、心理学和法律等多方面作出综合评价。借鉴精神科定式检查和量表的模式，结合医学要件和法学要件编制出的标准化评定工具，可用来辅助刑事责任能力的评定。

B. 1 《精神病人刑事责任能力评定量表》

系本指南推荐使用的主要标准化评定工具，可为精神疾病司法鉴定提供参考。

B.1.1　量表简介

本评定量表由蔡伟雄等人研制,其前身为司法部司法鉴定科学技术研究所联合国内多家鉴定机构编制的《精神病人限定刑事责任能力评定量表》,由18个条目构成,即作案动机、作案前先兆、作案的诱因、作案时间选择性、地点选择性、对象选择性、工具选择性、作案当时情绪反应、作案后逃避责任、审讯或检查时对犯罪事实掩盖、审讯或检查时有无伪装、对作案行为的罪错性认识、对作案后果的估计、生活自理能力、工作或学习能力、自知力、现实检验能力、自我控制能力。本量表基本涵盖法学标准,不局限于某种具体犯罪行为或案件、精神症状或疾病诊断,适用于各种刑事案件的责任能力评定,操作简便,易于掌握。

B.1.2　量表使用评价

本量表曾在国内多家鉴定机构试用,结果表明,全量表 Cronbach α 为0.9322,条目内部相关性尚可,18个条目均与量表总分相关(r 从0.157—0.904)。主成分分析提取3个因子,累积贡献率为68.62%。刑事责任能力三分时,无、限定、完全组量表总分分别为9.66±5.11、26.54±5.21、40.08±7.90,具有显著差异,判别回代94%分类正确,与专家鉴定结论具有很高的一致性。

精神障碍者服刑能力评定指南

SF/Z JD0104003－2016

2016年9月22日发布　2016年9月22日实施

目　次

前　言

本技术规范按照GB/T 1.1－2009给出的规则起草。

本技术规范根据《中华人民共和国刑事诉讼法》、《中华人民共和国监狱法》、司法部《暂予监外执行规定》及《司法鉴定程序通则》,运用精神病学及法学的理论和技术,结合法医精神病学司法鉴定的实践经验而制定,为服刑能力评定提供科学依据和统一标准。

本技术规范参考了《中国精神障碍分类与诊断标准》(CCMD－3第三版)、《国际疾病及相关健康问题的分类》(ICD－10第十版)、《监狱服刑人员行为规范》。

本技术规范由司法部司法鉴定科学技术研究所提出。

本技术规范由司法部司法鉴定管理局归口。
本技术规范起草单位:司法部司法鉴定科学技术研究所。
本技术规范主要起草人:蔡伟雄、黄富银、张钦廷、管唯、汤涛、刘超。
本技术规范所代替规范的历次版本发布情况为:SF/Z JD0104003-2011。

1 范围

本技术规范规定了服刑能力评定的基本原则、要求和方法。

本技术规范适用于精神障碍服刑人员(被鉴定人)的服刑能力评定。

2 规范性引用文件

下列文件对于本技术规范的应用是必不可少的。凡是注日期的引用文件,仅所注日期的版本适用于本技术规范。凡是不注日期的引用文件,其最新版本(包括所有的修改单)适用于本技术规范。

CCMD-3 中国精神障碍分类与诊断标准

ICD-10 国际疾病及相关健康问题的分类

3 定义

本技术规范采用以下定义:

3.1 精神障碍 Mental Disorder

又称精神疾病(mental illness),是指在各种因素的作用下造成的心理功能失调,而出现感知、思维、情感、行为、意志及智力等精神活动方面的异常。

3.2 服刑能力 Competency to Serve a Sentence

指服刑人员能够合理承受对其剥夺部分权益的惩罚,清楚地辨认自己犯罪行为的性质、后果,合理地理解刑罚的性质、目的和意义,并合理地控制自己言行以有效接受劳动改造的能力。

3.2.1 有服刑能力

能正确认识自己所承受刑罚的性质、意义和目的,能合理地认识自己的身份和出路,对自己当前应当遵循的行为规范具有相应的适应能力。

3.2.2 无服刑能力

不能合理认识自己目前所承受刑罚的性质、意义和目的,丧失了对自己当前身份和未来出路的合理的认识能力,或丧失了对自己当前应当遵循的行为规范的适应能力。

4 总则

4.1 本技术规范以精神病学及法学的理论和技术为基础，结合精神疾病司法鉴定的实践经验而制定，为服刑能力评定提供科学依据和统一标准。

4.2 服刑能力的评定标准有两个要件：医学要件和法学要件。医学要件为存在精神障碍；法学要件为对刑罚的辨认能力及对自己应当遵循的行为规范的适应能力。

4.3 本技术规范将服刑能力分为有服刑能力、无服刑能力两个等级。

4.4 进行服刑能力评定时，首先应确定被鉴定人的精神状态，根据 CCMD 或 ICD 进行医学诊断，在医学诊断的基础上再考察对刑罚的辨认能力及对自己应当遵循行为规范的适应能力，根据其受损程度，评定服刑能力等级。

4.5 进行服刑能力评定可辅以标准化评定工具，但评定工具不得单独作为评定结论，不能取代鉴定人的评定意见。

4.6 本技术规范分为指南正文和附录两个部分。

4.7 在使用本技术规范时，应严格遵循附录中的分级依据或者判定准则和使用说明。

5 服刑能力评定标准

5.1 有服刑能力

目前无精神异常；或虽然目前存在确定精神异常，但精神症状对其相应的法律心理能力影响不明显，被鉴定人能正确认识自己所承受刑罚的性质、意义和目的，能合理地认识自己的身份和出路，对自己当前应当遵循的行为规范具有相应的适应能力。

5.2 无服刑能力

目前具有明显的精神异常，在精神症状的影响下，被鉴定人对自己目前所承受刑罚的性质、意义和目的不能合理认识，丧失了对自己当前身份和未来出路的合理的认识能力，或丧失了对自己当前应当遵循的行为规范的适应能力。

6 附则

6.1 附录 A 与技术规范正文判定标准的细则须同时使用。

6.2 附录 B 是资料性附录，本技术规范推荐使用《精神障碍者服刑能力评定量表》作为标准化评定工具。

附录A

(规范性附录)

服刑能力评定标准细则

A.1　有服刑能力

A.1.1　精神状态正常,指以下情形:

A.1.1.1　按CCMD诊断标准诊断为"无精神病";

A.1.1.2　既往患有精神障碍已痊愈或缓解2年以上,目前无精神症状表现;

A.1.1.3　伪装精神病;

A.1.1.4　精神障碍具间歇性,目前精神状态完全恢复正常,如心境障碍(情感性精神病)缓解期等。

A.1.2　虽然目前存在确定精神异常,但精神症状对其相应的法律心理能力影响不明显,被鉴定人能合理认识自己所承受刑罚的性质、意义和目的,能合理地认识自己的身份和出路,对自己当前应当遵循的行为规范具有相应的适应能力;

A.1.3　参考标准:标准化评定工具《精神障碍者服刑能力评定量表》大于29分。

A.2　无服刑能力

A.2.1　能建立明确的精神障碍诊断,指以下情形:

符合CCMD或ICD诊断标准的精神障碍,包括:器质性精神障碍,精神活性物质或非成瘾物质所致精神障碍,精神分裂症和其他精神病性障碍,心境障碍(情感性精神障碍),癔症、应激相关障碍、神经症,精神发育迟滞等。

A.2.2　目前具有明显的精神异常,在精神症状的影响下,被鉴定人不能合理认识对自己目前所承受刑罚的性质、意义和目的,丧失了对自己当前身份和未来出路的合理的认识能力,或丧失了对自己当前应当遵循的行为规范的适应能力。

A.2.3　参考标准:标准化评定工具《精神障碍者服刑能力评定量表》等于或小于29分。

附录B

(资料性附录)

标准化评定工具简介及其评价

服刑能力需要从医学、心理学和法学等多方面作出综合评价。借鉴精神医学定式检查和量表的模式，结合医学要件和法学要件编制出的标准化评定工具，可用来辅助服刑能力的评定。

B.1 《精神障碍者服刑能力评定量表》

系本技术规范推荐使用的标准化评定工具。

B.1.1 量表简介

本量表基本涵盖法学标准的范围，不局限于犯罪行为或案件类型、精神症状或疾病诊断，操作简便，易于掌握。

表1 精神障碍者服刑能力评定量表

<table>
<tr><td>被鉴定人</td><td></td><td>鉴定号</td><td colspan="2"></td></tr>
<tr><td colspan="2" rowspan="2">项目</td><td colspan="3">评分</td></tr>
<tr><td>轻度</td><td>中度</td><td>重度</td></tr>
<tr><td colspan="2">概念紊乱</td><td>3</td><td>2</td><td>1</td></tr>
<tr><td colspan="2">情感交流</td><td>3</td><td>2</td><td>1</td></tr>
<tr><td colspan="2">刑罚认知</td><td>3</td><td>2</td><td>1</td></tr>
<tr><td colspan="2">认罪服刑</td><td>3</td><td>2</td><td>1</td></tr>
<tr><td colspan="2">违规认知</td><td>3</td><td>2</td><td>1</td></tr>
<tr><td colspan="2">接受教育</td><td>3</td><td>2</td><td>1</td></tr>
<tr><td colspan="2">管教交往</td><td>3</td><td>2</td><td>1</td></tr>
<tr><td colspan="2">冲动控制</td><td>3</td><td>2</td><td>1</td></tr>
<tr><td colspan="2">同犯交往</td><td>3</td><td>2</td><td>1</td></tr>
<tr><td colspan="2">自伤自杀</td><td>3</td><td>2</td><td>1</td></tr>
<tr><td colspan="2">运动迟滞</td><td>3</td><td>2</td><td>1</td></tr>
<tr><td colspan="2">睡眠障碍</td><td>3</td><td>2</td><td>1</td></tr>
<tr><td colspan="2">生产劳动</td><td>3</td><td>2</td><td>1</td></tr>
<tr><td colspan="2">生活自理</td><td>3</td><td>2</td><td>1</td></tr>
<tr><td colspan="2">自知力</td><td>3</td><td>2</td><td>1</td></tr>
<tr><td colspan="2">总分</td><td colspan="3"></td></tr>
<tr><td>评分者</td><td></td><td>评定时间</td><td colspan="2"></td></tr>
</table>

B. 1. 1. 1　概念紊乱

指被鉴定人思维联想过程紊乱，其特征为思维的目的性、连贯性破坏，如赘述、离题、联想散漫、不连贯、显著的不合逻辑，或思维阻隔。

评定依据：被鉴定人服刑中的情况反映及会谈中观察其认知语言表达过程。

3 = 轻度障碍或正常，被鉴定人思维正常；或显赘述，思维目的性存在障碍，在压力下显得有些联想散漫；

2 = 中度障碍，被鉴定人当交谈短暂和有序时尚可集中思维，当交谈较复杂或有轻微压力时就变得散漫或离题；

1 = 重度障碍，被鉴定人思维破裂、不连贯；或思维严重出轨及自相矛盾，导致明显的离题和思维中断，几乎是持续出现。

B. 1. 1. 2　情感交流

指被鉴定人缺乏人际交往中的感情投入、交谈时的坦率及亲密感、兴趣或对会谈者的投入，表现在人际关系疏远及语言和非语言交流减少。

评定依据：会谈中的人际行为。

3 = 轻度障碍或正常，被鉴定人交谈以呆板、紧张或音调不自然为特征，可能缺乏情绪深度或停留在非个人、理智性的水平；

2 = 中度障碍，被鉴定人显出典型冷淡，人际关系相当疏远，被鉴定人可能机械地回答问题，或表现不耐烦或表示无兴趣；

1 = 重度障碍，被鉴定人显得高度冷淡，有明显人际疏远，回答问题敷衍，很少有投入会谈的非语言迹象，常常避开眼神接触和面部表情交流。

B. 1. 1. 3　刑罚认知

指被鉴定人能合理辨认刑罚的性质、目的及意义。

评定依据：被鉴定人服刑期间的情况反映及会谈中的专门性问答。

3 = 轻度损害或正常，被鉴定人基本理解刑罚的性质、目的及意义；

2 = 中度损害，被鉴定人不能合理认识刑罚的性质，但基本理解刑罚的目的和意义；

1 = 重度损害，被鉴定人病态地歪曲刑罚的性质，不能合理认识刑罚的目的和意义。

B. 1. 1. 4　认罪服刑

指被鉴定人对自己被判罪行能合理认识，并通过服刑过程表达出来。

评分依据：被鉴定人服刑中的言行及会谈中的专门性问答。

3 = 轻度损害或正常，被鉴定人基本理解被判罪行的性质，能够遵守劳动改造纪律；

2 = 中度损害，被鉴定人不能合理理解自己被判罪行的性质，但尚能通过合理方式反映；

1=重度损害，被鉴定人病态地理解自己被判罪行的性质，并在服刑中表现出这种病态。

B.1.1.5 违规认知

指被鉴定人能合理辨认违反监管法规可能带来的后果。

评分依据：会谈中的专门性问答。

3=轻度损害或正常，被鉴定人基本理解违规的可能后果；

2=中度损害，被鉴定人仅简单知道违规受罚；

1=重度损害，被鉴定人病态地理解违规的可能后果。

B.1.1.6 接受教育

指被鉴定人能合理辨认接受教育的性质，并能遵守学习规范。

评分依据：被鉴定人服刑中学习情况及会谈中的专门性问答。

3=轻度损害或正常，被鉴定人能理解学习教育的性质，并能遵守学习规范；

2=中度损害，被鉴定人能理解学习教育的性质，但不能遵守学习规范；

1=重度损害，被鉴定人病态地理解接受教育的性质。

B.1.1.7 管教交往

指被鉴定人具有明确自己的身份意识，能遵守与管教交往中的相应规范。

评分依据：被鉴定人服刑中与管教交往的情况反映及会谈中的专门性问答。

3=轻度损害或正常，被鉴定人具有明确的身份意识，能遵守相应的监管法规；

2=中度损害，被鉴定人能合理辨认自己的身份，但在与管教的交往中不能遵守相应规范；

1=重度损害，被鉴定人病态歪曲自己或管教的身份，严重违反相应规范。

B.1.1.8 同犯交往

指被鉴定人能合理辨认自己与同犯的身份，在相互交往中能遵守相应的监管法规。

评分依据：被鉴定人服刑中与同犯交往的情况反映及会谈中的专门性问答。

3=轻度损害或正常，被鉴定人具有明确的身份意识，能遵守相应的监管法规；

2=中度损害，被鉴定人能合理辨认自己的身份，但在与同犯的交往中不能遵守相应规范；

1=重度损害，被鉴定人病态歪曲自己的身份，严重违反相应规范。

B.1.1.9 激惹冲动

指被鉴定人对内在冲动反应的调节和控制障碍，导致不顾后果的、突然的、无法调节的、武断的或误导的紧张情绪的宣泄。

评分依据:被鉴定人服刑中面临不如意、不顺心情况时反应的反映及会谈中观察行为。

3=轻度损害或正常,被鉴定人当面对应激或不如意时,容易出现愤怒和挫折感,但很少有冲动行为;

2=中度损害,被鉴定人对轻微的挑衅就会愤怒和谩骂,可能偶尔出现威胁、破坏或一两次身体冲突或程度较轻的打骂;

1=重度损害,被鉴定人经常不计后果地出现攻击行为、威胁或强人所难,可能有攻击性。

B.1.1.10　自伤自杀

指故意伤害自己身体或结束自己生命的观念或行为。

评分依据:被鉴定人服刑中情况反映及会谈中的专门性问答。

3=无自伤、自杀;

2=轻度自伤或自杀观念;

1=严重自伤或自杀未遂。

B.1.1.11　运动迟滞

指被鉴定人言语动作行为普遍性减少。

评分依据:被鉴定人服刑中情况反映及会谈中的行为观察。

3=轻度障碍或正常,被鉴定人言语动作行为有所减少,但能正常生活、劳动;

2=中度障碍,被鉴定人言语动作行为减少,在督促下能料理日常生活和参加生产劳动;

1=重度障碍,被鉴定人言语动作行为明显减少,不能完成日常生活和参加生产劳动。

B.1.1.12　睡眠障碍

指被鉴定人不能按照规定正常就寝休息,并影响他犯。

评分依据:被鉴定人服刑中睡眠的情况反映及会谈中的专门性问答。

3=轻度障碍或无,被鉴定人虽存在一定程度睡眠障碍,但尚能遵守相应生活规范,不影响他犯正常就寝休息;

2=中度障碍,被鉴定人表现存在入睡困难、易醒、早醒等睡眠障碍,并影响他犯正常就寝休息;

1=重度障碍,被鉴定人表现明显入睡困难、易醒、早醒等睡眠障碍,不能保障正常休息,或严重影响他犯正常就寝休息。

B.1.1.13　生产劳动

指被鉴定人在劳动改造场所能够服从分配参加劳动，在生产劳动过程中遵守各项劳动纪律，保质保量完成生产劳动任务。

评分依据：被鉴定人服刑中生产劳动的情况反映及会谈中的专门性问答。

3 = 轻度受损或正常，被鉴定人能服从分配参加劳动，并能遵守劳动纪律、完成生产劳动任务；

2 = 中度受损，被鉴定人服从参加劳动，但不能严格遵守劳动纪律，造成安全隐患或生产劳动效率明显降低；

1 = 重度受损，被鉴定人不能参加生产劳动。

B.1.1.14　生活自理

指被鉴定人能完成个人诸如饮食、个人卫生等日常生活。

评分依据：被鉴定人服刑中日常生活的情况反映。

3 = 轻度或无损害，被鉴定人能单独完成日常生活；

2 = 中度损害，被鉴定人能完成简单日常生活，但大部分日常生活需要他人督促帮助；

1 = 重度损害，被鉴定人日常生活完全需要他人照顾。

B.1.1.15　自知力

指被鉴定人对其自身精神状态的认识和判断能力，即能察觉或识辨自己精神状态是否正常，并能指出自己既往和现在的表现与体验哪些属于病态。

评分依据：会谈中的专门性问答。

3 = 自知力完整；

2 = 自知力部分；

1 = 自知力缺失。

说明

1. 使用范围：仅限于诊断明确的精神障碍者。

2. 操作人员：仅限于法医精神病鉴定人。

划界分：29分，大于29分者具有服刑能力，等于或小于29分者无服刑能力。

B.1.2　量表使用评价

本量表曾在国内多家鉴定机构试用，结果表明，全量表Cronbach α为0.959，条目内部一致性尚可。服刑能力二级划分时，无、有服刑能力组量表总分分别为22.17 ± 4.97、37.64 ± 6.21，具有显著差异，评分分级结果与专家鉴定意见具有很高的一致性（Kappa = 0.773）。